中国文学艺术界联合会年鉴

China Federation of Literary and Art Circles Yearbook

《中国文学艺术界联合会年鉴》编委会　编

2022

新 华 出 版 社

图书在版编目（CIP）数据

中国文学艺术界联合会年鉴.2022/《中国文学艺术界联合会年鉴》编委会编.
北京：新华出版社，2023.11
ISBN 978-7-5166-7201-3
Ⅰ.①中… Ⅱ.①中… Ⅲ.①中国文学艺术界联合会－2022－年鉴Ⅳ.① I2－26
中国版本图书馆CIP数据核字（2023）第231674号

中国文学艺术界联合会年鉴 · 2022

编　　者：《中国文学艺术界联合会年鉴》编委会

出 版 人：匡乐成　　**封面设计**：朱　江
责任编辑：张　谦

出版发行：新华出版社
地　　址：北京石景山区京原路8号　　**邮　　编**：100040
网　　址：http：//www.xinhuapub.com
经　　销：新华书店、新华出版社天猫旗舰店、京东旗舰店及各大网店
购书热线：010-63077122　　**中国新闻书店购书热线**：010-63072012

照　　排：朱江工作室
印　　刷：北京鑫益晖印刷有限公司

成品尺寸：210mm×285mm　　**印　　张**：47.5
彩插印张：6　　**字　　数**：1530千字
版　　次：2023年12月第一版　　**印　　次**：2023年12月第一次印刷

书　　号：ISBN 978-7-5166-7201-3
定　　价：398.00元

图书如有印装问题请与印刷厂联系调换：010-87300139

《中国文学艺术界联合会年鉴》(2022)
编 辑 委 员 会

余　宁　　中国艺术报社副总编辑

向云驹　　中国文学艺术基金会秘书长

梁相斌　　新华出版社社长

陈　彦　　中国戏剧家协会分党组书记、驻会副主席

张　宏　　中国电影家协会分党组书记、驻会副主席、中国文联电影艺术中心主任

韩新安　　中国音乐家协会分党组书记、驻会副主席、秘书长

马锋辉　　中国美术家协会分党组书记、驻会副主席、秘书长、中国文联美术艺术中心主任

杨发航　　中国曲艺家协会分党组书记、驻会副主席

罗　斌　　中国舞蹈家协会分党组书记、驻会副主席、中国文联舞蹈艺术中心主任

邱运华　　中国民间文艺家协会分党组书记、驻会副主席、秘书长

郑更生　　中国摄影家协会分党组书记、驻会副主席、中国文联摄影艺术中心主任

李　昕　　中国书法家协会分党组书记、驻会副主席

唐延海　　中国杂技家协会分党组书记、驻会副主席、
　　　　　中国文联杂技艺术中心主任

范宗钗　　中国电视艺术家协会分党组书记、驻会副主席、
　　　　　秘书长、中国文联电视艺术中心主任

张俊峰　　北京市文联办公室主任

万镜明　　天津市文联党组书记、专职副主席

史建伟　　河北省文联党组书记、副主席

李　斌　　山西省文联党组书记

冀晓青　　内蒙古自治区文联党组书记、主席

武雪梅　　辽宁省文联党组成员、副主席

陈耀辉　　吉林省文联党组书记、主席

韩会峰　　黑龙江省文联主席

夏煜静　　上海市文联党组书记、专职副主席

水家跃　　江苏省文联党组书记、常务副主席、
　　　　　书记处第一书记

陈　瑶　　浙江省文联党组书记、副主席、书记处常务书记

林　勇　安徽省文联党组成员、书记处书记

王秋梅　福建省文联党组书记、副主席、书记处书记

马玉玲　江西省文联党组书记

王世农　山东省文联党组书记、副主席

邵　丽　河南省文联党组书记、主席

邓长青　湖北省文联党组书记、常务副主席

夏义生　湖南省文联党组书记、副主席

王　晓　广东省文联党组书记、专职副主席

石才夫　广西壮族自治区文联党组成员、副主席

夏　斐　海南省文联作协党组书记、省文联主席

陈若愚　重庆市文联党组书记、副主席

刘建刚　四川省文联党组副书记

兰义彤　贵州省文联党组书记、副主席

晏　中　云南省文联副主席、秘书长

段胜前　西藏自治区文联党组书记、副主席

贺晋东　陕西省文联党组成员、专职副主席

王登渤　甘肃省文联党组书记、主席

《中国文学艺术界联合会年鉴》(2022)
撰 稿 人

武震鑫	邓　攀	李翌辰	巩延文	孙晋耀
张树军	王　威	张　扬	夏文博	汪　菁
韩　璐	李　楠	吕　欣	冷　怡	吴　彤
莫惊涛	柏媛媛	董大汗	王菲菲	徐　维
唐　坤	游　宇	许华飞	刘思源	任　娟
谈媛媛	李维娟	都　布	甘益聪	王　飞
郑津昱	李晓宇	樊丽红	赵　旺	初　征
李承宫	杜保国	邓婉莹	唐　健	李其雪
史培刚	方　毅	詹文平	张　童	王　宁
刘　贺	刘　瑶	孙广雪	阳崇波	赵彩燕
王　彦	张代川	齐　颖	王怀绪	何见远
杨亚楠	刘云鹏	蒋　玲	那　坤	张　艺
刘新超	魏　军	王　丹	孙生会	于渤南
徐　敏	徐　梓	马德仲	刘　萱	王冠懿
黄　华				

#《中国文学艺术界联合会年鉴》(2022)
编 辑 说 明

一、《中国文学艺术界联合会年鉴》(以下简称《中国文联年鉴》)由中国文学艺术界联合会(以下简称中国文联)主办,中国文联、中国艺术报社、新华出版社联合编辑出版。《中国文联年鉴》是一部全面反映我国文联系统工作情况的综合性年刊,创刊于2007年,面向全国发行,本卷为第十六卷。

二、《中国文联年鉴》坚持以习近平新时代中国特色社会主义思想为指导,全面贯彻落实党的二十大精神,贯彻落实习近平总书记关于宣传思想工作、文艺工作和文联工作的重要论述,深入贯彻落实全国宣传思想工作会议和全国宣传部长会议部署,力求全面准确客观真实地反映中国文联及各团体会员全年工作成就、事业发展状况和总体工作情况,以发挥年鉴的资治、宣传、交流、存史作用,总结经验、加强交流,不断开创文联工作新局面。

三、《中国文联年鉴》内容有:重要讲话及文献,重要会议、活动,团结引导、联络协调、服务管理、自律维权,中国文联各团体会员工作情况,中国文联大事记等。《中国文联年鉴》内容翔实、数据准确、覆盖面广、史料性强,是中国文联各团体会员及相关部门、单位必备的参考工具书。

四、《中国文联年鉴》采用篇目、类目、分目、条目四级编辑体例，并分别以不同字体、字号加以区分，条目为年鉴内容的基本载体。

五、文联工作与发展情况是本刊的主要内容，着重在以下篇目中反映：

《**重要讲话及文献**》：中央、上级主管部门领导同志和中国文联主要领导关于文联工作的重要讲话，有关重要文献。

《**重要会议、活动**》：中国文联的重要会议、具年度特色或品牌意义的重要活动，以及文艺界名人纪念活动等。

《**团结引导、联络协调、服务管理、自律维权**》：中国文联及各直属单位开展的重要工作。

《**中国文联各团体会员（一）**》：中国文联所属各全国文艺家协会开展的主要工作。

《**中国文联各团体会员（二）**》：各省（自治区、直辖市）文联，新疆生产建设兵团文联和产（行）业文联的主要工作。

《**中国文学艺术界联合会大事记**》：对中国文联在2021年度所开展重要工作的记录。

《中国文联年鉴》主要内容由中国文联各团体会员、中国文联机关各部门及各直属单位提供。

Content

目　录

重要讲话及文献

重要会议、活动

中国文联第十一次全国代表大会

庆祝建党100周年

重要会议

品牌活动

全国性文艺大奖、艺术节

重点文艺工程

文艺志愿服务活动

文化名人、著名艺术家纪念活动

党的建设工作

团结引导 联络协调 服务管理 自律维权

组织联络工作

对外及对港澳台地区文化交流工作

理论研究

权益保护

出版业改革发展与管理

机关建设

信息化建设

文艺研修

中国文联出版社

中国艺术报社

中国文学艺术基金会工作

中国文联各团体会员（一）

中国戏剧家协会

中国电影家协会

中国音乐家协会

中国美术家协会

中国曲艺家协会

中国舞蹈家协会

中国民间文艺家协会

中国书法家协会

中国杂技家协会

中国电视艺术家协会

中国文艺评论家协会

中国文联各团体会员（二）

北京市文联

天津市文联

河北省文联

山西省文联

内蒙古自治区文联

辽宁省文联

吉林省文联

黑龙江省文联

上海市文联

江苏省文联

浙江省文联

安徽省文联

福建省文联

江西省文联

山东省文联

河南省文联

湖北省文联

湖南省文联

广东省文联

广西壮族自治区文联

海南省文联

重庆市文联

四川省文联

贵州省文联

云南省文联

西藏自治区文联

陕西省文联

甘肃省文联

青海省文联

宁夏回族自治区文联

新疆维吾尔自治区文联

新疆生产建设兵团文联

中国石化文联

中国铁路文联

中国煤矿文联

中国电力文学艺术协会

中国水利文学艺术协会

全国公安文联

中国人民银行文联

中国金融文联

2021年中国文学艺术界联合会大事记

索　引

彩色插页

编委名单

中国文联2021年工作回顾

中国文联各团体会员（一）

中国文联各团体会员（二）

第十一次文代会

12月14日，中国文学艺术界联合会第十一次全国代表大会、中国作家协会第十次全国代表大会在北京人民大会堂开幕。

中国文联第十届全国委员会第六次会议

1
2
3

1. 1月16日至17日，中国文联第十届全国委员会第六次会议在京召开。中国文联主席、中国作协主席铁凝主持会议并传达中央领导同志重要批示。
2. 1月16日至17日，中国文联第十届全国委员会第六次会议在京召开。中国文联党组书记、副主席李屹作工作报告。
3. 1月16日至17日，中国文联第十届全国委员会第六次会议在京召开。中国文联党组成员、副主席李前光通报全委变动情况。

中国文联第十届全国委员会第六次会议

1月16日至17日，中国文联第十届全国委员会第六次会议在京召开。

1月16日至17日，中国文联第十届全国委员会第六次会议在京召开。

中国文联第十届全国委员会第七次会议

1
2
3
4
5

1. 7月28日至29日，中国文联第十届全国委员会第七次会议在京召开。图为中国文联主席、中国作协主席铁凝主持会议。
2. 中国文联党组书记、副主席李屹就学习宣传贯彻习近平总书记在庆祝中国共产党成立100周年大会上的重要讲话精神作辅导动员，并通报《中国文联第十届主席团第九次会议关于推举中国文联书记处书记的决定》。
3. 中国文联党组成员、副主席李前光通报中国文联第十届全委会第六次会议以来中国文联全委变动情况。
4. 图为中国文联党组成员、书记处书记徐永军汇报《中国文联章程修改草案（征求意见稿）》起草情况。
5. 中国文联党组成员、书记处书记董耀鹏汇报《中国文联第十届全国委员会工作报告（征求意见稿）》起草情况。

中国文联第十届全国委员会第七次会议

7月28日至29日，中国文联第十届全国委员会第七次会议在京召开。

7月28日至29日，中国文联第十届全国委员会第七次会议在京召开。

文艺志愿服务

1. 中国文联领导会见学雷锋志愿服务“四个100”先进典型代表。
2. “文艺进万家 健康你我他”中国文联新时代文明实践活动（新疆独山子站）文艺志愿服务演出。
3. 2021年“欢聚吧第一百个春天”中国文联原创歌曲特别节目播出。
4. 我们的中国梦——文化进万家活动启动式。

1	
2	
	3
4	

文艺志愿服务

5
6 7
8
9

5. 中国文艺志愿者协会学习“七一”重要讲话精神研讨会。
6. 9月27日至30日，庆祝新中国成立72周年中国文联文艺志愿服务队走进新疆。
7. 中国文联学雷锋文艺志愿服务团走进雷锋精神发祥地辽宁抚顺。
8. 10月15日，“时代风尚——中国文艺志愿者崇德尚艺特别节目”播出。图为文艺志愿者代表宣誓。
9. 2021“学党史 传精神 跟党走”中国文艺志愿者在行动走进黑龙江大庆。

对外及对港澳台交流

1 2
3 4
5
6

1. 李屹、张雁彬会见中国文联香港会员总会（香港文联）会长马逢国、常会副会长霍启刚一行。
2. 9月27日，参加第12届海峡两岸暨港澳地区艺术论坛的专家学者观摩青年曲艺专场演出。
3. 10月，2021“濠江之春”系列活动——“携手奋进新征程”专场演出在广东完成录制，并在澳门广播电视台播出。
4. 11月8日，2021今日中国艺术周开幕式暨青春光影中国电影优秀短片展映活动在中国文艺家之家举行。
5. 12月14日，参加第十一次全国文代会的台湾代表团部分代表在人民大会堂前合影。
6. 10月26日，首届粤港澳大湾区文艺合作峰会开幕式暨圆桌会议在珠海举行。

权益保护和出版改革发展

1. 6月18日，张雁彬带队赴中国电影家协会走访调研并召开座谈会。
2. 9月9日，张雁彬在中国文艺家之家与13家出版单位负责人及主办单位（协会）分管领导进行座谈。
3. 4月29日，权保部（出版办）组织召开2021年度中国文联出版工作会议。张雁彬出席会议并讲话。
4. 召开2021年度中国文联系统法律顾问工作会。
5. 6月，中国文联权益保护部联合中国曲协举办“文艺法律志愿服务进校园”活动。

权益保护和出版改革发展

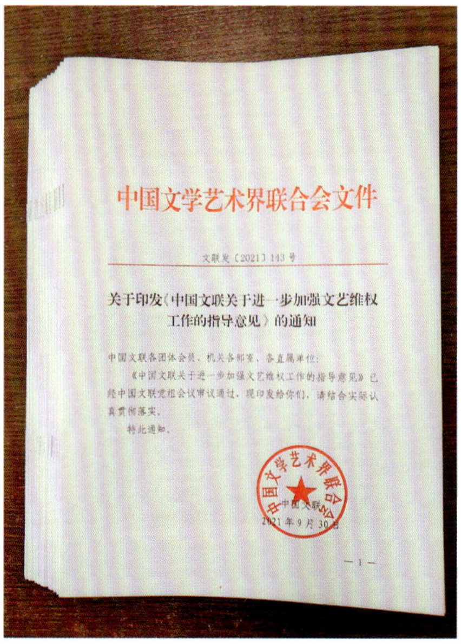

6. 《中国文联关于进一步加强文艺维权工作的指导意见》正式出台，加强对文联系统文艺维权工作的指导。
7. 4月26日至30日，中国文联权益保护部举办“中国文联知识产权宣传周”活动，图为宣传海报。
8. 2021年，权益保护部（出版办）组织举办“中国文联出版单位（国有企业）改革发展网络培训班”、2021年度中国文联所属出版单位落实意识形态责任制网络专题培训班和出版管理网络培训班，实现了中国文联系统出版从业人员培训全覆盖。
9. 11月29日至12月5日，中国文联权益保护部组织开展了“中国文联宪法宣传周”活动，图为宣传海报。
10. 9月，权益保护部（出版办）组织指导中国摄影出版社申报的《口述影像历史——与共和国同行（1949—1978）》（全三卷）荣膺中国出版界最高荣誉——第五届中国出版政府奖图书奖（正式奖），实现了该奖项在中国文联出版历史上零的突破。

6	7	8
		9
	10	

文艺研修

1
2 3
4
5

1. 中国文联第十六期全国中青年文艺人才高级研修班深入学习习近平关于文艺工作重要论述新时代文艺工作者的使命与担当主题座谈会召开。图为中国文联党组书记、副主席李屹与中青 16 班学员座谈。
2. 中国文联全国少数民族地区文艺骨干培养工程（第 12 期）新疆中青年文艺拔尖人才创作研修班开班式。
3. “深化文联改革、推进创新发展”中国文联第 20 期全国市县级文联负责人研修班。
4. 第 5 期中国文联年轻干部培训班结业式。
5. 中国文联局处级干部和基层党组织书记学习贯彻习近平总书记在庆祝中国共产党成立 100 周年大会上的重要讲话精神专题培训班（第三期）。

信息化建设

1
2 3
4
5

1–2. 为 2021 年全国文联组联工作研讨班做好信息工作。
3. 第十三期全国曲艺创作高级研修班直播活动。
4. 党的光辉照边疆——庆祝中国共产党成立 100 周年主题摄影展 3D 展厅。
5. “百年历程辉煌成就——庆祝中国共产党成立 100 周年甘肃省美术展”线上展厅。

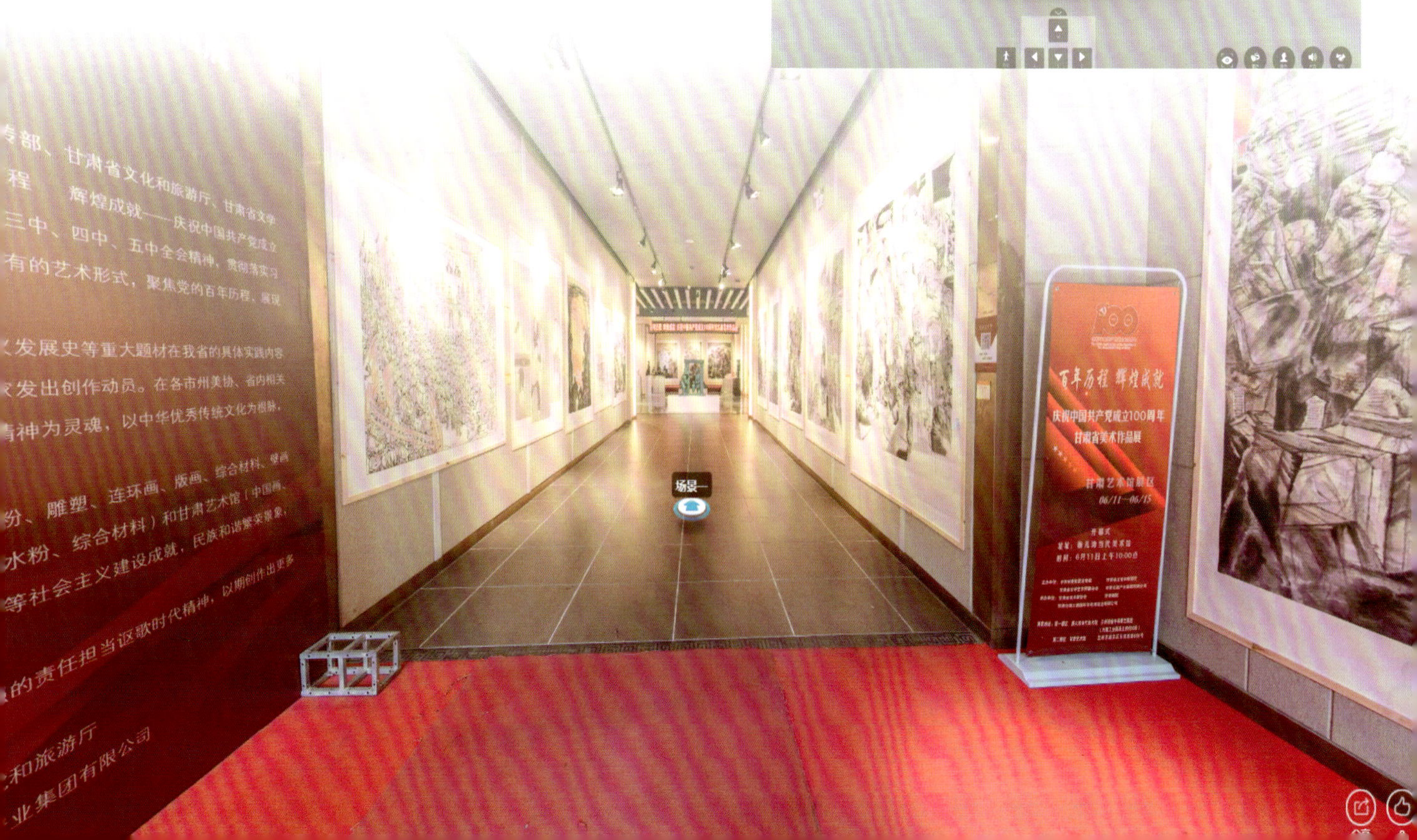

信息化建设

6
7 8
9
10

6. 为全国文联系统新文艺群体职称评审工作推荐会做好信息服务工作。
7. 全国信息化工作片区会。
8. 中国文联网络文艺传播中心讲述记忆中的红色故事。
9. 中国文联网络文艺传播中心青年理论学习小组开展学习。
10. 太湖世界文化论坛第六届年会开幕式现场。

行政服务和后勤保障

1. 开展安全大检查。
2. 举行主题党日活动。
3. 选举朝阳区人大代表。
4. 第十一次文代会服务保障工作。
5. 举行“我在北京过大年”活动。

中国文联出版社

1. 1月6日，中国文联出版社召开2021年度选题会，特邀出版领域专家出席。
2. 4月8日至9日，《中国民间文学大系》示范卷质量分析会暨2021年编辑工作动员大会在京召开。中国文联党组成员、书记处书记张雁彬出席会议。
3. 6月18日，由中国民间文艺家协会和中国文联出版社共同举办的中国民间文学大系普及读本编选样本专家座谈会在中国文艺家之家召开。
4. 12月14日至17日，中国文联第十一次、中国作协第十次全国代表大会在京召开，图为大会秘书会务组嘉宾小组部分成员合影。
5. 文联社开展“我为群众办实事”实践活动，开辟母婴室，面向职工子女征集“庆祝中国共产党成立一百周年”主题书画作品，图为征集作品展。
6. 9月25日，中国文联出版社和中国文联理论研究室部分党员赴“没有共产党就没有新中国”纪念馆开展党日活动。

1 2
3 4
5
6

中国艺术报

1 3
2 4
5
6

1. 11 月 1 日，中国艺术报社组织全体员工参观中国文联发展史展厅。
2. 中国艺术报社配合完成《中国文学艺术界联合会五年工作回顾 (2016–2021)》编制工作 。
3. 《中国艺术报》出版庆祝中华人民共和国成立 70 周年特刊。
4. 《中国艺术报》出版庆祝中国文联第十一次全国代表大会、中国作协第十次全国代表大会胜利召开特刊。
5. 《中国艺术报》推出“艺苑百花”专栏，深入挖掘优秀文艺工作者的动人故事，展现他们的崇高理想、卓越的艺术创造、扎根生活的精彩实践、感人至深的善行义举。
6. 10 月 11 日至 15 日，由中国艺术报社、北京市文联主办的“北京城市山水画研究会名家作品邀请展暨杨留义城市山水画师生作品展”在中国文联中国文艺家之家展览馆举行。

基金会发展

1 2
3 4
5

1. 3 月 22 日，由中国文学艺术基金会姜昆艺术公益基金、山西省厦门商会、临汾红丝带学校共同主办的“安全知识、快乐琴声”进校园活动在山西临汾红丝带学校举办。
2. 6 月 23 日，由中国社会组织促进会主办、中国文学艺术基金会承办的“奋斗百年路 启航新征程——公益组织在实现文化强国中的新使命”第 33 期基金会双月沙龙活动在中国文艺家之家举行。
3. 10 月 27 日，在北京 2022 年冬奥会倒计时百天之际，中国文学艺术基金会资助的《冰雪国宝万里图》展在北京市规划展览馆举办。
4. 2021 年，在民政部评估、评选中，中国文学艺术基金会蝉联全国 5A 级基金会，同年获第四届全国先进社会组织，成为文艺界唯一获 5A 级基金会和全国先进社会组织称号的基金会。
5. 为庆祝中国共产党成立 100 周年，由中国文学艺术基金会主办的“永远做党的好女儿——田华从事革命文艺工作 80 周年暨《华彩人生 田华画传》首发仪式”6 月 1 日在京举行，由中国文学艺术基金会重点资助的记载田华同志 80 年革命文艺生涯的《华彩人生 田华画传》出版发行。

6. 基金会资助百年巨匠（北京）文化传播有限公司与文物出版社合作出版《百年巨匠》系列丛书，与山东美术出版社合作出版《百年巨匠》校园版系列丛书。图为两个系列书籍。
7. 基金会资助制作拍摄《我们记得您》微电视纪录片第三辑科技篇，共计拍摄100位科学家。该片在中国教育电视台CETV4每晚播出一集，获得了社会各界的广泛关注和一致好评。图为纪录片海报。
8. 12月3日，由中国文学艺术基金会澳门文化艺术专项基金资助的澳门与内地艺术家大联欢文艺演出活动在澳门万豪轩成功举办，图为文艺演出合影。
9. 12月9日，中国文学艺术基金会刘岩文艺专项基金承办的第八届“天使的微笑”儿童公益摄影展在北京金杜艺术中心举行。
10. 7月19日，由中国文学艺术基金会资助的“红色文化传承书画展”在山东省临沂市图书馆举办。

Important speeches、documents

2022

重要讲话及文献

中国文学艺术界联合会第十一次全国代表大会
中国作家协会第十次全国代表大会开幕词

（2021年12月14日）

中国文联、中国作协主席　铁凝

尊敬的习近平总书记，各位代表，同志们：

中国文联第十一次全国代表大会、中国作协第十次全国代表大会，在庄严的人民大会堂隆重开幕了！这是全国文艺界的一次盛会。首先，请允许我代表大会主席团和全体代表，向习近平总书记，向各位党和国家领导同志表示崇高的敬意和衷心的感谢！代表全国的广大文艺工作者，向应邀出席大会的中央和国家机关有关部委、各人民团体、中央军委政治工作部的负责同志，向参加会议的各位嘉宾表示热烈的欢迎和诚挚的谢意！

今年是伟大、光荣、正确的中国共产党成立100周年，是中华民族历史上具有里程碑意义的重要年份。我们深入学习党的辉煌历史，隆重庆祝党的百年华诞，认真学习贯彻习近平总书记在庆祝中国共产党成立100周年大会上的重要讲话和党的十九届六中全会精神，在习近平新时代中国特色社会主义思想指引下，深入生活、扎根人民，潜心创作、服务群众，以高质量的文艺创作，激发全国人民爱党爱国的澎湃热情和强大正能量。100年来，在党的坚强领导下，文艺始终作为时代发展中的一支重要力量，发先声、起国人，鼓士气、聚民心，奉献出无数精品力作，宛如灿烂星河铭刻在人民记忆的天幕之上，为中国人民和中华民族自立自强、不断书写历史辉煌点亮了很多希望之光。迈向新征程，新时代文艺的舞台无比广阔、前景无比光明，每一位新时代的文艺工作者都感到无比骄傲和自豪。我们满怀信心地感受着时代的召唤、倾听着人民的心声，愈发坚定而自信地认识到，只有坚持党对文艺的全面领导，深刻体悟到我是谁、为了谁、依靠谁，更加自觉地把艺术之我融入人民大我，把自己的奋斗汇入民族的奋进，见历史之大势、立民族之精魂、奏时代之凯歌，才能真正担负起满足人民精神需要、增强人民精神力量的光荣责任。

党的十八大以来，以习近平同志为核心的党中央高度重视文化建设和文艺工作，作出一系列重要论述和决策部署。习近平总书记站在坚持和发展中国特色社会主义、实现中华民族伟大复兴中国梦的全局和战略高度，亲自谋划、亲自部署、亲自指导，多次发表重要讲话，作出重要指示批示，多次致信文艺工作者，在中华民族发展的历史纵深和世界文化发展的宏阔视野中科学定位中国社会主义文艺的地位和作用，全面总结我们党领导文艺工作的实践探索和丰富经验，科学提出和解答了中国文艺面临的一系列具有新的历史特点的根本命题，为新时代中国特色社会主义的文艺工作指明了前进方向、提供了根本遵循。党的十九届五中全会，明确提出到2035年建成文化强国的远景目标。党的十九届六中全会，对文化建设提出了崭新的历史性论断。在党中央的坚强领导下，在习近平总书记的关心指引下，在中华民族伟大复兴中国梦的激励鼓舞下，社会主义文艺事业展现出蓬勃的生机活力，结出了累累硕果。我们广大作家艺术家始终坚守在党和人民伟大斗争的最前沿，真切感受着时代前进的呼吸与脉搏，时刻参与着国家民族美好未来的展望与描绘，深情书写着中华儿女创造历史的豪情与壮举，生动表达着中国人民对美好生活的向往与追求。大家坚持“二为”方向、“双百”方针，坚持创造性转化、创新性发展，坚持以人民为中心的创作导向，大力培育和弘扬社会主义核心价值观，用心用情用功以丰富多彩的文艺实践讴歌党、讴歌祖国、讴歌人民、讴歌英雄、讴歌时代，努力铸就中国特色社会主义新时代的文艺高峰。

文学艺术是为国家立心、为民族立魂的工作，文化自信是一个国家、一个民族最深厚、最强大的底气。实现中华民族伟大复兴，需要坚韧不拔的伟大精神，需要文艺点亮勇毅前行的灯火。我们广大文艺工作者必须胸怀两个大局，心系国之大者，紧紧围绕社会主义文化强国远景目标和实现中华民族伟大复兴宏伟目标，自觉肩负起举旗帜、聚民心、育新人、兴文化、展形象的使命任务，坚持社会主义核心价值体系，坚定高度的文化自信，用文质兼美的优秀文艺作品生动展示新时代中国特色社会主义取得的历史性成就、发生的历史性变革和积累的新鲜经验，促进人民精神生活的共同富裕，激发起中华儿女空前的凝聚力和向心力，更好构筑中国精神、中国价值、中国力量，巩固全党全国各族人民团结奋斗的共同思想基础，为新时代开创党和国家事业新局面提供坚强思想保证和强大精神动力。

中国文联第十一次全国代表大会、中国作协第十次全国代表大会，是在文艺界和广大文艺工作者学习宣传贯彻党的十九届六中全会精神不断引向深入、掀起热潮之际召开的一次文艺界盛会。对于此次大会，党中央高度重视，文艺界倍感振奋，全社会热切关注，我们一定要把党中央的殷切希望和人民群众的美好期待铭记在心、践之于行，认真履职尽责，开好这次大会。今天，习近平总书记亲临大会，并将发表重要讲话。我们一定要认真学习、深刻领会、全面贯彻落实习近平总书记重要讲话精神，不辜负党中央信任，不辜负全国人民重托，将本次大会开成一个高举旗帜、民主团结、求实奋进、开拓创新的大会。

同志们，全国文艺界的朋友们！奋进的号角已经吹响，光辉灿烂的美好蓝图已在前方展开，新时代新征程上更加伟大的胜利和荣光等待我们去赢取。让我们更加紧密地团结在以习近平同志为核心的党中央周围，凝心聚力、砥砺前行，扎实工作、锐意进取，为建成社会主义文化强国、实现第二个百年奋斗目标、实现中华民族伟大复兴的中国梦作出新的更大贡献，以实际行动迎接党的二十大胜利召开！

预祝大会圆满成功！

中国文联第十一次全国代表大会闭幕词

（2021年12月17日）

中国文联、中国作协主席　铁凝

各位代表，各位嘉宾，同志们，朋友们：

在党中央的亲切关怀和坚强领导下，在全体与会代表和工作人员的共同努力下，中国文学艺术界联合会第十一次全国代表大会圆满完成各项议程，今天就要闭幕了！

会议期间，习近平总书记代表党中央发表了重要讲话，中央政治局常委和其他中央领导同志出席大会开幕式。习近平总书记的重要讲话站在中华民族伟大复兴的战略高度，充分肯定了十次文代会以来文艺工作和文联工作取得的显著成绩，进一步阐述了文艺事业在建设社会主义文化强国、全面建设社会主义现代化国家新征程中的重要地位和作用，对广大文艺工作者在新时代担负新的使命任务提出了殷切希望和明确要求。全体代表认真聆听并深入学习讨论习近平总书记的重要讲话精神，心潮澎湃、备受鼓舞、倍感振奋。大家深切地感到，习近平总书记的重要讲话，饱含对民族和国家的深厚情感、对中华文化的自豪自信，饱含对文艺事业和文艺工作者的热切期待，为新时代中国特色社会主义文艺事业繁荣发展指出了光明前景，提供了基本遵循。习近平总书记的重要讲话对于激励广大文艺工作者更加豪情满怀地投身社会主义文化强国建设，鼓舞广大人民群众更加奋发有为地投身全面建设社会主义现代化国家，凝聚起实现中华民族伟大复兴中国梦的磅礴力量，必将产生重大而深远的影响。

几天来，来自全国各地的会议代表，认真听取并深入学习研讨习近平总书记的重要讲话精神，审议并通过了李屹同志代表中国文联第十届全国委员会所作的工作报告，修订了中国文联章程，选举产生了中国文联新一届领导机构。会议顺利完成各项议程，圆满实现了预期目标，真正开成了一次求真务实、开拓创新的大会，一次民主团结、鼓劲繁荣的大会，一次承前启后、继往开来的大会。

大会选举产生了中国文联新一届领导机构，并推举我继续担任中国文联第十一届主席。我深感无上荣光和沉甸甸的责任。在此，我谨代表中国文联新一届主席团，感谢各位代表、各位委员的莫大信任、支持和厚爱。接下来的五年，新一届主席团将同心同德、携手并肩，尽心竭力、勤勉工作，为文艺事业繁荣发展营造更好的氛围，为文艺家创作耕耘创造更好的条件，为文联工作创新发展贡献更多的智慧和力量，努力不辜负党中央赋予的使命，不辜负各位代表和广大文艺工作者的期望。

五年来，中国文联第十届主席团为文艺事业和文联工作创新发展不辞劳苦、鞠躬尽瘁，付出了辛勤的汗水，奉献了宝贵的智慧，做了大量卓有成效的工作，为团结服务广大文艺工作者、推动社会主义文艺事业繁荣发展作出不懈努力和突出贡献。在此，让我们以热烈的掌声对中国文联第十届主席团全体成员表示最衷心的感谢和最诚挚的敬意！

五年来，第十届中国文联名誉主席孙家正同志和各位荣誉委员，坚守初心使命，情系文艺事业，恪守德艺双馨，积极弘扬爱国为民、崇德尚艺的优良传统，大力支持文联工作，提携关怀文艺新秀，为广大文艺工作者树立了修身守正、立心铸魂的业界表率，为我国文艺事业薪火相传作出了不可磨灭的重要贡献。在此，让我们以最热烈的掌声对家正同志和第十届全体荣誉委员表示最崇高的敬意和最真挚的感谢！恳请各位前辈一如既往地关心支持文联工作和艺术家成长。祝愿各位前辈健康长寿、艺术之树长青！

各位代表，同志们！

回首即将过去的2021年，我们见证了一个又一个载入中华民族发展史册的光辉时刻。我们隆重庆祝中国共产党的百年华诞，向全世界庄严宣告全面建成小康社会、实现了第一个百年奋斗目标，开启了向着第二个百年奋斗目标迈进的新征程；我们胜利召开党的十九届六中全会，全面总结党的百年奋斗重大成就和历史经验，向全世界郑重宣告，在过去一百年赢得了伟大胜利和荣光的中国共产党和中国人民，必将在新时代新征程上赢得更加伟大的胜利和荣光。

回望党的百年历史，我们可以清晰地看到，我们的党是一个具有高度文化自觉和文化自信、高度重视文化文艺工作的政党。从“左联”到“鲁艺”，从一次文代会到十一次文代会，从延安文艺座谈会到北京文艺工作座谈会，党对文艺工作一直关怀不断、厚爱有加。特别是党的十八大以来，以习近平同志为核心的党中央更是把文艺工作提高到事关民族复兴大业的战略高度。习近平总书记就文艺工作发表一系列重要讲话，作出一系列重要指示批示，为社会主义文艺事业发展提供了根本保障、注入了强大动力，也给广大文艺工作者提供了无穷的信心和力量。这次大会，习近平总书记再次发表重要讲话，深刻阐明了新时代新征程文艺工作面临的新形势新任务，向广大文艺工作者提出了新希望新要求，发出了新的号召，为推动文艺事业高质量发展、建设社会主义文化强国指明了方向和前途。我们一定要深入学习贯彻习近平总书记的重要讲话精神，进一步增强时代责任感和历史使命感，认真贯彻落实第十一次文代会提出的目标任务，努力开创文联工作新局面，创造文艺事业新辉煌，以更加饱满的创作激情、更加优异的工作成绩迎接党的二十大胜利召开！

各位代表，同志们！

长空九万里，鹏飞正当时。我们有幸生逢一个伟大的新时代，这是一个红日初升、云蒸霞蔚的新时代，这是一个洪波奔涌、气象万千的新时代，这是一个百舸争流、千帆竞发的新时代，这也是一个文艺事业百花齐放、欣欣向荣的黄金时代。伟大的新时代需要书写和创造与之匹配的灿烂辉煌的文艺新史诗和文艺新高峰。让我们更加紧密地团结在以习近平同志为核心的党中央周围，勿忘昨天的苦难辉煌，无愧今天的使命担当，不负明天的伟大梦想，不忘初心、牢记使命，勤奋耕耘、潜心创作，为建设社会主义文化强国、实现中华民族伟大复兴的中国梦作出新的更大贡献！

祝大家创作丰收、健康吉祥！

谢谢大家！

在中国文联第十一次全国代表大会 中国作协第十次全国代表大会上的致词

（2021年12月14日）

共青团中央书记处第一书记、全国少工委主任　贺军科

尊敬的习近平总书记，各位代表，同志们：

值此中国文联第十一次全国代表大会、中国作协第十次全国代表大会开幕之际，我谨代表中华全国总工会、中国共产主义青年团中央委员会、中华全国妇女联合会、中国科学技术协会和中华全国归国华侨联合会、中华全国新闻工作者协会、中华全国台湾同胞联谊会，向大会表示热烈的祝贺！向与会代表和全国广大文艺工作者致以崇高的敬意和诚挚的问候！

党的十八大以来，以习近平同志为核心的党中央立足中华民族伟大复兴战略全局和世界百年未有之大变局，着眼为国家立心、为民族立魂，高度重视、着力推动社会主义文化强国建设，引领我国文化建设事业取得历史性成就、发生历史性变革，全党全国各族人民文化自信明显增强，全社会凝聚力和向心力极大提升，为新时代开创党和国家事业新局面提供了坚强思想保证和强大精神力量。在这一过程中，习近平总书记十分重视文艺和文艺工作，亲切关怀广大文艺工作者，作出一系列重要论述和重大部署，深刻阐明了新时代文艺工作的目标任务，清晰擘画了新时代文艺事业的发展蓝图，为在新征程上推动社会主义文艺事业繁荣发展指明了前进方向、提供了根本遵循。

中国文联十大、中国作协九大以来，中国文联、中国作协坚持以习近平新时代中国特色社会主义思想为指导，认真学习贯彻党的十九大和十九届历次全会精神，持续领会、深入落实习近平总书记关于文艺工作的重要论述和关于群团工作的重要论述，紧紧围绕建设社会主义文化强国的目标，坚持以人民为中心的创作导向，始终聚焦“做人的工作”这一核心任务和推动文艺创作这个中心环节，自觉承担举旗帜、聚民心、育新人、兴文化、展形象的使命任务，认真履行团结引导、联络协调、服务管理、自律维权的基本职能，不断加强行业服务、行业管理、行业自律和行风建设，持续深化自身改革，各项工作和建设取得扎实成绩。在各级文联、作协的团结引领下，广大文艺工作者以高度的文化自信、饱满的创造活力、出色的艺术劳动热情讴歌党、讴歌祖国、讴歌人民、讴歌英雄、讴歌时代，有力弘扬了社会主义核心价值观，满足了广大人民群众的精神文化需求，为推动新时代社会主义文艺事业高质量发展作出了重要贡献，我国文艺界呈现出团结奋进、锐意创新、繁荣发展的良好态势。5年来文联和作协工作取得丰硕成果，令人鼓舞、催人奋进。

群团事业是党的事业的重要组成部分，各群团组织肩负着团结凝聚广大人民群众与党同心、跟党奋斗的重大政治责任。长期以来，在党的正确领导下，中国文联、中国作协与其他群团组织一道，围绕中心、服务大局，相互支持、密切协作，组织和引导所联系群众坚定不移听党话、跟党走，在党的历史上留下了浓墨重彩的时代印记。当前，全国上下正在以习近平同志为核心的党中央坚强领导下，坚持以习近平新时代中国特色社会主义思想为指导，深入学习贯彻党的十九届六中全会精神。面对新时代新征程，各群团组织使命光荣、责任重大。我们要持续深入学习贯彻习近平总书记关于群团工作的重要论述，坚定不移走中国特色社会主义群团发展道路，认真履职尽责，深化改革创新，不断保持和增强政治性。自觉坚持党的全面领导，深刻领悟“两个确立”

的决定性意义，增强“四个意识”、坚定“四个自信”、做到“两个维护”，不断提高政治判断力、政治领悟力、政治执行力；不断保持和增强先进性，牢牢把握为实现中华民族伟大复兴的中国梦而奋斗的时代主题，心系国之大者，发挥各自优势，最广泛、最深入、最充分地凝聚起全社会的智慧和力量，组织动员广大人民群众建功新时代、奋进新征程；不断保持和增强群众性，持续增强广泛性代表性，不断扩大工作有效覆盖面，始终坚持服务群众的生命线，努力发挥好党联系群众的桥梁和纽带作用。

各位代表，同志们！伟大的时代呼唤责任担当，光荣的事业需要接续奋斗。让我们更加紧密地团结在以习近平同志为核心的党中央周围，坚持以习近平新时代中国特色社会主义思想为指导，凝心聚力、砥砺前行，团结引领广大人民群众为实现第二个百年奋斗目标、实现中华民族伟大复兴的中国梦而努力奋斗，以实际行动迎接党的二十大胜利召开。

预祝大会圆满成功！

开启新征程　奋进新时代
为建设社会主义文化强国作出更大贡献

——在中国文联第十一次全国代表大会上的工作报告

（2021年12月15日）

中国文联党组书记、副主席　李　屹

各位代表、同志们：

中国文学艺术界联合会第十一次全国代表大会是在我国全面建成小康社会、开启全面建设社会主义现代化强国新征程、意气风发向第二个百年奋斗目标进军的新形势下召开的一次重要会议，是我国文艺界的一件大事，是全国文艺工作者的一次盛会。这次代表大会的主要任务是总结工作、交流经验，分析形势、部署任务，共商新时代新征程文艺事业繁荣发展大计。开好这次大会，对于团结激励广大文艺工作者投身建设社会主义现代化国家的火热实践，推动文艺高质量发展，建设社会主义文化强国，必将产生重大而深远的影响。

以习近平同志为核心的党中央对开好这次大会高度重视、十分关心。党和国家领导同志出席大会开幕式，习近平总书记发表重要讲话，充分体现了对文艺工作和广大文艺工作者的亲切关怀和深情厚谊，使我们倍感温暖、备受鼓舞。习近平总书记的重要讲话充分肯定了五年来文艺事业取得的显著成就，提出了许多做好新时代文艺工作的重要思想，全面擘画了新征程文艺繁荣的宏伟蓝图，对广大文艺工作者寄予了殷切希望，对开创文艺文联工作新局面提出了明确要求。习近平总书记的重要讲话站位高远、思想深邃、内涵丰富、饱含深情、催人奋进，是指导当前和今后一个时期做好文艺文联工作的纲领性文献和行动指南。我们一定要认真学习、深入领会，坚决贯彻好、落实好。

现在，我代表中国文联第十届全国委员会，向大会报告工作，请予审议。

一、过去五年工作回顾

以习近平同志为核心的党中央站在坚持和发展中国特色社会主义、实现中华民族伟大复兴中国梦的全局和战略高度，把文艺事业和文联工作提到了更加突出的位置，习近平总书记亲自谋划、亲自部署、亲自过问，就文艺文联工作作出了一系列重要论述和指示批示，提出了明确要求。十次文代会以来的五年，中国文联认真贯彻落实党中央和习近平总书记要求，坚持“二为”方向和“双百”方针，坚持创造性转化、创新性发展，积极履行团结引导、联络协调、服务管理、自律维权的基本职能，动员带领全国广大文艺工作者践行初心使命，把握正确方向，扎根祖国大地，服务人民群众，在履职尽责上体现新担当，在守正创新上实现新作为，在明德修身上展现新风貌，文艺文联工作取得新进步新成绩。

1. 深入学习贯彻习近平新时代中国特色社会主义思想，文艺界理论武装更加深化。

习近平新时代中国特色社会主义思想是我们做好文艺文联工作的行动指南。我们始终把学习贯彻习近平新时代中国特色社会主义思想，及时跟进学习习近平总书记关于宣传工作、群团工作、文艺工作的重要论述作为重要政治任务和重大政治责任，切实抓在手上，并在见成效上持续下功夫。召开习近平总书记文艺工作重要论述理论研讨会，组织习近平总书记在庆祝中国共产党成立100周年大会上的重要讲话精神研讨班培训班，广泛采取理论学习、专题研讨、主题实践、采风创作、展演展示、慰问演出、志愿服务等多种形式，积极引导文艺界更加主动更加自觉地学思想、悟思想、用思想。印发《2019—2022年全国文联系统文艺人才和管理干部培训规划》，完善文艺界教育培训常态化制度化机制，使教育培训成为思想政治引领的重要抓手和主渠道主阵地。按照中央统一部署要求，会同各团体会员开展全国文艺骨干大培训，首次实现了全国文艺家协会个人会员全覆盖，共举办培训班241期，培训会员85万人次，其中通过邮寄教材方式培训26万人次，圆满完成预期培训任务。重点抓好文艺拔尖人才、中青年文艺人才、少数民族文艺人才、新文艺群体、基层和创作一线文艺工作者的培训研修，累计举办各类培训班407期，参训人数337万；适应新冠肺炎疫情防控需要，举办网络培训班112期，培训学员452万人次。组织德艺双馨文艺名家持续开展巡回宣讲活动，覆盖全国31个省（区、市）和新疆生产建设兵团，扩大了先进典型的示范引领效应。加强与中央主要媒体的联系合作，发挥中国艺术报、中国文艺网等文联所属媒体的宣传舆论阵地作用，开设专题专栏，组织专评专访，网、报、刊、微、端、屏协同推送，全方位多角度反映广大文艺工作者深入学习研究宣传贯彻习近平新时代中国特色社会主义思想的好做法新成果。实践使我们深刻认识到，只有以习近平新时代中国特色社会主义思想为根本指导和行动指南，大力弘扬理论联系实际的马克思主义学风，用科学理论武装头脑、指导实践、推动工作，才能确保文艺文联工作沿着正确方向前进。

2.精心组织开展重大主题文艺活动，服务党和国家工作大局更加有力。

围绕中心、服务大局，与时代同频共振，是做好文艺文联工作的基本职责和要求。我们紧紧围绕党和国家工作大局大势，开展了一系列主题突出、特色鲜明、影响显著的重大文艺活动。围绕建军90周年、改革开放40周年、新中国成立70周年、全面建成小康社会、建党100周年等重要时间节点，组织中国精神中国梦文艺创作工程、“影像见证40年”摄影大展、“小康之歌”音乐会、“我和我的祖国”征文征集，举办建党百年《百部优秀剧作典藏》出版首发式、建党100周年电影研讨会、庆祝建党百年全国优秀杂技作品展演等，实施庆祝中国共产党成立100周年大型美术创作工程和中国共产党历史展览馆重大主题雕塑工程等。聚焦决战脱贫攻坚、决胜全面建成小康社会，举办中国农民电影节、舞台艺术优秀剧目展演、“希望的田野”摄影展、“大道康庄”文艺扶贫晚会、新时代曲艺星火扶贫工程、扶贫书法大展、脱贫攻坚主题电影展，全面展示各族人民在以习近平同志为核心的党中央坚强领导下攻坚克难、圆梦小康的精神面貌和生动实践。推进实施中华文明历史题材美术创作工程、中国民间文学大系出版工程、中国民间工艺传承传播工程、“一带一路”中国民间文化探源工程等，大力弘扬中华优秀传统文化。精心组织开展全国道德模范故事汇巡演168场，生动形象讲述道德模范的感人事迹。面对突如其来的新冠肺炎疫情，广泛动员和鼓舞全国文艺工作者以艺战疫，创作推出一大批抗疫主题优秀文艺作品。据不完全统计，征集和创作音乐舞蹈类作品3000多件，曲艺杂技类作品5000多件，剧目、朗诵、主题视频8000多部，美术、书法、摄影、民间文艺作品20多万幅，开设网络直播课堂近6000场。其中，音乐影视作品《坚信爱会赢》、歌曲《大爱苍生》等成为文艺界以艺战疫的标志性作品；组建抗疫摄影小分队逆行武汉，为4.2万余名全部援鄂医务人员拍摄肖像，出色完成中央赴湖北工作指导组交办的“为天使造像”艰巨任务；创办“方舱直播时间”，组织众多艺术家开展慰问“白衣战士”专场演出；创作拍摄故事片《没有一个春天不会来临》；等等，在非常时期起到了强信心、聚民心、暖人心、筑同心的独特作用。实践使我们深刻认识到，只有紧紧围绕党和国家工作大局，把握时代脉搏，精心组织重大主题文艺创作和实践活动，才能有力弘扬中国精神、凝聚中国力量、展现中国价值，有效激发全民族文化创造活力，为中华民族伟大复兴提供强大精神动力。

3.不断推出有筋骨、有道德、有温度的优秀文艺作品，文艺创作扶持引导机制更加健全。

推动创作生产更好更多精品力作，是做好文艺文联工作的中心环节。我们注重强化评奖评论在文艺精品创作生产传播中的风向标作用，完善文艺评奖和创作帮扶机制，构建文艺评论工作新格局，努力推出一批思想精深、艺术精湛、制作精良的文艺精品。认真落实中央关于文艺评奖改革的政策措施，改革评奖制度，规范评奖程序，彰显评奖导向，增强公正性，提升公信力。五年来，组织中国戏剧奖、中国电影金鸡奖、大众电影百花奖、中国音乐金钟奖、中国美术奖、中国曲艺牡丹奖、中国舞蹈荷花奖、中国民间文艺山花奖、中国摄影金像奖、中国书法兰亭奖、中国杂技金菊奖、中国电视金鹰奖等评奖，共评出获奖作品235部、获奖个人269名。强化文艺创作扶持引导，中国文学艺术基金投入资金922亿元，扶持项目1200余个，资助800多部文艺作品；实施“讴歌新时代 共筑中国梦”主题创作工程和青年文艺创作扶持计划等，扶持项目330个；推进重点现实题材电视剧剧本创作扶持计划，资助《县委书记谷文昌》《我的父亲焦裕禄》等优秀影视作品70余部。召开加强和改进新时代文艺评论工作座谈会、推进会，在中宣部统筹领导下，与其他部门联合出台《关于加强新时代文艺评论工作的指导意见》，成功举办“西湖论坛”“长安论坛”“民族文艺论坛”“粤港澳大湾区文艺创新论坛”等，连续举办“啄木鸟杯”中国文艺评论年度推优，精心编撰发布年度中国艺术发展报告，持续举办全国中青年文艺评论骨干研讨班，强化文艺评论阵地建设，针对思潮、现象和作品开展客观、理性、专业、权威的评论，文艺理论评论工作得到明显加强。实践使我们深刻认识到，创作是文艺工作的中心环节，只有尊重艺术规律，持续强化质量意识，不断提高创作与评论的组织化程度和专业化水准，才能推出更多精品佳作，为推动文艺高质量发展贡献力量。

4.广泛实施“深入生活、扎根人民”主题实践和文艺志愿服务，以人民为中心的工作导向更加鲜明。

热忱服务人民群众，是做好文艺文联工作的生命线。我们始终坚持以人民为中心的工作导向，广泛开展“脚力、眼力、脑力、笔力”教育实践，持续完善“深入生活、扎根人民”主题实践常态化工作机制和文艺志愿服务长效机制。组织文艺名家和广大文艺工作者聚焦现实题材，深入革命老区、边疆民族地区、贫困地区、重点项目建设工地和疫情防控一线采风创作，推出一大批优秀文艺作品。“到人民中去”“文化进万家”“送欢乐下基层”“文艺扶贫奔小康”“向人民汇报”等主题文艺志愿服务蓬勃展开，5·23中国文艺志愿者服务日深入人心，百花放映、影视小屋、金钟之星、美术支教、曲艺送欢笑、舞蹈大篷车、民间文艺进校园、翰墨薪传、送福进万家等品牌文艺志愿服务广受欢迎，赢得基层人民群众真诚赞誉。组建350余支文艺志愿者服务队，深入400多个地市、区县，累计培训基层文艺骨干20余万人；招募选派600多名文艺志愿者赴832个国家级贫困县，为200多万名中小学生提供艺术指导和美育教育。在7个省（区、市）开展新时代文明实践文艺志愿服务试点工作，推进文艺志愿服务与新时代文明实践中心建设有机结合。持续举办“百花迎春——中国文学艺术界春节大联欢”，不断提升项目的品牌美誉度和行业影响力。实践使我们深刻认识到，只有扎根生活、扎根人民，把人民作为文艺表现的主体、文艺服务的对象、文艺审美的鉴赏家和评判者，才能坚守住文艺为人民的鲜明导向，做到满足人民文化需求与增强人民精神力量相统一。

5.持续加强文艺界团结引领，文联组织在行业建设中的主导作用更加凸显。

加强“文艺两新”团结引领和文艺界行风建设，是新形势下文联组织面临的重要课题。我们紧扣“做人的工作”这一核心任务，延伸工作手臂，拓展服务内容，强化行业教育、行业服务、行业管理、行业自律，尽最大努力把广大文艺工作者团结凝聚在党的周围。加强会员联络服务管理，出台会员队伍建设意见，修订完善全国文艺家协会个人会员入会细则，加大对基层一线、青年文艺工作者和新文艺群体吸纳力度。“文艺两新”是当前文艺创作生产传播的重要有生力量，涉及面广、影响面大，其综合素养和创作取向、艺术水准如何，对我国文艺事业整体发展和文艺界行风建设等将产生直接影响。为此，我们首次召开全国文联“文艺两新”工作座谈会，交流经验，凝聚共识，有力推动这项工作。加强调研，摸清“文艺两新”底数，不断加大团结引领和组织吸纳，截至2021年6月，新文艺群体全国文艺家协会会员总数约3万人，占比22%。仅2020年就新增新文艺群体全国文艺家协会会员1873人，占年度新会员总数的33%。搭建“青年艺术家之友”平台，在采风创作、教育培训、展演展示、评奖推优等方面对“文艺两新”进行有针对性的帮扶。仅2018年以来，中国文联及所属各全国文艺家协会举办直接面向“文艺两新”的人才培训班67期，培训学员6650人次，以全国文艺家协会会员和文艺骨干为重点的常态化教育培训注重向“文艺两新”延伸，“文艺两新”学员占比达到33%。探索发挥文联作为新文艺群体职称评审主渠道作用，印发《关于开展新文艺群体职称评审工作的实施意见》，召开全国文联系统新文艺群体职称评审推进会，积极稳妥推进新文艺群体职称评审工作。密切关注“北漂”“海漂”“横漂”“景漂”等专业性和地域性相结合、专业艺术人才集中的“文艺两新”集聚区，积极探索文联组织行业服务和区域管理相结合的工作模式，努力为他们解难题、办实事。文艺是一个在社会聚光灯下前行的行业，知名度高、影响力大、示范性强，文艺工作者理应履行更高标准的责任，承担更具导向性的任务。为此，我们印发《中国文联关于大力推进文艺工作者职业道德建设和文艺界行风建设的意见》，建立中国文联文艺工作者职业道德建设联席会议制度，建立并注重发挥中国文联文艺工作者职业道德建设委员会和各全国文艺家协会行风建设委员会的职能作用，积极参加国家文娱领域综合治理行动，努力倡导健康清朗的文艺生态。及时发布《新时代文艺工作者讲品位讲格调讲责任、抵制低俗庸俗媚俗倡议书》《修身守正立心铸魂——致广大文艺工作者倡议书》《文艺工作者广告代言自律公约》等，建立健全各艺术门类从业者行为守则和自律公约，完善个人会员退出机制。落实联系服务德高望重老艺术家工作制度，举办艺术家诞辰纪念、从艺研讨、成就展览等活动，先后向80位老艺术家颁授“中国文联终身成就艺术家”荣誉称号。持续开展中青年德艺双馨文艺工作者表彰，继续实施艺坛大家、艺苑百花、艺术公益大讲堂等优秀文艺工作者宣介品牌项目，强化示范引领、标杆带动作用，营造文艺界追求德艺双馨的浓厚氛围。提升法治文联建设水平，出台《中国文联关于进一步加强对文艺维权工作的指导意见》，加强对文联组织维权工作的指导。积极参与立法协商，及时反映文艺界诉求，促进文艺相关法律法规的制定和完善。建立中国文联系统法律顾问制度，防范化解重大法律风险。加强对中国文联系统重大品牌活动的知识产权保护，提升品牌价值。创新普法方式，加大网上宣传力度，扩大文艺维权的传播力和影响力。积极开展文艺法律志愿服务，为文联组织和文艺工作者办实事、解难题，依法维护合法权益。实践使我们深刻认识到，只有坚持主导性和多样性相统一，密切与各方面各领域文艺工作者的联系沟通，既注重加强教育引导和思想引领，又重视业务帮扶和行业自律，才能把团结引领广大文艺工作者的工作做实做出成效，才能形成文艺界“爱国为民崇德尚艺”的良好行业风气，才能营造文艺界大团结大发展大繁荣的生动局面。

6.持续拓展对外和对港澳台民间文化交流，文联组织文艺国际传播优势发挥更加主动。

促进民间文化交流与合作，是做好文艺文联工作的职责所在。我们坚持服务党和国家外交总体战略和布局，精心开展形式多样的对外和对港澳台民间文化交流，讲好中国故事，传播中国声音，展示中国形象，助力提升中华文化软实力。五年来，中国文联及各全国文艺家协会共开展对外文化交流项目480个，组织出访、接待来访5623人次，举办主题展演244项。充分发挥文联组织的特点和优势，成功举办今日中国艺术周、中国-欧盟文化艺术节、艺术心桥展演、中韩日戏剧节、全国美展国际巡展、中华曲艺海外行、国际摄影大展、汉字之美书法展、中国-东盟青少年舞蹈交流展演等品牌活动。着眼人类命运共同体构建和“一带一路”倡议，坚持“走出去”和“请进来”并举，圆满举办中国国际民间艺术节、国际剧协70周年庆典、金鸡百花国际影展、“一带一路”国际音乐季、中国新年音乐舞会、国际美术双年展、国际说唱幽默艺术节、“丝路花语”中国民族音乐演奏会、中国瓷器艺术展、国际摄影研讨会、国际书法交流大展、国际马戏论坛、中国杂技外交成就展、中日韩电视论坛等活动。推动中国曲协加入国际说唱艺术联盟，与多个国家签署民间文艺务实合作备忘录，顺利举办国际剧协传统戏剧论坛、中美影视创新峰会、国际青年音乐联盟代表大会、世界马戏联盟年会等，不断扩大国际“朋友圈”和增强全球话语权。根据全球抗击新冠肺炎疫情形势变化，创新运用“云交流”“云展示”方式，开展“中华曲艺云欣赏”、国际舞蹈展演、中国民间手工艺直播教学、国际网络马戏节等。

认真落实中央对港澳台工作部署要求，务实推动海峡两岸暨港澳地区在人才、作品、学术等方面的交流合作。支持成立中国文联香港会员总会及各全国文艺家协会香港会员分会。支持澳门中华文化联谊会加强建设拓展工作。围绕粤港澳大湾区建设等国家战略和香港、澳门回归祖国20周年，举办濠江之春大联欢、中华情·中国梦中秋文艺展演、海峡两岸暨港澳地区艺术论坛、粤港澳大湾区文艺合作峰会、粤港澳大湾区中国戏曲文化节、海峡两岸青年电影短片季、海峡两岸合唱节、海峡两岸曲艺欢乐汇、海峡两岸青少年舞蹈交流展演、摄影舞蹈杂技展览展演等活动，增强中华儿女的文化认同、情感联系和精神归属，提升中华文化向心力凝聚力。实践使我们深刻认识到，只有坚定中华文化自信，发挥民间文化交流优势，积极主动开展多边或双边交流，用艺术的方式讲好中国故事、传播中国价值、弘扬中国精神，才能为增强国家文化软实力、铸就中华文化新辉煌增光添彩。

7. 加强党对文联工作的全面领导，文联职能和组织体系在深化改革中更加优化。

加强党对文联工作的全面领导，是做好文艺文联工作的根本保证。我们始终把党的领导贯穿到文联工作各方面全过程，以坚决有力的改革举措，不断增强文联组织的政治性、先进性、群众性。认真贯彻《中共中央关于加强和改进党的群团工作的意见》《中国文联深化改革方案》和中央深化改革督查要求，坚持顶层设计与基层探索相结合、协同推进与重点突破相统一、创新举措与日常工作相衔接，深化改革的重点任务和关键环节取得突破性进展。加强制度建设，针对主席团成员、全委会委员、理事会理事、个人会员、专委会成员、新文艺群体和行业标准、评奖制度、网络文艺、行风建设等，出台一系列规范性指导性的规定、办法和措施，搭建起文联深化改革的“四梁八柱”。经过五年不懈努力，中国文联深化改革阶段性任务如期完成；11家全国文艺家协会深化改单方案得到有效实施；32家省级文联深化改革方案全部出台，838%的地市级文联出台了深改方案，正在推进落实。举办全国文联系统深化改革座谈会，召开全国基层文联工作座谈会，加强对地方文联改革的调研督查指导，协力攻克难点痛点堵点，着力推动改革向基层深化拓展。据统计，目前地市级文联组织基本实现全覆盖，县级文联组织覆盖率784%，部分市县文联组织还不断向乡镇街道社区延伸，文联基础工作得到夯实，组织活力日趋增强。圆满完成13个全国文艺家协会的换届工作，顺利实现了协会领导班子的新老交替。积极稳妥推进非时政类报刊事业单位转企改制，完成出版社公司制改制任务。始终把社会效益放在首位，实现对文联所属出版单位社会效益考核全覆盖。制定出台《中国文联关于贯彻落实〈关于加强和改进出版工作的意见〉的实施方案》，加强文联系统出版管理工作。建立健全出版单位的意识形态工作责任制，切实做到守土有责、守土负责、守土尽责。把网信建设作为充分履行文联职能、延伸工作手臂、扩大工作覆盖、提升工作效能的基础性工作和紧迫性任务，增强互联网意识和思维，深入推进文联网信建设与日常工作深度融合，发挥互联网在文艺创作联动、优秀作品传播、会员服务管理、人才培训培养、文艺服务大众等方面的技术优势，推进会员等资源型数据库和文联组织网络工作平台一体化建设，召开全国文联“互联网+文艺”工作会议，发布《中国网络文艺发展研究报告》，完成全国文联“互联网+文艺”三年总体规划，实施第二个三年总体规划，初步形成全国文联系统一张网的工作格局。

坚持用高质量党建推动文联工作高质量发展。把党的政治建设摆在首位，着力强化政治机关意识教育，开展创建“让党中央放心、让人民群众满意的模范机关”活动，不断提高广大党员干部的政治判断力、政治领悟力、政治执行力。积极配合中央第六巡视组开展政治巡视，有效推进反馈问题整改，确保改彻底改到位。结合党的政治建设重点督查整改和以案促改，中国文联党组启动开展内部巡视，着力加强建章立制，强化依法办会、依规办会、依章程办会，构建一体推进不敢腐、不能腐、不想腐的体制机制。认真开展“不忘初心、牢记使命”主题教育、党史学习教育，引导党员干部坚定理想信念，坚守初心使命，动员广大党员干部走好第一方阵，发挥“三个表率”作用。认真落实新时代党的建设总要求和新时代党的组织路线，统筹推进全面从严治党、党风廉政建设、干部队伍建设、意识形态工作、基层党建工作，加强基层党组织标准化规范化建设，强化文联业务主管社会组织党的建设，做到组织覆盖和工作覆盖。牢牢把握文联工作的意识形态属性，认真学习贯彻习近平总书记和党中央对意识形态工作的决策部署，切实担负起政治责任、主体责任，不断健全完善意识形态工作制度，通过落实专项巡视整改任务、举办专题培训班、开展专项督查等，把意识形态工作责任制落到实处。把意识形态工作与主题文艺实践、创作引导、评奖评论、职业道德和行风建设等融通谋划、一道部署、统筹推进，建好用好中国文联所属意识形态阵地，压实主管主办责任，强化网络意识形态工作，健全重大文艺舆情和突发事件舆论引导机制，牢牢把握意识形态安全主导权。实践使我们深刻认识到，高质量推进党的建设，是加强党对文联工作全面领导的根本前提。只有在党的坚强领导下，不断深化改革，增强工作的系统性、整体性、协同性，不断提高行业服务、管理、自律能力，才能发挥文联在行业建设中的主导作用，才能完成好党交给文联组织团结凝聚广大文艺工作者信党爱党、听党话、跟党走的神圣使命和光荣任务。

五年来，中国文联依法依章程加强对下级文联的业务指导和工作指导，特别是围绕文联组织深化改革、基层文联组织建设、团结引领“文艺两新”等综合性系统性强、影响面广的工作，深入调查研究，加强顶层设计，总结基层经验，制定务实举措，有序有效地推进地方文联（产行业文联）和基层文联工作。各地文联、各产行业文联认真贯彻中央决策部署和各地党委政府及产行业主管部门要求，落实中国文联工作安排，聚焦主责主业，强化使命担当，积极主动作为，开展了一系列卓有成效的工作，取得了可喜成绩和进步，有力促进了我国文艺事业的繁荣发展。一是服务发展大局积极主动。围绕践行新发展理念、庆祝中国共产党成立100周年、脱贫攻坚、全面建成小康社会、新时代文明实践中心建设等党和国家工作大局，从党政所需、业界所盼、文联所能的领域找准工作着力点，举办主题鲜明、丰富多彩的文艺活动，为经济社会发展作出积极贡献。组织广大文艺工作者投身抗疫主题文艺创作，倾情讲述抗疫生动故事，温暖人心，鼓舞斗志，为打赢疫情防控战贡献智慧和力量。二是服务人民群众扎实深入。坚持以人民为中心的工作导向，团结引导广大文艺工作者深入基层、服务群众，广泛扎实开展经常性群众文艺实践和文艺志愿服务，为满足人民美好精神文化生活需要作出不懈努力。三是深化改革有序推进。从实际出发，实事求是制定深化改革实施方案，有力推进深化改革各项工作任务的落实，体制机制不断创新，规章制度持续完善，工作手臂不断延伸，工作职能不断优化，全国文联系统深化改革持续向纵深发展。四是文艺人才队伍建设不断发展。紧扣“做人的工作”核心任务，全方位、多层次推进文艺人才队伍建设，突出加强对新文艺组织和新文艺群体的团结引领，汇聚推动新时代文艺事业繁荣发展的强大力量。五是基层基础工作不断夯实。主动争取各级党委政府支持和相关部门重视，推动出台支持文艺发展和文联工作相关政策性、规范性、指导性文件，积极破解文联发展难题，不断改善文联工作环境，基层组织建设、基础工作和基本履职能力稳中有升。

过去五年这些工作成绩的取得，根本在于以习近平同志为核心的党中央的坚强领导和习近平新时代中国特色社会主义思想的光辉指引，在于习近平总书记的关心关爱，离不开中央书记处、中宣部、中组部的有力指导。同时，是以铁凝同志为主席的中国文联主席团及全委会全力推动的结果，是中国文联各团体会员、各有关地区部门单位共同努力的结果，更是广大文艺工作者辛勤耕耘、团结奋进的结果。在此，让我们向广大文艺工作者和文联工作者、向所有关心帮助支持文联工作的社会各界朋友表示衷心的感谢！并致以崇高的敬意！

中国文联十大以来，中国文联荣誉委员于蓝、王琦、方掬芬、冯元蔚、刘厚生、孙慎、严良堃、李行、李铎、李瑛、李前宽、吴贻弓、陈复礼、欧阳中石、胡可、查良镛、侯波、饶宗颐、费明仪、袁毅平、贾作光、郭汉城、谭元寿等著名文艺家先后辞世。他们是文学艺术领域的名家大师，为传承弘扬中华优秀传统文化、繁荣社会主义文艺事业、推动文联工作发展作出了重要贡献，留下了极其宝贵的艺术遗产和精神财富。他们高尚的道德品格、深厚的文化修养、执着的艺术追求、卓越的艺术成就和无私的奉献精神，永远值得我们学习，永远激励我们砥砺奋进。

在充分肯定成绩的同时，我们也十分清醒地认识到，面对新时代新征程，面对人民群众对美好生活的新期待新需求，面对“十四五”时期国家经济社会发展规划和2035年远景目标提出的新任务新要求，文联工作仍存在许多不足和差距。比如，对习近平新时代中国特色社会主义思想学习研究还不够系统深入、贯彻落实上还有差距，文艺精品创作的扶持引导机制还不够健全完善，文艺理论评论的专业性、权威性、引导力、影响力还不够强，文艺人才队伍建设特别是对“文艺两新”的团结凝聚引领还不到位，基层文联组织、基础工作、基本能力建设还存在短板和弱项，等等。这些都是制约文艺事业和文联工作高质量发展的重大课题，迫切需要我们高度重视，认真研究，在今后的工作中努力加以破解。

二、胸怀大局，担当作为，努力铸就中华民族伟大复兴时代的文艺高峰

当前，世界百年未有之大变局加速演进，中华民族伟大复兴进入不可逆转的历史进程，全国人民正在党的坚强领导下踏上建设社会主义现代化国家的新征程。以习近平同志为核心的党中央高度肯定文艺在民族复兴伟业中的重要地位和独特作用，习近平总书记的重要讲话擘画了新时代新征程文艺事业发展的美好蓝图，对广大文艺工作者寄予深情厚望和殷殷期待。我们一定要把党中央的明确要求和习近平总书记的深情嘱托牢记于心，胸怀两个大局，心系“国之大者”，自觉肩负起举旗帜、聚民心、育新人、兴文化、展形象的使命任务，用心用情用功抒写新时代新征程中华民族更加伟大的胜利和荣光，努力铸就中华民族伟大复兴时代的文艺高峰。

1. 高举精神之旗，把准文艺事业奋进方向。习近平新时代中国特色社会主义思想是当代中国马克思主义、二十一世纪马克思主义，是中华文化和中国精神的时代精华，是新时代中国共产党和中华民族的思想旗帜和精神旗帜。习近平总书记关于文艺工作重要论述，是习近平总书记对事关新时代党和国家文艺事业发展的一系列重大理论与实践问题的深邃思考、科学判断，是习近平新时代中国特色社会主义思想的重要组成部分，是新时代文艺工作和文联工作的定盘星和指南针。我们要结合党领导文艺的生动实践、重大成就和宝贵经验，深刻领悟习近平新时代中国特色社会主义思想的科学性和真理性，深刻领会习近平总书记关于文艺工作的一系列原创性新思想新观点，进一步强化文艺界思想引领和理论武装。要准确把握习近平总书记文艺工作重要论述蕴含的中国气派、时代特色、理论逻辑、实践品格，准确把握贯穿其中的马克思主义立场观点方法，深切领悟和理解其关于文艺的地位作用、方针原则、目标任务、基本要求等一系列重大问题的丰富内涵，以理论的清醒确保政治坚定，以文化的自信激发创造活力，为新时代社会主义文艺事业的繁荣发展提供强大源动力。

2. 坚持人民至上，满腔热情创作高质量文艺作品。以人民为中心的创作导向是社会主义文艺繁荣的本质要求。社会主义文艺是人民的文艺，根基在人民、血脉在人民、力量在人民。时刻保持同人民的血肉联系，自觉在人民创造新生活的伟大实践中汲取营养，用人民创造历史的奋发精神滋养创作，是实现文艺高质量发展的根本途径。今天的中国人民更加自信、自立、自强，志气、骨气、底气极大增强，在历史进程中积累的强大能量充分释放，焕发出前所未有的历史主动精神、历史创造精神，正在信心百倍书写着新时代中国发展的历史华章。我们要把人民放在心中最高位置，永葆对人民的赤子之心，忠诚践行以人民为中心的创作之路，把对人民的深情厚谊转化为艺术的诗情画意，紧扣实现中华民族伟大复兴时代主题，聚焦中国式现代化新道路、人类文明新形态，潜心打磨、精益求精，创作生产更多有历史厚度、思想深度和人性温度的文艺精品，用高质量的文艺成果回报社会、反哺人民，增强人民群众物质生活与精神生活共同富裕的幸福感。

3. 坚定文化自信，勇做文化强国建设生力军。党领导人民百年奋斗书写了中华民族几千年历史上最恢宏的史诗，绘就了人类发展史上最壮美的画卷，开辟了中华民族走向伟大复兴的正确道路。坚持把马克思主义基本原理同中国具体实际相结合、同中华优秀传统文化相结合，是党的百年奋斗最宝贵的成就和经验。从革命年代的战斗号角到和平时期的建设凯歌，从改革开放的动人旋律到民族复兴的奋进交响，文艺正是“两个结合”重大理论生动实践的最美华章，为中华民族从站起来、富起来到强起来的伟大飞跃提供了强大而持久的精神支撑。在党领导人民奋斗百年的革命、建设、改革每一个重要关头和高光时刻，文艺工作者从未缺席，始终努力发挥着文艺启迪心灵、鼓舞斗志、引领风尚的独特价值。踏上建设社会主义现代化强国的新征程，我们更当坚定文化自信，继续保持强劲的创新创造激情，植根中华优秀传统文化沃土，展现中华审美风范，赓续红色文化血脉，自觉践行社会主义核心价值观，树立高远的艺术理想和深厚的家国情怀，修身守正、立心铸魂，齐心协力推动正能量成为大流量、好声音成为最强音，做挺立建设文化强国时代洪流的弄潮儿。

4. 勇于改革创新，激发文艺发展强劲动力。勇于改革创新是中华民族攻坚克难的重要法宝，也是文艺事业健康发展的不竭动力。当今时代，日新月异的高新技术对文艺产生了广泛深刻的影响，正在重塑文艺发展格局。文艺新类型新业态层出不穷，新文艺组织新文艺群体大量涌现，人们对多样化高品质的精神文化需求日益高涨，文艺工作的内容对象、方式方法出现许多新特点，迫切需要我们弘扬改革创新精神，顺应时代潮流，强化问题导向，广泛深入调研，回应大众关切，努力做到准确识变、主动求变、科学应变，永不僵化、永不停滞。要紧盯技术前沿，大力发展数字艺术、网络文艺等新业态，为优质文艺内容插上科技的翅膀，让优秀的文艺作品传播得更快更广、产生更大影响。要把新发展理念贯穿到文艺工作全过程各方面，用新理念激发新动力，用新方法解决新问题，持续加强文艺创作、行风建设和文联组织基本能力建设，努力拓展新时代文艺事业发展的广度和深度，提高文艺工作在经济社会发展和国家治理能力、治理体系现代化过程中的贡献率。

5. 增强系统观念，构建全国文联工作新格局。系统观念是带有根本性基础性全局性的思想方法、领导方法和工作方法。对标对表新发展阶段、新发展理念、新发展格局，我国文艺发展不平衡不充分不协调问题仍然比较突出，文联工作的一些短板弱项愈发凸显，面临着不能适应高质量发展的要求，倒逼我们必须增强系统观念，加强前瞻性思考、全局性谋划、战略性布局，提升工作的整体性协同性。以习近平同志为核心的党中央明确要求，新形势下文联工作只能加强不能削弱，只能改进提高不能停滞不前。我们要按照中央的要求，强化“全国文联工作一盘棋”理念，注重搞好顶层设计，打好组合拳，加强上级文联对下级文联的指导支持，促进各级文联组织交流合作，推动跨区域、跨门类文艺融合发展。要进一步优化职能、完善制度、夯实基础，推动文联资源配置更加科学，在重大品牌、重点项目、重要工作上群策群力、上下联动、优势互补，充分发挥文联组织的系统优势、联动效应。

三、今后五年工作设想

未来五年，是全国各族人民立足新发展阶段，贯彻新发展理念，构建新发展格局，坚定不移走中国特色社会主义文化发展道路、建设文化强国的五年；是全国广大文艺工作者围绕中心、服务大局，繁荣创作、服务人民，守正创新、修身立德，全面推动新时代文艺事业高质量发展的五年；是文联组织乘势而上、创新发展和文联工作者大有作为、锐意进取的五年。学习贯彻习近平总书记在中国文联十一大、中国作协十大开幕式上的重要讲话，我们要牢牢把握“五个坚持”，即坚持紧随时代、坚持人民至上、坚持守正创新、坚持心怀天下、坚持弘扬正道。各级文联组织和广大文艺工作者要认真学习领会践行习近平总书记的重要讲话精神，增强历史主动，把准时代方位，明确职责定位，把“做人的工作”和“推进文艺创作”有机结合起来，把“立己”“铸己”与潜心创新创造结合起来，把深化改革、优化职能与发挥系统组织优势和人民团体专业优势、创新工作体系有机结合起来，加强履职能力和行风建设，健全体制机制，夯实基层基础，以更加昂扬的精神状态、更加扎实的工作作风，推动文艺事业和文联工作迈上新台阶、开创新局面。

1. 推动学习贯彻习近平新时代中国特色社会主义思想走深走实，在持续强化政治引领中增强理论自觉。

习近平新时代中国特色社会主义思想，是全党全国人民为实现中华民族伟大复兴而奋斗的行动指南，为包括文艺事业在内的党和国家各项事业发展提供了根本遵循。我们要把学习宣传贯彻习近平新时代中国特色社会主义思想作为常抓不懈的首要政治任务，增强用党的创新理论指导工作的自觉性坚定性，做到学思用贯通，知信行统一。坚持马克思主义在文艺领域的根本指导地位，把牢社会主义文艺的正确政治方向，深入学习贯彻习近平总书记关于文艺工作重要论述特别是在庆祝中国共产党成立100周年大会、中国文联十一大中国作协十大开幕式上的重要讲话精神，以观察时代、淬炼思想、滋养初心、引导创作。不断深化对习近平总书记关于文艺工作重要论述的学理性、系统性、整体性研究和阐释，助力新时代马克思主义文艺理论学科体系、学术体系、话语体系建设，推进马克思主义文艺理论中国化时代化。健全用党的创新理论武装文艺工作者的制度，制定落实全国文联系统文艺人才和管理干部五年培训规划，完善常态化培训机制，突出抓好思想政治理论培训，加大对新文艺群体及中青年、基层一线文艺工作者的培训力度，扩大培训覆盖面，提升培训的针对性和有效性。持续完善文联网络培训云平台，推动文联线上线下培训协调发展，创新教学模式，打造培训品牌，提高培训质量。重视发挥榜样的引领作用，分层分类深入开展“崇德尚艺做有信仰有情怀有担当的新时代文艺工作者”巡回宣讲，推动宣讲向广大文艺工作者拓展、向基层一线延伸，让德艺双馨的价值追求在文艺界蔚然成风。

2.坚持围绕中心、服务大局，在热情讴歌新时代新征程新气象中彰显文化自信。

为时代画像、为时代立传、为时代明德，是文艺工作者的天职。我们要心怀“国之大者”，以高度的责任感、使命感，勇于担当、善于作为，以重要节庆、重要事件和重要活动为契机，科学谋划、集中资源，大力实施主题鲜明、牵动全局、意义重大的文艺实践。明年将召开党的二十大，这是全党全国各族人民政治生活中的一件大事，要提前考虑、精心组织，围绕“喜迎二十大，讴歌新时代”，集中推出一批歌颂党、歌颂祖国、歌颂人民、歌颂新时代的优秀文艺作品。组织开展“新时代文艺佳作英才宣介工程”，集中展示新时代文艺百花争妍的动人景象。要围绕新中国成立75周年、建军95周年、改革开放45周年等重大时间节点和经济社会发展重大战略、重点工程、重要成果，统筹好优秀文艺作品的创作与传播。结合各地实际，组织开展一系列有特色有影响、引导性示范性强的主题文艺活动，紧紧围绕以伟大建党精神为源头的中国共产党人精神谱系，讲好中国共产党故事和中国故事，大力弘扬民族精神和时代精神。各级文联要在围绕中心、服务大局中彰显担当作为，在统一思想、凝聚力量中展现使命责任，与党和人民同心，与时代同行，更好地举旗帜、聚民心、育新人、兴文化、展形象。切实把培育和弘扬社会主义核心价值观突出出来、融入进去，让人民群众在健康文艺的熏陶中感悟认同主流价值观，形成人民有信仰、国家有力量、民族有希望的正大气象，增强做中国人的志气、骨气、底气。

3.坚持面向基层、服务群众，在引导和满足人民群众对美好生活的向往和需求中展现文艺的魅力。

人民是创作的源头活水，只有依靠人民、为了人民，创作才能获得取之不尽、用之不竭的源泉。我们要坚持以人民为中心的工作导向，面向基层、服务群众，眼睛向下、重心下移，始终把文化惠民、文化为民、文化乐民作为根本宗旨。进一步完善“深入生活、扎根人民”主题实践常态化机制，创新工作载体，推动向基层一线扎根，向边疆地区、少数民族地区拓展，推出一批接地气、有灵气、聚人气的优秀文艺作品。健全和落实全国文艺家协会深入生活采风创作管理办法及实施细则，动员、鼓励和引导越来越多的文艺工作者自觉站稳人民立场，增进人民感情，走进厂矿、走进乡村、走进社区，用自己熟悉和擅长的艺术形式，为人民抒写抒情抒怀，让人民群众感受到文化文艺带来的获得感幸福感。围绕乡村振兴、基层社会治理、新时代文明实践中心建设等，坚持送文化种文化传精神相结合，注重各方协同联动和线上线下融合。广泛开展“文艺进万家健康你我他”新时代文明实践文艺志愿服务。继续深入开展送欢乐下基层、到人民中去、我们的中国梦等学雷锋文艺志愿服务活动。加强对基层文艺人才、文艺骨干、文艺爱好者的思想政治和专业培训。健全文艺志愿服务激励表彰机制，持续开展“时代风尚”先进典型宣传推介活动。继续办好“百花迎春——中国文学艺术界春节大联欢”，进一步彰显特色、扩大影响，丰富广大人民群众传统佳节精神文化生活。

4.聚焦文艺精品创作生产，在实施文艺作品质量提升工程中展现文艺工作者的担当作为。

推动文艺高质量发展，最根本在于创作生产出更多高品质的优秀作品，关键在于培养造就更多高素质的文艺人才。我们要聚焦创作生产优秀文艺作品，加强系统性谋划、前瞻性统筹、整体性安排，强化组织引导、改进工作方式、健全有效机制，拓展宣介平台和手段，实现“做人的工作”与“推动文艺创作”的有机融合。加强对重大现实、重大革命、重大历史题材的创作，加强对农村、少儿、科技等题材的原创扶持，不断推出反映人民富裕、国家强盛、中国美丽的文艺精品。坚持把高质量作为衡量文艺作品的根本标准，突出抓好重大示范性创作项目的组织实施，持续推进中国民间文学大系出版工程、中国书法精品创作展览工程、重点现实题材电视剧剧本创作计划等。创新文艺作品创作生产、传播引导、宣传推广的激励机制和评价体系，巩固和扩大文艺评奖制度改革成果，修订和完善评奖程序规则办法，使评奖的导向更加鲜明、过程更加透明、评选更加公正，持续提升影响力美誉度。善于运用互联网传播平台，推动评奖成果有效转化运用。深入实施新时代文艺评论工程，贯彻落实中央宣传部等五部门印发的《加强新时代文艺评论工作的指导意见》和中国文联《加强新时代文艺评论工作实施方案》，充分发挥文艺评论家协会和文艺家协会理论评论专业委员会的作用，办好文艺界及各艺术门类论坛、研讨会、座谈会。培育文艺评论骨干力量，建立签约文艺评论家或特约文艺评论家制度，组建一支高水平专家和青年新锐评论家相结合的文艺评论队伍，着力提升文艺评论工作的组织化专业化科学化水平。做优《中国艺术发展报告》，办好中国艺术报、中国文艺网等中国文联所属各类媒体平台，继续开展“啄木鸟杯”中国文艺评论年度推优活动。针对重大文艺现象和重点文艺作品，及时开展专业性、权威性、引导性强的文艺评论，推动文艺评论与创作双轮驱动、相互支持，共同促进文艺事业实现从“高原”到“高峰”的突破。

5. 深化职业道德和行风建设，在营造风清气正的文艺发展环境中树立文艺界的良好社会形象。

文艺工作者职业道德和行风建设是一项涉及面广、影响广泛的系统工程，也是一项需要锲而不舍、久久为功的战略任务，必须标本兼治、综合治理，付出艰辛努力。我们要按照中央规定的职责和要求，高度重视，紧紧抓住文艺界行风建设和职业道德建设这个牛鼻子和突破口，把文艺领域的教育、引导、服务、管理、自律、维权等各个方面贯通起来，持之以恒地推进文艺行风建设取得实质性成效。进一步完善行业自律制度，发挥中国文联职业道德建设委员会和各全国文艺家协会行风建设委员会的基本职能和积极作用，探索建立完善各艺术门类行业标准、行业规范、行为守则和自律公约。积极加强与宣传、文旅、广电、网信等相关部门的联系协调，沟通情况，争取支持，形成合力，建立教育惩戒联动机制，提升从业人员思想引导和规范管理的实际效果。针对文艺从业人员的违法失德现象和行为勇于发声、正确引导，对造成不良社会影响的依法依规依章程严肃处理。深入挖掘文艺界先进典型和模范人物，在中宣部、中央文明办的指导下，继续做好终身成就艺术家、中青年德艺双馨文艺工作者、全国学雷锋志愿服务“四个100”先进典型宣传推选等评选表彰，持续扩大艺坛大家、艺苑百花等优秀文艺工作者宣介品牌项目的社会影响，树立文艺界良好口碑和文艺工作者良好社会形象。加强分类指导，做好《中国文联关于进一步加强文艺维权工作的指导意见》的贯彻实施。不断创新文艺维权的组织设置和活动方式，充分发挥法律顾问作用，加强维权干部队伍建设，为文联组织履行维权职能提供法律专业支撑。扩大文艺法律志愿服务覆盖面，为“文艺两新”提供更多法律帮助。

6. 努力讲好中国故事，在提升中华文化国际影响力的过程中彰显民间文化艺术交流互鉴的独特优势。

秉持人类命运共同体理念，积极推进对外和对港澳台民间文艺交流合作，是文联组织的一项重要职责。我们要主动配合党和国家外交外宣总体布局，适应展现中国式现代化新道路、人类文明新形态的战略需要，适应全球新冠肺炎疫情形势变化，做优做好民间文化对外传播的时代化表达。结合工作实际，创新交流互鉴的理念思路载体，积极依托“云交流”“云传播”“云展览”，线上线下协同发力。坚持以今日中国艺术周、艺术心桥系列展演及各艺术门类的品牌活动为龙头，面向国外主流社会和广大民众，丰富中外文明互鉴的中国元素，展示反映中华文化历史传承和新时代创新创造的精品力作，传递中国精神和中国价值。丰富和拓展“走出去”的方式方法和渠道手段，积极同国际文艺组织和团体发展伙伴关系，参与国际艺术节展、赛事和会议，加强对话交流和务实合作，扩大中华文化的国际影响力。筹备办好中国国际民间艺术节、中国金鸡百花电影节国际影展、北京国际美术双年展等，不断提升品质，扩大影响。继续加强与港澳台文艺家和文艺工作者联络沟通，加大吸收港澳台个人会员工作力度，努力发挥港澳台全委、理事、代表和会员的作用。指导中国文联香港会员总会、澳门中华文化联谊会等团体有力有效开展工作。围绕粤港澳大湾区建设和发展，支持举办粤港澳大湾区文艺合作峰会、创新论坛等系列活动。精心办好海峡两岸暨港澳地区艺术论坛、濠江之春——澳门与内地艺术家大联欢、“中华情·中国梦”中秋文艺展演、香港青少年书法大奖赛等重点项目以及香港、澳门回归25周年庆祝活动，为厚植中华民族精神纽带和爱国情怀，激励全体中华儿女积极投身中华民族伟大复兴事业作出新贡献。

7.继续推进深化改革，在转型发展中凸显文联组织在行业建设中的主导作用。

加强行业服务、行业管理、行业自律，是以习近平同志为核心的党中央交给文联组织的重大任务，也是更好履行文联组织职能，激发文联组织内生动力，彰显文联组织生机活力的必然要求。我们要按照中央决策部署，在巩固深化改革已有成果的基础上，推动文联改革系统集成、协同高效，发挥中国文联在深化改革、实现文艺事业高质量发展中的示范带动作用。深化顶层设计与基层探索有机结合，增强改革的系统性、整体性、协同性，不断向基层延伸拓展，推动出台加强和改进新时代基层文联组织建设工作意见，努力打通深化改革的“最后一公里”。中国文联要切实加强对地方文联（产行业文联）、基层文联的工作指导和业务指导，注重加强改进对文联主席团成员、全委会委员，协会主席团成员、理事会理事的管理考核，加强对协会专委会艺委会的规范管理和业务指导，支持文艺家履职尽责、发挥作用。建立完善领导干部联系文艺工作者工作制度，强化载体建设，因地制宜，因需而为，多渠道、多形式、多手段拓展青年艺术家之友工作平台。要推动“文艺两新”工作高质量发展，不断延伸手臂、扩大覆盖、创新方式，加强对新文艺组织、新文艺群体的团结服务引领，在新文艺群体职称评审、从业资格认定、合法权益维护等方面进一步取得实质性成效，更好地为“文艺两新”成长成才搭桥铺路。全面深化“网上文艺之家”建设，持续推进全国文联系统文艺资源数据库建设，探索建立会员服务管理、作品评价等网上工作平台，探索网络文艺创作生产传播规律，大力推动文联系统全媒体传播体系建设，积极开展网上文艺大数据信息多种应用，有序推进网信建设的集成优化，为实现文联工作创新发展提供有力的信息化科技化支撑。

8.全面加强党的建设，在建设温馨和谐文艺家之家中当好党和政府联系文艺界的桥梁和纽带。

中国共产党是我们在新征程上应对国内外各种风险挑战的主心骨，坚持党的领导是推动新时代文艺事业繁荣和文联工作创新发展的根本政治保证。我们要牢固树立首位意识，毫不动摇以党的政治建设为统领，强化文联组织的政治功能政治属性，引导广大党员干部增强“四个意识”、坚定“四个自信”、做到“两个维护”，不断提升政治判断力、政治领悟力、政治执行力，自觉在思想上政治上行动上同以习近平同志为核心的党中央保持高度一致。坚持政治建设重在固本，思想建设重在铸魂，制度建设重在立规，组织建设重在强基，作风建设重在塑形，纪律建设重在警示。持续强化思想教育和理论武装，巩固拓展不忘初心、牢记使命主题教育和中央巡视整改成果，推动理想信念教育经常化制度化科学化。深入开展党史学习教育，抓好党的十九届六中全会精神学习贯彻，弘扬伟大建党精神，持续增强党的意识、党员意识和宗旨意识，尽心竭力为广大文艺工作者和人民群众解难事办好事。增强文艺界的大团结，加强对文艺类社会组织、文艺家协会专委会、“文艺两新”集聚区党的建设的指导，把更多的文艺工作者爱好者紧紧团结在党的周围。锲而不舍落实中央八项规定及其实施细则精神，持之以恒推进党风廉政建设和反腐败斗争，始终坚持严的主基调不动摇，营造文联系统风清气正的良好政治生态。全面贯彻落实意识形态工作责任制，大力弘扬社会主义核心价值观，传承中华优秀传统文化，发挥培根铸魂的重要作用，持续强化文联系统意识形态阵地监督管理，做实常态化督查、制度化考评、提醒预警、教育培训、科学应对等工作，做到知责于心、担责于身、履责于行。深入贯彻落实新时代党的组织路线，坚持好干部标准，加强人才调研和培训规划的制定实施，严把政治关、能力关、廉洁关，培养一支政治过硬、本领高强、创新求实、能打胜仗，符合建设文化强国需要的新时代文联干部队伍。加强文联机关党的自身建设、内部建设和基础管理，提高政治敏锐性、综合素质和专业本领，充分发挥文艺家之家的服务功能，努力把文联建设成为真诚服务文艺工作者的温馨和谐美好家园。

各位代表、同志们，立足新起点，奋进新时代，踏上新征程。文艺事业前景广阔，文艺工作者大有可为。让我们更加紧密地团结在以习近平同志为核心的党中央周围，高举伟大旗帜，践行初心使命，勇于担当作为，忠诚履职奉献，潜心创新创造，为繁荣发展社会主义文艺、建设社会主义文化强国、实现中华民族伟大复兴中国梦而不懈奋斗！

努力做有信仰、有情怀、有担当的新时代书法工作者

——在中国书法家协会第八次全国代表大会开幕式上的讲话

（2021年1月26日）

中国文联党组书记、副主席　李　屹

同志们：

在全党全国各族人民深入学习贯彻党的十九大和十九届二中、三中、四中、五中全会精神，喜迎中国共产党百年华诞，全面建设社会主义现代化国家开启新征程之际，中国书法家协会第八次全国代表大会今天隆重开幕了。这是我国书法界的一次盛会，也是文艺界的一件大事。开好这次大会，对于进一步团结动员广大书法工作者深入学习贯彻习近平新时代中国特色社会主义思想，深入贯彻落实习近平总书记关于文化文艺工作和群团工作的重要论述，大力推动我国书法事业繁荣发展，具有十分重要的意义。中共中央政治局委员、中央书记处书记、中宣部部长黄坤明同志亲临大会，亲切看望各位代表，并作重要讲话，中组部、中宣部、文化和旅游部、中央军委政治工作部等部门领导同志专程到会指导，充分体现了党和国家对书法艺术事业的高度重视，对广大书法工作者的亲切关怀和殷切期望，我们倍感亲切、深受鼓舞。在此，我谨代表中国文联，向大会的召开表示热烈的祝贺！向出席会议的全体代表，并通过你们向全国广大书法工作者，致以崇高的敬意和诚挚的问候！向出席指导本次大会的各位领导和嘉宾表示衷心的感谢！

书法艺术是中华文明长河中璀璨的瑰宝，是具有鲜明中国特色的艺术形式，蕴含着丰富的中华美学意蕴，承载着厚重的民族文化记忆，是中华优秀传统文化绵延不绝的强大基因和可靠载体，拥有广泛的群众基础和社会影响力。自中国书协第七次全国代表大会召开五年来，我国书法事业迎来了繁荣发展的重要机遇期，取得了显著成就：优秀作品不断涌现，人才队伍结构日渐优化，书法教育广泛开展，交流展示活动日益活跃，书法艺术普及程度和专业水平有力提升，汉字书法国际影响力进一步扩大。广大书法工作者深入学习贯彻习近平总书记关于文艺工作的重要论述，坚持“二为”方向和“双百”方针，坚持创造性转化、创新性发展，大力培育和践行社会主义核心价值观，植根传统、守正创新，凝心聚力、浓墨重彩地书写伟大时代、书写人民心声，在弘扬中国精神、陶铸时代审美、承续中华文脉等方面发挥了不可替代的重要作用。特别在抗击新冠肺炎疫情的伟大斗争中，包括在座各位代表在内的全国书法界倾情投入、潜心创作，用手中的笔书写国士英雄、赞颂平凡壮举，记录历史、同心抗疫，充分展现了广大书法工作者“文以载道”的优良传统和家国情怀。

五年来，中国书协坚持以习近平新时代中国特色社会主义思想为指导，紧紧围绕服务党和国家工作大局、服务广大人民群众，立足书法艺术规律和协会工作特点，扎实开展各类重大主题文艺实践活动，精心组织书法家“深入生活、扎根人民”，广泛开展“同心同书·祖国新春好”“送万福进万家”等文化惠民活动，积极改进中国书法兰亭奖评奖工作，着力加强书法理论评论和学科建设，团结凝聚基层一线和新文艺群体书家积极对外传播书法艺术，切实加强协会自身建设和深化改革，竭力净化书法行业风气，各方面工作都取得了可喜的成绩，得到了文艺界、社会各界的充分肯定和普遍赞赏。

党的十八大以来，以习近平同志为核心的党中央对文化文艺工作高度重视、格外关心、厚爱有加，切实把文化文艺地位作用提到了历史新

高度，作出了一系列涉及全局和战略的重大决策部署，制定了一系列重要方针政策，推动文化建设和文艺事业、文联工作发生历史性变化，取得历史性进步。党的十九届五中全会明确提出二〇三五年建成社会主义文化强国远景目标，对“十四五”时期文化建设作出战略部署，为我们做好新时代文艺工作、文联工作和协会工作指明了奋斗方向，规划了战略路径。当前，我国已进入全面建设社会主义现代化国家新征程、向第二个百年奋斗目标进军的新发展阶段，社会主义文艺事业也正处于前所未有的重大战略发展机遇期，文艺工作的舞台更加广阔，文艺工作者大有可为。衷心希望广大书法工作者，始终坚定文化自信，坚守中华文化立场，自觉承担起举旗帜、聚民心、育新人、兴文化、展形象的使命任务，挥毫运笔传承民族文化基因，在新时代的伟大实践中进行艺术创造、推动社会文明进步。始终坚持以人民为中心的创作导向，扎根生活、扎根人民，笔尖饱蘸对人民、对国家、对民族的深情，创作更多入木三分、力透纸背，有思想深度、有精神高度、有中国气派的精品力作，不断满足人民群众文化需求、增强人民群众精神力量。始终坚持品艺兼修，追求德艺双馨，力戒心浮气躁，坚守法纪底线，坚持把社会效益放在首位，正确处理好市场经济条件下的“义”“利”关系，讲品位、讲格调、讲责任，抵制低俗、庸俗、媚俗，不断提高学养、涵养、修养，以文质兼美的优秀书法作品树君子之风、养浩然正气、铸大家风范，努力做有信仰、有情怀、有担当的新时代书法工作者。

中国书法家协会是中国文联的重要团体会员，是党和政府联系广大书法工作者的桥梁纽带。当前，中国书协的首要政治任务就是要认真学习贯彻党的十九届五中全会精神和习近平总书记的重要指示批示精神，按照党中央擘画的宏伟发展蓝图，增强责任感、历史感、使命感和主动性、积极性、创造性，紧密结合书法行业发展实际，切实把全会确定的各项目标任务落到实处。要紧扣高质量发展主题，聚焦主责主业，立足“团结引导、联络协调、服务管理、自律维权”基本职能，围绕“做人的工作”这一核心任务，持续深化协会改革不止步，积极探索行业服务、行业管理、行业自律的新思路、新途径、新举措，在做好传统工作领域的同时，努力把工作对象向新文艺组织、新文艺群体延伸，提高工作质量和水平，团结引导广大书法工作者潜心创作、服务人民，不断增强协会组织活力、向心力、吸引力和行业影响力。持之以恒加强协会自身建设和书法界行风建设，强化职业道德和行业规范，大力倡导新风正气，树立书法界良好社会形象，把协会建设成为守正创新、奋发有为、覆盖面广、凝聚力强、温馨和谐的书法工作者之家。

希望大会全体代表认真学习贯彻黄坤明部长的重要讲话精神，同心同德、群策群力，把此次会议开成一个高举旗帜、牢记使命、团结鼓劲、风清气正的大会。希望新一届中国书协主席团认真落实中国文联十届六次全委会和本次大会的工作部署，不辱使命、不负重托，锐意进取、甘于奉献，用心用情用功服务大局、服务人民、服务基层、服务广大书法工作者，推动书法事业繁荣发展、薪火相传、再创辉煌。

立足新阶段，奋斗新征程，展现新作为。让我们更加紧密地团结在以习近平同志为核心的党中央周围，勇于承担时代赋予的使命任务，奋力拼搏、砥砺前行，努力开创新时代书法艺术事业繁荣发展的崭新局面，以优异的工作成绩庆祝中国共产党百年华诞！

唱响时代心声　跳出时代舞步

——在中国音乐家协会第九次全国代表大会、中国舞蹈家协会第十一次全国代表大会开幕式上的讲话

（2021年2月1日）

中国文联党组书记、副主席　李　屹

在全党全国各族人民深入学习贯彻党的十九届五中全会精神，满怀信心开局“十四五”、开启全面建设社会主义现代化国家新征程，喜迎中国共产党百年华诞之际，我们齐聚一堂，隆重召开中国音乐家协会第九次全国代表大会、中国舞蹈家协会第十一次全国代表大会。这是我国音乐艺术界、舞蹈艺术界的一件大事喜事，也是文艺界的一件盛事。开好这次大会，对于进一步团结动员广大音乐、舞蹈工作者深入学习贯彻习近平新时代中国特色社会主义思想，深入贯彻落实习近平总书记关于文艺工作和群团工作的重要论述，大力推动我国新时代音乐、舞蹈艺术事业繁荣发展，推进社会主义文化强国建设，具有十分重要的意义。中共中央政治局委员、中央书记处书记、中央宣传部部长黄坤明同志亲临大会，亲切看望各位代表，并将作重要讲话；中组部、中宣部、文化和旅游部、中央纪委国家监委驻中宣部纪检监察组、中央军委政治工作部等部门领导同志专程到会指导，充分体现了党和国家对音乐舞蹈艺术事业的高度重视，对广大音乐、舞蹈工作者的亲切关怀和殷切期望，我们倍感亲切、备受鼓舞。在此，我谨代表中国文联，对大会的召开表示热烈的祝贺！向出席会议的全体代表，并通过你们向全国广大音乐、舞蹈工作者，致以崇高的敬意和诚挚的问候！向出席指导本次大会的各位领导和嘉宾表示衷心的感谢！

音乐、舞蹈艺术是中华文化和世界艺术殿堂中的瑰宝，蕴含着人类文明进步的文化基因和精神密码，具有鲜明的民族性特色和强大的世界影响力，拥有广泛的群众基础和深厚的学理支撑，是人们抒发情感、愉悦身心、启迪心智、陶冶情操的重要方式，在传承优秀文化、培育时代精神、弘扬中华审美风范、提高国家文化软实力等方面发挥着不可替代的独特作用。自中国音协八大、中国舞协十大召开五年来，我国音乐、舞蹈艺术事业迎来了繁荣发展的重要机遇期，精品佳作层出不穷，题材样式日益丰富，理论评论稳健开展，名家新秀不断涌现，演出市场更加繁荣，国际交流积极活跃，呈现出昂扬向上、百花齐放、生机勃勃的喜人景象。全国广大音乐、舞蹈工作者深入学习贯彻习近平总书记文艺工作重要论述，坚持“二为”方向、“双百”方针，坚持创造性转化、创新性发展，坚持以人民为中心的工作导向，坚持以社会主义核心价值观为引领，把创作优秀作品作为中心环节和安身立命之本，把满足人民群众美好生活需要、增强人民群众奋斗精神力量作为出发点和落脚点，守正创新、潜心耕耘、精益求精，用人民大众喜闻乐见的艺术精品，充分展现时代风貌、讴歌中国精神、鼓舞人民斗志、传承文化血脉，为我国文艺事业的繁荣发展奉献了才华智慧、作出了积极贡献。特别是在抗击新冠肺炎疫情的伟大斗争中，全国音乐界、舞蹈界倾情投身以艺战“疫”，大力弘扬伟大抗疫精神，推出数以万计抚慰心灵、舒缓情绪、鼓舞士气的抗疫主题文艺作品，非常时期发挥了特殊作用，充分展现了全国音乐、舞蹈工作者高度的文化自觉、责任担当和家国情怀。

五年来，中国音协、中国舞协坚持以习近平新时代中国特色社会主义思想为指导，紧紧围绕服务党和国家工作大局、服务音乐舞蹈工作者、服务广大人民群众，立足各自艺术门类的发展规律和协会工作的优势特点，积极作为、开拓进取，

取得了优异的成绩。中国音协围绕国家重大主题和重要活动安排，组织创作大型交响合唱《奋进新时代》、大型少儿组歌《幸福少年》、歌曲《坚信爱会赢》、歌剧《呦呦鹿鸣》、大型主题音乐会《小康之歌》等精品力作，为时代放歌、为人民抒情，赢得各方赞誉；组织开展的中国当代歌曲创作精品工程——“听见中国听见你”年度歌曲推选活动，遴选推出《雅鲁藏布》《高原的梦》等近百首优秀原创歌曲；精心组织音乐家“深入生活、扎根人民”主题采风创作，通过举办《格桑花开新时代》《歌从草原来》《同心曲》等10余场成果展演，回馈时代、回报人民；积极改进和完善中国音乐金钟奖评选表彰，持续开办“中国当代词曲作家高级研修班”，推出一大批优秀作品和优秀人才，发现培养了当下音乐创作的中坚力量。中国舞协注重提高创作的组织化程度和全过程引导，通过“深入生活、扎根人民”主题实践活动，创作推出了《独树》《老雁》等一批示范性、引领性、时代性强的原创作品；充分发挥中国舞蹈荷花奖的示范引导作用，评选推出《长鼓行》《朱鹮》《骑兵》等一大批业界高度认可、社会普遍欢迎的优秀新作；通过“青年舞蹈人才培育计划”“环境舞蹈展演”“名家助力工程”等平台，扶持资助或深度参与创作出《永不消逝的电波》《醒狮》《天路》《草原英雄小姐妹》等荣获国家大奖的代表性作品，开展全国中小学舞蹈教师培优计划、“顶尖舞者”等品牌活动和社会舞蹈普及推广、少儿舞蹈教育培训，夯实舞蹈艺术事业发展的人才基础。五年来，中国音协、中国舞协十分注重团结凝聚新文艺群体和青年文艺人才，加强思想道德引领和理论评论建设，不断深化对外艺术交流合作，切实推进协会深化改革，积极推动行风建设，努力发挥行业建设主导作用。这些努力和成绩得到了文艺界和社会各界的充分肯定和好评。

党的十八大以来，以习近平同志为核心的党中央对文艺工作和群团工作高度重视、格外关怀，把文化文艺工作地位作用提到了全新的历史高度、摆在了国家大局中更加突出的位置，作出一系列事关文化文艺工作的全局性、基础性、战略性的重大决策部署，制定了一系列重要方针政策，推动文化建设和文艺事业、文联工作发生了历史性变化，取得了历史性进步。党的十九届五中全会明确提出到2035年建成社会主义文化强国的远景目标，对“十四五”时期文化建设作出战略部署，为我们做好新时代文艺工作、文联工作和协会工作指明了奋斗方向。当前，我国已进入全面建设社会主义现代化国家新征程、向第二个百年奋斗目标进军的新发展阶段，社会主义文艺事业也正处于前所未有的重大战略发展机遇期，文艺工作的舞台更加广阔，文艺工作者大有可为。衷心希望广大音乐、舞蹈艺术工作者，始终坚定文化自信，坚守中华文化立场，自觉承担起举旗帜、聚民心、育新人、兴文化、展形象的使命任务，在新时代新征程的伟大实践中唱响时代心声、跳出时代舞步。始终坚持以人民为中心的创作导向，扎根生活、扎根人民，胸有万千丘壑、心怀大爱苍生，推出更多有筋骨、有道德、有温度的文艺作品，不断满足人民文化需求、增强人民精神力量。始终坚持艺品兼修，矢志追求德艺双馨，力戒心浮气躁，牢记社会责任，讲品位、讲格调、讲责任，抵制低俗、庸俗、媚俗，以深厚的文化修养、高尚的人格魅力、文质兼美的作品赢得社会尊重和观众点赞，成为先进文化的建设者、社会风尚的引领者，为铸就中华民族伟大复兴时代的文艺高峰贡献力量。

中国音乐家协会、中国舞蹈家协会是中国文联的重要团体会员，是党和政府联系广大音乐、舞蹈工作者的桥梁纽带。当前，中国音协、中国舞协的首要政治任务就是要认真学习贯彻党的十九届五中全会精神，按照党中央擘画的“十四五”时期和二〇三五年远景发展蓝图，以高度的政治责任感和时代使命感，切实把全会确定的各项目标任务创造性地落到实处。要紧扣高质量发展主题，聚焦主责主业，围绕增强协会政治性、先进性、群众性，立足“团结引导、联络协调、服务管理、自律维权”基本职能，牢记“做人的工作”核心任务，持续推进协会深化改革，发挥专业优势和组织优势，把思想政治引领、价值引领和行风建设结合起来，大力倡导行业新风正气，将广大音乐工作者、舞蹈工作者特别是新文艺组织、新文艺群体紧紧团结起来听党话、跟党走。要贯彻新发展理念，把满足人民文化需求和增强人民精神力量统一起来，树立创新思维，积极探索行业服务、行业管理、行业自律的新思路新举措，努力发挥在行业建设中的主导作用，不断增强协会的组织活力、向心力、吸引力和行业影响力，真正把协会建设成为广大音乐工作者、舞蹈工作者的温馨和谐之家。

希望大家认真学习贯彻黄坤明同志的重要讲话精神，同心同德、群策群力，把此次大会开成一个高举旗帜、牢记使命、团结鼓劲、风清气正的大会。希望新一届中国音协、中国舞协主席团认真落实全国宣传部长会议和中国文联十届六次全委会部署，不辱使命、不负重托，锐意进取、甘于奉献，更好地服务大局、服务人民、服务广大音乐舞蹈工作者，不断推动音乐、舞蹈艺术事业繁荣发展、再创辉煌。

立足新阶段，奋进新征程，展现新作为。让我们更加紧密地团结在以习近平同志为核心的党中央周围，勇于担当使命，锐意进取、奋发有为，奋力推进新时代音乐、舞蹈艺术事业繁荣发展，以优异工作成绩庆祝中国共产党成立100周年！

勇于担当作为　深化探索实践
努力开创“文艺两新”工作新局面

——在全国文联“文艺两新”工作座谈会上的讲话
（2021年5月18日）

中国文联党组书记、副主席　李　屹

同志们：

在全党深入开展党史学习教育、开启全面建设社会主义现代化国家新征程之际，我们在这里召开全国文联“文艺两新”工作座谈会。这是继全国文联深化改革工作座谈会、全国基层文联工作座谈会之后，全国文联系统召开的又一次重要的专题工作会议。这次会议的主要任务是：以习近平新时代中国特色社会主义思想为指导，深入学习贯彻习近平总书记关于宣传思想工作、群团工作、文艺文联工作的重要论述，积极贯彻践行新发展理念，进一步提高思想认识和政治站位，聚焦“做人的工作”核心任务，探讨交流全国文联系统“文艺两新”工作的思路、举措和经验，切实增强文联组织在“文艺两新”工作中的引领作用，为构建新时代文联工作高质量发展新格局作出积极努力。

参加这次会议的有全国各省、自治区、直辖市文联，新疆生产建设兵团文联，各全国文艺家协会，中国文联机关有关部门和直属单位，各副省级城市文联和部分地市、区县级文联主要负责同志以及“文艺两新”的代表。在此，我代表中国文联党组，对大家的到来表示热烈欢迎！为开好这次会议，中国文联党组同志近期分别带队深入到一些基层文联和协会，了解掌握“文艺两新”工作基本情况，听取大家的意见建议；国内联络部征集了各单位“文艺两新”工作的经验材料并选编成册，还安排了有关单位作大会发言。希望大家充分利用这次难得的交流机会，相互学习借鉴，共同推动全国文联系统“文艺两新”工作开创新的局面。

下面，我结合贯彻落实习近平总书记有关重要讲话精神和中央有关要求，在总结梳理各级文联组织做法、经验、思考的基础上，就加强“文艺两新”工作，讲几点意见，与大家交流。

一、立足职能，审时度势，深刻认识做好“文艺两新”工作的重要性和紧迫性

当前，我国进入了一个新的发展阶段。立足新发展阶段、贯彻新发展理念、构建新发展格局，推动高质量发展，是当前和今后一个时期各方面各领域各单位都必须认真思考和贯彻落实的重大课题。习近平总书记强调：“认识和把握我国社会发展的阶段性特征，要坚持辩证唯物主义和历史唯物主义的方法论，从历史和现实、理论和实践、国内和国际等的结合上进行思考，从我国社会发展的历史方位上来思考，从党和国家事业发展大局出发进行思考。”这为我们准确把握新发展阶段的特征、做好新发展阶段的文艺文联工作提供了科学方法和有力指导。

从国家层面来看，新发展阶段面临新的发展环境，要解决新的社会主要矛盾、实现新的奋斗目标，文化的作用更加凸显，文化的力量愈益强大。同时也要看到，伴随我国经济社会的发展，文艺队伍结构、文艺业态发生了很大变化，出现了许多新的文艺组织、文艺群体，团结引领“文艺两新”成为新时代文联组织的时代课题和光荣使命。大家知道，经过40多年改革开放特别是教育体制和文化体制改革的全面推进，中等艺术职业学校和高等院校培养了成百上千万的文艺从业者，但是真正能够进入国有单位（或者我们常说的体制内单位）的是极少数，绝大多数散落在社会上从事与文化文艺相关的工作。他们当中既包括民营文化工作室、民营文化经纪机构、网络文

艺社群等新的文艺组织，也包括网络作家、签约作家、自由撰稿人、独立制片人、独立演员歌手、自由美术工作者等新的文艺群体。从全国层面看，截至2020年底，中国文联所属各全国文艺家协会中的新文艺群体会员总数约2.8万人，占比近23%。其中，2020年各全国文艺家协会新增新文艺群体会员1873人，占比33.19%。从各地来看，北京市朝阳区12个新文艺群体集聚区的从业者达80万人；上海市“文艺两新”数量不低于50万人；广州市新文艺组织从业者约100万人；深圳市各艺术门类新文艺组织达19万家；活跃在江西省景德镇的“景漂”常年在5万多人次。这些情况都充分说明，“文艺两新”已经成为当前文艺创作生产传播的重要有生力量，其人数之多、种类之全、分布之广、流动之大，远远超出我们的想象。他们既是文化文艺事业的建设者，也是党和国家文艺工作涉及面最大的部分，是我们党在文艺界新的重要执政基础，他们的思想状况、价值观念、行为方式和生存状态将直接影响我国文艺事业的整体发展和文艺界行业建设和行风建设的整体质量。正因为如此，习近平总书记在文艺工作座谈会上和中国文联十大、中国作协九大讲话中明确要求我们做好新的文艺组织和文艺群体工作，要“用全新的眼光看待他们，用全新的政策和方法团结、吸引他们，引导他们成为繁荣社会主义文艺的有生力量”；“要加强联络，延伸工作手臂，加强对新文艺组织、新文艺群体的团结引导，把千千万万文艺从业者、爱好者凝聚起来，不断增强组织吸引力。”而就目前来看，他们中的绝大多数没有进入我们文联和协会的工作视野和服务范围。因此，我们在座各位特别是各级文联的主要负责同志，要胸怀两个大局、心系国之大者、提高政治站位，不断提高政治判断力、政治领悟力、政治执行力，提高对加强“文艺两新”工作重大意义的认识，主动担当、履职尽责，努力把“文艺两新”这一最大变量转变为新阶段文艺高质量发展的最大增量。

第一，加强“文艺两新”工作，是深化文联改革，切实保持和增强文联组织政治性、先进性、群众性的必然要求。党的十八大以来，以习近平同志为核心的党中央专门召开群团工作会议和文艺工作座谈会，习近平总书记就新时代群团工作和文艺文联工作发表了一系列重要讲话，作出了重要指示批示，中央也为此印发了重要文件，作出了重要部署，其中针对“文艺两新”问题有十分精辟的论述和明确要求，是我们做好这方面工作的有力保障和科学指南。习近平总书记和党中央关于这方面的要求，集中体现在2016年中央出台的《中国文联深化改革方案》之中。方案指出，文联是党领导的人民团体，是党和政府联系广大文艺工作者的桥梁纽带，是繁荣发展社会主义文艺事业的重要力量。方案的总体要求十分明确，面对新形势新任务，通过深化改革，文联组织要解决四大问题，那就是：切实解决同文艺工作者联系不紧密、服务不够、机关化和脱离群众的问题；解决对新文艺群体有效覆盖不广、广泛性和代表性不强的问题；解决思想政治引领作用不够突出、党建带群建工作弱化的问题；解决行业服务、行业管理、行业自律能力不强，运行机制不适应，基层基础薄弱的问题。在方案的总体目标中，也明确指出，通过深化改革，就是要使文联组织的联系范围和服务管理能力显著提升，对网络文艺和新文艺群体影响力显著扩大，行业建设主导作用显著增强，政治性、先进性和群众性更加突出，吸引力、引导力、公信力不断提高，把文联组织真正建成覆盖面大、凝聚力强、温馨和谐的文艺工作者之家。可见，做好“文艺两新”工作，事关文艺人才队伍建设、事关文联组织长远发展、事关文艺事业繁荣兴盛、事关国家长治久安。各级文联协会党组织、领导班子特别是主要负责同志一定要从这样的高度去认识和把握做好“文艺两新”工作的重要性。

第二，加强“文艺两新”工作，是繁荣文艺创作、推动文艺高质量发展的必然要求。党的十八大以来，习近平总书记反复强调和告诫我们，创作生产优秀作品是文艺工作的中心环节，作品是文艺工作者的立身之本。建设社会主义现代化强国、实现到2035年建成文化强国的伟大战略目标，文艺工作者是不可或缺的重要力量。文化强国建设要求我国文艺不仅要有体量增长，更应有质量提升。现在我们传统体制内的文艺工作者和相关组织机构数量有限，他们所提供的文艺产品远远不能满足人民群众日益高涨的精神文化需求。而“文艺两新”体量增长很快，规模很大、机制灵活，他们思想活跃、个性鲜明，接地气、有朝气，创作能量和市场潜力很大。据不完全统计，目前，上海市1500余家演出经纪机构中绝大部分为民营演出公司，年演出场次超过1万场，演出场次和营业收入的市场份额超过60%；浙江省7万多名“横漂”业已成为我国影视艺术发展的重要力量。同时，我们也要清醒地看到，“文艺两新”的组织化程度不高、发展不平衡，职业身份、教育背景、专业经历、艺术素养千差万别，有的从业者还存在“三观”不正、浮躁低俗、急功近利、甚至违法失德失范等问题，江湖陈规、封建陋习、粗劣表演、恶意炒作等不良风气在“文艺两新”中还不同程度存在。如何调动“文艺两新”的积极性，扬其所长、补其所短，在联络服务中实现有效引导，是文联组织在新形势下认真履职、积极尽责的应有之义。我们必须发挥各级文联、协会组织优势和专业优势，改进工作作风，提高工作水平，积极主动加强“文艺两新”工作，运用全新的眼光、制定全新的政策、采取全新的举措，找准工作的切入点、增长点和着力点，把力量配备进一步向基层倾斜，组织体系和工作手臂进一步向一线延伸，服务资源、扶持手段进一步向“文艺两新”开放和拓展，引导他们把为人、修德、从艺统一起来，努力将其凝聚培养为建设社会主义文艺事业的有生力量，为筑就中华民族伟大复兴时代的文艺高峰注入新动能、汇聚新力量。

第三，加强“文艺两新”工作，是推进文艺界行风建设，发挥文联组织在行业建设中主导作用的必然要求。习近平总书记语重心长地强调指出，“文艺是时代前进的号角，最能代表一个时代的风貌，最能引领一个时代的风气。”“举精神之旗、立精神支柱、建精神家园，都离不开文艺。”古往今来，文艺行业的风气深刻影响着社会风气，文艺界的行风建设关注度高、影响面广。随着我国改革开放和市场经济的发展，加上文化体制改革的推进，文艺领域的从业者构成变得十分复杂，行业教育、行业管理、行业服务、行业自律、行业维权工作难度随之增大。党的十八大以来，党中央要求文联组织要聚焦“做人的工作”，要在文艺行业建设中发挥主导作用。这既是党和国家赋予文联组织的神圣使命，也是检验评价新时代文联工作成效的重要标准。实事求是地讲，从目前全国文艺从业人员的构成看，加强“文艺两新”工作，正是全国文联系统聚焦“做人的工作”、在行业建设中发挥主导作用的重点难点和切入点。作为新社会阶层的重要代表，“文艺两新”人数众多，受关注度高，社会影响大。尤其在当下网络新媒体快速发展的大背景下，一些具有广泛社会影响力的文艺界公众人物，其在收徒传艺、班社经营、广告代言、个人情感、婚姻家庭等方面的一言一行，往往都会引发广泛社会关注，对社会大众特别是年轻人产生深刻影响。有的“流量明星”坐拥几千万粉丝，在网上具有很强的动员力、号召力。一旦出现不当言论或负面行为，极易产生恶劣的社会影响，甚至直接影响行业形象。如果不加以正确有效引导，还有可能变成难以治愈的痼疾，给行业建设和社会治理埋下巨大风险和隐患。各级文联组织，特别是主要负责同志，一定要发扬担当精神，转变思想观念，提高做好“文艺两新”工作对行风建设的重要性的认识，积极思考探索各种可能、可行的体制机制、工作方式和手段办法，最大限度地把“文艺两新”团结引导起来，发挥他们在繁荣发展社会主义文艺中的积极作用，共同推动我国新时代文艺事业呈现出百花齐放的繁荣景象。

二、转变观念，破题开篇，“文艺两新”工作呈现良好态势

近年来，全国文联系统按照中央关于文联深化改革工作部署，将团结引领“文艺两新”摆上重要日程，通过深入调查研究、创新工作机制、扩大组织覆盖、加强教育培训、搭建服务平台、强化行业建设等多方面措施，进行了积极探索，取得不少成绩，获得了有益经验。

一是开展教育培训，切实强化思想引领。组织开展以思想政治引领为主线的教育培训工作，已经成为全国文联系统团结服务引领“文艺两新”的重要载体和有力抓手。2018年以来，中国文联及所属各全国文艺家协会举办直接面向“文艺两新”的人才培训班67期，培训学员6650人次。以各全国文艺家协会会员和文艺骨干为重点的常态化教育培训也注重向“文艺两新”延伸，“文艺两新”学员占比约35%。2017年以来，中国文联文艺研修院已举办5期全国新文艺群体拔尖人才高级研修班。中国文联网络文艺传播中心组织实施全国

中青年网络文艺人才培训工程，相继举办“网络文艺人才”“网络影视人才”“网络音乐人才”“网络VR人才”“网络短视频人才”等专题培训班。与此同时，省区市文联也注重加强对新文艺群体的培训工作，在培训研修、建立常态化培训机制等方面积极创新探索。应该说，近年来这些针对“文艺两新”的研修培训，在加强思想引领、创作引领、道德品行引领，培育青年人才、开展跨界研修等方面取得了积极成效，参训的“文艺两新”学员普遍感到学有所获、受益良多。

二是创新组织机构，不断畅通工作渠道。全国各级文联及所属协会优化机构配置，创新打造“青年艺术家之友”等工作平台，充分发挥专委会(艺委会)、二级学会、社会组织等的团结凝聚作用，加强对行业性、地域性文艺组织的联系服务。中国文联于2017年初在国内联络部增设新文艺群体联络办公室，统筹开展团结引领“文艺两新”业务工作。各全国文艺家协会面对“文艺两新”，也陆续建立了不同形式的专门委员会和工作平台。中国舞协街舞委员会2013年开始建立全国街舞联盟，目前已在全国范围内成立31个省级街舞联盟，联盟成员单位共3000余家，这些成员单位分布在594个大小城市，聚合近300万街舞青年，在各级舞协的团结影响下，跳出了充满活力的时代新舞步。中国剧协成立民间职业剧团工作委员会，中国音协成立新兴音乐群体工作委员会、新兴音乐教育工作委员会，中国美协成立新文艺群体(组织)展览与推广中心，中国视协成立新文艺组织和新文艺群体工作委员会。从各地方文联及所属协会看，据初步统计，省市县三级文联成立的新文艺群体协会或由各级文联作为业务主管单位的新文艺群体社会组织达到1158个，覆盖会员约17.4万人。上海市文联早在2005年就成立了上海演艺工作者联合会，后更名为上海新文艺工作者联合会。北京、浙江、南京、苏州、景德镇等地文联也结合各地实际成立了相关机构。这些做法让“文艺两新”及时充分与文联组织交流互动，为“文艺两新”在采风创作、展示展演、比赛评奖、对外文化交流等方面提供平等机会和贴心扶持，积极打通联系服务“文艺两新”的“最后一公里”，极大增强了“文艺两新”的归属感、荣誉感、责任感。

三是出台政策举措，努力健全工作机制。近年来，全国各级文联及协会换届时都注重大幅增加“文艺两新”代表，努力提升“文艺两新”在协会理事、主席团中的比例。中国文联第十次全国代表大会代表总计1550人，其中新文艺群体代表134人，占比9%。中国文联所属各全国文艺家协会在换届时，“文艺两新”代表普遍占到会议代表的15%左右，理事、全委一般占比5%至7%，条件成熟的协会已经超过10%。2020年底完成换届的中国杂协，新杂技群体代表占比21%，新杂技群体理事占比19%。中国摄协“文艺两新”会员占比超过30%，中国民协“文艺两新”会员占比达到60%，中国影协主席团共12人，“文艺两新”占到三分之一。陕西省文代会新文艺群体代表比例不少于20%，委员比例不少于15%。广西壮族自治区文代会新文艺群体代表占比从3%提高到7%，5名新文艺群体代表在4个自治区级文艺家协会担任副主席，几乎所有自治区级协会都有新文艺群体代表担任协会理事。各级文联、协会出台系列举措，推动开展“文艺两新”工作经常化、制度化。中国文联印发《关于加强新文艺群体联络服务管理的意见》，制定《关于加强新文艺群体团结引领工作的意见》，进一步明确“文艺两新”工作目标任务、工作措施、工作要求。中国影协修订完善《新文艺群体入会细则》，制定《新文艺群体管理工作方案》，重点关注基层创作一线、青年电影工作者和新文艺群体电影人才。中国音协创建新兴音乐组织带头人信息库，要求主席团成员、理事密切联系新兴音乐组织和新兴音乐群体代表。中国曲协创建新曲艺群体数据资料库。中国民协研究制定彩灯艺术、民间戏曲演员、花儿工作者等职业标准。山东省文联向山东省社会组织联合会推荐了10名各艺术门类新文艺群体理事人选。浙江省委宣传部、浙江省文联等联合印发《关于扶持“横漂”发展的若干意见》。四川省文联联合四川省社科院在全省范围内开展“文艺两新”大调研工作，提出30条有价值的工作建议。甘肃省文联出台《省文联领导班子和省各文艺家协会主席团成员联系新文艺组织新文艺群体的实施意见》，新近成立新文艺组织新文艺群体联盟。天津、江苏、新疆等12家省级文联结合当地实际，印发加强新文艺群体服务管理工作指导意见，建立对“文艺两新”的组织、联系、激励、培训、扶持、宣传推介机制。这些政策措施对于探索建立“文艺两新”工作的“四梁八柱”，提升“文艺两新”工作规范化、科学化水平都大有裨益。

四是实施创作扶持，有效推动成长成才。近年来，全国各级文联及协会紧扣创作这个中心环节，突出重大主题文艺实践活动示范效应，围绕决胜全面建成小康社会、决战脱贫攻坚、建党100周年、弘扬伟大抗疫精神等重大主题，加强“文艺两新”创作扶持引导。2016年至2020年，中国文联共扶持青年文艺创作项目291个，投入金额5058万元，其中扶持新文艺群体项目130个，占比由18%提高到近60%。中国文联组织新文艺群体骨干人才参加“百花迎春——中国文学艺术界大联欢”等重大文化品牌活动和“送欢乐下基层”“到人民中去”“圆梦工程”等文艺志愿服务。中国剧协梅花奖、中国戏剧节推选申报对民间职业剧团开放，中国书协组织100多名新文艺群体书法家举办书法作品汇报展和研讨会。浙江省文联实施视觉艺术青年人才培养“新峰计划”，重点培养美术、书法、摄影、民间艺术等艺术门类青年优秀人才，其中，“文艺两新”占比达39.2%。福建省厦门市文联专门制定政策，扶持新文艺群体出成果出作品，在服务保障金砖国家领导人厦门会晤中发挥积极作用。江西省文联组织新文艺群体画家参加“赣鄱山水入画来”主题采风活动。广东、重庆、安徽等省文联通过文艺名家结对传艺、开放创作基地、开设艺术工作室等办法，引导“文艺两新”代表积极参与重点文艺创作，传承中华优秀文化。杭州市文联建立的“中国网络作家村”，被列为全国新的社会阶层人士统战工作实践创新基地。深圳市区两级政府采取措施解决大芬油画村、观澜版画村和鳌湖艺术村等艺术聚落中“文艺两新”的实际困难。宁波市象山县新桥镇文联建立新文艺群体活动驿站，为常驻象山影视城的群众演员搭建服务平台。各地的做法经验远不止此，这里不一而足。通过这些工作，新文艺群体展示了才华，增强了社会责任感和文化使命感，对于带动更多“文艺两新”向上向善、树立行业良好风气起到了积极的推动作用。

总的来看，全国文联系统主动适应文艺队伍建设新形势新任务新要求，“文艺两新”工作开了篇破了题，呈现出稳步推进、上下联动的良好态势。但也要清醒地认识到，我们的工作离中央的要求和广大文艺工作者的期待还有很大距离，工作中还存在亟待解决的短板和瓶颈。具体来讲，主要体现在以下四个方面：

一是认识不够到位，工作动力不足。“文艺两新”工作是全国文联系统一项全新的任务，涉及面广，专业性强。不少文联和协会工作者存在思想认识不够深刻等问题，解放思想力度还不够大。有的是思想观念没有跟上文艺队伍深刻变化的实际，存在高高在上、盲目优越、以我为尊等惯性思维；有的虽也看到了做好“文艺两新”工作的重要性和紧迫性，但因循守旧、墨守成规，推动工作缺乏与时俱进的措施，放不开手脚，持续用力不够，难以解决“文艺两新”工作的实际问题；有的对联络服务、团结引领“文艺两新”有畏难情绪，工作仅仅停留在口头上，不主动、不积极，等等，这些都影响了“文艺两新”工作的健康扎实开展。

二是覆盖不够全面，组织引导乏力。“文艺两新”人员市场属性明显，受资本影响大，商业化倾向突出，一些创作者片面追求经济效益，作品思想性艺术性存在明显缺陷。目前“文艺两新”中的党建工作整体比较薄弱，新文艺组织找不到党建工作主管部门、新文艺群体党员找不到党组织的情况比较普遍。大量“文艺两新”游离于文联组织之外，处在“漂”的状态，一定程度上存在“文联给的不想要，想要的文联给不了”的尴尬情形，思想政治引领覆盖面不广、规范性不强、缺乏常态化的工作制度和载体，直接影响了文联组织联络服务引导“文艺两新”的实际效果。

三是机制不够科学，行业治理缺位。不少文联和协会工作中履行对“文艺两新”团结引导、联络协调、服务管理、自律维权的基本职能还存在缺席缺位，联络服务缺抓手、团结凝聚缺办法、行业治理缺队伍的现象比较突出，工作吸引力影响力不强，行业建设主导作用不明显。各级文联组织对“文艺两新”进行表彰、奖励、资助、扶持、培训等正向激励行之有效，而对于违法失德失范的不良行为，更多采取倡议、号召等方式，尚未建立起规范、有效的行业协同联动惩戒机制；对非会员新文艺群体的团结引导力不从心，整体凝聚力和向心力还不强。

四是保障不够有力，工作后劲不足。调研发现，“文艺两新”普遍在职业发展、创作环境、生活条件等方面缺乏稳定的政策支持和服务保障，存在“散、小、弱、差”等问题，生存压力较大。由于缺乏基础性的行业标准和行业规范，“文艺两新”专业资格、从业能力、社会信用等无法得到客观全面科学评价。一些“文艺两新”经营场所、活动空间受场租、年限等因素影响较大，政策措施不配套，难以获得长远稳定的预期，不能安心搞创作。一些“文艺两新”职业发展方向模糊，对艺术理想的追求后劲不足，缺乏有效激励和向上发展空间。一些“文艺两新”维权意识淡化，没有对作品知识产权依法登记，其正当权益遭到侵害时，难以获得可靠有效的维权支持。而这些实际问题又很难在各级文联及协会得到有效解决。

2020年初，中央第六巡视组在向中国文联党组反馈的意见中，明确指出中国文联“桥梁纽带作用发挥不充分，创新工作方式方法不够，对联络协调新文艺群体重视不够，联系文艺工作者不够广泛”，存在“连长找不到兵”“文艺工作者找不到家”等问题。这些问题中，有的是受客观因素影响，仅仅依靠文联的力量和资源还远远不能解决，但更多的还是出自文联组织自身主观上的原因，比如认识还不够到位，政策倾斜力度不够，工作措施针对性、实效性还不够强，等等。对此，我们要提高认识，坚定信心，坚持问题导向、目标导向、效果导向，勇于担当、积极作为，推动“文艺两新”工作迈上新台阶。

三、深度谋划，精准发力，推进“文艺两新”工作高质量开展

置身新时代，面对新形势、新任务、新要求，文联组织在开展“文艺两新”工作中，要切实提高政治站位，强化系统观念，聚焦短板弱项，创新工作思路，采取务实举措，持续精准发力。

第一，坚持正确政治方向，增进“文艺两新”的思想认同。文联组织团结引领“文艺两新”首先是思想政治引领。我们要认真落实习近平总书记和党中央明确的部署要求，按照“文艺两新在哪里，思想政治引领就开展到哪里”的思路，建立健全用党的创新理论教育引导“文艺两新”的工作机制。

一是大力加强“文艺两新”党建工作。近来，针对“文艺两新”人员集中的社会组织党建引领不够到位问题，中国文联通过巩固和发展党建“两个全覆盖”、业务主管首先抓党建、加强分工协作管理等措施，定期组织业务主管社会组织负责人政治学习、业务培训、座谈研讨、政策解读，在“文艺两新”思想政治引领方面取得明显成效。各级文联及协会要充分发挥党组织的战斗堡垒作用，积极建立“文艺两新”党员参加各级文联党组织活动的机制，鼓励引导各级文联党支部与“文艺两新”党支部“结对子”共建，推动各级文联主管社会组织标准化、规范化建设，探索“文艺两新”优秀分子入党渠道，加强对“文艺两新”的思想政治引领。要高度重视对“文艺两新”的意识形态管理工作，加强对各类文艺活动和阵地平台的风险隐患排查，做到守土有责、守土负责、守土尽责。

二是深入开展“文艺两新”常态化教育培训。加强思想政治培训，是文联组织团结引领“文艺两新”的重要工作抓手。各级文联及协会要高度重视并突出抓好政治培训，坚持以学习贯彻落实习近平新时代中国特色社会主义思想为主线，引导“文艺两新”深入了解党的文艺方针政策，不断增强他们的政治认同、思想认同、情感认同。要加大培训力度，结合不同艺术门类、不同层次需求，把创作、演出一线的“文艺两新”作为培训重点，实施新文艺群体拔尖人才培训引领计划，持续举办全国新文艺群体拔尖人才高级研修班，增加各类文艺人才培训班的“文艺两新”比例，把对新文艺群体人才培训研修和延伸服务结合起来，组织各艺术门类有突出成就、专业权威的艺术家作为导师对“文艺两新”进行专业指导，把培训研修和推动创作、推介人才结合起来，推动“文艺两新”教育培训由广度向深度拓展，由普及向提高延伸，为发现、培养和造就各艺术门类文艺创作中坚力量和领军人物打下基础。近两年，中国文联定期向中央统战部自由职业代表人士理论研讨班输送“文艺两新”优秀人才，鼓励和支持“文艺两新”参与各类教育研修活动，反响很好，这方面工作要继续坚持，扎实抓好。

三是广泛开展“文艺两新”职业道德建设。目前，中国文联文艺工作者职业道德建设委员会、

12个门类全国文艺家协会职业道德和行风建设委员会已全部建立，各省文联陆续成立职业道德建设委员会，一些具备条件的地市文联也已成立职业道德建设委员会，且各层级职业道德建设委员会都积极主动，有针对性、探索性、有成效地开展了各类活动，文艺界职业道德建设和行风建设不断得到加强，艺品兼修、崇德尚艺成为广大文艺工作者的价值追求。但也要看到，文艺工作者(包括“文艺两新”)违法失德失范事件时有发生，在社会上产生的负面影响不容忽视。我们要切实发挥各级文联及协会职业道德和行风建设委员会的示范引领、监督管理作用，密切关注文艺界包括“文艺两新”中出现的文艺思潮、文艺现象、违法失德失范行为，通过发布行风倡议、监测引导舆情、强化文艺评论、实施行业惩戒等有效抓手，引导“文艺两新”自觉弘扬和践行社会主义核心价值观，自觉追求德艺双馨，努力提高思想道德修养，增强职业道德意识，秉持职业操守，牢记文艺工作者的社会责任和使命担当，树立良好的社会形象。要加大对文艺界包括新文艺群体先进典型的挖掘、推介和表彰力度，引导“文艺两新”讲品位、讲格调、讲责任，抵制低俗、庸俗、媚俗。要积极探索行业自律有效途径，建立科学高效的舆情监测和行风监督机制，对涉及“文艺两新”的不良文艺作品、现象、思潮、负面事件，通过文联及协会所属媒体、平台和新闻宣传主流媒体积极发声、表明立场，凝聚共识，弘扬新风正气，坚决抵制各种不良现象。

第二，延伸工作手臂，健全团结凝聚“文艺两新”的组织体系。“文艺两新”涵盖不同文艺门类，既面临共性的问题，也充满个性的诉求。我们要按照新时代文联组织职责定位，摒弃惯性思维，克服路径依赖，坚持问题导向，把发现提出问题、分析研究问题、回答解决问题贯穿“文艺两新”工作始终，面向基层，深入调研，及时了解“文艺两新”需求。同时，借助互联网新媒体覆盖面广、受众面大、参与互动性强、及时迅捷等特点优势，下功夫做好“互联网+文艺”“互联网+文联”这篇文章。要注重总结推广提炼来自基层一线的好做法、好经验，由点到面推进工作，进一步扩大和提升工作的整体效应。

一是积极搭建“文艺两新”工作平台。结合各艺术门类规律和特点，建设“青年艺术家之友”等工作平台，加快推进成立新文艺业态艺委会、专业委员会、学会或其他行业组织，广泛团结凝聚本地区、本艺术门类、体制内外的青年文艺工作者。抓住全国文联“网上文艺之家”建设契机，汇集转化文艺资源数据，充分发挥文联协会所属网站、微博、微信等新媒体作用，创新网络内容生产传播，大力扶持推进网络文艺精品和优秀人才展示传播，搭建“文艺两新”网上温馨之家。发挥文联协会组织的专业优势，与本地区、本行业艺术院校、文艺院团、民营文艺企业、文艺类社会组织、剧场、博物馆、美术馆、艺术集聚区等建立合作关系，建设涵盖创作、培训、表演、展示等职能的综合性艺术实践基地，打造更多联络服务“文艺两新”的有效载体。

二是密切联系“文艺两新”代表人士。适应文艺队伍发展新形势，修订完善各级各类文艺家协会《个人会员入会条件细则》，调整门槛，拓宽视野，规范会员发展、管理制度和会员准入、退出、奖惩机制，积极吸纳“文艺两新”中符合条件的青年文艺工作者加入协会，吸纳“文艺两新”代表人士进入各级文联协会代表大会、理事会、主席团，增加他们在其中的构成比例，增强各级文联协会的代表性和广泛性。要把新文艺群体列入本地区、本艺术门类文艺队伍建设整体规划和中青年文艺人才成长计划，建立本地区、本艺术门类“文艺两新”代表人士名录、优秀人才库，建立各级文联协会主席团、理事会及领导班子成员直接联系本地区、本艺术门类“文艺两新”代表人士制度，加大对新文艺群体优秀人才发现举荐力度，积极选树典型，开展经常性走访交流、座谈联谊活动，听取意见建议，激发“文艺两新”中优秀分子的引领、示范和带动作用，通过典型、榜样逐步扩大有效覆盖，推动“文艺两新”实现从“要我找组织”到“我要找组织”的转变，让“文艺两新”真正找到文联这个艺术成长的“摇篮”，找到文联人就是“娘家人”的感觉。

三是加强与“文艺两新”集聚区的工作联系。“文艺两新”集聚区如雨后春笋般出现，契合“文艺两新”抱团取暖的发展诉求，符合文艺事业发展规律。要发挥地方文联特别是市县等基层文联组织的职能作用，密切关注“北漂”“海漂”“横漂”“景漂”等专业性和地域性相结合、专业艺术人才集中的“文艺两新”集聚区，依托集聚区管理机构等属地部门，通过选派文联协会干部到集聚区管理机构挂职交流锻炼、建立“文艺两新”联席会议机制、搭建“文艺两新”与集聚区管理机构对话沟通机制等形式，积极探索行业服务和区域管理相结合的工作模式，逐步建立市、区、街道、园区纵向贯通，“文艺两新”横向互联的全覆盖工作格局。建立健全“文艺两新”工作站或联系人制度，与集聚区内的民营机构、网络社群以及各种“公会”“联盟”“协会”等保持经常性工作联系，及时掌握其生活和专业需求信息，开展有针对性的服务工作。努力实现县级文联组织全覆盖，并在有条件的地方推动文联组织向乡镇、街道和“文艺两新”集聚区延伸，支持“文艺两新”成立行业组织，敞开大门，多措并举，广交朋友、深交朋友，更多地把“文艺两新”吸纳进来、团结组织起来，用真情建立感情，用真心争取人心。

第三，创新方式手段，丰富服务管理“文艺两新”的载体平台。开展“文艺两新”工作，必须把创新精神贯穿全过程，坚持一切从实际出发，大胆探索，锐意进取，锚定目标，精准施策，按照是否有利于文艺事业繁荣发展的标准要求，找准工作的具体切入点和结合点，具体问题具体分析，一把钥匙开一把锁。畅通与“文艺两新”的日常联络服务，健全文艺创作生产传播引导机制，通过主题实践、扶持创作、宣传推介等多种手段，为“文艺两新”深入生活、扎根人民，展示才华、奉献社会提供平台和机会，引导“文艺两新”深化与群众的感情，坚定不移地走以人民为中心的创作道路。

一是加大“文艺两新”创作扶持力度。发挥重大主题创作的示范效应，吸引“文艺两新”参加重大主题创作、深扎采风创作、青年文艺创作扶持等，鼓励和推荐“文艺两新”参加文艺评奖，组织开展各艺术门类“文艺两新”展示展演活动，为他们提供更多参与机会和专业帮助。要积极争取各级党委政府的理解支持，打破体制、地域壁垒，整合盘活各方资源，夯实政策、平台、资金、组织、产业提升等方面保障，集中精力推进各项措施的细化、落实。鼓励有创作实力的“文艺两新”申请各类文艺专项基金，参与重大主题文艺创作，把智慧和力量凝聚在党和人民需要的创作题材和创作主题上，把灵感和激情挥洒在唱响主旋律、弘扬正能量上。加强宣传推介，积极为“文艺两新”优秀人才创造研修提升、参展参赛、评奖评优的机会和平台。组织专业权威的“文艺两新”的创作评论，帮助他们坚定文化自信，坚守艺术理想，增强艺术定力，提高艺术修养。

二是认真开展“文艺两新”职称评定工作。开展“文艺两新”职称评定是文联深化改革的重要举措，也是做好“文艺两新”工作的重要抓手。在中央领导的关心重视和中宣部的大力支持、协调推动下，2020年9月，人社部、文旅部印发了《关于深化艺术专业人员职称制度改革的指导意见》，《意见》中明确“充分发挥文联、作协在联系新文艺群体人才方面的优势和作用，坚持文联、作协作为新文艺群体职称评审主渠道，积极支持其按程序组建艺术系列职称评审委员会，面向新文艺组织和新文艺群体开展职称评审工作。”根据最近调研统计，目前大约有16个省市文联不同程度地在开展新文艺群体职称评审工作，上海市、湖北宜昌市、江苏扬州市等文联已经开展初、中级职称评审，北京市、辽宁省等文联已经开展部分艺术门类高级职称评审，这些先行先试的省区市，正逐渐形成一些行之有效的做法，积累了有益经验。中国文联在前期调研基础上，正在研究制定相关的职称评审实施办法，计划于今年下半年召开一次全国文联系统新文艺群体职称评审工作座谈会，推进这方面工作健康有序开展。我们鼓励各地文联因地制宜、先易后难、先行先试，与有关行政管理部门沟通协调，规范评审程序、客观科学界定评价标准体系，拓展评审范围，打破户籍、身份、档案等限制，畅通新文艺群体职称评审渠道，为新文艺群体人才参加职称评审创造条件，让他们在专业技术职称评定上享有同等待遇。根据目前这方面工作开展情况，我们强调，已经开展职称评审的地方文联，按照新的政策规定，可在原有评审范围基础上，经商当地人社、文旅部门同意，扩大职称评审范围；具备条件的地方文联，可在某些艺术门类上先行试点，积累经验后，再逐步推开；条件暂不具备的地方文联，要积极与相关部门沟通，作为组织和推荐单位，承担材料审核、推荐等相关工作，委托人社或文旅部门评审。

三是充分发挥文艺志愿服务凝聚“文艺两新”的平台渠道作用。文艺志愿服务活动，一头连着文艺工作者，一头连着广大人民群众，是文联组织服务大局服务人民的有效途径。要完善中国文艺志愿者招募机制和动员机制，把文艺志愿服务作为团结联系“文艺两新”的重要载体和纽带，为他们服务人民、奉献社会、提高素质、成长成才提供机会平台，让文艺志愿服务成为文联组织联系服务引导“文艺两新”的重要渠道。要带领“文艺两新”主动融入新时代文明实践中心建设，探索建立激励机制，鼓励和支持“文艺两新”深入到革命老区、边远地区、少数民族地区、巩固脱贫攻坚成果的重点地区，参与“送欢乐、下基层”“到人民中去”“我们的中国梦——文化进万家”“圆梦工程”文艺培训等文艺志愿服务行动，让他们在参加实际活动中亲身感受党和政府的文艺方向导向，感受文联协会的组织优势和专业优势，感受文艺工作的魅力和文艺工作者的职责荣光，实实在在增强参与感、归属感、获得感，从而坚定他们听党话、感党恩、跟党走的信心和决心。

四是扎实做好“文艺两新”服务维权。积极推动地方政府以政府购买服务等形式扶持、奖励优秀“文艺两新”，鼓励其作为社会力量参与公共文化服务，通过各种优惠政策吸纳“文艺两新”加盟和入驻各类文化创意园区、参与国内外文艺展演展示、比赛、文艺志愿服务等公益活动。全面及时了解“文艺两新”的生活创作状态和从业需求，深刻体会他们的酸甜苦辣，深刻理解他们的所盼、所急、所忧、所想，积极帮助他们解决最关心、最直接、最迫切的问题。要关注“文艺两新”权益保护，建立健全维权职能机构和文艺纠纷调解机制，大力开展文艺法律志愿服务，要重点关注新文艺群体的知识产权保护，提高“文艺两新”的法律意识和维权能力，让“文艺两新”在维权服务中真正感受到“家”的温暖。

五是探索推进“文艺两新”行业管理。各级文联组织要按照不同艺术门类、不同文化产业的规律和特点，健全文联和协会领导机构成员履职机制，建立会员发挥作用考评激励机制，以点带面，层层辐射，将引领和服务相结合，将管理和自律相结合，加强整体规划、制度设计和保障政策研究，制定联络、服务、管理的办法和具体措施。着力夯实行业建设制度根基，研究制定各艺术门类、各行当的从业规范、资质认定、执业标准等，制定相应的从业人员守则、职业道德公约等，建立负面清单制度，明确行业底线和惩戒措施，用制度规范对“文艺两新”进行可预期、可操作的引导约束，提高“文艺两新”工作规范化、科学化水平，建设风清气正、健康清朗的文艺生态。

同志们，在文联系统专门召开以“文艺两新”为主题的全国性会议，在我们文联的历史上还是第一次。借此机会，我从贯彻落实好这次会议精神、加强组织领导角度，对扎实有力推进地方和基层文联“文艺两新”工作再强调几点：

一是高度重视，切实增强做好“文艺两新”工作的主动自觉。目前，各地区“文艺两新”工作开展还不平衡、还不充分，有的地方“文艺两新”工作还没有理想开局。各级各地文联要把贯彻新发展理念转化为实际行动，把加强“文艺两新”工作作为重大政治责任，切实扛在肩上、抓在手上，高度重视，强化领导，丰富措施，务求实效。这次会后，要及时向各级各地党委宣传部门汇报好会议精神，主动请示争取当地党委宣传部门的支持，积极推动地方党委政府在平台、资金、项目、组织、产业提升等方面提供政策依据和扶持保障。

二是创造条件，切实研究强化“文艺两新”工作措施。“文艺两新”人数众多、潜力巨大，虽然文艺门类、专业水平和个人需求有所不同，但在学习培训、专业提升、创作扶持、宣传推介、权益维护等方面都亟需文联组织给予帮助和支持。各级各地文联要适应新形势新任务新要求，积极主动作为，创造性开展工作。据我们了解到的情况，四川省文联在省委的大力支持下，经省编办批复，专门成立“新文艺群体工作处”，增配行政编制3名。深圳宝安区文联提请区委区政府召开了全区新文艺组织发展规划研讨会，积极研究制定扶持新文艺组织发展的工作指引。江西景德镇市文联在党委组织部门的支持下，成立了新文艺群体协会党支部，把“文艺两新”引领凝聚在党的周围。各地文联的创新做法、难点突破远不止此。

这些实践充分说明，必要的体制机制支撑是推动“文艺两新”工作取得实效的重要条件。我们要紧紧围绕“做人的工作”这一核心任务，牢牢把握团结引导、联络协调、服务管理、自律维权基本职能，转观念、变思维、创载体、拓平台，健全组织体系，强化制度保障，充实工作力量，努力为“文艺两新”健康长远发展营造环境、创造条件，更好地为党和政府中心工作服务，推动各级各地文联队伍建设取得新进展。

三是因地制宜，创新推动“文艺两新”工作提质增效。不同地区、不同艺术门类的“文艺两新”现状和发展需求有所不同，工作方式、手段、平台的应对也不尽相同。要加强调研，紧密结合本地区本单位实际，坚持一切从实际出发，坚持问题导向，在摸清情况、找准问题的基础上，因地制宜、对症下药、精准施策，决不搞照搬照抄，上下一般粗、左右一个样，更不能“一刀切”和“大水漫灌”。特别是地市、县区这两级文联，与“文艺两新”距离最接近、联系最密切，工作干什么、怎么干，我认为，只要有利于延伸工作手臂、扩大工作覆盖，有利于团结联络引导“文艺两新”坚持正确的文艺方向，有利于繁荣文艺创作，推进文化惠民，都可以尝试和探索，要通过我们的不懈努力，真正做到哪里有文艺工作者，哪里就有文联组织的覆盖，就有文联的声音。

四是系统谋划，联动推进“文艺两新”工作开创新局。“文艺两新”是一项涉及文联工作各个领域的系统工程，单靠一个部门、一个单位、一项活动不可能完成，也不可能做好，不能指望一蹴而就，必须增强系统观念，坚持“全国文联一盘棋”，加强各团体会员、各级文联协会之间的资源共享、优势互补。既要重视工作的方向路径，抓好整体规划，又用求解的思维解决阶段性、局部性问题，逐级传导动力，层层用功发力，把实事办实，把好事办好。下一步，中国文联将加强对各地文联“文艺两新”工作的具体指导和上下联动机制建设，建立全国文联系统“文艺两新”工作交流平台，促进典型经验的沟通互鉴，巩固和拓展交流合作成果。各地文联在推进“文艺两新”工作的同时，要注重信息报送工作，及时反映工作进展情况，及时共享经验做法。要坚持以少带多、以点带面，在大家的共同努力下，实现全国文联“文艺两新”工作的整体推进。

同志们！“乘风破浪潮头立，扬帆起航正当时”。做大做优做强“文艺两新”工作既责任重大、使命光荣，又天地广阔、大有可为。让我们更加紧密团结在以习近平同志为核心的党中央周围，深入贯彻新发展理念，锐意进取、奋发有为，咬定青山、攻坚克难，努力推动“文艺两新”工作高质量发展，为实现“两个一百年”奋斗目标和全面建设社会主义现代化强国作出新的贡献，以优异成绩庆祝中国共产党成立100周年！

不忘初心跟党走　奉献人民开新局

——党领导文艺百年发展的成功经验和启示

中国文联党组书记、副主席　李　屹

践行初心使命，铸就苦难辉煌，我们党已经走过百年历程。党从成立之日起，就高度重视文艺事业和文艺工作，始终坚持并不断加强对文艺的领导。一百年来，一代又一代文艺工作者在党的引导和感召下，毅然投身中国革命、建设和改革事业，为中华民族迎来从站起来、富起来到强起来的伟大飞跃提供强大精神支撑。一百年来，党领导文艺事业发生了翻天覆地的变化，积累了丰富经验和宝贵启示。

始终坚持以马克思主义文艺理论为指导，引领文艺发展的正确方向

中国共产党为什么能，中国特色社会主义为什么好，归根到底是因为马克思主义行！中国共产党从成立开始，就致力于译介和推广传播马克思主义文艺理论，并用其分析文艺现象、指导文艺实践。毛泽东同志在长期的革命战争和文化实践中，明确提出文艺为人民大众并且首先是为工农兵服务的思想，指明文艺的根本方向。邓小平同志提出新的历史时期社会主义文艺的历史任务，明确文艺“为人民服务，为社会主义服务”的方向。江泽民同志、胡锦涛同志立足时代条件新变化和文艺发展新实践，丰富和发展了中国特色社会主义文艺理论。党的十八大以来，习近平总书记深刻总结我国文艺工作面临的新机遇新挑战，提出许多具有开创意义的新思想新观点新论断，深刻回答新时代社会主义文艺事业发展方向性、根本性、战略性的重大问题，深刻阐明文艺工作的地位作用、使命任务、方向目标、原则要求，充分体现理论联系实际的马克思主义理论品格，彰显强大的思想魅力和实践伟力，实现了当代中国马克思主义文艺理论的新飞跃，开辟了中国特色社会主义文艺理论新境界，指引社会主义文艺在新时代新征程铸就新辉煌。历史昭示我们，只有坚持以马克思主义文艺理论为指导，不断推进马克思主义文艺理论中国化，我国社会主义文艺事业才能行稳致远，不断取得新突破。

始终坚持以人民为中心的工作导向，牢牢把握社会主义文艺的根本宗旨

江山就是人民、人民就是江山，打江山、守江山，守的是人民的心。党全心全意为人民服务的根本宗旨决定了党领导的文艺必须站在人民立场上。文艺为人民，作为党的文艺思想的灵魂，始终贯穿于党的文艺工作之中，也是人民的艺术家从艺做人的终身守则。作家丁玲把自己的人生追求归结为一句话：“千真不假地做人民的文艺工作者”。音乐家贺绿汀说：“活着，就是要为人民做事啊！我拿起笔，我写，我拉琴，我弹琴，我指挥，都想着人民，要为人民……”党的十八大以来，习近平总书记对在新的历史条件下密切文艺与人民的联系提出了新的具体要求，揭示了社会主义文艺“为了人民”的价值支点和“依靠人民”的实践原点。广大文艺工作者锚定人民性的价值航标，以火热的创作实践为人民书写、为人民抒情、为人民抒怀，文艺事业呈现前所未有的繁荣局面。历史昭示我们，党领导文艺的一百年，是文艺不断讴歌人民、服务人民、奉献人民的一百年。只有坚持站稳人民立场，牢牢把握以人民为中心的工作导向，才能科学回答“我是谁”“为了谁”“依靠谁”这个文艺的根本问题，为文艺随时代而进步提供不竭动力。

始终坚持围绕中心、服务大局，充分发挥文艺在社会发展进步中的独特价值和重要作用

无论是在血雨腥风的革命战争年代，还是在如火如荼的和平建设时期，党都注重用文艺的方式凝聚力量、鼓舞人心、砥砺奋斗。在革命战争年代，文艺战线鼓舞人民斗志，振奋民族精神，昭示光明前途，建立了不可磨灭的功勋。新中国成立后，党在国家工作大局中统筹考虑文艺事业，最大限度地发挥文艺的功能作用。进入改革开放新时期，党把文艺纳入社会主义现代化建设蓝图和社会主义精神文明建设总体范畴之中。不同文艺领域、不同艺术门类千帆竞发、争奇斗艳，在大潮奔涌的改革年代取得了丰硕成果。党的十八大以来，文艺从时代进步中汲取力量，在守正创新中展现担当，电视纪录片《将改革进行到底》等充分反映以习近平同志为核心的党中央奋力推进全面深化改革的伟大实践。电视剧《山海情》、电影《十八洞村》、河北梆子《李保国》等倾情书写人类减贫史上的中国奇迹。《坚信爱会赢》《大爱苍生》等歌曲以及“为天使造像”重大摄影工程，为打赢新冠肺炎疫情防控阻击战提供有力的精神支持。历史昭示我们，党领导文艺的一百年，是文艺为革命、建设、改革事业鼓与呼的一百年。只有紧紧围绕党和国家大局，才能准确把握文艺工作的历史方位和时代主题，切实承担起举旗帜、聚民心、育新人、兴文化、展形象的使命任务，增强做中国人的志气、骨气、底气。

始终坚持以创作为中心环节，推动文艺在繁荣发展中勇攀高峰

推动文艺繁荣发展，最根本的是要创作生产出无愧于伟大民族、伟大时代的优秀作品。党在领导文艺的百年历程中，始终把推动创作作为文艺工作的中心环节，引导作家艺术家深入生活、潜心创作。歌剧《白毛女》、豫剧《朝阳沟》、话剧《龙须沟》、电影《开国大典》、小说《平凡的世界》、歌曲《在希望的田野上》、油画《父亲》、电视剧《渴望》等一大批优秀作品，充分展现革命者的热血、建设者的坚韧、改革者的勇气、奋斗者的激情，有力弘扬民族精神和时代精神，在中国文艺史上写下浓墨重彩的篇章。党的十八大以来，我国文艺事业格局一新、境界一新、气象一新，进入新的创作丰收期。电视剧《觉醒年代》《鸡毛飞上天》、电影《我和我的祖国》《流浪地球》、舞剧《永不消逝的电波》、话剧《谷文昌》、歌剧《沂蒙山》、文化类节目《典籍里的中国》《经典咏流传》等，以符合时代审美需求的艺术形式，反映出新时代中国文化创新创造的能力和水平。历史昭示我们，党领导文艺的一百年，是引导文艺发时代之先声、写人民之史诗的一百年。只有坚持引导和推动文艺工作者深入生活、扎根人民，心无旁骛、精益求精搞创作，才能让我国社会主义文艺百花园开出更加鲜艳的花朵，结出更加丰硕的果实。

始终坚持加强文艺界人民团体建设，充分发挥文联组织在行业建设中的主导作用

文联组织是贯彻落实党的文艺理论方针政策的重要人民团体，在团结文艺工作者方面承担重要职责。新民主主义革命时期，党对于苏区、解放区的文艺团体，直接设置文艺组织的领导机构；对于“左联”等其他地区的文艺组织，则通过设立派出机构、加强统一战线等方式进行领导。新中国成立前夕，第一次全国文代会在北平召开，来自解放区和国统区的文艺队伍首次胜利会师，中国文联应运而生，翻开了社会主义文艺事业新篇章。从那时起，文联组织在党的领导下，日益成为我国文艺事业繁荣发展不可或缺的重要力量。党的十八大以来，文联组织认真贯彻落实党中央决策部署，突出政治性、先进性、群众性，聚焦主责主业，推进深化改革，强化基层基础，变思维、换思路，调机构、转职能，不断增强组织活力、向心力、吸引力和行业影响力。历史昭示我们，党领导文艺的一百年，是我国文艺组织和团体不断发展壮大的一百年。只有聚焦“做人的工作”，按照中央赋予的团结引导、联络协调、服务管理、自律维权等基本职能，有序推进行业服务、行业管理、行业自律，才能在新的历史条件下提升文联组织的行业凝聚力和社会影响力，彰显文联组织的生机和活力。

始终坚持尊重文艺规律，不断加强党对文艺工作的领导

一切从实际出发，尊重规律、按规律办事，是党长期坚持的思想方法和工作方法。在文艺领域，党始终强调要根据文学艺术的特征和发展规律来领导文艺，不断在文艺实践中探索推进关于文艺创作生产、传播消费、欣赏审美、评论评价以及行业管理等问题的认识，从而深化对文艺规律的认识和把握。在长期实践中，形成了“百花齐放、百家争鸣”“古为今用、洋为中用”“推陈出新”“弘扬主旋律、提倡多样化”“一手抓创作、一手抓评论”等文艺理论方针政策，深刻揭示了社会主义文艺发展基本规律。党的十八大以来，习近平总书记明确指出："加强和改进党对文艺工作的领导，要把握住两条：一是要紧紧依靠广大文艺工作者，二是要尊重和遵循文艺规律。"习近平总书记还围绕文艺与时代、当代文艺与文化传统、文艺与人民、文艺与社会主义核心价值观、文艺与社会生活、文艺与市场、从艺与修德、党的领导与文艺发展等方面作出许多重要论断，开辟了党对文艺规律掌握和运用的新境界。历史昭示我们，党领导文艺的一百年，是不断破解文艺发展密码，推动文艺沿着正确道路健康发展的一百年。只有坚持实事求是的思想路线，不断探索并深刻把握文艺发展规律，才能推动文艺在时代发展的潮流中向前迈进。

以史为鉴、开创未来。我们必须坚决响应习近平总书记在"七一"重要讲话中发出的伟大号召，从党领导文艺的百年历程中汲取力量、增长智慧，总结好、继承好、运用好、发展好成功经验，更加自觉地坚持党对文艺的全面领导，坚持创造性转化、创新性发展，满怀豪情地踏上实现第二个百年奋斗目标新的赶考之路，为建设社会主义文化强国、实现中华民族伟大复兴作出新的更大贡献。

（原载于2021年7月27日《人民日报》第20版）

新征程上文艺工作的光辉指南

中国文联党组书记、副主席　李　屹

在迎接建党百年的日子里，革命历史题材电视剧《觉醒年代》热播，让人们深刻感受到真理的光芒、理想的魅力。电视节目《美术经典中的党史》，电影《我和我的家乡》《金刚川》，电视剧《山海情》《跨过鸭绿江》，歌剧《沂蒙山》，芭蕾舞剧《沂蒙三章》，杂技剧《战上海》，“全国道德模范故事汇”等充满新意的综艺节目和文艺活动，无不体现中国精神、中国价值的强大引领力、凝聚力，充分彰显社会主义文艺在实现中华民族伟大复兴新征程上的独特优势和力量。

新时代丰富多彩的社会主义文艺实践雄辩地向我们昭示：习近平总书记关于文艺工作的重要论述，科学阐明了新时代文艺前进的道路方向，系统擘画了新时代文艺事业的美好蓝图，是新征程上推动文艺事业繁荣发展的根本遵循和行动指南。建成社会主义文化强国，满足人民群众日益增长的美好生活需要，离不开习近平总书记关于文艺工作重要论述的科学指引。

中国特色社会主义文艺理论的新境界

党的十八大以来，习近平总书记站在坚持和发展中国特色社会主义、实现中华民族伟大复兴中国梦的全局和战略高度，亲自谋划、亲自部署、亲自指导推动新时代文艺工作。2014年亲自主持召开文艺工作座谈会，2016年出席中国文联十大中国作协九大开幕式，2019年看望参加全国政协十三届二次会议的文化艺术界社会科学界委员，2020年出席教育文化卫生体育领域专家代表座谈会，都发表了重要讲话；2017年在党的十九大报告中，首次把繁荣发展社会主义文艺作为标题性段落加以阐述。习近平总书记2017年给乌兰牧骑队员回信，2018年给牛犇同志写信、给中央美院老教授回信，2019年致信祝贺中国文联中国作协成立70周年，2020年给中国戏曲学院师生回信，还针对文艺界相关艺术门类存在的问题作出许多重要指示批示。习近平总书记关于文艺工作的重要论述，继承和发展了马克思主义文艺观，实现了马克思主义文艺理论新飞跃，开辟了中国特色社会主义文艺理论新境界，是指导新时代文艺发展的定盘星和指南针，是开创新时代文艺工作最新最权威的教科书。

强大的思想魅力和实践伟力。习近平总书记关于文艺工作的重要论述，深刻总结了新时代我国文艺工作面临的新机遇、新挑战、新要求，深刻回答了关乎社会主义文艺事业发展方向性、根本性、战略性的重大问题，深刻阐明了文艺工作的地位作用、使命任务、方向目标、原则要求、思路重点，提出了党和国家关于新时代文艺工作的理性思考和鲜明主张，破解了一段时间以来困扰文艺理论和实践的普遍问题，有力回答了当代中国文艺发展遇到的特殊问题，充分体现了理论联系实际、实事求是、求真务实的马克思主义学风作风，彰显出无穷的思想魅力和强大的实践伟力，指引着社会主义文艺在新时代铸就新辉煌。

开阔的历史思维和历史眼光。习近平总书记关于文艺工作的重要论述，运用辩证唯物主义和历史唯物主义的科学立场、观点、方法，将文艺放到5000年中华文明史中来考察，贯通中华文化的过去、现在和未来，既高度重视汲取中华传统文化的优秀成果，又充分强调创造性转化和创新性发展。这些重要论述立足于中国特色社会主义伟大实践，源自对中华文化立场的自信坚守，熔铸于对我们党百年来文化建设的经验总结，充分体现了习近平总书记宏阔的历史视野、深厚的文化底蕴和浓郁的人文情怀。

宏大的国际视野和世界胸怀。习近平总书记关于文艺工作的重要论述，站在全球文明发展和人类未来命运的宏大视角，从推动构建人类命运共同体的高度，深刻揭示世界文化在互鉴中发展、在交流中繁荣的客观规律，强调社会主义文艺的繁荣发展必须认真学习借鉴世界各国人民创造的优秀文艺成果。只有坚持洋为中用、开拓创新，面向现代化、面向世界、面向未来，做到中西合璧、融会贯通，我国文艺才能更好地繁荣兴盛，为人类文明作出贡献。这充分体现了习近平总书记推动世界文艺进步和发展、建设人类命运共同体的博大情怀。

全面、科学、系统的文艺思想理论体系

习近平总书记以马克思主义政治家、思想家、战略家的非凡理论勇气、强烈使命担当，运用马克思主义世界观和方法论，应时代之变迁、立时代之潮头、发时代之先声，提出了大量具有开创意义的文艺工作的新思想新观点新论断，构建起观点鲜明、内容丰富、逻辑严密、学理深厚的理论体系。我们既要全面、科学、系统地把握习近平总书记关于文艺工作重要论述的重大意义、思想内涵、核心要义，又要深刻准确把握其富有中国气派、时代特色的鲜明特质和实践品格。

正确认识新时代文艺的地位作用和使命任务，是推动文艺繁荣发展的基本前提。习近平总书记高度肯定文艺的地位作用，深刻阐明了当代中国文艺的现实逻辑和历史使命，为我们做好文艺工作明确了时代方位和奋斗目标。举精神之旗、立精神支柱、建精神家园，都离不开文艺。文艺必须自觉承担起举旗帜、聚民心、育新人、兴文化、展形象的使命任务，促进全体人民在理想信念、价值理念、道德观念上紧紧团结在一起，为服务党和国家事业全局作出更大贡献。去年以来的以艺战“疫”创作热潮中，时代报告剧《在一起》记录特殊时期的笑和泪，快速反映抗疫伟大斗争；《坚信爱会赢》《大爱苍生》《武汉伢》《明天依然最美》等歌曲为打赢疫情防控阻击战加油鼓劲，提供了有力的精神支持。电影《十八洞村》、电视剧《最美的乡村》、花鼓戏《桃花烟雨》等作品聚焦脱贫攻坚主题，在题材、内容和形式上积极开拓创新，以符合时代审美需求的方式，记录和书写了人类减贫史上的中国奇迹。广大文艺工作者必须坚持与时代同步伐，把握时代脉搏，聆听时代声音，从当代中国的伟大创造中发现创作的主题、捕捉创新的灵感，深刻反映我们这个时代的历史巨变，描绘我们这个时代的精神图谱，为时代画像、为时代立传、为时代明德，努力成为时代风气的先觉者、先行者、先倡者。

坚守中华文化立场，是文艺坚定文化自信的必然要求。习近平总书记指出，文化自信是更基础、更广泛、更深厚的自信，是更基本、更深沉、更持久的力量。文艺家没有文化自信，不可能写出有骨气、有个性、有神采的作品。文化自信从来都不是抽象的，坚定文化自信就是要坚定对中华优秀传统文化、革命文化和社会主义先进文化的自信。小提琴协奏曲《梁祝》、民族歌剧《白毛女》、舞剧《丝路花雨》、中国芭蕾代表作品《红色娘子军》因为富含中国文化底蕴和美学特质，成为闪耀于世界文化之林的艺术杰作。电视节目《朗读者》《国家宝藏》《经典咏流传》生动传扬了中华民族精神。广大文艺工作者必须保持对自身文化理想、文化价值的高度信心，保持对自身文化生命力、创造力的高度信心，从中华文化宝库中萃取精华、汲取能量，以自己的作品传承和弘扬中华美学精神，推动中华优秀传统文化创造性转化和创新性发展。

以人民为中心，是文艺必须坚持的创作导向。习近平总书记指出，社会主义文艺，从本质上讲，就是人民的文艺。人民需要文艺，文艺需要人民，文艺要热爱人民，从而进一步明确了中国特色社会主义文艺的人民性特质，指明了社会主义文艺的价值支点、理论基点和实践原点，为文艺工作保持正确方向和创作导向提供了根本遵循。近年来，话剧《谷文昌》、河北梆子《人民英雄纪念碑》、沪剧《敦煌女儿》等通过塑造鲜明的人物形象，表现为国为民的情怀。电影《我不是药神》、电视剧《鸡毛飞上天》《大江大河》等以饱满的人民情怀展现时代变迁中众多普通人的梦想与奋斗、理想与追求。广大文艺工作者必须把人民作为文艺表现的主体，作为文艺审美的鉴赏家和评判人，把为人民服务作为自己的天职，俯下身子向人民学习、向生活学习，从人民的伟大实践和丰富多彩的生活中汲取营养，以美的发现和美的创造反哺社会、奉献人民。

培育和弘扬社会主义核心价值观，是文艺的根本任务。习近平总书记指出，文艺是铸造灵魂的工程，承担着以文化人、以文育人的职责，应该用独到的思想启迪、润物无声的艺术熏陶启迪人的心灵，传递向善向上的价值观。习近平总书记关于文艺与价值观的论述，为我们解决文艺创作中的思想倾向和价值取向问题提供了一把金钥匙。社会主义核心价值观是当代中国精神的集中体现，是凝聚中国力量的思想道德基础。而在社会主义核心价值观中，最深层、最根本、最永恒的是爱国主义。油画《开国大典》、电影《红海行动》《战狼Ⅱ》《我和我的祖国》《夺冠》以艺术手法表达爱国之情，增强了我们做中国人的底气和骨气。第七届“全国道德模范故事汇”基层巡演活动历时3个多月，行程近2万公里，观众近4000万人。文艺工作者必须把社会主义核心价值观生动活泼、活灵活现地体现在文艺创作之中，引导人民树立和坚持正确的历史观、民族观、国家观、文化观，增强道德判断力和道德荣誉感，向往和追求讲道德、尊道德、守道德的生活。

创作生产优秀作品，是文艺工作的中心环节。习近平总书记指出，文艺工作者应该牢记，创作是自己的中心任务，作品是自己的立身之本。文艺工作者只有深入生活、扎根人民，精益求精搞创作，才能把最好的精神食粮奉献给人民。柳青下沉到陕西省长安县皇甫村14年，创作出了栩栩如生的人物形象。路遥为创作《平凡的世界》，脚步遍及陕北乡村城镇，阅读了1975年到1985年的中央各大报，光剪报和笔记就做了几箱子。文艺名家大师的艺术实践充分表明，走入生活、贴近人民，是艺术创作的基本态度；以高于生活的标准来提炼生活，是艺术创作的基本能力。文艺工作者必须提高阅读生活的能力，对生活素材进行判断，深刻把握个体、民族、国家命运，从平凡中发现伟大，从质朴中发现崇高，实现从内容到形式、从观念到手段、从意境到技法的多层面突破，创造出丰富多样的中国故事、中国形象、中国旋律。

把社会效益和社会价值放在首位，是衡量文艺最重要的标准。习近平总书记指出，追求真善美是文艺的永恒价值。要坚守文艺的审美理想、保持文艺的独立价值。新中国成立70周年大庆时中国电影的精彩表现让人难以忘怀，《我和我的祖国》《中国机长》《攀登者》等重点影片，激发了中国人民的爱国情怀和壮志豪情，同时，也激发了电影市场的蓬勃活力。2019年，中国电影票房达到642.66亿元，创历史新高，而主旋律影片成为这个历史新高的现象级产品。2020年，中国电影票房超越北美，成为全球第一大票仓。舞剧《永不消逝的电波》以舞蹈艺术语言诠释革命者的英雄形象，在两个效益相统一上作出了有益探索。这告诉我们，必须建立健全把社会效益放在首位、社会效益与经济效益相统一的文艺创作生产体制机制，合理设置反映市场接受程度的发行量、收视率、点击率、票房收入等量化指标，不能忽视和否定这些指标，但绝不能把这些指标绝对化，被市场牵着鼻子走。

用明德引领风尚，是文艺工作者必须时刻牢记的文化责任和社会担当。文艺要塑造人心，创作者首先要塑造自己。崇德和尚艺、修德和修艺相辅相成、密不可分。作为社会主义中国的文艺工作者，必须有“铁肩担道义”的社会责任感，把个人的艺术追求、学术理想同国家前途、民族命运紧紧结合在一起，同人民福祉紧紧结合在一起，自觉戒除浮躁，讲品位、讲格调、讲责任，坚决抵制低俗庸俗媚俗，以深厚的文化修养、高尚的人格魅力、文质兼美的作品赢得尊重，成为先进文化的践行者、社会风尚的引领者。

始终坚持党的领导，是社会主义文艺发展的根本保证。习近平总书记从推进国家治理体系和治理能力现代化的高度，深刻论述了党的领导与文艺工作发展的关系，对如何加强党对文艺工作的领导提出一系列具体要求，包括贯彻好党的文艺方针政策，把握文艺发展正确方向，发挥文艺评论的重要作用，把德才兼备、能同文艺工作者打成一片的干部放到文艺工作领导岗位上来，尊重文艺工作者的创作个性和创造性劳动等。这些论述集中体现了我们党在领导文艺工作、文联工作长期实践中形成的理论原则和经验总结，为确保社会主义文艺始终沿着正确的方向前进提供了坚强的思想政治和组织保障。坚持党对文艺的领导，是坚持马克思主义在意识形态领域指导地位的根本制度的必然要求，必须体现在文艺工作、文联工作的各个方面。文联是党和政府联系广大文艺工作者的桥梁纽带，在团结引领文艺工作者方面负有重要职责。新形势下，文联必须深化改革，突出政治性、先进性、群众性，工作向基层倾斜，服务向最广大文艺工作者拓展，加强对新文艺组织、新文艺群体的团结引导，强化行业服务、行业管理、行业自律，在行业建设中发挥主导作用，不断增强组织活力、向心力、吸引力和行业影响力。

坚定不移推动文艺事业和文联工作高质量发展

党的十九届五中全会明确提出到2035年建成社会主义文化强国远景目标，对“十四五”时期文化建设作出战略部署。我们必须不断提高运用党的创新理论推动文艺事业和文联工作的能力和水平，为在新发展阶段繁荣发展文艺事业、推进文化强国建设展现新作为、作出新贡献。

始终坚持马克思主义在文艺领域的指导地位，持续深入贯彻落实习近平总书记关于文艺工作的重要论述。坚持以马克思主义为指导，是社会主义文艺的本质特征和根本要求。党的十九届四中全会明确提出，要坚持马克思主义在意识形态领域指导地位的根本制度。这是关系党和国家事业长远发展、关系我国文艺前进方向与发展道路的重大理论和实践创新。我国文艺发展正反两个方面的经验教训充分证明，只有坚持马克思主义指导地位，社会主义文艺才能固本开新、繁荣兴盛，成为我们坚定文化自信的坚实根基；背离或放弃马克思主义，就会失去灵魂、迷失方向，导致不良文艺思潮沉渣泛起，造成文艺领域的混乱。习近平总书记关于文艺工作的重要论述，是马克思主义文艺理论在当代中国的创造性升华，是新时代文艺认识论、实践论和方法论的总集成，是指导新时代文艺工作、文联工作的总方针、总依据和总要求。我们必须把习近平新时代中国特色社会主义思想作为主心骨、定盘星、指南针，进一步强化文艺界思想政治引领和理论武装，引导广大文艺工作者自觉用习近平总书记关于文艺工作的重要论述观察时代、淬炼思想、指导创作，始终不渝地信党爱党、听党话、跟党走。

始终坚持以人民为中心的工作导向，以更多精品力作奉献人民。“以人民为中心”是社会主义文艺的生命线，这是习近平总书记关于文艺工作重要论述的核心要义，也是繁荣发展文艺事业、推动文联工作必须遵循的根本原则。当今世界正在经历百年未有之大变局，中华民族走向复兴的伟大实践更是波澜壮阔，国家的蓬勃发展，社会的深刻变革，百姓的欢乐忧伤，生活的酸甜苦辣，蕴藏着无数感人肺腑的故事，构成了气象万千的景象，洋溢着激昂跳动的乐章，展现着色彩斑斓的画面。广大文艺工作者必须始终坚持以人民为中心的创作导向，立足新时代的历史坐标，聚焦中国精神、中国价值、中国力量，在火热的生活中积累鲜活生动的素材，深入开掘中国精神中国梦、中国共产党成立100周年、脱贫攻坚、全面小康、新发展阶段、重大科技进步等重大时代课题，在创作中高扬现实主义精神，描写富有时代高度、反映时代精神的典型人物，刻画英雄、礼敬英雄、铭记英雄，创作生产出为人民喜闻乐见、雅俗共赏的优秀作品、扛鼎之作，不断为广大人民群众奉献更好更多的精神食粮。

始终坚持科学的文艺作品评价标准，加强改进文艺理论评论工作。习近平总书记强调，文艺批评是文艺创作的一面镜子、一剂良药，是引导创作、多出精品、提高审美、引领风尚的重要力量。文艺评论和文艺创作历来被视为文艺工作的鸟之双翼、车之两轮，二者相辅相成，缺一不可。在铸就新时代文艺高峰的实践过程中，既需要精品力作的创造者，同样也需要勤于观察、敏于发现、敢于批评的理论评论家。新时代的文艺理论评论必须始终坚定文化自信，把准理论评论的方向盘，深刻阐发党的文艺创新理论，鲜明阐发时代精神的美学追求，运用历史的、人民的、艺术的、美学的观点评判和鉴赏文艺作品，在大是大非问题上敢于表明立场，在艺术质量和水平上敢于实事求是，坚决防止和抵制“去思想化”“去价值化”“去历史化”“去中国化”“去主流化”等不良倾向。文艺理论评论只有跟上新时代的发展步伐，顺应信息化、网络化、数字化、智能化的社会发展趋势，才能发挥思想引领、创作引领、价值引领和审美引领的重要作用，营造风清气正、健康繁荣的文艺生态。

始终围绕“做人的工作”这一核心任务，提升文联组织的行业凝聚力和社会影响力。文联组织是党领导下的人民团体，是贯彻落实党的文艺理论方针政策和决策部署的重要力量。仅中国文联所属11个文艺家协会，会员数量已由1979年的

1.2万人发展到目前的12.6万人。人心是最大的政治，“做人的工作”是党交给文联的政治任务。我们必须把思想政治引领、价值引领、道德引领和行风建设结合起来，把团结引导和服务管理结合起来，遵循文艺工作特点规律，进一步完善倡导讲品位、讲格调、讲责任、抵制低俗庸俗媚俗的工作机制，引导广大文艺工作者认真履行社会责任、树立良好社会形象。我们必须尊重文艺工作者的创造性劳动和艺术个性，坚持大抓基层，眼睛向下、重心下沉，诚心诚意同文艺工作者交朋友。当前，新文艺群体和新文艺组织数量不断增加，文联工作必须把对新文艺组织新文艺群体的团结引领凸显出来，了解他们的生存状况、从业情况和专业诉求，延伸联系手臂，用全新的眼光看待他们，用全新的政策和方法团结、吸引他们，尽最大可能帮助他们强信心筑同心，在新的历史条件下激发文联组织生机和活力，凝聚起文艺战线的磅礴力量，推动文艺事业谱写新的华章。

（原载于2021年第11期《求是》杂志）

Important meetings、events

2022

重要会议、活动

中国文联第十一次全国代表大会

12月12日下午，中国文联第十届主席团第十次会议在京召开。中国文联主席、中国作协主席铁凝主持会议。中国文联党组书记、副主席李屹，中国文联副主席赵实，中国文联党组成员、副主席徐永军、董耀鹏，中国文联副主席左中一、冯巩、冯远、边发吉、许江、李前光、李雪健、陈振濂、迪丽娜尔·阿布拉、孟广禄、胡占凡、胡孝汉、郭运德、董伟、潘鲁生、濮存昕，中国文联党组成员俞峰、诸迪、张雁彬、张宏，中国文联主席团委员王一川、冯双白、高西西、盛小云出席会议。

会议审议通过了《中国文联第十届主席团关于召开中国文联第十一次全国代表大会的决议（草案）》，通报了第十一次全国文代会筹备工作情况和日程安排，审议了《中国文联第十一次全国代表大会议程（草案）》，审议了《〈中国文联章程〉修改草案》和《关于〈中国文联章程〉修改情况的说明》，确定了中国文联第十一次全国代表大会预备会议主持人，确定了《中国文联第十届全委会工作报告》委托报告人和《关于〈中国文联章程〉修改情况的说明》委托说明人，审议了《中国文联第十一次全国代表大会主席团组成原则（草案）》，通报了第十一次全国文代会代表资格审查委员会成员名单。

12月14日上午，中国文学艺术界联合会第十一次全国代表大会、中国作家协会第十次全国代表大会在北京人民大会堂开幕。中共中央总书记、国家主席、中央军委主席习近平出席大会并发表重要讲话。中共中央政治局常委李克强、栗战书、汪洋、王沪宁、赵乐际、韩正出席。

中国文联主席、中国作协主席铁凝致开幕词，共青团中央书记处第一书记贺军科代表人民团体致词。

部分中共中央政治局委员，中央书记处书记，全国人大常委会、国务院、全国政协、中央军委有关领导同志出席大会。

中央和国家机关有关部门负责同志，全国文艺工作者代表和特邀嘉宾等约3000人参加会议。

12月15日上午，中国文联第十一次全国代表大会在北京人民大会堂举行第二次全体会议。中国文联党组书记、副主席、第十一次全国文代会大会主席团常务主席李屹代表中国文联第十届全委会作题为《开启新征程奋进新时代为建设社会主义文化强国作出更大贡献》的工作报告。中国文联党组成员、副主席、第十一次全国文代会大会主席团常务主席徐永军作《关于〈中国文学艺术界联合会章程〉修改情况的说明》。第十一次全国文代会大会主席团常务主席赵实、董耀鹏、左中一、冯巩、冯远、边发吉、许江、李前光、李雪健、陈振濂、迪丽娜尔·阿布拉、孟广禄、胡占凡、胡孝汉、奚美娟、郭运德、董伟、潘鲁生、濮存昕、张雁彬、俞峰、诸迪、张宏、王一川、冯双白、高希希、盛小云、孙晓云、李舸、陈道明、范迪安、姜昆、夏潮等出席会议。会议由徐永军主持。

12月16日上午，中国文联第十一次全国代表大会举行第三次全体会议，审议并通过《中国文学艺术界联合会第十一次全国代表大会关于第十届全国委员会工作报告的决议》和《中国文学艺术界联合会第十一次全国代表大会关于修改〈中国文学艺术界联合会章程〉的决议》。中国文联第十届主席、中国作协第九届主席、第十一次全国文代会大会主席团常务主席铁凝等出席会议。会议由中国文联党组书记、第十届副主席、第十一次全国文代会大会主席团常务主席李屹主持。会上，李屹作了《关于中国文联第十一届全国委员会委员候选人建议人选的说明》。

12月16日下午，中国文联第十一次全国代表大会选举产生中国文联第十一届领导机构。当日下午举行的中国文联第十一届全国委员会第一次会议，选举产生了中国文联第十一届主席团。铁凝当选为中国文联第十一届主席，毛乃国、卢映川、叶小钢、冯巩、边发吉、朱彤、刘恒、许江、李屹、李舸、李雪健、陈振濂、迪丽娜尔·阿布拉（女，维吾尔族）、孟广禄、俞峰、徐永军、奚美娟（女）、诸迪、彭丽媛（女）、董耀鹏、潘鲁生（按姓氏笔画为序）21人当选为副主席，王一川、冯双白、张宏、张雁彬、高希希、盛小云（女）（按姓氏笔画为序）6人当选为主席团委员。当日下午举行的中国文联第十一届主席团第一次会议推举李屹、徐永军、董耀鹏、俞峰、诸迪、张雁彬、张宏、黄豆豆（挂职）8人为中国文联第十一届书记处书记。

12月17日，中国文学艺术界联合会第十一届全国委员会、中国作家协会第十届全国委员会全体会议在北京举行。中共中央政治局常委、中央书记处书记王沪宁出席会议并讲话。中共中央政治局委员、国务院副总理孙春兰，中共中央政治局委员、中宣部部长黄坤明出席会议。中央和国家机关有关部门负责同志，中国文联第十一届、中国作协第十届全国委员会委员参加会议。

12月17日下午，中国文联第十一次全国代表大会圆满完成各项议程，在京胜利闭幕。中国文联第十届名誉主席孙家正，中国文联第十一届主席、中国作协第十届主席铁凝，中国文联党组书记、第十一届副主席、书记处书记李屹，中国文联党组成员、第十一届副主席、书记处书记徐永军、董耀鹏、俞峰、诸迪，中国文联第十一届副主席毛乃国、卢映川、冯巩、边发吉、朱彤、刘恒、李舸、李雪健、陈振濂、迪丽娜尔·阿布拉、孟广禄、奚美娟、彭丽媛、潘鲁生，中国文联党组成员、第十一届主席团委员、书记处书记张雁彬、张宏，中国文联第十一届主席团委员王一川、冯双白、高希希、盛小云等出席闭幕式。闭幕式由李屹主持。李屹宣布了中国文联第十一届主席团成员名单。铁凝宣布了关于推举中国文联第十一届书记处书记的决定。

庆祝建党100周年

凝聚新力量·筑梦新时代——庆祝中国共产党成立100周年自由职业艺术家作品展

3月20日至4月21日，由中央统战部新的社会阶层人士统战工作局、中国文联国内联络部、上海市委统战部、上海市委党史研究室指导，中国美协支持，全国新的社会阶层人士服务团自由职业分团、上海市新的社会阶层人士联谊会、上海市奉贤区委宣传部、上海市奉贤区委统战部主办，上海市奉贤区文化和旅游局承办的“凝聚新力量·筑梦新时代——庆祝中国共产党成立100周年自由职业艺术家作品展”在上海奉贤区博物馆举行，网上数字VR展同期上线。该展共分为“日出东方”“峥嵘岁月”“锦绣河山”“时代乐章”四大板块，策展期间即得到全国31个省(自治区、直辖市)自由职业艺术家的积极参与，共收到610幅作品，由中国美协最终评选出100位艺术家的100幅作品展出。作品反映出新时代广大自由职业艺术家把崇高的艺术理想融入党和人民的伟大事业之中，在唱响新时代主旋律的同时，不忘初心、坚守正道、德艺双修、潜心耕耘，以优秀的文艺作品回馈伟大的时代，肩负起新时代文艺工作者的责任担当，为中国共产党百年华诞献礼。100幅作品以艺术形式讲述了建党百年辉煌历程中的奋斗故事，展示了在中国共产党的领导下祖国日新月异的发展成就，充分表达广大新的社会阶层人士自由职业艺术家热爱党、热爱祖国的情怀。上海市委常委、统战部部长郑钢淼，中央统战部六局局长张明，中国文联国内联络部副主任苗宏，上海市奉贤区委书记庄木弟，上海市委统战部常务副部长黄红，上海市委党史研究室主任严爱云，上海市奉贤区委副书记、代区长袁泉，上海市委统战部副部长、上海市民族和宗教事务局党组书记王霄汉，上海市委统战部二级巡视员、上海市欧美同学会党组书记李霞，上海市奉贤区委副书记骆大进出席开幕式。此外，主办方还发布了自由职业人员唱响主旋律的《倡议书》，组织开展了“新文艺·新时代·新使命”论坛、“艺术助力乡村振兴”艺术写生等活动。截至主题展闭幕，共有109.6万人次通过VR平台线上观展，5.8万人线下参观展览，扩大了新的社会阶层人士统战工作的社会影响。

希望的田野——脱贫攻坚 共享小康全国摄影展

4月9日，由中国文联、中国国家博物馆、中国摄协联合主办的“希望的田野——脱贫攻坚 共享小康全国摄影展”在中国国家博物馆南1、南2展厅开幕。中国文联党组书记、副主席李屹，党组成员、副主席李前光、胡孝汉，党组成员徐永军，国家博物馆党委书记、副馆长单威，中宣部文艺局副局长、一级巡视员陆红实，中国摄协主席、展览总策展人李舸，分党组书记、驻会副主席郑更生，副主席柳军，顾问于健、罗更前，分党组成员、秘书长高琴，分党组成员、副秘书长彭文玲，分党组成员、副主席、副秘书长居杨，中国文联摄影艺术中心常务副主任历夫波以及中国文联机关各部室、各直属单位负责同志，中国摄协在京团体会员单位负责人等出席开幕式。展览分为“攻坚”“圆梦”两部分，展出150名摄影家不同时期与广大基层一线扶贫干部一起深入生活、扎根人民，以及亲身参与扶贫助困具体工作中所拍摄的近180幅优秀作品，生动展现了中国决胜脱贫攻坚、全面建成小康社会的重大成果。展品包含产业扶贫、就业扶贫、易地搬迁扶贫、教育扶贫、文化扶贫等内容，既注重选取拍自广受关注的脱贫攻坚地区的影像作品，也重视摄影对英模人物的表现，以新旧照片对比的方式，直观生动展现广大脱贫群众生活的改变、精神面貌的焕然一新。展览形式设计力图实现多元化、多维度的视觉呈现，同时加入互动元素，将观众现场沉浸式体验互动与线上全媒体传播相结合。展厅还设计了金黄色麦田实景，脱贫攻坚口号镜面廊道、透空栏栅摄影展墙等。

庆祝中国共产党成立100周年优秀舞台艺术作品展演

4月20日，由中宣部、文旅部、中国文联共同主办的庆祝中国共产党成立100周年优秀舞台艺术作品展演拉开帷幕，民族歌剧《沂蒙山》当晚在国家大剧院上演。

展演活动围绕庆祝中国共产党成立100周年、全面建成小康社会和实现中华民族伟大复兴的中国梦等主题，认真学习贯彻习近平总书记在党史学习教育动员大会上的重要讲话精神，重点推出围绕党史、新中国史、改革开放史、社会主义发展史创作的优秀作品。其中，既有革命题材作品如京剧《李大钊》、歌剧《红船》、舞剧《永不消逝的电波》等，也有现实题材作品如歌剧《道路》、话剧《深海》、交响音乐会《浦东交响》等，既有记录脱贫攻坚伟大历程的民族歌剧《扶贫路上》、彩调剧《新刘三姐》、花鼓戏《桃花烟雨》等，也有聚焦抗击新冠肺炎疫情的民族歌剧《天使日记》。

此外，京剧《红灯记》、歌剧《白毛女》、豫剧《朝阳沟》、芭蕾舞剧《红色娘子军》等观众耳熟能详的经典复排剧目也将再度亮相。这些作品从不同角度展示中国共产党百年光辉历程、伟大成就和宝贵经验，生动讲述了中国共产党带领中国人民从站起来、富起来到强起来的历史性飞跃。

展演作品涵盖京剧、昆曲、地方戏曲、话剧、儿童剧、歌剧、舞剧、音乐剧、交响音乐会、民族音乐会等多个艺术门类，全国各省(自治区、直辖市)和新疆生产建设兵团共有140部优秀剧目参演，具有广泛的代表性，其中50部作品集中在北京各大剧场演出。

大型原创交响合唱《百年放歌》

5月19日晚，由中国文联、中国音协共同主办的大型原创交响合唱《百年放歌》在北京国家大剧院音乐厅举行。

中国文联主席、中国作协主席铁凝，中国文联党组领导李屹、李前光、张雁彬，全国政协文化文史和学习委员会驻会副主任刘晓冰，北京市政协副主席、国家大剧院党组书记、院长王宁，中国文联副主席、中国音协主席叶小钢，中国音协分党组书记、驻会副主席韩新安等与各全国文艺家协会，中国文联机关各部门、各直属单位负责人，此次音乐会相关单位负责人，《百年放歌》的词曲创作者等一同出席观看。

《百年放歌》从策划到演出历时将近一年，其间召开了10余次策划会、工作推进会、作品听鉴会，多批次组织词曲作家赴全国各地开展采风，是广大音乐工作者向中国共产党百年华诞的深情献礼，也是老中青三代艺术家对中国共产党百年丰功伟绩的热情赞颂。演出以建党百年的重大历史节点为脉络和依据，以当代视角回望历史、展望未来，由序、上篇《光荣之路》、下篇《破浪远航》和尾声四部分组成，16首原创音乐作品采用合唱、领唱、独唱、重唱、情景演唱等多种声乐表演形式首次唱响，热情讴歌百年来中国共产党为人民谋幸福、为民族谋复兴、为世界谋大同的丰功伟绩，生动展现各族人民在党的领导下意气风发追求美好生活的精神风貌，激励中华儿女在新时代长征路上砥砺奋进。

作品的主创团队及演出阵容均堪称强大。著名作曲家叶小纲任艺术总监，著名指挥家俞峰担任指挥，著名作曲家孟卫东任音乐组组长，著名词作家王晓岭任文学组组长。曲作者有叶小钢、孟卫东、关峡、印青、张千一、戚建波、何沐阳、舒楠、栾凯、王备、周湘林、邹航、胡廷江、杨一博、李劭晟、郑阳等；词作者有凯文、王晓岭、宋小明、朱海、屈塬、杨启舫、梁芒、刘新圈、杨玉鹏、陈维东、田然等，涵盖了全国有影响力的知名词曲作家以及新兴音乐群体优秀代表。廖昌永、王丽达、王庆爽、石倚洁、吴碧霞、周晓琳、王传越、薛皓垠、黄训国、杜朋朋、马小明、沈洋、王凯、尉金莹、毛一涵、金郑建、李扬、贾贝利、陈淼、徐晶晶、山水组合等与中央音乐学院交响乐团、中央音乐学院合唱团、爱乐男声合唱团、北京音协合唱团表演了歌曲《东方船》《信仰的味道》《与人民在一起》《选择》《永远是年轻》《誓言》《人民至上》《火种》《就是不一样》《欢歌同唱》《英雄》《新时代之歌》《旗帜》《乘风破浪》《民族之花向阳开》《万岁，伟大的中国共产党》。著名主持人周涛和表演艺术家刘劲担任主持。

“各族儿女心向党”原创歌曲大型演唱会

5月27日晚，由中国文联、中国音协联合主办的“‘各族儿女心向党’原创歌曲大型演唱会”在北京保利剧院举行。

演出以“赞歌”“颂歌”“恋歌”“壮歌”为主线，由序、《草原赞歌》《高原颂歌》《边疆恋歌》《时代壮歌》和尾声六部分构成，共含《同心曲》《金色的摇篮》《梦中的骑手》《内蒙古味道》《快乐的敖鲁古雅》《高原的梦》《吉祥的天空》《八廓街》《心向阳光》《边疆》《阿依努尔》《党的光辉亚克西》《柯柯牙》《党的光辉照边疆》《星星伴月亮》《金不换 银不换》《天下黄河富宁夏》《连心歌》18首具有各民族特色的歌曲。这些歌曲是中国音协组织全国知名词曲作家深入新疆、内蒙古、西藏等地采风创作的优秀成果。以独唱、对唱、重唱、组合唱等表演形式，载以丰富的舞台表演和光电效果绚丽呈现56个民族音乐特色，充分体现了各族儿女在党的领导下的好日子和昂扬奋发的精神状态。

演唱会由中国音协副主席、著名作曲家张千一担任艺术总监，国家一级导演何燕敏担任总导演，著名词作家屈塬担任总撰稿，原总政话剧团团长、国家一级演员林达信和国家一级演员刘小娜担任主持，舞蹈由内蒙古艺术剧院担任，参演合唱团为北京音协合唱团，表演阵容涵盖了张也、迪里拜尔、吕继宏、王宏伟、王丽达、黄训国、王传亮、马小明、呼斯楞、乌英嘎、茸芭莘那、王紫菲、徐晶晶、更却才仁、肉孜•阿木提、奈热组合、胡大亮、陈子文、韦晴晴、罗静、彝彩妹妹组合等来自多个民族的著名歌唱家和优秀青年音乐人。词作者有宋小明、屈塬、化方、尚飞林、张名河、刘新圈、杨玉鹏、苏日塔拉图、良朋、克明、许会锋、罗木果、羽翼等；曲作者有张千一、何沐阳、舒楠、胡廷江、浮克、胡旭东、子山、黄朝瑞、孟文豪、党红岩、傅滔、赵天华、胡力、陈子文、阿说阿木、曾令荣、奈热组合等。

“向党报告”庆祝中国共产党成立100周年优秀曲艺节目展演

5月28日至31日，由中国曲协等单位联合主办的“向党报告——庆祝中国共产党成立100周年优秀曲艺节目展演”在北京喜剧院举行。

中国文联领导铁凝、李屹、赵实、徐永军、董耀鹏、张雁彬、左中一、杨承志，吉林省委宣传部部长石玉钢以及马勇明、姜昆、杨发航、陈耀辉等有关方面负责人和首都各界群众代表一同出席观看。

来自全国的150余位曲艺工作者通过“牡丹花开心向党”综合场、“梨花飘香黑土情”吉林梨树二人转专场、“曲苑芬芳浦江情”上海专场三场演出，为观众奉献了涵盖相声、快板、评书、评话、故事、好来宝、二人转、锣鼓书、独角戏、京韵大鼓、苏州弹词、上海说唱、南阳大调曲子13个曲种的32个优秀曲艺节目。

该展演是曲艺界致敬建党百年的重要主题活动，自2020年11月起即启动作品征集，先后收到来自全国30家团体会员和有关院团报送的涵盖80多个曲种的370个节目，经专家遴选最终确定100余个优秀节目在《曲艺》杂志融媒进行专题展示。

展演热情赞颂了百年大党的光辉历程和伟大贡献，充分展示了广大曲艺工作者爱党爱国的真挚情怀，听党话、感党恩、跟党走的信心决心和繁荣创作、服务人民、昂扬向上的精神面貌，为庆祝建党百年营造了浓郁氛围。

“凝聚新力量 筑梦新时代”庆祝中国共产党成立100周年全国新文艺群体百名美术家作品展

6月7日至17日，由中国文联国内联络部指导，中国美协支持，全国新的社会阶层人士服务团自由职业一分团、北京市朝阳区新的社会阶层人士联谊会主办，中庚集团党支部，北京新联新文化艺术中心承办的“凝聚新力量 筑梦新时代”庆祝中国共产党成立100周年全国新文艺群体百名美术家作品展在北京新联新文化艺术中心举行。中央统战部六局局长张明，全国政协委员、中国美协分党组书记、驻会副主席徐里，中国文联国内联络部副主任苗宏，北京市朝阳区委常委、统战部部长李国红等领导以及主承办单位相关部门负责人、北京市新的社会阶层人士代表，首都美术界人士、参展艺术家代表，新闻媒体代表等近百人出席开幕式。展览得到全国31个省（自治区、直辖市）新的社会阶层人士与新文艺群体美术家的积极参与，由中国美协评选出100位艺术家、100幅作品展出，包括国画、油画、水彩画、版画等多种艺术形式，内容丰富多彩、正能量充沛，从开天辟地的中共一大召开，到风云激荡的红色篇章，从波澜壮阔的锦绣河山到新时代新征程日新月异的伟大成就，全国新文艺群体百名美术家以艺术的形式讲好建党百年辉煌历程中的奋斗故事，唱响新时代的主旋律，充分表达广大新文艺群体艺术家热爱党、热爱祖国的家国情怀，彰显了新的社会阶层人士与新文艺群体美术家坚定不移跟党走的坚定决心和奋发有为的精神面貌。该展为“文艺两新”搭建了沟通交流平台，为推进文艺创作服务社会、满足人民精神文化需求进行了有益探索和不懈创新。

百年·百姓——中国百姓生活影像大展（1921-2021）

6月8日至15日，由中国文联、中国摄协、北京市东城区委、东城区人民政府主办，北京市东城区委宣传部、《中国摄影》杂志社承办的“百年•百姓——中国百姓生活影像大展（1921-2021）”在北京王府井步行商业街举行。中国文联领导铁凝、李屹、李前光，中宣部文艺局艺术处处长马小龙，中国摄协领导李舸、郑更生，北京市东城区委常委、宣传部部长赵海英等出席开幕式，向入展作品作者代表颁发入展证书并为大展启幕。展览从普通百姓的衣食住行、生产生活入手，多方位立体展示百年来中国社会从凋敝到复兴，从封闭到开放，从贫弱到富裕，从落后到自信翻天覆地的伟大变革，反映中国共产党为“中国人民谋幸福，为中华民族谋复兴”的初心和使命。开幕式期间在王府井百货大楼北楼户外大屏循环播放入展作品视频。展览还同步推出了线上360度全景展厅以利观众足不出户观看展览全貌。

展览分为“沧海桑田”“岁月如歌”“百家百福”“百年好合”四板块，共展出作品323幅。“沧海桑田”板块以中国共产党诞生年代为起点，选择百年间具有特殊意义的四个时间节点，将百姓生活中相似的内容或场景，以对比的方式，直观明晰地呈现于同一平面；“岁月如歌”板块以中国共产党创建之后的百年为时间轴，比选出100幅具有鲜明时代特色的优秀摄影作品，形象展现中国社会从站起来、富起来到强起来的伟大飞跃；“百家百福”板块从数万幅的来稿中遴选出从1921年至2021年每年一张的100张“全家福”，展现百年间中国家庭的巨大变化，象征着千千万万的中国人家串联起中华民族的兴盛；“百年好合”板块的一幅幅新老结婚照，从长袍马褂、凤冠霞帔到婚纱曳地、西装革履，再到创意不尽的风情，既见证爱情，也承载着百年中国社会的变迁。

百年辉煌——中国文联、中国剧协庆祝中国共产党成立100周年戏剧晚会

6月10日晚，“百年辉煌——中国文联、中国剧协庆祝中国共产党成立100周年戏剧晚会”在北京梅兰芳大剧院举行，晚会以戏剧艺术的独特形式，回顾百年征程、讴歌百年辉煌，表达戏剧工

作者对党和国家的深情与祝愿。中国文联名誉主席孙家正，中宣部常务副部长王晓晖，中国文联主席、中国作协主席铁凝，中国文联党组书记、副主席李屹，中国文联副主席赵实，中央纪委国家监委驻中宣部纪检监察组组长贾育林，中国文联党组成员、副主席胡孝汉，中国文联党组成员徐永军，中国文联党组成员、书记处书记董耀鹏，中国文联副主席董伟，中国文联原副主席夏潮、杨承志，中宣部、文旅部等相关部门负责同志出席观看。

晚会以独特的艺术构思，从党的历程与各时代名家名作的多重叙述维度，呈现百年来中国共产党带领中国人民不懈奋斗，进行革命、建设和改革，走向民族复兴的光辉历程，与新时代以来戏剧艺术的繁荣发展成就。在“峥嵘岁月”“火红年代”“百花齐放”“继往开来”四个篇章中，通过歌剧《党的女儿》、京剧《奇袭白虎团》、汉剧《江姐》、豫剧《朝阳沟》等脍炙人口的红色经典，河北梆子《李保国》、话剧《香山之夜》、苏剧《太湖人家》、婺剧《义乌高华》、北京曲剧《旗》以及武汉人民艺术剧院、武汉京剧院联合演出的“抗疫”话剧《逆行》、京歌《英雄之城》等彰显时代精神的新创佳作，组成百年历史画卷；同时荟萃秦腔《王宝钏》、黄梅戏《王昭君》、川剧《金子》、京剧《太真外传》、婺剧《穆桂英大破天门阵》等经典作品，充分体现了当代戏剧艺术的中国精神、中国气派，立体呈现出社会主义先进文化的完整构成；专门为晚会而作的诗朗诵《今天，是党的生日》、京歌《走向永远》将晚会气氛推向高潮，奏响了激励人民和广大文艺工作者在全面建设社会主义现代化国家新征程上拼搏奋进的最强音。于魁智、沈铁梅、孟广禄、柳萍、韩再芬、王芳、刘子微、李胜素、程桂兰、刘燕燕、于兰、刘雯卉、王斑、王荔、张馨月、杨霞云、邱瑞德、侯岩松、郭广平、张建峰、傅希如、楼胜、涂松岩、关栋天、徐涛、王鹤翔、孙茜、张可盈、王乐君、王晓梅等与来自全国各地的戏剧院团轮番登台献艺，为中国共产党百年华诞献上厚礼。演出取得圆满成功。晚会的主持人之一，中国文联副主席、中国剧协主席、二度梅花奖获得者濮存昕接受媒体采访时表示，文艺创作者正处在最好的时代，应尽全力拿出质量上乘的作品来回报观众的期待。

为充分发挥新老媒体传播效果，晚会在面向北京观众进行公益演出的同时，由光明网、央视频、中国文艺网等多家媒体进行了线上直播，共有600多名观众到场观演，1000万余人次同步在线观看，戏剧影响力得到了极大传播。同时，中央电视台于6月11日的《新闻联播》对晚会进行了报道，新华社、《人民日报》、《光明日报》、中央广播电台、《中国文化报》、《中国艺术报》等多家媒体也纷纷报道并给予好评。

伟业——庆祝中国共产党成立100周年书法大展

6月19日，由中国文联、中国国家博物馆、中国国家图书馆、中国书协联合主办的“伟业——庆祝中国共产党成立100周年书法大展”在中国国家博物馆开幕。中国文联领导铁凝、李屹、胡孝汉、徐永军、张雁彬，中国国家博物馆领导王春法、刘万鸣，中国书协领导张海、苏士澍、李昕、孙晓云、郑晓华以及在京知名书家、参展书家代表、新文艺群体书家代表出席开幕式。

该展围绕时代重大主题，聚合全国书坛大家名家、骨干书家、中共中央党史和文献研究院专家、中国书协各团体会员单位文艺工作者、全国高校书法专业工作者、文博系统工作者、新闻媒体出版工作者等共同参与，479件主题展品纪实展现中国共产党领导中国人民进行伟大实践的奋斗历程。展览共分四篇章：第一篇章“百年辉煌”以长时段为线，以大事件为点，围绕百年党史153个重大事件和伟大工程，主题叙事，纪事本末，充分展示中国共产党的重大决策和辉煌成就；第二篇章“崇高信仰”展示了书法创作者到所在省自治区的县市党史办、纪念馆、档案馆、烈士家乡等地深入采访、挖掘革命先烈事迹，自撰文章，我书我心，以微观的视角再现一幕幕感人心魄的生动画面，真实有力地记录在中国共产党的正确领导下中国人民为了崇高理想英勇奋斗的悲壮史诗；第三篇章“光昭九域”展示了马克思、恩格斯、毛泽东以及接受过马克思主义思想洗礼的早期共产党人、爱国进步人士、文艺巨匠等名家的手迹墨稿，以当代书家笔墨再现共产党人的坚定信仰，沐浴革命理想的光辉；第四篇章为地方系列展，中国书协按照“全国书协一盘棋”的工作理念，采取“聚焦北京，全国联动”的组织模式，通力合作，一题多展，覆盖全国。其中，“百年辉煌”和“崇高信仰”两个篇章在国家博物馆、国家图书馆两个场馆七个展厅同时启幕，“光昭九域”则于7月初向公众开放，中国书协与各团体会员联合主办的同主题大展也以联动之势相继展开。

党的光辉照边疆 边疆人民心向党——庆祝中国共产党成立100周年西藏和平解放70周年第十四届西藏珠穆朗玛摄影大展

6月27日至7月4日，由西藏自治区人民政府和中国文联主办，西藏自治区党委宣传部、西藏文联、拉萨市人民政府承办，中国摄协支持的“党的光辉照边疆 边疆人民心向党——庆祝中国共产党成立100周年西藏和平解放70周年第十四届西藏珠穆朗玛摄影大展”在拉萨市布达拉宫广场举行。西藏自治区人民政府副主席多吉次珠，西藏自治区政协副主席、西藏文联主席扎西达娃，中国摄协副主席陈小波，西藏自治区人民政府副秘书长马立柱，西藏自治区党委宣传部副部长普布，西藏文联党组书记、副主席段胜前，西藏区文联党组成员、副主席吉米平阶，西藏文联党组成员、副主席陈人杰，西藏文联副主席、西藏音协主席美朗多吉，拉萨市委常委、常务副市长占堆以及获奖作者代表、西藏自治区区直单位干部职工，西藏大学、西藏军区拉萨八一学校学生代表，拉萨市各族各界群众代表，企业员工代表，西藏摄协会员等出席开幕式。出席开幕式的领导嘉宾为获奖者代表颁发奖杯和荣誉证书。

西藏珠穆朗玛摄影大展已连续举办14年，始终围绕自治区党委、政府的工作大局，紧扣时代脉搏，坚持用镜头为人民写真、为时代造像，累计展出的6000余幅作品以独特的视角，立体呈现发展、变化、和谐、美丽、幸福、真实的西藏，充分阐释了西藏自古以来就是祖国不可分割的一部分。本次展览展出了从全国26个省（自治区、直辖市）400多位摄影家和摄影爱好者选送的万余件作品中精选而出的300件作品，生动展现了西藏和平解放70年来各项事业取得的全方位进步、历史性成就，充分表达了党的光辉照边疆，边疆人民齐心感恩伟大中国共产党的真诚情怀。共分三单元展出（第一单元“翻身把歌唱”通过34件作品展示了1921年中国共产党成立到1965年西藏自治区成立期间，西藏百万农奴翻身得解放走过的光辉过程；第二单元“幸福新西藏”通过173件作品展示了西藏自治区成立以后特别是党的十八大以来，西藏各族人民在党的领导下的幸福生活；第三单元“美丽第三极”通过93件作品展示了西藏筑牢国家生态安全屏障，加快推进美丽西藏建设呈现的美好画卷，彰显“绿水青山就是金山银山、冰天雪地也是金山银山”的理念在西藏已经深入人心）。

“不忘初心 牢记使命”——庆祝中国共产党成立100周年美术作品展览

6月27日，由中宣部、中国文联联合主办的“‘不忘初心 牢记使命’——庆祝中国共产党成立100周年美术作品展览”在中国共产党历史展览馆开幕。该展以庆祝中国共产党成立100周年为主题，聚焦建党百年的重大历史事件、杰出历史人物和优秀共产党人，形象化地再现了中国共产党走过的百年光辉历程和建立的不朽功勋，以艺术之美诠释在中国共产党领导下中华民族实现从站起来、富起来到强起来的历史性飞跃，以时代画卷描绘了中国人民阔步新征程、奋进新时代，实现中华民族伟大复兴的光明前景。展出的近180件作品涵盖中国画、油画、版画、综合材料和雕塑等艺术样式，主要来自“不忘初心 继续前进——庆祝中国共产党成立100周年大型美术创作工程”和各地近年创作的部分党史题材及现实题材美术作品。这些画作与党史馆西侧广场的《旗帜》《信仰》《伟业》《攻坚》《追梦》五大主题雕塑相映成辉，体现了广大美术工作者以丹青笔墨庆祝党的百年华诞的深厚情感，也是近年来党史题材美术作品创作的最新成果。展览一直持续至12月。

此外，"不忘初心 继续前进"——庆祝中国共产党成立100周年大型美术创作工程由中宣部、中国文联、文旅部、财政部共同主办，中国美协承办，中央财政安排了1000万元资金予以支持，为新中国成立以来，组织规格最高、选题规模最大、参与创作人数最多的一次主题美术创作工程。历经3年，于上半年收官。

"各族儿女心向党"歌舞晚会

7月5日晚，由中国文联、中国音协、中国舞协联合主办的"各族儿女心向党"歌舞晚会在北京民族剧院举行。晚会以庆祝建党百年为主题，以中国文联、中国音协、中国舞协"深入生活、扎根人民"主题实践活动为线索，集中呈现了近年来知名音乐、舞蹈艺术家赴西藏、内蒙古、广西、青海、宁夏、甘肃、新疆等少数民族地区开展采风创作的成果，用音符和舞姿描绘壮美山河，礼赞伟大时代，讲述动人故事，演绎美好生活。10余部优秀作品热情讴歌了100年来中国共产党为人民谋幸福、为民族谋复兴的丰功伟绩，生动展现了各族儿女在党的领导下追求美好生活的精神风貌。

晚会共分"跟党同行""深扎铸魂""血脉相通"以及尾声"心声"四篇章。集中呈现了中国文联、中国音协、中国舞协近年来组织知名音乐、舞蹈艺术家赴西藏、内蒙古、广西、青海、宁夏、甘肃、新疆等少数民族地区采风创作的13部优秀音乐舞蹈作品，热情讴歌了百年来中国共产党为人民谋幸福、为民族谋复兴、为世界谋大同的丰功伟绩，生动展现了各族儿女在党的领导下豪情满怀、英姿飒爽追求美好生活的精神风貌，激励各族人民砥砺奋进全面建设社会主义现代化国家新征程。舞蹈《种春》描绘了藏族姑娘播种青稞时的劳作场景；歌曲《金不换 银不换》倾诉了彝族儿女走向幸福生活的激动之情；群舞《第一书记》依中国文联对口帮扶的甘肃省陇南市武都区真人真事而创作，展现了发生在扶贫一线的感人故事；经典歌曲《唱支山歌给党听》唱出了各族人民对党的深情厚谊……黄训国、于海洋、马小明、赵越、云飞、孔庆学、"彝彩妹妹"组合、陈子文、韦晴晴、黄金、覃可心、吕萌、古丽米娜与北京舞蹈学院、中央民族大学舞蹈学院、东北师范大学音乐舞蹈系、北京歌剧舞剧院、上海戏剧学院附属舞蹈学校、沈阳音乐学院舞蹈学院、厦门小白鹭民间舞艺术中心等单位的240余位文艺工作者为观众献上精彩演出。

百年辉煌·武汉记忆——庆祝中国共产党成立100周年全国美术作品展

7月12日至18日，由中国美协、湖北省文联、武汉市委宣传部、武汉市文联联合主办的"百年辉煌·武汉记忆——庆祝中国共产党成立100周年全国美术作品展"在武汉美术馆举行。中国文联党组成员徐永军，中国美协分党组书记、驻会副主席徐里，湖北省委常委、宣传部部长许正中，武汉市委领导程用文、张曙、张世华等出席开幕式。该展共收到全国投稿作品6219件，经初评、复评共选出253件作品参展，其中油画86件，国画167件。入展作品主题突出、特色鲜明，聚焦100年来各个历史时期重大党史事件、重要党史场景和优秀共产党人，生动描绘中国共产党走过的光辉历程和建立的不朽功勋。《百年辉煌·武汉记忆——庆祝中国共产党成立100周年全国美术作品展作品集》于开幕式上被赠予湖北省图书馆、湖北省档案馆、武汉市图书馆、武汉市档案馆、"八七"会议旧址纪念馆、武汉中共中央机关旧址纪念馆、八路军武汉办事处旧址纪念馆、武汉革命博物馆(同期还特邀100名知名画家在武汉博物馆举行了全国美术作品邀请展)。

精神伟力——"学党史、传精神、跟党走"中国文艺志愿者在行动特别节目

在5月23日毛泽东同志《在延安文艺座谈会上的讲话》发表79周年、第8个中国文艺志愿者服

务日来临之际，中国文联、中国文艺志愿者协会通过线上线下、全国联动的形式发起“学党史 传精神 跟党走”中国文艺志愿者在行动主题活动，引领广大文艺志愿者特别是新文艺组织与新文艺群体做到学党史、悟思想、办实事、开新局，用生动的文艺实践迎接党的百年华诞，展现文艺界昂扬向上的精神风貌和不忘初心、永远跟党走的信仰追求。

活动以弘扬中国共产党发展过程中各个时期的“中国精神”为主题主线，于4月至5月初组织德艺双馨知名艺术家和文艺志愿者赴各大精神发祥地创编重点节目，六级联动，打造一次全国文艺志愿者的集体行动，通过录制、整体编排、剪辑，包装，形成一台全国联动的精品节目。节目定名为精神伟力——“学党史、传精神、跟党走”中国文艺志愿者在行动特别节目，于5月23日上午10点上线播出，并联动中央、省、市、县媒体，在1000多家平台同时上线播出，在微博平台话题阅读量达9.7亿。

百名文艺志愿者“唱支山歌给党听”线上主题宣传活动

在中国共产党百年华诞来临之际，中国文联、中国文艺志愿者协会联合各全国文艺家协会在线上发起“唱支山歌给党听”中国文艺志愿者在行动主题宣传活动，进一步巩固文艺志愿者“学党史、传精神、跟党走”主题活动学习成果，创新运用互联网手段，用经典的旋律唱响党的百年征程，引导广大文艺志愿者用明德引领风尚，展现文艺界昂扬向上的精神风貌。郭淑珍、徐晓钟、田华、殷秀梅、阎维文、李丹阳、刘劲、黄轩、杨幂、陈晓、刘昊然等110余位老中青三代、体制内外各艺术门类知名艺术家录制短视频，结合自身的文艺实践感悟和心声，用真挚朴实的言语抒发爱党爱国的初心与情怀，共同“唱支山歌给党听”。

“欢聚吧 第一百个春天”中国文联原创歌曲特别节目

为庆祝建党100周年，中国文联、中国文艺志愿者协会创新举办了“学党史 传精神 跟党走”系列活动之“欢聚吧第一百个春天”中国文联原创歌曲特别节目。现场特别邀请了一批党龄在70年、50年、30年、10年左右党龄的老中青文艺工作者，以“我想对党说”的形式串联节目。老艺术家代表马识途、马金凤、乔羽录制了视频，深情表达对党的热爱和祝愿。党员代表徐晓钟、田华、范迪安、姜昆、倪萍等20余位亲临现场，诉说着自己与党的故事。朱迅、任鲁豫、陈建斌、乌兰图雅等近百位文艺志愿者用歌舞、合唱、朗诵、情景报告等多种文艺形式，向人民汇报文艺工作者深入生活、扎根人民开展文艺创作的成果。晚会创作了原创歌曲《我懂》、诗朗诵《我们的精神之旅》，情景剧《在灿烂的阳光下》等优秀作品。其中《唱支山歌给党听》《丰收中国年》等节目不仅邀请艺术家赴基层给予现场指导，还通过“云演唱”“云舞蹈”和“云展示”的方式，联动全国各地新时代文明实践中心的文艺工作者、参加“圆梦工程”文艺培训的学员、“圆梦工程”项目受益的乡村学校少年宫的孩子们与演员互动共演，是一次国家、省、市、县、乡、村文艺志愿者的集体行动，真正实现了让群众成为节目的“主角”，充分发挥了人民群众为文艺创造的主体作用。

晚会在6月14日端午节19:40于全国1350余家平台同步上线。

重要会议

中国文联十届六次全委会、中国文联第十届主席团第八次会议在京召开

中国文联第十届全国委员会第六次会议1月16日至17日在京召开。会议深入贯彻习近平新时代中国特色社会主义思想、党的十九大及十九届二中、三中、四中、五中全会精神，认真落实全国宣传部长会议精神，全面总结中国文联2020年工作，分析当前形势和任务，部署2021年工作，推进文联深化改革，进一步团结引导广大文艺工作者，为繁荣发展社会主义文艺事业、推进文化强国建设作出积极贡献。

中国文联主席铁凝主持会议并传达中央领导同志重要批示。中国文联党组书记、副主席李屹作题为《立足新阶段 奋斗新征程 为推进社会主义文化强国建设展现新作为》的工作报告。中国文联党组成员、副主席李前光，中国文联党组成员、书记处书记胡孝汉、董耀鹏、张雁彬出席会议。

1月15日召开的中国文联第十届主席团第八次会议，审议通过中国文联十届六次全委会议程。审议《中国文联十届六次全委会工作报告（审议稿）》《中国文联2021年工作要点（审议稿）》，原则同意这两份文件，提交中国文联十届六次全委会审议。审议更替、增补中国文联第十届全委会委员，通过关于更替、增补中国文联第十届全国委员会委员的决议。研究其他有关人事事项。审议通过中国文联第十届主席团第八次会议决议。

全委会上，李前光通报了关于调整中国文联书记处书记的决定和关于中国文联十届五次全委会以来全委变动情况。根据中国文联章程第二十三条规定，中国文联第十届主席团第八次会议决定，推举胡孝汉、张雁彬为中国文联第十届书记处书记，陈建文不再担任中国文联第十届书记处书记。根据中国文联章程第十八条规定，经中国文联第十届主席团第八次会议审议，确认马玉玲（女）、王秋梅（女）、邓选斌、兰义彤（女）、李昕、杨发航、张兴奎、张雁彬、陈先发、胡孝汉、唐延海、凌先有、鄢福初、冀晓青（女）为中国文联第十届全委会委员；于恩东、王仁刚、白志繁、孙苏、杨晓曼、吴雪、何源满、张宇、张作兴、张新生、陈洪、陈建文、陈洪武、欧阳斌、郑翔、盖成立、廖恳不再担任中国文联第十届全委会委员。

会议增选胡孝汉为中国文联副主席，增选张雁彬为中国文联主席团委员。

大会期间，与会代表围绕学习贯彻落实全国宣传部长会议精神，以及《中国文联十届六次全委会工作报告（审议稿）》《中国文联2021年工作要点（审议稿）》进行了分组讨论。

在大会第二次全体会议上，湖北省文联、山东省文联、浙江省文联、上海市文联、江苏省南京市文联、中国美协进行了大会交流发言。李前光作会议总结。胡孝汉主持第二次全体会议。

中国文联十届七次全委会在京召开

中国文联十届七次全委会7月28日至29日在京召开。会议以习近平新时代中国特色社会主义思想为指导，深入贯彻落实党的十九大和十九届二中、三中、四中、五中全会精神，学习宣传贯彻习近平总书记在庆祝中国共产党成立100周年大会上的重要讲话精神，团结动员广大文艺家和文艺工作者坚定文化自信、站稳人民立场、响应党的号召，积极行动起来，以更加扎实的作风、更加进取的精神、更加昂扬的面貌，努力为繁荣发展新时代中国特色社会主义文艺事业贡献智慧和力量。

中国文联主席铁凝主持会议。中国文联党组

书记、副主席李屹就学习宣传贯彻习近平总书记在庆祝中国共产党成立100周年大会上的重要讲话精神作辅导报告。中国文联党组成员、副主席李前光、胡孝汉，中国文联党组成员、书记处书记徐永军、董耀鹏、张雁彬出席会议。

会议通报了《中国文联第十届主席团第九次会议关于推举中国文联书记处书记的决定》。本次全委会前，召开了中国文联第十届主席团第九次会议。根据中国文联章程第二十三条规定，中国文联第十届主席团第九次会议决定，推举徐永军为第十届书记处书记。

李前光通报了中国文联第十届全委会第六次会议以来中国文联全委变动情况。

徐永军、董耀鹏分别汇报了《中国文联章程修改草案（征求意见稿）》《中国文联第十届全国委员会工作报告（征求意见稿）》起草情况。

会议对筹备中国文联第十一次全国代表大会作出安排部署。

会议增选徐永军、董耀鹏为中国文联副主席。

大会期间，与会代表围绕学习贯彻习近平总书记“七一”重要讲话精神，以及《中国文联第十届全国委员会工作报告（征求意见稿）》《中国文联章程修改草案（征求意见稿）》进行了分组讨论。

中国文联文艺工作者职业道德建设联席会议第二次全体会议暨职业道德建设委员会全体会议

1月16日，中国文联文艺工作者职业道德建设联席会议第二次全体会议暨职业道德建设委员会全体会议在北京召开。中国文联党组书记、副主席李屹出席会议并讲话。中国文联文艺工作者职业道德建设委员会委员、联席会议成员单位和各全国文艺家协会行风建设部门负责同志参加会议。会议由中国文联文艺工作者职业道德建设委员会主任姜昆主持。

李屹指出，中国文联文艺工作者职业道德建设联席会议和职业道德建设委员会在过去的一年中按照中国文联党组的部署和要求，克服疫情不利因素，在强化思想道德引领、营造崇德尚艺浓厚氛围、加强文艺界行风舆情监测引导、健全行业管理体制机制等方面开展了大量卓有成效的工作，为大力弘扬新风正气，坚决抵制不良风气，推动文艺工作者职业道德建设和文艺界行风建设发挥了积极作用。应按中央统一部署，将学习好、宣传好、贯彻好党的十九届五中全会精神作为当前和今后一段时期文艺界的一项重要政治任务，将思想统一到全会精神上来。2021年大事多、要事多，做好职业道德建设和行风建设工作责任重大、使命重大，要把握方向、找准定位，切实增强做好新形势下职业道德建设和行风建设的责任感使命感，将职业道德建设和行风建设工作摆在更加重要的位置，高效开展行风建设工作，持续抓好教育培训，加强服务管理，重视引领“文艺两新”。与会代表一致表示要自觉承担起举旗帜、聚民心、育新人、兴文化、展形象的使命任务，紧紧围绕“做人的工作”核心职能，引领行业发展，努力营造文艺界崇德尚艺、潜心耕耘、打造精品力作、繁荣文艺创作的良好风气，推动文艺创作从“高原”迈向“高峰”，促进满足人民文化需求和增强人民精神力量相统一，为提高国家文化软实力、建设社会主义文化强国作出新的更大贡献。

会议发布了《文艺工作者广告代言自律公约》。与会人员表示，作为职业道德建设委员会委员一定要积极遵守本《公约》，从自身做起，履行社会责任，加强自我管理、自我约束当好表率，做好示范。

全国文联“文艺两新”工作座谈会

5月17日至20日，由中国文联主办、浙江省文联和杭州市文联承办的全国文联“文艺两新”工作座谈会在浙江杭州召开。中国文联党组书记、副主席李屹出席并作主旨讲话。浙江省委宣传部副部长、省电影局局长葛学斌，杭州市委常委、宣传部部长戚哮虎出席会议并致辞。座谈会由中国文联党组成员徐永军主持。全国各省(自治区、直辖市)文联，新疆生产建设兵团文联，各全国文艺家协会，中国文联机关有关部门和直属单位，各副省级城市文联和部分地市、区县级文联主要负责同志以及“文艺两新”代表130余人参会。会议以习近平新时代中国特色社会主义思想为指导，深入学习贯彻习近平总书记关于宣传思想工作、群团工作、文艺文联工作的重要论述，贯彻落实中央关于文联深化改革的部署要求，总结交流文联工作经验，统一提升思想认识，延伸工作手臂，加强对“文艺两新”的团结引导。积极贯彻践行新发展理念，进一步提高思想认识和政治站位，聚焦“做人的工作”核心任务，探讨交流全国文联系统“文艺两新”工作的思路、举措和经验，切实增强文联组织在“文艺两新”工作中的引领作用，为构建新时代文联工作高质量发展新格局作出积极努力。会议期间，中国音协、中国舞协、浙江省文联、广东省文联、四川省文联、甘肃省文联、杭州市文联、宁波市文联、苏州市文联、景德镇市文联、深圳市宝安区文联11家单位，林永健、张钎、叶文龙3位“文艺两新”代表作大会交流发言。与会代表结合李屹同志主旨讲话，围绕会议设置的议题进行分组讨论。代表们还实地调研了西湖艺创小镇、中国网络作家村、湘湖演艺产业园、中国数字音乐基地，听取上述单位情况介绍，现场走访了解杭州市“文艺两新”发展状况并与新文艺群体代表座谈交流。座谈会征集汇编了54家文联协会的经验做法，为各级文联协会开展“文艺两新”工作提供了有益借鉴和参考。各级文联协会积极贯彻会议精神，在团结服务“文艺两新”工作方面不断取得新进展。国内联络部在整理汇总各级文联协会贯彻落实会议精神的基础上起草综述性文章，在《中国艺术报》、中国文艺网微信公众号和《文联工作通讯》全文刊发。

修身守正　立心铸魂
——中国文联文艺工作者职业道德和行风建设工作座谈会

8月24日，为贯彻落实中央领导重要指示精神，按照文联党组部署统筹落实文联系统文娱领域综合治理工作，中国文联组织召开“修身守正立心铸魂——中国文联文艺工作者职业道德和行风建设工作座谈会”并向社会发布了《修身守正立心铸魂——致广大文艺工作者倡议书》。部分在京中国文联文艺工作者职业道德建设委员会委员以及各艺术门类和青年文艺工作者代表共80人参加座谈。为彰显文艺界对于违法违规、失德失范事件的鲜明立场，专题探讨不良“饭圈”文化的严重危害，研究治理方略和具体措施，国内联络部还陆续指导各全国文艺家协会召开了12场座谈会，邀请200余位艺术家参与座谈、展开讨论，同时协调“新闻联播”“焦点访谈”等中央各大新闻媒体深度宣传报道，相关关注度超过10亿次，形成强大声势，有力配合了职能部门专项整治工作。

修身守正　立心铸魂
——致广大文艺工作者倡议书

文艺是铸造灵魂的工程，文艺工作者是人类灵魂的工程师。文艺界、娱乐圈从业人员的一言一行对社会、特别是对青少年影响极大。回望百年历程，广大文艺工作者听党话、跟党走，勇做时代风气的先觉者、先行者、先倡者。众多德艺双馨的前辈艺术大家，以执着的信仰追求、卓越的艺术成就、高尚的道德操守，成为我们一代又一代文艺工作者学习的楷模。

最近一段时间，娱乐圈集中出现一些是非颠倒、美丑不分、价值观扭曲的乱象，当事明星逾越法律底线、悖离公序良俗、有违职业道德，“饭圈文化”“娘炮形象”喧嚣一时，畸形审美影响恶劣，社会震惊、人民不满。少数从业人员缺乏基本学养涵养修养，一夜成名后，被市场资本裹挟，脚下无底线，心中没红线，其行为污染了文艺生态，危害了行业发展，最终受到行业抵制、市场抛弃、法律制裁，令人激愤，令人痛心，令人深思。

从艺先要做人，做人不能忘本。人民给了我们最热情的肯定，祖国给了我们最强大的底气，党给了我们最坚定的自信。面对当前的种种乱象，我们不能充耳不闻、漠然由之。建设风清气正的文艺生态，明辨是非、从我做起、直面发声是我们应尽的责任。在此，我们向广大文艺工作者发出倡议：

一、严于自律，常怀敬畏之心。牢固树立知法懂法守法的法治思想，在名利场中保持清醒，心存敬畏、行有所止。自觉遵守法律法规和行业自律公约要求，记住红线，守住底线，主动接受社会的监督，不断强化社会责任意识、规则意识、奉献意识。

二、勤于学习，提高认知水平。自觉主动向人民学习、向书本学习、向生活学习、向前辈学习、向经典学习，学习中华优秀传统文化、红色革命文化和社会主义先进文化，学习法律法规和行业规范。通过增强思想积累、知识储备、文化修养、艺术训练，树立正确的历史观、民族观、国家观、文化观，不断增强自身学养、涵养、修养。

三、悉心创作，坚守艺术理想。时刻牢记创作是中心任务、作品是立身之本，坚持以人民为中心的创作导向，尊重文艺创作规律，远离浮躁，专注纯粹，把更多的精力与心神投入到创作之中。始终坚持把社会效益作为第一标准，决不急功近利、粗制滥造，决不掉入欲望的陷阱、成为“市场的奴隶”。创作有筋骨、有道德、有温度的好作品，对人民负责、对历史负责、对时代负责。

四、秉持初心，践行德艺兼修。自觉把个人理想追求融入国家和民族事业中，把崇德尚艺作为一生的功课，追求德艺双馨，弘扬新风正气，抵制不良风气，努力追求真才学、好德行、高品位。倍加珍惜党和人民给予的荣誉，倍加努力践行社会主义核心价值观，做有信仰、有情怀、有担当的新时代文艺工作者。

实现第二个百年奋斗目标的新征程已经开启，文艺工作者正和全国人民一道，并肩作战，共同奋斗。让我们凝聚力量，行动起来，修身守正，立心铸魂，在祖国的大地上传承优秀的文化，在时代的大潮中实现艺术的创新，在党的指引下勇攀艺术高峰！

品牌活动

百花迎春——中国文学艺术界2021春节大联欢

1月15日，“百花迎春——中国文学艺术界春节大联欢”在京录制完成。来自全国各地、各艺术门类的老中青艺术家线上线下齐聚，诉真情，歌盛世，舞新篇，为全国观众送上了精彩的演出。为做好疫情防控，晚会改为无观众封闭场馆录制。整场演出20个节目精心编排，首次邀请13家协会主席通过演唱方式为全国观众送上新春祝福。在节目呈现上，大量增加外拍，将内容展现范围极大程度拓展到舞台之外，并邀请各地艺术家通过“云”的方式参与演出，和舞台上的表演者共同完成节目。屏幕内外的真情互动，跨越时空的“云”对话，展示了全国人民众志成城抗击疫情的暖心瞬间，回顾了决战脱贫攻坚、决胜全面小康的光辉历程，映射出“十三五”规划圆满完成的光荣成就，展望了“十四五”豪迈开局的灿烂未来。2月12日（农历正月初一）在各大卫视及网络平台播出，引起热烈反响。

第十届全国农民摄影大展

全国农民摄影大展创办于2011年，为中国首个聚焦“三农”发展的品牌展览活动。共收到投稿几近20万件，其中1500余件优秀作品入展。一幅幅影像跟随时代变迁，记录了中国农村的巨大变革，展示了“三农”工作的发展成果，推动了乡村文化的健康发展，并在不断探索中逐步完善、充实，成为广受业界关注的品牌活动，起到了宣传党和国家强农、惠农、富民政策的好效果。

9月23日至10月5日，中国文联与中国摄协联合在北京中华世纪坛举办第十届全国农民摄影大展。中国文联党组领导李屹、李前光，中国摄协领导李舸、柳军、高琴、居杨出席开幕式。首发揭幕《第十届全国农民摄影大展作品集》。今年为党的百年华诞，习近平总书记在庆祝中国共产党成立100周年大会上庄严宣告中华大地全面建成小康社会，历史性地解决了绝对贫困问题。这是世界人口最多的国家在民族伟大复兴征程上的重要里程碑。在这样的背景下，举办此展具有重要意义。该展旨在充分发挥影像的作用，展现广大农民群众的时代风采，传承农耕文明的时代价值。

本届大展呈现诸多亮点：在作品展览展示方面做了新的尝试，围绕图片呈现的多样性、丰富性等方面作了思考。展览现场设置了180°的多媒体动态影像互动空间，将静态照片通过特殊技术制作成动态的效果，与麦浪的装置和现场音乐交相辉映，一片丰收的幸福喜悦迎面扑来，让观众更加深入、多元地体验摄影作品的内涵；展览现场特设观者融合互动区，通过AI技术将观者的照片与展览作品进行融合，观众可自由保存合影照片并分享传播，更加凸显展览的沉浸式、互动性；展览中设置了多个立体影像中岛，一改惯常平面观展的体验，展览结尾专门请画家为小朋友们绘制了一面互动墙，观众可用手中的蜡笔共同绘制理想中的青山绿水和亮丽乡村。为进一步提高作品质量，扩大覆盖地区，大展举办由一年一届改为两年一届；开幕时间也固定在举办年的农历秋分，即“中国农民丰收节”；大展明确了“观察生活、关注现实”的纪实风格；本届大展的评委都参与过脱贫攻坚的摄影报道或者组织工作；尽管受到疫情影响，大展依然组织开展了一系列走进乡村、贴近农民的放映、讲习所等线下活动。

大展自启动征稿以来，经过社会传播、新媒体推广以及线下讲习活动，得到了广大农民朋友和从事“三农”工作摄影人的响应。尽管受到疫情影响，本届来稿数量仍为历届之最，约为上届来稿总数的1.5倍，最终确定有效作品26456件（55868幅），其中单幅作品21696件，组照4760件（34172幅）。大展的初评、终评采取集中评选方式，全程录像监督，其中初评集中评选为历届首次。在全体评委签署评委承诺书的基础上，全体工作人员也首次签署了评选工作人员承诺书。评选的各个环节严格遵守中国文联和中国摄协的各项规定。经过两个阶段的评选，最终有111件作品入选展出，其中单幅作品71件，组照40件。本届大展也属“北京国际摄影周2021”的重要活动。

2021年“中华情•中国梦”中秋展演系列活动

9月16日，由中国文联与厦门市人民政府共同主办，中国文联国内联络部、中国美协、中国书协、福建省文联、厦门市文联、厦门市思明区人民政府等单位承办的2021年“中华情•中国梦”中秋展演系列活动美术书法作品展，原定在福建厦门线下展览，因受疫情影响以线上“云展览”方式举行。疫情缓解后，在厦门市美术馆重新启动线下展览与广大观众见面并持续至10月底。

本届书画展以“聚焦人民福祉、共享全面小康”为主题，得到海峡两岸暨港澳地区和海外华人华侨书画家的积极响应，紧紧围绕《习近平用典》第二辑、“伟大建党精神”、“脱贫攻坚精神”等主题内容进行创作，这些作品以生动的笔墨情怀，热情歌颂了中国共产党团结带领全国各族人民砥砺前行的光辉历程，描绘了中国人民自强不息、艰苦奋斗的动人画卷，展现了祖国山河壮美、人民幸福安康的生动图景，传递了海峡两岸暨港澳地区和海外华人华侨“同抒中华情、共圆中国梦”的美好愿景。展览共展出来自大陆、台港澳地区及29个国家和地区（美国、俄罗斯、德国、英国、加拿大、意大利、西班牙、巴西、阿根廷、澳大利亚、新西兰、比利时、罗马尼亚、阿联酋、安哥拉、坦桑尼亚、摩洛哥、新加坡、马来西亚、印度、印尼、日本、韩国、越南、老挝、柬埔寨、菲律宾、泰国、文莱等）华人华侨书画家创作的作品677幅（其中美术作品243幅、书法作品434幅），30多家主流媒体对展览进行了广泛报道。展览分七个展区，“中国画大陆作品展区”展出了徐里、马锋辉、任惠中、贾广健、王来文等国画家的作品140幅；“中国画台港澳侨作品展区”展出了黄光男、罗振贤、唐健风、吴晓玲、陈青莉等台港澳侨国画家的作品103幅；“中国书法大陆作品展区”展出了孙晓云、郑晓华、潘文海、陈奋武、赵雁君、王志安、张铜彦等书法家的作品163幅；“中国书法台港澳侨作品展区”展出了连胜彦、张炳煌、沈荣槐、叶国华、陈铭镜、曹原彰、丘程光、白谦慎等港澳侨书法家的作品271幅；“中国书法长卷展区”展出了42位（其中大陆书法家20位、台湾书法家17位、港澳侨书法家5位）海峡两岸暨港澳地区和海外华人华侨书法家以“伟大建党精神”“脱贫攻坚精神”为内容创作的书法长卷4幅；“不忘初心”书法作品展区展出厦门书法家向基层党员赠送以“不忘初心”为内容的书法作品100幅以及“中华情•中国梦”自2013年至2020年介绍概况和连续8年在厦门举办活动盛况和图片。展览中，169位台湾书法家以《习近平用典》第二辑为内容所创的169幅书法作品格外引人注目。厦门书法家以“不忘初心”为内容而创的100幅书法作品还赠送给厦门百名基层党员代表，表达了书法家对基层一线先进模范党员的一份敬意。

人民江山·瓷画中国——庆祝中国共产党成立100周年全国新文艺群体陶瓷绘画作品展

10月22日至11月30日，由中国文联国内联络部、中国美协艺委会、江西省文联、景德镇市委、市政府主办，中国美协陶瓷艺委会、景德镇市委宣传部、江西省美协、景德镇市文联承办，景德镇市美协、景德镇市新文艺群体协会、中国美协景德镇市创作中心协办的“人民江山•瓷画中国——庆祝中国共产党成立100周年全国新文艺群体陶瓷绘画作品展”在景德镇中国陶瓷博物馆举行。

中国文联国内联络部主任谢力，中国美协分党组副书记陶勤，景德镇市委一级巡视员刘朝阳，中国文联国内联络部新文艺群体办公室副主任魏宁，中国美协陶瓷艺委会主任、清华大学美术学院陶艺系主任白明以及参展艺术家、“景漂”代表等出席活动，开幕式由江西省文联副主席、中国书协副主席、江西省书协主席毛国典主持。

展览共收到新文艺群体从业者创作的瓷画作品300余件，经过中国美协陶瓷艺委会规范的初评和复评程序，遴选出80件作品入选并特邀20件作品参展。作品既体现了材质的魅力，又表现了时代的语境，特别是新材料、新釉料、新技法和新科技的应用，拓展了当代瓷画的表现空间。

展览共有三个亮点：一是参与者群体的新。新文艺群体美术家是在新时代背景下出现的一批独特的作者，需要不断的关注，让他们找到更多幸福感，进入美术大家庭的一个群体；二是时代感的主题。陶瓷艺术是唯美的，有着独特的仪式规范和审美语言，充满着技术性与工艺性。此次展览以庆祝中国共产党成立100周年为主题，对众多工艺美术师和景漂艺术家是一次挑战，也是向时代靠近、向生活靠近的一次新的转型，更是未来陶瓷艺术家的重要创作内容；三是作品的丰富性。参展作品在艺术题材、材料表现、生活表达上是全面的、包容的，既有比较传统的山水、人物、花鸟题材，也有抽象性、意象性、表达性的作品，既有中国画、油画、雕塑等多种类型的表现，也有新材料、新技法、新科技的应用，这些都是该展的独特魅力。

此展是对全国新文艺群体的一次艺术检阅，也从侧面反映了当下新文艺群体的创作风貌。

中国文联在京举办庆祝西藏和平解放70周年美术摄影展

5月21日至27日，由中国文联主办，中国美协、中国摄协和西藏文联承办的“雪域新篇——庆祝西藏和平解放70周年美术摄影展”在北京炎黄艺术馆举行。

展览共展出西藏题材美术和摄影作品86件，以新世纪创作的精品力作为主。中国文联党组成员、书记处书记张雁彬同外国驻华使节及中国文艺界代表约100人出席开幕式。

沐浴党的光辉 追溯百年风华——崇德尚艺 做有信仰有情怀有担当的新时代文艺工作者巡回宣讲

4月22日，由中国文联主办的“沐浴党的光辉 追溯百年风华——崇德尚艺 做有信仰有情怀有担当的新时代文艺工作者巡回宣讲”活动在国防大学军事文化学院举行。中国书协主席孙晓云、中国舞协副主席黄豆豆、中国美协副主席吴为山结合自身艺术实践，分别以《一笔一画书写伟大时代》《舞出中国风》《有信仰才有力量》为题进行主题宣讲，着重突出对重大历史题材创作、红色经典作品创作讲析以及党史研习体会等内容，倾情讲述新时代文艺工作者热爱党、热爱祖国、热爱社会主义、热爱人民的信仰追求和歌颂新时代、开启新征程的创新创造。主题宣讲后与现场观众进行了面对面互动交流。耐心解答院校师生、部队文艺工作者结合聆听宣讲感受、艺术创作中的困惑的提问，使宣讲活动的主题得到扩展延伸，更加深入人心。23日，三位文艺家又前往解放军文化艺术中心开展宣讲。

6月20日至24日，中国文联组织罗怀臻、何沐阳、翁仁康、王亚彬、吴元新、邬建美、张继到浙江嘉兴的红船干部学院、陕西延安大学、武汉音乐学院、江西上饶的方志敏干部学院，开展“沐浴党的光辉 追溯百年风华——崇德尚艺 做有信仰有情怀有担当的新时代文艺工作者巡回宣讲”。张继、吴元新、翁仁康分别以《正本清源守正创新》《从染坊学徒到国家级传承人——我的蓝印花布传承之路》《从乡村来 到乡村去》为题进行宣讲，表达自己对时代和艺术的思考。为增强宣讲的感染力，文艺家综合运用PPT演示、实物讲解、视频资料等多媒体手段，受到了现场文艺工作者的广泛好评。主题宣讲后，现场文艺工作者还与宣讲文艺名家开展了面对面互动交流。此外，艺术家们还参观了嘉兴南湖中共“一大”会址、“红船领航百年辉煌”书画名家作品邀请展，参观了延安文艺纪念馆和鲁迅艺术学院旧址，感受人民文艺的伟大精神魅力。

7月17日，中国文联、中国曲协邀请中国文联全委、中国摄协主席、人民日报社总编室部务委员李舸，中国文联全委、中国曲协副主席、浙江省曲协主席翁仁康前往北京市东城区周末相声俱乐部，开展“沐浴党的光辉 追溯百年风华——学习贯彻习近平总书记‘七一’重要讲话精神，做有信仰有情怀有担当的新时代文艺工作者巡回宣讲”。宣讲中，李舸注重用影像、故事潜移默化地讲述党史学习教育内容，通过极具震撼力的图片和短视频，将红色基因、优良传统、革命精神表现出来，展示党的百年历程，传递摄影工作者响应党的号召，与人民同呼吸共命运的使命担当，表现文艺工作者为时代讴歌、为人民画像、为英雄立传的文艺情怀；翁仁康则结合自己常年“送欢笑”到农村、到社区、到厂矿的经历以及“全国道德模范故事汇”创作巡演的心路历程，展现曲艺人“戏比天大、敬重舞台、为民服务”的职业操守，讲述作为曲艺演员学模范、演模范、争做模范的价值追求。在京中直文艺院团演职人员代表、小剧场的一线曲艺从业者代表200余人现场听讲。大家纷纷表示，宣讲中讲述的鲜活故事和崇高情怀，展现了榜样的力量，树立了从艺的标准，今后一定要坚持以人民为中心的创作导向，讲品位讲格调讲责任，创作更多老百姓喜闻乐见、风趣幽默、引人思考的优秀作品，用心用情用功讴歌党、讴歌祖国、讴歌人民、讴歌英雄，争做行风建设的参与者、社会风气的引领者、先进文化的倡导者、真善美的弘扬者，不负人类灵魂工程师的光荣称号。

第12届海峡两岸暨港澳地区艺术论坛

9月27日至29日，由中国文联主办，中国文联理论研究室、中国文联港澳台办公室、中国曲艺家协会、中国杂技家协会、北京市文联共同承办的第12届“海峡两岸暨港澳地区艺术论坛”在北京阳光国际会议中心举办。中国文联党组成员、书记处书记张雁彬，中国文联理论研究室主任周由强，中国文联港澳台办公室主任董占顺，中国杂技家协会分党组书记、驻会副主席唐延海，北京市文联党组成员、副主席刚杰和来自海峡两岸暨港澳地区的80余位领导嘉宾、专家学者和媒体记者出席论坛开幕式及相关交流活动。

本届论坛主题为“青年与中华文艺之未来”，受邀参会人员为海峡两岸暨港澳地区青年艺术家、专家学者，其专业背景涉及文学、戏剧、影视、音乐、舞蹈、美术、摄影、书法、曲艺、民间文艺、文艺评论等艺术门类。中国石油文联副秘书长张俊东、中国评剧院编剧冯静、北京星亿星文化传播有限公司总经理陈俊廷（台湾）、吴兆南相声剧艺社行政总监姬天语（台湾）、中央美术学院人文学院博士徐子晴（香港）、中国传媒大学戏剧影视学院教授杨扬（澳门）等15位来自海峡两岸暨港澳地区的青年艺术家、专家学者代表在大会作主旨发言，结合海峡两岸暨港澳地区青年文化文艺交流发展现状，围绕“青年艺术家与传承弘扬中华美学精神”“青年艺术家与中华文化创造性转化、创新性发展”“新文艺群体新文艺组织与中华文艺繁荣发展”等主题开展了深入探讨和交流，分享了艺术创作和学术研究的心得体会。

与会专家学者围绕论坛主题进行分组讨论，为新时代中华文艺发展积极建言献策。大家表示，海峡两岸暨港澳地区的青年艺术家、专家学者应坚定文化自信，把艺术创作和理论评论的根基筑牢在中华优秀传统文化的沃土里，深入中华民族历久弥新的精神世界，坚持古为今用、辩证取舍、推陈出新，摒弃消极因素，继承积极思想，深入挖掘和展示讲仁爱、重民本、守诚信、崇正义、尚和合、求大同的价值理念，大力弘扬中华美学精神、中华美育精神，推动中华文化创造性转化、创新性发展；应回应时代关切，用自己的艺术感受力、学术洞察力，准确把握时代洪流的变化，用审美的方式、学术的方式，省察和观照社会现实，创作出更多展现时代气象的精品力作，勇于攀登新时代的文艺高峰；应坚守艺术理想，不断砥砺从艺初心，把德艺双馨作为孜孜以求的目标，积极引领社会审美风尚，做到讲品位、讲格调、讲责任，抵制低俗庸俗媚俗，融个人的艺术追求于国家命运和人民福祉之中，自觉担当立心铸魂的职责使命。

论坛期间，与会专家学者观摩了北京青年曲艺杂技专场演出，并赴通州区大运河非遗文化园区、北京环球影城、宋庄文化产业创意集聚区就“大运河非遗文化”“现代影视文创产业”“文艺两新与新时代美术创新”等主题开展实地调研。

“濠江之春——澳门与内地艺术家大联欢”系列活动

“濠江之春——澳门与内地艺术家大联欢”活动创立于2011年，是在澳门特别行政区政府、中国文联和澳门中联办等支持下，由中国文联港澳台办公室、澳门中华文化联谊会等单位主办的文化交流活动，旨在深化澳门与内地文化艺术交流合作，展示中华优秀文化，增进澳门文化艺术界的团结与合作。“濠江之春”活动至今已成功举办11年，成为内地与澳门文化交流的知名品牌和两地艺术家团结、交流、联谊、合作的重要平台。2021“濠江之春”系列活动努力克服疫情影响，采取线上线下相结合形式举办，取得良好效果。

10月11日至18日，由中国文联港澳台办公室和澳门中联办宣文部指导的2021“濠江之春”系列活动——“天山放歌”新疆摄影展和“汉字之美·以民为本”主题书法展分别在澳门威尼斯人展出。“天山放歌”摄影展展出摄影作品80幅，展现了新疆决胜全面小康、决战脱贫攻坚的历史性成就；“汉字之美·以民为本”书法展展出不同书体作品50幅，展现了中国“以民为本”的治国理想。作为“濠江之春”系列活动之一，“金菊飘香，锦绣中华”魔术专场演出于10月在深圳录制，春节期间在澳门广播电视台播出。演出既有传统道具魔术节目，又有现代魔术节目，整场演出内容丰富，精彩纷呈。

12月3日，2021“濠江之春——澳门与内地艺术家大联欢”活动在澳门举行。澳门中联办副主任严植婵出席，中国文联党组成员、书记处书记张雁彬在北京致视频贺词。澳门文化局局长穆欣欣，澳门基金会行政委员会主席吴志良，澳门中联办宣文部部长万速成、副部长殷汝涛，中国文联港澳台办公室主任董占顺，广东省文联副秘书长樊广莲，珠海市文联主席马融及澳门嘉宾200余人参加活动。张雁彬在致辞中表示，在党领导国家走向繁荣富强的伟大历史进程中，澳门从未缺席，不断续写“一国两制”成功实践的新篇章。经中国文联倡议和指导，粤港澳大湾区文艺合作峰会机制已正式建立，相信澳门文艺机构和艺术家今后将有更大平台、更广阔的空间参与湾区文艺界交流合作、机遇共享和联动发展。中国文联将一如既往发挥中国文艺家之家的桥梁纽带作用，支持和推动澳门与内地艺术家的交流互鉴、合作创新，为两地文艺家共同弘扬中华文化、扩大中华文化的国际影响力作出努力。

联欢活动现场播放了由广东省文联和广东电视台录制的《2021濠江之春——携手奋进新征程》的专场演出视频。因疫情原因，原计划在澳门举行的演出改在广州录制，暂时的疫情未能阻隔两地艺术家交流共建的热情，艺术家们以多种艺术形式，歌颂中国共产党百年奋斗历程，展示建设中的粤港澳大湾区生动画卷。春节期间演出视频在澳门广播电视台播出。

首届粤港澳大湾区文艺合作峰会

为充分落实中央关于进一步完善政策举措，加强组织协调，高标准高质量推进大湾区重大合作平台建设的决策部署，贯彻中央关于建立共商共建共管的体制机制的指示精神，由中国文联倡议和发起，经国务院港澳事务办公室批准，广东省文联和中国文联香港会员总会、澳门中华文化联谊会以及广州、深圳、珠海、佛山、惠州、东莞、中山、江门、肇庆等9市文联（简称9+2+1）共同创立粤港澳大湾区文艺合作峰会机制。

10月25日至27日，由中国文联指导，广东省文联和珠海市文联共同主办的首届粤港澳大湾区文艺合作峰会在广东珠海召开。中国文联党组成员、书记处书记张雁彬，国务院港澳办交流司司长吴炜，中国文联港澳台办公室主任董占顺，理论研究室副主任胡一峰，广东省委宣传部常务副部长崔朝阳，广东省文联党组书记、专职副主席王晓，主席李劲堃，专职副书记、专职副主席吴华钦，澳门中联办宣文部部长万速成，副部长殷汝涛，香港中联办宣文部文艺处处长彭婕，澳门中华文化联谊会会长梁华及大湾区9市文联负责人出席会议。中国文联香港会员总会会长马逢国、常务副会长霍启刚等在香港分会场以视频连线方式参会。

在25日举行的峰会开幕式暨圆桌会议上，董占顺介绍了粤港澳大湾区文艺合作峰会构想和筹备情况。9+2+1文艺组织负责人围绕如何更好凝心聚力，实现资源共享、优势互补，促进湾区交流合作，推动湾区文艺高质量发展进行了深入研究探讨，并就建立粤港澳大湾区文艺合作峰会这一工作机制达成了共识。会议审议并表决粤港澳大湾区文艺合作峰会合作备忘录，研究了聘请峰会顾问的建议及相关事宜，确定了峰会标识，审议通过广州为2022年第2届峰会举办地。

在27日举行的峰会闭幕式暨签约仪式上，9+2+1文艺组织负责人共同签署了《粤港澳大湾区文艺合作峰会成员单位合作备忘录》。张雁彬等为粤港澳大湾区文艺合作峰会创始成员单位颁授牌匾。

张雁彬在致辞中表示，峰会机制的建立，是围绕2035年建成社会主义文化强国目标所进行的主动实践，是为服务大湾区建设这一新时代重大战略的积极探索。香港、澳门与珠三角9市有共同的文化传统、文化认同，有共同的文化需求和共同的奋斗远景。他希望，通过峰会机制的建立，形成人文交流合作的最大公约数，推动交流合作深入开展，共同塑造湾区人文精神，推动文化繁荣发展，开启粤港澳文化交流合作的新篇章。

首届峰会受到媒体高度关注,人民日报、新华社、新华网、央视网、光明日报、中新社、中国艺术报、中国文艺网、凤凰网、南方日报、羊城晚报、广州日报等30余家媒体持续发稿。签约仪式当天，广东卫视视频直播报道浏览量10.9万人次。新华社客户端报道首发10小时，浏览量超30万人次。

2021“今日中国”艺术周

“今日中国”艺术周是中国文联每年在境外举办的综合性展示中华优秀传统文化和中国当代文化艺术最新成就的品牌交流活动。自2004年创办以来，在五大洲21个国家和地区成功举办，有效促进了外国公众对中国当代文化艺术创新和发展成果的了解，增进了中外艺术家及人民之间的友谊。

面对全球新冠肺炎疫情造成的困难，我们创新思路，主要采取线上方式，推出了独具特色的2021“今日中国”艺术周。本次艺术周由“青春光影”中国电影优秀短片展、“传承之路”中国清代陶瓷纹饰艺术展、“希望的田野”中国民生纪实摄影展、“天山放歌”新疆摄影展、“雪域新篇”西藏美术摄影展、第32届中日友好自作诗书交流展和“都市风采”中国城市电视宣传片展映等7个板块。11月8日至14日，艺术周连续7天每天上线1个板块内容。为确保对外传播效果，中国文联特别会同中国外文局联合主办此次艺术周，为各个板块活动精心打造了双语云端展厅供海内外观众在线观摩，7大板块内容同步嵌入中国网形成2021“今日中国”艺术周官方网站，同步在中国文艺网“今日中国”艺术周网页上更新，为各板块活动提供直播、线上报道或在线观看等服务。

11月8日，2021“今日中国”艺术周开幕式暨“青春光影”中国电影优秀短片展首映式在中国文艺家之家举行。中国文联党组成员、书记处书记张雁彬，中国外文局副局长兼总编辑高岸明，巴拿马驻华大使，韩国驻华公参兼文化院院长以及俄罗斯、柬埔寨、古巴、乌克兰等10个国家和国际组织驻华使节出席开幕式，多家媒体记者出席报道。来自日本、西班牙、墨西哥和澳大利亚的四位国际组织或外国文化机构负责人通过视频方式表示祝贺。

张雁彬在致辞中表示，在新冠肺炎疫情肆虐背景下，全世界的人们更需要用艺术来驱散阴霾，温暖心怀；全世界的艺术家们更需要团结在一起，用有筋骨、有道德、有温度的文艺作品，为全球抗疫提供强大的精神力量。高岸明对于文化交流提出了三个“坚持”，即坚持以相互尊重、平等对待的心态，推动中外文学艺术交流；坚持开放包容，推动中外文学艺术交流互鉴；坚持架设不同文学艺术对话的桥梁。

艺术周得到国际各界人士的关注，其中包括联合国教科文组织驻华代表夏泽翰，美国《全球策略信息》杂志华盛顿分社社长威廉•琼斯，以及来自法国、西班牙、墨西哥、巴西和瑞士的各国专家学者。《今日中国》及中国网海外社交媒体账号以图文、视频等媒体形式进行区域精准传播，通过超链接、二维码等方式实现与新闻稿和深度报道互联互通，中外多家媒体以多语种对活动作了深度报道。自11月8日开幕至12月1日，艺术周帖文总触及量达160.3万次，视频播放总量17.7万次，总互动量9.1万次。仅“天山放歌”新疆摄影展作品《禾木晨曦》在中国网获得覆盖量就达12201次，互动数4533次。

全国性文艺大奖、艺术节

第三十七届兰亭书法节暨第七届中国书法兰亭奖颁奖活动

4月14日至5月14日，中国文联与中国书协在浙江绍兴联合举办第三十七届兰亭书法节，活动旨在推动“兰亭书法节”从“文化品牌”向“城市品牌”升级，促进文旅融合，不断将绍兴“历史+人文”的独特优势转化为城市发展的胜势。中国文联党组书记、副主席李屹，浙江省委宣传部领导朱国贤、葛学斌，中国书协领导孙晓云、李昕、代跃、刘月卯、张胜伟、潘善助、郑晓华、潘文海、张潇羽等以及本届书法兰亭奖获奖者、部分入选作者、部分评委会成员近300人出席了4月14日在兰亭景区天章寺广场举行的第七届中国书法兰亭奖颁奖活动开幕式及颁奖典礼。孙慰祖、崔寒柏等15位书家荣膺本届兰亭奖的金、银、铜奖，沈定庵、段成桂被授予“中国文联终身成就书法家”荣誉称号。

晋圣仪式在兰亭景区王右军祠举行，由绍兴市委常委、宣传部部长丁如兴主持。伴随着清脆的晋圣歌《兰亭集序》童声朗诵，中国书协主席孙晓云恭读《晋圣辞》，书法家代表行晋圣礼。14日下午，在绍兴兰亭书法博物馆报告厅举行了第七届中国书法兰亭奖兰亭论坛。论坛特邀请书坛名家、学者和绍兴本地艺术家进行学术讲座，共设专题报告和学术交流两个板块，郑州大学书法学院教授、西泠印社副社长李刚田、清华大学历史系教授赵平安、北京大学艺术学院院长彭锋分别做专题报告。本次论坛挖掘兰亭文化，传承兰亭精神，打造兰亭品牌。同时，旨在满足人们日益增长的精神文化需求、提升市民文化素养、推动文化发展的“翰墨兰亭·百家书画惠百姓”活动也在兰亭景区内的王右军祠展开。

本届书法节一直持续到11月，其间，“笔墨纸砚”文房用具文创展销会、“丹青五百年”越中名家书画展、纸上金石——《兰亭序》拓片精品展、越中金石大展、“中国书画五洲行——中国书画拥抱世界”书画展、“名家与大家”书法讲座等活动相继展开，使对书法文化艺术感兴趣的游客、观众尽享饕餮文化盛宴。

【评奖结果（按姓氏笔画排序）】

一、金奖2名

书法创作方向1名：崔寒柏（天津）

理论研究方向1名：孙慰祖（上海）著作《孙慰祖玺印封泥与篆刻研究文选》

二、银奖5名

书法创作方向3名：谷松章（河南）、张利安（河南）、林景辉（福建）

理论研究方向2名：张天弓（湖北）系列论文《王羲之尺牍草书之“今体”辨析》等14篇、程渤（江苏）著作《元代书法家群体与复古观念研究》

三、铜奖8名

书法创作方向6名：刘长龙（辽宁）、杨科云（广西）、陈靖（山东）、林峤（四川）、彭双龙（广东）、樊利杰（湖北）

理论研究方向2名：朱琪（江苏）著作《真水无香——蒋仁与清代浙派篆刻研究》、李正庚（湖南）著作《先秦至唐书法教育制度研究》

第十一届中国杂技金菊奖全国魔术·滑稽比赛

5月1日至5日，第十一届中国杂技金菊奖全国魔术·滑稽比赛在深圳欢乐谷举行，为我国2021年度举办的首个国家级赛事，更是自粤港澳大湾区成立以来的首个国家级文化盛事。参赛节目类型涵盖范围广泛，新文艺群体魔术、滑稽团体和个人参赛节目占比为历届之最，体现出近年来新文艺群体的蓬勃发展和可喜进步。赛场新人新作不断涌现、亮点纷呈，各参赛团队及个人展现了良好的精神风貌和顽强拼搏的比赛作风，彰显出魔术、滑稽艺术发展的美好前景。共有21个省(自治区、直辖市)和香港、澳门特别行政区的53个杂技团(校)和新文艺群体的59个节目报名参加魔术比赛，11个省(自治区、直辖市)和澳门特别行政区的24个杂技团(校)及新文艺群体的26个节目报名参加滑稽比赛。最终遴选出28个魔术节目和11个滑稽节目入围决赛。

中国文联副主席、中国杂协主席边发吉，中国杂协分党组书记、驻会副主席唐延海与广东省文联、深圳市的领导王晓、王强、吴以环以及中外魔术、杂技嘉宾出席开幕式。开幕晚会以“金菊绽放•中国正当潮”为主题，通过虚实结合的手法表现杂技、魔术、滑稽的文化元素，同时结合国内优秀杂技、魔术、滑稽节目及歌舞表演形式，使观众直观感受中国传统文化魅力。佟铁鑫、殷秀梅、刘全利、刘全和等艺术家与中国杂技团、河南新蔡杂技团、天津杂技团、南通市杂技团演艺有限公司、山东杂技团、重庆杂技团为观众表演了精彩节目。5月5日的闭幕式晚会上，边发吉、唐延海为获奖节目颁奖，中国曲协名誉主席、评书表演艺术家刘兰芳登台带来评书《盛赞金菊奖》，细数杂技源远流长的历史与新人辈出谱新章的当下，盛赞杂技人的精神品格及为祖国所做的诸多贡献。

中国魔术产业发展研讨会，中国滑稽创新创作研讨会，全国魔术•滑稽艺术沙龙、魔术•滑稽大师欢乐讲堂、魔术•滑稽艺术文化展、创意魔术•滑稽道具展、中国杂协“送欢乐、下基层”慰问活动等也于评奖期间在深圳欢乐谷举行。

为配合“金菊奖”比赛，深圳欢乐谷专门打造“2021深圳欢乐谷杂技嘉年华”活动。五一期间每日推出数十场零距离互动魔术表演、顶尖杂技大师秀、极限杂技秀、魔术•滑稽大师欢乐讲堂、魔术•滑稽艺术文化展、创意魔术•滑稽道具展等精品文化活动为游客打造节日文化盛宴，吸引了大批市民游客参与。

【评奖结果(按得分多少排序)】

魔术节目：

1. 深圳市辛宽魔幻杂技艺术团有限公司《秘境》
2. 中国杂技团有限公司《玉壶光转》
3. 沧州杂技团《涟漪•扇变》
4. 杭州杂技总团演艺有限公司《牌•魂》
5. 重庆杂技艺术团有限责任公司《仙豆》
6. 长春演艺集团杂技团有限责任公司《红》
7. 内蒙古艺术剧院《骑手与绣娘》

滑稽节目：

1. 湖南省杂技艺术剧院有限责任公司《小夫妻》
2. 济宁市杂技演艺有限责任公司《岁月》
3. 南京市杂技团有限公司、阜宁县杂技团《热心人》

第八届中国戏剧奖•梅花表演奖、曹禺剧本奖（第30届中国戏剧梅花奖•第24届曹禺剧本奖）

5月8日至21日，由中国文联、中国剧协、南京市政府联合主办的“梅绽金陵，礼赞百年”第30届中国戏剧梅花奖•第24届曹禺剧本奖在“世界文学之都”——江苏南京举行。

涵盖14个剧种(话剧、歌剧、京剧、越剧、秦腔、黄梅戏、川剧、粤剧、晋剧、婺剧、桂剧、楚剧、莆仙戏、龙江剧)的17位演员(涂松岩、张燕、黄艳艳、余维刚、彭庆华、熊明霞、李晓旭、杨升娟、黄齐峰、张璇、郑芳芳、王丽达、伍思亭、楼胜、栾兰、杨少彭、吴美莲) 为广大戏剧爱好者奉献了17场围绕“全面小康”“建党百年”等重大主题所创的现代戏，展示了现实题材创作的进取风貌。中国国家话剧院涂松岩主演的参评剧《人间烟火》作为开幕大戏于8日晚在江苏大剧院精彩上演(该剧讲述了新时代基层党员苏小鱼，主动请缨从区里调到基层主持棚改工作的故事，并穿插了亲情沟通、老人赡养、年轻人创业等热点社会问题)。江苏省委常委、宣传部部长张爱军，中国剧协分党组书记、驻会副主席陈彦，南京市委副书记沈文祖等出席开幕式并观看演出。

5月21日，第30届中国戏剧梅花奖颁奖活动与第24届曹禺剧本奖的5部获奖剧作一同揭晓。为便民购票，主办方开通了多渠道、立体化的购票方式。除能在“金陵大剧场”(App、H5、小程序)多渠道购票外，还可在官方平台“金陵大剧场”上看到本届“梅花奖”的所有演出资讯、演员访谈及活动视频。

【第八届中国戏剧奖•梅花表演奖(第30届中国戏剧梅花奖)评奖结果(按得票多少排序)】

戏曲类：

楼胜(浙江婺剧艺术研究院/浙江婺剧团婺剧折子戏专场《临江会》《断桥》《火烧子都》)

杨少彭(北京京剧院京剧《游百川》)

黄齐峰(天津京剧院京剧《狄青》)

李晓旭(南京市越剧团有限公司越剧《凤凰台》)

黄艳艳(福建省莆仙戏剧院有限公司莆仙戏《踏伞行》)

杨升娟(西安三意社有限公司秦腔《周仁》)

彭庆华(广东粤剧院一团粤剧折子戏专场《赵子龙催归》《狸猫换太子》《拜月记》《武松大闹狮子楼》)

张璇(湖南省京剧保护传承中心京剧《向警予》)

吴美莲(安徽再芬黄梅文化艺术股份有限公司黄梅戏《祝福》)

熊明霞(上海京剧院京剧《乌龙院》)

余维刚(武汉楚剧院有限责任公司楚剧《万里茶道》)

伍思亭(桂林市戏剧创作研究中心桂剧《马前泼水》)

张燕(四川省川剧院川剧《死水微澜》)

话剧类：

涂松岩(中国国家话剧院话剧《人间烟火》)

歌剧类：

王丽达(山东歌舞剧院民族歌剧《沂蒙山》)

【第八届中国戏剧奖•曹禺剧本奖(第24届曹禺剧本奖)评奖结果】

王宝社话剧《三湾，那一夜》

吴傲君花鼓戏《蔡坤山耕田》

喻荣军话剧《家客》

罗周昆曲《梅兰芳•当年梅郎》

冯必烈、冯柏铭歌剧《尘埃落定》

第十二届中国舞蹈荷花奖当代舞、现代舞评奖

5月26日至28日，由中国文联、中国舞协、深圳市委宣传部联合主办的第十二届中国舞蹈荷花奖当代舞、现代舞评奖在深圳举行，经评委会评选和组委会核定，在45个入围终评作品中，根据得分排名《春会来》《远山不远》《烈火中永生》获得当代舞奖，《肖像》《等》《背面》获得现代舞奖。

评奖期间，中国舞协以“坐标：现实题材舞蹈创作在中国现当代舞蹈的位置”为题举行研讨，中国舞协分党组书记、驻会副主席罗斌主持会议。与会舞蹈编导家、舞蹈评论家以及本次活动的评委们围绕当现实题材舞蹈创作越来越成为舞蹈创作者的艺术自觉，如何在主题性、个性、思想性和艺术性交织共存的格局下寻找新的表达语言，拓展新的舞台空间成为舞蹈创作实践的重要方向畅所欲言，从学术理论研究与创作实践经验两方面提出自己的思考，为现实题材舞蹈创作提供了新思路。

【评奖结果(排名不分先后)】

当代舞：

1. 厦门小白鹭民间舞艺术中心《春会来》

2. 四川师范大学舞蹈学院《远山不远》

3. 深圳歌剧舞剧院有限公司、深圳市龙华区文化广电旅游体育局、深圳市文化馆《烈火中永生》

现代舞：

1. 深圳歌剧舞剧院有限公司《肖像》

2. 深圳市舞协《等》

3. 上海歌舞团有限公司《背面》

第十三届中国舞蹈荷花奖民族民间舞评奖

10月25日至27日，由中国文联、济南市政府、中国舞协、山东省文联主办，济南市委宣传部、中国文联舞蹈艺术中心、山东省舞协承办，济南市文联、济南市舞协协办的第十三届中国舞蹈荷花奖民族民间舞评奖在山东济南举行。特邀中国

舞协主席、中国文艺基金会副理事长冯双白，云南省舞协名誉副主席、云南艺术学院舞蹈学院原院长朱红担任点评嘉宾。评审委员会在43个入围终评的作品中评选出《阳光下的麦盖提》《姥姥的田》《浪漫草原》《柔情似水》《瑶山夜语》《移山》6个获奖作品。

评奖期间，中国舞协以"'互联网'下中国民族民间舞蹈创作及传承策略"为题举办了中国舞蹈荷花奖民族民间舞发展研讨会。与会专家结合现实问题就民族民间舞的创作与传承、创新与发展、传统性和时代性、社会功能等展开研讨、提出见解。

【评奖结果(排名不分先后)】

新疆艺术学院舞蹈学院《阳光下的麦盖提》

长春人文学院《姥姥的田》

呼和浩特民族演艺集团民族歌舞剧院有限公司《浪漫草原》

四川艺术职业学院《柔情似水》

广西壮族自治区贺州市平桂区文化广电和旅游局、广西壮族自治区贺州市群众艺术馆《瑶山夜语》

山东艺术学院舞蹈学院《移山》

第十三届中国音乐金钟奖

10月15日至27日，第十三届中国音乐金钟奖在四川成都举行。以"百年华诞•盛世金钟"为主题，其间呈现了44场专业赛事和8场高水准音乐会，266名参赛选手经过8天的比赛，决出了钢琴、声乐(美声)、声乐(民族)、古筝4个项目比赛的前五名。中国文联副主席、中国音协主席叶小钢出席了10月26日晚的颁奖典礼暨闭幕式音乐会。

【评奖结果】

钢琴：孙麒麟(四川音乐学院)、俞易辰(中央音乐学院)、郝一雷(中央音乐学院)、唐小舒(上海音乐学院)、沈天琳(中央音乐学院)

声乐(美声)：刘涛(浙江音乐学院)、石琳(中央音乐学院)、陈泳汐(武汉音乐学院)、王博(浙江音乐学院)、张媛(中央音乐学院)

声乐(民族)：张明旭(青海省音协)、李佳蔚(上海市音协)、李扬(中国铁路文工团有限公司)、张宇(四川音乐学院)、冯金伟(陕西省音协)

古筝：曹照照(中国音乐学院)、李寒(中央音乐学院)、王钰(中央音乐学院)、张佳康(中央音乐学院)、李寒月(上海音乐学院)

第30届中国金鸡百花电影节暨第34届中国电影金鸡奖

12月28至30日，由中国文联、中国影协、厦门市政府共同主办的第30届中国金鸡百花电影节暨第34届中国电影金鸡奖颁奖盛会在福建厦门举行。中国文联党组成员、副主席诸迪出席开幕式并致辞。活动历时3天，涵括影片评奖、颁奖，电影艺术家走红毯，金鸡国际影展(展映35个国家和地区的38部影片77场次，包括5部"金砖国家单元"新片和3部"经典修复单元"大师之作，其中9部影片在亚洲首映，19部影片在中国内地首次亮相，97%的影片分获世界各大国际电影节奖项，5部影片由各国选送参评第94届奥斯卡奖)、港澳台影展、国产新片展等影展活动和金鸡电影创投大会、学术论坛等七大类共30项活动。

本届金鸡奖从185部报名影片中产生了41部初选入围，其中故事片16部，中小成本故事片12部，儿童片6部，外语片7部。从中评选出最佳故事片、最佳外语片、最佳编剧、最佳导演、最佳男主角、最佳女主角等20个奖项，其中"最佳外语片"奖项为今年首次开展评选，旨在探索建立国际水准和中国审美的电影评奖标准。电影《守岛人》、演员张译、导演张艺谋等获金鸡奖殊荣。

【评奖结果】

最佳故事片：《守岛人》

评委会特别奖：《我和我的家乡》

最佳中小成本故事片：《冰下的鱼》

最佳儿童片：《再见吧！少年》

最佳纪录/科教片：《九零后》

最佳美术片：《白蛇2：青蛇劫起》

最佳戏曲片：《南越宫词》

最佳外语片：《困在时间里的父亲》

最佳编剧：余曦、黄欣、赵宁宇《1921》(原创)

最佳导演：张艺谋《悬崖之上》

最佳男主角：张译(《悬崖之上》饰张宪臣)

最佳女主角：张小斐(《你好，李焕英》饰李焕英)

最佳男配角：范伟(《一秒钟》饰范电影)

最佳女配角：朱媛媛(《我的姐姐》饰姑妈“安蓉蓉”)

最佳摄影：赵小丁《悬崖之上》

最佳美术：霍廷霄《革命者》

最佳音乐：陈光荣、陈永健《中国医生》

最佳录音：陶经《一秒钟》

最佳剪辑：钟炜钊《拆弹专家2》

最佳导演处女作：旦真旺甲《随风飘散》

中国文联终身成就艺术家

2021年，中国文联积极选树宣传先进典型，授予魏明伦、焦晃、李前宽、吕其明、张鑫炎、施万春、马玉涛、赵宛华、崔美善、崔善玉、段成桂、沈定庵、张道一、刘守华14位老艺术家“中国文联终身成就艺术家”荣誉称号。

第十七届中国戏剧节

10月9日至28日，由中国文联、中国剧协、湖北省委宣传部、武汉市政府联合主办，武汉市委宣传部、武汉市文旅局承办的第十七届中国戏剧节在湖北武汉举行。中国文联主席、中国作协主席铁凝、中国文联党组成员、副主席徐永军出席开幕式并为话剧表演艺术家焦晃、剧作家魏明伦颁发“中国文联终身成就戏剧家”荣誉称号的奖牌和证书。

本届戏剧节的主题为“戏聚英雄城，礼赞新时代”。来自全国23个省、直辖市和自治区的31台剧目(29台参演剧目及2台邀请演出)，涵盖(京剧、昆剧、评剧、豫剧、越剧、黄梅戏、川剧、晋剧、婺剧、高甲戏、花鼓戏、山东梆子、楚剧、壮剧)14个戏曲剧种及话剧、歌剧、儿童剧，体现了戏剧艺术的丰富性和多样性。本届戏剧节坚持以习近平新时代中国特色社会主义思想为指导，深入贯彻落实党的十九大精神，自觉承担举旗帜、聚民心、育新人、兴文化、展形象的使命任务。展演剧目主题鲜明，内容题材丰富，推出了一批聚焦“建党百年”主题的优秀现代戏。展演的革命历史题材戏剧作品，均为近年内涌现的深受观众欢迎的优秀作品，如话剧《香山之夜》(为北京人艺的闭幕演出)、京剧《母亲》(为紧扣建党百年主题的开幕大戏，“二度梅”获得者刘子微生动演绎了革命母亲葛健豪携儿带女寻找光明的故事)、川剧《烈火中永生》等作品，再现了革命战争年代中国共产党人带领并团结爱国人士和人民群众共同实现民族独立、人民解放的生动画卷。同时，一批聚焦社会主义现代化建设的伟大实践和反映脱贫攻坚和抗疫精神的优秀现实题材作品也集体亮相 (新编历史剧川剧《草鞋县令》等以鲜明的剧种特色彰显中华民族精神和优秀传统文化；传统剧目整理改编如花鼓戏《蔡坤山耕田》、高甲戏《范进中举》等则是对优秀传统文化的创造性转化、创新性发展的成功典范)。参演剧团类型多样，既有省直和各市剧团，也有县级剧团；既有文化系统剧团，也有高等院校演出团体；既有国有剧院团，也有社会民营戏剧机构和体制内演员合作的新模式。此外，本届戏剧节坚持理论指导创作，研讨实践并重。理论评论工作延续优秀传统，根据演出进程，组织国内知名专家针对展演剧目开展了8次座谈会及“构建中国戏剧导演体系——中国戏剧导演艺术高峰论坛”和“守正•创新——中国戏剧表演艺术高峰论坛”。

此外，主办方还设置了第八届武汉国际戏剧演出季、第九届武汉“戏码头”中华戏曲艺术节、武汉戏曲“大码头”图文展览、“良辰美景 赏戏悦目”戏剧进景区活动等多项配套活动，营造了浓厚的节庆氛围，传承、弘扬、推广了中华优秀传统文化，充分满足了人民对美好生活的精神需求。

中国文联全国性文艺评奖
五年获奖文艺精品网络展示

党的十八大以来，习近平总书记多次强调要“讲好中国故事”。用文质兼美的艺术创作，讲好中国故事、回应人民期待，弘扬中国精神是新时代文艺工作者的光荣历史使命。2016年11月30日，习近平总书记在中国文联十大、中国作协九大开幕式上的重要讲话中指出：“我相信，我们这个时代的中国文学家、艺术家不仅有这样的雄心，而且有这样的能力，一定能创作出无愧于我们这个伟大时代、无愧于我们这个伟大国家、无愧于我们这个伟大民族的优秀作品。”为展现十次文代会以来中国文联各全国性文艺评奖的工作成果，12月8日至28日，在十一次文代会即将召开之际，中国文联精心打造、与光明网联合推出“创随时代 精‘艺’求精——中国文联全国性文艺评奖五年获奖文艺精品网络展示活动”，邀请26位专家学者座谈评析，深入解读何为“精‘艺’求精”，实现了一次对中国文联全国性文艺评奖全方位、系统化、多角度、有影响的立体式呈现和检阅。其间共推出网络专题1个，包装推介50个(部)获奖作品或个人；策划制作主旨宣传片1部、短视频20部，截至12月底，全网传播量近亿。

【系列访谈】

“创随时代 精“艺”求精”用文质兼美的艺术创作，讲好中国故事

“创随时代 精“艺”求精”为人民画像 为时代立传

“创随时代 精“艺”求精”以创新之光照亮时代舞台 用力用情创作“三精”作品

“创随时代 精“艺”求精”寻找中华文化基因的当代表达 推动优秀传统文化繁荣发展

“创随时代 精“艺”求精”传承德艺双馨精神 用精湛舞台演绎讴歌新时代

“创随时代 精“艺”求精”以优秀影视创作，凸显中国精神、中国风格、中国气派

创随时代 精“艺”求精
获奖作品名录

【舞台】

第八届中国戏剧奖·梅花表演奖获奖者楼胜

第七届中国戏剧奖·梅花表演奖获奖者雷佳

第八届中国戏剧奖·曹禺剧本奖获奖作品话剧《三湾，那一夜》

第八届中国戏剧奖·梅花表演奖获奖者王丽达

第七届中国戏剧奖·梅花表演奖获奖者单雯

第十二届中国音乐金钟奖·小提琴第一名党华莉

第十二届中国音乐金钟奖·二胡第一名高白

第十二届中国音乐金钟奖·声乐美声组第一名李鳌

第十二届中国音乐金钟奖·声乐民族组第一名马小明

第十届中国曲艺牡丹奖·节目奖获奖作品相声《我爱诗词》

第十届中国曲艺牡丹奖·新人奖获奖者李丁

第十一届中国曲艺牡丹奖·文学奖获奖作品评书《一次心灵的对话》

第十一届中国曲艺牡丹奖·文学奖获奖作品中篇苏州评弹《钱学森》

第十一届中国舞蹈荷花奖·舞剧获奖作品《草原英雄小姐妹》

第十一届中国舞蹈荷花奖·民族民间舞获奖作品《阿嘎人》

第十二届中国舞蹈荷花奖·古典舞获奖作品《大河三彩》

第十一届中国舞蹈荷花奖·当代舞获奖作品《黄河》

第十一届中国舞蹈荷花奖·现代舞获奖作品《命运》

第十届中国杂技金菊奖·杂技节目奖获奖作品《九级浪——杆技》

第十一届中国杂技金菊奖·魔术节目奖获奖作品《秘境》

第十届中国杂技金菊奖·滑稽节目奖获奖作品《三个和尚》

第十届中国杂技金菊奖·杂技节目奖获奖作品《云端鼓舞——高椅》

【影视】

第三十五届大众电影百花奖·最佳影片《我和我的祖国》

第三十二届中国电影金鸡奖·最佳故事片《流浪地球》

第三十三届中国电影金鸡奖·最佳故事片《夺冠》

第三十四届大众电影百花奖·优秀故事片《红海行动》

第三十届中国电视金鹰奖·最佳电视剧《外交风云》

第三十届中国电视金鹰奖·优秀电视剧《大江大河》

第二十九届中国电视金鹰奖·优秀电视剧《绝命后卫师》

第二十九届中国电视金鹰奖·优秀电视剧《情满四合院》

【造型】

第三届中国美术奖金奖作品中国画《使命》

第三届中国美术奖金奖作品版画《阳光下的大桥浇筑工》

第三届中国美术奖金奖作品壁画《城濮之战》

第三届中国美术奖金奖作品雕塑《烈焰青春》

第三届中国美术奖金奖作品漆画《盛世花开》

第三届中国美术奖银奖作品油画《格桑花开》

第十四届中国民间文艺山花奖·优秀民间文艺学术著作获奖作品《黄河十四走》

第十四届中国民间文艺山花奖·优秀民间工艺美术作品获奖作品剪纸《上海童谣》

第十三届中国民间文艺山花奖·优秀民间工艺美术作品获奖作品红木雕刻《姑苏繁华图》

第十三届中国民间文艺山花奖·优秀民间工艺美术作品获奖作品陶瓷《戏曲人物》

第十二届中国摄影金像奖·纪实摄影类获奖者兰红光

第十二届中国摄影金像奖·纪实摄影类获奖者吴宗其

第十二届中国摄影金像奖·艺术摄影类获奖者董冬

第十二届中国摄影金像奖·艺术摄影类获奖者金平

第十二届中国摄影金像奖·商业摄影类获奖者朱汉举

第七届中国书法兰亭奖金奖获奖者孙慰祖作品《孙慰祖玺印封泥与篆刻研究文选》

第七届中国书法兰亭奖金奖获奖者崔寒柏

第六届中国书法兰亭奖银奖获奖者张继

第六届中国书法兰亭奖铜奖获奖者张胜伟

第六届中国书法兰亭奖银奖获奖者水赉佑作品《苏轼书法史料集》

重点文艺工程

“深入生活、扎根人民”主题实践活动

【天山放歌——新疆各族人民幸福生活主题摄影展览】

3月22日至31日，由中国文联与中国摄协联合主办，中国文联摄影艺术中心承办的“天山放歌——新疆各族人民幸福生活主题摄影展览”在北京中国文艺家之家展览馆举行，展出的百余幅作品均是中国文联、中国摄协于2020年9月组织近20位摄影家赴新疆开展“深入生活、扎根人民”主题采风创作活动所创，集中展示了第二次中央新疆工作座谈会以来新疆日新月异的变化和各族群众的幸福生活状况。分“民族大团结”“边疆好风光”“脱贫促发展”“文化新生活”四个部分，充分反映了新疆天山南北各族人民始终高举爱国主义旗帜，像石榴籽一样紧密团结在一起的民族团结生动局面；新疆各地坚决守住生态保护红线，统筹开展治沙治水和森林草原保护工作，大美新疆一派好风光的盛世景象；新疆各族人民在党的政策指引和全国多省市的对口支援下，脱贫致富奔小康的美好生活，以及新疆各族群众文化生活更为丰富多彩的和谐图景。

【赴全面建成小康社会“百城千县万村”调研点采风创作主题实践活动】

为认真学习贯彻习近平总书记在中央民族工作会议上的重要讲话精神，贯彻落实文化润疆使命任务，创作推出更多高质量的音乐作品，按照中宣部总体工作部署，在第三次中央新疆工作座谈会召开一周年之际，9月18日至29日，国内联络部组织张千一、何沐阳、屈塬、舒楠、杨启舫、王备、杨一博、李凯稠、杨玉鹏等知名音乐家赴新疆开展采风创作主题实践活动。采风团跨越天山南北，重点深入新疆全面建成小康社会“百城千县万村”的14个县市区调研点(如喀什市、伊宁市、克拉玛依市、阿勒泰地区布尔津县等地)，行程3500多公里，与维吾尔族、哈萨克族、塔吉克族、蒙古族、回族、俄罗斯族、锡伯族等多民族基层文艺工作者交流、民间艺人280余人次联欢交流，聆听原生态刀郎木卡姆、蒙古族长调、哈萨克族阿肯弹唱等民族民间音乐演唱和卡龙琴、热瓦甫、都塔尔、艾捷克、弹拨尔、冬不拉、库布孜等乐器演奏，与文联驻村工作干部和当地党员群众面对面零距离座谈，深入挖掘富有民间特色的音乐资源、了解其历史文化渊源、感悟文化润疆的力量，充分感受在新时代党的治疆方略指引下新疆团结和谐、繁荣富裕、文明进步、安居乐业、生态良好的新风貌，聚焦新时代新疆各族人民共建美好家园、共享幸福生活的生动实践。音乐家们收获满满，产生创作灵感，返京后迅速投入创作。

艺苑百花、艺坛大家项目

2021年在《中国艺术报》及其新媒体平台“艺苑百花”专栏刊发了胡新明、谷好好、周祥林、滕爱民、邵大箴、巩汉林、李舸等文艺名家的深度专访报道。

2021年协调完成了郭汉城、花五宝、顾棣、张海、邓在军5位老艺术家的“艺坛大家”专题片制作编辑工作。

文艺志愿服务活动

综　述

2021年，中国文联文艺志愿服务中心深入贯彻落实党的十九大和十九届中央历次全会精神，深入贯彻落实中国文联十届六次、七次全委会精神，坚持以人民为中心的工作导向，围绕中心，服务大局，坚持以政治建设为统领，积极加强党建工作，认真落实意识形态、保密等工作要求，团结引领广大文艺志愿者，围绕中心、服务大局，持续推进“文艺进万家　健康你我他”新时代文明实践文艺志愿服务项目试点，聚焦党史学习教育深入开展中国文艺志愿者在行动系列活动、创新组织实施“送欢乐下基层”“我们的中国梦”——文化进万家、文艺培训、文艺支教、学雷锋文艺志愿服务等活动项目，举办首届宣传推选学雷锋文艺志愿服务“时代风尚”先进典型活动，不断加强文艺志愿服务体制机制和组织队伍建设，为决胜全面建成小康社会、决战脱贫攻坚作出积极贡献。

“我们的中国梦”——文化进万家活动

活动紧紧围绕庆祝中国共产党成立100周年、全面建成小康社会和开启全面建设社会主义现代化国家新征程的主题，在做好新冠肺炎疫情防控前提下，努力满足群众文化生活新需求，组织开展形式多样、内容充实、内涵丰富的文化文艺活动。中心联合各全国文艺家协会、有关省级文联策划组织近百支文艺志愿服务小分队，注重向革命老区、民族地区、边疆地区、贫困地区倾斜，把新时代文明实践中心建设试点县（市、区、旗）作为重点，广泛开展文艺活动。

1月22日，由中宣部、中央文明办、文化和旅游部、国家广播电视总局、中国文联联合主办，文艺志愿服务中心承办的“我们的中国梦”——文化进万家活动启动仪式暨首场慰问演出在北京市海淀区上庄镇综合文化活动中心成功举办。

“文艺进万家　健康你我他”新时代文明实践文艺志愿服务活动

中心组织召开新时代文明实践文艺志愿服务扩大试点工作研讨会，进一步完善“文艺进万家　健康你我他”新时代文明实践文艺志愿服务模式，以国家、省、市、县、乡、村六级联动的形式“送文化、种文化、传精神”，以文艺的方式引导广大群众听党话、感党恩、跟党走。北京、山东、河北、河南、湖北、内蒙古、新疆等7个新时代文明实践文艺志愿服务试点省份，采取线上线下等方式，全年组织开展各类文艺志愿服务活动8000余场，线上线下累计受益约9.7亿人次，为新时代文明实践中心建设和丰富基层人民群众精神文化生活作出了积极贡献。

4月7日，中国文联新时代文明实践文艺志愿服务项目扩大试点工作推进研讨会成功召开，会上新时代文明实践各试点省、市、自治区代表交流了试点工作开展的总体情况，介绍了典型经验并提出了意见与建议。

12月8日，由中国文联文艺志愿服务中心、新疆维吾尔自治区文联主办，克拉玛依市文联、独山子石化党委宣传部、独山子区委宣传部承办的“文艺进万家　健康你我他”中国文联新时代文明实践活动（新疆站）文艺志愿服务演出在独山子文化中心影剧院举行。来自自治区文艺界的42位艺术家，为奋战在炼化石油战线上的各族员工和独山子人民，送上了一场内容丰富、形式多样、演艺精彩的高质量文化盛宴。

原创作品示范宣传推广活动

活动以中心近4年创作的原创歌曲和舞蹈等推广作为“送文化、种文化、传精神”的重要抓手，倡导“文艺进万家 健康你我他”的志愿服务理念，打造“送下去、请进来、进心里”的品牌项目模式，旨在进一步发挥文艺志愿服务的独特作用，提升群众文化素养和艺术审美。

通过项目推广与示范效应来带动人民群众积极参与，将组织优势与网络优势有机结合，联动新时代文明实践文艺志愿服务项目五省市（自治区）试点地区文联、“圆梦工程”22个省（区、市）文联，积极组织当地文艺骨干、文艺志愿者、文艺爱好者以及乡村学校少年宫艺术辅导员和学生参与活动，通过网络互动等多种形式进行交流学习，实现了出精品、推人才、强美育的目标。

2月16日至21日、2月23日至24日，中心精选两首优秀原创作品《幸福红》和《丰收中国年》进行示范宣传和推广，邀请了著名舞蹈家黄豆豆、古丽米娜创编舞蹈示范版本并通过腾讯微视网络直播形式面向全国网友、各省（市、区）文联组织的文艺志愿者、文艺骨干、文艺爱好者们讲授舞蹈公开课，普及舞蹈专业知识、分解示范舞蹈动作，充分发挥了艺术家的示范引领作用。短短8天时间，直播课创下了340多万人气值，观看人数达517.3万，成为春节期间的热点直播。

3月24日至26日，中心推出原创作品《各族儿女心向党》，特邀青年舞蹈家饶子龙在腾讯微视平台上继续开展原创作品示范宣传推广网络公共课程，再次在全国各地广大舞蹈爱好者中掀起了学习热潮。直播三天创下180多万人气值，观看人数达115万。

“学习雷锋好榜样”
中国文联文艺志愿服务团
主题宣传活动

在3月5日学雷锋纪念日到来之际，中国文联、中国文艺志愿者协会在线上线下发起学雷锋文艺志愿服务系列活动，用文艺的力量推动学雷锋志愿服务在全社会蔚然成风。

中国文艺志愿者协会分别在湖南长沙和辽宁抚顺举行授牌仪式，设立湖南雷锋纪念馆和抚顺市雷锋纪念馆作为中国文艺志愿者协会学雷锋基地。

“这是中国文艺志愿者协会首次设立学雷锋基地，也是将雷锋精神、志愿服务精神和社会主义核心价值观紧密结合的一次具体实践。”

中国文联文艺志愿服务中心主任、中国文艺志愿者协会副主席兼秘书长冀彦伟介绍，通过在雷锋家乡湖南省长沙市望城区，以及雷锋精神发祥地辽宁省抚顺市这两个标志性地点建设学雷锋基地，发挥文联文艺队伍优势，整合资源联动策划，打造弘扬雷锋精神的高地，用文艺的力量推动新时代学雷锋志愿服务发展。

文艺西安大讲堂

4月17日，“学党史　传精神　跟党走”——中国文联学雷锋文艺志愿服务先锋队来到陕西西安，走进长安区，用精彩的文艺演出、生动的文艺讲座为当地群众带来了一场文艺盛宴。

演出结束后，黄豆豆、乌兰图雅等艺术家又马不停蹄地转场至陕西师范大学音乐学院，举办了“文艺西安大讲堂”的开班仪式及首场讲座，助力西安文学艺术事业繁荣发展。

中国文联领导会见
学雷锋志愿服务“四个100”
先进典型代表

4月27日，中国文联党组书记、副主席李屹，中国文联党组成员、副主席李前光，中国文联副主席、中国文艺志愿者协会主席冯巩在中国文艺家之家会见了由中国文联推荐并荣获2020年度学雷锋志愿服务“四个100”最美志愿者朱迅、王铁牛、刘劲以及最佳志愿服务组织代表、最佳志愿服务项目单位代表和最美志愿服务社区代表，并向他们颁发证书、奖牌。

首届宣传推选学雷锋文艺志愿服务“时代风尚”先进典型活动

9月10日，由中央文明办二局、中国文艺志愿者协会共同主办的首届宣传推选学雷锋文艺志愿服务“时代风尚”先进典型名单正式公布。首届先进典型名单包括刘劲等40个“最美文艺志愿者”、10个“最美文艺志愿服务组织者”、20个“最美文艺志愿服务项目”、9个“最美文艺志愿服务组织”、19个“最美文艺志愿服务社区”、4个“特殊贡献”。

“送欢乐下基层”文艺志愿服务活动

9月25日，中国文联、内蒙古文联文艺志愿服务活动走进乌兰察布市化德县，中国文联文艺志愿服务中心副主任、中国文艺志愿者协会副秘书长李岩，内蒙古文联党组成员、秘书长聂显辉出席活动。活动以庆祝中国共产党成立100周年、“学党史、传精神、跟党走”为主题，邀请何小菊、张凤莲、李继春等表演艺术家带来了一场高水平、高标准的视听盛宴。

9月26日，中国文联、内蒙古文联文艺志愿服务活动走进乌兰察布市商都县，活动以庆祝中国共产党成立100周年、“学党史、传精神、跟党走”为主题，为商都县的父老乡亲送上了喜闻乐见的精彩演出。

“圆梦工程”文艺培训志愿服务行动

活动紧密围绕乡村振兴，以乡村美育为着力点，面向乡村学校少年宫艺术辅导员以及新时代文明实践中心文艺人才，开展线上线下培训。线下联动全国17个省共25个县开展培训，包括音乐、美术、书法、舞蹈、手工、合唱指挥、民间剪纸、布贴等艺术门类，培训学员1800余人，组织名师名家走进乡村学校少年宫开展丰富多彩的活动，不断提升农村地区未成年人思想道德水平。线上培训通过开展“名家名师话美育”公开课，“名师美育课堂”网络直播课等形式开展，组织全国各地乡村学校少年宫艺术辅导员观看。

2月至6月，深化开展“圆梦工程”文艺培训系列展演活动。联动全国25个省级文联，线上线下组织各基层参与培训学员和文艺爱好者参加以“欢聚吧　第一百个春天”为主题的网络展演活动。线下活动包括音乐和舞蹈作品展演，各地通过录制《唱支山歌给党听》《没有共产党就没有新中国》等歌颂党的主旋律歌曲，展演《丰收中国年》《幸福红》《各族儿女心向党》等舞蹈，抒发了对党的真挚情感，25个省级文联共提交108个展演视频，集中展示“圆梦工程”文艺培训志愿服务行动的成果。线上共组织25个省市自治区的663名学员参与展演，提交书画作品773幅，617.1万人次观看线上展演。

9月26日，“圆梦工程”中国文联文艺志愿服务队走进新疆生产建设兵团三师图木舒克市41团草湖镇参加“圆梦工程”文艺志愿服务培训展演，艺术家们与当地文艺家以歌曲、舞蹈、魔术等形式为现场观众呈现了一场振奋精神、恢宏大气、有艺术张力的文艺汇演。此次活动历时5天，中国文联文艺志愿服务中心副主任吴艳华和中国文联文艺志愿服务队成员还深入阿克苏地区库车市、拜城县两地开展文艺志愿服务活动。

中国农民丰收节主题文艺志愿服务活动

9月27日上午，中国文联在第四个中国农民丰收节到来之际，联动新疆维吾尔自治区文联、新疆生产建设兵团文联来到新疆喀什市伯什克然木乡开展一系列“文化润疆”活动，共同庆祝中国农民丰收节。中国文联副主席、舞蹈家迪丽娜尔·阿布拉、歌唱家降央卓玛、流行歌手塔斯肯、舞蹈家李德戈景、魔术师安尼瓦尔·阿扎提等一一献上了美轮美奂的精彩歌舞，给喀什各族群众带来一场文化盛宴，喀什本地舞蹈《莫何如》、歌曲《永远的刀郎》《雪莲》，喀什大学歌伴舞《丰收中国年》等也都一一登场，无不展现出喀什悠久的历史文化与丝路风情。此活动是文联系统充分发挥文艺强信心、暖人心、聚民心、筑同心重要作用、全面建成小康社会、实施乡村振兴战略的重大举措；是广大文艺家和文艺工作者紧贴时代主题，向全社会传递重农崇农的价值取向，提升广大农民的荣誉感、幸福感和获得感的重要平台。

“时代风尚”中国文艺志愿者崇德尚艺特别节目

10月15日，习近平总书记在文艺工作座谈会上的重要讲话发表7周年之际，由中国文联、中国文艺志愿者协会主办的“时代风尚”——中国文艺志愿者崇德尚艺特别节目在“学习强国”学习平台、中国文明网、人民网、央视频、中国艺术报、中国文艺网、百度、爱奇艺、腾讯视频、搜狐视频等中央、省、市、县2000余家媒体平台同时上线播出。节目旨在贯彻中宣部印发的《关于开展文娱领域综合治理工作的通知》，引领广大文艺工作者响应中国文联发布的《修身守正 立心铸魂——致广大文艺工作者倡议书》，集中表达文艺界老中青三代听党话、感党恩、跟党走的理想信念和坚定决心，弘扬榜样精神、引领时代风尚。

第九批“中国梦”主题新创作歌曲《丰收中国年》MV发布

10月，中国文联文艺志愿服务中心原创作品《丰收中国年》入选中宣部第九批“中国梦”主题新创作歌曲并发布MV。《丰收中国年》由朱海作词、子山作曲，张也、吕继宏演唱，古丽米娜编舞，通过中央广播电视总台一套、三套、四套、音乐频道及各省卫视、“学习强国”学习平台、新华社、人民网文娱、新华网、央视频，《中国艺术报》、中国文艺网、爱奇艺等全网推送播出，并通过各种形式集中传播、传唱，赢得广泛关注和好评。

中国文艺志愿者协会学习习近平总书记在中国文联十一大、中国作协十大开幕式上的重要讲话精神座谈会

12月28日，中国文艺志愿者协会学习习近平总书记在中国文联十一大、中国作协十大开幕式上的重要讲话精神座谈会在北京汽车博物馆召开。本次会议由中国文艺志愿者协会主办，北京市文联和新时代文明实践文艺志愿服务试点东城区文联、朝阳区文联、丰台区文联代表三级联动参与会议。会议由中国文艺志愿者协会副秘书长、中国文联文艺志愿服务中心副主任吴艳华主持。中国文艺志愿者协会副主席何加林、刘全利出席座谈会并发言，中国文艺志愿者协会理事、北京市文联一级巡视员田鹏，北京市丰台区副区长薄澜，中国文艺志愿者协会理事刘全和、滕爱民、杨菲、宋靖、乌兰图雅、成中和、龙会磊、陈思思、周宇、王二妮，中国文艺志愿者协会荣誉会员王铁牛，北京市文联代表窦志强、李林荣、胡鹏飞，东城区文联代表李哲、应宁、李杨薇，朝阳区文联代表塘萍、孙义勇、姜向群，丰台区文联代表张小龙、杨敏、贾伦等参加座谈会并发言。

文化名人、著名艺术家纪念活动

中国文联知名老艺术家艺术成就展

1月5日，由中国文联主办，中国影协、中国美协、中国音协、中国文联国内联络部、中国文联机关服务中心承办的第四届中国文联知名老艺术家艺术成就展在中国文艺家之家展览馆开幕。展览以“崇德尚艺 潜心耕耘”为主题，共展出321幅珍贵的历史图片和画面、211件代表性实物以及4部专题宣传片，从不同角度梳理回顾了中国文联十届荣委田华、邵大箴、傅庚辰三位老艺术家在各自领域的艺术生涯以及取得的杰出成就。

中国文联主席、中国作协主席铁凝，中国文联党组书记、副主席李屹，中国文联副主席赵实，中国文联党组成员、副主席李前光，中国文联党组成员胡孝汉，中国文联副主席、中国美协名誉主席冯远，中国文联党组成员、书记处书记董耀鹏，中国文联党组成员张雁彬和中国文联十届荣委、中国美协名誉主席靳尚谊，中国美协主席范迪安，中国美协副主席吴为山，中国剧协顾问、著名朗诵家瞿弦和以及各全国文艺家协会、中国文联机关各部室、各直属单位主要负责同志出席开幕式并向田华、邵大箴、傅庚辰献花。

田华是著名电影表演艺术家，中国文联第十届荣誉委员，中国影协顾问。1950年因主演《白毛女》而被观众熟知，主演过20余部电影作品，以丰富的生活体验，深厚的技艺功底，朴实的表演风格，成功塑造了“喜儿”“李玉梅”等深入人心的经典人物形象，是中国电影史上有着辉煌成就的艺术家。

邵大箴是中央美术学院教授、博士生导师，《美术研究》主编，中国文联第十届荣誉委员，中国美协理论委员会名誉主任。1960年毕业于苏联彼得格勒列宾美术学院，出版有《现代派美术浅议》《传统美术与现代派》《欧洲绘画简史》《西方现代美术思潮》《雾里看花——当代中国美术问题》等经典著作。他长期从事西方美术史和中国现代美术的研究，力促中国美术形态从传统走向现代，被称为“中国美术史论界的常青树”。

傅庚辰是中国文联第十届荣誉委员、中国音协名誉主席，国家一级作曲家。他创作的《地道战》《红星照我去战斗》《红星歌》《映山红》《毛主席的话儿记心上》《雷锋，我们的战友》等音乐作品，将生活、历史与艺术融合交织在一起，历经近半个世纪的时光考验依然散发着独特的魅力。

三位艺术家作为新中国文艺实践的参与者、经历者、传承者，为中国特色社会主义文艺事业做出了卓越贡献，值得被敬仰和铭记。93岁高龄的田华表示，虽然年事已高，但自己为祖国文艺事业贡献力量的愿望与12岁参加革命时并无两样。该展既是向老艺术家的致敬，也为青年文艺工作者汇聚追梦力量，以激励、动员他们传承老一辈艺术家的优良传统。

一方蓝田 山高水长——纪念著名电影表演艺术家于蓝、田方伉俪艺术人生座谈会

6月27日，由中国文联、中国影协联合主办的“一方蓝田，山高水长——纪念著名电影表演艺术家于蓝、田方伉俪艺术人生座谈会”在京举行。中国文联党组成员、副主席胡孝汉，中国电影基金会理事长张丕民与邓光辉、谢力、陆亮、李翔、毛羽、胡智锋、周杰等中宣部、国家电影局、中国文联、中影集团、北京电影学院、中国儿童电影制片厂相关部门负责人，田壮壮、李雪健、王

晓棠、丁荫楠、刘建中、窦春起、王浙滨、黄军等于蓝、田方家属亲友和电影艺术家代表，孙崇磊、曹俊、朱虹子、毕文宇、杨烨、宋智勤等中国影协相关负责人出席。与会代表共同追忆了于蓝、田方辉煌的艺术生涯、高超的艺术成就与崇高的艺术品德，表达了对这对红色影坛伉俪的缅怀和敬仰之情，赞颂他们为中国电影事业作出的突出贡献。大家一致认为，广大电影工作者应以于蓝和田方为榜样，学习他们在艺术道路上孜孜不倦的耕耘精神、干事创业上无私无畏的奉献精神、思想信念上矢志不移的奋斗精神、品格修养上厚德流光的崇高精神。

陈勃·顾棣摄影艺术成就暨收藏展

9月24日，由中国摄协、河北省文联联合主办，河北省摄协、阜平县委县政府承办的“陈勃·顾棣摄影艺术成就暨收藏展”在保定市阜平县城南庄晋察冀边区革命纪念馆开幕。

中国文联副主席边发吉，河北省文联领导解晓勇、方竹学与曾在阜平战斗过的中国摄影事业开拓者的后代、来自全国各地的专家学者以及保定阜平的领导等出席开幕式。开幕式后举行座谈会，有关领导嘉宾、专家学者和红色摄影家的后代就“摄影如何助力阜平挖掘红色资源，赓续红色血脉，打造红色名片，成为政治、经济、文化发展持续动力”为主题共商良策。

该展由三个独立展览组成。“陈勃摄影艺术成就展”通过人民领袖、时代印记、文艺大家、寄情山水四章节，展示新中国成立前后波澜壮阔的历程，梳理陈勃作为新中国培养的优秀摄影家、新中国摄影事业开拓者、组织者、领导者的艺术成就与历史贡献；“顾棣摄影艺术成就展”通过顾棣家乡立志效祖国、三晋大地谱新曲、笔耕的历史三条线索反复凸显这位阜平走出的小八路与红色摄影一朝相许、终身为业，毕生的心血恩谢先师，忠诚祖国、回报家乡的人生情怀、奋斗轨迹；“顾棣红色摄影收藏展”共分“新中国，前进！”“《晋察冀画报》——中国红色摄影的摇篮”“忆往昔阜平、峥嵘岁月稠”“红色摄影集结号”四大板块，展示中国共产党领导下，中国人民在抗日战争和解放战争中艰苦卓绝的斗争，特别是晋察冀军民、阜平军民所创造的光辉业绩与历史贡献，彰显中国红色摄影的根脉基石、精神价值、不朽力量。通过顾棣毕生珍藏的200余幅摄影作品、800余件历史文献与档案实物以及近8万字的文字介绍展出，辅以电视专题片、多媒体视频，使整个展览立体饱满、生动引人、气势恢宏（展品中包括1944年在阜平出版第一版《毛泽东选集》《晋察冀画报》当年的发稿照片、顾棣续写70多年的日记、1963年周恩来、邓颖超接见摄影界代表的原版照片以及新中国在国际摄影展览中获得第一个金奖的作品等大量珍贵资料）。该展作为常设内容在全国爱国主义教育示范基地、国家红色旅游经典景区——晋察冀边区革命纪念馆长期展出。

李前宽导演追思会

中国文联荣誉委员、中国影协名誉主席、电影导演李前宽于2021年8月12日在浙江慈溪不幸病逝。9月28日，中国文联与中国影协联合在京举行李前宽导演追思会，中国文联副主席胡孝汉、赵实、李雪健出席，现场多位明星落泪。

追思会先通过一部短片回顾了李前宽精彩的艺术人生。他是中国影坛“第四代”导演中的杰出代表，执导的《开国大典》《决战前后》《重庆谈判》《七七事变》《佩剑将军》等影片屡屡获奖，对我国电影艺术发展影响深远；提出了建立电影频道和中国电影博物馆，创立了“两岸四地电影交流活动”，促成了“亚洲电影大奖国际电影节”，倡导以高科技手段修复电影经典，调节市场，满足广大观众需求，为中国电影事业的发展耗尽心力、奋斗终生。他曾深情地表示：“只要能推动中国电影发展，我都愿意摇旗呐喊、站脚助威！”中国影协名誉主席李雪健、主席陈道明，著名演员徐帆以及李前宽的妻子肖桂云深情回忆了自己与李前宽导演的交往经历，并表示中国电影行业需要传承，今天的电影从业者不仅要缅怀前辈，更要继承前辈的精神，因此李前宽导演的精神应当一代代地传承下去。

纪念陈昌谦诞辰100周年座谈会

10月21日，由中国文联、中国摄协联合主办，中国文联国内联络部、中国摄协摄影理论委员会、中国摄协理论研究处承办的纪念陈昌谦诞辰100周年座谈会在京举行。

陈昌谦是杰出的摄影组织工作者和摄影活动家，中国摄协顾问。在改革开放初期曾主持中国摄协工作，为中国摄协、中国摄影界栽种的棵棵大树，如今都结出了丰硕的果实。在开展党史学习教育、庆祝建党100周年的浓烈氛围中召开此次座谈会，学习他为党的文艺事业奋斗终生的革命追求，追忆他为中国摄影事业所作的杰出贡献，缅怀他植根于人民群众无私奉献的艺术人生，让他留下的精神财富成为摄影发展的营养和动力，意义深远。

中国文联党组成员、副主席李前光发来书面讲话，强调陈昌谦为新中国摄影事业及中国摄协建设、改革、发展所作的重要贡献。明确纪念他就是要从其坚定的信念中汲取力量，学习他爱国之情、报国之志；就是要学习他淡泊名利、求真务实的高尚品格，不为浮名所惑、不为物欲所累；就是要学习他立时代之潮头、发时代之先声的使命担当，为摄影事业发展无私奉献。

中国摄协领导李舸、郑更生、高琴、彭文玲、居杨出席，与佟树珩、吴常云、陈申、林涛、徐艳娟、柴选、张希红、杨恩璞等艺术家一起回忆陈昌谦生前的点点滴滴，景仰他矢志不渝忠诚党的事业的高尚品格，总结回顾他为摄影事业作出的贡献，追思他的奉献精神和高尚品格。

纪念陶钝同志诞辰120周年座谈会

10月23日，由中国文联、中国曲协、山东省文联联合主办，《曲艺》杂志社、山东省曲协、潍坊市文联、诸城市委宣传部、诸城市文联承办的纪念陶钝同志诞辰120周年座谈会在山东诸城举行。中国曲协主席姜昆发来书面致辞，中国文联荣誉委员、中国曲协顾问刘兰芳，中国曲协分党组书记、驻会副主席杨发航，山东省文联党组书记、副主席王世农，山东省曲协主席慈建国出席。座谈会上，刘兰芳、孙立生、周喜俊、周爱华、李东风、庄悦广、张崇玖等艺术家代表、陶钝同志故友旧交以及陶钝同志的外孙陈龙谭动情讲述了陶钝同志生前事迹，追忆与他相处的细节往事，深切缅怀他对党、对国家、对人民的无限忠诚、光辉成就和杰出贡献。大家一致表示，纪念陶钝同志，就是要学习他开拓创新，坚持“出人出书走正路”的使命担当；学习他坚定信仰，为党的事业矢志奋斗的崇高精神；学习他心系群众，以人民为中心的高尚情怀；学习他坚守理想，弘扬中华民族优良传统的执着追求，激励和鼓舞广大曲艺工作者继承发扬陶钝等老一辈艺术家优良传统，砥砺奋进，为谱写新时代曲艺事业繁荣发展新篇章贡献力量。

为追忆陶钝先生风采，23日晚，由中国文联、中国曲协、山东省文联主办，《曲艺》杂志社、山东省曲协、潍坊市文联、诸城市委宣传部、诸城市文联承办的“牡丹花开心向党”——纪念陶钝同志诞辰120周年暨中国曲协“送欢笑 到基层”走进山东诸城专场演出精彩上演，刘兰芳、陈寒柏、王敏、邵峰、高晓攀、尤宪超、董彦彬、李连伟、师亚峰、陈梅生、康康、罗晓静等曲艺名家新秀为陶钝同志的家乡人民献上了一场丰盛的文艺大餐。

风华长存•惟善惟德——纪念丁善德先生诞辰110周年系列活动

12月14日至15日，由中国文联、中国音协、上海市文联、昆山市政府联合主办的“风华长存•惟善惟德——纪念丁善德先生诞辰110周年系列活动”在上海举行。丁善德是我国著名的作曲家、钢琴家、音乐教育家、音乐社会活动家。曾任上海音乐学院副院长、作曲系主任，并先后担任中国音协副主席、中国音协上海分会(现上海音协)副主席、上海音乐出版社社长兼总编辑等职，是新中国音乐事业的卓越组织者、亲历者、见证者之一，为我国音乐事业发展作出了杰出贡献。其艺术创作注重体现中国风格和民族精神，代表作如《长征交响曲》《新疆舞曲》等至今焕发出经久不衰的艺术魅力，由他参与创办的“上海之春”依旧生机勃勃。其生前经常牵挂故土，关心昆山的音乐事业，留下了许多令人感动的佳话。2021年适逢他诞辰110周年。昆山联合相关单位共同举办音乐会、座谈会、文献展示等活动，生动展现丁善德先生的艺术发展历程和宝贵精神财富，传承弘扬优秀音乐艺术，推进“沪苏同城”，为长三角地区乃至全国音乐事业的发展作出的贡献。

12月20日，“风华长存•惟善惟德——纪念丁善德先生诞辰110周年专题文献展”在昆山陆放版画艺术馆开幕。昆山市委书记周伟，市委副书记、市长陈丽艳，市领导方雪华、曹晔，丁善德先生之女丁芷诺、丁亦诺，学生柴本善、刘念劬、赵家圭，上海音乐出版社副社长刘丽娟等出席。该展以图文形式介绍了丁善德的生平、艺术历程，展示了众多珍贵手稿、书刊、音像出版物，生动再现了他的创作历程和精神品格。大家追忆了他的艺术历程、作品特点。展览计划于2022年1月20日闭幕。

党的建设工作

【认真学习贯彻习近平总书记重要讲话和党中央及中央部委重要会议、重要文件精神】

党的十九届六中全会闭幕及习近平总书记在党史学习教育动员大会和庆祝中国共产党成立100周年大会上发表重要讲话后，文联党组及时召开会议传达学习并印发学习贯彻通知。中国文联党组及各局级单位中心组多次组织专题学习研讨。文联机关党委认真制定学习贯彻的具体方案，上半年举办了1期线上“学习贯彻党的十九届五中全会精神及‘党史百年’网络专题培训班”，下半年举办了3期线下“学习贯彻习近平总书记在庆祝中国共产党成立100周年大会上的重要讲话精神专题培训班”，培训范围覆盖文联全体局处级干部和各级基层党组织书记。12月，中国文联召开第十一次全国文代会，习近平总书记在会上发表重要讲话。会后，中国文联党组第一时间召开专题会议，就讲话精神的学习贯彻进行研究部署，制定学习贯彻方案，向中国文联55个团体会员下发学习贯彻第十一次全国文代会精神的通知，就文联党组、文联主席团、文联机关党员干部以及引导文艺界广大文艺工作者学习贯彻工作作出具体安排部署。党组中心组已组织首次专题研讨，2022年将继续分专题开展深入研讨。目前，文联机关和广大文艺工作者已积极行动起来，学习贯彻习近平总书记十一次文代会重要讲话精神的热潮已在整个文艺界蓬勃兴起。中办印发《关于加强中央和国家机关部门机关纪委建设的意见》后，中国文联及时制定《学习贯彻〈意见〉深入开展“学、抓、改、强”活动工作方案》，机关纪委召开全体委员会议组织专题学习讨论，纪检干部对标《意见》查摆问题，推进《意见》精神落实见效。《中共中央组织部中央和国家机关工委关于进一步推动中央机关接地气年轻干部走基层的通知》印发后，中国文联积极贯彻落实，目前，文联有6名年轻干部在地方挂职，其中3人担任村干部；文联和文艺家协会机关共有16名干部在文联所属企事业单位一线岗位交流挂职。

【积极举办庆祝中国共产党成立100周年系列文艺活动】

中国文联坚持把党建工作与业务工作深度融合，围绕党和国家工作大局，充分发挥自身优势，积极组织广大文艺工作者，通过线上线下相结合，全年举办20余场重大主题文艺活动，积极主动为庆祝党的百年华诞和党史学习教育营造浓厚氛围。如：在国家大剧院举办“百年放歌大型原创交响合唱晚会”，在国家博物馆举办“伟业——庆祝中国共产党成立100周年书法大展”“希望的田野——脱贫攻坚·共享小康全国摄影展”，在线上举办“庆祝中国共产党成立100周年系列云展览”等。文联机关党委也在机关内部组织动员广大党员干部开展了一系列主题鲜明的庆祝活动。如：举办庆祝中国共产党成立100周年干部职工美术书法摄影展、青年干部演讲比赛、主题征文活动、文艺大讲堂活动等。各基层党组织和青年理论学习小组也积极发挥主观能动性，开展了一系列形式活泼、赋有特色的庆祝活动。

【扎实开展党史学习教育】

及时成立文联党史学习教育领导小组，党组主要负责同志担任组长，同时兼任办公室主任。精心制定《中国文联党史学习教育实施方案》，把学习教育的重点工作细化为27个具体项目，逐项明确工作内容、责任分工、完成时限。2月2日、2月24日、3月17日，分别在党组扩大会、局级以上干部、全体党员干部范围进行三次动员部署。党史学习教育开始后，文联党组积极发挥“头雁效应”，建立读书班制度，每月拿出1至2天时间组织中心组成员集中学习。文联党组中心组全年共组织学习34次，其中辅导讲座2次、组织参观1次、专题研讨11次。专题研讨全年共128人次重点发言，每人重点发言至少3次以上。党组主要负责同志给文联全体党员讲了2次党课，其他党组成员和各单位负责同志以及各级基层党组织书记也分别在相应范围给党员至少讲了1次党课。文联机关党委通过举办专题培训班、辅导讲座，开展“红色经典每周一影”活动、“学党史、悟思想”演讲活动、主题征文活动等多种方式积极助力党员学习；组织党员参加中央和国家机关工委开展的“党史学习接力赛”，文联获第6名的好成绩；组织青年干部参加中央和国家机关工委开展的“党在我心中”青年党史知识网络大赛，文联获优秀组织奖。党史学习教育开展以来，文联及所属单位邀请专家进行各类辅导讲座共18场；各单位组织专题研讨均在4次以上，组织参观活动至少2次以上。文联6名党组成员均以普通党员身份参加了本支部的组织生活会。认真制定《中国文联“我为群众办实事”实践活动工作方案》和《任务台账》，确定“我为群众办实事”项目清单，文联层面66项，局级单位层面494项，截至年底，除少数需跨年度和长期坚持外已全部完成。党史学习教育开展以来，文联召开党组会议和党史学习教育领导小组会议专题研究部署党史学习教育工作12次。党组主要负责同志就党史学习教育工作作出批示16次。文联党组成员多次深入分管单位，通过听取情况汇报、参加党组织活动等方式对其进行督导。文联党史学习教育领导小组及办公室先后召开推进会4次，部署自查和开展专项督查3次，印发通知29期，编印简报32期，编写《学习参考》5期。

【努力推动基层党组织全面进步全面过硬】

持续抓紧“灯下黑”专项整治和党支部标准化规范化建设不放松。文联机关党委及时提醒和督促指导到期党组织按时换届。全年共发展新党员20名，“七一”隆重举行新党员宣誓仪式。充分运用工委“支部工作”APP，文联机关各党支部全部开通“党费通”，实现了党员交纳党费电子化。圆满顺利完成“两优一先”推荐和“光荣在党五十年”纪念章颁发工作。健全完善青年理论学习小组，评选出年度青年学习标兵，文联所属27个单位均建立“青年学习读书角”。年初，认真开展2020年度党组织书记评议考核工作，综合运用书面述职、现场述职、民主测评和下沉检查等方式，最终确定14名党组织书记为“好”，占比48%。圆满完成《2019-2023年全国党员教育培训工作规划》中期自查工作。制定《关于加强中国文联机关党委自身建设的实施办法》，进一步完善机关党委工作机制。举办1期基层党组织书记和党务干部培训班。制定《中国文联机关纪委干部全员培训工作计划》，举办1期纪检干部培训班。将所有专兼职党务干部详细信息统计造册，已落实“专兼职党务干部经历纳入干部履历”工作。

【持之以恒正风肃纪反腐】

年初，召开文联全面从严治党大会，认真部署年度全面从严治党工作。修订《中国文学艺术界联合会巡视工作实施办法》，制定巡视工作手册，组建2个巡视组，对文联下属的4个单位开展内部巡视。组建“回头看”检查组，对2020年内部巡视的4个单位整改情况检查验收。加强警示教育，及时转发中央和国家机关纪检监察工委典型案例通报，制定《加强警示教育工作的实施方案》，每逢重要节点通过印发通知和发送廉政短信等方式提醒党员干部严格落实中央八项规定精神。严把干部任用政治关、廉洁关，全年审核回复干部党风廉政意见76人次。坚持严肃执纪问责，综合运用“四种形态”，全年批评教育2人，诫勉谈话2人，党纪处分2人。

Unity and guidance、liaison and coordination、
service management、self-discipline and rights protection

2022

团结引导 联络协调
服务管理 自律维权

组织联络工作

【国内联络部业务工作通气会】

为健全完善制度体系，积极适应文联协会深化改革和职能调整变化，国内联络部建立业务工作通气会机制，定期通报重点工作、沟通重要事项、互通动态信息。各协会普遍表示，该机制非常务实，对工作中的具体操作环节起到了促进作用。2021年共召开两次通气会，有力推动了重点工作的开展。

2月25日，国内联络部召开2021年度业务工作通气会第一次会议，印发了《中国文联全国性文艺评奖工作标准化流程表》《国内联络部节庆展会报审工作注意事项》，并就年度重点工作及相关要求与各单位进行沟通。会后经汇总梳理，共确定117项重点工作，逐一明确了工作任务、责任处室、关联单位、落实时段，按国内联络部牵头、各协会配合和各协会牵头、国内部介入指导、协助等不同任务属性，整理形成《2021年国内联络部业务工作推进一览表》，于3月29日正式印发。

9月10日召开了2021年度国内联络部业务工作通气会第二次会议，总结通报重点工作的完成情况，并结合工作中出现的新情况、新问题，就下半年组联业务方面的重点工作提出要求。同时进一步明确了相关工作程序和注意事项，强调加强统筹协调和沟通交流，有助于更顺利、更高效率地推进工作，最大限度防范风险，避免不必要的损失，提升整体工作效能。国内联络部主任谢力同志做具体通报，国内联络部副主任苗宏同志主持会议。各全国文艺家协会分管领导、相关业务负责同志和国内联络部全体同志参会。

【2021年全国文联组联工作研讨班】

为深入学习贯彻习近平新时代中国特色社会主义思想和党的十九大精神，贯彻落实中国文联十届六次全委会工作部署，根据文联深化改革的要求，切实推动打造“全国文联一张网”、构建“全国文联一盘棋”，总结交流组联工作经验，加强基层文联组织建设，5月31日至6月2日，由中国文联主办，中国文联国内联络部、陕西省文联承办的2021年全国文联组联工作研讨班在西安召开，本班既是研讨班又是组联工作部署会。首次采用了线上线下相结合的方式——在邀请80余位各团体会员、副省级城市文联组联负责人参会的基础上，还邀请了60余位各省基层文联负责人在线参加研讨，围绕文联组织建设、网格化建设、行风道德建设、“文艺两新”工作等进行深入交流，推广了经验。中国文联党组成员徐永军以及中国文联国内联络部主任谢力、副主任苗宏，陕西省文联党组书记吴丰宽等出席。

研讨班以业务学习、交流发言、分组讨论、现场教学、专题授课等形式开展。中国文联党组成员徐永军为学员们开展专题授课——《从党史中汲取智慧和力量，做有信仰有情怀有担当的新时代文艺工作者》，从政治思想高度引导广大文艺工作者，始终坚持以人民为中心的创作导向，不忘初心、牢记使命，深入生活、扎根人民，用优秀的文艺作品讴歌党、讴歌祖国、讴歌人民、讴歌英雄、讴歌新时代，真正做到胸中有大义、心里有人民，肩头有责任、笔下有乾坤；北京市宣传思想文化系统“四个一批”人才、光明网副总经理宋乐永，陕西省作协副主席、延安大学路遥与知青文学研究中心主任梁向阳，分别以《新时代·新媒体·新理念》《路遥与〈平凡的世界〉》为题进行专题讲座，学员们还深入西安市临潼区文联和传统文化传承基地——西安关中民俗艺术博物院等地进行现场学习，实地交流工作经验。陕西省文联、四川省文联、中国视协、深圳市文联、沧州市文联、宜昌市文联、繁峙县文联、宁海县文联、南京市江宁区文联、诸暨市文联10家单位分别从文联组织建设、网格化建设、行风道德建设、“文艺两新”工作等方面作大会发言，交流经验，共同提高，促进文联组联工作的蓬勃开展。

【职业道德和行风建设工作】

国内联络部编印《文艺界职业道德和行风热点问题发声范例选编》，该《选编》收录 2018 年以来中国文联、各全国文艺家协会及有关部门、行业协会共计36个公开发声案例，分为答记者问、权威信息发布、公告声明、情况通报、新闻评论五个板块，每个范例围绕发声背景、发声主体、发声渠道、发声形式、发声时间、发声内容六个角度进行了分析，于1月27日印送中国文联文艺工作者职业道德建设联席会议各成员单位，后围绕社会普遍关注的郑爽“代孕弃养”舆情事件，选取中国视协等单位有关评论、声明进行补充修订。在应对文艺界热点问题和重大舆情事件、有效引导社会舆论、弘扬文艺界新风正气、批评抵制歪风邪气和现象等方面具有重要参考价值。

选树宣传文艺界先进典型，做大做优宣传推介项目。在中宣部文艺局等部门的大力支持下，国内联络部向中央广播电视总台、《人民日报》《光明日报》《中国青年报》等中央有关媒体推荐了三批次、共76位文艺界践行社会主义核心价值观先进典型、崇德尚艺文艺工作者正面典型宣传人选。

注重加强顶层设计，健全完善制度规范。制定印发了《中国文联关于大力推进文艺工作者职业道德建设和文艺界行风建设的意见》(此《意见》是为贯彻落实中央巡视整改要求，进一步加强文艺工作者职业道德建设和文艺界行风建设顶层设计，建立健全文联系统职业道德和行风建设体制机制，巩固文艺界风清气正的良好社会形象，就全国文联系统做好职业道德和行风建设工作提出的工作思路及具体措施，于3月2日向中国文联各团体会员、机关各部室、各直属单位发送)、《中国文联文艺工作者职业道德建设联席会议舆情引导处置工作细则》(该《工作细则》结合当前文艺工作和文联工作实际，总结舆情引导处置已有经验做法，从适用范围、舆情分级、主要任务、工作要求等方面进一步明确职业道德风险舆情处置原则、程序、工作措施，力争有效预防、缩减和消除文艺界职业道德和行风领域舆情造成的负面影响，为妥善处置舆情工作提供遵循。经中国文联党组领导审定后，于2月19日印发中国文联文艺工作者职业道德建设联席会议各成员单位)、《中国文联关于加强文艺工作者思想道德引领工作安排》、《中国文联关于加强文艺工作者广告代言规范管理工作的通知》、《关于分层分类深入开展文艺界巡回宣讲 进一步加大对优秀文艺工作者及其先进事迹正面宣传力度的通知》等指导性文件，推动建立常态化、长效化的制度机制。

统筹开展文联系统文娱领域的综合治理工作，努力倡导健康清朗的文艺生态。牵头制定了《中国文联贯彻落实中央宣传部〈关于开展文娱领域综合治理工作的通知〉实施方案》，细化了33项措施，协调文联系统22家责任单位参与综合治理工作。各单位结合实际制定落实方案及工作台账并积极推进各项任务圆满落实。

积极应对文艺界违法失德事件，及时发声抵制不良风气，密切关注日常舆情，配合“文艺观察”专栏约稿工作，撰写了《以良好文艺风气引领社会风尚》《依法依规代言广告也是重要的社会担当》等评论文章，弘扬新风正气、抵制歪风邪气，努力营造健康清朗的文艺生态。针对个别违法失德人员以及文艺界不良现象，协调各全国文艺家协会和文联所属媒体，组织开展相关人员的身份排查，协调开设专版专栏、设置话题，通过发表评论声明、刊发评论文章、召开专题座谈会、开展评议会、组织文艺名家访谈等多种形式，持续亮剑发声，批驳从业人员索取“天价片酬”、签署“阴阳合同”，偷税漏税、流量至上、畸形审美、“饭圈”现象、“耽改之风”等不良行为，加强正向引导。相关评论声明被各类媒体平台转发转载，仅微博阅读量就超过了30亿次，在激浊扬清、褒优贬劣方面取得积极成效，有力引导了社会舆论。

【发布文艺工作者广告代言自律公约】

(2021年1月16日中国文联文艺工作者职业道德建设委员会全体会议审议通过)

第一条 为积极培育和践行社会主义核心价值观，加强文艺工作者职业道德建设和文艺界行风建设，引导督促文艺工作者遵守法律法规，恪守职业道德，履行社会责任，规范广告代言行为，弘扬行业良好风尚，树立健康积极向上的社会形象，现面向广大文艺工作者，制定本公约。广大文艺工作者要自觉响应遵守本公约，接受群众、舆论和社会监督。

第二条 坚持遵循以下广告代言行为规范：

(一)坚决维护中国共产党的领导，自觉维护国家主权、民族尊严和人民利益；

(二)严格遵守《中华人民共和国广告法》等法律法规，合法合规参与广告代言；

(三)依据事实对所代言的商品、服务作推荐、证明，对涉及人民群众生命健康和财产安全的商品和服务广告代言应进行风险评估、安全提醒，对社会公众负责；

(四)遵循行业规律和市场准则，按照合同约定履行应尽义务，如实申报收入，依法履行纳税义务；

(五)提升文化精神品位，注意言行举止、符合礼仪规范，提倡艰苦奋斗、勤俭节约，展示新时代文明素养，传递正能量。

第三条 坚决抵制以下不良广告代言行为：

(一)发表或传播损害党和国家形象、分裂祖国、破坏民族团结、危害社会稳定、损害人民利益言行的；

(二)制作、代言和传播虚假、违法、违规、不健康广告的；

(三)广告代言行为影响社会正常生产、生活秩序或在广告代言期间发表不当言论、侵犯他人合法权益的；

(四)破坏市场秩序、拒不履行合同约定、谋取非法利益、偷税漏税、签署“阴阳合同”、索取“天价片酬”的；

(五)宣扬拜金主义、享乐主义和奢靡之风、铺张浪费、欺骗误导消费者的；

(六)违背公序良俗、存在低俗庸俗媚俗现象的；

(七)侵犯他人知识产权、存在抄袭剽窃的；

(八)违反生态环境保护规定、破坏自然人文景观风貌的；

(九)其他违反社会主义核心价值观和社会公德、职业道德、家庭美德、个人品德行为的。

第四条 鼓励参与社会公益广告代言，展示有信仰、有情怀、有担当的社会形象，传播社会主义核心价值观，为传播优秀文化、引领时代风尚贡献力量。

第五条 中国文联文艺工作者职业道德建设委员会协调中国文联各团体会员、机关各部室、各直属单位，加强对本公约的宣传推介、执行落实，在文艺界大力倡导合法合规代言。

第六条 对文艺工作者积极参与社会公益代言涌现出的先进典型，中国文联文艺工作者职业道德建设委员会将加强宣传推介，发挥榜样引领作用。

第七条 对违反本公约、造成不良影响的文艺工作者，中国文联文艺工作者职业道德建设委员会将协调中国文联各团体会员、机关各部室、各直属单位，视情况对其进行批评教育、责令改正、公开批评、限制参加行业活动等处理，对涉嫌违纪违法的，提请有关部门依法依规查处，引导文艺工作者增强法治意识，履行社会责任，加强自我管理、自我约束。

第八条 本公约由中国文联文艺工作者职业道德建设委员会负责解释。

第九条 本公约由中国文联文艺工作者职业道德建设委员会发布之日起施行。

【年度重要工作】

进一步完善《文联工作通讯》的稿件征集筛选、编辑印发等工作，推进刊物编审规范化、制度化、流程化；设置各类选题、专题，积极反映各级文联协会的工作动态信息，交流经验做法，宣传推广典型；开辟网页版、微信公众号等多渠道、多平台传播推送，建立起文联系统上下传导贯通、互联互融的工作机制。全年共编发8期《文联工作通讯》。

2021年3月至9月，为推进考级工作整改，国内联络部赴中国音协、中国舞协、中国书协、中国视协就“加强和改进艺术考级工作”进行调研，开展为期7个月的考级工作调研，形成《中国文联考级工作调研报告》，起草报审、印发《中国文联关于有效加强艺术考级管理的意见(试行)》。

根据国评组清理规范创建示范工作要求，为贯彻落实深化改革要求，国内联络部印发《关于收集各全国文艺家协会有关工作材料的通知》，收集汇总各协会会员工作、专业委员会(艺委会)工作、主席团成员理事会理事履职情况、命名“文艺之乡”和创建“文艺创作基地”情况并进行梳理分析，撰写《中国文联各全国文艺家协会2020年度会员工作报告》《中国文联各全国文艺家协会2020年度主席团、理事会履职工作报告》《中国文联各全国文艺家协会2020年度专业委员会(艺委会)工作报告》报中国文联党组。

完善会员管理制度体系，研究制定《中国文联关于进一步加强会员联络服务管理工作的意见》，动态更新各协会会员新发展和总体情况及部队会员情况。加强督促指导，建设各协会主席团成员理事会理事履职平台，推动各协会严肃认真落实履职考核工作。摸清各协会专业委员会(艺委会)底数，研究制定加强和改进各协会专业委员会(艺委会)管理、规范内设机构名称等制度。

【社团管理】

2021年，国内联络部加强社会组织日常监管服务。在文联党组和人事部的关心支持下，国内联络部综合处加挂社会组织管理办公室，制定实施《中国文联加强和改进社会组织党的建设和业务管理工作方案(试行)》，按照分工协作原则，将各社会组织分摊到各处室监管，理顺社会组织党建和业务管理机制，推动日常监管工作步入正轨。加强业务指引、规范工作流程。

3月16日，组织召开2021年中国文联业务主管社会组织业务工作培训班，旨在通过全面系统的业务培训提升社会组织负责人及工作人员的专业知识水平和业务工作能力，规范社会组织业务工作流程，防范化解社会组织领域重大风险，推动中国文联社会组织监管工作再上新台阶。中国文联国内联络部主任谢力、副主任苗宏出席开班式，苗宏主持培训并做开班动员。民政部社会组织管理局有关同志、各中国文联业务主管社会组织相关负责人及工作人员、国内联络部全体干部等90余人参加培训。来自民政部社会组织管理局有关业务处室的4位负责同志结合自身工作经验和生动案例，围绕社会组织年度检查、登记备案、执法监督、新闻宣传及舆情应对等内容进行解读，此外还设置了交流答疑环节。学员们纷纷表示，此次培训内容丰富、注重实效，有助于帮助大家全面掌握社会组织有关政策法规，补短板、强弱项。

于七一前夕向中国书画家联谊会的两名老党员颁发了“光荣在党50年”纪念章；指导中国书画家联谊会党支部完成换届、华夏文化促进会设立功能型党支部。

9月9日，组织召开了中国文联业务主管社会组织党总支党员大会，完成换届选举，推动了社会组织党建工作的规范化、制度化，为今后工作的开展提供了组织保障。会议选举李翔、张甲东、黄猛、林德源、张同斌为新一届中国文联社会组织党总支委员会委员，选举李翔为党总支委员会书记、张甲东为党总支委员会副书记。新一届党总支紧紧围绕党史学习教育，及时组织社会组织开展了各类政治理论学习，按季度开展了社会组织党建工作统计，督促新换届社会组织将“坚持党的全面领导”写进章程，推动了各社会组织党的建设逐步常态化。

12月2日，协调鲁迅文化基金会、北京语言大学、丝路智库等单位联合举办“2021鲁迅文化论坛暨纪念鲁迅诞辰140周年大会”，第十三届全国政协副主席、民进中央常务副主席刘新成参会并发表视频讲话；有力指导太湖世界文化论坛举办以“文明互鉴：共筑人类命运共同体”为主题的第六届年会，在国内外产生了广泛影响；

经推荐、审核、公示等程序，中国文学艺术基金会、中国文艺志愿者协会、太湖世界文化论坛被评为“全国先进社会组织”；中国田汉研究会、中国传记文学学会、中华五千年文化工程促进会获得国家社科基金资助；中国石油文联、中国企业文化促进会、中国国际文化传播中心、中国国际文化艺术中心、中国贫困地区文化促进会顺利换届。

【数据库建设】

全年开展全国文联各级组织基本情况数据统计工作。与中国文联网络文艺传播中心合作，首次通过建立全国文联系统信息服务平台完成对全国32家省级、441家市级、2635家县级文联的属性、文联组织覆盖率、会员数量、主席团、文艺两新会员、人员编制、办公条件等各方面情况的在线统计，初步形成全国文联各级组织基本情况数据库。通过分析整理数据，起草了《全国文联各级组织基本情况报告》及《全国文联基本情况统计表》等7种表格。首次将各级文联的主席团和两新会员情况纳入统计范畴。

建立中国文联新文艺组织和新文艺群体代表人士信息库；协调中国文联网络文艺传播中心对专委会数据库进行完善；协调中国文联网络文艺传播中心完善“修身守正 立心铸魂——中国文联文艺工作者职业道德和行风建设工作座谈会”专

栏并后续跟踪了解地方文联召开会议情况。

协调中国文联网络文艺传播中心、各全国文艺家协会推进中国文联履职工作服务平台建设，2021年度共有1508名理事进行了线上填报，占各协会理事总数的69.5%，11家协会的履职表提交率达到90%以上，中国音协、中国舞协、中国书协、中国视协、中国评协达到了100%。实现履职工作实时登记、履职档案同步更新，搜索查询、数据维护、统计分析等功能不断得到完善，调动了主席团成员、理事会理事的履职积极性和对履职填报的重视程度，履职服务提档进位，履职意识得到提升。

协调中国文联网络文艺传播中心、各全国文艺家协会推进各全国文艺家协会代表、理事候选人建议人选信息数据库系统建设，将11家协会代表和理事的基础信息统一录入数据库，并将协会最新一届全国代表大会代表和理事的登记表扫描成PDF格式以附件形式上传至系统服务器(共扫描代表登记表3681份、理事登记表1810份)；根据协会换届后理事请辞情况，在数据库中设置理事“请辞、更替、罢免”三种状态，实现理事状态变更和动态显现。推进跨部门、跨层级协同，实现线上储存、查询、统计，实时更新，极大提高了信息利用率。

2021年下半年，优化更新中国文联第十一次全国代表大会代表报名系统。与中国文联网络文艺传播中心对接，在第十次文代会代表报名系统的基础上，根据本次文代会报名要求，完善更新报名系统，增加部分填报项目，优化代表信息筛选、统计、导出等功能，较之前在操作性、实用性、高效性等方面得到较大提升，完成48个代表团1489名代表的报名工作。

对外及对港澳台地区文化交流工作

【香港及日籍华人艺术家来京参加百花迎春录制】

1月13日至15日，应中国文联邀请，香港演员邓萃雯、李治廷，香港艺术家简庆福，日籍华人艺术家王传峰来京参加由中国文联举办的“百花迎春——中国文学艺术界2021春节大联欢”节目录制。

【中国文联在匈牙利举办“中国春”文化节】

2月8日至3月7日，中国文联与匈中文化协会共同主办第5届匈牙利“中国春”文化节，以线上庙会和在布达佩斯及周边4个市镇巡展方式，举办文艺演出展映、中国传统年画和剪纸展览等10余项活动。中国音协、中国民协、中国视协和新疆文联作为协办单位，选送中国民乐演出、北京非遗展示、四川皮影戏、中国城市宣介片、新疆民族舞蹈等15部视频以及国家非遗传承人创作的40幅年画和剪纸作品参加该文化节。

【李屹会见中国文联香港会员总会会长马逢国一行】

3月12日，中国文联党组书记、副主席、书记处书记李屹在中国文艺家之家会见中国文联香港会员总会（香港文联）会长马逢国、常务副会长霍启刚一行，中国文联党组成员、书记处书记张雁彬参加会见。李屹对香港会员总会的成立表示祝贺，指出香港会员总会的成立对于进一步团结凝聚香港文艺家，引导香港文艺界和香港社会增进民族认同和文化认同,推动香港与内地的文化交流合作意义深远，十分必要。

【第4届香港青少年书法大赛颁奖典礼在港举行】

4月10日，由中国文联指导，香港大公文汇传媒集团和中国书法家协会联合主办的第4届香港青少年书法大赛颁奖典礼在香港会展中心举行。本届书法大赛以“纪念《基本法》颁布30周年”为主题，旨在从法律方面增强香港青少年对国家和香港以及“一国两制”的认识。大赛共收到全港近160所中小学校逾2000幅学生作品，评选获奖作品130余幅，成为香港青少年传承弘扬中华书法文化的重要平台。

【中国文联在西安举办全国文联外事工作交流培训班】

6月2日至6日，中国文联在陕西省西安市举办2021年全国文联外事工作交流培训班。中国文联党组成员、书记处书记张雁彬出席培训班开班式并作专题授课。全国各省（区、市）和新疆生产建设兵团文联分管外事工作领导及外事部门负责人、各全国文艺家协会外联处负责人及中国文联相关部室、直属单位代表等近百人参加培训。

【中国文联、中国杂协在京举办中国杂技与外交图片展】

7月20日至26日，由中国文联和中国杂协共同主办的“中国杂技与外交”图片展在中国文艺家之家展览馆举行。展览共展出475幅作品，结合实物和多媒体展示，展现了新中国成立以来中国杂技在中国对外交流中所取得的成就。中国文联主席铁凝同外交部、文旅部相关部门负责同志及部分外国驻华使节出席展览开幕式。

【第5届香港青少年书法大赛颁奖典礼在香港举行】

12月11日，由中国文联指导，香港大公文汇传媒集团和中国书协联合主办的第5届香港青少年书法大赛颁奖典礼在香港会议展览中心举行。本届大赛自7月启动征稿，结合建党百年主题，通过鼓励香港青少年写好中国书法，传承好中国优秀传统文化，表达对祖国的祝福和爱国爱党爱港的情怀。大赛共收到全港近190所中小学校逾2000幅学生作品，评选获奖作品130幅。

理论研究

综 述

2021年是党和国家发展史上具有里程碑意义的重要一年，举国上下隆重庆祝中国共产党成立100周年，党的十九届六中全会审议通过《中共中央关于党的百年奋斗重大成就和历史经验的决议》。中国文联成功召开第十一次全国代表大会。一年来，在文联党组坚强领导和亲切关怀下，在党组分管领导悉心指导下，中国文联理论研究室深入学习贯彻习近平新时代中国特色社会主义思想和党的十九大及十九届中央历次全会精神，学习贯彻落实习近平总书记关于文艺工作重要论述和全国宣传部长会议精神，认真落实中国文联十届六次、七次全委会工作部署，紧紧围绕筹备召开第十一次全国文代会和党史学习教育两大重点，以党建和意识形态工作为统领，将理论武装、文稿起草与政策研究、调查研究、宣传舆情等主责主业贯通起来，着力加强内部学习和服务党组能力建设，充分发挥参谋助手作用，圆满完成各项工作任务。

【理论学习与思想武装】

理论研究室坚持把学习习近平新时代中国特色社会主义思想作为首要政治任务，按照学懂弄通做实的要求，不断提高理论水平和政治能力。以“周三学习汇”和专题学习研讨的形式，分专题、分领域，全面系统学习贯彻习近平新时代中国特色社会主义思想和党的十九届五中、六中全会精神。及时传达学习习近平总书记重要讲话、重要指示批示精神和中央决策部署，特别是习近平总书记“七一”重要讲话和在第十一次全国文代会上的重要讲话精神，并结合全国宣传部长会议精神与中国文联党组有关工作部署，有针对性地进行研讨交流，教育引导全体干部牢固树立政治机关意识，切实增强政治判断力、政治领悟力、政治执行力，进一步深刻领悟“两个确立”的决定性意义，增强“四个意识”，坚定“四个自信”，做到“两个维护”。全年开展“周三学习汇”27期、专题研讨4次。注重把学习成果融入业务工作，加强成果转化，与中国艺术报合作开设“文艺观察”言论专栏，紧密结合文联党组工作部署和明确要求，对习近平总书记关于文艺文联工作的重要论述进行阐释解读，积极引导文艺界思想和舆论走向，全年共组织撰写专栏文章48篇，专栏品牌效应和社会影响逐渐凸显。实施“读写提升计划”，每人每月撰写一篇读书报告并编辑成册，全年撰写读书报告130篇，有效提升了干部自觉学习和学以致用的意识和能力。

【党史学习教育】

按照中国文联统一安排部署，理论研究室扎实开展党史学习教育，推动形成抓党建、带队伍、促业务的良好局面。及时传达、全面落实中国文联党史学习教育领导小组安排部署，认真学习习近平总书记在党史学习教育动员大会上的重要讲话精神，制定学习教育实施方案，创新实施“七个一”学习举措，把党史学习教育与日常工作有机衔接，取得较好学习成效。全室每天集中自学党史一小时，全年组织党史专题学习31次，印发学习专报27期。邀请党史专家作专题辅导讲座，室领导班子成员讲专题党课，并逐章领学《中国共产党简史》。全员参与讲述党史中的文艺故事，集中观看党史相关专题节目。与中国音协党总支、中国文联机关党委联合举办“传承伟大建党精神”主题党日活动。组织参观文联发展史展厅、王稼祥纪念馆、“新时代中央和国家机关党建成就巡礼展”“没有共产党就没有新中国”纪念馆等，精心设计建设支部党建文化墙。全体党员深入专题学习党史上的“三个历史决议”，召开专题组织生活会。组织局处级党员干部参加党的十九届五中全会和“党史百年”网络学习，以及学习贯彻习近平总书记“七一”重要讲话精神专题培训班，组织撰写2篇理论文章参加中央和国家机关工委庆祝建党百年理论研讨会论文征集。与中国文联机关党委、中国艺术报等共同就在“回眸百年史，筑梦新时代”主题征文活动，提交征文10篇。认真开展“我为群众办实事”实践活动，部门班子成员每人经常性联系10名文艺理论家，听取建议、提供服务。评选表彰2020年度调研工作、舆情工作先进集体，激励和引导全国文联系统研究部门担当作为。及时监测研判，加强沟通会商，协助中国音协、中国美协、中国曲协、中国书协、中国文艺志愿者协会等妥善应对处置相关舆情，积极参与文娱领域综合治理相关工作。加大文艺界先进典型宣传推介，积极引导文艺界追求德艺双馨，营造良好社会舆论氛围。

中国文联第十一次全国代表大会文件宣传组

理论研究室作为中国文联第十一次全国代表大会文件宣传组的统筹协调部门，在中国文联党组的坚强领导下，根据文代会安排部署，经过全组同志共同努力，比较圆满地完成了文稿起草、新闻宣传、舆情应对、大会简报等4项主要任务。

【大会文稿起草工作】

本次文代会文稿起草小组完成了中央领导同志重要讲话代拟稿、大会工作报告、开幕词、闭幕词、贺词等18个重要文稿总共8万余字的起草任务。文稿起草工作在中国文联党组领导下，按照工作实施方案有序推进，得到了各部门大力支持。3月初组成工作小组并明确分工，7月初陆续形成初稿，之后根据形势发展和各方意见进行了多次修改完善。

【大会新闻宣传工作】

本次大会新闻宣传工作在党组的直接领导和大力支持下，注重提前谋划宣传重点，注重与中宣部新闻局、文艺局和中央网信办相关部门的主动沟通，注重与重要主要媒体的联系服务，制定切实可行的宣传报道方案并细化成台账责任到人，克服疫情防控给报道采访工作带来的实际困难，精选话题、把握节奏、融合传播，形成了会前高频率预热、会中高强度推送、会后高热度扩散的宣传声势，为文代会召开营造了良好的社会舆论氛围。大会新闻宣传工作前后历时一个多月，组织发动媒体数百家参与报道，报道量累计超20万篇。直接参与大会报道的有人民日报、新华社、中央广播电视总台、光明日报等17家，参会记者60多人，三个驻地媒体采访中心，专访艺术家代表200余人次。组织刊发“文联工作巡礼”专栏专题文章30余篇，近10万字。各大媒体集中开展文艺家专题访谈，制作访谈短视频、专题片等，在微信、微博、头条号、抖音号、央视频等300余个新媒体平台发布。注重发挥中央主流媒体的权威性和“头部”效应，统筹全国文联系统55个团体会员的媒体资源，及时转发中央主要媒体和中国文联所属媒体的宣传报道成果，形成旗帜鲜明、重点突出、主流引导、上下呼应的宣传声势，在全国文联系统形成了关注文代会、传播文代会的良好氛围。

【大会舆情应对工作】

大会文件宣传组成立专门的舆情工作小组，全面准确收集和及时研判舆情信息，稳妥处置负面舆情和突发事件。制定文代会舆情应对工作预案，在第三期意识形态培训班上对舆情工作进行专门部署，在依托中国文联网络文艺传播中心日常监测基础上，与新华网合作，对相关舆情进行重点监测。制定印发《中国文联突发舆情应对引导工作机制》，梳理大会相关关键词监测，建立重点关注人员名单和舆情信息员工作群，并致函中央网信办应急指挥中心，对大会期间可能出现舆情热点的应对处置引导请求支持帮助。大会召开期间，编印完成7期大会舆情专报，及时有效稳妥处置了个别不良言论，并分别与涉及明星的代表团负责人沟通提醒，确保文代会期间和前后未出现重大负面舆情事件。

【大会简报工作】

大会简报工作紧扣大会主题主线，按照会议日程安排部署，及时有序采编印刷发放。简报组克服时间紧、任务集中、驻地分散等困难，加强与大会秘书会务组、联络协调组以及驻地工作组等的沟通协调，切实把“反映会议、提升会议、引导会议”的目标落到实处。全面反映了大会主要议程，圆满完成预定任务，达到了预期目标，取得了较好反响。共编印完成36期大会简报和6期

《中国文联简报》（绿头），共计9.5万字，发放5.4万余份，反映各团代表发言700余人次，约占全体与会代表总数的50%。代表普遍反映，大会简报质量高、内容全、送达及时。简报还为宣传报道提供了丰富素材，为各参会媒体及时全面了解大会进展情况、代表学习讨论情况提供了鲜活素材和报道线索，为全方位、立体式地宣传报道大会奠定了基础。

重要会议及活动

【全国文联理论研究工作会议】

4月22日至23日，由中国文联主办，中国文联理论研究室、安徽省文联承办，芜湖市文联协办的2021年全国文联理论研究工作会议在安徽芜湖举行。来自中国文联各团体会员、机关各部门、各直属单位分管理论研究工作的领导和理论研究部门工作人员110余人参加会议。中国文联党组成员、书记处书记董耀鹏出席会议并讲话。中国文联理论研究室主任周由强，安徽省文联党组书记、副主席、书记处第一书记何颖，安徽省文联主席陈先发等有关方面负责人出席会议。

会议表彰并奖励了中国文联2020年度调研工作和舆情工作先进单位。中国曲协、中国摄协、四川省文联、安徽省文联的代表在会上作经验交流发言。与会代表围绕文艺理论与文艺政策研究、文艺行业建设调查研究、宣传舆情和意识形态工作、基层文联改革等相关议题进行了分组讨论。全体代表深入芜湖市南陵县基层文联实地调研，了解基层文联改革进展以及参与新时代文明实践中心建设的有关情况。会议期间，全体与会代表参观瞻仰了王稼祥纪念馆，进行党史学习教育。

【《2020中国艺术发展报告》出版发布】

7月6日，中国文联理论研究室和中国文联出版社在中国文艺家之家组织召开《2020中国艺术发展报告》出版发布会。中国文联党组成员、书记处书记董耀鹏，中国文联主席团委员、中国文艺评论家协会副主席、北京师范大学文艺学研究中心主任王一川出席发布会。各全国文艺家协会，中国文联机关各部门，中国文联网络文艺传播中心、文艺志愿服务中心、文艺评论中心和中国文联出版社相关负责人，基层文联、专家学者、图书馆界和“文艺两新”、新媒体人员代表，各门类艺术发展报告的联系人、编辑人员参加会议。会上，董耀鹏为基层文联、专家学者、图书馆界和“文艺两新”、新媒体人员代表赠书。报告总论首席专家王一川、书法艺术分报告首席专家郑晓华、电视艺术分报告负责人范宗钗先后发言。中国文联出版社董事长、总经理尹兴介绍了艺术发展报告出版发行情况。

【中国文联第三期意识形态工作培训班】

11月25日至26日，中国文联第三期意识形态工作培训班在京举行。中国文联党组成员、副主席董耀鹏出席开班式并讲话。培训班深入贯彻落实中央关于意识形态工作决策部署，贯彻落实中国文联党组加强意识形态工作的具体要求，重点就做好中国文联第十一次全国代表大会有关宣传舆情工作进行部署。培训班邀请中央网信办、国家广播电视总局、北京大学相关专家学者就网络综合治理、网络视听发展以及网络评论等作了专题讲座。各全国文艺家协会、文联机关各部门、各直属单位意识形态工作分管领导和舆情信息员、新闻宣传员、网络评论员、意识形态应急专员共80余人参加培训。与会人员结合文娱领域综合治理和网络评论工作实际，分组进行了交流研讨。

文稿起草及理论研究工作

【重要文稿起草工作】

一年来，中国文联理论研究室紧紧围绕围绕中国文联党组中心工作，认真领会落实党组领导关于文稿起草的标准和要求，苦练内功、深化学习，将深入学习贯彻习近平总书记关于文化文艺工作、群团工作重要论述的成果，以及对文艺工作、文联工作的调研、思考、探索融入文稿起草工作当中，全年圆满完成重要会议、重要活动讲话、重要授课、重要媒体约稿等100余篇，总计近80万字，有效发挥了参谋助手重要作用。制定《关于加强和改进新时代文艺舆情工作的意见》《中国文联突发舆情应对引导工作机制》等指导性文件，较好地完成了中国文联党组交办的各项文稿起草任务。

【《新时代文联工作》编写并出版发布】

按照文联党组指示要求，理论研究室继续组织编写《新时代文联工作》编写出版工作。在2021年底各编写小组起草初稿基础上组织多次反复修改后，将书稿分别报送中国文联党组领导、部分中国文联老领导和主席团成员、中国文联各部门各单位主要负责同志、部分省级文联负责同志、熟悉文联工作的部分老干部老同志、部分高校及社科研究机构专家学者等广泛征求意见建议。同时，及时跟进学习并结合习近平总书记最新重要讲话和指示批示精神，党的十九届五中、六中全会精神，综合征求的意见建议，对书稿进行了全面修改完善。经过中国文联出版社精心审校和设计，本书与2021年11月底，在第十一次全国文代会前正式出版，并在大会开幕时，发放给全体与会代表，受到代表们的广泛好评。

课题研究及调查研究

【理论建设及课题研究】

编印《习近平总书记关于文明文化文艺文联重要论述摘编》，向文代会代表和中国文联全体干部职工发放，为强化理论武装提供了权威读本。完成《2020中国艺术发展报告》编写和出版发布。支持中国曲协、中国艺术学理论学会（筹）等举办理论研讨活动。推进中宣部委托的“新时代文艺评价体系研究”专项课题研究。与国际部共同成功举办第12届海峡两岸暨港澳地区艺术论坛。坚持把文联理论研究工作成果向文艺界、学术界和有关文化文艺主管部门输出，不断扩大文联基础理论研究的影响力。

【调查研究工作】

制定并推动落实《2021年开展调研工作方案》，召开中国文联党组领导调研工作推进会，编印《中国文联党组领导2021年度调研报告汇编》。

陪同领导赴福建、浙江、广西、贵州、甘肃、安徽等地开展调研。

在全国文联系统征集2021年度调研报告50余篇，注重提升《调研参考》编发质量，为领导决策提供参考，为文联团体会员工作交流搭建平台。

意识形态工作

【抓紧抓实意识形态责任制落实】

作为文联意识形态工作综合协调部门和督察办公室牵头部门，理论研究室全面深入学习和贯彻落实习近平总书记和党中央关于意识形态工作的重大决策部署，认真落实文联党组领导关于意识形态工作指示要求，切实履行组织、协调、管理、督查和抓落实的职责。起草中国文联年度意识形态工作报告，加大《中国文联党组贯彻落实党委（党组）意识形态责任制实施办法的实施细则》等制度执行力度。协助国际部制定《对外和对港澳台文化交流意识形态工作实施细则》。与办公厅等单位组成联合督查组，对中国剧协、中国影协等6家单位开展实地中期督查，对其他单位进行书面督查，并逐一反馈问题和整改建议。继续组织开展年度考评，形成考评报告报中国文联党组。按照中国文联党组主要领导指示，探索建立起季度学习提示、重大事件预警、工作协同配合、定期督查考评、常态化教育培训、函询建议提醒、年终表彰激励等七项工作机制，推动文联意识形态工作逐步走上制度化规范化轨道。

【扛起自身意识形态主体责任】

组织学习中央、中宣部和中国文联意识形态工作相关文件，召开3次主任办公会专题研究意识形态工作，班子成员以文艺领域意识形态工作为主题讲党课。组织召开季度新闻通气会、宣传策划会，加强与中央主要媒体联系沟通，把好文艺活动宣传导向关。举办第三期意识形态工作培训班，有力提高了中国文联意识形态工作队伍整体素质。编印《开展文娱领域综合治理和加强职业道德行风建设文件资料汇总》《2018年以来文娱领域典型负面舆情事件情况汇总》等，为各单位提供工作参考。加强对协会换届、文艺评奖等重要会议重大活动新闻宣传和舆情应对统筹协调，加大网站、客户端、公众号、微信群等新媒体平台的意识形态阵地管理工作力度，确保意识形态安全可控。

【宣传舆情工作】

统筹中国文联重大主题文艺活动宣传报道，积极争取中宣部新闻局、文艺局支持，协调中央主要媒体宣传报道文联重要活动30余场次，其中，中央电视台“新闻联播”报道20次（不含第十一次文代会相关报道）。组织召开舆情信息分析研判工作会，积极参与文娱领域专项和综合治理，起草《关于近期文娱领域违法失德现象舆情应对处置工作情况的报告》，编印《文艺舆情专报》27期、《文艺动态》13期，向中宣部舆情局报送舆情信息36篇，月度、季度、年度电影舆情分析12篇，完成中宣部舆情局、文艺局约稿5篇，与相关主管部门有关局室形成良好的工作沟通关系。文联整体宣传舆情工作初步形成上下沟通、横向联动的良好局面，工作运转更加积极主动。

党建及自身建设

【严格落实全面从严治党主体责任】

中国文联理论研究室严格落实管党治党主体责任，全面推动党建工作提质增效。召开理论研究室全面从严治党工作部署会并与班子成员和各处负责人签订责任书。制定年度党建和学习工作计划，认真落实“三会一课”制度，开展年度党员民主测评，有针对性地做好思想工作。发展1名预备党员，理研室党员比例达到100%。顺利解决2名长期离职党员党组织关系转移的历史遗留问题。督促指导青年学习小组开展学习，鼓励大家利用“学习强国”“中国文联网络培训平台”等进行在线学习，在青年干部中形成了爱学习、善思考、会应用的良好风气。第一时间传达文联党组会特别是党组主要领导的讲话精神。注重结合文稿起草、宣传舆情等日常业务工作，组织干部在党建学习时既重视思想政治理论学习的指导作用，也重视文稿起草等日常工作对政治理论学习的促进作用，努力做到党建与业务两促进、两提高，推动党建与业务工作双向融合赋能。将廉洁教育贯穿党建工作全过程。始终坚持严的主基调不动摇，绷紧廉洁自律这根弦不放松，严格贯彻落实中央八项规定及其实施细则精神。“三重一大”事项坚持民主决策、科学决策。认真落实中组部《关于领导干部及时报告个人有关事项的通知》，个人事项报告抽查合格率100%。经常性开展警示教育，以通报典型案例为主要教材，做好日常监督和提醒工作，教育引导全体党员干部知敬畏、存戒惧、守底线。

【内部管理及团队建设】

严格部门内部管理，健全完善工作制度，苦练基本功，提升综合素质，营造干事创业、争先创优的工作氛围。定期召开主任办公会、室务会，及时传达党组会议精神和要求，研究“三重一大”事项，形成公开透明、民主科学的决策机制。以党史学习教育为契机，发挥党支部的战斗堡垒作用，自加压力，以每天晨读一小时、每周汇报一体会、每月精读一本书等形式，共读经典、共学工具书，夯实基础学习和理论研究根基，扎实提高文字水平和为党组服务的能力。严格贯彻落实文联疫情防控要求，认真做好疫情日报告和审批报备，充分发挥工会作用，全面美化办公环境，努力为大家营造一个安全舒心的工作氛围。

权益保护

综　述

2021年，根据中国文联党组的统一工作部署和要求，中国文联权益保护部深入学习贯彻习近平新时代中国特色社会主义思想、党的十九大和十九届中央历次全会精神，全面贯彻落实习近平总书记关于宣传思想工作、文艺工作和群团工作的重要论述精神，把握文艺和文联工作新的形势任务和特点规律，切实履行自律维权职能，推动文联组织文艺维权工作取得了新进展。

加强工作指导

为贯彻落实习近平总书记关于文艺文联工作的重要指示批示精神，以习近平新时代中国特色社会主义思想为指导做好文艺维权工作，根据中国文联党组要求，权益保护部完成了《中国文联关于进一步加强文艺维权工作的指导意见》的修订工作。

在《意见》修订起草过程中，权益保护部深入文联组织和文艺工作者中间开展广泛调研，先后赴11个全国文艺家协会和部分省市文联组织进行实地走访、召开座谈会，听取意见和建议。通过网络征求意见、书面征集、召开座谈会等方式广泛征求业界及法律专家意见。《意见》草案数易其稿，经中国文联党组审议后正式印发。修订后的指导意见落实中央要求、丰富时代内涵、坚持守正创新，明确了新时期加强文艺维权工作的指导思想、基本原则和保障措施，提出了6项重点任务，列举了8方面24项主要工作措施，体例更加科学、内容更加翔实、目标更加明确、任务更加具体，有利于带动和指导全国文联组织更好地履行文艺维权职能，为推动新时代文艺维权工作再上新台阶提供制度保障。

积极参与立法

2月，研究拟定全国两会维权提案，就呼吁完善信息网络传播立法和加强对“文艺两新”的政策扶持等问题通过文艺界两会代表委员向两会提交；组织征集各全国文艺家协会文艺维权提案议案，反映业界呼声。12月，就《文化市场综合执法管理条例（草案送审稿）》，向有关部门反馈立法意见，为维护文艺组织和文艺工作者合法权益建言献策。

开展普法宣传

中国文联加大普法力度，创新普法形式，通过《中国艺术报》“维权行动”专版、《文联权益保护》专刊、中国文联权益保护和出版管理工作平台、“文艺权益保护”微信公众号等传统媒体和新媒体，在实现普法宣传常态化的同时，不断创新工作方法，使普法信息的阅读量和转发率屡创新高，扩大了普法宣传的影响力，提高了业界法律意识，加强了文联组织的联系，在文艺界营造了尊法学法守法用法的良好氛围。

3月，在中国文联系统发放新修订的《著作权法》单行本，倡导文联干部职工学习新《著作权法》，提高版权意识。

4月26日至30日，集中开展了“中国文联知识产权宣传周”活动。活动以“学新法　助维权　促创新”为主题，通过策划制作宣传海报、举办“互联网和新媒体环境下文艺作品的著作权保护”普法讲座、组织“新著作权法与文艺维权”网络直播圆桌对话等形式，开展新《著作权法》宣传，运用互联网和新媒体的传播平台优势，增强活动的影响力和传播力。

各全国文艺家协会、各地方文联组织在中国文联的倡议指导下纷纷响应，组织开展了形式多样的知识产权普法宣传活动。中国音协、中国摄协、广东省文联、贵州省文联、云南省文联、甘肃省文联等举办知识产权普法讲座，中国曲协举办知识产权保护主题曲艺演出，中国视协发布新媒体著作权知识连载，北京市文联为文艺工作者提供作品自愿登记服务，湖南省文联举办知识产权保护线上漫画展，黑龙江省文联统筹全省开展各具特色的学习宣传贯彻《著作权法》活动，江苏省文联举办线上咨询及法律志愿服务活动，山东省文联组织知识产权保护作品网络征集活动。通过内容丰富、形式创新的活动，发挥了文艺界的宣传优势，有效扩大了普法宣传效果和覆盖面。

4月15日至7月15日，组织举办线上全国文联文艺维权普法培训班。培训班紧扣文艺维权的热点和难点，介绍与文艺工作者密切相关的法律知识。来自中国文联各团体会员的有关领导、权保干部及文艺工作者近800人参加培训，其中“文艺两新”学员比例有所扩大。通过培训普及了法律知识，提升了法治素养。

7月至12月，为切实做好中国文联第八个五年法治宣传教育工作，按照中国文联党组的有关要求，结合文联组织特点和实际起草《中国文联关于贯彻落实〈中央宣传部、司法部关于开展法治宣传教育的第八个五年规划（2021—2025年）〉的工作方案》和《关于成立中国文联“八五”普法工作领导小组的工作方案》，经中国文联党组审议通过后正式印发。加强了对中国文联法治宣传教育工作的组织领导，扎实推动新时代文联普法宣传工作的有效开展。

11月29日至12月5日，贯彻落实中国文联党组要求，组织开展2021年“中国文联宪法宣传周”活动。通过张贴宣传海报、播放宪法宣传短视频、在微信公众号和网络平台发布宪法学习宣传相关报道等方式，积极引导文联干部职工和广大文艺工作者自觉以习近平法治思想为指引，深入学习宣传宪法，使宪法精神深入人心。

法律志愿服务

6月，联合中国曲协在北京戏曲艺术职业学院举行“文艺法律志愿服务进校园”活动，邀请法律专家为该院曲艺系诵说表演专业、鼓曲表演专业学生作辅导讲座，强化了未来文艺从业者的法治理念和权益保护意识。

9月，根据新《著作权法》等对中国文联文艺法律志愿服务口袋书——《法律知识百问》进行了调整和修改。该书在全国文联组织免费发放1300余册，受到了大家的普遍欢迎和好评。

文艺维权服务

充分发挥专业优势，为文联组织和文艺工作者提供专业法律服务，有效制止和震慑了涉及文联组织和文艺工作者的侵权行为，有力维护文联组织和文艺工作者的合法权益，为文联组织依法治会、依法管理、依法维权提供保障。

3月，针对冒充中国文联发布中书协、中美协入会的虚假信息，通过告知当事人、发布严正声明等方式提醒文艺工作者避免上当受骗。发现“中国文联艺术家”“中国美协艺术家”“中国书协”等非文联开发的App后，及时与涉事企业联系沟通，相关App已全面下架，避免文联组织和文艺工作者权益受损。

8月至9月，为国内联络部、离退休干部局等部门审核相关协议和管理办法，提出法律意见，防范法律风险。

11月，按照中国文联党组领导批示精神，会同相关部门研判涉文艺家协会信访事项，并研提答复法律建议。

法律顾问制度

持续推进中国文联系统法律顾问工作有效开展，加强对法律顾问的工作指导和管理，工作制度不断完善，在防范化解法律风险和中国文联法治建设中发挥了积极作用。2021年实现了中国文联系统聘用法律顾问的全覆盖。

召开2021年度中国文联系统法律顾问工作会。中国文联党组成员、书记处书记张雁彬出席会议，并就各单位进一步完善法律顾问制度、各法律顾问进一步提升服务水平等提出具体要求。工作会听取了中国文联所属各全国文艺家协会、各直属单位法律顾问履职情况报告，加强对各单位落实法律顾问制度的督促指导，推动建立健全法律顾问服务各项制度细则，促进法律顾问服务意识的进一步提升，为更好地维护文联组织和文艺工作者合法权益提供专业支持。

文艺维权调研

5月，权益保护部调研组赴浙江省宁波市开展“文艺两新”权益保护专题调研。调研组深入十余家“文艺两新”创作基地和文化企业，了解在互联网和新媒体环境下，“文艺两新”在文艺作品创作、传播和知识产权保护中遇到的困难和问题，现场提供维权指导和帮助，发挥文艺维权团结服务“文艺两新”的专业优势。

11月，参加中国曲协举办的曲艺权益保护圆桌会议，调研了解协会和曲艺工作者面临的网络侵权问题，探索权益保护的有效路径和对策。

文艺维权交流

3月，权益保护部与中国作协社会联络部（权益保护办公室）召开权益保护工作座谈会，双方分别介绍了各自开展权益保护工作的情况，就权益保护工作的服务理念、服务对象、服务内容、服务方式等方面进行热烈讨论，并达成合作共识。

10月，中国文联应邀参加国家版权局主办的第八届中国国际版权博览会，中国文联党组成员、副主席胡孝汉出席并为获奖代表颁奖。权益保护部主要负责人应邀在2021国际版权论坛作主题发言，传递尊重和保护艺术作品知识产权的中国声音，提高文艺维权的影响力。

出版业改革发展与管理

综　述

2021年，在中国文联党组的正确领导下，出版办深入学习贯彻落实习近平新时代中国特色社会主义思想和党的十九大和十九届中央历次全会精神，持续深入学习贯彻落实全国宣传思想工作会议精神、中宣部2021年度出版工作电视电话会议和传媒监管会议精神，认真贯彻落实中办、国办《关于加强和改进出版工作的意见》，大力加强出版领域意识形态阵地建设，积极推动出版改革和发展，切实搞好出版管理与服务，出版管理与改革各项工作取得明显成效。

出版改革与发展

【公司制改革工作取得阶段性成果】

认真贯彻落实中央决策部署，加快推进中国文联所属全民所有制企业公司制改革工作。组织召开中国文联所属全民所有制企业公司制改革推进会和中国文联全民所有制企业公司制改革工作督办会，举办“中国文联出版单位（国有企业）改革发展网络培训班”，积极协调国务院国有企业改革领导小组办公室、国家新闻出版署、国家市场监督管理局等上级主管单位，帮助中国文联全民所有制企业解决公司制改革过程中遇到的难题，实施分类指导，加强工作督办。截至2021年底，中国文联所属9家全民所有制企业已完成公司制改制，中国文联公司制改革工作取得阶段性成果。

【召开2021年度中国文联出版工作会议】

为学习传达贯彻落实中宣部2021年度出版工作电视电话会议和2021年度传媒监管工作会议要求，切实做好2021年中国文联出版工作，4月29日，权保部（出版办）组织召开2021年度中国文联出版工作会议。中国文联党组成员、书记处书记张雁彬同志出席会议并讲话，要求中国文联所属出版单位坚持以习近平新时代中国特色社会主义思想为指导，认真做好今年的宣传出版工作。会上，传达了《中共中央宣传部等印发〈关于文化企业坚持正确导向履行社会责任的指导意见〉的通知》，通报了中国文联2020年度图书和报刊编校质量抽查审读结果，部署了2021年度中国文联出版重点工作。

【开展2020年度社会效益评价考核工作】

根据中宣部关于社会效益评价考核工作要求，权保部（出版办）开展了对中国文联所属4家图书出版单位和30家报刊出版单位2020年度的社会效益评价考核工作，并会同文联机关有关职能部门对各单位的社会效益评价考核材料进行审核，确定各出版单位的社会效益评价考核得分和等级，引导出版单位始终坚持把社会效益放在首位，实现社会效益和经济效益相统一。

【组织开展2021年度中国文联文艺出版报刊精品项目评审】

9月，权保部（出版办）会同中国文学基金会组织开展了2021年度中国文联文艺出版报刊精品项目的申报、评审工作。组织专家对7个单位17个项目的申报材料进行了初审和复审。通过实施精品项目，引导出版单位积极弘扬主旋律、激发正能量，出精品、创品牌。

【开展中国文联2020年精品图书宣传推广活动】

为充分宣传和展示中国文联所属图书出版单位年度出版成果，2021年1月，权保部（出版办）向中国文联十届六次全委会委员、机关各部室和各直属单位领导干部发放2020年度中国文联精品图书，并开展宣传推广工作。

出版管理与服务

【开展中国文联出版工作专题调研】

为深入学习贯彻习近平新时代中国特色社会主义思想，认真落实中央巡视整改要求，持续推进文联出版管理与改革发展，自2020年底以来，中国文联党组成员、书记处书记张雁彬带领出版办同志，先后赴中国摄影家协会、安苑北里办公区和中国电影家协会，到中国文联所属4家图书出版单位和30家报刊出版单位实地走访调研，并在中国文艺家之家召开座谈会，认真听取汇报，广泛了解出版单位认真落实出版意识形态工作责任制，加强出版管理、改善生产经营、促进媒体融合，以及加快推动和完成全民所有制企业公司制改革等方面的情况，要求中国文联所属出版单位坚持底线思维，严格落实意识形态工作责任制，进一步提高政治站位，牢牢把握正确的政治方向和出版导向。

【举办2021年度中国文联所属出版单位意识形态和出版管理网络培训班】

为深入贯彻《中国共产党宣传工作条例》和中办、国办《关于加强和改进出版工作的意见》，落实意识形态工作责任制，加强出版管理和意识形态阵地建设，权保部（出版办）组织举办了2021年度中国文联所属出版单位落实意识形态责任制网络专题培训班和出版管理网络培训班，对中国文联所属各出版单位的主办单位分管领导、各出版单位负责人和全体编辑人员共1000余人次进行了线上培训，实现出版管理人员和专业技术人员培训全覆盖。

【开展“买卖书号”行为专项检查】

为进一步加强图书出版管理，规范出版工作流程，维护出版秩序和行业形象，根据国家新闻出版署关于对“买卖书号”行为开展专项检查的工作要求，出版办组织中国文联所属图书出版单位对2013年以来是否存在“买卖书号”问题进行自查自纠，并在对各出版单位“买卖书号”行为进行实地检查的基础上，就发现的问题提出整改要求。

【开展未成年人出版物专项检查】

为严格未成年人出版物内容导向审核把关，权保部（出版办）指导各图书出版单位进行未成年人出版物内容导向自查，并实地检查2013年以来未成年人读物出版、书号选题实名申领和“三审三校”等工作情况，听取各出版单位自查情况汇报，结合检查情况形成工作报告。

【开展2021年出版物内容质量抽查审读】

4月至9月，权保部（出版办）在中国文联所属各图书出版单位自查的基础上，对各图书出版单位2020年以来出版的图书进行了抽查审读。7月至11月，开展对中国文联所属报刊出版单位出版物质量抽查审读，并将抽查审读结果纳入年度社会效益评价考核的重要内容。通过检查，强化导向管理，提高出版质量。

【组织申报“第五届中国出版政府奖”并获奖】

认真组织并指导中国文联所属出版单位开展了“第五届中国出版政府奖”的申报工作，共遴选推荐了14个项目参评。2021年9月，中国摄影出版社出版的图书《口述影像历史——与共和国同行（1949—1978）》（全三卷）荣膺第五届中国出版政府奖图书奖（正式奖），实现了该奖项在中国文联出版历史上零的突破。

【开展出版物样本缴送工作】

根据中国版本图书馆工作要求，权保部（出版办）印发通知，指导各出版单位建立健全出版物样本缴送工作沟通联系机制，按照国家有关规定，认真做好出版物样本缴送和补缴工作。同时，要求各主办单位加强督促和检查，切实做好出版物样本缴送和补缴工作。截至2021年底，中国电影出版社已基本完成出版物样本征集、补缴工作。其他图书和报刊出版单位的出版物样本征集、补缴工作正在进行当中。

【开展2020年度“晚霞文库”申报评选工作】

权保部（出版办）组织开展了2021年“晚霞文库”项目申报工作，并组织专家进行评审，为入选图书提供资助。

【组织出版单位完成年度核验工作】

按照有关政策和要求，权保部（出版办）组织中国文联所属27家报刊出版单位完成年度核验工作和2021年度中国文联所属音像出版单位年度核验工作。

【开展中国文联系统新闻记者证换发工作】

按照有关政策和要求，权保部（出版办）对6家报刊单位报送的2020年度新闻记者证核验材料进行审核并组织指导以上6家报刊出版单位的60名新闻采编人员完成2020年度新闻记者证换发。

机关建设

人事工作

【中国文联党组成员、书记处书记、副主席调整】

胡孝汉同志增选为中国文联第十届副主席，推举为中国文联第十届书记处书记。徐永军同志任中国文联党组成员，增选为中国文联第十届副主席，推举为中国文联第十届书记处书记。董耀鹏同志增选为中国文联第十届副主席。张雁彬同志增选为中国文联第十届主席团委员。俞峰、诸迪、张宏同志任中国文联党组成员。李前光、胡孝汉同志不再担任中国文联党组成员职务。陈建文同志不再担任中国文联第十届副主席职务。

【中国文联换届】

12月14日至17日，中国文联第十一次全国代表大会在京召开。

12月16日，大会选举产生了中国文联第十一届全国委员会委员，十一届一次全委会选举产生了第十一届主席团，十一届主席团一次会议推举了第十一届书记处书记。

中国文联第十一届主席团名单：

主　席：铁　凝（女）

副主席（按姓氏笔画为序）：

毛乃国、卢映川、叶小钢、冯巩、边发吉、朱彤、刘恒、许江、李屹、李舸、李雪健、陈振濂、迪丽娜尔·阿布拉（女，维吾尔族）、孟广禄、俞峰、徐永军、奚美娟（女）、诸迪、彭丽媛（女）、董耀鹏、潘鲁生

主席团委员（按姓氏笔画为序）：

王一川、冯双白、张宏、张雁彬、高希希、盛小云（女）

中国文联第十一届书记处书记名单：

李屹、徐永军、董耀鹏、俞峰、诸迪、张雁彬、张宏、黄豆豆（挂职）

【中国书协、中国音协、中国舞协、中国民协换届】

1月26日至27日，中国书法家协会第八次全国代表大会在京召开。会议选举产生了中国书协新一届领导机构。

中国书法家协会第八届领导机构人员名单：

主　席：孙晓云（女）

驻会副主席：李昕

副主席（按姓氏笔画排序）：王丹、毛国典、叶培贵、代跃、刘月卯、张继、张建会、张胜伟、顾亚龙、鄢福初、潘善助

秘书长：郑晓华

2月1日至2日，中国音乐家协会第九次全国代表大会在京召开。会议选举产生了中国音协新一届领导机构。

中国音乐家协会第九届领导机构人员名单：

主　席：叶小钢

驻会副主席：韩新安

副主席（按姓氏笔画排序）：王黎光、李心草、杨燕迪、何沐阳、余隆、宋飞（女）、张也（女）、张千一（朝鲜族）、张国勇、俞峰、戚建波、雷佳（女）、廖昌永

秘书长：韩新安（兼）

2月1日至2日，中国舞蹈家协会第十一次全国代表大会在京召开。会议选举产生了中国舞协新一届领导机构。

中国舞蹈家协会第十一届领导机构人员名单：

主　席：冯双白

驻会副主席：罗斌

副主席（按姓氏笔画排序）：山翀（女）、王舸、冯英（女）、达娃拉姆（女，藏族）、吕萌、杨丽萍（女，白族）、迪丽娜尔•阿布拉（女，维吾尔族）、赵明、赵林平（女，蒙古族）、赵铁春、咸顺女（女，朝鲜族）、郭磊、黄豆豆

秘书长：夏小虎

7月26日至27日，中国民间文艺家协会第十次

全国代表大会在京召开。会议选举产生了中国民协新一届领导机构。

中国民间文艺家协会第十届领导机构人员名单：

主　席：潘鲁生

驻会副主席：邱运华

副主席（按姓氏笔画排序）：万建中、韦苏文（壮族）、伊和白乙拉（蒙古族）、安德明、李丽娜（女，瑶族）、李豫闽、吴元新、林继富、杭间、郑土有、赵世瑜、索南多杰（藏族）、郭崇林

秘书长：邱运华（兼）

【班子调整配备和干部选拔任用】

各协会班子成员、局级干部，文联机关局级干部，各直属单位班子成员，各艺术中心主任（常务副主任）调整名单：

薛长绪任中国剧协分党组成员（正处级）、一级调研员

曹俊任中国影协分党组成员（正处级）、二级巡视员

马锋辉任中国美协分党组书记，兼任中国文联美术艺术中心主任，徐里不再担任中国美协分党组书记、中国文联美术艺术中心主任

侯仰军由中国民协正处级分党组成员、一级调研员提拔为副局级分党组成员

王锦强任中国民协分党组成员（正处级）、二级巡视员

彭文玲由中国摄协正处级分党组成员、二级巡视员提拔为副局级分党组成员

张潇羽由中国书协正处级分党组成员、一级调研员提拔为副局级分党组成员

刘挥由中国杂协正处级分党组成员、一级调研员提拔为副局级分党组成员

范宗钗任中国视协分党组书记，兼任中国文联电视艺术中心主任

李翔任中国文联国内联络部副主任

胡一峰任中国文联理论研究室副主任

调中国国际青年交流中心党委副书记、主任郝向宏任中国文联网络文艺传播中心主任，谢力不再兼任中国文联网络文艺传播中心主任

杨晓雪任中国文联文艺评论中心副主任

续聘姚莲瑞为中国文联出版社有限公司副总编辑（按副局级对待），聘期三年

中国剧协办公室主任、一级调研员刘伟职级晋升为二级巡视员

中国影协办公室主任、一级调研员刘春兰职级晋升为二级巡视员

中国音协分党组成员、副秘书长王宏职级晋升为一级巡视员

中国民协办公室（党务办公室）主任、一级调研员刘慧职级晋升为二级巡视员

中国摄协分党组成员、秘书长高琴职级晋升为一级巡视员

中国摄协办公室（机关党委办公室）一级调研员孙明亮职级晋升为二级巡视员

中国书协分党组副书记、秘书长郑晓华职级晋升为一级巡视员

中国书协分党组成员、副秘书长潘文海职级晋升为一级巡视员

中国视协办公室（人事处）主任（处长）、一级调研员刘蔓职级晋升为二级巡视员

中国文联办公厅（计划财务部）副主任鲁航职级晋升为一级巡视员

中国文联办公厅督察信息处处长、一级调研员武震鑫职级晋升为二级巡视员

中国文联国内联络部副主任苗宏职级晋升为一级巡视员

中国文联国际联络部副主任张锡海职级晋升为一级巡视员

中国文联离退休干部局副局长麻振山职级晋升为一级巡视员，不再担任离退休干部局副局长职务

中国文联离退休干部局二级巡视员孙德华职级晋升为一级巡视员

中国书法出版传媒有限责任公司党支部书记、董事长、总经理李有来按正局级对待

中国剧协分党组副书记、一级巡视员顾立群免职退休

中国民协分党组成员、副秘书长、二级巡视员吕军免职退休

中国文联离退休干部局一级巡视员麻振山免职退休

中国文联戏剧艺术中心主任邓秋军免职退休

【干部挂职锻炼】

厦门市委宣传部1名处级干部继续在中国影协挂职锻炼，1名直属单位副局级干部继续在西部

地区、老工业基地和革命老区挂职锻炼，1名机关处级干部继续在西藏自治区文联挂职锻炼，1名机关处级干部继续在新疆维吾尔自治区文联挂职锻炼，选派1名协会处级干部到雄安新区挂职锻炼，1名协会处级干部到甘肃省陇南市武都区挂职锻炼，1名协会科级干部到甘肃省陇南市武都区鱼龙镇上尹家村挂职锻炼，选派中国文联机关与各协会、直属单位共24名干部相互交流挂职。

【干部考核】

制定下发《中国文联及所属各全国文艺家协会机关工作人员平时考核实施办法（试行）》，把识别了解干部的功夫下在平时，探索建立日常考核、近距离考核的工作机制，让平时考核成为了解掌握干部日常表现、加强机关建设的重要抓手。

【公务员管理】

完成2021年度录用机关工作人员工作，11个职位录用11人。完成2022年度13个职位共14人录用机关工作人员的计划申报和网上资格审核工作。完成参公人员登记备案 2人，退出参公登记备案18人。根据中国文联系统解决夫妻两地分居相关管理办法，上报解决夫妻两地分居材料2批共8人。

【事业单位人事工作】

印发《中国文联系统事业单位领导人员选拔任用工作暂行办法》。中国文联系统8家事业单位、2家国有独资公司面向社会公开招聘工作人员，共计2236人报名，1674人通过资格审查，1126人参加笔试，81人参加面试，最终择优录用14人（高校毕业生12人、社会在职人员2人），研究生学历占79%、中共党员占50%。

【机构、编制管理】

2月，经报中央批准，中办印发《关于调整中国文学艺术界联合会机关职能配置、内设机构和人员编制的通知》，根据新“三定”，继续优化调整机构编制，批复国内联络部综合处（社会组织管理办公室）、权益保护部企业管理处（出版管理处）分别增加1名行政编制和1名处级领导职数，理论研究室宣传处增加1名行政编制；批复中国舞协、中国摄协、中国书协、中国杂协分别增加1名行政编制，中国视协增加1名行政编制和1名处级领导职数。部署第二次全国机构编制核查工作，制定并下发《中国文联机构编制核查实施方案》，比对核查文联系统29家单位机构编制、人员基本信息数据1.6万多条，更新修正数据1000多处。上报《中国文联党组关于2020年度机构编制重要事项的报告》。

【工资管理】

完成行政统发工资的审核、汇总、上报，工资调整涉及1004人次。完成2021年相关工资批复工作，完成机关事业单位工资统计。向各协会、事业单位下发《关于做好文联所属企业负责人2020年度薪酬备案和信息披露工作的通知》《关于报送所属企业2020年度工资总额执行情况的通知》，督促各单位按照管理权限做好企业负责人薪酬管理及工资总额清算工作。完成中国文联出版社有限公司2020年度企业负责人薪酬及工资总额的上报备案及信息公开披露工作。审核中国影协、中国摄协等协会备案的11个所属企业负责人薪酬及工资总额情况。向各协会、事业单位下发《关于报送所管理企业2021年度工资总额预算方案的通知》，并备案了有关企业2021年度预算方案。

【养老保险】

完成首次退休人员领取待遇资格认证，涉及行政退休人员467人，事业退休人员186人。调整在职人员养老保险缴费工资基数。完成基本养老保险征缴发放和机关事业单位653名退休人员基本养老金待遇调整。完成中央国家机关事业单位养老保险参保情况核查统计、参加北京市企保、工伤保险摸底上报工作。办理文联机关本级新参保、转移接续、待遇核定、年度工资申报25人，审核协会正处及以上、事业单位领导班子成员共10人的退休待遇申请。

【教育培训】

根据疫情防控形势统筹调整中宣部全国文艺业务骨干培训项目、中国文学艺术基金会文艺人才培养（培训）基金资助项目以及其他培训项目，制定中国文联2021年度文艺人才和管理干部培训计划。举办各类培训班104期，培训学员2.4万余人次，其中线下班次44期，学员0.37万余人次；线上班次61个，学员2.04万余人次。落实文娱领域综合治理相关要求，下发《关于在教育培训中进一步加强文艺工作者职业道德教育、遵纪守法教育的通知》。做好中组部干部调训和司局级干部专题研修等工作，选派1名中管干部、14名局处级干部参加中央党校（国家行政学院）及三大干部学院培训，6名局级干部参加中央和国家机关司局级专题研修，5名局级干部参加中宣部有关培训，3名高层次文艺人才参加中宣部有关高层次文艺人才培训班。

【人才工作】

稳妥推进“第五届全国中青年德艺双馨文艺工作者”评选表彰工作。开展“新时代中国文艺人才发展研究”，完成《新时代中国文艺人才发展研究》总报告（初稿）1篇、分报告3篇，各艺术门类人才报告13篇，以及横店、宋庄、景德镇典型地区文艺人才调研分析报告3篇，共计62余万字。开展2021年度文化名家暨“四个一批”人才、宣传思想文化青年英才和“万人计划”青年拔尖人才的推荐选拔，冯巍入选高层次人才特殊支持计划“哲学社会科学领军人才”，冯巍、宋佳、路阳、王媛媛入选文化名家暨“四个一批”人才，杜江、袁媛入选宣传思想文化青年英才。

【职称评审】

印发《中国文联关于开展新文艺群体职称评审工作的实施意见》，召开“全国文联系统新文艺群体职称评审工作推进会”，中国文联党组书记、副主席李屹出席会议并讲话，全国文联系统各团体会员、副省级城市文联主要负责同志及有关人员共计270余人参会。启动2021年度中国文联出版专业高级职务任职资格评审。

党委工作

中国文联机关党委及所属各级党组织，在中国文联党组及中央和国家机关工委的坚强领导下，坚持以习近平新时代中国特色社会主义思想为指导，深入学习贯彻党的十九大以及十九届中央历次全会精神，围绕深入贯彻落实习近平总书记在中央和国家机关党的建设工作会议上的重要讲话精神和《关于加强和改进中央和国家机关党的建设的意见》，聚焦中国共产党成立100周年和党史学习教育，认真落实《2021年中央和国家机关党的建设工作要点》和《中国文联党的建设工作领导小组2021年工作要点》部署的各项工作任务，努力推动文联党的建设高质量发展取得显著成效。

一、深入学习、认真贯彻习近平总书记重要讲话和党中央及中央部委重要会议、重要文件精神，自觉在思想上政治上行动上同以习近平同志为核心的党中央保持高度一致。中国文联机关党委及所属各级党组织坚持以党的政治建设为统领，把加强政治机关建设作为重中之重，进一步拥护“两个确立”，增强“四个意识”，坚定“四个自信”，做到“两个维护”，当好“三个表率”，努力建设让党中央放心、让人民群众满意的模范机关。一是深入学习贯彻党的十九届五中、六中全会和习近平总书记“七一”重要讲话精神。党的十九届六中全会闭幕以及习近平总书记发表“七一”讲话后，文联党组及时召开扩大会议传达学习，并印发学习贯彻通知。文联党组及各局级单位中心组多次组织专题学习研讨。文联机关党委认真制定学习方案作出具体安排部署，及时配发学习材料，举办专题辅导，开展专题培训。培训范围覆盖文联全体局处级干部和各级基层党组织书记。各基层党组织和青年理论学习小组通过集中学习、专题研讨、辅导讲座、答题测试等多种方式组织党员干部开展了广泛深入的学习。二是精心部署学习习近平总书记在第十一次全国文代会上的重要讲话精神。12月，中国文联召开第十一次全国代表大会，习近平总书记在会上发表重要讲话。会后，中国文联党组及时召开专题会议就讲话精神的学习贯彻进行研究部署，制定学习宣传贯彻方案，采取区分层次、分类实施的方法，通过集中学习研讨、举办培训班、召开座谈会、组织宣讲团宣讲、基层党组织和青年理论学习小组组织学习等多种方式，就文联党组、文联主席团、文联各团体会员负责人、文联机关党员干部、文艺界广大文艺工作者的学习宣传贯彻工作作出具体安排部署。三是认真落实党中央及中央部委相关重要文件精神。认真抓好中央办公厅印发的《关于加强中央和国家机关部门机关纪委建设的意见》的学习贯彻，印发学习通知，要求各级纪检干部开展专题学习讨论，对标《意见》要求认真查摆问题，制订问题清单。文联机关纪委召开全体委员会议专题学习《意见》精神，研究讨论贯彻落实措施，并制订印发《学习贯彻〈意见〉深入开展“学、抓、改、强”活动工作方案》，明确14条具体落实措施。

二、组织动员党员干部扎实推进党史学习教

育和开展庆祝中国共产党成立100周年系列活动，引导文联党员干部学党史、悟思想、办实事、开新局。文联机关党委把党史学习教育作为全年重大政治任务，将庆祝中国共产党成立100周年和党史学习教育贯通起来，周密部署，认真组织，加强督导，稳步推进。一是精心谋划周密部署。党中央部署在全党开展党史学习教育后，机关党委协助文联党组及时成立文联党史学习教育领导小组，精心制订《中国文联党史学习教育实施方案》。为把方案确定的各项工作任务落地落实，机关党委又进一步制订《中国文联党史学习教育主要工作安排一览表》，把学习教育的重点工作细化为27个具体项目，逐项明确工作内容、责任分工、完成时限。二是领导干部率先垂范。文联党组理论学习中心组建立读书班制度，每月拿出1至2天时间组织中心组成员集中学习。全年，文联党组中心组共组织学习34次，其中辅导讲座2次、组织参观1次、专题研讨11次。专题研讨共101人次重点发言，每人重点发言至少3次以上。同时，把各局级单位中心组学习情况纳入年度党建工作考核内容，加强督促检查。文联党组书记、机关党委书记李屹同志带头讲党课，分别以“学习贯彻习近平总书记‘七一’讲话精神”和“党领导文艺的百年历程及基本经验”主题给文联全体党员讲了2次党课。文联党组其他成员和文联各局级单位负责同志，以及各级基层党组织书记也分别在相应范围给党员至少讲了1次党课。三是组织引导党员学习。党史学习教育全面展开后，为助力党员学习，在文联积极营造党史学习教育和庆祝党的百年华诞浓厚氛围，机关党委精心谋划设计，采取了10项措施：1.举办辅导讲座。先后邀请党史学习教育中央宣讲团成员陈晋、中央党校（国家行政学院）副校长（副院长）谢春涛给文联党员干部进行了2次辅导讲座。2.组织文联党员干部参观中国共产党历史展览馆举办的“‘不忘初心、牢记使命’——中国共产党历史展览”和国家博物馆举办的“让党中央放心、让人民群众满意——新时代中央和国家机关党的建设成就巡礼展”。3.与文艺研修院举办专题培训班，全年举办线上培训班1期，线下培训班3期。4.开展“学党史、悟思想”演讲比赛。各单位积极推送选手，机关党委组织数场预赛层层选拔，决赛中10名脱颖而出的优秀选手作了精彩演讲。5.开展党史学习教育和庆祝建党百年主题征文活动。先后收到文联党员干部投稿共114篇并刊发在中国文艺网上，其中16篇优秀征文刊登在《中国艺术报》上。6.与离退休干部局联合举办庆祝中国共产党成立100周年干部职工美术书法摄影展。共展出作品195幅，既表达了文联干部职工的爱党情怀，也展示了文联干部职工的艺术才华。7.与机关服务中心联合开展“红色经典每周一影”活动。精选30余部红色经典影片，每周五中午在文联影厅为党员干部放映。8.与中国舞协、人事部举办“文艺大讲堂”活动。邀请舞剧《永不消失的电波》主创团队，讲述该剧的创作心得和台前幕后故事，使听讲同志在提升艺术修养的同时，也感悟了先烈们的革命精神。9.组队参加中央和国家机关工委开展的“党史学习接力赛”活动。最终文联参赛队在中央和国家机关的326支参赛队伍中取得第6名的好成绩。10.组织文联青年干部参加中央和国家机关工委开展的“党在我心中”青年党史知识网络竞赛活动。文联51个青年理论学习小组，502名青年干部参加。文联青年干部参赛率高、参赛成绩较好，荣获优秀组织奖。四是认真召开专题组织生活会。文联机关党委制订《中国文联关于召开党史学习教育专题组织生活会的工作方案》，各基层党组织也结合本单位实际分别制订工作方案，对会议主题、会议程序、方法步骤、会后整改等各个环节作出明确规定。各党支部积极抓好会前学习、广泛开展谈心谈话、认真撰写对照检查材料，8月上旬前全部召开专题组织生活会。文联时任6名党组成员以普通党员身份参加本支部的组织生活会并开展了批评与自我批评。五是积极开展“我为群众办实事”实践活动。认真制订《中国文联“我为群众办实事”实践活动工作方案》和《任务台账》，从为人民群众、文艺工作者、基层文联组织、机关干部职工办实事4个方面入手，梳理出“我为群众办实事”66个具体项目，明确责任单位、责任领导、完成时限。文联所属各文艺家协会、机关部室、直属单位也都结合本单位实际制订工作方案，梳理出“我为群众办实事”共494项。截至年底，除个别项目跨年度外，其余已经全部完成。六是注意加强督导检查。党史学习教育开展以来，文联召开党组会议、党组扩大会议、党史学习教育领导小组会议专题研究部署党史学习教育工作12次。文联党组成员多次深入分管单位，通过听取情况汇报、参加党组织活动等方式进行指导督促。文联党史学习教育领导小组及办公室先后召开推进会4次，部署各单位自查和开展专项督查3次，印发通知29期，编印简报32期，编写《学习参考》5期。

三、不断提升基层党组织标准化规范化水平，推动基层党组织全面进步全面过硬。文联机关党委及所属各级党组织坚持以提升组织力为重点，突出政治功能，加强基层党组织标准化规范化建设，积极创建“四强”支部。一是扎实推进基层党的组织建设。文联机关党委及时提醒督导各级基层党组织按时换届。全年共有2个机关党委、3个党总支、17个党支部换届，新成立1个企业党委，除一个企业单位因领导班子有待配齐推迟换届外，其余均做到按时换届。全年共发展新党员20名，七一前隆重举行新党员宣誓仪式。文联机关在职党支部全部开通“党费通”，实现党员交纳党费电子化。圆满顺利完成“两优一先”推荐工作。中国影协陈燕同志获中央和国家机关优秀共产党员、中国曲协刘志龙同志获中央和国家机关优秀党务工作者、中国文联文艺志愿服务中心党支部获中央和国家机关先进基层党组织。组织开展文联“光荣在党五十年”纪念章颁发工作，为122名老党员颁发纪念章并送去慰问金。召开青年理论学习小组组长会议，开展青年学习标兵评选活动，评出11名青年学习标兵。二是认真开展党建工作考核验收。启动《中国文联基层党组织建设质量提升三年行动计划（2019－2021）》实施情况总结评估工作，认真制订方案，正在部署推进。推动《2019-2023年全国党员教育培训工作规划》落实，圆满完成中期自查工作，并接受中央和国家机关工委的抽评。认真开展2021年度党组织书记评议考核工作。文联直属29名党组织书记书面述职，10人现场述职。机关党委组织若干检查组，分别下沉到29个直属基层党组织全面检查验收。综合书面述职、现场述职、民主测评、下沉检查结果，14名党组织书记被评为“好”，占比48%。三是努力提升党务干部能力素质。制订印发《关于加强中国文联机关党委自身建设的实施办法》，进一步完善机关党委工作机制，推动制度化、规范化建设。举办1期基层党组织书记和党务干部业务培训班。制订《中国文联机关纪委干部全员培训工作计划》，举办1期纪检干部培训班。协同文联人事部门，将366名专兼职党务干部详细信息统计造册，积极落实“专兼职党务干部经历纳入干部履历”工作。

四、持之以恒正风肃纪反腐，把从严治党不断推向深入。文联机关纪委以政治建设为统领，持之以恒加强作风建设和纪律建设，进一步强化监督执纪问责，努力推动文联全面从严治党向纵深发展。一是重视加强教育引导。协助党组召开2021年度文联全面从严治党大会，传达学习中央纪委全会精神，部署年度全面从严治党重点任务。紧盯元旦春节、五一端午、中秋国庆等重要节点，采取印发通知、发送廉政短信微信提醒，督促党员干部严格落实中央八项规定精神。转发中央和国家机关纪检监察工委关于违反中央八项规定精神典型案例通报，用好反面教材，发挥震慑作用。制订《加强警示教育工作的实施方案》，指导各级党组织综合运用各类警示教育载体，构建常态化机制。二是扎实开展内部巡视。修订《中国文学艺术界联合会巡视工作实施办法》，制订2021年巡视工作手册，固化巡视工作的77个标准步骤和36个标准文书模板，形成了一整套巡视管理机制。6月，组建2个巡视组，采取“一托二”的方式，对文联所属的4个单位领导班子进行内部巡视。10月至11月，对2020年内部巡视的4个单位开展巡视整改“回头看”，做好巡视后半篇文章。三是注重强化监督执纪。全程参与监督中国文联第十一次全国文代会以及4个文艺家协会的换届工作。严把干部任用政治关、廉洁关，审核回复干部党风廉政意见88人次，严防带病提拔。对发现的苗头性问题，运用谈话函询、批评教育、诫勉谈话等方式，早打招呼、早做提醒。2021年共收到信访举报47件，均按要求处置完毕，处置问题线索14件，并就有关失职失责问题开展问责调查。坚持严肃执纪问责，综合运用“四种形态”，给予批评教育2人，诫勉谈话2人，党纪处分2人，向有关单位、部门制发纪律检查建议书2份。

五、充分发挥群团组织作用，助力和谐文明机关建设。文联机关党委及所属各级党组织重视指导所属各级工会、团委、妇工委等群团组织以及文明委积极开展有益活动，努力营造团结和谐机关氛围。一是着力加强群团组织建设。文联机关工会指导两个下级工会顺利完成工会换届工作；文联机关团委召开共青团中国文联第九次团员大会，选举产生中国文联机关第九届团委委员。推动成立两个团支部，督促四个单位团支部按期完成换届。二是积极开展精神文明创建活动。文联各级党组织组织党员干部广泛开展机关群众性精神文明创建活动。中国摄协孙明亮同志获得中央和国家机关五一劳动奖章，中国曲协团支部荣获2019—2020年度中央和国家机关五四红旗团支部，中国摄协团支部书记朱宝祺、机关团支部书记赵光荣获2019—2020年度中央和国家机关优秀共青团干部，机关服务中心团员望禹晨荣获2019—2020年度中央和国家机关优秀共青团员，文艺评论中心韩霄霄同志荣获中央和国家机关青年学习标兵。三是持续抓好青年干部的政治理论学习。认真落实团中央关于开展“学党史、强信念、跟党走”学习教育的各项部署，在重要时间节点，组织团员青年赴北大红楼、《新青年》编辑部旧址、皇史宬等地举办主题团日活动。邀请文联党组为青年干部推荐图书，在文联各单位建立青年“学习图书角”。四是努力丰富职工文体生活。文联机关工会在做好疫情防控的前提下尽可能丰富干部职工文体生活，支持文联各文体俱乐部利用业余时间开展活动。承办中央和国家机关庆祝中国共产党成立100周年书画展参展作品收集工作并积极组织文联人员参加展览和评审工作。五是积极开展送温暖和献爱心活动。“七一”前夕，为文联系统7名患重病职工和抗疫一线4名摄影记者送去慰问金35000元。元旦春节期间，为病困在职和离退休党员干部职工以及挂职干部61人发放慰问金合计12.2万元。机关工会支出21.9万余元购买文联定点扶贫点甘肃省陇南市武都区的扶贫产品。

离退休干部工作

【综 述】

2021年，离退休干部局在文联党组坚强领导下，坚持以习近平新时代中国特色社会主义思想为指导，紧紧围绕庆祝中国共产党成立100周年这条主线，紧紧抓住党史学习教育这个主题，坚持问题导向，坚持精准施策，坚持主动作为，持续走深“一手抓防疫、一手抓服务”的指导思想。面对疫情防控常态化形势，面对老干部工作新情况新问题，广大老干部工作者经受住了疫情的考验，文联老干部工作取得新成绩、展现新气象、实现新发展。

【老干部思想政治和党组织建设工作】

扎实开展党史学习教育，组织引导广大老同志拥护“两个确立”、增强“四个意识”，坚定“四个自信”，做到“两个维护”，始终在政治立场、政治方向、政治原则、政治道路上同以习近平同志为核心的党中央保持高度一致。离退休干部局专门印发通知，指导各老干部党支部扎实开展党史学习教育。

离退休干部局在庆祝中国共产党成立100周年大会、十九届六中全会等重要会议召开之际，指导各老干部党支部结合实际认真收听收看有关会议，分层次抓好会议精神的学习。

离退休干部局坚持线上与线下相结合，采用“三会一课”、主题党日等多种形式，组织老同志学习习近平《论中国共产党历史》等学习材料，运用互联网、“桑榆天地”微信公众号、微信群等信息化手段，开展线上学习活动。

离退休干部局、机关党委联合举办了“庆祝中国共产党成立100周年中国文联干部职工美术书法摄影作品展”，老同志共参展109幅作品，占据了展览的一半以上。

围绕庆祝建党100周年，开展“七一”走访慰问工作。中国文联党组领导率先垂范、亲自带队，分赴老党员家中，颁发“光荣在党50年”纪念章。《光明日报》对离退休干部局走访慰问百岁老人、抗日老兵、老党员、离休干部罗焚同志进行了报道。七一之前圆满完成为122名老党员颁发“光荣在党50年”纪念章工作。

离退休干部局指导各老干部党支部探索党建云模式，运用“互联网+党建”组织各项活动。开展了以“翰墨光影歌盛世、建党百年颂华章”为主题的“云展览”；以“颂党恩、跟党走、添光彩”为主题的“云聊天”；以“建党百年、创造辉煌”为主题的“云座谈会”等活动。

推进《桑榆天地》杂志改版，杂志更贴近文联老干部实际、更突出文联特色、更注重原创性作品，具有较高的史料价值和可读性，结合建党百年主题，推出《桑榆天地》纪念专刊，

建设“桑榆天地”微信公众号，向老同志及时传达中央的新精神新要求，传播正能量，传递养老新政策新趋势，全年为老同志们提供了140余篇有价值的阅读文章。

【提升服务水平，为老干部办实事、解难题】

持续做好离休干部“一人一策”工作，离休老干部住院期间，安排专人专车负责接送。52名离休干部的离休费按时足额发放，医药费按规定实报实销。

建立了特困老干部帮扶机制，为文联系统38名老艺术家申请了老艺术家补助38万元；为患重病困难老干部、困难老党员等33人，每人申请了2000元的慰问金。

建立文联养老服务站，为文联194名老干部提供上门送餐、日常保洁、上门送医等13项服务。

组织154名中国文联机关离退休干部到306医院、慈铭体检中心分别进行身体检查。配合办公厅做好文联荣委、退休部级干部体检服务工作。

制订出台《中国文联关于进一步做好新时代离退休干部工作若干意见》，明确提出思想引领、待遇落实、服务保障、组织领导等4个方面15项要求和具体措施。

【创新活动形式，为老干部精神文化生活注入活力】

开办中国文联老年艺术大学线上教学，共开设书法、美术、摄影、声乐、舞蹈等5门课程，注册学员206人。

【老年活动中心建设】

疫情期间，做好老干部的疫情防控工作和老年大学的日常维护和管理。

【部门自身建设】

开展党史学习教育活动，统筹推进离退休干部局班子、机关党支部多层次的学习。深入学习习近平总书记在党的十九届六中全会、党史学习教育动员大会等发表的重要讲话精神，特别是习近平总书记在中国文联十一大开幕式上的重要讲话。

组织全体党员到延庆大庄科乡沙塘沟村“平北红色第一村”和长城红馆开展沉浸式党史学习教育主题党日活动。

抓好青年党员干部学习，离退休干部局党支部荣获“党在我心中”中国文联机关青年党史知识大赛优秀组织奖。

后勤服务

【综 述】

机关服务中心深入学习贯彻习近平新时代中国特色社会主义思想和党的十九大和十九届中央历次全会精神，贯彻落实十一次全国文代会精神，不断拥护“两个确立”、增强“四个意识”、坚定“四个自信”、坚决做到“两个维护”，扎实开展党史学习教育，积极落实巡视整改任务，围绕中心工作，强化责任担当，用实际行动为职工办实事办好事，努力推动文联系统后勤服务保障各项工作再上新台阶。

【党史学习教育开展工作】

召开两次动员会对开展党史学习教育进行动员部署，研究制订党史学习教育实施方案，成立党史学习教育领导小组。按照学习教育要求，采取集中学习、个人自学等多种方式开展党史学习教育，完成党史学习教育学习要求必读书目和各阶段习近平总书记讲话精神以及相关会议精神的学习。开设党建学习园地，宣传学习习近平总书记最新重要讲话精神，并设置专栏分享职工的学习体会。开展以“加强后勤文化建设，营造书香后勤氛围”为主题的读书班活动，将每周二上午固定为党史学习时间。理论学习中心组先后两次以“我为群众办实事”“习近平总书记在庆祝中国共产党成立100周年大会上的重要讲话精神”为主题，结合具体工作进行交流研讨。李前光、徐永军先后为理论学习中心组及全体党员讲授主题党课，向云驹同志就党的十九届六中全会精神做专题辅导党课，中心领导先后两次为全体党员干部职工讲党课。加强中心青年理论学习小组的学习活动，将聘用与外包职工纳入学习和活动范围中，把60名四十岁以下的青年人分为5个青年理论学习活动小组，在抓好理论学习的基础上，邀请他们参加各协会的文艺活动，增强青年干部的“文艺情怀”和“文联情怀”。

【“我为群众办实事”实践活动】

坚持以服务工作为本，践行为人民服务、为职工服务的初心使命和宗旨，发挥党员先锋模范作用，从不同角度梳理了9个方面25项重点工作，形成“我为群众办实事”工作方案及台账，用心用情解决好广大文艺工作者、文联系统干部职工“急难愁盼”的问题。在做好舆情防控工作的同时，做好计分汇总、公示、预约、现场看房、认购认租等工作，做好24套公务员职工住房配售配租工作，努力争取更多房源，挖掘文联现有资源，创造条件解决职工住房的问题；审核住房补贴预算，适时整理、更新职工住房档案200余份，并将职工住房档案装订成册。对文艺家之家空调系统进行升级改造，经追踪测量，同比节能率为20%，高于国管局节能司要求的15%的标准。在文艺家之家安装太阳能热水系统，不仅用上了热水、降低了能耗，也避免了台式电热水器漏电的安全隐患。将人防、物防、技防有机结合，严格来客来访登记、信息核查制度，切实做好安全保卫工作。加强对保洁、餐厅人员行为规范和工作标准的管理，提高服务技能，增强服务意识，从而提升服务水平；提升餐厅菜品口味和菜品质量，恢复职工餐厅外卖主食、熟食业务，方便职工生活。对农展馆办公区收发室、卫生间配备信件格、挂物钩、置物架，切实为大楼的干部职工提供便利。对安苑北里办公楼电路进行应急改造，排除安全隐患。协调社区为各宿舍区免费安装电动车充电桩并配套安装车棚及监控设备。举办健康知识和消防安全宣传讲座，丰富常用的急救包扎知识，切实增强消防安全意识。

【疫情防控及疫苗接种保障工作】

深入贯彻落实习近平总书记关于疫情防控的重要指示精神，落实疫情防控责任和疫苗接种任务，不断完善疫情防控应急预案，把疫情排查、公共区域消毒、人员进出管理、防护物资储备、就餐方案调整等工作抓得更具体更扎实，形成上下联动、高效落实的防控工作机制，构建文联系统防疫工作安全防线。全年先后两次配合社区组织核酸检测工作，先后组织6次新冠疫苗接种工作，配合街道、社区为文联系统400余名干部职工完成了近1200剂次的新冠疫苗接种工作。据统计，文联系统疫苗接种率由41.75%提高到82.52%，机关服务中心215人接种率达到95.81%。做好疫情期间“就地过年”职工慰问工作。在中国文联党组成员、副主席李前光的直接领导下，布置场地，悬挂拉花、灯笼，张贴“福”字，搭建富有节日喜庆氛围的拍照布景，为每位职工拍摄单人新春肖像与集体合影，用照片向家乡亲人送上诚挚问候和新春祝福。除夕夜当天，李前光、中国文联办公厅主任邓光辉、中心领导班子与留京过年的部分职工欢聚一堂，气氛热闹喜庆，体现了党组领导对职工的关心和关爱，让留京职工找到归属感，从而提高干事创业的信心与力量。

【会议及文艺活动的服务保障工作】

做好十一次全国文代会及建党百年系列活动的后勤服务保障工作，全力保障庆祝建党百年系列活动的成功举办。做好党组理论学习中心组学习扩大会、中办（中纪委、中直工委）、中宣部电视电话会、全委会分会场等高规格大型会议的服务保障工作。全年接待会议共计883场次，同比增长30.2%；报告厅使用168场次，同比去年增长18.3%，约占全年会议的四分之一。承担“庆祝中国共产党成立100周年大型美术创作工程审定工作会”会议及餐饮保障任务，为建党百年献上文艺界厚礼做好服务保障工作。全年放映电影共计88场次，配合机关党委在放映厅举办“每周一影”红色影片放映活动。做好文联发展史展厅的讲解工作，为文联各部室、各协会干部职工及中宣部、中直工委等领导解说共计30余场次，同比去年增长30%。在全国疫情散发多发的复杂情况下，中心共有43名党员干部职工参与十一次文代会，承担交通安保、医疗防疫、嘉宾接待、驻地值班等后勤服务保障工作。会前，召开工作动员会，传达上级决策部署，明确分工，制订预案，充分做好筹备工作。会中，科学谋划、分工合作、密切配合，克服因疫情带来的困难，完成了各项服务保障工作。会后，做好与会人员的健康监测工作，及时总结经验，形成材料，归档备查。

【艺术家的联络服务工作】

持续打造中国文联知名老艺术家艺术成就展品牌，进一步拓展丰富服务艺术家职能。年初，会同中国影协、中国美协、中国音协、中国文联国内部为田华、邵大箴、傅庚辰三位老艺术家举行艺术成就展，以实际行动向党的百年华诞献礼。

学习强国、中央电视台、光明日报等通过网络、报纸、广播、电视等多种传播途径进行深入报道，《中国艺术报》和《人民政协报》专门发了整版报道，极大地提升了中国文联知名老艺术家艺术成就展的传播力、影响力，最大限度地拓展了展览的引领示范作用，也进一步提升了文艺家之家展览馆对外知名度。

【办公区、宿舍区的服务保障工作】

做好各办公区、宿舍区供暖、供水、供电、消防、中控、高压、低压运行系统和空调、电梯等重点设施设备的日常运行保障和维护保养。各办公区收发交换各类报刊、文件、信函等130万件，为文联系统各单位办理赴澳签注12人次，办理港澳通行证8本；全年诊疗服务3280人次，协调完成干部职工体检470余人次。逢重大节日和重要敏感时期对各办公区和宿舍区进行安全检查，夜间和周末节假日均安排中心领导24小时轮流带班、干部职工24小时轮流值班。委托北京市测绘院对文联所属办公楼进行整体测绘，组织填报各类数据，向首规委办公室报送中国文联房产资源和人员编制及办公用房需求报告。多次与国管局房地司土地处、北京市不动产登记事务中心、西城区不动产登记中心、北广集团沟通协调，推进北三环中路10号院西侧地土地证办理事宜。协调国管局房地产管理司投资计划处及评估专家前往中国文艺家之家及安苑北里办公楼现场踏勘，安全隐患维修改造项目进入评估阶段。

【机关服务中心自身建设】

一年来，机关服务中心以政治建设为统领，全面落实从严治党责任，推动党风廉政建设，持续落实中央八项规定精神，深刻认识意识形态工作的极端重要性，加强对领导干部的保密警示教育，听取2次职工思想动态分析汇报，全年召开6次党员大会、13次支委（扩大）会、4次党建领导小组会、38次党小组会、1次民主生活会、2次组织生活会、1次民主评议党员。根据巡视反馈意见，梳理84个具体问题，制订125项整改措施，扎实推进内部巡视整改。厉行勤俭节约，推动节约型机关建设，荣获由国管局、中直管理局、国家发改委、财政部四单位联合颁发的“节约型机关”荣誉证书。加强中国文联爱国卫生、人口计生管理，做好公费医疗审核、环境卫生整治、食品安全专项检查等工作。加强干部职工教育培训，结合机关事务标准化培训，依托中国文联网络培训云平台，围绕党史学习教育、政府采购、房管政策、节能减排、人防工程管理等各类业务技能培训，采取线上线下相结合的方式，进一步提高干部职工专业技能和综合素质。全年向中直系统推荐先进个人2名，其中基建处望禹晨同志获得2019-2020年度中央和国家机关优秀共青团员，北京丛艺物业管理服务中心杨玉国同志通过中直系统劳动模范初审评选。

信息化建设

综　述

2021年，中国文联网络文艺传播中心（以下简称“网传中心”）深入学习贯彻习近平新时代中国特色社会主义思想和党的十九大及十九届中央历次全会精神，特别是深入学习贯彻习近平总书记在庆祝中国共产党成立100周年大会上的重要讲话精神，在中国文联十一大、中国作协十大开幕式上的重要讲话精神，积极落实中央关于互联网工作和文艺工作、文联工作一系列重大决策部署，以政治为统领，扎实推进内部巡视反馈意见整改，大力开展网络宣传，大力推动“网上文艺之家”建设，庆祝建党100周年宣传、第十一次全国文代会宣传等重大主题宣传取得突出成绩，全国文联系统网信工作顶层规划推出全新部署，文艺精品资源规模化采集和多样化应用、文艺品牌网络化数字化、网络文艺研究引领、大数据文艺舆情服务、网信建设集约化共享化、网信软硬件技术支撑和网络安全保障等取得新成效，推动《全国文联“网上文艺之家”建设工作规划（2021-2023)》开局良好，“全国文联一张网”深入发展，“网上文艺之家”建设踏上新征程、迈上新台阶。

以党建为引领，扎实开展党史学习教育，认真做好中国文联党组巡视反馈意见整改落实，政治建设成效显著

2021年是中国共产党成立100周年。按照中央要求和中国文联统一部署，网传中心紧紧围绕庆祝建党百年这条主线，扎实开展党史学习教育，不断推进党的建设各项工作，认真做好中国文联党组巡视反馈意见整改落实，取得了一系列扎扎实实的成效。

【扎实开展党史学习教育，持续提高政治判断力、政治领悟力、政治执行力】

以习近平新时代中国特色社会主义思想为指导，及时传达、认真领会、坚决落实习近平总书记系列重要讲话和指示批示精神，特别是在庆祝中国共产党成立100周年大会上的重要讲话精神，在中国文联十一大、中国作协十大开幕式上的重要讲话精神，全面落实党中央各项重大决策部署，扎实开展党史学习教育，引导全体员工进一步增强“四个意识”,坚定“四个自信”，做到“两个维护”，深刻领悟党的十九届六中全会提出的“两个确立”的重大政治意义，持续提高政治判断力、政治领悟力、政治执行力。

【不断加强理论学习，以党支部党员大会、青年理论学习小组学习会、工作推进调度会、中层会、全体会为抓手加大理论学习力度】

充分利用“学习强国”学习平台、中国文联网络培训云平台、支部工作App等组织开展线上学习和自学。

全年共开展中心领导班子理论学习中心组学习12次，领导班子指导指导党支部组织学习活动65次，青年理论学习小组组织学习48次，青年理论学习小组组织青年员工观看《党史故事100讲》系列专题片，组织开展“我来讲党史”活动，激发青年员工学习热情，切实做到用党的创新理论武装头脑、指导实践、推动工作。

【持续加强组织建设，严格落实“三会一课”等制度，确保组织生活的严肃性】

党支部全年共召开5次党员大会、14次支部委员会，举办5次党课，开展4次主题党日活动。1名发展对象成为预备党员，新确立2名发展对象、1名入党积极分子，5人递交了入党申请书。

9月，进行了党支部换届，新一届支委会的组成更加规范合理。针对网传中心、文艺网公司青

年员工多的特点。

10月，成立了团支部，为进一步做好青年工作提供了组织基础。文艺网公司荣获2019-2020年度中央和国家机关青年文明号。

【全面落实从严治党，严格落实全面从严治党主体责任，着力解决责任压力传导层层递减问题】

将研究全面从严治党工作明确列入中心党建相关规章制度和党支部年度工作计划安排，明确主任办公会定期研究分析网传中心全面从严治党工作进展。

对照签订的《落实全面从严治党主体责任责任书》，领导班子成员严格落实“一岗双责”，对各自分管的处室全面从严治党工作做好督促检查。

中心各处室负责人履行管辖范围内主体责任，组织本处室落实全面从严治党情况自查，并将自查情况及时向中心领导班子报告。

修订《中国文联网络文艺传播中心党风廉政风险点及防控措施》，进一步健全风险防控机制，从思想引导和制度保障上同时发力，防控廉政风险。

开展“修身守正立规矩 立心铸魂强管理”作风整顿建设，进一步加强作风建设。

【认真做好中国文联党组巡视反馈意见整改落实】

把巡视整改作为检视问题、推动工作、事关长远的重要任务，全力推动整改措施落实。就巡视整改工作，先后召开中层会、党员（扩大）会、阶段性情况汇报会、领导班子专题民主生活会以及多次主任办公会，进行传达、研究和部署。制订了《中国文联网络文艺传播中心内部巡视整改方案》，对照中国文联党组巡视反馈意见，共制定64条整改措施。

截至12月31日，当年拟完成的整改计划仅有1条因疫情原因延迟至2022年第1季度完成，其他均按时完成。

完成时限为2021年12月31日前完成年度任务并长期坚持的7条，已全部完成年度任务。

9条需长期坚持的整改措施，均已完成关键性措施，并有阶段性进展。网传中心制定《中国文联网络文艺传播中心落实内部巡视“回头看”反馈意见整改方案》，通过巡视整改和“回头看”，推动网传中心、文艺网公司改革创新发展融合起来。

围绕中心、服务大局，全力做好重大主题宣传，取得历史突破

2021年，文艺网围绕中心、服务大局，大力开展庆祝中国共产党成立100周年、十一次全国文代会、党史学习教育、全国两会、习近平总书记“七一”重要讲话精神、十九届六中全会精神宣传，对中国文联全委会、“百花迎春”大联欢、全国文艺家协会代表大会、中国文联和各全国文艺家协会职业道德和行风建设系列会议、文娱领域综合治理等进行了宣传报道，取得了良好的传播效果，营造了良好的舆论氛围。

【庆祝中国共产党成立100周年主题宣传“云”特色显著】

庆祝中国共产党成立100周年主题宣传贯穿全年、梯次推进。一是做好庆祝大会、“七一勋章”颁授、大型主题展览、大型文艺演出等党和国家层面庆祝活动的宣传。二是做好“奋斗百年路 起航新征程”大型主题采访活动的宣传，共转发中央媒体相关报道570余篇。三是做好中国文联各项庆祝活动的宣传，与部分协会合作推出系列内容。四是研创生产传播具有网传中心、文艺网公司特点、优势的融媒体产品：推出“习近平总书记金句 文艺工作者在传诵”系列网络视频节目；紧扣庆祝中国共产党成立100周年主题，推出48场网络视频直播，32个云展览，收集整理132部中国文联及团体会员近年重大品牌活动优秀剧目作品形成2套线上云展播专题，一系列“云”产品形成规模、形成声势、形成影响，成为全国文联系统庆祝建党百年宣传中的一大特色。

【十一次全国文代会宣传重点突出、特点鲜明、亮点纷呈，传播数据取得历史突破】

十一次全国文代会会前，围绕宣传习近平总书记关于文艺文联工作重要论述，推出“习近平总书记这样论述文艺工作”主题系列报道。策划开展多个主题采访，推出了“印象·这五年”主题短视频，以及“牢记重托 不负期望”“繁荣创作 勇攀高峰”“基层一线 百花竞放”“践行文艺界核心价值观”等主题系列报道，为文代会召开营造了良好舆论氛围。

十一次全国文代会开幕以后，与新华网开

展战略合作，精心策划、联合推出《文艺界朋友圈，请你来留言》融媒体产品，新华网电脑端首页重点展示，新华网客户端开机屏全量推送，全网累计浏览量4.1亿，成为现象级爆款产品；与人民日报文艺部合作，采访文代会代表，在微博推出4期“艺览”短视频，5个话题登上微博话题热搜榜，取得了3.2亿的话题传播量，让文艺“好声音”成为最强音；与中国青年网联合出品《凝聚起文艺强国的磅礴伟力——广大文艺工作者讴歌人民抒写时代成果丰硕》大综述；与微博合作，担任“第十一次全国文代会”话题主持人，中国文艺网首次在微博话题置顶，总阅读量超过5403万；与头条、知乎等平台合作，为文代会制作专题或进行开屏海报展示，有效宣传了文代会。抖音号推出“第十一次文代会，代表报到！”“文代会现场，文艺家代表‘点赞！这五年！’”“文代会，我们在这里！”等系列短视频，一周浏览量超过1718万。推出的多篇主题图集、“学习讲话精神”系列视频、“向总书记报告”系列视频等报道反响较好。

全过程做到了内容生产传播0差错，网络安全保障0事故，并出现现象级融媒体产品。据统计，会中宣传总传播量达到8.85亿次，取得历史性突破。

积极履行中国文联网信工作领导小组办公室职责，统筹推进“网上文艺之家”顶层设计和重点工作，“全国文联一张网”取得全新进展

2021年，作为中国文联网络安全和信息化工作领导小组办公室成员单位之一，网传中心积极配合中国文联办公厅，做好全国文联网信工作第二个“三年规划”编制出台和推进落实相关工作，推动“网上文艺之家”建设取得一系列新的进展。

【编制出台《全国文联“网上文艺之家”建设工作规划（2021-2023）》，召开全国文联信息化建设工作会议，规划部署迈出全新步伐】

在全国文联网信建设第一个“三年规划”《全国文联“互联网+文艺”建设工作规划（2018-2021）》圆满收官、初步建成“网上文艺之家”基础上，2021年3月，中国文联印发全国文联网信建设第二个“三年规划”《全国文联“网上文艺之家”建设工作规划（2021-2023）》规划；4月，四川成都召开全国文联信息化建设工作会议在四川成都召开，全面总结第一个“三年规划”实施成果与经验，部署推动第二个“三年规划”接续实施；4月，中国文联印发《2021年全国文联“网上文艺之家”建设工作任务分工方案》；6月、8月，分别在湖南长沙、文艺云线上会议系统举办了全国文联信息化建设片区会。通过一系列会议和文件，进一步明确了全国文联网信工作的任务书、路线图和时间表。

【大力推动“网上文艺之家”建设，“全国文联一张网”获得新进展】

2021年，网传中心与全国文艺家协会、中国文联机关部室及直属单位、地方文联持续开展信息化建设合作，推进中国音乐家协会官方网站建设项目，为中国音协提供“歌声中的百年风华·中国共产党历史经典歌曲”、第十三届中国音乐金钟奖、“阔步新时代 开启新征程”主题优秀歌曲创作推广活动等影音资源制作、内容宣传、传播推广服务；完成中国杂协网站建设收尾与等保测评；与中国文艺志愿者协会对接在5.23、10.15等重要节点对网站进行调整和等保测评；推进“中国视协青少儿播音主持艺术考级管理系统建设”项目。同中国文联国际联络部开展“互联网＋平台”合作，建设中国文联对外交流信息应用管理平台。继续与河北、内蒙古、辽宁、黑龙江、浙江、安徽、江西、湖南、贵州、云南、甘肃、宁夏、新疆、南京、宁波等地文联在官方网站、App、文艺资源数据库、会员管理系统等方面开展合作。持续推动扶持西部地区“互联网+文联”建设第二期、第三期建设项目。通过一系列合作共建，推动“全国文联一张网”理念在文联系统更加深入落实。

【统筹推进中国文联网络综合治理体系建设和信息化专项审计整改工作，推动文联系统网信建设集约化共享化迈出新步伐】

2021年，网传中心起草了向中宣部、中央网信办等单位报送的落实网络意识形态工作责任制、网络内容建设工程、网络综合治理、网络文艺生

产传播、网络文明大事推荐等方面的材料初稿。承担《新时代文联工作概述》“网上文艺之家”部分的修改工作。积极推动信息化建设专项审计问题整改工作，以整改推动中国文联网信建设规范化水平取得一定提升，推动中国文联网信工作集约化、共享化取得历史性进展。

文联工作网络化服务效能不断彰显，数据资源转化应用不断加强，数字化服务力取得明显提升

近年来，网传中心持续优化开发建设的在线视频会议培训系统、会员管理系统、舆情信息工作系统等一批重点信息化项目，推动文联工作网络化数字化不断深化，受到各方面重视和好评。

【文艺品牌网络化服务、文艺精品数字化传播效能愈发凸显】

网传中心开发建设的文艺云·在线视频会议培训系统在中国文联及各全国文艺家协会应用日益普及，有效服务全国文联系统新文艺群体职称评审工作推进会等大型会议、活动，得到中国文联党组充分肯定。中心优化升级文代会代表推选系统，顺利服务十一次全国文代会的代表推选信息填报工作。拟定《全国文联组联工作平台网络化网格化建设方案》，进一步推动各全国文艺家协会代表、理事会、主席团信息数字化网络化管理，推动全国文联系统组联基础信息网络化逐层逐级管理。各协会会员管理系统与全国文联组联工作服务平台的互联互通工作总体上开展顺利。中国美协、中国摄协、中国视协实现与全国文联组联工作服务平台同步数据，截至2021年11月30日，组联工作服务平台内完成108279位国家级会员数据的更新存储，平台内存储地方文联会员数据235254条。不断总结“互联网＋文艺评奖”工作成果与经验，开展“互联网＋文艺评奖”宣介。文艺内容智能发布服务应用建设项目、文艺网络大数据报告共享与管理分析中台建设项目、视频培训管理服务平台项目建设、文艺舆情研判分析与文艺新媒体智能分析、优质文艺资源多媒体影音网络应用传播推广项目音频文件制作与平台内容建设等也都在积极推进。在重大活动中进行网络直播、推出云展览等成为常态，全年开展网络直播60余场，总计浏览量约900万人次；制作推出67场中华数字艺术城系列“云展览”，其中3D虚拟展览41场，360° 全景展览26场。开展第十二届海峡两岸暨港澳地区艺术论坛网络宣传服务和2021年“今日中国”艺术周线上展示服务，推动对外交流品牌创新发展，取得积极反响，“今日中国”艺术周线上展示项目被列为中宣部对外传播优秀案例申报项目。

【文艺舆情服务愈发给力】

2021年，大数据舆情服务能力得到新提升，取得新成效。一是为有关部委、中国文联各单位提供常态化、全程式、专题性舆情服务。为中宣部文艺局、中国文联理论研究室提供全年常态化舆情服务，为中国文联全委会、部分文艺家协会全国代表大会、中国视协青少儿播音主持艺术考级等重点活动或相关奖节提供全程式服务，为中国文联国内联络部、人事部、部分全国文艺家协会提供指定服务，完成12批次文艺热点人物舆论大数据整合与分析专项服务等。服务成果包含日报、小合集、季报、专报、年报、传播统计、人物分析、溯源分析、专家智库研讨、舆情可视化大屏、大数据舆情监测系统等。同时，借助行业智库资源，结合文艺领域发生的实时热点舆情，开展专项议题智库研讨，编制2020年年报、2021年各季度季报。二是为文娱领域综合治理、“饭圈”乱象治理提供决策咨询。响应中央网信办发布的关于进一步加强“饭圈”乱象治理的通知，对热榜、热搜等问题深入调研，针对互联网信息发布平台相关问题进行分析，对存在的问题收集证据，形成内参材料。其中《微博热搜“造星”乱象及治理对策》刊登于《调研参考》2021年第6期行风建设栏目。三是为十一次全国文代会提供专项舆情服务。中心成立文代会舆情应对小组和服务保障团队，为文代会提供了会前、会中、会后长达54天的舆情服务。通过收集整理中国文联机关各部室、各全国文艺家协会重点关注内容，持续优化更新系统监测方案，为文代会提供7×24全天候舆情实时人工预警服务，为全委会人选提供信息参考服务，对突发负面舆情进行

研判与通报并持续跟进舆情演化趋势，为科学应对提供决策建议，为文代会顺利召开提供了有力支持。

【文艺资源采集应用愈加丰富】

为完善中华文艺资源数据库文艺人才信息，根据部分艺术家更新的信息资料，开展采集录入工作。收集了各协会最新一届主席团成员、理事会理事、代表约5500位的基本信息，进行文艺人才基本信息的相应更新。积极推进中国文艺网视频资源应用整合升级项目建设，基于媒资管理系统开发新建素材视频存储功能，对系平台软硬件进行迭代升级建设，提升智能识别与系统并发运行功效，进一步完善视频资源平台系统的服务能力。推动建设“中华文艺资源数据库 网络文艺学术资源库”，陆续更新相关文献资源。当前，中华文艺数据库已采集存储近135486万名文艺人才信息、期刊学术数据1亿余篇、图片410392张、视频8332条、图书资源5000本、电影史料资源17.49TB等各类文艺信息资源。

严格落实意识形态工作责任制，进一步规范新闻采编工作，新媒体原创力传播力显著提高

网传中心、文艺网公司运营的中国文艺网是中国文联、文艺界重要宣传阵地。一年来，严格落实意识形态工作责任制，通过不断完善制度、锻炼队伍、调整体制机制，持续加强新闻采编的规范化和原创力、传播力，守好阵地，扩大影响，有效传播文艺界、文联好声音。

【不断提高采编工作规范和质量，提升采编人员业务能力和水平】

着眼于中国文艺网采编工作的安全、规范、高质量发展，一年来，召开了中国文艺网日常值班和节点更新工作专题研究讨论会，实施了《中国文艺网日常值班和节点更新工作改进措施》；实施了《中国文艺网加强和改进“三审制”措施》并从技术层面予以保障；修订完善了《中国文艺网采编、审核、发布工作规定》《中国文艺网值班工作规定（内容业务方面）》《中国文艺网新媒体内容采编、审核、发布工作规定》等基础采编制度，并制作了相应流程图解，以便于采编人员更好理解和执行。实行总编室不定时重点抽查与重大时间节点前编辑自查相结合的内容业务检查制度，将差错记录作为采编人员月度绩效考核的重要依据。对发现的编辑违规发稿事件进行严肃处理。将检查与培训结合起来，组织召开两次内容业务差错控制与意识形态把关实例分析与培训会。2021年国庆节期间策划实施系列选题，锻炼了采编人员的新闻意识和能力。全年推出网络专题25个。

【开展正能量亮剑行动，对文艺界重大负面舆情及时发声亮剑】

一年来，在郑爽、吴亦凡、李云迪等艺人出现重大负面舆情，饭圈乱象丛生，文娱领域开展综合治理之际，及时组织撰写稿件进行针对性的评论。开设“小艺有话说”“时评”“微评”等栏目，发表“闻义枰”署名文章，推出《娱乐明星必须守法、守德》《让“饭圈”走出怪圈》《行业抵制劣迹艺人必须“长出牙齿”》《破除文娱领域流量造假亟需机制化的“3.15”》《打击“饭圈”乱象，帮助孩子扣好人生第一粒扣子！》《从艺先做人是文艺工作者的终身必修课》等评论。抖音开设小艺有话说专栏，对文艺界不良现象及时发声，多次进入话题热榜，阅读量超过2100万。

【实施移动端崛起计划，新媒体格局日益完善，获评知乎2021年度最佳政务机构号】

实施新媒体平台运营责任制、值班制。通过赴中央广播电视总台云听进行调研交流、到湖南广播影视集团有限公司（湖南广播电视台）调研座谈、到“中国V谷”长沙市马栏山视频文创产业园参观学习、与阿里巴巴大文娱进行业务洽谈、参加国家广电总局2021年媒体社交账号运营与管理创新研讨班等方式，拓展了新媒体工作人员视野、提升了新媒体运营能力。发现选题线索、进行策划实施能力不断增强。微信平台保持日更，篇均阅读量1800余次，比2020年提高近一倍，用户月均增长934人。微信平台原创发布的多篇稿件被“学习强国”首页及文化频道、光明网、中国网等转发。微博平台截至12月上旬，共发布内容575条，全年累计传播量超1168万次。今日头条平台全年共发布内容447条，全年累计

传播量超875万次。知乎平台全年共发布内容314条，发布文艺相关文章100篇，回答文艺热点相关提问50次，结合文艺热点提问164次，全年累计阅读量超893万次，在本年度9、10月均登榜“知乎政务机构号影响力报告”，分别排名第七位、第二位，年底被评为知乎2021年度最佳政务机构号。与云听平台合作策划“听她说”2021年“三八”妇女节女性主题专场直播，当日直播浏览量超百万。

【打造短视频辉煌工程，短视频平台传播力影响力增长明显】

中国文艺网抖音号针对平台特点和规律持续生产有传播力的作品，自2021年5月开始至12月初，共发布内容210余条，总浏览量为7278万次，粉丝由6.5万增长至12.6万，成为文学、艺术标签下头部媒体账号，创作表现超过了95.37%的同级创作者、视频播放超过了99.93%的同级创作者。制造的“李子柒的土豆论话题”全网观看热度6314万。新建中国文艺网快手政务号，持续探索生产原创内容。

【持续推进全国文联新媒体矩阵建设】

进一步完善全国文联新媒体矩阵微信工作群建设，以全国文艺家协会新媒体运营部门为单位，建立第2个微信工作群；继续做好以地方和行业文联新媒体运营部门为主的微信工作群合作互动，1月至11月，累计收到地方、行业文联投稿1300余篇，在中国文艺网用稿300余篇，征稿制度获得良好反响。

内容、理论、活动等多方面发力，推动网络文艺行业建设，行业引领力不断提升

中心积极参与网络文艺行业建设。2021年，从内容研创、理论评论、举办活动等方面，不断探索扩大行业影响力、提高行业引领力的办法、举措，取得积极成效。

【不断探索研创主题性网络文艺产品】

2021年，围绕庆祝中国共产党成立100周年主题，推出《我们的村庄（第二期）》网络音视频节目，围绕中国共产党人的“精神谱系”主线，以村庄为主题，以经典文艺作品为切入点，深入革命精神发源地，挖掘革命精神传承的当代故事，从一个侧面展示中国共产党的光辉历程、伟大成就，节目入选2021年首届“城市印记”城市形象片（短视频）征集活动网络推优作品；继续推出“精品是怎样炼成的”专题网络视频节目，据统计，该项目总传播量达到了8700多万，其中一期节目得到了中央网信办全网推广；继续推出“艺术公益大讲堂”二期节目。围绕脱贫攻坚、全面小康等主题，推出“精彩时代 精彩中国 精彩故事——重走采风路 共谱脱贫曲”系列视频节目、“小康路上的文艺号角”系列视频节目。在2021年“五个一百”网络正能量精品评选活动中，《我们的村庄（第二期）》网络音视频节目和栏目组、《艺术公益大讲堂》栏目组，以及中华数字艺术城庆祝中国共产党成立100周年主题系列文艺“云展览”活动均入围投票环节，入围数量为历年来最多。

【持续加大网络文艺理论和评论建设】

2021年，推出第二本网络文艺“蓝皮书”《中国网络文艺发展研究报告（2020-2021）》。相比于第一本，第二本网络文艺“蓝皮书”在内容、结构等方面又有重要创新，增加了网络文艺“出海”与海外传播、网络文艺的社会责任考察等章节内容，有利于加强对网络文艺理论建设和评论引导。承担新时代文艺人才发展研究课题“网络文艺人才发展研究报告”，具有重要的开创价值。

【积极参与举办网络文艺活动】

2021年10月，在安徽蚌埠举办“太湖世界文化论坛第六届年会·网络文艺论坛：精心编织人文交流新纽带，助力构建人类命运共同体”。这是太湖世界文化论坛首次将网络文艺纳入讨论话题范围。

人民日报、新华社等均在报道中对网络文艺论坛予以特殊关注，人民日报·人民文旅微信公众号发布多张网络文艺论坛发言嘉宾金句海报。“太湖世界文化论坛首届网络文艺论坛”相关文章得到全网各类转发。

持续组织筹备“访红色旧址、学红色经典、传红色精神”——全国网络文艺骨干人才研修采风活动。

积极发挥技术优势，持续提升技术能力，为全国文联网信建设提供可靠软硬件支撑和网络安全保障

技术支撑保障能力是文联网信工作的基础，也是中心的特色工作内容。2021年，网传中心继续积极发挥技术优势，为文联多个单位网信事业发展提供了精准、有力的支撑和保障。

【不断提升网信工作软硬件支撑服务能力】

提供网络总带宽满足1Gb以上的保障。为中国剧协等30余家单位开展信息化建设提供有力技术服务，为全国文联系统近50家单位提供云计算环境服务。场地运维、IT基础设施运维、应用运维、安全运维、机关办公运维的五位一体运维服务体系为文联系统40多家单位提供服务，全年累计巡检近4000余次，排查解决各类故障400余次，调整优化功能达100余次，修复各类漏洞近50个，修正数据45469条，保障了信息化各类设施稳定运行。

【进一步加强网络安全保障】

一是不断提升安全防范能力。通过安全设备监控、安全策略动态调整、安全专业审核、安全应急值守等方式，全年抵御各类攻击超过2700多万次，未发生重大网络安全事件。二是加强网络安全宣传和培训。通过组织开展“网络安全宣传周”、网络安全应急演练等活动，严格落实网络安全等级保护制度，大大提高了中国文联系统网信工作人员对网络安全的重视程度， 也推动了网络安全保障能力不断提升。三是为文代会提供网络安全保障服务。文代会期间，主动联系中央网信办，主动研究制定安保方案，积极推动各单位加强安全工作，有效提升了网络安全防护能力，文代会期间成功防御600多万次网络攻击，取得网络安全零事故的亮眼成绩，为文代会顺利召开提供了坚固的网络安全屏障。

【有效推进信创工程建设】

网传中心承担着中国文联信创工程实施工作，一年来，积极对接中办、国家发改委等部门，有力统筹各业务团队，推进信创工程建设取得阶段性成果，提升了中国文联电子公文软硬件设备的国产化率和安全水平。

文艺研修

综　述

2021年，中国文联文艺研修院开展了文联协会工作、中青年文艺人才、基层文艺骨干、少数民族地区文艺骨干、新文艺群体以及定制委培6大类研修培训项目共计12个，班次包括全国中青年文艺人才高级研修班1期、全国少数民族地区文艺骨干研修班1期、全国市县级文联负责人研修班1期、全国市县文联文艺骨干培训班1期、定制委培班1期、视觉艺术策展人高级研修班1期、舞台艺术制作人高级研修班1期、中国文联局处级干部和基层党组织书记学习贯彻习近平总书记在庆祝中国共产党成立100周年大会上的重要讲话精神专题培训班3期、中国文联年轻干部培训班1期。此外，围绕保障服务研修培训主业，研修院还开展了一系列科研、调研、“网络直播教室”“文艺两新校友谈”建设、新媒体平台建设、师资库建设、制度流程建设、基地建设等项目。

文联系统干部培训

7月4日至16日（其中7月4日至11日为线上培训，7月12日至16日为线下培训），第五期中国文联年轻干部培训班在北京市举办。

培训班学员共计45人，学员来自各全国文艺家协会、文联机关各部室、各直属单位的处级以下年轻干部。

培训班围绕“政治理论素养”“能力素养”“文艺素养”三个学习模块。开设了专题讲座、案例教学、结构化研讨等形式多样的课程。此外培训班还专门设计了“以人为镜”工作经验分享竞赛、“公文写作难题”解决方案竞、“砥砺奋进正当时，青春建功新时代”主题班会等培训内容。

培训班是在疫情防控常态化形势下，针对文联系统年轻干部群体开展的具有鲜明特点的研修培训活动。培训成果对文联系统年轻干部转化到工作实践中，在工作中增长才干、练就本领，共同推动文联文艺事业繁荣发展有着实际意义。

9月8日至24日，中国文联局处级干部和基层党组织书记学习贯彻习近平总书记在庆祝中国共产党成立100周年大会上的重要讲话精神专题培训班在北京市举办。

三期培训举办时间分别是：第一期，2021年9月8日至10日；第二期，2021年9月15日至17日；第三期，2021年9月22日至24日。

培训班学员共计376人，学员来自各全国文艺家协会、文联机关各部室、各直属单位的处级以上干部及基层支部书记。

培训班邀请到中国文联党组书记、副主席、书记处书记李屹同志做主题授课。李屹同志指出，文联党员干部要充分认识“七一”重要讲话的重大意义，全面领会，立足职责、做好转化，要把习近平总书记“七一”重要讲话精神贯彻落实到文艺文联工作之中；同时还要原原本本学习党史学习教育的指定学习材料，反复精读细研其中与文艺文联工作相关的内容。要学思结合，认真交流学习体会，共同提高、共同进步。要学用结合，以习近平总书记重要论述中的思想、立场、观点、方法提升文联党员干部的工作能力。

文联协会工作培训

3月26日至4月1日，中国文联第20期全国市县级文联负责人研修班在陕西省安康市汉阴县举办。

“地县二十期”学员共计101人，学员来自全国31个省、自治区、直辖市和新疆生产建设兵团，包括汉族、布依族、藏族、侗族、回族、蒙古族、黎族、满族、傈僳族、壮族、彝族等11个民族，其中地级市文联负责人35人，县级文联负责人66人；专业领域以文联文艺管理为主，亦有部分学员具有书法、文学、音乐、舞蹈、戏剧、电影、民间文艺等艺术专长。

“地县二十期”课程设置：围绕“深化文联改革、推进创新发展”主题，安排“思想政治教育”“文化艺术素养”“文联经验交流”三个课程模块，综合采用专题讲座、案例教学、现场教学、学员论坛、策展实践等集中式学习培训。

10月15日至19日，第三期全国市县文联文艺骨干（造型艺术领域）培训班在吉林省吉林市举办。

“市县文艺骨干三期”培训班学员共计57人，学员来自全国28个省、自治区、直辖市和新疆生产建设兵团，包括汉族、壮族、回族、满族、藏族、侗族等6个民族。按创造领域分类，美术15人、民间文艺9人、摄影15人、书法18人。

“市县文艺骨干三期”课程设置：围绕“乡村振兴与文艺创作”研修主题，安排“思想政治理论学习”“专业创作指导”“艺术实操性演练”三个课程模块，综合采用专题讲座、案例教学、现场教学、实地采风、带队老师创作辅导等教学和研修方式。

文联协会工作培训的指导思想：落实深入贯彻落实习近平新时代中国特色社会主义思想，特别是关于“新形势下，文联、作协要深化改革，工作向基层倾斜，服务向最广大文艺工作者拓展”的重要指示，全面落实落实中国文联党组关于“中国文联主办的市县级文联负责人研修班要把推动文联组织深化改革作为培训研修的重要内容”的工作部署。

文联协会工作培训的主要特点：文联协会培训(简称市县班)是中国文联文艺研修院的主体班次。截至2021年12月，市县班已举办20期，累计培训全国市县级文联负责人1500余人，涵盖31个省、自治区、直辖市和新疆生产建设兵团，配套出版《新思路 新举措 新思想——全国市县级文联负责人研修班学员典型案例集》（第一集、第二集）等学习教材，编发全国市县文联微信公众号，开展市县班铸梦计划等基层文联研修培训后续延伸活动。十年间，全国市县级文联负责人研修班结合新的文艺政策、基层文联工作者培训需求以及总结历次培训经验，迈出了三大步：一、培训规模从每年1-2期扩大至每年3-4期（含铸梦计划项目）；二、从2016年起开启地方文联的委托培训工作；三、推进市县班研修后续工作，推动市县班与中青年文艺人才高研班等其他班次的校友之间交流。

中青年文艺人才研修

5月9日至6月5日（其中5月9日至12日为线上自主学习阶段；5月12日至6月5日为线下学习阶段），中国文联第16期全国中青年文艺人才高级研修班在北京市举办。

“中青十六期”学员共计41人，学员来自全国31个省、自治区、直辖市，其中男性25人，女性16人，平均年龄42岁，包括汉族、蒙古族、藏族、彝族、朝鲜族、哈萨克族、畲族7个民族。按创作领域分类，文学6人、音乐5人、美术5人、曲艺5人、书法5人、文艺评论5人、杂技3人、戏剧2人、民间文艺2人、舞蹈1人、摄影1人、电视艺术1人。按工作单位类型分类，新文艺群体11人、文联系统6人、文艺院团6人、学校5人、文化馆5人、传统媒体3人、艺术研究院2人、书画院2人、部队1人。

6月2日下午，“中青十六期”举办“深入学习习近平关于文艺工作重要论述，新时代文艺工作者的使命与担当”主题座谈会。中国文联党组书记、副主席，中国文联文艺研修院院长李屹出席座谈会并讲话。

“中青十六期”课程设置包括：围绕“正本清源，守正创新”研修主题，安排“习近平新时代中国特色社会主义思想与国情时政”“人文通识教育”“艺术跨界融合案例教学”三个课程模块，邀请中国文联党组书记、副主席李屹与学员开展主题座谈。其中：“习近平新时代中国特色社会主义思想与国情时政”模块的课程主要通过中国文联网络培训云平台开展；“人文通识教育”和“艺术跨界融合案例教学”两个模块的课程主要在线下集中学习阶段通过专题讲座、现场教学、案例教学、座谈交流、学员讲坛、主题班会等方式开展。另外，“中青十六期”组织学员赴陕西省延安市开展现场教学，以传承与弘扬延安红色文艺精神为培训目标，在延安鲁迅艺术学院旧址、杨家岭革命旧址等地，通过听讲座、学党史、观现场、住窑洞等形式，感悟延安文艺精神，感受陕北民间文艺魅力，引导学员将红色基因融入文艺创作，打造文艺精品；同时，结合“5·23”文艺志愿服务日，组织学员深入基层，开展文艺志愿服务演出等活动，服务基层人民群众和文艺爱好者，服务新时代文明实践中心建设，弘扬社会主义核心价值观。

新文艺群体研修

8月30日至9月17日（其中8月30日至9月4日为线上自主学习阶段；9月5日至17日为线下学习阶段），中国文联第五期全国新文艺群体拔尖文艺人才高研班在北京市举办。

“新文艺群体五期”学员共计45人，平均年龄36岁，包括汉族、回族、蒙古族、布依族、土族等5个民族。按创造领域分类，书法11人，音乐5人，民间文艺5人，电影4人，美术4人，曲艺4人，舞蹈3人，摄影3人，杂技2人，电视艺术2人，戏剧1人，文艺评论1人。

“新文艺群体五期”课程设置：围绕“正本清源、守正创新”研修主题，安排“思想政治理论学习”“跨界研修与专业提升”和“人文通识教育”三个课程模块。邀请中国文联党组书记、副主席李屹与学员开展主题座谈，各艺术领域名家大师围绕研修主题为学员开设专题讲座，全国文艺家协会专家与学员交流互动、答疑解惑，组织学员开展论坛、创作交流、艺术沙龙等活动，赴博物馆、美术馆、剧院等地观摩学习，以“跨界研修”和“通识教育”为特色，打造高层次的研修交流平台。

“新文艺群体五期”的主要培训目标：一是引导学员深入学习习近平新时代中国特色社会主义思想和党的十九大，十九届二中、三中、四中、五中全会精神，特别是习近平总书记关于文艺工作的重要论述，增强“四个意识”；二是学习感悟中国特色社会主义文化的丰富内容和深刻内涵，坚定“四个自信”；三是开展党史、新中国史、改革开放史、社会主义发展史及中国革命文艺史、社会主义文艺史、中国文联发展史学习教育，引导学员学史明理、学史增信、学史崇德、学史力行；四是搭建高水平的艺术跨界研修交流平台，促进教学相长、学学相长，提升学员创作水平；五是加强文艺工作者职业道德教育、遵纪守法教育，培养艺术创作的良好心态和德行追求；六是打造有向心力、凝聚力的班集体，将新文艺群体学员紧密团结在中国文联周围。

历次新文艺群体培训的指导思想：贯彻落实习近平总书记关于文艺工作的系列重要讲话精神和党中央的决策部署，加强对新文艺组织、新文艺群体的联络沟通与研修培训，面向全国新文艺群体举办拔尖人才高级研修班（简称新文艺群体班），引导新文艺群体学员深入学习中央关于文艺发展、文艺创作的指导精神，学习感悟中华优秀传统文化与中国精神，开阔视野胸襟，明确创作方向，坚定文化自信，坚守艺术理想，追求德艺双馨，努力创作出更多文艺精品。

少数民族文艺人才研修

7月2日至11日（其中7月2日至3日为线上学习阶段；7月4日至11日为线下学习阶段），中国文联第十二期全国少数民族地区文艺骨干培养工程：新疆地区中青年文艺拔尖人才创作研修班在新疆生产建设兵团第六师五家渠市举办。

“民族十二期”学员共45人，平均年龄38岁，中共党员23人，无党派民主人士及民主党派共3人；男性24人、女性21人；维吾尔族、回族、满族等少数民族学员9人；按学员工作单位分类，高校14人，文艺院团9人，文联系统6人，中、小学6人，新文艺群体5人，中等技术职业院校2人，文旅厅、文化馆、群众艺术馆各1人。

“民族十二期”课程设置包括：“习近平新时代中国特色社会主义思想学习”“专业创作辅导”“采风创作训练”三个课程模块，采取“跟班导师制”，通过专题讲座、作品辅导、采风创作、成果汇报，专家一对一专业指导与创作训练等多种研修方式，提高新疆地区中青年文艺人才的艺术创作能力和创新能力，催生优秀人才，孵化精品力作，推动少数民族地区艺术的繁荣发展。

“民族十二期”主要培训目标：有针对性地选拔一批音乐、美术、舞蹈领域的中青年文艺拔尖人才进行创作研修，切实提升学员文艺创作、创新能力，推动新疆地区文艺队伍建设，培育一批高水平创作人才，有效发挥文联团结凝聚引导作用，增强各族学员对伟大祖国、中华民族、中华文化、中国共产党、中国特色社会主义的认同。

历次少数民族文艺人才研修班主要特点：2015年启动“全国少数民族地区文艺骨干培养工程”以来，以“增强中华民族共同体意识，促进民族文化艺术融合发展”为研修主题，先后面向全国少数民族地区共举办九期文艺骨干研修班，培训少数民族地区文艺骨干近400人，涵盖了舞台艺术、视觉艺术、叙事艺术等多个大艺术门类。在培训结束后，研修院还将少数民族地区校友纳入“铸梦计划”“携手铸梦工程”等延伸服务范围，并给予一定倾斜，积极推动成果孵化、落地，扶持少数民族地区人才成长，推动出精品、出人才。

制作人才研修

5月13日至28日（其中5月13日至16日为线上学习阶段；5月17日至28日为线下学习阶段），中国文联第一期舞台艺术制作人高级研修班在北京市举行。

“舞台制作人一期”学员共计40人，学员来自全国29个省、自治区、直辖市、新疆生产建设兵团和计划单列市，其中男性19人，女性21人，包括汉族、回族、朝鲜族、苗族、仫佬族等5个民族。按创作艺术领域分类，戏剧14人、音乐4人、曲艺2人、舞蹈14人、民间文艺4人、杂技2人。

“舞台制作人一期”课程设置包括：以“舞台艺术的编导、制作与运营”为主题，线上培训安排思想政治理论模块，线下培训将安排文艺通识模块、制作人专业能力提升模块与自主教学模块。思想政治理论模块的课程主要通过中国文联网络培训云平台开展；文艺通识模块、制作人专业能力提升模块与自主教学模块主要在线下集中学习阶段通过专题讲座、现场教学、案例教学、圆桌座谈、学员讲坛、剧目观摩等方式开展。

“舞台制作人一期”培训目标：一是为学员开阔舞台艺术作品生产、运营、演出全过程的视野，丰富创作方法与风格，进一步提升艺术宽度、深度与高度；二是帮助学员了解舞台艺术制作人行业的现状、行业组织与管理理念，借鉴成功做法，助推行业健康发展；三是增强创新意识和责任意识，引导学员将培训所学与当前文艺发展实际相结合，为人民提供更优质的文化产品。

策展人才研修

8月30日至9月17日（其中8月30日至9月4日为线上自主学习阶段；9月5日至17日为线下学习阶段），中国文联第五期视觉艺术策展人高级研修班在北京市举办。

“策展五期”学员共计39人，平均年龄41岁，学员来自全国33个省、自治区、直辖市、新疆生产建设兵团和部分副省级城市文联，其中男性22名，女性17名，按艺术领域分类，美术20人，书法5人，摄影8人，民间文艺2人，文艺管理4人。

“策展五期”课程设置：以“策展助力文化传承与乡村振兴”为主题，线上培训安排思想政治理论模块与文艺通识模块，线下培训拟设中华优秀传统文化的起源与特质、乡村振兴战略与文艺工作者的使命担当、艺术乡建与策展经典案例分析、传统艺术的时代表达与乡村振兴策展实践4个模块，通过专题讲座、现场教学、案例教学、圆桌座谈、学员讲坛、参观展览等方式开展。

“策展五期”培训目标：一是帮助学员提升策展专业素养和实操能力，探索研究基于中国优秀传统文化的策展方法，促进中华优秀传统文化、创造性转化创新性发展；二是引导学员树立以人民为中心的工作理念和主动围绕中心、服务大局的责任意识，关注基层文化需求和发展需要，用实际行动助推乡村振兴；三是为学员搭建跨界融合、沟通交流的平台。

委托培训活动

10月12日至25日受湖北省文联委托，由中国文联文艺研修院承办的第一期湖北省首期编剧骨干人才研修班（第一阶段）前后在陕西延安和北京市举办。

“湖北文联编剧班”学员共计25人，全部为来自湖北省的电影、电视、戏剧、曲艺、杂技等创作领域的文艺工作者。

“湖北文联编剧班”共分为三个学习阶段，每阶段时长2周左右。在2021年的第一阶段学习期间，研修院提供了高端的师资力量和丰富多样的课程，刘和平、梁向阳等专家学者，围绕剧本创作，为学员作了生动的授课；组织学员到延安南泥湾革命旧址、延安鲁迅艺术文学院旧址、中国文联发展史展厅、中国国家博物馆等地现场教学，开展了专业辅导、分组讨论、论坛交流等活动。

培训延伸研修成果转化活动

2021年，为继续做好对“文艺两新”校友的培训后续延伸服务，研修院结合过去一年开展各类线上培训的经验，针对新文艺群体校友策划推出“文艺两新校友谈——网络铸梦”活动。每月邀请3名不同创作领域新文艺群体校友作为访谈嘉宾，采取网络直播的方式长谈从艺历程、心得感悟、艺术理念、当前创作和对未来的思考，同时面向研修院往届校友开展线上访谈、讲座等活动。先后以“疫情下的工作与生活”“艺术创作方向与方法”“文艺两新助力文化强国建设”“艺术的坚守与热爱”等主题进行校友谈，“文艺两新”校友谈共举办10期，期间邀请24位新文艺群体校友做客直播间、32位新文艺全体校友录播，观看直播的校友累计达673人次。文艺两新校友谈的推出，为“文艺两新”校友提供了专业服务与指导，对密切校友联系等方面发挥了积极作用，被“文艺两新”校友亲切地称为“线上温馨家园”。

新媒体学习平台工作

截至2021年12月，“中国文联文艺研修院”微信公众号净增长5438名新用户，总用户23351人，总阅读次数为49万次。“全国市县文联”微信公众号总用户6095人，总阅读数近13万次。“中国文联文艺研修院”共开设专栏29个，网站浏览量近9.4万次。“两微一网”累计发布文章642篇。

2021年主要工作举措包括：一、在科学拓宽渠道，延伸培训手臂方面，通过教务管理系统，已累计制作个性化报名模版8个，在线报名人数1004人，系统运行顺畅，操作简单快捷；校友库收录中青班、市县班等学员档案2454条。二、聚焦时代主题、做好“庆祝中国共产党成立100周年”“党的十九届六中全会”“中国文联第十一次全国代表大会、中国作协第十次全国代表大会”“纪念辛亥革命100周年”等重大主题的报道，策划推出专栏。三、积极打造“网上研修院”，构建以网络培训平台、网络直播教室、线下培训、相结合的四位一体培训模式，通过招生录取、班级预热、自主学习、直播互动等方式，强化线上线下同频共振，融合发展。四、在筑牢意识形态，加强内容建设方面：提出人人都是信息员的工作理念，实行四级审核制度，人人参与、同抓共管，确保舆论导向、来源渠道、稿件内容等符合宣传和意识形态工作各项规定。每月召开信息工作会议，通过学习政策和采编知识、分析数据、梳理问题，把握规律、总结经验。2021年，未发生一起重大的网络舆情事件。五、先后制定完善《研修院新媒体管理办法》《研修院新媒体发稿工作的补充规定》《研修院网络直播教室教学风险和应急处理办法》，2021年研修院网络平台运行期间无重大系统故障和安全事故发生，总体访问良好。

中国文联出版社

综　述

2021年，中国文联出版社（以下简称“文联社”）坚持以习近平新时代中国特色社会主义思想为指导，深入学习贯彻党的十九届五中全会、六中全会精神，全面贯彻习近平总书记在中国文联十一大、中国作协十大开幕式上的重要讲话精神，紧密围绕党中央重大决策部署和中国文联中心工作，在文联党组的正确领导下，以党史学习教育为依托，围绕贯彻习近平总书记重要讲话精神、庆祝建党100周年、服务脱贫攻坚和乡村振兴、弘扬社会主义核心价值观等主题主线，创设、打造系列出版物和产品。在“以出版服务中国文联工作大局，努力把文联社建设成受人尊重的知名出版品牌”的目标定位引领下，持续提升出版合力，不断盘活现有资源，主动踢腾做开经营，以党建带动做好人的工作，整体呈现积极向上、团结奋进的良好发展态势。

思想建设与组织建设

【坚持以党的政治建设为统领，不断提升政治能力，强化政治担当】

始终坚持以习近平新时代中国特色社会主义思想为引领，深入学习贯彻党的十九届五中、六中全会精神和“七一”重要讲话精神。领导班子和中心组发挥领学、促学表率作用，以“三会一课”和专题学习研讨为抓手，全面系统深入地吃透全会精神和重要讲话精神，用好思想引领，带动全体党员干部职工掀起学习热潮。党总支书记以《共产党人的自省精神与道德文章》为题，为全体党员干部讲主题党课，引导全体党员干部切实将思想和行动统一到党中央重要决策部署和中国文联中心工作上来，在提高政治判断力、政治领悟力、政治执行力上不断进步，切实提升思想意识和政治站位。

【扎实开展党史学习教育活动】

党史学习教育开展以来，文联社把开展党史学习教育活动作为一项政治任务，精心组织推动。及时传达学习习近平总书记在党史学习教育动员大会上的重要讲话精神和文联党组关于党史学习教育的部署要求。成立文联社党史学习教育领导小组，研究制定工作方案，明确学习安排和具体任务。定期开展读书班，认真研读指定书目，按照“学史明理、学史增信、学史崇德、学史力行”的目标要求，围绕如何将党史学习同推动实际工作、解决切实问题更好地结合，推动新时代文艺出版工作取得更大成果开展交流研讨，为做好“十四五”出版社工作提供目标路径和指导举措。创造性开展主题党日活动，在行走中提升认识，在实践中接受洗礼，激发了组织活力，增强了学习实效。

【厚植为民情怀，多措并举做透“我为群众办实事”实践活动】

领导班子带头践行以人民为中心的发展理念，切实围绕广大干部职工关切之事深入调研，积极听取意见建议，有针对性寻求办法、制定措施，把“我为群众办实事”作为检验党史学习教育成果的最重要落脚点。通过优化绩效考核制度，保障绝大多数的实际利益，最大限度实现多劳多得；通过筹措资金兑现过去两年欠发的年度绩效；通过研究入学政策，初步探索解决适龄子女幼升小问题的路径，并取得较好成效；通过举办暑期书法特长培训班，解决职工暑期上班和照顾子女同时兼顾问题；通过持续努力，成功申请工作居住证指标，帮助非京籍员工在购房、子女入学等问题上获得更优惠的政策。同时，通过优化平时节庆的职工福利方案；专门开辟母婴室，提供孕产妇检查和生产预约接送服务；更换体检机构，提升体检质量等一项项实实在在暖民心的举措，有效提升了全体员工的获得感和满意度，有效地保障和改善民生，增强了出版社的向心力和凝聚力。

【深化全面从严治党，以党支部标准化建设为依托，提升党建工作水平】

严格落实“三会一课”等组织生活制度；积极开展丰富多样的主题党日活动，全年各党支部组织开展主题党日活动21次，在活动中学习，在实践中提高，全体党员干部党性修养和思想意识得到进一步提升。5月7日，召开全面从严治党工作大会，修订并与各党支部书记签订《全面从严治党主体责任书》，压实主体责任。持续加强党风廉政建设，严格落实中央八项规定精神，加强重要节点防范教育，不断增强党性和管党治党责任意识。加强警示教育，制定《文联社关于深化以案促改、加强警示教育工作的实施方案》，加强日常引领，严格督促落实。严格落实保密工作各项部署要求，强化保密学习，提升保密意识，加强涉密工作人员管理。通过持续推进党支部标准化规范化建设，党建工作质量显著提升。

重点工作

【有力推进《中国民间文学大系》出版工作】

大系出版工程已启动238卷。文联社深度参与组稿、编撰等过程，全年赴各地参加编写工作会等14人次，宣讲组稿学术规范，参与审读工作，在编纂过程中不断完善工作机制，在保障出版效率的同时进一步提高出版质量。完成本年度招标工作，理顺采购程序，为后续大系出版工程持续顺利规范开展奠定基础。全年共收到《说唱·内蒙古卷》《传说·吉林卷（二）》《小戏·湖南卷·花鼓戏分卷》《史诗·四川卷·格萨尔分卷》《故事·四川卷·汉族分卷》《说唱·山东卷（二）》《故事·宁夏卷》《说唱·辽宁卷（二）》《歌谣·四川卷·民族分卷》《小戏·湖南卷·傩戏分卷》《谜语·河南卷（三）》《俗语·江苏卷（二）》《故事·甘肃卷·陇东分卷（一）》《传说·福建卷（一）》《传说·福建卷（二）》《故事·湖南卷（一）》《故事·湖南卷（二）》《说唱·安徽卷·大书分卷》《史诗·新疆卷·江格尔分卷（一）》《史诗·新疆卷·江格尔分卷（二）》《史诗·新疆卷·江格尔分卷（三）》《史诗·新疆卷·玛纳斯分卷（一）》《史诗·新疆卷·玛纳斯分卷（二）》《神话·四川卷》《长诗·甘肃卷》《长诗·云南卷（二）》《史诗·云南卷（二）》《小戏·辽宁卷·综合分卷》《歌谣·青海卷》29个卷本稿件，全部进入编辑加工环节，其中18卷本陆续投入印刷。

【《中国民间文学大系》审稿会】

3月28日，在广东省深圳市举办大系编纂工作（华南片区）培训交流会。4月16日，在陕西省榆林市开展中国民间文学大系出版工程社会宣传推广活动——“陕北民歌”与内蒙古西部“二人台”民间传习状况调研（陕北段）。4月24日在安徽省合肥市举办中国民间文学大系出版工程实施项目编纂工作（华东片区）培训交流会。5月31日在河北省秦皇岛市举办《中国民间文学大系·河北卷》编纂工作培训会暨专家审稿会。7月5日在辽宁省盘锦市举办中国民间文学大系出版工程实施项目编纂工作（东北片区）培训交流会。9月26日在甘肃省兰州市举办中国民间文学大系出版工程实施项目编纂工作（西北片区）培训交流会。相关责任编辑赴各地参加会议和活动，从出版的角度为各地编纂工作人员仔细讲解出版规范和注意事项，及时解决各卷本在编纂过程中遇到的困难和问题，提前介入，深入沟通，为后续卷本的高质量、高效率出版奠定坚实基础。

【《中国民间文学大系》示范卷质量分析会暨2021年编辑工作动员大会】

4月8日至9日，《中国民间文学大系》示范卷质量分析会暨2021年编辑工作动员大会在京召开，中国文联党组成员、主席团委员、书记处书记张雁彬出席会议并讲话。本次会议在总结阶段性成果基础上，厘清编纂出版过程中的问题，明确年度工作的重点任务和主要方向。会上，中国民协分党组书记、驻会副主席邱运华代表中国民协授予文联社11位《中国民间文学大戏》编辑民协会员称号并颁发证书。

【中国民间文学大系普及读本选编样本专家座谈会】

中国民间文学大系普及读本（以下简称“普及读本”）由中国民间文艺家协会组织编选，是对《中国民间文学大系》文库本的丰富与延伸。6月18日，由中国民间文艺家协会和中国文联出版社共同举办的普及读本编选样本专家座谈会在中国文艺家之家召开。会议特邀民间文艺领域专家，全国语文教育领域专家和北京市特级语文教师，以及编写作者等出席。与会专家分别结合自身领域专长，为把普及读本打磨成优秀儿童读物和教学用书，更好地传播《中国民间文学大系》的优秀传统民间文化资源，提出具有针对性、指导性、实操性和建设性的意见与建议。

【策划出版《习近平与文艺家朋友们》】

在文联党组的大力支持和精心指导下，文联社与艺术报社联合策划出版《习近平与文艺家朋友们》。通过文艺家口述实录方式，生动记录习近平总书记与文艺家们交往交流交心的故事，呈现习近平总书记对文艺事业和文艺家的亲切关怀，展现习近平总书记关于文艺工作重要论述的思想伟力和实践品格。经过前期会议研究、请示汇报、调研论证，制定了实施方案，计划采访40余位涵盖文学及各艺术领域的代表性文艺家。该书的出版将填补文艺类相关主题出版物的空白，能让广大读者，尤其是文艺工作者真切了解总书记关于文化艺术重要论述的精神内核和他的文化情怀，进而指引文艺工作发展方向，凝聚引领广大文艺工作者牢记光荣使命、铸就艺术群峰。

【社会主义核心价值观2022年新春祥瑞礼盒】

文联社与中国书法家协会、中国民间文艺家协会合作，配合中国文联文艺志愿服务活动研发了文创产品——“社会主义核心价值观2022年新春祥瑞礼盒”。2022年新春祥瑞礼盒也是继2019年、2020年年底，连续推出“社会主义核心价值观新春祥瑞包”的延续产品。产品以书法艺术和民间艺术相结合的形式呈现和弘扬社会主义核心价值观，由中国文联副主席、中国民协主席潘鲁生担任总主编。中国书协主席孙晓云专门书写两副原创对联和“福”字对联，日历以庆祝建党百年“伟业书法大展”作为主题，产品包括日历、笔记本、对联、“福”字和纸胶带等，内容丰富、制作精良。社会主义核心价值观新春祥瑞包丰富了文艺志愿的服务手段，创新了文艺扶贫、文化惠民活动形式，对以社会主义核心价值观引领文艺行风建设具有积极作用。

【脱贫攻坚主题书系】

中标全国扶贫宣传教育中心《中国脱贫攻坚:××村案例》图书项目（23本）、《同步小康案例（故事）丛书（15册）》《精准脱贫：重庆的探索与实践》书系（10册）三套书共48本的出版工作。此外，还有《中国特色减贫道路》《红土地新光芒》等脱贫攻坚主题出版物，共同打造文联社以出版助力脱贫攻坚，讲好扶贫故事，总结宝贵经验，巩固拓展成果，弘扬脱贫攻坚精神的主题产品线。

【策划出版“中国共产党人的精神谱系”图说系列读本】

文联社联合求是网策划出版“中国共产党人的精神谱系”图说系列读本（以下简称“读本”）。该读本基于求是网自9月推出“中国共产党人的精神谱系”专栏内容，围绕党在百年非凡历程中铸就的一系列伟大精神，以图说形式阐释中国共产党人的精神谱系，宣传、弘扬党的伟大精神，传承红色基因。

【策划出版《欧阳中石全集》、举办欧阳中石书学思想全国学术研讨会和纪念作品展】

为深入学习贯彻习近平总书记在中国文联十一大、中国作协十大开幕式上的重要讲话精神，文联社策划出版《欧阳中石全集》，举办“欧阳中石书学思想全国学术研讨会”和“欧阳中石纪念作品展”，旨在整理和呈现欧阳中石先生在书法、国学等领域的卓越成就。经过前期请示沟通和积极推动，组建项目领导小组，制定项目实施方案，在党组领导高度重视和支持下，各项筹备工作取得一定进展。全集的出版、研讨会和作品展的举办，将在全国书法、教育和人文学术领域产生深远的影响。

【构建文联系统培训教材体系】

文联社积极探索“以出版服务中国文联工作大局”的工作取得实质性进展，初步构建文联系统培训教材体系。与理研室配合出版的《习近平总书记关于文明文化文艺文联重要论述摘编》《新时代文联工作》成为第十一次全国文代会用书，反映良好。与国内联络部合作编撰出版的《文艺工作者通识教育读本》是中国文联文娱领域综合治理的重要项目。《习近平总书记关于文明文化文艺文联重要论述摘编》《新时代文联工作》《中国文艺工作者通识读本》丛书、《艺术学核心素养》《美学核心素养》《中国艺术发展报告》《历史与荣光——第一次文代会至第十一次文代会的历史细节》（待出版）等出版物初步构建起文联系统培训教材体系，为各种层次的培训提供教材选择，为做实培训工作提供教材保障。

【《2020中国艺术发展报告》出版发布】

7月6日，由中国文联组织编写的《2020中国艺术发展报告》出版发布会在中国文艺家之家举行。中国文联党组成员、书记处书记董耀鹏，中国文艺评论家协会副主席、北京师范大学文艺学研究中心主任王一川等出席发布会。各全国文艺家协会，中国文联机关各部门，中国文联网络文艺传播中心、文艺志愿服务中心、文艺评论中心和中国文联出版社相关负责人，基层文联、专家学者、图书馆界和“文艺两新”、新媒体人员代表，各门类艺术发展报告的联系人、编辑人员参加会议。会上，董耀鹏为基层文联、专家学者、图书馆界和“文艺两新”、新媒体人员代表赠书。报告总论首席专家王一川、书法艺术分报告首席专家郑晓华、电视艺术分报告负责人范宗钗发言。中国文联出版社董事长、总经理尹兴介绍了艺术发展报告出版发行情况。

【“中国文艺工作者通识读本”丛书论证研讨会】

1月5日，“中国文艺工作者通识读本”丛书（以下简称“读本”丛书）论证研讨会在文艺家之家召开，中华美学学会会长、深圳大学特聘教授高建平，国务院原学位办艺术学科评议组成员、深圳大学特聘教授李心峰，中国现代文学馆研究员王秀涛，中国文学艺术基金会、中国文联评论中心、中国文联权益保护部（出版办）、中国文联人事部、中国文联文艺研修院、中国文联出版社相关负责领导出席会议。本次会议围绕如何优化图书内容形式等以契合新时代我国文艺工作者的需求，如何提高质量以发挥“读本”丛书在文艺人才培养中的基础性、战略性作用等展开了热烈而深入的交流。

【服务第十一次全国文代会，深入学习习近平总书记重要讲话精神】

12月14日至17日，中国文联第十一次、中国作协第十次全国代表大会在京胜利召开。文联社共有20余位工作人员被选派服务大会，分别服务秘书会务组嘉宾小组、文件小组、联络小组和文件宣传组简报小组。通过动员引领、精心培训、周密计划，大家以严慎细实的工作作风、饱满热忱的工作干劲圆满完成各项工作，也收获了服务嘉宾的肯定和赞誉。与会同志现场聆听习近平总书记重要讲话，深入学习习近平总书记重要讲话精神，更加坚定了“以文弘业、以文培元，以文立心、以文铸魂”，为实现中华民族伟大复兴提供强大精神力量的使命担当，以新时代文艺出版为社会主义强国建设贡献力量。

【做实选题论证制度，重塑出版力】

创设年度选题论证和常态选题论证，聘请出版专家为年度选题规划把脉指导。全年召开常规选题论证会22次，通过选题327个，出版图书245种，重印书52种，产品结构趋于合理，总出版量与出版社规模相匹配。健全作者和图书内容选择标准，从制度上规范图书作者标准。加强质量管理部建设，细化审读、校对人员工作方法及标准要求，所有《中国民间文学大系》和文联系统重点图书实现社内校对和质检。制定《选题论证管理办法》《中国文联系统图书和重点图书管理办法》《国家重大项目及文联各协会重点选题出版实施办法》《出版物内容导向管理制度》等规章制度，修订《图书出版合同》。严格执行印前图书全书质检及印前样书送审制度，确保图书质量。通过严控准入门槛、提升质量管控、优化管理流程等多项措施，在重塑出版力、提升出版合力方面取得一定进步。

【“十四五”国家重点出版物出版规划】

《京城舞台回响——京剧开盘带原声珍本》音像出版项目入选“十四五”国家重点出版物出版规划。

【国家出版基金专项资助项目】

《我的母亲——长征中最小的女红军》入选“回望建党百年”国家出版基金专项资助项目并获资金支持。

【中国文联文艺出版报刊精品工程项目】

《“幸福的哲学”系列》《“走进三国”系列》《同步小康案例（故事）丛书（5卷）》三个出版项目被列入“中国文联文艺出版报刊精品工程”并获资金支持。

【“啄木鸟杯”中国文艺评论年度优秀作品奖】

《日本四大美学家》被评为第六届“啄木鸟杯”中国文艺评论年度优秀作品奖。

【北京文艺评论年度推优活动】

《中国当代舞剧创作再论》被评为北京文艺评论2021年度推优活动优秀作品。

【大力盘活现有资源，赋能出版主业】

由文联社全资子公司北京清文苑文化艺术有限责任公司承担包括数字化项目管理、板厂胡同12号院改造工程、主旋律电影制作等非出版业务取得阶段性成果。《中国文艺家》和《美丽中国》杂志社完成改制工作。《中国文艺家》杂志社调整人员配置，严把生产流程，实现良性发展；《美丽中国》由出版社主导经营。推进中国文联印刷厂改制工作，严格落实主体责任，收回原有厂房和宿舍自有经营。文联社大力整合资源，调动下属企业活力，多元发展为出版主业赋能初显成效。

中国艺术报社

综　述

2021年是“十四五”的开局之年，是中国共产党成立100周年，也是第十一次全国文代会、第十次全国作代会召开之年。中国艺术报社在中国文联的坚强领导下，深入学习宣传贯彻习近平新时代中国特色社会主义思想，持续学习领会党的十九大、十九届中央历次全会精神，“七一”重要讲话精神，习近平总书记在中国文联十一大、中国作协十大开幕式上重要讲话精神，紧紧围绕党和国家大局工作，紧密结合文联和文艺工作，积极探索媒体融合发展之路，稳中求进，守正创新，为推动新时代文艺事业和文联工作繁荣发展营造了良好舆论氛围。

切实开展好党史学习教育

按照党中央和中国文联党组统一部署，中国艺术报社党支部深入学习贯彻习近平新时代中国特色社会主义思想，结合报社工作实际，认真开展了形式多样、效果明显的党史学习教育，推动报社党史学习教育取得了实效。

重要宣传报道工作

【庆祝中国共产党成立100周年宣传报道贯穿全年反响热烈】

为庆祝中国共产党成立100周年，报社主动提高政治站位，精心组织策划，增出庆祝中国共产党成立100周年特刊。7月1日出版32个版的特刊，7月2日推出12个版的特刊。同时，提早谋篇布局，统筹协调推进，用心、用情、用功做好庆祝中国共产党成立100周年主题宣传日常报道。牢固树立“四个意识”，及时报道习近平总书记有关指示和中央有关精神。紧扣庆祝党的百年华诞主题，在报纸上陆续开辟“学党史 悟思想 办实事 开新局 庆祝中国共产党成立100周年”“奋进号角　精神火炬——党领导的百年文艺实践笔谈”“百年风华——百部优秀文艺作品中的党史百年”“馆藏百年记忆——庆祝中国共产党成立100周年”等专栏，为庆祝中国共产党成立100周年营造了良好氛围。报社还把学习贯彻宣传习近平总书记“七一”重要讲话作为重要政治任务和重要工作内容，以开辟“深入学习贯彻习近平总书记‘七一’重要讲话精神笔谈”专栏、组织专访、理论阐释等方式，努力把对重要讲话的学习贯彻宣传不断推向深入。

在媒体融合发展方面，用好、用活、用火新媒体，充分发挥中国艺术报“两微一端”和中国艺术报新华号、强国号、抖音号等新媒体的传播优势，建立专题，邀请文艺界老中青三代艺术家录制视频并制作短片，及时推送文联系统和文艺界为庆祝建党百年进行的文艺创作和理论思考以及举办的活动、展览、座谈等内容。建党百年主题报道新媒体浏览量达5000万+。

报社还发挥自身优势，协调文联系统资源，形成强大合力，与中国文联机关党委、中国文联理论研究室、中国视协、中国文艺志愿服务中心等联合举办“回眸百年史，筑梦新时代”主题征文等活动。

【全面深入报道中国文联第十一次全国代表大会、中国作协第十次全国代表大会】

《中国艺术报》以日报形式推出中国文联第十一次全国代表大会、中国作协第十次全国代表大会特刊，展现了代表们学习讨论习近平总书记重要讲话的内容，并第一时间组织文艺评论文章解读阐释总书记重要讲话。围绕学习贯彻习近平总书记中国文联十一大、中国作协十大开幕式上重要讲话刊发系列评论员文章。在中国文联十一大、中国作协十大开幕、闭幕之际分别刊发热烈祝贺大会开幕、闭幕社论。在大会召开之际推出主题为“足迹”的“八连版”特刊，以及主题为“五年”的“八连版”特刊。

在中国文联第十一次全国代表大会、中国作协第十次全国代表大会召开之前，《中国艺术报》开设“学习贯彻党的十九届六中全会精神”栏目和“喜迎第十一次全国文代会——文联工作巡礼”专栏，推出系列长篇通讯篇，“学习强国”以专题形式收录全部报道；推出“我们这五年——新时代文艺成就大家谈”专栏，连续在头版头条刊发长篇评论。中国艺术报新媒体平台制作推送“我们这五年——喜迎中国文联第十一次全国代表大会”短视频产品，学习强国精选其中内容在显著位置推出；制作推送“放歌新时代——喜迎第十一次全国文代会”系列专题片；制作推送“足迹——历次文代会回顾”主题宣传。报社一系列精心策划、主动作为的宣传报道为大会的召开营造了良好氛围，受到广泛关注。

【贯彻落实《关于加强新时代文艺评论工作的指导意见》】

《中国艺术报》深入贯彻落实中央宣传部等五部门联合印发《关于加强新时代文艺评论工作的指导意见》，开设“推动新时代文艺评论工作高质量发展”专栏，邀请著名文艺评论家、理论家深入解读指导意见精神，推动意见精神贯彻落实。与中国文联理论研究室合作推进“文艺观察”专栏建设，与中国文联文艺评论中心合作建设“艺见”平台，与中国曲协合办“艺道馨声”栏目，注重提升文艺评论的引导力、影响力。结合文娱领域综合治理开设“塑造新时代审美风尚”笔谈等专栏，探寻“饭圈”乱象治理的工作方向和具体措施，引领审美风尚。积极关注文艺热点焦点，重点提升“文艺评论”“百家论艺”等文艺评论版面质量，精心建设“网络文艺评论”等特色版面，充分发挥文艺评论的引领和推动创作的作用。

【“艺苑百花”专栏弘扬崇德尚艺】

为深入贯彻习近平新时代中国特色社会主义思想，大力倡导德艺双馨，着力培育正风正气，弘扬艺术之美、信仰之美、崇高之美，进一步营造文艺界见贤思齐、崇德尚艺、奋发有为的良好态势，不断发现、培育和推出当代优秀文艺工作者与文艺界先进典型，《中国艺术报》继续推出“艺苑百花”专栏，刊发深度报道，深入挖掘优秀文艺工作者的动人故事，充分展现他们爱党爱国的崇高理想、追求卓越的艺术创造、扎根生活的精彩实践、感人至深的善行义举。

杂志刊物的编辑出版工作

【编辑出版《艺术交流》杂志】

2021年，《艺术交流》杂志遵循党和国家的外交路线、方针和政策，贯彻中华文化“走出去”战略，积极关注、报道中国文联及文艺界的中外交流和港澳台文艺交流活动，重点策划推出建党百年专题、扶贫攻坚专题、沉浸式艺术展览等相关主题的封面文章、专题报道，向世界充分展现中国文联和中国文艺界的风采。

【参与制作中国文联五年工作回顾画册】

中国艺术报社配合中国文联办公厅制作了为第十一次全国文代会献礼的五年工作回顾画册。全面展现了五年来中国文联和各团体会员在理论武装、团结引领、文艺实践、采风创作、理论评论、行业建设、对外交流、出版宣传、自身建设等方面取得的重要成就，向中国文联第十一次全国代表大会、向中国共产党成立100周年献礼。

拓展服务意识，策划组织开展多彩主题活动

在2021年，报社结合自身实际，积极开掘资源、强化服务意识，与地方文联组织和地方政府合作举办了全国著名作家“红色雪峰山”创作之旅活动、“太湖春秋 水墨江南”——中国书画之乡苏州胥口书画作品展暨胥口对外形象展示活动、“百年辉煌·行走江南——新吴门美术作品走四方特展”“北京城市山水画研究会名家作品邀请展暨杨留义城市山水画师生作品展”等主题活动。

中国文学艺术基金会工作

综　述

2021年是极不平凡的一年，也是“十四五”开局之年，我们庆祝了中国共产党建党100周年，百年征程波澜壮阔，百年初心历久弥新，我国实现了全面建成小康社会的第一个百年奋斗目标，正在向着第二个百年奋斗目标建成社会主义现代化强国迈进。面对百年未有之大变局和严峻的疫情防控形势，中国文学艺术基金会(以下简称“基金会”)在中国文联党组正确领导下，坚持以习近平新时代中国特色社会主义思想为指导，自觉拥护“两个确立”，增强“四个意识”，坚定“四个自信”，做到“两个维护”，牢牢把握“两个大局”，心系“国之大者”。坚持稳中求进的工作总基调，坚持改革、管理、发展并重，紧紧围绕年初确定的各项工作目标任务，突出抓好财政专项基金管理与使用，突出抓好社会资金募集和社会性文化项目的品牌建设，突出抓好建党100周年庆典文艺活动，充分发挥基金会在服务文艺、文联事业发展中的作用，认真履职，真抓实干，基金会工作呈现崭新局面。

基金会全年社会募集资金得到稳步提升。受疫情常态化和诸多因素影响，多次召开秘书长专题办公会，对新形势下基金会发展中的新情况、新问题进行分析和研判，围绕基金会怎么发展、发展什么等系列问题进行深入探讨和研究，及时调整相关规定，保障基金会安全平稳发展。

基金会自身能力和管理水平得到检验提升。2021年基金会被民政部评为全国最高等级的5A级基金会，也是自2014年以来再次荣获国家5A级基金会。这一年，基金会举办了全国社会组织双月沙龙，与同行业63家全国性社会组织现场交流互动，近30家社会组织线上参与了讨论，受到广泛好评。2021年9月民政部组织开展了第四次“全国先进社会组织”评选表彰活动，经过层层审核选拔，基金会从全国2000多家社会组织中脱颖而出，获得“全国先进社会组织”荣誉称号。这一年，中国文联党组书记李屹同志两次对基金会工作作出批示，充分肯定基金会在服务文艺事业和文联发展作出的努力和贡献。

思想建设

一、基金会党建工作面貌一新，发挥突出作用。以抓党史学习教育为主线，砥砺初心，继续前行，干部职工知史爱党、知史爱国，思想政治素质显著提高。

一年来，根据《中共中央关于在全党开展党史学习教育的通知》和《中国文联开展党史学习教育实施方案》精神，基金会按照“学党史、悟思想、办实事、开新局”的总要求，切实抓好“学史明理、学史增信、学史崇德、学史力行”的专题学习。通过多种形式的党史教育感受党的伟大和力量，不断拥护“两个确立”，增强“四个自信”，回顾党走过的百年奋斗历程，党和国家事业取得的历史性成就，不断坚定“两个维护”，进一步筑牢信仰，凝聚鼓舞人心。这一年，党建在整体工作中的核心引领作用凸显，激发党员活力、提升支部动力，形成了党群合力，2021年，基金会党建工作向前迈出了坚实的一大步。主要抓好以下几点：

1. 抓党史学习教育，开展集中学习和个人自学。本年度理论学习中心组学习8次，开展最新报刊重点文章、社论学习60余篇，撰写学习心得30余篇，党建知识答题3次，青年理论学习小组开展专题集中学习14次，向中国文联党史学习教育领导小组报送简报18期，集中学习习近平总书记在庆祝中国共产党成立100周年大会上的讲话和十九届六中全会公报精神，并开设了“学党史、悟思想、办实事、开新局”党史学习教育和全面深入学习贯彻十九届六中全会精神主题墙报两期。并于年底将全体同志全年参加党史学习的心得文章收集整理，编辑成《党史学习教育心得体会汇编》一书，供大家学习交流。2.抓“三会一课”制度落实。2021年，基金会的“三会一课”突出政治学习和教育，突出党性锻炼，夯实了党建工作基础，压实了党建工作主体责任。3.抓青年党建模式创新，激发青年党员活力。基金会青年人数多，学历高，思维活跃，个体意识崛起、注重个性表达和阅历较少、抗压能力弱、定力不够等共同特征。如何提升青年党建工作成效，关系到基金会形成向心力凝聚力的关键。2021年伊始，党支部书记向云驹同志召开支委会，研究制定青年理论学习小组的学习计划，不断创新党建载体，丰富青年党员学习模式。“每月一影”活动成为青年党建活动重要平台，《建国大业》《走近毛泽东》《王阳明》《长津湖》《革命者》《文朝荣》等11部红色题材和弘扬中华优秀传统文化影片深受青年人喜爱。参观首都博物馆“伟大征程——庆祝中国共产党成立100周年展”，参观香山革命纪念馆和香山双清别墅等活动也使青年同志们更好地了解历史，正确认知历史，感悟其中的历史意义、时代价值和文化内涵，激励大家坚守初心，爱党爱国。4.抓党员干部培训学习。参加中国文联举办的学习“七一”讲话精神局处级干部培训班12人次。培养发展了1名新党员。通过党史学习教育，推动了全年工作高质量开展，党支部的战斗堡垒作用得到彰显和提升。

组织建设

一、增强政治引领，抓好自身建设，不断提升服务文艺事业能力水平

（一）中国文学艺术基金会召开第五届理事会第八次会议

2021年7月27日，中国文学艺术基金会召开第五届理事会第八次会议。全国人大常委、中国文联副主席、中国文学艺术基金会理事长左中一主持会议，中国文学艺术基金会副理事长兼秘书长向云驹作五届八次理事会工作报告；会议审议通过了《中国文学艺术基金会五届七次理事会工作报告》《2021年上半年财务工作报告》，研究通过了《中国文学艺术基金会章程修订的草案》和人事变更事项，签署通过了《中国文学艺术基金会第五届第七次理事会会议纪要》。中国曲协主席、中国文学艺术基金会副理事长姜昆，中国文学艺术基金会副理事长高希希，以及理事张天文、刘岩（女）、张宏、杨发航、陈彦、陈建、李昕、郑更生、柳斌、陶勤（女）、殷秀梅（女）、郭希敏（女）、黄晓明、唐延海、范宗钗、雷彤、牛彤参加会议；监事汤鸿卫、刘一多出席会议。

（二）中国文学艺术基金会召开第五届理事会第九次会议

2021年12月28日，中国文学艺术基金会在中国文联召开了第五届理事会第九次会议。全国人大常委、中国文学艺术基金会理事长左中一主持会议，中国文学艺术基金会副理事长兼秘书长向云驹作五届九次理事会工作报告；会议审议通过了《中国文学艺术基金会五届七次理事会工作报告》《2021年度财务工作报告》，签署通过了《中国文学艺术基金会第五届第七次理事会会议纪要》。中国文学艺术基金会副理事长姜昆、冯双白、高希希，以及理事陶勤（女）、郑更生、刘岩（女）、牛彤、雷彤、侯仰军、张天文、唐延海、殷秀梅（女）、李昕、杨发航、张宏、柳斌、范宗钗、陈彦、黄晓明参加会议，监事汤鸿卫、刘一多出席会议。

二、强化管理，加强自身建设，不断自我完善提升，健全内部机构，社会影响力日益显现

（一）再获民政部全国5A级基金会等级评定殊荣

2021年3月4日，民政部社管局第505号《2019年度全国性社会组织评估等级公告》发布，我会再次被评为全国最高等级的5A级基金会。公告显示，全国获得5A级基金会共3家，获得4A级基金会共12家，获得3A级基金会共23家。这是基金会再次蝉联国家5A级基金会，也是文化艺术类基金会中唯一获此殊荣的基金会。实地评估当天，专家组在对基础条件、内部治理、工作绩效和社会评价四个方面进行了严格评估和细致检查后，对党建、制度、管理、财务、项目、信息公开等各个指标进行了逐一点评并给予了高度评价。专家组

充分肯定了基金会近5年的工作，特别对党建强会、内部机制管理和建设、以艺战“疫”、文艺扶贫、服务冬奥等服务国家发展大局的项目给予了高度评价。评估专家组组长、中国社会组织促进会副会长张树中说:“中国文学艺术基金会的工作不仅有效促进了新时代文艺的发展，更发挥出了基金会作为公益组织应有的社会公益效能！”

中国文联党组书记、副主席李屹在批示中指出“时隔五年，再获此殊荣实属不易，这是与基金会全体干部职工努力进步分不开的”。

（二）获得民政部“全国先进社会组织”荣誉称号。为在全国范围表彰并宣传推广一批政治过硬、治理完善、服务专业、诚信自律的先进社会组织，激励广大社会组织听党话、感党恩、跟党走，自觉对标对表高质量发展要求，在全面建设社会主义现代化国家新征程中更加主动担当作为，作出新的历史贡献。根据《中共中央办公厅 国务院办公厅关于改革社会组织管理制度 促进社会组织健康有序发展的意见》中关于“有关部门和群团组织要将社会组织及其从业人员纳入有关表彰奖励推荐范围”的安排以及《评比达标表彰活动管理办法》《民政部表彰奖励工作规定》，经全国评比达标表彰工作协调小组办公室备案同意，民政部于2021年9月组织开展了第四次“全国先进社会组织”评选表彰工作。

基金会通过业务主管部门中国文联推荐，经过层层审核选拔、意见征求、社会公示等程序，民政部于2021年12月31日公布了评选结果，中国文学艺术基金会与其他280家社会团体、社会服务机构和基金会一起，从全国2000多家社会组织中脱颖而出，获得了“全国先进社会组织”荣誉称号。

（三）成功举办奋斗百年路启航新征程——公益组织在实现文化强国中作用公益组织双月沙龙活动。2021年6月23日，由中国社会组织促进会主办、中国文学艺术基金会承办、《中国社会组织》杂志协办的第33期全国基金会双月沙龙在中国文联报告厅举办。共有近63家全国性社会组织现场参与，近30家线上参与直播讨论。

沙龙以“公益组织在实现文化强国中的新使命”为主题，从党的文艺思想、文艺创作的使命以及公益组织在提高国家文化软实力方面的实践和成绩的角度，深入探讨公益组织如何在实现文化强国中发挥重要作用，是我会响应文联号召，延伸文联工作手臂，服务“文艺两新”，以良好公益形象向社会展示基金会新担当、新作为的一次新尝试。

中国文联党组书记、副主席李屹在收到汇报后作出批示：“基金会举办此项活动，内增压力，外塑形象，很有意义。望再接再厉，不断提升工作质量和服务文艺事业、文联工作的能力。”

（四）加强领导班子建设，推动自我革新，提升基金会应对复杂环境的应变能力。受疫情防控常态化影响，社会募集工作难度加大，面对基金会新的发展难题，2021年初，向云驹同志多次召开秘书长专题办公会议，围绕基金会怎么发展、发展什么等系列问题进行深入探讨和研究，要求全体职工要进一步增强忧患意识，思想再解放，工作再抓实、才能保证基金会改革和发展再深入。对新形势下募集工作出现的新情况、新问题进行了分析和研判，为做好2021年资金募集工作开好局、起好步。目前的社会资金募集工作呈现向好发展态势。

（五）加强人才队伍建设，提升中层干部队伍形象。基金会坚持把提升中层干部队伍形象，培养、选调、调整中层干部队伍作为重要工作抓手，全面推行部室负责人首要负责制，对部门负责人的选任，即压担子、也搭台子，关键的时候还给架梯子。今年以来进一步完善干部队伍梯队建设，充分发掘人才调整岗位，调动干部职工工作热情和积极性，为基金会健康、科学、规范化发展奠定了基础。

（六）坚持制度先行，防控廉政风险，保障基金会平稳运行。

1. 成立采购领导小组。为了规范基金会工程、货物、服务采购工作，加强和防范廉政风险，有效降低采购成本，根据中国文联采购管理办法和国家相关政策、法规要求，结合基金会实际，成立基金会采购领导小组，由秘书长任组长，成员由党支部纪检委员、内部监督岗、理事会监事和办公室、财务部、财政专项基金部、社会专项基金部负责人组成。为了充分发挥监事在基金会日常工作中的作用，我会在请示文联办公厅同意后，聘请审计处处长任采购小组成员。

2. 加强法律顾问履职工作。一年来，基金会按照中国文联权保部要求，进一步发挥法律指导实际工作的重要作用，在北京岳成律师事务所的协助下，完成了《中国文学艺术基金会专项基金管理办法》《中国文学艺术基金会聘用人员续签劳动合同管理办法》《中国文学艺术基金会采购管理办法》等多项内部规章制度的修订完善。

（七）做好基金会官网升级改版，微博、微信公众号关注度提升。一年来，按照中国文联信息化的总体部署，持续推进网站升级改版，充分利用网站、微信公众号、微博进行宣传报道。紧紧围绕新形势下的文联文艺工作，整体推进信息化建设。为充分发挥基金会在服务文联事业发展，繁荣文艺创作中的积极作用，基金会对网站各版块重新规划，新增“政策法规”及“党建”版块，对品牌项目版块进行优化，将“公益大讲堂”“文艺扶贫”“服务冬奥”“百年巨匠”等重点和品牌项目重点推介，突出重点公益活动，树立品牌项目，助力“网上文艺家之家”集群建设，为开好十一次全国文代会营造了良好氛围。持续推进中国文联网络安全和信息化建设的整改工作，对我会官网进行等保测评工作，目前已完成在国家发改委备案工作。同时，紧密依靠网传中心推进基金会网信建设，把好网络意识形态关，我会信息工作没有发生一起舆情和信息不良事件。

资助项目和公益活动

一、持续做好中国文学艺术发展专项基金管理工作

“十四五”期间中央财政继续支持中国文学艺术发展专项基金，充分体现了党中央、国务院和中宣部、财政部对文艺事业和文联工作的高度重视和关心支持。按照党组领导批示指示精神，我会会同相关单位，在深入调研基础上，认真总结“十三五”期间专项基金管理经验，不断完善制度措施、弥补薄弱环节、确保资金安全，为专项基金的使用提质增效，为持续推动社会主义文艺事业繁荣发展提供资金保障。

1. 抓好“十三五”资助项目结项，配合审计署的审计工作。积极配合文联办公厅总结“十三五”期间专项基金资助项目的工作绩效，向财政部上报“十三五”期间项目数据。2021年3月，我会以书面通知和网上申报系统自动发送通知的方式，对超期未结项的单位发送了《推进中国文学艺术发展专项基金项目结项工作进度的通知》，责成项目实施单位于5月30日前完成项目结项工作。经过两个多月的沟通和指导，项目单位完成项目结项60余项。今年还完成了审计署对我会的两次审计工作，对于整改要求，及时研究反馈，按时完成整改。

2. 抓好文联党组指示的落实，积极开展工作交流，为“十四五”专项基金资助管理开新局。中国文联党组第20次会议确立了2021年度资金分配计划。党组领导同时作出批示“办公厅（计划财务部）、基金会要统筹考虑扶持引导方向和项目质量实效等因素，科学安排资助计划，切实发挥资金效益。基金会要严格按照有关制度，完善评审、政府采购、招投标等程序，签订资助协议，做好项目执行的跟踪问效和监督检查；同时根据项目实际执行进度，及时向党组提出资金统筹、调配建议”。因今年财政拨款时间较晚，8月27日，基金会收到专项基金第一批拨款。在时间紧任务重的情况下，严格落实文联党组批示指示精神，我会在坚持按制度管理、抓程序运行，建立科学、稳定、严密的工作流程，持续推进项目信息公开的基础上，我们又根据往年度的项目资助工作的经验和做法，并结合第三方专业绩效评估团队和专家评审意见，为优秀文艺项目、良好信誉的项目单位开“绿灯”，为项目如期实施提供资金保障支持。

今年与文联办公厅、国内部、出版办、文研院等单位召开了近10场项目研商会，在不断的交流沟通中，基金会与各项目单位增进了彼此间的理解，对项目工作问题有了更加直观和深刻的认识，促进了项目实施更加尊重艺术创作规律，为项目实施和项目资金使用方法提供了政策性的支持。

3. 2021年度，中国文学艺术发展专项基金项目立项情况。2021年中国文学艺术发展专项基金总金额7200万元，财政配比资金952.6万元，经报中国文联党组批准，确立资助项目104项，配比资金确立资助项目13项。

（1）文艺精品创作类项目包括：“中国精

神·中国梦”主题文艺工程项目4个；青年文艺创作扶持计划项目36个；（2）重大主题中国文联庆祝中国共产党成立100周年主题重点文艺活动8个项目；（3）“深入生活、扎根人民”项目2个；（4）文艺评奖项目8个，包括优秀文艺工作者及文艺评奖成果宣传推介项目1个，全国性文艺评奖奖金及终身成就艺术家表彰项目7个；（5）文艺评论工程项目4个；（6）文艺人才培训（培养）项目10个；（7）“送欢乐下基层”文艺志愿服务项目3个；（8）文艺“走出去”项目2个；（9）新媒体建设项目5个；（10）中国文联文艺出版报刊精品项目19个；（11）联系服务艺术家项目3个；（12）专项基金项目管理费部分；（13）基金会使用财政配比资金资助捐赠企业公益项目13个。

4.发挥公益组织作用，服务文联发展，做好资助庆祝建党100周年活动。2021年重大主题活动为中国文联庆祝中国共产党成立100周年主题重点文艺活动。为了配合中央做好重大历史节点的宣传工作，文联特立了重点项目8项，资助总金额为2129万元。

具体情况如下：资助“庆祝中国共产党成立100周年优秀舞台艺术作品展演”项目；“中国音协《百年放歌》大型交响合唱音乐会”项目、“各族儿女心向党”原创优秀歌曲演唱会项目、“各族儿女心向党”歌舞晚会项目；“百年·百姓——中国百姓生活影像（1921－2021）大展”项目；“百年辉煌——中国文联 中国剧协庆祝中国共产党成立100周年戏剧晚会”项目；中国书协“伟业：庆祝中国共产党成立100周年书法大展”项目；杂协庆祝中国共产党成立100周年全国优秀杂技作品系列活动。

二、社会基金工作牢记使命砥砺前行，以精品奉献人民，与时代同频共振，资助优秀公益文化项目。

2021年，基金会不断引入社会力量参与社会主义文化建设，我们从单纯的扶持资助文化项目发展成为对艺术创作活动进行服务和管理，充分发挥“孵化器”和“发动机”作用，积极培育新的增长点，引导社会力量注入优质项目，牢牢把握以人民为中心创作导向，传承和弘扬中华民族传统文化，继续坚持质量第一、社会效益优先的原则，突出讴歌党、讴歌祖国、讴歌人民、讴歌英雄，大力弘扬社会主义核心价值观，崇尚“工匠精神”。资助了一批振奋民族精神、反映时代呼声的文艺作品，取得了较好的社会反响。2021年，我们紧紧围绕全面建成小康社会和庆祝中国共产党建党100周年，服务2022北京冬奥会和冬残奥会等重要时间节点展开资助工作。

（一）资助庆祝中国共产党100周年的文化项目

在迎来建党100周年重要时刻，我会组织一系列的文化艺术活动。

1.资助2021“濠江之春——澳门与内地艺术家大联欢”系列展演交流活动。2021“濠江之春”系列活动以庆祝建党100周年为主线，通过澳门与内地艺术家联欢会、主题文艺演出、杂技专场演出、环境舞蹈演出及交流、书法和摄影主题展览等多种形式，生动展现建党百年风华，鲜活讲好中国共产党的故事，充分展现百年大党的梦想与追求、情怀与担当，以艺术为载体，在澳门努力营造共庆百年华诞、齐心开创新局的良好氛围。

2.资助举办了“人民的心声——庆祝中国共产党成立100周年专场演出”“歌唱新时代——傅庚辰作品深圳音乐会”，通过音乐会的形式传承红色文化、践行红色精神、聆听红色经典。

3.主办了“永远做党的女儿——田华从事艺术工作80周年《华彩人生·田华画传》首发式”。

4.举办书画展“奋斗百年路——群星颂芳华书画名家书画邀请展”。

5.“砥砺前行·风华正茂”百名书画家优秀作品展活动。

6.资助《“疫”瞬间摄影展》。

7.资助《今日韶山冲——红色基因文化摄影展》项目。

8.资助拍摄《我们记得您》微电影第三辑科技篇。

9.资助“文化惠民 传承经典”致敬建党百年民族器乐戏曲越剧经典云端系列展演活动等项目。

（二）资助服务国家重大战略、聚焦全面建成小康社会的项目

1.推出冬奥冰雪题材院线电影《我的2022》。随着北京冬奥会的到来，在北京冬奥和冬残奥组委文化活动部、国家体育总局体育文化发展中心的大力支持下，我会协调中国文联国内联络部、

中国文艺志愿者协会、中国文联网络文艺传播中心、中国电影家协会、北京文投等单位，立项冬奥冰雪题材院线电影《我的2022》，用电影的语言弘扬冬奥精神，记录新时代中国青年积极向上的精神，展现他们不负韶华、顽强拼搏、为国争光的精神面貌。

2.资助拍摄扶了贫攻坚主题电影《此生有约》。《此生有约》是以“感动中国”人物张玉滚同志事迹为原型创作拍摄的扶贫攻坚主题电影。主创人员深入基层、深入生活，在贫困山区实景拍摄，显得尤为可贵。用鲜活的影像和丰满的人物描绘出乡村教育翻天覆地的变化，为实现“两个一百年”奋斗目标和中华民族伟大复兴中国梦凝心聚力，以可亲可信可敬的“时代楷模”弘扬社会主义核心价值观。即将在全国院线及各大主流网络平台公映。

3.我会协同中国美术家协会共同主办了“新时代·新使命·新征程 奋进粤港澳大湾区——全国中国画、油画作品展”。粤港澳大湾区是中国开放程度最高、经济活力最强的区域之一，在国家发展大局中具有重要战略地位。该展由全国征集了近300件优秀作品，有力推动粤港澳大湾区文化创新协同发展，凝聚文化共识、增强文化自信、促进文化交流，展现了新时代美术工作者践行“到人民中去”的丰硕成果，全面增强了人民精神力量。该展已于今年11月20日在广州艺术博物院举办。

4.资助“中国梦•2021艺术草原全国中国画、油画作品展”。该项目记录内蒙古改革开放以来的沧桑巨变和丰硕成果，讴歌内蒙古各族人民在实现中华民族伟大复兴中国梦征程中的奋斗意志和创新精神。

（三）坚持推精品，传承中华优秀传统文化

1.《百年巨匠·建筑篇》首映并登陆各大平台。4月20日由左中一理事长、王文章副部长、牛彤副秘书长实地考察碧桂园集团，为我会多年扶持资助的品牌项目《百年巨匠》募集资金，推进《百年巨匠》项目可持续发展。2021年4月，《百年巨匠·建筑篇》举行首映仪式，自播出以来，登陆18家省级卫视，6家新媒体平台陆续上线，得到了30多家媒体的报道推荐，受到了广泛关注。

2.资助出版《百年巨匠》系列丛书，全面展示近百年中国文化艺术大师的艺术成就和人生历程，弘扬中国传统文化，宣传践行社会主义核心价值观，展示大师们非凡的人生历程。

3.资助著名京剧表演艺术家于魁智、李胜素、杨赤等重拍经典京剧电影《野猪林》。该片重拍旨在让中华优秀传统文化薪火相传，让20世纪50年代轰动影坛的经典名片焕发出新时代风采。此次重拍对剧本进行了反复打磨，加强了人物内心刻画，并在布景、服装、音乐等环节进行了大胆创新，运用高科技特效让视觉效果更加完美，现已进入后期制作工作。

4.资助新越剧《文成公主》创编、首演及上海巡演。由我会与天津荣程小百花越剧表演公司创编的新越剧《文成公主》分别在中宣部“学习强国”、央视新闻、新华社、人民日报、中国网、百度视频等云端平台全剧播出。此剧首演和播出后，好评如潮，超过百家以上媒体参与报道，并得业内专家的好评。

5.资助老艺术家专项基金举办2021“九九重阳快乐生活”公益晚会。

6.资助“传神写道”——王胜利油画艺术展等活动。

（四）致力于讲好中国故事、传播好中国声音,向世界展现新时代的中国形象

1.我会主办并资助原创音乐剧《北京故事》,该剧围绕“新时代、新北京”主题,以北京人民埋头苦干、爱岗敬业、忠于职守、追逐梦想的现实故事为鲜活素材,生动展现一个和平发展、多姿多彩、文明进步的真实、立体、全面的中国。

2.资助电视剧《东四牌楼东》，该剧是著名导演郭宝昌继《大宅门》之后的又一力作。

3.资助拍摄电视连续剧《刘墉追案》，故事对传统经典进行创造性转化、创新性发展。

4.资助《冰雪国宝万里图》展览，将国宝熊猫化身为奥运符号，讲述博大厚重、意蕴悠远的中国故事。

5.资助《葛沽·妈祖·世界》书籍创编和世遗雕版《思溪藏》重刊再印项目，重刊《思溪藏》项目列入了2011-2020年国家古籍整理出版规划。它的重刊出版为研究我国藏经流传、版本校勘等提供文本支持。

（五）贯彻全国文联“文艺两新”杭州座谈会

重要精神，延伸服务手臂，关注“文艺两新”，关注青少年美育

1. 资助“登攀计划”中国电视新文艺群体英才培养项目。该项目旨在培养一批熟悉和精通影视工业化流程，了解影视市场规则的新制片人、新编剧、新导演等新文艺群体拔尖人才。“登攀计划”第一期共计报名252人，其中导演41人、制片人108人、编剧76人，经过专家评审、选拔后最终入选40位学员。

2. 资助“首钢园”环境舞蹈展演项目，该项目以创新为目的，以普及为引领的大型品牌活动。

3. 与中华文学基金会、作业帮联合策划并启动了“青少年文化素养发展与推广工程”，该工程聚焦乡村和偏远地区，就义务教育阶段的文化素养教育特别是美育文化素养开展系列公益活动项目。

4. 举办魅力校园2021全国中小学美育成果展演。克服疫情不利影响，通过央视频领衔的融媒体矩阵全程直播活动盛况，让更多热爱艺术的中小学生充分展现新时代青少年的精神面貌和艺术风采。

5. 支持开展“艺术圆梦·点亮希望”美育公益行，走进四川省甘孜藏族自治州泸定县贡嘎山小学，捐赠了价值10万元左右的物资（防寒校服、学习用品、教材书籍等），并邀请了爱心企业与专家、老师举行公益艺术课堂，对在校学生进行舞蹈、音乐、美术等公益教学，帮助学校青少年儿童发现美、认识美、欣赏美、创造美，帮助学校建立舞蹈团，提高学生审美和人文素养。美誉公益行活动已计划于12月下旬赴青岛市郊贫困偏远学校。为支持清华大学的建设与发展，我会今年两次向清华大学教育基金会资助220万元用于发展书法教育。

（六）充分发挥理事作用，塑造公益品牌，展公益新形象

1. 姜昆艺术公益基金项目。我会副理事长姜昆同志一直在公益慈善的道路上前行，在我会建立中国文学艺术基金会姜昆公益基金，多年来资助帮助边远地区的孩子、老人、特殊群体等。2021年3月“安全知识、快乐琴声进校园”项目启动，姜昆艺术公益基金携手山西省厦门商会走进临汾红丝带学校，向红丝带学校捐赠了各类物品和善款，还向同学们讲解安全知识，在提升师生安全意识的同时，呼吁社会各界参与关爱未成年人的安全教育工作。为应对老龄化社会到来，弘扬敬老爱老文化，我会姜昆艺术公益基金组织编辑出版了图书《姜昆提醒您：一定要预防老年人跌倒》，并于今年4月开展了防老年人意外摔倒公益活动，走进北京房山燕山镇、通州张家湾镇，向老年人传播防跌倒知识及注意事项，向各社区老人赠送1万册《姜昆提醒您：一定要预防老年人跌倒》图书。10月，姜昆艺术公益基金又携手中国老龄事业发展基金会开展走进“乐龄之家”敬老爱老活动，捐赠5000册《姜昆提醒您：一定要预防老年人跌倒》图书。

2. 资助我会理事、著名舞蹈家刘岩开展系列公益活动。第八届《天使的微笑》公益摄影展。本届公益摄影展聚焦自闭症儿童特殊群体，集结国内一流摄影家，用摄影作品记录弱势少年儿童怀抱梦想、积极向上的美好生活态度。本届摄影展北京舞蹈学院特别编制的舞蹈课程与孩子们分享，用艺术的方式，助力孩子们健康成长。9月，在北京琅嬛书房举办《手之印相——手印与中国古典手舞之关系研究》新书发布。

（七）持续做好文艺帮扶、文艺助学工作

1. 资助陇南市武都区捐资助学费用。根据文联领导在文联字第外部169号《关于解决2018年中国文联捐资助学费用的请示》（陇南市武都区人民政府武政发〔2018〕9号文件）的批示，经与武都区教育局沟通，由我会拨付资金，武都区教育局负责管理、发放，自2018年起连续5年对武都区75名高三困难学生进行资助，每年15万元，共计资助75万元。目前已完成2021年资助工作。

2. 资助贵州、青海、宁夏三省贫困学生。2021年，继续开展对贵州、青海、宁夏三省区90名条件困难、品学兼优中小学生22.5万元的资助工作。

3. 资助清华大学教育基金会“书法教育基金”。为支持清华大学提升美育教育水平，我会资助清华大学教育基金会“书法教育基金”120万元用于发展书法教育事业。

（八）2021年新设立10支专项基金

1. 熊猫专项基金。设立该基金旨在资助熊猫艺术系列公益活动、熊猫艺术主题美术作品展览、以熊猫形象为载体开展的美育教育等活动，让全世界更喜欢熊猫，更了解中国文化。

2.文明互鉴专项基金。该基金旨在共建人类命运共同体的人文基础，同世界爱好和平发展、喜爱文学艺术的人士一道，交流、共享、互鉴文明成果，宣传中国优秀传统文化，讲好中国故事，讲好人类文明发展故事，加强世界上不同国家、不同民族、不同文化的深度融合，为中华民族伟大复兴贡献力量。

3.校园美育文化专项基金。该基金以提高学生审美和人文素养为目标，通过建立常态化的学生参与美育展演机制，开展美育教育工作者公益培训等活动以丰富和改善各地美育教学质量，加强国际间文化艺术教育的交流与合作，为弘扬中华美育精神作出应有的贡献。

4.乡村振兴文化发展专项基金。该基金将以习近平新时代中国特色社会主义思想为指导，深入挖掘、保护、传承、提升历史悠久的中华农耕文明，开展基础性、前瞻性、战略性研究，弘扬中华优秀传统文化，开展以“乡村振兴 美丽中国”为主线的系列文化艺术公益活动，巩固脱贫攻坚成果，为农业、农村、农民赋能，助力实现“农业强、农村美、农民富”的发展目标。

5.舒同书法文化发展专项基金。该基金以老一辈革命家、书法家舒同的书法艺术与红色历程为主线，传承红色基因，传扬伟大精神，树立文化自信。以展览、研究、交流、教育、推广、影视等手段，弘扬开宗立派的舒体书法，服务人民，服务新时代文化建设，为中国书法事业发展、培育书法新人贡献力量。

6.经典艺术传承发展专项基金。该基金整合优质资源，积极挖掘各门类经典艺术资源，通过组织开展系列文艺公益活动，让青少年在经典传统文化中，通过视、听、触、感、思领悟博大精深的中华民族文化，使经典文化更亲民、更接地气，让经典文化艺术走进百姓生活，更好地实践创造性转化、创新性发展。

7.青少年艺术公益发展专项基金。该基金旨在发展我国青少年尤其是经济欠发达地区青少年的艺术基础公益活动，惠及全国目标群体，全方位提升该群体的美育素养。以丰富多彩的社会公益活动，引领推动我国的青少年美育教育的全面发展。

8.华夏传统文化创新传承发展专项基金。该专项基金旨在传承弘扬传统文化，推动传统文化进行创造性转化、创新性发展。

9.陈爱莲舞蹈公益专项基金。为了传承陈爱莲爱国、为民、崇德、尚艺的公益情怀和舞蹈理念，设立了中国文学艺术基金会陈爱莲舞蹈艺术公益专项基金。旨在发展我国青少年尤其是经济欠发达地区青少年的艺术基础公益活动，惠及全国目标群体，全方位提升该群体的美育素养。以丰富多彩的社会公益活动，引领推动我国的青少年美育教育的全面发展。

10.关心下一代儿童电影发展专项基金。该基金通过开展影视进校园、支持儿童电影节展、扶持优秀儿童电影创作等公益项目，充分发挥优秀影片在促进中小学生德智体美劳全面发展中的重要作用，促进中小学生坚定理想信念、厚植爱国主义情怀、加强品德修养、增长知识见识、培养奋斗精神、增强综合素质，构建德智体美劳全面培养的教育体系，激发学生对党、国家和人民的热爱。为推动全国中小学影视教育，促进中国儿童电影事业的发展贡献力量。

中国戏剧家协会

1. “百年辉煌——庆祝中国共产党建党100周年戏剧晚会”合影。
2. 铁凝、李屹、徐永军、吴义勤、董伟、王文章、徐晓钟、郭启宏共同为《百部优秀剧作典藏》首发剪彩。
3. 中国文联主席、中国作协主席铁凝，中国文联党组成员、副主席徐永军为话剧表演艺术家焦晃、剧作家魏明伦颁发“中国文联终身成就戏剧家”荣誉称号的奖牌和证书。
4. 中国文联党组书记、副主席李屹，中国剧协分党组书记、驻会副主席陈彦与第24届曹禺剧本奖获奖编剧合影。
5. 第30届中国戏剧梅花奖颁奖。
6. 中国文联主席、中国作协主席铁凝，中国文联党组成员、副主席徐永军，中国文联副主席、文化部原副部长董伟，中国剧协分党组书记、驻会副主席陈彦，中共湖北省委常委、宣传部部长许正中，武汉市委副书记、市长程用文共同为第十七届中国戏剧节启幕。

1	2
3	4
	5
6	

中国戏剧家协会

7. 中国剧协赴浙江婺剧院开展调研活动。
8. “戏剧的未来——危机与应对”海峡两岸暨港澳地区戏剧人论坛交流对话环节。
9. 第七届中国校园戏剧节上演剧目话剧《雷经天》剧照。
10. 第十七届中国戏剧节上演剧目话剧《桂梅老师》剧照。
11. 中国剧协中青年一线戏剧骨干研习班在戏剧创作学习中。
12. “构建中国戏剧导演体系——第十七届中国戏剧节·中国戏剧导演艺术高峰论坛”在武汉举行。

7	8
9	10
11	
12	

中国电影家协会

1
2 3
4

1. 5月23日，中宣部常务副部长、国家电影局局长王晓晖出席庆祝中国电影金鸡奖创立40周年暨中国金鸡百花电影节举办30届研讨活动。
2. 6月1日，光影映初心 奋斗新征程——银幕上的共产党员形象展览开幕。
3. 6月27日，召开纪念著名电影表演艺术家于蓝、田方伉俪艺术人生座谈会。
4. 3月12日，召开中国影协第十届主席团第四次会议。

中国电影家协会

5
6 7
8
9

5. 7月8日，举办2021年度《中国电影产业研究报告》《中国电影艺术报告》发布暨中国电影产业及艺术发展论坛。
6. 7月22日，召开庆祝中国共产党成立100周年主题电影研讨会。
7. 8月25日，召开弘扬清风正气 追求德艺双馨——电影工作者职业道德和行风建设工作座谈会。
8. 12月28日，举行2021年中国金鸡百花电影节开幕式暨第34届中国电影金鸡奖提名表彰仪式。
9. 12月29日，召开电影界学习贯彻第十一次全国文代会精神座谈会。

中国音乐家协会

1 2
3 4
5
6

1. 2月1日至2日，中国音乐家协会第九次全国代表大会在京召开。
2. 5月19日，大型原创交响合唱《百年放歌》在国家大剧院音乐厅举办。
3. 5月23日，“‘永远的小白杨’阎维文民族声乐大师班士心作品音乐会”在国家大院院音乐厅举办。
4. 5月25日，《我笃信你》原创组歌交响音乐会在北京中山公园音乐堂举办。
5. 6月6日，原创交响合唱组歌《中国精神》在中国国家博物馆精彩呈现。
6. 2月，中国文联领导与中国音协第九届主席团成员合影。

中国音乐家协会

7
8 9
10 11
12

7. 7月5日，《各族儿女心向党》歌舞晚会在北京民族剧院举办。
8. 7月16日，中国音协组织部分在京主席团成员学习贯彻习近平总书记“七一”重要讲话精神座谈会。
9. 7月26日，2021中国青岛合唱大会闭幕式暨汇报音乐会在即墨音乐厅举行。
10. 9月18日至29日，组织知名音乐家赴新疆14个县市区开展采风创作主题实践活动。
11. 第九届中国音乐金钟奖开幕式。
12. 4月3日，中国音乐家协会弦乐学会成立大会在北京成功召开。

中国美术家协会

1 2
3 4
5
6

1. 4月21日，学习贯彻习近平总书记视察清华大学关于美术工作重要讲话精神座谈会在北京召开。
2. 5月17日，新时代·新使命·新征程——奋进粤港澳大湾区全国中国画、油画作品展启动。
3. 5月19日至21日，全国美术高峰论坛·绍兴——徐渭诞辰500周年纪念活动在浙江绍兴举办。
4. 5月21日，雪域新篇——庆祝西藏和平解放70周年美术摄影展开幕，现场中外嘉宾剪彩。
5. 6月19日，学习贯彻习近平总书记重要讲话精神暨建党100周年主题雕塑工程、大型美术创作工程座谈会在北京召开。
6. 12月19日，中国美协第九届理事会第二次会议在北京召开。

中国美术家协会

7	8
9	10
	11
12	

7. 7月4日，中国文联党组书记、副主席李屹率党组成员及机关干部赴党史馆参观“庆祝建党100周年大型美术创作工程”展览。
8. 9月14日，青出西海——青海少数民族青年美术作品展开幕，现场领导和嘉宾合影。
9. 9月22日，第九届中国北京国际美术双年展作品复评评选会举办，图为国际组评选现场。
10. 9月25日至28日，国家重大题材美术创作人才专题研修班举办，图为结业典礼现场。
11. 10月22日，中国文联党组书记、副主席李屹参观“全国（大芬）中青年油画精品展”。
12. 8月25日，中国美协美术工作者职业道德和行风建设工作座谈会在北京召开。

中国曲艺家协会

1	2
3	4
	5
6	

1. 2月1日，中国特色曲艺学科建设研讨会在京举办。
2. 5月1日，“永远跟党走”庆祝中国共产党成立100周年第二届大学生曲艺周开幕演出在山东青岛举办。
3. 5月6日，弘扬中华优秀传统文化，构建风清气正曲艺界优良行风座谈会在京举办。
4. 5月12日，中国曲协组织党员干部职工赴香山革命纪念馆开展党史学习教育。
5. 5月28日至31日，向党报告——庆祝中国共产党成立100周年优秀曲艺节目展演在北京喜剧院举办。
6. 3月29日至30日，中国曲协第八届理事会第二次会议暨2021年全国曲协工作会议在江苏张家港召开。

中国曲艺家协会

7. 7月16日，曲艺界学习习近平总书记“七一”重要讲话精神座谈会在京召开。
8. 7月20日至22日，“永远跟党走”庆祝中国共产党成立100周年“牡丹花开心向党”第四届中国西部优秀曲艺节目展演在甘肃省兰州市举办。
9. 8月25日，“修身守正 立心铸魂——中国曲协曲艺工作者职业道德和行风建设工作座谈会”在京召开。
10. 9月17日，第六届“包公杯”反腐倡廉优秀曲艺作品展演在合肥大剧院举办。
11. 12月，第十一届海峡两岸欢乐汇演出节目完成前期录制，图为泰雅说唱《原乡颂歌》。
12. 12月14日至17日，中国曲协代表团在中国文联第十一次全国代表大会期间留影。

7
8 9
10 11
12

中国舞蹈家协会

1. 12 月 26 日，国家大剧院，2021 中国顶尖舞者之夜现场。
2. 4 月 11 日，藏在国宝中的舞蹈史——走进博物馆系列讲座上演员与观众互动。
3. 10 月 27 日，中国舞蹈“荷花奖”民族民间舞研讨会现场。
4. 7 月，“各族儿女心向党”歌舞晚会演出剧目《第一书记》。
5. 5 月 28 日，全国中小学舞蹈教师培优计划“广东站”线下培训结业展示：《红旗，我们爱你》。
6. 云聚——中国舞蹈家协会环境舞蹈影像展。

中国舞蹈家协会

7	
8	9
10	11
12	

7. 全国社会艺术水平考级考官培训现场。
8. 第十三届中国舞蹈“荷花奖”民族民间舞奖作品《阳光下的麦盖提》。
9. 7 月 23 日 全国中小学舞蹈教师培优计划“宁夏站”线下结业展示《葡萄熟了》。
10. 中国舞协“深入生活、扎根人民”赴新疆喀什地区塔县采风。
11. 新农村少儿舞蹈美育工程仪式上，宜宾高县翰笙小学展示舞蹈操。
12. 6 月 19 日，重庆市 2021 中国顶尖舞者成长计划全国训练营现场。

中国民间文艺家协会

1 3
2 4
5
6

1. 7月26日，中国民协第十次全国代表大会开幕式现场。
2. 7月27日，中国民协第十次全国代表大会在京闭幕。
3. 12月26日，“到民间去——潘鲁生民艺展”在中国国家博物馆开幕。
4. 4月21日，中国民协赴香山革命旧址开展“喜迎建党百年，唱支山歌给党听”党日活动。
5. 9月23日至28日，全国农民画一线创作者培训班在江苏徐州举行。
6. 文代会期间，中国民协代表团和地方民协代表在人民大会堂合影。

中国民间文艺家协会

7. 8月26日，中国民协民间文艺工作者职业道德和行风建设座谈会在京召开。
8. 10月16日，"中国民间文学大系出版工程社会宣传推广活动——2021·中国西部少数民族史诗与祝赞词大会"在呼和浩特市举办。
9. 4月16日至20日，"中国民间文学大系出版工程社会宣传推广活动——'陕北民歌'与内蒙古西部'二人台'民间传习状况调研（陕北段）"在山西省榆林市多县区开展。
10. 9月18日，"我们的节日——2021八桂民俗盛典·中秋小马仔供月"在广西忻城举行。开幕式上举办塄泉水取水祈福仪式。
11. 6月1日，"民间文化进校园"志愿服务队来到江苏省苏州市甪直镇，与来自6所学校的800多名小学师生，共度六一国际儿童节。
12. 7月9日至12日，中国民间文艺山花奖·优秀民间艺术表演作品（舞龙）初选活动在江西石城举行。

中国摄影家协会

1 2
3
4
5

1–2. 百年·百姓——中国百姓生活影像大展（1921–2021）开幕式现场。
3. 中国摄协主席李舸、秘书长高琴、北京摄影函授学院院长张希红出席第四届全国青年摄影大展开幕式。
4. 中国摄协主办第十届全国农民摄影大展，参展作者在自己的作品前留影。
5. 天山放歌——新疆各族人民幸福生活主题摄影展现场。

中国摄影家协会

6 7
8
9
10

6. 希望的田野——脱贫攻坚 共享小康全国摄影展现场。
7. 浙江省文联党组书记、副主席、书记处常务书记陈瑶（右七）为入选艺术家颁奖后，与艺术家合影。
8. 中国摄协主办中国第18届国际摄影艺术展，图为参展作品卡斯莱特德比郡的《花环庆祝日》，作者为丹·吉特伍德（英国）。
9. 中国摄协主办中国第18届国际摄影艺术展，图为参展作品《被包围的微笑》，作者为普拉纳布·巴萨克（印度）。
10. 雪域新篇——庆祝西藏和平解放70周年美术摄影展现场。

中国书法家协会

1. 1月8日，全国第五届正体书法作品展开幕现场。
2. 1月26日，中国书法家协会第八次全国代表大会在京开幕。
3. 4月14日，第七届中国书法兰亭奖颁奖活动在绍兴举行。
4. 4月14日，李屹为中国文联终身成就书法家颁发证书。
5. 4月29日，闻道未迟——沈鹏诗书作品展。
6. 6月19日，铁凝、李屹到中国国家博物馆参观伟业展。

1	2
3	4
5	
6	

中国书法家协会

7. 5月19日，2021年全国书协系统驻会干部培训班开班式。
8. 6月19日，“伟业：庆祝中国共产党成立100周年书法大展”开幕式。
9. 7月2日，伟业大展 国图之夏 活动现场。
10. 8月26日，修身守正 立心铸魂——中国书协职业道德和行风建设座谈会在京召开。
11. 10月15日，挺起民族脊梁 致敬“两弹一星”精神——中国书协志愿服务系列活动走进绵阳梓潼 公益大讲堂。
12. 12月18日，中国书协八届主席团四次会议现场。

中国杂技家协会

1 2
3
4 5
6

1. 7月20日，“中国杂技与外交”图片展览于在中国文艺家之家开幕。
2. 5月5日，与深圳华侨城欢乐谷旅游公司开展党建共建交流活动。
3. 7月8日，前往香山革命纪念馆和双清别墅参观见学，开展党史学习教育主题党日活动。
4. 7月21日至22日、24至25日，“礼赞百年 同心向党——庆祝中国共产党成立100周年全国优秀杂技作品展演”在北京保利剧院成功上演。
5. 8月26日，“修身守正 立心铸魂——中国杂协杂技工作者职业道德和行风建设座谈会”在京召开。
6. “五一”期间，在深圳举办第十一届中国杂技金菊奖全国魔术、滑稽比赛。

中国杂技家协会

7　8
9
11　10
12

7. 9月20日，第十二届国际马戏论坛在石家庄成功举办。
8. 9月27日，新文艺群体组织管理人才培训班在山东齐河圆满结束。
9. 10月10日至13日，《2021濠江之春——“金菊飘香，锦绣中华”魔术专场演出》在深圳欢乐谷圆满完成录制演出。
10. 10月15日，第二届全国优秀杂技理论作品扶持活动暨红色题材杂技剧创作研讨会在大连成功举办。
11. 魔术节目《秘境》获第十一届中国杂技金菊奖全国魔术比赛魔术节目奖。
12. 7月21日，“从不惑走向大成——庆祝中国杂协成立四十周年座谈会”嘉宾合影。

中国电视艺术家协会

1 3
2 4
5
6

1. 2月8日，重点现实题材电视剧精品创作研讨座谈会在京召开。
2. 4月18日，中国视协召开电视界新文艺群体会员吸纳和团结引领专题调研座谈会。
3. 5月10日，庆祝中国共产党成立100周年特别节目《闪亮的坐标》在北京召开全媒体上线开播新闻发布会启动仪式。
4. 5月10日，中国视协电视界职业道德建设委员会在京召开“讴歌时代英雄——《闪亮的坐标》红色讲演人创作座谈会”。
5. 7月7日，电视界学习贯彻习近平总书记在庆祝中国共产党成立100周年大会上的重要讲话精神座谈会在京召开。
6. 6月16日，“人民的心声”——庆祝中国共产党成立100周年专场演出在北京市房山举行。

中国电视艺术家协会

7 8 10 9 11 12

7. 8月25日，崇德修身 固本培元——中国视协电视艺术工作者职业道德和行风建设工作座谈会在京召开。
8. 9月底至10月初，第九届亚洲微电影艺术节优秀作品推选会议在京举办。
9. 12月29日，中国视协演员工作委员会换届工作会议在京召开。
10. 12月18日至19日，中国视协网络直播专业委员会2021主持人声量大会在珠海举办。
11. 12月22日，重点现实题材电视剧创作成果座谈会在京召开。
12. 3月27日，中国视协新文艺组织和新文艺群体工作委员会举办“登攀计划”开班仪式暨首期大师训练营。

中国文艺评论家协会

1. 3月22日，建党百年红色文艺经典研讨会。
2. 3月23日，全国文艺评论工作会暨中国评协第二届理事会第二次会议。
3. 4月至11月，庆祝中国共产党成立100周年优秀舞台艺术作品展演观摩评论活动。
4. 5月25日，建党百年与文艺评论专题研讨会。
5. 5月29日，“新时代中国特色艺术经济理论体系创新与实践探索”研讨会暨中国评协第二届艺术产业研究委员会成立仪式。
6. 6月17日，首届全国“文艺评论两新”锦江论坛会议现场。

中国文艺评论家协会

7 8
9 10
11
12

7. 6月27日，"典型理论百年"学术研讨会暨中国评协第二届理论委员会成立仪式。
8. 7月15日，文艺评论界学习贯彻习近平总书记在庆祝中国共产党成立100周年大会上的重要讲话精神座谈会。
9. 10月25日至11月7日，首届全国文艺评论领军人才培训班开班式现场（中山会场）。
10. 10月10日至15日，第三届全国文艺评论新媒体骨干培训班。
11. 第六届"啄木鸟杯"中国文艺评论年度推优活动云发布典礼合影。
12. 2月8日，重点现实题材电视剧精品创作座谈会。

中国戏剧家协会

综　述

2021年，在中国文联党组的正确领导下，中国剧协分党组深入学习习近平新时代中国特色社会主义思想，全面贯彻党的十九大和十九届中央历次全会精神，坚持以人民为中心的工作导向，团结带领全国广大戏剧艺术工作者听党话、跟党走，促使各项工作取得新进展、新成就，保持健康向上的良好态势。

重要活动

【参与举办庆祝建党100周年优秀舞台艺术作品展演】

4月20日，由中宣部、文旅部、中国文联主办，中宣部文艺局、文旅部艺术司、中国剧协承办的庆祝中国共产党成立100周年优秀舞台艺术作品展演拉开帷幕，民族歌剧《沂蒙山》当晚在国家大剧院上演。

本次展演活动围绕庆祝中国共产党成立100周年、全面建成小康社会和实现中华民族伟大复兴的中国梦等主题，认真学习贯彻习近平总书记在党史学习教育动员大会上的重要讲话精神，重点推出围绕党史、新中国史、改革开放史、社会主义发展史创作的优秀作品。既有革命题材作品，如京剧《李大钊》、歌剧《红船》、舞剧《永不消逝的电波》等，也有现实题材作品，如歌剧《道路》、话剧《深海》、交响音乐会《浦东交响》等；既有记录脱贫攻坚伟大历程的民族歌剧《扶贫路上》、彩调剧《新刘三姐》、花鼓戏《桃花烟雨》等，也有聚焦抗击新冠肺炎疫情的民族歌剧《天使日记》。此外，京剧《红灯记》、歌剧《白毛女》、豫剧《朝阳沟》、芭蕾舞剧《红色娘子军》等观众耳熟能详的经典复排剧目也再度亮相。

这些作品从不同角度展示中国共产党百年光辉历程、伟大成就和宝贵经验，生动讲述了中国共产党带领中国人民从站起来、富起来到强起来的历史性飞跃。

本次展演作品涵盖了京剧、昆曲、地方戏曲、话剧、儿童剧、歌剧、舞剧、音乐剧、交响音乐会、民族音乐会等多个艺术门类，全国各省（区、市）和新疆生产建设兵团共有140部优秀剧目参演，具有广泛的代表性，其中50部作品集中在北京各大剧场演出。

展演活动以剧场演出和线上演播的方式与广大观众见面，线上演播以文旅部网站、学习强国学习平台、中国文艺网作为视频播出主平台，同时，在快手App“文艺中国”开展演播互动。展演持续至7月，坚持公益惠民原则，剧场演出百元以下票价占比50%以上，线上演播均为免费观演。

【主办“百年辉煌——庆祝中国共产党建党100周年戏剧晚会”】

6月10日晚，为庆祝中国共产党成立100周年，中国文联、中国剧协在北京梅兰芳大剧院举办“百年辉煌——中国文联、中国剧协庆祝中国共产党成立100周年戏剧晚会”，以戏剧艺术的独特形式，回顾百年征程、讴歌百年辉煌，表达戏剧工作者对党和国家的深情与祝愿，为中国共产党百年华诞献上一份厚礼。

中国文联名誉主席孙家正，中宣部常务副部长王晓晖，中国文联主席铁凝，中国文联党组书记、副主席李屹，中国文联副主席赵实，中央纪委国家监委驻中宣部纪检监察组组长贾育林，中国文联党组成员、副主席胡孝汉，中国文联党组成员徐永军，中国文联党组成员董耀鹏，中国文联副主席董伟，中国文联原副主席夏潮、杨承志，中宣部、文旅部等相关部门负责同志，中国文联各全国文艺家协会、机关各部门、各直属单位负责人，中国剧协分党组、主席团成员等出席观看演出。

晚会选取经典戏剧作品与新创佳作的精彩片段，分为“峥嵘岁月”“火红年代”“百花齐放”“继往开来”四个板块，生动回顾中国共产党坚持初心使命，带领中国人民不懈奋斗，走向民族复兴的百年辉煌历程。

中国剧协主席、二度梅花奖获得者濮存昕，梅花奖获奖演员张凯丽、吴京安及央视主持人张喆主持本场晚会。于魁智、沈铁梅、柳萍、韩再芬等中国剧协副主席，二度梅花奖获得者王芳、刘子微，梅花奖获得者李胜素、王斑、邱瑞德、楼胜等，京剧表演艺术家关栋天及青年演员宋柏珑、汤义波等以及来自全国各地的戏剧院团轮番登场，表演了10个戏曲剧种及话剧、歌剧作品片段。

最后，梅花奖获得者王晓梅、侯岩松、郭广平、涂松岩，朗诵艺术家徐涛，青年演员孙茜、王乐君、张可盈及中国戏曲学院学生朗诵王勇创作的诗歌《今天，是党的生日》。中国剧协副主席、二度梅花奖获得者孟广禄，梅花奖获得者于兰、张馨月、张建峰、傅希如联袂演唱王勇作词、尹晓东作曲的京歌《走向永远》，将晚会气氛推向高潮，奏响了激励人民和广大文艺工作者在全面建设社会主义现代化国家新征程上拼搏奋进的最强音。

为充分发挥新老媒体传播效果，晚会在面向北京观众进行公益演出的同时，由光明网、央视频、中国文艺网等多家媒体进行线上直播，共有600多名观众到场观演，1000万余人次同步在线观看，戏剧影响力得到了极大传播。

【组织庆祝建党100周年《百部优秀剧作典藏》出版工程】

6月22日，为庆祝中国共产党成立100周年，在中国文联领导下，由中国剧协选编、作家出版社出版的《百部优秀剧作典藏》首发仪式在中国文艺家之家四楼报告厅举办。

《百部优秀剧作典藏》全文十卷，共550万字，站在总结回顾百年来中国戏剧文学历史巨变与伟大成就的角度，遴选了百余位剧作家的100部优秀戏剧作品。入选作者囊括了百年来包括港澳台作者在内的几代剧作家，既有德高望重的前辈先贤，也有活跃在戏剧创作一线的中青年剧作家。这是各个历史时期中国共产党领导戏剧文化实践的珍贵历史记录，是文艺界、戏剧界向中国共产党百年华诞献上的一份厚礼。

这部书的编纂需从百年来浩如烟海的戏剧作品中进行精选，工作量浩繁，意义重大。中国文联、中国剧协高度重视，专门成立编委会、专家委员会以及由《剧本》月刊等多部门组成的编辑、工作团队，秉承对历史、对未来高度负责的态度和对中国戏剧事业的满腔热忱，审慎精选、用心编纂。前后历时一年半，终于完成编纂出版工作。首发式上，还在光明网、中国文艺网等网络直播平台举行新书首发揭幕及赠书仪式。

【召开“加强戏剧界行风建设 弘扬德艺双馨精神”座谈会】

8月25日，中国剧协召开“加强戏剧界行风建设 弘扬德艺双馨精神”座谈会。会议针对近期文艺领域出现的违法失德现象，并结合8月24日中国文联在京召开的“修身守正 立心铸魂——中国文联文艺工作者职业道德和行风建设工作座谈会”重要精神进行座谈。会议由中国剧协分党组书记、驻会副主席陈彦主持，中国文联党组成员、副主席徐永军出席并讲话。中国文联副主席、中国剧协主席濮存昕，中国剧协副主席王勇、尹晓东、杨凤一，戏剧艺术家代表、新文艺群体代表王洪玲、陈小朵、王斑、王丽达、孙茜、王乐君等，中国剧协分党组成员、秘书长崔伟，中国剧协分党组成员薛长绪参加了座谈会。座谈会上，与会代表先后发言，大家结合戏剧界现状和思想、艺术进行思考，对行业建设与管理纷纷表达意见与建议。大家一致表示，作为新时代文艺工作者，传播中国声音，讲好中国故事，铸造中国精神，传递正能量，引领社会风尚，是义不容辞的职责与使命。广大戏剧工作者要以实际行动践行社会主义核心价值观，弘扬“爱国、为民、崇德、尚艺”的文艺界核心价值观，坚定文化自信，坚守理想信念，追求德艺双馨，坚持以人民为中心的创作导向，坚持艺术价值追求与陶冶高尚情操有机统一，不忘初心、不辱使命、崇德尚艺、立德修身，争做有信仰、有情怀、有担当的戏剧工作者，为繁荣发展戏剧艺术事业，建设社会主义文化强国，实现中华民族伟大复兴中国梦贡献力量。

【中国剧协第九届主席团第二次会议在武汉召开】

10月18日，中国剧协第九届主席团第二次会议在武汉召开。中国剧协主席濮存昕，副主席王勇、尹晓东、冯玉萍、李树建、杨凤一、茅威涛、柳萍、韩再芬、谢涛出席会议。中国剧协分党组成员、秘书长、一级巡视员崔伟列席会议。会议由濮存昕主持。

会上，中国剧协分党组书记、驻会副主席陈彦向主席团报告了中国剧协2021年主要工作。濮存昕在主席团会议结束时指出，2021年剧协工作有思路、有布局、有长远谋划，注重恪守戏剧规律和戏剧发展的基础工作，赢得了戏剧工作者的信任。特别是各项活动、评奖、培训力求助推戏剧艺术健康发展和传统文化“守正创新”。他希望主席团同志在各自岗位敬业为民，以优秀的艺术作品和“德艺双馨”的职业品格，为戏剧事业健康发展作出新的贡献。

会上还通过了有关人事议题，同意增补薛长绪同志为中国剧协第九届理事会理事并任命为中国剧协第九届副秘书长。

【《中国戏剧家会客厅》栏目正式上线】

中国剧协精心策划的《中国戏剧家会客厅》栏目于10月正式上线。该栏目旨在更好提升戏剧的传播力、引导力，让更多人了解戏剧、感受戏剧、走进戏剧，彰显戏剧文化魅力，增强文化自信。栏目依托国内优秀戏剧资源，邀请戏剧名家、专家学者围绕戏剧主题展开深入对话，倾听戏剧名家台前幕后的精彩故事及对戏剧事业发展前途的思考与探索，搭建起一个戏剧家情感和思想交流的新平台。该栏目在中国剧协官网、微信公众号陆续推出。

【推出“喜迎第十一次文代会——中国剧协五年成果巡礼”专题】

2016年11月，中国文联十大、中国作协九大在京召开，习近平总书记出席大会开幕式并发表重要讲话。五年来，习近平总书记对文艺工作作出一系列重要论述和指示批示，中国文艺事业取得巨大成就，戏剧艺术更是呈现出前所未有的辉煌。中国剧协和广大戏剧工作者牢记习近平总书记的殷殷嘱托，坚定文化自信、坚持服务人民、勇于创新创造、坚守艺术理想，不忘初心、勇担使命、守正创新，创造性转化、创新性发展，充分发挥“团结引导、联络协调、服务管理、自律维权”的作用，带领戏剧家“听党话、跟党走”，出人出戏，营造良好行业风气，为推动社会主义戏剧事业繁荣发展作出了重要贡献，为全面建成小康社会、实现中华民族伟大复兴中国梦发挥了重要作用。

在第十一次全国文代会即将召开之际，中国剧协陆续推出“喜迎第十一次文代会——中国剧协五年成果巡礼”专题，以呈现五年来中国剧协工作在党的领导下取得的成绩，展现广大戏剧工作者昂扬向上的精神面貌，喜迎第十一次文代会的胜利召开。

【组织实施2021年度“梅花奖数字电影工程”】

经严格申报、选拔程序，2021年遴选了京剧《安国夫人》、潮剧《东吴郡主》进行扶持拍摄。协会进一步建章立制、改进组织架构、完善监管体系、保证艺术质量，积极推动影片筹备、拍摄、制作工作顺利开展。

艺术节与剧目展演

【举办第30届中国戏剧梅花奖竞演活动】

5月8日至21日，由中国文联、中国剧协、南京市人民政府主办，中共南京市委宣传部、南京市文化和旅游局、南京市文联承办的第30届中国戏剧梅花奖竞演在江苏南京举办。

本届梅花奖初评经全国剧院团上报以及各省、市剧协推介，共有53名优秀戏剧演员进入初评，包括戏曲43人、话剧5人、歌剧5人。最终进入终评的演员是通过初评评委集中认真审看录像、审慎评判，最后以记名投票方式产生，共有17名演员入围。其中，戏曲演员15名，话剧和歌剧演员各1名。

5月8日，第30届中国戏剧梅花奖竞演以表现当代生活的话剧《人间烟火》拉开大幕，经过14天的轮番竞演，最终戏曲演员楼胜（婺剧）、杨少彭（京剧）、黄齐峰（京剧）、李晓旭（越剧）、黄艳艳（莆仙戏）、杨升娟（秦腔）、彭庆华（粤剧）、张璇（京剧）、吴美莲（黄梅戏）、熊明霞（京剧）、余维刚（楚剧）、伍思亭（桂剧）、张燕

（川剧），话剧演员涂松岩、歌剧演员王丽达共15人获颁中国戏剧梅花奖。5月21日举行颁奖仪式。5月22日，举办了本届中国戏剧梅花奖获奖演员座谈会和下基层等活动。

【举办第24届曹禺剧本奖评奖活动】

5月12日，第24届曹禺剧本奖获奖作品在南京揭晓。王宝社创作的话剧《三湾，那一夜》、吴傲君创作的湖南花鼓戏《蔡坤山耕田》、喻荣军创作的话剧《家客》、罗周创作的昆曲《梅兰芳·当年梅郎》、冯必烈和冯柏铭创作的歌剧《尘埃落定》获奖。

为鼓励创作，本届曹禺剧本奖特别设置5部提名作品，分别是：李亭创作的话剧《记忆密码》，冯钢创作的京剧《春秋二胥》，宋洋、陈卓创作的京剧《延安往事》，黄先钢创作的姚剧《童小姐的战场》，毛剑锋创作的话剧《沧浪之水》。

本届曹禺剧本奖报送作品在题材上着重突出“全面建成小康社会”和“中国共产党成立100周年”两个重大主题，表现时代楷模，塑造新时代人物形象，彰显时代主旋律，更有表现百姓日常生活的作品；在戏剧种类上呈现多样化、地域分布广的特点；报送作者老、中、青比例相对均衡。

5月21日，第24届曹禺剧本奖与第30届中国戏剧梅花奖同时在南京颁奖。5月22日，举办获奖剧作家、演员座谈会。

【第17届中国戏剧节在武汉举办】

10月9日至27日，由中国文联、中国剧协、中共湖北省委宣传部、武汉市人民政府共同主办，中共武汉市委宣传部、武汉市文化和旅游局承办的第十七届中国戏剧节在武汉举办。

10月9日晚，第十七届中国戏剧节在琴台大剧院启幕，2021年“中国文联终身成就戏剧家”表彰仪式同时举行。出席开幕式与表彰仪式的有中国文联主席铁凝，中国文联党组成员、副主席徐永军，中国文联副主席、文化部原副部长董伟，中国剧协分党组书记、驻会副主席陈彦，文化和旅游部艺术司一级巡视员吕育忠等。

开幕式上铁凝、徐永军为话剧表演艺术家焦晃、剧作家魏明伦颁发了“中国文联终身成就戏剧家”荣誉称号的奖牌和证书。中国剧协秘书长崔伟宣读表彰决定。“中国文联终身成就戏剧家”是中国文联、中国剧协为表彰、奖励在戏剧艺术上取得突出成就、德艺双馨，长期以来为中国戏剧事业繁荣发展作出杰出贡献，具有良好的社会影响力、代表性和示范性的75周岁以上的老艺术家而设立的最高荣誉。

本届戏剧节以“戏聚英雄城·礼赞新时代”为主题，共有来自全国14个戏曲剧种及话剧、歌剧、儿童剧的31台优秀剧目参加展演。参演院团中既有各省、市重点剧团，也有县级基层剧团；既有国有院团，也有社会民营戏剧机构。在题材上也坚持现实题材、革命题材、传统题材并重，不仅推出了一批聚焦“建党百年”主题的优秀现代戏，还尊重艺术规律，注重均衡发展，新编历史剧和整理改编的传统戏也占有一定比例。其间还举办了“一剧一推介”媒体见面会、八场剧目评论会、两场高峰论坛（导演论坛、表演论坛）等活动。戏剧节坚持低票价惠民，场场爆满、一票难求，真正办成了惠及人民群众的艺术盛会。

10月27日晚，本届戏剧节闭幕式上，中国剧协分党组书记、驻会副主席陈彦向武汉市人民政府副秘书长陈明权颁发“第十七届中国戏剧节举办纪念牌”，感谢中共湖北省委宣传部、武汉市人民政府、武汉市委宣传部、武汉市文化和旅游局及相关单位的高度重视和大力支持。在主办城市交接旗环节中，武汉市委常委、宣传部部长张世华将节旗交还给陈彦，杭州市人民政府副市长丁狄刚接过中国戏剧节节旗，第十八届、十九届、二十届中国戏剧节将在美丽的西子湖畔——杭州举办。

【举办第二届中国·桐乡小戏艺术邀请展】

10月19日，由中国文联戏剧艺术中心、浙江省剧协、桐乡市人民政府主办的第二届中国·桐乡小戏艺术邀请展在浙江嘉兴桐乡开幕，来自全国的19个剧目进行了为期2天的展演，包含了越剧、昆剧、婺剧、绍剧、甬剧等14个戏曲剧种和歌剧、儿童剧等戏剧种类，展示了各地浓郁的地方文化特色。

此次活动共举办了3场专题演出，包括一场庆祝中国共产党成立100周年——“学党史、传精神、跟党走”文艺志愿专题演出、两场“传承与创新”专题演出。桐乡市文化艺术服务中心原创越剧小戏《一张药方》为展演启幕。歌剧《洪湖赤卫队·看天下劳苦人民都解放》、越剧《桃花血》、二人台小戏《妈妈的家园》、淮海戏《孤岛夫妻哨》、吉安采茶小戏《悬崖上的映山红》等各地特色小戏轮番上演，获得了观众的共鸣。

中国·桐乡小戏艺术邀请展创办于2018年，旨在展现中国小戏艺术的创作成果，加强区域文化交流，促进新时代戏剧文艺的繁荣发展，助力桐乡把“中国·新戏剧之乡”的品牌擦得更亮。

【第七届中国校园戏剧节、粤港澳大湾区青年戏剧邀请展暨2021南山戏剧节在深圳举办】

11月17日至12月2日，第七届中国校园戏剧节、粤港澳大湾区青年戏剧邀请展暨2021南山戏剧节三大戏剧节在深圳举办。本次活动，由中国剧协、中共深圳市委宣传部、深圳市文联、深圳市南山区人民政府主办，中共南山区委宣传部、深圳市剧协、南山区文化广电旅游体育局、南山区文联承办。本届戏剧节以“同”为主题，分为“第七届中国校园戏剧节”“粤港澳大湾区青年戏剧邀请展”“论坛及讲座”“户外演出”4大板块内容，遴选了来自全国各大高校、港澳台及深圳本土和内地有代表性的38支戏剧表演团队、25台展演剧目参加演出，历时半月的精彩大戏让戏剧迷们过足了戏瘾。

此次戏剧节充分考虑到年轻人喜好，以“线上+线下”的展演方式，推出直播16场，拉近戏剧与年轻人的距离，结合戏剧的形式特点，为观众创造出区别于影视剧、游戏等其他艺术形式的全新体验，为推动青年戏剧事业的发展作出了新的探索及贡献。

【举办第25届中国少儿戏曲小梅花荟萃活动】

“中国少儿戏曲小梅花荟萃”活动是由中国剧协主办、全国各省市剧协协办的一项全国性、高规格的少儿戏曲艺术活动，自1997年创办以来，得到了社会各界的广泛认可，为戏曲艺术的传承与发展起到了重要作用。

第25届“中国少儿戏曲小梅花荟萃”活动共有来自全国43个组织及单位的318名小选手进行个人项目的角逐，还有102个集体节目参加了集体项目的申报。因受疫情影响，评选审核工作均采用线上形式进行。个人佩花晚会于7月在上海金山区举办，集体节目晚会“小梅花·朵朵开”于12月进行了线上展播。同时9月还联合“学习强国”平台主办了“送你一朵小梅花”专题展播活动，连续四星期展播28个剧目，受到广泛关注与好评。

【举办2021年中国小剧场戏曲展演】

12月8日至16日，由中国剧协、上海戏曲艺术中心、中共上海市黄浦区委宣传部、文汇报社共同主办的2021年中国小剧场戏曲展演在上海举办。

本次展演活动共收到96部申报剧目，剧目数量比去年上涨了41%。来自京剧、昆剧、淮剧、川剧、滇剧、蒲剧、汉剧、粤剧、黄梅戏、豫剧、梨园戏等11个剧种的十多部小剧场戏曲作品脱颖而出（个别剧目因疫情原因临时取消），在长江剧场红、黑匣子和宛平剧院小剧场轮番登场。上海戏曲艺术中心出品的“戏曲宝宝”微信表情包同步上线，让戏曲传播和表达的方式更加生动立体。

【举办民间职业剧团优秀剧目线上展演】

2021年，新冠肺炎疫情造成戏剧演出按下数月的暂停键，民营戏剧承受了很大冲击。尽管如此，不少民间职业剧团积极支援抗疫斗争，投入决战脱贫攻坚、全面建成小康社会等新剧目创演，体现了责任担当。

广大民间职业剧团是戏剧艺术传承创新的根基土壤，也是新时代满足人民对美好生活新期待的重要文艺力量。2018年中国剧协成立民间职业剧团工作委员会以来，团结引领广大民间职业剧团守正创新，于北京、郑州举办了两届民间职业剧团优秀剧目展演。根据当前疫情防控形势和要求，民间职业剧团工作委员会决定首次举办“中国剧协民间职业剧团优秀剧目线上展演”，经各地推荐和专家评审遴选，17部展现时代精神，贴近生活、关照现实，体现传统文化创造性转化、创新性发展的戏剧佳作，于1月中旬至2月初在中国剧协网站限时展映，并由中国剧协微信公众号陆续推出。

创作与研究

【全国汉剧艺术研讨会暨汉剧流播主要地区优秀作品展演在武汉举办】

3月22日至26日，为推动汉剧创作，振兴汉剧艺术繁荣发展，由中共中央宣传部文艺局、中国剧协、中共湖北省委宣传部、湖北省文联、武汉市人民政府主办，中共武汉市委宣传部、武汉市文化和旅游局、武汉市文联承办的“全国汉剧艺术研讨会暨汉剧流播主要地区优秀作品展演”在武汉举办。

近400年历史的汉剧，在中国戏曲发展史上具有重要地位，它将南北文化相融，开“皮黄合奏”之先河，为京剧的形成和发展奠定了基础，对川剧、滇剧、桂剧、湘剧、粤剧、赣剧等地方戏曲剧种的发展也有不同程度的影响。武汉作为汉剧的发祥地，拥有深厚的文化积淀和历史底蕴，涌现出了一大批优秀的经典剧目和汉剧名家。

本次活动包含戏剧展演、汉剧发展论坛、汉剧调研和汉剧电影放映等板块。戏剧展演集结来自湖北、广东、福建、湖南、陕西和武汉五省一市优秀剧团的精彩剧目，包括武汉汉剧院演出的《宇宙锋》、福建省龙岩市汉剧传习中心演出的《状元媒》、湖南省常德市汉剧高腔保护中心演出的《我娘是片钥匙》、湖北省戏曲艺术剧院演出的《求骗记》、陕西省安康汉调二黄研究院演出的《铡美案》、广东汉剧传承研究院演出的《王昭君》。此外，还有汉剧名家名段的专场演出，给广大戏迷送上精彩的文化盛宴。

活动期间首次举办“全国汉剧艺术研讨会”。来自全国汉剧研究的专家、学者及汉剧优秀传承人围绕“汉剧艺术传承发展成就”“汉剧艺术存在的现实问题”“汉剧艺术未来发展思路和方向”“汉剧人才培养”“各地方汉剧老艺术家艺术经验和传统剧目的交流和整理工作”等议题展开深入研讨。同时，还放映《孟姜女》《王昭君》《二度梅》等60余场优秀汉剧电影。

【中国剧协赴浙江婺剧院展开调研活动】

9月7日，中国剧协分党组书记、驻会副主席陈彦，中国剧协分党组成员、秘书长崔伟，浙江省文联党组成员赵晓刚，浙江省剧协副主席、秘书长谢丽泓以及中国剧协部分职能部门负责同志一行专门到浙江婺剧院（以下简称“浙婺”）展开调研活动。

调研组参观了浙婺的剧场和排练厅、办公环境和婺剧艺术博物馆等配套设施，深入了解婺剧及浙婺的历史和发展现状。在不同的练功场、包括走廊及舞台上，随处可见青年演员正在进行认真刻苦的基本功训练，从武戏的毯子功、把子功等，到文戏的说戏、排练，大家心无旁骛、一丝不苟，无不体现整个团队青春洋溢的蓬勃朝气和文明向上的精神风貌。

有着500多年历史的婺剧，在新时代绽放新光彩。2021年在南京举办的第30届中国戏剧梅花奖评选中，浙婺以青年武生演员楼胜的折子戏专场，赢得戏曲类第一名的成绩，闪亮中国戏曲舞台。许多业内人士和观众发出了“深感震撼”的惊叹。而近年来，浙婺出人出戏出效益，佳作不断、新秀辈出，5次获得中国戏剧梅花奖，先后20多次登上国家级新年戏曲晚会，在庆祝中国共产党成立100周年《伟大征程》等高规格演出中，频频出彩。其演出足迹遍及国内城乡以及49个国家和地区。每年演出达500多场，深受国内外观众的喜爱，形成了享誉戏剧界的“浙婺现象”。

在座谈会上，浙婺书记、院长王晓平，副书记严立新，婺剧领军人物、二度梅花奖获得者陈美兰先后分享了推广及发展婺剧艺术、培养优秀青年演员以及院团改革管理方面的经验与思考。以第27届梅花奖获得者杨霞云、第30届梅花奖获得者楼胜为代表的一批青年演员，也分享了个人成长的甘苦经历以及与团体之间水乳交融的互生共融关系。

中国剧协分党组书记、驻会副主席陈彦对浙婺的发展成就表示高度肯定和赞赏。他号召全国戏剧工作者认真学习贯彻落实习近平总书记关于文艺工作的系列讲话精神，以浙婺为榜样，学习他们孜孜矻矻、勤学苦练，用汗水与坚守铸就“梅花香自苦寒来”的戏剧精神；学习他们目不旁骛、追求卓越，登上戏曲武戏综合艺术高峰的攀登精神；学习他们践行“一棵菜”，为院团整体发展甘于奉献、甘当绿叶的团队精神；学习他们百花竞放，积极扶持培养青年戏剧人才、激扬青春活力的传承精神。全国戏剧工作者要坚定立心铸魂的神圣使命，用真涵养、高水准、实才干发光发亮，充分彰显戏剧艺术与戏剧人的真正价值，为新时代戏剧事业的繁荣发展作出新的贡献。

【召开第17届中国戏剧节入选剧目提升研讨会】

9月7日，第十七届中国戏剧节部分入选剧目提升研讨会在杭州召开，中国剧协分党组书记、驻会副主席陈彦，中国剧协分党组成员、秘书长崔伟，浙江省文联党组书记、副主席、书记处常务书记陈瑶以及全国的戏剧专家出席开幕式。陈彦首先对当前戏剧创作成就给予充分肯定，同时也从“剧本根基要扎牢、艺术门槛要提升、现实题材要坚实、传统经典要致敬、职业精神要恒守”等五个方面指出当前戏剧创作生产中存在的一些问题并提出了具体要求。

近些年重点开展戏剧节之前剧目的创作改稿活动，是中国剧协在如何打造艺术高峰、提高戏剧质量、推动舞台艺术精品发展的重要举措之一。在每一届戏剧节之前，都将遴选一部分作品进行深入研讨，这已经成为中国戏剧节这个重要品牌框架下的一项重要内容。办节重心关口前移，从基础抓起，注重“一剧之本”的提升打磨，这不仅仅是从根源上提升中国戏剧艺术的质量，更是在研讨中看到目前戏剧创作中的一些问题，并对这些问题进行集中“会诊把脉”、梳理总结，从而提出具有前瞻性的解决方案，这对当下戏剧创作理论评论研究和精品创作生产推动，都具有十分重要的意义。会议对部分戏曲、话剧、歌剧、儿童剧等剧本展开深入广泛的研讨提升。

【召开浙江民营戏剧发展座谈会】

9月8日，中国剧协在金华召开浙江民营戏剧发展座谈会。中国剧协分党组书记、驻会副主席陈彦，中国剧协分党组成员、秘书长崔伟，浙江省文联党组成员赵晓刚，浙江省剧协副主席、秘书长谢丽泓以及中国剧协部分职能部门负责同志出席座谈会。来自温州、台州、丽水、金华、绍兴等地，涉及越剧、婺剧、瓯剧、永嘉乱弹等地方戏曲剧种的10位有代表性的民营剧团团长参加了座谈。

在座谈会上，团长们分别介绍了近年来特别是疫情后本剧团的生存和发展状况，涉及人员、经费、演出场次、保留剧目等基本情况，重点谈到了疫情后面临的困境与问题。浙江省民营剧团原本发展势头良好，演出市场繁荣，为满足浙江人民特别是乡村百姓的精神文化生活作出了巨大贡献。但疫情的反复给他们的事业带来巨大困难，较长时期不能演出造成资金短缺、人员流失、市场萎缩等困境。团长们还提出了一些地方政策落实不到位，职称评定细则落地实施缓慢，人才培训不足，优秀剧本匮乏等长期面临的问题。他们呼吁加强对民营剧团的扶持力度，并在展演展示、交流培训的平台等方面给予更多支持。

在长达三个小时的座谈交流后，陈彦从要高度重视、尊重民间艺术家，要树立信心、充满信心，在剧目建设方面要积极吸纳民间营养、坚守民间传统，要积极探索行业管理新办法新举措，走出适合地方发展的民营剧团管理路径等方面进行了总结，鼓励民营剧团用心用情把自己爱好的事业坚持下去，并越做越好。

此次座谈会是中国剧协近年来聚焦基层和民营剧团开展的系列调研活动的延续。今后协会也将加大工作力度，切实落实职能职责，为扶持和改善基层和民营戏剧疫后的生存发展贡献力量。

【“构建中国戏剧导演体系——第十七届中国戏剧节·中国戏剧导演艺术高峰论坛”在武汉举行】

10月15日，“构建中国戏剧导演体系——第十七届中国戏剧节·中国戏剧导演艺术高峰论坛”在武汉举行。论坛由中国剧协主办，武汉市文化和旅游局、《中国戏剧》编辑部承办。这是继第十六届中国戏剧节“戏剧剧本创作高峰论坛”和“戏曲音乐创作高峰论坛”之后的持续推进，旨在提升理论研究对创作实践的引导作用，切实加强戏剧理论建设，为构建中国特色戏剧理论体系夯实基础。

出席本次论坛的领导有中国剧协分党组书记、驻会副主席陈彦，中国剧协副主席、北京人民艺术剧院院长、导演任鸣，中国剧协顾问、导演王晓鹰，中国剧协分党组成员、秘书长崔伟，武汉市文化和旅游局副局长杨菁等。

出席本次论坛的嘉宾有（按姓氏笔画排序）中国艺术研究院戏曲研究所所长王馗，广州话剧艺术中心董事长、艺术总监王筱頔，上海戏剧学院教授、导演田蔓莎，云南艺术学院原校长吴卫民，中国国家话剧院一级导演李伯男，上海话剧艺术中心有限公司一级导演、艺术总监助理、联合监制何念，中国艺术研究院话剧研究所所长宋宝珍，上海戏剧学院教授、导演李建平，天津歌舞剧院原副院长、导演张曼君，中国戏曲学院教授、导演周龙，三拓旗剧社创建人、青年导演赵淼，一级导演郭小男，浙江京昆艺术中心党委书记、中心主任、浙江省戏剧导演学会会长翁国生，上海徐俊戏剧艺术中心艺术总监、导演徐俊，原总政歌剧团团长、导演黄定山，上海戏剧学院教授、导演熊源伟等。

此外，本届戏剧节的评论会专家、中国剧协中青年一线戏剧骨干研习班（武汉）的学员以及武汉市有关方面的领导列席本次论坛。论坛开幕式由中国剧协分党组成员、秘书长崔伟主持。

论坛持续了一天，与会专家分别围绕“戏剧的本质与当代导演实践观”“戏剧与时代·剧场与观众”“当代戏剧导演的创作意识与追求”等议题展开探讨交流。在下午分组交流对谈的环节中，与会专家就各自感兴趣的分议题畅所欲言、诚恳交流，相互间碰撞出思想与艺术追求的火花。论坛由任鸣、王晓鹰、张曼君分别主持。

本次论坛的成功举办为新时代中国戏剧的发展注入了原动力，中国剧协亦将针对戏剧创作中的诸多问题，继续搭建理论研讨与实践创作平台，以优秀的戏剧作品回应创作中的现实关切。

【“守正·创新——第十七届中国戏剧节·中国戏剧表演艺术高峰论坛”在武汉举行】

10月19日，由中国剧协主办，武汉市文化和旅游局、《中国戏剧》编辑部承办的“守正·创新——第十七届中国戏剧节·中国戏剧表演艺术高峰论坛”在武汉举行。出席本次论坛的领导有中国作协名誉副主席、中国剧协顾问廖奔，中国文联副主席、中国剧协主席、话剧表演艺术家濮存昕，中国剧协分党组书记、驻会副主席陈彦，中国剧协副主席、中国戏曲学院院长尹晓东，中国剧协副主席、评剧表演艺术家冯玉萍，中国剧协副主席、豫剧表演艺术家李树建，中国剧协副主席、昆曲表演艺术家杨凤一，中国剧协副主席、越剧表演艺术家茅威涛，中国剧协副主席、秦腔表演艺术家柳萍，中国剧协副主席、黄梅戏表演艺术家韩再芬，中国剧协副主席、晋剧表演艺术家谢涛，中国剧协分党组成员、秘书长崔伟，中国剧协分党组成员、副秘书长薛长绪，武汉市文化和旅游局副局长杨菁等。

出席本次论坛的嘉宾有（按姓氏笔画排序）中国戏曲学院表演系主任、教授王绍军，浙江婺剧艺术研究院院长王晓平，中国艺术研究院戏曲研究所所长王馗，山西传媒学院白燕升戏曲研究传播中心主任白燕升，上海戏剧学院教授孙惠柱，中国歌剧舞剧院歌剧团独唱演员、一级演员陈小朵，中国艺术研究院话剧研究所所长宋宝珍，北京大学歌剧研究院院长金曼，江苏省演艺集团昆剧院一级演员单雯，中国国家话剧院一级演员侯岩松，中国戏曲学院京剧系主任、教授舒桐，昆曲表演艺术家蔡正仁等。此外，本届戏剧节的评论会专家、中国剧协中青年一线戏剧骨干研习班（武汉）的学员以及武汉市有关方面的领导列席本次论坛。论坛开幕式由崔伟主持。

论坛持续了一天，与会专家分别围绕“构建中国戏剧表演体系”“人才培养与市场走向”“中国戏剧表演的守正与创新”等议题展开探讨交流。在下午分组交流对谈的环节中，与会专家就各自感兴趣的分议题畅所欲言、诚恳交流。论坛分别由濮存昕、杨凤一、茅威涛主持。

本次论坛探讨了新时代戏剧表演艺术如何守正创新，意义重大，影响深远。中国剧协亦将持续关注戏剧发展面临的问题与挑战，重视理论与实践的双向滋养，以立足时代、扎根人民的戏剧作品回应现实关切。

人才培养

【中国剧协西北五省区戏曲一线骨干培训班在敦煌举办】

7月10日至15日，中国剧协西北五省区戏曲一线骨干培训班在甘肃省敦煌市举办。本次培训班由中国剧协、甘肃省文联主办，中国文联戏剧艺术中心、甘肃省剧协承办，酒泉市文联、酒泉市剧协、敦煌市文联协办。

本次培训班是中国剧协首次面向西北五省区戏曲一线骨干人才举办的培训，共有来自西北五省区戏曲基层院团和新文艺群体80名戏剧工作者参加。为实现培训目标，确保培训质量，主办方精心设计了政治理论、职业道德教育、戏剧专业知识等培训内容。邀请中国文联理论研究室主任周由强，甘肃省文联党组书记、主席王登渤，中国作协名誉副主席、中国剧协顾问廖奔，中国戏曲学院导演系教授刘小军等专家、学者授课。培训期间，还安排学员们观看了阎肃同志先进事迹报告会视频和参观爱国主义教育基地的社会实践活动，力争达到理论与实践双丰收。

7月13日，举办了由本次培训班部分学员参演的“学党史·传精神·跟党走”志愿服务演出活动。经过精心编排，学员们上演了舞蹈《敦煌伎月天》、豫剧《穆桂英挂帅》、秦腔《金沙滩》、敦煌曲子戏民歌表演唱等节目。精彩的表演不仅丰富了基层群众的文化生活，也让现场学员和观众充分感受到了中国传统戏曲样式的魅力，赢得了热烈掌声和持续喝彩。

【中国剧协东北三省舞台美术一线业务骨干培训班在长春举办】

9月10日至15日，中国剧协东北三省舞台美术一线业务骨干培训班在吉林省长春市成功举办。本次培训班由中国剧协、吉林省文联主办，中国文联戏剧艺术中心、吉林省剧协承办，吉林省舞台美术学会协办。

开班仪式于9月11日上午举行，中国剧协、吉林省文联、中国舞美学会相关领导出席活动。本次培训共有来自东北三省基层院团和新文艺群体80名戏剧工作者参加。根据东三省舞美专业人才结构，主办方精心设计了政治理论、职业道德教育、戏剧舞台美术专业知识等培训内容，邀请吉林省文联党组书记、主席陈耀辉，上海戏剧学院教授、中国舞台美术学会会长曹林，中国舞台美术学会副会长周正平，中国文联理论研究室副主任董涛，中央戏剧学院教授边文彤等专家、学者授课。本次培训进一步加大思想政治理论和职业道德规范教育的比例，组织学员观看“中国文联文艺工作者职业道德和行风建设座谈会”视频，强化思想道德引领，从源头上提高戏剧工作者的综合素养。

培训期间，还组织全体学员现场观看了由吉林省剧协创排的红色情景话剧《血沃兴林》汇报演出。

【中国剧协小剧场戏剧创演人才培训班在上海举办】

10月24日至29日，中国剧协小剧场戏剧创演人才培训班在上海市成功举办。本次培训班由中国剧协、中共上海市松江区委宣传部主办，中国文联戏剧艺术中心、上海市剧协、上海市松江区文联承办，上海戏剧学院编剧学研究中心、上海市松江区儿童青少年剧协协办。

开班仪式于10月25日在上海市松江区举行，中国剧协、中共上海市松江区委、上海市文联、上海市剧协相关领导出席活动。本次培训共有来自全国遴选的50名优秀小剧场编、导、演、管理人才参加。根据小剧场戏剧专业人才结构，主办方精心设计了政治理论、职业道德教育、小剧场戏剧专业知识赏析等培训内容。课程形式也丰富多样，增设了主题沙龙、观摩采风、学员交流等系列板块，由中国剧协名誉主席、上海剧协名誉主席尚长荣，剧作家王俭，中国剧协顾问、戏剧导演王晓鹰，上海剧协副主席、上海话剧艺术中心艺术总监、剧作家喻荣军，上海戏剧学院学术委员会主任、松江区文联主席陆军，国家一级演员、戏剧表演教授周笑莉等专家、学者集中授课，既有理论高度，又有时间深度。在“主题沙龙”环节，陆军教授与上海剧协副主席、戏剧家伊天夫，导演徐俊共同围绕“一部戏的诞生”，探讨小剧场戏剧创作的特质与出路。

2021年是建党一百周年，此次培训始终把党的建设和红色教育贯穿在培训全过程。成立了学员临时党支部；组织参观了G60科创走廊、广富林文化遗址，感受松江的悠久历史与现代化新松江建设的伟大成就；观看“中国文联文艺工作者职业道德和行风建设座谈会”视频，强化思想道德引领；召开专题组织生活会，临时党支部全体党员重温入党誓词；学习中国文联《修身守正立心铸魂——致广大文艺工作者倡议书》，并结合小剧场现状，积极响应号召发出小剧场从业者“讴歌新时代、弘扬正能量”倡议书；组织全体学员现场观看了献礼建党百年原创红色话剧《渔阳里的“大人物”》。

对外及对港澳台文化交流

【2021年世界戏剧日全球线上庆典召开】

3月27日，2021年世界戏剧日全球线上庆典召开。世界戏剧日由国际戏剧协会（International Theatre Institute，ITI）创办，于1962年3月27日在巴黎国际戏剧节开幕式首次举办，自此之后，世界戏剧日在全球范围内每年如期举办。国际戏剧协会每年都会邀请一位国际知名人士撰写“世界戏剧日献辞”，旨在唤起全世界对戏剧艺术的关注和重视。2021年国际戏剧协会荣幸邀请到国际知名女演员海伦·米伦为世界戏剧日撰写了一篇鼓舞人心的献辞。

在全球抗击疫情常态化的背景下，为促进全球戏剧人的团结互助，凝聚全球戏剧人抵御困难的信心，该庆典对全球公众开放，在线展演来自全球36个国家的近60个视频。这些视频由国际戏剧协会各会员国中心提供，不仅是全球文化多样性的绝佳诠释，也展现了全球表演艺术社群在面对困难时的韧性。本次线上庆典活动以“All the world’s a stage”为主题。面对疫情带来的封锁以及隔离，全球戏剧人没有将锁在剧场内的舞台遗忘，而是通过各种线上的形式，打造云端舞台。

中国剧协作为国际戏剧协会中国中心及副主席国，积极参与2021世界戏剧日全球线上庆典活动，与全球戏剧人携手同行，共庆世界戏剧日，共享世界艺术成果。

【新世纪校园戏剧国际论坛成功举办】

8月6日，由中国剧协、北京市文联联合主办，北京剧协承办的“新世纪校园戏剧国际论坛”在京召开。按照疫情防控需求，本次论坛采用全线上的形式举办。中国剧协分党组书记、驻会副主席陈彦，中国文联国际部主任董占顺，北京市文联二级巡视员苏社钦，北京人民艺术剧院副院长冯远征，日本中国文化交流协会副会长、理事长栗原小卷，韩国戏剧协会主席吴泰瑾在线出席了开幕式。开幕式由中国剧协分党组成员、秘书长崔伟主持。

本次“新世纪校园戏剧国际论坛”的主题为校园戏剧传承与发展。论坛共邀请了来自中国、俄罗斯、格鲁吉亚、日本、韩国的12名专家、学者。论坛分为主旨发言和专家对谈两个环节，以新世纪以来，中国校园戏剧代表活动——中国校园戏剧节和金刺猬大学生戏剧节为依托，对校园戏剧的发展成果进行总结。同时，也通过与各国戏剧专家的交流和讨论，共同探索未来校园戏剧发展的道路。

本次论坛是首次举办的以校园戏剧为主题的国际论坛，也是首次以云端相聚的方式举办的校园戏剧学术活动，具有特殊的意义。它既是校园戏剧发展的里程碑，对未来校园戏剧活动的举办具有重要的指导意义，同时也是全球戏剧人对疫情下戏剧活动的开展所作出的一次全新尝试。

【举办“戏剧的未来——危机与应对”海峡两岸暨港澳地区戏剧人论坛】

11月30日，由中国剧协、中共深圳市委宣传部、深圳市文联、深圳市南山区人民政府、中国文联香港会员总会联合主办的“海峡两岸暨港澳地区戏剧人论坛”在深圳举办。

在抗击疫情常态化的背景下，本次论坛通过“深圳主会场（现场）+中国香港分会场（线上）”的方式联动举办，并以直播的形式向公众开放。来自海峡两岸暨港澳地区的近20位戏剧专家学者围绕论坛主题“戏剧的未来——危机与应对”以及三个分议题“后疫情时代戏剧发展的瓶颈和突破口；后疫情时代剧院的发展与挑战；海峡两岸暨港澳地区未来戏剧交流的新思路”进行主旨发言和对谈。

开幕式由中国剧协顾问、导演艺术家王晓鹰主持。中国文联香港会员总会常务副会长李秀恒，上海上剧场、表演工作坊艺术总监赖声川，中国剧协分党组成员、秘书长崔伟先后致辞，寄语本次论坛。崔伟代表中国剧协分党组书记、驻会副主席陈彦对本次论坛的举办表示热烈的祝贺，对海峡两岸暨港澳地区的戏剧界专家学者们在特殊时期参加论坛、贡献智慧表示由衷敬意。

在疫情防控常态化的背景下，本次论坛充分运用技术手段，使得海峡两岸四地的戏剧大咖能够以线上、线下相结合的方式会聚一堂，既做到了有效防疫，又取得了很好的学术讨论效果。本次论坛将推动海峡两岸四地戏剧文化的更多沟通与交流，促进戏剧艺术的创新与发展，这必将在中国戏剧历史上留下重要的一笔。疫情终将过去，相信人类终将回到常态生活，但是疫情所带来的思考不会停歇。

党建及意识形态工作

【党建工作】

1. 认真开展党史学习教育活动，凝心聚力促发展

自2021年2月习近平总书记出席党史教育动员大会并发表重要讲话以来，中国剧协紧紧围

绕“学党史、悟思想、办实事、开新局”的目标任务，突出戏剧行业协会特点、突出学以致用的特点，成立中国剧协党史学习教育领导小组，制定《中国剧协开展党史学习教育实施方案》，包含重要文件学习领会、专题研讨、党史学习读书班、专题党课、参观学习、主题征文、书画摄影展等相关工作安排。做到每周有学习，每月有活动，凝心聚力促发展。

2. 认真开展“我为群众办实事”实践活动，强化党员公仆意识、人民情怀

制定《中国剧协“我为群众办实事”实施方案》，明确了5大类，19项工作任务。如为提高党员干部理论水平和专业素养，购买党史学习相关书籍材料，升级协会阅览室，建立党员读书角；开展了“我为群众办实事，红色戏剧在身边”红色经典戏剧展映活动；《剧本》杂志出版增刊《〈缀白裘〉戏曲编剧法研究》，并免费赠予有需要的基层创作者；在南京梅花奖展演期间，成立剧协临时党支部与江苏省委宣传部文艺处支部、南京市委宣传部第四支部、南京市文联第一党支部同行共建，参观南京雨花台烈士陵园，围绕“党史共学，实事公办，发展共谋”主题召开座谈会，并组织开展送文化进基层活动。全年举办的重大活动都将最大限度服务基层观众放在重要地位，坚持低票价，线上演播均为免费，真正做到惠民利民。

3. 加强支部标准化规范化建设，推进党建和业务融合

按照中国文联“一年一个台阶、三年整体提升”的工作思路，推进基层党组织建设三年行动计划，开展党支部标准化、规范化建设。重点学习《党和国家机关基层党的组织工作条例》《中国共产党支部工作条例》《中央和国家机关严格党的组织生活制度的若干规定（试行）》和《中国文联党支部标准化规范化建设细则》，并将其作为支部工作的指南和遵循。同时努力推进党建和业务融合，做到党建和业务工作一起谋划、一起部署、一起落实、一起考核，发挥党支部在推进中心工作、落实重大任务中的政治引领、督促落实、监督保障作用。

4. 压实管党治党主体责任，推进党风廉政建设，加强机关纪委工作

召开中国剧协2021年从严治党工作部署会，学习贯彻文联从严治党工作部署会精神，部署剧协从严治党工作。研究制定《中国剧协落实党建工作责任制实施细则》《中国剧协党的建设工作领导小组2021年工作要点》。加强财务管理，杜绝违规滥发津补贴和领取劳务报酬等易发多发问题。注重强化日常监督提醒，要求党员干部严格遵守中央八项规定精神。及时传达学习中纪委、中纪委驻中宣部纪检监察组、文联纪委有关精神，第一时间通报有关党员干部违法违纪问题。加强对评奖办节、会员入会等重点工作的监督，加强干部请销假、个人事项报告、因私出国（境）管理等工作。

【意识形态工作】

1. 切实加强组织领导，加强督查管理

协会分党组把意识形态工作作为党的政治建设的重要内容，与党建工作、干部人事工作和业务工作一道，同研究同部署同检查同推进。认真贯彻落实习近平总书记和党中央关于意识形态工作重大部署，贯彻落实中宣部和中国文联党组的具体要求，全年召开2次分党组会议专题研究意识形态工作，理论学习中心组也召开1次专题学习研讨会。落实意识形态工作责任制，明确意识形态工作分管领导、责任部门及意识形态工作专员、宣传联络员、舆情信息员、网络评论联络员。年中，对协会各部门意识形态领域存在的突出问题、风险隐患和薄弱环节进行了全面梳理排查，认真迎接文联意识形态督查办公室的督查，进一步补齐短板、防控风险。

2. 学习贯彻、建立健全制度细则，加强舆情研判分析

分党组及时学习传达《关于当前意识形态领域情况的通报》等中央关于意识形态工作的各项文件，逐一对照文联意识形态工作督察办公室下发的每季度重点内容清单认真学习，贯彻落实《中国文联突发舆情应对引导工作机制》等细则。协会进一步修订完善了有关意识形态工作的制度细则，严格遵守刊物、网络信息“三审三校”的流程规范。加强舆情信息收集研判和应对处置。针对第30届中国戏剧梅花奖、第24届曹禺剧本奖的评奖颁奖，第十一次文代会等重点领域，积极做好舆情应对预案和研判，提前关注并及时化解

相关问题，努力营造风清气正、健康向上的舆论环境。

3.加强意识形态阵地管理，严把宣传导向

对协会举办的各类评奖办节、展演展示、论坛研讨、研修培训等活动，对协会下属刊物、网站、微信公众号等意识形态工作阵地加强管理，及时传达与宣传中央文艺政策，并聚焦展现建党100周年、扶贫攻坚等重大主题的优秀作品和协会重点工作等，弘扬主旋律、凝聚正能量。尤其在评奖办节、高峰论坛等重点工作中，坚持以人民为中心的工作导向，在遴选剧目、专家的过程中严把意识形态关，确保意识形态领域安全。

中国电影家协会

综 述

2021年，在中国文联党组的领导下，中国电影家协会（以下简称“中国影协”）坚持以习近平新时代中国特色社会主义思想为指导，深入学习贯彻党的十九大和十九届中央历次全会精神，全面贯彻落实习近平总书记关于宣传思想工作、文化文艺工作和群团工作的重要论述，尤其是习近平总书记关于推进电影事业发展作出的重要指示批示精神，扎实落实习近平总书记在中国文联十一大、中国作协十大开幕式上的重要讲话精神，弘扬伟大建党精神，深刻领悟“两个确立”的决定性意义，不断增强“四个意识”、坚定“四个自信”、做到“两个维护”，发展繁荣党的电影事业。

坚持旗帜鲜明讲政治，深入开展党史学习教育，引领广大电影工作者学史明理、学史增信、学史崇德、学史力行，紧密团结在以习近平同志为核心的党中央周围。坚持质量导向促创作，以庆祝中国共产党成立100周年为主线，以中国电影金鸡奖创立40周年为特色，开展电影节等重点电影品牌活动，展现广大电影工作者精气神，助力会聚社会发展正能量；加强高质量电影创作引领，深化电影评奖评论，直接参与创作实践，更好传播主流价值，引领社会风尚。坚持群众路线强服务，开展电影艺术家下基层活动，在广阔社会实践中带动电影工作者陶冶高尚情操，抵制不良影响；充分发挥德艺双馨艺术家作用，积极开展培育引导青年电影家成长成才，密切联系新文艺群体。坚持深化改革强组织，完善各项工作机制，充分发挥桥梁纽带作用，不断提高联系电影界、服务电影工作者的能力和水平，为推动中国电影高质量发展作出贡献。

会议与活动

【中国影协电话慰问离退休干部职工代表】

春节前夕，中国影协分党组书记、驻会副主席张宏，中国影协分党组副书记、秘书长闫少非，中国影协分党组成员、副秘书长孙崇磊分别对离休老同志、特殊困难老同志以及退休老领导、老同志进行电话慰问，介绍了影协2020年工作情况及2021年工作安排，听取老干部们对影协工作的意见建议，衷心感谢他们为电影事业和影协工作作出的贡献，并送去新春祝福。

【庆祝建党百年青少年经典电影主题教育活动圆满完成】

2月18日至24日，5月15日至12月11日，由中国影协主办的“跟着电影学党史　心里有话对党说——庆祝建党百年青少年经典电影主题教育活动”成功举办。活动通过看电影学习党史，结合专家讲解党史方式让中小学生寓教于乐地了解党史、学好党史。活动期间，上线100部优秀电影和100堂党史小课堂，邀请刘烨、黄渤、陈坤、杜江、周也等100位公益星光推荐官为孩子们录制100条推荐视频，1905电影网活动专区点击率达400万人次。

【中国影协第十届主席团第四次会议在京召开】

3月12日，中国影协第十届主席团第四次会议在京召开。中国影协分党组书记、驻会副主席张宏和中国影协副主席于冬、尹力、尹鸿、任仲伦、成龙、吴京、黄渤、喇培康出席会议，闫少非、孙崇磊以及毕文宇、杨烨等参加会议。会议由中国影协主席陈道明主持。会议学习了习近平总书记在党史学习教育动员大会上的重要讲话精神，传达了全国电影工作会议精神；研究了中国影协2021年工作思路，中国影协发展会员标准条件，中国文联终身成就电影艺术家推荐人选等事项。

【影视行业两新座谈会在京召开】

3月15日和3月16日，影视行业两新座谈会在京召开。中国文联党组成员、副主席胡孝汉，中国影协分党组书记、驻会副主席张宏，中国影协分党组副书记、秘书长闫少非等参加座谈会，陈思诚、孙怡、张冀、尹香今、王才涛、王鲁娜等电影界新文艺群体代表，围绕如何加强对影视两新团结引导、联络协调、服务管理、自律维权等问题展开交流。

【庆祝中国电影金鸡奖创立40周年暨中国金鸡百花电影节举办30届研讨活动在京举办】

5月23日，庆祝中国电影金鸡奖创立40周年暨中国金鸡百花电影节举办30届研讨活动在京举办。中宣部常务副部长、国家电影局局长王晓晖出席并讲话。中国文联党组书记、副主席李屹，中国文联党组成员、副主席胡孝汉，中国文联副主席、中国影协名誉主席李雪健，中国影协主席陈道明，中国文联副主席、中国影协顾问奚美娟，中国影协顾问、著名电影艺术家王晓棠、田华、丁荫楠、陶玉玲、金迪、张勇手、王铁成、谢飞等出席活动。活动由张宏主持。嘉宾们充分肯定了中国电影金鸡奖40年、金鸡百花电影节30届取得的成就，并围绕推动中国电影高质量发展建言献策。

【2021中国影协专委会年度工作会议在京召开】

5月24日，中国影协专业工作委员会2021年度工作会议在京召开。张宏、孙崇磊、宋智勤、郑阳等出席会议，与专委会会长、秘书长及会议代表进行了深入的交流与座谈。

【中国影协影视基地工作委员会第一届委员会第一次全体大会在无锡召开】

5月28日至5月29日，中国影协影视基地工作委员会第一届委员会第一次全体大会在无锡召开。中国电影基金会理事长张丕民，中国影协分党组书记、驻会副主席张宏，中共江苏省委宣传部常务副部长、江苏省电影局局长焦建俊，尹力、杨烨、宋智勤等出席会议。会议审议通过了该专委会组织机构成员名单和工作计划，并就影视制作、技术、拍摄、外景地等问题进行讨论。同时，李少红、穆德远、霍廷霄、管虎、贾樟柯等嘉宾围绕中国影视基地的地位、功能和发展趋势，对影视基地发展机遇、关键困难和解决方案展开探讨。

【首届全国少年儿童短视频征集“六一”颁奖活动在京举行】

5月29日，由中国儿童中心、中国影协儿童电影工作委员会联合主办的“美丽视界 美德少年——首届全国少年儿童短视频征集颁奖活动”在中国儿童中心圆满落幕，闫少非出席活动。活动总结回顾了“双美”百年献礼接力活动的优秀成果，优秀组织单位代表作了交流发言。

【光影映初心 奋斗新征程——银幕上的共产党员形象展览在京举办】

6月1日，由中国文联、中国影协主办的光影映初心 奋斗新征程——银幕上的共产党员形象展览在京开幕。中国文联党组书记、副主席李屹出席开幕仪式并宣布本次展览正式开展。胡孝汉、张宏、王杰群、陈玲等相关负责人出席开幕式。本次展览为期半年，中国电影博物馆广泛接受各高校及社会基层党组织展览参观预约服务，至展期结束共有近30万人次参观展览。

【“看电影连环画学党史”100部红色经典连环画首发式暨西部校园捐赠仪式在京举行】

6月1日，“看电影连环画学党史”100部红色经典连环画首发式暨西部校园捐赠仪式在中国电影博物馆举行。该活动旨在为庆祝建党百年，教育引导广大中小学生“从小学党史，永远跟党走”，让红色基因代代相传，以文艺帮扶形式助力乡村振兴和教育发展。中国文联党组书记、副主席李屹，中央党史和文献研究院副院长王志民，教育部党组成员、副部长郑富芝出席并讲话，中国教育发展基金会理事长，教育部原部长、党组书记袁贵仁，中国关工委常务副主任、中国文联原党组书记、副主席胡振民，中国文联党组成员、副主席胡孝汉，中宣部宣教局局长常勃，共青团中央书记处书记、全国少工委主任吴刚，教育部基础教育司司长吕玉刚，中国影协分党组书记、驻会副主席张宏，中国教育发展基金会秘书长王建光等出席仪式，为连环画首发揭幕，并向甘肃和贵州的西部学校代表捐赠图书。

【纪念著名电影表演艺术家于蓝、田方伉俪艺术人生座谈会在京举办】

6月27日，由中国文联、中国影协主办的纪念著名电影表演艺术家于蓝、田方伉俪艺术人生座谈会在京举办。胡孝汉、张丕民、张宏以及邓光辉、谢力、陆亮、李翔、毛羽、胡智锋、周杰等中宣部、国家电影局、中国文联、中影集团、北京电影学院、中国儿童电影制片厂相关部门负责人，田壮壮、李雪健、王晓棠、丁荫楠、刘建中、窦春起、王浙滨、黄军等于蓝、田方家属亲友和电影艺术家代表，孙崇磊、曹俊、朱虹子、杨烨、宋智勤、毕文宇等中国影协相关负责人出席座谈会，共同追忆缅怀于蓝、田方的艺术人生。

【电影界学习贯彻习近平总书记“七一”重要讲话精神座谈会在京召开】

7月8日，中国影协在京召开电影界学习贯彻习近平总书记“七一”重要讲话精神座谈会。陈道明、张宏、成龙、尹鸿、苏小卫，闫少非、孙崇磊，以及陆绍阳、皇甫宜川、张阿利、范志忠等电影界专家学者出席座谈会。大家围绕习近平总书记“七一”重要讲话精神，结合自己工作实际和创作经历，讲体会、谈感悟、抒情怀。

【胡孝汉同志调研《电影艺术》编辑部】

8月20日，中国文联党组成员、副主席胡孝汉到《电影艺术》编辑部调研，在听取该刊编辑工作和发展情况汇报后，对今后一个时期办刊工作提出指导意见和明确要求。张宏、宋智勤、郑阳及《电影艺术》主编谭政等编辑部成员参加调研座谈会。

【电影工作者职业道德和行风建设工作座谈会在京召开】

8月25日，“弘扬清风正气 追求德艺双馨——电影工作者职业道德和行风建设工作座谈会”在京召开。张宏、闫少非、孙崇磊出席会议。丁荫楠、喇培康、苏小卫、卢奇等部分电影界职业道德建设委员会委员、电影界艺术家、评论家代表和中国影协相关专业工作委员会负责人参加会议。会议针对“饭圈”文化、“唯流量论”等不良现象和近期文艺领域出现的违法失德现象进行座谈，进一步团结引导广大电影工作者自觉践行社会主义核心价值观和文艺界核心价值观，坚持修身守正，追求德艺双馨，树立良好形象，共同维护电影行业的良好生态，做有信仰、有情怀、有担当的新时代电影工作者。

【胡孝汉同志调研中国文联电影艺术中心】

8月27日，胡孝汉到中国文联电影艺术中心调研，在听取电影艺术中心总体情况及各处室工作汇报后，对电影艺术中心今后一个时期的工作提出指导意见和明确要求。他强调，要落实中国文联党组决策部署，在各项工作取得较好成绩的基础上，高度再提升，力度再加大，深度再拓展，亮度再增强，进度再加快，难度再缓解，推动电影艺术中心乃至影协工作迈上新台阶、开创新局面。张宏、宋智勤、郑阳以及中心各处室负责人、部分业务骨干参加调研座谈会。

【李前宽导演追思会在京举办】

9月28日，由中国文联、中国影协主办的李前宽导演追思会在中国文联举办。胡孝汉、赵实、张丕民、李雪健、陈道明、张宏、陆亮、邓光辉、谢力、李翔、曹寅、耿识博、江平、张光临、陈玲、孙立军等国家电影局、中国文联、央视电影频道节目制作中心、中央文史研究馆、中影集团、长影集团、中国电影博物馆、北京电影学院等相关部门负责人，刘建中、李国民、尹力、杨步亭、侯光明、侯克明、徐帆、洪学敏、舒楠等电影艺术家代表、李前宽导演生前好友，肖桂云、李前安、李莉萍、李牧阳、徐丰年等李前宽导演亲属，闫少非、孙崇磊、杨烨、宋智勤等中国影协相关负责人出席追思会，共同缅怀李前宽导演的艺术人生与卓越贡献。

【2021第十二届“中国影协杯”年度优秀电影剧作终选会在京举行】

11月1日，由中国影协、央视电影频道节目中心共同主办的第十二届“中国影协杯”年度优秀电影剧作终选会在京举行。闫少非、张思涛、唐科，以及窦春起、江平、皇甫宜川、田水泉、张弛、林丽宁、叶宁、董越、董润年等终选委员参加会议。经过13位终选委员的充分讨论和记名投票，最后产生10部年度优秀电影剧作。

【《电影艺术》创刊65周年暨未来发展座谈会在京召开】

11月9日，《电影艺术》创刊65周年暨未来发展座谈会在京召开。胡孝汉、张宏出席座谈会，谢飞、丁荫楠、尹力，尹鸿、黄会林、胡智锋、饶曙光等学界专家和周由强、徐粤春、鲍次立、朱虹子、宋智勤等文联、影协相关部门负责人及谭政等30人参加座谈会。与会嘉宾充分肯定《电影艺术》在中国电影理论发展、中外电影学术交流等方面的贡献，并就期刊学术品格、传播路径、团队建设等未来发展进行深入探讨。

【中国影协代表团圆满完成中国文联第十一次全国代表大会各项议程】

12月12日至12月18日，中国文联第十一次全国代表大会在京召开。陈道明、张艺谋、陈凯歌、李少红、黄渤、吴京、陈建斌、王景春、刘烨、章子怡、黄晓明、邓超、沈腾、宋佳、周冬雨、杨夏等老中青优秀电影人共39位组成中国影协代表团参会。代表团成员认真聆听了习近平总书记重要讲话精神，并进行专题研讨座谈，圆满完成了第十一次文代会各项会议议程。

【第三届中国网络电影周年度盛典“云上”举办】

12月29日，由中国影协、成都市人民政府主办的第三届中国网络电影周年度盛典在爱奇艺、腾讯、优酷等平台上线播出。本届网络电影周以“新影像　向未来”为主题，邀请行业多位专家学者共襄盛举，共同为中国网络电影高质量发展建言献策。

【“影载中华情，圆梦新丝路”国际优秀影片展映与交流研讨活动成功举办】

12月29日，“影载中华情，圆梦新丝路”国际优秀影片展映与交流研讨活动以线上和线下联动方式成功举办。闫少非、宋智勤等参加线上研讨活动。周安华、杨慧、陈阳等专家教授围绕展出波兰优秀影片进行研讨交流。

电影节与评奖

【2021年中国金鸡百花电影节在厦门举办】

12月28日至30日，由中国文联、中国影协、厦门市人民政府共同主办的2021年中国金鸡百花电影节在福建省厦门市成功举办。电影节期间，共举办53项700余场次的活动。其中，主体活动27项，包括电影节新闻发布会、电影节开幕式暨提名者表彰仪式、金鸡奖终评、电影界学习贯彻第十一次全国文代会精神座谈会、国产新片展、金鸡国际影展、香港经典电影展、金鸡电影论坛、演员论坛、金鸡电影创投大会、海峡两岸暨港澳青年短片季推介活动、青年导演训练营、电影艺术家下基层、红毯仪式、金鸡奖颁奖典礼暨电影节闭幕式等；厦门市自主举办配套活动26项。本届电影节吸引了我国电影界领军人物、优秀代表以及来自教育界、金融界、科技界、新闻出版界等不同领域专家学者1000余人共聚鹭岛、共享盛事、共谋发展。

12月28日晚，电影节开幕式暨第34届中国电影金鸡奖提名表彰仪式在厦门国际会议中心举办。福建省委副书记、代省长赵龙出席并宣布开幕。中国文联党组成员、副主席诸迪，福建省委常委、厦门市委书记崔永辉出席开幕式并致辞。中国文联党组成员，中国影协分党组书记、驻会副主席张宏主持开幕式。开幕式对金鸡奖提名影片和主创人员进行集中表彰，电影界嘉宾1000余人观礼。

12月30日晚，第34届中国电影金鸡奖颁奖典礼在厦门海峡大剧院举行，福建省委书记尹力，中国文联党组书记、副主席李屹出席。颁奖典礼上，李屹为吕其明、张鑫炎、李前宽3位老艺术家颁发“终身成就艺术家”荣誉（由艺术家亲属及所在单位代领）。本届金鸡奖各最佳奖项于颁奖典礼当天由本届金鸡奖评委会根据《中国电影金鸡奖章程》投票产生，并在颁奖典礼现场逐一揭晓。

附第34届中国电影金鸡奖获奖名单：

中国文联终身成就电影艺术家：

吕其明、张鑫炎、李前宽

最佳故事片　　《守岛人》

评委会特别奖　　《我和我的家乡》

最佳中小成本故事片　　《冰下的鱼》

最佳儿童片　　《再见吧！少年》

最佳外语片　　《困在时间里的父亲》

最佳戏曲片　　《南越宫词》

最佳纪录/科教片《九零后》

最佳美术片　　《白蛇2：青蛇劫起》

最佳编剧　余曦、黄欣、赵宁宇《1921》（原创）

最佳导演　张艺谋《悬崖之上》

最佳导演处女作　　旦真旺甲《随风飘散》

最佳男主角　　张译《悬崖之上》

最佳女主角　　张小斐《你好，李焕英》

最佳男配角　　范伟《一秒钟》

最佳女配角　　朱媛媛《我的姐姐》

最佳摄影　赵小丁《悬崖之上》
最佳录音　陶经《一秒钟》
最佳美术　霍廷霄《革命者》
最佳音乐　陈光荣、陈永健《中国医生》
最佳剪辑　钟炜钊《拆弹专家2》

创作与研究

【《中国电影金鸡奖大众电影百花奖研究》课题被立为国家社科基金特别委托项目】

2021年，中国影协向国家社科基金办公室申请《中国电影金鸡奖大众电影百花奖研究》课题，该项目被立为2021年度国家社会科学基金特别委托项目。3月11日，中国影协“两奖”研究课题工作小组协调责任单位北京电影学院在京召开该项目课题开题论证会。4月19日，中国影协“两奖”研究课题工作小组召开第一次全体会议，明确工作小组任务及各成员职责分工。5月13日，中国影协“两奖”研究课题工作小组在北京电影学院召开课题研究大纲论证会，围绕“两奖”研究工作的进展及新版大纲征询专家顾问意见建议。9月27日，中国影协“两奖”研究课题工作小组在北京电影学院召开“两奖”课题研究初稿专家顾问审读论证会。课题组根据《初稿修改情况汇总》中列出的内容对初稿进行认真修改，于12月31日向影协专工组提交修改稿。

【2021年春节档电影现象研讨会在京举行】

2月25日，2021年春节档电影现象研讨会在京举行。胡孝汉、张宏、闫少非和宋智勤出席研讨会。尹鸿、胡智锋、丁亚平、周星、侯克明、陈旭光、康伟、谭政等专家学者总结了今年春节档电影呈现的明显特征和启示意义，他们认为，中国电影在多方面获得提升，春节档电影的成绩是国家繁荣、经济发展、抗疫成功的综合缩影，是全国防疫、就地过年的特殊时刻出现的暖亮风景，是电影产业化改革所积累成绩的直接表现，是电影业界贯彻落实党和国家文艺方针政策的丰硕成果。

【军事题材电影创作研讨会在京举行】

3月19日，由中国影协、《光明日报》文艺部、华夏电影发行有限责任公司主办的军事题材电影创作研讨会在京举行。赵建国、闫少非和汪守德、李舫等十余位电影界和军事界专家及相关主创人员出席会议。与会嘉宾就《金刚川》等抗美援朝军事题材影片的创作现状、叙事特征和艺术创新及存在问题进行深入研讨。

【电影《村里来了个洋媳妇》观摩研讨会在京召开】

3月23日，由中国影协新文艺群体培训班学员任意飞执导的《村里来了个洋媳妇》观摩研讨会在中国影协召开。闫少非出席研讨会，饶曙光、路海波、尹成奎、孟中、董瑞峰、高小立、李春利等业界专家学者围绕影片的思想性、艺术性等话题展开研讨。

【电影《阳光劫匪》观摩研讨会在京举行】

4月27日，电影《阳光劫匪》观摩研讨会在京举行。闫少非、宋智勤出席研讨会，章柏青、丁亚平、王一川、陈旭光、赵卫防、索亚斌等专家就影片主题、议题、元素等参与研讨。

【电影《毛泽东在才溪》观摩研讨会在京召开】

5月8日，电影《毛泽东在才溪》观摩研讨会在京召开。中央组织研究室原主任、中央党史研究室原副主任谷安林，中共中央党史研究室原副主任、中共中央文献研究室第一编研部原主任熊华源，中国文联原副主席、中央文史研究馆馆员仲呈祥，原八一电影制片厂厂长、中国电影制片人协会理事长明振江，张宏和许柏林、饶曙光、张思涛、章柏青、江平、李天印、张弛等专家，以及电影主创导演韦廉、编剧林国良、主演王晖等参加研讨会。

【电影《天盖勒》剧本研讨会在京举行】

6月9日，电影《天盖勒》剧本研讨会在京举行。张宏、宋智勤出席研讨会。张思涛、章柏青、张卫、武亚军、林丽宁、李春利等专家围绕剧本进行深入研讨交流。

【《2021中国电影产业研究报告》《2021中国电影艺术报告》在京出版并发布】

6月，《2021中国电影产业研究报告》《2021中国电影艺术报告》正式出版。7月8日，《2021中国电影产业研究报告》《2021中国电影艺术报告》发布暨中国电影产业及艺术发展论坛在北京举行。胡孝汉、张丕民、张宏、闫少非以及邓光辉、谢力、周由强、刘国强等文联各部室负责人出席活动。活动由宋智勤主持。尹鸿、陆绍阳、王红卫、冯伟等专家学者围绕“新百年下中国电影的新格局、新影响”主题展开讨论，探索中国电影如何在变革中寻求发展、寻找机遇，为砥砺前行的中国电影献计献策。

【电影《英雄若兰》观摩研讨会在京举行】

7月12日，电影《英雄若兰》观摩研讨会在京举行。闫少非、宋智勤出席研讨会，章柏青、饶曙光、李道新、梁明、刘琼、李春利、高小立等专家围绕影片进行深入研讨交流。

【《爸爸，我懂你了》电影剧本创作研讨会在京召开】

7月12日，电影《爸爸，我懂你了》剧本创作研讨会在北京召开。张宏参加研讨会。史建全、唐科、叶宁、郁笑沣、张弛、谭华、张洋等就电影故事逻辑、人物塑造、剧作技巧等内容进行研讨交流。

【庆祝中国共产党成立100周年主题电影研讨会在京举行】

7月22日，庆祝中国共产党成立100周年主题电影研讨会在京举行。胡孝汉出席会议并发表讲话。张宏、徐粤春出席会议并致辞。闫少非主持会议。尹鸿、闫玉清、张思涛、马维干、路侃、向云驹、赵卫防、李春利、高小立、马薪蕊从主题立意、艺术特质、创作突破、类型创新等角度，深入探讨建党百年主题电影的风格与特色，深入学习贯彻习近平总书记“七一”重要讲话精神，研究建党百年主题电影现象，为中国电影事业和中国电影产业助力。

【电影《伊水栾山》观摩研讨会在京举行】

7月25日，电影《伊水栾山》观摩研讨会在京举行。闫少非、宋智勤出席研讨会。侯光明、周由强、余宁、刘琼、皇甫宜川、赵卫防、王海洲等专家围绕影片进行深入研讨交流。

【《扶贫干部》电影剧本创作研讨会在京召开】

7月27日，电影《扶贫干部》电影剧本创作研讨会在京召开。张宏、宋智勤出席研讨会。张思涛、史建全、唐科、皇甫宜川、苏宇、郁笑沣、王才涛、张弛等专家及该影片编剧张涛参加研讨交流。

【电影《我们的岁月》观摩研讨会在京举行】

9月18日，电影《我们的岁月》观摩研讨会在京举行。宋智勤出席研讨会。张丕民、章柏青、仲呈祥、喇培康、江平、张卫、梁鸿鹰、李东、于丽、左衡、李春利等专家围绕影片进行深入研讨交流。

【电影《我的体育老师》观摩研讨会在京举行】

10月20日，电影《我的体育老师》观摩研讨会在京举行，闫少非、宋智勤出席研讨会。张思涛、张卫、赵卫防、李道新、许柏林、高小立等专家围绕影片进行深入研讨交流。

【《长津湖》与新时代中国电影创作研讨会在京举行】

12月2日，《长津湖》与新时代中国电影创作研讨会在京举行。胡孝汉、张宏、仲呈祥、王一川、袁新文、胡智锋、贾磊磊、张颐武、周星、李道新等学界专家以及影片出品人、总制片人于冬出席研讨会。与会嘉宾就影片的叙事范式、视听语言、艺术风格与主题表达等方面进行深入交流与探讨，认为《长津湖》是党领导下电影行业充分发挥新时代理论优势、制度优势、组织优势结出的丰硕成果，是一部具有史诗格局、家国情怀、气韵沉雄的战争巨制。

教育与培训

【2021中国网络电影编剧培训班在江西景德镇举办】

由中国影协、江西省文联主办的2021中国网络电影编剧公益培训班于6月21日至25日在江西省景德镇市举办。中国影协分党组副书记、秘书长闫少非，江西省文联主席叶青，景德镇市委常委、宣传部部长刘朝阳出席开班仪式。培训班期间，来自电影编剧界的专家学者、主要视频网站的负责人、资深电影制作人先后讲授《人物塑造的技巧》《网络电影的叙事特征》《网络电影的选题规划》等课程。景德镇市有关专家也为学员讲解景德镇独具特色的陶瓷艺术和“景漂”文化现象。宋智勤在结业仪式上讲话并颁发结业证。

【金鸡青年导演训练营成功举行】

由中国影协与厦门市委宣传部联合举办的金鸡青年导演训练营于4月面向全球华语地区募集短片。9月7日至9月11日，活动邀请尹鸿、叶宁等业内专家从多个角度为学员们答疑解惑；首次开设兼职导师团，邀请董越、姚婷婷等五位著名导演担任监制导师，对50位青年导演进行线上一对一辅导。12月29日，五位青年导演的短片作品《热带气旋》《面馆》《莎鲨》《嗔拳》《窗》举办首映仪式。五部短片聚焦婚姻家庭、养老、网络暴力、女性独立等社会热点问题，引起在场嘉宾和观众的热烈反响。

【金鸡电影创投大会中期路演在京举办】

10月11日至13日，2021年金鸡电影创投大会中期路演在北京举办。张宏、孙崇磊、宋智勤、郑阳等出席活动。王红卫、尹香今、叶宁等22位金牌制片人评审团评委出席中期路演活动。经过3天的激烈角逐，选出TOP30强项目进入下一轮评审。

【青年编剧创意工坊成功举行】

青年编剧创意工坊于5月面向全国招募青年编剧及定向作品。11月2日至5日，活动邀请任仲伦、苏小卫、束焕、郑大圣等专家为青年编剧讲授《做有信仰、有情怀、有担当的文艺家》《编剧道德素养与电影题材方向的把握》等课程。通过专业辅导，帮助青年编剧们提升创作水准，树立正确价值观、职业观、人生观。

【全国电影经纪人培训班线上举办】

11月22日至23日，电影经纪人培训班在线上举办，全国400余名电影经纪人参加本期培训。张宏做开班动员，希望参加培训的学员坚持思想引领，把思想和行动统一到习近平新时代中国特色社会主义思想上来；树立担当意识，增强繁荣发展中国电影的责任感和使命感；提升职业素养，在工作中弘扬清风正气、保持良好心态。

【中国青年电影编剧扶持计划在京举行】

12月9日至12日，中国青年电影编剧扶持计划携手华语青年电影周“猎鹰计划”项目创投活动在京举行。活动邀请郭俊立、孟中、张献民、顾峥、于帆、黄石、柏邦妮7位业界资深导演、编剧、策划及学院教师，对往届“猎鹰计划”报名项目人进行非公开线上直播活动，总观看量达7000人次。直播课后，7位导师与15强项目进行“一对一”的剧本深度辅导，为青年影人们提供深度交流的机会。

【宣传与发行网络培训班线上举办】

12月6日至12月12日，宣传与发行网络培训班在线上举办。培训班面向全国招收585名学员，通过邀请支菲娜、黄群飞、刘嘉、刘歌、司若、彭侃、刘鹏等专家，讲授《宣发新机遇与职业素养提升》《电影市场分析》《新媒体营销策略》等专业宣发课程，围绕中国电影行业政策研读解析。

对外及对港澳台文化交流

【粤港澳大湾区电影交流与合作主题发布活动在广州举行】

2月18日，适值《粤港澳大湾区发展规划纲要》正式发布两周年。“人文湾区　光影筑梦——粤港澳大湾区电影交流与合作主题发布活动”于当天上午在广州大剧院举行。张宏通过视频发表致辞。他表示，《粤港澳大湾区发展规划纲要》实施以来，随着粤港澳三地的文化交流合作的不断深入，尤其是在影视制作生产、电影人才交流等方面的持续沟通，在进一步推进粤港澳大湾区人文交流、凝聚人心共识，特别是推动青少年交流交往和交心交融等方面具有显著作用。

【全国政协委员霍启刚赴京拜会中国影协】

3月11日，张宏与全国政协委员、香港文联常务副会长霍启刚，中央政府驻港联络办宣文部处长彭婕，国务院港澳事务办公室交流司处长茆蓉娅在中国影协进行友好会谈。杨烨等有关同志参加会面。双方围绕香港电影产业发展现状、大湾区影视基地规划及加强合作等事宜展开交流，并达成初步合作意向。

【澳门影业协会赴京拜会中国影协】

5月19日，澳门影业协会会长钟楚乔、秘书长黄乐欣一行拜会中国影协，双方就电影节展互访、青年电影人才培养、短片季推介等达成合作意向。

【第二届金鸡海峡两岸暨港澳青年短片季在厦门举办】

6月至12月，由中国影协主办的第二届金鸡海峡两岸暨港澳青年短片季成功举办。在首届海峡两岸青年短片季的基础之上，第二届短片季优化赛制扩大活动范围，辐射港澳地区及全球华语青年电影人，设置作品征集、评选、青年导演训练营、导师监制工作坊、金鸡首映五大核心环节，有效促进青年电影创作者交流合作，引领台港澳地区青年电影人融入国家电影发展大局，培育中国电影新生力量。

【中国影协领导线上参与伊朗“中国电影研讨日”活动】

10月28日，中国驻伊朗大使馆在伊朗艺术研究院举办“中国电影研讨日”活动。闫少非通过视频发表致辞，祝贺中伊建交50周年，祝愿中伊两国进一步加强电影交流与合作。

【2021中国金鸡海外影展在白俄罗斯明斯克举办】

11月20日至11月26日，第27届“落叶时节”明斯克国际电影节在明斯克举办。电影节期间，中国影协举办2021中国金鸡海外影展（白俄罗斯），展映《中国医生》《白云之下》《少年的你》《流浪地球》《白蛇缘起》等优秀国产电影。此外，中国影协推荐相关影片参与评奖，影片《又见奈良》女主角吴彦姝荣获“最佳女主角奖”。

机关建设

【中国影协荣获表彰】

2021年1月，中国影协被评为中国文联创建模范机关先进单位。

【中国影协召开2021年度全面从严治党工作部署会】

4月2日，中国影协分党组，中国影协机关全体干部，中国文联电影艺术中心全体干部，中国电影出版社有限公司、大众电影杂志社、金鸡百花影城领导班子成员共同召开了中国影协2021年度全面从严治党工作部署会。分党组与各部门、各单位主要负责同志签署了落实《全面从严治党主体责任责任书》，传达了李屹在中国文联全面从严治党工作部署会上的讲话精神，并部署了2021年中国影协全面从严治党工作。

【中国影协精心组织开展“党史学习教育”实践活动】

根据中央统一部署和上级通知要求，中国影协从4月起开展“党史学习教育”实践活动。活动期间，研究制定《中国影协党史学习教育实施方案》，从重大意思、目标要求、学习内容、工作安排、工作要求等五方面明确具体职责，并成立协会“党史学习教育”领导小组及领导小组办公室，负责活动的督导和落实。活动通过理论学习中心组、专题培训班、集中学习、党员自学、专家解读、党史征文、参观见学、知识竞赛、观看影片等一系列活动，帮助广大党员做到学史明理、学史增信、学史崇德、学史力行，引导增强“四个意识”、坚定“四个自信”、做到“两个维护”，不断提高广大党员干部的政治判断力、政治领悟力、政治执行力。

【中国影协扎实开展“我为群众办实事”实践活动】

根据上级相关工作要求，中国影协从4月起开展“我为群众办实事”实践活动，研究制定《中国影协“我为群众办实事”实践活动工作方案》，成立协会领导小组和领导小组办公室，并围绕调查研究、探班一线、创作扶持、会员服务、职业建设、搭建平台、开展活动、其他事项等方面形成了8大方面32个小项的具体办实事活动内容。活动截至12月底，各项工作均已落实完成。通过此项活动，协会系统各部门立足本职岗位，遵循为人民服务、为服务对象服务的宗旨，发挥好共产党员先锋模范作用，切实为基层干部群众和服务对象解决实际困难。

【走访慰问老党员并颁发“光荣在党50年”纪念章】

在建党百年前夕，中国影协组织全体领导班子成员对党龄在50年以上的老党员进行走访慰问，向他们送去节日问候和诚挚祝福，并为他们颁发了“光荣在党50年”纪念章和慰问金。截至6月底，走访慰问老党员16人，颁发纪念章16枚。

【党史学习教育主题党日系列活动在京举办】

4月20日至21日，中国影协机关党委联合协会工会、青联，开展党史学习教育主题党日系列活动。先后组织参观了香山革命纪念馆和平北红色第一村。通过此次活动，进一步夯实党史知识，传承红色基因，激励干部职工努力在本职工作上发光发热，为电影事业发展和影协工作贡献力量。

【中国影协党史学习教育专题辅导讲座在京举办】

5月11日，中影艺术委员会主任兼集团副总经理江平在中国影协作了题为《讲百年党史 看红色电影》的专题辅导。胡孝汉以及中国视协、《中国艺术报》社、中国文联网络文艺传播中心部分党员代表参加讲座。讲座认为，党史中的重大事件、重点人物、重要精神，都有电影反映；要从电影精品中学习党的历史，从党的历史中感受电影业绩。胡孝汉还对影协工作提出了具体要求。

【中国影协党史学习教育专题党课在京举办】

6月23日，张宏在中国影协作了题为《从上海到兴山 党领导的光辉电影历程》的专题党课。党课中，张宏通过讲解在新中国建立前党领导下的电影发展的践行历程，积极引导影协干部职工铭记历史、珍惜现在、认真工作，要在新时代发展浪潮中勇担重任，为中国电影事业发展作出贡献。

【中国影协全体党员大会在京召开】

7月22日，中国影协机关委员会全体党员大会在京召开。会议上，开展机关党委、纪委换届选举。经过无记名投票和差额选举，王钦仁、闫少非、宋智勤、高金明、黄凰、常润楷、彭清明当选为机关党委委员；王思瑶、王夏颖、李杰、苗卉、常润楷当选为机关纪委委员。

【中国影协理论学习中心组专题研讨（扩大）会暨学习习近平总书记“七一”重要讲话精神心得体会交流活动在京举办】

为深入学习宣传贯彻习近平总书记在庆祝中国共产党成立100周年大会上的重要讲话精神，8月26日，中国影协理论学习中心组召开专题学习研讨（扩大）会暨学习习近平总书记“七一”重要讲话精神心得体会交流活动。活动由张宏主持，中国影协领导班子成员，协会机关各部门负责人以及下属单位主要负责同志，各在职党支部书记和党员代表参加活动。活动上，传达学习了《李屹书记关于学习习近平总书记“七一”重要讲话的辅导报告》。各在职党支部党员代表就近期学习习近平总书记“七一”重要讲话精神心得体会进行交流发言。

【中国电影出版社有限公司党员大会在京召开】

11月19日，中国电影出版社有限公司党总支召开党员大会，选举中国共产党中国电影出版社有限公司第一届委员会。经过无记名投票和差额选举，朱虹子、王钦仁、汪帅红、王江华、寇咏当选为党委委员。

直属单位

【中国电影出版社有限公司】

2021年，出版社以习近平新时代中国特色社会主义思想为指导，贯彻落实中办、国办《关于加强和改进出版工作的意见》，贯彻落实中国文联党组书记、副主席李屹2月3日批示精神，领导班子勇于担当，勤廉奋进，既只争朝夕抓机遇，又注重夯实基础谋长远，广大干部职工积极作为、凝心聚力，企业文化和社会形象进一步好转，经济实力迈上新台阶。

公司以党的建设为统领，以成立公司党委为契机，制定并通过公司新的五年发展规划，全面推进各项管理制度体系建设，拟定多项管理办法及规章制度，积极推进薪酬改革及绩效考核工作，采取部门预算管理制度，将新版财务管理软件融合进入图书业务ERP管理系统。

图书主业方面，公司严格落实意识形态责任制和“三审三校”制度，以主题出版为重点，以电影专业出版为根基，取得突破性发展。全年图书生产码洋8777万元，较2020年增长463%，生产规模创造新高。主题出版成为突破口，策划出版“看电影连环画学党史·100部红色经典”大型丛书，并向西部校园捐赠上述图书1万套（100万册），价值2800万元。多部图书获得各类奖项8项。出版了《拯救与困惑——中国早期电影中的女性悲剧（1905-1945）》《中国电影传播史1949—1979》等重点图书。

期刊出版方面，2021年稳步推进《环球银幕》团队单独核算、自负盈亏的改革工作，杂志全年收支状况较2020年大有好转。在保持发行稳定的前提下，参与策划了“环球银幕之窗”专题活动，推出了文创产品《看一年好电影》电影周历，获得好评。

品牌运营方面，公司以金鸡奖品牌运营为抓手，积极扩大对外合作，新业务板块取得扎实的业绩。电影《没有一个春天不会来临》已申领龙标，计划2022年春天公映；电影《歌唱我的祖国》已获立项，电影《翔宇风华》进入立项申报阶段；动画电影《幸福的宝莲灯》、院线电影《密电码》进入剧本创作阶段。

【中国文联电影艺术中心】

2021年，中国文联电影艺术中心在中国文联和中国影协的领导下，聚焦党和国家中心任务，紧扣巡视整改工作要求，主动担当、敢于作为，认真履职尽责，在主题实践、志愿服务、教育培训、期刊编辑、理论评论等方面积极作为、扎实推进，团结凝聚广大电影工作者，以实际行动参与抗击疫情的伟大斗争，助力乡村振兴，以优秀作品彰显中国精神、弘扬中国价值，全年工作取得明显成效。

第一，坚持以政治建设为统领，用党的创新理论武装头脑、指导实践。认真落实习近平总书记关于文艺工作重要论述和推进电影事业发展重要指示精神，及时传达上级文件和会议精神，组织党员干部理论学习，把巡视整改与做好疫情防控、日常工作紧密统一起来，深刻领悟“两个确立”的决定性意义，牢固增强“四个意识”、坚定“四个自信”、做到“两个维护”。

第二，坚持落实意识形态主体责任，发挥自有舆论阵地作用，把好正确舆论导向。所属的《电影艺术》《世界电影》《中国电影产业研究报告》《中国电影艺术报告》在引领学术动向、带领学术发展方面搭建良好平台。进一步增强协会信息化建设和网络安全保障能力，把握信息发布流程，审核发布内容，做好影协微信公众号的日常运维工作。

第三，自觉站在党和国家大局上谋划工作，把人民作为电影表现主体和服务对象，找准切入点，定准主旋律。聚焦建党百年、抗疫、脱贫攻坚、文艺志愿服务、冬奥等重大主题、时间节点开展各项工作，取得较大影响。

第四，坚持改革创新，将促进优秀作品创作作为中心环节，推动建立科学完善的推优推介评价体系。举办中国电影金鸡奖、大众电影百花奖研究课题、2021年中国金鸡百花电影节论坛、金鸡电影创投大会、“影协杯”年度优秀电影剧作推选活动、各类电影研讨会等，提升评论工作说服力、战斗力、影响力，也为行业发展献言献策。

第五，坚持发挥桥梁纽带作用，把牢做人的工作核心任务，广泛团结凝聚电影工作者，把各专委会、青年、新文艺群体作为重点对象，夯实工作基础，创新联络方式，拓宽工作覆盖，取得新的进展。

【《大众电影》杂志社】

始终坚持正确的政治导向。杂志社围绕党和国家重大宣传时间节点，突出做好相关专题主题编辑出版工作，完成了多个重点选题的策划与制作，其中大型报道如下：“庆祝建党百年”“抗疫”“脱贫攻坚”“冬奥会”等专题报道；著名电影艺术家的宣传；新媒体积极推送主题创作内容；中国金鸡百花电影节的大型报道。2021年，杂志社继续与“学习强国”平台合作，每期《大众电影》杂志内容皆向该平台推荐，并在其一级栏目——电影栏目中登载。

杂志内容合作方面：2021年，杂志每期持续开设“光影厦门”栏目，宣传金鸡奖举办地厦门市电影创作和电影产业、电影事业的发展进程。

从服务电影工作者、服务人民群众出发，杂志社成功申请中宣部“服务基层，赠刊惠民”项目。该活动通过多种方式向边远基层地区和海岛边防赠送《大众电影》杂志，以丰富贫困和少数民族地区民众、边防一线战士的文化生活；同时向金鸡奖举办地的基层读者赠送杂志，活跃电影文化，促进主流文化的丰富发展。

【北京电影家俱乐部有限责任公司】

政治理论学习和党建工作建设方面，俱乐部按照中国影协分党组要求，加强政治理论学习，将党建工作放在首位，不断提高职工政治思想水平；利用影城平台做好意识形态宣传，推动主题宣传教育常态化、制度化；设定主旋律影片排片总体目标，积极组织策划纪念建党百年爱国主义影片《悬崖之上》《革命者》《1921》等观影活动，观影人次占比35%，取得了社会效益和经济效益双丰收。

经营性工作方面，2021年俱乐部实现票房收入910万元，放映影片225部，放映场次12610场，观影人数20余万人，在北京市252家影城中排名靠前，并获得国家和北京市电影专资专项奖励。

安全服务保障方面，俱乐部严格执行防疫规定，开展多期消防安全知识、防疫知识培训，确保全年安全经营零事故。同时为中国影协及下属单位提供会议、培训保障服务共137场，会员观影23场，学术研讨会、审片放映服务27场，并负责横幅、桌签及相关物品采购服务工作；配合评奖部完成金鸡奖初选178部影片拷录、试播、放映服务工作；完成电影节艺术家下基层3场公益慰问活动，得到中央及地方媒体广泛报道，产生良好的社会效益，协助机关后勤服务保障及对外社会公共关系维护等工作。

中国音乐家协会

综　述

2021年，是中国音协历史上具有特殊意义、极为充实、激情奋进的一年。一年来，在中国文联党组的坚强领导下，中国音协以习近平新时代中国特色社会主义思想为指导，团结带领全国音协系统、动员引导广大音乐工作者，深入学习贯彻党的十九大和十九届中央历次全会精神，贯彻落实第十一次全国文代会、全国宣传部长会议精神，紧扣庆祝党的百年华诞这条主线，强基固本、守正创新，勇担使命、积极作为，为繁荣新时代音乐事业，满足人民群众美好生活新期待作出了积极贡献。

会议与活动

【中国音协第九次全国代表大会】

2月1日至2日，中国音协第九次全国代表大会在北京召开。来自全国各省区市和新疆生产建设兵团、中央国家机关等单位以及港澳台地区的400余名音乐工作者代表参加会议。中共中央政治局委员、中央书记处书记、中宣部部长黄坤明出席大会开幕式并讲话。会议审议通过了中国音协第八届理事会工作报告，修改了《中国音协章程》，选举产生了208人组成的中国音协新一届理事会。会议期间举行的中国音协第九届理事会第一次会议选举产生了由15人组成的新一届主席团。叶小钢当选中国音协第九届主席，韩新安（驻会）、王黎光、李心草、杨燕迪、何沐阳、余隆、宋飞（女）、张也（女）、张千一、张国勇、俞峰、戚建波、雷佳（女）、廖昌永当选副主席（以姓氏笔画为序）。推举吴祖强、赵季平为名誉主席；聘请才旦卓玛（女，藏族）、王世光、王立平（满族）、王次炤、关峡（满族）、关牧村（女，锡伯族）、孙慎、李谷一（女）、吴雁泽、谷建芬（女）、陆在易、陈永华、努斯勒提·瓦吉丁（维吾尔族）、金铁霖（满族）、孟卫东、赵塔里木、徐沛东、鲍惠荞（女）、谭利华为顾问（以姓氏笔画为序）。任命韩新安为中国音协第九届秘书长，王宏、张天文、熊纬为副秘书长。

【“音乐领域迎合娱乐化欣赏现象”专题调研座谈会】

针对中央巡视意识形态工作责任制专项检查反馈意见指出的“音乐领域有迎合娱乐化欣赏现象”问题，按照中国文联党组“做好调查研究，广泛听取意见建议，制定有效整改措施”的部署要求，2月22日，中国音协以视频会议的形式召开了“音乐领域迎合娱乐化欣赏现象”巡视整改专题调研座谈会。何沐阳、黄宗权、项筱刚、李广平、金旭庚、王恒、杨启舫等业界专家学者，围绕“音乐领域有迎合娱乐化欣赏现象”的深层次原因和主要表现，以及有效改善和解决音乐领域迎合娱乐化欣赏问题，结合各自工作和研究领域进行了深入研讨和交流。

【2021年全国音协工作会议】

为深入学习贯彻习近平新时代中国特色社会主义思想，特别是习近平总书记关于文艺工作的重要论述精神，贯彻落实全国宣传部长会议精神和中国文联十届六次全委会工作部署，在全党上下深入开展党史学习教育，喜迎庆祝建党百年的浓厚氛围下，2021年全国音协工作会议于3月16日至17日在贵州省贵阳市召开。来自全国31个省区市音协、新疆生产建设兵团音协、5个产行业文联音协、5个计划单列市音协负责人齐聚一堂，凝聚思想共识、交流分享经验、共谋发展大计。贵州、北京、上海、广东、山东、湖南、湖北等7个省市音协负责人作了交流发言，从不同侧面、不同角度介绍了工作思路和经验体会。全体与会代表围绕推动新时代音乐事业和音协工作进行了深入讨论交流。

【中国音协“金钟之星”艺术团深入贵州铜仁慰问演出】

为深入贯彻落实习近平总书记在贵州考察时的重要指示精神，助力乡村振兴，更好满足人民群众美好生活期待，庆祝中国共产党成立100周年，在全党上下深入开展党史学习教育之际，由中国音协、贵州省文联、铜仁市委市政府主办的“向人民汇报——中国音协‘金钟之星’艺术团送欢乐下基层慰问演出”，3月20日在贵州省铜仁市玉屏侗族自治县乡村旅游示范点田坪镇易地扶贫搬迁安置点举行，张也、吕继宏、黄华丽、王二妮、呼斯楞、王泽南、黄训国、蔡静雯、喻越越、周澎、孔庆学、李进军、李童、历锦艳等全国知名艺术家，携手铜仁本地优秀文艺表演团队，带来精彩纷呈的文艺节目，为当地群众送上美好祝福。同时以小分队的形式，深入铜仁市碧江区灯塔办事处矮屯社区，把精美文化食粮送到社区群众身边。

【中国音协弦乐学会成立大会及庆祝音乐会】

为推动新时代我国弦乐艺术事业的创新发展，发挥专业学会组织优势和整合效力，4月3日，中国音协弦乐学会成立大会在北京成功召开，来自全国弦乐界的121名代表出席会议。大会通报了中国音协弦乐学会的筹备情况，审议通过了《中国音协弦乐学会章程（草案）》，选举产生了164名第一届理事会理事和第一届领导机构。刘云志当选为会长，童卫东当选为常务副会长，吕思清、苏贞、李开祥、李继武、何荣、侯俊侠、俞明青、徐惟聆、梁大南当选为副会长。当晚，由中国音协弦乐学会室内乐团带来的“弦动我心——庆祝中国音协弦乐学会成立音乐会”在北京音乐厅举行，同时进行网络直播，在线观看总人数达1250万。音乐会上还特别设置荣誉职务颁授仪式，突出传承引领，向长期以来辛勤耕耘在弦乐领域，德高望重、德艺双馨的老艺术家致敬。为胡惟民、陈圆、王冠、关庆武、丁芷诺、沈西蒂、朱耀熹、赵薇、厉学科等9位中国音协弦乐学会顾问颁发了荣誉证书。

【大型原创交响合唱《百年放歌》音乐会】

为庆祝中国共产党成立100周年，由中国文联、中国音协共同举办的大型原创交响合唱《百年放歌》，5月19日晚在国家大剧院音乐厅精彩呈现。演出以建党百年的重大历史节点为脉络和依据，以当代视角回望历史、展望未来，由序、上篇《光荣之路》、下篇《破浪远航》和尾声四个部分构成，16首原创音乐作品采用合唱、领唱、独唱、重唱、情景演唱等多种声乐表演形式首次唱响，热情讴歌百年来中国共产党为人民谋幸福、为民族谋复兴、为世界谋大同的丰功伟绩，生动展现各族人民在党的领导下意气风发追求美好生活的精神风貌，激励中华儿女在新时代长征路上砥砺奋进。百年长路，苦难荣光。廖昌永、王丽达、王庆爽、石倚洁、吴碧霞、周晓琳、王传越、薛皓垠、黄训国、杜朋朋、马小明、沈洋、王凯、尉金莹、毛一涵、金郑建、李扬、贾贝利、陈淼、徐晶晶、山水组合等歌唱家参加演出，中央音乐学院交响乐团、中央音乐学院合唱团、爱乐男声合唱团、北京音协合唱团担任演出乐团和合唱团。音乐会由中央电视台录制播出，《新闻联播》给予报道。

【“永远的小白杨”——阎维文民族声乐大师班士心作品音乐会】

5月23日，由中国音协主办、司麦澳（北京）文化艺术有限公司出品的“‘永远的小白杨’阎维文民族声乐大师班士心作品音乐会”在国家大剧院音乐厅举办。著名男高音歌唱家阎维文带领阎维文民族声乐大师班的60余位优秀学员，演唱了已故著名作曲家士心的多首优秀作品。音乐会由原总政歌舞团副团长刘炽炎和原总政歌舞团著名主持人刘小娜担任主持，大同市歌舞剧院交响乐团担任乐队演奏，著名指挥家彭家鹏执棒。

【《我笃信你》——原创组歌交响音乐会】

为庆祝中国共产党成立100周年，由广州市委宣传部、中国音协联合推出的《我笃信你》——原创组歌交响音乐会，5月25日在北京中山公园音乐堂举办。组歌由中国音协副主席、著名作曲家何沐阳倾情创作，分5个篇章、共12首歌曲。演出由中央广播电视总台节目主持人孙晓梅和李佳明联袂主持。中央歌剧院交响乐团首席指挥杨洋执棒，中央歌剧院交响乐团、中央歌剧院合唱团、北京天使童声合唱团担任演出乐团和合唱团。参加演出的有孙楠、刘和刚、王庆爽、黄训国、刘惜君、孙伯伦、张赫宣、王紫凝、刘牧洲、王莹、赵超凡、李文豹、殷浩伦、刘美麟、路加、孙大岗、苏雅、色音、卡米然、欧阳颖琦等。音乐会通过腾讯视频全用户Push推荐，累计曝光量超过1.1亿次，网络直播观看在人数超过2000万。

【原创交响合唱组歌《中国精神》音乐会】

为庆祝中国共产党成立100周年，由中国音协、山东省委宣传部、福建省委宣传部联合推出的原创交响合唱组歌《中国精神》，6月6日晚在中国国家博物馆精彩呈现。原创交响合唱组歌《中国精神》由中国音协副主席、著名作曲家戚建波担纲作曲，著名词作家车行作词，具本哲、杨一博担任编曲。演出由中国音协副主席、著名指挥家张国勇担任指挥，中国爱乐乐团与中央音乐学院合唱团、北京音协合唱团担任演奏和演唱。组歌《中国精神》以建党百年来在波澜壮阔的历史进程中诞生的以爱国主义为核心的民族精神和以改革创新为核心的时代精神为脉络，回溯历史、展望未来。组歌由序曲、上篇、下篇和谢幕曲4个部分构成，20首原创音乐作品采用多种表现形式激情唱响，热情讴歌了中国共产党在长期奋斗历程中形成的优良传统和革命精神。音乐会网络直播观看人次超1.25亿人次，评论及热词互动超367万条，线上直播端内外传播覆盖用户群超2.5亿人次。

【《各族儿女心向党》歌舞晚会】

为庆祝中国共产党百年华诞，由中国文联、中国音协、中国舞协共同主办的“各族儿女心向党”歌舞晚会，7月5日晚在北京民族剧院举办。晚会以庆祝建党百年为主题，以中国文联、中国音协、中国舞协“深入生活、扎根人民”主题实践活动为线索，以音乐舞蹈为载体，分为“跟党同行”“深扎铸魂”“血脉相通”以及尾声“心声”四个板块，集中呈现了中国文联、中国音协、中国舞协近年来组织知名音乐、舞蹈艺术家赴西藏、内蒙古、广西、云南、青海、宁夏、甘肃、新疆等少数民族地区开展采风创作的14部优秀音乐舞蹈作品。演出会聚了240余名艺术家倾情献艺，黄训国、于海洋、马小明、赵越、云飞、孔庆学、“彝彩妹妹”组合、陈子文、韦晴晴、黄金、覃可心等青年歌唱家，吕萌、古丽米娜等知名青年舞蹈家，与来自北京舞蹈学院、中央民族大学舞蹈学院、东北师范大学音乐舞蹈系、北京歌剧舞剧院、上海戏剧学院附属舞蹈学院、沈阳音乐学院舞蹈学院、厦门小白鹭民间舞艺术中心的舞蹈演员，共同为首都观众献上了一场精美的歌舞盛宴。

【音乐界学习贯彻习近平总书记“七一”重要讲话精神座谈会】

为大力营造学习贯彻习近平总书记“七一”重要讲话精神的浓厚氛围，团结引领广大音乐工作者从党的伟大成就和百年奋斗史中汲取力量、鼓舞斗志，7月16日，中国音协在京召开音乐界学习贯彻习近平总书记“七一”重要讲话精神座谈会。中国文联党组成员、副主席李前光，中国音协部分在京主席团成员叶小钢、戚建波、何沐阳，老中青三代词曲作家、指挥家、歌唱家代表王晓岭、于海、么红、刘和刚、杨启舫、栾凯、王丹红、杨一博、王泽南、孟文豪等，新兴音乐群体代表乌兰图雅，中国音协领导班子成员、处以上干部参加座谈会。叶小钢、戚建波、王晓岭、于海、何沐阳、刘和刚、栾凯、王丹红、杨启舫、孟文豪结合参加庆祝建党百年文艺演出《伟大征程》和中国文联、中国音协系列庆祝建党百年主题音乐活动的主创及演出实践，畅谈了学习讲话的心得体会，并就新征程上音乐艺术更好发挥强信心、聚民心、暖人心、筑同心的独特作用表达了决心和信心。

【2021中国青岛合唱大会】

7月23日至27日，由中国音协、青岛市委宣传部指导，中国音协合唱联盟、山东省音协、青岛市文化和旅游局、即墨区人民政府联合主办的2021中国青岛合唱大会成功举办。来自全国19个省市区的40支合唱团2000多名合唱演员和多名合唱界专家一起，通过专场音乐会、展演、巡演、专家讲座等丰富多彩的形式，带来了14场精彩合唱活动。通过线上线下多种形式的展现，让观众感受到了合唱的魅力。

【修身守正立心铸魂——音乐界行风建设工作座谈会】

8月25日，中国音协在京召开“修身守正立心铸魂——音乐界行风建设工作座谈会”。会议针对“饭圈”文化、“顶流”现象等问题和近期文艺界及娱乐圈集中出现的违法失德现象开展座谈交流，进一步团结引导广大音乐工作者自觉践行社会主义核心价值观和文艺界核心价值观，辨是非、守底线、遵法纪，讲品位、讲格调、讲责任，坚持修身守正，追求德艺双馨，用明德引领风尚，承担培根铸魂的神圣职责，做有信仰、有情怀、有担当的新时代文艺工作者。雷佳、关牧村、李心草、舒楠、李广平、刘和刚、何沐阳、王小玮、乌兰图雅、项筱刚、甲丁、于海、宋飞、皓天、金兆钧等音乐家代表先后发言。大家表示，文艺是铸造灵魂的工程，文艺工作者是灵魂的工程师。新时代音乐工作者要倍加珍惜党和人民给予的荣誉与关爱，大力践行“爱国、为民、崇德、尚艺”的文艺界核心价值观，自觉遵守《中国音乐工作者自律公约》，做到知敬畏、存戒惧、守底线。要尊重艺术规律，抵制急功近利，自觉把创作无愧于时代、无愧于人民的优秀作品作为崇高追求，以高尚的职业操守、良好的社会形象、文质兼美的优秀作品赢得人民喜爱和欢迎。会上宣读了《修身守正 立心铸魂——致广大文艺工作者倡议书》，与会音乐家代表在《倡议书》上签名。

【“我们的中国梦——文化进万家”中国音协新兴音乐群体轻骑兵赴天津蓟州慰问演出】

9月23日，在第四个中国农民丰收节来临之际，由中国音协、天津市蓟州区委宣传部、天津市蓟州区人民政府办公室、天津市蓟州区农业农村委、天津市蓟州区文化和旅游局主办，天津市蓟州区官庄镇人民政府、天津市蓟州区融媒体中心承办的“我们的中国梦——文化进万家”中国音协新兴音乐群体轻骑兵文艺演出在天津蓟州区举行。本次演出以《中国歌最美》《丰收歌》《在希望的田野上》等经典歌曲和专门为蓟州创作的歌曲《西磨道》共14个文艺节目向蓟州区人民呈现一场欢庆丰收的文艺大联欢。

【第十三届中国音乐金钟奖】

10月16日至24日，由中国文联、中国音协主办，成都市人民政府承办的第十三届中国音乐金钟奖在成都举办。本届金钟奖以“百年华诞 盛世金钟”为主题，举办了包括开闭幕式音乐会，“金钟之星”器乐、声乐专场音乐会，中国爱乐乐团、深圳交响乐团、广州交响乐团、上海交响乐团专场音乐会，献礼党的百年华诞，这也是国内五大顶级交响乐团首次会聚金钟奖。为贯彻落实中央和中国文联有关要求，本届金钟奖在选拔程序、赛制流程、赛场协奏等方面进行了创新完善，委托全国专业音乐院校、团体会员、主席团、著名音乐家等4个渠道推荐产生评委人选，4个比赛项目首次全部实行现场选拔、首次引用电子打分系统，复赛评审采取盲听方式，半决赛、决赛时现场打分、现场报分、直接公布打分结果，监审委员会功能日益凸显。一系列改革措施提升了赛事的科学性、专业性和艺术性。评委推荐、评委库的形成、评委抽取等工作均在文联国内联络部和机关纪委全程指导监督下完成，比赛的公平公正性得到进一步彰显。声乐决赛首次实现全部由交响乐团伴奏，古筝比赛曲目首次实行委约作品等，凸显了国家级音乐大奖的规格与水准。本届金钟奖设声乐（美声、民族）比赛、钢琴比赛、古筝比赛4个项目，共有20名优秀选手脱颖而出（名单附后）。本届金钟奖央视新闻频道8次专题报道，各种短视频在上百个官方短视频平台投放，抖音播放量突破1亿次，20余个新媒体平台对54场赛事及演出活动进行网络直播，累计观看量超过4.5亿人次。

第十三届中国音乐金钟奖获奖选手名单

钢琴组

孙麒麟　四川音乐学院选送
俞易辰　中央音乐学院选送
郝一雷　中央音乐学院选送
唐小舒　上海音乐学院选送
沈天琳　中央音乐学院选送

古筝组

曹照照　中国音乐学院选送
李　寒　中央音乐学院选送
王　钰　中央音乐学院选送
张佳康　中央音乐学院选送
李寒月　上海音乐学院选送

声乐（美声）组

刘　涛　浙江音乐学院选送
石　琳　中央音乐学院选送
陈泳汐　武汉音乐学院选送
王　博　浙江音乐学院选送
张　媛　中央音乐学院选送

声乐（民族）组
张明旭　青海省音协选送
李佳蔚　上海音协选送
李　扬　中国铁路文工团选送
张　宇　四川音乐学院选送
冯金伟　陕西省音协选送

【中国音协主席团学习贯彻习近平总书记在中国文联十一大、中国作协十大开幕式上的重要讲话和十九届六中全会精神专题座谈会】

按照中国文联党组统一部署，12月22日，中国音协主席团学习贯彻习近平总书记在中国文联十一大、中国作协十大开幕式上的重要讲话和十九届六中全会精神专题座谈会在中国文艺家之家召开。会议以线上线下相结合的方式举行，中国音协主席团成员、中国音协领导班子成员结合艺术实践和工作实际，以不同形式交流了学习习近平总书记重要讲话的心得体会。大家表示，一定要认真学习、深刻领会、全面贯彻落实习近平总书记重要讲话精神，把党中央的殷切期望和人民群众的热切期待内化于心、外化于行，胸怀“两个大局”、心系“国之大者”，以高度的政治站位和文化自信，自觉肩负起举旗帜、聚民心、育新人、兴文化、展形象的使命任务，为推进社会主义文化强国建设，全面建设社会主义现代化国家，实现中华民族伟大复兴的中国梦作出新的更大贡献。

创作与研究

【“百年百首”全国优秀新创歌曲征集活动】

为庆祝中国共产党成立100周年，中国音协主办了“百年百首”全国优秀新创歌曲征集活动。该活动自3月1日启动以来，得到了全国广大音乐工作者和中国音协各团体会员的积极响应，创作热情空前高涨。经过著名词曲作家、文化学者和网络媒体、新兴音乐群体代表等共同组成的评委会公平、公正地初评、复评、终评并经公示后，最终产生全国优秀新创歌曲100首，《歌曲集》由人民音乐出版社出版发行。

【“听见中国听见你”2021年度优秀歌曲推选活动结果揭晓】

7月18日，中国音协官方微信发布中国当代歌曲创作精品工程——“听见中国听见你”2021年度优秀歌曲推选活动评选结果，20首优秀歌曲从全国报送的303首作品中脱颖而出（名单附后）。活动秉承初创以来“公平、公正、公开”的评审纪律和“思想精深、艺术精湛、制作精良”的推选原则，5月初至6月底，共组织了四轮（五次）线上线下评审会，累计有近百位评委参与评审工作。中国音协为庆祝中国共产党成立100周年委约创作的大型原创交响合唱《百年放歌》（含16首声乐作品），以及合唱歌曲《中国精神》、独唱歌曲《我笃信你》入选本届“听见中国听见你”特别贡献原创作品（名单附后）。

中国当代歌曲创作精品工程“听见中国听见你”2021年度优秀歌曲（排名不分先后）

序号	歌曲名称	作词	作曲	演唱
1	连心歌	张名河	傅　滔	张　也
2	光芒	刘少雄	陈超超	陈超超
3	我要跟着你	陈　珂	刘　翔	崔余意
4	追光者	陈晓涛	龚佩燕	玛迪娜•都曼
5	远山花	邓成彬	薛永嘉	蔡　婧
6	有梦就要闯	杨启舫	戚建波	汤子星
7	誓词	李俊伟	鄂　矛	王传越 孙媛媛
8	你是一棵树	罗章斌 李树琼	利宇翔	师　鹏
9	中国和我	玉镯儿	王　龙	于海洋
10	有你就幸福	周　兵	李凯稠	李昕融 叶泳汩
11	党的光辉亚克西	良　朋	孟文豪	西尔艾力 于东尼
12	山水布依	娄刚毅	娄刚毅	黄霄云
13	畲山的呼唤	徐阡寒	安建华	继凯龄
14	饮水思源	王晓岭	潘庆蓓	王丽达
15	父辈们	杨玉鹏 武洪昌	薛永嘉	周　澎
16	唱支侗族大歌献给党	谭周易	张长松	张芝明
17	阳台的花儿开了	王永平	曹冠玉	雷　晨 彭清清 李姝锜
18	带上爹妈来北京	袁晨光	孔　玉	王紫菲
19	大海知道我走了多远	邓永祥	杨曦文	石　头
20	铭刻	杨琳擘 裴佳兴	崔　哲	王庆辉 李　雷

中国当代歌曲创作精品工程“听见中国听见你”2021年度特别贡献原创作品

一、大型原创交响合唱《百年放歌》（按演出顺序）				
	作品名称	作 词	作 曲	演 唱
序曲	合唱《东方船》	凯文	叶小钢	中央音乐学院合唱团、爱乐男声合唱团、北京音协合唱团
上篇 光荣之路	合唱《东方船》	凯文	叶小钢	中央音乐学院合唱团、爱乐男声合唱团、北京音协合唱团
	独唱《信仰的味道》	宋小明	关 峡	沈洋
	独唱《选择》	杨玉鹏	郑 阳	王凯
	独唱《火种》	王晓岭	杨一博	王丽达
	表演唱与合唱《永远是年轻》	杨启舫	王 备	金郑建、李扬、贾贝利、陈淼
	合唱《英雄》	屈 塬	孟卫东	中央音乐学院合唱团、爱乐男声合唱团、北京音协合唱团
	领唱与合唱《和人民在一起》	刘新圈	戚建波	徐晶晶
	独唱《火种》	王晓岭	杨一博	王丽达
	表演唱与合唱《永远是年轻》	杨启舫	王 备	金郑建、李扬、贾贝利、陈淼
	合唱《英雄》	屈 塬	孟卫东	中央音乐学院合唱团、爱乐男声合唱团、北京音协合唱团
	领唱与合唱《和人民在一起》	刘新圈	戚建波	徐晶晶
下篇 破浪远航	合唱《新时代之歌》	屈 塬	印 青	中央音乐学院合唱团、爱乐男声合唱团、北京音协合唱团
	领唱与合唱《誓言》	梁 芒	邹 航	石倚洁
	表演唱与合唱《就是不一样》	宋小明	何沐阳	山水组合：许勇、舒 维
	表演唱与合唱《民族之花向阳开》	朱 海	周湘林	黄训国、马小明、尉金莹、毛一涵
	领唱与合唱《欢歌同唱》	陈维东	胡廷江	王庆爽
	领唱与合唱《人民至上》	杨启舫	栾 凯	廖昌永
	领唱与合唱《旗帜》	朱 海	舒 楠	吴碧霞、周晓琳、王传越、薛皓垠
	领唱与合唱《乘风破浪》	王晓岭	何沐阳	山水组合：许勇、舒 维
	田然	李劲晟	杜朋朋	黄训国、马小明、尉金莹、毛一涵
	合唱《万岁，伟大的中国共产党》	王晓岭	张千一	中央音乐学院合唱团、爱乐男声合唱团、
	北京音协合唱团	杨启舫	栾 凯	廖昌永
	领唱与合唱《旗帜》	朱 海	舒 楠	吴碧霞、周晓琳、王传越、薛皓垠
	领唱与合唱《乘风破浪》	王晓岭田然	李劲晟	杜朋朋
尾声	合唱《万岁，伟大的中国共产党》	王晓岭	张千一	中央音乐学院合唱团、爱乐男声合唱团、
二、合唱歌曲《中国精神》		车 行	戚建波	中央音乐学院合唱团、北京音协合唱团
三、独唱歌曲《我笃信你》		胡训军	何沐阳	孙 楠

【“心中的歌”全国优秀歌词征集活动暨“全民诵读·百人百首”大型融媒体宣传推广活动】

为庆祝中国共产党成立100周年，中国文联、共青团中央、中国音协共同主办了“心中的歌”全国优秀歌词征集活动暨“全民诵读·百人百首”大型融媒体宣传推广活动。该活动以中宣部“学习强国”作为首发平台正式上线，联合10余家部委邀请到了包括全国劳动模范、全国先进工作者、全国三八红旗手、全国脱贫攻坚先进个人、中国五四青年奖章获得者、全国中青年德艺双馨文艺工作者、全国抗击新冠肺炎疫情先进个人、全国宣传文化系统文化名家、全国学雷锋志愿服务“最美志愿者”等在内的音乐家、文艺家代表，社会各界共计100位代表人士共同参与全民诵读，受到各界关注赞誉和广泛好评，中国文艺网、网易云音乐、咪咕音乐等设专题推广，累计传播量和覆盖面超过5亿次，并于“七·一”前夕圆满收官，为庆祝建党百年营造了良好氛围。

【第七期全国优秀青年词曲作家（少数民族）高研班】

9月13日至19日，以少数民族学员为主体的第七期全国优秀青年词曲作家（少数民族）高研班在四川省凉山彝族自治州西昌市成功举办。

这是中国音协打造的高研班品牌中，首次专门为少数民族青年词曲作家举办培训，旨在发掘培养少数民族词曲创作人才，推出少数民族音乐精品。适逢中央民族工作会议不久前召开，高研班会聚了壮族、回族、满族、维吾尔族、苗族、彝族等多个少数民族的47位青年音乐人，立足于进一步筑牢中华民族共同体意识，关注音乐创作实践中的提升政治站位、提高思想理论水平和作品艺术水准，尽写富有浓郁民族特色的音乐精品，更有其特殊而重要的意义。

著名作曲家戚建波、王晓锋，词作家屈塬、杨启舫，音乐学家、中国音协分党组书记、驻会副主席韩新安，文艺理论家、中国文联理论研究室主任周由强等围绕音乐创作、作品解析和文艺理论等领域的重点热点课题为高研班学员授课。

【北京冬奥会和冬残奥会第三届优秀音乐作品发布】

由北京冬奥组委、中国文联，北京冬奥组委文化活动部、中国音协等单位举行北京2022年冬奥会和冬残奥会第三届优秀音乐作品发布活动，以音乐访谈的形式，通过全网直播公开向社会发布第三届冬奥优秀音乐作品。

为进一步提升冬奥音乐作品的质量，营造浓厚的冬奥文化氛围，第三届冬奥音乐作品征集活动采取定向委约的方式进行，北京冬奥组委文化活动部会同北京音乐广播、中国音协和中央宣传部电影卫星频道，邀请了30余名著名词曲作者参与创作。

此外，征集办公室收到社会各界广泛投稿，最终有71件作品纳入评选范围。征集办公室邀请初评评委对应征作品完成初评，2021年11月25日，征集办公室对应征作品完成初评，31首歌曲进入终评，最终评选出9首冬奥优秀歌曲作品。

第三届冬奥优秀音乐作品名单

序号	歌曲名称	作词	作曲
1	《冰雪我和你》	何沐阳	何沐阳
2	《在共同的世界里》	王生宁	栾　凯
3	《在一起，更精彩》	曾格格 冯天一	曾格格 冯天一
4	《美美与共》	冀楚忱	胡　帅
5	《冰雪华光》	秦占国	谢振强
6	《让我们相拥》	杨开闻	吴思非
7	《冰雪梦飞扬》	金梁	孟文豪 谢　桐
8	《战胜》	王锶颖	高　剑 王锶颖
9	《有雪的日子真好》	韩广义	张大力

【“阔步新时代开启新征程”主题优秀歌曲创作推广活动】

为深入学习贯彻习近平新时代中国特色社会主义思想和党的十九大精神，坚持以人民为中心的创作导向，大力繁荣音乐精品创作，中宣部文艺局、中国音协联合主办了“阔步新时代开启新征程”主题优秀歌曲创作。重点围绕“阔步新时代，开启新征程”的主题，面向全国征集、推选并集中打磨创作出10首讴歌党、讴歌祖国、讴歌人民、讴歌英雄，思想性、艺术性、可听性俱佳的作品，在纪念建党百年、新时代开启新征程的关键时间节点，推出唱得响、传得开、留得下的新时代歌曲精品。经中宣部文艺局审定，《万岁！伟大的中国共产党》（王晓岭词　张千一曲）、《中国精神》（车行词　戚建波曲）、《新时代之歌》（屈塬词　印青曲）、《我笃信你》（胡训军词　何沐阳曲）、《你的故事里终于有了我》（袁晶词　李凯稠曲）、《就是不一样》（宋小明词　何沐阳曲）、《人民至上》（杨启舫词　栾凯曲）、《向未来》（张咏民词　薛永嘉曲）、《荣耀》（玉镯儿词　杨一博曲）、《今天的你》（车帅词　戚建波曲）10首作品入选。

【《中国共产党历史歌典——歌声中的百年风华》出版】

为庆祝中国共产党成立100周年，通过音乐艺术形式回顾中国共产党百年奋斗历程，由中国音协、人民音乐出版社、中共党史出版社共同编著出版了《中国共产党历史歌典——歌声中的百年风华》。该书分为“开天辟地”“洪流滚滚”“星火燎原”等10个篇章，围绕135个党史关键词，遴选反映百年历程中重大历史时刻、重要历史人物的166首经典歌曲、142幅珍贵历史照片和97首乐谱音频，通过歌曲赏析、党史解读与音乐聆听，重温党的光辉历史。该书通过5G+VR技术，推出具有全景视角、沉浸式体验、虚实结合的5G富媒体版本，呈现聆听音乐、演唱歌曲、学习党史的交互效果，被列为中宣部出版局“书映百年伟业”——庆祝中国共产党成立100周年好书推荐书目，入选2021年度“中版好书榜”。

【中国音协“深入生活、扎根人民”采风团赴新疆采风】

为贯彻落实习近平总书记中央民族工作会议重要讲话精神，贯彻落实文化润疆使命任务，按照中宣部、中国文联工作部署，在第三次中央新疆工作座谈会召开一周年之际，组织知名音乐家赴新疆14个县市区开展采风创作主题实践活动。采风团跨越天山南北，深入喀什、伊宁、克拉玛依、阿勒泰等地市的14个县市区，行程3500多公里，沉浸式感受多民族交往交流交融，与维吾尔族、哈萨克族、塔吉克族、蒙古族、回族、俄罗斯族、锡伯族等多民族基层文艺工作者、民间艺人等280余人次联欢交流，聆听原生态刀郎木卡姆、蒙古长调、哈萨克族阿肯弹唱等民族民间音乐演唱和卡龙琴、热瓦甫、都塔尔、艾捷克、弹拨尔、冬不拉、库布孜等乐器演奏，与文联驻村工作干部和当地党员群众面对面零距离座谈，深入挖掘富有民间特色的音乐资源，深入了解其历史文化渊源，深入感悟文化润疆的力量，力争推出一批反映新时代新疆各族人民共建美好家园、共享幸福生活的优秀作品。

教育培训

【中国文联领导为中国音协第九届主席团作履职培训】

为深入学习贯彻习近平新时代中国特色社会主义思想和党的十九大及十九届二中、三中、四中、五中全会精神，贯彻落实习近平总书记关于文艺工作重要论述和批示指示精神，强化思想政治引领，提升中国音协新一届主席团履职尽责能力，3月12日，中国文联党组成员、副主席李前光以《与时代同步伐以人民为中心》为题，为中国音协第九届主席团成员作了专题培训。中国音协第九届主席团全体成员参加培训。中国音协分党组书记、驻会副主席、秘书长韩新安主持培训会。李前光结合自身学习习近平总书记关于文艺工作系列重要论述的深刻体会，从“党和国家高度重视文艺工作；中华民族的伟大复兴、文艺的作用不可替代；唱响新时代的昂扬旋律”三个方面，用丰富珍贵的图片音像素材和生动鲜活的经历案例感受，与大家分享了党和国家在革命、建设、改革等各个历史时期对文艺工作的高度重视和亲切关怀，深入剖析了文艺工作在中华民族伟大复兴中不可替代的独特作用，就新时代音乐界如何贯彻落实习近平总书记重要讲话精神，推动中国特色社会主义音乐事业繁荣发展，建设社会主义文化强国提出了期望和要求。大家一致认为，在全党上下深入开展党史学习教育的浓厚氛围下，中国文联领导率先为中国音协主席团成员作专题培训，体现了中国文联党组对音乐事业和音协工作的高度重视与关心，深感责任重大，备受激励鼓舞。李前光的授课立意高远、旗帜鲜明、内涵丰富，既有理论的高度，又有实践的深度，具有很强的思想性、理论性、针对性和指导性。大家表示，要结合工作实际深入领会、贯彻落实，以高度的责任感和使命感认真履行职责，紧紧抓住建设社会主义文化强国的重要机遇，把习近平总书记系列重要讲话精神贯穿落实到服务国家和人民、音乐创作与研究、推动音协组织建设等各个方面，以实际行动为音乐事业和音协工作创新发展作出新贡献。中国音协领导班子成员和全体干部职工，中国文联机关服务中心领导班子和处以上干部列席听取了授课。

【中国文联帮扶武都区音乐文艺人才培训暨中国音协新兴音乐群体轻骑兵走基层活动汇报音乐会】

为深入学习贯彻落实习近平新时代中国特色社会主义思想及党的十九大和十九届中央历次全会精神，积极参与国家乡村振兴战略，由中国音协、陇南市武都区委区政府主办，中国文联音乐艺术中心、西北民族大学音乐学院承办的2021年中国文联帮扶武都区音乐文艺人才培训暨中国音协新兴音乐群体轻骑兵走基层活动汇报音乐会精彩呈现。音乐会特别邀请西北民族大学帮扶志愿者、陇南区参训学生代表以及中国音协新兴音乐群体轻骑兵的青年音乐家，共同演绎了一批经典音乐作品，展现了艺术帮扶志愿者与参训学员的学习成果，用自己的音乐才华为武都师生开展了一堂生动的艺术实践课。为进一步支持武都区音乐文艺人才培训，在中国音协联络协调下，“非凡音乐课堂”为武都区音乐文艺人才培训捐赠了电钢琴、古筝、扬琴、低音大贝斯、架子鼓、练习鼓数十套，为武都师生提供了更好的教学设施，营造了更好的学习环境。本次演出延续了中国音协动员组织新兴音乐群体优秀代表扎根基层、服务群众，更好满足人民群众多样化精神文化需求的号召，通过丰富多彩、形式多样的音乐节目，激发广大干部群众振兴乡村的雄心、信心和决心，凝聚团结进取、奋发图强的精神力量。

机关建设

【党建工作】

坚持以党的政治建设为统领，以强化理论武装为重点，以开展党史学习教育为契机，全面加强党的政治、思想、组织、作风和纪律建设。深入学习贯彻习近平新时代中国特色社会主义思想和习近平总书记最新重要讲话精神。班子带头抓实抓好协会党员干部学习。召开分党组会议19次，把学习习近平总书记最新讲话和中央重要会议文件精神作为第一项议程。中心组学习27次，交流研讨6次，班子成员带头发言，中层以上干部累计发言48人次。部署推动各党支部、党小组和青年理论学习小组按计划认真学习，组织观看歌剧《英·雄》，开展“银幕上的共产党员”“传承伟大建党精神”主题党日活动，参观“不忘初心、牢记使命”中国共产党历史展览等。引导推动音乐界形成浓厚学习氛围。邀请中国文联党组分管领导为主席团和全体党员干部作专题辅导讲座。举办学习贯彻习近平总书记“七一”重要讲话、十九届六中全会、习近平总书记十一次文代会重要讲话精神专题座谈会。向各团体会员下发认真学习宣传贯彻六中全会和习近平总书记“七一”重要讲话精神的通知，并通过微信公众号交流展示学习经验和成果。扎实开展党史学习教育，召开动员会和专题部署会，成立领导小组及其办公室，研究制定实施方案，全面部署，有序推进，把党史学习教育与开展庆祝建党百年活动结合起来，与推动音协工作和音乐事业高质量发展结合起来。加强指导督促，确保规定动作不走样，自主动作有创新。推深做实“我为群众办实事”，深入调研确定17项重点工作，在会员服务、专业学会运行、文艺惠民等方面都收到良好成效。切实履行管党治党主体责任。第一责任人责任与班子成员、各部门负责人签订《落实全面从严治党主体责任书》，班子成员积极履行“一岗双责”，层层落实、齐抓共管，顺利完成党总支换届选举工作。严格执行“三会一课”、主题党日、民主评议党员等制度，机关、事业党支部召开党员会议10次、支委会27次、党小组会26次。分党组每人带头讲党课，各党支部书记、支委和青年干部以微党课等形式累计讲党课12人次。严格执行青年理论学习小组每月1次的常态化学习，全年组织学习活动13次。严肃党的纪律作风。深化党纪党规学习教育，传达学习中央纪委五次全会等会议文件精神。严格执行中央八项规定及其实施细则，紧盯重要时间节点。严格落实请示报告制度，特别是疫情防控期间的外出报备和人员管理制度。对容易出现廉政风险的活动及时给予提醒、监督和管理。

【意识形态工作】

深入学习贯彻中央和中国文联党组关于意识形态工作的重要部署，不断提高政治判断力、政治领悟力和政治执行力，切实增强扎实做好意识形态工作的主动性和坚定性。一是提高政治站位，打好意识形态“主动仗”。针对巡视反馈问题，召开“音乐领域迎合娱乐化欣赏现象”专题调研座谈会。二是压紧压实责任，坚定意识形态“主心骨”。主要负责人、班子成员分责任带头抓，层层压实各部门责任。三是强化政治导向，唱响意识形态“主旋律”。加强对主题创作展演活动规范化管理，严把创作的导向关和质量关，细化完善审批监管程序，在各项主题音乐活动开展过程中，对参与音乐家、参演节目的选定，秉持德艺双馨、主题鲜明的原则。针对违纪违法、失德失范行为，及时发声。四是加强建设管理，筑牢意识形态“主阵地”。把好所属刊物和网络新媒体平台的导向关质量关，完成协会官网升级改造和等级保护备案工作，发挥音乐理论评论的价值引领功能，组织专家认真编写年度音乐艺术发展报告，在重要会议和活动举办过程中，提前研究制定舆情应对处置预案。

【会员发展】

2021年，通过各团体会员和中直单位初审，共推荐新会员人选1036人。经部门初审，有984人符合基本条件。经终审会议研究，发展新会员660人，总体通过率63.71%。新会员平均年龄44岁，35岁及以下占比13.48%，36岁至55岁占比78.48%，中共党员占比51.97%，少数民族占比11.82%，大学本科及以上学历占比92.73%，副高级及以上职称人员占比70.45%，新文艺群体占比12.27%。全国音协系统围绕深化改革中心目标共同努力，近些年基层一线人才、新文艺群体代表、青年人才，以及具有副高级以上职称的高水平专业人才的占比远超会员队伍整体平均水平，协会的向心力和活力显著增强。

【行风建设】

有效发挥中国音协行风建设委员会职能，一年两次实施全国音协系统年度行风情况排查和会员自查工作，及时主动掌握情况，对存在违法行为、造成不良社会影响的3名会员，作出开除会籍处理并在一定范围内通报和警示教育。按照中央和文联工作部署，召开“修身守正 立心铸魂——音乐界行风建设工作座谈会”，邀请主席团成员、理事代表、会员代表、知名音乐家和评论家代表，围绕“饭圈”文化、“顶流”现象等问题和近期文艺界及娱乐圈集中出现的违法失德现象进行深入研讨。树立正面激励的鲜明导向，举办纪念丁善德诞辰110周年座谈会、展览、音乐会、成果出版等系列活动，授予施万春、马玉涛“中国文联终身成就音乐艺术家”荣誉称号，激励新时代音乐工作者追求德艺双修、勇攀高峰。

【规范管理专业学会和音乐之乡、音乐创作基地】

研究制定《中国音协专业学会会员管理办法》，进一步规范专业学会会员管理工作。建立上下贯通工作机制，实行常态化年度总结和下一年度工作计划报备核查机制，促进专业学会工作开展有规划、有目标、有方向。持续推进专业学会清理整顿和重组工作，促进我国弦乐艺术的整体发展，将小提琴学会、中提琴学会、大提琴学会、低音提琴学会、少儿小提琴教育学会合并重组为中国音协弦乐学会。严格落实《中国音协关于规范命名“音乐之乡”和创建“音乐创作基地”暂行办法》，发布《关于进一步规范“音乐之乡”和“音乐创作基地”工作的通知》，确保音乐之乡和创作基地坚持正确导向、规范发挥职能。传承发展中华优秀传统文化，授予宁波市镇海区“中国琵琶之乡”，在苏州市高新区创建“中国江南音乐研发基地”。

对外及对港澳台交流

坚持服务党和国家外交总体战略和布局，根据全球抗击新冠疫情形势变化，采取线上方式做好对外及对港澳台地区的音乐交流合作。在中宣部港澳台新闻局统筹部署下，协会参与策划组织的“湾区升明月”2021大湾区中秋电影音乐晚会，会聚了百名内地（大陆）、香港、澳门、台湾的电影人和音乐人，共同唱响了大湾区月圆之歌。积极参与国际音乐组织活动，组派音乐家在线参加第39届国际音乐理事会大会和第76届国际青年音乐联盟代表大会，推荐作曲家参与国际青年作曲比赛评审工作。邀请乐团和演奏家录制中国民族音乐经典曲目，参加第五届匈牙利“中国春”文化节的线上交流展示。

刊物出版

坚决守好意识形态阵地，认真执行“三审三校”制度，确保各个技术环节的规范操作。围绕庆祝建党百年重大主题和协会重点活动，各刊物积极谋划策划，开设相关专题专栏做好宣传展示。《人民音乐》专稿刊发了庆祝建党百年系列音乐会、九次音代会、第13届中国音乐金钟奖等重大活动文章，同时针对音乐界一些热点问题刊发多篇有分量、有观点的批评文章，全年共编发文章234篇。《音乐创作》全年发表声乐作品53首、器乐作品31首、中国音乐及作品评论57篇，无论是音乐作品还是评论文章，质量都有明显提升，社会反响良好。《词刊》“百年辉煌”专栏刊登歌颂党的优秀歌词作品107首，“心中的歌”专栏刊登全国优秀歌词作品征集活动入选歌词100首。《歌曲》刊发建党题材主题原创歌曲129首，“听见中国听见你”2020年、2021年优秀推荐歌曲40首。《儿童音乐》“童心向党放声唱”主题歌曲专栏连载多篇专题文章，参与举办并刊发“唱响百年”爱国主义教育原创歌曲征集活动优秀作品15首。《中国音乐专刊》在内容编排上突出讲政治讲导向，全年出版12期、96个版，是协会一直以来联系服务会员的重要载体。各刊物同志在完成本职工作的同时，积极参与协会各项重点工作，发挥了应有作用。

音乐考级

严格落实中央精神和有关要求，坚持把凸显社会效益作为社会音乐考级的立足点和出发点，不断推进社会音乐考级工作的标准化、规范化建设。着眼疫情防控大局，创新工作思路，严禁耗费大量人力物力，坚决在全国范围内开展线上考级。加强考官资格审核、规范考级运行、强化监督管理，推进考级工作有序开展。更新出版相关考级教材并举办公益培训，提高教师队伍教学水平。结合巡视整改和以案促改相关精神，积极配合国内联络部专题调研工作。

中国美术家协会

综　述

2021年，中国美协在中宣部和中国文联的坚强领导下，认真贯彻落实党的十九大和十九届中央历次全会精神，坚持以习近平新时代中国特色社会主义思想为指导，贯彻落实习近平总书记在中国文联十一大、中国作协十大开幕式上的讲话精神，全面贯彻落实习近平总书记关于宣传思想工作、文艺工作、群团工作的重要论述精神，围绕中心、服务大局，坚持创造性转化、创新性发展，自觉承担举旗帜、聚民心、育新人、兴文化、展形象的使命任务，围绕国家大政方针，结合协会工作实际，内抓管理、外树形象，认真履行团结引导、联络协调、服务管理、自律维权职能，严格按照北京市和中国文联疫情防控要求，抓好疫情防控工作，圆满完成了2021年各项工作任务。

会议与活动

【学习贯彻习近平总书记视察清华大学关于美术工作重要讲话精神座谈会】

习近平总书记4月19日到清华大学考察，首站来到美术学院，并发表重要讲话。习近平总书记指出，美术、艺术、科学、技术相辅相成、相互促进、相得益彰。要发挥美术在服务经济社会发展中的重要作用，把更多美术元素、艺术元素应用到城乡规划建设中，增强城乡审美韵味、文化品位，把美术成果更好服务于人民群众的高品质生活需求。要增强文化自信，以美为媒，加强国际文化交流。4月21日，中国美协召开学习贯彻习近平总书记视察清华大学关于美术工作重要讲话精神座谈会。中国美协主席团部分在京成员、分党组成员、各艺委会代表、美术家代表、新文艺群体美术家代表，以及全体工作人员和媒体记者参加了座谈会。会议由中国美协分党组书记、驻会副主席徐里主持。

【学习贯彻习近平总书记重要讲话精神暨建党100周年主题雕塑工程、大型美术创作工程座谈会】

6月19日，中国美协在北京召开了学习贯彻习近平总书记重要讲话精神暨建党100周年主题雕塑工程、大型美术创作工程座谈会。中国美协主席、中央美术学院院长范迪安，中国美协分党组书记、驻会副主席徐里，中国美协副主席、鲁迅美术学院院长李象群，中国美协副主席、中国美术馆馆长吴为山，中国美协副主席、四川美院院长庞茂琨，中国美协副主席、上海大学美术学院院长曾成钢，中国美协分党组副书记、一级巡视员陶勤，中国文联美术艺术中心副主任、建党100周年大型美术创作工程办公室副主任李伟等，以及“主题雕塑工程”主创人员、单位代表吕品昌、张伟、杨奇瑞、班陵生、冯崇利、洪涛、邵晓峰等，“大型美术创作工程”作者代表沈尧伊、赵建成、王铁牛、丁一林、孙立新、陈孟昕、彭华竞、邵亚川、王珂、王汉英、李晓林、马刚、芮法彬、宋克、何红舟、黄华三、刘万鸣、王晓伟、王冠军等参加了座谈会。中国美协分党组成员、秘书长马锋辉主持座谈会。

【第九届西部少数民族青年美术家高级研修班】

7月至12月，由中国文联、中国美协、中国文学艺术基金会、中央民族大学、首都师范大学共同举办“第九届西部少数民族青年美术家高级研修班”，在北京市和贵州省举办。本届西部少数民族的办学宗旨是会聚国内西部及少数民族地区青年美术创作人才，培养具有创作能力的画家，特别是一批有志向和艺术追求的青年美术新生力量，在专业深造、学习的同时，倡导民族题材创作的创新与实践，带动本民族地区美术事业的发展，为少数民族美术创作人才构建培养与提高的机制和平台，主要培养美术创作方向的青年美术家。通知发出后，共收到来自全国各地的投稿资料100余套，经过专家评委的评选，共评选出24位学员（中国画12位、油画12位），10月21日至31日，中国美协组织入选的学员来到贵州省荔波县采风写生创作，并邀请了全国知名美术家担任授课老师，分为中国画组和油画组授课。

【中国文联、中国美协“送欢乐 下基层”活动】

7月11日至15日，由中国美协、通渭县人民政府共同主办的中国美协“送欢乐 下基层”赴甘肃通渭采风写生支教慰问活动在甘肃省通渭县举办。中国文联美术艺术中心活动管理处处长董竟成、副处长安明，通渭县人民政府副县长苟建军、人大常委会副主任邵海霞，美术家谌宏微、马青山、马刚等参加此次活动。启动仪式后，参加慰问活动的20余位美术家在通渭县悦心美术馆举行了创作活动，美术家们创作出数十幅山水、花鸟、人物作品赠予通渭县人民。采风写生期间，慰问团美术家们到通渭中国书画名城、温泉村、风雪华家岭、梁家深村等“一城十一大景区”进行采风写生。

7月21日至29日，“我们的中国梦——文化进万家”中国美协文艺志愿服务小分队“送欢乐 下基层”慰问活动在新疆喀什举办。此次慰问团由中国美协分党组书记、驻会副主席徐里带队，中国美协分党组副书记、一级巡视员陶勤，美术家谌宏微、郐振明、秦建新、唐承华、黄华三、段铁、刘麦收等参加了活动。7月23日，陶勤在喀什市委党校为慰问团和当地党校学员开展关于《从毛泽东诗词及毛泽东诗意画回眸中共党史》专题讲座。7月24日，启动仪式在喀什举行，徐里向喀什人民捐赠美术书籍。慰问团美术家们在喀什市红军纪念馆举行创作活动，创作三幅美术作品赠予喀什市人民。写生慰问活动期间，美术家们分别前往奥依塔克、喀什古城、喀什市红军纪念馆及馕产业园、牛羊大巴扎等地。7月25日至29日，慰问团一行前往新疆建设兵团第三师图木舒克市进行写生慰问活动。

7月30日，中国美协“送欢乐 下基层”赴深圳福田慰问活动暨“时代中国”全国美术名家邀请展采风写生活动在深圳福田举办。中国文联美术艺术中心活动管理处处长董竟成、深圳市文联副主席张晋文，福田区退役军人局党组书记、局长刘庆元，福田区文联党组书记、主席简定雄，美术家陈琪、任惠中、王珂、张谷旻、孙剑、陈铎、张仕森及驻深武警部队代表，广东省文联和美协的嘉宾等出席活动。中国美协“送欢乐 下基层”与“时代中国”一道进行慰问采风写生活动，并在八一建军节即将来临之际赴驻深武警部队慰问。

9月16日至19日，中国美协“送欢乐 下基层”赴河南省光山县慰问活动在河南省光山县开展。中国文联美术艺术中心综合处处长简斌，中国文联美术艺术中心活动管理处副处长安明，美术家任惠中、段铁、任清、于光华、谭乃麟、邢少臣、马国强、许俊、孙维国参加了活动。9月17日上午，活动启动仪式在光山县东岳村文化中心举行，活动现场向光山县捐赠美术书籍。慰问团的美术家们创作了三幅美术作品赠送给光山。

【修身守正 立心铸魂——中国美协美术工作者职业道德和行风建设工作座谈会】

8月25日，“修身守正 立心铸魂——中国美协美术工作者职业道德和行风建设工作座谈会”在京召开。中国美协分党组书记、驻会副主席徐里，中国美协副主席、中国人民大学教授闫平，中国美协分党组副书记、一级巡视员陶勤，中国文联美术艺术中心副主任李伟，中国美术工作者职业道德委员会在京委员，中国美协艺术委员会部分负责人，在京美术家、理论家、新文艺群体美术家代表，中国美协各处室负责同志及10余家媒体记者参加会议。会议由中国美协分党组成员、秘书长马锋辉主持。

【国家重大题材美术创作人才专题研修班】

9月25日至28日，首届中国美协国家重大题材美术创作人才专题研修班在重庆成功举办。本期研修班是中国美协针对国家重大题材美术创作人才组织召开的首届专题研修班，旨在培养发掘一批年轻的大型美术创作人才，壮大国家重大题材美术创作人才队伍，担起国家重大题材美术创作的重任。研修班参训学员经各省、自治区、直辖市、新疆生产建设兵团美协推荐，中国美协组织专家组评选，最终选拔中青年美术骨干92人。中国美协邀请中国美协主席、中央美术学院院长范迪安，中国美协副主席、重庆市文联副主席、四川美术学院院长庞茂琨，中国美协分党组副书记、一级巡视员陶勤，全国政协委员、中国美协国家重大题材美术创作艺术委员会委员、首都师范大学美术学院教授、博士生导师王珂，中国人民革命军事博物馆一级美术师、中国美协国家重大题材美术创作艺术委员会委员、中国油画学会理事孙立新，国家社科重大招标课题首席专家、四川大学艺术学院学术院长、中国美协美术理论委员会副主任黄宗贤等专家学者在研修班为学员们做了专题讲座和交流探讨。

【全国新文艺群体美术人才专题研修班】

10月10日，中国美协新文艺群体美术人才专题研修班在山东临沂开班。本次研修班是中国美协开展的第一次全国范围内新文艺群体美术人才的专题培训。参训学员为通过各省、自治区、直辖市、新疆生产建设兵团选拔推荐的区域内优秀的新文艺群体美术工作者。中国美协邀请中国美协副主席、国防大学军事文化学院文工系主任李翔，中国美协分党组副书记、一级巡视员陶勤，全国政协委员、中国美协国家重大题材美术创作艺术委员会委员、首都师范大学美术学院教授、博士生导师王珂，中国美协水彩画艺术委员会副主任、江苏省美协副主席陆庆龙，中国美协中国画艺术委员会副主任、山东省美协主席张望等专家教授为学员们作了辅导报告。研修班安排学员前往临沂华东革命烈士陵园、沂蒙革命纪念馆进行参观学习的活动议程，并于10月12日召开了全国新文艺群体交流研讨会。

【“我们的中国梦——文化进万家”中国美协学雷锋文艺志愿服务活动走进贵州长顺采风写生慰问活动】

10月21日至28日，“我们的中国梦——文化进万家”中国美协学雷锋文艺志愿服务活动走进贵州长顺采风写生慰问活动在贵州省长顺县开展。文艺志愿服务小分队由中国文联美术艺术中心活动管理处副处长安明带队，谌宏微、徐恒、潘闻丞、杭中吉、任惠中、陈琪等美术家出席活动。10月22日，活动启动仪式在长顺美术馆举行，活动现场向长顺县捐赠美术书籍，并接受长顺县回赠锦旗。慰问团的美术家们在长顺画院举行义务笔会，创作了三幅美术作品赠送给长顺。采风写生慰问期间，美术家们前往长顺县摆塘布依寨田园、中院布依寨、贵阳花溪区高坡等地进行采风写生。

【中国文联、中国美协文艺志愿服务项目——陇南美术培训班】

12月5日至11日，为贯彻落实中国文联文艺志愿服务的统一部署，强化甘肃省陇南市武都区普通高中艺术教育水平，提高学生艺术考试成绩，中国美协结合陇南市武都区艺术教育的实际情况，特别邀请甘肃省画院、兰州画院、陇西画院的8位优秀老师前来武都进行素描、色彩、速写、美术培训，在武都区实验中学、两水中学、八一中学、洛塘中学四所中学对美术专业学生进行教育培训。

【中国美协第九届理事会第二次会议】

12月19日，中国美协第九届理事会第二次会议在京召开，会议传达学习了习近平总书记在第十一次全国文代会、第十次全国作代会上的重要讲话精神和文代会精神。中国文联党组书记、副主席李屹，中国美协名誉主席冯远，中国文联人事部主任郑希友，中国美协主席范迪安，中国美协分党组书记、驻会副主席、秘书长马锋辉，中国美协副主席王书平、闫平、李翔、李劲堃、何家英、周京新、庞茂琨、徐里、鲁晓波、曾成钢，中国美协分党组副书记、一级巡视员陶勤，以及全国各地212名理事参加了会议，会议由范迪安主席主持，采用线下现场和线上视频相结合的方式召开。会议以无记名投票方式增选中国美协分党组书记、秘书长马锋辉为驻会副主席。

12月18日，中国美协第九届主席团第四次会议召开，会议审议通过了中国美协第九届理事会第二次会议议程、《中国美协主席团工作规则（暂行）》《中国美协主席团成员、理事会理事履职考核管理办法（暂行）》及人事相关事项，并讨论商议了新一年中国美协工作。

【中国美协2019年度新入会会员网络培训班】

为有效防控疫情风险，减少培训支出，对2019年度新加入中国美协的会员采取网络自主学习方式开展培训。培训课程以视频授课为主，分为必修课和选修课，本轮新入会会员培训总人数961人。12月下旬，网络培训工作全部完成。新入会会员网络培训将培训学习成果纳入会员入会审核，入会审批结束后新会员必须要完成网络培训课程才能够领取会员证。

展览与评奖

【抱石风骨·首届中国画双年展】

4月22日，由中国美协、江苏省文化和旅游厅联合主办，中国文联美术艺术中心、江苏省国画院、江苏省美术馆承办的“抱石风骨·首届中国画双年展”在江苏省美术馆（新馆）开幕，与展览同步推出《抱石风骨·首届中国画双年展作品集》。展览组委会自2020年12月面向全国公开征稿，共收到投稿作品6244件，经过专家委员会评选，266件作品入选，其中入会资格作品56件。

【不忘初心 牢记使命——庆祝中国共产党成立100周年美术作品展览】

6月27日，由中共中央宣传部、中国文联主办的“不忘初心 牢记使命——庆祝中国共产党成立100周年美术作品展览”在中国共产党历史展览馆开展。展览以庆祝中国共产党成立100周年为主题，共展出作品近180件，展品主要来自“不忘初心 继续前进——庆祝中国共产党成立100周年大型美术创作工程”和各地近年创作的部分党史题材及现实题材美术作品，其中118件作品出自“不忘初心 继续前进——庆祝中国共产党成立100周年大型美术创作工程”。展览聚焦建党百年的重大历史事件、杰出历史人物和优秀共产党人，形象化地再现了中国共产党走过的百年光辉历程和建立的不朽功勋，以艺术之美诠释在中国共产党领导下中华民族实现从站起来、富起来到强起来的历史性飞跃，以时代画卷描绘中国人民阔步新征程、奋进新时代，实现中华民族伟大复兴的光明前景。7月4日，中国文联党组书记、副主席李屹率党组成员及机关干部赴党史馆参观“工程”展览作品。7月26日，全国政协副主席刘奇葆等带领有关全国政协委员前往党史馆参观“工程”展览作品。展览持续至12月。

【庆祝中国共产党成立100周年“红船颂”全国美术精品创作工程作品展】

7月9日，由中国文联指导，中国美协、中共浙江省委宣传部、浙江省文联、中共嘉兴市委、市人民政府主办，中国文联美术艺术中心、浙江省美协、中共嘉兴市委宣传部、嘉兴市文化广电旅游局、嘉兴市文联承办的“庆祝中国共产党成立100周年‘红船颂’全国美术精品创作工程作品展”在浙江嘉兴开幕。该工程自2018年起筹划，历时4年，从中国共产党的百年历史中选取100个重大题材，动员全国知名美术家创作艺术精品。展览分为“红船起航”“红船浴血”“红船高歌”“红船巍巍”四个部分，用艺术的形式生动讲述中国共产党在百年历史中弘扬红船精神，谋求人民幸福和民族复兴的伟大实践、伟大创造、伟大业绩。展览同期还展出了“第五届‘红船颂’全国美术作品展”从全国征集的96幅优秀作品。中国美协分党组书记、驻会副主席徐里，中国文联美术艺术中心副主任李伟等出席开幕式。

【百年辉煌·武汉记忆——庆祝中国共产党成立100周年全国美术作品展】

7月12日，由中国美协、湖北省文联、中共武汉市委宣传部、武汉市文联主办，中国文联美术艺术中心、湖北省美协、武汉美协、武汉美术馆承办，武汉博物馆、武汉农村商业银行协办的“百年辉煌·武汉记忆——庆祝中国共产党成立100周年全国美术作品展”在武汉美术馆开幕。中国文联党组成员徐永军，中国美协分党组书记、驻会副主席徐里，中共湖北省委常委、宣传部长许正中，中共武汉市委副书记、市长程用文，中共武汉市委常委、宣传部长张世华等领导嘉宾出席此次活动，开幕式由武汉市文联党组书记、副主席李蓉主持。徐里、张世华分别致辞。展览活动共收到全国投稿作品6219件，经过初评、复评，共评选出作品253件，其中油画86件、中国画167件。

【“时代中国”全国美术名家邀请展】

8月26日，由中国美协、中共深圳市委宣传部、深圳市文联、中共深圳市福田区委员会、深圳市福田区人民政府主办，中国文联美术艺术中心、中共深圳市福田区委宣传部、深圳市关山月美术馆、深圳市美协、深圳市福田区文联、深圳市博正文化传媒有限公司承办的“时代中国”全国美术名家邀请展在深圳关山月美术馆举行，因疫情原因，展览采用了线上开幕方式。此次展览汇集了22位美术家的60件作品。

【青出西海——青海少数民族青年美术作品展】

9月14日，由中国文联、中国美协指导，青海省文联、青海美协主办，北京吉祥大地文化传播有限公司承办的“青出西海——青海少数民族青年美术作品展”在中国文联文艺家之家展览馆开幕。中国文联党组成员、副主席李前光，中国文联党组成员张雁彬，中国文联副主席左中一，中国文联国内联络部副主任李翔，中国文联机关服务中心副主任魏华，中国视协分党组书记、中国文联电视艺术中心主任范宗钗，中国美协分党组副书记、一级巡视员陶勤，中国美协分党组成员、秘书长马锋辉，中国视协分党组成员、副秘书长高健，青海省文联党组成员、副主席秦光明等嘉宾出席活动。本次展览作品主要选自青海少数民族青年美术家创作的多种艺术形式作品80件，其中唐卡作品38件，由青海少数民族青年美术家仁青才让创作的《吉祥五尊》《九大护法》《八马财神》等唐卡作品，极具民族特点和独特的艺术风格。

【第十届全国（大芬）中青年油画展】

9月28日，由中国美协、中共深圳市委宣传部主办，中国文联美术艺术中心、深圳市文联、中共深圳市龙岗区委、龙岗区人民政府承办的“第十届全国（大芬）中青年油画展”在深圳举办。本届展览以“扬帆先行”为主题，199件入选作品展现了新时代精神，用油画精品献礼党的百年诞辰。

【家园·乡情——“古堰画乡”首届全国风景油画双年展】

10月15日，由中国美协、浙江省文联、丽水市人民政府主办，中国文联美术艺术中心、浙江省美协、丽水市莲都区人民政府承办的家园•乡情——“古堰画乡”首届全国风景油画双年展在丽水市开幕。展出入选作品198件，展现了美术家们对不同时节的自然美景倾情描绘，守望家园的乡情，呈现出乡情题材作品由外部表象向内在本质转化与提升的倾向。中国美协分党组成员、秘书长马锋辉等出席开幕式。

【全国（大芬）中青年油画精品展（2012-2021）】

10月22日，由中国美协、中共深圳市委宣传部主办，中国文联美术艺术中心、深圳市文联、中共深圳市龙岗区委、龙岗区人民政府承办的“全国（大芬）中青年油画精品展（2012-2021）”在中国美术馆开幕。展出了十届“全国（大芬）中青年油画展”的100幅油画精品，讲述了100个与时代同频共振的中国故事，反映了广大中青年油画创作者以实际行动践行习近平总书记系列重要讲话精神，展现了新时代中国特区的新成就和文化自信。中国文联党组书记、副主席李屹，中国美协副主席、中国美术馆馆长吴为山，中国美协分党组书记、秘书长马锋辉等出席开幕式。

【2021“万年浦江”全国中国画（册页）作品展】

10月28日，由中国美协、浙江省文化和旅游厅、浙江省文联主办，中国文联美术艺术中心、浙江省美协、浙江省浦江县人民政府承办，浦江县文化和广电旅游体育局、浦江县文化旅游集团有限公司协办的2021“万年浦江”全国中国画（册页）作品展在浙江浦江仙华文景开幕。2021年的“万年浦江”全国中国画作品展采取册页的形式，作品面向全国征集，共收到全国投稿作品2566件，经中国美协组织专家评审，从中选出223件入选作品，其中入会资格作品40件，入选作品前100件由浦江县人民政府收藏，浦江县在入会资格作品中评选出“方增先艺术奖”5件。

创作与研究

【建党100周年主题雕塑工程】

庆祝建党100周年主题雕塑工程，这是新中国美术史上规格最高、规模最大、参与创作人员最多的雕塑工程，是党领导下新中国美术史上主题创作的创举，达到了新时代文艺创作新的高度。这个工程在习近平总书记和党中央坚强领导下，由中央领导、中宣部领导和中国文联党组领导亲自筹划、亲自指导、亲自推动，于2018年6月正式启动，由中国文联、中国美协具体协调组织中央美术学院、中国美术学院、清华大学美术学院、鲁迅美术学院、中国美术馆参与创作和五个专业厂家：中雕曲阳雕塑艺术有限公司、北京自然物语景观雕塑有限公司、福建省鼎立雕塑艺术有限公司、西岸（福建）雕塑艺术研究有限公司、北京敬之文化艺术有限公司参与加工。截至目前，重大主题雕塑工程的五组雕塑已经安全顺利组装完毕（共276个人物、583块汉白玉组合，每组重

600吨左右)、庄严地矗立在党史馆广场上，接受国内外观众的参观，向中国共产党成立100周年献上中国文艺界、美术界厚重的礼物。

【全国美术高峰论坛·绍兴】

5月19日至21日，由中国美协、浙江省文联、绍兴市人民政府主办，中国美协理论委员会、浙江省美协、中共绍兴市委宣传部、绍兴市文联、绍兴市新闻传媒中心承办，绍兴文理学院艺术学院、绍兴市美协、绍兴书画院协办的“全国美术高峰论坛暨徐渭诞辰500周年纪念活动”在浙江绍兴举办。中国文联党组书记、副主席李屹出席开幕式并宣布论坛开幕。中国美协主席、中央美院院长范迪安，中国美协分党组书记、驻会副主席徐里，中国文联副主席、中国美协副主席、浙江省文联主席许江，浙江省文联党组书记、副主席、书记处常务书记陈瑶，中国文联办公厅主任邓光辉，中国美协理论委员会主任尚辉，中共绍兴市委书记马卫光，绍兴市人大常委会主任谭志桂，绍兴市政协主席魏伟，绍兴市委常委、宣传部长丁如兴，绍兴市委常委、秘书长陆维，绍兴市人民政府副市长顾涛，绍兴市人民政府秘书长王芬祥等领导出席论坛开幕式。由中共绍兴市委副书记、市长盛阅春主持开幕式。马卫光、陈瑶、尚辉、范迪安先后致辞，徐里为论坛主办城市绍兴授牌。

论坛期间邀请张晓凌、许江、于洋、李豫闵、孟凡玮、郑工、赵农、孔新苗、王雪峰、王平、乔宜男、杨大伟等国内著名美术理论家、评论家围绕论坛主题发表演讲并组织展开研讨。

对外及对港澳台文化交流

【“新时代·新使命·新征程奋进粤港澳大湾区——全国中国画、油画作品展”】

5月17日，由中国文学艺术基金会、中国美协、广东省文联主办，中国文联美术艺术中心、中央人民政府驻澳门特别行政区联络办公室经济部、时代书画报社、珠海市时代书画院、澳门一带一路国家文化经贸协会承办，广东省美协、深圳市文联、珠海市文联、中山市文联、澳门大湾区美协协办的“新时代·新使命·新征程奋进粤港澳大湾区——全国中国画、油画作品展”采风写生活动启动仪式在广州市举行。第十二届全国政协常委中国文联原党组书记胡振民，中国美协副主席、全国政协委员王书平，广东省十三届人大教育科学文化卫生委员会主任委员于敏，广东省文联党组书记、专职副主席王晓，中国文联美术艺术中心活动管理处处长董竟成，时代书画报社社长李东辉等出席启动仪式。胡振民宣布采风写生活动启动并授旗。启动仪式后，采风团沿着粤港澳大湾区的发展脉络，集中展开采风写生活动，前往广州、东莞、深圳等地实地考察，采风创作。

【雪域新篇——庆祝西藏和平解放70周年美术摄影展】

5月21日，由中国文联主办，中国美协、中国摄协、西藏文联共同承办的“雪域新篇——庆祝西藏和平解放70周年美术摄影展”在北京炎黄艺术馆开幕。中国文联党组成员张雁彬同巴拿马驻华大使甘林等为展览剪彩，中国美协分党组书记、驻会副主席徐里，中国摄协分党组书记、驻会副主席郑更生和中国美协分党组副书记陶勤等领导出席，中国文艺界代表和外国驻华使节等约100人莅临现场。展览以庆祝西藏和平解放70周年为主题，以近年创作的西藏题材美术和摄影精品力作为主体，其中共展出美术作品40件。

【新时代·新使命·新征程奋进粤港澳大湾区——全国中国画、油画作品展】

11月20日，由中国美协、中国文学艺术基金会、广东省文联主办，中国文联美术艺术中心、中央人民政府驻澳门特别行政区联络办公室经济部、时代书画报社、珠海市时代书画院、澳门一带一路国家文化经贸协会承办，广东省美协、深圳市文联、珠海市文联、中山市文联、澳门大湾区美协协办的新时代·新使命·新征程奋进粤港澳大湾区——全国中国画、油画作品展在广州艺术博物院开幕。展览共收到来自全国各地画家创作的6023件投稿作品，经过初评、复评，共评选出作品271件，其中入会资格作品67件（中国画35件，油画32件），入选作品204件（中国画104件，油画100件）。

【第九届中国北京国际美术双年展作品复评会】

9月22日，根据第九届北京双年展筹备工作进程的整体安排，“生命之光”第九届中国北京国际美术双年展作品复评会在中国文联举行。按照北京双年展的章程，展览评委由策委会产生，展览顾问邵大箴，总策划徐里、吴为山、李象群，中国美协分党组副书记、一级巡视员、策委会召集人陶勤，策划委员马书林、王宏剑、王端廷、王镛、牛克诚、卢禹舜、代大权、包林、刘曦林、安远远、孙立新、孙韬、李庚、李洋、张晓凌、尚辉、郑工、胡伟、薛永年等出席会议。

第九届北京双年展于8月底截稿。共有包括中国在内124个国家的5352位艺术家投稿近6000件：中国（含港澳台）合计4206件，其中国画1569件、油画997件、版画353件、其他画种（包括水彩、水粉、综合材料绘画等）539件、雕塑697件、装置35件、影像及摄影16件。国际合计123国1740件、主题展121国1381件、6个特展359件。初评经过查重共选出937件（组）国内作品进入复评；国际作品选出120国728件作品进入复评，含6个特展。

第九届北京双年展复评共选出117个国家和地区700余件（组）作品，种类涵盖国画、油画、版画、漆画、水彩、粉画、素描、综合材料等画种，雕塑、装置及影像等门类。国内作品入选200余件，国际作品入选113国近500件，其中包含历届北京双年展体育题材收藏作品特展、乔治•莫兰迪版画特展、国际女艺术家特展、欧洲十二国特展、托尼•克拉格特展5个特展。

【铭史承志 · 九一八事变90周年海峡两岸书画展】

9月23日，由中国抗日战争史学会和台湾中华民族抗日战争纪念协会主办的“铭史承志•九一八事变90周年海峡两岸书画展”在沈阳“九•一八”历史博物馆开幕。中共中央台办、国务院台办副主任龙明彪，中国抗日战争史学会会长王建朗，台湾中华民族抗日战争纪念协会总顾问蒋友松，中国文联国际部主任董占顺，中国美协分党组副书记、一级巡视员陶勤、沈阳“九一八”历史博物馆馆长范丽红等两岸嘉宾出席展览开幕式。中国美协应邀担任本次活动支持单位，负责组织大陆美术名家提供抗战主题美术作品参展。此次展览共展出两岸书画名家创作的130余幅书画作品。

专业艺术委员会工作动态

【油画艺术委员会】

5月30日，由中国美协油画艺委会、山东省美协、山东美术馆、山东省油画学会、青岛市文联主办的“延展与回望”第四、五届中国美协油画艺委会委员学术展在青岛蕴美术馆开幕。全国人大常委会委员、中国文联副主席左中一，中国美协副主席、油画艺委会主任庞茂琨，中国美协副主席闫平等出席开幕式。展览同期召开了研讨会，两届委员围绕学习习近平总书记考察清华大学关于美术工作的重要讲话精神，中国油画家的担当作为，油画艺委会的学术方向、活动方式、青年美术家培养等议题进行讨论。

9月17日，由中国美协、重庆市文化和旅游发展委员会、长春市文化广播电视和旅游局主办，中国美协油画艺委会、重庆美术馆承办的“时代之光——第五届中国油画展”在重庆开幕。中国美协分党组书记、驻会副主席徐里，中国美协副主席、中国美协油画艺委会主任庞茂琨，中国美协顾问罗中立，中国文联美术艺术中心副主任李伟等出席开幕式。展出入选作品257件。

【版画艺术委员会】

7月16日，由中国美协版画艺委会、江苏省启东市人民政府主办的“2021中国启东国际版画艺术中心全国版画名家邀请展”在启东美术馆开幕。

12月9日，由中国美协、四川美术学院主办，中国美协版画艺委会等单位承办的“第二十四届全国版画作品展”在四川美术学院美术馆举办。中国美协副主席、四川美术学院院长庞茂琨等出席展览活动。展出入选作品260件。展览同期召开了“中国版画的主体性建构论坛”“平行的国际版画系列论坛”，从版画艺术创作的中国话语建构、未来发展的多结构社会合作、版画教学的思考等方面交流研讨。

【壁画艺术委员会】

5月29日，由中国美协壁画艺委会、浙江省美协、中共舟山市委宣传部、舟山市文联主办的“心相 · 维度——中国美协壁画艺委会绘画作品邀请展”暨“传统壁画创作与研究文献展”在舟山美术馆开幕。

【插图装帧艺术委员会】

6月23日，由中国美协插图装帧艺委会、北京印刷学院主办的“百年辉煌·第五届全国高校插图艺术作品展暨第二届全国高校书籍装帧艺术展”在北京印刷学院美术馆开幕。展出入选插图作品198件、书籍装帧作品100件。展览旨在推动具有中国特色的插图和书籍装帧艺术教育的发展，促进高校间艺术创作与学术交流，提高教学和人才培养水平。

10月20日，由中国美协插图装帧艺委会、海宁市人民政府主办，海宁市文联承办的“百年风华‘君匋’第二届全国书籍装帧艺术展”在钱君匋艺术研究馆开幕。展出196件入选作品，融注了作者对装帧艺术的研究、思索、探求、创新。同时展出的还有书籍装帧艺术邀请展、专题研究展，探索了书籍艺术的多样性感知和呈现。

【连环画艺术委员会】

7月21日，由中国美协主办，中国文联美术艺术中心、中国美协连环画艺委会、民革上海市宝山区委等单位承办的“不忘初心　继往开来”第四届全国新钢笔画学术展在上海宝山国际民间艺术博览馆开幕。展出144件入选作品。展览同期召开了“新钢笔画的学术发展方向如何与时代同步伐”主题研讨会。

12月25日，由中国美协主办，中国美协连环画艺委会、云南艺术学院、鲁迅美术学院承办的“民族团结　同心筑梦——第七届全国架上连环画展”在云南美术馆开幕。展出入选作品201套。展览同期召开了“新时代连环画的转型与探索”学术研讨会。

【漫画艺术委员会】

5月11日，“以漫画为媒”中国美协漫画艺委会工作研讨会在北京召开。会议围绕习近平总书记在清华大学考察时的重要讲话精神，探讨如何以漫画为媒，更好地做好传播与传承，同时对今后组织漫画展览、创作、出版，以及2021年漫画艺委会重点工作进行了深入研讨。

10月19日，由中国美协漫画艺委会、连环画艺委会、动漫艺委会、少儿美术艺委会与北京市紫竹院公园管理处主办的“绘美生活——中国绘本展”巡展在北京市紫竹院公园行宫开幕。展出适合14岁以下少年儿童阅读的原创绘本200部、引进与合作的绘本200部，高仿绘本原稿200余幅，用优质的绘本图书讲述中国故事。

【少儿美术艺术委员会】

5月24日，由中国美协少儿美术艺委会、陕西省文联、陕西省美协、安康市汉滨区人民政府主办的“助力脱贫攻坚　艺术帮扶同行——安康留守儿童水墨画作品展”在中国文联文艺家之家举行。中国美协分党组副书记陶勤，中国美协分党组成员、秘书长马锋辉，中国文联美术艺术中心主任李伟等出席开幕式。展出了来自陕西安康留守儿童的120件水墨画作品，15名留守儿童代表现场绘制了20米的水墨长卷，向伟大祖国和中国共产党成立100周年献礼。展览同期召开了座谈会，就艺术教育助力脱贫、美育关爱留守儿童、美术教学中的创造力开发等问题进行了深入交流。

10月27日，由中国美协少儿美术艺委会、江苏省东海县人民政府主办，江苏省美协少儿美术艺委会、江苏省东海少儿版画活动中心承办的“第七届东海·全国少儿版画双年展”在江苏东海县开幕。展出入选作品390件。

【美术理论委员会】

7月23日，由中国美协主办，中国美协美术理论委员会、西安美术学院、延安文艺纪念馆承办的“史诗的图像建构——党史百年历史画创作与研究学术研讨会”在延安鲁艺召开。中国美协分党组书记、驻会副主席徐里等出席会议。

12月3日，由中国美协、中央美术学院主办，中国美协美术理论委员会、中央美术学院国家主题性美术创作研究中心承办的“新时代主题性美术创作的成就与特征”学术研讨会在中央美术学院召开。中国美协主席、中央美术学院院长范迪安，中国美协分党组书记马锋辉等出席会议。

【中国画艺术委员会】

4月26日，中国美协第五届中国画艺委会第二次工作会议在北京中国国家博物馆召开。会议就中国画艺委会未来五年规划、学术展览活动和人才培训等工作进行讨论，并就新时代的中国画文脉如何传承发展，中国画艺术的社会普及等深入探讨交流。中国美协分党组书记、驻会副主席徐里等出席会议。

【水彩画艺术委员会】

5月15日，由中国美协、山东省文化和旅游厅主办，中国美协水彩画艺委会、中国美协美术理论委员会、山东省艺术研究院、山东美术馆承办的“水彩与新时代”庆祝中国共产党成立100周年中国水彩名家学术邀请展在山东美术馆开幕。来自全国各省市的100多位艺术家用128件精彩作品为党献礼。展览同期召开了“中国水彩泰山论坛”。

6月21日，由中共河北省委宣传部指导，河北省教育厅、河北省文化和旅游厅、河北省文联支持，中国美协、河北科技大学主办，中国美协水彩画艺委会等单位承办的“第二届全国水粉画大展”在河北科技大学铁扬美术馆开幕。中国美协分党组成员、秘书长马锋辉等出席开幕式。展出入选作品248件。

【雕塑艺术委员会】

7月17日，由中央美术学院、大同市人民政府、中国美协雕塑艺委会、中国美协少儿美术艺委会主办的“2021第四届中国青少年雕塑大展”在大同市雕塑博物馆开幕。展览收到来自全国120多个城市的3352位小作者报送的5386件/组作品，无论是数量还是规模均创新高，现场展出的456件入选作品展现了青少年非凡的想象力和创造力。

10月24日，由中央美术学院、中国雕塑学会、中国美协雕塑艺委会、大同市人民政府主办的2021年度“曾竹韶雕塑艺术奖学金”作品展在大同市雕塑博物馆开幕。

【陶瓷艺术委员会】

10月22日，由中国文联国内联络部、中国美协艺委会、江西省文联、中共景德镇市委、市人民政府主办，中国美协陶瓷艺委会等单位承办的“人民江山·瓷画中国——庆祝中国共产党成立100周年全国新文艺群体陶瓷绘画作品展”在景德镇中国陶瓷博物馆开幕。中国文联国内联络部主任谢力，中国美协分党组副书记、一级巡视员陶勤等出席开幕式。展览以新文艺群体为主要征集对象，展出100件瓷画作品。

12月10日，由中国美协、山东艺术学院主办，中国美协平面设计艺委会、陶瓷艺委会、山东美术馆承办的“2021界·尚——第六届中国当代陶艺实验作品邀请展暨全国高校陶瓷艺术教育高峰论坛”在山东济南开幕。中国美协副主席闫平等出席活动。展览展出了不同专业领域的艺术家作品110余件，展览同期召开论坛，围绕当代陶瓷艺术创作及陶瓷艺术教育展开研讨。

12月28日，由中国美协、江西省文联、南昌高新技术产业开发区管理委员会主办，中国美协陶瓷艺委会、江西省美协承办的“第三届中国当代陶瓷艺术大展”在南昌高新区美术馆开幕。展出的入选作品220件，反映了当代陶艺最新的代表性成果。

【漆画艺术委员会】

6月3日，由中国美协、南昌市红谷滩区人民政府共同举办的“魅力红谷——第二届全国小幅漆画展”在江西南昌开幕。展出入选作品261件。

9月10日，由中国美协主办，中国文联美术艺术中心、中国美协漆画艺委会等单位承办的“第三届中国（宁波北仑）青年漆画大展”在宁波美术馆开幕。展出入选作品220件。

【环境设计艺术委员会】

5月14日至16日，由中国美协环境设计艺委会主办，福州大学厦门工艺美术学院承办的“为中国而设计”第十届全国环境艺术设计大展主题研讨会暨“艺术乡建”学术研讨活动在厦门举办。

9月25日，由中国美协环境设计艺委会、清华大学美术学院、中南大学建筑与艺术学院、鲁迅美术学院主办的2021“心境空间　构筑和谐”中国空间艺术构造大展在清华青岛艺术与科学创新研究院举办。展览以“美术　艺术　科学　技术”为主题，来自全国69所艺术院校及综合类院校的200余件作品参与活动，其中74件作品入围展览，受疫情影响，53件作品的代表队进行现场搭建。展览同期召开了以“空间艺术与设计思维”为主题的学术研讨会。

【平面设计艺术委员会】

10月16日，由中国美协平面设计艺委会、绍兴市柯桥区人民政府主办的“大美江南”海报艺术展在柯桥古镇开幕。展出了从全国一线设计师、专业教师和设计机构中征集，反映江南文化基因、富有时代特色和生态文明的海报艺术作品100余幅。

【动漫艺术委员会】

6月1日，由中国美协、上海市文联主办，中国美协动漫艺委会、上海美协、上海大学上海电影学院承办的“第二届全国动漫美术作品展”在上海刘海粟美术馆开幕。255件入选作品涵盖动画、叙事漫画、动漫立体造型三大类。展览同期召开了以“全媒体视域下的动漫艺术创作创新探索”为主题的研讨会。

7月26日，由中国美协动漫艺委会与四川省阿坝州壤塘县政府共同发起的“公益动漫志愿者教学行动”在四川省阿坝州壤塘县壤巴拉非遗传习创业园举行。此次教学培训活动为期10天，动漫、影视界专家学者们与来自川西北高原非遗传承人共同研讨，来自壤塘周边牧区46名学员参加了培训。

【服装设计艺术委员会】

3月26日，由中国美协服装设计艺委会、教育部高等学校设计学类专业教学指导委员会、中国服装设计师协会主办的“第三届中国时装画大展”长春站巡展在吉林艺术学院美术馆开幕，展出入选作品175件（组）。展览同期举办了以“当下服装教育与服装产业的关联度”为主题的学术研讨会。5月11日，展览在沈阳巡展。9月27日，展览在大连巡展。

【综合材料绘画与美术作品保存修复艺术委员会】

9月28日，由中国美协综合材料绘画与美术作品保存修复艺委会、河南省美协主办的“华豫风骨”全国综合材料绘画名家作品学术邀请展在郑州美术馆新馆开幕。展览集中了全国美展、综合材料绘画双年展以及其他重要展览的综合材料绘画优秀作品60件。

【工艺美术艺术委员会】

6月19日至20日，由中国美协工艺美术艺委会、国家社科基金艺术学重大项目“中华传统造物艺术体系与设计文献研究”课题组等单位主办的“造物与赋魅：黄河文化孕育中的传统手工艺”学术研讨会在陕西榆林举办。

8月24日，由中国美协、中国国家博物馆主办，中国美协工艺美术艺委会、深圳市当代艺术与城市规划馆承办的“第二届全国工艺美术作品展”在中国国家博物馆开展，中国文联副主席、中国美协工艺美术艺委会主任潘鲁生等出席当日的媒体见面会。展出入选作品240件/组，并特邀全国知名艺术家作品25件/组同时展出，包括玻璃、金属、纤维、漆器、首饰、织绣、雕刻、编织八个类别。

【民族美术艺术委员会】

1月12日，由中国美协主办，中国美协民族美术艺委会等单位承办的“第四届中国民族美术双年展”在山东青岛巡展。4月13日，展览在福建福州巡展。4月27日，展览在贵州遵义收官。

【美术教育委员会】

9月24日，由中国美协主办，中国美协美术教育委员会、四川美术学院承办的“第二届全国美术教育教师作品展”在四川美术学院美术馆开幕，中国美协分党组副书记、一级巡视员陶勤，中国美协副主席、油画艺委会主任庞茂琨出席开幕式。展览面向全国高校教师征稿，展出入选作品243件，涵盖中国画、油画、版画、水彩\粉画、雕塑、设计、动画等13个专业门类。

【策展委员会】

9月，由中国美协策展委员会、中华世纪坛艺术馆主办的2021“策展与未来”青年策展人系列学术座谈活动在中华世纪坛举办。该活动包括4场座谈，主题分别为“为公众策展：美育的超链接”“无墙美术馆的策展与实践”“跨文化研究与国际特展”“影像艺术与策展机制”，为中国青年策展人搭建了成长与交流的重要平台。中国美协主席、策展委员会主任范迪安出席启动仪式并发表主旨演讲。

中国曲艺家协会

综　述

2021年是党和国家历史上具有里程碑意义的一年。一年来，在中国文联领导下，中国曲协团结带领各团体会员和广大曲艺工作者，坚持以习近平新时代中国特色社会主义思想为指导，深入贯彻落实党的十九大和十九届中央历次全会精神，认真贯彻落实习近平总书记关于宣传思想、文化文艺、群团工作的一系列重要论述和指示批示精神，特别是习近平总书记在中国文联十一大、中国作协十大开幕式上的重要讲话精神，紧密围绕党和国家战略全局、工作大局，根据中国文联各项工作部署，坚定历史自信、不忘初心使命、勇于担当作为，在常态化疫情防控形势下，扎实推进曲艺事业和曲协工作再上新台阶。

会议与活动

【八届八次主席团会议】

3月28日，中国曲协第八届主席团第八次会议在江苏张家港召开，中国曲协主席姜昆主持会议。中国曲协驻会副主席董耀鹏，中国曲协副主席乌力吉图、闫淑平、吴文科、张旭东、范军、种玉杰、翁仁康、盛小云、籍薇出席会议。中国文联人事部主任郑希友，中国曲协分党组书记杨发航，中国曲协分党组副书记、秘书长曲华江，中国曲协分党组成员、副秘书长黄群，中国文联曲艺艺术中心主任项云及曲协机关各部门、曲艺中心各部门、曲艺杂志社负责同志列席会议。

【党史学习教育动员会议】

3月23日，中国曲协召开专题会议，对开展党史学习教育进行动员部署。会议传达学习了习近平总书记在党史学习教育动员大会上的重要讲话精神，学习贯彻了《中共中央关于在全党开展党史学习教育的通知》和《中国文联开展党史学习教育实施方案》等文件精神，通报了中国曲协开展党史学习教育的重点工作安排。杨发航、曲华江、黄群、项云和曲协机关、曲艺中心、《曲艺》杂志社各部门负责人和全体党员参加会议。会议由杨发航主持。

【中国曲协八届二次理事会暨2021年中国曲协工作会】

3月28日至30日，中国曲协八届二次理事会暨2021年中国曲协工作会在江苏省张家港市成功召开。中国文联党组成员董耀鹏，中国文联荣委、中国曲协主席姜昆，中国文联人事部主任郑希友；中国曲协第八届副主席乌力吉图、闫淑平、吴文科、张旭东、范军、种玉杰、翁仁康、盛小云、籍薇；杨发航、曲华江、黄群、项云；江苏省文联党组成员、副主席、书记处书记刘旭东，中共张家港市委副书记陈羔，张家港市政府副市长梁曦出席会议。中国曲协第八届理事会理事，中国曲协各专业艺术委员会负责人，各省区市文联和产行业文联分管曲协工作的领导，各团体会员主席及驻会负责人，中国曲艺名城代表，全国曲艺表演场所协作发展联盟代表，牡丹绽放——曲艺英才培育行动第三批入选者，中国文联人事部有关部门同志，中国曲协各处室、各部门和单位的负责同志以及新闻媒体200余人参加会议。

【曲艺界学习习近平总书记“七一”重要讲话精神座谈会】

7月16日，中国曲协在北京召开曲艺界学习习近平总书记“七一”重要讲话精神座谈会。姜昆、刘兰芳、种玉杰、高洪胜、杨菲、李菁、陈爽、张怡、李丁、金霏、刘岚、高晓攀、李鸣宇等曲艺界人士参加座谈会并发言，中国曲协各相关部门负责人及全体党员同志参会。座谈会由杨发航主持。

【党的领导与曲艺事业发展座谈会】

9月16日，中国曲协在中国文联文艺家之家召开党的领导与曲艺事业发展座谈会。姜昆、杨发航、吴文科、范军、曲华江、项云出席座谈会。老中青三代曲艺工作者代表，中直院团、基层曲协、新曲艺组织代表分别作交流发言。各团体会员、中国曲协专委会、全国曲艺表演场所协作联盟等方面代表以线上视频形式参加座谈。会议由曲华江主持。

【纪念陶钝同志诞辰120周年系列活动】

由中国文联、中国曲协、山东省文联主办，《曲艺》杂志社、山东省曲协、潍坊市文联、诸城市委宣传部、诸城市文联承办的纪念陶钝同志诞辰120周年系列活动于10月23日在陶钝同志的家乡山东诸城举办。杨发航、刘兰芳、项云、王世农、慈建国、肖建华、赵莉等领导嘉宾以及来自北京、济南、郑州、石家庄、西安的曲艺表演艺术家、曲艺作家、青年曲艺演员代表、陶钝同志的家属代表和新闻媒体30余人共同出席了座谈会，座谈会由项云主持。会上，中国曲协主席姜昆发来书面致辞，王世农和赵莉分别致辞，杨发航作讲话。刘兰芳、孙立生、周喜俊、周爱华、李东风、庄悦广、张崇玖等陶钝同志的故友作主题发言。

【中国曲协代表团参加中国文联第十一次全国代表大会】

12月14日至17日，中国文联第十一次全国代表大会在京召开。姜昆、杨发航、马小平、王文水、王声、戈娟、巩汉林、曲华江、刘颖、杨菲、杨雪莉、吴文科、应宁、张怡、张萍、尚文波、种玉杰、翁仁康、綦玉喜、戴志诚等20人被选为中国曲协代表团代表。姜昆任中国曲协代表团团长，杨发航任中国曲协代表团临时党支部书记。

【八届九次主席团会议】

12月20日，中国曲协第八届主席团第九次（扩大）会议在北京以线上线下结合的方式召开，认真学习习近平总书记在中国文联十一大、中国作协十大开幕式上的重要讲话精神。中国曲协主席姜昆主持会议，中国曲协分党组书记杨发航，中国曲协副主席闫淑平、吴文科、张旭东、范军、种玉杰、翁仁康、盛小云、籍薇出席会议。曲华江、黄群、项云，曲协机关各部门、《曲艺》杂志社负责同志及部分在京曲艺界代表李想、郭磊、崔骏列席会议。

【文化惠民】

3月28日至29日，由中国曲协、中国文艺志愿者协会、江苏省文联、张家港市人民政府共同主办的2场“我们的中国梦”——文化进万家中国文联、中国曲协文艺志愿服务团“送欢乐”走进江苏张家港惠民演出举办。3月28日，中国曲协主席团成员以及多位优秀曲艺演员联袂奉献了一台包括相声、二人转、苏州弹词、京韵大鼓、梅花大鼓、绍兴莲花落等曲种的高质量曲艺演出。3月29日，“牡丹绽放”曲艺英才培育行动第三批入选者10位年青演员登台演出。

5月2日，参加曲艺名家新秀“送欢笑”惠民演出的老中青三代艺术工作者来到李沧区，相声《欢歌笑语》《乡音乡情》《成语新篇》、对口快板《现场直播》、山东大鼓《老残听曲》、杂技《肩上芭蕾》、二人转《过河》、评书《心灵的对话》、京韵大鼓《重整河山待后生》等节目轮番上演，受到了现场观众热烈欢迎。

5月7日至8日，中国曲艺牡丹奖艺术团相继走进浙江台州、慈溪。董耀鹏、姜昆、翁仁康、闫淑平、范军、黄群等领导嘉宾出席活动，金霏、陈曦、罗晓静、曲元芳、闫淑平、佟长江、翁仁康、巩汉林、金珠等登台演出。

6月16日，中国曲艺牡丹奖艺术团走进河南省南阳市卧龙区。演出前，举行了卧龙区“中国曲艺之乡”授牌仪式。李丁、闫佳宝、张春丰、侯红莲、刘兰芳、范军、明男男、程桂兰、李金斗、付强等登台演出。

6月25日下午，中国曲艺牡丹奖艺术团的名家新秀在宁乡市中共一大代表何叔衡故居带来“送欢笑”志愿演出。常德丝弦《一张站票的故事》、扬州弹词开篇《大路朝天任你走》、相声《精彩十分》、长子鼓书《山西面食》、梅花大鼓《红船新篇》、歌曲《我的祖国》、相声《赛诸葛》等节目精彩不断，在全场齐声高唱《没有共产党就没有新中国》的激昂旋律中，演出圆满落下帷幕。

6月26日晚，由中国曲协和浙江省文联主办，中国文联曲艺艺术中心、浙江省曲协、杭州市萧山区委宣传部、区文旅局和萧山区瓜沥镇人民政府共同承办的“牡丹花开心向党——中国曲协曲艺名家新秀惠民演出走进浙江杭州瓜沥”活动在航民文化中心举行。姜昆、陈瑶、翁仁康、项云、唐爱超、庄洁、周胜华、陆敏、夏关奎、朱国军、吕意等有关方面领导参加活动。曹虽峰、王彤、宋京、岳璐、周炜、武宾、翁仁康、姜昆、戴志诚登台演出，13.8万观众通过网络直播平台观看了演出。

7月8日上午，牡丹花开心向党——中国曲艺牡丹奖艺术团“送欢笑”走进鞍钢专场演出在鞍钢博物馆前广场举办。苏州评弹《蝶恋花·答李淑一》、相声《我是票友》、二人转《过河》、四川清音《中华家风》、相声《送你一支歌》、曲艺小品《应聘》《抢地盘》不负众望，博得阵阵掌声。

7月9日晚，由中国曲协、重庆市文联、重庆市万州区人民政府共同主办的“牡丹花开心向党”——中国曲艺牡丹奖艺术团“送欢笑”走进重庆万州演出在万州大会堂举行。姜昆、杨发航、叮当、芦明、钟前元、龙川、聂红焰、刘丹文、涂立军等领导出席活动。何菊芳、宋好、任鹏、刘芋君、李连伟、董彦彬、熊竹英、殷春、陈印泉、刘畅、大兵、李丹、赵海燕、闫光明、宋京、姜昆、戴志诚、乌兰图雅登台演出。

7月22日晚，“牡丹花开心向党”第四届中国西部优秀曲艺节目展演曲艺名家新秀“送欢笑”走进定西专场演出在定西大剧院举行。徐涛、郭威、任平、柴京云、柴京海、王洁、张倩茹、刘阳、王玺、王洁、张倩茹、刘阳、乌力吉图、张钢、赵炎、张春丰、王超、苗阜、王声、韩延文登台演出，甘肃文旅直播平台对演出进行了现场直播，观众点击量达到了381万。

10月20日晚，“我们的中国梦”——文化进万家中国曲协学雷锋文艺志愿服务团走进浙江柯桥演出在柯桥区蓝天大剧院上演，姜昆、戴志诚、武宾、贾旭明、郭威、宋京、秦玉杰、张军旗、张旭东、翁仁康、刘全和、刘全利登台演出。10月21日晚，“牡丹花开心向党”中国曲艺牡丹奖艺术团“送欢笑”专场演出来到齐贤村文化礼堂和柯岩客厅。姜昆、翁仁康、叮当、高洪胜、戴志诚、刘全和、刘全利、刘靓靓等曲艺名家新秀分组前往两地，与柯桥曲艺工作者携手一同为观众带去精彩节目。

10月23日晚，“牡丹花开心向党”第六届“南山杯”全国曲艺新人新作展演汇报演出暨曲艺名家新秀“送欢笑”走进深圳专场演出在深圳艺术学校举办。姜昆、戴志诚、翁仁康、杨子春、陈玲玉、刘靓靓、逗笑、逗乐、徐强、吴春梦等参加展演。展演期间进行的现场直播共有3.3万多人次观看。

10月23日晚，“牡丹花开心向党”——纪念陶钝同志诞辰120周年暨中国曲协“送欢笑 到基层”走进山东诸城专场演出在诸城市大礼堂举行。陈寒柏、王敏、邵峰、高晓攀、尤宪超、师亚峰、董彦彬、李连伟、陈梅生、康康、罗晓静等知名曲艺家和优秀青年曲艺演员登台演出。

曲艺展演

【第16届马街书会优秀曲艺节目网络展播】

2月23日至3月2日，第16届马街书会优秀曲艺节目网络展播通过曲艺杂志融媒、学习强国App上线直播。本次马街书会组织中国曲协副主席种玉杰、中国曲协相声艺委会秘书长甄齐、河南省曲协原秘书长鲁银海、天津曲艺团鼓曲作者杨妤婕等专家精心挑选视频，提出修改意见，从27家团体会员和其他文艺组织推荐的217个节目中选出75个，在曲艺杂志融媒、河南卫视、抖音、快手、微信视频号等平台进行了广泛宣传与播出，各平台直播观看共计50万余人次。

【第二届大学生曲艺周】

5月1日至4日，由中国曲协、山东省文联、中共青岛市委宣传部、青岛市文联共同主办，山东省曲协、青岛市广播电视台、青岛市曲协、中共李沧区委宣传部承办，李沧区文联、李沧区文化和旅游局、李沧区文化馆协办的第二届大学生曲艺周在青岛举办。活动期间共举办“永远跟党走”庆祝中国共产党成立100周年第二届大学生曲艺周开幕演出、曲艺名家新秀“送欢笑”惠民演出、闭幕演出、优秀节目展演等9场演出，召开新时代大学生曲艺社团建设与发展座谈会，《我的校园笑缘》《我和大家聊快板》专题讲座，期间还对参演节目进行了专家点评辅导会。

【以艺战“疫”新创抗击疫情优秀曲艺节目展演】

5月23日晚和24日下午，由中国曲协、河南省文联联合主办，由《曲艺》杂志社、中共周口市淮阳区委、周口市淮阳区政府和中共沈丘县委、沈丘县政府承办的曲韵颂党情——以艺战“疫”新创抗击疫情优秀曲艺节目展演分别在河南省周口市淮阳区文化艺术中心和沈丘县综合体育馆上演。同时，曲艺杂志融媒对两场演出进行了现场直播，访问量突破7.8万，沈丘当地融媒体的线上访问量也达到了12.94万。

【“向党报告”庆祝中国共产党成立100周年优秀曲艺节目展演】

5月28日至31日，由中国曲协主办的“向党报告”庆祝中国共产党成立100周年优秀曲艺节目展演在北京喜剧院举办。中国文联主席、中国作协主席铁凝，中国文联党组书记、副主席李屹，中国文联副主席赵实，中国文联副主席左中一，中国文联第九届副主席杨承志，中国文联党组成员、副主席胡孝汉，中国文联党组成员徐永军，中国文联党组成员董耀鹏，中国文联党组成员张雁彬，中央和国家机关工委群众工作部部长马勇明，中共吉林省委常委、宣传部部长石玉钢，姜昆、杨发航、吴文科，黄群、项云等领导嘉宾现场观看演出。

展演分为“牡丹花开心向党”综合场、“梨花飘香黑土情”吉林梨树二人转专场、“曲苑芬芳浦江情”上海专场、“粤韵牡丹绽芳菲”广东专场等4场演出，为观众奉献了涵盖相声、快板、评书、评话、故事、好来宝、二人转、锣鼓书、独脚戏、京韵大鼓、苏州弹词、上海说唱、南阳大调曲子等13个曲种的32个优秀曲艺节目。

5月28日晚，“牡丹花开心向党”综合场演出开场。本场演出由戴志诚、苗阜、于紫菲、龚宁联袂主持。杨菲、冯欣蕊、罗晓静、北京职业艺术学院学生、斯琴、宝音朝克图、吉格希扎布、腾吉思、蔡小华、李少杰、李菁、王文水、郭迎欢、南阳师范学院学生、徐涛、郭威、杨鲁平、李贞、张楚君、吴雨桐、蒋赟琦、冯巩、贾旭明、曹随风、陈靓、李亮节等参加演出。

5月30日晚，“梨花飘香黑土情”吉林梨树二人转专场举办。演出由中国曲协和中共吉林省委宣传部、省文旅厅、省文联等共同主办，中共梨树县委、县人民政府承办，梨树县地方戏曲剧团有限责任公司演出。闫淑平、佟长江、赵丹丹等老中青三代艺术家同台献艺。

5月31日晚，“曲苑芬芳浦江情”上海专场举办。演出由中国曲协、上海市文联、中共嘉定区委宣传部主办，上海市曲协、嘉定区文旅局承办，上海评弹艺术传习所（上海评弹团）、上海滑稽剧团有限公司等协办。演出前，上海市文联党组成员、专职副主席韩陈青代表上海文艺界致辞。演出分为2个篇章，展现了中国共产党在革命战争时期和社会主义建设时期的丰功伟绩，重点赞颂了新时代广大人民群众的美好生活。

7月30日晚，“粤韵牡丹绽芳菲”广东专场举办。演出由中国曲协、广东省文联、中共广州市委宣传部、广州市文化广电旅游局主办，由广东省曲协、广州市文化馆、广东音乐曲艺团承办。专场分四大篇章、共9个节目，以广州地区历年获得中国曲艺界最高奖项——中国曲艺牡丹奖的11位曲艺家担纲演出，以实际行动和优异成绩庆祝建党100周年。

人民日报、新华社、光明日报、中央电视台、央广网、中国艺术报、中国文化报、《曲艺》杂志融媒等媒体对本次展演进行报道。

【“艺道馨声”曲艺名家名作专场演出】

6月17日晚，由中国曲协主办，中国曲协曲艺之乡（名城）建设委员会、中共涟水县委、涟水县人民政府和《曲艺》杂志社共同承办的涟水县“中国曲艺之乡”授牌仪式暨“艺道馨声”曲艺名家名作专场演出在江苏省淮安市涟水县大剧院举行。黄群、刘旭东、孙志兵、王维国、时勇、洪然、张超、姜杰等相关领导共同见证授牌仪式并观看演出。曲艺杂志融媒对本次演出进行了现场直播，访问量突破4.81万，涟水县当地融媒体的线上访问量也达到5.07万。

【第十届中部六省曲艺展演】

6月23日至25日，“牡丹花开心向党”第十届中部六省曲艺展演在长沙举办。本次展演由中国曲协、湖南省文联共同主办，湖南省曲协、中共宁乡市委宣传部、宁乡市文联承办，安徽省曲协、河南省曲协、江西省曲协、山西省曲协、湖北省曲协协办。共征集到59个报送节目，遴选出25个节目参加展演，涵盖相声、评书、湖北小曲、常德丝弦、淮北大鼓、鄱阳大鼓、长子鼓书、河南坠子等20个南北曲种。

【第三届东北地区优秀曲艺节目展演】

7月6日至9日，“牡丹花开心向党”第三届东北地区优秀曲艺节目展演在鞍山举办。本次展演由中国曲协、辽宁省文联共同主办，辽宁省曲协、鞍山市文联承办，黑龙江省曲协、吉林省曲协、吉林省二人转协会、内蒙古自治区曲协、鞍山市文化旅游发展促进中心协办。快板书《军号嘹亮》《杨靖宇智斗邵本良》《杨金花夺印》、评书《丰碑》、二人转《忏悔录》等作品弘扬正气，发人深思。

【第四届中国西部优秀曲艺节目展演】

7月20日至22日，由中国曲协、中共甘肃省委宣传部、甘肃省文化和旅游厅、甘肃省文联共同主办的“永远跟党走”庆祝中国共产党成立100周年“牡丹花开心向党”第四届中国西部优秀曲艺节目展演在甘肃省兰州市举办。来自甘肃、内蒙古、广西、重庆、四川、贵州、陕西、青海、宁夏、新疆等10省区市的28个优秀曲艺节目同台竞艺。

【第六届“包公杯”反腐倡廉曲艺作品展演】

9月17日，第六届“包公杯”反腐倡廉优秀曲艺作品展演在合肥大剧院举办。闫淑平，黄群，安徽省纪委副书记、省监委副主任汤春和，安徽省纪委宣传部部长陈军，合肥市委常委、市纪委书记、市监委主任华克思，合肥市委常委、宣传部长程雪涛，合肥市广播电视台党委书记、台长、合肥文广集团董事长朱煜等领导出席活动。快板书《书记的耳光》、曲艺小品《八桶漆匠下乡》《有问题》、二人转《全鱼宴》、相声《我的大学》《评先进》、山东快书《红信封》在线上展播集中亮相。

【曲艺名家新秀全国小剧场示范演出行动走进京津冀】

9月22日、23日和26日，中国曲协组织开展曲艺名家新秀全国小剧场示范演出行动，种玉杰、籍薇、杨鲁平、高洪胜、刘洪沂、王文林、刘俊杰、贾仑、连春建等曲艺名家分别走进京津冀3地的曲艺小剧场，与小剧场60余位曲艺演员以“继承优良传统、弘扬新风正气”为主题进行座谈交流，并为当地观众和演员作示范演出。杨发航、黄群、项云分别出席了3地活动。座谈会先后在河北省文联、北京嘻哈包袱铺、天津谦祥益文苑举行。

【第八届苏州评弹艺术节】

第八届中国苏州评弹艺术节系列活动自10月16日开始，由上海评弹团、江苏省演艺集团评弹团、张家港市评弹艺术传承中心等14家江、浙、沪地区演出团体，推出了19台演出，汇集了13部新创中篇书目、40余个中长篇书目选回和新编短篇，以及8部优秀长篇传承书目选回。金丽生、邢晏春、邢晏芝、盛小云、袁小良、吴新伯、蒋春雷、徐惠新、周红、季静娟等评弹界名家新秀齐聚于此。

【第六届“南山杯”全国曲艺新人新作展演】

10月22日至23日，由中国曲协、广东省文联、深圳市文联、中共深圳市南山区委宣传部共同主办，广东省曲协、深圳市曲协、南山区文联共同承办的第六届“南山杯”全国曲艺新人新作展演在广东省深圳市南山区举办。来自全国18个省区市的百余位青年曲艺工作者同台竞艺，为观众奉献了3场精彩演出。

【第三届中国东部优秀曲艺节目展演】

11月10日至13日，由中国曲协、江苏省文联、扬州市人民政府共同主办的“牡丹花开心向党”——第三届中国东部优秀曲艺节目展演在线上成功举办。从114个作品中遴选出来自9个省（直辖市）和中国铁路文工团的34个节目，通过曲艺杂志融媒、扬州发布、扬帆等平台展播，直接观众达4万余人。

【第六届“岳池杯”中国曲艺之乡曲艺展演】

12月6日至9日，由中国曲协、四川省文联主办，四川省曲协、广安市文联、中共岳池县委、岳池县人民政府承办的第六届“岳池杯”中国曲艺之乡曲艺展演线上举办。从79个报送节日中遴选出38个节目进入展演，涉及30个曲种，分4场举行。

【第三届全国山东快书优秀节目展演】

由中国曲协、山东省文联、中国曲协山东快书艺术委员会、山东省曲协共同举办的第三届全国山东快书优秀节目线上展演于12月8日至11日连续4天在曲艺杂志融媒、山东艺术网、大众日报客户端等线上平台播出。本次展演共分4场，3场传统曲艺的文化盛宴以外，本次展演还特意整理了包括山东快书“高派”创始人高元钧、“杨派”创始人杨立德、“于派”名家傅永昌等山东快书艺术名家的13个经典作品。

【第九届全国相声小品优秀节目展演】

2022年1月2日晚，由中国文联、中国曲协共同主办的第九届全国相声小品优秀节目展演在北京广播电视台播出。本届展演以命题方式强化语言类节目创作，推出讽刺“饭圈”乱象的群口相声《我帮你“火”》等，14个节目于2021年12月22日完成前期录制。

创作与培训

【中国曲协各类教育培训班】

2月26日至3月8日，2020年中国曲协新发展会员网络培训专题班在中国文联文艺培训网络云平台举办。来自全国30个省区市曲协的207名新发展会员参加培训。周文彰、王蒙、张国祚、姜昆、杨鲁平授课。

3月15日至31日，由中国曲协、中国文联人事部主办，《曲艺》杂志社承办的第二期曲艺小剧场创作人才网络培训班通过网络平台举办。来自全国22个省区市的60名曲艺小剧场创作人员参加了此次培训。姜昆、崔凯、康尔、张国祚授课。

5月17日至21日，第三期文艺“两新”人员曲艺创作网络培训专题班在中国文联文艺培训网络云平台举办。来自天津、河北、内蒙古、辽宁、江苏、浙江、湖南、湖北、广东、广西、四川的11个省（自治区）的51名学员参加培训。周文彰、沈传亮、张国祚、姜昆授课。

5月17日至31日，由中国曲协、中国文联人事部主办，《曲艺》杂志社承办的第二期曲艺小剧场表演人才网络培训班通过网络平台举办。全国19个省区市的70名曲艺小剧场表演人员参加了此次培训。本次培训学制15天，共安排线上视频课程8节，李蓉、祝彦、李金斗、崔凯、李少杰授课。

5月24日至31日，中国曲协第二期全国曲艺教育工作者网络培训班线上举办。来自全国各地高等院校、职业艺术学校、中小学校、文化馆（站）、“非遗”传承机构以及民办民营单位的97名曲艺教育工作者参加了本期培训。祝彦、陈宇飞、张力、康尔、任军（大兵）、李少杰授课。

6月15日至19日，由中国曲协、中国文联人事部主办，《曲艺》杂志社承办的第五期全国曲艺自由职业者优秀人才培训班在江苏省涟水县举办。全国10个省区市的50名曲艺自由职业者参加了此次培训。黄群、刘旭东、李昊远、杨鲁平、柴京云授课。

5月31日至6月30日，第二期全国曲艺权益保护网络培训班依托中国文联网络培训云平台举办，来自全国60余名从事曲艺创作、表演或曲艺管理的，有权益保护需求、热心权益保护事业的曲艺工作者参加培训，其中曲艺“两新”人员占比近40%。来小鹏、郑伟、李蓉、张柠、崔凯授课。

6月15日至30日，中国曲协第三期曲艺专家名家精品创作网络研修班（东部）线上举办。来自东部10个省市的66名学员携45部作品参加了本期研修。陈宇飞、吴文珑、李伟建、蔡小华授课。

7月5日至9日，由中国曲协主办、重庆曲协协办的第二期全国基层（市县）曲协组织负责人培训班在重庆举行。杨发航、项云、陈若愚、龙川、刘靓靓、胡大牛、王刚等出席，龙川在开班仪式上致辞，项云作开班动员。来自重庆、江苏、河南、福建等21个省（市、区）基层曲艺院团、小剧场、文化馆的50名市县级曲协组织负责人参加此次培训。龙川在开班仪式上致辞，项云作开班动员，杨发航、陈若愚、胡大牛、王刚授课。

7月5日至11日，第三期基层曲艺工作者培训班在中国文联文艺培训网络云平台举办。来自天津、辽宁、江苏、浙江、安徽、山东、河南、湖北、广东、四川10个省的50名学员参加培训。张国祚、王东、姜昆、来小鹏授课。

9月15日至30日，中国曲协第四期边远地区曲艺工作者网络培训班在线上成功举办。来自内蒙古、甘肃、西藏等15个省（区）的50名基层一线曲艺工作者参加了培训。杨禹、张太原、姜昆、崔凯、任军（大兵）、李少杰、来小鹏授课。

9月23日至30日，第二期中国曲协会员先进典型代表人物培训班在中国文联文艺培训网络云平台举办。来自天津、辽宁、江苏、浙江、安徽、山东、河南、湖北、广东、四川10个省的50名学员参加培训。学期7天，共7门课程8个学时，张国祚、王东、姜昆、来小鹏授课。

9月25日至29日，由中国曲协和四川省文联共同主办的第六期民族地区曲艺工作者培训班在四川省甘孜藏族自治州德格县举办。张旭东、曲华江、马小平、蔡钦、李多、张建泉、丽娜、赤康、牛美翁姆、王文能、斯塔多吉等领导嘉宾和来自德格县基层的62位曲艺工作者共同参加培训。张旭东、斯塔多吉、王文能、蔡钦、马小平授课。

9月14日至10月11日，第三期中国曲艺牡丹奖得主高级研修班通过中国文联网络培训云平台举办，61位牡丹奖得主参加本次培训。本次培训为学员精心挑选了13堂在线学习课程，总计18课时，分为政治理论素养提升、艺术视野拓展和专业素养提升、行风建设和职业道德素养提升三大部分。

9月29日至10月23日，第四期中国曲协艺委会专家网络研修班成功举办，来自19个艺委会的50余名专家艺术家参加了学习。王东、杨乘虎、郝戎、孙立生授课。

11月23日至30日，中国曲协会同中国文联人事部、中国文学艺术基金会举办了第十三期全国曲艺创作高级研修班。共有来自全国23个省区市的70名曲艺创作骨干参加，共有28个曲种134篇作品入班。胡鞍钢、陈宇飞、黄延敏、王海平、李朝全、柴京云、马云路、崔立君、胡磊蕾、刘岚授课。

11月30日至12月14日，第三期全国相声从业人员网络培训班在中国文联网络培训云平台如期举办。共有来自全国22个省区市的144名学员参加。李蓉、杨禹、周文彰、张国祚、陈宇飞、罗扬、刘兰芳、姜昆、崔凯、康尔、大兵授课。

【第三届“世界知识产权日·曲艺版权宣传周”】

4月20日至26日，中国曲协第三届“世界知识产权日·曲艺版权宣传周”系列活动在大同云海曲艺社举办。宣传周以“曲艺小剧场与著作权保护——让创意转化为价值”为主题，制作“曲艺版权宣传周”海报和公益视频，召开了“新时代曲艺小剧场著作权保护暨中国曲协深化改革基层试点工作研讨会”，举办“世界知识产权日·曲艺版权宣传周——大同云海曲艺社原创曲艺作品专场演出”。

【中国曲协“深入生活、扎根人民”主题实践活动】

7月19日至25日，中国曲协从全国53名报名人员中遴选出20位符合条件的青年曲艺创作人才赴贵州、陕西、江西、福建四条线路进行采风创作。2021年度“深入生活、扎根人民”主题实践活动是中国曲协团结引导广大曲艺工作者围绕庆祝建党百年的主题，深入重大科技工程所在地、革命老区和基层生活一线，努力创作讴歌党、讴歌祖国、讴歌人民、讴歌英雄的精品力作的积极尝试。

行风建设

【“弘扬中华优秀传统文化，构建风清气正曲艺界优良行风”座谈会】

5月6日，由中国曲协主办的“弘扬中华优秀传统文化，构建风清气正曲艺界优良行风”座谈会在北京召开。杨发航、谢力，曲艺艺术家翁仁康、田连元、李金斗、刘颖、李菁，青年曲艺演员刘钊、许健、卢鑫，学者向云驹、张颐武，媒体人士王大胜，律师岳运生等专家、艺术家作交流发言。中宣部文艺局有关负责同志，中国文联理论研究室主要负责人，曲协及相关专业委员会负责人，文化演出市场执法部门有关负责人出席会议。会议由姜昆主持。

【“修身守正 立心铸魂——中国曲协曲艺工作者职业道德和行风建设工作座谈会”】

8月25日，“修身守正 立心铸魂——中国曲协曲艺工作者职业道德和行风建设工作座谈会”在京召开，杨发航主持会议，中宣部文艺局艺术处副处长吕振、中国文联国内联络部副主任苗宏、姜昆、种玉杰、黄群、项云、岳永逸、武宾、张怡、应宁、王筱磊、郭迎欢、王波、李寅飞、谢岩等领导和嘉宾出席会议。

【“继承发扬优良传统 推动曲艺传承发展”研讨会】

11月26日，中国曲协召开“继承发扬优良传统 推动曲艺传承发展”线上研讨会。杨发航主持会议，姜昆出席并讲话。中国曲协评书艺委会主任杨鲁平，苏州市评弹团团长、书记林建方，鼓曲词作家罗君生，天津艺术职业学院曲艺系教授、相声作家刘俊杰，中国铁路文工团国家一级演员马云路，北京曲协副主席杨菲，聊城大学音乐与舞蹈学院副教授贾振鑫，北京城市学院曲艺教研室副主任张伟，《光明日报》文艺部执行主任邓凯等9位曲艺艺术家和专家学者与会并围绕“继承发扬优良传统推动曲艺传承发展”主题，结合自身经历、从事工作、所学专业分别进行发言。

学术与研究

【中国特色曲艺学科建设研讨会】

2月1日，由中国曲协、中国文联国内联络部、中国文联理论研究室、中国文联文艺评论中心、中国文学艺术基金会共同主办的中国特色曲艺学科建设研讨会召开，董耀鹏作书面讲话。仲呈祥、胡智锋、郝戎、张金尧、傅瑾、姜昆、崔凯、田连元、向云驹以及来自曲艺教学和表演一线的曲艺工作者张怡、李寅飞等出席会议并围绕曲艺学科建设进行研讨。中国文联有关部门和中国曲协负责人苗宏、董涛、黄群出席会议。杨发航主持会议。

【“弘扬传承特色文化 繁荣发展二人转艺术”座谈会暨中国曲协二人转艺术委员会成立】

4月17日，中国曲协、吉林省委宣传部、吉林省文联在吉林省四平市召开“弘扬传承特色文化 繁荣发展二人转艺术”座谈会暨中国曲协二人转艺术委员会成立仪式，董耀鹏、石玉钢、杨发航、闫淑平、许云鹏、张志伟、陈耀辉、赵志强、房国军、郭灵计、赵连军、曾范涛、郭志勇等领导和中国曲协二人转艺委会委员40余人参会，会议由项云主持。中国曲协二人转艺术委员会由二人转创作、表演、作曲、教育、传播等方面的专家艺术家组成，闫淑平任主任，王建仁、佟长江、张春丰、赵海燕、赵晓波、焦桂英、韩笑等7人任委员，赵丹丹任秘书长。

【新时代曲艺学科建设和专业设置研讨会】

5月19日至20日，中国曲协在北京会议中心召开新时代曲艺学科建设和专业设置研讨会，就曲艺高等教育问题再次进行集中研讨，听取意见建议，强化凝聚共识。董耀鹏、杨发航、周星、郝戎、冉常建、傅谨、骆平及来自中央戏剧学院、中国戏曲学院、辽宁科技大学、南京农业大学、浙江音乐学院、四川师范大学、中南大学、聊城大学、上海中侨职业技术大学、天津艺术职业学院、河北艺术职业学院、苏州评弹学校12所院校的代表以及教育部《中国高校社会科学》等媒体代表共30余人参加会议。杨发航主持会议。

【中国曲协陕北说书艺术委员会成立座谈会】

6月4日，中国曲协在陕西省西安市召开中国曲协陕北说书艺术委员会成立座谈会，杨发航、禹剑峰、韩应莲、李晓春、赵光远、姚克智、王黎明、张小宁、林茂绿、王健等领导和中国曲协陕北说书艺委会委员20余人参会，会议由项云主持。中国曲协陕北说书艺术委员会由陕北说书创作、表演、教育、传播等方面的专家艺术家组成，韩应莲任主任，李晓春任秘书长，薛志章、任丹峰、孙宏亮、贺连善、王建秦、曹伯炎、熊竹英、张小飞等8人任委员。

【“文艺法律志愿服务进校园”主题实践活动】

6月22日，由中国文联权保部和中国曲协共同主办的“我为群众办实事”——中国文联、中国曲协“文艺法律志愿服务进校园”主题实践活动在北京戏曲艺术职业学院举办。中国文联权保部主任暴淑艳，副主任王国骞，黄群，北京戏曲艺术职业学院院长黄珊珊出席活动。北京天驰君泰律师事务所合伙人、北京市文化娱乐法学会版权运营与保护法律专业委员会主任张杰为学生作辅导讲座。活动由张怡主持。

【宿城区优秀曲艺作品提升行动座谈会】

6月23日，由《曲艺》杂志社、江苏省曲协琴书大鼓艺委会、宿迁市宿城区文化广电和旅游局共同主办的庆祝中国共产党成立100周年暨宿迁市宿城区优秀曲艺作品提升行动座谈会在江苏宿迁宿城区举办。中国曲协曲艺之乡（名城）建设委员会秘书长芦明，上海市文联副主席、上海市曲协主席吴新伯，国家一级编剧、苏州市曲协副主席胡磊蕾，宿迁市戏曲家协会主席、市文化馆馆长刘勇，宿城区文广旅局党组书记、局长刘根玲和有关单位负责人出席了此次活动，会议由芦明主持。

【纪念陈云同志“出人、出书、走正路”谈话发表40周年座谈会】

9月25日，中国曲协、中国文联理论研究室、中国文联曲艺艺术中心、上海市文联、上海市曲协、中共上海市嘉定区委宣传部等单位在上海嘉定共同举办纪念陈云同志“出人、出书、走正路”谈话发表40周年座谈会，董耀鹏、姜昆、董涛等领导嘉宾以及专家艺术家近70人参加了座谈会。

会议由杨发航主持。毛时安、翁仁康、王汝刚、李少杰、金岩、种玉杰、陆军、杨鲁平、盛小云、袁国虎、吴新伯、黎洪伟发言，姜昆、杨发航讲话。

【第四届全国曲艺理论学术研讨会】

9月25日至26日，由中国曲协、中国文联理论研究室主办，中国文联曲艺艺术中心、上海市曲协、中共上海市嘉定区委宣传部承办的“红色题材曲艺作品的创演与创新”第四届全国曲艺理论学术研讨会在上海嘉定举行。来自曲艺界、教育界和宣传文化部门的专家学者30余人参加了研讨会。中国剧协顾问、著名剧作家罗怀臻作了《新时代的文艺观——我看红色题材创作》的主旨报告，杨鲁平、鲍震培、贾振鑫、贾慧敏、秦珂华、徐开麟、蒋慧明、张祖健、王建秦、袁国虎、周思明作现场发言，会议由项云主持。

【第七届全国高等院校曲艺教育峰会】

10月16日至17日，中国曲协联合苏州评弹学校在江苏苏州举办第七届全国高等院校曲艺教育峰会。董耀鹏、杨发航、盛小云、崔凯等领导以及中国曲协有关专委会负责人，全国开设曲艺类专业教育的高等院校有关负责人，开设曲艺专业历史较为悠久的中专学校有关负责人，各高校曲艺教育研究人员，从事创作表演的一线曲艺家代表，以及新闻媒体代表70余人参加会议。峰会以“曲艺高等教育与行业建设”为主题，王善春、张伟、贾振鑫、孙宏亮、崔凯、胡智峰、郝戎、周星发言，南京师范大学副教授硕士生导师谈欣和北京戏曲艺术职业学院曲艺系主任张怡将各组讨论情况进行大会交流，杨发航主持会议开幕式并总结。

【第七届中国曲艺绍兴（柯桥）高峰论坛】

10月20日至22日，第七届中国曲艺绍兴（柯桥）高峰论坛在浙江省绍兴市柯桥区举办。本次论坛围绕“创新驱动曲艺事业实现高质量发展”这一主题，向云驹以《关于新时代曲艺新使命的几点思考》为题作主旨讲座。孙光圻、杨振伟、张斌、陈世海作为优秀论文作者代表与大家分享了研究曲艺理论、创新创作、传播传承等问题的心得体会。本届论坛增设“艺道馨声·鉴湖论艺”曲艺名家访谈环节，姜昆、翁仁康、张旭东进行文化漫谈。

【“中国曲艺艺术学科专业建构、发展和路径研究”线上直播】

10月30日，中国曲协联合教育部高校戏剧与影视学类专业教学指导委员会共同举办“中国曲艺艺术学科专业建构、发展和路径研究”线上直播活动。直播活动邀请了国务院学科评议组、教育部教指委、开设曲艺专业和课程的高校等方面的专家学者开展研讨。《曲艺》杂志融媒、B站、快手等平台面向全国艺术院校教师和学生进行直播，观看直播人数达12600余人。

【第四届“通州杯”全国曲艺小剧场新作研讨会】

11月9日，由中国曲协、江苏省文联主办，中国文联曲艺艺术中心、江苏省曲协、南通市文化广电和旅游局、南通市文联、南通市通州区人民政府等共同承办的第四届“通州杯”全国曲艺小剧场新作研讨会于线上举办。有关领导和艺术家以及来自全国的曲艺作者、演员近40人参加了会议。

【2021中国曲协曲艺权益保护圆桌会议】

11月30日，2021中国曲协曲艺权益保护圆桌会议在线上举办。中国文联权保部和中国曲协权保处相关人员、部分中国曲协专委会成员、曲艺家代表及媒体界、法律界相关人士参加会议。王国骞、黄群、马小平、柴京海、芦明、蒋慧明、苗阜、李菁、岳运生发言。

对外及对港澳台文化交流

【首次举办海外网络曲艺春节联欢展演】

“四海同乐庆新春”——中华曲艺网络春节联欢会从全国各省区市精选了有代表性且为广大海外华人最熟悉的10个曲种、9个优秀节目组成本次视频演出，并于2月6日至18日分别在巴西、秘鲁、波兰、法国、美国、巴拿马、西班牙等国家合作方举办的网络春节联欢活动中播出，受到众多海外观众的欢迎。

【国际说唱艺术联盟代表团赴四川考察格萨尔说唱艺术】

应中国曲协邀请，国际说唱艺术联盟副主席兼秘书长朱培华一行于5月16日至21日到访四川省成都市、甘孜州，中国曲协副主席、四川省曲协主席张旭东全程陪同考察团，重点考察了格萨尔说唱艺术，参访有关博物馆，拜访相关艺术家并交流，取得了良好的考察交流成果。

【第二次中日曲艺线上交流活动】

应日中文化交流协会倡议，中国曲协组织福建省曲艺家和青年曲艺工作者于9月24日参加了“妙曲弦音——中日曲艺弹拨乐器的对话”第2次中日曲艺线上交流活动。中日艺术家分别在北京、厦门和东京三地以连线方式相聚云端。

【第3届国际说唱艺术研讨交流活动】

12月4日，由国际说唱艺术联盟主办的第3届国际说唱艺术研讨交流活动在线上举办。本届研讨交流活动以“说唱艺术的艺术性与社会功能”为主题，共有12位艺术家和专家参与交流研讨。中国曲协主席、国际说唱艺术联盟主席、相声表演艺术家姜昆，曲华江出席活动。

【2021国际幽默艺术周】

12月11日晚，由中国曲协、张家港市人民政府主办，中共张家港市委宣传部、张家港市文体广电和旅游局承办的2021国际幽默艺术周开幕。中国新闻社等10余家媒体同步直播，《小两口争灯》《绣蜀》《放歌春江水》《祈福》等节目在线亮相，吸引了411万名中外观众在线观看。

【第十一届海峡两岸曲艺欢乐汇】

12月6日，由中国文联、中国曲协、福建省文联共同主办，中国文联曲艺艺术中心、福建省曲协、《曲艺》杂志社有限公司承办的第十一届海峡两岸曲艺欢乐汇研讨会举办。本届研讨会以“曲香两岸汲古融今”——传统曲艺的当代转化和创新发展为主题，通过线上线下结合的方式举行。两岸曲艺家、专家学者等25人与会，9位嘉宾线上作主题发言，台湾分会场7位嘉宾以视频方式参会。姜昆在线上参会并讲话。会议由曲华江主持，项云以及中国曲协机关、曲艺中心有关部门负责同志参加了会议.

2022年1月15日，由中国曲协、福建省文联、福建省平潭综合实验区管委会共同主办，中国文联曲艺艺术中心、福建省曲协、《曲艺》杂志社有限公司、台北市艺术家文教推广基金会、平潭综合实验区文联联合承办的第十一届海峡两岸曲艺欢乐汇以网络直播的形式举办。郭鸿斌、古铄汶、姬天语、刘尔金、郎祖筠、袁国虎、叶怡均、吴新伯、冯阳、郑坤、王友梅、王友兰、赵浩翔、李杰、施天天、乔天蓝、刘士民等参与演出。直播平台在线观看总量达740余万，新浪微博话题阅读量737万，岛内直播覆盖量约33万。

内部建设

【中国曲协党建党务工作】

1月29日，中国曲协机关在职党支部召开了2020年度组织生活会。在职党支部以党小组形式认真学习了习近平总书记在十九届中央纪委五次全会上重要讲话、二〇二一年新年贺词、在全国政协新年茶话会上的重要讲话以及《中国共产党党员权利保障条例》，并开展了批评和自我批评。

3月25日，中国曲协在职党支部组织开展主题党日活动，集中学习十九届中央纪委五次全会有关文件精神，安排部署2021年学习计划，并对2020年党员民主评议情况、发展对象徐哲的培养考察情况进行了通报。随后，韩胜利以《从〈觉醒年代〉中学习中国共产党党史》为题讲了专题党课。党小组组织学习了《论中国共产党历史》《毛泽东邓小平江泽民胡锦涛关于中国共产党历史论述摘编》，以及《光明日报》刊发的《中国共产党百年辉煌》理论文章。

5月14日，中国曲协召开机关在职党支部党员大会暨青年学习小组学习，集中学习习近平总书记2021年4月25日至27日广西考察时的重要讲话，发展一名预备党员，以党小组形式开展月度学习。杨发航、黄群参加学习。

6月11日，中国曲协召开党史学习教育研讨交流会，中国曲协全体党员及群众代表共30余人参加。会议由协会党总支副书记刘志龙主持。

6月22日，中国文联党组成员、书记处书记董耀鹏为中国曲协全体党员干部主讲题为《以百年不变之初心应对百年未有之大变局》的专题党课。杨发航主持专题党课活动。黄群、项云出席活动，中国曲协机关、曲艺艺术中心、《曲艺》杂志社全体党员干部一起聆听了党课。

6月24日，中国曲协机关在职党支部召开党员大会，集中学习习近平总书记在青海考察期间重要讲话精神和《用好红色资源，传承好红色基因，把红色江山世世代代传下去》《以史为镜、以史明志，知史爱党、知史爱国》重要文章，传达中共中央《关于庆祝中国共产党成立100周年组织开展“永远跟党走”群众性主题宣传教育活动的通知》《关于在全社会开展党史、新中国史、改革开放史、社会主义发展史宣传教育的通知》精神。杨发航与机关在职党支部党员一起参加活动。活动由刘志龙主持。

7月1日，中国曲协组织协会党员干部集中收看庆祝中国共产党成立100周年大会直播；下午召开党总支党员大会，机关在职党支部、曲艺中心党支部、《曲艺》杂志社临时党支部全体党员、积极分子和离退休党支部党员代表参加，杨发航介绍出席大会的有关情况，带领大家再次学习习近平总书记在庆祝中国共产党成立100周年大会上的重要讲话，并对曲协机关、曲协系统和广大曲艺工作者深入学习贯彻习近平总书记重要讲话精神作出部署安排、提出工作要求；会议还组织开展了重温入党誓词活动。集体学习后，各党支部、党小组分别组织研讨。党总支党员大会由刘志龙主持，研讨活动由各支部书记、党小组长主持。

7月27日至29日，中国曲协组织全体干部职工开展党史学习教育主题党日系列活动，运用讲党课、微课堂、读书班、青年理论小组学习、实地参观学习、专题组织生活会等多种方式，推动党史学习教育稳步开展。27日，杨发航以“深入学习党重视和善于总结历史经验的优良传统　增强做好曲协工作的历史自觉和历史主动”为题讲了专题党课，曲华江、黄群、项云参加活动。

9月18日，中国曲协机关在职党支部开展“勿忘国耻守初心　学习党史悟思想”主题党日活动。杨发航、曲华江、黄群出席会议。会议由刘志龙主持，机关在职党支部全体党员参加活动。

10月28日，中国曲协在职党支部组织开展“从党对文艺工作领导中汲取智慧和动力　以党建推动曲协业务工作创新发展”——“我为群众办实事”主题党日活动。主题党日活动组织全体干部职工参观中国文联发展史展厅，集体重温中国文联及各全国文艺家协会在党的领导下走过的光辉历程和取得的辉煌成就。随后召开党员大会，会上通报党史学习教育领导小组印发的《关于充分发挥基层党组织战斗堡垒作用和党员先锋模范作用　进一步深化党史学习教育“我为群众办实事”实践活动的通知》，传达中国文联党史学习教育领导小组工作会议和工作推进会有关要求，重申中国曲协“我为群众办实事”实践活动工作方案等重要内容并听取各部门、单位所承担任务的进展情况。

12月23日，中国曲协机关在职党支部组织开展12月份主题党日活动，召开全体党员大会深入学习贯彻党的十九届六中全会精神和中国文联第十一次全国代表大会精神，重点学习了习近平总书记在中国文联十一大、中国作协十大开幕式上的重要讲话精神，听取了协会财务同志讲授的党课，黄群和支部党员参加活动。活动由刘志龙主持。

12月31日，中国曲协分党组召开行风建设专题民主生活会。杨发航、曲华江、黄群分别就行风建设进行对照检查。项云以及中国曲协有关部门负责人列席会议。会议由杨发航主持。

【分党组理论学习中心组学习】

1月15日，中国曲协召开分党组理论学习中心组2021年第一次（扩大）会议，传达学习习近平总书记在中央政治局民主生活会上的重要讲话精神，贯彻学习《中国共产党党员权利保障条例》，传达学习全国宣传部长会议精神，传达部署中国文联人事部《关于做好2021年中国文联系统领导干部报告个人有关事项工作的通知》内容要求。协会分党组理论学习中心组成员和各部门、各单位负责人及处级干部参加学习，杨发航主持会议。

1月27日，中国曲协召开分党组理论学习中心组2021年第二次（扩大）会议，学习贯彻习近平总书记在十九届中央纪委五次全会上的重要讲话精神和十九届中央纪委五次全会公报精神，贯彻落实中国文联十届六次全委会精神和中国文联党组领导对曲协分党组年度工作汇报的点评意见。杨发航主持会议。协会分党组理论学习中心组成员和各部门负责人及处级干部参加学习。

3月23日，中国曲协召开分党组理论学习中心组2021年第三次（扩大）会议，传达学习习近平总书记在中央政治局第二十七次集体学习时的重要讲话和王沪宁、黄坤明在全国宣传部长会议上的讲话。杨发航主持会议。协会分党组理论学习中心组成员和各部门负责人及处级干部参加学习。

5月11日，中国曲协召开2021年第五次分党组会议暨第四次分党组理论学习中心组会议，传达学习中共中央关于加强对“一把手”和领导班子监督的重要文件精神和中国文联党组有关工作要求，组织协会部门负责人进行研讨交流。协会处以上党员干部参加。会议由杨发航主持。

6月1日，中国曲协召开分党组理论学习中心组第五次（扩大）会议，传达中央关于意识形态工作的重要文件精神并组织研讨交流，通报近期曲艺界出现的新动向新问题，研究部署曲艺界行风建设的重点工作。理论学习中心组成员和各部门负责人参加，杨发航主持会议。

7月13日，中国曲协分党组理论学习中心组召开2021年第六次（扩大）会议。传达学习中共中央 国务院印发《关于新时代加强和改进思想政治工作的意见》和黄坤明在学习宣传贯彻习近平总书记“七一”重要讲话电视电话会上的讲话，学习贯彻《中国文联关于学习宣传贯彻习近平总书记在庆祝中国共产党成立100周年大会上的重要讲话精神的通知》和中国文联党组学习贯彻习近平总书记“七一”重要讲话精神的宣传工作方案。会议由杨发航主持。协会处级以上党员干部参加会议。

8月26日，中国曲协分党组理论学习中心组召开2021年第七次（扩大）会议，专题学习交流研讨习近平总书记“七一”重要讲话精神，旨在持续深化对“七一”重要讲话精神的认识、理解和把握，进一步感悟思想伟力，坚定信仰信念，激发工作热情。会议由杨发航主持。协会处级以上党员干部参加会议。

9月30日，中国曲协召开2021年分党组理论学习中心组第八次（扩大）会议。会议传达学习了习近平总书记在2021年秋季学期中央党校（国家行政学院）中青年干部培训班开班式上的重要讲话精神和习近平总书记在陕西榆林考察时的重要讲话精神，组织协会处以上干部重点围绕习近平总书记在庆祝中国共产党成立100周年大会上的重要讲话进行研讨交流。会议学习贯彻了中国文联《关于进一步抓好常态化疫情防控工作的通知》《关于进一步做好近期人员进返京工作的通知》，还传达学习了中国文联党组领导对《中国曲协简报》作出的批示。杨发航主持会议。

10月14日，中国曲协召开2021年分党组理论学习中心组第九次（扩大）会议。会议传达学习了习近平总书记在庆祝中国共产党成立100周年大会上的重要讲话精神和习近平总书记在2021年秋季学期中央党校（国家行政学院）中青年干部培训班开班式上的重要讲话精神，组织协会处以上干部重点围绕习近平总书记在庆祝中国共产党成立100周年大会上的重要讲话进行研讨交流。会议认真学习贯彻了上级组织人事部门关于领导干部报告个人有关事项的文件精神。杨发航主持会议。

11月26日，中国曲协召开分党组理论学习中心组2021年第十次（扩大）会议，传达学习党的十九届六中全会精神，传达学习习近平总书记在党的十九届六中全会上的重要讲话精神，传达学习黄坤明在学习宣传贯彻党的十九届六中全会精神电视电话会议上的讲话精神，组织自学《中共中央关于党的百年奋斗重大成就和历史经验的决议》《关于〈中共中央关于党的百年奋斗重大成就和历史经验的决议〉的说明》，传达学习《中国文联关于学习宣传贯彻党的十九届六中全会精神的通知》。协会分党组理论学习中心组成员和处以上干部参加，杨发航主持会议。

12月10日，中国曲协召开分党组理论学习中心组2021年第十一次（扩大）会议，围绕深入学习领会习近平总书记《关于〈中共中央关于党的百年奋斗重大成就和历史经验的决议〉的说明》和党的十九届六中全会审议通过的《中共中央关于党的百年奋斗重大成就和历史经验的决议》（以下简称《决议》）进行交流研讨。协会分党组理论学习中心组成员和处以上干部参加，杨发航主持会议。

12月23日，中国曲协召开分党组理论学习中心组2021年第十二次（扩大）会议，就深刻学习领会党的十九届六中全会精神、及时跟进学习十一次文代会精神特别是习近平总书记在中国文联十一大、中国作协十大开幕式上的重要讲话精神进行交流研讨。协会分党组理论学习中心组成员和处以上干部参加，杨发航主持会议。

【中国曲协分党组接受中国文联党组第一巡视组巡视工作】

6月9日，中国文联党组第一巡视组巡视中国曲协分党组工作动员会在文艺家之家四楼报告厅召开。中国文联党组第一巡视组组长卢庆华，副组长董涛、鲍次立，第一巡视组全体同志以及中国曲协机关、曲艺中心在职在编干部、《曲艺》杂志社领导班子参加，杨发航主持会议。

9月29日，中国文联党组第一巡视组巡视中国曲协分党组情况反馈会议在文艺家之家召开。中国文联巡视工作领导小组成员、巡视办主任汤鸿卫，中国文联党组第一巡视组组长卢庆华，副组长董涛、鲍次立，第一巡视组全体同志以及中国曲协机关、曲艺中心在职在编干部、《曲艺》杂志社领导班子参加，卢庆华反馈巡视意见，杨发航主持会议并作表态发言。

11月19日，中国曲协分党组巡视整改专题民主生活会在中国文艺家之家召开。中国文联党组成员、副主席董耀鹏，中国文联机关纪委办公室主任焦铎参会。会前，分党组深入开展谈心谈话，杨发航代表协会分党组开展对照检查，杨发航、曲华江、黄群进行个人对照检查。

【中国曲协各专项领导小组会议】

1月29日，中国曲协财经管理内部控制领导小组召开2021年第一次会议。会议传达学习了《中国曲协合同管理办法》《中国曲协固定资产管理办法》《中国曲协财务工作管理办法》等2020年新制定的规章制度，并对新修订的制度进行阐述说明。曲华江主持会议，财经管理内部控制领导小组及办公室全体成员参加会议。

4月9日，中国曲协召开党建工作领导小组会议暨2021年全面从严治党工作部署会议。曲协分党组成员、曲艺中心主任，机关各部门、曲艺中心各部门和《曲艺》杂志社负责同志等党建工作领导小组成员参加会议。中国曲协分党组书记、党建工作领导小组组长杨发航主持会议并讲话。会上，机关各部门、曲艺中心各部门和《曲艺》杂志社负责人向分党组书记，各党支部书记向党总支书记均递交了全面从严治党责任书。

8月21日，中国曲协召开意识形态工作领导小组2021年第一次会议，传达学习中国文联文艺评论工作推进会会议精神，研究部署《中共中央国务院关于新时代加强和改进思想政治工作的意见》，通报曲协分党组意识形态工作年度各项安排，研究部署曲艺界行风建设重点工作。会议由杨发航主持。

11月23日，中国曲协召开离退休干部工作领导小组会议，传达学习习近平总书记重要讲话精神和《中国文联关于进一步做好新时代离退休干部工作的若干意见》，总结2021年离退休干部工作，研究部署2022年老干部服务管理任务。会议由曲华江主持。

12月8日，中国曲协普法工作领导小组召开年度会议。会议传达学习了十九届六中全会《中共中央关于党的百年奋斗重大成就和历史经验的决议》中关于全面依法治国的重要内容、习近平总书记在中共中央政治局第三十五次集体学习时发表的重要讲话精神、中共中央国务院印发的《知识产权强国建设纲要（2021-2035年）》和《中国文联关于进一步加强文艺维权工作的指导意见》精神，并围绕学习内容展开深入讨论。会议由黄群主持，项云和普法工作领导小组及办公室全体成员参加会议。

【中国曲协工会工作】

3月8日，中国曲协工会、妇工委特别策划举办“拥抱美好时代绽放优雅人生”——中国曲协“三八”妇女节分享会。协会领导与20多位女干部职工参加此次活动。

3月16日，中国曲协工会举行新一届工会委员会换届选举大会。中国曲协工会第五届委员会组织委员刘菁主持会议，杨发航、曲华江、黄群、项云等47名工会会员参加大会。

【中国曲协团支部工作】

7月30日，中国曲协团支部举行了团支部换届选举大会，11名团员全员参会。大会由支部组织委员段漉希主持。团支部书记汪娜代表上一届团支委作了题为《青春心向党　奋斗新征程——为曲艺事业高质量发展贡献青春力量》的工作报告。新一届中国曲协团支部委员会召开了第一次全体会议，盛扬当选为团支部书记，邵玉茹当选为团支部副书记。

12月22日，中国曲协团支部召开了“学党史、强信念、跟党走”专题组织生活会。中国曲协人事处（党务办）干部、中国文联机关团委委员王惠宁受邀参会，全体团员参加会议。会议由团支部书记盛扬主持。

【2020年度工作总结表彰会暨巩固创建模范机关成果主题研讨会】

4月15日，中国曲协召开2020年度工作总结表彰会，启动“开展党史学习教育，做讲政治守纪律负责任有效率的曲协人”主题研讨。中国文联党组成员、副主席董耀鹏出席表彰会议并讲话，中国文联机关党委常务副书记刘国强，中国文联人事部副主任张晓辉出席主题研讨并讲授党课。会上宣读了《关于表彰2020年度中国曲协先进部门和个人的决定》和《关于表彰2020年度最美办公室、最佳兴趣小组、最美办公桌和工会积极分子的决定》。协会领导为年度考核受表彰部门及个人颁发荣誉证书、为工会受表彰部门和个人颁发锦旗和奖品。杨发航、曲华江、黄群、项云及曲协机关、曲艺中心、《曲艺》杂志社全体干部职工参加。曲华江主持表彰会，杨发航讲话。

中国舞蹈家协会

综　述

2021年时逢中国共产党建党100周年，是实施“十四五”规划、开启全面建设社会主义现代化新征程的开局之年，与此同时，也是中国文联第十一次代表大会召开的重要之年，当属中国文艺界最引人瞩目的大事、盛事。在文艺理论与文艺实践两方面，习近平总书记在中国文联十一大、中国作协十大开幕式上的讲话都是2021年出现的最重要、影响最深远的文本。中国舞协自始至终持续深入学习贯彻党的十九届五中、六中全会精神和习近平总书记关于文艺工作的重要论述，坚持为人民服务、为社会主义服务，坚持百花齐放、百家争鸣，坚持创造性转化、创新性发展，自觉将党的文艺路线方针和中央决策部署落实到位，紧随时代的步伐，切准现实生活的脉搏，在舞蹈创作的现实性与时代性、理论批评的价值性与引导性等方面，呈现出新气象。

会议与活动

【“我们的中国梦”——文化进万家走进云南送温暖】

1月2日至6日，由中国文联、中国舞协、中国文艺志愿者协会、云南省文联、普洱市委宣传部、红河县委员会、红河县人民政府主办的“我们的中国梦”——文化进万家中国文联、中国舞协文艺志愿服务小分队走进云南江城县、红河县哈尼族彝族聚居地为当地群众进行慰问演出。来自陆军政治工作部文工团、云南省歌舞剧院、云南艺术学院、贵阳市群众艺术馆等单位的舞蹈工作者们带来了双人舞《跟着你到天边》、独舞《坎刀布》《长调》《聂耳》等，当地文艺团体也带来了民族特色浓郁的节目，如群舞《织·秀》《家园》等。

【中国舞蹈家协会第十一次全国代表大会召开】

2月1日至2日，中国舞协第十一次全国代表大会在北京召开。大会总结了中国舞协过去五年的工作成绩，分析了当前存在的问题和不足，提出了今后一个时期的指导思想和主要任务。大会审议通过了《中国舞蹈家协会第十一次全国代表大会工作报告》和《中国舞蹈家协会章程（修改草案）》，选举产生了中国舞协第十一届理事会和主席团。冯双白当选中国舞协第十一届主席，山翀、王舸、冯英、达娃拉姆、吕萌、杨丽萍、迪丽娜尔·阿布拉、罗斌、赵明、赵林平、赵铁春、咸顺女、郭磊、黄豆豆当选中国舞协第十一届副主席。大会任命夏小虎为中国舞协第十一届秘书长，柳斌为副秘书长。推举白淑湘、赵汝蘅为中国舞协第十一届名誉主席。

【中国舞协党史学习教育——“我为群众办实事”暨甘肃陇南创作采风调研】

3月18日至22日，中国舞协少儿舞蹈委员会、中国舞协舞蹈志愿者工作委员会组织舞蹈编导赴甘肃省陇南市进行中国舞协党史学习教育——我为群众办实事活动暨甘肃陇南创作采风调研活动。中国舞协分党组成员、副秘书长柳斌，甘肃省文联党组成员、副主席马青山以及吕梓民、孙晓哲、谢志伟、李梅、朱琳5位来自全国各地的优秀舞蹈编导等，深入武都区、文县等地，针对武都区有关脱贫攻坚中涌现出的先进人物、光辉事迹，武都高山戏以及文县的白马藏族民俗文化等开展相关创作采风调研。

【“深入生活、扎根人民”舞蹈名家采风团】

3月18日至26日，中国舞协分党组成员、秘书长夏小虎率王玫、王泳舸、高善君、董杰等8名一线编导组成“深入生活、扎根人民”舞蹈名家采风团深入新疆喀什地区开展采风创作。采风团一行先后来到塔什库尔干塔吉克县、麦盖提县、莎车县、叶城县等地了解和学习塔吉克族恰普苏孜、米丽斯、喀群赛乃姆、鹰舞，维吾尔族刀郎木卡姆等传统民间舞蹈。采风期间进行了党史学习教育活动，舞蹈家们来到红其拉甫边防连，与前哨执勤点战士们进行座谈，在麦盖提县的巴扎结米镇恰木古鲁克村，感受在自治区文联驻村工作队的推动下的边疆文化建设。

【全国中小学舞蹈教师培优计划】

坚持面向基层、重心下移、优先向中西部地区倾斜的原则，全年完成广东、宁夏、北京三省市培训。培训模式延续线上线下相结合的方式，线上培训面向全体教师进行全面培训，线下培训针对部分优秀教师进行提高培训，兼顾普及与提高。3月30日，全国中小学舞蹈教师培优计划专家组成立暨第一次会议在京召开，中国舞协、教育部体育卫生与艺术教育司联合成立全国中小学舞蹈教师培优计划专家组，培优计划在专家组的引领下，立足教师培训，同时推进师资队伍、教学模式、评价机制等建设工作，以此推进舞蹈教育的改革和发展。其中《义务教育舞蹈教师教学参考》小学一至四年级、初中一年级的资源研发工作年底完成，在评价机制方面，培优计划结合教师培训、教材开发、示范区示范校遴选建设、全国展演等工作，建立对教师、学生、学校等三方面的评价机制，以评促发展。

【“新时代中国舞蹈人才发展研究”课题调研】

3月30日至4月1日，中国文联人事部副主任岳颖、中国舞协副秘书长柳斌等一行6人赴上海，就“新时代中国舞蹈人才发展研究”课题开展调研。调研组前往上海戏剧学院舞蹈学院与外聘专家组就舞蹈人才发展课题研究进行深入交流。此外，在上海文联文艺会堂召开了“新时代舞蹈人才发展研究”课题座谈会，来自上海舞蹈界新文艺群体代表，舞蹈院校、院团的专家学者共计20余人出席。期间调研组还先后前往上海舞蹈考级培训机构、上海芭蕾舞团、谢欣舞蹈剧场等地，了解上海地区舞蹈人才队伍发展现状、建设规模和主要做法，以及新舞蹈组织、新舞蹈群体在管理机制、培养机制、评价机制、激励机制、约束机制等相关情况。

【“学党史 感党恩 真情为民办实事——中国舞蹈家协会志愿服务团‘送欢乐 下基层’慰问演出”】

4月7日，由中国舞协、湖南省委宣传部、湖南省文联主办，中国文联舞蹈艺术中心、湖南省舞协、湘潭市委宣传部承办的“学党史 感党恩 真情为民办实事——中国舞蹈家协会志愿服务团‘送欢乐 下基层’慰问演出”在湖南省湘潭市韶山市韶山乡韶阳村举行。演出活动在邀请了王小燕、黄豆豆、李响等一批中青年舞蹈艺术家深入生活、扎根人民，在充分发挥“文艺轻骑兵”的示范带动作用基础上，积极响应中央号召为群众办实事的工作要求，中国舞协分党组及舞者们参与帮助当地乡亲在线上进行特色农副产品推销，助力乡村经济发展。

【全国考级工作调研会】

4月8日，“中国舞蹈家协会全国考级工作调研会”在长沙召开。中国文联党组成员、书记处书记董耀鹏，中国舞协分党组书记、驻会副主席罗斌，中国文联理论研究室主任周由强和来自中国文联国内联络部，湖南、广东、安徽、江西等17个省、市、自治区的舞协、考级承办单位代表出席。听取与会代表发言之后，董耀鹏对考级工作成绩进行肯定的同时，也指出要积极面对工作中的短板弱项，解决改革发展前进中的问题。在后续的考级工作中，需要控制规模、规范监管、提升质量、科学发展。

【全国舞协工作会】

4月9日，2021年度全国舞协工作会于湖南长沙召开。中国文联党组成员董耀鹏，中国舞协主席冯双白，湖南省委宣传部常务副部长蒋祖烜，中国舞协分党组书记罗斌，湖南省文联党组书记夏义生，中国舞协秘书长夏小虎，中国舞协副秘书长柳斌出席会议。中国舞协各团体会员单位以及全国5个单列市舞协的代表、中国舞协部分处室负责人及工作人员参加会议，会议由夏小虎主持。会上首次对积极申请开展或承接中国舞协大型活动、日常工作开展较为活跃、主动探索并推动行业发展的部分中国舞协团体会员单位给予表彰，授予上海市舞协、内蒙古自治区舞协等12家单位“中国舞蹈家协会优秀团体会员单位”称号。

【“藏在国宝中的舞蹈史——走进博物馆系列讲座”】

4月11日，由中国舞协、河南省委宣传部、河南省文联共同主办，洛阳市委宣传部、河南省舞协、洛阳市文物局、洛阳市文联、洛阳博物馆共同承办的讲座首站在洛阳博物馆拉开帷幕，本次讲座主题为“古典舞：现代世界的多重建构”。由洛阳歌舞剧院创作的古典舞作品《大河三彩》在大厅的临时座位之间率先“快闪”，随后由博物馆员在特设舞蹈文物展进行专业讲解。正式讲座于下午在报告厅进行，4位舞蹈专家学者与200余名来自河南全省各地市的舞蹈编导及舞蹈理论评论工作者就舞蹈研究学术动态及舞蹈编创最新理念进行交流与对话。

【“云聚”2020中国舞蹈家协会环境舞蹈影像展】

4月12日，由中国舞协主办，中国文联舞蹈艺术中心承办的“云聚”——2020中国舞蹈家协会环境舞蹈影像展在北京天桥艺术中心开展。此次展览精选了2020年环境舞蹈展“大理舞蹈季”上的百幅照片，28个精品舞蹈视频，将中国舞蹈界优秀的表演者、创作者、优秀的作品以多维度的方式予以呈现。至此，完成从剧场出发走向天地之中，然后再以影像的形式回到剧场的全过程。

【中国舞协权益保护工作调研会】

4月9日和5月26日分别在湖南长沙、广东深圳召开。来自院团、院校及新文艺舞蹈工作者对舞蹈维权进行交流，就继续完善平台建设方面提出建议，协会综合与会者的建议并在平台建设中加以调整，逐步落实，运用区块链技术完成中国舞协知识产权服务平台搭建及试运行工作，现完成验收进入第二阶段，计划于2022年上线。

【全国街舞骨干“青社学堂”专题培训】

5月7日至12日，中国舞协、共青团中央社会联络部在井冈山共同举办第16期新兴领域青年大学习暨第四期全国街舞骨干“青社学堂”专题培训班，来自全国的100名街舞代表会聚井冈山革命传统教育基地。培训班以红色教育和理想信念教育为主线，依托井冈山红色资源和课程载体，为学员提供了理论教育、体验教育和仪式教育的培训课程。同期还举行了“学党史、强信念、跟党走·庆祝建党100周年主题街舞作品展演”。

【“深入生活、扎根人民”舞蹈名家赴宁夏采风】

5月16日至20日，积极响应中宣部、中国文联等五部委号召在文艺界开展“深入生活、扎根人民”主题实践活动的工作部署，中国舞协“深入生活、扎根人民”舞蹈名家赴宁夏回族自治区开展采风创作。采风团深入宁夏银川市永宁县、吴忠市、中卫市中宁县、固原市泾源县等地，了解宁夏人民群众生活风貌和传统历史文化，深度挖掘宁夏宝贵的民族民间舞蹈元素，汲取创作养分，发挥文艺创作的导向引领作用。

【“各族儿女心向党”歌舞晚会】

7月5日，为庆祝中国共产党百年华诞，贯彻落实习近平总书记在庆祝中国共产党成立100周年大会上的重要讲话精神，由中国文联、中国音协、中国舞协共同主办的“各族儿女心向党”歌舞晚会在北京民族剧院举行，腾讯视频平台全程直播。中国文联主席、中国作协主席铁凝，中国文联党组书记李屹，中国文联党组成员胡孝汉，中国文联党组成员董耀鹏，中央党史学习教育第十五指导组副组长吴佳松，中国音协分党组书记韩新安，中国舞协分党组书记罗斌，以及各全国文艺家协会，中国文联机关各部门、各直属单位负责人出席观看演出。晚会以庆祝建党百年为主题，以中国文联、中国音协、中国舞协“深入生活、扎根人民”主题实践活动为线索，以音乐舞蹈为载体，结合视频影像穿插过渡，通过“跟党同行”“深扎铸魂”“血脉相连”以及尾声“心声”四个板块，集中呈现了中国文联、中国音协、中国舞协近年来组织知名音乐、舞蹈艺术家赴西藏、内蒙古、广西、青海、宁夏、甘肃、新疆等少数民族地区开展采风创作的13部优秀音乐舞蹈作品。

【寻舞三江源——中国舞蹈家协会文艺之乡（青海）采风】

为持续加强对藏族优秀传统文化的挖掘、传承、保护，充分发挥“中国藏族热贡神舞之乡”“中国藏族舞蹈之乡”“中国藏族舞蹈采风创作基地”的突出作用，努力推动藏族舞蹈艺术高质量发展，自7月26日至8月5日，采风团先后前往黄南、玉树藏族自治州对中国舞协授予的文艺之乡进行采风和回访，在青海省委宣传部、青海省文联、各自治州人民政府的支持下，在青海省舞协的组织下，采风团先后走访隆务镇四合吉村、吾屯上下庄村、保安镇尕队村和浪加村、霍尔加村、唐卡画院、文成公主庙、禅古寺、结古寺等村落、寺院，深入山野田间历时10天，行程2050余公里。

【联合开展舞剧《永不消逝的电波》演员招聘】

为深入贯彻落实中国文联全面深化改革的工作部署，帮助专业院团有效落实《关于深化国有文艺院团改革的实施意见》的具体意见，根据上海歌舞团创作发展实情及其剧目演出需求，依托中国舞协已有的“文艺创作基地”，中国舞协与上海歌舞团联合开展舞剧《永不消逝的电波》驻(巡)演演员招聘项目，7月面向社会公开招聘，旨在激发国有文艺院团生机活力，不断创作生产出思想精深、艺术精湛、制作精良的舞台艺术佳作。

【《舞聚云端》中国舞蹈家协会党史学习教育专题节目——“精神的力量”】

为庆祝中国共产党成立100周年，深入推进党史学习教育，《舞聚云端》访谈节目在6月至12月完成专题《精神的力量》7期录制，相继邀请了中国红色舞剧《英雄》《情深谊长》《永不消逝的电波》《宝塔山》《热血当歌》《井冈·井冈》《地雷战》的主创团队，对共计39位嘉宾进行访谈，通过一线创作者的真实故事和采风经历传递百年党史带来的精神力量，在舞蹈行业中树立“学党史、强信念、跟党走”的风尚，在学习强国、B站播出后达到了18万+的播放和点赞量。

【舞蹈界学习贯彻习近平总书记“七一”重要讲话精神座谈会】

7月15日，中国舞协在京组织召开舞蹈界学习贯彻习近平总书记“七一”重要讲话精神座谈会，深入学习贯彻习近平总书记在庆祝中国共产党成立100周年大会上的重要讲话精神。近20位在京院团代表、院校代表、新文艺群体代表、基层舞蹈组织代表、中国舞协处级以上干部参加座谈。

【“修身守正 立心铸魂——舞蹈界职业道德和行风建设工作座谈会”】

为团结引导广大舞蹈工作者以习近平总书记关于文化文艺工作重要论述精神为指导，自觉践行社会主义核心价值观和文艺界核心价值观，8月25日，中国舞协在京召开“修身守正 立心铸魂——舞蹈界职业道德和行风建设工作座谈会”。冯双白、罗斌、夏小虎、柳斌、张萍、吕艺生、丁伟等近20位中国舞协负责人、中国舞协职业道德建设委员会负责人、老中青舞蹈艺术家代表出席座谈会。会议针对“饭圈”乱象、“唯流量论”“唯颜值论”、偷税漏税、低俗恶俗等文艺界和娱乐行业的违法违规、失德失范现象事件进行评议，旗帜鲜明地亮明态度，向舞蹈界倡议，抵制违法失德现象，呼吁舞蹈从业人员遵守法律法规，恪守职业道德，履行社会责任，形成教育引导的良好态势。

【“重温峥嵘岁月，缅怀革命先辈”主题党日】

9月22日，中国舞协党总支组织协会全体党员干部赴香山革命纪念馆和双清别墅、来青轩等革命纪念地开展“重温峥嵘岁月，缅怀革命先辈”主题党日活动。中国文联党组成员董耀鹏以普通党员身份参加活动，共同回顾中国共产党领导全国人民夺取解放战争的胜利和筹建新中国的光辉历史，感受了毛泽东同志等老一辈革命家的革命情怀和丰功伟绩。

【“民族传统文化传承推广活动”舞蹈传承计划——舞蹈志愿者采风培训班】

为持续加强对中华优秀传统文化的挖掘、传承和保护，推动我国舞蹈艺术的高质量发展，由中国舞协、中华志愿者协会主办发“民族传统文化传承推广活动”舞蹈传承计划——舞蹈志愿者采风培训班9月25日至30日在山东省济南市举行。培训班为期6天，包含传统文化采风及志愿服务培训，采取专家授课、“文艺两新”座谈、行业行风建设学习、“非遗”传承人互动交流与实地采风相结合等形式，将民族传统舞蹈文化传承与舞蹈志愿服务相结合。

【舞蹈素质教育“公益课堂”】

10月18日至19日，由中国舞协主办，中国文学艺术基金会支持，中国文联舞蹈艺术中心、河南省舞蹈家协会承办的舞蹈素质教育“公益课堂”在郑州举行，该活动旨在发挥中国舞协在行业服务、行业管理、行业维权方面的职能，提升基层单位舞蹈素质教育训练的科学性，帮助基层舞蹈教育工作者深入了解科学安全规范训练的方法和知识。来自河南省的百余名基层舞蹈教育一线教师及编创人员进行了相关学习。

【“新农村少儿舞蹈美育工程”】

“新农村少儿舞蹈美育工程”自2007年启动以来，中国舞协通过组织调研、编创教材、公益教育，为基层舞蹈志愿者进行专业培训，提升教学技能和文化素养，解决农村及偏远民族地区

“缺师少教”的实际问题。2021年项目首次通过地方舞协与地方高校联动合作，为项目的可持续发展提供了重要举措，同时也是对乡村振兴、美育教育、志愿服务工作的一次新探索。本年度中国舞蹈家协会“新农村少儿舞蹈美育工程”启动及挂牌仪式于分别于10月12日、10月19日分别在四川宜宾高县和江西武宁县举行。12月，成都大学举行“新农村少儿舞蹈美育工程”舞蹈志愿者培训班。江西九江学院同步进行“新农村少儿舞蹈美育工程”舞蹈志愿者培训工作。12月，按照党中央、国务院的部署要求，切实做好中国文联2021年有关帮扶事项的落实，持续对甘肃陇南武都开展定点帮扶工作，组织舞蹈志愿者团队前往武都区4所中学、3所小学开展舞蹈志愿辅导培训工作。

【2021中国顶尖舞者成长计划】

4月启动中国顶尖舞者成长计划，经过视频海选、全国训练营、全国总推选、百强作品推选会4个阶段的培训与推选，共有40个作品进入百强集训。入选学员及编导、指导教师于10月15日共聚重庆，开展为期3天的集训。本次集训共设党史学习教育、老艺术家宣讲团宣讲、理论课程、作品分析、身体数据测量等环节，编创指导组为古典舞、民族民间舞、芭蕾舞、国标舞、现当代舞、街舞6组学员逐个进行作品分析，提出指导建议。

【“百年百校百人”计划暨2021顶尖教师巡回课堂（大理站）】

10月20日至25日，由中国舞协主办，中国文联舞蹈艺术中心承办，云南省舞协、云南杨丽萍民族文化艺术基金会、云南雀之恋教育投资集团协办的“百年百校百人”计划暨2021顶尖教师巡回课堂（大理站）在中宣部的支持下，在云南大理杨丽萍大剧院举办。巡回课堂自3月启动以来，共吸引超1500人线上报名，最终共有来自全国各省、自治区、直辖市100所学校的100位教学管理者、骨干教师入选，课堂内容涵盖舞蹈理论、编创、表演、教学、推广等各个方面。

【“我为群众办实事”艺术交流活动】

为深入贯彻落实党的十九届四中、五中全会精神，扎实开展党史学习教育和“我为群众办实事”活动，10月28日，中国舞协分党组成员与新疆艺术学院舞蹈学院师生一行前往山东青年政治学院开展艺术交流活动，活动包括交流座谈、作品展示、互动教学等三个环节，此次交流活动是中国舞协贯彻新时代党的治疆方略的具体举措，为山东和新疆地区的舞蹈学子进行深入交流搭建桥梁。

【第二届中国舞蹈网络培训班】

12月22日至24日，第二届中国舞蹈网络培训班于线上举行，针对当下网络的最新技术进行剖析，就“元宇宙”概念以及如何在舞蹈产业中应用进行专业讲解。本次培训班还设立了公开课，在《网络传播学》课程上邀请了河南卫视导演和B站《五千年》总导演来到网络课堂，与中国舞协分党组书记罗斌一起分析、阐释舞蹈艺术多元化的形式。

【2021中国顶尖舞者之夜演出】

12月25日、26日，中国舞协作为支持单位参与国家大剧院2021中国顶尖舞者之夜演出活动。该演出为第十一次全国文代会后的首个大型精品舞蹈演出。演出会聚了中国舞、芭蕾舞、国标舞、现代舞等各舞种的顶尖舞者和青少年舞蹈人才，集中展现中国舞蹈界的力量。

【“阳光计划”】

作为中国舞协文艺志愿品牌项目，自2015年启动，至今已在全国15个省市推行，开展了近百次艺术公益服务活动。本年度共举办两期，5月23日至28日珠海班（第一期），11月15日至19日湖南班（第二期），先后与北京师范大学、湖南省文联合作，邀请了12位业界专家、学者、青年编导，以艺术讲座与创作实务工作坊的形式为基层一线的舞蹈教育工作者提供教学课程，两期活动共有85位学员参与学习。

【“培青计划”】

1月至10月，第六届“培青计划”驻地艺术家作品《卡冈图亚》和委约作品《迁徙》先后在北京国家大剧院、上海国际舞蹈中心、香港西九文化区等地举行10场演出。第六届“培青计划”委约作品《恭喜发财N+》受邀在北京中法文化舞蹈电影节、上海明当代美术馆、深圳华美术馆、广州美术学院等地进行展映。4月30日至5月4日，“培青计划·湖南站”创作人才培养活动在长沙举行，15位湖南本地青年舞蹈人才参与其中，指导并帮助当地培养本土青年创作骨干人才，提升湖南当地创作实力。5月14日至31日，第六届“培青计划”驻地艺术家作品《没有大象》《得体》在第49届香港艺术节进行为期2周的线上展映。此外，面对疫情反复的实际情况，“培青计划”在线上开展名师名家讲座系列活动。全年组织8位业内专家、青年编导进行线上讲座课程录制，从创作美学及理论到创作实践与方法打开编创新视野。

艺术节与评奖

【“5. 15一起舞”群众舞蹈网络展演】

为继续保持并扩大群众舞蹈发展的良好态势，按照当前常态化疫情防控要求，中国舞协本年度继续于5月15日举办“5. 15一起舞”群众舞蹈网络展演活动，旨在形成全民积极参与并共同传播推广群众舞蹈文化的行业发展生态。本次展演活动采用“云舞蹈”形式，广大新文艺群体、民间舞蹈机构、舞蹈从业者及舞蹈爱好者于5月15日15:15分准时将舞蹈视频用参与单位或个人微博账号在新浪微博平台发布并添加#515一起舞#话题，舞协联合微博进行开通。

【第十二届中国舞蹈“荷花奖”当代舞、现代舞评奖】

5月26日至28日，由中国文联、中国舞协、深圳市委宣传部主办，中国文联舞蹈艺术中心、深圳市文联、深圳市舞协承办的第十二届中国舞蹈“荷花奖”当代舞、现代舞评奖活动在深圳举行。经评审委员会评选和组委会核定，在45个入围终评作品中，根据得分排名，《春会来》《远山不远》《烈火中永生》3个作品获第十二届中国舞蹈“荷花奖”当代舞奖，《肖像》《等》《背面》3个作品获第十二届中国舞蹈“荷花奖”现代舞奖。

【第十一届“小荷风采”全国少儿舞蹈展演】

7月29日至8月3日，7月29日至30日，由中国舞协、天津市委宣传部、天津市文联主办，中国文联舞蹈艺术中心、天津市舞协承办的“童心向党”——第十一届“小荷风采”全国少儿舞蹈展演开幕式暨第一场、第二场演出在天津大剧院举行。因疫情防控需要，第三至六场演出转为线上进行。本次展演共收到舞蹈作品426件，最终有168个作品入围展演。与往届相比，本届展演节目题材更为丰富，舞蹈编创形式更为多样，或表达青少年儿童对党和国家热爱献礼建党百年，或表现当下少年儿童幸福生活，或关注社会现实探讨孩子成长中遇到的困惑，同时不乏注重挖掘传统文化。

【2021年全国优秀舞剧邀请展演】

为深入贯彻落实习近平总书记在庆祝中国共产党成立100周年大会上的重要讲话精神，推动全国舞剧创作演出，培育优秀舞剧人才，在中宣部及中国文联的指导下，中国舞协联合中宣部文艺局、四川省委宣传部，自9月29日开启了“2021年全国优秀舞剧邀请展演”，邀请了近年来活跃在舞蹈演出市场的10余部舞剧如《永不消逝的电波》《家》《努力餐》等在成都进行为期2个月的集中展演。此外，展演期间还拟组织学术研讨、青年大比武（舞）等延伸活动。因疫情之故，活动进行近半，展演活动暂停，待疫情稳定后再择期继续进行。

【第十三届中国舞蹈“荷花奖”民族民间舞评奖】

10月25日至27日，第十三届中国舞蹈“荷花奖”民族民间舞评奖活动在山东济南举行。此次评选共有全国328个民族民间舞作品报名参评，最终43个作品入围终评比赛现场，包括汉族、藏族、蒙古族、傣族、哈尼族、羌族、土族等17个民族的舞蹈同台竞技，不论是院校、院团还是基层群艺馆的作品都呈现出积极的创作态势，既有对当地原生态舞蹈的创造性转化，也有对非遗舞蹈的创新性发展。最终由新疆艺术学院舞蹈学院选送的《阳光下的麦盖提》、长春人文学院选送的《姥姥的田》、呼和浩特民族演艺集团民族歌舞剧院有限公司选送的《浪漫草原》、四川艺术职业学院选送的《柔情似水》、广西贺州市平桂区文化广电和旅游局及广西贺州市群众艺术馆选送的《瑶山夜语》、山东艺术学院舞蹈学院选送的《移山》6个作品获奖。

【第七届青年舞蹈人才培育计划暨第二届当代舞蹈双年展】

8月25日至9月19日，由中国舞协、上海国际舞蹈中心发展基金会主办，中国文联舞蹈艺术中心、上海国际舞蹈中心剧场承办的第七届“青年舞蹈人才培育计划”暨第二届当代舞蹈双年展正式上线。在本届参展作品中，共有“优秀剧目全场展映”“精选剧目片段展示”“舞蹈纪录片”“舞蹈影像”4个版块共计36部的当代舞蹈作品及舞蹈影像，如《三岔口》《插销》《猝不及防-生来迟钝》《神曲》《来来舞厅》等。为方便交流与合作，让世界舞蹈界也可以实时了解中国的当代舞蹈事业发展，本届双年展全程采用线上展映的形式，通过哔哩哔哩网站独家在线播映。

【2021年环境舞蹈展演（首钢园）】

10月17日，由中国舞协、首钢集团主办，中国文联舞蹈艺术中心、首钢园共同承办的“中国舞蹈家协会2021年环境舞蹈展演（首钢园）”在首钢园区拉开帷幕。本次活动得到了全国各地舞团和单位的积极响应，既有北京舞蹈学院、首都师范大学音乐学院等院校的加盟，又有北京现代舞团、苏州歌舞剧院、深圳歌舞剧院等舞蹈团的支持，还有雪莲坊舞蹈工作室、北京闲舞人工作室、亚彬舞影工作室、中国舞协街舞委员会等青年力量的多元展现。展演以创新为目的，以普及为引领，旨在通过不同环境的特点，激活编导的想象力和创造力，在开放自由的空间中，充分发挥舞者的表达能力，拓宽舞蹈创作的视野和范畴。

理论研究

【中国舞蹈“荷花奖”现当代舞蹈研讨会】

5月28日，由中国舞协主办，中国舞协理论评论委员会、深圳市文联、深圳市舞协共同承办的2021中国舞蹈“荷花奖”现当代舞蹈研讨会在深圳召开。本次研讨对中国现当代舞蹈创作的现状与问题进行了剖析，指出了不足，提供了解题思路，亦对其抱有无限的希望，即对中国现当代舞蹈尤其是现实题材的中国现当代舞蹈创作提出了正向性、丰厚性、艺术性几方面的要求。

【“现实题材舞蹈创作研究”中期课题会】

5月30日，课题组成员在深圳举行了中期课题会。子课题专家各自汇报了课题调研情况及初期成果，并结合实践交流了理论研究中的经验、体会、思考及困惑等。课题负责人对子课题的初期成果进行点评，并对下一步做好立项课题的撰写、补充、修改提出建议。

【中国舞蹈高峰论坛（藏族舞蹈）】

8月4日，由中国舞协、青海省文联、玉树州委主办，中国舞协理论评论委员会、青海省舞协、玉树州文体旅游广电局承办的中国舞蹈高峰论坛（藏族舞蹈）于青海西宁举行。本次论坛结合活动主题“根植民族文化沃土 共舞百年时代华章”，以“双创”背景下藏族民族民间舞蹈传承与发展为议题，从舞蹈编创中民族元素的重要性入手，重点分析如何在舞蹈编创中传承创新民族元素，如何在编创中实现民族风格与个性创作的当代结合，以期为我国民族民间舞蹈编创事业探索与创新提供借鉴。

【“荷花奖”民族民间舞研讨会】

10月27日，由中国舞协、山东省文联主办，济南市委宣传部、中国舞协理论评论委员会、山东省舞协承办的中国舞蹈“荷花奖”民族民间舞研讨会于山东省济南市举办。本次研讨会的议题为“互联网+”下中国民族民间舞蹈创作及传承策略，10位专家的发言与讨论既展示了不同地域、不同传承创作主体主要针对的不同向度，也因相互间不断讨论而启发新的思路，无限拓宽着思考的维度。

【第四届全国中青年舞蹈理论评论人才（少数民族）线上培训班】

7月30日至8月1日，第四届全国中青年舞蹈理论评论人才（少数民族）线上培训班在北京举办。本次培训班主要以少数民族舞蹈从业者、少数民族从事舞蹈理论评论相关研究者、青年教师为培训对象，最终有120人纳入培训班。此次培训以“传统民族民间舞蹈的现代走向”为题，引入当代舞台创作前沿问题研究内容，探析舞蹈生产与社会发展脉络之间的内在联系，发掘民族民间舞蹈独特的社会价值和艺术价值。

【舞蹈高等教育创作理论人才线上研修班】

12月28日至30日，围绕新时代人才强国战略，旨在全方位培养、用好人才，加快建设一支规模宏大、结构合理的高层次、高素质人才队伍，开设了舞蹈高等教育创作理论人才（课题研究）研修班。本次研修班以“如何做好课题研究”为题，邀请曾组织、主持、执行、评审工作的各领域专家从课题目标、任务、方法等不同维度进行经验分享和案例分析，以期满足高校教师的切实需求，打造高校复合型理论人才队伍。

【《新时代舞蹈人才发展研究报告》】

以建设国家战略人才力量为主线，用首善标准抓好人才工作，力争打造一批高水平舞蹈人才，是当前舞蹈人才工作的重要内容和任务。这要求中国舞协必须了解舞蹈人才队伍现状、总结舞蹈人才培养经验、完善舞蹈人才管理机制、发挥舞蹈人才创新能力。鉴于此，中国舞协组织课题组采取了问卷调查、传记分析、实地考察、访谈研讨等调研方式，历经大半年，最终提交共4万余字的报告，分为舞蹈人才队伍基本情况与现状、人才特性与培养经验研究、人才现状与问题、对策与建议等四大篇章，试对我国舞蹈人才现状进行较全面的调查分析，梳理、总结新时代舞蹈创新型人才的培养现状与特征，以便科学严谨地进行人才需求预测，从而为今后一段时期确立舞蹈人才培养的目标、策略、路径提供重要依据和有价值的参考。

【《2020年中国舞蹈年度发展报告》】

作为年度《中国艺术发展报告》的舞蹈篇，已连续撰写9年，本年度报告从宏观上盘点中国舞蹈年度发展状况，同时研究年度舞蹈发展思潮，分析年度重要舞蹈现象及存在的主要问题，譬如专业舞蹈教育的线上探索以及新文科建设背景下的学科思考等，对下一个年度舞蹈发展趋势进行研判并提出相关建议，指出整个舞蹈行业应从“供给侧”出发，构建艺术创作到营销推广再到欣赏消费的完整链条。

【第三届“中国舞蹈评论年度推优”】

本着注重导向、注重评论文章质量、宁缺毋滥的原则，强调选题具有学科前沿性、开创性，反映舞蹈创作的最新成果，对舞蹈发展有重大的理论意义或现实意义，集中展示一年来舞蹈理论评论力量的成长，12月底继与《舞蹈》合作之后，首次与《当代舞蹈研究》联袂，扩大优秀文章参评面，推出6篇年度优秀评论文章，让推优结果更具说服力。

【舞蹈人才调研】

为了解中国舞蹈人才现状，自3月18日至5月14日，通过问卷网面向全国发放调查问卷，回收有效问卷3419份，3月底4月初赴上海调研收集上海舞蹈界人才培养经验和做法，随后在4月上旬以全国舞协秘书长工作会为契机，发动所有团体会员单位提供人才相关数据。

对外及对港澳台文化交流

【筹备“国舞今韵”——中国舞蹈家协会环境舞蹈展】

4月24日至26日，应澳门舞协邀请，中国舞协副秘书长柳斌为团长的工作团一行4人赴澳门进行前期对接协商、场地考察工作，为原拟于6月9日至13日在澳门举办的“国舞今韵”——中国舞蹈家协会环境舞蹈展（澳门篇）暨首届澳门环境舞蹈节等活动进行积极筹备，该活动后因疫情延期举行。

【中国舞协香港会员】

进一步贯彻中央有关对港工作的精神，切实履行团结引导、联络协调、服务管理、自律维权的基本职能，接收香港舞蹈界人士李涵、潘翎娟、陈磊、唐娅、吴雪梅等5人作为中国舞协香港地区会员，并按照中国舞协会员管理相关流程办理手续；与中联办、中国舞蹈家协会香港会员分会积极联系，努力推进中国舞蹈考级在香港落地。

【《舞目》】

编辑双语刊物《舞目》，定期对当下国内优秀舞蹈作品、舞者、编导资料进行收集、梳理、集中、译介，在收录作品时，考虑信息的全面性和质量性，部分未经纸质期刊收录的信息(视频、文字、图片)，将于后期发布在对应的公众平台上，旨在进行对外推广宣介。

党建工作

【开展党史学习教育】

成立党史学习教育领导小组及办公室，将党史学习教育贯穿全年，领导干部带头搞好学习，分党组先后上专题党课，全年严格落实文联党组党史学习每月不少于一个工作日的要求，扎实开展党史学习教育。同时组织协会处以上干部认真参加文联党史学习教育培训班；加强基层党组织党史学习管理，利用“三会一课”和主题党日等，采取集中学习、参观见学、现场教学、专题研讨、观看影像片、党史竞赛等方式开展学习。

【我为群众办实事】

与西城区裕中东里社区党委开展共建试点，为社区群众进行舞蹈辅导；与西城区文化馆进行结对共建，对文化馆服务群众舞蹈项目进行指导；组织舞蹈志愿者赴海淀区金和嘉园小区为社区舞蹈队编排作品；利用“送欢乐·下基层”活动时机，组织艺术家为当地农民直播带货；协会党员干部积极响应文联号召，为小学生捐赠图书；协会工会积极参与文联扶贫项目，定向购买甘肃陇南市武都区农副产品；使用自有资金10万元继续加大对陇南市武都区鱼龙镇上尹家村蔬菜大棚项目扶持。

【党建与业务相融合】

将党建工作与业务活动有机结合：如全国舞协工作会上，组织党员干部赴韶山毛泽东纪念馆参观学习；顶尖舞者成长计划和巡回课堂在选拔中加入思政考核，将德艺双馨要求落实到人才评价机制上；全国中小学舞蹈教师培优计划培训，增加党史教育课程，并将建党百年融入舞蹈创编实践课和命题作业中。

【夯实党建工作主体责任】

健全工作机制，严格制度落实。着力加强党的组织建设，扎实构建分党组统一领导、一把手负总责、分管领导具体负责、党总支党支部抓落实的党建工作格局。制定《中国舞协2021年度落实全面从严治党工作安排》，列出责任清单，进一步明确职责。严格落实支部书记年度述职评议制度，定期开会分析研究党建工作现状、制定工作安排、落实上级工作任务。各支部对照文联党支部相关工作规则和方案查找组织建设中的短板弱项，列出未达标事项和问题清单，逐项整改规范。

【推进党风廉政建设】

严格落实中央八项规定精神，着力营造风清气正的政治生态。召开年度全面从严治党工作部署会，逐人签订责任书；组织党员干部认真学习相关法律法规，节假日前定期提醒告诫党员干部严守廉政规定；深入开展党的优良传统和作风教育，筑牢思想防线。认真做好执纪问责基础性工作，建立中国舞协信访举报工作记录制度及年度信访工作台账，明确专人负责。

机关建设

【会员审批】

会员数量增长稳定，新增入会515人，其中团体会员单位推荐305人，领导机构推荐83人，舞协直报127人。截至2021年12月，中国舞协共有团体会员单位38个，会员总计8756人。35岁及以下1110人，占12.68%；36岁至55岁2956人，占33.76%；56岁至70岁2378人，占27.16%；70岁以上2312人，占26.4%；职称统计：高级2197人，占25.09%；中级1588人，占18.14%。

【会员认领】

新版会员系统上线后仍有大量会员未完成网上认领操作，为更好地配合会员网络管理系统开发建设，尽早全面实现中国舞协会员无纸化管理，掌握会员群体详细情况，推进会员工作进程，依据目前所有的会员资料，逐步帮助老会员进行网站账号的建立及认领工作。该项认领工作在上半年完成。

【舆论阵地建设】

同步推进所属媒体平台内容建设与系统管理建设，落实“三审三校”制度，建立“一天一排查、一周一更新，一月一会诊”机制。由中国舞协主管、主办的14个微信公众号全年发布信息1300余条，《舞蹈》杂志全年出版发行6期，发稿量约17万字，推动线上线下宣传舆论阵地有效融合。

直属单位及专业委员会

【《舞蹈》杂志】

作为行业协会旗下的舞蹈专业期刊，通过策划舞蹈及相关艺术领域的重大选题与访谈，进行现象或现状分析与解析，通过强调重大选题的文化影响力，挖掘选题的文化内涵及学术深度。其中针对舞蹈创作、舞蹈批评、教育、赛事活动、学术研究等不同向度设计选题内容，从而对中国舞蹈进行全景式的总览与分析。本年度围绕“庆祝建党100周年”主题，策划并刊发《回望百年——党的文艺思想与当代中国舞蹈艺术的道路选择》《代代舞者心向党》、大型情景史诗《伟大征程》主创谈及系列评论等选题文章。对于中国舞蹈史相关历史研究和转化创新问题的关注是本年度杂志重点建设的选题之一，既关注舞蹈史研究的最新成果，搭建平台、强化引领，推动业界对中国舞蹈历史和文化的深入研究和深刻认识，更强调以史为鉴、以史为用，推动舞蹈历史研究和对中国传统优秀舞蹈文化“创造性转化，创新性发展”的齐头并进。

【中国舞蹈家协会舞协昆舞专家委员会】

专委会常务副主任兼秘书长马家钦担任大型原创民族音乐剧《华中鲁艺记》总导演，以昆舞的形式展现红色主题。此外，在专委会和南京市鼓楼区文化馆等支持下，由苏州大学出版社出版《昆舞教程》（文字和视频），该教程集昆舞少儿教材、成人教材和研究生教材为一体（2021年出版少儿和成人教材）。

【中国舞蹈家协会社会舞蹈教育委员会】

为贯彻落实中国文联进一步加强考级机构考官工作的规范管理，中国舞协社教委从考官工作相关的政策法规、管理办法、意识形态、专业提升四个方面，在5月和9月分别开展了为期三天的“全国社会艺术水平考级”第二期考官培训与考核。此外，组织制作中国舞协“中国舞蹈考级”十五周年回顾视频。

【中国舞蹈家协会舞蹈志愿者工作委员会】

全年共举办3次采风培训活动，分别为云南普洱采风培训班、青海黄南州采风班、山东采风培训班。三期采风培训班采风培训时间总计17天，培训总时长超过100小时。此外，组织邀请了赵汝蘅等5位舞蹈艺术家以录制个人视频的方式参与“唱支山歌给党听”线上主题宣传活动，参与中国文联文艺志愿服务中心“时代风尚-中国文艺志愿者崇德尚艺特别节目”，邀请中国舞协主席冯双白录制“圆梦工程-文艺培训志愿服务行动”名人名家网络课堂。10月，中国舞协志工委作为主办单位的公益舞剧《信仰》在北京上演。

【中国舞蹈家协会民族民间舞蹈专业委员会】

配合国家战胜疫情开展线上公益大讲堂《特色成就未来》《少儿舞蹈创作的新思维》《论经典推新作》《让经典永流传》等。与成都大学东盟艺术学院签订战略合作协议，创建“一带一路”倡议中“东盟舞蹈”艺术学科，开展相关教学科研活动，给予北京通州区潞城镇创建“中国秧歌小镇”专业支持，传承汉族民间舞蹈文化。

【中国舞蹈家协会中小学舞蹈教育委员会】

2月，作为支持单位参与中国教育科学研究院立项的《新时代学校体育美育教学内容改革和应用研究》课题研究工作。4月和8月，作为指导单位参与中国文化信息协会主办的《领舞者》电视专题片拍摄制作以及“领舞者·中舞联盟公益大讲堂”线上直播课活动。持续深入基层开展中小学舞蹈美育调研，先后赴山东、山西等9地中小学进行机构调研。

【中国舞蹈家协会街舞委员会】

在大型情景史诗《伟大征程》中，参与编创歌舞《特区畅想曲》。5月起，先后在山东、河南等地党史大学习活动，先后近5000余人参加。其中，河南街舞青年开展的新时代—街舞青年“新长征接力”党史学习教育将以郑州站为开端，在3月30日至6月30日，以接力学习的形式在河南省18市开展，1000余位街舞行业优秀代表通过聆听党史、实地参观、视频影像等多元化的方式接受学习教育。7月1日，中国共产党广东省青少年街舞协会支部选举党员大会暨庆祝建党100周年主题支部活动在广州举行，这也是全国街舞行业成立的第一个街舞党支部。指导热门综艺《这就是街舞》第四季、《蒙面舞王》第二季。

中国民间文艺家协会

综　述

2021年，中国民协贯彻落实中国文联党组的各项工作部署，深入学习党的十九届六中全会精神和习近平总书记在庆祝中国共产党成立100周年大会，在中国文联十一大、中国作协十大开幕式上的重要讲话精神，将“服务大局有新作为、政治引领有新成效、精品创作有新成果、服务人民有新举措、自身建设有新进展”作为工作方向，在深化民间文艺体制改革、强化会员服务、深化评奖制度改革、组织民间文艺节会活动、会员培训、民间文艺展览展示展演与学术交流、中国民间文艺山花奖评奖、“我们的节日”系列活动、“民间文化进校园”活动、民间文艺权益保护、加强新文艺群体管理、专业委员会建设、民间文艺之乡建设、机关党建、下属单位管理，以及推进实施中国民间文学大系出版工程、中国民间工艺传承传播工程与《中国唐卡文化档案》《中国唐卡艺人口述史》《中国民间剪纸集成》等重大文化项目实施等方面作出积极努力并取得一系列丰硕成果，凸显出民间文艺活力足、韧性强、空间大、文脉深的特点。

会议与活动

【中国民协2021年工作会议】

3月21日，中国民协2021年工作会议在浙江丽水召开。会议紧扣庆祝建党100周年这个中心主题，在新的时代形势下，持续推进“一项深改、两大工程”，坚持学术立会传统，以推进中国民间文学大系和中国民间工艺传承传播两项重大工程为重点，着力做好疫情防控常态化背景下中国民间文艺山花奖评奖、“我们的节日”系列民俗活动、民间文艺主题活动、会员培训与民间文艺“两新”服务、民间文化遗产抢救工程实施项目推进、互联网＋民间文艺、学术刊物建设、民间文艺之乡管理和建设等重点工作。

【中国民协第九届理事会第四次会议】

3月20日至21日，中国民协在浙江丽水召开第九届理事会第四次会议。会上，中国民协第九届理事会成员认真履职，审议了第九届理事会工作报告，充分研究讨论了筹备召开中国民协第十次全国代表大会有关事宜，通过了一系列决议，为中国民协第十次全国代表大会的顺利召开，充分做好了在政治、思想和组织上的准备。

【中国民协第十次全国代表大会】

7月26日，中国民协第十次全国代表大会在北京开幕。中共中央政治局委员、中宣部部长黄坤明出席开幕式并讲话，强调要认真学习贯彻习近平总书记“七一”重要讲话精神，贯彻落实习近平总书记关于文艺工作的重要论述，坚守中华文化立场，传承中华文化基因，推出更多民间文艺精品，不断焕发民族文化瑰宝的神韵风采。中宣部常务副部长王晓晖，中国文联主席铁凝，中国文联党组书记、副主席李屹，文化和旅游部党组成员、副部长饶权，国家民委专职委员孙学玉，中国文联党组成员、副主席李前光、胡孝汉，中国文联党组成员徐永军，中国文联党组成员、主席团委员董耀鹏、张雁彬出席开幕式。

来自全国各地的280名民间文艺界代表参加会议。会议审议并通过《工作报告》和《章程》的决议草案。选举产生了新一届理事142人，新一届主席团成员15人。会上，李屹、张雁彬向第十届名誉主席和顾问颁发荣誉证书、聘书。

【民间文艺工作者职业道德和行风建设座谈会】

8月26日，中国民协民间文艺工作者职业道德和行风建设座谈会在京召开。会议针对文艺界、娱乐圈极少数一部分人是非颠倒、美丑不分、价值观扭曲的乱象，个别流量明星脚下无底线、心中没红线的违法失德现象展开座谈交流、积极发声，以“零容忍”的态度坚决抵制。会议重温了《中国民间文艺工作者自律公约》，宣读了《修身守正　立心铸魂——致广大文艺工作者倡议书》，对于进一步团结引导广大民间文艺工作者自觉践行社会主义核心价值观，辨是非、守底线、遵法纪，讲品位、讲格调、讲责任，抵制低俗、庸俗、媚俗，坚持崇德尚艺、立德修身，追求德艺双馨，用明德引领风尚，承担起修身守正、培根铸魂的神圣职责，做有信仰、有情怀、有担当的新时代民间文艺工作者起到积极作用。

【中国民间文学大系出版工程学术研讨系列活动】

3月28日至31日，中国民间文学大系出版工程实施项目编纂工作（华南片区）培训交流会在深圳举办。4月25日至27日，中国民间文学大系出版工程实施项目编纂工作（华东片区）培训交流会在安徽省合肥市召开。5月25日至28日，中国民间文学大系出版工程实施项目编纂工作（东北片区）培训交流会在辽宁省盘锦市召开。5月31日至6月3日，在河北省会员培训班期间，与河北省民协共同组织召开“《中国民间文学大系·河北卷》编纂工作培训会暨专家审稿会”。6月18日，由中国民协和中国文联出版社共同举办的中国民间文学大系普及读本编选样本专家座谈会在中国文联召开。7月5日至8日，在辽宁省盘锦市组织召开“中国民间文学大系出版工程实施项目编纂工作（东北片区）培训交流会”。9月24日，《中国民间文学大系·山东卷》新项目论证会在山东省济南市召开。会上，山东神话卷、传说卷、歌谣卷、小戏卷、谜语卷等五个新卷本拟任主编分别就申请新卷本的编纂方案，围绕工作计划、资源状况、编纂思路、人员构成等方面进行了详细的汇报。9月26日至29日，“中国民间文学大系出版工程实施项目编纂工作（西北片区）培训交流会”在甘肃省兰州市召开。

【中国民间文学大系出版工程社会宣传推广活动】

4月16日至20日，中国民协赴陕西省榆林市多县区开展陕北民歌调研活动。考察队伍深入榆林市榆阳区、横山区、佳县、绥德县多个村镇，实地调研陕北民歌的采录成果、传承现状、人才培养、协作机制、传播利用等。10月11日至15日，中国民协赴内蒙古自治区乌兰察布市、呼和浩特市、包头市、鄂尔多斯市，实地调研民间传统“二人台”艺术在当地的剧目曲目流传形态、民间传承机制、新时代创新成果、新文艺群体和组织、演出市场业态和现代传播状况等。10月16日，“中国民间文学大系出版工程社会宣传推广活动——2021·中国西部少数民族史诗与祝赞词大会”在内蒙古呼和浩特举办。在展演活动中，来自内蒙古、四川、青海、甘肃的近百名传承人和民间艺术家，带来了30多个史诗和祝赞词节目。《中国民间文学大系·天津卷》（谜语、俗语、谚语、说唱、歌谣、小戏六卷本）实施过程中，天津人民广播电台“城市记忆”栏目推出系列谈话节目“《中国民间文学大系·天津卷》专题访谈”，每期一个主题，迅速引起市民关注、形成全社会共同参与的氛围。在中国民协指导和支持下，由江苏省徐州市民协负责筹建的我国第一个《中国民间文学大系》阅读馆于2021年正式开馆。

【“我们的节日”系列活动】

2021年，中国民协不断规范“我们的节日”活动管理，注重活动宣传推介，在疫情防控期间，创新实施手段，利用网络直播、融媒体全面宣传报道、央视新媒体直播、线上线下结合举办活动等方式拓宽宣传渠道。专题调研列入“我们的节日”系列线下活动，并以各地文联、民协或高校、科研机构等单位为依托，由专家学者组织研究队伍申报节日调研专题，从中选取有代表性的节日专题调研项目，研究成果由中国民协统一出版。

2月4日至3月1日，在河南开封朱仙镇举办“我们的节日——2021中国•朱仙镇年文化节”。2月4日至6日，在四川省阆中市举办“第四届我们的节日·春节文化论坛”。3月13日至16日，在福建省漳州市举办“我们的节日——闽南二月二民俗文化调研”活动。4月1日至10日，在河南省开封市举办2021中国（开封）清明文化节。6月14日，在河南省鲁山县举办“我们的节日——2021中国（鲁山）端午节”活动。8月14日，举办“我们的节日——中国（鲁山）七夕节”系列民俗文化活动。9月20日至23日，在广西来宾市举办“我们的节日”2021八桂民俗盛典·中秋拜月暨壮族民俗文化传承与乡村振兴研讨会。9月21日，举办

“2021首届河湟慕容古寨邀月醉高原中秋民俗文化节暨青海情歌酒歌展演网络直播活动”。9月22日至30日，在辽宁省葫芦岛市举办2021中国（葫芦岛）葫芦文化节。10月1日至23日，在河南朱仙镇举办的2021中国·朱仙镇重阳节系列活动。10月13日至15日，举办我们的节日·重阳节暨我们的节日·传承与发展研讨会。10月13日至15日，在河南上蔡举办“我们的节日——2021中国·上蔡第十九届重阳文化节系列活动”。

【会员培训】

5月24日至28日，由中国民协、四川省文联主办，四川省民协、内江市文联、内江市民协和中共隆昌市委宣传部共同承办的“2021年基层民协工作者思想道德与行风建设培训班”在四川隆昌举行。来自全国24个省、自治区、直辖市的基层民协工作者与内江民间文艺家共90余人参加了培训。并且将“中国民协会员日：中国民协会客厅走进四川内江”直播活动与培训课程相结合，中国艺术报客户端、中国民协抖音号进行全程直播。

9月23日至28日，由中国文学艺术基金会资助，中国民协主办，中国文联民间文艺艺术中心、江苏省民协、徐州市铜山区民协联合承办的2021年全国农民画一线创作者培训班在江苏徐州举行。来自全国21个省、自治区、直辖市的50位农民画一线创作者参加培训。

10月18日，由中国民协主办，中国文联民间文艺艺术中心、甘肃省民协、庆阳市文联联合承办的“全国民间剪纸艺术基层文艺工作者培训班”在甘肃省庆阳市开班。培训班会聚了来自全国27个省市自治区、各种风格流派的50名剪纸艺术创作者。

【“壮族民俗文化传承与乡村振兴”研讨会】

9月18日至23日，“壮族民俗文化传承与乡村振兴”研讨会在广西忻城县召开。与会专家围绕乡村振兴与民俗文化传承与变迁、红色文化资源的保护与利用、壮族中秋拜月习俗与祈福文化产业探析、传统节庆的当代转型与价值重构、非物质文化遗产保护与旅游资源开发、传统手工技艺与壮锦艺术传承发展研究、壮族土司文化遗产研究、广西山歌文化资源的保护等议题展开了交流研讨，对推动民族聚居地民间文艺资源的传承保护与开发利用具有现实指导意义。

【首届“民间文化与县域发展”全国学术研讨会】

10月12日至13日，在浙江平湖召开的“首届民间文化当代表达——‘民间文化与县域发展’全国学术研讨会”活动，来自全国的80多位专家学者与基层民间文艺工作者围绕“民间文化与县域经济社会可持续发展”“地方文化与中国精神”“民间文化与县域文化产业”“民间文化与乡村振兴”“民间文化传承发展与共同富裕观”等相关议题，展开观点分享和思想交流。会议评选出10篇优秀论文和10篇入选论文，并将结集出版。

【“民间文化进校园”系列活动】

6月1日，中国民协“民间文化进校园”志愿服务队与江苏省苏州市甪直镇师生共度“六一”国际儿童节。活动上开启了“传承红色基因，争做时代新人——庆祝建党100周年六一儿童节优秀节目视频征集”的活动。从全国范围内选拔出来的60多个优秀节目在中国民协腾讯微视频、抖音、哔哩哔哩等新媒体账号持续播出，取得了良好的社会效果。作为“民间文化进校园”活动的成果——《文教融合，开启民艺传承的新路径——中国民协民间文化教育示范学校教师论文选》出版。

评奖与艺术节

【山花奖系列评奖活动】

4月28日，在北京召开第十五届中国民间文艺山花奖·优秀民间艺术表演作品（民间鼓舞鼓乐、舞龙）初筛会议。7月9日至12日，在江西省石城县举行第十五届中国民间文艺山花奖·优秀民间艺术表演作品（舞龙）初评。11月16日，在北京完成第十五届中国民间文艺山花奖·优秀民间艺术表演作品终评。9月28日至30日，在江苏省徐州市完成第十五届中国民间文艺山花奖·优秀民间工艺美术作品初评。5月21至24日，在福建省惠安县举办第十五届中国民间文艺山花奖·优秀民间文艺学术著作初评。9月10至12日，在福建省泉州市完成第十五届中国民间文艺山花奖·优秀民间文艺学术著作终评。2021年，共举办第十五届中国民间文艺山花奖评选工作6次，其中优秀民间艺术表演作品评选3次，优秀工艺美术作品评选1次，优秀民间文艺学术著作评选2次。

【民间艺术交流及博览会】

4月底，“激情冬奥 剪彩冰雪”冬奥艺术大赛之优秀剪纸艺术作品征集活动结束。优秀剪纸作品征集活动面向全国剪纸艺术家和爱好者。从长城文化、春节文化和冰雪文化3个方面，冬奥会竞技项目系列、场馆系列、冬季冰雪风景系列等11大类，共征集到来自全国27个省市自治区的403幅剪纸作品。经专家审核，初选入围作品83幅。5月到7月，在中国美术馆举办“大美民间 苏作百工——江苏民间工艺精品展”。6月15日至7月15日，在江苏省苏州市举办“百工百艺·山花绽放”长三角地区民间工艺精品邀请展。12月26日，“到民间去——潘鲁生民艺展”在中国国家博物馆开幕。展览由中国国家博物馆、中国民协、中国美协联合主办，山东省文联、山东工艺美术学院承办，展览分为民艺藏品捐赠、民艺元素创作、民间文艺研究三个组成部分，集中呈现了潘鲁生40年民艺研究与艺术创作成果。

创作与研究

【中国民间文学大系出版工程】

3月，“中华优秀传统文化传承发展工程”列入《中华人民共和国国民经济和社会发展第十四个五年规划和2035年远景目标纲要》；4月，中宣部正式印发《中华优秀传统文化传承发展工程“十四五”重点项目规划》，大系出版工程被列为“重点项目”。2021年共部署编纂67卷，已签协议39卷。大系出版工程正式实施以来，实际编纂省卷本233卷，其中已出版12卷、进入编校质检程序的38卷。在中国民协第十次代表大会期间，已向中宣部和文艺局领导汇报和展示了部分出版成果。

【中国民间文学大系基础数据库建设】

大系出版工程基础资料数据库二期建设已基本完成。大系出版工程基础系列数据库三期项目继续进行。二期、三期数据库本年度共完成资料数字化3.8亿字。基础资料数据库应用平台网站一期项目已基本完成，在数据管理、账号管理、用户行为分析、用户检索、内容阅读、阅读辅助、个人虚拟图书馆、资源发现、可视化关联分析、学术评价、版权保护、接口集成、美工设计等方面已经达到计划要求。

【中国民间工艺传承传播工程】

中国民协已与29个省市自治区民协、澳门科技大学人文艺术学院签署了合作协议书，落实委托编撰工作。已有13个分卷本提交图文初稿，正在由专家审读团队与青岛出版社编辑团队同步进行三审三校。除《内蒙古卷》外，其余12个卷本《山东卷》率先完成审校小组三审三校，《湖南卷》《上海卷》《江苏卷》《广东卷》《河南卷》《吉林卷》《四川卷》《海南卷》《天津卷》《安徽卷》都已进入出版流程。

【“一带一路”民间文化探源工程】

2021年，“一带一路”民间文化探源工程实施项目，在总结既往田野调查工作基础上，结集出版了《穿越草原——草原丝绸之路与张库大道调研文集》《西北放歌——西北民歌文化生态调研文集》《渔舟唱晚——海丝文化与美丽渔村建设调研文集》调研成果文集。

【《中国唐卡文化档案》】

《域外卷1》3月底正式启动；《德格卷》《觉囊卷》7月进入出版流程；《拉萨卷》11月底进入出版流程；《藏娘卷》交付出版社，进入后续出版流程。《日喀则卷》《苯教卷》近期分别进入收尾阶段；8月，中国民协课题组赴拉萨、山南调研，9月课题组赴青海调研《吾屯卷》《年都乎卷》情况。

【《中国唐卡艺人口述史》项目】

《方寸之上——中国唐卡传承人更登达吉口述史》《玉树藏娘唐卡传承人口述史》《玉树噶玛嘎止唐卡传承人口述史》已交出版社；6月初，在北京中央民族大学召开“汉藏艺术交流与筑牢中华民族共同体意识学术研讨会暨中国唐卡传承口述史工作坊”。

【《中国民间剪纸集成》项目】

2021年，中国民协加快卷本编撰进度和审稿进度，严把质量关。《胶东卷》（上下卷）出版；完成《黑龙江赫哲族卷》《扬州卷》预审；《贵州苗族卷》完成普查和初稿编纂，进入预审流程；《新疆卷》预审后修改完成送审稿；《阿坝藏羌卷》完成复审稿；《鄂州卷》复审；《佛山卷》完成终审；《潮汕卷》复审、终审和发稿；启动《陕南卷》普查工作。

【其他出版成果】

2021年出版《中国服饰文化集成》之《朝鲜族卷》《土族卷》，《中国蓝印花布文化档案·南通卷》，《中国历史文化名城名镇名村丛书》示范卷福建1卷、四川1卷、甘肃1卷。

机关建设

【机关党建工作】

中国民协分党组深入学习贯彻习近平总书记关于文艺工作重要讲话和指示批示精神，持续推进《中国民协关于开展强化政治机关意识教育工作方案》《中国民协关于开展“灯下黑”问题专项整治工作方案》落实；与中层以上干部签订《全面从严治党主体责任书》，并通过学习研讨、辅导讲座、专题培训等方式，教育引导广大党员进一步拥护“两个确立”，增强“四个意识”，坚定“四个自信”，做到“两个维护”，当好“三个表率”。制定《中国民协开展党史学习教育实施方案》《中国民协学习贯彻习近平总书记在庆祝中国共产党成立100周年大会上的讲话实施方案》以及《中国民协学习贯彻党的十九届六中全会精神工作方案》，以理论学习中心组、“三会一课”、青年理论学习小组等为主，引导全体党员干部把学党史、悟思想、办实事、开新局贯穿全年工作，确保学习教育稳步推进取得实效。

2021年，组织学习和专题研讨13次，组织21名处级以上干部参加“党的十九届五中全会精神”和“百年党史”网络专题培训班的学习，组织11名处级以上干部参加局处级干部和基层党组织书记学习贯彻习近平总书记在庆祝中国共产党成立100周年大会上的重要讲话精神专题培训班。机关党总支全年召开总支支委会11次；机关党支部召开支部大会9次、支委会12次、党小组会各12次、组织党日活动7次；艺术中心党支部召开支委会12次，党员大会6次，组织党日专题教育活动5次，党小组学习会各13次；民协青年理论学习小组共有19名成员，并开展了丰富多样的学习活动。

【意识形态工作】

2月2日，中国民协分党组召开意识形态专题工作会议，学习了中央和中国文联党组关于意识形态领域的相关文件，重温了中宣部关于意识形态工作责任制、文联党组实施细则和专题检查发现问题整改工作方案（修订本）等文件。6月4日，分党组召开意识形态专题工作会议，听取各部门上半年意识形态工作责任制落实情况及巡视整改情况汇报，明确了工作措施。12月10日，召开意识形态专题工作会议，重点研讨网络安全与民协网络平台建设。

密切关注民间文艺舆情，落实《中国民协意识形态工作应急处置预案》要求。坚持由专人定期搜集整理民间文艺领域的舆情信息，每周上报民间文艺舆情信息，每月报送舆情专题，重点关注在重要时间点、重大节庆活动、重大文艺活动的热点问题，及时反馈和上报。2021年，在中国民协换届会及第十一次文代会预热期间，加强对民间文艺领域重点敏感人群的动向关注，制定应急处置预案与舆情监测机制，及时做好分析研判，积极防范风险。

【加强民间文艺活动报审监管】

在以中国民协名义举办的各类文艺活动的报审服务监管工作方面，一是严格按照《关于以中国文联及各全国文艺家协会名义举办各类文艺活动的管理办法》及《实施细则》有关工作要求，从严从紧审核审批。二是严格按照中央“八项规定”精神和中国文联有关规定要求，加强财务收支管理和审计监督。三是对活动进行全程监督管理，跟踪问效，加强对主办活动的后续监管。四是严守政治纪律和政治规矩，严格工作程序和纪律要求，强化廉政自律，改进工作作风。

【深化评奖制度改革】

深化评奖制度改革，完善山花奖评审相应规章制度，规范评奖流程，严格落实监委全程监督制度，注重评奖成果宣传推介，推进“互联网+文艺”评奖建设。在制度上制定《中国民间文艺山花奖评审委员会评委纪律》《中国民间文艺山花奖评奖规范操作流程》《中国民间文艺山花奖专家评委库管理办法》《中国民间文艺山花奖参评人（单位）承诺书》《中国民间文艺山花奖工作人员责任书》，完善中国民间文艺山花奖各子项评奖细则，《中国民间文艺山花奖评奖章程》《第××届中国民间文艺山花奖评审委员会共同声明》。在评委库建设及评审制度上，打造讲政治、懂业务、守纪律的评委队伍。完善《中国民间文艺山花奖专家评委库管理办法（试行）》，完成2020-2021年度中国民间文艺山花奖专家评委库人选更替工作。

【会员工作】

规范入会程序，加强会员的思想政治审核，加大对新文艺群体会员、各领域文艺领军人才和专家学者的入会力度。2021年先后开展了2批新入会人员审核工作，吸纳582名民间文艺工作者加入，并为每位新入会会员推送了《中国民间文艺家协会倡议书》。

【中国民间文艺之乡管理工作】

认真贯彻落实《中国文联深化改革方案》《中国民协深化改革工作方案》和中国文联内部巡视整改相关要求，加强对“中国民间文艺之乡（含研究传承基地）”的清理整顿与规范管理。遵循“从严控制、加强复评、发挥存量作用”的工作原则，民协派出专家组，对遍及全国29个省市自治区、新疆生产建设兵团的中国民间文艺之乡进行分批次的回访调研，逐步推行三年复审制度。5月底，赴河南许昌、平顶山两地民间文艺之乡（含研究传承基地）巡视回访，两地17个命名挂牌届满三年的中国民间文艺之乡提交了工作报告，考评专家发表评审意见并撰写考察报告。10月24日至28日，对四川省德阳、雅安两地中国民间文艺之乡进行了实地走访调研。专家组参加了四川——中国民间文艺之乡创建推进会，就如何进一步做好此项工作作了专题辅导，召开了回访调研座谈会。

【新文艺群体和专委会管理工作】

中国民协持续深入开展两新组织建设，进一步修订完善《中国民协专委会（艺委会）工作条例》，对专委会年审制度和违规处理作出进一步细化规定，严格专委会的年审和日常督察工作，规范对专委会公章使用管理程序以及专委会活动报备程序。2021年相继成立中国手指书画专业委员会、中国民协金石文化研究中心、中国民协青年委员会、中国民协烙画创新发展艺术委员会、民族民间歌舞艺术委员会、融媒体传播中心等，恢复重建中国民协五大名窑专委会。

【网络信息化建设】

中国民协不断整合媒体资源，创新民间文艺传播方式，生产优质原创民间文艺内容，普及传统文化知识。微信公众号不断进行优化调整，新增了“中国春节”“两会之声”“寻找光明的记忆”“党史上的今天”“红色档案故事”“聚焦民代会”“文艺评论”“每日一物”等栏目。围绕党史学习教育，紧密结合中国民协重点工作，打造“党史上的今天”等专题板块。深入开展“深入生活、扎根人民”主题文艺实践活动。中国民协公众号开辟了“文艺评论”专栏，增加短评、时评，积极推送民间文艺领域专家学者的评论性文章论述。

直属单位

【《民间文学》杂志】

《民间文学》杂志社在疫情防控常态化下，完成了全年12期的出刊任务，向已经建立的民间文学5家书屋赠刊300册。为庆祝建党100周年，4月至6月，在浙江省桐庐县举办了以“讲百年党史故事、做新时代好少年”为主题的2021中国故事节·少儿红色故事会活动；10月15日，以“党风廉政建设”为主题，在四川省金堂县举办了2021中国故事节·金堂廉政故事会创作成果发布会。

【《民间文化论坛》期刊】

强化刊物政治性和学术性，坚持学术思想引领、推动学术研究，发挥好意识形态的学术阵地作用。特别策划了“中国民协与中国民间文艺发展史”“中国民研会与日本‘中国民话之会’”，关注新媒介与民俗（民间文学）传承传播相关内容的专题，“数字音像时代的影视人类学前沿探索”以及“疫情中的民俗应对”“关于灾害的国际民俗学研究”等专题栏目。

【《民艺》杂志】

健全意识形态工作机制，把贯彻落实意识形态工作的具体要求贯穿于编辑工作全过程。严格执行“三审三校”制度。新增了“艺人访谈”等栏目，不断改进刊物的学术性、专业性和可读性。

中国摄影家协会

综 述

2021年是中国摄影十分特殊的一年。这一年有好消息，社会各界对摄影事业热情不减，摄影创作蓬勃开展。特别是建党百年等一系列主旋律活动，再一次彰显了摄影艺术的价值和特性。这一年疫情时断时续，摄影创作和摄影活动的正常节奏被冲击，极大程度上改变了摄影发展的固有形态。在喜忧掺杂的大形势下，中国摄协作为中国摄影事业发展的核心力量，团结凝聚广大摄影工作者、摄影爱好者，努力探索和前进，推动摄影事业的继续发展。

会议与品牌活动

【中国摄协2021年重要会议】

2021年，中国摄协充分发挥主席团、理事会作用，组织召开主席团会、全国摄影工作会。完成主席团成员、理事会理事履职登记及考核工作，在2021全国摄影工作会期间，对14家团体会员单位通报表扬，发挥示范表率作用。此外，中国摄协加强摄影界职业道德建设。组织召开“守正创新 聚焦时代”——摄影界职业道德和行风建设工作座谈会。制定《中国摄协落实文娱领域综合治理工作方案》，印发《关于禁止中国摄协团体会员单位和个人会员参与各类非法社会组织活动的通知》。中国摄协各专业委员会都召开了各自年度会议，完善专委会制度，完成专业委员会委员履职登记及考核工作。此外，中国摄协还在2021年完成“中国摄影之乡”“中国摄影创作基地”的重新评估及创建工作，重新修订《关于命名“中国摄影之乡”和创建“中国摄影创作基地”管理办法（暂行）》，规范了相关工作。

【中国摄协举办的品牌活动】

（1）创新形式举办“百年·百姓——中国百姓生活影像大展（1921-2021）”

建党百年是2021年中国摄影界创作活动最核心的主题，从中央到地方，涌现了一大批不同层级、不同形式的摄影活动。中国摄协为发挥摄影界团结引领职能，积极组织各项活动。建党百年活动的困难在于，经过改革开放40周年、新中国成立70周年、2020年脱贫攻坚决胜之年的一系列活动，专题性摄影项目的主题性思路和手法大同小异，图片储备和创意储备都已经严重不足，增加活动影响力和感染力成为当务之急。

为此中国摄协作出了新的尝试。由中国文联、中国摄协等共同主办的“百年·百姓——中国百姓生活影像大展（1921-2021）”，虽然也使用了常见新旧对比，但具体表现内容不再拘泥于重要历史人物和事件，而是聚焦于普通百姓的生活细节，展览内容以“岁月如歌”“沧海桑田”“百年好合”“百家百福”四个板块，覆盖到一百年来百姓衣食住行、婚丧嫁娶等方方面面，以这些最能引起普通读者共情的话题进行新旧对照，展示百年中国的伟大变革历程。6月8日在北京王府井大街举办的展览，还特别设置了互动空间，在“百年百福”板块打造了一块铺满百家姓的红色屏风，观众和游客可以在此处拍摄全家福，在建党百年的特殊历史时刻留下特别的记忆和珍贵的合影；在“百年好合”板块，更是借由大红的喜字、喜庆的对联，加上缝纫机、收音机、电风扇、老式桌椅、座钟等陈设家电，不仅在家长里短间勾起人们对时代的回望，更是一处独具匠心的拍照“打卡地”，取得了与以往同主题项目风格迥异的展览效果，真正做到了将蓬勃发展的“大时代”落实在百姓生活、质朴情感之上。

（2）围绕中心服务大局举办正能量摄影活动

围绕中心服务大局，一直是中国摄协举办摄影项目的重中之重。3月22日在北京展出的“天山放歌——新疆各族人民幸福生活”主题摄影展，以纪实切入加艺术呈现作为表达方式，用形象化的语言配以散文化的文字叙述，增强展览的感染力和传播力。反映在党的阳光雨露滋润下，新疆各族人民文化生活更为丰富多彩的和谐图景。4月9日，“希望的田野——脱贫攻坚 共享小康全国摄影展”亮相中国国家博物馆，展出不同时期近150名摄影家的近180幅作品，均是多年来全国广大摄影人和基层一线扶贫干部深入生活、扎根人民以及亲身参与扶贫助困具体工作中所拍摄的。展览共分为“攻坚”与“圆梦”两个部分，包含产业扶贫、就业扶贫、异地搬迁扶贫、教育扶贫、文化扶贫等内容，兼顾不同民族、地域、群体的广泛性。5月21日（国务院新闻办发表《西藏和平解放与繁荣发展》白皮书当天）在北京举办的“雪域新篇——庆祝西藏和平解放70周年美术摄影展”，展览共展出摄影作品59幅，既有珍藏的宝贵老照片，也有近些年摄影家们深入高原、聚焦普通群众、展现今日西藏的新作品。10月在北京召开陈昌谦诞辰100周年座谈会，陈昌谦在改革开放初期曾主持中国摄协工作，座谈会学习他为党的文艺事业奋斗终身的革命追求，追忆他为中国摄影事业作出的杰出贡献，缅怀他植根于人民群众无私奉献的艺术人生。

（3）继续做好中国摄协传统品牌活动

虽然受到疫情影响，但摄影工作者、摄影爱好者创作热情依然高涨，中国摄协组织的几个品牌性活动继续保持高热度、高水准，得到了不同程度的发展。目前国内在摄影爱好者当中影响力巨大的群众性摄影活动第28届全国摄影艺术展览，投稿作者21565人，作品10万余件，共计29万余幅，在作者数量和作品数量两个指标上都创造历史新高。其中，参评多媒体类的作品数量大幅提高，是上届参评作品的4倍。另外，参评纪录类组照的作品比上届增长50%。经过优中选优，最终产生了298件入选作品。另一重大活动，面向全世界征稿的中国第18届国际摄影艺术展览，自2020年11月用中文、英文、法文、俄文、西班牙文、阿拉伯文多语种正式面向全球征稿，虽然受到了全球性疫情的严重干扰，仍然收到来自120个国家和地区稿作者、共计17240人的投稿，作品140701件，共计266797幅，也创下作者数和作品数两个新高，展示出活动的巨大吸引力。中外评委经过两轮认真评选，最终产生入选作品294件。

此外，中国摄协的其他品牌活动也克服困难顺利举办。4月16日，第六届“徐肖冰杯”中国纪实摄影展在浙江桐乡市博物馆开幕，此项活动已经历经十年，成为具有广泛行业影响力的学术品牌活动。本届影展评出的15件优秀作品中，既有表现脱贫攻坚、武汉战“疫”等重大题材，也有反映百姓生活发展变迁、工业产业转型升级等社会经济题材，同时还首次纳入纪录片单元。9月23日，正值第四个“中国农民丰收节”，第十届全国农民摄影大展在中华世纪坛开展。本次大展来稿数量为历届之最，用影像反映深化农村改革、乡村全面振兴、决胜脱贫攻坚等重大变化。大展围绕图片呈现的多样性、丰富性等，在展览展示方面做了许多新尝试。展览现场设置了180°的多媒体动态影像互动空间，将静态照片通过特殊技术制作成动态的效果，与麦浪的装置和现场音乐交相辉映。9月24日在河北开幕的陈勃·顾棣摄影艺术成就暨收藏展览，由“陈勃摄影艺术成就展”“顾棣摄影艺术成就展”“顾棣红色摄影收藏展”三个独立展览组成，既自成篇章、自有体系，又彼此呼应、内涵契合。9月30日，第二届高帆杯“行走中国”全国摄影大展开幕式在杭州市萧山湘湖高帆摄影艺术馆举行，大展提倡广大摄影人聚焦精品创作，践行“以人民为中心”的创作导向，围绕“土地”“人民”“生活”这三个关键词进行拍摄，以真实生动的影像展现这片热土上火热的现实生活，展现在中国共产党的领导下全面建成小康社会过程中人民群众的获得感、幸福感、安全感。12月28日在北京首都博物馆开幕的第四届全国青年摄影大展，120位青年摄影师的作品通过多元创新的影像语言，诠释出“青春·观看”的主题。大展采取线下实体展览与线上云展览并行的方式进行，开幕活动、展览导览、青年摄影论坛等相关活动在“摄影函授学院”微信视频号、小鹅通等多个移动端进行直播。近万名观众在线观看并互动。11月20日开幕，以“创意黄山 影艺未来”为主题的黄山（黟县）摄影大展，以“创意黄山 影艺未来”为主题，将摄影与绘画装置等艺术作品集中呈现，既放大了黟县摄影和写生产业的活动品牌和集聚效应，探索艺术交易市场的发展方向，又多维度、全面地展示黟县“中国画里乡村”“桃花源里人家”的独特魅力。

摄影创作和重大节展活动

【围绕重大历史节点举办摄影活动】

就重大时间节点举办摄影活动而言，2021年是当之无愧的“热点之年”。无论是“正当其时”的建党百年活动，还是被2020年疫情延迟下来的脱贫攻坚、抗击疫情主题，都举办了多项摄影活动。这些主题性摄影活动展示历史发展脉络和社会现实细节，在全社会面前又一次充分展示和强调了摄影独特的记录功能。

“建党百年”主题摄影活动一马当先。6月19日，在南京国际展览中心举办了“初心与复兴”文献展，以中国共产党领导全国人民实现民族独立和人民解放，实现国家繁荣和人民共同富裕的发展历程为内容的摄影作品梳理，以艺术作品的感性力量呈现一个时代的发展历程、精神气质和实践经验。同日，“百船展百年”水上展亮相绍兴东湖，展览以100条乌篷船为载体，每条船上分别装载一幅珍贵历史照片，让观众通过水上观展的独特方式重温革命先辈走过的峥嵘岁月。7月8日，在中共一大召开的城市上海展出了“光辉百年”主题展，由老中青三代摄影人，著名摄影家、摄协会员和广大摄影爱好者共同参与，集中展示了111位摄影人创作的148件、250张照片和3个视频影像作品，展览旨在以摄影艺术独特的记录、呈现与创作特点，呈现摄影人对于伟大祖国、伟大时代的用情记录和视觉担当。9月19日，在武汉楚河汉街展出了“永远的旗帜——红色荆楚　百年影像”摄影展，展览分1900-1949年、1949-1978年、1978年至今三个时间段落进行梳理。通过200幅组照片，较为完整地呈现了100余年来湖北的历史脉络。10月30日，“百年光影　红色记忆”庆祝建党100周年江苏摄影作品展在江苏省现代美术馆开幕，展览分为“红色记忆　光影永恒”“风雨历程　光荣见证”“强国有我　不忘初心”“继往开来　时代新篇”四个篇章，以约300幅摄影作品反映百年江苏在中国共产党的领导下所走过的光辉历程和取得的伟大成就，体现江苏光荣的革命历史传统、深厚的红色文化底蕴和鲜明的红色精神图谱。直到这一年的最后时刻，“百年·百图·百姓——我们的100年”摄影展12月30日在上海开幕，图片展分为过去篇、现在和未来篇。150多幅摄影作品展现了100年来中国的苦难挫折与伟大复兴，展现了新冠肺炎疫情暴发以来，中国的人文风俗、新生活方式、抗疫故事、科技发展等。

特别值得一提的是，由香港特别行政区政府、中央人民政府驻香港特别行政区联络办公室、新华通讯社共同主办“光影记忆　百年风华——《国家相册》大型图片典藏展”，10月8日在香港中央图书馆开幕，展览依托新华社中国照片档案馆的丰富馆藏，精选出近两百张反映中国近现代历史的照片与香港观众见面，引发巨大反响。后为满足各校中小学生的观展需求，主办方与多所学校合作，将《国家相册》展览延伸至中小学校园，为同学们了解中国历史、增强国家意识打开了一扇新的窗户。

此外，最近几年特殊的历史时间节点密集呈现，也促进了摄影界对历史影像的回顾研究。1月15日开馆的高帆摄影艺术馆暨高帆纪念馆，以收藏和展示高帆及夫人牛畏予的摄影作品、生平为基础，致力于以“红色摄影”为主题，打造萧山乃至省内的党建新品牌，承担具有公益性质的摄影艺术研究、创作与展览，向大众普及摄影艺术和文化。9月在浙江开展的“雷烨中国故事摄影展”，其中的“雷烨作品纪念展”部分展出由金华收藏者杨捍东提供的20多幅经过修复的雷烨作品，主要集中于1940年至1942年间雷烨在冀东抗日根据地拍摄的战斗、训练和生活场景。

【群众性、学术性摄影活动各具特色】

2021年疫情时断时续，摄影世界的正常运转不免支离破碎。一些久负盛名的摄影活动陷入“策划——暂停——又策划——又暂停”的怪圈当中，有些甚至被迫合并和取消。面对疫情困扰，摄影人仍然抓住一切机会谋求更大发展。尤为可喜的是，在愈加严格的防疫环境下，行业内因地制宜勇于创新，还涌现出一些新的活动方式和手段，带给摄影人意料之外的惊喜。

一方面，一些活动抓住机会积极在线下开展。为了应对疫情造成的变化，避免人流在短时间内过于集中，北京国际摄影周改为分散时段、分散展场、依次轮替、全年常态化展示，时间跨度5个半月。摄影周以中华世纪坛为主场，总计举办30个主题展、专题展、平行展和特约活动，举办主题论坛和摄影讲堂活动14场，共有来自近50个国家和地区的百余家机构的2600余名摄影师参加，展出作品5500余幅（组），吸引到场观众30万人次，摄影周的重要展览包括了“世界文化遗产在中国”展览、“百年奋斗 百年答卷”——全国主流媒体新闻摄影展等。为了为2022年北京冬奥会造势，还举办了多个冰雪题材摄影展览。第21届平遥国际摄影大展9月19日在平遥古城如期开幕。本届大展由3大板块14个单元构成，分别为摄影作品展、图片交易、大展评选3大板块；包括主题展、专题展、学术展、国际展、院校展、类别展（纪实、女性、风光）、多媒体影像展、PIP中国青年摄影推广计划、PIP青少年摄影展、报名展、PIP青年策展人计划、平遥画廊展会、教室画廊、评选14个单元。10月22日，“世界的开平”——第三届沙飞摄影周在粤港澳大湾区的开平开幕，以主题展览“奋斗百年路 启航新征程”——百年城像摄影展，结合专题研讨会等形式赓续红色影像精神，多种样态的摄影活动和影像展览点燃开平的影像热潮。11月3日，在停摆一年后，第七届影像上海艺术博览会2021年重归线下，会聚国内外50余家画廊、机构与出版商参展。与往届不同的是影像上海艺博会的复苏明显呈现出本土化格局和区域性特征，北京、上海、成都、长沙、郑州、兰州、乌鲁木齐等地近几年声名鹊起的影像画廊与机构齐聚上海展览中心。12月20日，第四届深圳国际摄影周在罗湖美术馆开幕。本次展览包括第四届深圳国际摄影艺术展览优秀作品展、向经典致敬——摄影史上著名摄影家经典原作展、中外摄影家系列展和第三届“精彩罗湖”优秀摄影作品展。12月30日，2021第四届浙江纪实摄影大展在浙江展览馆拉开帷幕，展览第一板块“重现：浙江与纪实摄影实践”，对近百年来的浙江纪实摄影进行了盘点与梳理。作为展览主单元，第二板块“现实剧场：浙江纪实摄影在今日”，则呈现了钟黎明等15位入选第四届浙江纪实摄影大展的摄影家专题作品。第三板块“中间状态：浙江纪实摄影与摄影书”，展陈了近年来浙江摄影师以摄影书、手工书等为媒介开展的一些创作成果。第四板块“寻美三衢”，是衢州老照片的精彩呈现。

另一方面，许多摄影活动转为线上。虽然这些活动顺应客观现实的要求线上举办，但没有简单地满足于“把照片挂在墙上”，而是依托于愈发先进的互联网技术，努力办出线上特色，让线上的活动具有“独立性格”。2月上线的2019“伯奇杯”中国创意摄影展（2019年已经启动，因为疫情2021年在网上开展）吸引了众多风格的摄影人参加，展览作者既有多年支持和参与“伯奇杯”的名家新秀，更有“网红”摄影师、医务工作者、摄影机构负责人等跨界人士，他们具有创造性和鲜明风格的佳作成为彰显中国创意摄影水准的丰富样本。本次在线展览特别采用AR实景展示技术，并给观众提供各种操纵图像的功能。此次在“云端”的展览也将成为一个“永不落幕”的摄影展，观众可扫描二维码，以一种全新方式身临其境感受创意摄影的魅力。5月1日至30日，第十六届连州国际摄影年展选择用“线上展”的形式，推出主题展览和活动。本届年展的主题为“回溯与前行”。线上展由“线上档案馆”与“虚拟主题展”共同组成，系统性呈现15年来的实践文献，沿着时间轴线，在年度主题的框架下选取了一些具有代表性意义的艺术家个案进行深度挖掘，特别是对那些在连州摄影年展历史中多次展出的、对中国摄影具有重要意义的艺术家作品的演变，以及一些按不同话题定位的往届作品群组。在此之外，年展还推出作为回应“线上档案馆”部分的艺术家新作。6月启动的北京国际摄影周在线下办展的同时也增设了线上部分，突出文化科技融合，通过官网、融媒体中心、各大视频直播网站、短视频网站等多种传播渠道，实现线下展示、线上观展的常态化模式。“影像·北京论坛”的20场论坛通过多平台的云直播等技术手段进行。线上观众200余万人次。参与报道的注册媒体100余家，活动视频直播及短视频浏览量近3000余万人次。摄影周还在歌华传媒移动电视业务体系的支持下，首次利用移动电视新智能媒体系统LBS技术，实现公交电视终端在世纪坛周边两公里范围内自动触发播放部分展览，在30余条线路的300多辆车触发LBS播出推广，在最大限度满足摄影爱好者观展需求的同时确保了疫情防控常态化下展览活动的安全有序开展。8月13日，第九届大理国际影会线下线上同步开幕，供策划展出展览近600个、作品20000余幅。线上展览采用全景摄影技术完整保留数字展览。此外，还有“中国摄影名家百人百幅典藏大展”“生物多样性大展”“大理国际影会嘉年华”等诸多亮点活动同期举办。

理论研究与学术出版

【理论研究有待整合】

2021年，虽然举办学术研讨活动的客观困难很多，但不同类型的机构还是努力举办了一些活动。如中央美院举办的“中央美术学院摄影纪程”展览、中国艺术研究院与数字艺术研究所主办的“摄影与数字艺术论坛”、天津美术学院主办的“新文科背景下当代摄影教育内涵式发展”学术研讨会、《财经》杂志联合“巨浪视线”推出“光刻”栏目高端访谈等等。这些活动从不同角度入手，各自探索和研究一部分摄影理论问题，丰富了中国摄影理论的研究视野。

但是考察这些活动之后，我们不难发现，各个主体、各个层面所做的摄影理论的研究工作缺少分工、规划和配合，基本上属于各自为战，彼此之间的研究成果也没有打通整合，一些问题重复研究耗费了不必要的成本，另一些重点问题则无人问津。由于摄影“全民创作”的特色，摄影创作群体在文化素质和专业能力上，和摄影理论群体有比较明显的差距。创作者对于摄影理论有陌生和排斥，与之相对，理论工作者也有轻视创作群体的“传统”，对创作实践当中的问题漠不关心。因此，虽然学术活动数量不少，一些摄影创作中的基本问题依然有待解决。例如，评价作品和引导创作最核心的，关于“作品分类标准”和“作品评价标准”的问题，仍然缺乏基础共识，对于创作的引导和鼓励缺少明确的方向。更有甚者，由于这些基础问题不清晰，很大程度上误导了创作者，对摄影创作产生了副作用。此外，以摄影理论史论专职翻译毛卫东之死引发的摄影理论产品市场价值低、缺少足够扶持的问题，也引起了业界的深入思考。

【大众审美标准逐渐介入艺术品的评价体系】

“全民摄影”带来的另一点重要后果是，普通读者不仅仅甘于做被职业摄影师引领教育的“受众”，而是张扬自己的价值取向和对作品的评价，参与到制定审美标准和取向等规则的过程当中去。2021年摄影作品在社会层面引发的争论，恰恰来自大众审美和业界眼光之间的“对抗”。11月，在上海举办的某品牌主题艺术展上，颇具国际知名度和市场影响力的女摄影师陈漫，其摄影作品引发了公众的强烈质疑。陈漫在时尚界广受追捧，她有一组展示亚裔女孩形象的作品，夸大了亚裔“眯眯眼”的生理特征，最初在国外展示时得到了很好的评价，但在国内展示时，却引起网上一片声讨。此时一些专业评论家和大众的意见高度对立，评论家认为审美应当多元丰富，陈漫的作品并无不妥，但很多普通读者和网友却提出，这些影像以刻意夸张的画面语言，夸大亚裔面孔的特征，以此迎合西方审美的刻板印象，造成了丑化中国人形象的效果。此事以陈漫在社交媒体的道歉而迅速平息，但更多的创作者由此而意识到，大众不再仅仅是单纯的“接受者”，而是已经越来越深入地将自己的意识融入对作品的评价当中。艺术是有立场的，艺术家如果希望得到大众的认可，必须端正为普罗大众服务的姿态，认真思考作品给谁看、作品如何让大家看明白等问题。

【摄影出版，遭遇困境艰难恢复】

2020年由于疫情突然暴发，图书市场毫无准备，下滑十分惨重。到了2021年虽有小幅恢复，但确实难称理想。根据“开卷”（出版行业的专业统计机构）所做的统计，全年只有《纽约摄影教材》等少数老牌优秀产品零售量能超过万册，绝大多数摄影图书市场状况并不理想。

这一年较为值得记录的图书，包括了结合时间节点推出的历史影像产品，如献礼建党100周年的《孩子剧团：在战火纷飞的年代》（中国摄影出版社），《历程：徐肖冰、侯波镜头下的峥嵘岁月》（浙江摄影出版社）。此外《时代记忆》（中国美院出版社）、《这里是中国2》和《世纪敦煌：跨越百年的影像碰撞》（中信出版社）、《上海：一座世界城市的肖像》（上海人民出版社）、《沧桑百年间——中国摆脱贫困影像记忆》（人民出版社）都取得了不错的口碑。其他如作品集和理论评论方面，也推出了不少品类。其中优秀的如《庄学本：西行影纪》（四川美术出版社出版）、《世界摄影大百科》和《沉默者的话语：马克·吕布与贝特朗·埃韦诺的对话》（中国摄影出版社）、《摄影实战手记：一个记者30年的记录与思考》（中国文史出版社）、《摄影批判导论 第5版》（人民邮电出版社）等。当然最受市场欢迎的类别，还是针对中低端爱好者的技术技法、器材应用类书籍，但这种类别同质化问题非常严重，并没有值得特别记录的新品。

就当下的出版市场而言，各种出版物的总数量，已经远远超出读者的需求，因此“抢夺读者注意力、争取读者的时间”成为市场的首要任务。而在2021年表现较为有力的作品，底层逻辑在于能体现读者对摄影的实际需求。其中摄影技术技法、入门普及类图书因为贴近生活受众广泛，依然获取了一定的生存空间，特别是手机摄影、人像摄影、街头摄影因为受众面最广，出版品种数也最多。如前文提及零售量独领风骚的《纽约摄影学院摄影教材》，其实就是一本摄影入门的自学教材，因为创作观正确、涉及面丰富和操作指导性强，引入国内几十年一直长盛不衰。未来的图书出版，能“满足更多读者需求”仍然是优秀图书的硬指标，而完全忽视读者需要和理解能力，以小圈子对标的所谓“学术”，仍不免处于尴尬的境地。

摄影行业建设

【基层创作，人数众多水平参差不齐】

截至2021年底，中国摄协会员总数已经超过27000人（这是自1956年成立以来发展的全部会员，包含已经去世和年事已高的会员），实际活跃在创作一线的会员至少有万人以上，各级摄影组织总人数不下于数十万人。如果算上基层摄影爱好者和游离于各级摄影组织之外的摄影人，摄影创作者总人数将不下于数百万，甚至可能达到上千万之多。这百万千万级的创作队伍，每天产生的照片达到海量。

与之相对，2021年中国摄影创作体量庞大，但是确实存在生活不深入、投入热情不真挚、作品思路单调、呈现形式单一等问题，优秀作品凤毛麟角。仅以针对新冠肺炎疫情的作品而言，这是最近两三年里最大的公共话题，2021年就此主题产生了海量摄影作品，但没有作品能达到上世纪的“希望工程”的《大眼睛》（解海龙作品）或者21世纪初的“抗击非典”的“大白背”（贺延光作品）的高度。再如前述全国摄影艺术展览，报名作品10万余件，入选作品298件，入选比率不足0.3%，但其中许多仍然无法进入大众的视野。针对创作水平的整体不足，中国摄协带领和倡导业界大力开展公益教育培训。2021年虽然线下培训很难开展，但是依托互联网的传播优势，2021年中国摄协公益培训总培训人数超过4000人，创下历史新高。与此同时，各大社会培训机构也积极转型网上，力争在“寒冬”首先维系住自身品牌的热度，摄影人创作实践减少，也得以拿出更多精力学习“进补”。

【价值开发，新技术带来新机遇】

如何用摄影获取收入一直是摄影人的重要困扰。多数摄影人其实处在创作收入远远低于成本，依然“用爱发电”的境地。究其原因，艺术品市场不发达、摄影作品供需渠道不畅是根本。2021年随着一些新技术成果的应用，实现图片经济价值有了更多选择。“元宇宙”和NFT的概念开始为大众所熟悉。“元宇宙”是一个由互联网技术构建起来的虚拟世界。摄影作品在虚拟世界中同样能够以“数字图片”的形式进行交易，而来证明数字图片权属的，就是NFT(Non-Fungible Token)技术。NFT指非同质化代币，是用于表示数字资产的唯一加密货币令牌，可以对虚拟世界中摄影作品进行著作权登记。与此同时，区块链技术能记载数字图片的完整交易记录。有了这两项技术，客户在购买数字图片时，就能清晰地了解自己购买的产品著作权是否合法、同一作品存在多少个合法版本、经历过多少次交易，从而准确判断所购买数字图片的市场价值，让交易更快捷和安全。相应的，交易安全性的提高能鼓励投资规模的扩大，创作者取得的收益也将进一步增加。

2021年，NFT技术已经应用于摄影作品的交易当中。12月31日中午，视觉中国旗下交易平台“元视觉”旗下发售解海龙的经典摄影作品《我要上学（大眼睛姑娘）》，10000份电子藏品40分钟销售一空，视觉中国和解海龙本人将全部收入1951130.35元全部捐献给“安徽省青基会希望工程苏明娟助学基金”。虽然由于技术和政策等方面的原因，区块链和NFT技术还远不成熟，甚至可以说有比较大的风险，但假以时日，如果新技术能妥善应用，在促进交易快捷和交易安全上也许会有大的突破，为更多摄影人提供走入市场的机会。

【版权保护，新法实施还要惠及多数】

2021年，中国摄影的维权事业在理论层面有非常大的进步。6月，修改后的《中华人民共和国著作权法》正式实施，新法对于摄影人而言有两条涉及切身利益的调整，一是将摄影作品著作权的保护期从“作品发表后五十年”修改为“作者终身及去世后五十年”，将摄影的作品保护期调整到和美术、书法等造型艺术作品相同的长度。二是确定了“500元以上”这个侵权赔偿的底线，让长期含混不清的摄影作品赔偿标准有了起码的法律依据。但从摄影人的实践层面考量，保护期的延长更像是“理论上的权利”，对当下的普通摄影人实惠不多；而由于目前摄影作品市场价值普遍低廉，而诉讼成本（包括时间成本和经济成本）一直偏高，500元以上的维权收益标准，无法解决摄影人维权当中“收益小于成本”的突出问题。实际上，2020年《民法典》实施对肖像权的改变和2021年《著作权法》的修改，虽然促使肖像权和著作权的诸多规定发生了变化，但实践中一两年来并没有形成典型有影响的案例。理论和实践之间，尚有不小的鸿沟。

对摄影界“沉默的大多数”而言，重点还是能在当下维护作品权益。降低维权成本，提高维权效率，增加维权收益，才是真正鼓足摄影创作的动力。一旦形成“意识强化——利益增加——意识再强化——利益再增加”的良性循环，摄影著作权的保护必将得到极大推动。

对外及对港澳台文化交流

虽然疫情导致对外实体文化交流产生严重困难，中国摄协依然想尽各种办法，积极配合国家外交外宣总体战略，顺应国际国内疫情新变化，科学统筹开展对外交流。

1.前文所述中国第18届国际摄影艺术展览，在疫情导致投稿相对不便，一些国家的摄影人受到疫情影响创作热情减退的情况下，来稿国家数、作品数、作品数再创新高。

2.举办各类对外交流活动。筹备第五届深圳国际摄影大展。在澳门举办“百年追梦·见证小康”庆祝中国共产党建党一百周年摄影展和摄影讲座。将全英文画册——《中外摄影对着拍》邮寄给世界100多个国家和地区的我驻外使领馆、摄影组织等，以分享出版物的方式讲述中国故事。

3.继续保持与港澳台地区的摄影组织及摄影家的密切联系和交流。通过12名香港、1名澳门和7名台湾摄影家的入会申请。中国摄协顾问、香港著名摄影家简庆福迎来百岁寿诞，协会通过拍摄祝贺视频等方式为其送上生日祝福。

打造中国摄协坚强工作团队

2021年，中国摄协继续加强内部建设，打造自身坚强工作团队。

1.加强自身建设。制定和完善多个工作制度。编制《中国摄协公文办理工作手册》，开展公文写作知识及公文办理培训。

2.严格落实《中国摄协2021年度会议计划》，压缩数量、提高质量。

3.加大干部选拔任用力度，拓宽干部培养途径，通过干部挂职交流、教育培训、职称评审等方式，提升干部队伍整体水平。加强干部监督、管理和考核，严格执行《中国摄协干部职工参加外单位活动暂行规定》。

4.组织协会员工培训和业务部门员工意识形态专项培训，提升干部职工的思想政治素质和专业能力。

5.严格做好招标采购、资产管理工作。定时组织职工体检，优化增加体检项目。扎实做好常态化疫情防控工作，没有出现相关问题。

中国书法家协会

综　述

2021年是我们党和国家历史上具有里程碑意义的一年，是中国文联发展史上值得铭记的重要一年，也是中国书协成立40周年。在中宣部、中国文联的坚强领导下，中国书协团结带领各团体会员和广大书法工作者，坚持以习近平新时代中国特色社会主义思想为指导，深入贯彻党的十九大和十九届中央历次全会精神，认真落实习近平总书记关于宣传思想、文化文艺、群团工作的一系列重要论述和指示批示精神，特别是习近平总书记在中国文联十一大、中国作协十大开幕式上的重要讲话精神，聚焦“做人的工作”核心职责，坚持守正创新，勇于担当作为，用心用情推进书法创作，为时代书写，为人民抒怀，着力打造天朗气清的行业风气和山清水秀的书法生态。在常态化疫情防控形势下，扎实推进书法事业和书法工作再上新台阶。

重要会议

【中国书法家协会第八次全国代表大会在京开幕——黄坤明出席大会开幕式并讲话】

1月26日，中国书协第八次全国代表大会在北京开幕。中共中央政治局委员、中宣部部长黄坤明出席开幕式并讲话。中宣部常务副部长王晓晖，中国文联主席、中国作协主席铁凝，中国文联党组书记、副主席李屹，文旅部党组书记、部长胡和平，中国文联党组成员、副主席李前光、胡孝汉，中国文联党组成员董耀鹏、张雁彬出席开幕式。中国书协第七届名誉主席张海、中国书协第七届主席苏士澍在主席台就座。

李屹在开幕式上讲话，胡和平在开幕式上致辞，苏士澍致开幕词，李昕作题为《正本清源　守正出新　奋力开创新时代中国书法事业新局面》的工作报告。各全国文艺家协会及各省、自治区、直辖市书协，各产（行）业书协向大会召开发来贺信、贺词、贺电。来自全国各地的296名书法界代表参加会议。中央纪委国家监委驻中宣部纪检监察组，中组部、中宣部、文旅部有关司局，中央军委政治工作部宣传局以及中国文联有关部门、单位负责人，各全国文艺家协会负责人和特邀嘉宾参加开幕式。

【书法界代表认真学习领会中央领导同志重要讲话精神】

1月26日，中共中央政治局委员、中央书记处书记、中宣部部长黄坤明出席中国书协第八次全国代表大会开幕式并发表重要讲话。讲话鼓舞士气、凝聚人心、求实创新、团结奋进，在全体代表中引起强烈反响。26日下午，出席八次书代会的300余名代表分成9个学习组，认真学习领会黄坤明重要讲话精神。代表们一致认为，黄坤明出席八次书代会并发表重要讲话，充分体现了党中央对书法工作和书法事业的高度重视、对广大书法工作者的深情厚爱。我们必将团结引领书法工作者听党话、跟党走，坚定文化自信，坚持以人民为中心的工作导向，自觉承担起举旗帜、聚民心、育新人、兴文化、展形象的使命任务，为建设社会主义文化强国作出新贡献。

【中国书协第八届主席团第一次会议在京召开】

1月27日，中国书协第八届主席团第一次会议在北京召开。中国文联党组书记、副主席李屹，中国书协八届主席团全体成员参会。会议审议通过了《关于任命中国书法家协会第八届秘书长、副秘书长的决定》《关于推举中国书法家协会第八届名誉主席和聘请顾问的决定》《中国书法工作者行为守则》，确定了中国书协第八次全国代表大会闭幕式执行主席、主持人及议程。

【中国书法家协会第八次全国代表大会在京胜利闭幕】

1月27日，中国书协第八次全国代表大会闭幕。中国文联党组书记、副主席李屹出席闭幕式。大会审议通过了《中国书法家协会第八次全国代表大会工作报告》和《中国书法家协会章程（修改草案）》，选举产生了中国书协第八届理事会和主席团。孙晓云当选中国书协第八届主席，王丹、毛国典、叶培贵、代跃、刘月卯、李昕、张继、张建会、张胜伟、顾亚龙、鄢福初、潘善助当选中国书协第八届副主席。大会任命郑晓华为中国书协第八届秘书长，潘文海、张潇羽为副秘书长。推举沈鹏、张海、苏士澍为中国书协第八届名誉主席。聘请包俊宜、朱关田、旭宇、刘金凯、吴东民、吴善璋、何应辉、言恭达、宋华平、张飙、张业法、张改琴、陈永正、陈洪武、陈振濂、邵秉仁、林岫、周慧珺、胡抗美、钟明善、段成桂、施子清、聂成文、尉天池、谢云、翟万益等26名同志为中国书协第八届顾问。中国文联党组书记、副主席李屹为名誉主席和出席闭幕式的中国书协顾问颁发聘书。闭幕式由中国书协分党组书记、驻会副主席李昕主持。中国书协主席孙晓云致闭幕词。

【中国书协第八届理事会第二次会议在京召开】

1月28日，中国书协第八届理事会第二次会议在北京召开。中国书协第八届主席团成员，协会分党组领导班子成员，八届理事，协会机关各处室、各直属单位负责人共200余人出席会议。

会议第一阶段，中国书协分党组成员、副秘书长张潇羽传达了中国文联十届六次全委会会议精神，组织学习了中国文联党组书记、副主席李屹在中国文联十届六次全委会上的工作报告，中国书协分党组成员、副秘书长潘文海宣读了《中国书法工作者行为守则》。中国书协主席孙晓云作讲话。会议第二阶段是第八届主席团、理事会工作履职专项培训。中国文联国内联络部原主任刘尚军作了题为《新时代新期待——深化改革中文联协会工作》的报告。李昕作最后总结。

【中国书协召开新年首期媒体工作座谈会】

2月19日，中国书协召开新年首期媒体工作座谈会，通报2021年中国书协重点工作，听取新闻媒体单位的意见、建议。中国书协分党组书记、驻会副主席李昕，中国书协分党组副书记、秘书长郑晓华，在京部分公共媒体、自媒体代表参加了座谈。郑晓华介绍了书协媒体工作新机制，李昕详细了解了书法界新闻媒体的运营状况，对媒体关注的一些书法领域舆论热点进行回应并表示感谢。大家表示，书法界媒体工作者要自觉遵守国家法律法规，秉持职业操守，抵制不良不实信息，抵制违法失德行为，激浊扬清，明辨是非，用健康向上的新闻作品引领风尚、服务人民、回报社会。

【中国书协第八届主席团第二次会议在绍兴召开】

3月16日，中国书协第八届主席团第二次会议在绍兴召开。中国书协主席孙晓云，副主席王丹、毛国典、叶培贵、代跃、刘月卯、李昕、张继、张建会、张胜伟、顾亚龙、鄢福初、潘善助出席会议。中国书协分党组副书记、秘书长郑晓华，副秘书长潘文海、张潇羽，中国文联书法艺术中心主任王彦列席会议。会议学习了习近平总书记在党史学习教育动员大会上的重要讲话，传达了全国宣传部长会议精神和全国两会精神，审议通过了《中国书法家协会个人会员入会条件细则》《中国书法家协会主席团成员、理事会理事考核暂行规定》，并就做好庆祝建党百年相关活动进行了交流研讨。孙晓云对本届兰亭奖的评选提出要求。

【中国书协第八届主席团第三次会议召开】

4月6日，中国书协第八届主席团第三次会议以视频会议形式召开。讨论推荐报送沈定庵、段成桂为“中国文联终身成就书法家”人选。

【中国书协机关组织学习习近平总书记“七一”重要讲话精神】

7月1日上午，庆祝中国共产党成立100周年大会在北京天安门广场举行。中国书协组织机关党员干部收看庆祝中国共产党成立一百周年大会盛况，聆听学习习近平总书记在大会上发表的重要讲话，热议习近平总书记在庆祝中国共产党成立100周年大会上的重要讲话精神，交流学习心得。

【中国书法家协会召开学习习近平总书记“七一”重要讲话精神座谈会】

7月2日，在庆祝中国共产党成立100周年大会闭幕之际，中国书协在京召开学习习近平总书记“七一”重要讲话精神座谈会。中国书协主席孙晓云，中国书协分党组书记、驻会副主席李昕，中国书协副主席叶培贵、张继，西泠印社副社长、郑州大学书法学院教授李刚田以及在京知名书家、新文艺群体书法家、团体会员、基层一线书法教师、伟业展览参展作者、书法专业高校学生等代表参加座谈并交流发言。中国书协分党组副书记、秘书长郑晓华，中国书协分党组成员、副秘书长张潇羽，中国文联书法艺术中心主任王彦，中国书协机关副处级及以上干部，中国书法出版传媒有限责任公司领导班子成员等出席。与会成员纷纷踊跃发言，李昕作座谈总结。

【“修身守正 立心铸魂——中国书协职业道德和行风建设座谈会”在京召开】

8月26日，中国书协在京召开“修身守正立心铸魂——中国书协职业道德和行风建设座谈会”，加强思想引领，团结引导广大书法工作者自觉践行社会主义核心价值观，努力营造崇德尚艺风清气正的书坛生态，合力推动行业健康发展。

座谈会采取线上线下同步进行。中国书协主席孙晓云，中国书协分党组书记、驻会副主席李昕出席会议并讲话。中国书协副主席王丹、毛国典、张建会、顾亚龙、叶培贵、代跃、刘月卯、张继、张胜伟、鄢福初、潘善助，中国书协分党组成员、副秘书长张潇羽，中国文联书法艺术中心主任王彦，各团体会员驻会干部，部分在京专家及高校代表、中国书协下属机构和机关部分处室负责人参加座谈会。会议由中国书协分党组副书记、秘书长郑晓华主持。座谈会上，李刚田、王文英、邓宝剑、郭孟祥、张瑞田、程度、李一、张继先后发言。大家一致表示，要自觉遵守《中国文艺工作者职业道德公约》，以实际行动践行“爱国、为民、崇德、尚艺”的文艺界核心价值观，争做有信仰、有情怀、有担当的新时代书法工作者。高校学生代表温见涛、刘光在座谈会上宣读了《修身守正 立心铸魂——致广大文艺工作者倡议书》，与会书法工作者在《倡议书》上签名。

【中国书协组织学习贯彻十九届六中全会精神】

11月12日，中国书协组织中层以上干部集中收看十九届六中全会新闻发布会。15日，召开全体党员会议，中国书协分党组书记、驻会副主席李昕全文领学《中国共产党第十九届中央委员会第六次全体会议公报》，传达中国文联党组（扩大）会议精神。会后，分党组传达学习中国文联系统学习贯彻全会精神工作部署，并专题研究了书协学习贯彻全会精神的工作安排。《决议》全文发布后，立即组织书法界以书面发言形式开展学习研讨。

【中国书协主席团学习十九届六中全会精神】

11月8日至11日，中国共产党第十九届中央委员会第六次全体会议在京召开，全会审议通过《中共中央关于党的百年奋斗重大成就和历史经验的决议》。按照中国文联部署，中国书协组织主席团成员及时学习相关文件，并撰文畅谈学习心得，书法界积极跟进掀起了学习贯彻全会精神的热潮。

【中国书协代表团参加中国文联第十一次全国代表大会】

12月14日，中国文联十一大、中国作协十大在北京人民大会堂开幕。中国书协推选出孙晓云、李昕、王彦、王乃勇、朱培尔、江村、孙德伟、孙慰祖、杨军、李文彪、李有来、李劲松、岑岚、汪永江、祝帅、张冰、张瑞田、张潇羽、陈广权、林峤、林景辉、周祥林、郑晓华、徐海、崔寒柏、虞晓勇、戴文27人组成中国书协代表团参会。

【中国书法家协会第八届主席团第四次会议在京召开】

12月18日，中国书协第八届主席团第四次会议在北京召开。中国书协主席孙晓云，中国书协分党组书记、驻会副主席李昕，中国书协副主席王丹、叶培贵、代跃、刘月卯、张继、张建会、张胜伟、顾亚龙、鄢福初、潘善助出席会议。中国书协分党组副书记、秘书长郑晓华，中国分党组成员、副秘书长潘文海、张潇羽，中国文联书法艺术中心主任王彦、中国书法传媒有限责任公司董事长李有来及中国书协相关机关处室、下属机构负责人列席会议。

会议审议了《中国书法家协会2021年度工作总结》《中国书法家协会2022年度工作要点》《2020年度会员发展情况报告》《中国书法家协会艺术委员工作规定》等相关文件，并就学习习近平总书记在中国文联十一大、中国作协十大开幕式上的重要讲话及有关会议精神展开交流。

【书法界学习讨论习近平总书记在中国文联十一大、中国作协十大开幕式上的重要讲话】

习近平总书记在中国文联十一大、中国作协十大开幕式上的重要讲话在书法界引起强烈反响。书法工作者就习近平总书记重要讲话及有关会议精神纷纷展开学习交流，并结合工作实际畅谈体会。

品牌活动、重要活动

【“同心同书·祖国新春好”——书法家送万福进万家公益活动在全国各地广泛开展】

2021年“元旦、春节”两节期间，中国书协各团体会员陆续开展“同心同书·祖国新春好”——书法家送万福进万家公益活动。各团体会员组织广大书法家深入基层，到农村、厂矿、军营、边防、社区及老少边穷地区，面向基层广大人民群众，写春联、送“福”字，将浓浓的年味儿和新春的祝福撒向神州大地，为两节营造了喜庆祥和、健康积极的欢乐氛围，传递了党对基层人民群众的关怀和问候。

【中国书协深入开展调查研究工作】

中国书协分党组根据党史学习教育总体安排和落实以案促改专项整改的具体要求，结合书法界关切，认真审定调研课题，形成年度调研计划。4月至9月，班子成员分别带队赴山东、天津、江苏、辽宁、浙江、广东等地开展调研，通过实地考察、座谈交流等方式深入查找当前各级书协组织管理中的弊端和深层次问题，并就书协组织深化改革、完善书法展览评审工作机制、健全书法考级、会员工作和文艺“两新”发展情况等专题听取基层意见建议，调研结束后集体研究解难题、补短板的方法举措，形成调研报告，为下一步务实推进以案促改、有效提升工作水平提供了有益参考。

【中国书协书法考级中心考级工作重启】

为更好地推进考级工作，自1月1日起中国书协暂停考级活动，开展内部自查自纠。停考期间，考级中心按照“分类梳理、稳慎操作，服务社会、便民公益，管办分开、精简规范，强化监管、行业协同”的原则，在实地走访调查研究的基础上，进一步完善了相关规章制度，加强了考务系统全过程管理。包括：分类审核承办单位资质和工作状况、推出网络报名系统、改革阅卷方式、公开发布考级信息等。经上级主管部门批准，8月3日重启书法考级工作。

【“摩崖上的中兴颂——永州摩崖石刻拓片展”在中国国家博物馆开展】

9月18日，由湖南省委宣传部、中国国家博物馆、中国书协主办，永州市委、市政府承办的“摩崖上的中兴颂——永州摩崖石刻拓片展”开幕式在中国国家博物馆举行。中国作协党组书记、副主席张宏森，中国国家博物馆馆长王春法，湖南省人大常委会党组成员、副主任彭国甫，中国评协主席夏潮，中国书协分党组书记、驻会副主席李昕，湖南省委宣传部副部长、省文明办主任肖凌之，中国书协副主席、湖南省文联主席鄢福初，永州市委书记朱洪武等出席开幕式。王春法、李昕、肖凌之分别讲话。

【挺起民族脊梁　致敬“两弹一星”精神——中国书协志愿服务系列活动走进绵阳梓潼】

10月15日至16日，在我国第一颗原子弹成功爆炸57周年之际，中国书协主席孙晓云，分党组书记、驻会副主席李昕率中国书协志愿服务书家代表团来到绵阳梓潼，深入基层考察学习“两弹一星”精神，结合实地考察研究探讨新时代“以人民为中心”的创作思想和融艺术性与叙事性于一体的创作方法，用翰墨礼赞“热爱祖国、无私奉献，自力更生、艰苦奋斗，大力协同、勇于登攀”的崇高精神。

15日下午，中国书协志愿服务书家代表团参观中国工程物理研究院科学技术馆。同时举办了“书法公益大讲堂”，李刚田、张继与绵阳市书法爱好者围绕当代创作有关问题，以作品点评和提问答疑的方式，进行了精彩对谈。

16日上午，中国书协志愿服务书家代表团重返“两弹”研发的历史现场——“两弹城”（中国工程物理研究院旧址），探秘两弹真迹，并举行主题式创作暨捐赠仪式。中国书协志愿服务书家代表孙晓云、李刚田、张继、代跃、陈扶军、王学岭、龙开胜、周剑初、方放、林峤、王道义、龚小膑、杨江帆等为中国工程物理研究院、“两弹一星”干部学院创作并捐赠《“两弹一星”精神》主题书法作品，为“中国两弹城”等26处红色纪念场所题字，为科学家、先进人物、道德模范代表抒怀创作。捐赠仪式上，中国书协分党组书记、驻会副主席李昕，中国文联文艺志愿服务中心主任、中国志协副主席兼秘书长冀彦伟，中共绵阳市委副书记王华蓉分别致辞。中物院某研究所科技委主任、研究员、博士生导师应阳君，书法家代表发言。

16日晚，中国书协志愿服务书家代表团围绕“书写时代——如何开展‘主题创作’座谈会”开展学术总结，聚焦主题创作，研讨当代书法书写人民、书写时代的社会功能。

17日上午，中国书协志愿服务书家代表团赴成都参加了由四川省书协主办的“传承与创新·四川省第四届临书临印展”开幕式。

“中国书协志愿服务系列活动：致敬‘两弹一星’精神走进绵阳梓潼”由中国书协、中国文联志愿服务中心、四川省文联、中共绵阳市委、绵阳市人民政府联合主办，四川省书协、中共绵阳市委组织部、中共绵阳市委宣传部、绵阳市文联承办。

【2021年中国文联帮扶甘肃陇南武都区书法支教活动举行】

12月5日至12日，中国文联、中国书协赴甘肃武都帮扶支教活动在陇南市武都区举行。本次对口支教学校为武都实验中学、两水中学、八一中学及东江中心小学。经四川省书协推荐，中国书协选派西南民族大学教师王书峰、四川师范大学教师高运刚至武都支教。中国书协分党组副书记、秘书长郑晓华作支教前部署。王书峰在3所学校做讲座；高运刚根据自身求学经历、学书经验，对如何进行书法备考进行了细致指导。此外，两人自愿向武都区教育局、3所中学、陇南美术馆、张坝古村捐赠60余件书法作品。本次支教活动共计帮扶培训82名高中书法生，184名小学书法社团学生，也将中国书协“植根传统，鼓励创新，艺文兼备，多样包容”的十六字方针传达给了当地学校的书法教师，支教活动切实起到了传帮带的作用。

艺术节与评奖

【全国第五届正体书法作品展览开幕式在山东青岛举行】

1月8日，由中国书协、山东省文联、中共青岛市委宣传部主办，中国文联书法艺术中心、山东省书协、青岛市人民政府新闻办公室、青岛市文联、青岛西海岸新区管理委员会承办的全国第五届正体书法作品展览开幕式在中铁青岛世界博览城举行。山东省文联党组书记、副主席王世农，中国书协副主席、山东省书协主席顾亚龙，中国书协理事、山东省书协常务副主席兼秘书长孟鸿声，山东省文联办公室主任康永华，中共青岛市委宣传部副部长刘青林，青岛市文联党组书记、副主席魏胜吉等有关单位领导，青岛市书协名誉主席、顾问、主席团全体成员，全国各地的入展作者和书法家、书法爱好者、新闻媒体记者等300余人参加开幕式。展览共展出作品292件。

【沈定庵、段成桂获“中国文联终身成就书法家”荣誉称号】

4月14日，第七届中国书法兰亭奖颁奖活动、第七届中国书法兰亭奖作品展开幕式在绍兴兰亭书法博物馆举行。颁奖会上宣布：沈定庵、段成桂获“中国文联终身成就书法家”荣誉称号。

【第三十七届兰亭书法节暨第七届中国书法兰亭奖颁奖活动在绍兴举行】

4月14日，第七届中国书法兰亭奖颁奖活动、第七届中国书法兰亭奖作品展开幕式在绍兴兰亭书法博物馆举行。第七届中国书法兰亭奖共评选出69位获奖及入选作者。其中，金奖2名，银奖5名，铜奖8名，入选54名。

中国文联党组书记、副主席李屹，浙江省委常委、宣传部部长朱国贤，中国书协主席孙晓云，中国书协分党组书记、驻会副主席李昕，中国文联办公厅主任邓光辉，中国文联国内联络部主任谢力，浙江省宣传部副部长葛学斌，浙江省文联党组书记、副主席陈瑶，中国书协副主席代跃、刘月卯、张胜伟、潘善助，中国书协分党组副书记、秘书长郑晓华，中国书协分党组成员、副秘书长潘文海、张潇羽，中国文联书法艺术中心主任王彦，浙江省文联副主席、省书协主席赵雁君，知名专家李刚田、赵平安、彭锋、李木教、陆明君等，以及第七届书法兰亭奖获奖作者、部分入选作者、部分七届兰亭奖评奖委员会成员出席了开幕活动和颁奖仪式及相关活动。

第三十七届兰亭书法节开幕式由绍兴市人民政府市长盛阅春主持，中共绍兴市委书记马卫光、陈瑶、孙晓云分别致辞，李屹讲话。

颁奖仪式后，第七届中国书法兰亭奖兰亭论坛在绍兴市兰亭书法博物馆举行。

【“耄学日新——孙伯翔书画艺术展”在津开幕】

9月26日上午，由中共天津市委宣传部、中国书协和天津市文联共同主办，天津市书协承办的“耄学日新——孙伯翔书画艺术展”在天津美术馆开幕。

中国书协分党组书记、驻会副主席李昕，中共天津市委宣传部副部长杨君毅，天津市文联党组书记、副主席万镜明，天津市文联党组副书记、副主席施琪，天津市文联党组成员、秘书长陈少杰，天津市书协副主席李锋、沈宪民、喻建十，天津市书协秘书长杨健君和孙伯翔先生师友弟子等参加开幕式。开幕式由中国书协副主席、天津市文联副主席、天津市书协主席张建会主持。万镜明致辞，李昕讲话，孙建中代表父亲孙伯翔致答谢词。开幕式上，孙伯翔将展览中两件书法代表作《临江仙·滚滚长江东逝水》和《龙门南阳联》捐赠给中国书协，入藏当代名家精品库。

【第九届中国书坛新人新作展览评审工作完成】

由中国书协、湖北省文联、中共武汉市委宣传部、武汉市文联主办的第九届中国书坛新人新作展览，于9月24日至28日完成初评、复评评审，10月16日至17日完成终评评审工作，从27019件投稿作品中评选出360件作品入展。

12月25日、12月26日，CCTV-11播出《第九届中国书坛新人新作展览评审纪实》。

【全国第三届大学生书法篆刻作品展在郑州开幕】

11月13日，由教育部体育卫生与艺术教育司指导，中国书协、郑州大学主办的全国第三届大学生书法篆刻作品展览在郑州美术馆开幕。展览于10月10日至13日完成评审工作，从4013件来稿中评选出203件作品入展。同期举办“论道中原——全国高等书法教育名家论坛”，全国各大高校知名专家学者就高校书法教育展开主题讨论。

【“闻道未迟——沈鹏诗书作品展”在中国美术馆开幕】

4月29日，由中国美术馆、中国书协主办的“闻道未迟——沈鹏诗书作品展”在中国美术馆开幕。此次展览是文旅部“国家美术作品收藏和捐赠奖励项目”之一，同时也是中国书协成立40周年的重要活动。展览得到了中国文联、中央文史研究馆、中国国家画院、中华诗词学会、江阴介居书院、三介艺术等单位及相关人士的大力支持。中国文联党组书记、副主席李屹，文旅部党组成员、副部长，国家文物局党组书记、局长李群，中宣部文艺局副局长彭云，文旅部艺术司一级巡视员吕育忠，全国政协常委、中国美术馆馆长、中国美协副主席吴为山，中国书协名誉主席张海，中国书协主席孙晓云，中国文联国内联络部主任、网络文艺传播中心主任谢力，中国书协分党组书记、驻会副主席李昕，中国书协顾问陈洪武、胡抗美，中国书协原副主席刘洪彪，西泠印社副社长李刚田等领导和嘉宾出席开幕式。孙晓云和吴为山分别致辞，中国美术出版总社有限公司总经理、党委副书记赖雪梅宣读沈鹏先生信，李群副部长颁发捐赠证书，沈鹏先生夫人殷秀珍教授代接证书并对主办方及到场嘉宾表示感谢。展览共展出沈鹏作品近80件，包括中国美术馆旧藏、新近捐赠以及自藏作品，还有从其他途径借展作品以及沈鹏历年出版的画册、文稿、诗稿等。

【“伟业：庆祝中国共产党成立100周年书法大展”在北京开幕】

6月19日，“伟业：庆祝中国共产党成立100周年书法大展”在中国国家博物馆开幕。中国文联主席、中国作协主席铁凝，中国文联党组书记、副主席李屹，中国国家博物馆馆长、党委副书记王春法，中国文联党组成员、副主席胡孝汉，中国文联党组成员徐永军，中国文联党组成员、书记处书记张雁彬，中纪委驻中宣部纪检监察组一级巡视员戴军，中国文联原副主席杨承志，中央党史和文献研究院原副院长魏海生，中宣部干部局副局长陈晓琳，中宣部文艺局马小龙，中组部干部三局于春华，国家图书馆党委书记、副馆长魏大威，中国书协名誉主席张海、苏士澍，中国书协主席孙晓云，全国人大常委会办公厅离退休干部局局长、党委书记李庆，教育部体育卫生与艺术教育司一级巡视员郝风林，中国国家博物馆副馆长刘万鸣，首都师范大学党委常委、副校长杨志成。中国文联有关全国文艺家协会、机关部室、直属单位负责人谢力、董占顺、周由强、郑希友、胡英军、郭希敏、杨发航、邱运华、薛长绪、曹俊、王宏、居杨、冀彦伟、傅亦轩、尹兴、康伟、牛彤，中国书协副主席刘月卯、张继、张建会、张胜伟、潘善助，中国书协分党组副书记、秘书长郑晓华，中国书协分党组成员、副秘书长潘文海、张潇羽，在京知名书家李刚田、刘洪彪、刘恒、吴震启、卢中南、苗培红、杨明臣、王学岭、李有来、朱培尔、高庆春、龙开胜和参展书家代表、新文艺群体书家代表等出席开幕式。李屹在开幕式上讲话，王春法和孙晓云分别致辞。

本次书法大展分四个篇章："百年辉煌""崇高信仰""光昭九域""地方系列展"。中国书协按照全国书协一盘棋的工作理念，采取"聚焦北京，全国联动"的组织模式，通力合作，一题多展，覆盖全国，先后在江苏、河南、广西、广东、内蒙古、四川、浙江、重庆、甘肃、青海、北京、山东、湖北、海南、陕西、新疆、天津、安徽、上海等地开展。开幕式邀请基层新文艺群体书家代表程志宏承担展标"伟业"二字的书写。本次大展聚合了全国书坛大家名家、骨干书家、中共中央党史和文献研究院专家、中国书协各团体会员单位文艺工作者、全国高校书法专业工作者、文博系统工作者、新闻媒体出版工作者等共同参与，共展出479件主题展品。

【国图之夏——寻踪仰迹·共沐理想之光】

7月2日，由中国文联、国家图书馆、中国书协主办的"国图之夏——寻踪仰迹·共沐理想之光"庆祝建党100周年主题活动在国家图书馆举行。中国协名誉主席苏士澍，中国书协主席孙晓云，国家图书馆党委书记、副馆长魏大威，西泠印社副社长李刚田，中国人民大学徐悲鸿艺术研究院院长徐庆平，老艺术家陈铎、虹云，中国书原副主席刘洪彪，中国书协副主席叶培贵、张继，中国书协分党组副书记、秘书长郑晓华，中国国家图书馆副馆长张志清，中国国家博物馆副馆长刘万鸣，中国书协分党组成员、副秘书长张潇羽，中国国家图书馆相关部门负责同志、中国书协主席团在京成员、在京知名书家、参展书家代表，媒体记者等参加活动。

孙晓云和魏大威分别致辞。书家代表王研充和明松华分别讲述自己的撰文和创作过程；臧金生、陈铎和虹云两位艺术家倾情朗诵。活动特邀张志清、徐庆平、张桂光、苏士澍，"仰迹"历史伟人与文学艺术界巨匠们手稿，讲述手稿背后的故事。

本次展览精选国家图书馆馆藏的马克思、恩格斯、毛泽东等伟人手迹及部分近现代文学艺术界巨匠的墨迹手稿56件，辅以38位书家主题式创作，以当代书法艺术创作致敬、传承近现代文学艺术界巨匠的精神光芒，鼓舞文艺工作者不忘初心使命，矢志砥砺前行。

【铁凝、李屹到国家图书馆参观"伟业：庆祝中国共产党成立100周年书法大展"】

在庆祝中国共产党成立100周年之际，7月8日，中国文联主席、中国作协主席铁凝，中国文联党组书记、副主席李屹在国家图书馆参观"伟业：庆祝中国共产党成立100周年书法大展"之"崇高信仰"和"光昭九域"篇。

文旅部党组成员、副部长，国家图书馆馆长饶权，国家图书馆党委书记、副馆长魏大威，中国书协分党组书记、驻会副主席李昕，中国书协副主席、湖南省文联主席鄢福初，中国书协分党组副书记、秘书长郑晓华，国家图书馆副馆长张志清，中国文联办公厅副主任胡英军，中国书协分党组成员、副秘书长张潇羽，中国文联书法艺术中心主任王彦一同参观展览。

【"伟业——庆祝中国共产党成立100周年书法大展巡展·南京"在江苏省美术馆开幕】

9月30日，由中国国家博物馆、中国书协、江苏省文旅厅联合主办的"伟业——庆祝中国共产党成立100周年书法大展巡展·南京"在江苏省美术馆开幕。

江苏省委常委、省委宣传部部长张爱军，中国书协主席孙晓云，中国书协分党组书记、驻会副主席李昕，江苏省委副秘书长刘步健，江苏省委宣传部副部长徐宁，江苏省文旅厅党组书记、厅长杨志纯，江苏省文联党组书记、常务副主席、书记处第一书记水家跃出席活动。开幕式由江苏省文旅厅党组成员、副厅长常胜梅主持。张爱军、孙晓云、李昕共同为展览揭幕。杨志纯、李昕分别致辞，王春法发来贺信。参展代表谢少承介绍作品创作过程。展览持续至10月17日。

创作与研究

【第七届中国书法兰亭奖兰亭论坛在绍兴举办】

4月14日，第七届中国书法兰亭奖兰亭论坛在绍兴兰亭书法博物馆报告厅举行。中国书协分党组副书记、秘书长郑晓华主持论坛。

本届兰亭论坛宗旨为：落实八届书代会精神，破圈拓域，开门办会，积极引入学术力量，深化理论研究，提升行业引领，团结带领广大书法家书法工作者，正本清源，守正求新，繁荣书法创作，勇攀艺术高峰。论坛邀请了北京大学艺术学院院长彭锋、清华大学历史系教授赵平安和郑州大学书法学院教授李刚田，分别作题为“从美学看书法”“伴着汉字起舞——谈文字守正与书法创新”“七届兰亭奖与当下书法创作”主题演讲。中国书协分党组书记、驻会副主席李昕，中国书协副主席刘月卯、张胜伟、潘善助，中国书协分党组成员、副秘书长潘文海，以及来自全国各地的知名专家、获奖入展作者代表、兰亭书法学院师生和新闻媒体200余人参加论坛。

【中国书协召开兰亭奖部分获奖和入展书家座谈会】

中国书协在绍兴召开兰亭奖部分获奖和入展书家座谈会，深入学习贯彻习近平总书记关于文艺工作的重要论述，听取各位书家个人艺术创作、理论研究情况及对书法事业发展、行业行风建设等工作的意见和建议。中国书协分党组书记、驻会副主席李昕出席会议并讲话，中国书协副主席刘月卯、潘善助、张胜伟，中国书协副秘书长潘文海、张潇羽出席会议。会议由中国书协分党组副书记、秘书长郑晓华主持。第七届中国书法兰亭奖金奖获得者孙慰祖、崔寒柏等20余位获奖、入展书家分别发言，中国书协有关职能部门负责人参加了座谈。

【2021年全国书协系统驻会干部培训班在广东东莞举行】

5月19日至22日，由中国书协主办的2021年全国书协系统驻会干部培训班在广东东莞举行。中国文联人事部主任郑希友，中国书协主席孙晓云，中国书协分党组书记、驻会副主席李昕，中国文联人事部副主任、研究员岳颖，广东省文联党组书记、专职副主席王晓，广东省文联党组成员、专职副主席周华，中国书协副主席鄢福初、潘善助，广东省书协主席张桂光，中国书协分党组副书记、秘书长郑晓华，中国书协分党组成员、副秘书长张潇羽，中国文联书法艺术中心主任王彦，东莞市文联主席周汉标以及来自包括北京、天津、新疆、西藏等31个省市自治区和石油、金融等产行业书协的相关代表130余人参加了培训班。

在开班式上，中国书协推出“结对子·共发展”合作互助活动，并宣布了首批8组“结对子·共发展”的单位，旨在加强各团体会员间交流合作，稳步推进东西部书法事业的协同发展；同时，还对在第七届中国书法兰亭奖组织工作中表现突出的北京书协等10家团体会员和2家专业委员会进行了表彰。开班式上，孙晓云和李昕分别讲话。培训班期间，中国文联人事部主任郑希友，中共中央党史和文献研究院研究员、《党的文献》执行主编高长武分别为学员作了《浅谈如何做新时代文联的好干部》《关于社会主义文化强国建设的几个关键问题》的讲座。主办方还组织学员参观了叶挺、李秀文革命事迹陈列展，观看了抗疫题材现代粤剧《使命》，并在长安镇图书馆举办了“为群众办实事”——中国书协知名书家为“道德模范、东莞好人”书写活动。此外，上海、浙江、山东、新疆、东莞书协分别从会员管理、协会建设、文化惠民、书法进课堂、基层工作5个方面进行了工作经验交流，部分与会学员参加了新时代中国书法人才发展研究课题座谈会。李昕做培训班总结讲话。

【“国学修养与书法·2021全国书法创作骨干专项网络高研班”在线上举办】

7月6日至10月11日，由中国书协主办的“国学修养与书法·2021青年书法创作骨干专项网络高研班”在线上举行，270余名往届国学班学员参加了本次培训。中国书协分党组副书记、秘书长郑晓华主持开班动员并讲话。培训班课程分设了理论素养、专业素养、综合训练3个板块。授课期间，广东书协主席、华南师范大学教授张桂光，北京语言大学教授崔希亮，中国书协副主席、首都师范大学教授叶培贵，就书法中的古文字问题、诗词欣赏与创作等专题进行讲评。

【“中国书协2021新闻宣传工作网络研讨班”在京举办】

11月8日，由中国书协主办的“中国书协2021新闻宣传工作网络研讨班”在线上开班，100余名来自全国各地的书法报刊、网络媒体编辑记者以及部分团体会员单位新闻宣传工作者参加培训。中国书协分党组副书记、秘书长郑晓华作开班动员讲话。研讨班课程分设政治理论和专业素养两大板块，除书法史、艺术规律等业务课程外，特别对新闻摄影和民法典相关问题予以重点关注，邀请清华大学美术学院教授陈池瑜、中国摄协主席李舸、中国人民大学马克思主义学院教授秦宣、中国人民大学法学院教授石佳友、河北大学艺术学院院长刘宗超等知名专家作专题讲座。课后将学员学习成果以网络展的形式在中国书协官网推送。

【举办全国基层书法骨干培训班】

10月14日至29日、11月15至30日，中国书协全国基层书法骨干培训班通过网络云课堂举办。本次基层骨干培训分两期，分别来自4个省市自治区。第一期报名参训学员湖南155人、内蒙古152人，第二期参训北京154人、西藏132人。开设“守正创新与当代书法创作”“文化精神与民族复兴”等相关课程。为适应疫情防控需要，培训班鼓励各省根据实际情况以地市县区为单位，就近组织小范围线下集中学习、讨论，也可组织分组线上交流研讨，以及结对子两地线上连线、联动学习交流等活动。为扩大覆盖面，报名面向团体会员基层书法骨干、县市级书协领导机构、驻会工作人员，不限制是否为中国书协会员，鼓励推荐文艺两新及青年人才踊跃参加学习。

【中国书法家协会2020年度新会员培训】

为提高新入会会员的政治素养、业务素养和履职水平，12月20日至31日，依托“中国文联网络培训云平台”对2020年入会的229人（未含港澳）中国书协新会员进行培训。开设习近平新时代中国特色社会主义思想和党的十九大精神、十九届六中全会精神、习近平总书记“七一”重要讲话精神、习近平总书记关于文艺工作的重要论述、中国文化变迁与文化自信等理论课程，结合书法相关文化、业务及文艺维权等工作进行培训。

【《沈鹏全集》出版】

12月，《沈鹏全集》由书法出版社出版。全集共八卷，分为书法卷（四卷）、诗词卷、文艺理论卷（两卷）、综合卷，共收录了书法代表作品900余件，诗词1300余首，艺术文论、散文游记240余篇（包括授课讲稿、会议讲话等）以及大事记、研究文献目录等。编纂历时三年半，作为第一部有关沈鹏先生艺术生涯的文献集成，入选“中国文联文艺出版报刊精品工程资助项目”。全集的出版对于推动当代书坛守正创新、倡导艺文兼备具有重要意义。

机关建设

【李屹带领文联、书协部分党员干部就近赴绍兴周恩来纪念馆参观学习】

4月14日，第七届中国书法兰亭奖颁奖活动、第七届中国书法兰亭奖作品展开幕式在绍兴兰亭书法博物馆举行。工作间隙，中国文联党组书记、副主席李屹带领文联、书协部分党员干部赴绍兴周恩来纪念馆参观学习。在周恩来纪念广场，李屹一行瞻仰了周恩来铜像、敬献花篮，并参观了周恩来纪念馆，深切缅怀周恩来同志光辉、伟大、奋斗的一生。中国书协主席孙晓云等参加活动。

【中国文联人事部、中国书协联合开展党史学习教育主题党日活动】

4月27日，中国文联人事部党支部、中国书协机关党支部全体党员、中国书法出版传媒有限责任公司党支部部分党员以及书协中层干部赴香山革命纪念馆、双清别墅、来青轩等革命纪念地联合开展党史学习教育主题党日活动。中国文联党组书记、副主席李屹以普通党员身份参加活动。在香山革命纪念馆，大家依次观看了“进京赶考”“进驻香山”“继续指挥解放全中国”“新中国筹建”“不忘初心、牢记使命、永远奋斗”5个部分的展示内容。活动中，李屹和3个支部的党员边参观边交流，深入了解党史学习教育开展情况和支部党建工作。

【中国书协领导班子“七一”前夕走访慰问老党员】

在党的百年华诞来临之际，中国书协分党组

书记、驻会副主席李昕，中国书协分党组副书记郑晓华，中国书协分党组成员潘文海、张潇羽，中国书协书法艺术中心主任王彦等协会领导分别带队走访慰问机关党龄满50年的离退休老党员，为他们颁发“光荣在党50年”纪念章，并致以诚挚问候和崇高敬意。中国书协机关党委还结合协会实际，组织开展“向老党员致敬”主题活动。协会党员干部、党支部书记、委员和年轻党员结组走访慰问离退休党员，向老党员致敬，学习他们坚守初心使命、勇于奋斗奉献的精神，继承光荣传统，立足本职岗位，努力奋进新征程。

直属单位

【2021“中国书法·年展”顺利推进】

由中国书协支持，中国书法出版传媒有限责任公司、湖北省文联、安徽省书协、山东省书协等单位联合主办的2021“中国书法·年展”在疫情防控形势下积极推进，展览将分三地进行。

12月28日，全国篆书、隶书、篆刻作品展在淮北市博物馆开幕，展览共收到来稿7392件，191件作品入展。

全国行书、草书作品展共收到全国来稿8005件，204件作品入展，展览2022年在湖北省图书馆举行。

全国楷书作品展评审与展览工作将在2022年进行。

【举办2020“中国书法·年展”全国书法作品展暨当代书法创作（乌海）学术论坛】

10月20日，由中国书协作为支持单位，中共乌海市委员会、乌海市人民政府、中国书法出版传媒有限责任公司主办，内蒙古书协、中共乌海市委宣传部、乌海市文联、书法出版社有限公司、《中国书法报》社、《中国书法》杂志社承办的2020“中国书法·年展”全国书法作品展暨当代书法创作（乌海）学术论坛在当代中国书法艺术馆开幕。

【2021“书圣故里·中国临沂”中国书法临书大会意向合作签约仪式在临沂举行】

12月19日，2021“书圣故里·中国临沂”中国书法临书大会意向合作仪式在临沂市美术馆举行。由中国书法出版传媒和临沂市人民政府通过专业优势与区位及人文优势联合打造覆盖社会各阶层的大众书法传播新品牌，提高当代书法艺术水平。

【中国书协书法培训中心深入地方举办临摹与创作研修班】

3月至10月，中国书协书法培训中心先后在广东中山、重庆市、浙江宁波、湖南长沙、福建长汀、上海市、甘肃通渭、山东高密、山西吕梁等无疫情地区举办了9期临摹与创作研修班，在北京举办了一期篆刻创作班。全年短期培训班，共培训学员810多人（次）。

【中国书协书法培训中心召开2021年教学工作会议】

7月18日，中国书协书法培训中心召开2021年教学工作会议。18位教师代表及中心相关人员参加。会上，中国书协书法培训中心主任高庆春带领大家学习了黄坤明在中国书协第八次全国代表大会开幕式上的讲话和李屹在中国书协第八次全国代表大会开幕式上的讲话，传达了中国书协分党组的相关要求；会上讨论了《中国书协书法培训中心导师工作室导师聘用标准（草）》，重申了《中国书协培训工作“十不准”》《导师工作室工作守则》等工作纪律，通报了第十四期（2021年）导师工作室招生方案。各位导师分别总结年度教学工作情况。

对外及对港澳台文化交流

【主办“第32届中日友好自作诗书交流展”】

11月11日至14日，中国书协与日中友好自咏诗书交流会共同主办“中日友好自作诗书交流展”。举办32年来，该展览已成为我会与日本友好书法团体交流合作的品牌项目，在弘扬中华传统文化，促进中日人文交流，传播书法艺术方面，发挥着积极的作用。本届展览受疫情影响，国内部分作为中国文联“2021今日中国艺术周”的亚洲板块之一改为线上展览，日本东京展览照常线下举行。此次展览共展出中方作品49幅，日方作品34幅，双方嘉宾为线上展览录制了致辞视频，与展览作品同步在线上展出。

【“2021濠江之春‘汉字之美·以民为本’主题书法展”在澳门举办】

10月9日至13日，由中国文联港澳台办公室、中央人民政府驻澳门联络办公室宣传文化部作为支持单位，中国书协、澳门中华文化联谊会共同主办的“2021濠江之春‘汉字之美·以民为本’主题书法展”在澳门举办。作为协会品牌项目之一，以及中国书协对外宣传中国书法艺术的重要窗口和国际交流的主要平台，此次书法展以传承几千年的民本思想为主题，书写中国古代先贤的睿思深见，在文墨同辉中感悟中华民族的浩然之气，在家国情怀中传递历久弥新的智慧之光，恪守精品意识，铸就精品工程。本次展览共展出作品45幅。

中国杂技家协会

综　述

2021年是中国共产党成立100周年，是全面建设社会主义现代化国家新征程开启之年，是我国文艺事业在新起点上开创新局面的发轫之年，也是中国杂协第八届主席团的履新之年，是中国杂技事业实现跨越式发展的重要一年。

一年来，在中宣部、中国文联的有力指导和正确领导下，中国杂协高举中国特色社会主义伟大旗帜，坚持以习近平新时代中国特色社会主义思想为指导，全面贯彻党的十九大和十九届中央历次全会精神，认真履行“团结引导、联络协调、服务管理、自律维权”的基本职能，引领广大杂技工作者不忘初心、牢记使命，围绕中心、服务大局，以原创性举措、变革性实践推动杂技事业和杂协工作取得显著成绩，服务党和国家工作大局的作用日益增强，为繁荣发展社会主义文艺事业作出了积极贡献。

重要会议活动

【坚持用党的创新理论教育引领杂技工作者】

中国杂协先后召开杂技界学习贯彻习近平总书记“七一”重要讲话精神座谈会、学习贯彻党的十九届六中全会精神座谈会、学习贯彻习近平总书记在中国文联十一大、中国作协十大开幕式上的讲话精神座谈会。衷心拥护“两个确立”、忠诚践行“两个维护”，坚定不移听党话、感党恩、跟党走，做有信仰有情怀有担当的新时代文艺工作者，成为杂技界上下的高度自觉。分别在河南濮阳、山东德州举办《中等职业学校杂技与魔术表演专业杂技专业课教学指导意见》网络专题培训班、新文艺群体组织管理人才培训班等专题培训，培训杂技工作者近700人次。党的政治理论课程超过总培训课程的30%以上，始终把习近平新时代中国特色社会主义思想和党的政治理论、重大决策部署，特别是习近平总书记关于文艺工作的重要论述作为培训的主要内容，引导广大杂技工作者深刻领会精神实质，认清目标任务，明确责任担当。做到学而信、学而用、学而行，把学习成果转化为推进工作的思路和举措。

【举办第三届深圳国际魔术节】

2月28日，历时两个多月的第三届深圳国际魔术节落下帷幕。中国杂协分党组书记、驻会副主席唐延海，中国杂协分党组副书记、秘书长肖世革，广东省文联党组副书记、专职副主席吴华钦，深圳市委常委、宣传部部长王强，深圳市委宣传部常务副部长陈金海，广东省文联副主席、深圳市文联党组书记、主席李瑞琦，深圳市政协文化文史委主任柳光敏等参加了闭幕式，并为获奖选手颁奖。本届深圳国际魔术节时间长、项目多、跨度广、影响大，开展的高校魔术师研修班和高校魔术展演，让魔术从学堂走到赛场，打造魔术行业顶尖盛会，培养挖掘更多魔术好苗子；少年魔术大赛、国际青年魔术交流大会、欢乐谷新春滑稽节，让魔术从舞台走到身边，使市民近距离感受魔术魅力，满足日益增长的精神文化需求；精品魔术网络展演、全国魔术大师专场展演和第三届深圳国际魔术节闭幕式让魔术升级到魔艺，充分彰显了深圳这座创新城市形象，推动中国魔术事业进一步繁荣昌盛，成为一张具有“国际风范、深圳特色”的国际文化交流新名片。

【举办第十一届中国杂技金菊奖全国魔术、滑稽比赛】

5月1日至5日，第十一届中国杂技金菊奖全国魔术、滑稽比赛在深圳欢乐谷举办，这是中国杂技金菊奖首次将全国魔术比赛与全国滑稽比赛合并举办，集中展示近年来中国魔术、滑稽艺术创作实践的最新优秀成果，切实推动中国魔术、滑稽事业繁荣发展，献礼建党100周年。来自全国各地的36个精品魔术与滑稽节目同场竞逐中国杂技金菊奖7个魔术节目奖、3个滑稽节目奖，最终《秘境》《玉壶光转》《涟漪·扇变》《牌·魂》《仙豆》《红》《骑手与绣娘》获魔术节目奖，《小夫妻》《岁月》《热心人》获滑稽节目奖。

此次比赛由中国文联、中国杂协主办，中国文联杂技艺术中心、广东省文联、深圳市文联、深圳华侨城欢乐谷旅游公司联合承办。全国政协常委、中国文联副主席、中国杂协主席边发吉，中国杂协分党组书记、驻会副主席唐延海，中国文联机关党委副书记、纪委书记汤鸿卫，中国文艺志愿服务中心主任冀彦伟，《中国艺术报》总编辑康伟，中国文联国内联络部副主任苗宏，中国文联理论研究室副主任董涛等中国文联、中国杂协相关单位领导与嘉宾，广东省文联党组书记、专职副主席王晓，广东省文联党组副书记、专职副主席吴华钦，深圳市委常委、宣传部部长王强，深圳市人民政府副市长吴以环，深圳市文联党组书记、主席李瑞琦等广东省及深圳市相关单位领导，姚军、李珂晖、岳峰等华侨城集团、华侨城欢乐谷集团相关领导，以及来自全国杂技、魔术、滑稽界的嘉宾出席活动。

【举办“学党史、传精神、跟党走”中国文艺志愿者在行动暨中国杂技家协会“送欢乐、下基层”慰问演出活动】

5月5日，“学党史、传精神、跟党走”中国文艺志愿者在行动暨中国杂协“送欢乐、下基层”慰问演出在广东省深圳市海华社区广场成功举办。活动由中国杂协主办，中国文联杂技艺术中心、深圳市杂协、深圳福永杂技团共同承办。“五一”期间，中国杂技金菊奖全国魔术、滑稽比赛在深圳的成功举办，丰富了深圳这座创富城市的文化业态，并以艺术的方式向深圳特区各界劳动者们致以节日的问候；中国杂协文艺志愿者送欢乐下基层，把高品质的精神食粮送到广大基层群众身边，就是要用实际行动唱响文艺要永远和人民在一起的时代旋律。

6月17日，由中国杂协主办，金玲魔法世界承办的“学党史、传精神、跟党走”中国文艺志愿者在行动暨中国杂协“送欢乐、下基层”魔术课堂在北京市海淀区东北旺中心小学举行。国家级非遗“傅氏幻术”第五代传承人、青年魔术师丁帅、齐倩倩作为魔术教师，为东北旺中心小学近两百名学生带来了精彩的魔术表演和魔术互动，并现场传授了魔术小诀窍。金玲魔法世界“奇幻剧场”负责人庞宝芳担任本次活动主持。

【举办“从不惑走向大成——庆祝中国杂技家协会成立40周年座谈会”】

7月21日，以“从不惑走向大成”为主题的庆祝中国杂协成立40周年座谈会在北京举行。中国文联党组成员、书记处书记张雁彬，全国政协常委、中国文联副主席、中国杂协主席边发吉，中国杂协分党组书记、驻会副主席唐延海，中国杂协分党组副书记、秘书长、一级巡视员肖世革，中国杂协分党组成员、副秘书长刘挥，以及中国杂协副主席邓宝金、安宁、李宁、吴正丹、赵双午、俞亦纲、梅月洲、童荣华、薛金升，中国杂协顾问王仁刚、孙力力、张红，中国杂协团体会员单位、杂技院团校负责人代表，杂技界专家、学者约60余人出席座谈会。座谈会由唐延海主持。通过本次座谈会，中国杂技界在回顾奋斗历程中增强了自豪感，在展望美好未来中增强了使命感，并将以此为新的起点，在中国杂协的团结引领下，在新的伟大历史征程中奋力续写中国杂技事业发展新华章。

【举办“礼赞百年 同心向党”——庆祝中国共产党成立100周年全国优秀杂技作品展演】

7月21日至22日、24至25日，“礼赞百年 同心向党——庆祝中国共产党成立100周年全国优秀杂技作品展演”在北京保利剧院成功上演，中国杂协组织杂技剧《战上海》以及相关院团12个精彩节目晋京展演，给京城观众带来一场视听盛宴。中国文联主席、中国作协主席铁凝，中国文联党组书记、副主席李屹，中国文联党组成员、副主席李前光，中国文联党组成员张雁彬，中国文联副主席、中国杂协主席边发吉，中国文联副主席、原党组书记赵实、中国文联副主席左中一，中国文联原副主席杨承志，中国杂协分党组书记、驻会副主席唐延海，中宣部文艺局副局长彭云，文化和旅游部艺术司副司长黄小驹，中国杂协主席团、分党组以及各全国文艺家协会、中国文联机关各部室、各直属单位的有关负责同志现场观看了“礼赞百年同心向党”——庆祝中国共产党成立

100周年全国优秀杂技作品展演并与演职人员亲切合影。中国杂协团体会员单位、杂技院团校负责人代表，杂技界专家、学者及在京文艺界代表与首都观众一起感受了杂技艺术带来的独特魅力。“礼赞百年 同心向党——庆祝中国共产党成立100周年全国优秀杂技作品展演”单场直播在线观看量达到了714.5万次，为目前协会主办线上活动在线观看量的最高峰值，是2020年网络展播在线观看量的2.4倍。

【举办第七届南方六省（区）青年魔术新秀展演】

12月7日至9日，由中国杂协与福建省文联共同主办，南方六省（区）杂协共同承办的“第七届南方六省（区）青年魔术新秀展演”在福建省福州市举行。来自广东、广西、湖北、福建、云南、四川等六省(区)的20位选手16个节目，带来了一台充满魔幻色彩的视觉盛宴。经过激烈角逐，专家评审团从表演、技巧、创意等多方面进行综合评比，最终评选出了舞台组一个一类扶持节目，两个二类扶持节目，三个三类扶持节目；近景组一个一类扶持节目，两个二类扶持节目，两个三类扶持节目。

【举办“学党史、办实事、文艺为人民——精品杂技下基层”惠民演出活动】

12月21日至22日，中国杂协“学党史、办实事、文艺为人民——精品杂技下基层走进浠水”惠民演出系列活动在湖北省浠水县举办。本次活动由中国杂协、湖北省文联共同主办，湖北省杂协、黄冈市文联、浠水县委、县人民政府共同承办。

12月24日，由中国杂协、河北省文联主办，河北省杂协、沧州市杂协、沧州杂技团、河北颖菲翔文化传媒有限公司共同承办的“学党史、办实事、文艺为人民”——中国杂协精品杂技下基层走进沧州文化惠民演出活动，携红色儿童杂技剧《吴桥娃娃》在沧州文化艺术中心精彩上演。

对外文化交流

【加强与国际组织的交往】

2月5日，世界马戏联盟年会在线上成功举办，来自摩纳哥、匈牙利、加拿大、意大利、德国、墨西哥、美国、南非、澳大利亚、阿根廷、中国等11个国家的16位成员组织代表出席了会议。本次大会由世界马戏联盟执行主任苏珊娜·玛塔主持会议，共包括9项议程：统计参会人数、成立大会主席团、回顾2020年历次会议情况、提交并审议2020年度财务损益情况、2020年工作报告、提交并审议2021年预算、选举新一届董事会、2021年工作规划等。全体与会代表一致肯定了工作报告以及财务预决算，并改选了新一届董事会。

4月17日是第11个“世界马戏日”，中国杂协积极参与全球马戏人的节日盛会——“魔方传递”主题庆祝活动。一个小小的魔方，分别印有世界马戏日、世界马戏联盟、全球马戏学校联盟委员会和马戏组织各自的会标，在马戏人手中，打破地域的阻隔和空间的限制，传递到欧洲、亚洲、大洋洲、非洲、美洲的户外、舞台、排练厅，将世界各地马戏爱好者的活力、朝气和笑脸联结起来，共同庆祝第11个“世界马戏日”的到来。中国杂协、澳大利亚国际马戏节组委会、澳大利亚马戏学校、意大利维罗纳马戏艺术学院、美国马戏艺术音乐学院、美国哈默尼马戏学校、美国青少年马戏学校、德国表演艺术中心、欧洲青年马戏艺术节组委会、匈牙利巴诺斯·伊姆雷马戏艺术学校、基辅马戏与艺术综合学院、美国新英格兰马戏艺术中心、德国国家杂技艺术学校、南非Zip-Zap马戏学校、少儿迷你马戏学校等15个马戏组织及学校参与了马戏魔方传递活动。

【选派节目征战国际赛场】

2月26日，澳大利亚第五届国际马戏节揭晓。由中国杂协选派的河北吴桥杂技艺术学校、沧州杂技团《凌云狮秀——流星》，湖南省杂技艺术剧院《丝路芳华——柔术造型》和四川省宜宾市酒都艺术研究院《中国结》从来自南非、埃塞俄比亚、澳大利亚、新西兰、中国、蒙古国、俄罗斯、乌克兰、白俄罗斯、西班牙、德国、意大利、阿根廷、巴西、秘鲁、美国等16个国家的马戏组织投送的近200个节目中脱颖而出，分获“未来之星”青年组金、银、铜奖，银川艺术剧院《蹬人》荣获“明日之星”少儿组银奖。中国杂协分党组副书记、秘书长肖世革担任评委，并为俄罗斯《软钢丝》节目颁授中国杂协“长城杯”。

【举办“中国杂技与外交”图片展览】

7月20日，由中国文联和中国杂协联合主办的“中国杂技与外交”图片展览于在中国文艺家之家开幕。

中国文联主席铁凝，中国文联党组书记、副主席李屹，中国文联党组成员、副主席胡孝汉，中国文联党组成员徐永军，中国文联党组成员董耀鹏、张雁彬，中国文联副主席、中国杂协主席边发吉，外交部礼宾司司长洪磊，中国杂协副主席李宁、俞亦纲、童荣华，中国杂协分党组副书记、秘书长、一级巡视员肖世革，中国杂协分党组成员、副秘书长刘挥，阿根廷驻华大使馆文化公使玛克西米兰•阿兰尼兹，俄罗斯驻华大使馆文化参赞拉宾以及法国驻华大使馆、北京俄罗斯文化中心、巴布亚新几内亚大使馆的代表，外交部、文化和旅游部的代表，中国杂技界代表，来自各全国文艺家协会、中国文联机关各部室、各直属单位的领导出席了开幕式。开幕式由中国杂协分党组书记、驻会副主席唐延海主持。

本次展览以“杂技与外交”为主题，共征集到全国60多个杂技院团提供的2000多幅珍贵照片，从中遴选出425幅，多层次、全方位展示了新中国成立70多年来，中国杂技充分发挥自身优势，服务国家大局，在对外文化交流中所作出的积极贡献，取得的优异成绩，也彰显了数十年来中国杂技界在中国共产党的正确领导下，不断走向繁荣昌盛的辉煌历程。

【举办2021濠江之春——“金菊飘香，锦绣中华”魔术专场演出】

10月10日至13日，“2021濠江之春——‘金菊飘香，锦绣中华’魔术专场演出”在深圳欢乐谷圆满完成录制演出。该活动是在中国文联港澳台办公室和中央人民政府驻澳门联络办公室宣传文化部指导下，由中国杂协、澳门中华文化联谊会主办，澳门魔术艺术家协会、澳门翁氏魔术、中国杂协对外交流委员会、中国杂协魔术艺术委员会承办，澳门中华文化联谊会青年委员会和深圳市杂协协办。

活动旨在促进澳门与内地魔术艺术的交流与发展，助力粤港澳人文湾区建设。活动原计划于同期在澳门举办，因受澳门疫情影响，变更为深圳录制、澳门展播。

理论研讨和调查研究

【举办中国魔术产业发展研讨会】

5月3日，中国魔术产业发展研讨会在深圳召开。全国政协常委、中国文联副主席、中国杂协主席边发吉，中国杂协分党组书记、驻会副主席唐延海，深圳华侨城欢乐谷旅游公司党委书记、总经理岳峰，中国杂协副主席邓宝金、安宁、阿迪力•吾休尔、赵双午、童荣华、薛金升，中国杂协顾问孙力力、刘全利、张红，中国杂协分党组成员、副秘书长刘挥，中国评协副主席尹力，深圳华侨城欢乐谷旅游公司副总经理朴红玉，第十一届中国杂技金菊奖全国魔术比赛评委以及全国各省市杂协、杂技团的代表和嘉宾，各参赛团队代表、魔术爱好者和媒体记者等逾百人参加研讨。研讨会由中国杂协副主席、魔术艺术委员会主任李宁主持。此次研讨会对国内魔术产业发展现状进行了全面而深入的分析，并对未来产业趋势进行了科学研判，并表达了魔术业界各种期待及建议，有力地拓展了魔术产业的视野和方向，必将对进一步推动魔术产业健康发展产生积极的促进作用。

【举办中国滑稽创新创作研讨会】

5月4日，中国滑稽创新创作研讨会在广东省深圳市召开。全国政协常委、中国文联副主席、中国杂协主席边发吉，中国杂协分党组书记、驻会副主席唐延海，深圳华侨城欢乐谷旅游公司党委书记、总经理岳峰，中国杂协副主席邓宝金、阿迪力•吾休尔、赵双午、薛金升，中国杂协顾问孙力力、刘全利，中国杂协分党组成员、副秘书长刘挥，中国评协副主席尹力，深圳华侨城欢乐谷旅游公司副总经理朴红玉，第十一届中国杂技金菊奖全国滑稽比赛评委以及全国各省市杂协、杂技团的代表和嘉宾，各参赛团队代表和媒体记者等80余人参加研讨。研讨会由中国杂协副主席、滑稽艺术委员会主任安宁主持。本次研讨会，通过多元观照与“问诊把脉”，深入研讨了滑稽发展趋势与对策，有力拓展了滑稽创新创作视野与方向。

【举办第十二届国际马戏论坛】

9月20日，第十二届国际马戏论坛在河北省石家庄市成功举办。与会部分专家学者以及国内外嘉宾，通过线上线下沟通交流，围绕“疫情常态化下世界杂技马戏产业发展”的主题进行研讨，探索发展之道，谋定美好未来。中国良好的疫情防控，杂技产业恢复发展早于世界半年有余，中国的一些成功经验也将为世界提供中国经验和中国方案，研讨成果也将为世界提供有益借鉴作用。全国政协常委、中国文联副主席、中国杂协主席、本届杂技节评委会主席边发吉，河北省文化和旅游厅党组成员、副厅长王荣丽，中国文艺评论家协会副主席、中国杂协理论研究委员会副主任尹力，重庆杂技艺术团总经理陈涛，吴桥县杂协主席于金生，中科基石旅游文化有限公司董事长杨学森，以及4位线上嘉宾美国火鸟艺术制作公司总裁皮特·杜宾斯基、澳大利亚国际马戏节艺术总监詹思敏·斯特拉佳、保加利亚斯蒂凡尼艺术公司艺术总监瓦妮塔·斯蒂凡诺娃、加拿大太阳马戏团选角总监帕维尔·科托夫等共10位专家学者作了主题演讲。中国杂协分党组书记、驻会副主席唐延海，中国杂协副主席付继恩、安宁、阿迪力·吾休尔、赵双午、俞亦纲、童荣华等出席本次会议。

【举办第二届全国优秀杂技理论作品扶持活动暨红色题材杂技剧创作研讨会】

10月15日，由中国杂协、辽宁省文联主办，中国文联杂技艺术中心、中国杂协理论研究委员会、《杂技与魔术》杂志社、大连市文联、大连市公共文化服务中心、辽宁省杂协承办的第二届全国优秀杂技理论作品扶持活动暨红色题材杂技剧创作研讨会在大连成功举办。中国杂协分党组书记、驻会副主席唐延海，中国杂协副主席邓宝金、安宁、俞亦纲、薛金升，中国杂协分党组副书记、秘书长、一级巡视员肖世革，中国杂协顾问齐春生，中国评协副主席尹力，中国文联理研室调研处处长于德海等中国文联、中国杂协领导以及辽宁方面的领导出席活动，并为入选本次理论作品扶持活动和红色题材杂技剧创作研讨会的论文作者颁发证书。随后举行的优秀红色题材杂技剧案例分享会上，俞亦纲、邓宝金、孙文艳、谢玮瑜、沈莹、张永强等分别就《战上海》《红色记忆》《铁道英雄》《英雄虎胆》《山上那片红杜鹃》《旗帜》等优秀红色题材杂技剧的创作实践进行了真诚的现场分享交流。在下午举行的红色题材杂技剧创作研讨会上，覃才、付天杨、达璐、马潇、卫洪、关婷元等聚焦“红色题材杂技剧创作”这一研讨主题，充分结合各地杂技艺术创作实践，围绕红色题材杂技剧的历史价值与当代意义、红色题材杂技剧的创演规律与艺术创新、媒体融合发展视域下红色题材杂技剧的传播与推介、文旅融合下杂技剧创演与地方红色文化的传承发展研究、用杂技剧方式向世界讲好中国红色故事等议题，进行了富有理论性、学术性、思辨性的主旨发言。

队伍建设

【不断提升协会党的政治建设水平】

召开中国杂协党的建设工作部署会和全面从严治党工作部署会，分党组书记与班子成员、机关各处室负责人签订全面从严治党责任书，与干部签署廉洁自律承诺书。在协会机关专题学习研讨习近平总书记在庆祝中国共产党成立100周年大会，中国文联十一大、中国作协十大开幕式上的重要讲话精神以及党的十九届六中全会精神、十九届中央纪委五次全会精神。

【以党史教育为主线抓紧抓牢党员干部政治理论学习】

认真组织部署党史学习教育，研究制定《中国杂协开展党史学习教育工作方案》。组织形式多样、内容丰富的党史专题集中学习教育。组织以“学党史、传精神、跟党走”“学党史、办实事、文艺为人民，精品杂技下基层”等为主题的文艺志愿服务活动。举办参拜香山革命纪念馆、“平北红色第一村”，“学党史、诵经典”等主题党日活动，与中国对外演出公司、深圳华侨城欢乐谷旅游公司开展党建共建交流活动。

【积极推动党建业务融合】

成立由中国杂协分党组书记为组长的巡视整改工作领导小组，认真研究制定《中国杂协巡视整改方案》和工作台账。召开巡视整改专题民主生活会。按照立行立改、边查边改的原则推进巡视整改工作。修订完善《中国杂协党风廉政风险点及防控措施》，严查严防可能存在的党风廉政风险问题。开展保密工作、党风廉政建设工作专题警示教育和党课，严格监督检查党员干部落实八项规定精神情况。组织全体党员干部定期学习上级有关保密工作的文件精神和保密知识，邀请中国文联办公厅机要处干部就保密工作讲授专题党课，强化全体工作人员的保密意识，切实维护国家文化安全。深入贯彻执行《中国共产党基层组织工作条例》《中国共产党支部工作条例（试行）》《中国文联党支部工作规则》，进一步规范支部委员会建设。修订完善中国杂协日常工作规范性制度。处级以上干部严格执行领导干部个人有关事项报告制度，近两年报告合格率为100%。老干部工作进一步提质增效。

【牢牢掌握意识形态领域主动权】

调整中国杂协落实意识形态工作领导小组，修订完善《意识形态工作责任制实施细则》，研究制定《外事工作意识形态管理规定》。加大意识形态工作队伍建设，组建杂技界舆情信息员和网络评论员队伍，利用会议培训、评奖办节等工作时机，引导各级杂协和杂技院团校强化意识形态管理。守好舆论阵地，有力维护意识形态安全和政治安全。同步推进内容建设与平台建设，办好中国杂协官方网站中国杂技网、官方微信公众号“中国杂技”、《杂技与魔术》杂志等平台。全年官网发布文章722篇，官微发布文章近607篇，意识形态宣传主题占比相较去年显著增加了28.2%，内容篇幅为去年的3.6倍。杂志出刊6期，编辑文字50余万字、图片600余幅。在官网、官微开辟“百年风华”“文艺观察”“喜迎第十一次全国文代会”等专栏，开展“唱支山歌给党听——中国杂技工作者在行动”“从不惑走向大成——庆祝中国杂协成立40周年”等系列线上主题宣传活动，进一步提升协会落实重大宣传教育任务和引导杂技界舆论的能力和水平。

【全面加强行业行风建设和职业道德建设】

发挥中国杂技工作者职业道德建设委员会作用，制定《中国杂技工作者自律公约》《杂技艺术人才岗位流动行为公约》《中国杂协关于开展文娱领域综合治理工作的实施方案》。组织召开“修身守正　立心铸魂——中国杂技工作者职业道德和行风建设工作座谈会”，在中国杂协官微开展“中国杂技名家”专题宣传，引导广大杂技工作者向老一辈艺术家致敬看齐，在追求德艺双馨中实现人生价值。

【改进会员服务和管理工作】

严格落实会员申报审查制度，优化中国杂协官网会员管理平台，提高会员发展与信息管理效率，中青年杂技从业者比例明显上升。积极吸纳新文艺群体杂技工作者46人入会，其在新进会员中的占比为29.11%，较去年增加了13.89%，成为繁荣杂技事业的重要力量。积极探索创新专委会工作模式，进一步严格专委会管理与考核制度，提高专委会对评奖办节、重大主题项目的参与度。支持魔术、滑稽、理论、教育、对外交流等领域的专委会组织策划各种创作与实践活动。一方面积极为青年杂技人才搭建交流平台、提供展示机会、加大培训力度、提供帮扶和权益保障，一方面展开建立杂技高等院校(系科)的相关探索，以期提高杂技艺术教育培养层次，打造一支高素质的杂技人才队伍。

【不断巩固和发展全国杂技“一盘棋”的良好局面】

积极协调杂技艺术家向国家版本馆捐赠艺术作品、手稿手迹等资料，参与中国文联“百花迎春”大联欢活动、“我们的中国梦——文化进万家”主题活动、“时代风尚”特别节目录制、“喜迎第十一次文代会——印象•这五年”栏目专家访谈、全国性文艺评奖五年获奖文艺精品网络展示活动；开展第十一次文代会杂技界代表推选工作；联络杂技界专家参加文艺研修院培训班学员座谈会；推荐中国文联第16期全国中青年文艺人才高级研修班、第五期全国新文艺群体拔尖人才高级研修班、首期舞台艺术制作人高级研修班学员；推荐论文参评第六届“啄木鸟杯”中国文艺评论年度推优活动；着力建立青年杂技理论工作者扶持机制，在课题建组、培训探讨等方面给予一定的倾斜；支持李宁魔术艺术学院开展获得国家全日制大学学历认证的魔术专业教育；指导重庆市杂协第五次代表大会、济宁市杂协第一次会员代表大会、辽宁省杂协理论研究委员会成立工作；支持广州市杂技艺术剧院杂技剧《化•蝶》、南京市杂技团杂技剧《大桥》、重庆市杂技艺术团杂技剧《一双绣花鞋》、江苏省杂技团杂技报告剧《芦苇青青菜花黄》、大连市杂技团主题晚会《旗帜》、江西省杂技团杂技剧《山上那片红杜鹃》、沧州杂技团杂技剧《大运河记忆》、北京市杂协

“与时代共进 与祖国同行”——庆祝中国共产党成立100周年杂技展演、杭州杂技总团魔术剧《明家大小姐》、济宁市杂技团杂技剧《梁祝》、湖南省杂技艺术剧院杂技剧《青春还有另外一个名字》、上海市杂技团杂技秀《时空之旅2》、中国杂技团杂技剧《呼叫4921》等杂技界创作展演及研讨活动。全国各团体会员、杂技院团校凝聚在中国杂协周围，呈现出全国杂技“一盘棋”的良好局面。

中国电视艺术家协会

综　述

2021年，在中宣部和中国文联的有力领导下，中国视协坚持以习近平新时代中国特色社会主义思想为指导，深入学习党的十九大、十九届中央历次全会精神，深入学习贯彻习近平总书记系列重要讲话和指示批示精神。围绕中心、服务大局，紧扣“做人的工作”核心任务，以行风建设为引领，广泛团结凝聚“文艺两新”在内的电视艺术和网络视听工作者，坚定文化自信，坚守人民立场，为实现第二个百年奋斗目标、建设社会主义文化强国作出积极贡献。

会议与活动

【中国视协召开电视界行业行风与职业道德建设研讨会】

1月25日，电视界行业行风与职业道德建设研讨会在北京召开。中国视协分党组成员、副秘书长、一级巡视员范宗钗，中国文联国内联络部职业道德办公室副主任林德源等有关负责人员出席会议，吕中、王一川、康伟、冷凇、余力、徐春妮、兰岚、郑小强、张可盈等电视界演员、主持人、学者以及法律顾问参加会议。

【中国视协召开电视界新文艺群体团结引领专题调研座谈会】

4月9日，电视界新文艺群体会员吸纳和团结引领专题调研座谈会在福建省厦门市顺利召开，中国视协分党组成员、副秘书长、一级巡视员范宗钗，厦门市思明区委副书记、鼓浪屿管委会主任林跃锋，厦门市文联副主席陈影，中国视协影视机构委员会、电视剧制播合作委员会副会长兼秘书长向阳，厦门广播电视集团编委、总编室主任许卫红，厦门市思明区文旅局局长张建斌、商务局局长徐墩煌等出席会议。

【中国视协召开新文艺群体会员发展和团结引领专题调研座谈会】

4月18日，中国视协新文艺群体会员发展和团结引领专题调研座谈会在江苏省扬州市召开，中国视协分党组成员、副秘书长、一级巡视员范宗钗，扬州广播电视传媒集团党委委员、总台副台长王永，扬州市影视艺术家协会秘书长谢湘茜出席座谈，10余名影视机构代表，中国视协会员工作处、办公室、专委会工作处相关同志参加座谈。

【在四川省达州市宣汉县土黄中学举行“影视小屋”授牌仪式】

4月22日，中国视协、四川省视协在四川省达州市宣汉县土黄中学举行了“影视小屋”授牌仪式，向宣汉县土黄中学“影视小屋”捐赠了影视器材、电视艺术启蒙书籍、光碟等。授牌仪式后，周宇、王海兵分别为达州宣汉县土黄中学“影视小屋”的师生讲授了影视艺术相关课程。活动期间还召开了中国视协“影视小屋”公益项目调研座谈会。

【中国视协组织开展百年影像纪录——中国视协党史学习教育纪录片观摩活动】

5月，中国视协组织开展“百年影像纪录——中国视协党史学习教育纪录片观摩活动”，遴选了16部近年播出的、制作精良传播深远的，全面展现党史、新中国史、改革开放史、社会主义发展史的优秀纪录片，通过观摩学习、研讨座谈等方式组织主席团、各地视协和个人会员学习。

【庆祝中国共产党成立100周年特别节目《闪亮的坐标》在北京召开全媒体上线开播新闻发布会】

5月10日，由中国文联、江西省委宣传部、中国视协联合出品，江西广播电视台、北京字节跳动科技有限公司、中国视协演员工作委员会、中国视协主持人专业委员会联合承制的庆祝中国共产党成立100周年特别节目《闪亮的坐标》在北京召开全媒体上线开播新闻发布会。中国文联党组书记、副主席李屹，江西省委常委、宣传部部长施小琳，中国文联党组成员、副主席胡孝汉，中国文联副主席、中国视协主席胡占凡出席发布活动。中国视协分党组成员、副秘书长、一级巡视员范宗钗，江西广播电视台党委书记、台长梁勇，北京字节跳动科技有限公司副总裁张羽等出品制作单位负责同志，国家广电总局、中国文联、中央广播电视总台有关部门和单位负责同志马黎、邓光辉、谢力、周由强、刘国强、徐粤春、郭希敏、康伟、高健，江西省有关方面负责同志黎隆武、叶青、龚荣生、汪波，以及陈宝国、敬一丹、刘劲、王千源、丁柳元等《闪亮的坐标》节目讲演嘉宾代表、策划专家、节目主创，新闻媒体代表等百余人参加活动。5月15日至6月30日，庆祝中国共产党成立100周年特别节目《闪亮的坐标》在江西卫视及各大网络平台连续播出。同时在中国视协微信公众号、《中国艺术报》、中国文艺网、抖音、西瓜视频、今日头条的新媒体平台上线。

【“人民的心声”——庆祝中国共产党成立100周年专场演出在北京房山举行】

6月16日，由中国视协与中共北京市委宣传部，北京市文联，房山区委、区政府，北京广播电视台共同主办的“人民的心声”——庆祝中国共产党成立100周年专场演出在歌曲《没有共产党就没有新中国》的词曲创作地——北京市房山区堂上村党旗广场举行。中国文联党组成员、副主席胡孝汉，中国文联副主席、中国视协主席胡占凡，北京市政协副主席牛青山，北京市文联主席陈平，中国视协分党组成员、副秘书长、一级巡视员范宗钗，北京市委宣传部副部长、北京广播电视台台长余俊生，北京市房山区委书记陈清，北京市文联党组书记、常务副主席陈宁等领导参加演出活动。整场演出以《没有共产党就没有新中国》为主线，王宏伟、吴碧霞、王丽达、黄华丽、吴京安、王志飞、丁柳元、春妮等30多位著名演员先后登台，倾情演绎了革命、建设、改革和新时代等不同历史时期的经典作品。

【电视界学习贯彻习近平总书记在庆祝中国共产党成立100周年大会上的重要讲话精神座谈会在京召开】

7月7日，电视界学习贯彻习近平总书记在庆祝中国共产党成立100周年大会上的重要讲话精神座谈会在北京召开。中国文联党组成员、副主席、书记处书记胡孝汉，中国视协分党组成员、副秘书长、一级巡视员范宗钗，中国视协副主席、中国电影集团一级导演胡玫，中国视协分党组成员、副秘书长高健，中国视协二级巡视员冯怀中，中国文联国内联络部新文艺群体联络办公室副主任魏宁，职业道德建设办公室副主任林德源等领导出席会议，老中青电视艺术工作者吕中、陈宝国、海霞、刘江、何冰、靳东、龚宇、杨乘虎、郝金明、王丽云、张光北、陈好、朱睿等代表到会发言，中国视协全体党员干部职工列席会议。

【全国第五十所“影视小屋”授牌仪式在黑龙江省佳木斯市桦南县第四中学举行】

7月20日，中国视协、黑龙江省文联主办的全国第五十所“影视小屋”授牌仪式在黑龙江省佳木斯市桦南县第四中学举行，活动上主办单位向“影视小屋”捐赠了电视机、高清单反照相机、高清摄像机、剪辑电脑等一批影视器材。授牌仪式后，第十二届海峡两岸电视主持新人大赛金奖获得者王贺结合自身经历为桦南县第四中学“影视小屋”的师生讲授了影视艺术相关课程。

【中国视协举办基层电视艺术工作者网络培训班（第一期）】

7月26日至9月30日，中国视协举办基层电视艺术工作者网络培训班（第一期），161名基层电视台工作人员及民营影视制作公司从业人员参与培训。

【中国视协发布《法律、道德，皆是红线》《警钟长鸣多自律 风清气正德艺馨》两则声明】

8月2日至17日，中国视协针对演员吴亦凡因涉嫌强奸罪被依法刑事拘留的事件，通过官方新媒体平台发布《法律、道德，皆是红线》《警钟长鸣多自律 风清气正德艺馨》两则声明。

【中国视协举办基层电视艺术工作者网络培训班（第二期）】

8月24日至11月23日，中国视协举办基层电视艺术工作者网络培训班（第二期），107名各地视协、各专业委员会驻会负责人及工作人员参与培训。

【“崇德修身 固本培元——中国视协电视艺术工作者职业道德和行风建设工作座谈会”在京召开】

8月25日，“崇德修身 固本培元——中国视协电视艺术工作者职业道德和行风建设工作座谈会”在京召开，中国文联党组成员、副主席胡孝汉，中国文联副主席、中国视协主席胡占凡，中国视协分党组书记范宗钗，李幼斌、林永健、高健、侯鸿亮、海霞、尤小刚、龚宇、张凯丽、丁柳元等部分在京的中国视协主席团成员、电视界职业道德建设委员会委员，以及萨日娜、郭晓东、侯京健、苏青、王佳宇、廖祥忠、刘家成、余飞、庞嘉坤、袁新文等电视艺术工作者代表参加座谈会。

【第十四届中国·扬州旅游电视周优秀作品推选会议在京举办】

9月，第十四届中国·扬州旅游电视周优秀作品推选会议在京举办。该系列活动于5月启动，共征集作品525部。系列活动包括组织作品征集、优秀作品推选、优秀作品展映交流、高峰论坛、青年编导夏令营等。

【新时代小康纪实影像征集典藏活动作品征集活动在京启动】

9月15日，中国视协联合中国文联、福建省委宣传部、国家乡村振兴局、国家图书馆等共同举办的“新时代小康纪实影像征集典藏”活动启动，生动书写实现全面小康奋斗历程的国家影像志。本次活动共征集作品380部，其中，系列片73部、长片44部、短片108部、微纪录155部。12月5日至10日，采用网络推选形式完成推选工作。

【中国视协六届五次主席团会议暨六届三次理事会议在京召开】

9月16日至18日，中国视协六届五次主席团会议暨六届三次理事会议在京召开。中国文联党组成员、副主席胡孝汉，中国文联副主席、中国视协主席胡占凡，中国视协分党组书记范宗钗，中国文联人事部主任郑希友，中国视协副主席卜宇、王丽萍、王福豹、毛羽、吕焕斌、朱彤、牟丰京、李幼斌、李春良、张显、林永健、胡正荣以及中国视协分党组成员、副秘书长高健等有关领导出席会议，范宗钗当选中国视协第六届副主席，被任命为中国视协第六届秘书长。

【中国视协举办基层电视艺术工作者网络培训班（第三期）】

10月21日至12月21日，中国视协举办基层电视艺术工作者网络培训班（第三期），224名基层电视台工作人员及民营影视制作公司从业人员参与培训。

【中国视协举办基层电视艺术工作者网络培训班（第四期）】

10月21日至12月21日，中国视协举办基层电视艺术工作者网络培训班（第四期），组织192名新文艺组织、体制外电视机构以及个体电视从业人员参与培训。

【中国视协举办2021年新任理事、新入会会员培训班】

10月21日至12月31日，中国视协举办中国视协2021年新任理事、新入会会员培训班，120余位2021年审批入会的新会员、新更替理事通过网络参与课程培训。

【第十五届小康电视节目工程优秀作品推选会议在京召开】

10月24日至27日，第十五届小康电视节目工程优秀作品推选会议在北京怀柔召开，中国文联副主席、中国视协主席胡占凡，中国视协副主席张显，中国视协分党组成员、副秘书长高健，全国部分省、自治区、直辖市视协负责同志，以及来自有关高校和电视制作单位的资深专家学者所组成的推选委员会共同出席了此次活动。

【电视界学习贯彻党的十九届六中全会精神座谈会在京召开】

11月15日至21日，“电视界学习贯彻党的十九届六中全会精神座谈会”暨第十届中国大学生电视节“大学生赏析推荐作品”专家研讨会连续在北京召开，分别邀请广电领域行业管理机构有关部门负责人，电视剧、纪录片、综艺节目、动画片、公益广告片5个类别行业翘楚、领军人物，电视艺术理论专家和高校学者，影视机构和新媒体平台代表，表演艺术家和新文艺群体青年演员约200人参与研讨座谈。

【“我们的中国梦”——文化进万家中国视协学雷锋文艺志愿服务活动专场演出在福建省平潭市举办】

12月24日，第十届海峡两岸电视艺术节开幕式暨“我们的中国梦”——文化进万家中国视协学雷锋文艺志愿服务活动走进福建平潭专场演出在福建平潭综合实验区竹屿影视基地举办。中国视协分党组成员、副秘书长高健，平潭综合实验区管委会副主任欧阳晓波，福建省广电集团党组成员、董事长陈加伟出席开幕式并致辞，出席活动的还有中国文联文艺志愿服务中心副主任李岩，中国视协理事、上海恩乔依影视传媒有限公司总经理赖聪笔，中国视协二级巡视员冯怀中，福建广电局党组成员、副局长陈炎铭，福建省文联党组成员、副主席林瑞发等领导嘉宾。开幕式演出由赵保乐、管艺、陈紫妍担任主持，刘全和、刘全利、霍勇、刘一桢等青年文艺工作者代表参与演出。

【中国视协主席团学习贯彻习近平总书记在中国文联十一大、中国作协十大开幕式上的重要讲话精神座谈会在京召开】

12月29日，中国视协主席团学习贯彻习近平总书记在中国文联十一大、中国作协十大开幕式上的重要讲话精神座谈会在北京召开。中国视协主席胡占凡，中国视协分党组书记、驻会副主席、秘书长范宗钗，中国文联副主席、中国视协副主席朱彤，中国视协副主席、北京视协主席李春良以及知名电视艺术家代表出席会议。

艺术节与评奖

【第九届亚洲微电影艺术节优秀作品推选会议在京举办】

2021年9月底至10月初，中国视协、中央新影集团等主办单位在京举办第九届亚洲微电影艺术节优秀作品推选会议。第九届亚洲微电影艺术节自5月开始启动，截至8月底，共收到作品数量总计5327部，较首届增加了3612部，较上一届增加308部。

【第十届中国大学生电视节在四川成都举办】

2022年1月6日至8日，由中国文联、中国视协、中国传媒大学共同主办，成都市人民政府承办，中国教育电视台特别协办，以“百年追寻•青春使命”为主题的第十届中国大学生电视节于四川省成都都江堰市正式举办。中国文联党组成员、书记处书记张宏，全国政协委员、中国文艺评论家协会主席夏潮，中国视协分党组书记、驻会副主席、秘书长范宗钗，中国文联国内联络部主任谢力以及中国文联、成都市、都江堰市相关单位领导出席活动。活动包括开幕式、“青春有我——青春题材电视精品创作论坛”、大学生原创影像作品展映、“奋斗的青春”大学生党员主题演讲、大学生“新鲜提案”创作扶持、“后疫情时代高等院校戏剧影视教育论坛”“艺术家高校面对面”、闭幕式盛典等主体内容，来自全国各省、市、自治区350所高等院校的6100余名大学生，以线上线下相结合的方式参与各项活动。

创作与研究

【重点现实题材电视剧精品创作研讨座谈会在京召开】

2月8日，中国视协、中国文联文艺评论中心在京举办重点现实题材电视剧精品创作研讨座谈会。会议对一系列口碑和收视俱佳的热播电视剧进行了研讨，并对2020年以来电视剧精品创作做了检视和回顾。中国文联党组成员、副主席胡孝汉出席座谈会并作总结讲话。中国视协名誉主席赵化勇、中宣部文艺局电视处处长林海宁、国家广播电视总局电视剧司副司长杨铮、中央广播电视总台影视剧纪录片中心副召集人申积军、中国文联理论研究室主任周由强、中国文联文艺评论中心主任徐粤春，电视剧《山海情》《跨过鸭绿江》《装台》的主创代表以及丁亚平、王伟国、王海平、邓凯、李京盛、李跃森、胡智锋、康伟、赵彤等专家学者参加座谈。座谈会由中国视协分党组成员、副秘书长、一级巡视员范宗钗主持。

【《中国电视金鹰奖评奖研究》获批准立项】

2月23日，由中国视协申报的《中国电视金鹰奖评奖研究》获立为2021年度国家社科基金特别委托项目，研究周期为1年。课题主要任务包括开展中国电视金鹰奖评奖理论研究和资料汇编，对30届金鹰评选工作进行经验总结、规律探索、问题分析，构建中国特色的电视文艺评选理论。

【中国视协发布《关于征集重点现实题材电视剧剧本的公告》】

3月19日，中国视协在中国视协官网、微信公众号及中国文艺网发布了《关于征集重点现实题材电视剧剧本的公告》，继续面向全社会征集重点现实题材电视剧剧本。

【纪录片《中国》专家研讨会在京召开】

5月13日，由中国视协主办的纪录片《中国》专家研讨会在北京召开。中国文联党组成员、副主席胡孝汉，中国文联副主席、中国视协主席胡占凡，中宣部对外推广局副局长陈晓建，国家广电总局宣传管理司司长马黎，湖南广播影视集团有限公司（台）、湖南卫视、芒果超媒股份有限公司等纪录片《中国》的出品方和主创方代表，以及专家学者出席了本次研讨会。会议由中国视协分党组成员、副秘书长、一级巡视员范宗钗主持。会议对纪录片《中国》进行了全面深入的探讨，对该片的主旨思想、创作理念、叙事基调、价值表达以及现实意义等多方面作了肯定；从创作手法、镜头语言、美学意境等方面，对该片展现出的艺术水准进行了点评。

【电视剧《温暖的味道》专家研讨会在京召开】

6月15日，由中国视协主办的电视剧《温暖的味道》专家研讨会在北京召开。中国文联副主席、中国视协主席胡占凡，山东影视传媒集团、湖南广播电视台、山东影视制作股份有限公司等出品方和有关单位代表，《温暖的味道》编剧、导演、制片人等主创人员和专家学者，以及国家广电总局电视剧司有关同志出席会议。会议由中国视协分党组成员、副秘书长、一级巡视员范宗钗主持。

【庆祝建党百年特别节目《闪亮的坐标》创作研讨会在北京召开】

6月24日，由中国视协主办的庆祝中国共产党成立100周年特别节目《闪亮的坐标》创作研讨会在北京召开。《闪亮的坐标》出品单位有关领导、节目制作单位代表、主创代表以及专家学者出席了本次研讨会，中国视协全体党员干部职工列席会议。会议由中国视协分党组成员、副秘书长、一级巡视员范宗钗主持。

【中国视协召开中国电视金鹰奖评奖研究初稿论证会】

9月29日，中国视协召开中国电视金鹰奖评奖研究初稿论证会，会议以习近平总书记关于文化文艺文联工作重要论述和指示精神为指导，对70万字的《中国电视金鹰奖研究初稿》进行论证。中国文联党组分管领导、业界专家顾问、金鹰奖研究课题组专家、中国视协负责人及金鹰奖研究专项工作组成员等30余人出席会议。

【重点现实题材电视剧剧本创作计划结项】

10月底，由中宣部文艺局指导部署，中国视协牵头实施的重点现实题材电视剧剧本创作计划全面结项，本年度共征集各类题材电视剧剧本180余部。项目启动4年来，共征集到各类题材电视剧剧本1100余部，先后分9批资助电视剧剧本共计100部。受资助作品中已有近70部已完成拍摄或拟定拍摄计划进入开机准备阶段，扶持剧本成果转化率近70%。

【重点现实题材电视剧创作成果座谈会在京召开】

12月22日，由中国视协、重点现实题材电视剧剧本创作协调小组共同主办的重点现实题材电视剧创作成果座谈会在京召开。会议围绕近年来年度重大主题和国家中心工作创作播出的优秀主题电视剧创作成果，深入探讨了电视剧创作的成绩经验和发展方向，并就进一步改进创新重点现实题材电视剧创作建言献策。中国视协主席胡占凡，国家广播电视总局电视剧司副司长周继红，中央广播电视总台影视剧纪录片中心副主任申积军等有关领导，郑晓龙、马继红、龚宇、陆维、贾尧等主创及制播单位代表，以及李准、袁新文、王一川、李京盛、胡智锋、康伟、董涛、李春利、高小立、李跃森等专家学者参加会议。座谈会由中国视协分党组书记、驻会副主席、秘书长范宗钗主持。

对外及对港澳台文化交流

【第十届海峡两岸电视艺术节在福建举办】

12月23日至26日，第十届海峡两岸电视艺术节在福建平潭综合实验区举办。本届艺术节由中国视协、台湾中华广播电视节目制作商业同业公会、福建省广电局、福建省文联、福建省广播影视集团、平潭综合实验区党工委管委会共同主办。福建省人民政府副省长郑建闽，中国视协分党组书记、驻会副主席、秘书长范宗钗，国台办新闻局二级巡视员周强，平潭综合实验区党工委书记赖军，福建省广电局党组书记、局长庄志松，福建省文联党组书记、副主席王秋梅，福建省广播影视集团党组书记、董事长曾祥辉，中国视协台湾地区理事赖聪笔，以及高健、冯怀中、林瑞发、陈加伟、陈炎铭、张海鹰等相关方面负责人出席活动。台湾中华广播电视节目制作商业同业公会理事长汪威江率领台湾电视艺术家代表团以线上方式参与活动。百余位嘉宾、艺术家、高校学子和媒体人士共同出席艺术节，先后开展了“情深艺长——第七届海峡两岸影视名家书画展”“海峡两岸电视论坛”“梦想新声音·第十三届海峡两岸电视主持新秀会”等活动。

机关建设

【中国视协组织开展“缅怀革命先烈 传承红色基因”主题清明祭扫活动】

4月20日，为铭记党的历史，发扬党的优良传统，持续推进党史学习教育向纵深开展，中国视协组织全体党员干部职工来到北京陶然亭公园高君宇烈士墓，开展“缅怀革命先烈 传承红色基因”主题清明祭扫活动。中国视协分党组成员、副秘书长高健，二级巡视员冯怀中参加祭扫。

【中国视协召开全体大会学习贯彻习近平总书记“七一”重要讲话精神】

7月6日，中国视协分党组成员、副秘书长范宗钗主持召开座谈交流学习会，专题学习研讨习近平总书记在庆祝中国共产党成立100周年大会上的重要讲话，并部署贯彻落实举措。中国视协全体干部员工参加会议。

【中国视协召开学习十九届六中全会公报专题会议】

11月15日，中国视协召开专题会议，传达学习党的十九届六中全会公报，安排部署学习宣传贯彻工作。中国视协分党组书记、驻会副主席、秘书长范宗钗，中国视协分党组成员、副秘书长高健及协会全体干部职工参加会议。

【中国视协组织党员干部参观中国共产党历史展览馆】

12月2日，中国视协组织全体党员干部职工参观中国共产党历史展览馆。在一件件珍贵文物、一份份翔实档案、一段段生动影像、一个个逼真场景前，中国视协党员干部重温了中国共产党发展的百年历史及各个时期取得的辉煌成就，增强了历史自觉和历史自信，从百年党史中汲取了政治智慧和精神力量。

【中国视协召开2022年党建与业务工作融合座谈会】

12月8日，中国视协召开由协会部门负责人及副处以上干部、机关支部委员、各党小组长参加的2022年党建与业务工作融合座谈会，总结党建与业务融合的规律方法，提出多项可行性意见建议。

【中国视协召开学习习近平总书记在中国文联十一大、中国作协十大上的重要讲话精神专题会议】

12月22日，中国视协召开专题会议，传达学习习近平总书记在中国文联十一大、中国作协十大开幕式上的重要讲话以及中国文联党组书记、副主席李屹在中国文联第十一次全国代表大会上的工作报告，安排部署学习宣传贯彻工作。中国视协分党组书记、驻会副主席、秘书长范宗钗主持会议，分党组成员、副秘书长高健及协会全体干部职工参加会议。

直属单位

【中国视协电视界职业道德建设委员会发布《电视艺术工作者应自觉追求德艺双修 用明德引领社会风尚》声明】

1月22日，针对演员郑爽海外代孕、意欲弃养负面事件，中国视协电视界职业道德建设委员会通过中国视协官方微信公众号发布《电视艺术工作者应自觉追求德艺双修 用明德引领社会风尚》声明，呼吁电视艺术工作者崇德尚艺，用高尚的道德情操和优秀的文艺作品引领良好社会风尚。

【中国视协新文艺组织和新文艺群体工作委员会发表声明】

3月25日，中国视协新文艺组织和新文艺群体工作委员会发表声明，坚决支持新疆棉花，坚决抵制任何污化中国形象、损害国家利益的言论与行为，并为协会委员们抵制辱华品牌，支持新疆棉花的爱国情怀点赞。同时，委员会呼吁：“坚决抵制任何污化中国形象、损害国家利益的言论与行为。”

【中国视协新文艺组织和新文艺群体工作委员会举办“登攀计划”开班仪式暨首期大师训练营】

3月27日，中国视协新文艺组织和新文艺群体工作委员会组织的“登攀计划”开班仪式暨首期大师训练营在北京会议中心正式启动。中国文联、中国视协、国家广播电视总局电视剧司、中国视协双新委员会等有关负责人参加了开班仪式。

【中国视协电视界职业道德建设委员会发布《无德莫谈艺——电视艺术工作者要遵纪守法恪守艺德底线》声明】

4月29日，针对演员郑爽领取天价片酬、签订阴阳合同，中国视协电视界职业道德建设委员会通过中国视协官方微信公众号发布《无德莫谈艺——电视艺术工作者要遵纪守法恪守艺德底线》的声明。

【中国视协电视界职业道德建设委员会在京召开讴歌时代英雄——《闪亮的坐标》红色讲演人创作座谈会】

5月10日，中国视协电视界职业道德建设委员会在北京召开“讴歌时代英雄——《闪亮的坐标》红色讲演人创作座谈会”。中国文联副主席、中国视协主席、电视界职业道德建设委员会主任胡占凡，中国视协分党组成员、副秘书长、一级巡视员、电视界职业道德建设委员会秘书长范宗钗，中国视协分党组成员、副秘书长高健，二级巡视员冯怀中，中国文联理论研究室舆情处处长云菲、国内联络部职业道德建设办公室副主任林德源出席座谈会，录制红色文化讲演节目《闪亮的坐标》的讲述人陈宝国、敬一丹、刘劲、王千源、刘威、王丽云、丁柳元、颜丹晨、孟阿赛等演员、主持人代表参与座谈，中国视协机关各处室负责人列席会议。

【中国视协网络视听研究中心成立仪式暨2021年网络视听传播长三角论坛在杭州举行】

6月18日至20日，中国视协网络视听研究中心成立仪式暨2021年网络视听传播长三角论坛在杭州举行。中国文联副主席、中国视协主席胡占凡，中国视协分党组成员、副秘书长、一级巡视员范宗钗，浙江传媒学院党委书记杨立平，浙江传媒学院校长徐小洲，中共杭州市临平区委副书记、区政府筹备组组长施华淼，中共杭州市临平区委常委、区委宣传部筹备组组长沈威，中国网络视听节目服务协会副会长罗建辉，浙江省委网络安全和信息化委员会办公室副主任许晴，浙江省广电局副局长张广洲，浙江省文联党组成员、书记处书记赵晓刚，浙江网络视听协会会长常志良等领导嘉宾出席成立仪式，来自全国各高等院校、传媒行业、视听企业的专家学者百余人参加论坛。

【中国视协城市电视台工作委员会第五届换届大会在江苏省扬州举办】

6月21日，中国视协城市电视台工作委员会第五届换届工作会议在扬州圆满举办。中国文联副主席、中国视协主席胡占凡，中国视协分党组成员、副秘书长、一级巡视员范宗钗，中共扬州市委常委、宣传部部长张长金，扬州广播电视传媒集团党委书记、总台台长、集团公司董事长陈韵强等领导与来自全国100个城市电视台的代表共同出席了本次换届会议。

【中国视协双新委员会在京组织召开学习贯彻习近平总书记在庆祝中国共产党成立100周年大会上的重要讲话精神座谈会】

7月13日，中国视协双新委员会在京组织召开学习贯彻习近平总书记在庆祝中国共产党成立100周年大会上的重要讲话精神座谈会，中国视协副主席、中国视协双新委员会主任林永健，中国视协双新委员会副主任兼秘书长、北京电影学院管理学院院长吴曼芳，以及中国视协双新委员会部分新文艺群体和新文艺组织代表，参加了会议。会议以线下和线上相结合的方式举行。

【中国视协广告艺术委员会在京组织召开智能时代内容营销生态创新研讨会】

9月10日，中国视协广告艺术委员会组织的智能时代内容营销生态创新研讨会在北京召开，中国文联副主席、中国视协主席胡占凡，中国视协分党组书记范宗钗，中国视协广告艺术委员会名誉会长、媒体融合推进委员会会长程宏，腾讯在线视频副总裁、总编辑王娟以及来自广告领域的行业、媒体和高校专家代表出席。

【“第27届中国纪录片学术盛典暨第14届深圳青年影像节”在广东深圳市举办】

12月10日至13日，由中国视协、中共深圳市委宣传部、深圳市文联主办，中国视协电视纪录片学术委员会、深圳市电影电视家协会承办，深圳市影视产业联合会协办的第27届中国纪录片学术盛典暨第14届深圳青年影像节在广东举办。活动以“使命与责任 当下与未来”为主题，包括“第27届中国纪录片学术盛典”“理想照耀中国”主题纪录片活动、中国纪录片学术论坛等环节。中央和各地方电视台、影视机构的代表，纪录片业界精英、专家学者出席本次活动，共同探讨纪录片发展、创新规律及合作模式，共享本年度纪录片创作成果。

【中国视协网络直播专业委员会2021主持人声量大会在珠海举办】

12月18日至19日，中国视协网络直播专业委员会2021主持人声量大会在珠海市香洲区举办。本次大会以“时代声量，榜样风尚”为主题，倡导新媒体主持人在媒体融合发展与移动传播领域中的价值引领、行风示范、守正创新作用，激励广大新媒体主持人的积极性和创造性。中国视协二级巡视员冯怀中，中国视协网络直播专业委员会会长欧阳常林，广电总局发展研究中心产业所副所长彭锦以及来自网络直播一线的主持人、网络主播、业内知名专家、行业部门领导近百人出席本次大会。

【中国视协演员工作委员会换届工作会议在京召开】

12月29日，中国视协演员工作委员会换届工作会议在北京召开，中国视协主席胡占凡，中国视协分党组书记、驻会副主席、秘书长范宗钗，中国文联副主席、中国视协副主席朱彤，中国视协副主席李春良等领导出席会议。中国儿童艺术剧院一级演员陈宝国被聘任为第三届演员工作委员会会长，王雪茗、丁柳元担任演员工作委员会秘书长。吕中、李明启、张凯丽、陈建斌、何冰、倪萍、王志飞、孙茜、任程伟、周显欣等30余位演员代表共同参会。

中国文艺评论家协会

综　述

2021年对于文艺评论工作而言，是具有重要里程碑意义的一年，习近平总书记和其他中央领导同志多次对文艺评论工作专门作出重要指示批示，中央宣传部等五部门联合出台《关于加强新时代文艺评论工作的指导意见》（以下简称《指导意见》），中国文联制定《加强新时代文艺评论工作实施方案》（以下简称《实施方案》）。一年来，中国文联文艺评论中心（以下简称“评论中心”）、中国文艺评论家协会（以下简称“中国评协”）坚持以习近平新时代中国特色社会主义思想为指导，认真学习贯彻党的十九大和十九届中央历次全会精神，全面学习贯彻习近平总书记关于文艺评论工作重要论述和指示批示精神，特别是习近平总书记在中国文联十一大、中国作协十大开幕式上的重要讲话精神，紧紧围绕庆祝建党百年主线、党史学习教育主题，以推深做实《指导意见》《实施方案》为抓手，坚持正面、坚定、稳重、大气的中国文艺评论正大气象，坚守主流价值、主流话语、主流形象，进一步铸造重点评论、品牌活动、人才培训、阵地建设和理论研究五大工作支柱，不断增强文艺评论的针对性实效性和传播力影响力，以更加专业权威的评论引导创作、引导观众、引导舆论，团结引领广大文艺评论工作者守正笃实、锐意进取，以新活力新气象新作为谱写文艺评论工作新篇章。

重要会议

【全国文艺评论工作会暨中国评协第二届理事会第二次会议】

3月23日，全国文艺评论工作会暨中国评协第二届理事会第二次会议在江西赣州举行。中国文联党组成员、副主席董耀鹏出席并发表讲话，中国评协主席夏潮主持开幕会，评论中心主任徐粤春作题为《抓住机遇　乘势而上　以新担当新作为推动文艺评论工作开新局》的协会工作报告，中国评协主席团成员王一川、尹力、尹鸿、叶青、李明泉、李树峰、汪涌豪、张德祥、茅慧、傅道彬、傅谨出席会议，来自全国的中国评协理事、特邀嘉宾共100余人参加会议。会议严格落实疫情防控相关要求，采取现场会和通讯会相结合的形式召开。会议审议通过了中国评协第二届专委会机构设置和主要负责人建议人选名单、中国评协2021年度拟吸纳个人会员名单。董耀鹏、夏潮共同为理论委员会、艺术产业研究委员会、视听艺术委员会、舞台艺术委员会、造型艺术委员会、新文艺群体委员会、新媒体委员会、青年工作委员会、文艺评论工作者职业道德建设委员会等9家专委会机构负责人颁发聘书。会议选举徐粤春为中国评协第二届副主席兼秘书长。

【中国文联加强和改进新时代文艺评论工作座谈会】

4月12日，中国文联加强和改进新时代文艺评论工作座谈会在京召开。中国文联党组书记、副主席李屹出席会议并讲话。中国文联党组成员、副主席董耀鹏主持会议。中国评协主席夏潮，中宣部文艺局副局长彭云，中国文联机关各部门、各直属单位、各全国文艺家协会负责同志，各省区市文联有关负责同志，中国评协主席团在京成员以及文艺评论家代表等90余人参加会议。中国评协副主席张德祥，北京文联党组书记、常务副主席陈宁，中国艺术报社总编辑康伟，中国评协副主席、四川省评协主席李明泉，中国视协分党组成员、副秘书长范宗钗，中国美协美术理论委员会主任尚辉，浙江省评协秘书长沈勇等围绕理论学术建设、组织体系建设、阵地建设、具体艺术门类评论工作、新文艺群体工作、青年文艺评论家工作、理论专委会建设等方面作了大会交流发言。湖北省评协副主席李建华，天津市文联党组副书记、副主席李志，中国评协副主席向云驹，湖南省文联党组书记、副主席夏义生分别作了小组总结发言。中国评协副主席兼秘书长、评论中心主任徐粤春作会议总结讲话。

【文艺评论界学习贯彻习近平总书记在庆祝中国共产党成立100周年大会上的重要讲话精神座谈会】

7月15日，文艺评论界学习贯彻习近平总书记在庆祝中国共产党成立100周年大会上的重要讲话精神座谈会在中国文艺家之家召开。中国评协主席夏潮主持会议，中国评协副主席兼秘书长、评论中心主任徐粤春传达了中国文联关于学习宣传贯彻习近平总书记在庆祝中国共产党成立100周年大会上的重要讲话精神的通知，仲呈祥、王一川、于平、张德祥、茅慧、范玉刚、金浩、宗娅琮、毕志飞、白靖利等老中青三代文艺评论界代表出席会议并发言。评论中心副主任杨晓雪，在京的中国评协各专委会秘书长唐宏峰、戴清、甄齐、胡建礼，新文艺群体评论工作者委员会委员马薪蕊、王进玉、刘妍、孙倩、刘旭东、刘远江、陈裕亮，“文艺评论两新”代表李伟锋、董江波、张浩等参会。中国评协主席团成员尹力、尹鸿、叶青、向云驹、李明泉、李树峰、汪涌豪、周海宏、傅谨、傅道彬提交了书面发言。

【文艺评论工作推进会】

8月19日，由中国文联理论研究室、评论中心共同主办的文艺评论工作推进会在中国文艺家之家召开。中国文联党组成员、副主席董耀鹏出席会议并提出工作要求，中国文联理论研究室主任周由强主持会议，评论中心主任徐粤春传达了《指导意见》的主要内容。中国曲协分党组成员、副秘书长黄群，中国书协分党组副书记、秘书长郑晓华，中国视协分党组书记、副秘书长范宗钗，中国文联网络文艺传播中心副主任彭宽，中国艺术报总编辑康伟作会议发言。中国文联相关部门和直属单位、各全国文艺家协会有关负责人参加会议。本次会议是4月中国文联召开加强改进文艺评论工作座谈会后，对文联系统新时代文艺评论工作的再动员、再部署。

【中国评协主席团扩大会学习贯彻第十一次全国文代会精神】

12月30日，中国评协学习贯彻第十一次全国文代会精神主席团扩大会在中国文艺家之家召开。中国评协主席夏潮出席会议并作总结讲话，中国评协副主席兼秘书长、评论中心主任徐粤春主持，中国评协副主席尹力、叶青、叶培贵、向云驹、李明泉、李树峰、汪涌豪、张德祥、茅慧、周海宏、傅谨、傅道彬参会并发言，中国评协副主席王一川、尹鸿提交书面发言。评论中心副主任杨晓雪，中国评协在京专委会负责人陈履生、唐宏峰、宗娅琮、戴清、金浩、胡建礼、王庭戡，中青年文艺评论家代表李昌菊、蒋慧明、王晓玉、邱振刚、赵莹、徐进毅参加会议。会议采取线下线上相结合的方式举行。会后，在《中国艺术报》推出《领航新时代文艺的思想指南——中国评协主席团扩大会议学习贯彻习近平总书记在中国文联十一大、中国作协十大开幕式上的重要讲话精神》专题报道，在《中国文艺评论》杂志推出“文艺评论界学习贯彻习近平总书记‘七一’重要讲话精神”专题笔谈。

品牌活动

【首届全国“文艺评论两新”锦江论坛】

6月17日，由中国评协、评论中心、四川省文联主办2021全国“文艺评论两新”锦江论坛在四川省成都市开幕。中国评协主席夏潮，中宣部文艺局理论文学处处长胡友笋，中国评协副主席兼秘书长、评论中心主任徐粤春，四川省文联主席郑晓幸，四川省文联党组书记、常务副主席平志英，四川省文联党组副书记刘建刚，中国评协副主席、中国评协新文艺群体评论工作者委员会主任、四川省评协主席李明泉，四川省文联副主席、成都市文联党组书记宋凯，评论中心副主任杨晓雪等出席开幕式。徐粤春主持开幕式并讲话。开幕式上举行了中国评协新文艺群体评论工作者委员会成立仪式，来自全国各地的专家学者、全国“文艺评论两新”代表、四川省文艺工作者代表、四川省市州评协代表，中央和地方媒体单位的记者等130余人参加了论坛活动。本次论坛以“新文艺群体评论工作者的时代声音”为主题，结合当前全国新文艺组织和新文艺群体评论工作者的生存现状和发展情况，围绕新文艺群体评论的价值、生态、话语体系、文化治理以及新媒体语境下的新文艺群体评论表达与传播等内容和话题展开。参会代表开展分组研讨并审议锦江论坛倡议书，吹响了“文艺评论两新”的集结号。

【第三届全国民族文艺论坛】

9月14日，由中国评协、评论中心、西藏自治区文联主办第三届全国民族文艺论坛在西藏拉萨市举行。中国文联党组成员、副主席董耀鹏出席会议并作主旨发言。西藏自治区政协副主席、西藏自治区文联主席扎西达娃，中国评协副主席张德祥，西藏自治区党委宣传部副部长普布，西藏文联党组成员、副主席、一级巡视员吉米平阶，西藏文联党组成员、副主席陈人杰、李雪艳，西藏文联副主席、西藏音协主席美朗多吉等出席开幕式。普布、吉米平阶致辞，中国评协副主席兼秘书长、评论中心主任徐粤春主持开幕式。本次论坛以“民族文艺中的中华民族共同体意识”为主题，围绕“民族文艺在铸牢中华民族共同体意识中的重要意义”“民族文艺与党的百年历程”“民族文艺与中华美学精神”“新时代民族文艺的责任与担当”“民族文艺评论的地位、作用与担当”等议题展开深入交流与讨论。

【第七届中国青年文艺评论家西湖论坛】

10月18日至21日，由中国评协、评论中心、浙江省文联主办的第七届中国青年文艺评论家西湖论坛在浙江杭州举办。中国文联党组成员、副主席董耀鹏，中国评协副主席兼秘书长、评论中心主任徐粤春，中国评协副主席尹鸿、张德祥，中共浙江省委宣传部副部长、省电影局局长葛学斌，浙江省文联党组书记、副主席陈瑶，浙江省文联党组成员童颖骏等出席开幕式。徐粤春主持开幕式。开幕式上举行了中国评协第二届青年工作委员会成立仪式，来自全国各地的专家学者、青年文艺评论家、博士代表、中央和地方媒体单位记者等100余人参加了本次论坛活动。本届论坛以“踏上新征程的中国影视”为主题，结合当下中国影视产业发展现状和新时代青年文艺评论工作新力量，围绕中国影视剧海外传播策略与发展方向、新媒体环境下短视频传播机制与发展趋势、亚文化视角下的影视现象与社会治理、爆款网络剧的审美旨趣和文化特征、共同富裕示范区建设背景下的浙江影视策略等议题展开。会上发布了第七届西湖论坛倡议书并召开了中国评协第二届青年工作委员会第一次全体会议，部分委员代表参加并就委员会建设与发展建言献策。

【首届粤港澳大湾区文艺创新论坛】

11月5日至7日，由中国文联港澳台办、香港中联办宣文部、澳门中联办宣文部指导，中国评协、评论中心与广东省文联主办的首届粤港澳大湾区文艺创新论坛在广东省中山市举行。按照疫情防控要求，论坛创新采用线上线下相结合的方式进行，设北京与中山两个会场。中国文联党组成员、副主席董耀鹏，中共广东省委宣传部常务副部长崔朝阳，中共中山市委书记郭文海出席开幕式并致辞；中国文联港澳台办主任董占顺，中国评协副主席兼秘书长、评论中心主任徐粤春，中国文联网络文艺传播中心主任郝向宏，评论中心副主任杨晓雪在北京会场出席；广东省文联党组书记、专职副主席王晓，广东省文联党组副书记、专职副主席吴华钦，广东省评协主席林岗，中共中山市委常委、宣传部部长林锐熙，中共中山市委常委、秘书长李长春在中山会场出席。论坛由徐粤春主持。论坛以“创新驱动下粤港澳大湾区的文艺未来——想象与期待”为总主题，以“粤港澳大湾区推动新时代文艺创新的机遇与挑战”“创新理念下粤港澳大湾区文艺实践与理论建构”“传承与重塑：区域文化视阈下粤港澳大湾区优秀传统文化创新发展”“基于新媒体融合矩阵的文艺新传播探索”为4个分论坛主题。来自内地和港澳的著名专家、学者，湾区内节点城市的文联主席、评协主席，首届全国文艺评论领军人才培训班的学员等共计110人参加。论坛开展了优秀文艺创新案例和重点文艺研究课题征集评选活动，经专家评审、结果公示等程序，共产生《时代先声——广州文艺百年大展》《大芬油画村》等6个优秀文艺创新案例，以及《新媒体影视评论的创新实践研究》《广佛传统工艺美术的现代转型》等5个重点文艺研究课题，为湾区文艺创新设立可资借鉴的标杆，传播成功的实践经验。

【第六届“啄木鸟杯”中国文艺评论年度推优活动】

7月，中国文联、中国评协启动第六届“啄木鸟杯”中国文艺评论年度推优活动。2022年1月13日，推优云发布典礼在京举行。中国文联党组成员、副主席董耀鹏，中国评协主席夏潮，中宣部文艺局理论文学处处长胡友笋，中国评协副主席兼秘书长、评论中心主任徐粤春，评论中心副主任杨晓雪，中国评协顾问路侃，中国评协副主席王一川、尹鸿、向云驹、李树峰、张德祥、茅慧、周海宏，以及支持“啄木鸟杯”推优工作的中国文联机关各部门，各全国文艺家协会、各直属单位等有关方面领导出席云发布典礼。董耀鹏、夏潮等领导嘉宾现场向优秀作者代表颁发青铜“啄木鸟杯”和荣誉证书。徐粤春介绍本届推优情况，杨晓雪宣读《中国文联、中国评协关于表彰第六届“啄木鸟杯”中国文艺评论年度优秀作品的决定》。本届“啄木鸟杯”中国文艺评论年度推优活动作品报送以单位推荐为主，增加了年度优秀文艺短评文章项目。此次推优共收到报送作品548份，其中著作62部、长评307篇、短评179篇。中国文联、中国评协秉承坚持导向、注重质量、宁缺毋滥的原则，经过初评、复评、终评，并报中国文联批准，最终推选出年度优秀文艺评论著作5部、长评文章20篇、短评文章10篇。“啄木鸟杯”中国文艺评论年度推优对探索建立科学的文艺评价体系、促进文艺基础理论和跨艺术门类综合研究发挥了积极作用，其含金量、知名度、影响力逐步提升。

主题评论

【央视牛年春晚节目、“百花迎春——中国文学艺术界2021春节大联欢”专题评论】

农历新年伊始，中国评协特邀金浩、蒋慧明、刘妍、陈建忠、张应辉等多位中青年评论家品评央视牛年春晚和“百花迎春——中国文学艺术界2021春节大联欢”，及时推出一批时效性、针对性、引导性强的文艺评论文章，唱响主旋律，传播正能量。

【“圈层化”专题评论】

2月3日，中国评协、评论中心以“钟艺妍”为笔名，以《快乐入圈 包容他圈 勇敢出圈》为题，推出“艺见”发声平台第2期。本期围绕文艺领域存在的圈层化现象，以及当下“应援”文化、粉丝经济背后的复杂成因、多重影响，结合文艺鉴赏、传播存在的“壁垒”“部落化”等问题，约请中国评协副主席、北京师范大学文艺学研究中心研究员王一川，中国评协副主席向云驹，中国评协会员、首都师范大学文学院教授胡疆锋，苏州大学传媒学院教授、新媒介与青年文化研究中心主任马中红，中国艺术研究院马克思主义文艺理论研究所副研究员秦兰珺等5位评论家撰写5篇专题评论文章，从正反两方面探寻文艺领域圈层化症结所在，探寻有效破圈方法和途径，以期“圈内”“圈外”超越文化成见，达成文化认同。系列组稿在《中国艺术报》以《构建文化共识，走出‘圈地自萌’的审美场域》为题刊发专版，得到业界积极评价。

【重点现实题材电视剧精品创作座谈会】

2月8日，由中国视协、评论中心联合主办的重点现实题材电视剧精品创作座谈会在中国文艺家之家举行。座谈会邀请近期热播的重点现实题材电视剧的主创人员、业界专家学者，就《山海情》《跨过鸭绿江》《装台》《觉醒年代》《最美逆行者》《在一起》等一系列电视剧进行探讨，总结成功经验，提出意见建议，以进一步推动电视剧精品创作，改进和提高电视剧评论工作。中国文联党组成员、副主席胡孝汉出席并讲话，赵化勇、李京盛、胡智锋、丁亚平、王伟国、杨铮、申积军、王海平、李跃森、邓凯、周由强、徐粤春、康伟、赵彤等专家学者和王浩、任双有、李少飞、马正强等主创代表作交流发言，中国视协分党组成员、副秘书长、一级巡视员范宗钗主持会议。

【建党百年红色文艺经典研讨会】

3月22日，由中国文联、中国评协、江西省文联主办，评论中心、中共赣州市委承办，江西省评协、赣州市文联、中共赣州市章贡区委、中共大余县委协办的建党百年红色文艺经典研讨会在江西赣州举办。中国文联党组成员、副主席董耀鹏，评论中心主任徐粤春，中国评协副主席王一川、叶青、李树峰、张德祥、茅慧、傅道彬，中国评协顾问高建平和来自全国各地的10余位文艺评论家、党史党建专家、各艺术门类专家参加了研讨会。本次研讨会以“红色文艺经典的时代光芒”为主题，围绕“建党百年红色文艺创作实践的回顾与思考”“百年红色文艺经典的历史地位、人民情怀、艺术价值、美学意蕴”“百年红色文艺经典的信仰之美、崇高之美、人格之美”等议题，以主题研讨、圆桌论坛形式展开深入讨论，回顾总结红色文艺创作的辉煌成就和宝贵经验，共同探讨红色文艺经典的时代价值和未来发展，为新时代红色文艺创作提供思想先导和价值引领。

【电影《天地之间》观摩研讨会】

4月2日，由评论中心主办、全国扶贫宣传教育中心予以政策指导的电影《天地之间》观摩研讨会在京举行。中国评协副主席兼秘书长、评论中心主任徐粤春主持会议并作总结讲话，国家乡村振兴局全国扶贫宣传教育中心副主任接萍出席并讲话，尹鸿、周由强、饶曙光、戴清、李春利、胡建礼等评论家代表，袁正领、文炜、赵艺然、战立国等主创代表，来自重庆和广安有关单位负责人作研讨发言。会议以“脱贫攻坚故事的青春化表达”为主题，从叙事方式、影像表达、表演特点、制作模式、美学形态、人文内蕴等不同方面把脉电影《天地之间》的优长与不足。学习强国、中新社、光明网、央视文艺报道、中国文艺网、中国文艺评论新媒体、爱奇艺、腾讯、影视风向标、千龙网、网易等网络和电视媒体，《光明日报》《中国艺术报》《中国社会科学报》《文汇报》等传统纸媒对研讨会进行了差异化广泛报道，在网上网下引发热烈反响。

【“庆祝中国共产党成立100周年优秀舞台艺术作品展演”观摩评论活动】

4月至11月，中国评协、评论中心依托中国评协舞台艺术委员会发挥学术优势力量，邀请专家学者针对在京展演的34部庆祝中国共产党成立100周年优秀舞台艺术作品进行鉴赏和评论，组织现场观摩专家达115人次，公开发表评论文章33篇，编印观摩展演的评论成果文集1册，并与北京评协共同主办“庆祝中国共产党成立100周年优秀舞台艺术作品展演”专题研讨会。观摩评论活动有效引领创作和审美鉴赏，形成较大主流评论声势。

【田连元《话说党史》评书创作研讨会】

4月29日，由中国评协、评论中心、中国曲协主办的“田连元《话说党史》评书创作研讨会”在京召开。研讨会由中国评协副主席兼秘书长、评论中心主任徐粤春主持。辽宁省曲协名誉主席、著名评书表演艺术家田连元，中国曲协主席、著名相声表演艺术家姜昆，中国曲协分党组书记、驻会副主席杨发航，中国评协副主席、舞台艺术委员会主任傅谨，学习强国学习平台有限责任公司副总经理、“学习强国”学习平台副总编辑张丛，中国评协会员、光明日报《博览群书》杂志社社长兼主编董山峰，中国曲协评书艺术委员会主任、国家一级演员杨鲁平，中国曲协快板艺术委员会委员、北京曲艺团副团长、国家一级演员李菁，中国曲协评书艺术委员会委员、天津艺术职业学院曲艺系评书专业教师关勇超出席研讨。与会专家一致认为，评书《话说党史》是一部向党的百岁华诞献礼的精品力作，通过具有强烈的感染力的艺术手法，让听众更全面、细致、准确地认识中国共产党百年历史，是曲艺界为献礼建党百年创作的具有较高艺术水平的标志性作品，充分体现了评书界以及曲艺界在中国当代社会的政治自觉与文化担当。

【“网络漫画”专题评论】

5月14日，中国评协、评论中心以“钟艺新”为笔名，以《“老树”“小林”何以绿荫如盖》为题，推出“艺见”发声平台第3期。本期聚焦网络漫画，邀请“老树”(刘树勇，中央财经大学文化与传媒学院艺术系主任、教授，知名微博主“老树画画”)和“小林”(林帝浣，广州动漫协会副主席，中山大学艺术学院教师，知名微信公众号“小林”主理人)两位艺术家同题笔谈、互相画像，并组织多位评论家向两位艺术家提问。《当“老树画画”遇上“小林漫画”，会擦出怎样的火花》以及5位文艺评论家的相关文章在《光明日报》及其微信公号、中国文艺评论新媒体、《中国艺术报》及其微信公号、“学习强国”学习平台等50余家媒体平台刊发、转载，舆论反响强烈。

【“建党百年与文艺评论”专题研讨会】

5月25日，由中国评协、评论中心主办的“建党百年与文艺评论”专题研讨会在中国文艺家之家召开。中国评协主席夏潮出席会议并作主旨发言。中国评协第一届主席、中央文史馆馆员仲呈祥，中宣部文艺局理论文学处处长胡友笋，中国评协第一届顾问张炯、陆贵山，中国评协顾问朱以撒、罗怀臻、路侃，中国评协副主席汪涌豪、傅谨，以及饶曙光、李心峰、刘琼、屈健、张萌等文艺评论家出席研讨。中国评协副主席兼秘书长、评论中心主任徐粤春主持会议。会议回顾和总结了百年来党领导文艺评论的发展历程、重要成就和宝贵经验，展望了新时代文艺评论发展的趋向和愿景，明确了加强新时代文艺评论工作应坚持的基本原则和努力方向。

【电影《1921》观摩研讨会】

6月9日，由中国评协、评论中心主办的电影《1921》观摩研讨会在京举办。中国评协副主席兼秘书长、评论中心主任徐粤春主持会议，电影《1921》监制兼导演黄建新、制片人任宁等主创和出品方代表，中国评协顾问路侃、中国评协副主席张德祥，以及胡智锋、戴清、李舫、邓凯、皇甫宜川、赵卫防、李道新、胡建礼等文艺评论家参加了研讨会。会议以“党史题材影视作品着力讲好党的故事、革命的故事、英雄的故事”为主题，从叙事方式、创作手法、美学特征、影像表达等不同方面探讨电影《1921》的创作成果与艺术创新，从历史纵深、国际视野、信仰理路、美学逻辑、青春气息、生活质感等多方面给予影片肯定。同时，专家学者给出一些建设性的意见建议，为进一步研究探索重大题材影视作品的创作规律和发展方向提供了有益参考。

【庆祝中国共产党成立100周年主题电影研讨会】

7月22日，由中国影协、中国评协共同主办，中国文联电影艺术中心承办的庆祝中国共产党成立100周年主题电影研讨会在京举行。中国文联党组成员、副主席胡孝汉出席并讲话。中国影协分党组书记、驻会副主席、中国文联电影艺术中心主任张宏，中国评协副主席兼秘书长、评论中心主任徐粤春致辞。闫玉清、尹鸿、张思涛、马维干、路侃、向云驹、赵卫防、李春利、高小立、马薪蕊等专家作研讨发言。研讨会由中国影协分党组副书记、秘书长闫少非主持。中国影协分党组成员、副秘书长孙崇磊、曹俊，中国影协副秘书长杨烨，中国金鸡百花电影节执委会办公室主任毕文宇，中国文联电影艺术中心常务副主任宋智勤，中国文联电影艺术中心副主任郑阳参加。与会专家学者从主题立意、艺术特质、创作突破、类型创新等角度，深入探讨了庆祝中国共产党成立100周年主题电影的风格与特色，为中国电影事业和电影产业繁荣发展助力。

【“饭圈文化”专题评论】

8月23日至9月1日，中国评协、评论中心在为期10天的时间里，围绕“饭圈文化”主题，通过微评征集、专家研讨、平台发声、专题约稿等形式，邀请专家学者分别从美学、法学、社会学、艺术学、经济学、行政管理、行业管理等角度辨析“饭圈乱象”，以文艺评论方式助力“饭圈文化治理”，发挥文艺评论价值引导、精神引领、审美启迪作用。8月23日、26日，中国评协、评论中心选编23条文艺微评，以《啄木声声|微评“饭圈”乱象》第一波、第二波为题，对外发布，表明态度，以正视听。8月26日，中国评协、评论中心召开“饭圈文化治理专家研讨会”，中国评协副主席兼秘书长、评论中心主任徐粤春主持会议并作总结讲话，中国文联国内联络部主任、网络文艺传播中心主任谢力，评论中心副主任杨晓雪，以及10余位来自不同领域的专家学者出席会议。会议由中国评协文艺评论工作者职业道德建设委员会承办。会议从学理层面，从多维视角，深入解读“饭圈文化”的产生机理，深刻揭示不良“饭圈文化”的严重危害，共同探讨“饭圈文化”治理的工作方向和具体措施。9月1日，中国评协、评论中心以《“饭圈文化”治理的多维观察》为题，推出“艺见”发声平台第4期，以铁肩担道义的责任感，展示中国文艺评论的正大气象，廓清社会风气，回应社会关切。

【电影《长津湖》作品研讨会】

10月3日，由中国评协支持、中国评协视听艺术委员会主办、北京大学影视戏剧研究中心协办的电影《长津湖》作品研讨会在京举行。中国评协视听艺术委员会委员、北京大学艺术学院教授、北京大学影视戏剧研究中心主任陈旭光与中国评协理事兼视听艺术委员会秘书长、中国传媒大学戏剧影视学院教授戴清主持会议，张德祥、陈先义、李道新、刘星、邓凯、向阳、王丹、田水泉、顾亚奇等评论家、学者与编剧共同参加研讨会。与会专家充分肯定《长津湖》作为新主流大片丰富的精神蕴涵与高水准视效制作。同时，影片题材的特殊性，使其需要经受历史真实与创作细节方面的严格检验，引领观众回望70年前的战争历史，致敬英雄，以伟大抗美援朝精神凝聚民族力量，激励当代年轻人以史为鉴、不忘初心，为新时代中国特色社会主义的建设奋发有为，积极贡献力量。

精品阵地

【《中国文艺评论》杂志】

《中国文艺评论》是中国文联主管，中国评协、评论中心主办的学术月刊。杂志始终坚持导向性、学术性、综合性、实践性的基本定位，深度打造“名家专访”“特别关注”“作品评析”等示范性引导性强的品牌栏目，增设“批评争鸣”栏目，加大策划组稿力度，刊发重点文章，不断扩大学界业界影响力。

2021年，《中国文艺评论》杂志出刊12期，共编发文章156篇，约160万字，10多篇文章被《新华文摘》《人大复印报刊资料》《中国社会科学文摘》《作家通讯》等报刊转载，在中国人民大学复印报刊资料全文转载量、中国知网影响因子统计源期刊排名等学术期刊重要指标排行中，杂志一直位居艺术类刊物前列。2021年，杂志正式晋级C刊行列，步入了艺术类顶刊行列，并入选“人大复印报刊资料重要转载来源期刊（2020版）”，入选第二十八届北京国际图书博览会（BIBF）“2021中国精品期刊展”，获首届“方正电子”杯中国期刊设计艺术周优秀版式设计奖、优秀封面设计奖，入选《中国学术期刊影响因子年报》统计源期刊。2021年，出版中国文学艺术发展专项基金文艺出版报刊精品工程资助项目《〈中国文艺评论〉精选集》。

【中国文艺评论新媒体矩阵】

中国文艺评论新媒体矩阵以中国文艺评论网、“中国文艺评论”微信公号、“艺评中国”新华号为3大主要阵地，坚持立足评论前沿、突出网络特色，做精做强“原创首发”专栏，融媒体时代的文艺评论建设得到进一步加强。

2021年，选编稿件2000余篇，共吸引255万网民约1500万次阅读量。其中：中国文艺评论网选发文章1700篇，吸引超100万网民525万次阅读量；“中国文艺评论”微信公众号订阅用户突破10万，推送文章250篇，吸引170万网民210万次阅读量；“艺评中国”新华号，共推送文章203篇，阅读量均过万，其中62篇阅读量超过3万，位列新华号《2021年度最具影响力榜单》，获评年度“最具影响力文化新华号”。继续巩固扩大与中央主流媒体特别是文艺评论版面、频道、频率、栏目，以及相关网络媒体的合作联动机制，与《人民日报》《中国艺术报》、光明网等近50家报刊网站和约40家微信公号共享优质评论文章，实现评论作品和信息的互通共享，推动形成强大的传播合力。根据中国人文社会科学综合评价研究院调查，“中国文艺评论”公号阅读量在全国C刊公号中名列前茅。

人才培养

【第三届全国文艺评论新媒体骨干培训班】

10月10日至15日，由中国评协、评论中心主办，重庆市评协、中共奉节县委宣传部承办，奉节县文联协办的第三届全国文艺评论新媒体骨干培训班在重庆奉节举办。

中国文联原党组成员、副主席，中国评协主席夏潮出席开班式并讲话。中国评协副主席兼秘书长、评论中心主任徐粤春主持开班式。中国评协理事，中国作家协会《诗刊》社主编、一级作家李少君，重庆市文联党组成员、副主席黄振伟，奉节县委副书记、县长巩义胜，奉节县委常委、宣传部部长吴康轩，评论中心副主任、中国评协副秘书长、奉节县委常委、副县长（挂职）袁正领，中国评协理事、新文艺群体评论工作者委员会委员，新媒体“影视独舌”“影艺独舌”创办人李星文，中国评协新媒体文艺评论委员会委员、中央广播电视总台影视剧纪录中心《央视剧评》主编杨珺等领导和嘉宾出席了开班式。来自全国27个省份的60名学员参加培训，硕博学历占比85%，平均年龄36岁，专业覆盖10余个艺术门类，行业包括文艺类网台报刊媒体、高校院所及新文艺群体等，具有跨学科、高学历，朝气蓬勃、面貌清新等特点。培训组织徐粤春、尹鸿、李少君、刘树勇、李星文、杨珺进行6次专家授课、多组研讨和现场教学，有效会聚互联网新媒体新思维新创见，培训效果评估总体满意度高达9.97分。中国评协副秘书长、评论中心副主任，奉节县委常委、副县长（挂职）袁正领出席结业式，为全体学员颁发结业证书并合影留念。

【首届全国文艺评论领军人才培训班】

10月25日至11月7日，由中国文联、中国评协主办，评论中心、广东省文联、中国文联网络文艺传播中心承办，广东省评协、中山市文联协办的首届全国文艺评论领军人才培训班在广东省中山市举办。

因疫情防控需要，本次培训班采取“线上+线下”相结合的方式进行。中国评协主席夏潮线上出席开班式并讲话，中国评协副主席兼秘书长、评论中心主任徐粤春线上主持开班式，广东省文联党组成员、专职副主席周华，中共中山市委常委、宣传部部长林锐熙致辞，中国文联网络文艺传播中心主任郝向宏，广东省评协主席林岗出席。该班以五届全国文艺评论骨干专题研讨班为基础，以“百年现实主义创作：佳作巡礼、评论实践与理论探索”为主题，精心选拔35名全国文艺评论骨干，精心邀请龙平平、仲呈祥、于平、陈晋、廖奔、张江、宋乐永、刘斯奋、欧阳友权、吴为山等10位重量级专家学者组成名家大师班的授课阵容，精心设置课程，既有思想政治理论课又有道德法治课，既有名家大师班又有学员学术沙龙，既有创作一线调研又有重点作品观摩。学员还作为嘉宾参加“首届粤港澳大湾区文艺创新论坛”。培训班学习热情高涨，成果丰硕，赢得学界、业界广泛关注，为培养和造就一批理论水平高、专业能力强、综合素质优的高水平文艺评论领军人才迈出坚实的一步，同时也为实施新时代人才强国战略、贡献文艺人才力量提供了智力支持。

【会员发展】

2021年，中国评协发展个人会员154人，发展团体会员1家，为西藏评协。截至12月31日，中国评协共有团体会员28家，个人会员1879人（含主席团17人、理事157人）；全国评协组织（含国家级、省级、市/区级、县级）217家，会员总数为24529人。在充分调研的基础上，相继制定完善《团体会员服务管理办法》《个人会员服务管理办法》《专委会工作条例》等一系列规章制度，促进了会员工作的有序展开。

理论研究

【“新时代中国特色艺术经济理论体系创新与实践探索”研讨会暨中国评协第二届艺术产业研究委员会成立仪式】

5月29日，由中国评协主办、中国评协艺术产业研究委员会承办、北京邮电大学信息网络产业研究院协办的“新时代中国特色艺术经济理论体系创新与实践探索”研讨会暨中国评协第二届艺术产业研究委员会成立仪式在京举办。中国评协副主席兼秘书长、评论中心主任徐粤春出席并讲话，中央财经大学文化与金融研究中心主任陈明，清华大学研究员、深圳市艺术产业促进会会长姚建伟致辞。艺术产业研究委员会主任、中国艺术产业研究院副院长、教授西沐总结。来自业界的专家学者、有关高校的青年学生等百余人参加。成立仪式上，徐粤春与西沐共同为委员颁发聘书。与会代表分别围绕“构建新时代中国特色艺术经济理论体系”“文化消费、科技赋能与艺术经济前沿”“新经济与中国特色艺术经济实践探索”“转化和突破——发展进程中的中国特色艺术经济”4个主题，从不同视角，开展专业性、前瞻性研讨，体现了历史的宽度和研究的深度，是近年来一次重要的艺术经济研究实践。会议还举行了中国评协艺术产业研究委员会与中国艺术经济研究院联合签署编制《中国艺术经济发展年度报告（2021）》合作协议、与深圳市艺术产业促进会签署战略合作框架协议的签约仪式，并将择机出版《新时代中国特色艺术经济前沿研究》精选论文集。

【“典型理论百年”学术研讨会暨中国评协第二届理论委员会成立仪式】

6月27日，由中国评协第二届理论委员会、北京大学艺术学院共同主办的“典型理论百年”学术研讨会暨中国评协第二届理论委员会成立仪式在北京大学举行。中国评协副主席兼秘书长、评论中心主任徐粤春出席活动并致辞。中国文联主席团委员、中国评协副主席、第二届理论委员会主任、北京师范大学教授王一川宣布第二届理论委员会组织原则、委员职责与工作内容。共20位专家学者、专委会委员代表作主题交流发言，王一川作会议总结。此次研讨会的召开旨在对典型理论的内涵、典型概念与现代中国文艺观念与批评实践、各门类艺术中的典型人物及典型化等相关问题进行讨论，由此为新时代中国文艺理论与评论的话语体系建设提供借鉴。

【“百年征程 时代光影”研讨会暨中国评协第二届视听艺术委员会成立仪式】

7月6日，由中国评协、评论中心主办，中国评协视听艺术委员会、太原师范学院文学院、影视艺术系共同承办的“百年征程 时代光影”研讨会暨中国评协第二届视听艺术委员会成立仪式在太原师范学院举办。中国评协副主席兼秘书长、评论中心主任徐粤春，山西省文联党组书记李斌，山西省作协党组书记、主席杜学文，太原师范学院党委副书记、校长霍世平，中国评协副主席、视听艺术委员会主任张德祥，中国评协理事、视听艺术委员会秘书长、中国传媒大学戏剧影视学院教授戴清等出席会议。徐粤春、李斌、霍世平分别致辞，中国评协第二届视听艺术委员会成立仪式由中国评协理事、视听艺术委员会副主任、太原师范学院副校长、教授薛晋文主持。与会代表围绕“建党百年与影视民族化建构路径”“建党百年与中国影视艺术批评发展史”“主旋律影视作品创新发展的基本特征和美学追求”“新时代影视作品对外传播的创新思考”等议题，从具体作品入手探讨影视艺术创新发展，总结百年影视经验特别是主旋律视听作品的创作规律，为我国视听艺术发展作出理论评论贡献。

【编辑出版相关文集】

2021年，配合理论研究和论坛活动，组织编撰出版《非常时期文艺的价值与力量》，牵头推进《2021中国艺术发展报告》《文艺评论概要》编写工作，形成一批理论研究成果。

自身建设

【党建党务工作】

2021年，评论中心完成党支部换届改选，增加支委名额，选优配强支部委员，进一步增强了支部参与“三重一大”等重要业务工作的监督决策。制定《党建年度工作计划》，压实主体责任，为全年党建工作绘制出时间表路线图任务书。严格落实民主生活会和组织生活会制度、“三会一课”制度，全年召开党员大会18次、支委会12次，组织党员上党课4次，外出开展主题党日活动4次，召开组织生活会2次，开展全体干部职工思想动态分析1次，编发党支部简报25期。按照党组抓党建带群建的基本思路，召开2021年度全面从严治党动员部署会，逐一签订全面从严治党主体责任责任书。强化意识形态工作责任制落实，全年专题研究意识形态工作2次，开展意识形态专题学习研讨1次，开展意识形态年中自查自纠4次，积极配合中国文联意识形态工作督查办公室开展的实地督查指导，各项工作均达标。加强对研讨会、论坛、推优、会员入会等各类活动，以及《中国文艺评论》杂志、中国文艺评论新媒体意识形态工作的导向管理、内容把关和请示报告，全年意识形态安全可控。制定《加强警示教育工作方案》，通过组织开展“五个一”警示教育活动、组织学习《关于加强中央和国家机关部门机关纪委建设的意见》《中华人民共和国监察法实施条例》等党内法规、通报典型违纪违法案例等多种形式，教育引导全体干部职工保持健康的生活情趣和高尚的精神追求，树牢廉洁意识、自律意识，做到知敬畏、存戒惧、守底线。修订并从严执行《文艺评论中心贯彻落实中央八项规定精神具体措施》。完成中心工会换届改选，组织干部职工开展“百年征程新步伐 健步如飞跟党走”健步走活动、“我运动 我健康——健身长效计划”，广泛开展职工生日、生病、生育、节日等慰问活动。

【党史学习教育工作】

2021年，评论中心把开展党史学习教育作为全年政治任务，成立领导小组，制定《党史学习教育工作方案》《“我为群众办实事”工作方案》，召开动员部署会。中心处以上干部开展集中学习7天、专题研讨7次，全体党员集中学习10次、专题研讨4次，两个青年理论学习小组集中学习研讨18次，汇编心得体会1册，党史学习教育方案列明的26项工作任务全部完成。建立全体党员列席建党百年系列主题文艺评论活动制度。评论中心领导班子分别以“把握历史规律 担当时代使命——从中国共产党领导文艺评论的百年实践中汲取前进的智慧和力量”“以历史的精神认识当下文艺实践”为题作了党史专题党课报告。组织部分党员及青年代表赴梅岭三章纪念馆等地参观学习，赴北大红楼、原北大数学系开展“探访初心起源”等主题党日活动。组织“迎文代会、观文联展”主题党日活动并制作网络短视频。在党史学习教育活动中，干部职工撰写的20余篇文章，在《机关党建研究》《文汇报》《中国文化报》《中国艺术报》《成都日报》《黄石日报》和光明网等媒体刊发，并被多家媒体转载。《中国文艺评论》编辑部韩宵宵荣获中央和国家机关青年学习标兵，成为中国文联唯一获此殊荣的青年干部。

【巡视整改工作】

2021年，评论中心把抓好巡视整改作为推动文艺评论事业和中国评协、评论中心工作高质量发展的重要契机，成立领导小组，制定《巡视整改工作方案（含台账）》，多次召开专题会议，研究部署整改工作，实事求是评估成效，持续在抓具体问题解决、抓长效机制建立和执行上下功夫，确保巡视反馈问题件件有着落、事事有回应。截至2021年底，针对巡视反馈意见中指出的4个方面13个面上问题28个具体问题，评论中心领导班子研究制定了57项整改措施，所有整改任务已100%完成，形成相关制度规范21项，完成整改的问题已取得实际效果，不存在整改后又有所反弹的情况。针对巡视“回头看”反馈意见中指出的6个具体问题，已立行立改，并将长期坚持。

【内部管理工作】

2021年，中国评协、评论中心规范内控流程，对年度70项重点工作和重大活动实施项目式管理、台账式监督、绩效式考核、周例会推进，确保工作“日清月结”，初步形成一套科学规范、务实管用的内部控制管理流程。全年召开主任办公扩大会议36次，修订完善内部管理制度21项，编发中心简报21期、周动态和周安排51期，累计咨询法律顾问意见28次，法务服务时长107小时。积极开展保密自查自评，做到了安全无事故。注重预算管理，严肃财经纪律，严格财务报销，做到财务信息真实、准确、完整，资产使用安全有效。积极配合文联内审及有关财务检查，做到随时整改，不留尾巴。坚持正确选人用人导向，严格履行干部选拔任用工作程序，注重干部使用与培养的有机结合，在全年工作任务重、人手少的情况下，坚持选派干部参加中国文联内部巡视工作、第十一次文代会文件宣传组及组织联络组工作，支持干部报考编辑序列及研究员系列职称，支持编辑人员、财务人员参加继续教育，支持在编与非编干部参加高层次学历教育，做到应学尽学，以学促用，学用相长。严格对干部职工政治上的要求，注重“八小时以外”的教育引导，做到经常提醒、及时纠正，严肃党内政治生活，优化政治生态，有效防范各类政治安全风险隐患。

【表彰奖励】

2021年，中国评协被全国哲学社会科学工作领导小组批准为国家社科基金优秀社科学术社团奖励性补助单位，评估为第一档第一名，在全国受奖补的26个社团中名列第一；在首届中国文联学雷锋文艺志愿服务“时代风尚”先进典型活动中，评论中心获评“最美文艺志愿服务组织”，中国评协3人获得“最美文艺志愿者”“最美文艺志愿服务组织者”称号。

北京市文学艺术界联合会

1		2
3		4
5		6
7	8	9
10		

1. 1月13日，北京文艺评论家协会成立暨第一次会员代表大会召开。
2. 6月25日，长征三部曲——沈尧伊连环画作品展在国家大剧院举办。图为展览现场。
3. 8月3日，北京市文联九届三次理事会在国家会议中心召开。
4. 9月11日，北京市文联赴拉萨举办"心连心"艺术周。
5. 9月11日，参加北京作家日活动的中外嘉宾现场合影。
6. 10月15日，"回天"题材话剧《喜相逢》在中国国家话剧院剧场首演。
7. 11月25日，"北京意象·魅力朝阳"大型美术创作活动在中国美术馆开幕。
8. 12月22日，第七届"北京中青年德艺双馨文艺工作者"表彰活动在未来剧院举办。
9. 第十七届舞蹈大赛一等奖作品《妙影翩跹》。
10. 6月16日，北京市庆祝中国共产党成立100周年"人民的心声"专场演出在房山区霞云岭堂上村举办。

山西省文学艺术界联合会

1 2
3 4 5
6 7
8

1. 庆祝中国共产党成立 100 周年党员大会上山西省文联全体党员重温入党誓词。
2. 在庆祝中国共产党成立 100 周年党员大会上为“光荣在党 50 年”老党员颁发纪念章并献花。
3. 12 月 30 日，山西省文联九届三次全委会议在太原召开。
4. 6 月 28 日至 7 月 10 日，“庆祝中国共产党成立 100 周年山西省美术作品创作展”在山西美术馆、摩诘美术馆展出。
5. 10 月 17 日至 19 日，山西省文联主席郭建及山西省部分电影工作者赴平遥观摩“第五届平遥国际电影展”。
6. “学党史 传精神 跟党走”——中国文艺志愿者在行动，京津晋书画家、曲艺家、文艺志愿者走进大同潘家园采风交流。
7. 9 月 28 日至 10 月 7 日，“永远跟党走”2021 年全省群众文化活动书法（楹联）大赛作品展在山西美术馆举办。图为山西省巡展第三站吕梁。
8. 9 月 29 日，山西省文联党组书记李斌带领机关党员干部来到彭真生平暨中共太原支部旧址纪念馆开展主题党日活动，缅怀先烈丰功伟绩，感受建党艰辛历程，赓续传承红色基因。

内蒙古自治区文学艺术界联合会

1	2	3
4		5
6		7
8		

1. 1月10日，2021“金牛贺岁”曲艺专场晚会网络直播现场。
2. 4月19日，内蒙古自治区文艺界学习贯彻党的十九届五中全会精神、铸牢中华民族共同体意识培训班开班。
3. 5月21日，大型原创交响组歌《永远跟党走》演出现场。
4. 7月7日，内蒙古自治区文艺界学习贯彻习近平总书记在庆祝中国共产党成立100周年大会上的重要讲话精神座谈会在呼和浩特市召开。
5. 7月12日，永远跟党走——“红色百年内蒙古”油画、雕塑作品展“红色百年影像中的内蒙古”主题摄影展开幕式在内蒙古美术馆举行。
6. 8月31日，内蒙古文联文艺工作者职业道德和行风建设工作座谈会在呼和浩特市召开。
7. 12月1日，由内蒙古文联主办、内蒙古摄影家协会承办的“中华民族一家亲”全国摄影展在内蒙古美术馆开展。
8. 1月7日，2022年“送万福、进万家”文艺志愿服务活动在呼和浩特市举办。

辽宁省文学艺术界联合会

1. 辽宁文艺界开展学习贯彻习近平总书记在庆祝中国共产党成立100周年大会上重要讲话精神座谈会。
2. 辽宁文艺界开展学习贯彻习近平总书记在中国文联十一大、中国作协十大开幕式上的重要讲话精神座谈会。
3. 党的十九届五中全会精神曲艺小分队进基层宣讲，图为曲艺宣讲沈阳专场演出现场。
4. 举办“文心向党”辽宁省美术书法摄影优秀作品展。
5. 庆祝中国共产党成立100周年“深情礼赞辉煌百年”合唱音乐会现场。
6. 庆祝中国共产党成立一百周年系列书法展·辽宁篇——“风雨铸就辉煌”书法展举办。
7. 举办庆祝中国共产党成立100周年民间文艺精品展。
8. 举办“牡丹花开心向党”庆祝中国共产党百年华诞曲艺晚会暨第三届东北地区优秀曲艺节目展演。
9. “绿叶对根的情意”辽宁省群众舞蹈展演举行。

吉林省文学艺术界联合会

1. 4月15日，吉林省首家乡镇文联在公主岭市毛城子镇成立。
2. 4月23日，电视剧《鲜花盛开的山村》走进马鞍山村活动在长春市九台区马鞍山村举办。
3. 4月29日，中国文联文艺研修院相关负责人到吉林省开展调研。
4. 5月5日，吉林省情景魔术作品《红》获第十一届中国杂技金菊奖魔术作品奖。
5. 5月25日，“放眼新时代”2021吉林省原创作品音乐会在长春举行。
6. 7月2日，2021年吉林省书法理论创作高级研修班在长春举办。
7. 7月9日，吉林省文艺评论家协会第一届文艺评论培训班在吉林市开班。
8. 8月31日，中共吉林省文联机关第三次党代会召开。
9. 9月3日，吉林省文联召开文艺工作者职业道德和行风建设工作座谈会。
10. 3月25日，吉林省文联召开九届二次全委（扩大）会议。

黑龙江省文学艺术界联合会

1. 12 月 27 日，黑龙江省文艺工作者职业道德建设委员会成立大会在哈尔滨市召开，黑龙江省文联主席韩会峰出席并讲话。
2. 4 月 15 日，黑龙江省文联深入推进党史学习教育活动，组织全体党员参观黑龙江历史博物馆。
3. 4 月 8 日，“文联大讲堂”年度第一课开讲，黑龙江省文联党组书记马新以《以史为鉴，开创未来，在新时代新征程上争取更大荣光》为题，通过腾讯会议的形式为全体干部职工作了关于党的十九届六中全会精神的党课宣讲。
4. 5 月 7 日，黑龙江省文联在哈尔滨音乐厅举办新音乐群体庆祝建党百年系列活动“永远跟党走”合唱音乐会。
5. 举办“百年辉煌与梦想”庆祝中国共产党成立 100 周年黑龙江省美术书法摄影作品展，时任黑龙江省委常委、宣传部部长贾玉梅出席并讲话。
6. 黑龙江省文联干部职工志愿参加伟大抗疫斗争图片集锦。
7. 6 月 21 日，黑龙江省文联举办“辉煌 100 年 · 文联心向党”汇演。

上海市文学艺术界联合会

1 2
3
4 5
6

1. “曙光——红色上海·庆祝中国共产党成立100周年主题艺术作品展”现场。
2. “唱响百年 致敬经典”第37届上海之春国际音乐节开幕音乐会现场。
3. 第十一届上海美术大展现场。
4. 第十三届上海市摄影艺术展现场。
5. 第四届上海民间艺术成果展现场。
6. “百年丰碑”——庆祝中国共产党成立100周年系列书法展现场。

江西省文学艺术界联合会

1. 3月22日，以“红色文艺经典的时代光芒”为主题的建党百年红色文艺经典研讨会在赣州市举行。
2. 4月20日，“永远跟党走”江西谷雨诗会主题诗歌晚会在江西艺术中心举行。
3. 4月30日，开展“学党史 传精神 跟党走”——“万名文艺家下基层”江西省文联新时代文明实践志愿服务走近新钢最美劳动者活动。
4. 9月10日，江西省文艺界学习贯彻落实文娱领域综合治理工作会议精神座谈会暨职业道德和行风建设委员会成立大会在南昌召开。
5. 9月23日，“江西文艺·名家讲堂”曲艺专场暨江西省曲艺创作骨干培训班开班式在南昌举行，特邀中国曲协主席、著名相声表演艺术家姜昆来赣讲学。
6. 9月28日，大型原创交响组歌音乐会《井冈颂》在江西艺术中心音乐厅上演。
7. 11月18日，“党的光辉照我心”江西省党史题材原创舞蹈展演在江西艺术中心举行。
8. 6月29日，“百年赣鄱耀中华”——庆祝中国共产党成立100周年江西省大型美术书法诗词创作展在江西美术馆开幕。

山东省文学艺术界联合会

1	2	3
4	5	6
9	8	7
10		

1. 6月24日，由山东省委宣传部、山东省文联、山东省文化和旅游厅联合主办的“庆祝中国共产党成立100周年山东省美术书法摄影剪纸作品展”在山东美术馆开幕。
2. 8月30日，“修身守正 立心铸魂——山东省文联文艺工作者职业道德和行风建设工作座谈会”在济南召开。
3. 9月29日，纪念山东省文联、山东省作协成立70周年座谈会在济南举行。
4. 9月29日，“我们一起走过”——山东省文联、山东省作协成立70周年暨山东文艺界庆祝新中国成立72周年文艺晚会在山东省会大剧院举行。
5. 9月29日，在纪念山东省文联、山东省作协成立70周年座谈上，为第十二届山东省“泰山文艺奖”获奖代表颁奖。
6. 10月14日，由山东省文联、山东省剧协、青岛市文联、青岛市剧协等主办的山东省第四届农民戏剧展演月在山东青岛开幕，全省十六市同时启动展演活动。
7. 10月25日，第十三届中国舞蹈荷花奖民族民间舞评奖在济南举行，山东作品《移山》获奖。
8. 12月9日，第十四届山东国际大众艺术节——“党旗颂”第十二届山东省“齐鲁风情”青年歌手演唱大赛颁奖晚会在青岛举办。
9. 12月31日，2022山东新年文艺晚会戏曲专场在山东省会大剧院上演。
10. 5月15日，“到人民中去”2021山东文艺志愿服务主题活动首场演出暨山东省群众舞蹈展演（青岛站）在青岛举办。

河南省文学艺术界联合会

1 2
3 4 5
6 7
8

1. 5月13日，河南省文联第八届委员会第三次会议在驻马店市召开。
2. 5月14日，河南省文联在确山县竹沟革命纪念馆开展党史学习教育现场教学活动。
3. 6月15日，“艺心向党”——河南省文艺界庆祝中国共产党成立100周年文艺晚会举行。
4. 6月28日，庆祝建党100周年“百名百幅”——名家书法、美术、摄影作品展在河南省文联艺术馆展出。图为出席嘉宾与参展人员合影。
5. 9月28日、29日，河南省文联所属12家文艺家协会分别召开代表大会，成功完成换届。图为河南省作家协会第七次代表大会现场。
6. 10月21日、22日，河南省文联所属省级文艺家协会座谈交流会暨新一届主席团成员培训会在郑州举行。
7. 12月9日，河南省委副书记、政法委书记周霁，河南省委常委、宣传部部长王战营为第十一次全国文代会、第十次全国作代会河南团代表送行。
8. 河南遭遇7·20特大暴雨后，河南省文联闻“汛”而动，彰显使命担当。

湖北省文学艺术界联合会

	1	2
3	4	5
6	7	
	8	

1. 1 月 8 日，“圆梦小康・美丽乡村——湖北省中国画作品展”开展。
2. 3 月 14 日，“百花争妍楚天春”湖北省文联荆楚“红色文艺轻骑兵”精品节目展演在汉举行。
3. 4 月 7 日，“相约春天”抗疫摄影展开幕式在武汉汉街举行。
4. 6 月 12 日，“永远的旗帜——庆祝中国共产党成立 100 周年湖北省书法院书法作品展”开幕式在湖北省图书馆举行。
5. 7 月 6 日，“红色大别山 辉煌鄂豫皖”三省美术书法摄影展开幕式在武汉举行。
6. 10 月 15 日，湖北省编剧骨干人才研修班（第一期）学员来到延安杨家岭革命旧址进行现场教学。
7. 11 月 7 日，湖北省戏剧、曲艺、摄影、舞蹈、书法、杂技家协会代表大会在武汉胜利召开。
8. 3 月 15 日，湖北省文联第十届委员会第四次会议在武汉召开。

湖南省文学艺术界联合会

1	2	3
4		5
6		7
8		

1. 1月29日，湖南省首批新文艺群体领军人才座谈会在长沙召开。
2. 6月16日，时任湖南省委常委、宣传部部长张宏森看望第24届曹禺剧本奖获得者吴傲君、第30届中国戏剧梅花奖获得者张璇等，并与他们座谈。
3. 6月22日至23日，由中国文联网络文艺传播中心、湖南省文联共同主办的全国文联信息化建设工作片区会在长沙召开。
4. 6月30日，“庆祝中国共产党成立100周年湖南省美术书法摄影展”在湖南美术馆开幕。
5. 6月30日，时任湖南省委书记、省人大常委会主任许达哲，时任湖南省委副书记乌兰等湖南省领导参观“庆祝中国共产党成立100周年湖南省美术书法摄影展”。
6. 9月26日，大型公益性文艺期刊《文艺论坛》《湘江文艺》首届双年（2019－2020）优秀作品推介会在岳阳举行。
7. 11月11日，湖南省文联组织的2021年度“聚文化力量 助乡村振兴”湖南文艺家创作采风活动启动。
8. 3月30日，湖南省文联第十届委员会第二次全体会议在长沙举行。

广东省文学艺术界联合会

1. 4 月 19 日，“大湾区 大未来——粤港澳大湾区粤剧曲艺交流活动”在广州举行。
2. 5 月 22 日，选手在第十二届广东省少儿戏曲小梅花荟萃活动中表演。
3. 7 月 28 日，热烈庆祝中国共产党成立 100 周年原创情景交响组歌在广州星海音乐厅首演。
4. 广东省文联“文艺两新”拔尖人才培训班参观广东东江纵队纪念馆。
5. 首届粤港澳大湾区文艺创新论坛专家（部分）合影。
6. 10 月 22 日，“世界的开平”——第三届沙飞摄影周在江门开平开幕。

重庆市文学艺术界联合会

1 2 3
4 5 6
9 8 7
10

1. 3 月 2 日，“共圆小康梦　奋进新征程”重庆市脱贫攻坚美术作品展在重庆美术馆举办。
2. 3 月 19 日，“梦圆小康”重庆市脱贫攻坚原创歌曲音乐会在重庆大剧院举行。
3. 4 月 22 日，第三届川渝文化发展合作论坛在渝举办。
4. 6 月 1 日，“童心向党”第二届重庆市少儿美术作品展在合川区美术馆举办。
5. 6 月 17 日，“百年风华　百花齐放”庆祝中国共产党成立 100 周年重庆市书法作品展在重庆美术馆举办。
6. 6 月 23 日，“巧手播爱心　文艺助成长”重庆鼓楼学校特殊儿童手工艺作品展在鼓楼学校举办，共展出随班就读学生创作的 38 件手工艺作品。
7. 6 月 25 日，首届巴蜀青年摄影作品展在重庆市九龙坡区巴国城中心广场开幕。
8. 6 月 28 日，话剧《孩子剧团》亮相“百年风华・百花齐放”庆祝中国共产党成立 100 周年优秀原创剧目展演。
9. 7 月 9 日，“百年风华　百花齐放”庆祝中国共产党成立 100 周年民间工艺主题创作展在重庆市两江美术馆举办。
10. 12 月 21 日，重庆市文联文艺志愿服务活动走进重庆市石柱县三河镇。

四川省文学艺术界联合会

1. 10 月 17 日，中国文联主席、中国作协主席铁凝来蓉慰问四川省文联名誉主席马识途。
2. 6 月 9 日，四川省文联文艺精品创作工作推进会在成都召开。
3. 6 月 18 日，全国“文艺两新”锦江论坛在成都举行。
4. 10 月 12 日，中国舞协“新农村少儿舞蹈美育工程”（四川宜宾）启动及挂牌仪式在四川宜宾高县举行。
5. 3 月 18 日，四川省美协庆祝中国共产党建党一百周年“天府天工——四川工业题材美术创作工程”采风写生活动走进攀钢集团。
6. 9 月 29 日，首届“四川省十大歌曲”颁奖晚会在成都城市音乐厅举行。
7. 5 月 21 日，四川省文联推荐的四川省川剧院演员张燕勇夺中国戏剧梅花奖。
8. 12 月，“我为群众办实事”四川省文艺志愿者走进乐山惠民演出活动在峨边彝族自治县举行。
9. 11 月 1 日，四川省文学艺术界联合会第八次代表大会、四川省作家协会第九次代表大会在成都召开。

贵州省文学艺术界联合会

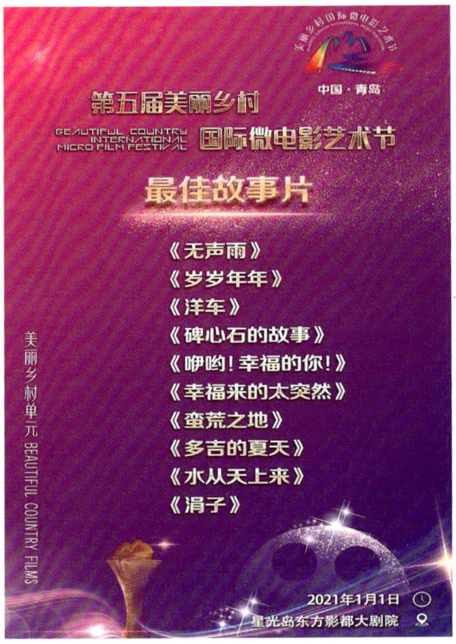

1 2 3
4 5 8
6 7
9

1. 《看万山红遍》开机仪式现场。
2. 贵州省文艺人才孵化基地揭牌仪式。
3. 召开修身守正、立心铸魂——贵州省文联文艺工作者职业道德和行风建设暨文娱领域综合治理工作座谈会。
4. 举办贵州省中青年文艺骨干专题培训班。
5. 举办贵州省文联庆祝中国共产党成立100周年文艺成果展。
6. 贵州省文联“圆梦工程”文艺培训志愿服务行动。
7. 京剧《锦绣女儿》荣获第17届中国戏剧节优秀剧目奖。
8. 微电影《咿哟！幸福的你！》获第九届亚洲微电影艺术节优秀作品奖。
9. 贵州代表团参加第十一次全国文代会。

云南省文学艺术界联合会

1. 6月25日，云南省庆祝中国共产党成立100周年美术、书法、摄影作品展在云南文学艺术馆隆重展出。
2. 6月22日晚，云南省文联举行“云岭百花心向党”云南文艺界庆祝中国共产党成立100周年文艺晚会。
3. 5月28日至29日，“永远跟党走”云南省文联文艺轻骑兵基层行系列活动走进昆明石林。
4. 6月24日，云南省文联举行“七一”表彰大会暨“光荣在党50年”纪念章颁发仪式。
5. 10月28日，云南省文联文艺工作者职业道德建设委员会成立大会暨第一次委员全体会议在昆明召开。
6. 4月14日，“红色经典 光影铸魂”庆祝中国共产党成立100周年主题影视作品展映暨创作研讨系列活动在昆明启动。
7. 11月21日，“百合花”2021云南省曲艺展演举办。
8. 12月5日至9日，第四届澜湄国际电影周在昆明举办。
9. 11月24日，云南省文联“文艺轻骑兵基层行”系列活动走进怒江州兰坪县慰问演出合影。

西藏自治区文学艺术界联合会

1. 1月至2月，西藏自治区文联组织书法家、书法爱好者广泛开展书法“十进”活动。
2. 5月13日，西藏自治区党委常委、宣传部部长汪海洲在西藏自治区文联调研指导。
3. 9月17日，第三届全国民族文艺论坛暨西藏文艺评论家协会第一次会员代表大会开幕式现场。
4. 10月17日，第三届藏族文学高端论坛在西藏林芝市召开，图为论坛嘉宾合影。
5. 11月20日，西藏影视艺术家协会举行珠峰映画影视沙龙第3期“从文学到影像，扎西达娃与西藏电影”。
6. 12月10日，西藏自治区文联成立40周年联谊会“百花绽放·情满雪域”在拉萨饭店举行。
7. 12月25日，西藏摄影家协会赴西藏林芝市察隅县下察隅镇为僜人群众拍摄全家福。

陕西省文学艺术界联合会

1. 陕西省委常委、宣传部部长王晓在陕西文联调研指导工作。
2. 陕西省文联五届十二次全委会在西安召开。
3. 陕西文艺工作者职业道德和行风建设工作座谈会现场。
4. “党的光辉照我心”庆祝中国共产党成立100周年音诗画文艺晚会现场。
5. 陕西省庆祝中国共产党成立100周年交响音乐会演出现场。
6. 陕西文艺界纪念毛泽东同志《在延安文艺座谈会上的讲话》发表79周年座谈会现场。
7. 陕西省文联组织党员干部集体参观陕西省庆祝中国共产党成立100周年主题展。
8. 陕西省文联助力白鹤村灾后重建捐赠仪式现场。
9. 到人民中去——陕西文艺界采风慰问活动演出现场。
10. 文艺志愿服务活动走进十四运建设工地慰问演出现场。

甘肃省文学艺术界联合会

1	2	3
4	5	6
9	8	7
	10	

1. 4月27日至29日，举办甘肃省文艺界党史学习教育专题读书班。
2. “崇德尚艺，做有信仰有情怀有担当的新时代文艺工作者”巡回宣讲现场。
3. 2月5日，甘肃省文联文艺志愿小分队在定西市安定区团结镇唐家堡村举办送万福进万家慰问活动。
4. 6月，举办“讲好红色故事、献礼建党百年”——首届红色题材网络小说征文大赛系列活动。
5. 9月1日，召开“乡村振兴的文艺模式：重大主题文艺创作”研讨会。
6. 6月19日，举办庆祝中国共产党成立100周年系列书法展（甘肃篇）——百年华章·红色陇原书法作品展。
7. 6月11日，举办“百年历程 辉煌成就——庆祝中国共产党成立100周年甘肃省美术作品展”。
8. 甘肃省文联文艺志愿小分队举办送万福进万家慰问活动。
9. 5月10日，举办甘肃省器乐大赛。
10. 12月22日，举办甘肃省贯彻落实中国文联十一大、中国作协十大会议精神座谈会，甘肃省省委常委、宣传部部长王嘉毅出席会议并讲话。

青海省文学艺术界联合会

1	2	3
4	5	6
7	8	9
10		

1. 1月14日，文化进万家青海省文联走进湟源县大华镇池汉村文艺志愿者慰问演出活动现场。
2. 1月24日，在青海省文化馆群星剧场举办2020年度青海省文艺界学雷锋文艺志愿服务先进典型表彰活动。
3. 6月30日，由青海省委宣传部、省文联、省文旅厅主办，省音协承办的“风展红旗如画——青海省庆祝建党100周年交响合唱音乐会”在青海大剧院举办。
4. 7月27日至8月5日，赴黄南、玉树开展“庆祝中国共产党成立100周年暨青海省第二届原创舞蹈大赛获奖编导‘寻舞三江源’系列活动”，图为系列活动之走进黄南。
5. 7月29日，由中国舞协、青海省文联主办的“中国藏族热贡神舞之乡”授牌仪式在黄南州同仁市举行。
6. 9月9日，在青海美术馆召开青海省文联文娱领域综合治理工作座谈会。
7. 10月25日，“国家公园省 生态新高地——青海生态文明摄影大展”在北京民族文化宫开幕。中国文联、中国摄协、青海省统战部、省民宗委、省文联、省援青干部服务办等相关领导出席开幕式。
8. 12月10日，举办“到人民中去——2021年青海省文联基层文艺志愿服务走进乐都区舞蹈培训”结业仪式。
9. 12月24日，“高原的召唤·38年青海写生——吴长江版画和素描展”在青海美术馆开展，青海省委常委、宣传部部长赵月霞出席开幕式。
10. 8月4日，在青海省海北州海晏县文迦牧场举行2021青海湖诗歌节。

宁夏回族自治区文学艺术界联合会

1	2	3
4	5	6
7		8
	9	

1. 1 月 15 日，宁夏美协赴盐池麻黄山乡开展文艺志愿服务活动。
2. 3 月 25 日，宁夏文联在石嘴山市大武口区开展“六个一心连心”文艺惠民活动。
3. 5 月 12 日，由宁夏文联、宁夏音协主办的“第十三届中国音乐金钟奖宁夏参赛选手专场音乐会”现场。
4. 5 月 28 日，宁夏文联在银川市光明广场开展“学党史、传精神、跟党走”宁夏文艺志愿者在行动红色交响乐晚会。
5. 6 月 21 日，宁夏书协在西吉中学开展“学党史 办实事”书法进校园活动。
6. 7 月 3 日，宁夏文联、宁夏民协在石嘴山市惠农区庙台乡东永固村开展“唱支山歌给党听”文艺演出活动。
7. 9 月 10 日，宁夏文联召开文艺工作者职业道德和行风建设暨加强文艺评论工作座谈会。
8. 9 月 17 日，宁夏文联、宁夏民协赴海原县关桥乡观桥中学开展“传承优秀传统文化 民间文艺进校园”活动。
9. 3 月 5 日，宁夏文联八届四次全委会在银川召开，会上成立宁夏文艺志愿服务总队。

China Federation of Literary and Art Circles
中国文联

中国文联
各团体会员（二）

新疆维吾尔自治区文学艺术界联合会

1	2	3
4	5	6
7	8	9
10		

1. 新疆文联与自治区直属机关工委联合举办"永远跟党走"庆祝建党百年书画摄影展。
2. 7月2日，新疆文联"石榴籽"文艺小分队走进博乐市。
3. 4月，新疆文联"石榴籽"文艺小分队向策勒县策勒镇新时代文明实践所赠送作品。
4. 新疆文联深入开展"文化润疆"工程，在麦盖提县巴扎结米镇恰木古鲁克村培养45名农民诗人。图为农民诗人在学习交流。
5. 新疆文联开展"文艺进乡村、进校园"活动。图为组织美术家赴乡村开展美术现场教学培训。
6. 新疆文联开展"文艺进乡村、进校园"活动。图为组织书法家赴莎车县为当地小学生教授书法知识。
7. 新疆文联与"学习强国"新疆学习平台联合举办"童绘新疆"系列新疆中小学生绘画作品征集展示活动，传承弘扬中华优秀传统文化。图为活动海报和相关图片。
8. 3月，新疆文联组织30名作家赴喀什、塔什库尔干塔吉克自治县开展时代楷模拉齐尼·巴依卡事迹专题采风。图为作家采风团冒着风雪重走拉齐尼·巴依卡生前巡边路。
9. 9月6日，新疆文联文艺工作者职业道德和行风建设工作座谈会在乌召开。
10. 中国文联"深入生活 扎根人民"主题实践活动采风团在新疆采风创作。

新疆维吾尔自治区文学艺术界联合会

1. 新疆文联与自治区直属机关工委联合举办“永远跟党走”庆祝建党百年书画摄影展。
2. 7月2日，新疆文联“石榴籽”文艺小分队走进博乐市。
3. 4月，新疆文联“石榴籽”文艺小分队向策勒县策勒镇新时代文明实践所赠送作品。
4. 新疆文联深入开展“文化润疆”工程，在麦盖提县巴扎结米镇恰木古鲁克村培养45名农民诗人。图为农民诗人在学习交流。
5. 新疆文联开展“文艺进乡村、进校园”活动。图为组织美术家赴乡村开展美术现场教学培训。
6. 新疆文联开展“文艺进乡村、进校园”活动。图为组织书法家赴莎车县为当地小学生教授书法知识。
7. 新疆文联与“学习强国”新疆学习平台联合举办“童绘新疆”系列新疆中小学生绘画作品征集展示活动，传承弘扬中华优秀传统文化。图为活动海报和相关图片。
8. 3月，新疆文联组织30名作家赴喀什、塔什库尔干塔吉克自治县开展时代楷模拉齐尼·巴依卡事迹专题采风。图为作家采风团冒着风雪重走拉齐尼·巴依卡生前巡边路。
9. 9月6日，新疆文联文艺工作者职业道德和行风建设工作座谈会在乌召开。
10. 中国文联“深入生活 扎根人民”主题实践活动采风团在新疆采风创作。

中国石化文联

1	2	3
4		5
6	7	8
	9	

1. 中国石化 2021 年线上新春团拜会。
2. "永远跟党走·奋进新时代"百场职工文艺演出下基层。
3. 召开学习贯彻习近平总书记在中国文联十一大、中国作协十大开幕式上重要讲话精神座谈会。
4. 石化作协 5 名作家参加 2021 "中国一日·工业兴国——中国作家在行动"全国作家联动大型文学主题实践活动。
5. 石化摄协首次与中国石化报社联办摄影人才高研班，60 家企业 138 名石化摄影爱好者和新入会会员参加培训。
6. 石化作协"红色文艺轻骑兵"志愿者走进石化机械四机公司。
7. 石化舞协"永远跟党走 奋进新征程"——中国能源化学地质工会庆祝建党 100 周年百场职工文艺演出下基层。
8. 石化书协开展"送万福进万家"志愿服务义写春联活动。
9. 石化书协西南油气田开展"心聚西南·气壮山河"书法志愿服务活动。

中国煤矿文联

1	2	3
4		5
6	7	8
	9	

1. “百矿千名——第八届全国煤矿文化干部和文艺骨干培训工程高级研修班”授课现场。
2. 2021年度《阳光》杂志、全国煤矿文化网络宣传工作会议在长沙召开。
3. 第九次全国煤炭工业科技大会“行稳致远”——煤炭科技创新礼赞文艺展演。
4. 晋能控股集团合唱团参加2021中国青岛合唱大会展演。
5. 劳飒（左）在井下采访劳动模范。
6. 全国煤矿书法骨干培训班在山东曲阜成功举办。
7. 有关领导和嘉宾观看“党的光辉照矿山”全国煤矿书法展览。
8. 中国煤矿文联第五届理事会第四次会议现场。
9. “党的光辉照矿山”全国煤矿书法展览开幕式现场。

中国电力文协

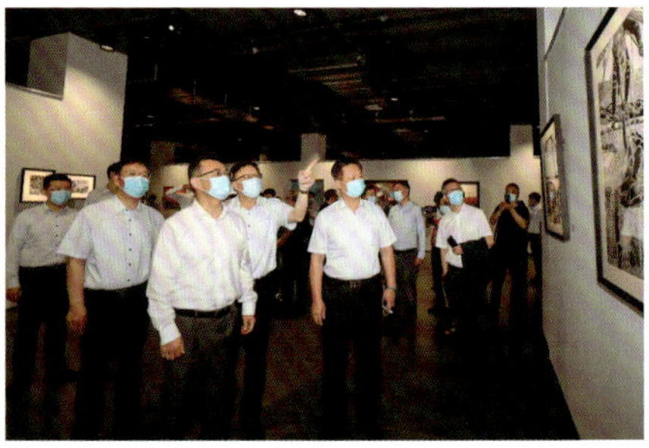

1. 6月8日，全国电力行业庆祝建党100周年摄影展、集邮展开幕式现场。
2. 6月8日，中国电力企业联合会党委副书记、专职副理事长夏忠参观全国电力行业庆祝建党100周年摄影展、集邮展。
3. 6月16日，全国电力行业庆祝建党百年书法展开幕式现场。
4. 6月17日，中国电力美术馆开馆仪式现场。
5. 4月14日，中国电力摄影家协会荣成核电摄影艺术中心落户国家电投新能源科技馆揭牌仪式现场。
6. 11月20日，《高山平湖》百丈漈影像志——陆焕东纪实摄影作品展开幕式现场。
7. 6月17日，中国能源化学地质工会全国委员会党组书记、主席、中国电力美术协会名誉主席张波，国家电力投资集团有限公司党组副书记、董事祖斌等参观电力美术展。
8. 6月16日，全国电力行业庆祝建党100周年书法展现场。
9. 4月27日，庆祝中国共产党成立100周年“百年风华·光明颂歌”文学采访活动启动仪式现场。

中国水利文协

1. “中国水务杯”——全国水利系统“庆祝建党 100 周年 讲好农村供水故事”征文活动优秀作品集。
2. 举办全国水利系统庆祝中国共产党成立 100 周年美术书法摄影作品网络展。
3. 《人民日报》刊登专版“奋斗百年路 启航新征程（水利篇）”。
4. 中国水利文协文学分会（水利作协）第五届理事会第一次会议召开。
5. 中国水利文协文学分会（水利作协）第五次会员代表大会在湖北武汉召开。
6. 创作推出歌曲《新时代的水利人》。

中国铁路文联

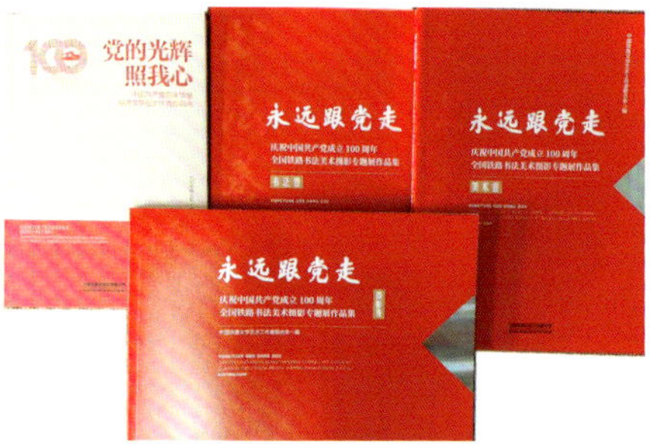

1	2	3
	4	5
	6	7
	8	

1. 12月21日，中国铁路文联主席王志国主持召开主席团专题学习会议，集中学习习近平总书记在中国文联十一大、中国作协十大开幕式上的重要讲话。
2. 10月22日，中国铁路文联召开三届四次理事会，对铁路文联继任副主席、常务理事、理事进行了确认，总结部署工作，交流6个铁路局集团公司文联经验，成立了中国铁路文联音乐舞蹈分会。
3. 6月8日至7月25日，中国铁路文联在中国铁道博物馆正阳门展馆举办“永远跟党走——庆祝中国共产党成立一百周年”全国铁路书法、美术、摄影展览。
4. 6月24日至7月29日，北京局集团公司文联“忆百年征程 书奋进新篇——庆祝中国共产党成立100周年主题书画摄影优秀作品展”3场大型展览依次在北京、天津和石家庄举办，取得圆满成功。
5. 7月1日至8月4日，沈阳局集团公司文联开行文化列车，举办“永远跟党走——庆祝中国共产党成立100周年职工书法美术摄影作品巡展”。
6. “七一”前夕，南昌局集团有限公司文联与江西省委宣传部在南昌西站联合举办文艺快演出闪庆祝建党百年。
7. 为庆祝中国共产党成立100周年，铁路文联出版了《永远跟党走》书法、美术、摄影集和《党的光辉照我心》文学作品集。
8. 2021年春运期间，中国铁路文联组织开展了春运“送万福·进万家”大型书法公益活动。各铁路局集团公司文联组织和邀请路内外书法家书写春联、“福”字，赠送给一线职工和广大旅客，更好地为铁路职工和广大旅客提供文化服务。

全国公安文联

1	2	3
4	5	6
7	8	
9		

1–3. 1 月 4 日，公安部新闻宣传局和全国公安文联联合主办的“全国公安系统庆祝 2021 年中国人民警察节美术书法摄影集邮主题作品展”在公安部机关风雨廊举办。

4. 7 月 12 日，全国公安文联副主席王亚茹为甘肃省张掖市公安局“全国公安文联创作活动基地”授牌。

5. 12 月 30 日，全国公安文联主席王俭为北京警察学院“全国公安文联创作活动基地”授牌。

6. 12 月 14 日至 17 日，中国文联第十一次全国代表大会、中国作协第十次全国代表大会在北京隆重召开，全国公安文联主席王俭、副主席李冬和部分民警代表出席会议。

7. 9 月 9 日，“修身守正 立心铸魂——全国公安文联文艺工作者职业道德和行风建设工作座谈会”在北京召开。

8–9. 1 月 10 日，由中宣部、公安部主办，中央广播电视总台承办，全国公安文联协办的“忠诚铸伟业 阔步新征程”——2021 年中央广播电视总台“心连心”艺术团赴公安机关慰问演出在京完成录制并在 CCTV–1、CCTV–3 播出。

中国人民银行文联

1. 中国人民银行文联在湖南长沙举办2021年“致敬劳模”送文化下基层慰问活动。
2. 中国人民银行文联通过“央行智慧工会”APP举办庆祝建党100周年文艺精品线上展播。
3. 中国人民银行文联作家协会在陕西铜川召开二届五次理事会。
4. 中国人民银行文联摄影协会在湖南湘西州召开主席团会议。
5. 中国人民银行文联音舞协会召开三届一次理事会（扩大）会议。
6. 中国人民银行文联摄影协会举办《从摄影作品中读懂共产党人的初心》专题摄影讲座。
7. 中国人民银行文联江苏分会开展“百年辉煌 丹心向党”送文化下基层活动。
8. 中国人民银行文联湖南分会开展“央行文化进侗寨 三级联动送关怀”文艺志愿服务活动。

中国金融文联

1. 金融戏剧家协会为职工演出《江姐》。
2. “新时代金融职工讲习堂”暨“职工文化月”启动仪式现场。

China Federation of Literary and
Art Circles Group Members (II)

2022

中国文联各团体会员（二）

北京市文联

综　述

2021年，北京市文联坚持深入学习贯彻习近平新时代中国特色社会主义思想和党的文艺方针政策，贯彻落实市委市政府部署要求，心怀“国之大者”，谋大局、抓大事，围绕中心、主动作为，广泛团结和带领广大文艺工作者听党话、跟党走，不断增强文联组织的凝聚力和向心力，着力推动首都文艺事业高质量发展。

会议与活动

【北京评协第一次会员代表大会】

1月13日，北京评协(体制内)第一次会员代表大会召开。来自首都12个艺术门类的近百名文艺评论工作者代表参加大会。

大会审议通过了《北京评协筹备工作报告》和《北京评协章程（草案）》，选举产生了北京评协第一届领导班子，王一川当选为主席。北京评协将团结引导首都广大文艺评论工作者紧跟时代发展步伐，用深刻的文艺评论推动文艺发展和文化创新，谱写北京文艺评论事业新的辉煌篇章。

【北京高校文艺评论联盟】

1月14日，北京高校文艺评论联盟正式成立。联盟由北京市文联、北京评协发起，吸纳了北京大学中文系、清华大学新闻与传播学院、中国人民大学文学院等22家知名高校及科研机构作为联盟的首批成员单位，有效整合高校文艺评论人才资源，为打造北京文艺评论界的理论研究平台、人才培养平台、行业引导平台提供了基础。

【文化进万家活动】

春节期间，北京市文联举办了“我们的中国梦——文化进万家”新时代文明实践文艺志愿服务送“福”到家活动。受疫情影响，北京市文联通过小分队的形式，组织110余名书法家、美术家和民间艺术家，共向北京10个区（街道、乡镇），科研院所、学校、公安、铁路等单位，送去春联“福”字2万余副、美术作品近150幅、民间工艺品套盒2800余套，将饱含祝福的文化年货，送到群众的“家门口”，送进人民的“心坎上”。

【党史学习教育】

3月12日，北京市文联召开党史学习教育动员部署会。年内，文联领导班子成员深入基层党支部和13家协会会员培训班，开展党史宣讲、主题党课23次。北京市文联党组理论中心组学习18次，集体学习研讨12次，邀请专家专题辅导报告6次。在26期文艺人才培训班上开设党史第一课。参观“不忘初心、牢记使命”大型主题展览、香山革命纪念馆及主题画展，组织观看话剧《香山之夜》、前往“没有共产党就没有新中国”歌曲诞生地开展“永远跟党走”歌曲传唱。组建北京市文联“七一”讲话精神宣讲团开展专题宣讲报告会，制定涵盖文联重点工作领域和重难点问题的15项实事清单并全部完成，用实际行动和成效实现党史学习教育与文艺工作相互促进、相互提升。

【建党百年主题文艺创作及活动】

年内，北京市文联策划推出由十多位茅奖、鲁奖获得者参与的精品图文书《百年跫音》，以文学与美术的方式书写百年北京党史；创作系列美术作品《百年望道》，用美术作品还原北京党史的历史现场；以美术作品为素材，制作上线微视频党课《百年望道——画说北京党史》和微视频产品《红色信仰：从长夜到日出　永不褪色》。《北京文学》《东方少年》《北京纪事》开设15个特约专栏，发表庆祝建党百年特约文章90篇，以优秀的文艺作品讲好党的故事，营造庆祝建党百年的良好氛围。

七一前夕，与市委宣传部等单位联合举办

“人民的心声——北京市庆祝中国共产党成立100周年专场演出”，300多名演职人员在雨中，以饱满的激情、精湛的表演，向党的生日献上厚礼；举办“地球的红飘带：长征三部曲——沈尧伊连环画作品展”，艺术家用真挚的艺术语言还原长征历史原貌；新创作百首主旋律合唱歌曲，举办“百年百团百歌——第九届北京合唱节暨第五届万人合唱季”，吸引近10万人参与演唱；举办“红心向党——庆祝中国共产党成立100周年北京书法名家作品邀请展”“光辉的旗帜——庆祝中国共产党成立100周年专题摄影展”“永远跟党走——庆祝中国共产党成立100周年主题舞蹈展演”“与时代共进　与祖国同行——庆祝中国共产党成立100周年杂技展演”，拍摄电视纪录片《红色记忆——北京著名革命英烈纪实》，多维度展现建党百年的光辉历程和伟大成就，现场观众合计58万余人次，掀起爱党爱国热潮。

【举办各艺术门类培训班】

4月份至12月份，举办各艺术门类培训班26期，培训会员2008人次。完善常态化会员培训机制，充分发挥培训引领带动作用，提升文艺工作者的业务素质和专业能力。

【第十七届北京舞蹈大赛】

7月15日，第十七届北京舞蹈大赛决赛暨颁奖展演在北京天桥剧场举行。大赛历时4个月，共收到参赛作品1206件，参赛人数近万人，作品数量和参与人数创新高。最终产生创作奖一等奖22个、二等奖42个、三等奖74个；表演一等奖22个、二等奖43个、三等奖81个；最佳组织奖5个；指导老师奖146个；网评“最佳舞者”奖2个。决赛及颁奖展演现场观赛人数共3000余人，全程通过微博、快手、哔哩哔哩等网络平台同步直播，网络观看人次近50万，网评“最佳舞者”网络投票80万人次，进一步增强了舞蹈艺术的专业性、普及性和针对性。

【九届三次理事会】

8月3日，北京市文联九届三次理事会在北京会议中心召开。北京市文联主席团成员、百余名理事会理事参加会议。会议传达学习习近平总书记在庆祝中国共产党成立100周年大会上的重要讲话、全市宣传部长会议、中国文联十届六次全委会会议精神，通报北京市文联第九届理事会理事变更情况，表决通过北京市文联第九届理事会副主席职务任免事项和理事调整事宜，征求《北京市文联“十四五”时期繁荣发展首都社会主义文艺事业规划（草案）》的意见建议，审议通过《北京市文联九届三次理事会工作报告》。

【首都文艺界职业道德和行风建设座谈会】

9月12日，首都文艺界职业道德和行风建设座谈会在北京市文联召开。会上，来自电影、电视、曲艺、音乐等7个艺术门类的8名文艺家对当前文娱领域突出问题进行研讨。与会文艺家代表和文艺工作者代表共同在《修身守正　立心铸魂——致广大文艺工作者倡议书》上签名，承诺要以实际行动践行“爱国、为民、崇德、尚艺”的文艺界核心价值观，努力成为先进文化的践行者、社会风尚的引领者，不负培根铸魂的使命与担当，为繁荣发展社会主义文艺、建设社会主义文化强国、实现中华民族伟大复兴的中国梦而不懈奋斗。

【第十四届北京国际青年戏剧节】

9月12日，由北京市文联、中国国家话剧院主办，北京剧协、北京青年戏剧工作者协会承办的第十四届北京国际青年戏剧节在中国国家话剧院小剧场开幕。本届国际青戏节历时4个月，邀请了优秀青年导演的17部戏剧作品，在北京6个剧场进行40余场精彩演出，另有7部作品在线上与观众见面。此外，“戏剧在读”“戏剧在谈”“戏剧在听”“戏剧在嗨”以及“戏剧在案”等单元也立体式展现了新生代戏剧人的创造力。

【“对话·建设者”主题摄影展览】

9月24日，在冬奥倒计时100天前夕，“对话·建设者”北京冬奥主题摄影展览在首都图书馆展出。展览征集作品7920幅，展出148幅。百余幅摄影作品，用图片串联起精彩的奥运故事，生动展示了北京的奥运轨迹，特别是北京在推动奥林匹克体育文化、教育、奥运场馆的赛后利用和2022年冬奥会场馆的改建及可持续发展等方面取得的成就和进展。

【2021北京（台湖）影偶艺术周】

9月30日，由北京市文联，中共北京市通州区委、区政府共同主办，北京剧协、通州区委宣传部、通州区台湖镇人民政府承办的2021北京（台湖）影偶艺术周在台湖公园拉开帷幕。本届影偶艺术周以“凝”为主题，自10月1日至17日，共举行了150场户外滚动演出、20部中外影偶剧线上展播、10场直播导赏、3部国外剧目放映、3部国内原创剧目剧场展演。十一期间，台湖公园的观演观众32525人次，剧场观众3190人次，线上观众458489人次。

【“2021北京（国际）运河文化节”书法展】

10月9日，“2021北京（国际）运河文化节”美术书法作品展在通州图书馆举办。展出书法作品56幅、美术作品17幅。展出作品从不同侧面展现了恢弘壮丽的运河文化，彰显了首都历史文脉的源流和人文精神。

【第六届北京文学高峰论坛】

10月18日，由北京市文联、北京出版集团主办，北京作协、北京十月文艺出版社承办的“传承与突破——第六届北京文学高峰论坛”在北京坊举行。活动现场，与会嘉宾围绕“与历史对话”“与时代共振”两个主题进行了深入探讨，回顾总结北京文学的创作成就和经验特色、交流北京作家的创作风格与时代使命，共同展望北京文学的未来。经过6年积淀，北京文学高峰论坛已成为代表北京文学高度的一大品牌活动。

【“北京意象·魅力朝阳”大型美术创作活动】

11月25日，由北京市文联和朝阳区委、区政府主办，北京美协、朝阳区委宣传部和朝阳区文联承办“北京意象·魅力朝阳”绘画作品展在中国美术馆启幕。活动共征集作品400余幅，经专家评审团进行评选，精选出105幅优秀作品，其中油画61幅、国画42幅、版画2幅。展览分为“双奥之城”“魅力之城”“朝阳生活”“人文历史”4个主题。作品从不同的生活侧面和心灵视角，以不同的表现方法和审美形式，展现出朝阳魅力所在，以及朝阳的缤纷多彩与鲜活气象，被业内评价为是难得的高水平采风成果展示。

【北京市文联系统优秀节目展演】

12月4日，2021年北京市文联系统优秀节目展演在天桥艺术中心拉开帷幕。14个节目、16个单位的200多名演员倾情奉献。抖音、快手等平台同步直播，点击率达10.4万人次。

【第12届北京青年相声节】

12月18日，第12届北京青年相声节系列活动——相声新作品比赛颁奖暨优秀节目展演活动在北京民族宫大剧院举办。活动收到13个省区报送的64个参赛作品。37个作品入围决赛，经过三天五场的紧张角逐，最终评选出一等奖5个、二等奖10个、三等奖20个、优秀组织奖7个。本届相声节继续采用全网同步直播的方式推广和宣传。数据显示，五场比赛、一场颁奖、三场小剧场展演，累计在线9908372人次，充分展示了北京青年相声节的影响力，为相声艺术的传承发展作出了积极贡献。

【第七届“北京中青年德艺双馨文艺工作者”表彰活动】

12月22日，第七届北京中青年德艺双馨文艺工作者表彰活动在未来剧院举办。该奖项由中共北京市委宣传部、北京市人力资源和社会保障局和北京市文联联合设立。活动分为“奋斗”“荣光”“馨香”“致敬”4个篇章。王宏伟、周晓枫等20位艺术家荣获“北京中青年德艺双馨文艺工作者”称号。

【文艺志愿服务系列活动】

年内，600余人（次）首都文艺志愿者参加了各类文艺志愿服务活动。其中，组织“和满京城 奋进九州”专场演出、“我们的中国梦·中华文化耀和田”、首都文艺家拉萨行等文艺演出20场，直接受益观众5000余人，在抖音快手、B站等多平台直播5场，累计观看近500万人次。赴西藏拉萨、新疆和田、河南南阳、湖北十堰、四川什邡、广西靖西等地及北京东城、丰台区的街道社区、市民文化活动中心，组织文学、书法、美术、摄影、音乐、舞蹈、电影等领域的文艺培训46场次，直接受益基层文艺工作者和文艺爱好者4000人次。根据3万份高校学生问卷调查需求，8个艺术门类的11名艺术家，完成12门文艺微课堂录制，并在学习强国、B站、微信公众号推送。

对外及对港澳台文化交流

【新世纪校园戏剧国际论坛】

8月6日，由中国剧协、北京市文联共同主办，首次在亚洲地区内举办的以校园戏剧为主题的国际论坛——“新世纪校园戏剧国际论坛”在京召开。本次论坛采用全线上形式举办。来自中国、俄罗斯、格鲁吉亚、日本、韩国的12名专家、艺术家，围绕“校园戏剧的传承与发展”主题，进行了主旨发言。同时，还就各国校园戏剧发展的不同特点、大学生戏剧对本国职业戏剧的作用与意义、戏剧职业教育等问题进行了线上“面对面”的对谈交流。

【北京国际文学院院长论坛】

8月20日，由北京市文联主办、中国图书进出口（集团）有限公司和北京老舍文学院承办的首届“北京国际文学院院长论坛”在中国图书进出口（集团）有限公司举办。中国的鲁迅文学院、老舍文学院、北京大学文学讲习所以及海外的俄罗斯圣彼得堡国立大学东方系、法国里昂第二大学中国语言与文化系、英国利兹大学当代华语文学研究中心等知名文学院院长参加了本次活动。专家们通过对话与交流，共同探讨、借鉴并引领文学创作，以构建国际视野下的中国文学学术研究与文学人才培养的学术话语体系。该项目是作为“北京文学走出去”项目的组成部分，旨在联合各国文学院院长，通过对话机制，建立友好学院交流和交换培养机制，共同推动文学的国际传播和文化交流。

【“北京作家日”品牌系列活动】

9月11日，由北京市文联主办、中国图书进出口（集团）有限公司和北京老舍文学院承办的2021“北京作家日”开幕式在中国图书进出口（集团）有限公司举行。活动包括6场北京作家与汉学家对话、1场开幕式，全球24小时大联播，吸引了国内外大量且持续的关注。在海外，通过Facebook、Youtube、Twitter、Linkedin等海外主流媒体、社交平台播放，覆盖40多个国家和地区，点击量总数4.5万次；在国内，通过腾讯视频、北京电视台平台播放，点击量总数超120万次，比第一届多80万次。

【京味文化之旅文学交流会暨“传承·发展”第二届两岸文化名师对话活动】

11月19日，“第二届两岸文化名师对话活动”在北京中国图书进出口总公司和台湾时报大楼同时举办。活动采取线上连线的方式进行，包括主旨演讲、主题致辞、主题研讨、联合倡议等多个环节。由著名评论家、中国当代文学研究会副会长贺绍俊和台湾知名作家吴均尧连线主持。100余人参加活动。

创作与研究

【获奖情况】

5月5日，中国杂技团魔术《玉壶光转》获得第十一届中国杂技金菊奖魔术节目奖。

5月份，由北京剧协推荐的北京京剧院优秀杨派老生、一级演员杨少彭，凭借新编历史剧《游百川》荣获第30届中国戏剧奖·梅花表演奖。

8月6日，叶广芩的《耗子大爷起晚了》、葛竞的《永远玩具店》、周晓枫的《小翅膀》、吴岩的《中国轨道号》获中国作协第十一届全国优秀儿童文学奖。

【文艺评论】

7月至11月，举办高端学术对谈活动“坊间对话”9场，分别以“影视中的典型形象与百年党史”“历史与时代的艺术再现——谈当下国产影视作品艺术质量的提升”“众语喧哗　生机盎然——百年来的北京文学”等为主题，吸引数万人次线上线下参与，以专业权威的文艺评论推动形成创作共识、评价共识、审美共识。

7月份，建立签约评论家机制，首批签约高小立等10位评论家，为文艺评论积极发声奠定人才基础。

9月4日，召开北京文艺评论2021年度推优评审会，从近百部作品中，评选出7篇短评文章，为北京文艺评论2021年度优秀作品。其中，《父亲：作为一种文学装置——理解双雪涛、班宇、郑执的一种角度》（作者丛治辰）获第六届“啄木鸟杯”中国文艺评论年度优秀作品。

12月7日，在线举办“百年新文艺与当代城市文化：2021北京文艺论坛”。来自北京、上海、广东等12个艺术门类、30余名文艺创作者、评论家，系统梳理总结建党百年文艺发展脉络和辉煌成就，为新时代文艺发展提供理论参考。近万人通过腾讯会议等平台观看论坛直播。

年内，举办2021北京文艺评论热点现象研究系列活动14场。先后以“新时代优秀传统文化的传承与创新”“首都重大主题文艺创作的趋势与经验”“首都文艺界职业道德和行风建设座谈会”“推动打造‘大戏看北京’文化名片”等为主题，突出“北京”特色和“热点”优势，增强文艺评论及时性、有效性。

年内，发挥跨门类优势，整合12个艺术门类专家资源，推出覆盖12个门类的“文艺评论系列课程”12讲，提升文艺评论专业水平。累计600余学员参与，受到广大文艺爱好者、评论者的认可和好评。

【文艺创作】

年内，精心打造展示大型城市治理成果的“回天”主题相声剧《依然美丽》，3轮9场演出场场爆满，获得北京市委书记蔡奇批示鼓励和北京市宣传文化引导基金扶持。该剧由林蔚然、回想编剧，李伯男导演，现已开启全国巡演模式。

10月15日，“回天”题材话剧《喜相逢》在中国国家话剧院剧场首演，首轮3场演出座无虚席。该剧由林蔚然、王人凡编剧，李伯男、韩清导演，集合了北京人民艺术剧院、中国国家话剧院、北京演艺集团的优秀编创演人员，通过刻画新老北京人的喜相逢，展现了老北京敦厚包容的胸怀与新北京蓬勃向上的活力，体现“回天行动”中蕴含的中国共产党“人民至上”的理念和人民对美好幸福生活的向往。

10月28日，“蝶变·回天”摄影展览在首都图书馆展出。展览聚焦和谐民生、记录火热的社会生活，用小切口反应大时代，推出了真实反映“回天”地区变迁的摄影作品，取得了良好的社会反响。

10月29日，“一城三带”主题曲艺节目创作展演在民族宫大剧院举办。艺术家们完成了相声《隔离隔离》《时代号子》《小话大北京》等反映当代百姓生活的作品，也有京韵大鼓《大运河》、数来宝《结伴同游承恩寺》等描写名胜古迹的作品，还有数来宝《美丽的高跟鞋》、快板书《筑梦》等冬奥题材的作品。本活动在央视频移动网、发现之旅、新浪看点等10多个平台同步直播。观看人数1085076人次，受到广大网友的点赞和好评。

年内，开展北运河流域民俗文化普查活动暨民俗文化志编撰工作，撰写完成《民俗传统与特色小镇建设》一书。

年内，投入900余万元扶持创作项目34个，推荐1个作品入选中国文联2021年度青年文艺创作扶持计划项目，实施“老舍青年戏剧文学奖励扶持计划”，在资金投入、专家指导等方面给予精准扶持，提升文艺原创力。制定出台《北京市文联文学创作奖励实施办法》，奖励荣获重大文学奖项和重要文学刊物的优秀文学作品。

机关建设

【编制人员调整】

1月，研究制定了北京市文联所属事业单位改革方案，报市委编办审批通过。

2月9日，经北京市文联党组研究决定，马蔚同志任办公室四级调研员。

3月，北京市文联党组书记、常务副主席陈宁兼任北京2022年冬奥会和冬残奥会组织委员会文化活动部部长。

4月8日，经北京市文联党组研究决定，王越同志晋升为二级巡视员。

5月7日，经市委编办研究，同意为北京市文联机关2019年度接收安置军队转业干部增加行政编制1名，从75名增至76名。

7月，北京市文联录用1名参照公务员管理工作人员安新颖，分配到北京评协工作。

10月，完成了北京市文联所属事业单位岗位设置方案，报市人资社保局审批同意。

12月6日，经北京市文联党组研究决定，郭孟祥同志晋升二级巡视员，廖挺同志任活动交流部主任，马蔚同志任办公室副主任，柴莹同志任文艺研究与网络文艺发展中心副主任。

12月30日，经北京市文联党组研究决定，廖挺同志兼任北京市文艺家服务中心主任；师力斌同志任北京文学期刊中心副主任（主持工作），柴莹同志任北京市文艺研究与网络文艺发展中心副主任（主持工作）。

12月，组织开展军转干部面试考察，完成2名军转干部签卡工作。

年内，首都文艺家12人当选中国文联第十一届全国委员会委员、1人当选中国书协第八届副主席、6人当选中国书协第八届理事。

【党的建设】

2月9日，北京市文联召开党组班子2020年度民主生活会。会上，班子及成员认真对照《通知》明确的“六个方面”查摆问题，并结合蔡奇提出的“四个方面”要求，认真查摆班子及个人存在的问题，严肃地开展批评和自我批评，提出下一步整改措施。

3月18日，召开2020年度党支部书记述职评议考核会议。机关“两委”委员、党支部委员和部分群众代表共35人参加。会上，12名党支部书记现场述职、其他7个党支部书面述职，机关党委书记刚杰同志逐一点评。3月25日机关党委召开会议，对2020年度党支部书记述职评议考核结果进行评定，均为“好”。

4月8日，召开基层党支部标准化规范化建设突出问题集中整改工作部署会。各支部对照《工作方案》逐条自查、分析原因、制定措施，分别建立《自查问题清单》，自查问题51个、制定措施53条。4月20日，北京市文联党组书记陈宁主持召开党组会专题研究支部自查问题整改，并提出相关工作要求。

6月8日，召开全体党员干部职工大会。陈宁通报并分析2020年度全面从严治党考核反馈意见，围绕抓好党史学习教育、树牢意识形态风险意识、抓好党风廉政建设等方面，要求全体党员干部职工管得住小节、抗得住诱惑，严守法纪红线不逾越，以优异的成绩向建党百年献礼。

6月24日，召开庆祝中国共产党成立100周年暨“两优一先”表彰大会。全体党员干部、入党积极分子以及部分党龄50年以上的老党员参加。会上，陈宁作党课辅导；开展“两优一先”表彰，优秀共产党员15人、优秀党务工作者5人、先进党支部3个；首次为17名老党员颁发“光荣在党50年”纪念章；开展“共产党员献爱心”捐款活动，向市慈善协会捐款1.45万元。

7月1日，组织13名党员赴天安门广场参加中国共产党成立100周年庆祝活动。

8月17日至24日，在全体党员干部职工和相关聘用人员中，开展“涉违法占地、违法建设行为”6类事项填报，存档《报告表》290份。

8月31日，对1名违法违纪党员执行开除党籍处分、政务开除处分，并在其所在支部召开专题组织生活会。

10月8日，部署文联2021年“接地气、走基层”活动，形成工作机制1项，完成调研报告6份，解决实际问题4个，完善政策措施2项，提出合理建议1条。

10月13日至15日，举办2021年度党务干部培训班。机关“两委”委员、党支部书记、副书记、支委委员，以及文联所属社会组织党支部书记等70余人参训。培训设置了专题授课、分组领学、交流发言和实践教学等科目，组织参训人员参观北大红楼，提升党务工作者能力水平。

12月2日，文联首次选派1名第六批第一书记驻密云区古北口村帮扶工作。

各文艺家协会

【作家协会】

年内，北京作协围绕建党百年主题，特约梁晓声、刘庆邦、邱华栋等一批国内文学名家，站在北京的维度，对百年北京党史进行深入书写和深情表达。其中，有10余名理事参加创作。目前，已有20多篇作品在《人民日报》《光明日报》《文艺报》《北京日报》等媒体发表，反响强烈。所有作品即将以四色精品图文书《百年跫音》的方式结集出版。

6月2日，北京市文联第一党支部联合中国“网络文学+”大会、《文艺报》党支部、海淀区作协在香山革命纪念馆组织开展了主题党日活动。中央党史学习教育宣讲团成员李忠杰作为特邀专家进行了党史学习专题授课。组织了100名在京作家、文学工作者参观《为新中国奠基——中共中央在香山》主题展览，回顾中共中央在香山时期的重要历史。

9月25日，由北京作协、北京联合大学师范学院中文系、青年文学杂志社联合举办的第五届城市文学论坛在北京召开。70余位专家、学者，以及在京的10余位青年作家参会。主要与会学者有施战军、张鸿声、沈庆利、陶礼天、王德领等。大会围绕新时代城市文学研究、空间美学与城市文化研究、古代文学中的城市书写、城市语言研究等话题展开了多层次的论述和切磋。

9月27日，召开“徐小斌作品研讨会”，邀请国内一线评论家、作家对其作品进行深入讨论交流。

10月9日，第五届“网络文学+”大会召开。“网络文学+”大会是北京网络文学的一项品牌活动，作协承办网络文学作品推优、培训、创作论坛等活动，这些活动有效地促进了网络文学的成果转化，加强了对网络作家队伍的团结引导、联络协调、服务管理和自律维权工作，促进了网络文学繁荣发展。

10月24日，由中国作协创研部、北京作协、中国当代文学研究会和上海文艺出版社联合主办的“陈福民《北纬四十度》研讨会”在京举行。中国当代文学研究会会长白烨等10余位专家与会。会议由北京作协副秘书长王虓主持。

10月，出台了《文学创作奖励实施办法》，对在重大奖项评选中获奖的作家和在名刊上发表作品的作家给予奖励，完善了工作机制，激发了北京作家的创作热情。

11月，北京作协组成了北京作家代表团参加中国作协十代会。格非、徐贵祥当选为新一届副主席，曹文轩、唐家三少当选为主席团委员，刘恒等10人当选为全委。

年内，北京作协积极组织会员参选第四届茅盾文学新人奖暨第三届网络文学新人奖。最终李云雷、马伯庸、吕铮、蝴蝶蓝等4名会员获奖；马小淘、百世经纶等6名会员获提名奖。获奖作家数量在各省作协中名列前茅。

年内，北京作协在坚持文学高标准的前提下，吸纳青年作家、网络作家和体制外作家，共发展新会员37人，其中45岁以下22人，会员年龄结构合理，首都作家队伍进一步壮大。

年内，修订了报告文学《北京2022年冬奥会机场场馆运行保障》以及侯磊的“回天”题材的长篇小说《北京偏北》等，成为作协签约扶持项目。

12月，在第七届“北京中青年德艺双馨文艺工作者”评选活动中，作协副主席周晓枫、会员吕铮荣获表彰。

【戏剧家协会】

3月1日，第6届老舍青年戏剧文学奖励扶持计划面向全国启动剧本征集，截至7月底共征集剧本180部，来自全国28个省区市的160余名作者参与投稿。其中，优秀剧本2部，分别为吴天的话剧《梦江南》、胡铭帅的北京曲剧《我这一辈子》；优秀剧本提名4部，分别为赵硕的京剧《吕不韦》、潘思齐的儿童剧《雪立方》、何秋怡的话剧《一粒蚕豆》、宋瑞的儿童剧《海•羊》；入围剧本6部，分别为言禹墨的话剧《中国商父》、季鋆的话剧《大国重器》、高媛的戏曲《囊萤记》、邵凡的话剧《尼洋河畔的回声》、付伯舜的戏曲《红旗儿女》、梁晓艳的儿童剧《寻找额吉》。

7月23日，由北京剧协主办、北京剧协舞台美术专业委员会承办的《氍毹流光——北京舞美百年》参加了由中国舞台美术学会主办的第4届中国舞台美术展。该展览集合700余张图片、部分道具模型、戏服等，溯源百年来北京地区舞台美术的演变历程，展现了北京舞台美术的繁荣发展，并以此向中国共产党百年华诞献礼。

7月，第20届金刺猬大学生戏剧节以“新时代的青春之歌”为主题在全国范围内征集参演剧目，总计收到来自全国17省市自治区的44所大学院校的56个剧社参报剧目63部。经过专家委员会评审，最终有10部剧目在新京报App大戏节专区进行了线上展演，线上观众总浏览量达到115.4万次。深圳大学艺术学部戏剧影视学院表演系创排的话剧《你好！快递！》获得本届大戏节的金刺猬奖。

10月20日，第8届当代小剧场戏曲艺术节在北京繁星戏剧村开幕。本届艺术节选取“祥”字为主题。延续到12月底的艺术节，汇聚了来自中国戏曲学院、北方昆曲剧院、白爱莲导演工作室等十几家院团的11类剧种的18部小剧场戏曲作品。本届艺术节不仅有更多的戏曲新生力量在舞台上绽放光彩，更有中国戏剧奖•梅花表演奖获得者方汝将、齐爱云等戏曲表演艺术家领衔演绎，助力戏曲艺术的传承与弘扬。

12月，由北京剧协推荐的中国评剧院演员孙路阳、北方昆曲剧院演员魏春荣，荣获“第七届北京中青年德艺双馨文艺工作者”荣誉称号。

【美术家协会】

2月，组织创作11幅冬奥题材新年画作品，参加由中共中央宣传部文艺局和北京市委宣传部等主办的“新生活、新风尚、新年画”我们的小康生活美术作品展。

5月7日，召开第六届理事会第三次会议。会议审议通过了《守正创新，积极作为，践行新时代美术工作者使命》北京美协2019年至2020年工作报告，通报“关于增补黄华三、孙和平同志为北京美协第六届理事会理事的决议”，通报“同意李可染画院加入北京美协团体会员单位”的决议，通报2020年度北京美协新会员情况及“关于调整北京美协会员会费的决定”，讨论2021年北京美协工作计划。

6月至12月，组织开展“画说北京党史”主题性美术创作活动。6月中旬创作完成1919年至1949年阶段重大题材作品16幅，制作完成微视频党课“百年望道——画说北京党史”和微视频“红色信仰：从长夜到日出，永不褪色”，于6月30日上线。10月1日，9幅作品参加北大红楼“红心向党——画说北京党史”展览。12月12日，在李可染画院举办“百年望道——画说北京党史”绘画作品展。

6月15日，北京美协在北京市会议中心组织了为期4天的新会员培训，参训会员共82人。培训内容包括党史课讲座、美术理论和写生创作课及学员讨论等。

6月25日，由国家大剧院、北京市文联、北京画院主办，北京美协和北京画院美术馆承办的“地球的红飘带：长征三部曲——沈尧伊连环画作品展”在国家大剧院举办开幕仪式及作品研讨会。展出278幅连环画及3幅油画，再现了革命前辈筚路蓝缕的历史。

8月至12月，完成在京居住非京籍新文艺群体加入北京美协需求的调研报告。10月22日，召开讨论会议，重点就如何更好地为非京籍新文艺群体美术家服务展开讨论，并形成了在京居住非京籍新文艺群体入会条件初步意见。

年内，北京美协组织美术家创作美术作品17幅，参与副中心市委A5楼书画装饰任务，11月16日进行作品交接，受到市委领导高度评价。

年内，按照冬奥组委文化活动部要求，完成冬奥会礼宾室美术作品征集任务，征集礼宾室美术装饰作品44幅，悬挂23幅。

【书法家协会】

元旦春节期间，北京书协组织书法家100余人次书写春联26000余副和“福”字52000余个，其中主席团成员书写并印制了精美的红色洒金宣春联20000余副、“福”字40000余个，作为北京市文联两节文化慰问品赠送、发放。

2月5日，北京市文联、门头沟区委宣传部、北京书协、门头沟文联联合举办了一场“我们的中国梦 文化进万家”新时代文明实践文艺志愿服务活动，为门头沟区新华书店书写新春祝福，共书写春联300余副、“福”字500余个、书法作品20余幅。

4月28日，北京书协第六次会员代表大会召开，来自首都16区书协以及行业协会、社会组织的152位书法家代表以及16区文联负责人作为领队参加了大会。会议审议并通过了第五届理事会工作报告，修改了《北京书协章程》，选举产生了第六届北京书协主席团和第六届理事会，叶培贵当选为新一届主席。新一届北京书协领导集体“年龄降下来、结构优起来、政治意识强起来、专业素质提上来”。

5月26日，由北京市文联第四、十三党支部和北京书协联合举办的“红心向党”首都书法家纪念建党百年书法创作、参观座谈活动在香山革命纪念馆举行。30余人参加了此次活动。书法家挥毫泼墨共创作了50余幅作品，全部赠送给香山革命纪念馆，用笔墨为中国共产党百年诞辰献上一份厚礼。

6月22日，由中国书协、北京市文联主办，北京书协承办的“庆祝中国共产党成立100周年系列书法展（北京篇）之‘红心向党’北京书法名家作品邀请展”在中华世纪坛开幕。展览分为“赤子红心”“精神血脉”“家国情怀”“盛世华章”4个篇章组成，涵盖了书法、篆刻、刻字三个书法艺术表现形式，共展出作品171幅。

7月28日至8月25日，由中国书协、北京市文联主办，北京书协承办的“红心向党”纪念中国共产党成立100周年北京书法名家作品邀请展在密云区果园街道进行巡展。

7月下旬，因特大暴雨导致河南各地区多处文物受损。8月11日、16日，北京市文联、北京书协、北京文津阁国际拍卖有限责任公司联合举办两场公益拍卖活动，共筹集善款30万元全部捐赠安阳市文物局，用于援助文物保护和灾后重建工作。

9月11日，北京书协、西藏书协“结对子•共发展”合作互助系列活动在西藏拉萨拉开序幕。两地书协“结对子•共发展”合作互助5年计划，北京书协7名书法家，先后走进西藏自治区文联、拉萨市文联、北京市文联、拉萨师范高等专科学校等地，开展书法创作笔会、书法讲座、书法座谈交流等多种形式的交流活动。

10月1日，“红心向党”作品捐赠仪式在中国共产党早期北京革命活动纪念馆举行。捐赠方北京市文联和受赠方北大红楼的领导交接百幅书法作品。

12月1日，“2021年度北京书协会员书法创作培训班”在京举行。北京书协邀请知名专家辅导授课，采取集中授课与临摹、创作辅导、作业点评与作品打造相结合的方式，促进学员交流，提高创作水平。

12月14日，北京书协主席叶培贵，北京书协驻会副主席、秘书长郭孟祥，北京书协副主席刘建丰、刘楣洪、虞晓勇、窦志强代表北京书协参加了中国文联第十一次全国代表大会、中国作协第十次全国代表大会。

12月30日，“我们的中国梦”——文化进万家首都书法家写春联、送“福”字志愿服务活动走进密云区古北口镇古北口村。参加慰问的书法家每人为古北口村提前创作了书法作品“古镇雄关”。

年内，北京书协共组织14名书法家分别赴四川什邡、广西靖西、新疆和田、中国消防救援学院和北京西长安街街道办开展志愿服务并赠送书法作品。同时，北京书协还组织为援建地区征集建党百年作品60余幅，为各地区庆祝中国共产党成立100周年书法展作出积极贡献。

【摄影家协会】

6月25日，由北京市文联和北京摄协主办的“光辉的旗帜”——庆祝中国共产党成立100周年专题摄影展览在首都图书馆展出。展览沿循北京百年党史脉络，甄选200余幅不同时期的摄影作品，以镜头展示北京百年红色文化，通过作品中一件件“小故事”，体现在中国共产党的带领下，北京经济、社会、生态等各项事业发展的百年巨变。

7月12日，北京摄协会员及基层摄影人（第一期、第二期）培训班正式开班，培训采用线上方式进行。本年度培训参训人员共计340人，其中体制外（新文艺）摄影人才119人，占年度培训人数比35%。

10月15日，由北京市文联、北京摄协、天津市摄协、河北省摄协、山西省摄协、内蒙古自治区摄协共同主办的第三十三届中国华北摄影艺术展览在首都图书馆展出。本届展览以庆祝中国共产党建党百年为主题，精选了华北5省市自治区摄影作品200余件，以生动直观的影像语言讴歌时代发展，颂扬建设伟业，赞美幸福家园，充分展示出新时代华北地区的发展变化。

【民间文艺家协会】

春节、端午节、中秋节组织民间工艺美术家70余人次，赴第二外国语学院、昌平中国消防救援学院、门头沟区沁心园养老照料中心等地进行文艺志愿服务，开展了扎染、皮影、京绣、木板年画等慰问活动，共计送出民间手工艺品600余件。

5月14日，北京民协召开了六届四次主席团会和六届四次理事会，审议通过了《北京民协2020年工作报告（审议稿）》和《北京民协2021年工作要点（审议稿）》，通报了2021年新会员审批情况，学习习近平总书记关于文艺工作的重要论述；开展了党史学习教育，研究了《中国民间文学大系·北京卷》和《中国民间工艺集成·北京卷》等重点工作。

6月6日，举办了为期5天的研修班，共有40名学员参加。培训以政治引领为主导，以“民间工艺美术创新与跨界融合”为主题，北京民协党组成员、副主席马丛峰结合民间文艺发展为学员们讲授党课；张蕴华、王连海和王伟为学员们讲授民间工艺美术相关课程；学员们前往于小菓点心模具博物馆和北京科技高级技术学校进行实地体验学习。学员们还参观了“伟大征程——庆祝中国共产党成立100周年特展”。

7月26日，参加中国民协第十次全国代表大会，北京市文联副主席、北京民协主席赵世瑜当选中国民协第十届副主席。北京代表团的钟连盛、岳永逸、史燕明当选为中国民协第十届理事。

12月2日，举办了“大运河文化遗产保护与传承”学术研讨会。研讨会主要围绕运河文脉与城市文化建设、运河文化保护传承利用、运河文化旅游融合发展、运河流域民俗文化研究四个议题展开，来自中国社会科学院、北京大学、北京师范大学等在京高校，及南京农业大学、山西大学、山西师范大学等京外高校的数十位专家学者与研究生参会研讨。

12月22日，推荐杨利慧参加第七届“北京中青年德艺双馨文艺工作者”评选活动并获奖。

年内，项目组整理北运河流域文献资料200余万字，拍摄图片300余张，整理口述资料60余万字，召开小组会议40余次，实地田野调研20余次。在《西北民族研究》《美术观察》《北京联合大学学报》等刊物上发表论文10余篇。在期刊上发表的英文、法文和西班牙文外文文献共15篇。围绕台湖、宋庄、张家湾、西集四个小镇民俗文化特色资源转化的著作12月中下旬定稿交付出版社。项目组公众号“北运河今昔”发表原创文章20余篇，总点击量近49000次。多篇文章被“中国民协”“民俗学论坛”等重要研究机构的公众号转载。

年内，计划编纂的3本丛书《北京一得阁墨汁》《戴月轩湖笔》《葛氏捏筋拍打疗法》进入出版印刷流程。2021年形成了5人的丛书专业写作团队，计划2022年编纂的5本丛书，《“泥人张”北京支》《鬃人白》《官式古建筑营造技艺（北京故宫）》《护国寺小吃》《东来顺涮肉》已与作者签订创作委托合同书。

年内，完成《中国民间文学大系·北京·人物传说分卷》《中国民间文学大系·北京·风物传说分卷》的文本搜集与分类标准的确定、文本的收集和分类、依据出版规定进行的文本格式梳理等工作；对文本附记的撰写、相关图片的收集、文本讲述人小传进行整理工作；通过对艺人传略、工艺思想、技艺记述涉及大量田野考察和实地采访，已撰写完成《中国民间工艺集成·北京卷》4个章节。

【音乐家协会】

2月1日，北京音协组织数名音乐家参加中国音协第九次代表大会，王黎光当选中国音协第九届副主席。

5月9日，大型原创交响音乐《长城》在古都西安音乐厅巡演。

6月13日，庆祝中国共产党成立100周年“到人民中去”作曲家陈卫东作品音乐会在怀柔区喇叭沟举办。

6月22日，“百年百团百歌”——第九届北京合唱节暨第五届万人合唱季启动仪式在香山革命纪念馆举办。合唱节紧紧围绕庆祝中国共产党成立100周年主题，举办10场合唱活动。7月20日、7月30日分别在北京音乐厅举办了本次活动的示范音乐会，108个合唱团骨干共同观看了本场音乐会。

6月22日至11月1日，共举办合唱专家走基层活动活动79场。

7月3日，“在党的旗帜下”主题交响合唱音乐会在中国人民抗日战争纪念馆举办。本次活动由市委宣传部主办，北京市文联、抗战馆、北京电视台共同承办。该节目于7月7日晚黄金时段在北京卫视播出。

7月23日，组织音乐家参加2021北京和田“中华文化耀和田”艺术周专场演出活动。

9月11日，组织音乐艺术家参加2021北京拉萨“心连心”艺术周专场演出活动。

10月15日，北京音协带领北京代表团参加第十三届中国音乐金钟奖决赛阶段比赛，5位选手进入半决赛。

11月24日，首都音乐创作（作词、作曲）骨干培训班在北京国测会展中心举办，首都音乐界创作骨干100人参加培训，著名词曲作家王黎光、屈塬等授课。

12月8日，首都行风建设与音乐素养培训班在北京国测会展中心举办，首都音乐界作词、作曲、声乐部分骨干会员约110人参加培训。歌唱家黄华丽、词作家樊孝斌等先后为学员们授课。

12月22日，首都万人大合唱指挥培训班在中央文化和旅游管理学院举办，北京音乐界合唱指挥骨干会员120参加培训，指挥家明子琪，作曲家伍嘉冀，指挥家王瑞璞、李刚授课。

12月，由北京音协推荐的歌唱家王宏伟、黄华丽荣获第七届“北京中青年德艺双馨文艺工作者”荣誉称号。

年内，组织创作了多首庆祝建党百年歌曲，其中《中国天天向上》《好想对你说》《就是这首歌》《感恩中国》《蓝图》入选中国音协庆祝建党百年百首歌曲集。

【舞蹈家协会】

2月1日，由北京舞协副主席冯英、郭磊等组成的北京代表团参加中国舞协第十一次全国代表大会。

4月19日，由北京市文联主办，北京舞协承办的“2021新会员培训班”在京举办。培训为期5天，共有66名新会员参训。除课堂基础理论教学外，还设置了团建交流、现场观摩、舞蹈影像纪实拍摄等实操课程内容，为参训学员搭建起理论与实践相结合的学习平台，全面提升新会员的政治理论素养和舞蹈专业能力。

4月28日、7月7日分别进行“小荷风采”全国少儿舞蹈展演和中国舞蹈“荷花奖”民族民间舞评奖北京地区优秀作品的初评工作。经过评委会的认真评审和监审会的严格监督，最终推荐上报“小荷风采”参演作品15件，其中9件入围最终展演；“荷花奖”民族民间舞评奖全国共有43件作品入围终评，8件来自北京地区（其中5件为中央民族大学舞蹈学院作品）。

7月7日，北京舞协召开第六届主席团第四次会议和第六届理事会第二次会议。会议由北京舞协主席陈维亚主持，主席团成员及45位理事出席了会议。理事会审议通过了《北京舞协2020年—2021年上半年工作报告》和《北京舞协2021年下半年工作要点》，并对下半年工作目标及协会发展建设进行深入讨论；与会人员就习近平总书记在庆祝中国共产党成立100周年大会上的重要讲话精神进行交流发言；北京舞协主席陈维亚结合庆祝建党百年文艺演出《伟大征程》进行“创作谈”。第六届主席团第四次会议同日召开，会议审议通过相关事宜。

7月20日，“第十七届北京舞蹈大赛专题研讨会”在京召开。与会专家高度肯定北京舞蹈大赛在凝聚首都舞蹈力量、推出舞蹈精品、培育舞蹈人才等方面发挥的重要作用，同时总结了成功的办赛经验，为进一步推动首都舞蹈事业蓬勃发展提供了理论支撑。

9月16日，由北京市文联主办，北京舞协承办的“2021业务骨干培训班”在京举办。培训为期6天，45名学员参训。培训针对舞蹈艺术创作全流程的各个环节要素，邀请到舞蹈创作各领域的前沿、权威专家名师为培训质量保驾护航，使学员通过近距离的学习交流，在理论素养和业务能力等各方面得到有效提升。

9月26日，在民族剧院举办“永远跟党走”——庆祝中国共产党成立100周年主题展演。演出以庆祝建党百年为主题，以“传承红色基因，赓续革命精神”为主线，精心挑选历年来荣获省部级以上奖项的经典优秀红色题材作品，用舞蹈的独特语汇为观众们了呈现了一幅鲜活生动的党史画卷。展演在微博、微赞、哔哩哔哩等视频平台全程同步直播，点击量近15万次。

12月，由北京舞协推荐的姜铁红同志荣获第七届“北京中青年德艺双馨文艺工作者”荣誉称号。

12月底，出版发行会刊《首都舞苑》。

【曲艺家协会】

4月7日，北京曲协组织召开第五届主席团、理事会第五次会议。会议审议通过“北京曲协2020年工作总结”，审议并深入讨论2021年协会工作计划。会上，主席团成员群策群力，就当前形势下如何开展协会的相声节、少儿曲艺比赛等品牌活动和各类主题展演活动提出意见和建议。

5月24日，2021年北京曲协曲艺表演培训班在京举办，37位曲艺表演人才参加培训。北京市文联党组成员、副主席刚杰作开班动员。培训班内容丰富，采取专题辅导、观摩学习、交流研讨等多种方式开展。在课程设置上，紧扣主题，结合曲艺艺术特点，邀请了崔琦、郝金明、李增瑞、王玥波、武宾等10位曲艺名家授课。

7月20日，2021年北京曲协会员培训班在京举办，58名会员参训。在课程设置上，加强对会员的党史学习教育，提升会员的业务水平，结合曲艺艺术特点，有针对性地邀请种玉杰、李立山、蒋慧明等曲艺名家们授课。北京市文联党组成员、副主席刚杰以《从百年党史中汲取智慧和力量》为题，为新会员做党课专题辅导。

8月31日，北京少儿曲艺比赛线上云颁奖活动在崇文剧场举办。大赛收到来自北京、广东、陕西、新疆、台湾等16个省区报送的曲艺作品共计295个。活动通过央视频、新浪看点、今日头条、虎牙等12家网络媒体同时直播进行，在线观看人数达54万余人次，活动对曲艺人才培养和曲艺的传承发展起到良好推动作用。

9月18日，由北京市文联主办、北京曲协承办，北京宣传文化引导基金扶持的“回天”地区曲艺原创专场展演活动在京演民族宫大剧院举办。北京曲协主席李伟建，副主席李菁、应宁、王玥波、付强等参加演出。用曲艺形式共同见证三年“回天计划”给百姓带来的幸福生活。

年内，组织参加中国曲协建党百年优秀曲艺征集活动。我会推荐的单弦《心愿》、评书《人民政协诞生记》、相声《假如没有这条路》入选优秀曲艺作品。

年内，组织参加中国曲协第十六届马街书会优秀曲艺节目展演活动。北京曲协推荐的鼓曲联唱《温情满人间》入选优秀曲艺节目并参加展演。

年内，组织艺术家、协会会员投身艺术创作，王玥波创作的评书获得文艺创作专项扶持，北京笑动百华剧场报送的相声剧《依然美丽》获得北京市宣传文化引导基金扶持。

【杂技家协会】

3月25日，在中国杂协第八届理事会第二次会议上，北京杂协因成绩突出，获得中国杂协表彰。

4月7日，举办“中华传统艺术进校园”——走进北京理工大学专场演出，为200多名学生讲述“新时代、新杂技、新艺术——走向国际的中国传统艺术”，并现场展示了优秀杂技节目。

5月14日，召开北京杂协五届四次主席团会和理事会，传达了中国杂协八届二次理事会会议精神，审议通过《北京杂协五届四次理事会工作报告》《北京杂协专业工作委员会建议人选名单》《新入会人员名单》；表彰2020年度北京杂协先进个人、先进单位和优秀作品。聘请北京市委党校专家为理事进行党史专题辅导授课。

5月24日，举办“第六届北京杂技（魔术）文艺人才培训班”。来自中国杂技团有限公司、北京杂技团有限公司、中国铁路文工团有限公司曲艺杂技团等以及新文艺群体的25位杂技（魔术）演员、管理者、教育者参加培训。课程涵盖党史教育、杂技理论、职业道德、文化产业等方面的内容，学员们还走进院团、剧场，现场感受姊妹艺术的魅力。

6月，开展“庆祝建党100周年——首都杂技界唱支山歌给党听”主题活动，首都杂技艺术家踊跃参与，用歌声赞颂建党百年的伟大成就，凝聚红心向党的精神力量。

7月24日，组织中国杂技团、北京杂技团参加中国杂协举办的“礼赞百年 同心向党”——庆祝中国共产党成立100周年全国优秀杂技作品展演。杂技《雨中狂想·球技》《九级浪·杆技》代表了国内顶尖杂技水平，杂技《妙舞炫竹·空竹》用新颖灵动的杂技语言展现北京杂技艺术的独特魅力。

9月，北京杂协推荐北京阿拉索魔术传媒文化有限公司创作的魔术剧《秘密》获得2021年北京市文艺创作扶持专项资金。

9月29日，与河北、天津、山西、内蒙古杂协共同举办“‘颂歌献给党’——第三届华北五省区市优秀杂技（魔术）节目展演”线上演出活动。华北五省区市9个杂技团体的15个优秀杂技（魔术）节目参加演出。展演在新华网、中国杂技官方微信公众号、抖音、快手等10多个平台同步首播。

10月29日，举办“与时代共进 与祖国同行”——庆祝中国共产党成立100周年杂技展演。7家专业团体奉献了《十面埋伏——单人扯铃》《腾韵——十三人顶碗》等9个精彩的杂技节目。近700名观众现场观看，334万观众观看在线直播，有效提升了宣传覆盖范围。10月30日举办了“杂技的艺术追求与审美呈现”专题研讨会，12位专家共同探求新时代杂技艺术发展的空间路径。

11月，协会推荐评论文章《工业题材与杂技技巧的邂逅——评大型原创主题杂技剧〈大桥〉》入选第二届全国优秀杂技理论作品扶持项目。

12月，由协会推荐的傅琰东、邢运伟获得第七届“北京中青年德艺双馨文艺工作者”荣誉称号。

年内，编辑《新世纪杂技作品精粹（2000-2020）》一书。该书涵盖全国29个省区市的杂协和杂技院团，178个杂技（魔术、滑稽）节目和47部杂技剧目，本书是以获奖优秀杂技（魔术、滑稽）作品，以及获得国家艺术基金扶持项目和国家舞台艺术精品工程精品剧目的作品的史料整理为主的资料汇编，具有填补空白的意义。

【电视艺术家协会】

4月9日，第六届北京网络视听节目创新与人才推优总结大会在北京广播大厦举行。本次活动共征集参选作品326部，其中网络剧39部，网络电影90部，网络节目（栏目）104部，网络纪录片41部，网络动漫33部，融合新媒体19部。经过三轮评审，最终网络剧《鬓边不是海棠红》、网络电影《毛驴上树》、网络节目《乐队的夏天》等22部年度创新优秀作品，以及15项“年度优秀贡献人才”现场揭晓，同时8个和13个集体分别获得了“年度融合媒体创新”和“年度优秀组织单位”集体奖。

4月12日，由北京市文联主办、北京视协承办“2021电视文艺人才培训班”在北京怀柔益田影人花园酒店举办，参训学员146人，课程涵盖影视行业政策法规，行业规范，相关专业课程，出品人、制片人、编剧必备的实战技巧，行业现状分析等，邀请到主席团成员李春良、侯鸿亮、刘家成等在内的影视行业专家学者授课。

5月，启动“时代新声音”第二届北京大学生广播电视主持新人选拔活动。9月20日，来自北京大学、清华大学、中国人民大学、中国传媒大学等28所高校的117位大学生进入复选环节，35名选手胜出进入巅峰对决，10月13日在开心麻花A33剧场经过最终比拼，评选出最佳选手5名、优胜选手10名、优秀选手20名。

5月31日，北京视协第六届主席团第五次会议和第六届理事会第三次会议在京召开。会议总结2020年协会工作、审议规划2021年协会的重点工作。审议并通过了《北京视协团体会员管理细则》和《北京视协个人会员管理细则》等相关文件。对申请入会的北京视协个人会员、团体会员，中国视协个人会员进行了审议。对第六届理事会第三次会议议程进行了审议，并就有关事项形成了决议。

5月31日，北京视协电视制片人工作委员会成立大会暨第一届全体成员代表大会在京召开，推选出第一届领导机构，侯鸿亮担任会长。

6月7日，由北京市文联主办、北京视协承办“2021‘文艺两新’新会员培训班”在北京怀柔益田影人花园酒店举办，参训学员62人，课程涵盖影视行业政策法规、行业规范、网络视听节目创作实务等，邀请到李春良、斯琴高娃、张光北等影视行业专家学者授课。

6月16日，《红色记忆——北京著名革命英烈纪实》六集电视纪录片在北京日坛公园马骏烈士墓举行开机仪式。纪录片选取李大钊、马骏、邵飘萍等6位与北京有关的著名英烈带有典型意义的真实事件，为建党百年献礼。8月9日在中国教育电视台一频道（CETV-1）（卫星频道）首播。

9月26日，“2021首届北京新视听文化论坛”在北京市文联举办，此次论坛会聚了北京大学、清华大学、复旦大学、中国传媒大学等多所大学的著名专家学者，以及新华财经、微播视界（抖音）、快手科技等头部企业领军人物及相关视听行业组织负责人。论坛以“北京城市软实力建设与北京视听行业发展”为主旨，就“网络视听”如何融入“十四五”规划提出的“视听中国”进行了深入讨论。

9月26日，北京视协短视频工作委员会成立大会暨2021首届北京新视听文化论坛在北京市文联召开，推选出第一届领导机构，赵晖担任会长。启动“北京冬奥会短视频征集展播活动”和“中国故事•北京声音，百名艺术家讲述中国故事短视频拍摄”两项创作活动。

12月14日，北京视协李春良、刘家成、吴刚等10位代表参加中国文联第十一次全国代表大会。

12月18日，北京视协召集网络视听领域专家学者召开《2021年中国网络视听产业报告》策划论证会。《报告》分为9大板块，立足网络视听产业的新变化、新特点，研究当前的现状与问题，尤其是艺术与技术的深入融合，充分发挥学术研究为产业服务的社会功能，为“十四五”网络视听发展规划的实现和视听中国的建设打好坚实的基础。

12月，北京视协推荐的果静林、李杨薇荣获第七届“北京中青年德艺双馨文艺工作者”荣誉称号。

年内，组织拍摄六集纪录片《北京榜样》，从市委、首都文明办主办的“北京榜样”评选结果中选取6位典型人物（集体），拍摄成系列纪录片，讴歌时代楷模，发挥榜样的引领和示范效应，推动形成正确的价值观。

【电影家协会】

4月至7月，组织开展第十二届“北京影协杯”电影剧本征集评选活动，共收到全国各地编剧投寄的400余部剧本。经过初评终评，最终共有19部电影剧本作品获奖。其中一等奖作品《葵花向阳开》已与制片公司洽谈成功，目前已进入立项拍摄阶段。

7月4日，举办了“首都青年电影人才培训——2021年创作训练营”，64位学员进行了为期8天的集中培训，采用理论学习与沉浸式学习相结合的方式，围绕剧本创作方法和规律、电影创作的实践经验、类型电影发展等开展培训，以短片创作作为考核方式，从剧本创作、拍摄手法、艺术效果等角度评选出“最佳短片”“最佳导演”“最佳编剧”“最佳男女演员”“最佳制片”五个奖项，为青年电影从业者迅速成长搭建了平台。

7月，采用网络线上工作会的形式召开会议，向主席团及理事汇报协会2020年度工作情况，审议新申请入会人员情况等相关事宜。

11月，启动“红色百年•光影传韵”——庆祝中国共产党成立100周年主题电影展映及研讨系列活动。本活动以建党百年为主题，选取近两年来反映党的百年历史的红色主旋律题材影片如《革命者》《1921》《长津湖》等影片组织了8场放映活动，旨在带动全民重温经典红色电影，普及党史教育。

12月，推荐北京影协副主席薛晓路、理事武亚军2人入选第七届北京中青年德艺双馨文艺工作者。

年内，推荐的电影《和平方舟》及科幻动画短片《钢铁天空》两个项目获得北京市文联2021年文艺创作扶持专项资金。

年内，微电影《回天有我》入围由北京市委宣传部主办的“2021年北京市社会主义核心价值观主题微电影（微视频）征集评选活动”终评，并获得一等奖。

【文艺评论家协会】

6月22日，组织召开“北京市文联推荐申报北京社科基金规划项目评审会”。经过专家评审，评选出《文化中心建设政策形势下北京文学新状态研究》《北京XR科技与文化创意产业融合发展研究》《中国现代美术批评的思潮与运动研究》等5个项目入选北京市文联基础理论课题研究项目。其中，《北京XR科技与文化创意产业融合发展研究》项目入选2021年北京市社科基金项目。

12月10日，组织召开2021年重点课题结项验收会，完成课题研究报告。报告全面总结网络文艺的题材类型、艺术手段、传播平台、市场运作特点，深入分析当前网络文艺存在的突出问题，对网络文艺未来发展提出了意见建议。

12月，陶庆梅荣获第七届“北京中青年德艺双馨文艺工作者”荣誉称号。

年内，组织评论家观摩“庆祝中国共产党成立100周年优秀舞台艺术展演剧目”及其他优秀剧目30余部，百余人次文艺评论家参与其中，组织发表艺术评论40余篇；围绕电视剧《觉醒年代》、电影《长津湖》、“回天题材”相声剧《依然美丽》、话剧《喜相逢》等开展主题评论，在《光明日报》《中国艺术报》《文艺报》等媒体刊发影视评论近40篇，有效引领主题创作。

年内，组织撰写刊发《风清气正须久久为功》《“饭圈”渐成“怪圈”“破圈”势在必行》《规范网络表演市场秩序　切实坚持正确价值导向》《“唯流量论”必须退场》《粉丝文化与媒介迭代》《春风化雨　美美异和》《微评“饭圈乱象”》《内地因何要大力整顿“饭圈文化”》《新时代文艺工作者的责任与担当》《机制保障，多管齐下营造风清气正的文娱生态》《后流量时代的文艺评论刍议》《群星因何而闪耀？》《从“生态系统重塑”到“培养未来少年”》等评论文章近20篇，体现文娱领域综合治理成果，实现对舆论、市场和观众的有效引导。

年内，组织编写北京文艺发展白皮书，为社会各界了解文联工作和文艺行业发展动态提供理论参考。

年内，科学编制《北京市文联“十四五”时期繁荣发展首都社会主义文艺事业规划》，为北京市文联推进各项工作提供依据。

年内，在《中国艺术报》等报刊开辟“北京·艺评”“北京·艺见”“北京·锐评”三个专栏，累计发表评论文章近百篇，为会员开辟更多发声阵地。

年内，北京评协推荐《重释现实主义文学》《中国网络言情研究》入选北京市文联2021文学艺术创作扶持专项资金。

天津市文联

综　述

2021年是中国共产党成立100周年，是实施“十四五”规划的开局之年。天津市文联在天津市委市政府正确领导下，在中国文联有力指导下，在天津市委宣传部大力支持下，深入学习贯彻习近平新时代中国特色社会主义思想和党的十九大、十九届中央历次全会精神，拥护“两个确立”，增强“四个意识”，坚定“四个自信”，做到“两个维护”。紧紧围绕举旗帜、聚民心、育新人、兴文化、展形象使命任务，坚持“二为”方向和“双百”方针，发挥“团结引导、联络协调、服务管理、自律维权”职能，为繁荣发展天津文艺事业作出不懈努力。

重要活动

【庆祝中国共产党成立100周年系列活动】

落实中宣部中国共产党成立100周年党史题材作品征集工作，天津市文联精心筛选出18件作品报中宣部参与评选，7件作品入选中国共产党历史展览馆收藏陈列。举办“红心永向党　阔步新征程——天津文艺界庆祝中国共产党成立100周年主题文艺演出”，以音乐、舞蹈等多种艺术形式，用新创作的优秀作品讴歌党，讴歌祖国；举办“天津文艺界庆祝建党百年精品创作展”，在天津全市征集作品3000余件，从中精选200多件作品集中展出，以党的百年历程为主线，通过不同的艺术形式，讴歌中国共产党百年来波澜壮阔的伟大征程和建立的不朽功勋，彰显中国共产党人的伟大精神，展现天津文艺事业的蓬勃发展和新姿新貌。由中国书协和天津市文联主办的“庆祝中国共产党成立100周年系列书法展（天津篇）：翰墨铸情·天津市书法精品展”展出100余件书法精品。“永远跟党走”天津舞蹈界庆祝中国共产党成立100周年新作品汇报演出，“颂歌献给党——第三届华北五省区市优秀杂技（魔术）节目展演”，“百年红色光影　奋进崭新征程”——庆祝中国共产党成立100周年重点影视剧展映展播等活动接续开展。京津冀文联联合主办了“新起点、新征程、新篇章——庆祝中国共产党成立100周年京津冀书法名家邀请展”，该展览在河北省秦皇岛北戴河举办，收到很好社会效果。天津市文联官方网站“天津文艺界”及时推出“天津文艺界庆祝建党百年精品创作展”线上展览，持续展出的艺术精品不断扩大影响，传播爱党、爱国、爱社会主义、爱家乡的深厚情感和时代心声。

【童心向党——第十一届“小荷风采”全国少儿舞蹈展演】

由中国舞协、天津市委宣传部、天津市文联共同主办，中国文联舞蹈艺术中心、天津市舞协共同承办，中国舞协少儿舞蹈委员会协办的“童心向党——第十一届‘小荷风采’全国少儿舞蹈展演”在天津大剧院举办。来自全国的168个作品入围展演，生动展现了我国少儿舞蹈精神面貌，有力推动了少儿舞蹈创作整体水平的提高。

【耄学日新——孙伯翔书画艺术展】

由中国书协、天津市委宣传部、天津市文联共同主办的“耄学日新——孙伯翔书画艺术展”在天津美术馆展出。孙伯翔先生特意精选两件代表作品《临江仙·滚滚长江东逝水》和《龙门南阳联》捐赠给中国书协，入藏当代名家精品库。

【“辉煌百年路　乐享新生活”相声新作品创作巡演活动】

在天津市委宣传部的指导下，组织“辉煌百年路　乐享新生活”相声新作品创作巡演活动，历经近1年的广泛征集、评选，推出了11段主题好、内容新、表演佳的作品。天津电视台《相声大会》栏目为此次活动录制两期专题节目于国庆期间播出，收获高收视、高好评。

文艺采风创作和志愿服务活动

【“天津市文联‘我们的中国梦’——新时代‘红色文艺轻骑兵’文化进万家”系列活动】

组织20余支新时代红色文艺轻骑兵小分队，深入基层开展内容丰富，具有浓郁年节氛围的文化文艺活动，打造喜庆、祥和的“文化年”。小分队常态化经常性深入乡村、社区、企业、校园、军营等基层一线，通过举办各种类型的培训班、展览、演出和公益讲座等文艺服务，宣传习近平新时代中国特色社会主义思想，党的十九大和十九届中央历次全会精神；弘扬社会主义核心价值观，丰富人民群众精神文化生活。

【采风创作系列活动】

组织部分协会创作骨干赴蓟州开展艺术采风创作活动，创作了一批以庆祝建党百年为主题的优秀文艺作品。组织书画家赴天津滨海新区八大街消防中队开展采风创作活动，慰问消防战士。组织各艺术门类文艺家采取“集中+分散”“一次+长期”相结合的方式，深入天津改革发展一线、重点工程、重大项目和人民群众当中，开展学习实践、采风采访活动，感受成就、汲取素材，描绘幸福生活和美好蓝图。组织天津市美协、摄协艺术家和中青年创作骨干组成小分队，深入“871”重大生态建设工程现场开展学习采风活动，先后走进津南区八里湾片区、西青区王稳庄镇，了解散乱污企业整治、再生水利用、绿色生态屏障建设等方面情况，汲取创作灵感，创作出一批优秀作品。

创作与研究

【获奖情况】

1. 天津书法家崔寒柏荣获第七届“中国书法兰亭奖”金奖。

2. 由天津市剧协推荐报送的天津京剧院黄齐峰荣获第30届“中国戏剧梅花奖”。

3. 第25届中国少儿戏曲小梅花荟萃活动喜获7枚“小梅花金花”。

4. 由天津市音协组织制作，中国文联、中国音协、天津市委宣传部、天津市文联共同报送的歌曲《追随》入选第九批“中国梦”主题新创作歌曲。

5. 中国音协开展的“百年百首”全国优秀原创歌曲征集活动中，天津市音协报送的《扬帆百年》《问红船》入选。

6. 国家保密委为庆祝中国共产党成立100周年保密宣教作品征集评选中，天津市音协报送作品《无悔的坚守》荣获歌曲类优秀奖。

【理论研究】

充分发挥文艺评论双月刊《文学自由谈》积极正向作用，全年完成6期刊物编辑出版，既有大家最新力作，也有名不见经传青年作者的作品，体现出博采众长的特点，为读者了解当代文学现状提供多重视角。刊物得到业界肯定，誉为“文学麦田的守望者”。进一步完善《文学自由谈》微信公众号的运营，同步推送文章。天津市评协的筹建工作正在积极稳步推进。

《天津文艺界》发刊6期，内容更加贴近实际，及时反映基层一线和艺术家创作情况，不断增强学术性，发表一批反映天津历史文化的稿件，产生了良好的社会影响。

按照上级有关部门工作部署，制定《市文联史志编修方案》，成立编修委员会，有序推进天津市文联修志工作。

2021年，新华社、《中国艺术报》等中央媒体以及天津电视台、天津电台、《天津日报》《今晚报》等媒体刊发天津市文联相关报道百余篇（次）。其中，天津电视台对天津市文联组织的“深学笃用　天津行动——天津市文联文艺创作采风活动”进行了连续报道。

进一步推进网上文联建设，与津云新媒体集团合作，由津云负责提供技术远程维护，对天津市文联门户网站进行全新改版和升级，2021年1月1日零点新版正式上线。改版的网站以优化用户体验为出发点，突出官网的政治属性、突出文联主题活动、突出各文艺家协会工作动态。在网站栏目规划上，增添时政要闻、文联党建、志愿服务、区（行业）文联等栏目；网站设计在体现庄重的同时，力求形式新颖、特色突出，布局简洁清晰。特别是依托津云的网络平台安全优势，天津市文联官网“天津文艺界”运行安全得到了进一步保障。此外，线上线下联动发力，全方位立体化开展工作。“天津文艺界”结合庆祝中国共产党成立100周年，党史学习教育和学习宣传贯彻党的十九届六中全会精神等重大主题建立专栏，及时推出优秀文艺作品，进一步扩大网络学习宣传影响，不断巩固意识形态阵地。

文艺队伍建设

【人才培养】

1.组织开展教育培训工作。开展“学史明理 砥砺前行——党史学习教育暨主题创作系列培训活动”。请天津市委党校中共党史教研部主任张新华以《中国共产党的百年奋斗历程及其经验》和《奋斗的足迹 英雄的壮歌——中国共产党在天津的奋斗历程》为题，作了党史学习教育专题讲座。举办“辉煌百年路 乐享新生活”相声创作讲座，天津作家王松就“读万卷书更要行万里路——从文学的角度看相声”的主题，举办了专题讲座，创新了学习教育方式，拓宽了大家的创作视野。邀请天津美术学院教授、著名美术家张耀来为天津美术界部分青年创作骨干和天津市文联所属各文艺家协会及机关业务处室的干部职工进行专题讲座，把党史学习教育与主题创作结合起来，鼓励文艺家丰富党史知识，拓宽创作视野，用艺术形式讲好党的故事。

2.不断加强人才扶持力度。2021年以来，天津市文联推荐报送天津师范大学教师徐亮拍摄制作的纪录片《援疆万里情》，入选中国文联2021年度青年文艺创作扶持计划资助项目。推荐7人参加中国美协组织的国家重大题材美术创作人才专题研修班；推荐2人参加中国美协组织的新文艺群体美术人才专题研修班；推荐1人参加全国文联文艺维权培训班；推荐1人参加中国文联第五期全国新文艺群体拔尖人才高级研修班；推荐2人参加中国剧协小剧场戏剧创演人才培训班；推荐2人参加中国剧协全国一线创作骨干培训班；推荐1人参加全国民间剪纸艺术基层文艺工作者培训班等。

【机关建设】

2021年天津市文联机关党建工作坚持高举中国特色社会主义伟大旗帜，坚持以马克思列宁主义、毛泽东思想、邓小平理论、“三个代表”重要思想、科学发展观、习近平新时代中国特色社会主义思想为指导，全面贯彻党的十九大和十九届中央历次全会精神，增强“四个意识”、坚定“四个自信”、做到“两个维护”，严格落实“三会一课”制度，确保“两学一做”常态化，积极发挥党支部战斗堡垒作用，标准化规范化做好天津市文联党的建设工作。一是层层压实全面从严治党主体责任，党组定期听取党建工作汇报，抓关键少数，找准基层党建薄弱环节，有针对性加强整改。二是健全理论中心组学习制度，充分发挥领学促学作用，深入学习习近平新时代中国特色社会主义思想，学习习近平总书记关于思想文化领域工作的重要论述。三是大力加强基层党组织建设，以创建“五好党支部”为载体，督促党支部严格落实“三会一课”制度。四是坚持问题导向和目标导向相结合，持续深入开展不作为不担当专项治理，认真实施形式主义、官僚主义集中整治工作，努力营造风清气正的政治生态。五是坚持把精神文明创建工作贯穿于日常工作生活之中，充分发挥文联优势，深入生活、深入基层、深入实践，宣传文明、传承文明、践行文明。2021年，天津市文联被评为市级文明单位和节约型机关单位。

各文艺家协会

【音乐家协会】

1月13日，由北京市文联、北京市音协、天津市音协、河北省音协和山东省音协共同主办的《在收获的田野上》——京津冀鲁礼赞小康原创作品音乐会在中山公园音乐堂隆重上演。

2月1日至2日，中国音协第九次全国代表大会在北京召开。中国音协副主席、天津市文联副主席、天津市音协主席关牧村为团长，靳学东、卢笙、宋茂斌、张征、董俊杰、王泽南、张乐、王伟州、郭永利等代表参加了大会。大会审议通过了工作报告，修改了章程，选举产生了中国音协第九届主席团和理事会。天津市音协主席关牧村被聘为第九届中国音协顾问，靳学东、卢笙、宋茂斌、董俊杰、王泽南当选为第九届理事会理事。

2月9日，由天津市委宣传部、天津市文旅局、天津市文联、北方演艺集团、东丽区委宣传部共同主办的“我们的中国梦”新时代“红色文艺轻骑兵”走进东丽，“新春送暖　暖在东丽”主题慰问活动在新立示范镇农民安置用房建设项目——丽恒花苑的建设工地举办。天津市音协组织艺术家参加了该活动。

3月3日至4月15日，天津市音协按照中国音协部署要求组织开展“百年百首”全国优秀原创歌曲征集活动，面向天津全市征集歌曲作品。

3月6日，由天津市音协监制的根据加勒万河谷事件创作的歌曲《热血洒在加勒万河谷》在“学习强国”平台发布，以艺术的形式向英雄致敬。

3月10日，天津市音协第六届主席团第三次会议在天津市文联召开。

4月9 日，中国音乐金钟奖天津赛区声乐选拔赛圆满收官。

5月29日，由天津市音协推荐报送的歌曲《无悔的坚守》荣获国家保密委征集活动优秀奖。

6月7日，天津市音协南营门街道活动实践基地挂牌仪式举办。

6月，天津市音协举办党史学习教育“唱支山歌给党听”庆祝建党百年主题音乐会。

7月1日，天津市音协组织红色文艺轻骑兵小分队联合宝坻当地音协的会员，在宝平红色记忆纪念馆四史教育基地，以边参观边讲解边演唱的形式开展了一场别开生面的宣讲活动。

7月28日，天津市音协组织青年歌唱演员组成红色轻骑兵文艺小分队与宁河区文艺志愿者一起深入驻地企业——宁河芦台春酿造有限公司，开展学习宣传贯彻“七一”讲话精神文艺宣讲活动。

7月30日，由天津市音协与河西区文化馆主办的“庆祝中国共产党成立100周年扬琴室内乐专场音乐会”在河西文化馆音乐厅拉开帷幕。

8月30日，天津市音协开展天津市精品歌曲创作工作，面向全市征集、推选一批聚焦新时代主题，突出思想性、艺术性、可听性俱佳的精品歌曲。

9月16日，由中国文联、中国音协、天津市委宣传部、天津市文联共同报送参选的歌曲《追随》成功入选第九批“中国梦”主题新创作歌曲。

9月，由天津市音协主办的“唱响新时代　启航新征程”天津市音协迎国庆友好之声音乐会，在河西区文化馆举办。

11月17日，公布“天津我可爱的家乡”天津市精品歌曲创作征稿启事。

11月26日，天津市音协“深学笃用”文艺小分队走进东丽区万新街道畅悦华庭社区，与社区党员、群众代表共同学习党的十九届六中全会精神，现场演唱和演奏群众欢迎的红色经典曲目。

【戏剧家协会】

3月30日，由天津市剧协担任文学指导、天津市荣程小百花越剧团演出的大型新创越剧《文成公主》在天津电视台首播成功。

5月10日，天津市剧协担任文学和艺术指导的新创评剧《津门海燕》在宝坻剧院成功首演。

5月21日，由天津市剧协推荐报送的天津京剧院国家一级演员黄齐峰荣获第30届“中国戏剧梅花奖”。

6月，天津市剧协为参加中宣部、文旅部、中国文联等共同主办的庆祝中国共产党成立100周年晋京巡演剧目《革命家庭》在京组织召开剧目研讨会。

7月，在第25届中国少儿戏曲小梅花荟萃活动中，天津市剧协推荐的7名小演员荣获“小梅花金花”；集体节目京剧《幼苗争辉》被授予“小梅花集体节目”；天津市剧协荣获优秀组织奖。

10月，天津市剧协推荐的天津京剧院京剧《楝树花》参加第17届中国戏剧节展演。

11月，中国文联副主席、天津市文联主席、天津市剧协主席孟广禄荣获全国文化和旅游系统“先进工作者”荣誉称号。

11月，天津市剧协推荐的天津传媒学院话剧《大江歌罢》参加第七届中国校园戏剧节展演。

12月，由中国剧协支持，天津市文联、天津北方演艺集团、宝坻区政府主办，天津市剧协承办的第五届全国评剧专业院团青年演员电视展演圆满落幕。

【美术家协会】

1月6日，“我们的中国梦”——天津市美协新时代“红色文艺轻骑兵”小分队文化进万家活动走进东丽区新立派出所。

1月8日，“我们的中国梦”——天津市美协新时代“红色文艺轻骑兵”小分队文化进万家活动走进天津市天立独流老醋股份有限公司。

1月18日，“津彩墨染——迎新春天津当代中国画名家作品展”开幕。

4月13日，举办“挖掘红色资源 丰富创作内容 提升艺术水准——天津市美协组织艺术家赴蓟州采风”活动。

4月14日，“学史明理 砥砺前行——党史学习教育主题创作系列培训活动”之红色主题美术创作讲座举办，天津市美协组织20余名创作骨干参加培训。

4月24日，由天津市美协主办的重大革命历史题材电视剧版画插画展暨天津美术学院师生红色湖南写生展开幕。

4月28日，由天津市美协学术支持的“青春心向党 筑梦新时代”青年艺术家献礼中国共产党成立100周年美术作品展开幕。

5月8日，由天津市美协主办的“盛世丹青”天津中国画学术提名展在天津美术馆开幕。

5月19日，天津市美协积极组织艺术家参加中国美协在绍兴举办的“找准新时代美术方位 筑就新征程文艺高地——全国美术高峰论坛暨徐渭诞辰500周年纪念活动”。

6月2日，由天津市美协学术支持的宁津县庆祝建党一百周年暨“百年庆华诞 翰墨绘丹青”当代名家书画邀请展开幕。

6月25日，天津市美协组织艺术家走进天津市委党校开展党史学习教育活动。

6月30日，天津文艺界庆祝建党百年精品创作展在滨海美术馆开幕，天津市美协组织创作的50件党史题材美术作品参加展览。公开征集的200件作品入选本次展览。

7月3日，天津市美协秘书长张福有在天津美术馆美术讲堂举办公益讲座《写意人物画中的红色经典》。

7月21日，天津市美协小分队深入蓟州采风创作，学习宣传习近平总书记“七一”讲话精神。

7月31日，由天津市美协主办的“盛世丹青——天津中国画学术提名展”（巡展）在山西摩诘美术馆开幕。

8月5日，由天津市美协、湖南省美协共同主办的“意象·丹青——中国画邀请展”在长沙开幕。

9月3日，强化推进“我为群众办实事”，天津市美协到滨海新区开展调研。

9月17日，由天津市文联党组书记、副主席万镜明，党组成员、秘书长陈少杰带队，天津市美协、书协、摄协组织十余位艺术家走进“灭火救援英雄中队”八大街消防救援站进行采风创作活动。

9月25日，天津市美协7位画家参加中国美协在重庆举办的“首届中国美协国家重大题材美术创作人才专题研修班”。

10月12日，天津市美协组织画家参加“把这一片美留给子孙万代”天津文学艺术界走进双城绿色生态屏障采风调研活动。

10月16日，天津市美协组织30余名画家深入到宁河、西青、津南等“871”重大生态建设工程实地采风写生，汲取创作灵感。

10月19日，举办“浓墨重彩 情满和田——天津市美协艺术家赴新疆和田开展采风创作服务活动”。

11月16日，天津市美术摄影精品创作展征稿。

11月22日，“深学笃用”文艺宣传小分队——天津市美协走进中新药业天津第六中药厂。

11月24日，“深学笃用”文艺宣传小分队——天津市美协走进供热一线。

12月13日，落实“为群众办实事”调研工作，“‘描绘时代画卷 开创美好未来’——中国画、油画精品双年展”在天津空港文化中心举办，展出作品50件。

12月14日至17日，天津市美协王书平、贾广健、陈治、张福有、董凯等5位代表参加中国文联第十一次全国代表大会。

12月30日，天津市美协组织画家到天津市芭而蒂服饰有限公司，开展“我们的中国梦”——“深学笃用”文艺宣传小分队文化进万家活动。

12月31日，天津市第八届油画双年展暨迎新年油画作品展网络展于线上展出。

【书法家协会】

1月19日，我们的中国梦——天津市书协新时代“红色文艺轻骑兵”小分队文化进万家活动走进天津市公安局和平分局，学习宣传党的十九届五中全会精神，为公安干警书写“福”字、春联和书法作品，送上新春美好祝福。

1月22日，我们的中国梦——天津市书协新时代“红色文艺轻骑兵”小分队文化进万家活动走进东丽区津门里社区。

1月26日至27日，中国书协第八次全国代表大会在北京举行。大会审议通过了工作报告，修改了章程，选举产生了中国书协第八届主席团和理事会。天津市书协张建会连任中国书协副主席，李锋、郝军、杨建军当选第八届理事会理事。

1月30日，天津市书协参与主办的“杏坛墨韵六友书法展”于墨醉画馆举行。

2月3日，由天津市书协、《中老年时报》联合主办的2021年“迎春送福”系列活动暨“我们的中国梦”——天津市书协新时代红色文艺轻骑兵小分队“迎春送福”系列活动《中老年时报》专场在读者服务中心启动。

2月4日，天津市书协“新时代红色文艺轻骑兵”小分队走进天津边检总站天津机场边检站。

2月5日，由天津市委宣传部、天津市文旅局、天津市文联、北方演艺集团共同主办的“我们的中国梦”——天津市新时代“红色文艺轻骑兵”文化进万家活动走进一汽大众汽车有限公司天津分公司。天津市书协积极组织书法家参与此次活动。

2月9日，由天津市委宣传部、天津市文旅局、天津市文联、北方演艺集团、东丽区委宣传部主办的“我们的中国梦”天津市文联新时代“红色文艺轻骑兵”小分队走进东丽区新立示范镇农民安置用房建设项目——丽恒花苑建筑工地。天津市书协积极组织书法家参与此次活动。

3月4日，天津市书协第四届主席团第五次会议在天津市文联召开。会议审议通过了《2020年天津市书协工作总结》和《2021年天津市书协工作计划》。

3月7日，天津市书协和天津市书协女书法家委员会在天津市书协青年创作基地空港文化中心举办天津市妇女书法创作研讨会。

3月20日，天津市书协积极推动由中央保密办、国家保密局举办的庆祝中国共产党成立100周年保密宣传教育作品征集活动，报送作品36件。

4月14日，第七届中国书法兰亭奖颁奖活动、第七届中国书法兰亭奖作品展开幕式在绍兴兰亭书法博物馆举行，天津书法家崔寒柏荣膺本届“中国书法兰亭奖”金奖，并且是唯一一位创作金奖。

4月15日至16日，中国书协分党组书记、驻会副主席李昕一行4人到天津开展调研工作。

4月16日，由天津市书协青年创作基地和天津港保税区文化中心共同主办的“忆发展历程 话未来辉煌 创清廉保税”庆祝天津港保税区成立30周年书法摄影展览暨笔会活动在天津港保税区文化中心举办，展出50件主题书法作品。

5月18日，由天津市书协主办的“宁书纶先生追思会”在天津市文联举行。

5月26日，天津文艺界庆祝建党百年精品创作展（书法）评审工作在天津市文联进行，评选出入展作品59件。

6月9日，“致敬百年——天津市书协隶书委员会书法作品展”网络展出。

6月10日，“红心向党——天津市书协楷书委员会书法精品展”网络展出。

6月19日，中国书协主办“伟业：庆祝中国共产党成立100周年书法大展”在中国国家博物馆开幕。天津市书法家孙伯翔、张建会、刘洪洋、邵佩英、郝金宝参展。

6月24日，由西青区委宣传部、天津市书协、西青区文旅局主办的永远跟党走西青区庆祝中国共产党成立100周年“百幅楹联颂百年”天津市楹联书法作品展在西青区文化中心展厅开幕。参展书家100位，作品100幅。

6月25日，由静海区委区政府、天津市书协主办的天津市百名书法家百米长卷展在静海区团泊湖畔萨马兰奇纪念馆开幕。

6月25日，“庆祝中国共产党成立100周年——天津市美协、书协、摄协艺术家走进中共天津市委党校开展党史学习教育活动”举办。

6月30日，由天津市委宣传部、天津市文联、滨海新区区委宣传部主办的“天津文艺界庆祝建党百年精品创作展”在滨海美术馆开展。天津市书协参与承办此活动。

7月4日，天津市书协楷书委员会送文化到基层活动在位于静海区的天津翰吉斯国际商务区举行。

7月13日，天津市书协举办“书金句 铸精神：天津市书法界学习‘七一’重要讲话精神网络书法展”。

7月23日，中国书协和天津市文联主办的“庆祝中国共产党成立100周年系列书法展（天津篇）：翰墨铸情·天津市书法精品展”在滨海美术馆开幕。

7月27日，由天津市书协指导，草书委员会和学术委员会主办的庆祝中国共产党成立100周年“天津市中青年草书提名展暨天津草书创作研讨会”在滨海美术馆举办。

8月13日，天津市第十届书法篆刻展览在天津港保税区文化中心开始展出。

8月18日，由天津市书协主办的“百年圆梦——孙荣刚师生作品展”在天津市滨海文化中心美术馆开幕。

9月9日，中国书协天津市书法等级考试评审工作顺利完成。天津市书法等级考试1－7级共有300余人参加，经过专家评审通过率达91%。

9月17日，由天津市文联党组书记、副主席万镜明，天津市文联党组成员、秘书长陈少杰带队，天津市美协、书协、摄协组织十余位艺术家走进“灭火救援英雄中队”八大街消防救援站进行采风创作活动。

9月18日，天津市书协行书委员会和学术委员会共同主办的“天津市书协行书创作交流会”在天津市书协青年创作基地空港文化中心举办。

9月26日，天津市委宣传部、中国书协和天津市文联共同主办，天津市书协承办的“耄学日新——孙伯翔书画艺术展”在天津美术馆开幕。

9月27日，由河北省文联、北京市文联、天津市文联、秦皇岛市委宣传部主办，天津市书协参与承办的“新起点·新征程·新篇章——庆祝中国共产党成立100周年京津冀书法名家邀请展”在河北省秦皇岛北戴河怪楼艺术园区开幕。

9月29日，中国书协2020年度批准入会人员名单公布，天津市孙士颖、王磊、白光被批准加入中国书协。

10月15日，“天津市书协楷书创作交流会”在天津市书协青年创作基地空港文化中心举行。

10月19日至24日，由天津市美协和书协组成文艺家小分队赴新疆和田开展了为期5天的“津和之美——天津市文艺家走进和田采风创作服务活动”。

11月18日天津市书协红色文艺轻骑兵宣传小分队前往北辰区淮祥园社区活动室开展“我为群众办实事”下基层公益服务活动。

11月26日，“深学笃用”文艺宣传小分队——天津市书协一行9人，来到天津市河东区上杭路街万平里社区新时代文明实践所，与街道办事处干部、社区党员一起以座谈学习体会，以书法创作的形式宣传六中全会精神。

12月6日，天津市书协邀请中共天津市委党校倪明胜教授，为天津市第六期“艺文兼备”青年书法作者培训班进行“十九届六中全会精神”专题线上培训。

12月14日至17日，天津市书协张建会、杨健君、崔寒柏参加中国文联第十一次全国代表大会。

【舞蹈家协会】

2月1日至3日，中国舞协第十一次全国代表大会在北京会议中心召开。大会审议通过了工作报告，修订了章程，选举产生了中国舞协第十一届主席团和理事会。天津市舞协主席高久林、天津市舞协秘书长程伟航当选新一届中国舞协理事会理事。

2月4日，舞动小年夜 送“福”百姓家“我们的中国梦”——天津市新时代“红色文艺轻骑兵”文化进万家，天津市舞协走进和平区大都会社区与社区居民“艺”起过年。

3月18日，天津市舞协第五届主席团第四次会议在天津市文联召开。会议审议通过了《2020年天津市舞协工作总结和2021年工作计划》报告，部署了2021年舞蹈作品创作工作，研究通过了第十届天津少儿舞蹈大赛和2021年天津市专业舞蹈比赛的活动方案，协商7月在天津主办第十一届“小荷风采”全国少儿舞蹈展演的前期筹备等事宜。

5月，在天津市少年儿童活动中心和华夏未来剧场，举办了第十一届天津市少儿舞蹈大赛暨第十一届“小荷风采”全国少儿舞蹈展演天津地区选拔活动。

6月1日至4日，天津市舞协举办了2021天津市群众舞蹈比赛暨第十届华北五省市舞蹈大赛选拔。

6月13日，在天津大礼堂，举办了庆祝中国共产党成立100周年“2021天津市舞蹈新人新作”专业舞蹈比赛。

6月14日，由天津市文联、天津市舞协主办的

“永远跟党走”——天津舞蹈界庆祝中国共产党成立100周年新作品汇报演出在天津礼堂举行。

7月28日至8月1日，在天津大剧院，由中国舞协、天津市委宣传部、天津市文联主办，中国文联舞蹈艺术中心、天津市舞协承办、中国舞协少儿舞蹈委员会协办的“童心向党——第十一届‘小荷风采’全国少儿舞蹈展演”在天津大剧院成功举办。

9月24日，在第四个中国农民丰收节到来之际，由天津市文联、天津市舞协、津南区文联和小站镇政府联合举办的欢欣鼓“舞”庆丰收——天津市舞协新时代“红色文艺轻骑兵”小分队走进津南区小站镇活动在该镇津舞团排练大厅举行。

9月至11月，由天津市文联、天津市文明办和天津电视台联合主办，天津市舞协、天津市电视台文艺频道联合承办的“永远跟党走 幸福舞起来”天津市第五届全民广场舞大赛有序开展。

10月14日，天津市舞协主席团带领天津市专业舞蹈创作骨干赴天津传媒学院舞蹈学院进行调研考察。

10月，2021-2022年天津市舞协培养青年舞蹈编创人才计划活动启动。

12月7日，天津市舞协“深学笃用”文艺宣传小分队走进市老年大学，为舞蹈学员们带来一场“宣讲+表演”的文艺宣传活动。该活动由天津市委宣传部、天津市文联主办。

12月14日至17日，天津市舞协张浩、程伟航参加中国文联第十一次全国代表大会。

【曲艺家协会】

1月11日，天津市相声新作品展演在天津市河西区春秋小剧场举行。

2月8日，天津相声新作品展演在天津市南开区福润公司举行。

2月26日，天津市曲协召开专题会议，研讨举办“辉煌百年路 乐享新生活”相声主题创作。

3月25日至30日，中国曲协工作会议在张家港举行，天津市曲协秘书长李冲参加会议，当选中曲协理事。

6月25日，天津市曲协组织“辉煌百年路 乐享新生活”首次演出在和平区文化宫举行，天津市文联党组书记万镜明，秘书长陈少杰，作家王松，专家王佩元、赵伟洲观看节目并提出意见和建议。

7月2日，“辉煌百年路 乐享新生活”相声新作品巡演首场演出在和平区文化宫举行。

7月20日，第五届“和平杯”非遗曲艺票友邀请赛天津地区决赛在和平文化宫举行。

7月至9月，天津市曲协组织“辉煌百年路 乐享新生活”相声新作品赴驻津武警部队巡演。

8月16日，“辉煌百年路 乐享新生活”相声新作品巡演活动涌现出的10段新作品由《相声大会》栏目录制。

9月23日至24日，第三届马季杯全国大学生相声新作品展演决赛在宝坻区北京科技大学天津学院举行。

9月26日，中国曲协副秘书长黄群一行来津就“加强行风建设，继承曲艺优良传统”主题同天津曲艺界文艺家进行座谈。

9月至10月，天津市曲协组织津门曲艺家积极参加“871”绿色工程采风活动。

10月21日，第五届和平杯曲艺票友邀请赛决赛在天津市和平区文化宫举行。

10月22日，第五届和平杯曲艺票友邀请赛研讨会在和平宾馆举行；颁奖仪式在中国大戏院举行。

【摄影家协会】

1月5日，天津市摄协主办的“津夜光彩”摄影大赛评选在天津市商务局举办。

1月23日，天津市摄协主办“我的社区、我的家”摄影大赛颁奖及获奖作品点评会在“格调艺术馆”举办。

2月4日，天津市摄协“红色文艺轻骑兵”小分队分别走进地铁6号线二期工程景荔道站施工现场、和平区南市街大都会社区，为留津人员送去文化“小年”的祝福。

2月22日，天津市摄协第五届主席团第四次会议在天津市文联召开，会议讨论了《天津市摄协入会细则修改草案》，各专业委员会成立前的筹备会议相继召开。

3月22日，经天津市摄协第五届主席团第四次会议审议通过的《天津市摄协个人会员入会细则（2021版）》正式发布。

3月29日，由天津外国语大学、天津市摄协主办的“致敬抗疫最美译行者——天外志愿翻译突击队纪实摄影展”在天津外国语大学开幕。

5月26日，纪念建党百年主题精品展（摄影作品）征稿评选在天津市摄协举办，选出线下、线上展出作品100幅。

5月29日，由天津市慈善协会、天津市摄协共同主办的“弘扬慈善精神 永远跟党走”——天津市首届慈善公益摄影展在天津美术馆开幕。

6月3日至30日，天津市摄协对新摄影组织及新摄影群体进行摸底调研。

6月30日，由天津市委宣传部、天津市文联、滨海新区区委宣传部主办的天津文艺界庆祝建党百年精品创作展在滨海美术馆开展。天津市摄协参与承办此活动。

7月24日，天津市摄协“新时代红色文艺轻骑兵小分队”走进武清区白古屯镇韩村，用摄影作品向村民宣传伟大建党精神。

7月26日，天津市摄协新时代红色文艺轻骑兵小分队走进武清区韩村，将学习贯彻习近平总书记“七一”重要讲话精神送到基层，用镜头聚焦韩村小康故事。

7月至8月，天津市摄协持续开展“2020年批次中摄协会员申报指导、初审”工作。

8月30日，为深化党史学习教育“为群众办实事”天津市摄协所属的美术书法摄影联合党支部全体党员走进天津港保税区举办主题党日活动。

9月17日，天津市摄协组织摄影家走进“灭火救援英雄中队”八大街消防救援站进行采风创作活动。

9月28日，由京津冀三地文联联合主办的“魅力冬奥会·文艺铸辉煌”——京津冀长城摄影邀请展在河北秦皇岛市开幕。

9月30日，由津南区文旅局、天津市摄协共同主办的津南区生态文明建设成果摄影展在津南文化馆开幕。

9月30日，天津市文联、天津市作协的作家、艺术家和中青年骨干创作力量组成小分队，到天津市“871”重大生态建设工程现场开展学习采风活动。天津市摄协积极组织会员参加此次活动。

10月12日，天津文艺界深入津南区八里湾、西青区王稳庄等双城绿色生态屏障代表点位采风调研。天津市摄协主席团5名成员参加了此次活动。

10月25日，天津市摄协组织摄影家采风小分队创作的天津生态建设摄影作品10余幅在《天津日报》整版刊发。

11月1日，天津市摄协组织摄影家采风小分队创作的天津生态建设摄影作品10余幅在《今晚报》整版刊发。

11月13日，第四届天津市青年摄影展作品评选在天津师范大学新闻学院举行。

11月26日，由天津市摄协、每日新报主办的“为荷而来”摄影比赛部分优秀作品展于每日新报刊发。

12月2日，“深学笃用”文艺宣传小分队天津市摄协走进南开区公用事业服务中心园林养护部。

12月12日至16日，中国文联第十一次全国代表大会代表，天津市摄协副主席宋子明、秘书长包静随天津代表团赴北京参加中国文联第十一次全国代表大会。

【民间文艺家协会】

3月，在天津市民协工作指导和支持下，天津市老年人大学天津刻瓷研究会创作中心历时三年时间，组织天津刻瓷爱好者近百人参与，创作了109件以回顾党史为主题的红色题材作品开始巡展。

4月13日，天津市民协、红桥区文旅局、红桥区文联主办的“妙手见真章 方寸传精神”庆祝中国共产党成立100周年——张广英印石雕刻作品展开幕。

5月23日，由宝坻区委宣传部、天津市民协主办的庆祝中国共产党成立100周年第三届京东民间艺术展在天津市宝坻区民俗艺术馆开幕。

6月30日，由天津市委宣传部、天津市文联、滨海新区区委宣传部主办的“天津文艺界庆祝建党百年精品创作展”在滨海美术馆开展。天津市民协参与承办此活动。

7月26日，中国民协第十次全国代表大会在京开幕。会议回顾总结协会过去五年的工作经验，研究部署今后五年的工作任务，修改协会章程，选举产生新一届领导机构。天津市民协张书珍、张宇、王振良当选新一任中国民协理事。

8月，天津市民协组织12位艺术家分别走进市血液中心采血点、宝坻献血方舱和滨江道、天津站、静海献血车，现场展示剪纸、皮影、面塑、丝带花、撕纸、合香、烙画、压花等手工艺品，慰问白衣天使和献血志愿者。

9月28日，第十五届“中国民间文艺山花奖·优秀民间工艺美术作品初评活动”在江苏省徐州市举行，天津市民协推荐泥塑余庆成、彩塑赵阳、内雕画张昭、纸模曹珉参评。

11月1日，天津市民协组织津门民间文艺家积极参与中国民协中青年艺术家作品展。

11月10日，天津市民协推荐的北辰区两幅作品入选“百年荣光 红心向党”全国农民画作品展。

11月12日，天津市民协推荐的北辰区三幅作品入选“新生活 新风尚 新年画”——我们的小康生活主题美术创作展。

12月3日，由天津市民协艺术家组成的“深学笃用”文艺宣传小分队走进北辰区李咀小学，宣传党的十九届六中全会精神，助力北辰区落实“双减”政策。

12月6日，《中国民间文学大系·天津卷》语言类六卷编委会成立并举行启动仪式。

12月10日，《中国民间文学大系·天津卷》语言类六卷本专家座谈会在市文联举行。

12月21日，非遗传承人吕敏为天津城市职业学院聋哑学生开办绳结艺术课程。

【杂技家协会】

1月21日，天津市杂协第五届第二次主席团会议在天津市杂技团举行。

2月，天津市杂协线上线下开展“我们的中国梦”——天津市杂协新时代红色轻骑兵小分队文化进万家活动，线上春节前推出国家级非遗戏法代表性传承人肖桂森主讲古彩戏法视频；线下走进津南区八里台镇进行戏法讲座等。

3月19日，天津市杂协魔术调研活动在肖桂森工作室举行。

4月15日，天津市杂协深入天津市南开区桦林园社区文化文化站进行调研，邀请肖桂森、宋志强、王文、汪玉英等老艺术家进行座谈，为天津魔术现状出谋划策，同时进行“新时代中国杂技人才发展研究”课题问卷调研。

5月7日，天津市杂协在天津商务职业学院举办了以“中国戏法的传承与发展”为主题的文化讲堂，国家级非物质文化遗产传承人、戏法表演艺术家肖桂森现场表演了古彩戏法并进行讲解。

5月10日，天津市杂协常态化开展戏法进校园活动，在河北工业大学肖桂森戏法工作室上演了一场独具特色的中国戏法体验课。

6月24日，天津市杂协在肖桂森工作室举办“传承经典文化 弘扬中国戏法——新老艺术家魔术交流活动”。

7月1日，为学习贯彻习近平总书记在党史学习教育动员大会上的重要讲话精神，配合中杂协在线上发起“唱支山歌给党听”中国杂技工作者在行动主题宣传活动，天津市杂协制作宣传片“唱支山歌给党听——天津杂技经典回顾”，在中国杂协公众号上播出。

7月20日，天津市杂协在天津市杂技团召开“天津杂技界学习贯彻习近平总书记‘七一’重要讲话精神交流座谈会”。

8月24日，天津市杂协开展“我为群众办实事”实践活动，经群众点单，天津市杂协走进天津市和平区劝业场街新津社区进行戏法讲座。

9月7日，天津市杂协组织杂技界广大艺术家在天津市杂技团集中学习研讨“中宣部文娱领域综合治理工作电视电话会议精神讨论会议”有关会议精神。

9月29日，为庆祝建党100周年，由中国杂协、河北省文联、北京市文联、天津市文联、山西省文联、内蒙古文联、沧州市人民政府联合主办的“颂歌献给党——第三届华北五省区市优秀杂技（魔术）节目展演”活动在线上成功举行。

10月11日和13日，天津市杂协常态化开展协会进校园活动，分别走进天津电子信息职业学院和北京科技大学天津学院进行学生励志讲堂暨中华优秀传统文化进校园巡讲活动，为学生讲述了戏法的历史与传承并进行了表演。

10月15日第二届全国优秀杂技理论作品扶持活动暨红色题材杂技剧创作研讨会在大连举行，天津市杂协推荐的杨金艳《振兴天津魔术的对策——从“魔术比赛”的式微谈起》入选第二届全国优秀杂技理论作品扶持活动。

11月28日，天津市杂协组织“深学笃用”文艺宣传小分队深入南开区广开街道桦林园社区与社区的党员群众开展了一场别开生面的党的十九届六中全会精神学习宣讲活动。

【电影家协会】

2月1日，推进“像音像”集萃工程剧目创作，由天津市影协会员单位天津滨海国际影业有限公司与天津市评剧白派剧团联合出品的评剧电影《包公三勘蝴蝶梦》、由天津滨海国际影业有限公司与贵州京剧院有限公司联合出品的电影《新铁弓缘》两部影片同时荣获第34届中国电影金鸡奖“最佳戏曲片”提名。

3月4日至16日，由天津影协会员单位天津北方电影集团出品的电影故事片《夺冠》《解放·终局营救》《民警攻略》等3部作品成功入选CCTV6电影频道“伟大的时代”主题展播。

3月19日，天津市影协创建电影党教服务阵地，将电影主题党课送到全市基层单位联合举办“百年红色光影 奋进崭新征程”——庆祝中国共产党成立100周年重点影视剧展映展播活动举办启动仪式。

4月23日，助力“韵河影坞”，参与组织创建“电影+文旅”科技基地。

5月1日，组织“学党史、传精神、跟党走”——中国文艺志愿者在行动特别节目《生命之河》在津录制工作。

7月1日，指导组织宣推建党百年红色影片《1921》。

9月1日，联合创建“京津冀电影艺术联盟”。

10月1日，指导组织宣推建党百年红色影片《长津湖》。

【电视家协会】

1.开设“天津视协公众号”，2021年推出公众号39期。

2.发展个人会员和团体会员。截至目前，天津市视协共有个人会员255人，团体会员14个。

3.借助相关活动逐步成立专业委员会（6个）及创作基地（4个），充实完善天津视协组织架构。

4.通过《天津市电视艺术家协会专业委员会管理办法》。

5.配合纪念建党百年制作节目开展活动。

6.开展电视艺术家走基层活动，和电视台文艺频道到津南观照轩参加女排纪念瓷收藏仪式，参加美星影视公司《家有儿女》梦想之旅。

7.评选天津市优秀电视艺术作品。

河北省文联

综　述

2021年，在中国文联的精心指导下，在河北省委、省政府和省委宣传部的正确领导下，河北省文联坚持以习近平新时代中国特色社会主义思想为统领，全面贯彻落实党的十九大、十九届中央历次全会和河北省第十次党代会精神，团结引领全省广大文艺工作者，围绕中心、服务大局，立足本职、守正创新，各项工作取得新进展，为繁荣发展河北文艺事业、丰富人民群众精神文化生活作出了积极贡献，工作取得新进步新成绩。河北省文联党组成员、副主席，河北省美协主席祁海峰创作的油画《雄安畅想》和巨幅山水画《太行回响》被中国共产党历史展览馆收藏并展出，河北省委主要领导批示祝贺，中宣部文艺局给予表彰奖励，中国共产党历史展览馆发来感谢信。举办“百名红色艺术家再发现”征集成果展，建党百年主题文艺创作美术、摄影作品展，宣传推广歌曲《岁月征程》，为雄安新区容东安置区第一批回迁居民送春联、“福”字、拍全家福，“百年征程·时代华章”群众喜爱的歌曲、曲艺、舞蹈作品推选等活动，得到河北省委常委、宣传部长张政表扬和肯定性批示。

重要会议与活动

【2021河北网络春节云联欢】

2月11日（农历除夕），河北省文化和旅游厅、河北省文联、长城新媒体集团联合推出“燕赵贺新春　冀云过大年”2021河北网络春节云联欢活动在“冀云”客户端、“学习强国”河北学习平台、长城网、长城24小时客户端、河北文艺网、河北省文联微信公众号直播栏目《紫藤树下》等权威网络平台全程直播。直播当天，在冀云平台24小时达到3100万观看人次，河北省文联微信公众号达到20余万人次。春节期间在省广电网络冀视频、杂技频道等平台持续展播。

【全面从严治党工作会议】

3月9日，河北省文联召开全面从严治党工作会议，会议深入学习贯彻十九届中央纪委五次全会和省纪委九届六次全会精神，总结河北省文联2020年全面从严治党工作，部署2021年工作任务。河北省文联党组书记、副主席解晓勇作了题为《抓好五个结合，提升工作水平，切实将全面从严治党落到实处》的讲话，河北省纪委监委驻省委宣传部纪检监察组组长陈景权出席会议并提出要求。河北省文联党组成员、副主席祁海峰主持会议。

【河北省文艺家之家项目建设】

3月22日，中国文联副主席、河北省政协副主席、省文联主席边发吉，河北省文联党组书记、副主席解晓勇，河北省财政厅党组成员、副厅长马学，河北省文联党组成员、副主席张海英一行到位于正定新区的省文艺家之家建设项目进行调研，并组织召开专题会议。解晓勇主持会议。调研组一行视察了在建项目，听取了项目进度汇报，研究了项目后续建设资金及运营资金的解决途径等，并对项目的疫情防控、安全生产、工程质量等方面工作提出进一步要求。

【情系沧州·刘金凯书法作品展】

3月30日，由河北省文联、河北省书协、沧州市委宣传部、沧州市文联主办的“情系沧州·刘金凯书法作品展”在沧州市新华美术馆举行。沧州市市委书记王景武，河北省文联党组成员、副主席张海英，省文联一级巡视员路皓，省书协主席刘金凯，沧州市委常委、宣传部部长贾发林等参观展览。张海英主持仪式。展览共展出刘金凯创作书法作品近60幅。

【河北省文联十届二次全委会】

4月16日，河北省文联十届二次全委会在石家庄召开河北。河北省委宣传部部务会成员、省委《共产党员》杂志社社长王振儒传达了河北省委常委、宣传部部长张政对河北省文联工作的批示精神。河北省政协副主席、省文联主席边发吉主持会议。河北省委宣传部副部长、省电影局局长史建伟出席并讲话。河北省文联党组书记、副主席解晓勇以《聚力新阶段 奋进新征程 谱写河北文艺繁荣发展新篇章》为题作工作报告。河北省文联党组成员、副主席祁海峰、方竹学、张海英，秘书长相洪奇，驻部纪检监察组副组长于文周出席会议。河北省文联十届主席团成员、省文联副处级以上干部、受表彰的代表、各市文联主要负责同志参加会议。会上还对第五届河北省德艺双馨文艺工作者、全省文联系统“争做人民满意的公务员”十佳个人和“争创人民满意的公务员集体”十佳集体进行表彰。

【砚边心象——庆祝建党100周年四人书法作品联展】

4月28日，河北省文联、省书协主办，省文联文化发展中心、省文学艺术发展基金会承办的省文联推介艺术家系列活动“砚边心象——庆祝建党100周年四人书法作品联展”在河北省文联举办。河北省文联党组书记、副主席解晓勇，河北省文联党组成员、副主席方竹学、张海英，一级巡视员柴志华、路皓，河北省文联副主席、省书协驻会副主席兼秘书长刘月卯，河北省文联秘书长相洪奇等出席开幕式。相洪奇主持开幕式。联展共展出书法作品100幅。开幕式结束后，“砚边心象——庆祝建党100周年书法作品研讨会”在河北省文联召开。

【河北省第25届文化科技卫生“三下乡”集中服务活动】

6月11日，全国文化科技卫生“三下乡”集中示范活动（河北站）暨河北省第25届文化科技卫生“三下乡”集中服务活动在石家庄赞皇县举行。河北省文联为赞皇县文联捐赠了电脑、打印机等办公用品；为群众捐赠了图书、杂志等；书画家颜景龙、李国月、路少河等组成的服务小分队特地为赞皇县委、县政府创作了书法、美术长卷，为当地群众、书画爱好者创作了美术、书法作品并进行培训。

【“永远跟党走”——河北省庆祝中国共产党成立100周年主题文艺创作美术、摄影作品展】

6月18日，由河北省委宣传部指导，河北省文联主办，河北省美协、省摄协承办的“永远跟党走”——河北省庆祝中国共产党成立100周年主题文艺创作美术、摄影作品展举办。展览从2500余件作品中遴选出230件美术作品、60组摄影专题，通过室内和户外、线下和线上展厅相结合的形式展出。6月21日，中国美协分党组成员、秘书长、一级巡视员马锋辉专程赴石家庄市美术馆，参观展出的美术作品展。

【“人民至上”——庆祝中国共产党成立100周年人大文化优秀作品展】

6月21日，河北省人大常委会办公厅、省美协、省摄协、省书协、省曲协等共同举办的“人民至上——庆祝中国共产党成立100周年优秀作品展”在石家庄市美术馆举办。展览共征集到作品1400多件，经过专家评审，从中选出152件优秀作品参加展出。其中33幅美术作品、40幅书法作品、19幅摄影作品、16件曲艺作品分获各艺术门类一、二、三等奖和优秀奖。

【《河北艺术发展报告2020》】

7月，河北省文联创新推出《河北艺术发展报告2020》。该《报告》涵盖了戏剧、音乐、美术、曲艺、舞蹈、民间文艺、摄影、书法、杂技、影视、文艺评论11个艺术行业以及文艺志愿服务、企业（行业）文联2个综合性协会的年度工作。该《报告》在简要概括2012年至2019年以来主要工作基础上，重点总结评价2020年各艺术领域取得的成绩，深刻分析影响行业发展的问题、困难和主要因素，据实提出发展策略，探索促进艺术发展的有效途径和方式方法，为指导河北省艺术创新发展提供了实践参考和理论支撑。

【“丹青华章”——庆祝建党100周年国画展】

7月20日，由河北省文联、省美协主办，河北省文联文化发展中心、省文学艺术发展基金会承办的省文联推荐艺术家系列活动“丹青华章”——庆祝建党100周年国画展在河北省文联举办。展览展出了河北中青年艺术家代表刘敬民、崔强、倪春林、刘树允4位国画家倾情创作的100幅作品。

【初心印、长征路、长城魂、运河情——沧桑钩沉主题艺术大展】

8月10日，河北省文联、衡水市委宣传部主办，石家庄市美术馆、衡水中国书画博物馆、衡水学院书画艺术博物馆承办的“初心印、长征路、长城魂、运河情——沧桑钩沉主题艺术大展”在石家庄美术馆举办。8月16日，中国文联副主席、河北省政协副主席、省文联主席边发吉观看展览。

【“文艺＋裕农通”联合助力乡村振兴】

8月19日，河北省文联与建行河北省分行在省文联共同举行“文艺＋裕农通”联合助力乡村振兴战略合作协议签约仪式努力探索“文艺+金融”的服务模式，助力乡村振兴。河北省文联党组书记、副主席解晓勇，中国建设银行股份有限公司河北省分行党委书记、行长陈中新分别代表双方进行了签约。签约仪式结束后，双方进行了座谈。

【“大漠青春”音乐创作采风行走进新疆巴州】

9月5日，河北省委组织部、河北省委宣传部、河北省对口支援西藏新疆工作领导小组经济社会办公室、河北省援疆工作前方指挥部主办，河北广电传媒集团有限责任公司承办，河北广电盛腾文化传媒有限责任公司执行的“大漠青春”音乐创作采风行走进新疆巴州。河北省文联党组成员、副主席方竹学，河北省音协驻会副主席兼秘书长郭玉红，河北广播电视台影视剧频道总监助理魏义卿，河北省音协副主席、著名词作家刘新圈，著名作曲家、音乐人刘礼民，青年作家、编剧孙达及河北省音协、省摄协有关人员一行8人前往新疆巴州进行采风创作并开展调研活动。采风创作团队深入农场、企业、社区和学校一线开展调研并进行随机采访，倾听和记录各行各业代表的思想状态和生活感言。调研期间，采风创作团队来到巴州市歌舞团进行交流学习，了解巴州歌舞团阵地建设、音乐舞蹈创作等各项工作开展情况，并就艺术创作、人才培养、演出管理等事项进行深入交流与探讨。

【文艺工作者职业道德和行风建设工作座谈会】

9月9日，“崇德尚艺 培根铸魂——河北省文联文艺工作者职业道德和行风建设工作座谈会”在石家庄召开。中国文联副主席、河北省政协副主席、河北省文联主席边发吉，河北省文联党组书记、副主席解晓勇，河北省文联党组成员、副主席祁海峰，二级巡视员张占方，河北省文联秘书长相洪奇，河北省各文艺家协会的驻会秘书长和主席团成员、文艺家代表，以及河北省文联有关部门负责同志参加了会议。祁海峰主持会议。座谈会传达学习了中共中央政治局委员、中宣部部长黄坤明在文娱领域综合治理工作电视电话会议上的讲话，中国文联党组书记、副主席李屹在中国文联文艺工作者职业道德和行风建设工作座谈会上的讲话精神。河北省各文艺家协会代表作了发言。河北省文联副主席、省剧协副主席兼秘书长贾吉庆宣读了《崇德尚艺 培根铸魂——致河北省广大文艺工作者倡议书》。

【“启航新征程·放歌新时代”——河北省学习贯彻习近平总书记“七一”重要讲话精神文艺宣讲暨雄安新区建设发展主题文艺创作启动仪式】

9月17日，河北省委宣传部、省文化和旅游厅、省文联、省作协在雄安郊野公园举办河北省学习贯彻习近平总书记“七一”重要讲话精神文艺宣讲暨雄安新区建设发展主题文艺创作启动仪式。河北省委宣传部副部长、省电影局局长史建伟，省委宣传部部务会成员、省委《共产党员》杂志社社长王振儒，省委宣传部部务会成员、雄安新区宣传网信局局长边建国，省文联党组书记、副主席解晓勇，省作协党组书记、副主席王凤，省作协主席关仁山，省文联党组成员、副主席、省美协主席祁海峰以及作家艺术家代表100余人，雄安新区建设者代表和干部群众代表500余人参加活动。

【陈勃·顾棣摄影艺术成就暨收藏展览】

9月24日，由中国摄协、河北省文联主办，河北省摄协、阜平县委、阜平县人民政府承办，中国摄协摄影理论委员会、保定市文联、阜平县文广旅游局、晋察冀边区革命纪念馆协办的“陈勃·顾棣摄影艺术成就暨收藏展览”在保定市阜平县城南庄晋察冀边区革命纪念馆举办。“陈勃·顾棣摄影艺术成就暨收藏展览”由“陈勃摄影艺术成就展”“顾棣摄影艺术成就展”“顾棣红色摄影收藏展”3个独立展览组成，分为“人民领袖”“时代印记”“文艺大家”“寄情山”4个章节。

【“魅力冬奥会·文艺铸辉煌”——京津冀长城摄影邀请展】

9月28日，由京津冀三地文联联合主办的“魅力冬奥会·文艺铸辉煌”——京津冀长城摄影邀请展在秦皇岛市举办。展览共收到摄影作品600余幅，经精心遴选确定入选作品106幅。这些摄影作品，立意新颖，构图精美，内涵丰富，全方位、多层次、立体化地展示了长城文化和冬奥元素。

【河北省文联主要负责同志调整　史建伟担任党组书记】

10月29日，河北省文联召开干部大会，宣布主要负责同志调整决定。河北省委组织部副部长周科英宣读了省委决定，史建伟任河北省文联党组书记，解晓勇因退休不再担任该职务。河北省政协副主席、省文联主席边发吉，河北省委宣传部常务副部长宋文新出席并讲话。史建伟、解晓勇分别发言。河北省文联党组成员、副主席祁海峰主持会议并作表态发言。河北省文联党组成员，省委组织部、省委宣传部相关处室负责同志，河北省文联秘书长、机关、各艺术家协会及下属单位主要负责同志参加会议。

【河北省文联传达学习党的十九届六中全会精神】

11月15日，河北省文联召开党组扩大会议，传达学习党的十九届六中全会精神，部署学习宣传贯彻工作。河北省文联党组书记、副主席史建伟主持会议，河北省文联党组成员、副主席祁海峰、方竹学、张海英、任源，二级巡视员张占方，秘书长相洪奇出席会议，各部室、各艺术家协会、各事业单位负责人参加会议。会议全文学习了《中国共产党第十九届中央委员会第六次全体会议公报》，学习传达了中宣部学习贯彻党的十九届六中全会精神电视电话会议精神和省委常委会扩大会议精神。会议还学习传达了河北省委书记、省人大常委会主任王东峰署名文章《开创新时代全面建设经济强省新局面》等。

【2021年艺术系列（新文艺群体）职称评审工作】

11月27日至28日，河北省文联召开2021年艺术系列（新文艺群体）专业高级、中级任职资格评审工作会议。河北省文联党组成员、副主席张海英出席评审预备会议并作动员讲话。河北省人社厅专业技术人员与职称管理处副处长高枫宣读了省职改办《关于组建2021年度河北省新文艺群体高级职称评审委员会的通知》，河北省人社厅专业技术人员与职称管理处处长范海昌介绍了2021年省职改办有关职称评审工作的政策规定并就做好职称评审工作提出了具体要求，河北省文联机关纪委书记李世乾宣读了评审纪律。河北省文联职改办主任常黎青主持会议。河北省文联机关纪委对评审过程进行了全程监督。6月，河北省人社厅下发了《关于授权省文联开展艺术系列（新文艺群体）职称评审工作的通知》，进行编剧、导演、电影放映、美术师、摄影（像）录音剪辑师、摄影、舞美、舞台技师、演员、演奏员、指挥、作曲12个专业的职称评审，河北省文联作为新文艺群体职称评审主渠道工作启动，9月，完成全省参评人员档案材料交接卷、审核、整理、汇总工作。

【河北首部冰雪主题励志舞剧《冲破冰封》】

12月7日，河北体育学院精心打造的河北省首部原创体育题材、冰雪主题励志舞剧《冲破冰封》在石家庄市青少年活动中心首演。《冲破冰封》是河北省舞蹈创作的新尝试、新契机，是河北体育学院为助力北京冬奥会打造的“奥雪红梅”系列精品文艺作品之一。作品以我国优秀速滑运动员的艰辛成长历程为素材，展现速滑运动员在冬奥赛场突破瓶颈拼搏奋进、努力夺冠的动人场景。

【“百年征程·时代华章”群众喜爱的歌曲、曲艺、舞蹈优秀作品推选活动16省（自治区、直辖市）云联动仪式】

12月10日，由中国音协、中国曲协指导，河北省文联、长城新媒体集团主办，北京市文联、天津市文联、内蒙古自治区文联、辽宁省文联、吉林省文联、上海市文联、浙江省文联、江西省文联、河南省文联、湖北省文联、广东省文联、四川省文联、陕西省文联、宁夏回族自治区文联、新疆维吾尔自治区文联联合主办，河北省音协、河北省曲协、河北省舞协，14个省（自治区、直辖市）的音协、曲协，13个省（自治区、直辖市）的舞协联合承办的“百年征程·时代华章”群众喜爱的歌曲、曲艺、舞蹈优秀作品推选活动云联动仪式在长城新媒体集团冀云·融媒体中心举行。云联动仪式上，15个省（自治区、直辖市）文联的领导、文艺名家通过云端送来祝福寄语。来自内蒙古自治区、湖北省和河北省的艺术家，带来了特色鲜明、精彩纷呈的文艺节目。河北省委宣传部，河北省文联、内蒙古自治区文联、湖北省文联，河北省音协、河北省曲协、河北省舞协、内蒙古自治区曲协、湖北省音协负责同志以及长城新媒体集团有关负责同志等参加云联动仪式。活动同时得到新华网的支持，北京市千龙网、《天津日报》、人民网内蒙古频道、学习强国辽宁学习平台，浙江新闻客户端、四川文艺网、《陕西日报》等加入活动媒体宣传矩阵。

【河北省文艺界深入学习贯彻习近平总书记在中国文联十一大、中国作协十大开幕式上的重要讲话精神】

12月23日，河北省文联召开全省文艺界座谈会，深入学习贯彻习近平总书记在中国文联十一大、中国作协十大开幕式上的重要讲话精神，与会代表畅谈认识体会，共商推动河北文艺繁荣发展大计。中国文联副主席、河北省政协副主席、省文联主席边发吉出席并讲话，河北省文联党组书记、副主席史建伟主持会议。来自全省戏剧、影视、音乐、美术、曲艺、舞蹈、民间文艺、摄影、书法、杂技、企业（行业）文联、文艺评论、文艺志愿者等13个艺术门类的老中青艺术家代表，新文艺群体以及媒体代表共50余人踊跃发言，畅谈感想、谋划创作打算。

各文艺家协会

【戏剧家协会】

2月16日，由河北省剧协、唐山市文联等单位联合主办的“我们的中国梦——文化进万家·戏娃贺新春”活动在线上举行。河北省剧协副主席、“中国戏剧梅花奖”得主、国家级非物质文化遗产评剧代表性传承人罗慧琴及其亲传弟子杨南和19名小演员献上精彩纷呈的节目。

3月3日，河北省文联副主席、剧协副主席兼秘书长贾吉庆，河北省剧协副主席、剧作家智全海，河北省剧协副秘书长李杉以及戏剧编剧、导演等专家20余人赴平山县西柏坡镇北庄村进行调研同时举办歌剧《没有共产党就没有新中国》研讨会。

3月5日，河北省剧协和邯郸晋冀鲁豫烈士陵园主办的话剧《左权将军》剧本研讨会在晋冀鲁豫烈士陵园举办。专家就剧中人物关系、故事架构、情节设计等方面提出了建设性意见。其间，河北省剧党支部书记贾吉庆率领与会党员一同瞻仰左权将军墓，参观左权将军纪念馆开展爱国主义教育主题党日活动。

3月22日，河北省文联副主席、省剧协驻会副主席兼秘书长、省剧协党支部书记贾吉庆应邀赴邯郸市群艺馆，举办了《学党史——争做德艺双馨的文艺工作者》专题讲座。

3月23日，豫剧《郭隆真》剧本研讨会在邯郸大剧院召开。河北省文联副主席、省剧协副主席兼秘书长贾吉庆，省剧协副主席智全海、李宪法等领导和专家出席。该剧由李宪法执导，“中国戏剧梅花奖”演员郭英丽主演。

3月28日，河北省剧协、河北艺术职业学院主办的河北梆子演唱会“彭蕙蘅和她的学生们”在精英剧场为省会观众奉献了一场艺术盛宴。参加演出的有中国戏剧梅花奖获得者彭蕙蘅、雷保春、邱瑞德，国家一级演员张风云以及毕业于中国戏曲学院的彭蕙蘅的学生张迪、孙娜等，为观众献上《龙江颂》《洪湖赤卫队》等红色经典选段以及《大登殿》《蝴蝶杯》《穆桂英挂帅》等传统剧目选段。

4月19日至22日，河北省剧协“第九期河北省名演员（编导）暨新文艺群体骨干读书班”在北戴河艺术部落举办，各市剧协、专业院团、院校、新文艺群体推荐42名骨干会员受训。

4月28日，第四届河北省会校园戏剧节闭幕式在石家庄大剧场举行。第四届河北省会校园戏剧节于1月启动，共有10部剧目参加展演，通过专家评委评选，最终5部剧目荣获“第四届河北省会校园戏剧节优秀展演剧目”，4人荣获“校园戏剧之星”，3所院校荣获“优秀组织单位”荣誉称号。

7月16日，由中国剧协、河北省剧协、石家庄市委宣传部、石家庄市文化广电和旅游局、石家庄市艺术研究院主办，石家庄市评剧院一团承办的评剧电影《安娥》新闻发布会暨首映式在石家庄举办。下午，评剧电影《安娥》暨袁淑梅从艺45周年研讨会在石家庄举行。

9月2日，河北省剧协在河北省文联举办了话剧《爱无垠》剧本研讨会。

10月，中国剧协主办的第二十五届“中国少儿戏曲小梅花荟萃”评选活动中，河北省剧协选送的蒋予爱、闫睿萱、乔宇航、刘梓恬、黄靖婷、宋朝熙6名小选手和集体节目评剧《七律·人民解放军占领南京》夺得“小梅花”称号。

10月21日，河北省剧协选送的唐山演艺集团排演的评剧《相期吾少年》参加第十七届中国戏剧节的展演并荣获第十七届中国戏剧节优秀剧目。

【音乐家协会】

2月，河北省音协开展我们的中国梦·文化进万家——河北省原创歌曲线上音乐汇活动，围绕雄安新区规划建设、京津冀协同发展、北京携手河北张家口筹办冬奥会组织创作了一批群众喜闻乐见，专家广泛赞誉的优秀作品进行展示，以美妙的歌声表达了河北省音协对全体音乐工作者的新年祝愿。

3月至4月，河北省音协组织开展第十三届中国音乐金钟奖河北赛区选拔赛暨第十届河北省音乐金钟奖比赛。组委会特别制定了《组委会职责》《比赛现场工作规范与要求》《参赛选手资格审查内容与要求》等九项规章制度。比赛分为初赛、复赛、决赛。每项赛事设金奖1名、银奖3名、铜奖6名、优秀选手10名。经评选，河北4名选手入围“中国音乐金钟奖”复赛。

5月18日，河北省音协组织开展“记录小康，建党百年”采风团赴唐山、张家口采风创作活动。河北省音协副主席兼秘书长、支部书记郭玉红在唐山市乐亭县李大钊纪念馆带领全体党员宣誓，重温入党誓词，开展主题党日活动并将著名词作家刘新圈作词，中国音协副秘书长、著名作曲家熊纬作曲的《永远铭记的人》歌曲光盘捐赠给了李大钊纪念馆。采风团先后到张家口崇礼县上窝铺村参观美丽乡村建设，冬奥会和冬残奥会赛场规划馆听取冬奥会的赛区规划、场馆布局、未来发展等方面的讲解，为创作中更贴近生活、贴近人民的作品提供了平台，启迪了音乐创作者的创作灵感。

6月7日至11日，河北省音协在北戴河艺术部落举办“2021迎冬奥·庆百年河北省音乐主题创作暨党史教育培训班”培训班。来自全省各地市音协和新疆巴州文联共41人参加培训。河北省文联党组成员、副主席方竹学为学员进行党史学习教育宣讲。著名词作家石顺义、作曲家曹贤邦分别以《我如何写歌词》《创作与演唱》为题授课。会后培训班组织学员到昌黎县五峰山李大钊革命活动旧址开展党史教育活动。与会学员还组织了一场“颂歌献给党——河北省音乐主题创作暨党史教育培训班”交流演唱活动，多位学员登台献艺，用歌声迎庆党的生日。

10月8日至11日，河北省音协举办“情系塞罕坝”词曲创作培训班，邀请我国著名音乐教育家、音乐评论家周荫昌为采风团授课并指导“五个一工程”歌曲作品的创作。学习期间，河北省音协带领学员沿着习近平总书记足迹先后到月亮山望海楼、尚海纪念林、塞罕坝展览馆参观学习并深入塞罕坝机械林场作业现场进行参观学习和野外调查。

此外，河北省音协参与创排的大型民族歌剧《雁翎队》，获得“国家艺术基金”并入选了文化和旅游部“百年百部”优秀文艺作品。经过对作品的精打细磨，邀请了知名表演艺术家参演并在河北省艺术中心成功演出。

【美术家协会】

4月7日，河北省美协组织美术家在沕沕水红色水电站旧址写生采风、服务基层，引导和推动“庆祝中国共产党成立100周年”主题美术创作深入开展。

4月20日，河北省美协组织“永远跟党走——筑梦新时代采风服务行”小分队走进张家口市崇礼区国家跳台滑雪中心、太子城高铁站、太舞四季小镇等地写生采风，通过手中的画笔宣传党史、弘扬红色文化、展示新时代美丽河北新形象。走访慰问了具有76年党龄的基层老党员任世库，听他讲述抗战时期的红色革命历史，并为他肖像写生。

5月11日，举办“永远跟党走——河北省美协党史学习教育暨推进主题美术创作工作研究班”。河北省文联党组成员、副主席、省美协主席祁海峰作党史学习专题讲座。祁海峰领学了习近平总书记视察清华大学关于美术工作的重要讲话，传达学习了省委常委、宣传部长张政对省文联工作的批示等并通过梳理解读百余件党史题材经典美术作品，诠释中国共产党的光辉历程，通过美术作品中表现的党史重大事件、英雄事迹等，带领与会美术家一同重温红色历史，总结创作经验。

5月12日，“永远跟党走——建党先驱播撒火种红色线路主题美术创作，河北省美协写生采风服务行”走进唐山，美术家一行50余人到唐山乐亭县李大钊纪念馆学习参观，在迁西县喜峰口西潘家口段长城写生采风。美术家聚焦红色主题进行创作，歌颂党的丰功伟绩。

5月13日，“永远跟党走——建党先驱播撒火种红色线路主题美术创作·河北省美协写生采风服务行”走进秦皇岛北戴河村。慰问了91岁的老党员朱庆田，慰问结束后又邀请朱庆田在河北省文联北戴河艺术部落进行了肖像写生，美术家们激情饱满的写生状态，不同表现形式的绘画作品吸引了当地基层工作者和村民观看并对省美协组织的生动党史学习活动表示点赞。

6月2日，“永远跟党走——抗日烽火太行抗战红色线路主题美术创作·河北省美协写生采风服务行”走进邯郸武安。美术家一行走进“八路军太行第六分区无名烈士公墓、八路军野战医院旧址、八路军梁沟兵工厂遗址”等红色革命纪念地学习采风。慰问了当地参加过战地医院抬担架、救伤员工作的89岁老党员王连华等并为他们写生，在写生过程中听他们讲述当年抗日经历，回顾革命故事，缅怀先烈。

8月16日，由河北省委宣传部指导，河北省文联主办，河北省美协承办的河北省“决胜全面小康、决战脱贫攻坚”主题文艺创作美术作品展在北京举办，增进了京津冀主题美术创作的交流合作。

9月7日，由石家庄市文化广电和旅游局指导，河北省美协、石家庄市美术馆（市画院）联合主办的“时代今朝 光辉见证”庆祝中国共产党成立一百周年河北美术优秀作品展在石家庄市美术馆启幕。展览展示了中国共产党成立以来生活工作在河北大地的97位老、中、青艺术家的121件美术作品。

9月25日，由雄安新区宣传网信局指导，河北省美协、保定市文联等主办的“赓续百年初心 共画时代辉煌——庆祝中国共产党成立100周年当代中国画名家精品展”在雄安新区白洋淀艺术馆举行。参展作品展示了当代美术家新时代文化精神与昂扬向上的精神风貌，讴歌了党的百年光辉历程。

【曲艺家协会】

4月18日，河北省曲协命名保定雄县的连方书社为“河北省曲艺人才工程培训基地”。河北省曲协副主席、秘书长袁冀民，河北省曲协主席团委员、保定市曲协主席刘德恩、雄县政协主席董合群、雄县宣传部网信局副局长李昀飞、雄县曲协主席郭祥彬等及来自霸州市、文安县、大城县等地60余人参加授牌仪式。

4月26至27日，河北省曲协在北戴河艺术部落举办“百年颂歌”2021河北省主旋律曲艺创作培训班。河北省曲协副主席兼秘书长袁冀民，河北省曲协副主席马维彬、王建国、王洪谊、李琦等与40多名学员参加培训。国家一级演员、著名曲艺作家、解放军艺术学院客座教授李立山以《把握时代脉搏 创作生活气息浓郁的曲艺作品》为题进行授课并与学员一起座谈研讨、修改作品，对涵盖评书、快板、相声、故事、山东快书、鼓曲等形式的主旋律曲艺作品进行了政治思想把关、创作手法指导。培训期间共组织党史学习、专家授课、名师辅导、观摩学习、研讨修改、采风创作活动6次、会议2次。培训班结束后，为学员颁发了结业证书并将27篇优秀作品结集。

5月29日，“庆祝建党百年弘扬先进文化、祝贺李淑珍从艺40年暨西河大鼓艺术研讨会”在河北省群艺馆举办。来自省内外的专家和省市曲协60余人参会。研讨会上李淑珍分享了她的从艺经历、心得经验，与会专家共同探讨西河大鼓的艺术特点及传承与发展。研讨会后还举行了“庆祝建党百年曲艺展演”活动，河北的曲艺名家与曲艺新秀纷纷登台献艺，群星荟萃、异彩纷呈。

10月1日至7日，由河北省曲协、河北广播电视台联合制作的《娓娓道来话燕赵》庆祝中华人民共和国成立72周年特别节目《河北曲艺·红色记忆》在河北广播电视台旅游文化频率播出。《河北曲艺·红色记忆》系列节目由河北省文联一级巡视员柴志华，河北省广播电视台旅游文化频率总监孙文洁总策划，中国曲协理事、省曲协副主席兼秘书长袁冀民，河北省广播电视台旅游文化频率副总监张增海策划，由袁冀民和河北省曲协副秘书长叶莉主讲。节目生动讲述了河北曲艺工作者在抗日战争、解放战争以及新时代生产建设当中发挥的重要作用。

10月27日，“奋斗百年路 启航新征程”第八届河间西河大鼓书会在李多奎大剧院开幕。书会由中国艺术研究院曲艺研究所、河北省群众艺术馆（河北省非物质文化遗产保护中心）、河北省曲协、河间市人民政府主办，河间市文化广电和旅游局承办。开幕式首次以“云”上看西河书会的形式亮相，并在长城新媒体、网易新闻、河间周报微信公众号、河间融媒微信公众号、河间融媒快手号、河间融媒抖音号、智慧河间、数字河间、冀云河间等平台进行线上直播。

【舞蹈家协会】

4月9日，河北省舞协荣获“中国舞协优秀团体会员单位”称号。

4月20日，河北省舞协主席兼秘书长张新茹带队“永远跟党走”——太行抗战红色文化采风服务行小分队走进晋察冀边区革命纪念馆，倾听历史脚步、感受领袖风采、学习革命传统，接受党史教育并来到花山村，参观毛泽东主席旧居等革命遗迹。按照服务需求，张新茹为展览馆新进讲解员们讲解了有关礼仪形体方面的文化知识。4月23日，小分队走进蔚县马宝玉烈士纪念馆，礼赞革命英雄、倾听历史故事、接受党史教育。在马宝玉烈士雕像前，张新茹带领全体党员文艺工作者重温入党誓词，面对党旗庄严宣誓，随后参观马宝玉烈士纪念堂。

5月24日至28日，河北省舞协举办2021年河北省舞协编导培训班。来自全省专业院团、院校、各市舞协的48名优秀编导参加培训。中国舞协分党组书记、驻会副主席罗斌通过视频的方式作《建党百年　以史明志》党史教育宣讲。解晓勇为学员进行党史学习教育宣讲。培训还邀请中国文联舞蹈艺术中心综合处处长、中国舞协少儿舞蹈委员会副主任兼秘书长雷娟，北京舞蹈学院中国民族民间舞系教授、研究生导师田露分别作题为《少儿舞蹈创作要点及趋势》《传统艺术与当代舞蹈创作》的专题讲座。6位优秀青年教师刘燕、闫伟康、孙刚、商行、赵世莹、曹伟华，从古典舞、芭蕾舞、民族民间舞、基本功训练等方面分享了各自的教学和创作经验。

6月9日，河北省舞协党支部与石家庄市桥西区维明南大街街区党工委共同主办“永远跟党走——文化进万家”共庆建党百年文艺惠民演出。

7月17日，河北省舞协社交舞工作委员会在石家庄成立。

7月28日，河北省舞协携手武警河北省总队举办军民融合文艺演出。

10月12日，由河北省文联、省舞协、省群众艺术馆联合主办，河北省舞协社交舞工作委员会承办的“舞动夕阳红　共筑中国梦——中老年舞蹈专场惠民演出”在河北省群众艺术馆举行。演出面向社会公众开放，所有观众均是通过网上预约的方式免费购票。参演舞者年龄都在50岁以上，最大的76岁，11个舞蹈精彩纷呈，有曳步舞、摩登舞、拉丁舞、拉花、古典舞、水兵舞、旗袍秀等。

【民间文艺家协会】

4月16日，第九届汉牡丹文化节“云”端发布会在石家庄举行。此次汉牡丹以“国花牡丹花开盛世•献礼建党百年华诞”为主题，借助直播平台将柏乡汉牡丹文化资源整合上“云端”，向全国游客发出打卡邀约。其间举办“牡丹寻根　云赏国花”网络推介汉牡丹活动，“走进柏乡，游蓬勃发展新柏乡”网络推介特色新项目活动，“感恩建党百年、牡丹花艺展示”网络直播活动及汉牡丹文化研究“云”座谈会等一系列文化主题板块。人民网、新华网、《河北日报》、河北电视台、《燕赵都市报》、河北新闻网、凤凰网、长城网等主流新闻媒体给予全面报道。

5月31日至6月4日，《中国民间文学大系•河北卷》编纂人员培训暨审稿会在北戴河艺术部落举办。培训邀请国家级专家8位到会授课，与会专家从文稿分类、注释、排版、内容界定等方面提出了宝贵的意见和建议，对河北卷的编纂工作提供了思路和方向。审稿会上，各位专家依据大系卷本的体例要求，有针对性地对参训学员在编纂过程中遇到的具体问题和难点予以答疑解惑，为大系卷本编纂工作的顺利开展奠定坚实基础。

12月9日至10日，河北省民协第六次会员代表大会在石家庄召开。会议审议修改了协会章程，选举产生了新一届主席团成员，推举了省民协第六届名誉主席和顾问。河北省委宣传部部务会成员王振儒，河北省文联党组书记、副主席史建伟，河北省文联党组成员、副主席任源，一级巡视员路皓，秘书长相洪奇出席开幕式。来自全省85名民间文艺界代表，省文联各部室、文艺家协会和事业单位负责人等参加了开幕式。开幕式上，中国民协顾问、河北省民协第五届理事会主席郑一民致开幕词，河北省民协第五届理事会副主席刘萍宣读了中国民协和兄弟省（市、区）民协的贺信。会上，河北省民协第五届理事会副主席兼秘书长杨荣国作了题为《守初心担使命，新征程再起航，奋力谱写河北民间文艺事业发展新篇章》的工作报告，河北省民协第五届理事会副主席周鹏作《关于河北省民协章程修改情况的说明》。大会选举产生了河北省民协第六届理事会。在新一届理事会第一次会议上，杨荣国当选主席，王海津、石俊凤、苏靖懿、刘萍、刘立军、吴翠华、张俊敏、周鹏、赵云旺、秦风英、柴秀敏、郭海博、常玉荣当选副主席。经主席提名，周鹏任秘书长（兼）。大会还推举郑一民为河北省民协第六届名誉主席，朱彦华、刘立忠、任淑辉、张增楼、杜云生、周宝忠、晏文光、滕国生为河北省民协第六届顾问。

【摄影家协会】

2月，河北省摄协启动“百年梦·党旗红——我身边的共产党员”摄影项目。面向全省组织招募了329位摄影师并开展培训和指导。累计收到作品186个专题，共评出10位优秀摄影师、90个摄影专题作品。

3月，举办“影像见证 向党汇报”庆祝中国共产党建党100周年摄影展览并在河北省文联展出。展览由脱贫攻坚成果展、“最美天使照、最暖全家福”展和专题精品展（省展）3个部分组成。河北省委常委、宣传部部长张政参观展览并给予高度评价。

4月20日至22日，“永远跟党走——脱贫致富采风服务行”走进阜平、张北德胜村。小分队为驻村工作组及村民代表拍摄“全家福”并为老党员拍摄入党宣誓照片。精心准备的“庆祝中国共产党成立100周年”纪念框留影同期拍摄，实现了定制化摄影，成品照片作为庄严的政治生日礼物于七一前后送至老党员的手中。

4月29日，河北省摄协荣膺“全省脱贫攻坚先进集体”荣誉称号。

5月12日，河北省摄协到石家庄市人民医院与赴湖北参加抗疫斗争的医护代表座谈并向他们敬献鲜花，赠送艺术肖像照、全家福合影和抗疫纪念册。

5月21日，河北省摄协组织各地市共同开展“521（我爱你）摄影快闪活动”。活动当日，各县区市摄协积极组织摄影师在当地完成拍摄任务，活动共计拍摄作品450余件。

10月13日，河北省摄协举办“丛台酒”杯首届河北省青年摄影艺术展览。展览共设“青年摄影师”“摄影作品”“视频短片”三个类别，展览作品涉足题材广泛，具有鲜明的时代特点，多角度、多层面地展现了社会发展中的新变化、新风貌、新气象。

10月18日，河北省摄协举办“大运河（沧州）摄影大展暨运河城市集群影像交流会”。展览由“大运河摄影精品展”“运河城市集群摄影展”和“这里是沧州摄影展”3个相对独立的展览组成，是河北乃至全国最大规模的大运河摄影专题展。来自全国沿运河的省市县区摄影家参加了展览和创作采风活动。

10月26日，在北京2022年冬奥会开幕倒计时100天之际，河北省摄协举办“精彩冬奥会魅力张家口”摄影展。展览自2月4日冬奥会倒计时一周年启动征稿，共征集摄影作品2300余幅（组），经评选150幅（组）摄影作品入选。展览分为“喜迎冬奥”“全民健身”“冰雪运动”“冬奥建设和城市建设”“大好河山”5个部分。11月3日《中国艺术报》在头版要闻予以重点报道。

【书法家协会】

4月10日，河北省书协主办的“学党史、办实事——‘烛光计划’向35所乡村学校捐赠暨培训活动”在石家庄举行。活动现场，河北省书协等五部门发挥“烛光计划”平台与专业人才优势，向新增的5所乡村学校授牌，向康保县青龙村小学等35所乡村学校捐赠“汉字宫”书法教学软件，同时向宁晋县第五中学等乡村学校捐赠教材2000余册。捐赠活动结束后，河北省书协等举办为期6天的“书法微课堂”，为广大乡村学校师生开展书法专业指导。

6月15日至18日，由河北省书协主办的2021年河北省青年书法骨干培训班暨第九届中国书坛新人新作展看稿会在北戴河举办。河北省文联一级巡视员柴志华，第七届中国书协副主席、河北省书协主席刘金凯，中国书协副主席、河北省文联副主席、河北省书协驻会副主席兼秘书长刘月卯出席培训班并授课，河北省文联北戴河艺术部落主任李春光，秦皇岛市文联副主席孙世辉等参加开班仪式，来自全省各地的48名青年书法骨干参加培训班，刘月卯主持开班仪式。培训班还专门邀请了中国书协会员、第三、四、五、六、七届“中国书法兰亭奖”入展书家马永林为学员授课并对学员提交的作品进行点评指导。

8月26日，由中国书协、河北省文联主办，河北省书协、省文学艺术发展基金会、省文联文化发展中心承办的庆祝中国共产党成立100周年系列书法展（河北篇）——河北省书法大展在石家庄市美术馆展出。展览共展出300件优秀书法作品，分上、中、下三个篇章，分别为“百名书法艺术家书写入党宣誓誓词”“庆祝建党百年主题创作”“百名书法艺术家书写习近平总书记讲话金句”。每个篇章各100件作品，以中青年作者为主，艺术形式涵盖篆、隶、楷、行、草和篆刻。

8月27日，河北省委党史学习教育第八巡回指导组组长、省科协副主席郑丽萍，巡回指导组副组长、省委党史研究室一级调研员丁建同等一行参观指导“庆祝中国共产党成立100周年系列书法展（河北篇）——河北省书法大展”。河北省文联党组成员、副主席方竹学等参观展览。

【杂技家协会】

1月，河北省杂协在中国杂协、中国文联网络文艺传播中心支持下与吴桥杂技节办公室联合承办了“艺”起抗疫，同舟共“冀”——中国吴桥国际杂技艺术节优秀节目网络展播活动，点击量达147万人次，为居家抗疫的人们带来了精彩的网络杂技展演，满足了疫情期间群众精神文化生活需要。

3月23日至4月30日，河北省杂协联合拉巴特中国文化中心和河北艺术中心举办摩洛哥“河北文化旅游月”线上推广活动，河北杂技作为主要展示内容受到摩洛哥民众的热烈欢迎。活动期间，拉巴特中国文化中心在社交平台分别展播了由河北省杂协选送的河北省杂技团演艺有限公司、沧州杂技团、邢台市杂技团、吴桥杂技艺术学校、吴桥杂技大世界、金鹰杂技团等创排的《蹬伞》《草帽》《鱼戏莲叶间—单手倒立》《高椅倒立》《凌云狮秀—流星》《秦俑魂》《鼓韵—蹬鼓》《灵烟魂舞—绸吊》等20余个精品杂技节目。活动还被穆罕默德五世国家剧院的官方账号转发，进一步扩大了河北杂技和河北文艺在摩洛哥的知名度和影响力。

6月19日至23日，河北省杂协举办河北省杂技骨干人才培训班。来自全省各地杂技院团、学校及相关单位的40余名业务骨干参加培训。河北省文联一级巡视员柴志华主持开班式。边发吉作了题为《我们所处的时代与文化发展》的辅导讲座。河北省文联一级巡视员柴志华作了题为《铭记革命历史　传承红色基因》的党史学习教育党课。中国杂协专家委员会副主任、中国杂技团创意总监孙力力，中国杂协副主席、黑龙江省文联副主席、黑龙江省杂协主席薛金升分别作了题为《新时代　新发展　新艺术——走向国际的中国传统技艺》《改革夯实立团根基　创新增强转型动力》的专题讲座。培训班还组织学员到爱国主义教育基地昌黎县五峰山李大钊革命活动旧址开展党史学习教育。

【影视家协会】

3月17日，河北省影视家协会秘书长康建平带队到五洲同声河北文化传媒有限公司调研考察，听取制片人张李林介绍公司现状及联合摄制电影项目《谷魂》的推进情况。电影《谷魂》以河北省“杂交谷子”专家赵治海为原型，赵治海历经多年，攻克了谷子杂优利用的关键技术，创造了“张杂谷”亩产811.9公斤世界高产纪录，填补了世界空白，是我国继杂交水稻之后，对世界粮食安全问题做出的又一大贡献。该片由联合国粮农组织驻华代表处、河北省科学技术厅、河北省农业农村厅、河北省电影局、河北省文联、海南省南繁管理局及河北省影视家协会联合摄制，由五洲同声河北文化传媒有限公司、河北电影制片厂、中奎河北电影有限公司、河北巡天农业科技有限公司联合出品并获得河北省宣传部、河北省委省直机关工委、河北省人大常委会办公厅、华大基因库、九三学社石家庄市委员会等单位的支持。康建平还先后带队到“深度动画”“尚拓影视”“正合文化传播”“保定涿州北门影视”等影视制作企业调研考察，广泛听取基层影视艺术工作者的创作、需求、建议，同时对协会的职能和作用进行宣传。

4月14日以及6月16日，河北省影协邀请河北省影视家协会会员张子诚分别走进秦皇岛市卢龙县和燕山大学马克思主义学院及中国凌云集团河北太行机械厂开展“永远跟党走”“银幕天地话党史”百部海报讲党史系列活动。通过“重温经典电影，坚定信仰的力量”，用百部电影海报讲述中国共产党的百年辉煌。讲座共分“开天辟地”“改天换地”“翻天覆地”“惊天动地”“顶天立地”5部分，充分展示了中国共产党从建党之初到中国特色社会主义新时代的百年来波澜壮阔的艰难曲折的奋斗历程和丰功伟绩，生动展现了无数革命先驱前仆后继、抛头颅、洒热血的英雄事迹。最后以“没有共产党就没有新中国”收篇，听众纷纷表示活动形式新颖，在美好片段回忆中受到了党史教育。

10月11日至15日，河北省影视协在北戴河举办河北省影视人才培训班。河北省文联党组成员、副主席张海英出席开班仪式并致辞。河北省影视协副主席、中国电影制片人协会副理事长申晓义，河北电影电视剧制作中心一级导演、中国视协微视频委员会导演艺术研究中心副主任阚卫平，北戴河艺术部落主任李春光等出席开班仪式。河北省影视协一级调研员康建平主持开班仪式。张海英以《坚守影视初心 传承红色精神》为题，为全体学员作党史学习教育专题党课。电影海报收藏家张子诚为学员作了题为《银幕天地话党史》的讲座。阚卫平以《导演的最高任务》为题，为学员们详细讲述了如何进行剧本分析、人物关系确立、影视风格选择等专业问题。河北省作协副主席、承德市文联党组书记、主席杨勇作了题为《现实题材电视剧如何规划选题和创作精品》的专题讲座。申晓义结合自己多年实践经历，从电影《周恩来的四个昼夜》、电视剧《海棠依旧》等作品入手，作了题为《主旋律题材影视剧精品化背景下的河北攻略》的讲座。培训课程及座谈交流结束后，石家庄广播电视台新闻频道主播任进辉宣读了《修身守正 立心铸魂——致广大文艺工作者倡议书》。培训还特别邀请了新疆巴州文联、北京视协的代表以及来自全省近50名学员参加学习。

【文艺志愿者协会】

9月13日至17日，河北省文艺志愿者协会在北戴河艺术部落举办2021年河北省文艺志愿者骨干培训班暨2021“圆梦工程”文艺培训志愿服务行动启动部署会。中国文联文艺志愿服务中心主任、中国文艺志愿者协会副主席、秘书长冀彦伟，河北省文联党组书记、副主席解晓勇，北戴河艺术部落主任李春光，各市（含定州、辛集）文联、雄安新区宣传网信局、9个新时代文明实践文艺志愿服务项目试点县文艺志愿服务工作负责同志、河北省文艺志愿者协会部分会员代表，文艺志愿服务先进典型代表，新疆巴州文联2名学员代表参加培训班。河北省文艺志愿者协会秘书长盖金平主持开班式。培训班采用理论教学与实地参观相结合，政治培训与业务培训相结合，业务工作与主题创作交流相结合的方式进行，共安排了理论集中授课、现场观摩学习、学员分组讨论、艺术家创作交流、党史学习教育主题党日实践活动等环节。培训期间，组织全体学员分别到北戴河区、山海关区学习交流新时代文明实践文艺志愿服务助力文化旅游产业发展和乡村振兴战略情况，观看省文艺志愿演出服务三团秦皇岛市交响乐团大型交响音乐会《长城颂》演出，参观了解北戴河村文化产业发展成果。赴五峰山李大钊革命活动旧址开展党史学习教育主题党日活动。组织艺术家会员围绕建党百年和冬奥会主题，开展了主题采风、创作、交流活动。

12月27日至28日，由中央文明办三局、中国文联文艺志愿服务中心、河北省文艺志愿者协会主办，雄安新区雄县文联、雄县第二初级中学承办的河北省2021年“圆梦工程”文艺培训志愿服务行动，走进雄安新区开展主题创作和教学实践活动。河北省文艺志愿者协会秘书长盖金平出席培训活动并做指导。河北省文艺志愿者协会理事、著名画家金涌焱、高恩、魏清河、汤江云、张馨羽，以及雄安新区刘发起、王国兴等7名文艺志愿者参加活动。35名中小学、少年宫教师、新时代文明实践中心文艺工作者、文艺爱好者和部分在校学生参加书法、美术专题培训。

12月30日，河北省文联、雄县县委、县人民政府主办，河北省文艺志愿者协会、省心连心艺术团、雄县县委宣传部、县文联、县文化和旅游局承办的“魅力冬奥会·文艺铸辉煌——颂党恩·助发展”河北省文艺志愿演出服务团走进雄安文化惠民演出活动在雄县新时代文明实践中心举办。河北省文艺志愿者协会秘书长盖金平出席活动。舞蹈《同心共筑中国梦》拉开了整场演出活动的序幕，歌曲《再唱支歌给党听》《心中的雄安》、音乐快板《奋进新征程 建功新时代》、杂技《肩上芭蕾》、魔术《雪花飞伞》，河北梆子《宝莲灯》、歌伴舞《中华民族》等节目逐一亮相。

【文艺评论家协会】

1月21日，由中国文联、中国评协主办，中国文联文艺评论中心、中国文联网络文艺传播中心承办的第五届“啄木鸟杯”中国文艺评论年度推优暨第二届网络文艺评论优选中，由河北省评协选送的河北省评协副主席、河北师范大学文学院教授邢建昌等创作的《20世纪80年代以来文学理论的知识生产及其相关问题》榜上有名，荣获“啄木鸟杯”中国文艺评论年度优秀作品（著作类）获奖作品。

5月6日至8日，河北省委宣传部主办的“全省推进文艺创作工作研修班”在石家庄举行，河北省评协秘书长汪素芳参加研修班并在会中重点介绍了全省文艺评论事业发展情况、省评协工作开展情况。

5月16日，河北师范大学美学与艺术研究中心成立，《河北艺术史》两部综合卷项目落地美学与艺术研究中心。河北省评协副主席、河北师范大学教授邢建昌担任中心主任，河北省评协秘书长汪素芳被聘为研究员。中心成立后承担的第一个攻关项目即为河北省文联组织、河北省评协负责具体实施的《河北艺术史》出版工程之两部综合卷《河北艺术通史》《河北艺术名家名作通览》（暂定名）的编纂。该项目由邢建昌主持。

8月5日，河北省委宣传部召开加强新时代文艺评论工作座谈会，河北省文联党组成员、副主席方竹学，河北省评协副主席陈建忠、秘书长汪素芳参会，向宣传部领导和全省有关宣传文化单位汇报了河北评协的基本情况和发展前景。

9月6日，河北省评协在河北省文联召开第一届第五次主席团会议。

9月27日至30日，第七届河北中青年文艺评论人才高级研修班在北戴河艺术部落举办。河北省文联党组成员、副主席方竹学讲党课，中国评协驻会副主席、秘书长，中国文联文艺评论中心主任徐粤春，中国评协副主席、中国传媒大学博士生导师张德祥和南开大学文学院教授周志强等专家为60位学员授课。研修班还特别邀请宁夏评协和新疆评协代表参加并设置了“中西部文艺评论对谈”。

12月23日，河北省文联、河北省评协第三个“河北文艺评论基地”成立，基地成立揭牌仪式在邯郸科技职业学院举行。河北省文联党组成员、副主席方竹学，河北省评协秘书长汪素芳，邯郸科技职业学院党委书记杨万春，学院党委副书记、院长李鹏丽，邯郸市文联党组书记、主席张全民，邯郸科技职业学院党委专职副书记霍自祥，邯郸市评协主席王承俊等部分学院教师和邯郸市文艺评论家代表等出席了揭牌仪式。方竹学、杨万春共同为“河北文艺评论基地（邯郸科技职业学院、邯郸市评协）”揭牌。杨万春致辞，汪素芳宣读了《关于同意成立河北文艺评论基地的函》，宣布了基地负责人员名单，并为基地负责人颁发了聘任证书。

12月31日，河北省评协在河北省文联召开第一届主席团第六次（扩大）会议暨学习贯彻第十一次全国文代会精神座谈会。

【企业（行业）文联】

1月至5月，河北省企业（行业）文联团结带领全省各企业、行业基层文艺工作者进行创作，组织艺术家开展“抗击疫情”文艺作品创作及展示活动并通过会刊《企业文化博览》、微信公众号等宣传平台进行展示，共推出书法、美术、摄影、文学作品100余件，为聚力打赢疫情防控阻击战，为全省企业、行业复工复产贡献力量。

4月至9月，河北省企业（行业）文联组织开展“红心向党抒壮志·礼赞百年启新程”河北省企业、行业界员工第八届文学作品征文活动。共征集到来自全省交通、电力、石油、煤炭、钢铁、公安、军工、管道、物探、建投、石炼、地矿、国控、制药等28家各大企业、行业员工的小说、诗歌（含古体诗）、散文（含议论文）、报告文学（含人物通讯）稿件600余件，参赛作者380人。通过初评与终评程序，讨论、投票，最终评选出小说、诗歌、散文、报告文学各类优秀作品奖155篇及优秀组织奖28家，会刊《企业文化博览》对获奖稿件进行刊登宣传。

6月30日至7月8日，河北省企业（行业）文联在石家庄铁路文化宫组织举办庆祝中国共产党成立100周年河北省企业、行业书法、美术、摄影巡回展览(第一站)。展览共展出25家企业、行业员工的书法、美术、摄影优秀作品90幅。

9月26日至30日，河北省企业（行业）文联在河北省地矿局省地质博物馆组织举办“庆祝中国共产党成立100周年河北省企业、行业书法、美术、摄影巡回展览(第二站)”。开展当天，河北省地矿局相关领导及地矿系统书法、美术、摄影爱好者百余人到现场观摩学习。

2021年省企业（行业）文联全年还多次组织艺术家为基层的企业、行业服务。

4月和6月，先后组织专家为河北省地矿局“书香三八”“庆祝中国共产党成立100周年”征文大赛进行评选。活动共征集到来自省地矿局职工的稿件226篇，通过初评、终评程序，最终评选等级奖46篇，优秀奖55篇，等级奖由评审小组撰写了评委意见。

5月下旬，组织专家为河北建投集团“传承好家风 弘扬好家训”征文比赛担任评委，对138篇稿件进行了初评工作，初选出80篇作品进入终评。经过终评评委的研究、讨论，评选出一等奖5篇，二等奖10篇，三等奖20篇，优秀奖30篇，并为获一、二等奖的15篇作品写出评委意见，三等奖和优秀奖作品分别排序。

7月，组织艺术家为河北省交通运输系统庆祝中国共产党成立100周年职工书法、美术、摄影大赛担任评委。经过专家认真遴选，最终评选出各类等级奖30幅，优秀奖多幅。

8月，河北省文联副主席、省企业（行业）文联主席范硕为河北省电力公司职工书画摄影展担任评委。

9月，为河北省政府参事室机关工会进行书法讲座。

直属单位

【文艺宣传中心】

2021年文艺宣传中心围绕“永远跟党走——庆祝中国共产党成立100周年主题文艺创作”举办“百名红色艺术家再发现”征集成果展的线下和线上展览。学习强国、中国艺术网等20余家主要媒体进行报道，在中国文艺网创建360度展厅，受到省委常委、宣传部长张政等领导肯定，中国文联在《文艺动态》上进行经验推广。举办红色“冀”忆——百年红色经典故事征文。以《当代人》增刊方式出版《红色“冀”忆》，受到中宣部文艺局肯定，在出版座谈会上得到业内专家和读者高度评价。做好河北文艺网、文联微信公众号信息推介宣传，共推发稿件2380篇。河北文艺网推发1210条信息；公众号发布新闻稿件1170篇。“千百成峰”栏目共推出40期，“紫藤树下”栏目推出3期。《当代人》杂志入选中国期刊协会“2021 BIBF精品期刊展”并在由中共中央宣传部、北京市人民政府主办的第二十八届北京国际图书博览会“中国共产党建党100周年主题宣传精品期刊”板块展出。《小小说月刊》获首届“方正电子”杯中国期刊设计艺术周优秀封面设计，并在第二十八届北京国际图书博览会以专题形式展出。《小小说月刊》刊发的《看菜》（作者：白金科）荣获第十九届中国微型小说年度奖三等奖。

山西省文联

综　述

2021年是中国共产党成立100周年，是“两个一百年”奋斗目标交汇之年，也是山西省奋进“十四五”、启航新征程的开局之年。这一年，山西省文联在省委、省政府的坚强领导下，在中国文联和省委宣传部的有力指导下，深入贯彻习近平新时代中国特色社会主义思想和习近平总书记视察山西重要讲话重要指示精神，全面贯彻落实党的十九大和十九届中央历次全会精神及省第十二次党代表大会精神，将文艺工作融入山西转型发展大局，坚持培根铸魂、守正创新，繁荣创作、服务人民，强化职能、转变作风，团结和带领广大文艺工作者，繁荣全省文艺事业，助推文化强省建设目标，为山西转型发展蹚新路作出了应有的贡献。

重要会议

【庆祝中国共产党成立100周年党员大会】

6月29日，山西省文联召开庆祝中国共产党成立100周年党员大会。会上，全体党员唱国歌、重温入党誓词，山西省文联领导宣读了《省文联庆祝中国共产党成立100周年“两优一先”表彰的决定》并为“两优一先”代表颁奖，向7名“光荣在党50年”老党员颁发纪念章并送上鲜花。

山西省文联党组书记李斌出席并讲话，他强调省文联全体党员干部要紧密团结在以习近平同志为核心的党中央周围，坚定信心、开拓创新，自觉担负起时代赋予的重任，以更加昂扬的斗志、更加有效的举措、更加扎实的作风，锐意进取、努力工作，推进山西文化艺术事业走向辉煌。

【文娱领域综合治理工作部署会】

9月6日，山西省文联召开文娱领域综合治理工作部署会，会上传达了《针对流量至上、“饭圈”乱象，中央宣传部印发通知》《中央宣传部有关部门负责人就文娱领域综合治理工作答记者问》《黄坤明：从严从实　标本兼治　营造天清气朗的文娱领域风气》和中国文联《修身守正　立心铸魂——致广大文艺工作者倡议书》等文件精神。会议强调，要按照中央和省委开展文娱领域综合治理的要求，提高政治站位，把准政治方向，认真落实工作责任，把通知精神学习好、领会好、贯彻好、落实好。各文艺家协会要深刻领会中央开展文娱领域综合治理工作的重大意义，认真学习贯彻落实会议精神，迅速安排部署，从思想认识、政治品格、做人修养、从艺道德、作风纪律上查问题、找原因，综合施策、标本兼治、务求实效。要坚持以人民为中心的创作导向，创作无愧于时代的优秀作品，重塑文坛晋军形象。

【党组理论学习中心组（扩大）学习会议集中传达学习第十一次全国文代会精神】

12月21日，召开党组理论学习中心组（扩大）学习会议，集中传达学习第十一次全国文代会精神，部署学习贯彻落实工作。会上传达了习近平总书记在第十一次全国文代会上的重要讲话精神，中共中央政治局常委、中央书记处书记王沪宁的讲话精神和中国文联党组书记、副主席李屹的《工作报告》精神。会议要求，全体干部要把学习贯彻全国文代会精神同学习贯彻习近平总书记关于文艺工作的重要论述相结合，同学习贯彻党的十九届六中全会精神、山西省第十二次党代表大会精神相结合，真正做到入心入脑、融会贯通、见行见效。要团结引领广大文艺工作者，围绕重大主题和山西丰厚的文化资源，推出具有山西特色的优秀文艺作品，建强文艺评论阵地，继续推进文联改革的重点任务，加强队伍建设，促进山西文艺事业实现从“高原”到“高峰”的突破。

【山西省文联九届三次全委会议】

12月30日，山西省文联九届三次全委会议在太原召开。会议深入贯彻落实党的十九届六中全会、第十一次全国文代会和省第十二次党代表大会精神，全面总结省文联九届二次全委会以来特别是2021年的工作，安排部署2022年工作，进一步团结动员全省广大文艺工作者坚守人民立场，坚持守正创新，为山西全方位推动高质量发展作出文艺贡献。

重要文艺活动

【童心向党·第十一届“小荷风采”全国少儿舞蹈展演山西推选】

5月4日，由山西省舞协主办的童心向党·第十一届“小荷风采”全国少儿舞蹈展演山西推选在山西大剧院小剧场举行。本次推选活动通过视频初选，来自全省各地32个原创作品入选现场终评，演员人数800余人。活动还通过抖音、微信视频号实时直播，上万人观看。展演结束后，协会还组织评委以及各节目领队、编导召开了作品研讨会，这是山西省首次就“小荷风采”举办作品研讨。研讨会围绕各作品的主题立意、编创手法、舞美形式、少年儿童的身心特点及表演水平等展开点评。经评审，选送6部作品参加中国舞协复评。

【庆祝中国共产党成立100周年山西省美术作品创作展】

6月28日至7月10日，由山西省文联主办，山西省美协承办的“庆祝中国共产党成立100周年山西省美术作品创作展”在山西美术馆、摩诘美术馆展出。本次展览是山西省系列纪念活动的重要组成部分。展览筹备阶段积极组织广大美术工作者开展“深入学习党史国史、准确认知国情省情”的培训，紧扣“党史是红线，基点是山西”的基调开展创作。

展览评选出283件优秀作品，包含有中国画、油画、版画、水彩（粉）、雕塑、剪纸等各类画种，创意新颖，风格多样，异彩纷呈。分为新民主主义革命时期、社会主义革命和建设时期、改革开放和社会主义现代化建设新时期、中国特色社会主义新时代等4个板块，再现了1921年至2021年山西发生的重大历史事件、重点党史场景、重大建设成就及优秀共产党员代表人物。具有较强的原创性、历史性、时代性和代表性，是近年来山西省美术界规模较大、档次较高的主题展览。

【山西电影之声“知党爱党，继往开来”纪念建党百年优秀文艺作品展播活动】

为深入学习贯彻习近平总书记在党史学习教育动员大会上的重要讲话精神，传承红色精神、发扬红色传统，2月至4月，山西省影协举办了山西电影之声“知党爱党，继往开来”纪念建党百年优秀文艺作品展播活动，共展播作品43部。7月，从中筛选出优秀作品结集出版——“知党爱党，继往开来”山西电影之声第二期。

【“永远跟党走”2021年全省群众文化活动书法（楹联）大赛作品展】

9月28日至10月7日，由山西省文联主办、山西省书协、山西美术馆承办的“永远跟党走”2021年全省群众文化活动书法（楹联）大赛作品展在山西美术馆举办。山西省文联党组高度重视，成立了专门的活动领导小组并多次召开党组会对活动方案进行研究。活动从全省征集的3300余件书法楹联作品中评出211件参展作品，其中优秀作品40件。活动以中国传统书法艺术诠释中国共产党百年奋斗的光辉历程和取得的丰功伟绩，对于加强全省书法爱好者之间的交流与学习，促进书法艺术的繁荣与发展，起到了极大的推动作用，同时也是全省广大书法工作者向党的百年华诞献上的一份厚礼。大赛巡展于10月14日起在全省各地开展。

【“鲜红的旗帜”庆祝中国共产党成立100周年山西省优秀原创歌曲征集活动】

为庆祝中国共产党成立100周年，推动山西音乐事业的繁荣发展，山西省音协组织开展了“鲜红的旗帜”庆祝中国共产党成立100周年山西省优秀原创歌曲征集活动。活动共收到97首原创作品，经过专家评审三轮打分，最终评选出15首优秀作品并在微信公众平台进行展播。

【“清凉古都 消夏大同”摄影作品展】

7月至8月，山西省摄协邀请华北五省市自治区的32名摄影家，分10路深入大同市各区县进行“清凉古都　消夏大同”主题采风创作。9月，“清

凉古都 消夏大同”摄影作品展在大同市美术馆开展。山西省委常委、大同市委书记张吉福，大同市市长张强，山西省文联党组书记李斌，山西省文联党组成员、驻会副主席和悦，大同市委常委、宣传部部长王铁梅等领导和摄影爱好者们参观了展览。

【“庆祝建党100周年·山西省首届短视频（微视频、微电影）大赛”】

为传播正能量，弘扬主旋律，用实际行动献礼党的百年华诞，山西省视协举办了“庆祝建党100周年·山西省首届短视频（微视频、微电影）大赛”，活动征集作品104部，并将部分作品在山西省视协微信公众号“山西电视界”微信公众平台进行展播。通过短视频（微视频、微电影）的艺术形式，充分挖掘红色资源，强化时代元素，贴近新时代的需求和审美，引导人民群众坚定不移听党话、感党恩、跟党走，开展了富有特色的爱党爱国爱社会主义宣传。

【共同主办“颂歌献给党——第三届华北五省区市优秀杂技（魔术）节目展演”】

9月，在疫情防控常态化的背景下，由山西省文联、山西省杂协与北京、天津、河北、内蒙古共同主办的“颂歌献给党——第三届华北五省区市优秀杂技（魔术）节目展演”通过线上的形式成功举办。本届展演由来自华北五省区市的9个主要杂技团体携15个优秀杂技节目参加。新华网、中国杂技官方微信公众号、中国文艺网、抖音、爱奇艺等新媒体平台对此次活动进行同步播出。其中，仅新华网的三个直播渠道总点击量就达350多万，影响力之大、受众面之广远超预期。

【山西·江苏（无锡）曲艺调研交流】

10月10日至14日，山西省曲协携手江苏省曲协开展了山西·江苏（无锡）曲艺调研交流活动。江苏省调研团一行13人，在太原、临汾、运城三地进行了交流调研。举办了“曲艺调研交流座谈会”和两场交流演出并参观了山西面食博物馆、晋商博物院、临汾博物馆，走进了第三届中国丰收节开幕式运城分会场进行了采风。

【“大美民间 匠心风韵”山西木版年画展】

为丰富节庆文化、充盈民俗活动内容，由山西省民协主办，山西美术馆、山西大学美术学院举办了“大美民间 匠心风韵”——山西木版年画展。山西作为历史上木版年画最早的生发地，有着广泛而深厚的群众基础。木版年画内容丰富，形式多样，表达了劳动人民祈求吉祥美好、福寿安康、迎祥纳福的美好愿望，是北方民俗历史的真实写照，更是中华民族的艺术瑰宝，中国雕版印刷的“活化石”。为确保此次参展作品地域的广泛性和时空的延续性，切实反映山西木版年画的艺术性和影响力，山西省民协、省美术馆在全省范围内广泛征集，并组织专家亲赴晋南、晋北、晋东南三大区域实地考察、收集整理，同时委托山西大学美术学院师生进行新年画创作，共收到1000余幅作品，最后从艺术水准、时代特色和历史完整度等方面进行综合考量和筛选，精选出200多幅作品进行展览，受到各界人士好评。

【“童心向党——山西省第十一届少儿书画新人新作展”】

山西晋宝斋艺术有限公司以“传承红色基因，培育时代新人”为主题，扎实开展“童心向党——山西省第十一届少儿书画新人新作展”，历时数月，参展人员12761人。展览包括少儿书画作品展和优秀教师作品展两部分，以“抗击疫情”“建党百年”“生活美好”等为主题的一幅幅作品既弘扬了红色精神、传承了民族文化，表现了对美好生活的向往，同时还点亮了心中的“中国梦”。有助于加强对青少年的思想政治教育和革命传统教育，进一步激发爱国情怀，为建设美丽中国凝聚力量。

【“我们的中国梦”——文化进万家志愿服务活动】

山西省音协深入开展“我们的中国梦——文化进万家”山西省优秀原创歌曲展播活动，在微信公众平台“山西音乐人”陆续展播90首优秀原创歌曲，总浏览量超过53000余次。

山西省美协组织采风写生创作、文艺志愿服务活动，在山西省人大会议中心举行“新征程 新希望”2021军民鱼水情书画迎春笔会；组织省内近30名画家赴大同云冈、左云、灵丘等地采风写生；开展“清凉古都 消夏大同”艺术作品展；组织省内画家为省委党校新楼会议室创作美术作品160余幅。

山西省摄协组织50余名摄影家到运城市，开展“我们的中国梦”——文化进万家“强起来 美

起来 富起来”山西乡村振兴摄影创作活动，重温毛泽东《在延安文艺座谈会上的讲话》，践行“5·23中国文艺志愿者服务日”主题实践活动相关精神。

山西省书协持续推进书法文化惠民和志愿服务活动，先后组织参与了“凝心聚力 奋发进取”书写山西美好新篇章迎新笔会、“讲党史、送文化、办实事”拥军活动等书法文化惠民和志愿服务活动，为基层干部职工、武警指战员书写春联等书法作品，丰富文化生活，普及书法艺术。

山西省影协组织文艺志愿者小分队赴吕梁汾阳市南庄村、北西庄村、郝家庄村等村庄，开展“学党史，办实事”优秀电影进乡村、我们的中国梦——文化进万家文化惠民活动，将优秀红色经典电影送到村民的地头院落。

山西省杂协通过“山西杂技”微信公众号举办“我们的中国梦”——文化进万家 2021年新春优秀杂技节目展播15期，涉及杂技、魔术等20个节目，举办“我们的中国梦”——文化进万家庆祝中国共产党成立100周年优秀杂技节目展播19期。

山西省曲协在春节期间开展“我们的中国梦”——文化进万家2021年新春优秀曲艺节目展播。4月，走进大同开展庆祝中国共产党成立100周年“我们的中国梦”——文化进万家走进大同潘家园惠民演出，庆祝中国共产党成立100周年“学党史、传精神、跟党走”——中国文艺志愿者在行动京、津、晋书画家、曲艺家、文艺志愿者走进中国大同潘家园及大同云州区二十里铺和左云县八台子村、管家堡村等系列志愿服务活动。

山西省舞协在2月至3月期间以线上形式开展舞蹈惠民活动，利用官方微信公众号、抖音等新媒体平台，征集到“年味儿”“非遗舞蹈过大年”“庆祝建党100周年”等主题微视频共78个进行分类选播。面向全省舞蹈爱好者开设“我们的中国梦——文化进万家·云端公益课堂”专栏，以山西民歌广场舞为教学内容，3月至7月在微信公众平台推出。

【引领广大文艺工作者积极投身抢险救灾和重建家园】

10月，山西遭遇大范围持续强降雨的袭击，山西省文联发挥文艺优势和人才优势，迅速开展赈灾义演、书画义卖、捐款捐物等活动，为灾区人民奉献爱心、提供援助；组织文艺工作者深入受灾一线慰问演出，以文艺的形式传递关爱、鼓舞信心；全面及时地记录宣传防汛救灾和重建家园工作中的先进事迹、善行义举，展示灾区干部群众众志成城、共渡难关的精神风貌。据不完全统计，山西省文联各团体会员义卖捐赠了书画作品400余幅、救援物资16万余元、慰问演出近30场，生动诠释了文艺工作者担当作为的时代内涵和时代价值。山西省摄协主动担当作为，组织广大摄影人积极投身防汛救灾一线，将镜头对准现场，拍摄了一系列主题作品，把现场情况及时传递至外界，为山西抗洪救灾留下珍贵影像资料。

创作与获奖

【第二十五届“中国少儿戏曲小梅花荟萃”】

经过选拔共报送仝晅萌等17个选手及节目参加第二十五届“中国少儿戏曲小梅花荟萃”活动的终评。仝晅萌、郭静宇、张心蕊、张颖、李超凡、王奥星、王鑫雨、李小虎、马荣朝、刘耘圳、孔浩轩、郑利青、陈天桥13名小选手获得“小梅花”称号。其中仝晅萌、郭静宇、张心蕊、李超凡、王鑫雨5人为地方戏十佳，仝晅萌、郭静宇、张心蕊包揽全国地方戏组前3名。陈天桥获得小梅花京昆组第3名。另外，《火焰驹——打路》和《拾玉镯》两个集体节目获得“小梅花集体节目”称号。李超凡、仝晅萌、郭靖宇、陈天桥、李小虎的参赛节目在“学习强国”平台“第25届中国少儿戏曲小梅花荟萃”专题中展播。

【第30届中国戏剧梅花奖】

晋中晋榆晋剧演出有限公司演员郑芳芳（参评剧目：晋剧《战地黄花》）入选第30届“中国戏剧梅花奖”终评，并滚动到下一届参赛。

【第十六届马街书会优秀曲艺节目网络展播】

山西省曲协征集作品12件，参加第十六届马街书会优秀曲艺节目网络展播。其中潞安大鼓《心声》《福堆儿孝亲》，长子鼓书《老宅》《暖春》《长治美》《长子理发》以及长子钢板书《一桩离婚案》等作品最终入选，并在马街书会相关微信公众频道展播。

【第十届中部六省曲艺展演】

6月23日至25日，由中国曲协主办的第十届中部六省曲艺展演在湖南省长沙市举办。山西省曲协推荐的潞安大鼓《赶考》、评书《一代廉吏于成龙》、长子鼓书《热血丰碑壮河山》、武乡琴书《一面锦旗》、长子鼓书《最后一笔党费》作为优秀节目入围展演。此外，刘引红表演的长子鼓书《山西面食》特邀参加了在宁乡市何叔衡故居举办的“牡丹花开心向党”中国曲艺牡丹奖艺术团“送欢笑”志愿服务宁乡专场演出暨第十届中部六省曲艺展演汇报演出。

【第十届全国农民摄影大展】

9月，由中国文联和中国摄协主办的第十届全国农民摄影大展开幕式在北京中华世纪坛举行。山西省摄协积极发动组织全省广大农民摄影人和涉农作者投稿，并组织举办农民摄影讲习班。最终，齐文辉、齐华、杨建峰的3幅作品荣获评委推荐奖，协会获组织工作奖。

【第六届“南山杯”全国曲艺新人新作展演】

10月22日至23日，由中国曲协、广东省文联、深圳市文联、中共深圳市南山区委宣传部共同主办，广东省曲协、深圳市曲协、南山区文联共同承办的第六届“南山杯”全国曲艺新人新作展演在广东省深圳市南山区举办。山西省曲协推荐长子鼓书《月到中秋》成功入展，并参加了现场展演。

【中国文联青年文艺创作扶持项目】

山西大学音乐舞蹈系教师黄建新小型舞剧《清流》及山西省艺术研究院闫晓伟的《报告，鸡毛信送达！》入选中国文联青年文艺创作扶持项目。

【推荐先进典型在学雷锋文艺志愿服务活动中喜获殊荣】

在中央文明办三局与中国文艺志愿者协会共同主办的2020年首届宣传推选学雷锋文艺志愿服务“时代风尚”先进典型活动中，山西省曲协主席、中国曲协理事柴京海荣获“最美文艺志愿者”。

在山西省2020年宣传推选学雷锋志愿服务先进典型活动中，山西省文联“文化进万家”文艺志愿服务活动荣获“最佳志愿服务项目”，山西省书协志愿服务小分队荣获“最佳志愿服务组织”，中国文艺志愿者协会志愿者、山西省摄协理事、平遥县职工摄协主席梁生仁荣获“最美疫情防控志愿者”，太原市歌舞杂技团青年曲艺家、国家级非遗太原莲花落传承人王灏玮（艺名：王名乐）荣获“志愿服务先进工作者”。

向中国文联推荐2021年全国学雷锋志愿服务“四个100”先进典型，其中包括1名最美志愿者、1个最佳志愿服务项目。向省文明办、省直工委分别推荐2021年宣传推选学雷锋志愿服务先进典型，包括4名最美志愿者、2个最佳志愿服务项目、2个最佳志愿服务组织、1名志愿服务先进工作者、1名新冠疫情防控最美志愿者。

机关建设

【召开全面从严治党暨党风廉政建设工作会议】

4月9日，山西省文联召开全面从严治党暨党风廉政建设工作会议，深入学习贯彻习近平总书记在十九届中央纪委五次全会上的重要讲话及全会精神，认真贯彻落实省纪委十一届七次全会、省直宣传思想文化系统全面从严治党暨党风廉政建设工作会议精神，总结山西省文联2020年度党风廉政建设工作，分析当前党建形势，部署2021年度党风廉政工作任务。山西省文联党组书记李斌作工作报告，山西省纪委监委驻省委宣传部纪检监察组二级调研员韩振法出席会议并讲话，山西省文联领导班子成员、机关全体、协会全体、所属单位班子成员和所属社会组织联合党支部书记参加了会议。

【扎实开展党史学习教育】

按照中央和省委的统一安排部署，山西省文联紧扣“学史明理、学史增信、学史崇德、学史力行”和“学党史、悟思想、办实事、开新局”的目标要求，组织全体党员干部开展党史学习教育。

一是领导干部示范带动学。党组班子坚持先学一步，严格按照规定的时间节点和学习内容进行专题研讨。二是机关党委督导推进学。在实施方案基础上，制定具体学习安排，通过发放学习用书、编发简报、制作展板、公众号实时报道等方式督导学习。三是基层组织全员覆盖学。各党支部围绕学习内容抓好集中学习研讨、专题党课学习和个人自学，党员干部带着任务学，带着责任学，做到党员干部全覆盖。四是将学习党史同总结经验、观照现实、推动工作结合起来，认真推进“我为群众办实事”实践活动。召开专题工作推进会，广泛征求意见、提出具体举措、明确责任部门、加强检点督办。五是扎实做好自选动作。开展“党组成员深入支部交流学习”“忆峥嵘守初心”、到黄崖洞红色教育基地、彭真纪念馆接受红色教育等主题党日活动，召开宣讲报告会，参观“不忘初心　牢记使命”档案文献展、“不忘初心　牢记使命——山西省庆祝中国共产党成立100周年图片展”，举办建党百年系列主题文艺活动等，引导党员干部加强党性锻炼、提升党性修养，从伟大抗战精神中汲取奋进力量。

【召开山西省文联2022年工作计划暨预算工作布置会】

为全面贯彻落实深化预算改革的要求，召开山西省文联2022年工作计划暨预算工作布置会，各处室、协会及下属单位第一次参与了预算编制工作。会议上全面介绍了2022年预算编制改革要求和预算工作分工内容。在全省普遍压减项目经费支出的情况下，科学扎实开展项目经费申报，用可靠的依据和翔实的数据积极争取，多次与山西省财政厅会面沟通，保证2022年项目经费未被压减。同时，使预算更加实事求是、科学规划，在全省过“紧日子”的情况下，把预算资金花在刀刃上，花在紧要处。

各文艺家协会

【戏剧家协会】

1月，报送《懒三脱贫记》等5部剧目参加中国戏曲非遗传承人剧目展演，报送朱伟等6人参加个人艺术展示，最终《跌雪》《懒三脱贫记》《双喜临门》《算粮》《偷南瓜》《跑城》6部作品入选此次展演活动。

4月，报送陈素琴主演的《太行娘亲》和杨仲义主演的《宁武关》参加2021年中国戏剧梅花奖数字电影工程剧目征集，组织会员学习全国文联文艺维权普法培训班。

5月，经选拔报送仝晅萌等17个选手及节目参加第二十五届“中国少儿戏曲小梅花荟萃”活动的终评；组织观摩第30届中国戏剧梅花奖。

7月，推荐报送山西师范大学话剧《为衔春色上云梢》，晋中信息学院音乐剧《新世界》、话剧《芥草》，山西艺术职业学院话剧《太行》参加第7届中国校园戏剧节评选；推荐梁静、王日飞、王超英3人参加“全国优秀中青年武戏艺术人才培养计划”。

8月，报送山西省艺术研究院闫晓伟的《报告，鸡毛信送达！》和山西省社会科学院文学所朱伊文的《果然的春天》参加中国文联青年文艺创作扶持计划项目专项资金申报，最终《报告，鸡毛信送达！》成功获得该专项资金。

10月，推荐苏俊元、裴艳芳二人参加中国剧协小剧场戏剧创演人才培训班，王惠惠、赵亚君参加中青年一线戏剧骨干研习班（武汉）。

10月，带队观摩第十七届中国戏剧节；由太原市实验晋剧有限责任公司演出的晋剧《烂柯山下》在武汉剧院演出。

11月，推荐梁静、王日飞、陈丽娜、乔春雨4人参加“艺苑撷英——全国优秀青年戏曲（武行、丑行）人才展演”的初评。

【音乐家协会】

2月，深入开展“我们的中国梦——文化进万家”山西省优秀原创歌曲展播活动，在微信公众平台“山西音乐人”陆续展播90首优秀原创歌曲。组织开展第十三届中国音乐金钟奖山西选拔赛，并报送四个分项目的一等奖获得者参加全国选拔赛。

4月至6月，根据中国音协的要求，评选出10首优秀作品参加中国音协庆祝中国共产党成立100周年“百年百首”全国优秀原创歌曲征集评选活动，其中，《是你让我懂得》（李杨词，王晖曲）、《总想为你唱首歌》（张咏民词，张伟曲）2首作品入选；评选8首优秀作品报送至中国音协，参加中国音协2021年度“听见中国听见你”主题原创作品评选活动；组织开展“鲜红的旗帜”庆祝中国共产党成立100周年山西省优秀原创歌曲征集活动、2021年中国音乐小金钟——全国琵琶展演山西选拔赛、全国管乐展演山西选拔赛。

7月，参加2021首届“黄河民歌集”活动。

2月和8月，分别开展2021年中国音协音乐考级山西考区寒假、暑假线上视频考级工作。

10月，举办中国音协音乐考级钢琴新教材师资（公益）培训班。主办山西硕紫伦交响乐团庆祝建党100周年音乐会及学术研讨会；主办10余场会员演唱、演奏音乐会。

【美术家协会】

1月，山西省美协山水画艺委会在山西邮电大厦召开庆祝建党100周年山水画艺委会创作动员会。同月，举行“新征程 新希望”2021军民鱼水情书画迎春笔会。

3月，针对人物画开展“建党100周年山西省美术作品创作展”草图观摩指导研讨会。同月，乔亚丁“行走自然”中国画作品展在山西美术馆开展，水彩画艺委会与广西壮族自治区水彩画艺委会、吉林省水彩画艺委会联合举办三省“水彩作品联合展”。

5月，举办“重温红色记忆 倾情美丽乡村——走进吕梁红色根据地写生作品展”“归去来兮——贾骎油画作品展”。

6月，举办“党的光辉照我心——庆祝中国共产党成立100周年书画作品邀请展”“庆祝中国共产党成立100周年山西省美术作品创作展”。

7月，组织省内近30名画家赴大同云冈、左云、灵丘等地采风写生，举办“盛世华诞 · 丹青绽放”——首届山西省教育学会书画院美术作品V展、“庆祝建党100周年——2021年山西高校师生美术作品展”。

9月，“清凉古都 消夏大同”艺术作品展开展。

10月，“黄河风情”汪伊虹美术作品展在山西摩诘美术馆开展。

11月，组织省内近30名画家为省委党校新楼会议室创作美术作品160余幅，举办“万象彩韵·第三届山西省色彩作品V展”。

12月，举办“第五届山西省漆画作品展”。

【摄影家协会】

1月，同蒲县县委、县政府组织举办第三届“心灵圣经 厚德蒲县——尧师故里 我的家”摄影大赛。

2月，组织各级摄影组织、摄协提供近1000幅山西省各地城乡百年来巨大变化的摄影资料，精选150幅作品报送省委宣传部。

3月，同省信用联社共同举办“山西农信杯——乡村振兴·心系百姓·我心向党”摄影展。

4月，在太原市举办山西省摄协备战第28届全国摄影艺术展培训班。

5月，与山西通用航空集团有限公司共同举办“空中看山西”航空摄影大赛；组织50余名摄影家到运城市开展“我们的中国梦”——文化进万家“强起来 美起来 富起来”山西乡村振兴摄影创作活动。

7月，同山西省文化馆共同举办“学党史、强信念、跟党走”山西省摄影作品展。

8月，策划“非遗影像 三晋风采”首届山西省非遗摄影展；与太原市文物局联合举办晋商博物院摄影大赛；组织30余名著名摄影家深入大同各区县，开展“清凉古都 消夏大同”主题采风创作活动。

9月，参加“表里山河地勘人”文艺采风活动、临汾隰县第五届玉露香梨采摘节。

10月，与太原市万柏林区委区政府共同主办“百年谱华章腾飞万柏林”摄影大赛；与运城市文化和旅游局联合举办2021运城池盐文化旅游周盐湖摄影展；承办“红色追寻”2021年山西省网络摄影大赛优秀作品展。

10月，应对山西大范围强降雨带来的洪涝灾害，组织摄影人投身一线拍摄系列主题作品，为山西抗洪救灾留下影像资料，为《山西画报》提供近70幅摄影作品。

【书法家协会】

2月，在微信公众号发布“庆祝中国共产党成立100周年迎新春楹联书法作品网络展”。

2月至3月，举行庆祝中国共产党成立100周年迎春楹联书法展。

5月，“红星向党”颉林书法展在大同市魏碑研究院开幕。

6月，举办“党的光辉照我心”书画作品邀请展。

9月至10月，在山西大同美术馆举办“大道魏风”田树苌书法作品展；举办“永远跟党走”2021年全省群众文化活动书法（楹联）大赛作品展。山西省书协先后为庆祝中国共产党成立100周年暨第二届“风雨同舟”民革全国书画作品展山西（忻州）巡展、民革山西省委会海峡两岸“关公文化与中华文明”书画展、省直机关2021年庆祝建党100周年书画展、“学党史·颂党恩”省直机关老年人书画展等全省各类展览邀稿50余幅。

继续推进书法文化惠民和志愿服务活动，先后组织参与“凝心聚力 奋发进取”书写山西美好新篇章迎新笔会、“讲党史、送文化、办实事”拥军活动等书法文化惠民和志愿服务活动，为基层干部职工、武警指战员书写春联等书法作品。山西省书协志愿服务小分队在2020年山西省宣传推选学雷锋志愿服务先进典型活动中，被推选为“最佳志愿服务组织”。

【电影家协会】

1月，下发文件规范以山西省影协及各所属团体组织名义冠名举办各类活动的管理和报备工作。

2月至4月，举办山西电影之声“知党爱党，继往开来”纪念建党百年优秀文艺作品展播活动，共展播作品43部。

3月，召开山西省影协工作座谈会；作为联合摄制单位参与《猎魔行动》开机仪式。

3月至11月，与山西省农村信用社联合社联合举办山西电影之声“山西农信杯——辉煌建党百年，助力乡村振兴”华语电影短片展播活动，并从中精选获奖作品汇集成册。

6月，主办第六届“三晋·光影杯”山西省大学生电影评论大赛。

7月，为庆祝中国共产党建党一百周年，从中筛选出优秀作品结集出版——“知党爱党，继往开来”山西电影之声第二期；开展“学党史、办实事”举办优秀电影进乡村文化惠民活动。

10月，组织电影工作者观摩“第五届平遥国际电影展”。

12月，举办首部非遗动态社火纪录片《煮好岁月待故人》学术研讨会。

【电视家协会】

举办“庆祝建党100周年·山西省首届短视频（微视频、微电影）大赛”，活动征集作品104部，并将部分作品在微信公众号“山西电视界”微信公众平台进行展播。组织开展“百年影像纪录——党史学习教育纪录片观摩活动”，组织会员召开探讨会并撰写观后感。与山西省纪委监委宣传部、晋中市纪委监委、晋中市委宣传部、平遥县委、平遥县人民政府联合主办第三届“清风正气”原创微电影展，征集作品209部。征集作品参加第九届亚洲微电影艺术节、第十四届中国·扬州旅游电视周暨第三届大运河文化国际电视周旅游电视节目推选活动、第十五届小康电视节目工程（农民艺术节）、新时代小康纪实影像征集典藏活动等，目前结果均未公布。

【杂技家协会】

1月，选派会员以协会名义组队参加保定线上空竹艺术节，山西分别有17、19、23人分别获得个人一、二、三等奖，有4个队获得集体一等奖，2个队获得集体二等奖。

2月，通过“山西杂技”微信公众号举办“我们的中国梦”——文化进万家 2021年新春优秀杂技节目展播十五期，涉及杂技、魔术等20个节目，并通过快手、彩视、抖音等平台转发。举办“我们的中国梦”——文化进万家 庆祝中国共产党成立100周年优秀杂技节目展播19期。

7月，选派太原市歌舞杂技团积极参与由中国杂协在线上发起的“唱支山歌给党听”中国杂技工作者在行动主题宣传活动。

9月，通过线上形式与北京、天津、河北、内蒙共同主办“颂歌献给党——第三届华北五省区市优秀杂技（魔术）节目展演”。持续加强协会的杂技理论建设，收集整理《山西杂技文选》相关资料。

4月至12月，陆续走进太原市沙河街小学、卫华小学、劲松社区、道场沟社区、洋灰桥社区举行“抖出快乐·杂技惠民服务”进校园、进社区常态化辅导活动。

【曲艺家协会】

春节期间，开展“我们的中国梦”——文化进万家2021年新春优秀曲艺节目展播。

4月，在大同市开展庆祝中国共产党成立100周年“我们的中国梦”——文化进万家走进大同潘家园惠民演出、庆祝中国共产党成立100周年“学党史、传精神、跟党走”——中国文艺志愿者在行动京、津、晋书画家、曲艺家、文艺志愿者走进中国大同潘家园及大同云州区二十里铺和左云县八台子村、管家堡村等系列志愿服务活动；参加庆祝中国共产党成立100周年优秀曲艺作品征集活动，推荐的沁州三弦书《十七棵松》、长子鼓书《最后一笔党费》、潞安大鼓《赶考》和京东大鼓《保姆县长》入选；中国曲协第三届“世界知识产权日·曲艺版权宣传周”系列活动在大同举办。

6月，2021年山西沁州书会系列活动在“云端”顺利展播。

7月，参加中国曲协“深入生活、扎根人民”主题实践活动江西采风活动。

10月，携手江苏省曲协开展山西·江苏（无锡）曲艺调研交流活动。同月，推荐长子鼓书《月到中秋》参加第六届“南山杯”全国曲艺新人新作展演，成功入展并参加现场展演；推荐长子鼓书《老宅》《热血丰碑壮河山》《长治美》《长子理发》参加“曲艺赞百年启航新征程”第五届“和平杯”非遗曲艺票友邀请赛，均获“十大名票”节目奖。推荐本省曲艺工作者近40人参加中国曲协组织的各类培训、学习。

【舞蹈家协会】

1月，在微信公众平台表彰2020年度“文艺战疫——山西舞蹈人在行动”舞蹈MV优秀作品52部，共计37家单位，2020年度“文艺进万家、健康你我他”优秀文艺志愿者2人，并向他们颁发荣誉证书。

2月至3月，以线上形式开展舞蹈惠民活动。选取中国文艺志愿者协会副主席、中国舞协副主席黄豆豆创编的《幸福红》群众舞蹈教学版本进行宣传推广。面向全省舞蹈爱好者开设“我们的中国梦——文化进万家·云端公益课堂”专栏，以山西民歌广场舞为教学内容，从3月至7月每周二在微信公众平台推出。

3月，微信公众平台每日转发中国舞协官方微信平台《学习时间》专栏。组织优秀舞蹈家、评论家共同观摩原创舞蹈诗剧《天下大同》、舞剧《刘胡兰》等优秀作品。

5月，主办童心向党·第十一届“小荷风采”全国少儿舞蹈展演山西推选，选送作品《福虎跃春》入围“童心向党——第十一届‘小荷风采’全国少儿舞蹈展演”；组织全省舞蹈工作者及爱好者参与中国舞协2021年“5.15”群众舞蹈网络展演暨央视《广场舞大汇》启动活动；承办太原市第31届校园艺术活动月活动；报送太原师范学院作品《我和姥姥》参加第十二届中国舞蹈“荷花奖”当代舞、现代舞终评。

6月，进行第十届华北五省（区）市舞蹈大赛山西选拔。

10月，选送山西艺术职业学院作品《汾水出嫣》入围第十三届中国舞蹈“荷花奖”民族民间舞评奖。报送作品《我和姥姥》入选中国舞协第二届中国舞蹈优秀作品集萃。

11月，山西省舞协“深入生活、扎根人民”主题实践活动之中青年优秀教师网络公开课正式启动。推选山西省舞协志愿服务团成员任爱英、刘颖为最美志愿者，武晋磊为新冠肺炎疫情防控最美志愿者。为提高评审工作的科学化、专业化和公正性，建立专家评委库。

【民间文艺家协会】

1月，开展山西境内的中国民间文艺之乡和基地清理工作。

2月，申请五福文化节主办单位。

3月，开展民间文艺人才调研课题。4月，组织艺术家参加中国民协山花奖第十五届鼓舞鼓乐、舞龙现场初评，举办我们的节日清明绵山论坛活动，组织黑龙江山西两省民间文艺出版交流活动。

5月，组织民间文艺工作者参加全国基层交流会议，组织艺术家参加沿黄九省庆祝建党百年作品展。

6月，《中国民间文学大系故事山西卷（万荣笑话）》送中国文联审核，为庆祝建党百年献礼。

7月，推荐艺术品参加第十五届中国民间文艺山花奖民间工艺美术品展览，组织艺术家参加江西舞龙山花奖，推荐艺术家参加茶马古道民歌展演活动。

8月，推荐艺术家参加中宣部新年画推介活动，推荐优秀艺术品参加宣传部外宣活动。

9月，推荐会员参加中国民协农民画、剪纸全国培训，在太原、运城、洪洞县举办全省农民画展览。

10月，在北京中国美术馆举办“大道至剪——张永忠剪纸艺术展”，推荐作品参加中国民协虎元素作品展览。

11月，开展全省非遗及木版年画普查工作及木版年画展览巡展活动。

内蒙古自治区文联

综 述

2021年，在内蒙古自治区党委的坚强领导和中国文联、内蒙古自治区党委宣传部的有力指导下，内蒙古文联以习近平新时代中国特色社会主义思想为指导，深入学习贯彻党的十九大和十九届中央历次全会精神，贯彻落实习近平总书记关于文艺工作、群团工作、民族工作的重要论述，积极履行团结引导、联络协调、服务管理、自律维权的基本职能，加强思想引领，推动文艺创作，培育优秀人才，开展文艺惠民，推进深化改革，强化自身建设，团结凝聚内蒙古广大文艺工作者践行初心使命、把握正确方向、扎根祖国北疆、服务人民群众，在履职尽责中体现新担当，在守正创新中实现新作为，在明德修身中展现新风貌。

会议与活动

【2021年内蒙古“金牛贺岁”曲艺专场晚会】

1月10日，作为内蒙古自治区文学艺术界“艺”起过年线上云联欢系列活动的重要组成部分，由内蒙古文联主办、内蒙古曲协承办的2021年内蒙古“金牛贺岁”曲艺专场晚会，通过网络直播的方式与观众见面，来自呼和浩特市、包头市、乌海市、锡林郭勒盟等地的曲艺演员为观众献上了春节期间的一道文艺盛宴。晚会以守正大气、团结喜庆、民族情怀为创作理念，通过相声、小品、评书、数来宝等丰富多彩的曲艺艺术形式，营造出浓浓的春节祥和气氛。晚会演员阵容强大，著名相声表演艺术家李金斗、方清平的相声《黄鹤楼》，著名曲艺表演艺术家柴京云、柴京海的大同数来宝《男大当婚》为观众带来阵阵欢笑；牡丹奖获得者、内蒙古二人台呱嘴表演艺术家王占新，携牡丹奖新人奖获得者王舜给观众带来呱嘴表演《等亲亲》，充分彰显了地方曲艺特点；内蒙古艺术剧院斯琴、巴雅尔等蒙古族艺术家的好来宝《小康路上蒙古马》，唱出了内蒙古人民团结奋进的旋律；内蒙古青年相声演员杨钰海、孙啸峰给观众带来的相声《山东二簧》，体现了曲艺演员的深厚功底。据统计，有36万名观众收看了晚会直播。

【“文艺进万家 健康你我他”2021内蒙古网络春晚】

1月15日，由内蒙古文联主办、内蒙古网络文艺家协会、包头市文联等单位承办的“文艺进万家 健康你我他”2021内蒙古网络春晚开幕。晚会通过新华云、抖音、快手等多个平台进行网络直播，累计观看人数达570万。乌兰图雅、呼斯楞、李德戈景、青格、伊里奇等演员为观众带来了众多优秀作品。作为内蒙古自治区文学艺术界“艺”起过年线上云联欢系列活动的重要组成部分，2021内蒙古网络春晚聚焦新文艺工作者和网络文艺工作者，搭建展示平台，营造良好氛围，有力推动了内蒙古文艺“两新”工作蓬勃发展。

【在党的旗帜下——2021内蒙古新春诗会】

1月17日，由内蒙古文联、内蒙古广播电视台、内蒙古人民出版社、内蒙古公安文联联合举办的“在党的旗帜下——2021内蒙古新春诗会”在呼和浩特市举行。诗会以礼赞中国共产党百年伟大成就、铸牢中华民族共同体意识、致敬人民警察为主题，在“美丽中国”的诗篇中开场，分为“石榴花开”“百年伟业”“英雄赞歌”“祖国万岁”4个篇章，以“在党的旗帜下”的诗篇中落幕，呈现了15个讴歌党、讴歌祖国、讴歌人民、讴歌英雄的朗诵节目，主题鲜明、真切隽永、恢宏大气、催人奋进。来自全国和内蒙古的朗诵界名家董凯、马智聪等以一首首饱含深情的诗歌，讲述了中国共产党历经百年的风雨沧桑和光辉历程，展现了新时代内蒙古儿女同心向党、人民警察忠诚为民的精神风貌。

【“绽放新时代”——内蒙古自治区文学艺术界2021年云上新春联谊会】

2月10日，由内蒙古文联主办的“绽放新时代——内蒙古自治区文学艺术界2021年云上新春联谊会”以网上直播互动的方式举办。联谊会旨在搭建交流平台，共同畅想未来，合力助推内蒙古文艺繁荣发展。联谊会演员阵容强大，德德玛、齐峰、乌兰图雅、呼斯楞、宁才、杨钰海等各界文艺家打破时空、云上相聚，为观众带来精彩节目，艺术家还带来书法、绘画、剪纸等才艺展示。据统计，联谊会通过人民网内蒙古频道、内蒙古文艺客户端等直播，累计观看量突破812万。2021年春节期间，内蒙古文联针对新冠肺炎疫情防控常态化的形势，以“艺”起过年为主题，开展了内蒙古自治区文学艺术界2021年云上新春联谊会在内的4场云上文艺晚会，并结合网上文艺讲堂、文艺短视频征集展播活动等，丰富人民群众精神文化生活，取得良好效果。

【内蒙古自治区文艺界学习贯彻党的十九届五中全会精神、铸牢中华民族共同体意识培训班】

4月19日至20日，内蒙古自治区文艺界学习贯彻党的十九届五中全会精神、铸牢中华民族共同体意识培训班在呼和浩特市开班。内蒙古文联党组书记、主席冀晓青出席会议并讲话。内蒙古文艺工作者代表、文联业务指导社会组织负责人118人参加培训。培训紧紧围绕习近平总书记关于文艺工作、民族工作的重要论述，聚焦铸牢中华民族共同体意识，邀请内蒙古党校教授组织了4场高质量的专题讲座。参加培训的文艺工作者表示，将进一步深化对习近平总书记关于民族工作的重要论述，在增强对中华文化认同的基础上，创作推出更多弘扬中华优秀传统文化的文艺精品，为建设亮丽内蒙古、共圆伟大中国梦作出新的贡献。

【大型交响组歌《永远跟党走》】

5月21日至22日，由内蒙古文联、内蒙古艺术剧院主办，内蒙古音协承办的大型原创交响组歌《永远跟党走》成功上演。交响组歌由内蒙古音协组织内蒙古老中青三代音乐家历时两年精心创作完成，交响组歌由序曲《回望》和《英雄》《情怀》《家园》《展望》4个乐章构成。《召唤》《牵着马儿上战场》《父亲的马刀、红色的草原》等15首原创音乐作品采用合唱、领唱、独唱、重唱等多种声乐表演形式首次唱响，热情讴歌了中国共产党百年奋斗历程和伟大成就，生动展现了各族人民在党的领导下意气风发追求美好生活的精神风貌，唱出了内蒙古各族儿女对党和祖国的诚挚热爱、对幸福生活的由衷赞颂和“听党话、感党恩、跟党走”的坚定决心。

【信仰的力量——百年百首诗歌朗诵音乐会】

6月20日，由内蒙古自治区党委宣传部、内蒙古文联主办的“信仰的力量——百年百首诗歌朗诵音乐会”在呼和浩特市大召广场举行。诗歌朗诵音乐会分为“红色记忆的诗篇”和“心中的赞歌”两个篇章，内蒙古老中青三代朗诵家纷纷登台，以独诵、合诵等形式，通过10首红色主题优秀作品，体现了人民群众和文艺工作者热爱党、热爱祖国、热爱人民、热爱社会主义的真挚情感。朗诵作品既有经典红色诗文，也有为庆祝中国共产党成立100周年的新作，以红色之声向观众传递了信仰的力量。在户外广场举办活动也体现了文艺源于人民、为了人民、属于人民的理念。歌朗诵音乐会自4月起，共成功举办7场。

【内蒙古自治区文艺界学习贯彻习近平总书记在庆祝中国共产党成立100周年大会上的重要讲话精神座谈会】

7月7日，内蒙古自治区文艺界学习贯彻习近平总书记在庆祝中国共产党成立100周年大会上的重要讲话精神座谈会在呼和浩特市召开。内蒙古文联党组书记、主席冀晓青出席会议并讲话，内蒙古文联领导闫艳、喜山，第八届主席团成员，内蒙古文联各部室和事业单位负责人，盟市文联负责人、作家艺术家代表80人参加座谈会。会议指出，学习贯彻习近平总书记在庆祝中国共产党成立100周年大会上的重要讲话精神是各级文联组织和广大文艺工作者的重要政治任务。内蒙古各级文联和文艺家协会要组织全体会员和广大文艺工作者深入学习领会、贯彻落实习近平总书记重要讲话精神，用讲话精神指导文联工作和创作实践。参会人员学习了习近平总书记“七一”重要讲话精神，并进行了座谈交流发言。大家表示，要深入学习贯彻习近平总书记“七一”重要讲话精神，大力弘扬伟大建党精神，赓续红色血脉，积极响应党中央号召，牢记初心使命、坚定理想信念，在新的百年征程上，奋力谱写内蒙古文艺新篇章。

【永远跟党走——“红色百年内蒙古”大型主题油画、雕塑作品展】

7月12日，由内蒙古自治区党委宣传部、内蒙古文联主办的永远跟党走——“红色百年内蒙古”油画、雕塑作品展览开幕式在内蒙古美术馆举行。展览作品历时一年半从草图创作、征集、初评到正稿创作、修改、筛选，经中国美协组织评选和内蒙古自治区党委宣传部、内蒙古自治区党史研究室审核，最终共125件作品入展，其中油画作品87件，雕塑作品38件。“红色百年内蒙古”油画、雕塑作品展，不仅是一次艺术成果的展示，也是内蒙古自治区美术界铸牢中华民族共同体意识的生动实践，丰富了内蒙古自治区各级深入推进党史学习教育的内容，为自治区青少年以美育教育开展爱国主义教育拓展了阵地。展览期间通过中华数字艺术城平台推出“庆祝中国共产党成立100周年”系列云展览，在线上360度全面立体展现展览内容。

【永远跟党走——“红色百年影像中的内蒙古”大型主题摄影展】

7月12日，由内蒙古自治区党委宣传部、内蒙古文联主办，内蒙古摄协、内蒙古美术馆承办的“永远跟党走——‘红色百年影像中的内蒙古’大型主题摄影展”在呼和浩特开展。摄影展共展出摄影作品200余幅，展览以时间为序，反映了革命战争时期的星火燎原、浴血奋战；社会主义革命和建设时期的除旧布新、社会巨变；改革开放时期的日新月异、高速增长；中国特色社会主义新时代的继往开来、民族复兴。展览以朴素真切的摄影语言、丰富细腻的摄影视角、简明洁净的摄影构图，庆祝中国共产党成立100周年，不仅是一次艺术成果的展示，更是内蒙古摄影界铸牢中华民族共同体意识的生动实践，以文艺的形式丰富了内蒙古党史学习教育内容。

【内蒙古文联文艺工作者职业道德和行风建设工作座谈会】

8月31日，内蒙古文联文艺工作者职业道德和行风建设工作座谈会在呼和浩特召开。内蒙古文联党组书记、主席冀晓青出席会议并讲话。内蒙古文联领导艺如乐图、包银山、聂显辉等出席会议，内蒙古文联所属各文艺家协会主要负责人，内蒙古作家、艺术家及新文艺群体代表参加会议。会上，传达学习了中国文联党组书记、副主席李屹在“中国文联文艺工作者职业道德和行风建设工作座谈会”上的讲话精神；发布了《致全区广大文艺工作者倡议书》。麦丽丝、武利平、赵林平、乌力吉图、伊和白乙拉、阿拉泰、董从民、塔娜、乌兰图雅、雷蒙等文艺工作者代表先后发言，表示将严格按照《中国文艺工作者职业道德公约》和各艺术门类自律公约要求，以实际行动践行“爱国、为民、崇德、尚艺”的文艺界核心价值观，努力构建文艺队伍更加健康、主流声音更加响亮、行业风气更加清朗的良好文艺界生态。

【敕勒川文艺论坛】

9月8日，由内蒙古文联主办，内蒙古评协承办的“敕勒川文艺论坛”在呼和浩特召开。知名文艺家、评论家代表和专家学者，内蒙古有关部门及各盟市文艺工作者代表90余人参加了论坛。中国评协副主席、秘书长，中国文联文艺评论中心主任徐粤春出席活动并发表讲话。内蒙古文联党组书记、主席冀晓青致辞。论坛旨在深入贯彻习近平新时代中国特色社会主义思想和党的十九大精神，落实习近平总书记关于文艺工作的重要论述，中央民族工作会议精神及中宣部等五部门联合印发的《关于加强新时代文艺评论工作的指导意见》，回顾内蒙古文学艺术事业的发展历程和突出成就，探求研讨新时代内蒙古文学艺术事业繁荣发展的方向、路径、举措。

【梨园花开盛·第四届内蒙古戏曲名家名段演唱会】

9月23日，由内蒙古文联、呼和浩特市委宣传部主办的梨园花开盛·第四届内蒙古戏曲名家名段演唱会在呼和浩特市举行。演唱会从60余部申报作品中遴选优秀唱段33部，涵盖二人台、晋剧、京剧、北路梆子、秦腔、豫剧、漫瀚调7大剧种，汪荃珍、任小蕾、杨仲义、武利平、段八旺等戏曲艺术名家与内蒙古优秀戏曲演员联袂演出，集中展示了内蒙古戏曲艺术的发展成就。演唱会在《什么人留下个人想人》中拉开序幕，《游春缘》《接婆婆》《借冠子》《四郎探母》《抬花轿》《花木兰》、京剧《霸王别姬》选段《劝君王饮酒听虞歌》等节目依次精彩上演。除两场演出外，戏曲名家还组成“娜仁花”戏曲名家志愿服务团赴基层开战了“送欢乐、下基层”文艺惠民演出。

【内蒙古红色主题文学展、中国现代文学馆馆藏红色经典手稿巡展】

9月28日，“为了最初的梦想——内蒙古红色文学经典展”和“初心与手迹——中国现代文学馆馆藏红色经典手稿巡展”在内蒙古文学馆开幕。中国现代文学馆副馆长计蕾，内蒙古党委宣传部副部长田瑞华，内蒙古文联党组书记、主席冀晓青，内蒙古文联名誉主席巴特尔，以及哈斯乌拉、尚贵荣、宋生贵、赵伯仁、张欣阁等参加开幕式。“为了最初的梦想——红色文学经典展”围绕红色精神、文学气质，重点展出30多部作品，作家手稿15部（篇），书籍、刊物、信函70余册，音频、视频、实物、照片等近百张。“初心与手迹——中国现代文学馆馆藏红色经典手稿巡展”展出了中国现代文学馆择选出的17部馆藏作家手迹手稿，以及部分作家曾用物品。

【第十届华北五省（区）市舞蹈大赛内蒙古优秀作品展演】

10月1日至3日，第十届华北五省（区）市舞蹈大赛（内蒙古赛区）优秀作品展演活动在呼和浩特市举行，展演共分群文组（少儿组、少年组、中老年组）和专业组（少年组、青年组）两大类，从内蒙古自治区32家艺术团选出的64部优秀作品参加展演。展演以“线下+线上”相结合的形式进行，既有群众文化展示，又有专业舞蹈展演，旨在通过搭建内蒙古舞蹈展示平台，进一步传承发展内蒙古舞蹈艺术，发现培养内蒙古舞蹈新人，提升内蒙古舞蹈艺术的影响力和传播力，大力弘扬中华优秀传统文化，铸牢中华民族共同体意识。近万名观众现场观看，40余万名观众通过网络直播观看了展演。

【2021·中国西部少数民族史诗与祝赞词大会】

10月16日，由中国民间文学大系出版工程领导小组办公室、中国民协、内蒙古文联主办，中国民间文学大系出版工程编纂出版工作委员会办公室、中国民协理论评论专业委员会、内蒙古民协、呼和浩特市文联承办的“中国民间文学大系出版工程社会宣传推广活动——2021·中国西部少数民族史诗与祝赞词大会”在呼和浩特市举行。中国民协党组成员、副秘书长王锦强，中国民协副主席、内蒙古民协副主席、秘书长伊和白乙拉，内蒙古民协主席布和朝鲁等出席大会，来自内蒙古、青海、甘肃、四川等省、自治区的近百名蒙古族、藏族、彝族史诗和祝赞词传承人参加大会，并表演了30多个史诗片段及祝赞词，充分展现了民间优秀传统文化经典的魅力。大会旨在通过宣传和推广民间优秀传统文化，促进社会各界对非物质文化遗产保护和传承意识，引导各族群众进一步巩固“五个认同”，铸牢中华民族共同体意识。

【纪念《金钥匙》杂志创刊40周年座谈会】

11月27日，纪念《金钥匙》创刊40周年座谈会在呼和浩特市举行。内蒙古文联党组成员闫艳，党组成员、秘书长聂显辉，内蒙古文联荣誉主席、内蒙古作协名誉主席特·官布扎布，以及内蒙古作家、评论家巴·格日勒图、刘成、苏尤格、力格登等80余位老作家、评论家出席座谈会。会议总结回顾了40年来内蒙古文艺评论的发展历程、重要成就和宝贵经验，展望了新时代文艺评论发展的走向和愿景。内蒙古文联党组书记、主席冀晓青寄语《金钥匙》杂志，希望广大文艺工作者和文艺评论工作者牢固树立以人民为中心的创作导向，切实践行“深入生活、扎根人民”的创作理念，充分发挥文艺评论引导创作、多出精品、提高审美、引领风尚的积极作用。会上颁发了《金钥匙》杂志功勋编辑、功勋评论家等奖项。

【“中华民族一家亲”全国摄影展览】

12月1日，由内蒙古文联主办、内蒙古摄协承办的“中华民族一家亲”全国摄影展在内蒙古美术馆开展。展览共征集稿件5000余幅，经过初评、终评，最后选出作品200余幅参展。摄影家们深入生活、贴近实际，从不同视角创作出的作品，反映了56个民族的悠久历史、灿烂文化、日常生活、风俗习惯、精神风貌，呈现了在党的领导下全国各个地区经济建设和社会事业的发展进步。这些丰富多彩、生动活泼、朴素直观的作品，充分表现出56个民族在祖国大家庭守望相助，共同发展，像石榴籽那样紧紧抱在一起，以实际行动为实现中华民族伟大复兴的中国梦团结奋斗的信心和决心。

【全国水彩名家作品邀请展暨内蒙古水彩粉画学术交流展】

12月3日，由中国美协水彩画艺术委员会、内蒙古文联主办，内蒙古美协、内蒙古美术馆承办的“民族团结一家亲·铸牢中华民族共同体意识”

全国水彩名家作品邀请展暨内蒙古首届水彩学术交流展于在内蒙古美术馆开展。展览分为“名家邀请展”和“学术交流展”两个单元，展出了全国水彩粉画35位名家创作的70余幅水彩、粉画作品及100余幅内蒙古水彩粉画优秀作品，旨在通过增强学术性、多样性和时代感，坚定文化自信，铸牢中华民族共同体意识，为繁荣发展中国水彩画艺术事业而努力。展览同步编辑印刷了《“民族团结一家亲——铸牢中华民族共同体意识”全国水彩名家邀请展作品集》《首届内蒙古水彩、粉画学术交流展作品集》，展现出当代艺术家的艺术修养、人文关怀与时代担当。

【第四届内蒙古自治区青年书法篆刻作品展】

12月18日，由内蒙古书协主办的“第四届内蒙古自治区青年书法篆刻作品展”在内蒙古美术馆正式开展。青年书法篆刻展是内蒙古书协主办的重要届展，也是影响深远的品牌展览。展览共展出368件书法篆刻作品，取法多元，风格多样，蒙汉兼备、各臻其美。为了让广大观众及书法爱好者切实提高书法篆刻艺术的鉴赏力，感受经典文化艺术的魅力，增强展览的互动性，内蒙古书协在此次展览中特设专家导览讲解环节。现场点评导览专家、中国书协副主席、内蒙古书协主席何奇耶徒结合展厅的作品进行讲座，围绕“对书法的认知”“书法（作品）创作流程”“书法艺术中的平衡”等问题与现场的观众进行了交流与互动，并向部分来到现场的入展作者分享了自己书法创作的训练方法；现场点评导览专家、中国书协会员、内蒙古书协书法教育培训委员会主任闫双全带领观众一起欣赏了全部作品，并对每一件作品的出处、用笔、章法等内容进行了深入的讲解，就现场书法爱好者提出的问题进行耐心解答。展览通过专家导览讲解环节，为大众提供了学习交流平台，提高了对书法篆刻艺术的审美和认识。

【铸牢中华民族共同体意识特别节目《一支难忘的歌》】

为庆祝中国共产党成立100周年，由内蒙古文联主办，内蒙古视协与内蒙古广播电视台广播新闻中心精心策划、制作了30集广播文艺专题节目《一支难忘的歌》。节目采用“音乐赏析+嘉宾访谈+经典音视频资料重现”的形式，讲述了内蒙古人民通过文艺作品坚决拥护党的领导的故事。节目组邀请内蒙古著名艺术家作为固定嘉宾，对曲目进行点评和鉴赏，广泛联系了入选歌曲的创作者和演唱者进行访谈。对于已经故去的老艺术家，节目组采用了媒资库的资料进行二次创作，弥补缺憾。《一支难忘的歌》在内蒙古广播电视台官网和腾格里网端同步播发，全网点击量达300万，受到文艺界广泛关注。重庆、福建等省台也同步交流播出。

【内蒙古文联新时代文明实践文艺志愿服务】

2021年，内蒙古文联始终把促进人民文化需求和增强人民精神力量作为工作根本目的，大力弘扬乌兰牧骑优良传统，根据中国文联新时代文明实践文艺志愿服务项目五省区市扩大试点实施方案的部署要求，确定呼和浩特、包头市、鄂尔多斯市3个市作为试点，着力打造“我们的美好生活”新时代文明实践文艺志愿服务品牌项目，共同推进“村歌嘹亮”“为人民而舞”“我们的美好生活微笑墙”“绘画乡村‘明星’”“一村一赋雅万里万家亲”“书写我们的美好生活”等9个新时代文明实践志愿服务品牌，受到基层群众广泛欢迎；并积极动员内蒙古各级文联组织以“到人民中去”“送欢乐下基层”等为主题，深入开展文艺演出、文艺培训、文艺支教、结对帮扶等各类文艺惠民活动80余场，主办承办了中国文艺志愿者在行动——走进呼和浩特市、乌兰察布市、兴安盟活动、“到人民中去”湘蒙艺术家文艺志愿服务活动、军地文艺作品联合创作等活动，在内蒙古文艺界高扬文艺轻骑兵的红色旗帜。

机关建设

【开展党史学习教育】

内蒙古文联深入学习习近平总书记在党史学习教育动员大会上的重要讲话精神，全面贯彻落实中央党史学习教育相关要求，切实将党史学习教育成果转化为推进中心工作的强大动力。强化组织领导，成立内蒙古文联党史学习教育领导小组及办公室，制定实施方案和推进计划，召开动员大会全面部署推进内蒙古文联党史学习教育工作。注重理论引导，高质量完成5个专题学习，进行阶段性理论测试6次，专题交流研讨11次，中心组成员和处级干部撰写理论研讨材料212篇、研讨发言85人次，并开办“自学夜校”，举办专题读书班，组织主题演讲比赛等活动，召开专题民主生活会，通过“内蒙古文艺”微信公众平台等媒体宣传推介党史学习教育相关内容1800余篇，营造良好学习贯彻氛围。扎实推进“我为群众办实事”实践活动，通过多种形式征求意见建议，整理“我为群众办实事”任务62项，逐一进行落实完成；赴包联社区开展现场接访活动，走访慰问老党员和困难群众，组织捐赠防疫和生活物资、各类书籍、文艺作品，举办了一系列“我帮你”文艺志愿服务系列活动，丰富人民群众精神文化生活。

【成立内蒙古文联权益保护办公室】

为加强内蒙古文艺知识产权保护工作，更好地维护文艺工作者合法权益，按照《内蒙古文联深化改革方案》安排部署，4月15日，内蒙古文联权益保护办公室挂牌成立。5月，内蒙古文联权益保护办公室面向内蒙古文联所属协会会员开展问卷调查，了解掌握基本情况；与中国文联权益保护部、中国作家协会权益保护部密切联系沟通，取得业务指导；在“内蒙古文艺”客户端开通线上维权平台，开辟维权新闻、普法宣传、典型案例、工作动态等6个专栏，强化宣传引导。6月，办公室赴内蒙古司法厅进行调研，在建立维权热线、组建法律志愿服务团队等方面达成共识。8月，办公室在与内蒙古版权服务平台多轮沟通的基础上，设立内蒙古文联知识产权服务工作站，为内蒙古文艺工作者在作品确权方面提供方便快捷的服务，启动“内蒙古自治区文学艺术创新与保护工程”，逐步开始对内蒙古美术馆馆藏作品等文艺作品进行版权登记。内蒙古文联权益保护办公室还聚焦普法宣传，组织举办了内蒙古文联著作权法及文艺作品权益保护学习研讨会，参加了中国音协著作权版权集体保护研讨会、非遗作品和民间文艺作品保护研讨会等会议，积极推动内蒙古文艺工作者合法权益保护。

【巡视整改工作】

3月20日至5月20日，内蒙古自治区党委第五巡视组对内蒙古文联党组开展巡视。6月24日，内蒙古自治区党委第五巡视组向内蒙古文联党组进行巡视情况反馈。内蒙古文联党组高度重视，成立巡视整改工作领导小组，制定巡视整改工作方案和整改台账，将巡视反馈的28个问题，细化为52个具体问题，提出了83条整改措施，有效推进整改。整改期间，内蒙古文联党组召开研究推进巡视整改工作会议22次，向内蒙古纪委监委、内蒙古党委巡办专题报告6次，向牵头责任部门发放提醒督促函10份，自查督查2次，制定规章制度16项，修订规章制度18项，并召开专题民主生活会，开展党内和社会通报，按时保质完成了各项整改任务。

直属单位

【内蒙古美术馆】

2021年，内蒙古美术馆共举办各类艺术展览27场，观众年参观量达16万人次，展览形式涵盖主题展、邀请展、合作交流展、联展、个展等，包括“永远跟党走”红色百年内蒙古油画、雕塑作品展览，“红色百年影像中的内蒙古”大型主题摄影展览，“守望相助·同心筑梦”铸牢中华民族共同体意识内蒙古书法作品展，“铸牢中华民族共同体意识”内蒙古美术馆馆藏作品展，“亮丽北疆　画说黄河”内蒙古美术作品邀请展，遇火重生——何奇烬馀书法残本作品展，寻源问道——徐悲鸿与他的学生邀请展暨中国艺术研究院油画院作品邀请展，内蒙古草原油画院第四届写生油画作品展，百年辉煌　行走江南——新吴门美术作品走四方特展等重要展览。2021年，内蒙古美术馆进一步健全规章制度，完善志愿者招募培训体系，开展各类公教美育活动150余场，参与群众突破6000人次，举办了当代吴门美术创作现状等专业性讲座，以及新吴门美术创作暨吴蒙美术家交流座谈等艺术交流活动；组织了“美术馆里的文学课”“走进美术馆之艺术鉴赏——最美内蒙古”等美育普及课程；结合疫情防控常态化工作，通过“内蒙古美术馆官网”和“内蒙古美术馆”微博、微信公众平台，组织线上展览2场，推出馆刊馆报11期，多渠道推送优质展览展讯、学术艺术咨询，推介优秀艺术家和艺术作品。

【内蒙古文学馆】

2021年，内蒙古文学馆进一步健全组织机构、加强制度建设，推动文学阵地作用发挥，并重点推进展陈装修和藏品收藏，现已征集各类书刊报2700余件，手稿500余件，照片1700余张，信函270余封，以及各类文件、视频资料等，共计6000余件。9月，"为了最初的梦想——内蒙古红色文学经典展"和"初心与手迹——中国现代文学馆馆藏红色经典手稿巡展"在内蒙古文学馆开幕。《文坛"游牧人"冯苓植》新书发布暨冯苓植手稿捐赠仪式、"阅读照亮生活——内蒙古文学馆公益讲座"等10余场新书发布会、研讨会、培训班、座谈会等文艺活动在内蒙古文学馆展开。为扩大内蒙古文学馆影响力，结合疫情防控形势，内蒙古文学馆微信公众平台推出"当青春遇上经典""我与展品的故事"等线上活动；并举办"红色北疆 文学记忆——内蒙古红色百年主题展线上文学展览"，展出三千孤儿入内蒙、齐心协力建包钢、石榴花开、内蒙古骑兵等12期专题展，推出9期内蒙古馆藏文献展览，推介作家作品200多部。

【内蒙古文学杂志社】

3月，《草原》杂志社、《花的原野》杂志社合并为内蒙古文学杂志社。7月，内蒙古文学杂志社搬入独立办公楼。2021年，内蒙古文学杂志社强化理论武装、健全规章制度、推动队伍建设，推动各杂志编校质量进一步提升。《草原》出刊12期，约200万字；《花的原野》出刊12期，约130万字；《世界文学译丛》出刊6期，约96万字。《草原》《花的原野》编辑出版"庆祝中国共产党成立100周年"专号、"铸牢中华民族共同体意识"专号、内蒙古作家儿童文学专号5期，小辑10期，刊发作品被《新华文摘》等国内重要选刊选载50余篇。在中宣部出版局对2020年全国100种文学期刊开展编校质量抽查中，《草原》杂志以万分之0.66的低差错率位列全国百种期刊第8名。2021年，内蒙古文学杂志社推出"自然写作"栏目，举办《草原》自然写作营，12期推出43位在全国有影响力的作家的自然文学作品50余万字，引起广泛关注；并出版《新世纪文库·内蒙古青年作家作品精选》（四卷本），组织了"红色记忆 辉煌百年"主题征文活动、《花的原野》文学那达慕等活动，发布《2020年度内蒙古诗歌排行榜》，探索建立健全"期刊+互联网"工作模式，充分发挥了内蒙古文学阵地的重要作用。

【内蒙古网络文艺传播中心】

2020年12月，内蒙古网络文艺传播中心成立。2021年，中心完善工作队伍，加强网络安全和信息化建设，对内蒙古文联官方网站进行改版升级，推动"内蒙古文艺"客户端上线运行，实现"内蒙古文艺"微信公众平台、官方微博、抖音运营质量明显提升，"内蒙古文艺"微信公众号关注量达1.6万人，日均浏览量近2000次，内蒙古文艺网络传播力和影响力切实增强。中心在内蒙古信息化建设工作基础上，启动研发建设内蒙古文化艺术人才库、文学艺术数字资源库两个数据库平台工程，逐步开展文学艺术作品数字化转化工作，已完成内蒙古评协、翻译家协会、民协，以及《草原》等700多件期刊的数字化转化，着手开展内蒙古文联美术书法摄影藏品、音视频作品的整理转化、分级编目。在内蒙古文联的指导下，中心委托第三方技术公司，研发建设内蒙古会员管理系统，为广大作家艺术家提供会员登记、信息查询、资格认证等功能，以及法律维权、评奖评优等特色服务，并开展网上创作、传播、评论、交流、研修等创新应用，推动"网上文联"建设。

文艺家协会

【作家协会】

12月23日，内蒙古作协第九次代表大会在呼和浩特市召开。大会选举产生了内蒙古作协第九届全委会和主席团。满全当选内蒙古作协第九届主席团主席。王苹、伍金宝、齐秀鹏、许廷旺、苏莉、肖睿、张建熙、郑伟、赵富荣、贾文成、恩克哈达、额尔敦哈达12人当选内蒙古作协第九届主席团副主席。2021年，内蒙古作协以持续推动文学精品创作工程为抓手，促进现实题材创作，"内蒙古文学重点作品创作扶持工程·现实题材写作计划"成果显著，《去嘎查，路怎么走？》《让世界看见》《内蒙古脱贫攻坚主题优秀作品选》等作品出版；并认真组织开展了第十三届内蒙古文学创作"索龙嘎"奖评选工作，举办了内蒙古文学界学习贯彻习近平总书记"七一"重要讲话精神暨《内蒙古作家访谈录》分享会、内蒙古网络作家学习贯彻习近平总书记在庆祝中国共产党成立100周年大会上的重要讲话精神座谈会、青年作家铸牢中华民族共同体意识主题文学研讨会、民族团结主题鄂温克、鄂伦春、达斡尔民族文学笔会、庆祝中国共产党成立100周年——信仰的力量“百年百首”诗歌朗诵活动、特·官布扎布新书《人类笔记》首发式、《文坛“游牧人”冯苓植》新书发布式等活动，策划了《阿云嘎文集》出版工作，启动实施了“小康印记”写作计划，有力推动内蒙古文学事业的发展。

【音乐家协会】

2021年，内蒙古音协坚持围绕中心、服务大局，聚焦庆祝中国共产党成立100周年的重要时间节点，精心组织和策划了一系列主题鲜明、影响广泛的音乐活动，开展了大型原创交响组歌《永远跟党走》创作排演、交响组曲《大河之声》创作排演等工作，承办了“永远跟党走”内蒙古专业合唱团比赛、放歌新时代——内蒙古原创歌曲演唱会、庆祝中国共产党成立100周年内蒙古“百年百首”优秀歌曲展播等活动，主办了内蒙古自治区第七届室内乐大赛、中国音乐金钟奖内蒙古自治区选拔赛等专业赛事；切实推进“放歌新时代”内蒙古歌曲征集活动，重点创作推出主题原创歌曲16首。内蒙古音协注重音乐人才扶持培养，举办了“铸牢中华民族共同体意识”内蒙古音乐骨干人才线上培训班、内蒙古专业文艺团体、乌兰牧骑、社会群众合唱团体合唱指挥培训班、内蒙古考级机构钢琴考级师资培训班等教育培训活动；完成了《草原歌声》杂志季刊编辑出版发行工作。

【书法家协会】

2021年，内蒙古书协以习近平新时代中国特色社会主义思想为指导，坚持“团结、学习、研究、创新”的工作方针，以“庆祝中国共产党成立100周年”为主题，主办承办了习近平总书记用典书法百则作品展、内蒙古自治区书法篆刻网络展、内蒙古妇女书法网络展、深入学习贯彻习近平总书记为国家综合性消防救援队伍授旗训词三周年精神主题书法作品展等活动，并举办了“笔墨聚力 以艺战疫”主题网络书法展、遇火重生——何奇烬馀书法残本作品展等展览活动，有效推动内蒙古书法事业发展。内蒙古书协坚持弘扬乌兰牧骑优良传统，深入基层、服务群众，组织了同心奋进新征程——内蒙古书法家送万福进万家文化惠民公益活动、军地文艺作品联合创作活动、“我为群众办实事”书法公益讲座等文艺惠民活动；聚焦人才培养，开展了“铸牢中华民族共同体意识”内蒙古书法骨干培训班、内蒙古书法工作者职业道德建设和行风建设座谈会等活动，并与湖南书协密切联系，开展了“结对子·共发展”合作互助活动。

【美术家协会】

12月23日，内蒙古美协第十次代表大会在呼和浩特市召开。大会选举产生了内蒙古美协第十届理事会和主席团。董从民当选内蒙古美协第十届主席团主席。于江、王永鑫、王耀中、长海、色音乌力吉、刘国旗、苏茹娅、谷芳、陈晗晟、苗景昌、经冠一、颉元芳12人当选内蒙古美协第十届主席团副主席。2021年，内蒙古美协聚焦“庆祝中国共产党成立100周年”的重要时间节点，组织实施了一系列重大美术创作工程项目，深入推进《万里绿色长城图》《万马奔腾图》中国画主题长卷创作工程，召开了内蒙古美术创作“双万工程”草图观摩研讨会、终稿审读会等；扎实开展“红色百年内蒙古”大型主题油画、雕塑创作工程，87件油画作品和38件雕塑作品在永远跟党走——“红色百年内蒙古”油画、雕塑作品展览中展出；切实推进“红色百年内蒙古”内蒙古文艺名人雕塑创作项目，美术家尹瘦石、文学家纳赛音朝克图雕塑完成放大翻模制作。内蒙古美协还主办承办了全国水彩名家作品邀请展暨内蒙古首届水彩学术交流展、内蒙古美术名家作品邀请展、第二届内蒙古综合材料绘画作品邀请（网络）展等展览活动，组织开展了内蒙古美术界学习贯彻习近平总书记在庆祝中国共产党成立100周年大会上的重要讲话精神座谈会、内蒙古美术工作者职业道德建设和行风建设工作座谈会等一系列学习座谈活动。

【摄影家协会】

2021年，内蒙古摄协围绕中心、服务大局，通过举办各类主题突出、特色鲜明的摄影活动，推动内蒙古摄影艺术事业蓬勃发展，具体承办了永远跟党走——“红色百年影像中的内蒙古”大型主题摄影展，展览展出摄影作品200余幅，以摄影艺术的形式彰显了在中国共产党的领导下内蒙古人民群众创造幸福生活的火热实践和美好愿景；承办了“中华民族一家亲”全国摄影展，多角度各方面集中展示了党的民族工作的伟大成就和中华民族守望相助、共同发展的精神风貌；参与组织了中国兴安盟五角枫摄影大展、第五届奈曼旗全国摄影大展、内蒙古大兴安岭摄影大展、生态修复主题线上摄影展等展览活动，举办了内蒙古摄影工作者职业道德和行风建设工作座谈会、“铸牢中华民族共同体意识”内蒙古摄影骨干培训班等教育活动，还成立了内蒙古摄协新摄影群体委员会，不断增强协会工作动力活力。

【民间文艺家协会】

2021年，内蒙古民协以民间文化搜集整理和传承保护工作为重心，扎实推动工程项目落细落实，持续推进中国民间文学大系出版工程·内蒙古卷编纂工作，实施了内蒙古民间文学翻译工程，启动说唱、神话、传说、史诗、谚语等分卷约500万字的翻译编辑工作，并完成《中国民间工艺集成·内蒙古卷》初稿的编纂工作，编辑出版《内蒙古自治区民间艺人小传》，推进编辑出版民族团结进步故事《“石榴籽”绘本丛书》。内蒙古民协不断加强专业优势，主办承办2021·中国西部少数民族史诗与祝赞词大会、陕北民歌与内蒙古西部“二人台”民间传习状况（内蒙古段）调研系列活动，组织开展内蒙古民间文艺工作者职业道德和行风建设工作座谈会等一系列推动内蒙古民间文艺事业繁荣发展的主题活动，并围绕民间文艺传承保护、民间文学出版研究、职业道德建设和行风建设等问题开展了多次深入调研，不断密切协会同广大民间文艺工作的联系与服务。

【戏剧家协会】

12月23日，内蒙古剧协第八次代表大会在呼和浩特市召开。大会选举产生了内蒙古剧协第八届理事会和主席团。孙志忠当选为内蒙古剧协第八届主席团主席，王秀琴、王志军、吉日木图、那布庆花、李继春、张玉兰、张恒、汪德生、武燕妮、梁斌、渠建红、甄耀东12人当选内蒙古剧协第八届主席团副主席。2021年，内蒙古剧协积极打造戏剧活动品牌，重点组织开展了梨园花盛开·第四届内蒙古戏曲名家名段演唱会，演唱会涵盖了二人台、晋剧、京剧、评剧、秦腔、豫剧、漫瀚调、河北梆子等8大剧种，推动内蒙古戏剧事业发展；启动了党史题材剧目（情景短剧）征集活动，征集到党史题材作品236部，经专家评选有79部优秀作品进行专家跟进指导，并汇编成册。内蒙古剧协注重戏剧人才培养，组织了内蒙古戏剧编创骨干人才培训班等教育培训活动，并积极推荐会员参加全国戏剧评比，实现内蒙古戏剧事业高质量发展。

【曲艺家协会】

2021年，内蒙古曲协紧紧围绕庆祝中国共产党成立100周年、铸牢中华民族共同体意识等重点工作，锐意进取、扎实工作，承办了内蒙古“金牛贺岁”曲艺专场晚会云展播，2小时内点击量突破36万人次；主办了庆祝中国共产党成立100周年内蒙古优秀曲艺作品征集及展播活动，创作推出评书《峥嵘岁月“小延安”》《为了民族复兴英雄烈士谱》等一系列优秀曲艺作品；聚焦民族团结进步教育，创作推出了叙事题材评书《中华儿女民族团结一家亲》等优秀作品，营造了良好的曲艺氛围；积极推荐内蒙古优秀曲艺作品参加全国各类曲艺展演比赛，推动内蒙古曲艺事业高质量发展。内蒙古曲协不断深化文艺交流和文艺惠民力度，与湖北省曲协合作，参与了“笑满三湘”丰收节系列文艺志愿服务活动，组织了赴呼和浩特市、鄂尔多斯市文艺志愿服务活动，大力弘扬乌兰牧骑优良传统，满足人民文化需求、增强人民精神力量。

【舞蹈家协会】

2021年，内蒙古舞协紧紧围绕中心、服务大局，着力打造舞蹈艺术活动品牌，举办了第十届华北五省（区）市舞蹈大赛内蒙古优秀作品展演，从内蒙古32家艺术团体、院校申报作品中遴选64部优秀作品进行展演；承办了内蒙古百年百部舞蹈精品展播，从百年来内蒙古舞蹈发展与历史成就的角度，遴选100部优秀舞蹈作品在网络平台定期播出；深度参与“为人民而舞”文艺志愿服务项目，组织录制了广场舞《各族儿女心向党》教学视频，在广大舞蹈爱好者中掀起了学习热潮，并大力弘扬乌兰牧骑优良传统，组织舞蹈家深入科尔沁区乌兰牧骑、伊金霍洛旗乌兰牧骑等基层团体进行专业指导。内蒙古舞协还积极推进会员服务工作，推荐一系列舞蹈优秀人才参加了中国舞协、内蒙古文联举办的各级各类教育培训活动；选送19部作品参加第十三届中国舞蹈“荷花奖”民族民间舞评奖，5部作品入围终评，《浪漫草原》荣获“荷花奖”民族民间舞奖；选送17部作品参评第二届“中国舞蹈优秀作品集萃”，7部作品最终入围，彰显了内蒙古舞蹈艺术的成就和发展。

【电影家协会】

2021年，内蒙古影协切实履行“团结引导、联络协调、服务管理、自律维权”的工作职能，强化行业引领，主办承办了2021年内蒙古电影工作电视电话会议、内蒙古电影工作者职业道德和行风建设座谈会等会议，组织骨干会员参观中国共产党革命家多松年故居，观摩红色电影《青春之骏》；围绕中心工作，组织了铸牢中华民族共同体意识主题内蒙古电影剧本征集活动、“艺”起过年短视频征集等活动，完成《草原·新剧本》6期的编辑出版发行工作；加强专业扶持，联合举办了电影《兴安岭上》观摩研讨会、电影《英豪多松年》剧本研讨会、电影《1921》蒙古语版首映礼、电影《乌海》首映礼等一系列专业活动，并与北京中导协文化发展有限公司签订联合出品电影《看风车的人》合作意向书，联合内蒙古素雪梵昕文化有限公司在包头煤矿影视基地摄制拍摄电影《逆子》等，推动内蒙古电影事业繁荣发展。

【电视艺术家协会】

2021年，内蒙古视协紧紧围绕中国共产党成立100周年的重要时间节点，精心策划制作30集广播文艺专题节目《一支难忘的歌》，通过音乐赏析、嘉宾访谈、经典音视频重放等形式，回顾了内蒙古人民和内蒙古文艺工作者在中国共产党的领导下团结奋斗、守望相助的辉煌历程；围绕“打赢脱贫攻坚战”的中心工作，组织开展“脱贫攻坚”主题纪录片、专题片征集、评选及展播活动，体现了内蒙古纪录片、专题片较高的创作水平；围绕“抗击新冠肺炎疫情”的重点工作，组织协会会员、电视艺术工作者积极创作反映抗疫一线工作者的电视艺术作品，关键时期彰显文艺工作者的责任和担当；围绕文旅融合发展，具体承办了内蒙古“百景百部”短视频大赛，创作推出旅游文化短视频百余部，聚力推动内蒙古旅游产业高质量发展。内蒙古视协还主动发挥专业优势，主办承办了内蒙古影视编导培训班、现实题材电视剧《小康大道》剧本研讨会等活动，加强协会会员服务和管理。

【杂技家协会】

2021年，内蒙古杂协聚焦协会主责主业，推动杂技艺术发展，推荐优秀节目参加了第十一届“中国杂技金菊奖”全国魔术·滑稽比赛，魔术节目《骑手与绣娘》荣获中国杂技“金菊奖”魔术节目奖；联合举办了“颂歌献给党”华北五省区市杂技魔术展演，推动华北地区魔术杂技水平不断发展。内蒙古杂协秉承“文艺为民、文艺惠民、文艺乐民”的宗旨，大力弘扬乌兰牧骑优良传统，结合内蒙古文联党史学习教育“我为群众办实事”活动，举办了“永远跟党走”优秀杂技魔术进军营、进社区、进学校等一系列文艺惠民演出活动；聚焦杂技人才培养，主办了“铸牢中华民族共同体意识”内蒙古杂技魔术骨干培训班，强化理论武装，提升专业水平，为多元化展现内蒙古杂技艺术作出贡献。

【文艺评论家协会】

内蒙古评协聚焦内蒙古重点文艺作品、重要作家艺术家、重大文艺现象，开展了一系列具体实践活动，充分发挥了文艺评论的引领示范作用，组织举办了青年作家铸牢中华民族共同体意识主题文学研讨会、内蒙古文艺界学习贯彻《关于加强新时代文艺评论工作的指导意见》座谈会、乡村振兴主题报告文学集《致富向导》研讨会等活动，重点承办了以“铸牢中华民族共同体意识”为主题的敕勒川文艺论坛，启动了敕勒川文艺大讲堂，着力打造内蒙古文艺评论品牌。内蒙古评协还开展了第三届内蒙古文艺评论推优活动，评选出3部著作和8篇文章作为优秀作品进行重点宣传推介；编辑出版了《内蒙古文学艺术年度发展报告·2020》，对2020年内蒙古文学艺术发展状况进行了梳理分析、总结概括和学术评估；举办了纪念《金钥匙》杂志创刊40周年座谈会，编辑出版蒙古文文艺评论刊物《金钥匙》6期、国家通用文字文艺评论刊物《草原·文艺论坛》6期，进一步强化了内蒙古文艺评论阵地建设。

【职工文联】

2021年，内蒙古职工文联紧跟时代步伐，探寻职工文艺新亮点，围绕重大主题创作，组织开展了“红色百年”“中华民族一家亲”“共创绿色中国”“康庄大道”等主题文艺作品征集活动，以及“抗击疫情主题创作”活动；重点举办了第六届内蒙古职工文学评奖活动，从197部申报作品中评选出66部获奖优秀作品，编辑出版了《第六届内蒙古职工文学奖获奖作品集》；并举办了“永远跟党走　奋进新征程”庆祝中国共产党成立100周年内蒙古职工书法美术作品展评活动，从1043件申报作品中评选出书法、美术各60部获奖作品在内蒙古美术馆展出。内蒙古职工文联还紧紧依靠团体会员，先后赴包钢集团、一机集团等单位进行深入调研，指导团体会员单位开展了形式多样的文艺评奖、艺术展览、文艺晚会、职工艺术节、文艺培训班、读书活动等，推动内蒙古职工文艺繁荣发展。

【翻译家协会】

2021年，内蒙古翻译家协会以持续推进重点工程项目为抓手，着力推进优秀蒙古文文学作品翻译出版工程，精心策划、认真组织、扎实开展了精品工程系列工作，修订了《优秀蒙古文文学作品翻译出版工程实施办法》，进一步完善专家评审制度；全面开展作品评审工作，3月、9月、12月分别召开优秀蒙古文文学作品翻译出版工程第9辑、第10辑作品初评、复评和终评会议，共评选扶持作品65部（篇），为铸牢中华民族共同体意识、促进民族间交往交流交融作出了积极贡献。内蒙古翻译家协会还面向广大会员，举办了“铸牢中华民族共同体意识”内蒙古翻译骨干人才线上培训班，召开了内蒙古翻译工作者职业道德建设和行风建设座谈会，切实推动内蒙古翻译人才队伍建设。

辽宁省文联

综　述

2021年，是中国共产党百年华诞的庆祝之年，也是全面建成小康社会、开启全面建设社会主义现代化强国新征程之年。辽宁省文联以习近平新时代中国特色社会主义思想为指导，深入贯彻落实党的十九大和十九届中央历次全会精神，贯彻落实习近平总书记关于宣传思想工作和文艺工作的重要论述，贯彻落实中国文联第十一次全国代表大会精神，在省委的正确领导下，在省委宣传部和中国文联的悉心指导下，紧紧围绕庆祝中国共产党成立100周年这条主线，坚持以人民为中心的工作导向，切实履行“团结引导、联络协调、服务管理、自律维权”职能，广泛团结引领全省文艺工作者践行初心使命、把握正确方向，围绕中心、服务大局，繁荣文艺创作，服务人民群众，圆满完成各项工作任务。

重要会议与活动

【辽宁文艺界学习贯彻习近平总书记在庆祝中国共产党成立100周年大会上重要讲话精神座谈会】

7月16日，辽宁省文联召开座谈会，组织省内文艺家、文艺工作者代表深入学习贯彻习近平总书记在庆祝中国共产党成立100周年大会上的重要讲话精神。艺术家代表纷纷表示，习近平总书记在庆祝中国共产党成立100周年大会上的重要讲话对于激励全省文艺工作者投身辽宁文艺建设的伟大实践，凝心聚力繁荣、发展文艺事业，开创辽宁文艺工作新局面，具有非常重要的意义。在习近平总书记“七一”重要讲话精神指引下，辽宁文艺工作者将赓续红色血脉，继续谱写共产党人的初心，描摹共产党人的使命，通过不懈的努力，创作更多无愧于历史、无愧于时代、无愧于人民的优秀作品，凝聚起奋进新时代，助力辽宁全面振兴全方位振兴取得新突破的强大力量。各市文联代表表示，习近平总书记在庆祝中国共产党成立100周年大会上的重要讲话思想深邃、内涵丰富，倍感振奋、备受鼓舞。一要感悟思想伟力，坚定不移用习近平新时代中国特色社会主义思想指导推动工作；二要砥砺初心使命，开展精彩纷呈的文艺实践活动；三要强化使命担当，不断推出文艺精品和文艺人才；四要加强党的领导，推动文艺事业高质量发展。

辽宁省文联党组书记、主席张兴奎充分肯定了艺术家代表们的发言并指出，“七一”重要讲话为强化文艺界思想政治引领提供了强大的思想武器，为文艺事业的创新发展提供了更加广阔的天地，为文艺创作提供了取之不尽的精神源泉，对文联履行职能提出了新的更高的要求。要把工作的思路和重点放到贯彻落实“七一”讲话精神上来，按照“七一”讲话精神明确的方向和丰富的精神内涵来做好文联工作，引导文艺家创作出更多更好的作品。

【辽宁省文联党史学习教育动员大会】

3月12日上午，辽宁省文联召开党史学习教育动员大会。会议指出，在全党开展党史学习教育，是党中央立足党的百年历史新起点、统筹中华民族伟大复兴战略全局和世界百年未有之大变局、为动员全党全国人民从党的百年伟大奋斗历程中汲取继续前进的智慧和力量，满怀信心投身全面建设社会主义现代化国家而作出的重大决策。开展党史学习教育，是当前全党上下一项重大政治任务，一定要提高政治站位，切实增强“四个意识”、坚定“四个自信”、做到“两个维护”，把思想和行动统一到中央决策部署和省委具体安排上来，统一到开展党史学习教育的重大意义上来，统一到落实党史学习教育的重点任务上来，统一到推进党史学习教育的措施要求上来，切实提高学习教育质量，确保党史学习教育学有所获、学有所得、学有所为。

会议要求，省文联全体同志要高度重视党史学习教育活动，提高思想站位，立足实际、守正创新，在加强组织领导上要对应中央要求，充分发挥学习教育领导小组的牵头职责，切实把党中央部署和要求落到实处；在正确党史观的树立上，要坚持以党关于历史问题的两个决议和党中央有关精神为依据，不能有丝毫偏差；在心系群众办实事上要用心用情用力做好文联服务工作，为广大文艺工作者办实事解难题，引导创作高质量文艺作品，更好满足人民群众精神文化需求；在创新方式方法上要结合工作实际，推进内容、形式、方法各方面努力创新，切实提高学习教育质量。

【中国文联第十一次全国代表大会隆重召开，辽宁代表团光荣出席】

12月13日至17日，中国文联第十一次全国代表大会、中国作协第十次全国代表大会在北京胜利召开。大会期间，辽宁代表围绕习近平总书记在大会上的重要讲话精神和大会工作报告内容展开热烈学习讨论。代表们一致认为，习近平总书记的重要讲话立意高远、思想深邃，鼓舞人心、催人奋进，充满文化自信、文化力量、文化希望，饱含对文艺事业和文艺工作者的深厚情谊，是一篇光辉的马克思主义纲领性文献，为广大文艺工作者提供了强劲动力，为新时代文艺事业和文联工作创新发展指明了正确方向、提供了根本遵循。大家表示，今后要深入学习领会讲话精神，并全面贯彻落实到实际工作当中，把总书记的重要讲话转化为推动辽宁文艺事业繁荣发展的行动自觉，为辽宁全面振兴全方位振兴、为辽宁文化强省建设积极贡献力量。大会召开期间，辽宁省代表团以崇高的荣誉感和强烈的使命感、责任感，认真履行职责、严格遵守大会纪律，圆满完成了各项任务，展现了辽宁文艺工作者的良好风采和担当。

出发前，辽宁代表团行前座谈会于12月11日下午在沈阳举行，辽宁省委常委、宣传部部长刘慧晏出席会议并讲话。会议指出，全国第十一次文代会和第十次作代会，是在“两个一百年”历史交汇点召开的一次十分重要的会议，要切实提高政治站位，充分认识本次大会的重要意义；要牢记“国之大者”，切实增强荣誉感、使命感、责任感，认真履行代表职责义务；要吃透会议精神实质，加强研讨交流，积极展示辽宁文艺大省形象；要严格遵守大会纪律，确保大会圆满顺利。

【辽宁文艺界学习贯彻习近平总书记在中国文联十一大、中国作协十大开幕式上的重要讲话精神座谈会】

12月30日，辽宁省文联召开辽宁文艺界学习贯彻习近平总书记在中国文联十一大、中国作协十大开幕式上的重要讲话精神座谈会。会议指出，习近平总书记在中国文联十一大、中国作协十大开幕式上的重要讲话，从党和国家事业发展的全局高度，充分肯定了党的十八大以来文艺战线取得的丰硕成果，深刻阐明了新时代新征程文艺工作面临的新形势新任务，向广大文艺工作者提出了新希望新要求，发出了新号召，为推动文艺事业高质量发展、建设社会主义文化强国指明了方向和前途，是做好新时代文联工作的行动指南和根本遵循。全省文艺界要迅速投入到学习习近平总书记的重要讲话精神中去，掀起学习热潮。

会议强调，全省文艺工作者要进一步增强时代责任感和历史使命感，充分认识新时代文艺工作的重要地位作用、面临的新形势新任务，深刻把握民族复兴这一伟大时代主题，努力把广大文艺工作者的思想和行动统一到讲话精神上来；要以联系的发展的观念深刻理解习近平总书记重要讲话精神，树立大历史观、大时代观，增强文化自觉、坚定文化自信，坚持创造性转化、创新性发展，始终坚持以人民为中心的创作导向，聚焦举旗帜、聚民心、育新人、兴文化、展形象的使命任务，在培根铸魂上展现新担当，在守正创新上实现新作为，在明德修身上焕发新风貌，努力推出更多无愧于伟大民族、伟大时代的优秀作品；要坚持以德养艺、以艺彰德，做有信仰、有情怀、有担当的新时代文艺工作者，将习近平总书记重要讲话精神贯彻落实到行动上，形成工作举措，转化为生动实践，推动创新成果不断涌现。

【党的十九届五中全会精神曲艺小分队进基层宣讲】

辽宁省曲协按照省文联统一安排部署，开展党的十九届五中全会精神曲艺小分队进基层宣讲活动。春节期间，结合新冠肺炎疫情防控相关要求，演出在辽宁曲艺公众号网络平台进行了视频展播，视频播出5天，观看量达到千余人次，在两节期间为广大群众送去了新春的问候。自2020年12月16日至2021年7月24日，辽宁省曲艺小分队分别深入沈阳市沈河区雨坛社区、中街御龙城、沈阳城市学院、辽宁特殊职业师范学院、盘锦市湖滨小学、鞍山市岫岩牧牛镇中心小学等15个基层地区开启宣讲巡演，省曲艺小分队以在基层社区集中宣讲、大篷车惠民演出和小剧场演出的不同形式，共计完成五中全会曲艺宣讲85场，受益群众达7600余人。

【举办党的十九届六中全会精神宣讲培训会】

12月4日，辽宁省文联邀请中共辽宁省委宣传部机关党委副书记、二级巡视员、教授，原中共辽宁省委讲师团副团长、《理论界》杂志社执行主编张启元，辽宁省社科院副院长梁启东两位专家在机关六楼会议室举办党的十九届六中全会精神宣讲培训会。张启元在报告中运用丰富史实、生动案例、翔实数据对《中共中央关于党的百年奋斗重大成就和历史经验的决议》进行讲解，对准确理解和全面把握十九届六中全会精神、进一步推动贯彻落实具有极强的指导意义。梁启东从深刻认识总结党的百年奋斗重大成就和历史经验的重大意义、党的百年奋斗的初心使命和重大成就、中国特色社会主义新时代的历史性成就和历史性变革、党的百年奋斗的历史意义和历史经验、以史为鉴开创未来的重要要求、从党的百年奋斗中汲取智慧和力量等6个方面对党的十九届六中全会精神进行全面宣讲和深入解读。

【辽宁省文联八届五次全委会】

3月10日，经辽宁省委宣传部批准，辽宁省文联通过网络视频形式召开第八届五次全委会。会议传达省委常委、宣传部部长刘慧晏同志关于省文联工作的重要批示；通报《关于增补、更替辽宁省文联第八届委员会委员的决议》和省文联第八届委员会委员2020年度履职情况；公布省文联第八届主席团主席选举结果，省文联党组书记张兴奎当选省文联第八届主席团主席；通报《辽宁省文联关于2020年度国家级及省级文艺评奖获奖情况的通报》和《辽宁省文联第八届主席团第五次会议关于同意辽宁省检察官文联不再作为辽宁省文联团体会员的决议》。

辽宁省文联党组书记、主席张兴奎代表第八届主席团作了题为《奋进新时代 展现新作为 在新征程开启之年奋力贡献辽宁文艺力量》的工作报告。报告从7个方面总结了2020年工作，一是深入学习贯彻习近平新时代中国特色社会主义思想，强化全省文艺界思想理论武装；二是以艺战“疫”，组织全省文艺工作者积极投身疫情防控的人民战争总体战阻击战；三是举办系列主题文艺实践活动，为决胜全面小康、决战脱贫攻坚营造浓厚氛围；四是创新文艺志愿服务活动载体和形式，持续开展“深入生活、扎根人民”主题实践活动；五是健全文艺创作引导机制，积极推送文艺精品和举荐优秀人才；六是忠实履行巡视反馈意见整改落实的政治责任，积极推进文联组织深化改革；七是加强文联机关党的建设，提高推进文艺事业发展的能力。从7个方面强调2021年要做好的重点工作，一是加强政治引领，坚定不移用习近平新时代中国特色社会主义思想武装头脑；二是围绕中心、服务大局，聚焦建党百年开展重大主题文艺实践活动；三是自觉践行以人民为中心的工作导向，深入开展文艺志愿服务活动；四是以抓好文艺评奖评论工作为契机，努力推出具有时代高度的精品力作；五是创新形式、延伸手臂，加强对文艺工作者的服务管理；六是以做好省文艺家协会换届工作为重点，多措并举推进文艺人才队伍建设；七是坚持把党的政治建设摆在首位，加强文联机关自身建设。

【辽宁省文联贯彻落实中宣部文娱领域综合治理工作电视电话会议精神专题会议】

9月9日，辽宁省文联在沈阳召开专题会议贯彻落实中宣部文娱领域综合治理工作电视电话会议精神。会议传达了中宣部文娱领域综合治理工作电视电话会议和“修身守正 立心铸魂——中国文联文艺工作者职业道德和行风建设工作座谈会”精神，宣读了中国文联《修身守正 立心铸魂——致广大文艺工作者倡议书》。会议就文联组织在文娱领域综合治理中，如何履职尽责提出了5点要求：一是积极响应中国文联“修身守正、立心铸魂”的倡议，采取各种行之有效的方式，引导广大文艺工作者遵守法律法规，恪守职业道德，履行社会责任；二是积极开展思想政治引导，立足职能，通过学习培训等方式，提高文艺工作者的政治素养；三是发挥好主题实践活动的引导作用，坚持以人民为中心的创作导向，树立正确审美观；四是把好各类展览展演、推荐评奖入口关；五是把好文联协会组织入口关；六是发挥好文艺评论作用。

【辽宁省文联文艺工作者职业道德和行风建设工作座谈会举办】

9月15日，辽宁省文联文艺工作者职业道德和行风建设工作座谈会在沈阳召开。会议指出，文艺工作者职业道德和行风建设是一项意义重大、涉及广泛、影响深远的工程，也是一项需要锲而不舍、久久为功的战略任务。作为行业建设的主力军，各级文联组织和文艺家协会要着力担负起党和人民赋予的光荣使命，要坚决抵制违法违规、失德失范等不良风气，大力弘扬新风正气，加强文艺工作者思想道德建设和行业引领。一是要以文载道，自觉承担立心铸魂的职责使命。二是要崇德尚艺，自觉坚持德艺双馨的理想追求。三是要引领风尚，自觉坚守社会表率的责任担当。

【全省文联加强和改进新时代文艺评论工作座谈会】

12月8日下午，由辽宁省文联主办、辽宁省评协承办的全省文联加强和改进新时代文艺评论工作座谈会在辽宁会馆召开。会议传达了党的十九届六中全会精神以及中国文联加强和改进新时代文艺评论工作座谈会精神，安排部署了省文联系统下一步如何加强改进新时代文艺评论工作，切实增强了文联组织推进文艺评论工作的政治自觉和责任担当，推动工作落地见效。会议强调，全省文联组织要把握战略定位，充分认识加强新时代文艺评论工作的重大意义。要把握规律、抓住要害，从组织建设、队伍建设、平台阵地建设等方面精心部署安排，周密组织实施，切实推动辽宁文艺高质量发展。一是要着眼于做好转化抓落实，二是要着眼于提高质量抓落实，三是要着眼于队伍建设抓落实，四是要着眼于搭建平台抓落实。会议期间，举行了第七届辽宁文艺评论奖颁奖仪式。

【全省文联“文艺两新”暨信息化建设工作会议】

9月9日下午，全省文联“文艺两新”暨信息化建设工作会议在辽宁会馆召开。会议指出，全省文联组织要扩大工作覆盖面，延伸联系手臂，深入推进“文艺两新”工作：一是要提高政治站位，深化对“文艺两新”工作重要意义的认识；二是要总结经验，深化对“文艺两新”工作的规律性认识；三是要创新思路，推动“文艺两新”工作再上新台阶。

关于加强文联信息化建设工作，会议指出，一是要提高政治站位，深刻理解做好信息化工作的重要性；二是要科学规划，全面对标对表中国文联；三是要狠抓落实，通过深入实施“网络+网格”双网工程等5个方面工作，切实推进文联信息化建设工作迈出新步伐。

【辽宁省剧协、音协、书协、舞协、影协会员代表大会】

12月24日，辽宁省剧协第十次会员代表大会、辽宁省音协第十次会员代表大会、辽宁省书协第七次会员代表大会、辽宁省舞协第九次会员代表大会、辽宁省影协第八次会员代表大会在沈阳举行开幕式。辽宁省委常委、宣传部部长刘慧晏出席并讲话。开幕式以电视电话会议方式举行。在主会场参会的有省剧协、音协、书协、舞协、影协在沈的主席团成员，省直和各市的代表分别在分会场收看此次大会。

12月26日，辽宁省剧协第十次会员代表大会在沈阳闭幕。大会传达了习近平总书记在中国文联十一大、中国作协十大开幕式上的重要讲话精神，并组织代表进行深入学习领会，在今后工作中全面贯彻落实。大会审议通过了辽宁省剧协第九届主席团工作报告，修改了《辽宁省剧协章程》，选举产生了新一届理事会和主席团。田剑峰当选主席。

12月27日，辽宁省音协第十次会员代表大会在沈阳闭幕。大会传达了中国文联第十一次全国代表大会精神，审议通过辽宁省音协第九届主席团工作报告，修改了《辽宁省音协章程》，选举产生了新一届理事会和主席团。刘辉当选主席。

12月25日，辽宁省书协第七次会员代表大会在沈阳闭幕。大会传达了中国文联第十一次全国代表大会会议精神，审议通过了省书协第六届主席团工作报告，修改了《辽宁省书协章程》，选举产生了新一届理事会和主席。胡崇炜连任主席。

12月28日，辽宁省舞协第九次会员代表大会在沈阳闭幕。大会传达了中国文联第十一次全国代表大会会议精神，审议通过了省舞协第八届主席团工作报告，修改了《辽宁省舞协章程》，选举产生了新一届理事会和主席。吕萌当选主席。

12月29日，辽宁省影协第八次会员代表大会在沈阳闭幕。大会传达了中国文联第十一次全国代表大会会议精神，审议通过了辽宁省影协第七届主席团工作报告，修改了《辽宁省影协章程》，选举产生了由83人组成的辽宁省影协第八届理事会，选举产生了新一届理事会和主席。庚钟银当选主席。

【辽宁省文联参加“学党史 传精神 跟党走”——中国文艺志愿者在行动活动】

辽宁省文联通过线上线下、与外省联动的形式参与“学党史 传精神 跟党走”中国文艺志愿者在行动主题活动。活动以弘扬中国共产党发展过程中各个时期的“中国精神”为主题主线，于5月初邀请知名艺术家和文艺志愿者赴各大精神发祥地创编重点节目，六级联动，打造了一次全国文艺志愿者的集体行动。辽宁活动现场邀请李光羲、山翀、马佳等知名文艺工作中和省内文艺志愿者赴丹东抗美援朝纪念馆，宣传、弘扬、讴歌“抗美援朝精神”，通过录制、整体编排、剪辑文艺节目，参与到全国联动精品节目中。节目于5月23日上午10点上线播出，并联动中央、省、市、县媒体平台同步播出。

【“文心向党”辽宁省美术书法摄影优秀作品展举办】

7月5日，辽宁省直属机关工作委员会、辽宁省文联组织省美协、省书协、省摄协举办“文心向党”辽宁省美术书法摄影优秀作品展在辽宁美术馆举办。展览共展出美术、书法、摄影优秀作品227件，其中，美术作品69件、书法作品73件、摄影作品85件。所有参展作品均选自省美协、省书协、省摄协成立以来，辽宁知名艺术家创作的精品力作。这些作品获得过国家级重要奖项，入展过国家级重大展览，在全国拥有较大影响力。作品时间跨度长达70余年，充分反映党的奋斗历程，呈现辽宁文艺的发展脉络，体现深厚的底蕴和实力。此次展览既是辽宁文艺界向党的百年华诞的献礼，也是对辽宁美术、书法、摄影事业的一次大集结、大检阅，更是以艺术形式开展的一次党史学习教育。

【启航新征程——庆祝中国共产党成立100周年辽宁省美术、书法、摄影作品展举办】

11月18日，由辽宁省文化演艺集团（辽宁省公共文化服务中心）、省文联主办，省美协、省书协、省摄协、辽宁省文化馆（辽宁省青年宫）、辽宁美术馆（辽宁画院）承办的启航新征程——庆祝中国共产党成立100周年辽宁省美术、书法、摄影作品展在沈举办。展览精选了近500件佳作，其中美术140件，书法135件，摄影114件，涵盖全省美术、书法、摄影等艺术门类的优秀作品。参展作者们以丹青画卷展现中国共产党领导中国人民进行革命、建设、改革，走向复兴的光辉历程，以浓墨重彩抒写新时代中国特色社会主义的伟大实践，以图像再构历史进程的史诗。

【“深情礼赞 辉煌百年”——庆祝中国共产党成立100周年合唱音乐会举行】

6月24日，由辽宁省文联、辽宁省音协主办的“深情礼赞 辉煌百年”——庆祝中国共产党成立100周年合唱音乐会在沈阳举行。

音乐会以建党百年的重大历史节点为脉络和依据，以当代视角回望历史、展望未来，用歌声表达对中国共产党和美好生活的热爱。音乐会19首歌曲采用合唱、领唱、独唱、重唱等声乐表演形式唱响，热情讴歌百年来中国共产党为中国人民谋幸福，为中华民族谋复兴的初心和使命，生动展现各族人民在党的领导下，意气风发追求美好生活的精神风貌，激励中华儿女在新时代新征程上砥砺奋进。

【“唱支山歌给党听”交响合唱音乐会举行】

7月9日，由辽宁省文联、沈阳音乐学院共同主办的“唱支山歌给党听”交响合唱音乐会在沈阳举行。

音乐会紧扣庆祝中国共产党成立100周年主题，以赞颂党、赞颂祖国、赞颂人民为主线，精选主旋律响亮、正能量强劲的音乐作品，并重新加以配器改编，以交响合唱的恢宏气势，致敬经典音乐、礼赞中国共产党。

【庆祝中国共产党成立一百周年系列书法展·辽宁篇——风雨铸就辉煌书法展举办】

7月15日，由中国书协、辽宁省文联共同主办、辽宁省书协承办的“庆祝中国共产党成立一百周年系列书法展·辽宁篇——风雨铸就辉煌”在辽宁美术馆开幕。

此展是中国书协举办的庆祝中国共产党成立100周年系列书法展之一。展览共展出辽宁及29个省区市作者入展作品202幅，充分展示了辽宁乃至全国书坛的整体创作实力。展出的书法作品展现了百年来中国共产党领导中国人民前赴后继、上下求索，中华民族迎来了从站起来、富起来到强起来的伟大飞跃。书法家们以党史感悟初心，以笔墨渲染时代，为时代立传、为时代画像，饱蘸浓墨书写精彩壮美的时代华章。

【“绿叶对根的情意”辽宁省群众舞蹈展演举办】

7月20日，由辽宁省文联、辽宁省舞协主办，各市舞协承办的“绿叶对根的情意”辽宁省群众舞蹈展演主会场在沈阳奉天广场举行。

全省十个城市万余名群众同跳一支舞。展演活动由主会场和分会场构成，每个城市的分会场设置在各地市标志性建筑物前。同一时间里，在大连的老虎滩、盘锦的红海滩、营口的钢琴厂、本溪的枫叶广场、鞍山的千山风景区、抚顺的月牙岛、锦州的东湖公园、朝阳的赵尚志纪念馆、葫芦岛的观沧海广场等，成群结队的“舞蹈人”跟着音乐一起摇摆，黑土地刮起“最炫民族风”，将当代辽宁人的形象和崭新的精神面貌展示于东北大地上。

【第三届东北地区优秀曲艺节目展演举行】

7月6日至9日，由中国曲协、辽宁省文联主办，辽宁省曲协、鞍山市文联承办的第三届东北地区优秀曲艺节目展演在鞍山举行。

百余位曲艺表演艺术家参加3场专场演出及中国曲艺牡丹奖艺术团“送欢笑”走进鞍钢专场演出暨第三届东北地区优秀曲艺节目展演汇报演出等活动。东北地区优秀曲艺节目展演是中国曲协的重要区域性品牌活动，每两年举办一届。

经过初评，中国曲协在辽宁、吉林、黑龙江、内蒙古自治区三省一区曲协选送的节目中选出30个歌颂党和人民的优秀曲艺节目进入展演，涵盖二人转、小品、快板、相声以及内蒙古地区特有的呱嘴等14个曲种。

作为辽宁专场演出的省文联庆祝建党百年曲艺晚会，辽宁省曲协从去年年底开始策划筹备，历时9个多月。晚会讴歌党的百年辉煌历程，展示了大美辽宁的绚丽画卷。

【庆祝建党100周年民间文艺精品展暨第十六届民间文艺山花奖·工艺美术类作品辽宁选拔展举办】

9月17日，由辽宁省文联主办、省民协承办的庆祝建党100周年民间文艺精品展暨第十六届民间文艺山花奖·工艺美术类作品辽宁选拔展在沈阳日报美术馆举办。本次展览既是辽宁民间文艺界对党的百年华诞的精心礼赞，也是辽宁民间工艺的一次集中展示。展览共展出近百件民间文艺作品，这里面既有中国民间文艺山花奖获奖作品，也有艺术家专为此次展览创作的优秀主题作品。作品饱含了广大民间文艺家对党的感恩之情，广大人民群众对美好生活的向往。同时表达了人民心声，彰显人民对党的坚定拥护和衷心爱戴，努力营造共享伟大荣光、共铸复兴伟业的浓厚氛围，为全面建设社会主义现代化国家凝聚强大精神力量。

【庆祝中国共产党成立100周年辽宁优秀电影（微电影）剧本征集评选活动举行】

11月，由辽宁省影协主办的庆祝中国共产党成立100周年辽宁优秀电影（微电影）剧本征集评选活动完成全部评审工作。评选自2021年4月启动，共征集参评剧本42部，其中电影剧本25部、微电影剧本17部，合计300万余字。省影协特邀专家组通过匿名审读、量化打分、充分讨论等方式，综合考量参评作品政治导向、价值导向、艺术水平、拍摄可能等因素，最终评选出《大爱如涓》《黄显声与小萝卜头》最佳作品2部、《党员林张罗》等优秀作品5部、《烈焰之上》等入围作品21部。

【“我爱中国共产党”主题影像季暨辽宁省第二届短视频（微电影）推优活动举办】

11月，由辽宁省文联、辽宁报刊传媒集团（辽宁日报社）主办，辽宁省视协、辽宁日报北国客户端承办的“我爱中国共产党”主题影像季暨辽宁省第二届短视频（微电影）推优活动圆满结束。活动从5月开始征集作品，共收到来自全省各级广播电视台、融媒体中心和各大高校、影视制作公司、企（事）业单位、产（行）业部门及影视爱好者报送作品376部。11月末，省视协邀请部分主席团成员及省内电视艺术界专家和领导组成评审团对作品进行了认真审看，最终推选出《沈飞故事》系列微视频、《请回答1921-2021》系列作品为评委会特别奖，推选出《大年三十》等最佳作品10部，《遇见最好的你》等优秀作品20部，《一寸赤心惟报国》等好作品25部。

【“学习雷锋好榜样”主题宣传活动走进辽宁抚顺】

3月4日，由中国文艺志愿者协会、辽宁省文联、湖南省文联、抚顺市委宣传部等多家单位联合主办的“学习雷锋好榜样”学雷锋纪念日主题宣传活动在全国四地联动举办，央视频、爱奇艺、百度直播等多家媒体对活动进行网络直播。中国文联文艺志愿服务中心主任、中国文艺志愿者协会副主席兼秘书长冀彦伟在线宣读关于同意设立“中国文艺志愿者协会学雷锋基地”的批复，湖南望城、辽宁抚顺分别举行了授牌仪式。辽宁省文联党组成员、副主席武雪梅代表中国文艺志愿者协会为抚顺雷锋纪念馆授牌。抚顺分会场的演出中，辽宁文艺志愿者通过表演歌曲《我们都是雷锋》、舞蹈《幸福红》，表达雷锋精神内涵、传承雷锋精神。

【庆祝建党100周年“迎新春·颂党恩”春联征集活动举办】

为讴歌建党100周年的伟大成就，歌颂新年新气象，辽宁省书协举办庆祝建党100周年“迎新春·颂党恩”春联征集创作活动。自2020年12月7日征稿以来，共收到来自辽宁、广东、山东等22个省市集体和405名作者报送的938副春联。省书协成立评审委员会对来稿进行评审，共评选出优秀组织单位3个、优秀春联50副、入选春联100副。

【“投资辽宁 文化拜年”迎新春公益活动举办】

2月8日，辽宁省商务厅、省文联联合举办“投资辽宁 文化拜年”活动。活动邀请了部分来辽投资的企业家和省内知名书法家欢聚一堂、共迎新春。省商务厅党组书记、厅长宋彦麟，省文联党组书记张兴奎参加活动并讲话。活动由省商务厅党组副书记、副厅长王广利主持。省文联党组成员、副主席、省书协主席胡崇炜为活动开笔，并与李琳、卢林、师索民、赵立新、李京臣、张殿忠、王军轩、陈洪普、刘云生等书法家一起为企业家现场创作出一批有中国风、中国味、中国情的春联作品，以翰墨展示了辽宁人亲商、敬商、爱商的情怀，为企业家加油助力。

【辽宁省第八届大学生戏剧节举办】

11月29日，由辽宁省文联、辽宁省教育厅、共青团辽宁省委员会联合举办的辽宁省第八届大学生戏剧节展演落下帷幕，50余个剧（节）目入围展演。这些作品以庆祝中国共产党建党百年为贯穿主题，涵盖了红色题材、现实题材剧目。戏剧节分为“建党百年·红色题材”“现实题材·抗疫主题”“精准扶贫·第一书记”“大学生活·心理健康”“传统戏曲·传承经典”系列，呈现出自觉与时代相契合的艺术表达。本届大学生戏剧节从4月启动，历时7个多月，完成了线下线上相结合的剧目展演和剧本创作提升研讨等活动。共有来自沈阳、大连、鞍山、抚顺、本溪、锦州、营口等城市的31所大学的85个剧（节）目申报，经过组委会和专家组的认真遴选，最终50余个剧(节)目入围本届大学生戏剧节展演，参演学生超过千人。

【辽宁省首届美术双年展举办】

11月13日，由辽宁省美协、盘锦市兴隆台区委、盘锦市兴隆台区政府、盘锦市文联主办的辽宁省首届美术双年展在辽河美术馆举办。展览面向全省征稿，共征集到1400多件作品，最终由辽宁省美协评委团评出最佳作品11幅、推荐作品25幅、学术作品35幅、优秀作品85幅。本次展览展出作品350件，绘画作品种类涵盖中国画、油画、版画、水彩粉画、雕塑，是广大艺术家积极投身社会主义伟大事业、用文艺形式凝聚中华民族伟大复兴力量的生动实践。

【第四届辽宁省青年摄影大展暨第九届辽宁省青年摄影十佳作品展举办】

9月25日，由辽宁省摄协主办，省摄协青年工作委员会承办，辽宁日报·北国客户端、省视协、省评协、省青年摄协协办的第四届辽宁省青年摄影大展暨第九届辽宁省青年摄影十佳作品展开幕式在辽宁美术馆举行。本次青年摄影大展共评出评委会推荐作品25件、入选作品80件，青年摄影十佳作品共计展出300多幅（件）。第四届辽宁省青年摄影大展暨第九届辽宁省青年摄影十佳作品展是辽宁青年摄影理念的一次全新碰撞，是摄影实践的一次创新探索，是优秀成果的一次集中展示。参展的青年摄影人，以无限的想象力、蓬勃的创造力、丰富的表现力、高度的责任感和强大的自信心，展现了辽宁青年摄影创作者植根于国家、社会和时代发展的大场域、植根于辽宁这片充满希望的沃土和精神家园，以摄影实践探寻艺术本体精神，创作出一大批思想性、艺术性和观赏性俱佳的优秀作品，大踏步地走上辽宁乃至全国摄影舞台的过程。

创作与研究

【中国民间文学大系出版工程实施项目编纂工作（东北片区）培训交流会举办】

7月6日至8日，中国民间文学大系出版工程实施项目编纂工作（东北片区）培训交流会在盘锦市辽河民俗博物馆召开。培训会上，苑利、安德明、徐华龙、吴晓东、刘晔原、江帆、李志远等大系出版工程编纂出版工作委员会编辑专家组成员就“民间说唱”“谚语”“民间传说”“民间歌谣”“民间故事”“民间小戏”等种类的编纂体例、编纂要求、编辑方法等内容开展专题讲座。在交流环节，各卷主编介绍了遇到的困难和疑惑，对一些工作提出了自己的建议。专家组解答了主编编纂过程中遇到的共性与个性问题，对部分文本的分类问题进行了深入探讨。

【第二届全国优秀杂技理论作品扶持活动暨红色题材杂技剧创作研讨会举办】

10月15日，由中国杂协、辽宁省文联主办，中国文联杂技艺术中心、中国杂协理论研究委员会、《杂技与魔术》杂志社、大连市文联、大连市公共文化服务中心、辽宁省杂协承办，大连市文化艺术研究所（大连艺术咨询中心）、大连市杂协、大连杂技团有限公司协办的第二届全国优秀杂技理论作品扶持活动暨红色题材杂技剧创作研讨会在大连举办。第二届全国杂技理论作品扶持活动是持续挖掘培养杂技理论人才，促推其成长为繁荣杂技事业的有生力量的重要举措，并以此形成中国杂技理论建设的常设性和品牌性项目。红色题材杂技剧创作研讨会的举办，就是对近年来国内红色题材杂技剧迎来创作高峰和品质整体提升这一可喜的艺术实践现象进行及时的理论回应，通过对现象进行本质性、规律性思考，推动杂技剧创作的时代进程和本体发展。

【2021年度全省文联系统文艺创作生产专项资金扶持项目启动】

2021年度辽宁省文联系统文艺创作生产专项资金扶持项目启动，面向全省各市文联征集，最终共扶持8个市的9个小型文艺创作项目，投入扶持资金30万元。

项目活动紧扣重大主题和重要时间节点，支持鼓励基层一线和创作一线的文艺工作者、青年文艺工作者、新文艺组织和新文艺群体开展文艺创作，聚焦奋进新时代的主题，塑造时代新人的典型形象，树立辽宁对外良好形象，极大地激发了基层作者的创作积极性。

【2021年辽宁省戏剧骨干高级研修班举办】

9月28日至29日，由辽宁省文联主办、省剧协承办的辽宁省戏剧骨干高级研修班在沈阳成功举办。培训班以“红色题材创作、全球视角下的中国戏剧发展”为主题，特邀剧作家、中国剧协顾问、中国评协顾问罗怀臻，剧作家、上海文广演艺集团副总裁、上海话剧艺术中心艺术总监喻荣军分别结合自身创作体验进行了精彩讲座。罗怀臻阐释了中国古代文化传统、西方现代文明传统和中国新文化传统三江汇流的当代审美标准，同时就如何坚持“双创”、文艺创作的方针谈了自己的体会和深刻的感悟以及实现的路径。喻荣军结合自身的编剧体验，针对经典剧目如何打造、怎样更好地经营管理剧院、一部作品如何做到经济效益与社会效益双赢等现实问题和省内戏剧创作者进行交流；同时，还结合沉浸式戏剧、实景空间探索等多个角度分析了当代戏剧创作创新的方向，为学员打开了眼界、拓宽了思路。

【中国古典舞创作研讨会举办】

12月9日，由辽宁省文联、省舞协主办的中国古典舞创作研讨会在京举办。

本次研讨会邀请中国舞协主席冯双白，中国舞协副主席、北京舞蹈学院院长郭磊，中国演出行业协会副会长、国家艺术基金理事、国家一级演出监督宋官林，中国舞协副主席、中国歌剧舞剧院、国家一级演员山翀，北京舞蹈学院人文与教育学院、党总支书记、教授金浩，北京舞蹈学院中国古典舞系主任、教授庞丹，中国艺术职业教育学会舞蹈专委会副主任、河南省舞协主席韩瑾依次作主题发言。研讨会现场，专家及嘉宾们一致认为，舞蹈是灵魂的语言，是看得见的音乐，更是新时代反映时代精神、凝聚民族力量、温润人民心灵的艺术。

【纪录片创作骨干培训班举办】

4月21日至23日，辽宁省视协举办纪录片创作骨干培训班。省内各市电视台、融媒体中心、影视制作机构的纪录片创作骨干和高校影视艺术专业教师40人齐聚沈阳城市学院，共同学习、分享全媒体时代纪录片创作和传播的前沿理论和实践经验。

省广播电视局党组成员、副局长、省电视艺术家协会主席朱文飚结合辽宁纪录片创作情况，为学员作了《习近平总书记关于文艺工作的重要论述及纪录片创作生产的精神遵循》专题讲座；大连广播电视台对外传播交流中心原主任、国家一级摄像师李汝建通过赏析获得金鹰奖的纪录片作品，以纪录片的创新表达为切入点，为学员作了《从心开始　认识自己　表达自己》的专题讲座；中国传媒大学电视学院教授、纪录片研究方向博士生导师张雅欣以纪录片为例，为学员讲解了全媒体时代的艺术表达；中国纪录片网负责人、纪录中国理事会秘书长张延利以大量丰富翔实的信息为学员分析了中国纪录片产业的最新潮流及发展趋势。

【辽宁省杂技家协会第二期杂技骨干人才培训班举办】

10月11日至14日，由辽宁省杂协、锦州市文联共同主办，锦州市杂协、锦州杂技团共同承办的辽宁省杂协第二期杂技骨干人才培训班在锦州举办。来自全省各杂技团（校）及杂技界新文艺群体30余位学员参加培训。

辽宁省文联党组成员、副主席、省书协主席胡崇炜以“文艺界行风建设和文艺工作者职业道德”为主题，为全体学员作了首堂授课。他强调省杂协要引导全体会员自觉增强政治素养，做有思想的人、做讲政治、懂规矩、守纪律的人，做有时代精神的艺术家。辽宁省杂协主席安宁，中国评协副主席、中国杂协理论研究委员会副主任、大连市文化艺术研究所研究员尹力，沈阳师范大学戏剧艺术学院副教授、硕士研究生导师胡博分别以“我的杂技人生”“中国杂技的昨天与今天”“关于舞蹈创作的若干问题”为题为学员们授课。各位专家学者分别结合工作经历，通过风趣幽默的语言，抒发了自己的所思、所想、所感、所悟，带领大家了解中国杂技数千年的发展脉络，深入浅出地分享了不同艺术门类之间的关系，分享了对当代杂技创作的洞察与思考。

【“辽宁艺坛”活动举办】

4月至12月，由辽宁省理协和辽宁省文化艺术研究院联手主办的“辽宁艺坛”系列活动共举办6期，主题分别为“提升主旋律文艺作品的魅力值”“艺术创作的时代精神”“走出文艺批评的困境与危机”“与时代同频　为人民讴歌——深入学习习近平总书记在中国文联十一大、中国作协十大开幕式上的讲话精神”“观摩研讨优秀剧目”。

【冯玉萍、安宁、王丹、吕萌分别当选相关全国文艺家协会副主席】

2020年12月至2021年2月，中国剧协、中国杂协、中国书协、中国舞协分别召开中国剧协第九次全国代表大会、中国杂协第八次全国代表大会、中国书协第八次全国代表大会、中国舞协第十一次全国代表大会。各代表大会选举产生新一届主席团成员，辽宁冯玉萍当选中国剧协第九届副主席、安宁当选中国杂协第八届副主席、王丹当选中国书协第八届副主席、吕萌当选中国舞协第十一届副主席。

【辽宁取得第七届中国书法兰亭奖佳绩】

第七届中国书法兰亭奖全国书法创作方向入选54人，辽宁入选5人。其中，刘长龙获得铜奖，刘宏卫、朱明月、李京臣、陈巧令入选。从入选数量上看，辽宁位居江苏、河南、山东、湖南之后，与河北并列第五，是继第六届中国书法兰亭奖之后取得的又一次佳绩。其重要意义是，巩固了辽宁在全国书法大省的地位。在书法艺术界赢得荣誉、献礼党的百年华诞，更会激发全省书法作者创作的积极性。

【辽宁在第五届“啄木鸟杯”中国文艺评论年度推优活动中获奖】

辽宁推荐的东北大学艺术学院教授、艺术学理论系主任谢纳与辽宁省理协副主席、东北大学艺术学院教授宋伟合作的文章《历史诉求与当代向度：历史哲学视域中的新时期文学艺术史书写》被评为第五届“啄木鸟杯”中国文艺评论年度优秀文艺评论文章。

【第六届辽宁美术金彩奖举办】

辽宁美术金彩奖是经中共辽宁省委宣传部批准设立，由辽宁省文联与辽宁省美协共同主办的全省性文艺评论奖项。第六届辽宁美术金彩奖共评出连环画《马克思》（作者：沈璐）等金奖作品5件、中国画《家园·春》（作者：董喜春）等银奖作品10件。

【第六届辽宁曲艺牡丹奖举办】

辽宁曲艺牡丹奖是经中共辽宁省委宣传部批准设立，由辽宁省文联与辽宁省曲协共同主办的全省性文艺评论奖项。第六届辽宁曲艺牡丹奖共评选出曲艺小品《山乡春晚》等节目奖4个、祁玉东等表演奖4人、李洪旭《山乡春晚》等创作奖3部、曾斌等新人奖4人。

【第七届辽宁文艺评论奖举办】

辽宁文艺评论奖是经中共辽宁省委宣传部批准设立，由辽宁省文联与辽宁省评协共同主办的全省性文艺评论奖项。第七届辽宁文艺评论奖评选出《百年激荡：人民美学的历史逻辑与中国共产党文艺思想的理论建构》（作者：谢纳）等作品10部。

对外文化交流

【辽宁省·富山县摄影艺术网络交流展举办】

辽宁省文联充分利用官方网站辽宁文艺网，举办辽宁省·富山县摄影艺术网络交流展，共展出中日两国100幅优秀摄影作品，充分展示了两省县独具特色的自然风光、风土人情和民俗文化，显示出艺术家们对美好生活的热爱和追求。

【推荐作品参加国际展】

辽宁省文联组织推荐辽宁摄影作品参加2022富山县·辽宁省友好摄影交流展，受日本富山县艺术文化协会邀请，按照其提出的参展要求，精选50幅省内优秀摄影作品，以电子版形式发送后，由日本富山县艺术文化协会进行制作装裱，参加当地举办的摄影展览。组织推荐辽宁儿童美术作品参加2021国际儿童美术展，受日本富山县艺术文化协会的邀请，推荐辽宁10幅儿童美术作品参加2021国际儿童美术展，向日本友人们展示了辽宁孩子们的童心与童趣。作品分获一个大赏、两个优秀赏、两个奖励赏。

机关建设

【全面从严治党】

辽宁省文联始终坚持将政治建设摆在首位，严格落实全面从严治党“两个责任”，制定印发《2021年辽宁省文联机关党的工作要点》《辽宁省文联党组全面从严治党主体责任清单》，明确党建任务及责任分工，认真学习贯彻中央决策部署及省委具体要求，全年共召开党组会议22次，研究部署工作，落实落细全面从严治党责任。召开党组理论学习中心组学习会议13次，全面系统学习贯彻习近平新时代中国特色社会主义思想，深入学习领会党的十九届六中全会精神，深刻理解把握党的百年奋斗重大成就和历史经验。做好巡视整改落实“回头看”反馈意见的整改落实，5项立行立改问题取得实效，2项进一步整改问题不断推进，确保问题清仓见底。夯实思想建设，扎实开展党史学习教育，举办专题读书班2期，专题党课7次，先后参观展览展示、红色场馆8次。落实“我为群众办实事”主题实践活动，通过10项工作解决具体问题20余个。聚焦建党百年，举办“文心向党”辽宁省美术书法摄影优秀作品展等10余项重大主题文艺活动，大力营造共庆百年华诞、共创历史伟业的良好氛围。严格落实意识形态工作责任制，每季度召开意识形态分析研判会，加强对自有刊物、网站、微信公众号的安全风险管控。

【党风廉政建设】

辽宁省文联深入落实中央八项规定及其实施细则精神，坚决遏制公款消费中的违规违纪违法和违规操办婚丧喜庆事宜等问题。落实节假日廉政监督提醒，开展严禁擅自以庆祝名义从事商业谋利活动。深化整治形式主义、官僚主义。全程监督第四届辽宁省青年摄影大展、第七届辽宁文艺评论奖等7个奖项的评审工作和省剧协等5个协会的换届工作。完善《辽宁省文联廉政风险排查手册》，排查处室15个，风险点39个，制定防控措施39条；更新完善干部廉政档案41人。全年转发省纪委监委和驻部纪检组警示教育材料5次，组织观看警示教育片2次。

【基层党组织建设】

辽宁省文联完成机关党委、机关纪委及3个党支部换届选举工作。强化基层党组织功能，落实党组织书记抓党建述职评议考核，按要求召开组织生活会，开展党员评议工作。结合支部业务工作，落实“一支部一品牌”建设。加强党员教育管理服务，帮扶慰问困难党员18人次，为10位老党员颁发“光荣在党50年”纪念章。

【制度化建设】

辽宁省文联完善《辽宁省文联党组会议议事规则》。进一步完善文联机关“三重一大”决策原则、范围界定、决策程序、组织实施等内容。修订《辽宁省文联内部控制制度》，强化对关键岗位、重要人员的约束和监督。

【干部队伍建设】

辽宁省文联坚持正确导向做好选人用人工作。突出政治标准选人用人，选拔任用3名正处级领导干部、2名副处级领导干部；开展省文联机关职务与职级并行制度实施工作，完成2名二级巡视员、5名一级调研员、2名二级调研员、1名三级调研员和6名四级调研员职级晋升工作。培养锻炼干部，推荐2名干部参加省委党校中青班学习，组织干部参加“辽宁振兴大讲堂”和“能力素质提升”专题学习，推荐1名干部进入省巡视人才库。

【乡村振兴工作】

辽宁省文联完成5名选派干部任期结束考核，向沈阳市康平县东升乡善友屯村持续选派驻村第一书记和工作队。组织驻村工作队以讲党课、送文化等形式，帮助基层农户解放思想，持续提升党员干部党性修养，建强村级基层战斗堡垒。推进“文化搭台、经济唱戏”工作，注资修筑善友村乡村大舞台、规划扶持养殖项目。为清风村房身组修建河套护坝400米，彻底解决当地百姓出行困难的问题。

各文艺家协会

【辽宁省戏剧家协会】

3月，辽宁省剧协舞台美术专业委员会2021工作会暨戏剧舞台美术现状与发展研讨会在省文联召开。

5月，2021年度“辽宁少儿戏曲小梅花荟萃”展演推优举办。

8月，辽宁省剧协在参加2021年第二十五届“中国少儿戏曲小梅花荟萃”活动中，被授予优秀组织单位，范茗皓、刘晏辰等9人被授予小梅花称号。

9月，辽宁省戏剧骨干高级研修班在沈阳召开。

11月，举办辽宁省第八届大学生戏剧节展演活动、辽宁省大学生戏剧节大型剧目剧本创作提升研讨会、短剧小品剧本创作提升研讨会。

12月，召开辽宁省剧协第十次会员代表大会。

【辽宁省音乐家协会】

1月，举办辽宁省音协“公益音乐微课系列讲座”活动。

4月，组织完成《庆祝中国共产党成立100周年“百年百首”全国优秀原创歌曲征集活动》辽宁地区、2021年“中国当代精品工程——听见中国听见你”辽宁地区优秀歌曲作品收集整理及评选上报工作。

6月，举办庆祝中国共产党成立100周年“深情礼赞 辉煌百年”合唱音乐会。

7月至9月，为备战第十六届全国“五个一工程”奖歌曲评选，组织部分词曲作家赴盘锦、锦州开展歌曲创作研讨交流会。

10月，辽宁省音协流行音乐委员会主办庆祝中国共产党成立100周年“心中的歌”原创流行音乐作品（歌曲）征集活动。

11月，组织推送“辽乐之音”系列展播活动。

12月，召开辽宁省音协第十次会员代表大会。全年完成“建党百年 唱响中国”主题音乐MV作品、庆祝中国共产党成立100周年“百年百首”全国优秀原创歌曲、“听见中国听见你”2021年度歌曲等系列活动的作品征集报送活动。

【辽宁省美术家协会】

3月，主办第四届辽宁省动漫美术作品展。

4月，主办“春去春来”——大连中山美术馆建馆10周年美术作品展。

6月至8月，组织创作优秀美术作品，17件入选由中宣部等主办的“不忘初心 牢记使命”庆祝中国共产党成立100周年大型美术创作工程，其中13件在中国共产党历史展览馆展出，另有8件主题美术作品也被中国共产党历史展览馆永久收藏。举办“宋雨桂艺术大展——雨过天晴”巡展、地域文化与中国山水画发展论坛。分别在沈阳、大连、鞍山、抚顺、丹东、锦州、营口、辽阳、盘锦、朝阳、葫芦岛市主办庆祝中国共产党成立100周年美术作品展等。举办“翰墨溢彩 红色畅想”辽宁省首届少儿绘画作品展。

9月，举办“红色如歌”——第八届大连油画作品展。

10月，举办“永驻的辉煌”——抚顺老工业题材绘画作品展并召开研讨会。

11月至12月，举办辽宁省美术双年展、第六届辽宁美术金彩奖评选活动。

【辽宁省摄影家协会】

2月，赴朝阳建平县开展“摄影进乡村”辅导采风创作活动。

3月，开展党史教育为基层办实事学雷锋“摄影进乡村”活动、第十届全国农民摄影大展农民摄影讲习活动走进丹东凤城。

4月，举办“致敬 劳动者”——朱宪民、王玉文摄作品展研讨活动。

5月，主办聚焦阅读——第十届百姓阅读表情摄影大赛及培训讲座。

6月，举办大师伴我行系列活动——解海龙、段岳衡摄影名家走进校园讲座活动，第19届辽宁省摄影艺术展巡展。

7月，举办“感受我们的幸福生活”首届辽宁省百姓摄影展暨第三届抚顺市百姓摄影展。

9月，举办第四届辽宁省青年摄影大展暨第九届辽宁省青年摄影十佳展览。

12月，举办第十期辽宁省中青年摄影骨干（线上）培训班。

【辽宁省书法家协会】

1月，举办庆祝建党100周年“迎新春·颂党恩”春联征集创作活动。

2月，举办“投资辽宁、文化拜年”“书香传家，文化拜年”辽宁书法名家论坛笔会。

3月，在第七届中国书法兰亭奖中取得1人获奖、4人入选佳绩。

5月，举办第37届书法临帖班。

6月，举办徐炽书法教育展及其书学研讨会。

7月，举办庆祝中国共产党成立一百周年——风雨铸就辉煌书法展、第三届妇女书法篆刻作品展。

9月，赴甘肃开展“结对子·共发展”合作互助活动。

12月，召开辽宁省书协第七次会员代表大会。举办“驿美杯”高速公路匾额创作征集活动、学习宣传党的十九届六中全会精神“送文化下基层”书法创作实践活动。

【辽宁省舞蹈家协会】

2月，辽宁省舞协主席吕萌当选中国舞协第十一届副主席。

5月，组织创作的《生命演奏家》获得了中国舞协第十二届中国舞蹈“荷花奖”现代舞获奖提名作品，并受邀参加“各族儿女心向党”庆祝中国共产党成立100周年歌舞晚会。

7月，举办庆祝中国共产党成立100周年“绿叶对根的情意”辽宁省群众舞蹈展演。

9月，召开第十三届中国舞蹈“荷花奖”古典舞评奖研讨会。

11月，举办辽宁舞协“蒙古族舞蹈公益课堂”。《生命演奏家》《角儿》入选第二届“中国舞蹈优秀作品集萃”。

12月，主办中国古典舞创作研讨会。召开辽宁省舞协第九次会员代表大会。

【辽宁省曲艺家协会】

1月至7月，由省委宣传部、省文联主办，省曲协承办的党的十九届五中全会精神进社区省曲艺小分队宣讲活动在沈阳陆续演出。

4月，《铁马冰河丹心谱》出版。

5月，省曲协组织老艺术家，对中国曲协提出的《关于加强相声界行风建设 自觉践行崇德尚艺的倡议书》及《中国曲艺工作者行为守则》等有关内容进行了自检及交流。

7月，举办“牡丹花开心向党”庆祝中国共产党百年华诞曲艺晚会暨第三届东北地区优秀曲艺节目展演。

10月，《郝赫回忆录》出版。

11月，召开第六届辽宁曲艺牡丹奖评审会。线上举办辽宁省第四届大学生曲艺节。

12月，辽宁省文联“曲艺轻骑兵——文化进万家”志愿服务活动走进雨坛社区和银铃老年大学。

全年推荐曲艺工作中参加第六届“岳池杯”中国曲艺之乡曲艺展演、第三届全国山东快书优秀节目展演等活动。

【辽宁省民间文艺家协会】

1月，举办“金牛纳祥”剪纸艺术线上展。

7月，承办中国民间文学大系出版工程实施项目编纂工作（东北片区）培训交流会。

9月，举办庆祝建党100周年民间文艺精品展。承办“我们的节日·丰收节”2021年中国·葫芦岛葫芦文化节。

全年推荐作品参加第八届剪纸艺术节、“新时代·新风尚·新年画”——我们的小康生活美术作品展等活动。

【辽宁省电影家协会】

1月，开展第十届东北三省电影评论征集评选终评。

3月至12月，组织机关、协会理事等开展党史、主旋律影片观摩活动。

7月，在沈阳中晨电影小镇建立创作基地。

9月，组织专家开展辽宁创作影片《守望青春》观影研讨活动。

10月，完成庆祝中国共产党成立100周年优秀电影（微电影）剧本征集集中评审。

12月，召开省影协第八次会员代表大会。

【辽宁省电视艺术家协会】

4月，举办辽宁省电视纪录片创作骨干培训班。

5月至12月，开展“我爱中国共产党”主题影像季暨辽宁省第二届短视频（微电影）推优活动。

12月，组织专家为大连电视台年度纪录片《稻乡澎湃》撰写评论文章。

【辽宁省杂技家协会】

4月，成立辽宁省杂协杂技理论研究专业委员会。

5月，推荐《仙人摘豆七星高照》《恭喜发财》《店小二》等魔术作品参加第十一届中国杂技金菊奖全国魔术（滑稽）比赛，获入围奖。

7月，与沈阳杂技团共同排演杂技晚会《忆华年》演出。

10月，举办第二期杂技骨干人才培训班。

【辽宁省文艺评论家协会】

1月，文章《历史诉求与当代向度：历史哲学视域中的新时期文学艺术史书写》被评为第五届“啄木鸟杯”中国文艺评论年度优秀文艺评论文章。

6月，省理协更名为“辽宁省评协”。

12月，举办全省文联加强和改进新时代文艺评论工作座谈会。

组织文艺评论骨干将党的六中全会精神与新时代开展文艺工作相结合起来，撰写理论评论文章。全年，举办“辽宁艺坛”6期。

基层文联

【本溪市文联】

本溪市文学艺术界联合会下属市级文艺家协会11个、县区文联2个、企业文联1个，行业文联1个。共有市级会员4474人，其中，国家级会员160人，省级会员890人。2021年，市文联在市委市政府的坚强领导和省文联、市委宣传部的有力指导下，坚持以习近平新时代中国特色社会主义思想为指导，全面贯彻落实党的十九大和十九届中央历次全会精神，坚决捍卫“两个确立”、增强“四个意识”、坚定“四个自信”、做到“两个维护”。一年来，坚持聚焦庆祝中国共产党成立100周年主题主线，围绕中心、服务大局，自觉担负起举旗帜、聚民心、育新人、兴文化、展形象的使命任务，坚定文化自信，坚持守正创新，坚持德艺双馨理想追求，坚定立心铸魂神圣使命，统筹推进政治引领、精品创作、人才培养、服务人民、自身建设等各项工作，团结带领各文艺家协会和广大文艺工作者，积极开展丰富多彩的主题文艺实践活动，推动各项工作任务落实并取得扎实成效，为推动本溪文艺事业繁荣发展和全面振兴全方位振兴积极贡献文艺力量。

吉林省文联

综　述

2021年，吉林省文联及各团体会员坚持以习近平新时代中国特色社会主义思想为指导，深入学习宣传贯彻党的十九大和十九届中央历次全会精神，在吉林省委宣传部的坚强领导下，在中国文联的有力指导下，坚持围绕中心、服务大局，团结带领全省广大文艺工作者，认真履行“团结引导、联络协调、服务管理、自律维权”职能，深入生活、扎根人民，紧紧把握时代脉搏，勇于担当崇高使命，努力攀登艺术高峰，自觉追求德艺双馨，为繁荣吉林省文艺事业、满足人民群众精神文化生活作出了积极贡献。

组织全省艺术家深入学习宣传贯彻习近平总书记在中国文联十一大、中国作协十大开幕式上的重要讲话精神，围绕中国共产党成立100周年开展主题系列活动。

加强党对文艺工作的领导，召开吉林省文联九届二次全委会，提出大力开展乡镇文联建设工作，全年成立乡镇文联263家，通化县、延吉市、吉林市龙潭区等12个县市区实现乡镇文联全覆盖，依托乡镇文联开展惠民文艺活动千余场，在全省范围内构筑起“省、市、县、乡”四级联动的文联工作体系。

积极推动精品创作，涌现出民族舞《姥姥的田》、情景魔术《红》、大型话剧《血沃兴林》等优质作品。

大力开展文艺惠民工作，“红色文艺轻骑兵”文艺志愿服务项目荣获全国最佳志愿服务项目，持续打造“我们的中国梦”文化进万家主题系列活动，推动吉林文艺工作高质量发展。

重要会议与活动

【深入学习宣传贯彻习近平总书记在中国文联十一大、中国作协十大开幕式上的重要讲话精神座谈会】

12月14日，中国文学艺术界联合会第十一次全国代表大会、中国作家协会第十届代表大会在人民大会堂隆重开幕，习近平总书记出席大会并发表重要讲话。下午，吉林省代表团召开会议，深入学习领会习近平总书记重要讲话精神。各位作家艺术家代表纷纷表示，习近平总书记的重要讲话充分肯定了中国文联、中国作协五年来的工作，对广大作家艺术家寄予殷切期望，对做好新时代文艺工作提出了明确要求、指明了前进方向。大家倍感振奋，表示要以德艺双馨为追求，牢固树立并始终坚持以人民为中心的创作导向，不忘初心、牢记使命，不负时代、不负人民，以优秀文艺作品唱响新时代主旋律，为全面建设社会主义现代化国家、实现中华民族伟大复兴的中国梦作出新的更大贡献。

【中共吉林省文学艺术界联合会机关第三次党员大会】

8月31日，中共吉林省文学艺术界联合会机关第三次党员大会召开。大会总结了吉林省文联机关过去五年党建工作，研究部署未来五年机关党建任务。吉林省文联党组书记、主席陈耀辉代表中共吉林省文联机关第二届委员会作报告。吉林省文联党组成员、副主席孙凤平主持会议。大会选举产生了新一届机关“两委”委员，通过了中共吉林省文联机关第二届委员会工作报告和党费收缴、使用和管理情况报告的决议。同日，召开了中共吉林省文学艺术界联合会机关新一届委员会第一次全体会议和机关新一届纪律检查委员会第一次全体会议，会议选举陈耀辉为机关党委书记、房国军为专职副书记，选举王强为机关纪委书记。

【吉林省文联九届二次全委（扩大）会议】

3月25日，吉林省文联九届二次全委（扩大）会议在长春召开。会议听取了吉林省文联党组书记、主席陈耀辉所作的题为《奋斗新阶段 扬帆新征程》的工作报告，全面总结吉林省文联2020年工作，分析当前形势和任务，部署2021年工作，进一步团结引导广大文艺工作者，推进文联深化改革，推动新时代吉林文艺高质量发展，以优异成绩庆祝中国共产党成立100周年，为加快新时代吉林全面振兴全方位振兴、全面建设社会主义现代化新吉林提供精神力量。吉林省文联委员及列席代表共两百余人参加了会议。

【“沿着总书记足迹”创作培训活动】

10月，由吉林省文联主办，四平市文联承办为期三天的“沿着总书记足迹”创作培训班在四平举行。参与培训的艺术名家、基层文艺工作者、新文艺群体代表沿着总书记的足迹，在四平开展深入生活、扎根人民、扎根黑土的培训学习。学员们到四平战役纪念馆、东北民主联军四平保卫战指挥部旧址、四平市梨树县国家百万亩绿色食品原料（玉米）标准化生产基地核心示范区、中国黑土地博物馆、卢伟农机农民专业合作社参观学习，随后调研了基层文联组织建设、文艺队伍现状、以新时代文明实践中心为依托开展活动情况。培训期间，吉林省文联还召开了“文艺两新”专题调研座谈会。

【吉林省摄影家协会第八次会员代表大会】

12月8日，吉林省摄协第八次会员代表大会在长春召开。会议听取和审议了吉林省摄协秘书长荆宏代表第七届理事会工作报告，郑春生当选吉林省摄协第八届主席团主席，王莅翔、车光范、付平、曲成军、孙宝华、赵欣（女）、荆宏、段大勇、姜喜宝、徐家军、董先鸿、魏来当选第八届主席团副主席，并通过了推选名誉主席，聘请顾问、主席团委员及秘书长的决定。

【“弘扬传承特色文化 繁荣发展二人转艺术”座谈会暨中国曲协二人转艺术委员会成立仪式】

为深入贯彻落实习近平总书记2020年7月22日在吉林梨树考察期间关于弘扬二人转艺术的重要指示和殷切希望，按照3月13日在京举行的文艺界助力吉林省经济发展座谈会的有关要求，中国曲协、吉林省委宣传部、吉林省文联于4月17日至18日在吉林省四平市召开“弘扬传承特色文化，繁荣发展二人转艺术”座谈会，会上成立了中国曲协二人转艺术委员会。

【吉林省文艺工作者职业道德和行风建设工作座谈会】

9月3日，吉林省文联召开文艺工作者职业道德和行风建设工作座谈会，针对一段时间以来娱乐行业出现的一些乱象进行座谈，进一步加强全省文艺工作者职业道德和行风建设。吉林省文联领导班子成员、主席团成员、吉林省文联文艺工作者职业道德建设委员会委员以及各艺术门类知名艺术家和青年演员代表、新文艺群体代表、业务处室及各文艺家协会负责人参加会议。

【乡镇（街道）文联建设工作】

2021年，吉林全省文联系统大力开展乡镇（街道）文联建设工作，具体以新时代文明实践中心（站、所）为依托，以实现“五个一批”为工作目标，即“打造一批留得住的乡村文艺队伍，创作一批叫得响的乡村文艺精品，推出一批传得开的乡村文化名片，扶助一批做得实的乡村产业项目，选树一批学得来的乡村文明典型”。2021年全年，吉林全省共成立乡镇文联263家，通化县、延吉市、吉林市龙潭区等12个县市区实现乡镇文联全覆盖，开展惠民文艺活动千余场，在吉林全省范围内构筑起“省、市、县、乡”四级联动的文联工作体系，乡村文化建设具备了可持续发展的基础。

【吉林省“情系最可爱的人·寻访老兵足迹 讲好英雄故事 传承红色精神”主题宣传活动】

5月28日，由吉林省退役军人事务厅、中共吉林省委宣传部、吉林省军区政工局、吉林省文学艺术界联合会主办，吉林艺术学院美术学院、吉林省直机关工委团工委、吉林省光荣之家志愿服务队协办的吉林省“情系最可爱的人·寻访老兵足迹 讲好英雄故事 传承红色精神”主题宣传活动启动仪式在长春举行。启动仪式结束后，吉林全省各级媒体，社会文艺爱好者、志愿者将发挥各自优势，积极开展创作，形成整体合力，全方位、多角度、深层次宣传展示好吉林参战老兵的感人事迹，用心、用情、用力讲好吉林老兵红色故事，为吉林参战老兵保留一部光荣史书，为全社会尊重、关爱老兵、尊崇军人，支持国防和部队建设凝聚强大精神力量。

文艺志愿服务

【吉林省文联“红色文艺轻骑兵”文艺志愿服务项目荣获全国最佳志愿服务项目】

3月31日，全国学雷锋志愿服务工作电视电话会议召开，公布了2020年度学雷锋志愿服务“四个100”先进典型，吉林省文联“红色文艺轻骑兵”文艺志愿服务项目荣获全国最佳志愿服务项目。

“红色文艺轻骑兵”项目，是吉林省文联牢记总书记的嘱托，深入学习贯彻习近平总书记给乌兰牧骑队员回信的重要指示精神，在“送欢乐下基层”“到人民中去”“文化进万家”“文化惠农直通车”等群众基础好、社会效益好的品牌活动基础上，着力打造的文艺志愿服务品牌项目。

吉林文艺工作者们以“文艺为人民服务”的自觉实践，深入全省贫困村、新时代文明实践中心、边防哨所等地，以丰富多彩的文化活动和艺术作品满足人民群众对精神文化生活的新需求、新期待。

此项目得到了人民网、新华社、中央电视台、《光明日报》《经济日报》等中直媒体的广泛宣传报道，多次受到吉林省领导批示肯定。

【“学党史　传精神　跟党走”中国文联文艺志愿服务团文艺演出走进吉林白山·抚松】

5月23日，由中国文联、中国文艺志愿者协会、吉林省文联、中共白山市委宣传部共同主办的“学党史　传精神　跟党走”中国文联文艺志愿服务团走进吉林白山·抚松文艺演出在抚松县山里红剧场举行。

文艺演出融合了省、市、县的文艺精品节目，闫淑平、倪茂才、佟长江、金勇、陈乃良、高子童、“神话组合”赵春立、李佳，刚刚获得“金菊奖”载誉归来的魔术《红》团队，长春市东方模舞表演团、白山市音协“和之声”合唱团、白山市满族歌舞团、白山市少儿戏曲培训基地联袂为抚松县群众献上了一台精彩的节目。

【“我们的中国梦·文化进万家”暨幸福吉林文艺惠民系列活动】

5月27日、6月23日、7月20日，由吉林省音协主办的“我们的中国梦·文化进万家”暨“幸福吉林”文艺惠民系列活动——吉林省音协音乐培训分别在白山市、四平市、长春市开讲。吉林省音协组织专家为三地现场180余位音乐工作者和爱好者进行授课。

【吉林省文联文艺小分队走进长春市二十八中学新时代文明实践站】

6月25日，“我们的中国梦”——文化进万家省文联文艺小分队走进长春市二十八中学新时代文明实践站，开展送演出活动。活动由吉林省委宣传部、吉林省文学艺术界联合会主办，吉林省音协、吉林省剧协、吉林省杂协、吉林省二人转艺术家协会、长春市二十八中学承办。演员们用精彩纷呈的节目为广大师生和当地群众奉上了一场高标准、高质量的视听盛宴。

【“学党史　传精神　跟党走”幸福吉林文艺下基层——辽源、白城公益培训活动】

为庆祝中国共产党成立100周年，助力“2021吉林省市民文化节、农民文化节”活动，扩大文化惠民覆盖面，增强广大群众的文化获得感和幸福感，丰富城乡居民精神文化生活，由吉林省文联主办，吉林省舞协承办的“学党史　传精神　跟党走”——幸福吉林文艺下基层系列活动。6月21日、25日，由吉林省舞协主席王小燕、副主席李顺阳组成文艺志愿服务小分队先后走进辽源市、白城市，面向基层舞蹈教师、学生、舞蹈爱好者共110人开展公益培训。

【“我们的中国梦”文化进万家　吉林省文艺志愿服务小分队走进长春市锦程社区】

12月27日，吉林省文联组织艺术家来到长春市锦程社区新时代文明实践站，为群众送上了一场异彩纷呈的文化盛宴。上午，吉林省民俗学会、吉林省书协、吉林省音协、吉林省民协深入长春市汽开区第七小学，与师生共同探索节日魅力，在音乐、书法、民间文艺中感受新年的气氛。下午，吉林省文联为社区群众带来专场演出，包含京剧、歌曲、舞蹈、二人转、快板书、杂技、魔术等多个艺术门类的精品节目，受到社区群众的热烈欢迎。

各文艺家协会

【戏剧家协会】

5月22日，由吉林省文联、吉林省文旅厅、吉林省少工委主办，吉林省剧协承办的“庆祝中国共产党成立100周年”2021年度中国少儿戏曲小梅花荟萃暨吉林省第九届少儿戏曲小梅花展演大赛决赛在长春大戏楼举行。来自吉林全省各地12个戏曲培训学校的近200名选手参加了本届大赛，最终有42个节目入围决赛。经专家评委评选，最终评出个人器乐金花奖1名，个人表演金花奖10名、银花奖10名、优秀奖20名，集体金花奖1名。

6月25日，以弘扬东北抗联精神和杨靖宇精神为主题的大型原创红色话剧《抗联印迹——血沃兴林》在通化县展演。《抗联印迹——血沃兴林》是由中共通化县委、通化县人民政府与吉林省文联剧协联合出品的大型原创红色话剧，讲述了1933年底，东北抗联杰出代表人物杨靖宇将军率领东北人民革命军（东北抗日联军前身）与兴林大荒沟当地老百姓共同创建抗日根据地的感人故事。以历史事件为依据，本着大事不虚、小事不拘的创作原则，通过戏剧演绎的形式呈现了河里村和白家堡子老百姓从生存意识升华为家国情怀的平民抗日英雄壮举，反映了东北抗日联军在极其艰苦的条件下奋起抵御外侮，有效钳制数十万日伪军入关南下，用鲜血和生命谱写的一篇支援全国抗日战争的壮阔史诗。

【电影家协会】

2021年，吉林省影协协助完成了农村题材电影《青春作伴好还乡》《东北合伙人》的后期制作工作，用作品真实、丰满地展现了吉林省新时代、新农村、新面貌。举办第十一届“东北三省电影评论”征文、推优和推广活动、第十六届中国长春电影节电影主题论坛等区域内影响力较大的活动，为加强电影理论研究，探索并总结电影创作经验，推动电影事业、电影产业良性发展。服务会员方面，推荐协会10名会员参加中国影协“全国电影经纪人培训班”，推荐十余名吉林省内优秀电影工作者成为中国影协会员，为中国电影事业贡献吉林力量。

【音乐家协会】

吉林省音协在年初启动“百乡（镇）百歌”精品原创歌曲采风创作展演活动，深挖吉林乡土文脉，结合乡镇特色，已经为公主岭市毛城子镇、农安县华家镇、梨树县梨树镇等20余个乡镇创作了乡（镇）歌，对于培育乡风文明，增强乡村集体的凝聚力、向心力，增强村民的归属感、认同感发挥了积极作用。5月11日，由吉林省文学艺术界联合会、长春市文化广播电视和旅游局主办，吉林省音协，长春市群众艺术馆承办的第二届吉林音乐奖暨第十三届中国音乐金钟奖吉林省选拔赛颁奖音乐会在长春市群众艺术馆举行。段驰、欧阳慧、王子祺、白佳玉、孙昊瀚、吴明泽等获得金奖。5月27日、6月23日、7月20日，由吉林省音协主办的“我们的中国梦·文化进万家”暨“幸福吉林”文艺惠民系列活动——吉林省音协音乐培训分别在白山市、四平市、长春市开讲。吉林省音协组织专家为三地现场180余位音乐工作者和爱好者进行授课。7月4日，由吉林省音协和城市晚报社共同主办的“吉林好童声——吉林省首届童声童艺风采展演”总决赛在吉林日报社一楼多功能厅开赛，经过海选、初赛、复赛，最终有35位小选手从千余位报名者中脱颖而出进入决赛。经过激烈角逐，本次决赛最终评出一等奖“最美童声”3人、二等奖“最佳才艺之星”11人、三等奖“最佳风采之星”21人。为庆祝中国共产党成立100周年，由中国音协主办的“百年百首”全国优秀新创歌曲征集活动，经过著名词作家、作曲家、文化学者和网络媒体、新兴音乐群体代表等共同组成的评委会严谨地初评、复评、终评，最终产生全国优秀新创歌曲100首，由吉林省音协组织创作推送的歌曲《荣耀》成功入选。

由吉林省音协主办的庆祝中国共产党成立100周年、幸福吉林文艺惠民活动——放眼新时代2021吉林省原创作品音乐会，于5月25日在长春市群众艺术馆举办。音乐会由三个乐章构成，分别为“百年记忆”“她为人民谋幸福”“放眼新时代”。参演歌曲均为吉林省音乐艺术家原创，歌颂了中国共产党带领亿万人民勇于探索、不断实践，唱出了社会主义中国的豪情壮志，展现了全面建设社会主义现代化国家新征程的宏伟蓝图。

【美术家协会】

2021年，由吉林画家王洪章、郭旗、杜元翁合作的油画《开国大典》，杜元翁、郭旗、王洪章、金明杰合作的油画《胜利》，朴承浩创作的油画作品《杨靖宇》，孙维国创作的中国画《峥嵘岁月》，李廷先创作的中国画《黎明前的夜》，曲鸽创作的油画《抗联》和卢光黎创作的油画《守望》入选中国共产党历史展览馆展陈，并被中国共产党历史展览馆永久收藏。这7幅入选作品，每一幅作品都特色鲜明，表现力十足，是极具东北特色的代表性作品，热情讴歌了民族精神和时代精神。由左钢创作的抗联题材巨幅油画作品《转战白山黑水》（400cm×240cm），入选由中国文联指导，中国美协、中共浙江省委宣传部、浙江省文联、中共嘉兴市委、嘉兴市政府共同主办的“红船颂”庆祝中国共产党成立100周年全国美术精品创作工程暨第五届“红船颂”全国美术作品展，作品在嘉兴美术馆展出，并被收藏。

7月10日，由中共吉林省委宣传部、吉林省文学艺术界联合会和吉林省美协主办，长春美协、长春美术馆承办的“庆祝中国共产党成立100周年——吉林省美术作品展览”在长春美术馆开幕，同时编辑出版《庆祝中国共产党成立100周年吉林省美术作品集》精品画册。6月20日，“第三届吉林省雕塑作品展”在长春世界雕塑园雕塑艺术馆开幕。展览由吉林省美协、长春市规划和自然资源局联合主办，长春世界雕塑园、长春人文学院共同承办，展览聚焦“庆祝中国共产党成立100周年”这一主题，以红色历程、伟大成就、人物风采、时代新貌、美好生活等为主要内容，再现1921年至今百年来的重大事件；呈现中国共产党顽强奋斗、苦难辉煌的恢宏画卷，抒写中国共产党领导人民开天辟地、改天换地的经典篇章。6月25日，为进一步丰富军营文化生活，满足部队官兵的多层次、多样化的文化需求，吉林省美协来到空军航空大学航空作战勤务学院，组织开展“我们的中国梦·文化进万家”——走进空军航空大学美术交流辅导活动，邀请了吉林省内知名美术家、书法家现场为大家展示书画艺术的魅力，用艺术搭建起学习交流的平台。8月，由吉林省文学艺术界联合会、长白山保护开发区管委会、吉林省美协主办，长白山管委会旅游和文化体育局承办，长白山书画院协办的“礼赞建党百年，传承红色精神”——全国美术名家赴长白山重走抗联路采风写生活动在长白山举行。丁杰、唐辉、吕峻涛、骆献跃、朱全增、孙维国等国内知名画家参加了采风活动。

【曲艺家协会】

1月28日，吉林省曲协开展“同心抗疫，共克时艰”抗疫曲艺作品征集活动，共收到作品30余个，并对优秀作品进行了网络展播。2月12日，吉林省曲协推送的相声《乡音乡情》登上纽约东北同乡会网络春晚，代表吉林为在美华人演出，为传播中国声音贡献吉林曲艺力量。3月21日，吉林省曲协在吉林省青年社会组织孵化基地开展“筑梦+诗意青春”世界诗歌日经典诵读活动，吉林省十余所高校的学生参加。4月，由吉林省曲协、吉林省杂协、共青团吉林省委共同主办的“筑梦+曲苑杂坛”传统曲艺魔术公益演出在吉林省青年社会组织孵化基地举办。此次活动通过相声、魔术、滑稽、二人转等非遗艺术的展示，使广大青年朋友对我国的传统文化有了更加深刻的了解。当天演出的节目有相声《五红图》《打灯谜》《卖估衣》，近景魔术《相信奇迹》，滑稽《快乐小丑》，二人转《笑转人生》等。

【舞蹈家协会】

3月29日，由吉林省舞协主办，长春人文学院协办的2021吉林省舞蹈教师公益培训——朝鲜族杖鼓舞课程班在长春开班，聘请青年编导、东北师范大学音乐学院舞蹈系主任、副教授、硕士研究生导师、舞蹈学博士谢飞老师授课。来自吉林省内各院团、院校的30余名专业舞蹈演员、教师参加了此次为期5天的培训。为庆祝中国共产党成立100周年，助力“2021吉林省市民文化节、农民文化节”活动，扩大文化惠民覆盖面，增强广大群众的文化获得感和幸福感，由吉林省文学艺术界联合会主办、吉林省舞协承办的“学党史 传精神 跟党走”——幸福吉林 文艺下基层系列活动，于6月2日走进吉林市。本次公益培训面向吉林市基层舞蹈工作者，共有71人参加。9月22日，由吉林省文学艺术界联合会主办，吉林省舞协承办的吉林省群众舞蹈展演活动在省桃李梅大剧院举行。活动以庆祝中国共产党成立100周年为主题，经专家评审，推选出《红色百年》《太阳出来喜洋洋》《额尔古纳河》《欢庆》《东北的冬》等17部作品参加展演，充分展示了吉林省群众文化活动的丰硕成果，展现了吉林省广大群众积极向上的精神面貌，引领广大舞蹈工作者和爱好者听党话、感党恩、跟党走，唱响爱党、爱国、爱社会主义的时代主旋律，在新时代吉林振兴发展中体现新担当、实现新突破、展现新作为。10月，由吉林省舞协主办的“吉林省第二十五届少儿舞蹈展演（独、双、三）”在桃李梅大剧院举行。来自全省各地少儿舞蹈演员近千人，500多个作品参加演出，为吉林省少儿舞蹈事业的进一步发展提供了学习、交流、展示平台。11月，第十三届中国舞蹈“荷花奖”民族民间舞评奖活动在山东举行，由吉林省文联、吉林省舞协推荐报送的东北秧歌舞蹈作品《姥姥的田》以97.79分名列第二，荣获本届中国舞蹈“荷花奖”民族民间舞奖。该作品由吉林省文联副主席、省舞协主席王小燕领衔编导，由长春人文学院排演，该作品厚植“黑土文化”，以吉林地区独有的东北“袖头秧歌”为素材，利用现代手法，将源于冬天寒冷缩手而舞的袖头秧歌进行创造性转化、创新性发展，表达出时光流逝下东北稻谷的拟人化形象。作品以稻谷为主观视角，作品借其生长循环的规律诠释姥姥成长的过程，映射出姥姥不同的人生阶段与转折。同时，作品还创新性地使用“绢帽”道具，通过风格化动作与道具运用，完成了东北女人的典型形象塑造。以此表达人与土地之间“耕耘-养育-反哺”的深厚情感，反映出东北黑土地上的人文情怀。

【民间文艺家协会】

7月29日，第十四届中国（长春）民间艺术博览会开幕式在长春市长江路商业步行街举行，为期13天。本届民间艺术博览会由长春市人民政府、吉林省文学艺术界联合会支持，吉林省民协、吉林省工艺美术协会、北京华夏民博会展有限公司主办，长春人文学院、吉林省非物质文化遗产协会承办，吉林民博会展服务有限公司执行。本着“搭建民间艺术成果荟萃的展台，民间艺术新人、新品、新技展示的舞台，民间艺术产品交流、交易、服务的平台”的总体思路，本次展览以庆祝建党百年为主题，在上百件报送作品中选出剪纸、铁艺、编织、农民画、木板烙画、金属浮雕画、刀画、蛋雕、面塑、松花石雕刻、皮雕、泥塑、葫芦雕刻、木雕等20余件有代表性的民间工艺美术精品集中展出，展示和歌颂建党百年的奋斗历程和伟大成就。9月23日，时值“第四届中国·吉林满族农民丰收节”之际，为满足广大农民的精神文化需求，吉林省民协文艺志愿者服务团来到长春市九台区其塔木镇，开展送文化下基层活动。在关云德满族民俗博物馆，糖画艺术家马国俊、葫芦烙画艺术家邱景鹏、绳编艺术家高敏、钩针编织艺术家马军、农民画家胡玉霞以及剪纸艺术家关长宝、关星宇给当地群众带来了生动丰富的民间文艺展演。10月26日，吉林省民协开启了民间文艺“每月讲坛”学习座谈活动。首期讲坛由著名文化学者、省民协主席曹保明主讲，题目为《延续历史传承，做好非遗保护》。建立“每月讲坛”机制后，吉林省民协将邀请更多专家和民间文艺工作者参加活动，扩大覆盖面，努力提升民间文艺工作者的理论水平和专业能力，促进民间文艺工作的交流与研究。12月21日，由吉林省图书馆、吉林省民协、吉林省关东历史文化研究会、长春师范大学历史文化学院共同举办的“吉林传统节日文化源流”学术研讨会在吉林省图书馆召开，与会专家以“吉林传统节日文化源流”为主题，围绕“吉林传统节日的特色”“吉林传统节日与中原传统文化的渊源及发展”“吉林传统节日的文化内涵”等话题进行了学术研讨。

【摄影家协会】

1月8日，由吉林省文学艺术界联合会、吉林省科学技术协会共同指导，吉林省图书馆、吉林省摄协、长春市林业与园林局主办的“我们彼此守望”——王莅翔野生动物生态摄影作品展在吉林省图书馆一楼展厅开幕，展览展出了王莅翔近几年所拍摄的四个主题共43幅作品，包括非洲野生动物专题、南极专题、青藏高原专题和吉林省野生动物专题，其中作品《獴》在第十三届中国摄影艺术节暨第四届中国三门峡自然生态国际摄影大展中荣获“天鹅湖典藏奖”。6月，“翰墨丹心”——庆祝中国共产党成立100周年全省离退休干部书画摄影展在长春举办。本次活动旨在庆祝中国共产党成立100周年，讴歌中国共产党百年来走过的光辉历程、开辟的伟大道路、建立的伟大功业、铸就的伟大精神，展示广大离退休干部的爱党爱国真挚情怀。本次展览得到了吉林省文联离退休老艺术家的积极响应和广泛参与，经过活动组委会层层遴选，共入展作品13幅，其中书法5幅、绘画6幅、摄影2幅。6月26日，由中共吉林省委宣传部、吉林省文学艺术界联合会主办，吉林省摄协承办的“庆祝中国共产党成立100周年吉林省摄影作品展”在长春美术馆开幕。本次摄影展共展出作品200余幅，强调普通人视角与日常生活呈现，截取吉林省社会生活的横断面，以时间为轴线，用影像建立历史叙述，是对建党百年历史印迹的记录与呈现，也是以吉林省历史变化为缩影，回顾新中国奋勇前进的发展历程。展览为期9天，于7月4日闭幕。11月，由吉林省委宣传部、吉林省文联指导，和龙市委、和龙市人民政府、吉林省摄协主办，和龙市委宣传部、和龙市文联、吉林省亿和文化传播有限公司承办，《中国摄影报》社、和龙市摄协协办的“百年奋斗心向党　乡村振兴新农村”腾飞和龙·第二届全国摄影大展在和龙市红太阳广场开幕。大展分为“独具慧眼撷风采”“宜居宜业宜游幸福和龙”“蓬勃发展·龙兴致远”“红太阳照边疆”“‘示范村创建’新风貌”“生态迷人旖旎风”六个板块，共展出摄影作品620幅，展出了全国各地乡村振兴农村新变化以及美丽和龙的新时代风貌。12月23日，由吉林省文联、长白山保护区管委会、吉林省摄协主办的第一届吉林摄影金像奖颁奖活动在长白山保护开发区管委会池北区举行。吉林摄影金像奖是吉林省摄影艺术最高个人成就奖，旨在表彰和奖励在吉林省摄影创作领域取得优异成绩的德艺双馨的摄影家。经过组委会4个多月紧张工作，最终评选出21位获奖者。获奖作品既有记录时代的历史感，又有东北地域的空间感，有些还包含了当代艺术的美学锋芒，共同构建出了朴素明朗的吉林摄影风格。本次活动还展出了第一届吉林摄影金像奖获奖作品、第四届长白山摄影艺术展以及艺术家作品联展摄影作品共800余幅。

【书法家协会】

1月8日至10日，吉林省书协组织10余名著名书法家集中创作了2000余幅文质兼美的春联、福字作品和书法作品。为避免人员流动和聚集，降低疫情传播风险，吉林省书协首次采取“先写后送”的活动形式，分批将作品赠送给吉林省脱贫致富典型村屯等基层一线，向基层人民群众传递党的关怀和问候，突出传统节日的文化内涵，为两节营造喜庆祥和、健康积极的欢乐氛围。6月30日，由吉林省文学艺术界联合会主办，吉林省书协、吉林市书协承办的“吉林省书协乡村文化振兴帮扶援建项目”在吉林市昌邑区两家子满族乡中心校正式启动。吉林省书协将依托该项目，以书法国学为施着点，长期持续为乡村基层提供公益文化服务，致力于加强基层文化主阵地建设，建设一批援建项目典型，带动乡村文化繁荣，不断增强人民群众的幸福感和获得感，打造幸福乡村、文化乡村、欢乐乡村，让文化成为乡村经济高质量发展的动力，为吉林全面振兴全方位振兴作出新的更大贡献。12月4日，吉林省书协组织书法家赴公主岭市毛城子镇文联开展书法联谊活动，与当地书法作者交流书法学习与创作心得，并为镇文联现场创作了一批优秀书法作品。12月9日，吉林省书协组织书法家走进“吉林省书协乡村文化振兴共建单位”——吉林市昌邑区两家子乡中心小学，吉林省书协志愿服务团专家团成员邸杰宜为全体教师进行了一次书法基本知识讲座。讲座结束后，书法家们创作了多幅书法作品赠予学校。

【杂技家协会】

5月1日至5日，由中国文学艺术界联合会、中国杂协主办的第十一届中国杂技金菊奖全国魔术·滑稽比赛在深圳欢乐谷举行。经过3天的精彩角逐，吉林省情景魔术作品《红》从39个参赛节目中脱颖而出，与其他6个魔术节目和3个滑稽节目一道，夺得金菊奖，并在闭幕式上作为开场节目进行演出。此次《红》的获奖，是吉林魔术首次获得国家级魔术最高奖项。11月23日，由吉林省文联主办，吉林省杂协承办，吉林省魔术艺术委员会协办的第二届“吉林省杂技魔术人才培训”在长春开班。此次培训为期3天，近40名全省优秀青年魔术师通过严格甄选获得培训资格，培训内容囊括新时代文艺理论、魔术比赛的规则和节目创作方法、舞台表演技巧等，为推动吉林省杂技魔术人才队伍建设，特别是新文艺群体的人才和引领发挥了建设性作用。

【广播电视艺术家协会】

4月23日，“文艺助力乡村荧屏添彩吉林——电视剧《鲜花盛开的山村》走进马鞍山村”活动在九台区马鞍山村举办。活动前，主演们登台表演，与观众互动，郭旺演唱歌曲《老农》、石头演唱电视剧片尾曲《花开无悔》，最后，全体演员们合唱电视剧主题歌《让爱撑起咱们的家》。与会领导、嘉宾与导演及部分演员参观电视剧拍摄地点并进行座谈，为今后吉林省电视剧精品创作提供可资借鉴的经验。5月23日，幸福吉林——文艺下基层党情暖民心之“党旗添光彩影视进社区”庆祝中国共产党成立100周年惠民文艺演出系列活动在长春市举行。吉林省广播电视艺术家协会为社区群众准备了两场生动有趣的培训，当晚在长春市宽城区一三七中学礼堂，著名女高音歌唱家边桂荣，著名主持人杨欣、柏安，携手吉林省广播电视艺术家协会的部分理事、会员以及吉林省众多文艺工作者，为社区群众献上了一场精彩的文艺演出。7月11日，“万龙杯吉林省广播电视主持人大赛”在长春正式启动，大赛设置金奖3名，单项奖7名，优秀奖10名，金奖获得者将获奖金人民币一万元，并可与吉林广播电视台进行专业合作；单项奖获得者每人将获得精致奖品一份。进入决赛的20名选手将作为吉林广播电视台人员储备，择优推荐使用；同时可优先获得吉林省广播电视艺术家协会推荐参加中国电视艺术家协会主办的海峡两岸电视主持新人大赛等国家级赛事。9月2日，第十一届吉林省德艺双馨广播电视艺术工作者推选活动在长春市举办。推选活动由吉林省委宣传部、吉林省文联、吉林省广电局、吉林广播电视台、吉林省广播电视艺术家协会以及高校等部门的领导和专家组成评选委员会，严格按照评选程序，对全省13名候选人进行客观、公正的评审，并广泛听取有关方面意见，采用无记名投票方式，推选出车光宇、玄虎、包长清、李鸿雁、唐晓红（唐赫）5位同志（以姓氏笔画为序）为拟表彰人员。11月17日，“幸福吉林——文艺下基层”影视小屋公益项目授牌仪式及学员培训在辽源市东丰县新城小学举办，该项目是围绕吉林省文联“凝聚文艺力量 助力乡村振兴”工作目标的具体部署，是“我为群众办实事”实践活动的具体举措，旨在为老少边穷地区、少数民族地区、革命老区、乡镇村屯的广大青少年学生搭建一个培训、实践、创作、交流的平台，发挥电视艺术的独特优势，给孩子们传授影视基础知识技能，培养青少年影视艺术人才，为孩子们快乐成长、全面发展提供崭新平台和广阔空间。10月，吉林广播影视奖暨第33届吉林省广播电视文艺“丹顶鹤”奖评奖活动在白城市镇赉县举行，来自全省广播电视文艺领域的有关领导、专家、学者，以及广播电视文艺工作者代表参加了评奖活动。此次丹顶鹤评奖有近320余部作品、人次参评，最终评选出电视文艺节目、电视文艺栏目、纪录片、动画节目，戏曲节目等精品节目大奖，以及最佳电视广告创意、最佳摄像、最佳编导、最佳撰稿、最佳节目主持人5个单项荣誉。

【二人转艺术家协会】

1月，吉林省二人转艺术家协会推荐梨树地方戏曲剧团有限责任公司《南郭学艺》、和平大戏院《过生日》参加第十六届马街书会曲艺展演活动。2月，推荐《天下娘心》《真情永驻》《最美儿媳》《黑土恋情》《五嫂请客》等13部作品参加庆祝中国共产党成立100周年曲艺精品创作展演工程，其中《黑土恋情》《真情永驻》《青春之歌》《五嫂请客》《嫦娥情》经专家审议，入选为优秀曲艺作品。同月，协调梨树县地方戏曲剧团有限责任公司参加四海同乐庆新春——首届中华曲艺网络春节联欢会，出演二人转小帽《小拜年》。本次曲艺展播于2月6日至18日在埃及、爱尔兰、巴拿马、巴西、秘鲁、法国、德国、意大利、西班牙、美国等国家上线。4月，推荐二人转《真情永驻》《老爸老妈》参加在广东省深圳市南山区举办的“南山杯”曲艺新人新作展。7月，协会参加在鞍山举办的第三届东北地区优秀曲艺节目展演活动。推荐的二人转《害儿救儿》《真情永驻》《面子》参加演出。10月，协会组织排练《全鱼宴》参加在合肥举办的“包公杯”反腐倡廉曲艺作品征集活动，该活动是曲艺艺术与廉政文化建设有机融合的创新实践和有益探索，自2009年以来每两年举办一届，已先后举办六届。2021年全年，协会参与吉视乡村频道《二人转总动员》《名师高徒》节目的录制工作，协会部分主席团成员、部分理事担任节目的评委，不仅为参赛者做出了专业指导，更是通过与媒体平台充分发挥了二人转艺术与人民群众的紧密联系，用更加直观的方式引领民间二人转艺术的健康发展，提高人民群众对二人转艺术的鉴赏能力。

【民俗学会】

9月14日，吉林省民俗学会负责人、理事辛雪走进长春市第一〇三中华泽学校，为学生带来了一场别开生面的“中国传统节日——中秋节”主题讲座。旨在通过将传统文化以系列课程的形式带入课堂，与教材中的传统文化内容相辅相成，达到保护和传承优秀传统文化的目的。2021年全年，民俗学会整理、出版民俗书籍《东北民俗谚语故事》，形成书稿12万字。

文艺期刊

【《民间故事》】

2021年，《民间故事》作为目前国内为数不多的故事刊物之一，依然坚守故事领地，牢记办刊宗旨，把握舆论导向，倡导主旋律、正能量，与时俱进地坚持为广大读者奉献贴近时代、贴近生活、贴近读者，故事性、可读性、思想性兼具，鼓舞人、引导人、启发人的高品质故事作品。全年刊发各类故事作品200余篇，形式多样，雅俗共赏，为读者喜闻乐见，获得广泛认同，其中《真假生父》等作品被《民间故事选刊》《传奇·传记文学选刊》等刊物转载。《民间故事》以“文化遗产”“一图一非遗”“故事地理”“关东山传说”等栏目为依托，以不同形式文章为载体，大力发掘、抢救地域、民间优秀文化，弘扬民族精神。2021年，《民间故事》仍然热心公益，以彩版形式刊发公益广告，助力精神文明建设；不定期面向基层读者赠阅刊物，丰富了群众业余文化生活。凡此种种，肩负使命担当，赢得了声誉，扩大了《民间故事》的影响，取得良好的社会效益。

【《当代音乐》】

2021年全年出刊12期，设有当代音乐家、教授专栏、博士论坛、高等音乐教育、民族音乐研究、外国音乐研究、作曲技术理论、表演艺术研究、硕士园地、学术论坛、音乐作品等栏目，刊发论文726篇、音乐作品73首，现已被中国知网数据库、万方数据-数字化期刊等全文收录，国家图书馆和中国核心期刊（遴选）数据库、国家哲学社会科学学术期刊数据库、中国社会科学院中国社会科学评价研究院数据库、龙源期刊网、维普资讯中文期刊服务平台、中教数据库、中邮阅读网等馆网均有收录。

【《小说月刊》】

2021年全年出刊12期，每期8万字，全年96万字，内容以“趣、情、奇、讽、绝、妙”定位小说风格特色。设置有卷首、头题、生存、醒俗、传奇、旧味、隐秘等几个各具特色的栏目。首发作品转载、收入各类年选、获奖共300多篇，居全国同类杂志前列。主流文摘如《小说选刊》《读者》《青年文摘》《意林》《小小说选刊》等皆有选载。

直属单位

【文艺理论研究室】

7月10日至18日，吉林省评协第一届文艺评论培训班在江城吉林举办。历时9天的培训中，十余位国内顶尖学者、评论家接续而来，讲知识深入浅出，述理论妙语连珠，带领来自吉林省内的50位学员，深入探讨文艺评论理论，为吉林文学和文艺批评实践提供了强大的智力支持。

【书画院】

应甘肃画院邀请，由吉林省书画院、甘肃画院主办的“吉林省书画院《采风·创作》甘肃交流展”于4月28日在甘肃美术馆开幕。此次交流展览的70幅美术、书法作品，倾注了艺术家对自然和生命的理解和热爱，表达了艺术家对和谐社会的关怀和思考，反映了艺术家的审美理想和精神追求，既表现出艺术家的个性，也颂扬了黑土地文化精神，为庆祝中国共产党成立100周年献礼。具有“华夏文明八千年、丝绸之路三千里”的甘肃，是与吉林有着不同地域特质、民族特色的两个省份，通过本次交流展览和学术研讨，对于两省共同传承中华民族生生不息的人文精神，具有重要的现实意义。

黑龙江省文联

综　述

黑龙江省文联深入学习贯彻习近平新时代中国特色社会主义思想和党的十九大及十九届中央历次全会精神，深入学习习近平总书记在中国文联十一次代表大会开幕式上的重要讲话精神，拥护“两个确立”、增强“四个意识”、坚定“四个自信”、做到“两个维护”，在中国文联和省委省政府、省委宣传部的关心指导下，坚持“二为”方向和“双百”方针。坚持创造性转化，创新性发展，团结引导广大文艺工作者听党话、跟党走，繁荣创作，服务人民。文联、文艺工作取得新进展新成绩，为黑龙江文化强省建设作出了积极贡献。

积极开展党史学习教育“十个一”活动，举办“文联大讲堂”；热烈庆祝建党百年，开展“百年辉煌与梦想”美术、书法、摄影和黑龙江省新闻图片展等系列主题文艺活动；组织编排音舞诗画《永远的旗帜》，参加“颂歌献给党　起航新征程”文艺会演；开展国庆、中秋等庆祝活动，创新举办“乐萦中秋”网络音乐会；加强文艺惠民，深入开展文艺志愿服务活动；进一步加强“文艺家之家”建设；逐步丰富“臻艺”服务品牌；推进体制内外文艺人才队伍建设，开展网络文艺培训。有序推进“文艺两新”职称评审工作；理论和业务培训规模持续增加，人才素质和作品质量得到进一步提升；加强上通下联和对外交流，协助中国文联及国家级协会举办区域性活动，下沉基层调研指导，推荐艺术家赴省外采风交流；成功召开黑龙江省文联第七届二次全委会议；配合省委政治巡视，查找工作差距不足，修订完善百余项制度，机关党建工作整体提升，确保文联组织吸引力、凝聚力稳步增强，强化了全省文艺工作的政治引领和组织保障。

会议与活动

【黑龙江省文联召开干部大会】

3月31日，黑龙江省文联召开干部大会，省委组织部副部长冯海龙宣布省委关于张云凯任黑龙江省文联党组书记的决定。会议由黑龙江省文联主席韩会峰主持，省委常委、宣传部部长贾玉梅出席会议并指出，省委根据工作需要和黑龙江省文联领导班子建设实际决定的，大家要把思想和行动统一到省委决定上来，扎实做好新时代文联工作。要旗帜鲜明讲政治、要把握时代发展大势推进主题文艺精品创作生产、要团结凝聚广大文艺人才推动社会主义文化繁荣兴盛、要加强领导班子建设不断开创黑龙江省文联工作新局面。张云凯作表态发言表示，完全拥护、坚决服从省委的决定，旗帜鲜明讲政治，切实拥护“两个确立”，增强“四个意识”，坚定“四个自信”，做到“两个维护”，把黑龙江省文联各项工作继续推向前进，向省委和人民群众交上一份合格的答卷等。韩会峰表示要认真贯彻中央和省委各项决策部署，围绕中心，服务大局，落实好玉梅部长对文联工作提出的要求，创造性地开展好文联各项工作。省委组织部干部四处、省委宣传部干部处有关负责同志，黑龙江省文联班子成员及机关副处级以上干部、所属事业单位班子成员参加会议。

【黑龙江省文联召开干部大会】

9月29日下午，黑龙江省文联召开干部大会，省委组织部副部长于志伟宣读省委关于马新任黑龙江省文联党组书记的决定。会议由黑龙江省文联主席韩会峰主持。省委常委、宣传部部长贾玉梅出席会议并讲话要求，大家要把思想和行动统一到省委的决定上来，要强化政治引领、要服务中心大局彰显新时代文化文艺的使命担当、要加强自身建设不断增强文联组织的吸引力凝聚力。

文联全体干部职工要在以马新同志为党组书记的领导班子带领下，紧紧依靠省委的坚强领导，推动文联各项工作取得新成效，再上新台阶。马新作表态发言，表示完全拥护、坚决服从省委的决定。要坚持正确政治方向做到对党绝对忠诚、要立足服务中心大局不断强化实干担当、要聚焦统班子带队伍始终严抓党的建设、要持续从严修身律己，坚持把纪律和规矩挺在前面，发挥好“头雁”表率作用。韩会峰表示，坚决拥护省委的决定，认真贯彻中央和省委各项决策部署，落实好玉梅同志对文联工作提出的要求，在马新同志的带领下，为龙江文艺事业的繁荣发展、为全面建设社会主义现代化新龙江贡献力量。省委组织部干部四处、省委宣传部干部处有关同志，黑龙江省文联班子成员、黑龙江省文联机关全体干部参加会议。

【黑龙江省文学艺术界联合会第七届二次全委会议】

10月22日，黑龙江省文联七届二次全委会在哈尔滨市召开，审议通过了黑龙江省文联七届二次全委会工作报告，对扶持“文艺两新”、加强基层文联组织建设等重点工作进行了部署安排。

黑龙江省文联副主席、党组成员黄锦秋宣读《关于调整黑龙江省文联七届委员会委员的决议》。黑龙江省文联副主席、党组成员王广传达中国文联十届六次全委会会议精神。黑龙江省文联副主席、省作协一级巡视员司兆国传达全省宣传部长会议精神。

会议指出，2020年以来，全省各级文联认真贯彻落实省委和地方党委政府决策部署，贯彻落实黑龙江省文联第七次文代会工作要求，各项工作取得了新进展、新成效，具体表现为以下六个方面：

一、加强思想政治引领，深入学习贯彻习近平总书记文艺工作的重要论述。二、坚持以艺战“疫”，以实际行动践行文艺工作者的使命担当。三、主动服务中心工作，积极开展特色鲜明的主题文艺实践活动。四、持续开展文艺惠民，推动文艺志愿服务活动常态化长效化发展。五、创建“臻艺”服务平台，有力拓展了文联工作新空间。六、落实全面从严治党责任，推动黑龙江省文联机关党建工作水平不断提升。会议从加强理论武装、主题创作、文艺惠民、阵地建设、人才培育、服务管理、基层工作、对外交流和政治建设等九个方面对下一步工作进行了总体部署。

韩会峰就推进全黑龙江省文联系统“文艺两新”工作高质量开展、开创新时代基层文联工作新局面两项核心工作提出了明确要求，进行了全面动员部署。强调要总结实践经验，把握基层文联建设的规律性认识，找准工作定位，提升基本保障，完善文联体系，扩大基层文联覆盖，对加强党对文艺工作的领导、服务党和国家大局、繁荣文艺服务人民、团结广大文艺工作者、提高基层社会治理能力具有重大意义。团结引领“文艺两新”是文联工作的时代课题和光荣使命。要加快摸清“两新”底数、全面掌握“两新”诉求、积极对接职称评定等基础性工作。要坚持正确的政治方向，不断增进对“文艺两新”的思想认知。要延伸工作手臂，逐步健全团结“文艺两新”组织体系。要创新手段方法，加大对“文艺两新”的服务扶持力度。

马新在讲话中就以习近平新时代中国特色社会主义思想和党的十九大精神为指导，聚焦“做人的工作”核心任务，推动黑龙江省文联下一步工作任务落实提出四点意见。

一是强化思想政治引领。坚持“二为”方向和“双百”方针，履行“举旗帜、聚民心、育新人、兴文化、展形象”的使命任务。把学习习近平总书记关于文艺工作的重要论述，与习近平总书记关于推进东北振兴的重要讲话和指示批示精神结合起来，与习近平总书记在庆祝中国共产党成立100周年大会上的重要讲话结合起来，与即将召开的中国文联十一次文代会精神结合起来，准确掌握文艺发展和文联建设的新思想新观点新要求。

二是积极推动文艺创作。把推动创作优秀文艺作品作为中心环节，引导文艺工作者聚焦中心任务、服务工作大局，增强主题文艺活动的政治性、示范性和引领力。要坚持以人民为中心的工作导向，引导文艺工作者走进基层、贴近群众，创作出更多接地气、传得开、留得下的优秀文艺作品。

三是发挥文联职能作用。以更加务实有效的举措推动新时代文联工作在理念、思路、内容、方式等方面全方位创新，不断增强文联组织的吸引力、向心力和影响力。要加强基层文联组织建设，探索建立省、市、县三级联动体系，努力扩大文联组织的有效覆盖。要加强行风建设和职业道德建设，严格落实中宣部《关于开展文娱领域综合治理工作的通知》，研究建立全省各级文联职业道德建设委员会，引导文艺工作者坚守职业道德，追求德艺双馨。要做实做强“文艺两新”工作，积极研究推动新文艺群体职称评定等普惠性、支持性政策。

四是加强党对文艺工作的全面领导。在政治立场、方向、原则、道路上始终同以习近平同志为核心的党中央保持高度一致。把文艺工作者最广泛、最紧密地团结凝聚在党的周围，听党话、跟党走、繁荣创作、服务人民。

会议审议通过伊春森工文联加入黑龙江省文联团体会员的申请，增补马新、王广、刘和刚、秦宏、郝志福、郎庆松、肖萌、齐燕、李建和、于平、滕玉君、徐林、韩良志13人为黑龙江省文联七届委员会委员。黑龙江省文联主席团成员、黑龙江省文联七届委员会委员参加了会议。

【学习贯彻落实党的十九届六中全会精神】

11月16日上午黑龙江省文联召开党组（扩大）会议，传达学习党的十九届六中全会精神、中宣部学习宣传党的十九届六中全会精神电视电话会议精神、省委常委会（扩大）会议精神、全省领导干部会议精神和全省宣传思想文化战线学习宣传贯彻党的十九届六中全会精神电视电话会议精神。马新主持会议，黑龙江省文联副主席、党组成员张正明、黄锦秋、王广出席会议。韩会峰，二级巡视员孙兆龙、卞永平，黑龙江省文联副处级以上干部列席会议。会议指出，党的十九届六中全会是在中国共产党百年华诞的重要时刻，在“两个一百年”奋斗目标历史交汇关键点上召开的一次重要会议。全会审议通过的《决议》全面总结党的百年奋斗重大成就和历史经验，对推动全党进一步统一思想、统一意志、统一行动，团结带领全国各族人民夺取新时代中国特色社会主义新的伟大胜利具有重大现实意义和深远历史意义。要把学习好、宣传好、贯彻好作为当前和今后一个时期的重要政治任务、重大政治责任。把全会精神落实到文联工作的各方面全过程，迅速在全省文艺界掀起学习热潮。12月10日党的十九届六中全会召开后，省美协通过主席团、艺委会、地市美协工作群，发学习通知及学习材料，同时组织美术工作者积极参加由黑龙江省文联举办的“全省文艺界学习宣传贯彻党的十九届六中全会精神座谈交流会”“黑龙江省文艺界学习贯彻党的十九届六中全会精神宣讲报告会”。

【传达贯彻落实第十一次全国文代会精神】

12月24日上午，为传达学习习近平总书记在中国文联第十一次全国代表大会上的重要讲话精神，对全省文艺界学习这次会议精神进行部署，召开省文艺界学习贯彻会议精神座谈会。马新主持会议并讲话。韩会峰传达习近平总书记在中国文联十一大、中国作协十大开幕式上的重要讲话精神和第十一次文代会、第十次作代会精神。会议一致认为，习近平总书记的重要讲话擘画了新时代新征程文艺事业发展的美好蓝图，文艺事业前景广阔，文联工作不可替代，文艺工作者大有可为。全省文艺界将更加紧密地团结在以习近平同志为核心的党中央周围，从党百年奋斗的重大成就和历史经验中汲取智慧力量，坚持围绕中心、服务大局，挖掘龙江文化资源，弘扬龙江“四大精神”，讴歌龙江人物，讲好龙江故事，繁荣龙江文艺，唱响龙江新时代赞歌，为龙江振兴发展鼓与呼，以优异的成绩、丰硕的成果迎接党的二十大胜利召开。黑龙江省文联领导班子、机关全体干部职工，全黑龙江省文联系统各协会、各市（地）、各产（行）业艺术家和负责人参加会议，线上线下共4.5万余人观看。

【开展文艺志愿服务活动】

黑龙江省文联参与举办中国文艺志愿服务中心部署的大型活动3场，“我们的中国梦”——文化进万家等网络公益课堂18期，“龙江讲坛——文艺家说”讲座3期，《如何做好新时代学雷锋文艺志愿服务》专题讲座1场，“我为群众办实事”文艺演出1场，“我们的中国梦”——文化进万家文艺志愿服务活动2次。对省级各文艺家协会组织开展的25项文艺志愿服务活动进行统筹协调和台账式管理。

【“臻艺”】

“臻艺”艺术馆、黑龙江省图书馆文学艺术分馆及书法创作室等部分场地进行扩建和完善，进一步优化服务功能、提高服务水平。推进“臻艺”

服务平台和网上文联建设，黑龙江文艺网改版扩容的框架搭建、栏目设置、页面设计工作初具规模，有序推进“臻艺天地”素材征集、布局调整等工作。规范平台管理，优化服务效能，筹备成立“臻艺”艺术馆展馆学术委员会，进一步提升展馆的专业性和权威性。实行一边防疫、一边展出，举办春山可望•黑龙江省优秀美术作品展、享自然之美・品淳朴之境——李军“回归自然世界”柴烧作品展、“向人民汇报”——齐齐哈尔市“印象东北”书法九人作品展、凝眸瞬间——夏富祥南北极非洲摄影作品展等精品展览15期、巡展4期，实现展陈形式上的创新和线上线下同步展览。黑龙江日报3版以《臻艺艺术馆高品质接地气》载文，龙头新闻首屏“这个艺术馆不简单”3000字刊发特稿，极光新闻、龙视新闻联播微信公众号发布“臻艺”图文版。

【迎庆建党百年】

黑龙江省文联把开展庆祝中国共产党成立100周年系列文艺活动作为重大政治任务，结合党史学习教育，统筹谋划，组织开展18项系列庆祝活动。其中，纳入黑龙江省委重点活动1项，由省委宣传部牵头3项，列入省直宣传文化系统重点活动9项。与省委宣传部共同举办“百年辉煌与梦想”庆祝中国共产党成立100周年省优秀美术书法摄影作品展，展出作品485件（组），展现全省艺术家听党话、颂党恩、跟党走的赤子之心。举办“百年华诞•欢乐颂”省庆祝中国共产党成立100周年冰上杂技文艺晚会、庆祝中国共产党成立100周年省戏曲名家演唱会、“曲颂党恩•艺歌时代”曲艺晚会、“多彩龙江”民间艺术成果展、“平安中国、红色龙江”全省微视频微电影和摄影作品征集展播推优等活动。

【“文化润疆”】

开展“文化润疆”省文艺家阿勒泰行系列活动，黑龙江省文联是19个援疆省、区、市中第一个赴新疆开展“文化润疆”活动的。活动由韩会峰带队，7个艺术门类12位优秀艺术家赴新疆维吾尔自治区阿勒泰地区、福海县、驻北屯市兵团第十师等地进行艺术展览、培训辅导、笔会交流、展演展示等多种形式的交流活动。向阿勒泰地区文联捐赠了118件优秀文艺作品、颁授了黑龙江省艺术家创作基地牌匾。当地500余位文艺工作者和文艺爱好者与艺术家进行深入交流。活动的开展进一步加深了新疆广大文艺工作者、文艺爱好者和人民群众对黑龙江省和龙江文化乃至中国文化的深入了解，有力推动了两地文艺事业共同进步、共同发展。统筹开展28期网络课程艺术培训，累计直播培训12285人次。其中，13期录播（线上）累计点击总量601720人次。

【“文艺家说”】

为迎庆建党100周年，在深入推进党史学习教育中积极发挥文艺评论的作用，黑龙江省评协积极组织各项活动，邀请协会副主席、黑龙江大学教授林超然做客龙江讲坛，开展“世界读书日”暨“龙江读书月”讲座黑龙江省文联“文艺家说”系列讲座活动，以《百年传奇：龙江文学与龙江精神》为题作线上宣讲，开启2021年“文艺家说”首讲，全年举办3期。

推进乡村振兴

作为乡村振兴的启动之年，黑龙江省文联驻新华村乡村振兴工作队以习近平新时代中国特色社会主义思想为指引，深入学习党的十九大、习近平总书记“七一”重要讲话和党的十九届六中全会精神，不忘初心，牢记使命。努力学习党史，建强村“两委”，以工作队“四项准则”为抓手，按照黑龙江省文联党组确立的目标、落实省、市、县关于乡村振兴工作的要求，率领新华村走上乡村振兴路。

建强基层组织，即“党建+课程辅导+环境整治+新兴媒体+实践活动+疫情防控+文化艺术”。第一书记抓“三会一课”、队村联席会议，开展主题党日活动。召开庆祝中国共产党成立一百周年活动，开展“党史宣讲进家门”“党史宣讲进田间”活动。邀请省社科联、文联等专家以多种形式讲党史和文艺汇演。与村“两委”一道，疏通村排水沟、路边沟，处理牛粪堆、治理张家屯污水塘等。依托学习强国、极光新闻、青冈县融媒等新媒体平台，引入党小组学习，共同了解“村务管理、民主协商、四议两公开”等制度。制定并完善村规民约健全法治，邀请青冈县农业专家网上授课、实地讲解种植知识。与村两委一起开展“我为群众办实事”，将学习成果转化成为民服务的内生动力。引领村两委克服麻痹情绪以疫情为令，强化村应对新冠疫情联防联动机制，做到疫情发生时不出村、不串门、不聚集。全年值守卡口共77天，入户排查133户884人次，队员捐赠防疫物资价值1000余元。组织“脱贫攻坚 文华记忆——黑龙江省文联、新华村脱贫攻坚纪实摄影展”“2021年新春送福——书法家走进新华村”笔会、“永远跟党走——讲好百年党史中的红色故事、革命故事、信仰故事”“书法培训进迎春中学校园”线上教育活动等。“到人民中去”文艺会演、捐赠书籍各2次，工作队王宏夫、林晗、张波被授予优秀公务员称号，第一书记王宏夫获得省直机关优秀共产党员荣誉。

获奖情况

中国杂协第八届理事会第二次会议，授予黑龙江省杂协团体会员称号。

第18届中国吴桥国际杂技大赛中，杂技《空中技巧》获优秀奖。

第六届平安中国“三微”大赛，黑龙江省影视协10部影视作品、2件摄影作品获奖。

黑龙江省民协，推荐国家级会员40人。

全国民族民间歌舞展演在广西举办，黑龙江省民协会推荐齐齐哈尔梅里斯区文化馆达斡尔族民歌《莫日根姐姐》。

第十五届山花奖初评活动省民协推荐牡丹江民协的“朝鲜长鼓舞”。

全国剪纸培训班，牡丹江市王慧颖参加。

“第十五届中国民间文艺山花奖·优秀民间工艺美术作品”初评，黑龙江省民协选送4名优秀民间艺术家。

由中共中央宣传部文艺局、中央文明办二局、文化和旅游部公共服务司、中国民协主办，2021年“新生活·新风尚·新年画”——我们的小康生活主题美术创作征集展示活动，黑龙江省文联推荐优秀农民画作品参加入围的41件作品中黑龙江省占12件。

第六届省农民画作品双年展评奖工作，黑龙江省民协与美协合办的“田野丹青乡土风——黑龙江省农民画作品双年展”，评选出金、银等奖52项。

中国民协举办中国民间文学大系东北片区培训，完成黑龙江故事卷编纂4卷、小戏、说唱初稿。

第35届田汉戏剧奖，话剧《高天厚土》和《战争的遭遇》分获剧本一、二等奖。

中国文联2021年度青年文艺创作扶持计划资助项目，王东旭戏曲剧本《热血青春》入选。

第十七届中国戏剧节，齐齐哈尔市话剧团演出的话剧《卜奎风云》参演。

在中国美协主办全国性美展中共获得入会资格37次，入选90次。

“百年辉煌与梦想——庆祝中国共产党成立100周年黑龙江省优秀美术书法摄影作品展”，评出金、银等18件作品。

第十一届“小荷风采”全国少儿舞蹈展演，《我的长征》入选“小荷之星”(最高奖)称号。

第十三届中国舞蹈“荷花奖”，《花季》入围民族民间舞终评。

第二届中国舞蹈优秀作品集萃评选活动，芭蕾舞《芳魂祭》《松花江》《年•盼》入选。

中国曲协、黑龙江省委宣传部、黑龙江省文联展演，推荐28名曲艺工作者、32个曲艺作品参加。

中国曲协举办的“牡丹花开心向党”第三届东北地区曲艺展演，小品《应聘》获奖。

中国曲协举办“牡丹花开心向党”第三届东北地区优秀曲艺节目展演中，黑龙江省4个节目入选。其中，曲艺小品《应聘》由于专家评价高、观众反响好，被选中参加8日上午举行的中国曲艺牡丹奖艺术团“送欢笑”走进鞍钢专场演出。

第十三届中国音乐金钟奖黑龙江赛区选拔赛，美声、民族组各15位选手入围决赛。美声组选手杜振溶、李丹、张钰莹，民族组何亚男、李传龙、杜雪莹，钢琴专业张子健参加全国现场选拔赛，李传龙进入到金钟奖全国决赛。

中国文联第十六期全国中青年文艺人才高级研修班，黑龙江省书协新文艺群体成员金泽珊参加。

中国书协书法家扶贫工作先进典型微信平台，宣传姜洪峰、王刚两位黑龙江扶贫书法干部。

中国书协“伟业：庆祝中国共产党成立100周年书法展”，黑龙江省书协雷东升等7人入展。

第三十七届兰亭书法节暨第七届中国书法兰

亭奖颁奖活动，黑龙江省书法家曲庆伟再度入选。

机关建设

【机关党建】

坚持以习近平新时代中国特色社会主义思想为指导，深入贯彻落实新时代党的建设总要求和新时代党的组织路线，扎实推动党史学习教育。以党的政治建设为统领，落实全面从严治党责任，教育引导广大党员干部拥护“两个确立”，树牢“四个意识”，坚定“四个自信”，做到“两个维护”，按照“质量提升系统推进年”要求，推动机关党的各项建设取得实效。全面落实党风廉政建设责任制，履行“第一责任人”和“一岗双责”的政治责任。落实机关党建“三级四岗”责任制，层层签订《党风廉政建设责任书》。配合省委巡视组开展整改，推动即知即改、立行立改。加强党的思想建设，将党史学习教育与学习“四史”“龙江四大精神”相贯通。通过召开主席团会议、举办全省文艺界代表学习习近平总书记“七一”重要讲话精神座谈会等方式，引导、带动广大文艺家和文艺工作者增强文艺工作者的使命与担当。发挥文艺铸魂培根作用，增强全民文化自信。严守意识形态阵地，牢牢掌握文艺领域意识形态工作的领导权、主动权。持续推进党支部标准化规范化建设三年攻坚行动，强化“四强六规范”的目标，配齐配强支部班子成员。同时，发挥群团组织作用，关心关爱离退休党员，切实增强老党员的荣誉感、归属感。加强党的作风建设，认真践行执纪监督“四种形态”，定期开展“三率”检查。

【制度建设】

贯彻落实全国文联“文艺两新”座谈会精神，制定《关于进一步推进黑龙江省“文艺两新”工作的实施意见（草案）》。成立黑龙江省文联文艺工作者职业道德建设委员会、黑龙江省文联行风建设委员会。12月27日，召开黑龙江省文联文艺工作者职业道德建设委员会成立大会、黑龙江省文联行风建设委员会成立大会，会议通过表决产生《黑龙江省文联文艺工作者职业道德建设委员会章程》《黑龙江省文联行风建设委员会章程》。建立健全各项制度，补充完善《黑龙江省文联制度汇编》等123项。

【设施建设】

扩建和完善“臻艺”艺术馆、省图书馆文学艺术分馆及书法创作室等部分场地。对办公楼暖气线路、卫生间进行改造、粉刷楼内墙面、加装电梯并投入使用。

【人事任免】

杜坤任黑龙江省文联人事处处长，秦宏任黑龙江省剧协秘书长，郝志福任组联处负责人、四级调研员，仇成涛任省文艺志愿者协会正处长级负责人。

【表彰奖励】

黑龙江省文联2019—2021年度先进基层党支部为机关第一党支部、办公室党支部。杜坤、林晗、尹树凤、丛惠博、刘士伟、刘鸿哲、张波、赵霁强被评为优秀共产党员。优秀党务工作者为王宏夫、孙兆龙、陈静、蒋丽丽。黑龙江省直机关优秀共产党员为文理室副主任王宏夫，省直机关优秀党务工作者为机关纪委书记、二级巡视员孙兆龙，省直机关先进党支部为办公室党支部。

尹树凤、尹航、刘士伟、刘书池、刘鸿哲、张瑞晨、张磊、郝志福、胡志平、秦宏、梁军、薄永芳、王宏夫、林晗、张波被授予优秀公务员称号。

王鹏、刘书池、刘鸿哲、李春伟、吴秀珍、张波、张博、陈凤、梁军晋升为二级主任科员；刘士伟、张瑞晨、岳芳芳、郭志强晋升为三级主任科员。

各文艺家协会

【黑龙江省戏剧家协会】

认真学习贯彻落实习近平总书记和黑龙江省文联的要求，坚持创造性转化、创新性发展，积极履职尽责。动员带领龙江戏剧工作者践行初心使命，把握正确方向，扎根龙江，服务人民群众。服务党和国家大局、培养戏剧人才，促进戏剧发展，团结引领新文艺群体诸方面取得了新进步新成绩。

2月，推荐省剧协理事张欢参加黑龙江省文

联组织“我们的中国梦”——文化进万家“云”艺公益课程，通过手机屏幕传播张欢的“传统京剧《悦来店》为例”，对京剧的唱腔板式、代表性身段表演特点等内容的讲解。

6月28日，参与创作省“十三五”重点扶持剧目、庆祝建党百年献礼剧目《铁人在非洲》，以全国劳动模范、时代先锋、最美奋斗者、“第三代铁人”李新民为原型创作的“以弘扬大庆精神、铁人精神为主旨”的现实题材作品在东北石油大学音乐厅首演。

7月10日，举办《致敬经典 礼赞百年——庆祝中国共产党成立100周年黑龙江戏曲名家演唱会》与黑龙江省图书馆共同主办，黑龙江省图书馆龙江书院承办的“致敬经典礼赞百年——庆祝中国共产党成立100周年黑龙江戏曲名家演唱会”在黑龙江省图书馆报告厅上演，戏曲名家王向阳、李雪飞、马佳、张欢等“梅花奖”得主以及省内优秀戏曲演员联袂登台。

9月，参加弘扬中华文化 助力民族团结——“文化润疆”黑龙江省文艺家阿勒泰行系列活动，省剧协推荐刘秀杰、刘颖老师，表演了《红梅赞》《霸王别姬》《笛声》等折子戏选段，为演员们进行了京剧水袖等基本动作和相关教学与交流活动。推荐田树权、张宝琦参加中国剧协中青年一线戏剧骨干研习班(武汉)。

9月20日，中国剧协第二十五届少儿戏曲小梅花荟萃活动七名小选手获得“全国小梅花”称号。同时，郭昊苒在第八届和平杯京剧小票友活动中获得一等奖以及“中国京剧十小名票”的称号，并入选由中宣部“学习强国”学习平台、中国剧协、中国文联戏剧艺术中心联合主办的“第25届少儿戏曲小梅花荟萃”——送你一朵小梅花专题展播，累计播放340569次；刘籽鸣、汤雅乔获得二等奖和“中国京剧优秀小票友”称号。

9月至12月开展“戏剧星期二”文艺志愿公益活动12期。由戏剧新文艺组织文艺志愿者面向基层、服务群众，以文艺为民、惠民、乐民的目标，为大众打造一个线上观摩戏剧的平台；开展线上戏剧编导“云上课堂”培训课4期，邀请国内戏剧知名专家罗怀臻、罗周、李伯男、卢昂为省直院团编导骨干人才、13个基层文联戏剧编导骨干人才、戏剧新文艺群体、戏剧工作者及爱好者等进行线上、互动教学，每堂授课约3小时，录播课件在文联网站臻艺空间、微信公众号等媒介推送。

10月，推荐新文艺群体参加中国剧协小剧场戏剧创演人才培训班；依据中国剧协有关指示，组队赴长春市参加其东北三省舞台美术一线业务骨干培训班。

10月9日至28日，话剧《卜奎风云》被中国文联、中国剧协、武汉市人民政府主办的第十七届中国戏剧节选为参演剧目。

10月26日，在青冈县新华村文化大院举办“我为群众办实事”乡村振兴文艺志愿服务，省龙江剧艺术中心优秀青年演员李俊峰演唱龙江剧《白马石》选段“手心发热腿打颤”。

11月30日至12月2日省剧协调研组分别考察悦木剧团、哈尔滨青年宫“艺展飞扬”青少年艺术团、ONE哈尔滨先锋艺术中心，并线上参观毛利侦探事务所（剧本推理工作室）；邀请戏剧“两新”代表开展座谈，了解基本情况，并提出指导性意见。

【黑龙江省电影电视家协会】

认真学习习近平新时代中国特色社会主义思想，围绕黑龙江省委、省政府中心工作，按照黑龙江省文联的要求，守正创新、履职尽责。创造性开展文艺创作，把电影电视艺术与中学美育紧密结合，探索全方位培育电影电视的新渠道。发挥在微视频微电影领域的先发、组织和团队优势，在省内连续开展了九届全省微视频微电影推优评选活动，确立了省视协在微视频微电影领域的省内权威、全国领先的地位，成为省影视领域的品牌赛事之一，多部作品获得奖项。电视剧剧本《中国粮》是由协会指导团体会员单位齐齐哈尔市神鹤剧本工厂具体执行，骨干会员崔富强执笔，经省电影电视家协会驻会副主席、秘书长郭申在中视协主席胡占凡来黑龙江考察时提请，专家团集体评议确定的入选国家广电总局电视剧引导扶持专项资金——全国重点现实题材和革命历史题材电视剧剧本扶持项目。

3月至7月，筹备“不忘初心、牢记使命”的品牌“影视小屋”项目。

4月至9月，协调黑龙江省委政法委与黑龙江省文联联合开展“平安中国、红色龙江”微视频微电影作品征集、展播、推优活动。从335件作品中选出120件，推送央视展播。

5月至12月，在省内基层社区、村屯组织以所属“雪域电影放映小分队”为主开展“百部千场”红色主题电影献映活动。在省内58个乡镇放映故事片123部12060场、受众达40余万人次。

7月，《非遗过大年·文化进万家—宁古塔灯彩》《非物质文化遗产——满汉全席》在“第十四届中国扬州旅游电视周暨第三届大运河文化国际电视周旅游节目”系列活动中分别被评为优秀、好短视频。

7月20日，由中国电视艺术家协会、黑龙江省文联联合主办的“影视小屋”授牌仪式在桦南县第四中学举行。中国文联副主席、中视协主席胡占凡，中视协分党组成员、副秘书长高健，黑龙江省文联二级巡视员孙兆龙等出席，并为黑龙江省第一所“视频制作和摄影特色影视小屋”的“影视小屋”艺术课堂进行现场授课。

8月，向第九届亚洲微电影艺术节推荐《柿子红了》《无悔的选择》《叶子花开》、Reset、《家》《顺山道》《凉夏未央》《传承》8部优秀作品。

【黑龙江省音乐家协会】

加强政治引领，守正创新，服务人民。引领新音乐群体举办庆祝中国共产党成立100周年系列活动——“永远跟党走”合唱音乐会。开展原创歌曲征集，组织展播。黑龙江省文联与黑龙江广播电视台联合主办，省音协、黑龙江音乐广播、极光新闻客户端承办“乐萦中秋”网络音乐会，共推出12首作品，总时长1小时22分，通过35家平台和频道面向全国直播，全网浏览量达89万人次。

1月14日至3月31日举办14期“幸福小康路上行”原创歌曲展播。

2月17日至8月26日期间共举办6期“云端雅乐”黑龙江省音乐志愿服务活动，通过线上音乐视频推送方式开展讴歌防控疫情志愿者精神。

4月28日，开始举办“网络公益音乐课堂”。

5月4日晚，在哈尔滨红事会演奏厅举办省新音乐群体庆祝中国共产党成立100周年系列活动——“鼓舞中华”打击乐专场音乐会，黑龙江省音协打击乐专业委员会承办。运用中国鼓、沙锤等多种打击乐器，演奏的十一首作品中既有展现中国传统文化的打击乐作品《鼓舞中华》《中华英雄》《龙腾虎跃》《黑土地》《云之南》等，又有西洋打击乐作品Surprise、Cupla Cups、Cafe 1930等，以及流行打击乐作品《彩虹》《架子鼓协奏曲》《翕绎》等。

5月5日至6日，由黑龙江省文联、省音协主办第十三届中国音乐金钟奖进行黑龙江赛区选拔，30位选手进入声乐决赛（美声组15位选手，民族组15位选手）。美声组选手李心竹、民族组选手董美姣，获得直接进入全国复赛的资格。美声组选手杜振溶、李丹、张钰莹，民族组何亚男、李传龙、杜雪莹，钢琴专业张子健参加全国现场选拔赛。最终李传龙进入金钟奖全国决赛。

5月7日晚，主办省新音乐群体庆祝中国共产党成立100周年系列活动——“永远跟党走”合唱音乐会在哈尔滨音乐厅拉开帷幕，齐齐哈尔市教师合唱团、黑龙江大学艺术学院合唱团、哈尔滨市少年宫小雪花合唱团、哈尔滨报业集团新闻合唱团、铁力市骊马合唱团、大庆爱乐合唱团、牡丹江市群艺合唱团、大庆师范学院合唱团、哈尔滨市群星合唱团、哈尔滨爱乐女生合唱团等演唱《十送红军》《黄水谣》《人民解放军占领南京》《天安门——太阳的广场》《追寻》《在灿烂阳光下》《北方的孩子爱北方》等歌曲。时任黑龙江省文联党组书记张云凯，黑龙江省文联副主席、党组成员黄锦秋出席。

5月15日，第二届黑龙江省古琴文化艺术季开幕式暨黑龙江省新音乐群体庆祝中国共产党成立100周年音乐会“龙音和畅”在哈尔滨大剧院小剧场开幕，《浏阳河》《阳关三叠》等经典歌曲，现场观众400多位。

9月20日19时30分，由黑龙江省文联、省广播电视台联合主办，黑龙江省音协、黑龙江音乐广播、极光新闻客户端承办“乐萦中秋”网络音乐会，共推出12首作品，总时长1小时22分，通过35家平台和频道面向全国直播，89万人次浏览。

10月1日至6日，举办庆祝中国共产党百年华诞，喜迎新中国成立72周年“爱满家园”音乐作品展播活动。

12月18日至24日，举办“云端雅乐”省网络公益音乐课堂（大师课），其中，16至20期大师课邀请主讲嘉宾为王晓岭、杨燕迪、元杰、孟大鹏、黄华丽，讲座分两步，即腾讯会议授课和录制剪辑在极光新闻App进行课程推送回放。在线听课人数1922人，极光新闻App课程回看已达4万人，单次授课关注人数已超56.87万人次。

【黑龙江省舞蹈家协会】

迎庆中国共产党建党100周年开展龙江优秀舞剧线上展播，举办“童心向党 梦想起航”龙江少儿舞蹈精品展演，“起舞云端·黑龙江省舞协舞蹈艺术精品展”等活动，累计观众1万人次。坚持艺术为人民服务，结合学党史、“我为群众办实事”“深入生活 扎根人民”等理念开展文艺志愿服务活动，丰富人民群众精神文化生活，打造推出“东北秧歌进三中”主题美育课程。在省内舞蹈人才建设方面，开办两期“我们的中国梦——文化进万家”省舞蹈创作人才网络培训班。2021年省舞蹈界新文艺群体培训班，各类教学研修班和专题培训，累计培训近1500人次。

3月，由黑龙江省舞协、省高校舞蹈委员会、哈尔滨三中三级平台携手打造传统美育进校园活动，设置“东北秧歌进三中”主题美育课程。2021年春季学期，哈三中南岗校区和群力校区有30多个班级500余名学生选择了东北秧歌课程，产生了良好的社会效应。该活动契合习近平总书记关于美育教育的重要论述，把传承弘扬地方优秀传统文化与美育高度融合，于高考季推出专题报道，被人民网、人民日报等多家媒体转发，1438.9万人次阅览。

5月7日，举办“童心向党——第十一届‘小荷风采’全国少儿舞蹈展演”黑龙江省选拔活动。各市（地）舞协、公办及民办少儿舞蹈学校、艺术培训机构和舞蹈工作者、约700名参与，31件作品进入视频复审，获得优秀作品奖的7件作品推荐参加中国舞协“小荷风采”全国少儿舞蹈展演选拔活动。

7月15日，在黑龙江省歌舞剧院举办“童心向党 梦想起航”龙江少儿舞蹈精品展演。通过“以文育人、以舞寓理”的方式，引导孩子们从小听党话、感党恩、跟党走，努力学习，顽强拼搏，为国争光。

【黑龙江省美术家协会】

中国美协会员达495人、黑龙江省美协会员3533人，黑龙江省美协有团体会员13个，涵盖各市（地）美协，先后成立冰雪雕塑、农民画、新美术家群体、版画等23个艺委会。会同有关部门举办多场庆祝建党百年的活动，和多种画展。邀请李晨、李洋、陈朝生、赵云龙等中国美协相关艺委会专家进行4期网络授课。初步满足全省美术工作者专业提升的需求，平均每次参与培训约为580人，观看人数约为1100人。作为党和政府联系广大美术家和美术工作者的桥梁和纽带，发挥组织、指导省美术家进行美术创作和理论研究主要职责作用，履行组织学习、深入生活、文艺评奖、成果展示、志愿服务、学术讨论、人才培养、对外交流、权益保护等基本职能。

3月18日至4月4日，在臻艺馆举办“春山可望•黑龙江省优秀美术作品展览”，展示90余件作品。

5月23日，“精神的光感——赵云龙水彩艺术展”在黑龙江省文联臻艺艺术馆开幕。黑龙江省文联、中国美协水彩画艺术委员会主办，哈尔滨师范大学党委书记辛宝忠、省政协文化文史和学习委员会主任王佩杰、省政协书画院院长赵学礼、张云凯、韩会峰，以及省委宣传部、省文旅厅、哈尔滨团市委等领导和代表出席。

6月10日至7月10日，在哈药美术馆参与承办“百年辉煌与梦想——庆祝中国共产党成立100周年黑龙江省优秀美术书法摄影作品展”，从征集到作品400余件，共评选出参展作品75件，其中特邀作品61件，社会征稿的金银铜作品14件，涵盖中国画等6个画种，总参展人数约9000人次。

6月22日至28日，与佳木斯市委宣传部、市文联等单位主办“庆祝中国共产党成立100周年暨第二届佳木斯市美术作品双年展”，展出作品100余幅。

6月27日，与中共鹤岗市委宣传部等主办主旨庆祝建党百年的“第三届鹤岗市美术作品双年展”在鹤岗市群众艺术馆开幕。展览油画等5个画种165件作品。其中，金、银、铜、优秀奖分别为2、5、7、27件。

6月29日至7月13日，承办“庆祝中国共产党成立100周年暨黑龙江省首届‘同心圆梦’美术、书法作品展”在卢禹舜美术馆举办，展出品200件中国画、版画等。

7月15日，承办的“意写龙江•李振宇风景写生作品展”《越陌度阡》和《意写龙江》两个系列的40幅写生作品在黑龙江省文联臻艺艺术馆开幕。黑龙江省文联主席韩会峰，黑龙江省文联副主席、党组成员张正明，黑龙江省文联副主席、省美协主席赵云龙等出席。

7月16日，与中共佳木斯市委宣传部主办“庆祝中国共产党成立100周年暨第二届佳木斯市美术作品双年展”在佳木斯大学美术学院美术展览馆开幕。评选出中国画、雕塑等十余画种作品127件。其中，金、银、铜、优秀作品分别为2、4、8、19件。

10月28日，与省民协主办“田野丹青乡土风·第六届黑龙江省农民画作品双年展”在绥棱县文化艺术中心开展。中共绥棱县委员会、绥棱县人民政府、省美协农民画艺委会承办。征集了220件作品入选61件，评选出金、银、铜、优秀奖3 、6、12、31件。同日，组织国寿小画家推选活动，作品达100余件。

11月25日至12月10日，在哈尔滨红场美术馆展出承办的120件“不忘初心 继往开来——第四届全国新钢笔画学术展”（哈尔滨站）巡展作品。

11月30日至12月12日，黑龙江省美协主办、黑龙江省美协油画艺委会承办的“黑龙江省第四届油画作品双年展”举办，共展出作品100余幅。

12月25日至26日，与哈师大美术学院、哈尔滨职业技术学院主办“迎接北京2022冬奥·展示龙江冰雪雄姿”龙江冰雪雕塑艺术邀请展。黑龙江省美协冰雪雕塑艺委会、哈尔滨冰灯艺术博览中心、哈尔滨职业技术学院大学生创新创业工场承办，共展出10组冰雪雕塑作品。

【黑龙江省摄影家协会】

认真开展党史学习教育活动，加强政治引领。展示建党百年辉煌，多渠道开展庆祝活动。组织召开省摄协主席团会议3次，集中学习了习近平总书记“七一”重要讲话精神、十九届六中全会精神、中国文联第十一次全国文代会精神。黑龙江省委重点迎庆活动“百年辉煌与梦想”庆祝中国共产党成立100周年黑龙江省优秀美术书法摄影作品展，展览展出美术作品75件，书法作品209件，摄影作品149组（201）件。该展览被省委党史学习教育领导小组办公室列为党史学习教育见学基地，累计接待171家单位观展、达9000余人次。

4月7日至18日，举办“苍生——王建男手机摄影作品展”，活动由哈尔滨市摄协、陈南·镜界工作室承办，展览共展出146幅作品。王建男摄影讲座——《我的手机控》，80多人参加培训。

6月1日至6月13日，主办“北方的雪——金建国黑白摄影作品展”，活动由大庆市摄协承办，展出作品66件，主要以黑白胶片、大画幅技术相机创作。

6月10日至7月10日，参与承办“百年辉煌与梦想——庆祝中国共产党成立100周年黑龙江省优秀美术书法摄影作品展”，展出作品149组（201件），接待171家单位9000余人次参观见学。

7月27日至8月8日，承办“老兵意绪——韩玉平军旅摄影艺术展”，哈尔滨市摄协、三亚旅琼摄协协办，展出81幅军旅摄影作品。

9月1日，召开“修身守正 立心铸魂”——省摄影工作者职业道德和行风建设座谈会。

9月7日至14日，两名新文艺群体摄影家参加“文化润疆”交流活动，与当地摄影爱好者进行摄影知识交流。

10月29日，组织哈尔滨市摄影界新文艺组织和新文艺群体基本类型与运营模式调研活动。

11月18日至28日，承办“凝眸瞬间——夏富祥南北极非洲摄影作品展”，展出作品60幅。首次采取线下展厅与线上虚拟VR展厅及网络直播形式，在摄影展陈形式上也加入雕塑、手工书籍及乐器演奏元素，提供了一场现代化、未来式艺术展览的全新体验，线上直播吸引5万余名观众。

12月9日，与哈尔滨广厦学院艺术与传媒学院承办“我为群众办实事”摄影进校园实践活动，走进哈尔滨广厦学院，活动由黑龙江省文联、哈尔滨广厦学院主办。

12月21日至27日组织召开骨干会员提升创作能力线上培训班3期，邀请国内知名艺术家授课，讲座共计千余人次上线学习交流。

12月22日，组织召开基层会员网络培训讲座，以纪实摄影为主题进行了授课，各市（地）300余名摄影爱好者线上听讲。

【黑龙江省书法家协会】

在黑龙江省文联党组的领导下，深入贯彻习近平新时代中国特色社会主义思想，坚持“二为”方向、“双百”方针和“三贴近”原则，进一步解放思想，求真务实，奋发有为，全力推进全省书协工作。推出“众志成城、战胜疫情”书法界抗击新冠肺炎疫情网上主题书法、篆刻作品展，共征集作品970件，评选出入网展作品219件；向市（地）、行业书协传达关于做好《重点场所重点单位重点人群新冠肺炎疫情防控相关技术指南》。

1月20日，举办“我们的中国梦”文化进万家暨“同心同书•祖国新春好”书法文化惠民公益活动，走进黑龙江出入境边防检查总站哈尔滨警犬训练基地，为基层一线民警书写、赠送春联200余副。

9月18日，与黑龙江省书法活动中心协办“黑龙江书法家北大荒金秋采风行”赴牡丹江、建三江创作采风。

11月1日，中国力量——全国扶贫书法大展在北京举办，省书协推荐钱松君、金泽珊、王刚入展。

12月14日，举办“脱贫攻坚文艺助力”黑龙江省书法家走进青冈县（含明水县）送文化传精神文艺志愿活动。

12月17日，举办备战冬奥·文艺助力——黑龙江省书法家走进省亚布力体育训练中心文艺志愿活动。

12月22日，举办黑龙江省书法家“书写新时代，携手奔小康”走进甘南县文艺志愿活动。

【黑龙江省曲艺家协会】

引领黑龙江省广大曲艺工作者践行初心使命，把握正确方向，扎根黑土、服务人民，履职尽责、守正创新，在黑龙江省文联的正确领导和中国曲协的关心指导下，曲协工作取得新进步新成绩。持续加强思想引领，举办党史学习教育专题党课和主题座谈会，以迎庆建党百年为工作主线，组织开展庆祝建党百年文艺活动；注重满足群众文化需求，以人民为中心的工作导向更加鲜明；积极推动创作，精心培养人才，推荐参加中国曲协展演，持续抓人才、抓创作成果凸显，打造健康曲艺生态。

4月8日，在哈尔滨市开展党史学习教育专题党课暨主题党日活动。黑龙江省曲协主席刘彤作题为《党史是文艺实践的不竭源泉》专题党课。省曲协主席团成员、第六届理事会理事，各市（地）、高校负责人，曲艺“两新”代表等60余人在现场和线上同听讲座，并开展主题党日参观活动。

5月28日，在哈尔滨举办“曲颂党恩·艺歌时代”庆祝中国共产党成立100周年曲艺晚会，省内知名曲艺家和优秀青年曲艺演员等140余人员表演相声、评书、音乐快板、二人转、曲艺小品及达斡尔族乌钦等10个节目，观众400余名。

6月22日，黑龙江省曲协驻会副主席、秘书长张磊和省曲协副主席王刚在“七一”前夕专程看望慰问了对曲艺事业有突出贡献的老党员曲艺家代表孙庆华和王文山，向他们和会员中的党员表达敬意，做到“慰问一人、温暖一群、带动一片”。

7月22日，黑龙江省曲协在哈尔滨市召开黑龙江省曲艺界学习贯彻习近平总书记“七一”重要讲话精神座谈会。共30人出席会议，听取王刚传达相关会议精神，刘彤作总结讲话。

9月3日至11月15日，举办“清风龙江”廉政曲艺作品征集，共征集26个作品，于12月28日起在公众号择优展示。

10月23日，举办“曲艺进校园”哈尔滨远东理工学院相声辅导交流活动，由相声辅导讲授和现场表演展示组成。

10月29日上午，举办“学党史　办实事”走进齐齐哈尔市龙沙区南郊社区文艺志愿服务活动，内容包括文艺惠民演出、向社区孤寡老人和留守儿童捐赠越冬物资。

11月18日至22日，开展“赓续红色血脉　凝聚奋进力量”——“文艺两新”诵读中国共产党人精神谱系公众号展播活动。

11月24日，举办黑龙江省曲艺界学习贯彻党的十九届六中全会精神报告会，刘彤作题为《不负百年荣光　贡献文艺力量》的报告，对六中全会精神进行解读；举办黑龙江省曲艺创作“牡丹奖”“英华奖”提升座谈辅导交流筹备会，线下与线上共40余名骨干曲艺作者参加。

12月29日，召开“在党的旗帜下阔步前行”庆祝黑龙江省曲协成立60周年座谈会。省曲协副主席、秘书长张磊宣读中国曲协贺信。

【黑龙江省杂技家协会】

以习近平新时代中国特色社会主义思想为指导，全面贯彻党的十九届六中全会、习近平总书记“七一”重要讲话精神，扎实开展党史教育学习，以“庆祝建党百年　启航杂技新征程”为引领，在党中央、中国杂协、黑龙江省委、省政府和黑龙江省文联的正确领导下，克服疫情带来的不利影响完成了全年的工作计划，为拓展杂技演艺阵地、培养杂技人才、促进杂技艺术繁荣发展作了具体工作。

围绕庆祝中国共产党成立100周年开展活动，通过深入建设“冰秀”这一“中华品牌　龙江名片”，组织了冰上杂技晚会《百年华诞·欢乐颂》。冰上杂技晚会以“惊、险、奇、美、绝”的冰上杂技艺术形式，映衬“龙江冰秀”独有的冰上杂技、特技、舞蹈、队列滑和现代冰雪时尚运动等跨界融合表演，展现了在党的百年华诞来临之际，各民族祥和欢乐、幸福和谐、富足安康的盛世景象。黑龙江省委常委、宣传部长贾玉梅，副省长孙东生，省人大秘书长宋宏伟，省委宣传部副部长、省文旅厅党组书记、厅长张丽娜，张云凯，韩会峰，省文旅厅副厅长侯伟、孟祥武、何大为、于峰、省文旅厅纪检组组长杜爱国、省文旅厅二级巡视员江浙，张正明，黄锦秋，哈尔滨市委常委、宣传部长闫红蕾，哈尔滨市委宣传部副部长、市文广旅局长兰峰，哈尔滨体育学院党委书记兰景立，哈尔滨市体育学院校长陈德明等各位领导。此外，开展口述杂技历史活动。

3月至9月，实施《黑龙江省杂协口述访谈第一期方案》。

3月24日至26日，中国杂协第八届理事会第二次会议黑龙江省杂协作为2020年度工作成绩突出的团体会员单位获得团体会员表彰。

4月6日，举办由黑龙江省杂技团有限公司担纲演出的冰上杂技晚会《百年华诞·欢乐颂》于哈尔滨大剧院上演。

6月至12月，启动口述历史访谈工作，邀请10位老杂技人的讲述，收集影像文献资料3600余分钟。

6月5日，黑龙江省杂协所属省高校魔术联盟承办“幻影献彩——哈尔滨庆祝建党100周年魔术专场演出暨优秀青年魔术演员展演”。

8月12日，召开黑龙江省魔术新文艺工作者学习习近平总书记“七一”重要讲话精神网络会议。

8月14日至15日，主办黑龙江省高校魔术联盟承办的第二届青年魔术志愿者教学展演活动举行，来自杭州、北京、广州等地的新文艺群体、高校魔术群团负责人40余人参加。

9月2日，举办“修身守正·立心铸魂”——黑龙江省杂技工作者职业道德和行风建设工作座谈会。

12月13日，下发《关于做好学习宣传贯彻中国文联第十一次全国代表大会会议精神的通知》，运用纸制、音像等传播手段学习。

12月21日，召开第五届主席团第四次会议，学习宣传贯彻中国文联第十一次全国代表大会精神。会议学习传达了习近平总书记在中国文联第十一次全国代表大会开幕式上的重要讲话精神，中国文联党组书记、副主席李屹在中国文联第十一次全国代表大会上的工作报告传达提纲，中国杂协分党组书记、驻会副主席唐延海以及中国杂协分党组副书记、秘书长、一级巡视员肖世革在中国文联第十一次全国代表大会中国杂协代表团讨论会上的讲话，黑龙江省文联党组（扩大）会议专题传达学习习近平总书记在全国文代会上的重要讲话和会议精神提纲。

【黑龙江省民间文艺家协会】

在黑龙江省文联的正确领导和关怀下，进一步团结动员全省广大民间文艺工作者深入学习贯彻习近平新时代中国特色社会主义思想，积极组织学习习近平总书记“七一”重要讲话精神，十九届六中全会精神，中国民协第十次全国代表大会会议精神，中共中央政治局委员、中宣部部长黄坤明在开幕式上的讲话及中国文联《关于在教育培训中进一步加强文艺工作者职业道德教育、遵纪守法教育的通知》，中国文联发布的《修身守正　立心铸魂—致广大文艺工作者倡议书》，牢固树立“群团组织的政治属性是第一属性”的意识，立足“团结引导、联络协调、服务管理、自律维权”基本职能，推动全省民间文艺的繁荣发展，努力把协会建设成为守正创新、奋发有为、凝聚力强、温馨和谐的民间文艺工作者之家。

2月，春节前夕，黑龙江省民协选取40余件描绘新春民俗的剪纸艺术精品开展“金牛迎春云享中国年”线上剪纸作品展。

2月26日，举办元宵节线上猜灯谜活动，并由灯谜专业委员会对20名获奖参赛者提供奖品。

4月20日，举办“剪艺幸福之路”黑龙江省剪纸精品展。

4月21日，剪纸艺委会承办“剪艺幸福之路”黑龙江省剪纸精品展。

6月15日至27日，举办庆祝建党100周年“多彩龙江”黑龙江省民间艺术成果展。

6月15日至27日，举办庆祝建党100周年“多彩龙江”黑龙江省民间艺术成果展，从300件作品中选出近百件鱼皮、桦树皮、剪纸、漆艺、陶瓷、布艺、刺绣、农民画、雕刻、麦秸画、角雕画等艺术品，通过主题化的演绎，艺术化的呈现，讴歌伟大的党、礼敬伟大的祖国、赞颂伟大的人民。

6月25日，沙画专业委员会举办“红色百年，沙颂辉煌”庆祝中国共产党成立100周年沙画主题艺术展。

6月28日至29日，志愿服务团队的艺术家分别赴向阳镇中心小学校、于店小学校开展“学党史·我为群众办实事”活动。

8月，召开七届五次主席团会议；黑龙江省漆艺专业委员会各专业工作会议。

11月，黑龙江省民协召开七届六次主席团会议。

12月31日，开展“迎冬奥盛会展冰雪雄姿”第八届全国大众冰雪季活动暨省“冰天雪地 美好生活”系列群众文化活动。

【黑龙江省文艺评论家协会】

为迎庆建党100周年，在深入推进党史学习教育中积极发挥文艺评论的作用，黑龙江省评协组织文艺家做客龙江讲坛，开展“世界读书日”暨“龙江读书月”系列讲座。百年黑龙江文学写红色英雄主题、史诗情结，写时代变迁、文化传承，写人文景致、山川草木，凭借红色基因、历史底蕴、黑土幽香和现实表达，成为龙江精神的传奇歌者。龙江文学是东北抗联、北大荒、大庆和铁人精神等宝贵文化最好的记录者、表达者和传播者，通过讲座解读革命战争时期、社会主义建设时期以及改革开放以来蕴含龙江“四大精神”的龙江文学代表作，以更灵活的方式吸引、教育公众铭记革命先烈、建设大军、改革先锋为国家、为人民、为黑龙江的独立解放、建设发展所作出的牺牲和奉献，将不朽的伟大精神发扬好、传承好，转化成为我们奋进新时代的前行动力和磅礴力量。

4月23日，为迎庆建党100周年，黑龙江省评协副主席、黑龙江大学教授林超然做客龙江讲坛，以《百年传奇：龙江文学与龙江精神》为题开展首场“世界读书日”暨“龙江读书月”的“文艺家说”系列线上讲座活动。

上海市文联

综　述

2021年，上海市文联贯彻落实党中央关于繁荣发展社会主义文艺和加强改进党的群团工作的重大部署，将党史学习教育活动贯穿于履行职能，在疫情防控常态化要求下，围绕中心、服务大局，坚持以人民为中心的工作导向，组织引导广大文艺工作者，为全力打响“上海文化”品牌，加快上海社会主义国际文化大都市建设贡献力量。

一、团结激励文艺工作者，唱响时代主旋律

围绕建党百年主题组织创作。联合主办“曙光——红色上海·庆祝中国共产党成立100周年主题艺术作品展”，展出作品100件/组（388件），团队预约参观超过500支，线上观展人数近200万人次；联合主办“日出东方”——上海市庆祝中国共产党成立100周年美术作品展，展出作品140余件/组；组织《百年潮·中国梦——庆祝中国共产党成立100周年主题音乐会》，作为第37届上海之春国际音乐节闭幕演出。

立足上海辐射长三角、走向全国。组织“风自海上——庆祝中国共产党成立100周年作品展”“百年丰碑——庆祝中国共产党成立100周年系列书法展（上海篇）”“庆祝建党100周年　新时代·民乐声”、2021年青少年民族管弦乐海内外优秀作品征集与展演、“艺心向党——长三角地庆祝建党百年舞蹈会演”“红色印迹”主题摄影大赛等展览、演出活动。

创新发展新时代“文艺轻骑兵”。“上海之春”期间，开启“文艺轻骑兵”长三角地区特别巡演；组织青年艺术家赴金山开展“深入生活、扎根人民——上海艺术名家进校园、进乡村”活动；举办“百姓赏艺　到人民中去”基层文艺展演、“上海市文联艺术家讲坛”红色主题党史教育系列讲座等活动。

二、用好用足三大资源，优化升级重大项目

一是丰富重大品牌活动内涵。因疫情延期举办的第37届上海之春国际音乐节开启了全国巡演，将舞台拓展到长三角区域和革命圣地延安，新人新作占比接近50%，首发首演新作40余部。上海文学艺术翻译奖和上海白玉兰戏剧表演艺术奖有序推进，对标国际奖项，做好评审工作。首届上海文学艺术翻译奖共收到64部申报作品，17部作品入选终评。

二是做强“一会一品”。第十一届上海美术大展面向长三角地区征稿2000件，上海电视艺术家协会第二届短视频大赛收到参评作品3531部，第十三届上海市摄影艺术展收到4115件、近9000张作品，第三届“音乐梦想家”——最美中国红，以音乐剧的形式展示上海音协历年考级优秀成果，第四届上海民间艺术成果展内容更丰富，第二届“傅雷杯”全国文艺评论征文大赛设立“上海评协创作研究教学基地”等；“魔术进校园”“海上电影论坛”“海·尚”艺术沙龙等新老品牌也成果累累。

三是依托专家资源优势开展工作。上海美协、书协、剧协、摄协、视协等文艺家协会进一步健全专家评委库，规范评奖程序，提升公信力，组织参与各类评奖并取得良好成绩：第七届中国书法“兰亭奖”，上海书协顾问孙慰祖获理论研究方向金奖，王玺获创作方向金奖，胡奇峰获创作奖，杨勇获理论奖。剧协推荐的上海京剧院熊明霞获第30届中国戏剧梅花奖，话剧《家客》荣获第24届曹禺剧本奖、京剧《春秋二胥》获第24届曹禺剧本提名奖。音协推荐的上海歌剧院李佳蔚获第十三届中国音乐金钟奖声乐（民族）第二名等。促进《吕其明红色三部曲》等艺术家作品集的出版，推进《中国民间文学大系》项目。承编的上海市志《戏剧卷》《音乐·舞蹈卷》《曲艺·杂技卷》和《美术·书法·摄影卷》全部通过市方志办的审核验收，进入出版流程。四卷总计约450万字。

三、倡导德艺双馨，搭好深入生活扎根人民平台

一是倡导崇德尚艺的从业追求。包括组织召开主席团会议和理事会议，围绕“修身守正，立心铸魂”进行专题讨论，弘扬高尚价值观，“上海文联”微信公众号设置专栏，宣传德艺双馨艺术家事迹，与市委宣传部、市文旅局共同举办全市文艺工作者艺风艺德专题培训班等。

二是推进专委会建设，探索“深入生活，扎根人民”长效机制。各协会发挥专家特长，拓展平台，将服务触角进一步向基层延伸。书协、摄协等加强与上海高校、文化系统单位的交流合作，有效提升美育教育功能。以重大品牌活动为载体，加强文教、文旅、文商融合，如第37届上海之春国际音乐节首次将上海市教委纳为主办单位，2021文艺界元宵茶话会在亚振海派艺术馆举办，同时揭牌“海·尚”艺术沙龙。长三角文艺发展联盟创新工作方式，加强区域联动，如首届长三角电影编剧高级研修班剧本创投活动、第一届长三角舞蹈编导培训班等。

三是进一步凝聚、服务文艺两新群体，做实做精会员工作。通过对文艺两新群体的调研和培训，听取发展诉求，提升文艺和道德素养，修改完善新文艺群体中级职称评价办法及相关工作规范，为启动新文艺群体职称评审做好前期准备。开展会员信息核实，截至2021年11月，上海市文联所属各协会会员为19080人，进一步规范会员发展工作程序，规范申报、评审及入会培训。

四是加快互联网文艺平台建设。“上海文联”网络媒体矩阵经过3年持续发展、已先后入驻13个新媒体平台，粉丝总量超过21万，位居全国各省上海市文联新媒体前列。

四、创新理念方法，推动群团改革走向深化实化

一是聚焦“主题”，强化理论武装。始终把学习贯彻习近平新时代中国特色社会主义思想作为首要政治任务，扎实开展党史学习教育活动，如集中收看庆祝中国共产党成立100周年大会转播，组织召开“学党史、悟思想、办实事、开新局”专题组织生活会，开展“学党史、过党日、跟党走”红色主题党日暨“三会一课”活动，举办“艺心向党”主题征文比赛等，形式丰富，同时利用入会办展、课题调研、学术研讨、采风活动形式推动党史学习教育常态化、制度化。

上海市文联24个党支部共开展主题党日活动86次，开展党章专题学习交流31次；组织开展党组织书记集中轮训1次，基层党组织书记讲党课24次；组织开展党员集中学习培训47次，覆盖730人次，各级党组织开展“党课开讲啦”活动26次，参与180人次；撰写“艺心向党”学习体会100多篇；发放原著书籍、自选读本、学习笔记本和资料汇编共计1600余册。

二是落实巡视整改，完善长效管理。1月中旬，上海市委第九巡视组完成了对上海市文联党组的巡视，针对发现的问题，上海市文联制定整改方案，成立防范化解文艺领域意识形态重大风险工作领导小组，制定《上海市文联党组落实意识形态工作责任制实施意见》，将责任明确到人，基本完成整改工作，并通过完善制度，推进长效管理，出台并修订了群团改革、组织人事、纪检监察、内控等一系列制度，共更新或发布27项。

三是有序推进文艺家协会换届工作。按照群团改革要求，完成上海剧协换届改选工作，评协、杂协的换届筹备工作也在积极推进。

四是顺利完成文艺会堂硬件设施改造。克服疫情困难，上海市文联老洋房修缮工程顺利完工。在疫情防控常态化的要求下，文艺会堂提供大小会议服务600余场，展厅共计举办展览12个，展出作品1500余件，接待观展人员共计1万5千余人。

五是艺术考级一体化管理、规范化运作。2021年上半年，考级服务中心组织完成了2020年度书法、美术考级和2021年度音乐考级。

六是始终把疫情防控和安全工作作为当前的重大政治任务抓紧抓实。强化“四责协同”、切实把“有效防控监督、激励担当作为、精准规范执纪、关心关爱干部”落到实处，做好日常的疫情防控工作。

会议与活动

【上海市文联八届三次主席团会议】

1月28日，上海市文联召开八届三次主席团会议。上海市文联主席奚美娟，党组书记、专职副主席尤存，党组成员、专职副主席、秘书长沈文忠，党组成员、专职副主席韩陈青，主席团成员丁申阳、任仲伦、孙甘露、李守白、杨绍林、辛丽丽、汪大伟、汪涌豪、吴新伯、郑辛遥、俞亦纲、黄豆豆、雍和、廖昌永、滕俊杰、王丽萍、韩生等出席，奚美娟主持。

会议审议通过了《关于调整上海市文联第八届主席团成员的建议》，增补市创协主席金江波为第八届主席团副主席、委员。汪大伟不再担任第八届主席团副主席、委员。罗怀臻、韩生不再担任第八届主席团委员。

【戏剧卷等通过市方志办验收】

2月22日，由上海市文联承编、上海市剧协参编的《上海市志·戏剧卷（1978—2010）》定稿通过市方志办验收。

其编纂工作自2014年启动，2019年形成初稿并完成文联内审，2020年先后通过了市方志办的专家评议、审定。

此外，由上海音协、上海市舞协参编的《音乐·舞蹈卷（1978—2010）》和上海市美协、上海市书协和上海市摄协参编的《美术·书法·摄影卷（1978—2010）》分别于6月17日和6月29日通过验收。由上海曲协和上海杂协参编的《曲艺·杂技卷（1978—2010）》于4月30日通过审定。

【“海·尚”艺术沙龙】

2月26日，“海·尚”艺术沙龙首次活动——辛丑新春专场在亚振海派艺术馆举办，上海市文联第八届主席团和沪上艺术家共庆元宵。本次活动采用网络直播的方式，首次将元宵茶话会引入商业空间，推动商业空间向艺术空间功能拓展，鼓励艺术家主动“出圈”。

6月22日，“海·尚”艺术沙龙“迎建党 扬海派”专场活动举办，现场发布了王勇、殷雄、吴新伯、张军四位海派艺术家的访谈视频，阐述了海派文化的内涵及蕴含其中的上海城市精神，上海馨忆民族乐团献演海派民乐。

“海·尚”艺术沙龙是上海市文联和市对外文化交流协会、亚振海派艺术馆等机构共同推出的海派艺术传播传承系列活动，通过邀请各艺术门类的代表性艺术家，以访谈视频、线下沙龙、艺术导赏等形式，探讨海派文化的内涵和发展。

【长三角文艺发展联盟2021年度工作会议暨党史学习教育主题实践活动】

3月18日，长三角文艺发展联盟2021年度工作会议暨党史学习教育主题实践活动在安徽省宣城市举办。安徽省文联党组书记、副主席、书记处第一书记何颖，上海市文联党组书记、专职副主席尤存，江苏省文联党组书记、常务副主席、书记处第一书记水家跃，中国艺术报社总编辑康伟，上海市文联党组成员、专职副主席、秘书长沈文忠，江苏省文联党组成员、书记处书记何超，浙江省文联党组成员、书记处书记王先中，安徽省文联党组成员、书记处书记吕卉以及来自上海、江苏、浙江、安徽四地文联相关协会和机关处室负责人、所辖地市级文联负责人参加会议。

【上海文联被评为中国文联2020年度调研工作先进单位】

4月22日，2021全国文联理论研究工作会议在安徽芜湖举行。会议表彰并奖励了中国文联2020年度调研和舆情工作先进单位。上海文联与中国曲协、山东文联、陕西文联、宁夏区文联被评为2020年度调研工作先进单位。

【上海市剧协第八次会员代表大会】

4月22日，上海市剧协第八次会员代表大会在文艺会堂召开。上海市委宣传部副部长、市电影局局长高韵斐，中国剧协主席濮存昕，上海市文联主席奚美娟，上海市文联党组书记、专职副主席尤存，上海市文联党组成员、专职副主席、秘书长沈文忠，上海市文联党组成员、专职副主席韩陈青以及153名代表出席。大会审议并通过了上海市剧协第七届主席杨绍林所作的《上海市剧协第八次会员代表大会工作报告》，审议并通过了《上海市剧协章程（草案）》，选举产生了新一届理事100名。谷好好当选为第八届主席，史依弘、伊天夫、何筱琼、茅善玉、罗怀臻、顾坚核（驻会）、钱惠丽、梁伟平、喻荣军和蔡金萍当选为副主席（以姓氏笔画为序）。推举尚长荣、杨绍林为名誉主席，聘请马博敏、陈少云、荣广润、张静娴、刘文国、沈伟民为顾问。大会由韩陈青主持。

在紧接着召开的第八届理事会第一次会议上，宣布了新一届主席、副主席名单。新一届剧协主席谷好好代表新一届理事会做表态讲话。

【第37届上海之春国际音乐节】

4月28日，第37届上海之春国际音乐节“唱响百年 致敬经典”开幕音乐会在上海大剧院举行。上海市委常委、宣传部部长周慧琳，市人大常委会副主任蔡威，市政府副市长陈通，市政协副主席金兴明，中国文联副主席、中国音协主席叶小钢，著名作曲家吕其明、陈钢，以及本届音乐节组委会、艺委会成员，各主承办单位、参演院团领导等出席并观看演出。

活动以“主题音乐日”的形式展开，持续 7 小时，借助科技手段，创新性地实现了上海音协、上海音乐学院、上海大剧院艺术中心及旗下上海歌剧院、上海芭蕾舞团、上海民族乐团三家院团的艺术家，与巴黎管弦乐团、澳大利亚歌剧院交响乐团、以色列耶路撒冷室内乐团等海外顶尖艺术机构的艺术家在“上海之春”的“同台”，并面向海内外全程直播。

5月10日，闭幕演出“百年潮·中国梦——庆祝中国共产党成立100周年主题音乐会”在上海交响乐团音乐厅举办。上海之春组委会特别授予指挥家曹鹏、歌唱家才旦卓玛“特别荣誉奖”，

本届音乐节围绕“建党100周年”主题，新作品展演占全部28台演出的50%，40多部新作首演，100多名新人崭露头角。其间，近十万市民走进各大艺术场馆，数万名爱好者参加惠民活动，近千万网民在线观看了演出和活动直播。

【曙光——红色上海·庆祝中国共产党成立100周年主题艺术作品展】

5月13日，由上海市文联、市委党史研究室、杨浦区委、杨浦区政府共同主办的“曙光——红色上海·庆祝中国共产党成立100周年主题艺术作品展”在杨浦滨江毛麻仓库开幕。上海市文联党组书记、专职副主席尤存，市委党史研究室主任严爱云，杨浦区区长薛侃等主办方领导分别致辞并共同启动开幕装置。来自沪上红色展馆的讲解员为现场观众讲述党史。

6月1日，上海市文联党组书记、专职副主席尤存，杨浦区委常委、宣传部部长刘东昌等主办方领导以及本次入展作品的作者代表、志愿者代表参加了作品收藏捐赠仪式等闭幕活动。

本次展览以党的创建与早期斗争为切入点，综合美术、书法、摄影、民间文艺、文创装置等多种艺术样式，全方位展现红色上海的百年风貌，共展示100组/件展品，汇聚了252位艺术家的388件作品，展期内还策划组织了戏剧、音乐、电影、曲艺、诗歌等多种表演形式的“艺术党课”。展期18天，共接待观众超过2万人次，团队预约超过500支，网络“直播”观众超过200万人次。

【第四期“文艺两新”会员学习会】

7月15日，第四期“文艺两新”会员学习会在文艺会堂多功能厅举行。本次主题为“为文艺工作者撑腰——新修正《著作权法》的亮点与实务”，邀请上海君悦律师事务所合伙人、知识产权法专委会轮值主任方晶律师作了专题讲座，来自上海市文联所属各协会的“两新”会员共计70余人参加。

【上海市文联八届四次主席团会议】

9月2日，上海市文联召开八届四次主席团会议，审议通过了《关于调整上海市文联第八届主席团成员的建议》，增补上海市剧协主席谷好好为第八届主席团副主席、委员，中国书协副主席潘善助、中国民协副主席郑土有为第八届主席团成员。杨绍林不再担任第八届主席团副主席、委员。会上，主席团成员针对近期文艺界及娱乐行业接连曝出的多起违法违规、失德失范事件，围绕“修身守正，立心铸魂”这一议题表达了看法。

【全市文艺工作者艺风艺德专题培训班】

9月9日至10日，上海市委宣传部、市文旅局和上海市文联在上海市委党校共同举办了为期两天的全市文艺工作者艺风艺德专题培训班。上海市文联组织各协会、各区文联和行业社团负责人以及美术、书法艺术家代表和文艺“两新”工作者代表共84人参加培训。

【2021年度主管社团培训】

10月21日，以促进上海市文联主管社团艺风艺德建设与内部规范化管理为主题的培训在胡问遂艺术馆举行，20家主管社团的会长、秘书长等参加，上海文学艺术院院长胡凌虹，中国书协副主席、上海市书协驻会副主席兼秘书长潘善助作工作交流。上海市文联党组成员、专职副主席、秘书长沈文忠带领大家进行了学习。

【2021年文艺维权座谈会】

10月29日，以“协力维权，营造清朗文艺环境”为主题的上海市文联文艺维权座谈会召开，

法律界人士、艺术家代表以及上海市文联所属协会的维权联络员参加了本次座谈会。上海市文联党组成员、专职副主席、秘书长沈文忠出席会议并讲话。与会人员就近年来上海知识产权案件的相关数据与案例、新版《著作权法》对文艺维权带来的改变、文艺维权实务指南及文艺作品维权实例等作了交流发言。

【上海市文联八届五次主席团会议】

11月4日，上海市文联召开八届五次主席团会议，审议通过了《关于调整上海市文联第八届主席团成员的建议》，增补上海市文联党组书记夏煜静为第八届主席团专职副主席、第八届全委会委员。尤存不再担任第八届主席团专职副主席、第八届全委会委员。会议还通报了即将召开的第十一次全国文代会和市委宣传部制定的《关于我市开展文娱领域综合治理工作的实施意见》等相关工作信息。

【第十一次全国文代会、第十次全国作代会上海代表团赴京行前座谈会】

12月10日，第十一次全国文代会、第十次全国作代会上海代表团赴京行前座谈会在文艺会堂召开。上海市委常委、市委宣传部部长周慧琳出席并讲话，市委宣传部副部长滕建勇、高韵斐，上海市文联党组书记、专职副主席夏煜静，上海市文联党组成员、专职副主席、秘书长沈文忠，市作协党组书记、专职副主席王伟，市作协党组成员、专职副主席马文运等和上海代表一起出席。

此次参会的上海代表共69人，其中基层和创作一线的文艺工作者代表53人，“文艺两新”代表9人，中青年代表（55岁以下，1965年12月31日以后出生）43人。

【中国文联第十一次全国代表大会在京召开】

12月16日，中国文联第十一次全国代表大会在京召开第四次全体会议和中国文联第十一届全委会第一次会议，选举中国文联新一届主席团成员和全委会委员。铁凝连任中国文联主席；奚美娟连任中国文联副主席。

会议选出中国文联第十一届全委会委员共207人。上海市文联代表团的俞亦纲、夏煜静、徐俊、奚美娟、黄豆豆、廖昌永（以姓氏笔画为序）当选为中国文联第十一届全国委员会委员。黄豆豆被挂职为中国文联书记处书记。

创作与研究

【陆小雅影片回顾展暨学术讨论会】

4月2日，由上海大学上海电影学院、中国影评学会、上海影协联合主办，上海影评学会、电影理论研究（中英文）杂志社及峨眉电影集团协办的“小雅如歌——陆小雅影片回顾展暨学术研讨会”在上海举行，20余位专家学者围绕陆小雅作品中的女性观念、现实主义、理想主义和镜语体系等议题进行了分析与阐释。活动期间还放映了陆小雅执导的影片。陆小雅导演全程参与会议与展映活动。

【杂技剧《战上海》通过中国杂技艺术创新工程重点扶持作品验收】

4月30日，中国杂技艺术创新工程重点扶持作品《战上海》验收工作会议和国家舞台艺术精品创作扶持工程、2020年度全国舞台艺术重点创作剧目《战上海》验收工作会议分别在上海文艺会堂和上海马戏城召开。会议先后通过了杂技剧《战上海》中国杂技艺术创新工程重点扶持作品验收，国家舞台艺术精品创作扶持工程、2020年度全国舞台艺术重点创作剧目验收。

【叶飞2021百岁艺术作品展及研讨会】

8月28日，由上海市美协、少儿出版社联合主办的“叶飞2021百岁艺术作品展”在文艺会堂开幕。市美协顾问王劼音、张培成，市评协副主席张立行等沪上美术界、评论界专家30余人参加研讨会。

20世纪30年代，在鲁迅先生倡导的“新兴木刻运动”推动下，叶飞以刻刀作笔投身革命，创作了一大批批判现实主义的作品。1949年后，叶飞主要从事少儿出版工作。

【纪念陈云同志“出人、出书、走正路”谈话发表40周年座谈会暨第四届全国曲艺理论学术研讨会】

9月25日，纪念陈云同志“出人、出书、走正路”谈话发表40周年座谈会暨第四届全国曲艺理论学术研讨会在上海召开。中国文联党组成员、副主席董耀鹏，中国曲协主席姜昆，中国曲协分党组书记、驻会副主席杨发航，中国文联理论研究室副主任董涛，中国文联曲艺艺术中心主任项云，上海市文联党组成员、专职副主席韩陈青，嘉定区委常委、宣传部部长顾惠文，陈云纪念馆党委书记、馆长黎洪伟，中国曲协副主席翁仁康、盛小云、种玉杰，中国曲协顾问、中国曲协专家指导委员会主任王汝刚，上海市曲协主席吴新伯等出席。

9月26日，第四届全国曲艺理论学术研讨会举行，30余位专家学者围绕“红色题材曲艺作品的创演与创新”展开交流。本次研讨会自今年4月发出论文征集通知以来，共收到论文82篇，经评审，最终收录45篇作为交流论文。

【连台话剧《雷雨》《雷雨·后》研讨会】

10月24日，由上海市评协、上海艺术研究中心联合举办的“经典与时代的对话”研讨会在上海艺术研究中心举行，市评协副主席兼秘书长胡晓军和上海艺术研究中心主任夏萍主持。与会专家对来沪巡演的连台话剧《雷雨》《雷雨·后》发表了评论，并就经典作品与时代的关系等话题交流了看法。编剧万方和监制、复排导演王可然与上海专家作了互动。

【第五届上海书学讨论会】

10月28日至29日，由上海市书协、上海周慧珺书法艺术基金会、上海书画出版社联合主办的第五届上海书学讨论会在浦东召开，宣读了优秀论文获奖名单并颁奖。本次共收到应征论文106篇，经匿名盲审的方式，并通过论文“查重”系统和非会员论文作者面试，共评选出30篇论文，其中优秀论文5篇。

机关建设

【上海市文联党史学习教育动员部署会暨专题党课】

4月1日，上海市文联党史学习教育动员部署会暨专题党课在文艺会堂多功能厅召开。上海市文联党组书记、专职副主席尤存，党组成员、专职副主席、秘书长沈文忠，党组成员、专职副主席韩陈青，以及全体党员出席，沈文忠主持。会上，韩陈青宣读了《文联系统党史学习教育实施意见》，尤存作动员讲话，并上了一堂专题党课。

【上海市文联学习习近平总书记“七一”重要讲话座谈会】

7月5日，上海市文联召开学习习近平总书记“七一”重要讲话座谈会。上海市文联党组书记、专职副主席尤存，党组成员、专职副主席、秘书长沈文忠，党组成员、专职副主席韩陈青，上海市文联副处级以上干部和党支部书记40余人参加，韩陈青主持。会上，沈文忠传达了习近平总书记在庆祝中国共产党成立100周年大会上、七一勋章颁授仪式上的重要讲话精神，尤存交流了学习体会。

【上海市文联与市一医院举办合作共建签约仪式】

9月9日，上海市文联与市一医院在市一医院松江南院举办合作共建签约仪式暨音乐党课联组学习活动。上海市文联党组书记、专职副主席尤存，党组成员、专职副主席、秘书长沈文忠，党组成员、专职副主席、机关党委书记韩陈青，市一医院党委书记秦净，党委副书记、院长郑兴东，以及艺术家代表、党建共建单位代表、上海市文联和市一医院干部职工代表等参加了活动。

【夏煜静同志任中共上海市文联党组书记、专职副主席】

10月9日，上海市文联召开干部会议。市委宣传部常务副部长，市委外宣办、市政府新闻办主任胡劲军出席并讲话，市委组织部副部长曹远峰，市委宣传部副部长胡佩艳，市委宣传部副部长、市电影局局长高韵斐等出席。会上，曹远峰宣读市委关于夏煜静同志任中共上海市文学艺术界联合会党组书记、上海市文联专职副主席人选，免去其中共长宁区委常委、委员职务；免去尤存同志中共上海市文学艺术界联合会党组书记、上海市文联专职副主席职务的决定。尤存同志、夏煜静同志作了表态发言。

【上海市文联学习传达中国文联第十一次全国代表大会会议精神】

12月23日，上海市文联召开中国文联第十一次全国代表大会会议精神学习会议，专题学习传达了习近平总书记在中国文联十一大、中国作协十大开幕式上的重要讲话精神。上海市文联党组书记、专职副主席夏煜静，上海市文联党组成员、专职副主席、秘书长沈文忠，文联系统中层干部及各区级文联负责人参加会议。夏煜静主持并讲话。

各文艺家协会

【2020上海油画作品展】

1月14日，由上海市美协和中华艺术宫共同主办的“2020上海油画作品展”在中华艺术宫开幕并举行学术研讨会。市美协顾问邱瑞敏、王劼音、周长江、李向阳等和参展艺术家代表出席。

本次展览面向长三角地区征稿，共收到作品700余件，经两轮评选出100件，另特邀作品11件、总评委作品7件，共展出作品118件。其中体制外作者入选18件。

【上海“特色小镇”电视纪录片大赛颁奖仪式及创作成果展】

1月18日，由上海市文联、上海广播电视台、上海广文集团主办，上海视协和SMG纪录片中心承办，上海市美协、上海市书协、上海市摄协协办的上海“特色小镇”电视纪录片大赛暨主题艺术创作活动，在广电大厦演播厅举行颁奖仪式及创作成果展。上海市文联党组书记、专职副主席尤存，上海市文联党组成员、专职副主席韩陈青，上海视协主席滕俊杰、上海市美协主席郑辛遥、上海书协主席丁申阳，青年演员郑恺等嘉宾为获奖代表颁奖。

活动于2019年5月21日启动，分为电视纪录片大赛和主题艺术创作活动，前者最终评选出15部获奖作品，后者组织艺术家进行采风创作。

【上海市书协参加中国书协第八次全国代表大会】

1月26至27日，中国书协第八次全国代表大会在北京召开，上海代表潘善助当选第八届副主席，宣家鑫、徐庆华、张索、田文惠、王立翔当选为第八届理事，周慧珺等26人被聘为第八届顾问。

【上海音协参加中国音协第九次全国代表大会】

2月1日至2日，中国音协第九次全国代表大会在北京召开，上海代表廖昌永、张国勇、杨燕迪当选为第九届副主席，王勇、平安、乔嘉、许忠、许舒亚、张亮、周平、林大叶、罗小慈、段皑皑、费维耀、唐俊乔、黄蒙拉等15人当选为第九届理事。

【上海市舞协参加中国舞协第十一次全国代表大会】

2月1日至2日，中国舞协第十一次全国代表大会在北京召开，上海代表黄豆豆当选第十一届副主席，朱洁静、辛丽丽、吴虎生、董林当选为第十一届理事，舒巧等21人被聘为第十一届顾问。

【《嬗变4——跨界无限》影像摄影展】

3月20日至30日，由上海市摄协与上海企业家摄影学会联合主办，上海相机摄影博物馆古典工艺研究中心协办的《嬗变4——跨界无限》影像摄影展在文艺会堂展厅举办，12位企业家与艺术家的133幅/套作品组成联展。开幕前举办了研讨会，与会专家就嬗变的当代实践价值，影像的多元化走向，视觉融合的探索空间，摄影市场的培养与突进等议题展开讨论。展览期间有艺术家导赏和线下讲座，并率先采用区块链技术对摄影作品进行确权和数字认证。

【上海译协系列文化惠民讲座】

3月20日，上海译协与静安区图书馆举办讲座《从法国文学到法语文学》，上海译协副会长、华东师范大学外国语学院院长袁筱一主讲，70余名读者参加。2021年，译协联合各区图书馆举办文化惠民讲座共10余场。

【新艺联“艺术半径”项目】

3月28日，2021年上海市民文化节启动，上海新艺联与周边单位共同打造的文艺普及活动——“艺术半径”项目落地江宁社区，魔术师周舫（火娃）在江宁路街道开讲“绅逗逗的魔术课堂”，并与青年艺术家赵松涛、张冉一起参与惠民演出。

【电影党课暨版权合作签约活动】

4月26日，上海影协与中国版权保护中心联合举办“版权强国·电影艺术家讲党课”暨版权合作签约活动，100多位青年电影人和版权保护工作者参加。电影艺术家梁波罗和徐景新带领大家重温了红色记忆，还就如何保护红色文化资源，如何从法律层面为红色经典做好权利归属等话题进行了交流。上海影协及艺术家代表分别与中国版权保护中心签署《版权保护战略合作协议》《经典作品多维度全面保护意向书》。

【艺心向党——第六届上海舞蹈新人新作展演】

5月10日，作为第37届上海之春国际音乐节的展演项目，由上海市舞协等组织举办的“艺心向党——第六届上海舞蹈新人新作展演”在上海国际舞蹈中心连演两场。本次展演共收到40多个作品报名，经遴选和评议，30个作品进入展演，其中超半数的作品为首演，文艺“两新”特色突出。

【青年译者沙龙】

5月16日，以“译诗，我们在译什么”为主题的青年译者沙龙在草婴书房举行。上海译协副会长袁莉、吴刚，常务理事李定军、黄福海、包慧怡等参加。吴刚、李定军、黄福海等先后作主题发言。10月14日，主题为“文学翻译的传承与创新”的第二期沙龙举办，副会长袁莉、吴刚，常务理事李定军、黄福海、李玉瑶等参加。

【“曲苑芬芳浦江情”上海专场在京举办】

5月31日，“向党报告”庆祝中国共产党成立100周年曲艺精品创作展演——“曲苑芬芳浦江情”上海专场在北京喜剧院举办。中国文联党组成员、副主席、书记处书记胡孝汉，中国文联第九届副主席杨承志，中国文联党组成员、书记处书记董耀鹏，中国曲协主席姜昆，中国曲协分党组书记、驻会副主席杨发航，中国曲协副主席、中国艺术研究院曲艺研究所所长吴文科等，以及上海代表团的有关领导嘉宾在现场观看演出。上海市文联党组成员、专职副主席韩陈青致辞。演出立足“红色文化、江南文化、海派文化”，分为“曲颂中国红”和“艺赞时代美”2个篇章。

【我为群众办实事——上海戏剧、曲艺名家深入基层慰问演出】

6月11日，上海市剧协、上海市曲协与金山区教育局、金山中学联合举办“我为群众办实事——上海戏剧、曲艺名家深入基层慰问演出”，为金山区朱泾镇、金山中学和大茫村、待泾村等地的群众送去演出。

作为庆祝中国共产党成立100周年系列活动之一，戏剧艺术家熊明霞、蓝天、黎安、卫立、张冉、杨婷娜、钱思剑、吉燕萍、梁伟平、顾芯瑜，曲艺艺术家高博文、钱程、陈靓、阮继凯等参加演出。

【“相遇”——首届上海市高校摄影联展】

6月12日，由上海市文联、松江区委宣传部指导，上海市摄协、上海视觉艺术学院、松江区文旅局、松江区文联联合主办的“相遇”——首届上海市高校摄影联展在松江云间粮仓开幕。展览以“相遇”为主题，共收到7所高校推荐的176件、800余张照片、44件影像视频，经评审选定101件、334张照片、12件影像视频入展。开幕式上还举行了“上海高校摄影联盟”成立仪式，7家参展单位被授予“上海高校摄影联盟理事单位”。

【上海影协电影观摩交流会】

6月15日，上海影协在文艺会堂举办电影《柳浪闻莺》观摩活动。该片导演戴玮、女主角汪飑、监制程青松等主创人员，和上海越剧院院长梁弘钧，“一起拍电影”创始人张志远、导演刘凯奇等专家出席，上海影协副主席、影片监制郑大圣主持。该片曾入围第24届上海国际电影节“金爵奖”的主竞赛单元。

【首届上海市少年儿童美术大展】

6月17日，由市教委、市文旅局、共青团市委、上海市文联主办，上海市美协、上海市创协、中华艺术宫（上海美术馆）、市科教中心、市青年文联承办的“我们的幸福生活——首届上海市少年儿童美术大展”在中华艺术宫开幕。主展区分三大板块，展出的432件作品来自公开征稿，副展区有两个，邀请了各类优秀美术作品和出版物参展。

8月1日，展览在中华艺术宫落幕。展期内组织专家导览、名家讲座、亲子互动和校外研讨会等活动10余场，接待观众11万5千余人次，是上海近年来规格最高的少儿美术展览。

【《中国民间文学大系》项目申报推进会】

6月24日，上海民协在文艺会堂召开《中国民间文学大系》项目申报推进会。上海民协主席李守白，副主席郑土有、黄景春，副主席兼秘书长倪里勋以及《中国民间文学大系》学术委员会成员陈勤建、田兆元、石圆圆等与会。该项目是国家“十四五”规划中15个重大项目之一。

【“海上电影论坛”系列活动】

7月18日，由上海影协和意大利驻沪总领事馆文化处联合举办的“海上电影论坛”系列活动之《婚姻连系》展映、创作交流活动在文艺会堂举行。上海影协主席任仲伦，意大利驻沪总领事馆文化处处长达仁利，著名电影史学家、评论家、电影制片人马克·穆勒等出席。

11月17日，由上海影协和上海电影译制厂主办的“澄怀观道，魂的再塑”——海上电影论坛之乔榛从艺六十周年特别活动在文艺会堂举行，与会人员分享了与乔榛交往的故事。

【第二届短视频大赛】

7月28日，由上海市文联指导，上海视协主办，上海广播电视台东方卫视中心等单位协办的第二届短视频大赛颁奖仪式在文艺会堂举行。上海市文联党组成员、专职副主席韩陈青，上海市文联副主席、上海视协主席滕俊杰等为获奖代表颁奖。

本届大赛以建党百年为主题，自1月1日启动以来，共收到参评作品3531部，最终评出一等奖10部，二等奖14部，三等奖15部，另评选出8个优秀组织奖。

【百年丰碑——庆祝中国共产党成立 100周年系列书法展（上海篇）】

8月2日，作为全国书法界庆祝建党百年系列展篇章之一，由中国书协、上海市文联、宝山区政府主办的“百年丰碑——庆祝中国共产党成立100周年系列书法展（上海篇）”在宝山龙现代艺术中心开幕。中国书协分党组书记、驻会副主席李昕，上海市文联党组书记、专职副主席尤存，中共宝山区委副书记、区长高奕奕，上海市文联党组成员、专职副主席、秘书长沈文忠，中共宝山区委常委、宣传部长赵懿，宝山区副区长陈筱洁，市书协名誉主席周志高，上海市文联副主席、市书协主席丁申阳等出席。

展览展出沪上100名中国书协会员创作的100幅作品，包括向全市征集的以上海红色地标为题的原创诗词作品40首、楹联作品20副，运用跨界融合的理念，在两个月的展期中，开展8场专家艺术导览和8场红色宣讲。

【第四期上海市杂技艺术人才表演提高班】

8月15日，由上海市杂协主办的第四期上海市杂技艺术人才表演提高班在文艺会堂开班，培训邀请上海戏剧学院表演系教师周鸣晗、罗韧担任授课教师，学员20余人，为期五天。

【周慧珺杯·上海市——宋四家诗文临创大赛作品展】

8月21日，由上海市书协、黄浦区文旅局、上海周慧珺书法艺术基金会主办，上海周慧珺书法艺术研究院承办的“周慧珺杯·上海市——宋四家诗文临创大赛作品展”在文艺会堂开幕。本届是“周慧珺杯”连续举办的第五届，评选出一等奖作品3件、二等奖作品5件、三等奖作品11件、优秀奖作品15件，入展作品共计121件。

【第二届上海少儿魔术比赛及研讨会】

8月27日，由上海市杂协主办的第二届上海少儿魔术比赛在上海话剧艺术中心举行，共15个节目参赛，程海宝、周良铁、陆星奇、金伟、莫少仙、刘明亚、潘旭川担任评委。

9月1日，少儿魔术研讨会在文艺会堂召开。比赛评委、参赛选手、指导老师代表等20余人就上海少儿魔术现状展开讨论。

【曲苑文坛——2021年上海市曲艺培训班】

8月30日，由上海市曲协和上海独脚戏艺术传承中心共同主办的“曲苑文坛——2021年上海市曲艺培训班”开班，上海市文联党组成员、专职副主席韩陈青为王汝刚、吴新伯、王苏、张军颁发了授课专家聘书，50人参加培训。

9月3日，培训班举办了结业仪式。培训期间还学习了《修身守正 立心铸魂——致广大文艺工作者倡议书》。

【加强新时代上海文艺评论工作调研】

9月29日、10月13日，上海市文联理论研究室、上海市评协分别召开“贯彻中宣部等五部委《关于加强新时代文艺评论工作的指导意见》，加强新时代上海文艺评论工作”调研会，听取部分本市文艺评论工作者的意见和建议，在此基础上形成了《关于贯彻落实<关于加强新时代文艺评论工作的指导意见>的意见（草案）》。

【艺心向党——长三角地区庆祝建党百年舞蹈汇演】

10月9日，“艺心向党——长三角地区庆祝建党百年舞蹈汇演”在上海国际舞蹈中心举办。上海市文联党组成员、专职副主席、秘书长沈文忠，上海市文联副主席、上海市舞协主席辛丽丽，浙江省文联党组成员、书记处书记王先中，安徽省文联副主席、书记处书记王艳，江苏省舞协主席刘仲宝，上海国际舞蹈中心发展基金会理事长王延等观看演出。本次展演首次尝试以小型舞蹈作品表现重大题材，共演出来自沪苏浙皖四地的15个舞蹈新作佳作。

【“音乐梦想家”器乐剧《最美中国红》】

10月10日，由上海音协主办的“音乐梦想家”器乐剧《最美中国红》在宛平剧院演出。演出将20余首音乐作品重新创编，集中展现了中国共产党的精神力量。作为上海音协发起并主办的优秀考级生公益演出品牌，“音乐梦想家”每年与音乐考级同步举办。

【第二届“傅雷杯”全国文艺评论征文大赛】

10月20日，由上海市作协、上海市评协、浦东新区文旅局、浦东新区文联和航头镇政府联合主办的第二届“傅雷杯”全国文艺评论征文大赛颁奖典礼在傅雷纪念馆举行。上海市文联党组成员、专职副主席、秘书长沈文忠，浦东新区区委宣传部部长黄玮，上海市文联副主席、市评协主席汪涌豪等出席并颁奖，沈文忠与航头镇党委书记詹恒为“上海市评协创作研究教学基地”揭牌。大赛自3月启动，收到全国29个省市自治区共205篇征稿，经两轮评选，袁恒雷获特别奖，另评出一等奖1人，二等奖3人，三等奖6人。颁奖典礼前举行了第二届“傅雷杯”文艺评论论坛，由汪涌豪主持。

【上海艺术名家进校园、进乡村系列活动】

10月22日，由上海音协、上海市剧协、上海新艺联主办，金山区青少年活动中心、山阳中学承办的“深入生活、扎根人民——上海艺术名家进校园、进乡村”系列活动在金山区举行。上午，艺术家赴花开海上生态园和朱泾镇待泾村采风。下午，史峰、何筱琼、张冉、王柔桑、敖长生分别开设艺术课堂，普及陶笛、木偶戏、昆曲、越剧及声乐艺术；蓝天、徐蓉、席燕娟等在山阳中学为同学们进行表演。

【2021上海少儿戏曲小白玉兰颁奖】

10月23日，由上海市剧协、金山区教育局、金山区文联主办，金山区青少年活动中心、山阳中学承办的2021“艺心向党　梨歌新声”上海少儿戏曲小白玉兰颁奖暨展演活动在山阳中学举行。上海市文联党组成员、专职副主席韩陈青，金山区政府党组成员曹婕共同为“上海少儿戏剧小白玉兰人才培养基地”揭牌。

出席活动的领导和钱惠丽、梁伟平、李佩泓、唐元才等戏剧名家为获奖选手和集体颁奖，6人获最受观众喜爱的“小白玉兰”；15人荣获“小白玉兰”称号提名；49人荣获“小白玉兰”称号；14个集体节目荣获“优秀集体节目”称号。

【第十三届上海市摄影艺术展】

10月23日，第十三届上海市摄影艺术展览开幕暨颁奖仪式在文艺会堂举行，上海市文联党组成员、专职副主席、秘书长沈文忠，中国摄协副主席、上海市文联副主席、上海市摄协主席雍和等和影展评委、入展作者、团体会员单位代表共百余人出席。本届影展设4个类别，自7月19日启动，共收到来自1002位摄影人的4115件、近9000张作品，经三轮评选，198件作品入展。当天下午还举办了“当代摄影诸向”主题论坛，来自长三角地区的摄影家、理论家共同探讨了当代摄影的定义、性质与走向。

【中国剧协小剧场戏剧创演人才培训班】

10月24日至29日，由中国剧协、松江区委宣传部主办，中国文联戏剧艺术中心、上海市剧协、松江区文联承办的中国剧协小剧场戏剧创演人才培训班在松江举办，来自全国近50名小剧场编、导、演、管理人才参加。培训开设专题讲座、主题沙龙、实地采风等系列课程。尚长荣、王晓鹰、王俭、喻荣军等戏剧艺术家、剧作家担任授课专家。

【首届长三角地区青年舞蹈编导（线上）培训班】

10月27日，由长三角舞蹈发展联盟、松江区文联主办，松江区舞协承办的第一届长三角地区青年舞蹈编导培训班通过中舞网App线上开课，来自全国各地共1277人参加。此次培训为期七天，以提高舞蹈创作能力和创新能力为主题。

【第30届金秋诗会】

10月29日，由上海译协主办的第30届金秋诗会在上音歌剧院举行，上海市文联党组成员、专职副主席、秘书长沈文忠出席并致辞。上海译协会长魏育青，副会长袁莉、吴刚，常务理事黄福海，资深翻译家冯春、陈德民、杨伟民、何敬业等出席。39首外国诗歌入选本届诗会，通过诗歌、朗诵、戏剧、戏曲跨界融合的演出形式，更好地实现了交流互动。

【第六届“唯实杯”长三角地区青少年曲艺大赛展演】

10月30日，“曲苑芬芳——2021年上海市第六届‘唯实杯’青少年曲艺大赛展演”在嘉定区秀舞台举行。上海市文旅局党组成员、副局长程梅红，上海市文联党组成员、专职副主席韩陈青，嘉定区委常委、宣传部部长顾惠文，中国曲协顾问、中国曲协专家指导委员会主任王汝刚等出席，青年滑稽演员阮继凯和本次“小牡丹奖”获得者赵酥娜担任主持。

【首届长三角中青年文艺评论家高级研修班】

11月2日至5日，由沪苏浙皖文联主办、长三角文艺评论发展联盟承办的首届长三角中青年文艺评论家高级研修班在合肥举办。中国评协主席夏潮，安徽省文联党组书记、副主席、书记处第一书记何颖，安徽省文联党组成员、副主席、书记处书记林勇以及沪苏浙皖评协负责人出席了开班仪式。研修班上，三省一市78位中青年文艺评论工作者学习了涵盖文学、影视、美术、舞蹈、法律等多个学科和艺术门类的课程。

【第四届上海民间艺术成果展】

11月4日，由上海民协、市群艺馆联合主办的“风华百工，匠心永年——第四届上海民间艺术成果展”在市群艺馆开幕。展览共展出100多件（组）作品，期间还安排了非遗手工艺体验活动和民间艺术专题讲座。

11月19日，由上海民协、金山区文旅局主办，金山区文联、金山农民画院承办的第四届上海民间艺术成果展•民间艺术论坛暨2021上海民协骨干会员培训在金山区博物馆新馆举行。论坛以“昨天、今天和明天：时代召唤下的金山农民画”为主题进行了讨论交流。

【第十一届上海美术大展】

11月9日，由上海市文联、上海市美协、中华艺术宫共同主办的“庆祝中国共产党成立100周年”第十一届上海美术大展在中华艺术宫开幕。

上海市文联党组书记、专职副主席夏煜静，党组成员、专职副主席韩陈青，市美协顾问朱国荣、邱瑞敏、张培成、俞晓夫，上海市文联副主席、市美协主席郑辛遥，市美协副主席陈翔、殷雄、蒋铁骊等观摩展览。

本届大展面向长三角地区征稿，共收到作品1973件，其中新增数字媒体、交互装置、动漫、插画、海报设计等种类，经三轮评审，共评出入展作品482件。本次共展出510余件，含特邀艺术家和总评委作品，并陆续开展10余场导赏、体验及现场教学活动。

【明日主播——第五届上海大学生电视主持新人赛】

11月12日，由上海视协、市网络视听协会、市广播影视制作业行业协会、市群艺馆共同主办的“明日主播——第五届上海大学生电视主持新人赛”在市群艺馆落幕，评出金银铜奖共20人，于子越、范咏雪、肖天宇获金奖。大赛以“百年青春　逐梦初心”为主题，于10月启动，沪上15所高校报名，规模为历届之最。

【第十一届上海美术大展暨白玉兰美术奖】

11月18日，“庆祝中国共产党成立100周年”第十一届上海美术大展暨白玉兰美术奖颁奖仪式在文艺会堂举办。

本届大展共评出白玉兰美术奖优秀奖5件、佳作奖8件，沈柔坚艺术基金奖8件。21位获奖作者中（包括3名浙江作者），45岁以下有17人，创历届大展之最。仪式结束后还召开了第十一届上海美术大展学术研讨会。

【第十三届上海大学生魔术大会】

11月28日，由上海市杂协主办的第十三届上海大学生魔术大会在文艺会堂举办。中国杂协魔术艺术委员会副主任、浙江省杂协副主席兼秘书长戴滨淳，上海杂技团副团长、上海马戏城副总经理金伟等任评委。来自上海、北京、江苏和韩国等高校的10位选手参赛。韩国高丽大学的曹秋子获冠军；另评出二等奖2人，三等奖3人。

【孙道临诞辰100周年纪念活动】

12月10日，由上海影协、浙江省影协、上海电影评论学会指导，嘉善县委、嘉善县政府主办的孙道临诞辰100周年纪念活动在上海文艺会堂举办。活动包括孙道临艺术人生研讨会和第七届“孙道临杯”微电影大赛获奖作品发布会。大赛自9月启动以来，共收到129部参赛作品，最终评选出10部综合奖作品和5部单项奖作品。

【纪念丁善德诞辰110周年系列活动】

12月22日，“风华长存　惟善惟德——纪念丁善德诞辰110周年座谈会”在文艺会堂召开。上海市文联党组书记、专职副主席夏煜静，上海音乐学院副书记、副院长徐卫，昆山市副市长曹晔，上海音协副主席王勇、费维耀，家属代表丁芷诺及上海音乐界近40位学者、嘉宾出席。此次座谈会为“纪念丁善德诞辰110周年系列活动”之一，还包括“纪念丁善德诞辰110周年专题文献展”“丁善德钢琴、声乐作品专场音乐会”“丁善德交响乐作品专场音乐会”。

【上海市书协成立60周年座谈会暨《辙印——上海市书法家协会六十周年文献展》开幕式】

12月31日，上海市书协成立60周年座谈会暨《辙印——上海市书协六十周年文献展》开幕式在文艺会堂举行。上海市政协副主席金兴明，中国书协主席孙晓云，中国书协分党组书记、驻会副主席李昕，上海市委宣传部副部长、市电影局局长高韵斐，上海市文联党组书记、专职副主席夏煜静，市文旅局副局长金雷，上海市文联党组成员、专职副主席、秘书长沈文忠，市书协名誉主席周志高，上海市文联副主席、市书协主席丁申阳，市书协顾问张森、王伟平、刘小晴、童衍方、张淳、刘一闻、孙慰祖，老书法家代表，市书协主席团成员等参加了座谈会。

座谈会由夏煜静主持，丁申阳致欢迎词，沈文忠宣读贺函名单。会上，《辙印——上海市书法家协会六十周年纪实片》进行了首映。金兴明、孙晓云、李昕、高韵斐、夏煜静、金雷共同为《辙印——上海市书法家协会成立六十周年文献展》启幕。

区县文联

【闵行区第九届“百花齐放新时代”系列文化活动】

5月21日，闵行区第九届“百花齐放新时代”系列文化活动暨“上海闵行红色文化艺术展”在闵行春申文化广场开幕。展览共展出83组近100件原创作品，后续还围绕“风云百年 辉煌时代”主题开展多场文艺演出、艺术展览、文化研讨及艺术讲座。

【金山区艺术大展——硬笔书法作品展】

5月31日，由金山区文旅局、廊下镇人民政府、金山区文联主办的“庆祝中国共产党成立100周年”金山区艺术大展——硬笔书法作品展在海鸥美术馆开幕。展览征集作品130件，最后选出100件入展，后续还举办了书法展、摄影展、美术展等，此后每两年举办一届。

【普陀区庆祝中国共产党成立100周年美术书法作品展】

6月11日，由普陀区委宣传部指导，区文旅局、区文联主办，区美协、区书协、区收藏协会承办，区作协、区摄协及区文化馆协办的“翰墨颂辉煌——普陀区庆祝中国共产党成立100周年美术书法作品展”在普陀区文化馆开幕。本次展览展出近600件作品和藏品。

对外交流

【上海文艺名家受邀参加2021联合国中文日活动】

7月5日至9日，2021“维也纳联合国中文日——传承历史·续写华章”系列活动在线上、线下同时举行。恰逢中国共产党成立100周年暨联合国恢复中国常任理事国席位50周年，多个主流新闻媒体平台面向海内外观众同步直播。上海市剧协受邀组织录制了“上海戏剧”专场，尚长荣、史依弘、黎安、罗晨雪、茅善玉、钱惠丽、王志萍、梁伟平、魏松、喻荣军、何筱琼、高珊进行了表演。联合国中文日文化大使、上海市文联副主席、上海视协主席滕俊杰在“中国文化”专场演出中致辞；上海市剧协主席，上海戏曲艺术中心党委书记、总裁，上海昆剧团团长谷好好在闭幕式上致辞。

【友情·友谊——中韩书法交流展】

11月30日，由上海市书协、中华艺术宫主办的“友情·友谊——中韩书法交流展”在中华艺术宫开幕，展出中韩两国书法家作品50幅。韩国驻上海总领事金胜镐、文化领事金烘秀，上海市文联副主席、上海市书协主席丁申阳，上海市文联办公室主任钱春妹，中华艺术宫馆长陈翔、副馆长徐靖逸简短会晤交流后一同参观了展览。

江苏省文联

综　述

2021年，是中国共产党百年华诞的喜庆之年，是“十四五”开局之年，江苏省文联在省委省政府的坚强领导和省委宣传部的有力指导下，坚持以习近平新时代中国特色社会主义思想为指导，认真贯彻落实习近平总书记关于文艺工作的重要论述，全面学习贯彻省第十四次党代会精神，按照省委对文艺工作的要求，团结引领全省广大文艺工作者不忘初心、牢记使命，围绕中心、服务大局，繁荣文艺、服务人民，扎实有序推进多项工作，取得明显成效。

重要会议

【“贯彻落实娄勤俭书记在省十次文代会、九次作代会上讲话精神座谈会”在扬州召开】

5月27日上午，“贯彻落实娄勤俭书记在省十次文代会、九次作代会上讲话精神座谈会”在扬州召开。会议交流贯彻落实娄书记讲话精神成果，进一步厘清工作思路，研究贯彻落实讲话精神的具体举措，推动全省文艺事业“高处再攀高”。江苏省文联名誉主席王湛，江苏省文联主席章剑华，江苏省文联党组书记水家跃，扬州市委常委、宣传部部长张长金，江苏省文联领导刘旭东、刘轩明、何超、黄俊、王建，以及各设区市文联负责同志，省各文艺家协会主席、秘书长，江苏省文联相关部门、单位负责人等出席会议。会议指出，2020年12月29日，江苏省委书记娄勤俭出席省十次文代会、第九次作代会开幕式并发表重要讲话，号召全省广大文艺工作者高举习近平新时代中国特色社会主义思想伟大旗帜，深入贯彻落实习近平总书记视察江苏重要讲话指示精神和关于文艺工作的重要论述精神，坚定文化自信、增强文化自觉，让文艺更好地扛起反映时代的使命，以更多精品力作抒写时代、立言中国，推动全江苏省文联系统和文艺界在“争当表率、争做示范、走在前列”的新征程中贡献文艺力量。全省文艺界倍感振奋、备受鼓舞，全江苏省文联系统和文艺界迅速学习贯彻，精心策划文艺创作生产，开展专题调研，做了大量卓有成效的工作。

【江苏省文联党组专题学习习近平总书记在庆祝中国共产党成立100周年大会上的重要讲话精神】

7月2日上午，江苏省文联召开中心组理论学习会议，专题学习领会习近平总书记在庆祝中国共产党成立100周年大会上的重要讲话精神。江苏省文联党组书记、常务副主席、书记处第一书记水家跃主持会议并讲话，强调要以习近平总书记的讲话精神为强大动力，开拓进取、奋发有为，为推动江苏文艺高质量发展，建设“强富美高”新江苏贡献文艺的力量。江苏省文联领导刘旭东、刘轩明、何超、黄俊、骆朗，以及有关部门负责人出席会议并分别作交流发言。江苏省文联各部门、协会、单位负责人参加会议。

【江苏省文联党组专题学习贯彻中宣部文娱领域综合治理会议精神】

9月8日下午，江苏省文联党组召开专题会议，学习传达中宣部文娱领域综合治理工作电视电话会议精神，部署相关工作。江苏省文联主席章剑华出席会议并讲话，江苏省文联党组书记、常务副主席、书记处第一书记水家跃主持会议并作工作部署。会议指出，8月24日，中国文联在北京召开“修身守正　立心铸魂——中国文联文艺工作者职业道德和行风建设工作座谈会”，会议发出了《修身守正　立心铸魂——致广大文艺工作者倡议书》。9月3日，中宣部召开文娱领域综合治理工作电视电话会议，中共中央政治局委员、中宣部部长黄坤明出席并讲话。江苏省文联全体干部党员要充分认识到文艺工作者职业道德和行风建设工作的重要性和紧迫性，切实把思想和行动统一到中央的决策部署上来，引导广大文艺工作者修身守正、立心铸魂，着力营造天清气朗的良好风气，推动我省各项文艺事业高质量发展。

【江苏省文联十届二次全委会在宁召开】

10月9日，江苏省文联十届二次全委会在宁召开。会议以习近平新时代中国特色社会主义思想为指导，深入学习贯彻党的十九大和十九届二中、三中、四中、五中全会精神，认真研究落实省委、省政府关于文艺工作的重要指示，审议江苏省文联十届二次全委会工作报告，研究部署下一阶段的任务安排。江苏省文联名誉主席王湛，江苏省文联主席章剑华，江苏省文联党组书记、常务副主席、书记处第一书记水家跃，江苏省文联党组成员、副主席、书记处书记刘旭东、刘轩明，江苏省文联党组成员、书记处书记何超、黄俊、骆朗，江苏省文联副主席孙晓云、周京新、常胜梅、侯勇、姚建萍、池文杰、杨明、叶飚荣、徐惠泉、王咏梅，以及江苏省文联第十届委员，各设区市文联主要负责人，江苏省文联专家指导委员会成员，江苏省文联各部门、协会、单位主要负责同志出席会议。王湛、章剑华分别讲话，章剑华主持会议，水家跃作工作报告。会议审议通过江苏省文联第十届委员会委员增补、更替事项。根据《江苏省文学艺术界联合会章程》第十九条规定，并经江苏省文联第十届委员会主席团提名，增补黄俊、郭开芬、季珉、王维国、李军、庞余亮同志为江苏省文联第十届委员会委员。卢敏、陆玉方、张益民、高定、刘仁前同志将不再担任江苏省文联第十届委员会委员。增补黄俊为江苏省文联副主席。通过了《江苏省文联第十届委员会增补副主席选举办法》。孙晓云同志宣读了《修身守正 立德铸魂——致全省文艺工作者的倡议书》。

【江苏省文联认真学习贯彻省第十四次党代会精神】

11月29日上午，江苏省文联召开全体人员会议，认真学习贯彻省第十四次党代会精神。江苏省文联党组书记、常务副主席、书记处第一书记水家跃主持会议并讲话，要求江苏省文联全体人员把学习贯彻省党代会精神作为当前和今后一个时期的重要政治任务，认真学习领会会议精神，切实把思想和行动统一到省党代会精神上来，把力量凝聚到落实省党代会确定的目标任务上来，扛起“三大光荣使命”，实现“六个显著提升”，努力构筑新时代江苏文化艺术高峰，加快建成社会主义文化强省先行区。江苏省文联领导班子成员出席会议。

【学习贯彻习近平总书记在中国文联十一大、中国作协十大开幕式上的重要讲话精神】

12月24日上午，江苏省文联党组中心组召开会议，交流学习习近平总书记在中国文联十一大、中国作协十大开幕式上的重要讲话精神的心得体会。江苏省文联党组书记、常务副主席、书记处第一书记水家跃主持会议并讲话。江苏省文联领导班子成员刘旭东、刘轩明、何超、黄俊出席会议。水家跃在讲话中说，习近平总书记在中国文联第十一次全国代表大会、中国作协第十次全国代表大会开幕式的重要讲话，从党和国家事业发展的全局高度，回顾了党的百年奋斗历程中文艺发挥的重要作用，充分肯定了党的十八大以来文艺战线取得的丰硕成果，深刻阐明了新时代新征程上文艺工作肩负的一系列重大问题，丰富发展了马克思主义文艺观，为做好文艺工作提供了根本遵循。

会议还传达学习了近期召开的省委经济工作会议精神。江苏省文联党组成员、书记处书记何超，艺术部主任付少武，省视协秘书长丁秋灵，省评协副秘书长（主持工作）衡正安交流了各自学习领会习近平总书记重要讲话精神的体会。江苏省文联各部门、协会负责同志参加会议。

重要活动

【2020江苏省书画院年度写生创作汇报展开幕】

1月5日，由江苏省文联主办，江苏省书画院承办的“春华秋实——2020江苏省书画院年度写生创作汇报展”在省现代美术馆开幕。江苏省文联主席章剑华，江苏省文联党组书记、常务副主席、书记处第一书记水家跃，省国画院名誉院长、省书画院名誉院长赵绪成，江苏省文联顾问徐昕，江苏省文联副主席、省美术馆馆长、省美协副主席徐惠泉，省书画院院长、省美协顾问薛亮等出席开幕式。章剑华在讲话中强调，江苏的艺术家，尤其是青年人才要“冷”下来，多思考，多创作，他对青年书画家们提出三点希望：一是善于冷思考；二是甘于坐冷板凳；三是勇于冷考验。作为年度汇报展，本次展览以省书画院的专职书画家为主，参展画家包括名誉院长冯健亲、赵绪成，院长薛亮、副院长陆庆龙、执行院长高建胜和书画院的全体在职画家以及特聘研究员。参展的80余件中国画、油画和书法作品，题材广泛、形式多样、风格各异，全面展示2020年度省书画院的创作力量，表达了书画家们对小康社会和时代风貌的关注，体现了创作者们面对新时代、新格局和新理念所进行的探索与创新，在作品的时代性、学术性、多样性、创新性等方面均有相应的思考与表达，具有相当的思想深度和审美品质。

【“春和景明·2021年江苏省文联系统迎春联展”】

2月3日，由江苏省文联主办，江苏省美协、省书协、省摄协、省民协、省书画院、省现代美术馆，以及13个设区市文联承办的“春和景明·2021年江苏省文联系统迎春联展”在省现代美术馆开展。现场举办了“江苏省文联向2020年全国劳动模范和先进工作者代表捐赠作品仪式”。江苏省文联主席章剑华，江苏省文联党组书记、常务副主席、书记处第一书记水家跃，中国书协主席、江苏省文联副主席、省书协主席孙晓云出席捐赠仪式，并分别向2020年全国劳动模范和先进工作者代表：拉萨路小学和方兴小学校长严瑾，中国电信股份有限公司南京六合区分公司高级工程师杨春泽，南京际华五三零二有限责任公司服装缝制车间主任谢秀荣赠送书画作品和肖像作品。“春和景明”是江苏省文联精心打造的贺岁迎春、惠民乐民的文艺品牌，自2015年至今已连续举办了七届　。本次展览以“讴歌新时代、畅想中国梦”为主题，以江苏省文联系统迎春大联欢的形式呈现。参展的208件作品为各设区市文联推荐的104名艺术家所作，分为美术、书法、摄影、民间工艺4大板块，艺术家们用丰富的艺术形式描绘了江苏的历史之美、风物之美、人文之美、发展之美。此次联展为江苏省文联系统增进交流、互鉴互补搭建了展示平台。

【“百年江苏”大型美术精品创作工程作品展】

6月28日，由江苏省委宣传部、江苏省文联主办，江苏省美协承办的“百年江苏”大型美术精品创作工程作品展在省现代美术馆开幕。江苏省委常委、宣传部部长张爱军，副省长马欣，省委原副书记顾浩，省委原副书记、原省纪委书记冯敏刚，省政协原副主席张九汉，省委副秘书长刘步健，省委宣传部副部长徐宁，江苏省文联主席章剑华，江苏省文联党组书记、常务副主席、书记处第一书记水家跃，省国画院名誉院长赵绪成，江苏省文联领导刘轩明、何超、黄俊、骆朗出席开幕式并参观了展览。该大型美术精品创作工程于去年4月启动，经专家反复论证，精选105个创作选题，组织全省老中青三代美术工作者以“笔墨当随时代”的精神，创作推出105件作品，覆盖中国画、油画、版画、雕塑四个种类。本次美术创作工程是近十年来江苏省主题最鲜明、规模最大、参与范围最广、组织化程度最高的一次美术主题创作活动，来自省内美术专业机构和新文艺群体的130多位艺术家历时一年多，数易其稿，激情投入创作。

【第四届江苏省青年艺术周暨5.12国际护士节慰问展演活动】

5月10日，由江苏省文联和省人民医院联袂主办，省青协承办的第四届江苏省青年艺术周暨5.12国际护士节慰问活动在南京举行。江苏省文联主席章剑华表示，医务工作者和文艺工作者同台共展共演，以此庆祝国际护士节，是非常好的形式。医务工作者们关键时刻冲锋在前，奉献自己的青春和生命，他们是平凡岗位上最令人崇敬的人。疫情期间他们奋战在第一线，他们的付出让所有人感动，他们的精神值得所有人学习和尊敬。此次文艺慰问展演是向无私奉献的白衣天使表达崇高的敬意，也是激励广大医务工作者传承红色基因，勇立时代潮头，为建设健康江苏再谱新的华章。在《致敬白衣天使》慰问演出中，青年艺术家带来了内容丰富、主题鲜明、形式多样的文艺节目。

【江苏工艺美术大师精品展】

5月15日，由江苏省委宣传部、中国民协、中国工艺美术协会、中国美术馆、江苏省文联主办，江苏省民协、省工艺美术行业协会承办的“大美民间·苏作百年”江苏工艺美术大师精品展在中国美术馆开幕。建党百年之际，江苏精心遴选100

位艺术名家的100件（套）民间工艺精品晋京，既是一次江苏工艺美术精品的集中展示，也是江苏广大民间文艺家用心、用情、用功为中国共产党建党100周年献上的一份厚礼。全国政协原副主席孙家正观看了展览。

【2021紫金文化艺术节“艺动青春”江苏优秀青年艺术家系列展示】

由江苏省委宣传部、省文化和旅游厅、江苏省文联主办的2021紫金文化艺术节，主体活动于9月至11月在南京及省内部分设区市陆续展开。今年紫金文化艺术节的主题为“百年辉煌，再谱华章”，由舞台艺术系列演出、艺术作品展览、“艺动青春”江苏优秀青年艺术家系列展示、大学生戏剧展演、紫金小剧场展演等多部分组成。“艺动青春”板块分为扬剧专场、曲艺专场、声乐专场，在南京与苏州两地展开。与“名师带徒”计划有机结合，分别展示3个领域的“80后”优秀青年艺术人才的风采。

【2021江苏雕塑月“丰碑——庆祝中国共产党建党100周年雕塑精品展”】

10月25日上午，2021江苏雕塑月“丰碑——庆祝中国共产党建党100周年雕塑精品展”在江苏大剧院开幕。江苏省委宣传部副部长徐宁，江苏省文联主席章剑华，省文投集团党委副书记、江苏省文联副主席叶飚荣，中国美协副主席、江苏省文联副主席、省美协主席周京新，南京市文联党组书记、常务副主席任家龙，南京广播电视集团（台）党委书记、台长、董事长高顺青出席并共同为展览揭幕。开幕式由江苏省文联党组成员、副主席、书记处书记刘旭东主持。雕塑展由两大篇章组成。第一篇章为致敬“七一勋章”获得者雕像创作展。今年6月，习近平总书记在人民大会堂为29名“七一勋章”获得者颁授勋章。这些功勋模范是全国各条战线党员中的杰出代表，生动体现了中国共产党人的高尚品质和崇高精神。由此，本届“江苏雕塑月”组委会立足江苏、面向全国，邀请优秀的雕塑艺术工作者为“七一勋章”获得者塑像，纪念和宣传他们的感人事迹和高尚情操。第二篇章为“伟大的时代”主题雕塑邀请展，展览会集了近40位来自全国的优秀雕塑艺术工作者，大家围绕讴歌党、讴歌祖国、讴歌人民、讴歌英雄的时代主题，表现、刻画和塑造了新中国革命事业和社会主义建设事业中的人物、事件、力量和精神。

【“百年光影　红色记忆”庆祝建党100周年江苏摄影作品展】

10月28日上午，由江苏省委宣传部、江苏省文联主办，省摄协承办的“百年光影　红色记忆”庆祝建党100周年江苏摄影作品展于在省现代美术馆开幕。江苏省政协原副主席李仁，江苏省文联主席章剑华，江苏省文联党组书记、常务副主席、书记处第一书记水家跃，省委统战部副部长、省工商联党组书记顾万峰，省机关事务管理局原一级巡视员于洪军，江苏省文联党组成员、副主席、书记处书记黄俊，省摄协原副主席、老摄影家晓庄，著名摄影家吴印咸先生孙女、南京艺术学院设计学院原党总支书记、吴印咸研究会秘书长吴含光，省摄协名誉主席沈遥，省摄协主席许益民等出席开幕式。作为2021紫金文化艺术节的重要活动项目和庆祝中国共产党成立100周年的重大主题活动，本次展览分为“红色记忆　光影永恒”“风雨历程　光荣见证”“强国有我　不忘初心”“继往开来　时代新篇”四个篇章，以约300幅摄影作品反映百年江苏在中国共产党的领导下所走过的光辉历程和取得的伟大成就，体现江苏光荣的革命历史传统、深厚的红色文化底蕴和鲜明的红色精神图谱，展示江苏在建设中国特色社会主义伟大进程中书写的壮丽篇章，描绘100年来江苏儿女沿着红色历史的足迹，继往开来、接续奋斗，矢志不渝奋进新征程、建设新江苏的时代画卷。

【喻继高绘画展亮相中国美术馆】

11月6日至21日，由中国美协、中国美术馆、江苏省委宣传部、江苏省文化和旅游厅、江苏省文联、深圳大学主办，江苏省美协、深圳大学喻继高中国工笔画研究院承办的“春满神州——喻继高绘画展”在中国美术馆展出。本次展览共呈现喻继高创作的100余幅作品，其中大型作品10余幅，多数是他近年创作的精品。中国文联名誉主席孙家正，中国文联党组书记、副主席李屹，江苏省委常委、宣传部部长张爱军，中国文联副主席、中央文史馆副馆长、中国美协名誉主席冯远，中国文联原副主席杨承志，中国美协主席、中央美院院长范迪安，中国美协副主席、中国美术馆馆长吴为山，中国美协分党组书记、秘书长马锋辉，中国美协副主席何家英、杨晓阳，江苏省委宣传部副部长徐宁，江苏省文旅厅副厅长常胜梅，中国美术馆副馆长安远远等嘉宾以及众多美术家、美术理论家出席开幕式。

品牌活动

【举办“紫金文化奖章”名家展演李奕洁专场】

4月13日晚，原创京剧现代戏《青衣》作为江苏“紫金文化奖章”名家展演李奕洁专场在上海首次亮相。江苏省政协原副主席陆军，江苏省文联副主席、省剧协主席、省演艺集团总经理柯军，省文投集团党委副书记叶飚荣等领导及业内专家裴福林、胡芝风、荣广润、康尔、沈伟民、龚孝雄等观看了演出。14日上午，还举办了江苏省紫金文化奖章获得者李奕洁现代京剧《青衣》研讨会。专家们对本剧的题材选择、制作编创以及多年来取得的成绩都给予高度肯定，同时提出宝贵指导意见，鼓励剧组在目前的良好基础上沿着既定的方向走下去，给现代戏曲创作提供成功经验与案例。专家们也从不同角度对主演李奕洁的艺术成就进行了评价，大家普遍认为，她是当下作品多样、功底扎实、成绩突出、有鲜明个性特征的实力派京剧名家。

【“百工百艺 山花绽放”长三角地区民间工艺精品邀请展】

6月5日，由中国民协指导，江苏省文联、中共苏州市委宣传部主办的“百工百艺·山花绽放”长三角地区民间工艺精品邀请展在苏州名城艺术馆开幕。本次民间工艺精品邀请展撷取苏、浙、沪、皖传统工艺美术9大类别中的102个工艺品类，邀请102个品类的100多位有代表性的艺术家、精选出106件作品。其中包括中国民间文艺最高奖“山花奖”获得者6人，中国工艺美术大师6人，省级工艺美术大师33人，国家级非遗项目35个，国家级代表性传承人9人，省级非遗项目16个，省级代表性传承人29人。展览集中呈现百个工艺类别、百位代表性艺术家、百件代表性作品，向建党百年献礼，体现浓郁的地域文化特色和独具风采的民俗风情，表达百姓对美好生活的殷切向往以及对真善美的颂扬，呈现长三角地区文明形态的灿烂辉煌。

【2021江苏十佳优秀青年美术家作品展（油画）在江苏省现代美术馆开幕】

10月20日上午，由江苏省文联主办，江苏省美协、省现代美术馆承办的“2021江苏十佳优秀青年美术家作品展（油画）”在省现代美术馆开幕。中共江苏省委原副书记冯敏刚，江苏省人大常委会原副主任、江苏省文联名誉主席王湛，江苏省文联主席章剑华，江苏省文联党组书记、常务副主席、书记处第一书记水家跃出席开幕式并共同为展览揭幕。“2021江苏十佳优秀青年美术家作品展（油画）”是江苏省文联的品牌展览，是江苏省现代美术馆自主策划的“十四五”规划系列展览之一，展览共展出近百件油画作品。十位参展青年美术家是经江苏省现代美术馆艺委会专家评审，从32位风采各异的江苏优秀青年油画家中脱颖而出的十位佼佼者，他们曾在国家和省级美展中屡创佳绩，是众多江苏省优秀青年美术家的代表。

【百年华彩——2021·中国百家金陵画展（中国画）】

12月1日，由中国美协、中共江苏省委宣传部、江苏省文旅厅、江苏省文联共同主办，中国文联美术艺术中心、省美协、省美术馆、省书画院联合承办的“百年华彩——2021·中国百家金陵画展（中国画）”在省美术馆开幕。展览共展出100件中国画作品，其中10件典藏作品，10件收藏作品。江苏省政府副省长马欣，省委原副书记顾浩，省政协原副主席冯健亲，省政府副秘书长刘建，省委宣传部副部长徐宁，江苏省文联党组书记、常务副主席、书记处第一书记水家跃，省文旅厅党组成员、副厅长常胜梅，江苏省文联党组成员、副主席、书记处书记刘旭东，江苏省文联党组成员、书记处书记何超，中国美协副主席、江苏省文联副主席、省美协主席周京新，省国画院名誉院长赵绪成，全国中国画学会副会长、省中国画学会会长高云等出席开幕式。开幕式上，徐宁、水家跃、周京新分别致辞。常胜梅宣读了“百年华彩——2021·中国百家金陵画展（中国画）”典藏作品、收藏作品作者和组织奖单位的名单。今年是建党100周年，本届展览以“百年华彩”为主题，于2021年6月开始征稿，共征得稿件五千余幅，经过评委会严格的初评、复评，最终100件作品入展，其中10件典藏作品、10件收藏作品。本次展览旨在以笔墨丹青追寻党的百年光辉岁月，推出了一批表现祖国伟大建设成就、壮丽山川、美好生活和审美追求的精品力作。这些作品艺术风格多样，制作精良，体现了当下中国画创作的繁荣与活力。

【组织开展百年影像纪录——党史学习教育纪录片观摩活动】

为庆祝中国共产党成立100周年，贯彻中共中央《关于在全党开展党史学习教育的通知》和习近平总书记在党史学习教育动员大会上的讲话精神，按照“学党史、悟思想、办实事、开新局”的总要求，结合电视艺术特色，发挥电视纪录片“国家相册”功能和视听产品的传播优势；同时，积极落实“我为群众办实事”的具体要求，满足广大会员及电视艺术工作者渴望参与融入协会重要活动和重点工作的需求，江苏视协联合中国视协遴选了一批近年播出的、制作精良传播深远的、全面展现党史、新中国史、改革开放史、社会主义发展史的优秀纪录片，作为视协会员党史学习教育的观摩学习资料，开展“百年影像纪录——党史学习教育纪录片观摩活动”。

创作与研究

【大力推进重大题材精品创作】

围绕江苏省委的重大决策部署，积极参与江苏省庆祝中国共产党成立100周年大型歌咏文艺演出《永远跟党走》活动，实施“百年江苏”大型美术精品创作工程，组织100多位知名艺术家用一年多时间创作105件美术精品，生动描绘百年来江苏人民的奋进历程。江苏省委常委、宣传部部长张爱军出席展览开幕式并参观了展览。“大美民间·苏作百年”江苏工艺美术大师精品展，在中国美术馆隆重举行，精心遴选100位艺术名家的100件（套）民间工艺作品，涵盖十几个艺术类别。“两弹一星”中篇系列曲艺创作项目顺利推进，已完成中篇评弹《钱学森》《程开甲》《邓稼先》以及反映王淦昌的评弹《以身许国》等4部作品；15部作品参加中国曲协“建党百年”作品征集展播活动。歌曲作品《红船初心》《春色家园》入围中音协“百年百首”全国优秀新创作歌曲征集活动。

【发挥“江苏省文艺大奖”评选的导向作用】

先后组织开展了戏剧、电影、音乐、曲艺、舞蹈、民间文艺、摄影、杂技、文艺评论等评奖工作，表彰了一大批优秀文艺精品和一大批优秀文艺工作者，成为引导文艺创作、激励文艺家的风向标。

【充分发挥文艺评论作用】

2021年，中宣部等五部门联合印发了《关于加强新时代文艺评论工作的指导意见》，中国文联召开加强改进新时代文艺评论工作座谈会，对加强新时代文艺评论工作提出要求。江苏省评协充分发挥文艺评论的导向功能，以“在场”的责任意识，“进场”的奋斗姿态，“走到场中央”的精神气度，组织专门力量对江苏省庆祝建党100周年大型歌咏文艺演出进行系列评论，对主旋律电影电视剧《跨过鸭绿江》《觉醒年代》《山海情》《守岛人》等专题召开研讨会，编纂出版《2020江苏青年文艺评论集》《2020江苏文艺研究与评论精粹》，有力引导了文艺创作和社会审美，提升了文艺活动的档次内涵、扩大了影响，促进文艺事业繁荣发展。

【“百年江苏”大型美术精品创作工程文论专题会议召开】

9月26日，“百年江苏”大型美术精品创作工程文论专题会议在南京举行，梳理总结该美术工程的学术成果及组织经验，对江苏当前的主题创作进行了进一步的深入探讨。“百年江苏”大型美术精品创作工程由中共江苏省委宣传部、江苏省文联主办，江苏省美协承办实施，工程自2020年4月启动，汇聚江苏省美术精英，推出百幅精品力作，展现江苏百年历程。以中国画、油画、版画、雕塑为表现形式，共有105个选题、105件作品展出。在组织过程中，为了将精品工程推向持续深入，使之产生更为深远的学术影响力，主办方面向社会公开征集论文，并组织开展学术研讨，邀请美术界专家、学者紧扣“百年江苏”主题，梳理建党百年江苏美术的发展变化，解读江苏美术主题美术创作的成就。

各文艺家协会

【戏剧家协会】

10月31日，由江苏省文联指导，江苏省戏协、海安市委宣传部、海安市文广旅局、海安市文联主办的“百炼成钢”——江苏省第三届戏剧小戏小品展演在南通海安市落下帷幕。共收到全省43个单位报送的69件参展作品，涵盖13个剧种。这些作品既有对战争岁月、红色历史的深情回顾，也有聚焦脱贫攻坚、乡村振兴的深度挖掘，还有对现代化建设光辉业绩和英雄模范事迹的热情讴歌，生动展现出中国共产党领导人民追梦圆梦的奋斗实践，为党的百年华诞献上戏剧的赞歌。

6月26日下午，由江苏省文联、南京市文联主办，江苏省剧协、省文艺志愿服务中心、南京市戏协、南京市越剧团有限公司承办的《礼赞百年——红色经典戏曲名家演唱》在江苏省文联艺术剧场举行。2021年是中国共产党成立100周年，也是“十四五”规划的开局之年，省、市文联邀请众多戏曲名家，用江苏特有的戏曲经典向党的百年华诞献礼，充分表达了广大戏曲工作者对党的忠诚和热爱。演出现场名家云集，“梅花”奖得主李奕洁、陶琪、徐秀芳、范乐新和董红五朵“梅花”倾情献演，众多国家一级演员董源、李为群、高韵、郭贺军、杨凤英、孙静等也是激情饱满，为戏迷观众带来一场震撼人心的视听盛宴。

12月31日晚，由江苏省文联主办，省剧协、苏州市文联、相城经济技术开发区、相城区文化体育和旅游局承办的江苏省文艺大奖·第十届戏剧奖颁奖典礼暨获奖节目展演在苏州举行。本届“江苏省文艺大奖·戏剧奖”自2021年9月评奖公告发布以来，全省主要院团广泛参与，众多青年演员积极申报，符合参赛要求的共有个人节目321个（个人表演273人、个人乐器48人）集体节目21个。经过初赛复赛两轮角逐，共有个人节目121个（个人表演101名、个人器乐20名），集体节目11个入围决赛。经过11场决赛，共评出9个金奖、12个银奖以及15个铜奖。

4月13日晚，原创京剧现代戏《青衣》作为江苏“紫金文化奖章”名家展演李奕洁专场在上海首次亮相，进一步扩大了江苏省戏剧名家在全国的制度名与影响力，为“文艺苏军”走出江苏、走向全国更广阔的舞台添砖加瓦。

12月28日第三届江苏省戏剧主创人员培训班在苏州开班。活动邀请江苏省内著名编剧、表演、导演等提供专业指导，包括讲座、观摩、交流等形式，既有时代性、全局性，又有针对性、指导性，有力拓展了我省戏剧主创队伍的传承培育工作。持续推进文艺惠民展演，共享新时代文艺成果。

【电影家协会】

12月29日下午，由江苏省电影局指导，江苏省文联、江苏省影协主办的第三届“江苏省文艺大奖·电影奖”颁奖典礼在常州举行。江苏省文联党组书记、常务副主席、书记处第一书记水家跃，江苏省电影局副局长王明珠等领导出席活动。本届电影奖评选活动，共收到2019年至2020年度公开发行放映的20部参赛作品，其中符合参赛条件作品19部。经组织申报、资格审查、开展评审、公示等环节，最终共有10部作品获奖。其中，《四个春天》荣获评委会特别奖；《解放·终局营救》《催眠·裁决》《桂香街》《幸福的小满》4部作品获得二等奖；《小Q》《下一任·前任》《赤狐书生》《最长一枪》《足球爸爸》5部作品获得三等奖，其中一等奖空缺。

【音乐家协会】

5月8日，由江苏省人民对外友好协会、江苏省文联主办，省友协办公室、省音协承办的“友谊是一首歌”——在江苏外国人唱中文歌曲大赛颁奖音乐会在南京举行。江苏省副省长惠建林，省政协副主席、党组副书记阎立到会并为获奖者颁奖，省友协会长柏苏宁致辞，省有关老领导、中外嘉宾等200多人参加活动。12个获奖节目在会上进行了演出展示。

第五届紫金合唱节以“颂歌献给党”为主题，设有开幕音乐会、全省合唱比赛、专场惠民演出、分会场活动、合唱作品委约创作与征集评选、中青年词曲作家培训、闭幕式暨颁奖音乐会7个板块。活动于5月23日至6月11日举办，全省2万余人直接参与，70余支合唱队伍4000余人参加了开幕式、惠民演出、合唱比赛等活动。最终，比赛6个组别共产生金奖6名，银奖12名，铜奖18名；优秀演唱奖4名，优秀指挥奖5名，优秀钢琴伴奏奖5

名，优秀作品奖5首，作品奖5首；同时授予6家单位优秀组织奖，7家单位组织奖荣誉称号。

举办“百年回响　中华逐梦”中国民族管弦乐、室内乐国际征集展演活动。活动自公开发布国际征集启事以来，得到全球作曲家的积极响应，共征集到大型民族管弦乐、协奏曲作品32部，中小型室内乐作品102部。经过高规格专家评审组权威评审，最终有6部大型民族管弦乐、协奏曲作品和10部中小型民族室内乐作品入围终评，终评以现场音乐会的形式开展。中国文联副主席、中国音协主席叶小钢，中国音协分党组书记、驻会副主席、秘书长韩新安以及众多国内专业音乐院校的负责人和专家教授参与了本次活动。无论是从参赛作品的呈现方式，还是从征集来的作品质量、作品数量等方面来看，这次活动都算得上是江苏音乐创作历史上的一次新尝试和新突破。

12月9日晚，由江苏省文联主办，省音协承办的2021江苏省文艺大奖·音乐奖声乐比赛颁奖音乐会在江苏大剧院音乐厅举办。本次活动自启动以来，得到了江苏省音乐人的广泛支持，来自全省各大专业院校、艺术团体、新文艺群体255人报名参赛。经过对选手报名资格和报名材料的初审，共有222名选手符合条件进入初评阶段。初赛以报送录像的方式进行评选，复赛和决赛以现场演唱的方式进行评选。大赛邀请省内知名声乐专家担任评委，并设立监审组参与全部赛程。

10月12日晚，由中共江苏省委宣传部、江苏省文化和旅游厅、江苏省文联共同主办，江苏省音协承办的2021紫金文化艺术节“艺动青春”江苏优秀青年（声乐）人才专场演出在江苏大剧院成功举办。省优秀青年声乐人才、“紫金文化人才培养工程”文化优青获得者仝濛、周磊、夏新涛、刘雨东、王谦、赵艺宇、盛万航、盛迪、龚燕等9位声乐人才齐聚，唱响了青春的动人乐章。

【美术家协会】

6月28日，“百年江苏”大型美术精品创作工程作品展在南京开幕。该精品工程精选105个创作选题，组织全省老中青三代美术工作者以“笔墨当随时代”的精神，创作推出105件作品，覆盖中国画、油画、版画、雕塑四个种类。从这些作品中，可以看到党的初心与奋斗，看到党的奉献与牺牲，看到党在江苏大地上建立的伟大成就与不朽功勋，更加感受到党的伟大与光荣。

12月1日，由中国美协、中共江苏省委宣传部、省文旅厅、江苏省文联共同主办，中国文联美术艺术中心、省美协、省美术馆、省书画院联合承办的“百年华彩——2021·中国百家金陵画展（中国画）”在省美术馆开幕。今年是中国共产党成立100周年，本届展览以“百年华彩”为主题，旨在以笔墨丹青追寻党的百年光辉岁月，推出了一批表现祖国伟大建设成就、壮丽山川、美好生活和审美追求的精品力作。展览共展出100件中国画作品，其中10件典藏作品，10件收藏作品。

11月6日至21日，喻继高中国工笔画研究院承办的“春满神州——喻继高绘画展”在中国美术馆展出。本次展览共呈现喻继高创作的100余幅作品，其中大型作品10余幅，多数是他近年创作的精品。中国文联名誉主席孙家正，中国文联党组书记、副主席李屹，江苏省委常委、宣传部部长张爱军等嘉宾以及众多美术家、美术理论家出席开幕式。

【曲艺家协会】

12月22日晚，由江苏省文联主办，省曲协、南通市委宣传部、南通市文广旅局、南通市文联承办的第九届江苏省文艺大奖·曲艺奖颁奖仪式暨惠民演出在启东举行。江苏省文联党组成员、副主席、书记处书记刘旭东，中国文联主席团委员、中国曲协副主席、江苏省曲协主席盛小云，南通市委宣传部副部长顾德华，南通市文广旅局党组书记、局长毛炜峰，南通市文联党组书记、主席姜平等出席活动。本届曲艺奖于4月发布参评材料报送通知，得到了全省曲艺工作者的大力支持和踊跃参与，共收到有效报名项目119个。经过复评、终评两轮评选，最终评出节目奖11个、表演奖10个、新人奖10个、文学奖3个、理论奖4个、音乐奖2个，共计40个奖项。本届曲艺奖参赛曲种丰富、曲艺新秀辈出，参赛作品时代气息浓郁，涌现了许多紧贴时代脉搏，讴歌党、讴歌祖国、讴歌人民、讴歌英雄的精品力作。同时，还特授予吕少明、张银霞两位老艺术家“终身成就曲艺艺术家”荣誉称号。

10月10日，由中共江苏省委宣传部、省文旅厅、江苏省文联主办，省曲协承办的2021紫金文化艺术节“艺动青春”江苏优秀青年曲艺人才专场演出在南京举行。10月10日南京专场演出以扬州弹词、扬州评话、徐州琴书、快板等曲艺形式为主。专场演出设置了南京、苏州两个专场。10月26日演出的苏州专场为评弹专场，江苏曲艺界“名师带徒”中的部分青年曲艺人才、紫金文艺优青以及著名评弹艺术家联袂亮相。

11月22日下午，由江苏省文联主办，省评协、省曲协承办的“实话实说——当代曲艺江苏论坛”在南京举办。江苏省文联党组成员、副主席、书记处书记刘旭东，省作协副主席、省评协主席汪政出席。我省曲艺界、曲艺评论领域的专家、学者康尔、孙惕、陈峰宁、胡磊蕾、薛雷、谈欣、朱运桃、陶春敏、潘讯，以及省曲协副主席兼秘书长孙志兵、省评协副秘书长（主持工作）衡正安参加论坛。论坛由汪政主持。会上，与会专家、学者紧紧围绕论坛主题“继承与创新”踊跃发言。

【舞蹈家协会】

10月9日晚，艺心向党——长三角地区庆祝建党百年舞蹈会演在上海国际舞蹈中心举办。来自沪苏浙皖四地15个舞蹈新作佳作围绕庆祝建党百年主题，充分挖掘长三角地区的红色资源，聚焦经典、致敬英烈，展示了长三角地区舞蹈界传承红色基因、传播江南舞韵的精神风貌，舞出了一心向党、永远跟党走的不变情怀。本次展演首次尝试以小型舞蹈作品表现重大题材，创作视野和题材范围得到了很大拓展，舞蹈的艺术价值也得以充分展现。创演单位既有专业舞蹈表演团体，也有四地艺术院校，对长三角地区文艺深度融合，推动区域性舞蹈协同发展产生积极影响。

【民间文艺家协会】

举办大美民间·苏作百年——江苏工艺美术大师精品展。本次展览共展出104件/套艺术精品，包括江苏中国工艺美术大师以及百年来江苏民间杰出艺术家的经典作品，汇集了刺绣、紫砂、雕刻、陶艺、漆器、泥塑、剪纸等多个门类，布展突出重点、统一归类、点面结合、合理布局，全方位描绘了百年来江苏民间工艺美术传承、发展、创新的时代精神图谱，生动展现了江苏的历史之美、风物之美、人文之美、发展之美，进一步提升了江苏民间工艺美术在全国的影响力。展览精彩纷呈，关注度极高，全国政协原副主席孙家正，著名设计艺术家常沙娜、“山花奖”资深评委唐克美等前去观展。中国文联、中国轻工业联合会、中国民协、中国美术馆、中国工艺美术协会、江苏省委宣传部领导出席了开幕式。

江苏省文艺大奖·第六届民间文艺奖评奖活动，评出优秀民间艺术表演5个，优秀民间文学作品4件，优秀民间文艺学术著作6件，优秀民间工艺美术作品60件（套），充分发挥了文艺评奖的引领作用。在省内文艺大奖的基础上协会推荐了优秀作品参加“山花奖”评奖活动，邓解华民间文学作品《优洋讲故事》获山花奖·优秀民间文学作品，葛志文的石雕作品《知竹·文房陈设系列》（一组9件）获山花奖·优秀民间工艺美术作品（全国8件/套作品获该奖），获奖数量居于全国各省市第一方阵，是江苏省在山花奖获奖门类上实现的重大突破。

6月5日，由中国民协指导，江苏省文联、中共苏州市委宣传部主办，江苏省民协、苏州市文学艺术界联合会、苏州广播电视总台承办，上海民协、浙江省民协、安徽省民协支持的“百工百艺·山花绽放”长三角地区民间工艺精品邀请展在苏州名城艺术馆开幕。本次民间工艺精品邀请展撷取苏、浙、沪、皖传统工艺美术9大类别中的102个工艺品类，邀请102个品类的100多位有代表性的艺术家、精选出106件作品。展览集中呈现百个工艺类别、百位代表性艺术家、百件代表性作品，向建党百年献礼，体现浓郁的地域文化特色和独具风采的民俗风情，表达百姓对美好生活的殷切向往以及对真善美的颂扬，呈现长三角地区文明形态的灿烂辉煌。

【摄影家协会】

“百年光影　红色记忆”庆祝建党100周年江苏摄影作品展。展览集结众多经典之作和名家名作，以“红色记忆　光影永恒”“风雨历程　光荣见证”“强国有我　不忘初心”“继往开来　时代新篇”四个篇章、近300幅摄影作品，反映百年江苏在中国共产党的领导下所走过的光辉历程和取得的伟大成就，体现江苏光荣的革命历史传统、深厚的红色文化底蕴和鲜明的红色精神图谱。展览融汇思想性、学术性、艺术性和文献价值，被纳入省委宣传部2021紫金文化艺术节，线上线下同步展出，线上观展人数逾10000人次。

开展江苏红色文化遗存、红色教育基地等红

色文化相关图片的征集活动。发动各市摄协共征集作品1000余幅，众多作品被收入《江苏红色名片》一书。充分发挥江苏省摄协的优势，配合省委宣传部举办“百年征程 初心永恒”中国共产党在江苏历史展，在“奋力开启全面建设社会主义现代化新征程”专题中，提供“美丽江苏的100个瞬间”图片100幅，为展览的成功举办贡献了力量。

举办“长江行”暨“美丽江苏”摄影采风活动。为贯彻习近平总书记在全面推动长江经济带发展座谈会上的重要讲话精神，围绕省委“美丽江苏建设”决策部署，11月9日至14日，由江苏省文联党组成员、副主席、书记处书记黄俊和省摄协主席许益民带队，组织艺术家深入江苏长江两岸城市、乡村、企业等进行采风，创作了一批精彩佳作，生动反映了江苏在贯彻新发展理念、落实长江大保护、推动生态文明建设等方面的创新举措和辉煌成就。

11月30日，由江苏省文联主办，省摄协承办，省现代美术馆协办的“美丽江苏”摄影大展正式开展。展览以“建设美丽江苏，共创幸福家园”为主题，采用公开征集作品与定向采风创作相结合的方式，用影像反映江苏努力打造美丽中国现实样板的生动画卷，约300幅摄影作品充分彰显了江苏大地的自然生态之美、城乡宜居之美、水韵人文之美和绿色发展之美。

4月22日，第三届“江苏省文艺大奖·摄影奖”颁奖仪式暨获奖者作品展开幕式在江苏省文联艺术剧场举行。

作为江苏摄影领域的最高奖，本届摄影奖申报人数再创新高，最终评选出摄影奖获奖者15名，提名奖获奖者10名。本届“摄影奖”在颁奖环节和展陈方面进行了大胆创新，针对25位获奖者的作品主题及艺术特征，量身打造颁奖词，并运用多种表现形式和载体进行了个性化设计。省市十余家媒体参与了颁奖典礼暨展览开幕式的报道，累计20余万人在线观看了直播。整个颁奖仪式暨获奖者作品展获得摄影界专家和观众的一致好评，使“江苏省文艺大奖·摄影奖”的品牌影响力进一步扩大。

承办中国第18届国际摄影艺术展览暨中国国际摄影艺术节。本届摄影展更具开放性、融合性，共收到120个国家和地区17240名摄影人投寄的140701件、266797幅摄影作品，来稿作品数、来稿国家和地区数创下了新高。受全球新冠肺炎疫情影响，本届摄影展评选采用线上和线下相结合的方式，最终有293件作品入展。该展览是第一次在江苏举办，有力提升了江苏摄影的影响力和美誉度，充分宣传和展示了江苏文化强省的良好形象。

【书法家协会】

1月17日，由江苏省文联、江苏省广播电视总台、江苏省书协、中国铁路上海局集团公司文联主办，各市书协、铁路南京站、荔枝文创协办的“我们的中国梦”2022福至运来 情满旅途——江苏省千名书法家送万福进万家活动在铁路南京南站举行。“福至运来 情满旅途”活动是江苏省书协系列志愿服务公益活动的品牌活动，已经连续第五年举办。本次活动江苏省全省联动，在春运第一天，除南京南站主会场外，还在无锡、徐州、常州、苏州、南通、连云港、淮安、盐城、扬州、镇江、泰州、宿迁12个地市的火车站设立分会场同时段举行活动。为了进一步扩大活动范围和影响力，今年江苏省书协特地联合各区县一级火车站设立分会场，在无锡惠山站、宜兴站、邳州站、睢宁站、新沂站、溧阳站、张家港站等37个铁路站点参与本次活动。每个分会场以同样精简的形式将提前写好的“福”字送给旅客，为全省各地往来的旅客送上新春的祝福。

11月22日，2021年江苏省书协篆书篆刻专题培训班开班仪式在南京举行，来自江苏省各地40余位书法创作骨干参加开班仪式。此次培训班是省书协以实际行动贯彻落实党的十九届六中全会精神的重要举措。旨在引导广大江苏书法创作骨干学习贯彻党的十九届六中全会精神，进一步增强文化自信，创作出更多反映新时代精神风貌的优秀作品，为中国的文化艺术事业建设作出更大的贡献。

9月23日，2021贵州·江苏红色文化书法作品交流展在贵阳举行。本次交流展是江苏、贵州两地书协积极响应中国书协“结对子·共发展”的号召，是两省“结对子”后主办的第一次展览。展览以红色文化为主题，围绕庆祝中国共产党成立100周年大背景、主基调，邀请了江苏和贵州两地优秀书法家共创作了141件书法作品。作品以革命先辈诗词、近当代领袖诗、词、文，反映两地地域风情，历史文化的名人诗词为主要内容，涵括了篆隶真行草各种书体，风格多样，彰显了新时代的笔墨精神，以及两省书法整体风貌和创作实力。活动现场还举行了两地省市书协“结对子·共发展”签约仪式，正式签署合作协议，推动南京、泰州、徐州三个市级书协分别与贵阳、黔西南州、遵义市三地书协正式结对，从书法展览、学习培训、采风创作、志愿服务、交流宣传等方面推进协作。

牵头举办“江苏省文艺家长江行系列采风活动——多彩贵州”采风活动。4月15至23日，为贯彻习近平总书记把长江文化保护好、传承好、弘扬好的重要指示精神，江苏省文联结合党史学习教育，精心策划组织江苏文艺“名师带徒”计划长江行采风团，带领戏剧、曲艺、美术、书法、民间工艺等领域20余位学徒深入长江沿岸贵州、重庆、湖北等地进行采风交流，不断汲取光辉党史力量，领略长江文化风采，提高青年艺术家的思想修养和艺术创作水平。

11月8日上午，优秀文艺成果共享工程——“红色墨韵”庆祝中国共产党成立100周年江苏省书法名家主题作品邀请展在泰州美术馆开幕。展览邀请老中青三代125名江苏省内书法名家，以中国共产党成立100周年以来优秀共产党人的名言警句、诗词佳作、语录和党史等为书写内容创作精品力作，通过书法独特的艺术形式回顾中国共产党百年光辉历程，充分展现中国共产党百年辉煌成果，歌颂中国共产党的伟大成就，向党的百年华诞献礼。

【杂技家协会】

12月21日，“江苏省文艺大奖·杂技奖”魔术作品大赛颁奖典礼暨获奖节目展演在江苏省文联艺术剧场举办。“江苏省文艺大奖·杂技奖”是与中国杂技“金菊奖”相衔接的江苏杂技最高奖，是江苏杂技界发掘精品、发现人才、发挥引导的重要渠道，对繁荣我省杂技艺术、发展我省杂技事业具有重要作用。省杂协自4月开始精心筹备组织“江苏省文艺大奖·杂技奖”魔术作品大赛，全省各魔术、杂技团体以及众多魔术新文艺组织、新文艺工作者热情响应，广泛参与，积极报送节目参赛。经初评和终评，评选出金奖2项、银奖3项、铜奖5项。

大型杂技剧《大桥》、杂技报告剧《芦苇青青菜花黄》均入选2021紫金文化艺术节新创舞台剧目会演，其中《大桥》荣获紫金文化艺术节优秀剧目奖。以“一带一路”为题材打造的杂技剧《沙秀》亮相第五届《老家在中国》世界华人云端春晚。

江苏省杂协积极组织江苏省优秀艺术家报名中国杂协举办的第十一届中国杂技金菊奖全国魔术比赛和全国滑稽比赛，打磨精品节目参赛。由我省推荐的3个魔术节目和2个滑稽节目入围第十一届中国杂技金菊奖全国魔术·滑稽比赛决赛，数量居全国前列。最终，滑稽节目《热心人》成功摘得金菊奖，这也是江苏首次通过滑稽节目摘得金菊奖，实现了江苏滑稽节目在全国最高水平赛事上的重大突破。

为学习党的十九届六中全会精神，贯彻落实习近平总书记关于文艺人才工作的系列重要讲话，促进江浙沪皖杂技界的学习交流和合作发展，培养高层次杂技人才，12月17日至26日，江苏省杂协组织长三角地区杂技（魔术）表演人才培训班，来自江浙沪皖三省一市的40名杂技（魔术）一线演职人员参加了本期线上培训。

【电视家协会】

举办第八届“江苏影视论坛”。本年度论坛以“融媒体时代短视频内容创作与平台运营策略研讨”为主旨主线，为主流媒体创新短视频表达方式，提高正面宣传水平和质量，更好地掌握舆论场主动权和主导权拓展思路。来自江苏省内县区级融媒体中心的近千名从业人员通过“荔枝云”平台，以“云参会”的形式聆听主讲嘉宾的主题分享，加持线上线下互动环节，全面推进“实践－理论－再实践－再理论”的良性循环。

11月中旬，江苏省视协深入镇江、走进江苏科技大学校园，分别举办“主持梦起航·播音声飞扬”播音主持技巧、“短视频制作技巧”专题讲座。邀约省台著名主持人王凯，为江苏科大广播站、主持队、话剧社的播音爱好者作播音主持技巧专题讲座；镇江影视协的宦正香、朱正云两位专家为该校漫联社成员和视频剪辑爱好者传授短视频制作技巧，赢得在场师生的热烈掌声，以实际行动示范“争当表率、争做示范、走在前列”，推动“强富美高”新江苏建设。

为纪念建党100周年、全面建成小康社会，落实“我为群众办实事”要求，江苏视协发动开展“百年影像纪录——党史学习教育纪录片观摩活动”。业界、学界积极响应、热情参与，结合党史学习教育和纪录片观摩撰写感想，交流心得体会。活动期间，共收到150余篇观后感和研究文章，从中遴选20余篇在江苏视协微信公众号上发布，供电视艺术界交流借鉴。吹响集结号和冲锋号，把最强音奏得更响、把工作手臂舒展得更长，在拉高标杆中争先进位，在增益学养中稳健前行。

为宣传脱贫攻坚成果，主办“我们的小康生活”主题征集活动，借此展现各地高水平全面建成小康社会的奋斗历程，征集脱贫攻坚和全面小康建设中的奋斗故事，分享获得感幸福感安全感，各媒体机构、新媒体平台、专业摄影机构和大专院校积极参与并上传原创作品，官网后台收到各地、各部门和视频创作爱好者提交的优秀作品共905部。

为庆祝中国共产党成立100周年和西藏和平解放70周年，贯彻落实中央第七次西藏工作座谈会精神和习近平视察西藏重要讲话精神，参与组织“苏拉一家亲 共圆复兴梦”——惠民演出暨文化交流活动，圆满完成惠民活动六天共四场演出，增进江苏拉萨两地文化交流，促进民族团结，共同铸牢中华民族共同体意识。

【评论家协会】

2021年是中国共产党成立100周年，为了向建党百年献礼涌现出了一批优秀的影视剧，其中《跨过鸭绿江》《山海情》《觉醒年代》《守岛人》是其中的典型代表，在江苏省文联领导的亲自关心指导下，江苏省评协在全省范围内举办了学术研讨会。通过举办一系列研讨会，结合文艺领域前沿热点话题，发挥文艺评论的独特优势，为优秀的文艺作品鼓与呼，发出江苏文艺评论界自己的声音，不断扩大江苏文艺评论界在全国的影响力。同时通过研讨，为引导推动江苏优秀文艺作品的创作提供更多有益启示和思考。

在临近“七一”建党节之际，江苏组织了“永远跟党走——江苏省庆祝中国共产党成立100周年大型歌咏文艺演出”，江苏省评协主动关注文艺热点，邀请省内知名专家刘旭东、张永祎、孙奕、朱洁、林东坡等撰写有关评论文章，并在江苏文艺评论微信公众号等媒体开辟相关文章专辑、专栏刊登，在业内引起了一定积极的反响。

11月22日下午，由江苏省文联主办，江苏省评协、省曲协承办的“实话实说——当代曲艺江苏论坛”在南京举办。江苏省文联、评协的领导，以及江苏省曲艺界、曲艺评论领域的专家、学者参加了论坛。本次论坛在《中国艺术报》作专版介绍，新华日报交汇点、江苏文艺网、腾讯视频、网易新闻、扬子晚报、南京晨报等十多家媒体，给予了宣传报道。

启动首届江苏省文艺大奖·文艺评论奖。该奖项是江苏历史上首次设立的文艺评论最高奖，评奖推荐参评作品为当代文艺评论，主要包括对文艺作品、文艺现象、文艺思潮的评论作品。本次评奖共收到有效报名作品123篇（部），其中文艺评论著作23部，文艺评论文章80篇，文艺短评20篇，涵盖文学、戏剧、影视、音乐、美术、曲艺、舞蹈、民间文艺、摄影、书法、综合评论等11个主要评论门类，作品范围覆盖13个地区、单位（包括12个设区市和省直单位）。经过评奖组委会组织专家进行复评、终评，最终共有30篇（部）优秀作品摘得大奖。

浙江省文联

综　述

2021年，浙江省文联以习近平新时代中国特色社会主义思想为指导，认真学习贯彻党的十九大和十九届中央历次全会精神、习近平总书记在中国文联十一大中国作协十大开幕式上的重要讲话精神，聚焦庆祝党的百年华诞，围绕忠实践行“八八战略”、奋力打造“重要窗口”，争创社会主义现代化先行省，高质量发展建设共同富裕示范区，在团结引领、主题创作、品牌打造、人才培养、文艺惠民、深化改革等方面开展了大量工作，取得了积极成效。一年来，强化思想政治引领，忠诚拥护“两个确立”，忠实践行“两个维护”，扎实开展党史学习教育；围绕庆祝建党百年，策划推出“艺心向党”系列主题文艺活动，在全省掀起庆祝党的百年华诞热潮；着力优化创作环境，打造立足浙江、面向全国的文艺活动品牌，扎实推进各层次文艺人才培养，系统重塑出精品出人才工作机制，推进全省文艺创作繁荣；组织全省广泛开展以“学党史、传精神、跟党走”为主题的文艺志愿服务活动，推出“留‘浙’过个文艺年”系列活动，大力推动社会美育教育，系统部署研究“艺术乡建”工作，在高质量发展建设共同富裕示范区中展现文艺担当；适应文艺发展新趋势，扎实推进文联深化改革，积极推进“数智文联”建设，打造全省文联一张网。

重要会议与活动

【从南湖出发——庆祝建党百年优秀原创歌曲巡回演唱会】

3月27日下午，“因为信仰”从南湖出发——浙江省优秀原创歌曲演唱会全省巡演启动仪式暨“红船颂　南湖情”原创歌词歌曲首发式音乐会在嘉兴南湖启幕。活动“以歌之名”打响全省巡演第一站，“红船颂　南湖情”百年百首红歌同步首唱。此次音乐会用文艺作品来宣传党的光辉历史、激励当下，是以文艺的形式开展党史学习教育的一项重要举措。

【浙江文艺公开课】

3月28日，首期《浙江文艺公开课》开讲。国家一级编剧、第十二届飞天奖最佳编剧获得者程蔚东，跟观众交流了浙江电视剧经历的三次浪潮、电视剧生产的特点及应注重的几个问题。浙江省文联联合浙江电视台新闻频道推出的《浙江文艺公开课》旨在传承文艺精神、普及文艺教育、繁荣浙江文化，采取线上线下相结合的方式，线上推出12期《浙江文艺公开课》特别节目，每周一期，每期30分钟，由来自12个省级文艺家协会的12位艺术大咖主讲，在浙江电视台新闻频道及“浙江文艺”公众号播出。

【“春水如蓝——钱塘江诗路影像展”】

4月15日，“春水如蓝——钱塘江诗路影像展”在浙江展览馆开幕。本次展览由省文联、浙江传媒学院、杭州市委宣传部、杭州钱塘江文化节组委会、杭州市文联、杭州市上城区委、区政府主办。浙江省委常委、宣传部部长朱国贤，中国摄协主席李舸，中国摄协副主席陈小波，浙江省政府副秘书长蔡晓春，浙江省文联党组书记、副主席、书记处常务书记陈瑶，杭州市委常委、宣传部部长戚哮虎，浙江传媒学院党委书记杨立平等领导出席。作为杭州钱塘江文化节系列活动之一，“春水如蓝——钱塘江诗路影像展”旨在全面展示近年来钱塘江诗路文化的发展成果，迎接党的百年华诞，歌颂党的伟大成就。影像展聚焦新时代背景下的钱塘江流域环境生态、人民生活以及时代变迁，展出作品约500件，展呈形式新颖独特，集原版老照片、静态图像、纪录短片、影像装置、声音风景、场景交互、手工书展、田野笔记等，在展现钱塘江诗画气质与文化胸襟的同时，为浙江的母亲河留存一份时代的影像档案。

【李屹率领中国文联调研组一行来浙江调研】

5月16日至17日，中国文联党组书记、副主席、书记处书记李屹率领中国文联调研组在浙江调研基层文联组织建设、新文艺组织和新文艺群体现状、新时代文明实践中心建设等工作，走访考察了湖州、嘉兴等地。在湖州期间，调研组先后赴安吉、南浔等地，调研了天荒坪镇余村、音乐小镇上墅大麓书院、善琏湖笔小镇、南浔古镇等地，详细了解基层文联组织建设等情况。在嘉兴期间，调研组先后考察南湖革命纪念馆，瞻仰中国革命“红船”，调研嘉兴影上摄影史料馆（影上书房）、嘉兴文艺之家等，详细了解基层文联开展新文艺组织和新文艺群体团结引领工作、基层文联组织建设等情况。李屹对嘉兴市文联大力开展主题性文艺创作、着力完善组织建设、推进文艺之家建设给予了肯定。

【全国文艺两新工作座谈会】

5月18日，全国文联“文艺两新”工作座谈会在杭州召开，探讨交流各地团结引导“文艺两新”的经验做法，中国文联党组书记、副主席李屹对下一阶段工作作出部署安排。会上11家单位、3位新文艺群体代表做交流发言。浙江省文联、杭州市文联、宁波市文联分别作《创新工作机制 强化联络服务 以扎实有效的举措团结吸引“文艺两新”》《当好“文艺两新”的娘家人》《超前谋划 精准施策 积极探索“文艺两新”团结引领新路径》的发言。杭州新青年歌舞团团长张钎、中国摄影“金像奖”得主叶文龙作为浙江省新文艺群体代表发言。

【“五月薪火”国际青年艺术季】

5月21日晚，由浙江省文联、中国美术学院、浙江传媒学院、浙江音乐学院、浙江艺术职业学院、杭州市拱墅区委区政府联合主办的“五月薪火”国际青年艺术季在浙江展览馆启幕。本届青年艺术季活动涵盖了造型艺术、舞台艺术、影视艺术的多场合、多角度呈现，包含展览、服饰文化秀、朗读大赛、现场分享、艺术演出和集市等。在浙江展览馆的核心大展中，“星火”“志业”“展履”“共鸣”四大板块展出近300件作品，这些作品来自长三角成熟青年艺术家的邀约、艺术院校的投稿和浙江籍艺术类海外留学生的创作，许多作品在探索当代艺术精神，数字化呈现艺术魅力方面作了不懈努力。

【第三届之江国际青年艺术周】

6月1日晚，“现在史”• 2021第三届之江国际青年艺术周暨中国美术学院毕业展、浙江音乐学院毕业演出开幕式在浙江美术馆举行。本届青艺周包括浙江美术馆、浙江展览馆、西湖美术馆、西湖博物馆、西湖博览会博物馆、杭州国画院美术馆、艺创小镇象山艺术公社、凤凰创意大厦展厅、中国美术学院象山校区、浙江音乐学院共计十处场馆，包含线上开幕式、线下展览展映、科幻论坛、音乐会等30余项艺术活动，共展出作品3500余件，2000多名青年艺术家、设计师、作家、学者参与。

【“艺心向党 崇德尚艺”做有信仰、有情怀、有担当的新时代文艺工作者全省巡回宣讲活动】

6月28日，由浙江省委宣传部、省文明办、省文联共同主办的“‘艺心向党 崇德尚艺’做有信仰、有情怀、有担当的新时代文艺工作者”全省巡回宣讲启动仪式暨第二届浙江省文联文艺工作者职业道德建设委员会会议在浙江展览馆举行。2019年，浙江省文联成立了“崇德尚艺”做有信仰、有情怀、有担当的新时代文艺工作者宣讲团，并开展了首轮全省巡回宣讲。2021年，省文联组织宣讲团成员27人次赴全省9个县（市、区）开展宣讲，发挥榜样力量，引领文艺界新风正气。

【百年辉煌——庆祝中国共产党成立100周年暨“百年追梦”浙江美术书法百件力作大展】

6月29日上午，百年辉煌——庆祝中国共产党成立100周年暨“百年追梦”浙江美术书法百件力作大展在浙江展览馆开幕。展览以百年时间为轴线，聚焦浙江近现代历史人物、重大事件和新时代社会风貌，分“雄关伟业”“人民风神”“人间正道”“勇立潮头”四大篇章，作品以前后四期“百年追梦”浙江美术书法精品创作工程为主体，并增加了浙江美术界历年创作的部分精品力作充实展览内容，涵盖中国画、油画、版画、雕塑、水彩画、书法等多个艺术门类。“百年追梦”浙江美术书法精品创作工程，2014年由浙江省委宣传部和省文联启动实施，是浙江省文化领域的重大工程，是实施新时代文化浙江工程的重要组成。

【成立全国首家省级“文艺两新”党组织】

7月1日，在中国共产党成立100周年之际，中共浙江省文艺两新发展促进会支部委员会成立大会在杭州举行，这是全国首家省级“文艺两新”党组织。浙江省文艺两新发展促进会党支部将充分发挥党组织的战斗堡垒作用，深度谋划、精准发力，高质量推进浙江省“文艺两新”党建工作。

【全国美术精品创作工程暨第五届“红船颂”全国美术作品展】

7月9日，由中国文联指导，中国美协、浙江省委宣传部、浙江省文联、中共嘉兴市委、市政府共同主办的“全国美术精品创作工程暨第五届‘红船颂’全国美术作品展”在嘉兴开展。本次展览从中国共产党的百年历史中，选取了100个重大题材，动员全国知名的美术家，创作出一批讴歌党、讴歌人民、讴歌社会主义、讴歌改革开放、讴歌新时代的精品。展览按百年党史脉络布展，分为“红船起航”“红船浴血”“红船高歌”“红船巍巍”四个部分，每件作品对应中国共产党带领中国人民革命和建设的各个时期，并辅以大量史料说明，构成了一幅图文并茂的党史学习教育宏大场景。

【全省文联系统组联干部培训暨组联工作现场会】

7月15日，2021年浙江省文联系统组联干部培训暨组联工作现场会在舟山召开。会上，宁波市文联、绍兴市文联、舟山市文联、苍南县文联、浦江县文联、衢江区文联、温岭市文联、松阳县文联围绕如何发挥文艺在乡村振兴中的作用，分别作交流发言。会议认为，开展“艺术乡建”助推乡村振兴，文联大有可为、大有作为。全省文联系统要主动担当作为，扎实推进“艺术乡建”工作，为把浙江建设成为精神富有示范省、品质生活样板地、人民满意幸福美好家园提供丰润文化滋养和有力文化支撑。

【百年担当——庆祝中国共产党成立100周年浙江艺术特展】

7月21日下午，由浙江省文联、中国美院共同主办的“百年担当——庆祝中国共产党成立100周年浙江艺术特展”在浙江展览馆开幕。展览聚焦习近平总书记“七一”重要讲话主题，围绕红色文化和人文传承两条主线，分“红色史诗”“剧场赞歌”“时代峰峦”和“群英璀璨”四个篇章展开，以全艺术门类融合的现代展呈方式，展出800余件/组浙江百年文艺史上的重要事件、重要人物、重要作品，回望建党百年来浙江各艺术门类的高光时刻和辉煌成就，以及浙江文艺界为党的事业、为社会的进步发展所作出的突出贡献。

【九届三次主席团扩大会议】

9月3日下午，浙江省文联召开九届三次主席团扩大会议，第一时间传达学习中宣部文娱领域综合治理工作电视电话会议精神，以及中国文联文艺工作者职业道德和行风建设工作座谈会精神。

与会人员围绕整治流量至上、畸形审美、“饭圈”文化等不良现象和近期文艺界及娱乐行业接连出现的一些违法失德现象进行座谈交流，深入剖析产生这些问题的深层次原因和带来的社会危害，特别是影视界的代表对整治文娱领域乱象的呼声尤为强烈，表示对中央开展文娱领域综合治理工作坚决拥护。会议宣读了中国文联《修身守正 立心铸魂——致广大文艺工作者倡议书》，许江、陈振濂、茅威涛、麦家、赵雁君、翁仁康、翁持更、崔巍、王小川、杭间、范志忠等省文联主席团成员及艺术家代表在倡议书上郑重签名，表示坚决响应中国文联的倡议，恪守职业道德和行业规范，自觉抵制低俗庸俗媚俗，努力追求真才学、好德行、高品位，引领社会新风正气。

【全省文联系统新任领导干部培训】

9月26日至29日，浙江省文联系统新任领导干部培训班在浙江红船干部学院举办，全省文联系统新任领导干部和部分文艺两新代表共计70余人参加了培训。本次培训班旨在深入学习贯彻习近平总书记“七一”重要讲话精神，深入学习贯彻省委文化工作会议精神，研究探讨如何提升文联系统领导干部履职能力，积极应对文联工作面临的新形势新任务新挑战，进一步推动全省文联工作再上新台阶。

【大型交响声乐组曲“潮涌之江”演唱会】

9月30日晚，由浙江省文联、省音协历时两年精心打造的大型交响声乐组曲《潮涌之江》在浙江音乐学院举行首演。《潮涌之江》以之江为主线，运用多种表现手段将文学内容与音乐形式有机融合，以《序歌：我的之江》《第一乐章：风吟水唱》《第二乐章：船起帆扬》《第三乐章：凌云逐浪》《尾声：潮涌之江》五个部分，串联起浙江的过去、现在与未来，浓墨重彩展示浙江作为中国革命红船起航地、改革开放先行地、习近平新时代中国特色社会主义思想重要萌发地的开创精神与时代风采。

【第七届中国青年文艺评论家“西湖论坛”】

10月19日，由中国评协、中国文联文艺评论中心、浙江省文学艺术界联合会主办的第七届中国青年文艺评论家“西湖论坛”在杭开幕。

论坛以“踏上新征程的中国影视”为主题，来自全国各地的专家学者、青年文艺评论家、博士代表等聚焦电影、电视以及网络视听领域，结合当下中国影视产业发展现状和新时代青年文艺评论工作新力量，围绕中国影视剧海外传播策略与发展方向、新媒体环境下短视频传播机制与发展趋势、爆款网络剧的审美旨趣和文化特征、共同富裕示范区建设背景下的浙江影视策略等议题展开深入交流与讨论，推动中国影视在新征程上实现高质量发展。

【学习贯彻习近平总书记在中国文联十一大、中国作协十大开幕式上重要讲话精神座谈会】

12月22日，浙江省学习贯彻习近平总书记在中国文联十一大、中国作协十大开幕式上重要讲话精神座谈会在省人民大会堂召开。

浙江省省委副书记黄建发出席会议并讲话。省委宣传部常务副部长来颖杰主持会议。黄建发指出，习近平总书记的重要讲话深刻阐述了文艺和文艺工作者的地位作用和重大使命，科学分析了文艺领域面临的新形势新情况新问题，创造性地回答了事关文艺繁荣发展的一系列重大问题，对站在新的历史起点上推动社会主义文艺事业繁荣发展做出了系统部署、提出了明确要求。要学思用贯通、知信行统一，把学习领悟心得成果与学习贯彻党的十九届六中全会精神、省委十四届十次全会和省委文化工作会议精神结合起来，转化为打造新时代文化高地、推动高质量发展、建设共同富裕示范区的文艺力量。会上，省委宣传部副部长、省电影局局长葛学斌介绍了中国文联十一大、中国作协十大情况和浙江代表团参会情况，9位文艺界代表作了交流发言。

【学习贯彻习近平总书记在中国文联十一大、中国作协十大开幕式上的重要讲话精神工作部署视频会议】

12月31日下午，召开学习贯彻习近平总书记在中国文联十一大、中国作协十大开幕式上的重要讲话精神工作部署视频会议。会上，中国文联副主席、浙江省文联主席许江通报了中国文联十一大、中国作协十大会议情况，传达了习近平总书记在中国文联十一大、中国作协十大开幕式上的重要讲话精神。省文联党组书记、副主席、书记处常务书记陈瑶就学习贯彻习近平总书记重要讲话精神作了工作部署。省委宣传部副部长、省电影局局长葛学斌对学习贯彻好习近平总书记重要讲话精神提出要求。省委宣传部相关处室负责人，省文联、省作协领导以及各处室、省级文艺家协会、直属单位主要负责人，各市、县（市、区）宣传部分管领导、文联领导班子参加会议。

【文艺志愿活动】

春节期间推出的“留‘浙’过个文艺年”系列活动，通过搭建线上线下相融合的“云过年”平台，为就地过年的群众送上了内容丰富、别具韵味的文艺大餐。面对宁波、绍兴、杭州骤然来袭的新冠疫情，浙江省各级文联组织、各地文艺工作者第一时间行动起来，用漫画、摄影、音乐、曲艺、短视频等文艺形式科普防疫知识、定格温暖瞬间、致敬最美逆行者，凝聚齐心抗疫强大精神力量。在元旦春节、“5·23”、中国农民丰收节等重要节庆前后，组织文艺小分队走进萧山区衙前镇、三门县旁亭镇、西湖区转塘街道、开化马金下淤村、义乌市分水塘镇、磐安县双峰乡、武义县王宅发展联盟等地，举办文艺演出、辅导培训等活动，并同步进行网络直播，以扩大活动覆盖面。

【社会美育教育】

贯彻落实省群团改革专项小组印发的《群团组织助力教育“双减”工作六项举措》，浙江各省级文艺家协会与全省各地13所学校结对，广泛开展书法、美术、音乐、舞蹈、曲艺、魔术等“文艺进校园”活动；创编、拍摄书法基础教程，通过浙里办、浙江文艺网等平台发布，为广大书法爱好者提供线上免费学习资源；联合浙江电视台新闻频道推出12期《浙江文艺公开课》特别节目，引领大众审美；联合省广电集团在浙江卫视推出6

期全国首档书法美育电视节目《妙墨中国心》，将书法与音乐、舞蹈、戏曲、朗诵等相结合，以视听语言“活化”书法、推广书法，创下全国同时段收视率第一，被引入北大课堂案例教学；先后在浙江展览馆、龙泉、温州、萧山等地，巡回展出“万象更新”浙江省油画作品邀请展，吸引观众约十万人，让基层百姓在家门口就能欣赏到高雅艺术，得到美的熏陶。

创作与评奖

【全国性文艺评奖浙江荣誉】

《攻坚》等33件作品入选中国共产党历史展览馆开馆全国美术作品展，入选数居全国之首。歌剧《红船》《呦呦鹿鸣》、越剧《核桃树之恋》、婺剧《信仰的味道》入选中宣部“庆祝中国共产党成立100周年优秀舞台艺术作品展演”。《本色》入选中宣部第九批“中国梦”主题新创作歌曲，在央视、学习强国、浙江卫视等多个中央级、省级媒体播出。《人民选择了你》《心中的你》《永远的船娘》《秀水悠悠》《旗帜，从这里升起》5首歌曲入选中国音协主办的“百年百首”全国优秀新创歌曲。许江、陈振濂再次当选中国文联副主席，麦家当选中国作协副主席。婺剧演员楼胜和歌唱家刘涛分别在第30届中国戏剧梅花奖和第十三届中国音乐金钟奖（美声组）夺魁，王博获金钟奖（美声组）。魔术《牌·魂》获第十一届中国杂技金菊奖，杂技《女子倒立技巧》获第十八届中国吴桥国际杂技艺术节“金狮奖”。54件作品入选第28届全国摄影艺术展，实现全国摄影艺术展入选数“六连冠”。越剧《核桃树之恋》获第十七届中国戏剧节优秀剧目。马季《网络文学创作与评价的路径选择》获第五届“啄木鸟杯”中国文艺评论年度推优活动获奖文章，马季《在历史与现实的交错之间——长篇小说〈宰执天下〉文本解读》、许源《时代与时代中的复调——简评〈长安十二时辰〉》获第二届网络文艺评论优选汇获奖文章。宁波慈溪、台州路桥被授予“中国曲艺之乡”。

【第三十七届兰亭书法节】

4月14日上午，第三十七届兰亭书法节在绍兴兰亭开幕，同时举行了第七届中国书法“兰亭奖”颁奖仪式，浙江书法家沈定庵被授予“中国文联终身成就书法家”。同时，晋圣仪式、曲水流觞、“百名书家百幅作品庆祝建党百年”主题书艺交流、书法论坛等活动也相继展开。

【《西塘宣言》发表十五周年国际研讨会】

4月26至27日，传统村落保护《西塘宣言》发表十五周年国际研讨会在浙江省嘉善县西塘镇召开。中国文联党组成员、主席团委员、书记处书记张雁彬，中国民协名誉主席、天津大学教授、中国传统村落保护与发展研究中心主任冯骥才，上海同济大学建筑与城市规划学院教授、著名古建保护专家阮仪三，中国民协分党组书记、驻会副主席邱运华，浙江省文联党组书记、副主席陈瑶，中国文联民间文艺艺术中心主任徐岫鹃等出席研讨会开幕式。与会专家学者围绕“传统村落保护过程中村民主体问题研究”“如何处理好传统村落保护与发展的协调”“传统村落保护的评价体系研究”“如何发挥民俗在古村落保护中的作用”“在全球化视野中传统村落保护与发展的中国思想和实践研究”等主题分享各自经验，提出建设性意见。

【“陆维钊奖”第九届浙江省中青年书法篆刻展】

8月12日至13日，“陆维钊奖”第九届浙江省中青年书法篆刻展评审在缙云举行，本次大赛共收到投稿作品2734件，通过初评、复评、终评、评奖四个环节评审，评出“陆维钊奖”1件，优秀作品书法12件，篆刻3件，优秀提名作品书法 10件，篆刻5件。书法篆刻入展作品366件，入选作品142件，共计539件。

【第十届浙江电影“凤凰奖”】

8月启动以来，共征集到34部参赛影片，最终有8部优秀电影脱颖而出，捧走本届“凤凰奖”的14个奖项。影片《红船》获得评委会特别奖、优秀编剧奖（黄亚洲）、优秀导演奖（沈东、王德庆），影片《云霄之上》获得优秀故事片奖、优秀音乐奖（德格才让）和优秀摄影奖（宓鑫君）。演员奚美娟凭借在《温暖之城之红日亭》中的精彩表演荣获优秀女主角奖，演员于谦凭借影片《老师·好》荣获优秀男主角奖。

【“浙东唐诗之路”诗画大赛】

9月3日上午，“首届浙东唐诗之路全国诗画大赛美术作品展”在浙江展览馆启幕。本次展览由浙江省委宣传部、省发展和改革委员会、省文联、省作协主办。大赛自征稿开始，得到全国画家的热烈响应，共收到国画、油画、水彩（粉）画和版画等美术作品近500件，经评委会认真评选，评出入选作品107件，其中一类作品3件，二类作品7件，三类作品10件。此外，为更好展现“浙东唐诗之路”山水神秀、人杰地灵的美景，组委会还特邀30位著名画家的作品一同展出。这些作品以艺术的形式呈现诗画浙江之美，串联浙江文化脉络，反映浙江发展成就。

【第三届中国（宁波北仑）青年漆画大展】

9月10日，第三届中国（宁波北仑）青年漆画大展在宁波美术馆开幕。本次展览由中国美协主办，中国文联美术艺术中心、中国美协漆画艺术委员会、浙江省美协等承办。此次展览集中展示了中国漆画领域优秀青年才俊在创作上的前沿探索，通过解构时代背景，认真探寻当代漆画创作与漆画传统的精神渊源，触发漆画艺术领域的文化和思想的碰撞。展览通过对年轻创作者的关注和扶持，培养高素质美术创作人才，壮大漆画创作队伍，激发青年作者创新创造活力，深层次助力中国漆画事业的发展。展览共收到投稿作品近千件。经过初评、复评，共评出入选作品220件，其中入会资格作品50件、收藏作品20件。

【第28届全国摄影艺术展】

10月12日，由中国文联、中国摄协主办的第28届全国摄影艺术展评选揭晓，浙江有54件（共300件，占总数18%）作品入选，位居榜首。全国摄影艺术展是国内摄影界历史最悠久、参与度最广的影展平台，在摄影界拥有广泛的关注度和影响力。浙江省已连续十二年六届在此展览中入选数居全国第一，实现“六连冠”，持续领跑全国摄影第一方阵。

【“民间文化与县域发展”全国学术研讨会】

10月12日至13日，首届民间文化当代表达——“民间文化与县域发展”全国学术研讨会在浙江省平湖市召开。本届研讨会共征集到110篇论文，来自中国社会科学院、南京大学、浙江师范大学、西南民族大学、湖北美术学院等单位与基层民间文艺工作者的优秀论文、入选论文代表及平湖市民间文艺家、民间文艺工作者代表80余人参会。

【第二届中国·桐乡小戏艺术邀请展】

10月19日，第二届中国·桐乡小戏艺术邀请展在桐乡市科技会展中心大剧院开幕，来自全国的19个剧目进行为期2天3场的展演，包含越剧、昆剧、婺剧、绍剧、甬剧等14个戏曲剧种、歌剧、儿童剧精品小型剧目，展示了全国各地浓郁的地方文化特色。

【第七届中国曲艺绍兴（柯桥）高峰论坛】

10月20日至22日，第七届中国曲艺绍兴（柯桥）高峰论坛在绍兴柯桥举行。本届高峰论坛以“创新驱动曲艺事业实现高质量发展”为主题，围绕当前曲艺行风建设、曲艺生态、曲艺创作以及曲艺发展的热点难点焦点问题，进行评析、问道和交流。发挥理论评论的智力支撑和实践引领重要作用，推动曲艺艺术、曲协工作、曲艺事业实现高质量发展。

【2021“万年浦江”全国中国画（册页）作品展】

10月28日上午，2021浦江·第十四届中国书画节开幕式暨2021“万年浦江”全国中国画（册页）作品展和“礼赞百年 翰墨清风”全国清廉书法作品大展开展仪式在浦江举行。本次展览采取册页的形式，面向全国征集到作品2564件，从中评选出入选作品223件，包括收藏作品100件、入会资格作品40件、“方增先艺术奖”获奖作品5件。

【TOP20·2021中国当代摄影新锐展】

11月23日，“TOP20·2021中国当代摄影新锐展”在浙江美术馆开幕。展览由中国摄协、浙江省文联主办，浙江省摄协、《中国摄影》杂志社、中国美术学院跨媒体学院、杭州市余杭区文学艺术界联合会承办。本届展览共收到全国各地投送的621组参评作品，经过严格评审，最终评出10位新入围艺术家：白杉、董亚林、郭珈汐、杭添、李克君、苏葵、舒巧敏、吴为、杨安迪、张北辰；同时评审团队从10年来的102位（100组）入选者中邀请了10位：蔡东东、李俊、李舜、刘思麟、邵文欢、孙略、塔可、张兰坡、张巍、宗宁加入展览中，最终形成10位新入围艺术家和10位学术回顾邀请展艺术家共同组成的展览格局。

【第三十一届浙江电视“牡丹奖”】

12月10日，由浙江省文联、浙江省广播电视局、浙江广播电视集团主办，浙江省电视艺术家协会承办的第三十一届浙江电视“牡丹奖”暨

2021年度电视艺术颁奖典礼通过网络直播颁出各个奖项。《瞄准》和《下姜村的绿水青山梦》分获最佳电视剧奖和最佳动画片奖。《清平乐》《甜蜜》《我们在梦开始的地方》《流金岁月》4部作品获优秀电视剧奖，《秦时明月陆沧海横流》《奇妙环游记》《旗旗号巡洋舰》《纸朋友》《少年师爷之阳明传奇》5部作品获得优秀动画片奖。同时，《瞄准》的黄晖，《清平乐》的张开宙，《我们在梦开始的地方》的慕伟、大庆分获最佳编剧、最佳导演和最佳制片人。

【第八届浙江民间文艺“映山红奖”】

12月27日，第八届浙江民间文艺“映山红奖”评选揭晓。本届民间文艺“映山红奖”评选的是2020年和2021年创作的作品，经过层层评选，最终评出30个奖项，其中民间文学作品奖5个、民间文艺学术著作奖5个、民间文艺表演奖5个、民间工艺美术作品奖15个。

机关建设

【党史学习教育】

3月12日，浙江省文联召开党史学习教育动员部署会，就省文联开展党史学习教育进行动员部署。按照中央和省委的统一部署，扎实开展党史学习教育。浙江省文联全年召开党组会18次、理论中心组学习8次，有69人次交流发言。组织文联党员干部学习《中国共产党简史》等四本必读书目，《习近平在浙江》采访实录、《习近平科学的思维方法在浙江的实践与探索》，习近平总书记在浙江工作期间关于文化文艺工作的决策部署，重温习近平总书记在省第六次文代会上的讲话精神，第一时间传达学习党的十九届六中全会精神、习近平总书记在党史学习教育动员会和庆祝中国共产党成立100周年大会上的重要讲话精神，以及省委十四届九次、十次全会和文化工作会议精神，组织处以上干部参加网络学院专题培训和测试。突出“红船味”“浙江味”“文艺味”，集中组织开展“我在红船起航地学党史”“六个一”主题党日活动“光荣在党50年”纪念章颁发仪式暨老党员讲党课活动、省文联青年党员“艺”心向党微党课比赛、省文联年轻干部座谈会、全省文联系统新任领导干部培训等活动，确保学习走深走实走心。党组书记陈瑶带头作题为《文艺的力量》专题党课，带头开展学习宣传贯彻党的十九届六中全会精神“六讲六做”大宣讲活动，推动文联党员干部学史明理、学史增信、学史崇德、学史力行，坚定不移做“两个确立”忠诚拥护者、“两个维护”示范引领者。

各文艺家协会和直属单位

【浙江省第八届青年美术作品展】

9月26日，由浙江省文联主办，省美协、浙江美术馆、美术报承办的浙江省第八届青年美术作品展在浙江美术馆开展。本届青年美展得到了全省青年美术家的积极响应，共收到中国画、油画、版画、雕塑、水彩粉画、漆画、综合材料绘画、平面设计等作品1042件。经过评委会初评和复评，评选出入选作品296件，其中优秀作品49件。

【浙江书法篆刻刻字700家主题创作大展】

6月18日，由中国书协、浙江省委宣传部、省文联主办的“艺心向党·浙江书法篆刻刻字700家主题创作大展”在浙江展览馆开幕，向党的百年华诞献礼。展览立足浙江作为“三个地”，以百年时间为线，以具有代表性的重大事件和伟大工程为点，分“开天辟地”“改天换地”“翻天覆地”“经天纬地”四个篇章，共展出篆、隶、楷、行、草、篆刻、刻字作品700件。浙江老中青三代书家以手中的柔毫、铁笔书写刻画中国共产党的丰功伟绩，回望中国共产党在浙江发展的光辉历程，展示中国共产党团结带领浙江人民艰苦奋斗、开创中国特色社会主义事业新局面的伟大实践。

【浙江省第二届新人书法篆刻作品展】

8月10日至11日，由浙江省书协、中共丽水市委宣传部、缙云县人民政府主办的浙江省第二届新人书法篆刻作品展评审在缙云举行，本次大赛共收到投稿作品3510件。通过初评、复评、终评、评奖四个环节评审，评出优秀作品书法12件，篆刻3件，优秀提名作品书法10件，篆刻5件。书法篆刻入展作品174件，入选作品77件，共计281件。

【“贺知章杯” 永恒的乡愁全国书法篆刻主题大展】

10月11日，“贺知章杯” 永恒的乡愁全国书法篆刻主题大展在浙江展览馆启幕。本次展览由浙江省书协、中共杭州市萧山区委员会、萧山区人民政府主办。展览立足浙江，面向全国，旨在搭建一个浙江书法群体与全国书家相互学习、相互促进的交流平台，更好地传承书法这一传统艺术。本次展出的近300件作品，是从全国各地近4500件投稿作品中精心挑选出的。作品形式多样，精彩纷呈，展示了全国书法篆刻的艺术面貌，反映了浙江书法人才队伍的生态活力和良好氛围。

【首届浙江大学生书法篆刻作品展】

10月21日，首届浙江大学生书法篆刻作品展在嘉兴学院开幕。本次展览由浙江省书协、浙江省高等教育学会艺术教育分会主办，嘉兴学院、浙江商业职业技术学院承办。本次展览全省共有66所高校学生参加，展出的183件作品，既体现出对书法经典的敬畏与研摩，又赋予了新时代内涵和现代表达，充分展现当代大学生与祖国同心同向、与时代同频共振的价值追求。

【浙江红色风景影像展暨第三届浙江摄影金像奖作品展】

11月10日，浙江红色风景影像展暨第三届浙江摄影金像奖作品展在浙江展览馆开幕。本次展览分两大板块。第一板块浙江红色风景影像展以“红色”为主基调，以“风景”为载体，采用文献、实物、摄影、视频等多种形式，通过“红色根脉”“改革开放”“迈向共同富裕”三个方面立体呈现浙江人民站起来、富起来、强起来的伟大历史进程。第二个板块是第三届浙江摄影金像奖作品展。本次获奖的王培权、朱永春、郑龙华、钟黎明、俞丹桦、秦盱丰、萧云集、楼美如、颜劲松、潘世国，终身成就奖获得者吴品禾，都是浙江乃至全国摄影界具有很高知名度的摄影家。

【“百年风华筑伟业” 浙江电视专题片展播】

7月30日至8月8日，由浙江省视协和“学习强国”浙江学习平台联合推选的“百年风华筑伟业”电视专题片，每天中午12:00-12:30在浙江电视台新闻频道《新闻大直播》栏目中进行展播。在中国共产党成立100周年之际，以电视专题片的形式聚焦百年风华，立足当下，展望未来，深入挖掘浙江省“三地一窗口”富矿，多视角呈现全省人民的共同奋斗和自强不息的精神面貌。

【第六届浙江少儿戏曲小金桂荟萃】

5月15日至16日，由浙江省剧协、桐乡市文化和广电旅游体育局、桐乡市文学艺术界联合会主办的第六届浙江少儿戏曲小金桂荟萃终审在桐乡隆重举行。活动自1月份启动以来，千余位选手参加各地市举办的现场、视频初审。4月，浙江省剧协组织个人节目视频复审，集体节目视频终审，最终推选出65位小选手进入现场终审，10个集体节目获得相关称号。

【“戏文里的青春” 传统戏剧展演】

9月17日，由浙江省剧协主办、百越文化创意有限公司承办的“戏文里的青春”首届浙江省传统戏剧青年演员孵化计划暨邀请展在杭州蝴蝶剧场启幕。本次展演以2020年浙江省文联创新提出的“浙江省文艺名家孵化计划”为支点，旨在壮大浙江文艺领军人物队伍，为优秀戏剧青年演员提供更广阔的舞台。

【第十三届中国音乐金钟奖浙江系列选拔赛颁奖盛典】

10月29日晚，由浙江省文联、省音协主办的第十三届中国音乐金钟奖浙江系列选拔赛颁奖盛典在浙江音乐厅举行。本届金钟奖浙江系列选拔赛分声乐、钢琴、古筝三大项目，参赛选手通过复决赛，经组委会审核通过，声乐（美声组）王博获金奖，朱玮彬、刘涛获银奖，王盛等3人获铜奖；声乐（民族组）林姿娴获金奖，张劼倩、沈贝贝获银奖，王靖等3人获铜奖；钢琴比赛张馨日、杨建鹏获金奖，竺元亨、范思泉、卢怡获银奖，何鲁等5人获铜奖；古筝比赛叶逸斯、楼琳获金奖，方菲、蔡雨婷、程子瑄获银奖，王亦微等5人获铜奖。

【第三届“浙江风格 江南舞韵”舞蹈作品展演】

10月19日至20日，由省舞协、杭州市文联主办，杭州市舞协、杭州市拱墅区文联承办的第三届“浙江风格 江南舞韵”舞蹈作品展演，在杭州运河大剧院举行。自1月29日展演报名以来，全省各地共有59个舞蹈作品上报参选。经过作品初评、集中加工和专家点评等环节，32个作品脱颖而出，闪亮登场。

【中国曲协曲艺名家新秀送欢笑惠民演出】

6月26日，由中国曲协、浙江省文联主办，中国文联曲艺艺术中心、浙江省曲协、萧山区委宣传部、区文旅局承办的《牡丹花开心向党》中国曲协曲艺名家新秀惠民演出活动在瓜沥航民文化中心举行。中国文联曲艺艺术中心主任项云，中国曲协主席姜昆，中国曲协副主席、浙江省曲协主席翁仁康等出席。演出通过相声、小品、歌舞、莲花落等丰富多彩的艺术形式，回顾百年征程，上演了一台喜闻乐见、雅俗共赏的“曲艺盛宴”，为建党百年献礼。

【浙江杂技奖颁奖盛典暨杂技精品展演】

12月7日，由浙江省文联、省杂协主办，浙江曲杂总团、杭州杂技总团承办的2021浙江杂技奖颁奖盛典暨杂技精品展演在杭州剧院上演。本次展演共有9个精彩节目，包含魔术、杂技、柔术等，均是在国内外获得佳绩的精品节目。整场演出以杂技艺术的形式回顾我党的百年辉煌历史，充分展示浙江杂技刚柔相济的表演方式和清新浓郁的江南气息相融合的艺术风格。

【第五届浙江省工艺美术双年展】

8月20日，第五届浙江工艺美术双年展在浙江展览馆开幕。展览分“红色礼赞”“山花烂漫”“富美生活”三部分，共展出优秀工艺美术作品222件（组），涉及木雕、石雕、竹刻、刺绣、剪纸、瓷器、漆艺等50多个门类，既有老一辈艺术家殚精竭虑的经典之作，也有中青年艺术家勇于探索的创新之作，更有充满生机活力的新人新作。

【浙江省“名家孵化”计划工艺美术成果展】

12月8日，浙江省“名家孵化”计划工艺美术成果展在浙江省宁波市上林湖青瓷文化传承园开幕。此次展览呈现了入选“孵化计划”的木雕、石雕、青瓷、刺绣四个浙江特色工艺门类，18位孵化计划对象，8位导师和助教近年来潜心创作的成果，绝大多数作品是2021年新创作的佳作，体现了他们深入生活，为时代讴歌、为人民书写的真挚情感和创作才能。

【第九届浙江省文艺评论人才研修班】

7月9日，由浙江省评协主办的第九届浙江省文艺评论人才研修班在海宁正式开班。浙江省文联党组成员、书记处书记童颖骏，海宁市政府党组成员徐洪华，海宁市文联党组书记、主席朱红刚参加开幕式。浙江省文艺评论人才研修班是浙江省评协文艺评论人才培养的重要活动。自2013年起，研修班每年举办一届，今年已经是第九届浙江省文艺评论人才研修班。从第四届开始，研修班陆续在宁波、湖州、衢州、嘉兴海宁等地举办，积极培育地方文艺评论骨干力量，推动基层文艺评论事业发展。

【骨意兴怀——首届浙江省油画院艺术作品展】

10月28日，“骨意兴怀——首届浙江省油画院艺术作品展”在杭州最葵园艺术中心举办开幕式。展览汇集了46位艺术家的优秀作品，题材广阔、内容丰富、风格多样，“登临御风”“格物寄情”“肖像写神”“陶然畅意”四个板块分别对应不同主题和面貌，尽显艺者陶然于中国精神的转化与铸炼。

【“庆祝中国共产党成立100周年‘浙江画院走进绍兴’”作品展】

5月21日，由浙江省文联、中共绍兴市委宣传部指导，浙江画院、绍兴市文学艺术联合会主办的“庆祝中国共产党成立100周年‘浙江画院走进绍兴’”作品展在浙江展览馆开幕。自2018年浙江画院“走进绍兴”活动启动以来，浙江画院的艺术家们先后十余次，分批队奔赴绍兴各地采风，收集了大量创作素材和写生原稿，经过反复推敲和修稿，遴选出200余幅相对精良的作品汇集成册，并进行展出，向社会汇报展示画院的创作成果。

【恰是风华正茂：庆祝中国共产党成立100周年主题特展】

6月5日，由浙江省文史研究馆、浙江画院、中新社浙江分社主办“恰是风华正茂：庆祝中国共产党成立100周年主题特展”在浙江展览馆举行。本次特展正是以书画艺术、文史及多媒体的立体形式，向党的百年华诞献上的一份艺术厚礼。展览分“文心胆气”“大地峥嵘”“人民江山”“风华正茂”四大板块，展出作品近200件，涵盖中国画、书法、篆刻、版画、石雕、木雕、铜雕、瓷器、紫砂等中国传统艺术。

【2021中国故事节·少儿红色故事会现场展示活动】

6月12至14日，由中国民协、中国文联民间文艺艺术中心、中国民协故事委员会、“学习强国”

浙江学习平台、中共桐庐县委宣传部联合主办，《民间文学》杂志社、《山海经》杂志社等共同承办的2021中国故事节·少儿红色故事会现场展示活动在浙江桐庐举行。选拔期间，各地民协组织各类展演活动，并向活动组委会推荐优秀选手表演视频。组委会共收全国12个省、自治区、直辖市选送的1319个视频。“学习强国”浙江平台、杭州平台开设专栏，对部分优秀的选手视频进行展播，“学习强国”全国平台也刊播了此次活动新闻，吸引超过600万人次点击观看。

【大运河红色文化联盟】

7月29日上午，中共浙江省委机关旧址陈列室启用仪式在杭州市拱墅区狮虎桥河下2号隆重举行。启用仪式上，浙江省文化会堂（浙江展览馆）作为联盟单位之一，与浙江革命历史纪念馆、中国共产党杭州历史馆（市方志馆）、浙江省立第一师范学校旧址（杭高校史馆）、中国京杭大运河博物馆和省委机关旧址陈列室等5家单位一起成立大运河红色文化联盟，携手厚植中心城区红色资源。

【“童心向党·童声唱响”——全国优秀原创儿童歌曲、歌词征集】

4月1日至7月1日，浙江省文联传媒中心主办的《中小学音乐教育》推出“童心向党·童声唱响”活动，向全国征集优秀歌曲、歌词作品，共收到投稿作品485首。本次征集活动面向全国，各地音乐爱好者投稿积极、踊跃，来稿作品主要通过歌词、歌谱、音频、视频四种方式呈现。

【“新时代民间文学的转型与变革”研讨会暨《山海经》创刊四十周年活动】

10月14日，《山海经》杂志社举办“新时代民间文学的转型与变革”研讨会暨创刊四十周年活动，来自全国故事界的专家们共聚一堂，探讨在迈向第二个百年奋斗目标新征程上怎样讲好新故事。活动现场，《山海经》杂志社成立编委会，并携手上海《故事会》杂志社、《上海故事》杂志社和江苏《乡土·野马渡》杂志社成立长三角故事联盟。

【“渌渚周雄”杯第五届浙江省少儿故事会】

10月16日，由《山海经》杂志社、杭州市富阳区渌渚镇人民政府、绍兴市上虞区文学艺术界联合会共同主办主办的“渌渚周雄”杯第五届浙江省少儿故事会总决赛在杭州市富阳区渌渚镇的孝子湾文化公园周雄纪念馆顺利举行。据统计，全省各地有15000多名小朋友参与海选，共有219位小选手进入半决赛。经过激烈的角逐，有高段组28名、低段组67名选手进入总决赛。

安徽省文联

综　述

2021年，安徽省文联坚持以习近平新时代中国特色社会主义思想为根本遵循，以党史学习教育为主线，认真学习贯彻习近平总书记关于文艺工作重要论述、考察安徽重要讲话和在庆祝中国共产党成立100周年纪念大会上的重要讲话精神，在安徽省委坚强领导下，在中国文联有力指导下，围绕中心、服务大局，深化改革、守正创新，圆满完成了年初制定的各项目标任务。

会议与活动

【重要会议活动】

1月9日下午，由中国美协、安徽省文联、安徽省文史馆联合主办的“艺道回眸——杨国新绘画作品展”在合肥时代美术馆开幕。展览分为三个部分：“本源道心”“秘境寻真”“融古慧今”。

1月19日至2月27日，中国美协、安徽省美协、合肥市文联共同主办第六届全国架上连环画展（合肥站）。展览共展出80余位作者的600余幅作品，包括中国画、油画、水彩画、版画、素描及综合材料等媒材。

3月5日至6日，在合肥召开安徽省文联七届二次全委会，传达学习全国宣传部长会议、中国文联十届六次全委会和全省宣传部长会议精神，总结2020年工作，部署2021年工作，并对全省文联系统2020年度先进单位、先进个人、优秀文艺作品和最美文艺志愿者进行通报表扬。

4月14日下午，由安徽省文联主办，安徽省美协、书协、摄协共同承办的“携手共圆小康梦”书画摄影展在合肥合柴1972当代美术馆开幕。此次展览，共展出书法作品80幅、美术和摄影作品各100幅。

4月21日，由中国美术馆和安徽省文联共同主办的“风华凝粹——鲍加艺术展”在合肥市赖少其艺术馆开幕。本次展览共展出鲍加50幅油画作品，其中包括中国美术馆收藏的9幅作品。开幕式上，还举行了《回溯从艺七十年》文集首发式。

4月25日下午，在安徽省肥东县长临河镇六家畈举行“安徽文学名家工作室”挂牌仪式暨文学志愿服务活动。

6月17日，由安徽省文联主办，安徽省曲协、合肥演艺股份有限公司承办的“说唱新时代　开启新征程”——庆祝中国共产党成立100周年安徽优秀曲艺节目展演在合肥举办。

6月21日，由安徽省文联主办，安徽省作协和安徽文学艺术院承办的“红耀江淮　薪火永继”安徽作家纪念建党百年红色主题创作采风活动在合肥启动。两支采风创作组分赴皖南、皖北进行为期一周的主题创作采风。

6月25日至27日，由安徽省文联主办、安徽省民协承办的民间工艺主题创作研修班暨“巧手浇开幸福花”安徽省首届新文艺群体民间工艺交流展在合肥举办。开班期间，安徽省委党校（安徽行政学院）教授高淮成、中国艺术研究院研究员侯样祥分别作了题为《百年党史　辉煌历程》和《民间工艺的正能量》的专题讲座。“巧手浇开幸福花”安徽省首届新文艺群体民间工艺交流展共展出180余件（套）展品。

6月28日，由安徽省妇联、安徽省文联共同举办的“党的女儿　红耀江淮”主题摄影展在安徽省图书馆开幕。本次摄影展以“赓续使命守初心”开篇，分“巾帼心向党”“巾帼创新业”“巾帼展风采”“巾帼促和谐”“巾帼暖人心”五个篇章。

6月28日，由安徽省委宣传部、安徽省文联主办的“初心百年恰风华”安徽省宣传思想文化系统庆祝建党100周年书法美术摄影展开展。全系统18个单位580余幅作品参展，其中安徽省文联的文艺工作者创作了78幅作品，入选14幅，特邀35幅。

6月29日、8月12日，安徽省文联党组书记、副主席、书记处第一书记何颖分别赴黄山市徽州区、歙县、屯溪等部分县区和巢湖市黄麓镇和巢湖市经开区，就民间文艺、“文艺两新”工作和文艺助力乡村振兴进行调研。

7月12日，由安徽省文联主办，安徽省书协、省美协、省摄协共同承办的“文艺心向党”——安徽省书法美术摄影作品展在合肥合柴1972当代美术馆开幕。本次展览从全省投稿的8000余件书法、美术、摄影作品中，遴选出314件展出作品，其中：书法114件、美术100件、摄影100件。

7月15日至16日，安徽省文联在安徽省委党校（安徽行政学院）举行学习习近平总书记“七一”重要讲话精神暨党史学习教育专题读书班。中国美协分党组书记、驻会副主席徐里，安徽省委讲师团专家、省委党校（安徽行政学院）党建教授吴梅芳应邀分别作了题为《美术经典中的百年党史》《中国共产党的百年奋斗历程》的专题辅导报告。学习班还集中观看了习近平总书记“七一”重要讲话实况录像，实地参观了安徽省爱国主义教育示范基地——省委党校（安徽行政学院）党性教育馆，并专程前往合肥市蜀山区档案馆，参观了由上海、江苏、浙江、安徽一市三省档案局、档案馆联合主办的“建党百年　初心如磐——长三角红色档案珍品展”。此外，还观摩学习了电影《革命者》。在此前后，安徽省文联还分别通过座谈会、主席团扩大会议等形式组织安徽省美术书法摄影界，影视界，戏剧界，音乐、舞蹈、曲艺、杂技界，作家、文艺评论家，安徽省文联业务主管社会组织和安徽省文联年轻干部学习贯彻习近平总书记“七一”重要讲话精神。

8月1日下午，中国书协、安徽省文联、安徽省委党史研究院联合主办，安徽省书协承办的“初心如磐向未来”——安徽省百名书家书写红色家书红色诗词作品展在合肥亚明艺术馆开幕。本次展览由安徽省委党史研究院从皖籍革命先烈和在皖战斗工作过的非皖籍革命志士所书写的家书和诗词中甄选出45封家书、75首诗词，由安徽省文联、省书协组织优秀中青年书法工作者进行创作，遴选出120幅优秀作品展出，同时展出的还有书写者的心得感悟。

9月2日，安徽省文联文艺工作者职业道德和行风建设工作座谈会在合肥召开。传达学习“修身守正　立心铸魂——中国文联文艺工作者职业道德和行风建设工作座谈会”精神。

9月2日，由安徽省文联主办、省书协承办的“小康路上的足音”安徽省百名书家书写扶贫干部日记作品展在合肥合柴1972开展。组织100多位书法家对“中国好人”、全国脱贫攻坚先进个人、六安市金寨县花石乡大湾村党总支第一书记、驻村扶贫工作队队长余静等112位优秀驻村扶贫干部的日记、感悟、心得、诗词等进行艺术再创作，其中还有17幅书法作品由日记写作者本人创作。9月17日该展移师阜阳。

9月24日，由安徽省文联、安徽省摄协主办的“镜像•安徽”摄影艺术展暨“我为群众办实事”摄影实践活动在合肥合柴1972当代美术馆启动。本次展出的摄影作品是在2020年9月杭州“安徽•镜像”摄影作品展基础上精选而来，集中展示了近年来安徽摄影工作者的创作成果特别是在中国摄影金像奖、全国摄影艺术展、安徽摄影艺术展和省内外重点品牌展览活动中的部分获奖入选作品。

安徽省“文化名家进高校”暨“非遗进校园”活动，分别于9月28日、11月9日、11月24日走进安徽财经大学、安徽医科大学、黄山学院，邀请各文艺门类的艺术家与学生面对面交流。

10月25日下午，由安徽省档案馆、安徽省文联主办，安徽省书协、省美协、省摄协、省档案馆征集利用处承办的“庆祝建党一百周年　百家艺术档案展览”在安徽省档案文史方志馆开幕。此次展览共展出来自全省16个地市的文艺工作者创作的书法、美术、摄影等作品274幅，其中书法100幅，摄影103幅，美术71幅。

11月2日至5日，由沪苏浙皖一市三省文联主办，长三角文艺评论发展联盟、安徽文艺理论研究室和安徽省评协承办的首届长三角暨安徽省第六届中青年文艺评论家高级研修班在合肥举办，来自沪苏浙皖一市三省近80名中青年文艺评论工作者参加。中国评协主席夏潮，安徽省文联党组书记、副主席、书记处第一书记何颖等出席开幕式。夏潮和浙江大学教授、博士生导师盘剑，中国评协副主席、复旦大学教授汪涌豪，中国科学技术大学艺术与科学研究中心主任、博物馆馆长陈履生，上海戏剧学院舞蹈学院教授、《当代舞蹈艺术研究（中英文）》杂志主编张素琴，安徽财经大学法学院副教授、硕士生导师王姝文，分别以《深入学习领会习近平总书记关于文艺工作重要论述》《文艺评论主体能力建构》《这个时代的批评伦理》《如何看新中国革命历史题材的美术创作》《艺术经典与主题评论的时代性》《〈中华人民共和国民法典〉与〈中华人民共和国著作权法〉》为题进行授课。

安徽省文联党组书记、副主席、书记处第一书记何颖分别于11月19日、11月27日、12月3至4日率文艺小分队赴长丰县杨庙镇马郢社区、肥东县桥头集镇国光社区黄张村和宣城市泾县，开展党的十九届六中全会和安徽省十一次党代会精神基层宣讲暨“我为群众办实事”实践活动。

11月24日，安徽省网络作家协会在合肥成立。会议传达学习了习近平总书记11月19日致首届中国网络文明大会的贺信，审议通过了《安徽省网络作家协会章程》，选举产生了第一届理事会和主席团，余同友当选为主席。

11月26日上午，安徽省档案馆、安徽省文联在省档案馆新馆联合举行张崇岫战地摄影作品捐赠暨“抗美援朝纪实”展览揭幕仪式。此次战地摄影作品展张崇岫共捐赠80件作品。

11月29日至30日，安徽省文联在芜湖市南陵县召开推动新时代安徽文艺事业高质量发展座谈会暨基层文联组织建设现场会。

12月7日，安徽省文联举办学习贯彻党的十九届六中全会精神专题报告会，邀请安徽省委党校（安徽行政学院）教授、省直机关宣讲团成员高淮成作专题辅导报告。

12月7日至9日，安徽省文联举办2021年机关党务干部培训班。邀请安徽省委党校（安徽省行政学院）、省纪委监委驻省委宣传部纪检监察组、省直机关工委、省委网信办的专家、学者，就学习贯彻党的十九届六中全会精神、认真履行纪检监察职责、加强和改进网络意识形态工作、党支部党员发展工作实务等专题作辅导报告。

12月20日，安徽省文联召开党组理论学习中心组学习扩大会议，专题传达学习中国文联第十一次全国代表大会、中国作协第十次全国代表大会精神。

12月28日，安徽省文联召开2021年下半年全面从严治党工作专题会暨党的建设、党风廉政建设和反腐败斗争及意识形态工作领导小组会议。

12月28日至30日，安徽省文联在合肥举办全省中青年文艺骨干和“文艺两新”人才培训班，来自基层文艺创作和服务管理一线的50余名学员参加培训。安徽省委党校（安徽行政学院）科学文化教研部主任、安徽省评协副主席邵明，安徽省委党校（安徽行政学院）研究生部主任郭伟分别围绕习近平新时代中国特色社会主义思想和习近平总书记关于文艺工作重要论述、党的十九届六中全会精神和省第十一次党代会精神进行专题辅导，省社会科学院、省中国特色社会主义理论体系研究中心研究员钱念孙，省直工委讲师团团长陶旭升分别就加强文艺界行风和职业道德建设、做好意识形态工作进行深入讲解。培训班上，还特别邀请中国文联十一大安徽代表团成员、安徽广播电视台影视剧中心副总监蒋小龙结合全程参与电视剧《觉醒年代》的创作经历，就如何用力用情讲好中国故事作了专题讲座。此外，还组织学员赴渡江战役纪念馆开展党史学习教育现场教学，开展了分组讨论。

【品牌活动】

3月20日至22日，由安徽省文联、《文艺报》社、长丰县委县政府共同主办的“全国知名作家看安徽（长丰站）”创作采风团走进合肥，深入长丰县有关乡镇、社区及产业园区，开展“深入生活、扎根人民”主题实践活动。

创作与研究

【获奖情况】

由安徽省文联、省剧协推荐的安徽再芬黄梅文化艺术股份有限公司国家一级演员吴美莲获第30届中国戏剧梅花奖。作家马传思获第十一届全国优秀儿童文学奖。安徽省文联党组成员、主席、书记处书记陈先发获英国剑桥大学银柳叶奖。版画《王稼祥》等3部美术作品入选中宣部、中央党史馆重大题材创作项目，《望春花》入选第九批“中国梦”主题新创作歌曲，《你是春风我是花》《桂花》2首歌曲入选中国音协“百年百首”全国优秀原创歌曲100首，快板剧《说说咱们心里话》等3部作品入选中国曲协庆祝中国共产党成立100周年优秀曲艺作品征集，11位安徽书法家作品入选中国文联等主办的“伟业·庆祝中国共产党成立100周年书法大展”，9件作品入选第28届全国摄影艺术展，黄梅戏《共产党宣言》入选第十七届中国戏剧节参演剧目并获选“优秀剧目”，4部曲艺作品亮相第十届中部六省曲艺展演，15部作品在“光辉道路——庆祝中国共产党成立100周年长三角地区小戏小品创作征集”中获奖。长篇小说《群山呼啸》、大幅油画《金刚台上》、延时摄影作品《你好“皖”美》影响广泛。列入安徽省2021年重点文艺项目电影《幸福小马灯》拍摄制作完毕，已进入报审程序；列入2021年安徽省“纪录小康工程”重点影视创作项目电影《城里来的书记》即将公映。

【理论评论】

安徽省文联对安徽省庆祝中国共产党成立100周年新创优秀剧目跟踪评论，先后邀请23位专家撰写专题评论文章30篇。

开展2021年度安徽文艺评论推优暨推荐参加第六届“啄木鸟杯”中国文艺评论年度推优活动，推选出优秀著作2部、优秀长评9篇、优秀短评5篇。其中，马启俊等人《六安革命文学史》、彭正生《新世纪小说中知识分子的四副面孔》和吴长青《重提网络文学批评的有效性》、周志雄《量化指标能否称出网络文学的“斤两”》分别入围第六届“啄木鸟杯”中国文艺评论年度推优活动著作、长评和短评终评入围作品。吴长青《重提网络文学批评的有效性》获“年度优秀短评文章”。

开展“安徽红色文艺评论巡礼”活动，活动共收到评论文章64篇，专家审定入选文章54篇，约25万字。其中唐先田《壮美的文学旗帜——安徽红色文学概述》、韩进《百年视野里安徽红色儿童文学》两篇文章选入中国艺术报庆祝建党百年专刊。

【创作情况】

聚焦建党百年，有序推进“纪录小康工程”，组织“百年百幅”“礼赞百年”等主题创作，深入挖掘红色资源、传承红色基因，引领主题创作。2021年度中长篇小说精品创作工程，首批6部入选作品大多围绕建党百年等重大主题，已发表1部中篇、1部长篇，2部长篇已预约出版，2部中篇初稿已完成。报告文学《安徽造》在《人民文学》2021年第7期刊发，长篇小说《追风》由安徽文艺出版社出版，《人民文学》第11期节选。召开报告文学《我们的村庄——脱贫攻坚中的安徽故事》首发式暨创作座谈会。积极推进“纪录小康工程”，“百年百幅”“礼赞百年”等主题创作征集主题美术作品1016件、创作征集主题书法作品1900余件，主题图片影像作品800组（幅）、“百人百村”主题美术作品1258幅、“小康路上的足音”百名书家书写“扶贫日记”作品987幅，“皖美答卷”庆祝中国共产党成立100周年主题摄影作品2652件及一批音乐、民间文艺作品。

对外及对港澳台文化交流

3月18日，在安徽省宣城市举办长三角文艺发展联盟2021年度工作会议暨党史学习教育主题实践活动，长三角文艺发展联盟采用轮值机制，2021年是第一轮轮值的“收官年”，由安徽省文联轮值。

由湖北省文联、河南省文联、安徽省文联共同主办的“红色大别山 辉煌鄂豫皖”三省书法美术摄影作品邀请展分别于6月16日和7月6日在合肥合柴1972当代美术馆、中南民族大学光谷美术馆开幕。展览共展出作品270件，其中鄂豫皖三省分别展出90件（书法、美术、摄影作品各30件）。

11月2日，由上海、江苏、浙江和安徽一市三省文联主办，长三角文艺评论发展联盟、安徽文艺理论研究室、安徽省评协承办的长三角文艺评论融合发展研讨会在合肥举行，重点围绕加强新时代文艺评论工作、扎实推进融合发展，就资源共享、机制共建、活动共联、成果共享等进行深入探讨。

12月30日下午，由长三角文艺发展联盟暨上海市文联、江苏省文联、浙江省文联、安徽省文联共同主办，沪苏浙皖一市三省美术、书法、摄协共同承办的长三角文艺发展联盟美术·书法·摄影作品展在合柴1972当代美术馆开幕。本次展览共展出300件作品，其中沪苏浙皖一市三省书法、美术、摄影作品各25幅。

创研机构

【安徽文学艺术院】

2021年，安徽文学艺术院创作了一批书画作品参加“初心永铸——全国百名中共党员书家同书入党誓词作品展”、纪念中国人民抗日战争暨世界反法西斯战争胜利75周年书画摄影作品展、“伟业：庆祝中国共产党成立100周年书法大展”等展览。在文学创作方面有长篇纪实《麦田里的春天》、中篇小说《金刚台》、小说《百年仁心》等作品。在影视创作方面，参与电影《幸福小马灯》《少年行》的创作。

【文艺理论研究室】

2021年，理研室开展了文艺评论“两新”调研工作并撰写调研报告；开展并完成“新时代中国文艺人才发展论坛”论文征集的宣传和稿件收集、上报工作；组织省文艺评论志愿服务小分队赴颍上，开展党史学习教育和“我为群众办实事”实践活动；在安庆师范大学举行安徽文艺评论基地揭牌仪式暨新时代安徽文学评论与创作互动互进专题研讨会。

各文艺家协会

【作家协会】

开展中长篇小说精品创作工程。围绕决胜全面小康、决战脱贫攻坚和建党百年创作选题，面向安徽（含省籍在外）作家征集作品，共收到作品53部，首轮入选作品6部（长篇3部，中篇3部）；组织实施“纪录小康工程”主题创作，编写出版大型报告文学《我们的村庄——脱贫攻坚中的安徽故事》；组织推荐洪放、王华参加中国作家协会开展的2021“中国一日·工业兴国——中国作家在行动”全国作家联动大型文学主题实践活动，分别创作出报告文学《第109755，下线！——江淮蔚来工厂的一日》《行走在矿山的“老卜”》；组织开展“红星照江淮·献礼中国共产党建党百年”“初心映照江淮，见证崛起之路”主题征文活动。

【美术家协会】

举办安徽省美协2021年文艺骨干培训班，邀请时任中国美协分党组书记、驻会副主席徐里和安徽省委党校（安徽行政学院）党史党建部副教授、法学博士方堃分别以《美术经典中的百年党史》《新时代中国共产党人的政治宣言》为题授课；5月和12月先后深入长丰县杨庙镇马郢社区和陶楼镇桃文化馆、泾县云岭镇，开展“我为群众办实事”实践活动，并在马郢社区和云岭镇设立“深入生活、扎根人民”采风创作联系点，为当地美术工作者和爱好者提供专业讲座、创作辅导。在马郢社区还举行了“安徽美术名家工作室”授牌仪式；主办“故乡·高原——陆学东艺术展”，共展出100余件作品；参与承办“为山河立传——张松山水画作品巡展”“不忘初心　继往开来——第四届全国新钢笔画学术展”“庆祝建党一百周年　百家艺术档案展览”等展览；范春晓的中国画《C919大飞机》，项春生、杨国新、陈宁的油画《小岗村精神》，赵振华的油画《进军小汤山》，张国琳、汤晓云、廖新的版画《实现中国社会主义工业化的根本保证——社会公有制》等作品入选由中宣部、中国文联主办的“不忘初心　牢记使命——庆祝中国共产党成立100周年美术作品展览”；程瑞、孔慧、赵关键的油画《金刚台上》，师晶的版画《王稼祥》，吴开山的中国画《1922朱德赴欧》入选中宣部、中央党史馆重大题材创作项目；赖少其、张弘、师松龄1960年合作的版画《节日的农村》入选“伟大征程　时代画卷”庆祝中国共产党成立100周年美术作品展。

【音乐家协会】

举办“第十三届中国音乐金钟奖安徽赛区选拔赛”声乐（民族、美声）、钢琴、古筝比赛，“百年百首”“听见中国听见你”2021年度安徽省优秀歌曲评选会，“红旗颂”——安徽省管乐交响音乐会，2021中国音乐小金钟——第八届全国中小学生管乐独奏（安徽省）展演，2021中国音乐小金钟——全国琵琶（安徽省）展演，召开安徽省音协音乐工作者职业道德和行风建设工作座谈会等活动。

开展多项“我为群众办实事”和文艺志愿活动，安徽省文联副主席、安徽省音协主席盘龙在蚌埠市为广大词曲作者作了题为《歌曲创作谈》的音乐讲座。副主席程炳杰赴南陵县作《合唱中的发声技巧与训练》专题讲座。副主席田雅丽与芜湖市音协主席肖应泽等人，对无为、繁昌等地非遗民歌进行调研。副主席柳琦带队赴肥东，把演出送到百姓家门口。副主席罗可曼为广大琴童、家长送去了音乐教学讲座《让音乐点亮人生》。

由安徽省音协选送的芜湖市少年宫合唱团受邀参加由中国音协合唱联盟举办的2021中国青岛合唱大会，获本次大会“杰出贡献合唱团队”称号。

【书法家协会】

2021年，安徽省书协及各工作专业委员会、地市书协累计开展政治理论学习、党史学习教育培训等计50余场，服务书法工作者爱好者4000人次；3月，在合肥举行安徽省书协第六届理事会第四次会议暨党史学习教育培训活动；举办安徽省第十五届书法新人新作展、“青春同心　永跟党走”安徽省青年书法篆刻作品展、第四届安徽省刻字艺术展；第四届安徽省刻字艺术展等展览；开展各类培训、讲座、志愿服务活动11场。

【摄影家协会】

举办安徽省摄协2021年理事骨干培训班、省摄协摄影工作者职业道德和行风建设工作座谈会、安徽省美术书法摄影界学习贯彻党的十九届六中全会精神座谈会；启动“‘皖’美答卷”主题摄影图片征集、“新征程·新‘徽’煌”主题摄影图片征集活动；以“弘扬徽茶文化，助力乡村振兴”为主题组织“首届徽茶摄影短视频作品征集活动”；在全媒体网络平台推出延时摄影片《你好“皖”美2021》；举办“镜像·安徽”摄影艺术展暨“我为群众办实事”摄影实践活动、“人民保护长江，长江造福人民”安徽沿长江五市长江生态整治成果主题摄影展、皖南星7天艺术乡村（西村村）主题活动、“见证古村之美”泾县宝藏古村摄影PK赛等活动；4月26日，在中国摄协举办的2021年全国摄影工作会议上，安徽省摄协获得中国摄协通报表扬，这也是省摄协连续三年获得中国摄协通报表扬。

【戏剧家协会】

4月，在合肥举办安徽省剧协2021年度工作会暨“砥砺从艺初心”全省戏剧骨干培训，该班培训了80余人次；5月，举办第22届“安徽少儿戏曲小梅花荟萃”推优展演，推选出优秀节目，参加中国戏曲小梅花荟萃活动，8人获得“中国戏曲小梅花荟萃金花”称号；举办第九届安徽省优秀小戏小品展演活动，评选出70部参演剧目。因疫情影响，活动由线下展演改为线上展演，2021年8月底，通过线上推优评审会，从参演剧目中推出20部优秀剧目；推荐脱贫攻坚主题大型现代黄梅戏《吉祥草》参加“中国剧协民间职业剧团优秀剧目线上展演”并入选；推荐大型现代黄梅戏《共产党宣言》参加第十七届中国戏剧节展演；推荐新编古装庐剧《三孝口》参加第五届老舍戏剧节展演；推荐《印记》（淮北梆子戏）《慈母恨》（二夹弦）进京展演。

【舞蹈家协会】

3月27日，安徽省舞协“深入生活　扎根人民”创作采风点在怀远县文化馆挂牌；3月26至27日，安徽省舞协与蚌埠市文联联合主办安徽省舞蹈编导“双创”研习班，全省300多名舞蹈工作者参加学习；5月9日在合肥举办“第十一届安徽省少儿舞蹈展演暨‘小荷风采’节目选拔”，全省27个新创作品参加汇演，并推选出6个作品入围第十一届“小荷风采”全国少儿舞蹈展演；参与承办沪苏浙皖四地“艺心向党——长三角地区庆祝建党百年舞蹈汇演”，并选送4部作品；承办长三角文艺发展联盟“红色经典进高校”暨长三角一市三省文艺工作者党史学习教育主题实践活动舞剧《立夏》演出；7月28日至8月3日，选送《牛歌声声》《网课》《我为祖国画朵花》《花儿·鼓儿·歌儿》《盲盒里的秘密》《我的小花鼓》等6部作品赴天津参加中国舞协第十一届“小荷风采”全国少儿舞蹈展演，6部作品均获“小荷之星”“小荷园丁”“小荷之家”荣誉称号；选送作品《幸福花鼓敲起来》入选2021年第三届“戴爱莲杯”人人跳全国舞蹈展演；推选《远去的兰花爷爷》《“星”火永相传》2部作品入选第二届中国舞蹈优秀作品集粹。

【民间文艺家协会】

3月25至28日，安徽省民协、省民协剪纸专业委员会组织全省部分优秀剪纸艺术家前往金寨大湾村、岳西榆树村新时代文明实践中心开展“皖美小康路”纪录小康工程主体创作采风活动；《百年风云》《先哲汇聚》《黄宾虹纪念砚》三件作品入围山花奖·优秀民间工艺美术作品终评；组织18件工艺品参加2021年6月苏州“百工百艺·山花绽放”长三角地区民间工艺精品邀请展；4月25日至26日，在合肥召开中国民间文学大系出版工程实施项目编纂工作（华东片区）培训交流会。

【曲艺家协会】

4月，召开2021年度工作会议并举办理事、骨干会员培训班，学习党的十九届五中全会精神、习近平总书记关于文艺工作重要论述、视察安徽重要讲话；《说说咱们的心里话》《红信封》《变化》等3个作品入选中国曲协组织的庆祝中国共产党成立100周年优秀曲艺作品征集活动；淮北大鼓《回家》、相声《归来》、太和清音《最美人间四月天》、淮河琴书《家与妈》4个新创节目亮相第十届中部六省曲艺展演；相声《让子弹飞》入选中国文联青年文艺创作扶持计划项目，获得第12届北京青年相声节新作品比赛一等奖；相声《说说咱妈》入选第3届“马季杯”全国大学生相声展演等。《黄梅戏泰斗时白林先生的曲艺缘》《说不尽曲水流觞道不完弦歌沧桑——安徽寿县正阳关淮词的前世今生》等一批理论研究文章在国家级刊物上发表，《红色经典曲艺作品的历史价值与当代意义》入选第4届全国曲艺理论学术研讨会，《刍议书艺的社会场域》《文化旅游与曲艺融合发展的可行性路径》2篇论文入选第7届中国曲艺绍兴（柯桥）高峰论坛。

【杂技家协会】

省杂技团编创杂技舞蹈《渡江第一船》参加安徽省庆祝建党100周年大型文艺晚会“百年正风华”演出，获省委宣传部通报表彰；编创儿童杂技剧《孙悟空三打白骨精》在省话剧院小剧场首演，并赴海口商演6场；创作新版《魔幻之旅》在第七届合肥市高雅艺术文化惠民活动上演；“明日之星”班《空中吊圈》《空中吊发》分别参加央视一套、北京参加央视四套栏目录制，分别赴江苏盐城、福建晋江参加公益演出。安庆市杂技团创作了爱情题材杂技剧《七夕情缘》、红色题材杂技短剧《过江战斗》、新杂技节目《敦煌飞天》《女子蹬球》《高空杆》《快乐的炊事员》《集体车技》《魔力弹球》等。

【电影电视艺术家协会】

与合肥市少年宫、青少年活动中心举办“看电影　学党史——心里有话对党说”才艺展示，60多名青少年参加观影和表演活动；组织文联干部职工开展3次集中观影活动，观看红色主题电影；开展红色经典进高校、部队。在安徽艺术学院举办“光影里的歌——影视作品交响音乐会”，到安徽工商管理职业学院、安徽城市管理职业学院、安徽艺术学院、安徽大学开展红色电影欣赏讲座和观影活动5场次，到海军航空兵92752部队开展“送红色电影进军营”，放映院线电影《长津湖》2场近400名官兵观看；反映决胜小康社会的现实题材电影《幸福的小马灯》《城里来的书记》，分别被列为省重点文艺创作项目和“纪录小康工程”重点项目，现已拍摄制作完成；与长三角影协共同主办“2021长三角电影发展联盟暨第十三期电影编剧高级研修班”，组织报送作品20余部，6部作品入选。

福建省文联

综 述

2021年，福建省文联以习近平新时代中国特色社会主义思想为指导，认真贯彻落实福建省委省政府和省委宣传部的决策部署，围绕庆祝中国共产党成立100周年主题主线，高举精神旗帜，服务中心大局，组织文艺精品创作，打响福建文艺品牌，推进文艺交流交往，深化文联内部建设，创新文联工作局面，团结引导广大文艺工作者听党话、颂党恩、跟党走，在推动全省文艺事业高质量发展和文化强省建设中取得新的明显成效。

重要会议、事件

【福建省文联七届七次全委会暨工作会议】

2月5日，福建省文联七届七次全委会暨工作会议在福州召开。会前，福建省委常委、宣传部部长邢善萍作了批示，充分肯定2020年全省文联和文艺工作成绩，并对做好2021年工作提出要求。会议深入学习贯彻习近平新时代中国特色社会主义思想和党的十九届五中全会精神，传达学习2021年全国宣传部长会议、中国文联十届六次全委会以及省委十届十一次全会、全省“两会”、全省宣传部长会议精神等，总结2020年工作，研究部署今年任务。会议以视频形式召开，省文联主席张帆主持会议，省文联党组书记王秋梅作工作报告。

福建省文联七届主席团、各单位（部门）负责人、省直委员在省文联主会场参加会议；全省各设区市、县（区）文联和平潭综合实验区文联、行业文联负责人在线上参加会议。

【中国文联党组书记、副主席李屹一行来闽调研】

4月15日至18日，中国文联党组书记、副主席李屹率专题调研组来闽就加强基层文联组织建设、团结引领新文艺组织和新文艺群体、推动新时代文明实践中心建设等工作开展专题调研。省委常委、宣传部部长邢善萍，全国政协常委、社会和法制委员会副主任、省文联主席张帆陪同在榕调研并参加座谈。

在闽调研期间，调研组先后赴福州、南平、龙岩等地，调研了福建省文联海峡民间艺术馆、福州市漆艺研究院、沈绍安漆艺博物馆、朱熹园、考亭书院、建盏文化产业园、古田会址、上杭新时代文明实践中心等地，详细了解基层文联开展新文艺组织和新文艺群体团结引领工作、组织基层文艺活动、基层文联组织建设等情况。

调研组一行在福州和南平召开座谈会，听取了福建省文联和南平市文联工作汇报，并与来自全省戏剧、音乐、美术、民间文艺、书法等艺术门类的新文艺组织和新文艺群体代表畅谈在闽创业、创作、生活的切身感受，与会人员就文联如何更好地团结、引领新文艺组织和新文艺群体进行座谈交流。

福建省文联党组书记王秋梅及省、市相关人员陪同调研或座谈。

【福建省文联“文艺两新”工作座谈会和“文艺两新”骨干培训班】

7月13日至17日，福建省文联首个“文艺两新”工作座谈会暨“文艺两新”骨干培训班在漳州召开。福建省文联党组书记王秋梅出席会议并讲话。省文联党组成员、各设区市和平潭综合实验区文联负责人，以及省文联各处室、直属单位负责同志参加座谈会。全省百余名新文艺群体业务骨干参加培训。

“文艺两新”工作座谈会上，各设区市、平潭综合实验区文联负责人交流了上半年工作经验做法，重点围绕庆祝中国共产党成立100周年就开展“永远跟党走”主题系列活动情况，部署下半年工作，对如何进一步抓实抓好“文艺两新”工作进行探讨，8位新文艺群体代表作了交流发言。

来自福建省各地市文联的主要负责人，省文联机关各处室、各省级文艺家协会、省文联各单位负责人，各艺术门类“文艺两新”代表，参加了全省文联系统“文艺两新”培训班。此次培训班内容丰富、形式多样，既有专家学者作辅导讲座，又结合党史学习教育开展“文艺两新”示范点教学，还参观了“毛主席率领红军攻克漳州纪念馆”等。

【全省文联系统干部能力素质提升读书班】

12月5日至8日，福建省文联系统干部能力素质提升读书班在文艺创作(泰宁)基地举行，福建省文联党组书记王秋梅和全体党组成员，省文联机关和事业单位、各省级文艺家协会，各市县(区)文联、平潭综合实验区文联，行业系统文联负责人等130多人参加学习。

福建省文联党组书记王秋梅作开班动员讲话，省文联党组成员、书记处书记、副主席、省作家协会主席陈毅达作《新时代福建省文学工作漫谈》的辅导报告，省文联党组成员、书记处书记、副主席、省美协主席王来文作《坚定文化自信 坚守文艺情怀》的辅导报告。

读书班安排了辅导报告、故事宣讲、讨论交流、现场教学和个人自学等一系列丰富多彩的学习活动，举办了书写描绘党的十九届六中全会“金句”、老区苏区精神和福建元素等创作笔会活动，组织“艺心永向党”主题现场教学，学员们赴红军街、东方军纪念馆、明清园等现场学习。

重要文艺活动

【福建省首届妇女书法篆刻刻字邀请展】

3月8日，由福建省文联与省妇联共同主办，省书协、省画院承办的“福建省首届妇女书法篆刻刻字邀请展”，在福建省画院开展，共展出140余件以歌颂党、赞美祖国、展现女性风采为主题的书法、篆刻、刻字作品，充分展示了女书法家们的艺术涵养和艺术风貌。

本次参展的女书法家们来自福建省各地，有全国、全省书法展赛的获奖者，有基层优秀的女书法家，还有部分香港特别行政区和台湾地区的女书法家作品获邀参展。福建省人大常委会副主任吴洪芹、省委宣传部副部长叶燊、省文联党组书记王秋梅等领导出席了开幕式。

【福建陕西传统民间工艺交流展】

3月18日至22日，由陕西省文联、福建省文联主办的“美美与共•丝路同行——福建陕西传统民间工艺交流展”在省海峡民间艺术馆隆重开幕。

展览共展出闽秦两省的民间文艺精品200余件(组)，涵盖玉石雕、漆艺、陶瓷、皮影、秦派内画、剪纸、木版年画、泥塑、农民画、面花等富有特色的民间文化精粹，题材广泛，内容丰富，较为全面地展示了两省民间传统工艺风格、地域特色、艺术水准，奋力弘扬丝路文化，传承丝路精神，积极展现中华优秀传统文化魅力，进一步促成“海丝”与“陆丝”文化深度融合，对促进海陆文明的交流和互鉴具有积极的意义。

【“颂歌献给党”福建省党史学习教育主题音乐会】

5月10日晚，福建省委宣传部、省文联在福建大剧院歌剧厅共同主办“颂歌献给党”福建省党史学习教育主题音乐会。福建省委常委、宣传部部长邢善萍，省人大常委会副主任吴洪芹，省政府副省长郭宁宁，省政协副主席刘献祥，全国政协社会和法制委员会副主任、福建社会科学院院长、省文联主席张帆，省文联党组书记王秋梅等领导出席。省委党史学习教育领导小组成员单位、党史学习教育省委巡回指导组，省直和中央驻闽相关单位等负责同志及党员干部群众800多名在现场观看，30多万名观众同时在线上欣赏了这一堂生动的艺术党史课。

“颂歌献给党”福建省党史学习教育主题音乐会通过一首首耳熟能详的、在中国共产党百年奋斗的光辉历程中不同时期的经典代表作品，艺术再现了中国共产党领导人民进行革命和建设的成功实践，让线上线下的广大观众在欣赏音乐的同时感悟中国共产党始终不渝为人民的初心宗旨，汲取奋斗新时代、启航新征程的磅礴力量，是一堂非常有意义、生动感人的艺术党课。

【原创交响合唱组歌《中国精神》在国家博物馆首演】

6月6日，由中国音协、山东省委宣传部、福建省委宣传部联合推出，福建省文联等联合承办的原创交响合唱组歌《中国精神》，在中国国家博物馆精彩呈现。组歌《中国精神》以建党百年来，在波澜壮阔的历史进程中诞生的以爱国主义为核心的民族精神和以改革创新为核心的时代精神为脉络，回溯历史、展望未来。组歌由序曲、上篇、下篇和谢幕曲4个部分构成，20首原创音乐作品采用多种表现形式激情唱响，热情讴歌了中国共产党在长期奋斗历程中形成的优良传统和革命精神。中国文联党组书记、副主席李屹等领导和组歌主创人员等出席观看演出。

《中国精神》组歌另于12月10日和23日在福建师范大学音乐厅和福建省大剧院成功巡演。福建省人大代表、政协委员，民主党派省委常委、副主委，无党派人士、党外知名人士、各类高层次人才以及广大高校师生、社会群众代表等近千人现场观看音乐会。活动同时由新华社“现场云”全程直播，点击量近上万人次。

【“习近平用典”主题书法创作展】

6月17日至7月2日，由福建省委宣传部、省委网信办、省文联共同举办的福建省庆祝中国共产党成立100周年“习近平用典”主题书法创作巡回展启动仪式在福州举行，福建省委常委、宣传部部长邢善萍出席并致辞，全国人大华侨委委员叶双瑜等参加启动仪式。“习近平用典”主题书法创作巡回展以“习近平经典名句”为主要创作内容，共展出省内外知名书法家及书法爱好者创作的优秀作品105件。7月16日至8月20日在厦门、宁德等地巡回展出。

“习近平用典”主题书法创作展，是在庆祝党的百年华诞的重大时刻，在党史学习教育的热潮中，精心组织开展的主题性书法创作巡回展，旨在以丰富多彩的“艺术党课”唱响共产党好、社会主义好、伟大祖国好、各族人民好的高昂旋律，为全方位推进高质量发展超越、奋力谱写全面建设社会主义现代化国家福建篇章提供强大精神力量。

【“梨园百花颂党恩”福建戏曲晚会】

6月17日，由福建省委宣传部作为指导单位，福建省文联、省文化和旅游厅共同主办的“梨园百花颂党恩”福建省庆祝中国共产党成立100周年戏曲晚会，在福州大戏院隆重举办。

晚会汇聚京剧、越剧、闽剧、莆仙戏、梨园戏、高甲戏、歌仔戏(芗剧)、闽西汉剧、潮剧等福建省主要剧种，以及提线木偶等戏剧样式的14家单位13个精品节目，群芳争艳、缤纷荟萃、好戏连台，尽展东南艺苑风采。演出主基调喜庆、热烈、欢快、活泼，洋溢精致、典雅、华美的艺术气息，热情颂扬党带领人民群众在革命斗争、民族独立、国家建设以及社会主义现代化强国征程中所取得的丰功伟绩，体现福建省广大戏剧工作者推进戏剧传承创新、勇攀艺术高峰、奉献人民群众的拳拳之心和殷殷之情。

【“八闽丹青奖”第三届福建省美术书法双年展获奖作品展】

6月21日，由福建省文联、省美协、省书协主办的庆祝中国共产党立100周年·“八闽丹青奖”第三届福建省美术书法双年展获奖作品展在省画院开幕。本届“八闽丹青奖”主题鲜明，最终评出美术入展作品共200件，其中金奖作品10件，金奖提名(银奖)作品20件;书法入展作品共150件，其中金奖作品9件，金奖提名(银奖)作品20件。

“八闽丹青奖”第三届福建省美术书法双年展获奖作品展，既有传统题材的当代书写，也有现代方式的语言表达，形式丰富多样，展现了福建精神和地域特色，歌颂了党百年征程的波澜壮阔，礼赞了奋进发展的伟大成就，充分表达了书画艺术工作者讴歌伟大时代的真挚情怀，以独特的形式为党的百年华诞送上的美好祝愿。

【“古厝之光”——福建省美术专题创作展】

7月16日，由福建省政协和福建省委宣传部共同主办、福建省文联承办的“古厝之光——福建美术专题创作展”，在福州画院开展，参展美术作品共计117幅，用饱含激情的笔墨赋予八闽古厝新的生命，以古厝之美歌颂中华文化、歌颂伟大时代、庆祝中国共产党百年华诞，以文化之韵激发全社会守护历史、守护乡愁、守护中华文脉的理念和情怀。福建省政协主席崔玉英，省领导邢善萍、林宝金、洪捷序、王光远、阮诗玮、许维泽，省政协书画院院长陈荣凯，省文联党组书记王秋梅等出席开幕式。

【庆祝中国共产党建党100周年福建摄影展】

11月8日，由福建省文联、省摄协举办的庆祝中国共产党建党100周年福建摄影展走进大田，在大田县文化馆开展。本次影展主题鲜明、内容丰富、艺术呈现方式多样，共从11425件21000余幅来稿中精选展出了200件作品，巡展为期20天，让广大干群通过影像了解建党百年的辉煌、八闽大地的勃勃生机。

【奋进新时代 永远跟党走——福建省优秀舞蹈作品展演】

11月13日，由福建省文联、福建省文化和旅游厅主办，福建省舞协承办的“奋进新时代 永远跟党走——福建省优秀舞蹈展演”在福州大戏院举办。福建省政协副主席阮诗玮，省人大常委会原副主任刘群英，省政协原副主席李红，省文联党组书记王秋梅等出席活动并观看演出。

本次展演旨在引导福建省广大舞蹈工作者以舞蹈的方式庆祝中国共产党成立100周年，喜迎中国共产党福建省第十一次代表大会，自觉与时代同步伐，以精品奉献人民，展示新时代福建省舞蹈创作新成果和表演水平。来自福建省舞协“文艺两新”艺术委员会、厦门小白鹭民间舞艺术中心、泉州市闽南民间歌舞传承中心、厦门大学、福建师范大学、福建省歌舞剧院、福建幼儿师范高等专科学校、福州王牌嘻帝街舞等8个单位150多名演员表演12个优秀获奖舞蹈节目。

【2021年闽派文艺理论家批评家学术活动周】

12月24日，由中国作家协会创研部、鲁迅文学院、中国艺术报社、福建省文联主办，福建省作家协会、省文学院、省社科院文学研究所等承办的“2021闽派文艺理论家批评家学术活动周”暨第二届福建省文艺评论骨干研修班在福州开幕。

学术周活动共包含1场主旨发言、2场主题研讨和8场学术讲座。来自全国各地的数十位知名文艺理论家、批评家和福建本地近百位作家、评论家围绕“百年历程中的中国红色文艺”主题进行交流和对话，深入探寻“文艺批评如何助推文艺创作高质量提升”“文学作品如何转换影视作品”文艺创作发展新路径。来自全国的著名文艺理论批评名家们通过“线上+线下”的方式发表精彩纷呈的演讲，并走进高校，走进市民，为大家带来《林纾——中国比较文学和跨文化研究的开创者》、网络文学的新趋势、艺术的加减法等丰富多彩的学术讲座。

全国性文艺活动

【中国世界遗产地摄影大展】

7月16日，为配合第44届世界遗产大会在福州召开，由中共中央宣传部、教育部、国家林业和草原局、国家文物局、中国文联指导，人民出版社、中国摄协、中央广播电视总台华语环球节目中心、中共福建省委宣传部主办，中国摄影报社、福建省文联、中共福州市委宣传部承办的“国家文化记忆和传承”——中国的世界遗产记录传播项目发布仪式暨中国世界遗产地摄影大展，在福州市三坊七巷展览馆举行。

本次摄影展览将中国55项世界遗产按世界自然遗产、世界文化遗产、世界自然与文化双遗产以及福建单元四大板块分类，共展出260多位摄影家拍摄的300余幅/组优秀的摄影作品，全方位呈现中国世界遗产地无与伦比的自然地理和人文景观风貌，重点展示了本届世界遗产大会的东道主福建绿色生态、文明璀璨的人居环境，生动展现了世界遗产的独特魅力、文化中国大美中国的独特气韵，对于推动全社会共同爱护世界遗产具有重要意义。

福建省委常委、宣传部部长邢善萍，教育部中国联合国教科文组织全国委员会秘书处副秘书长崔莹，国家林业和草原局自然保护地管理司副司长严承高，国家文物局文物保护与考古司副司长张磊，中国摄协分党组成员、秘书长高琴，省文联党组书记王秋梅，以及来自福州、泰山、张家界、黄山等地的有关领导、世界遗产影像专家等出席发布仪式。

创作与研究

【创作情况】

围绕文艺创作这一中心工作，大力挖掘福建特色资源，推动“福”文化、朱子文化等福建特色文化创造性转化创新性发展，实施文艺作品质量提升工程，推动福建文艺创作生产迈向高峰。

坚持把创作生产优秀文艺作品作为中心环节，注重从基础环节扶持原创，实施戏曲保护传承弘扬工程、舞台艺术精品工程、拔尖青年舞蹈人才培养工程等文艺作品质量提升工程。围绕福建题材中长篇小说创作，启动实施福建省文学院签约作品扶持项目、福建省作协作家定点深入生活扶持项目和福建省长篇小说原创作品扶持项目，组织弘扬廖俊波、孙丽美、潘东升等时代楷模精神的重点文艺创作。举办“大美松溪”知名作家主题采风、庆祝中国共产党成立100周年主题音乐创作采风、红色舞蹈创作采风走进中央苏区宁化采风等创作活动，邀请国内文艺名家深入革命老区、苏区、基层一线开展采风创作和专业辅导。深入挖掘朱子文化、“福”文化等福建特色文化资源，打响闽派文艺品牌，构建福建文化标识体系。

实施文艺评论工程，加强文艺评论阵地建设，制定《福建省文联关于进一步加强新时代文艺评论工作的具体措施》，成立《海峡文艺评论》杂志社和省文联文艺评论中心，创刊《海峡文艺评论》杂志，加上此前已成立的省评协，形成“一个中心、一本杂志、一家协会”的立体格局。发挥评论引导创作、服务创作、净化创作的作用，组织文艺评论家开展电视剧《山海情》《绝密使命》以及组歌《中国精神》等本土文艺作品的热议活动，连载推送评论文章300余篇。传承“闽派批评”优良传统，举办2021年闽派文艺理论家批评家学术活动周，着力打造一支有定力、能战斗、影响大的“闽派批评”队伍，把握文艺领域意识形态工作主导权，促进八闽文艺健康繁荣发展。

发挥评奖的导向引领和扶持推优作用，提升文艺评奖的公信度和影响力，组织开展第二届福建省中长篇小说双年榜、第三届书法美术“丹青奖”、第四届曲艺“丹桂奖”、第五届音乐“金钟花奖”、第九届福建省原创少儿舞蹈大赛、第十五届戏剧“水仙花奖”、2020年度“广播电视艺术奖”等全省性文艺评奖表彰工作，引导创作具有精神高度、文化内涵、艺术价值的精品力作。对重点作品打磨提升，推出了一大批有分量有影响的文艺精品参加国家级评奖赛事，取得显著成绩。

【获奖情况】

群舞《春会来》以总分全国第一的佳绩，荣获第十二届中国舞蹈“荷花奖”当代舞大奖，系福建省该奖历史性最好成绩，福建省委书记尹力批示“可喜可贺、望再接再厉”，时任省长王宁表示祝贺，邢善萍、郑建闽等省领导也给予肯定。在第十届中国戏剧节中，莆仙戏《踏伞行》主演黄艳艳成功摘“梅”，福建省十届蝉联中国戏剧“梅花奖”，彰显了戏剧大省的地位。《光芒》等2首歌曲从全国303首作品中脱颖而出，入选20首2021年度“听见中国听见你”优秀推选歌曲，创下福建省该项活动最好成绩。第七届中国书法兰亭奖，新文艺群体书法家林景辉荣获银奖，福建获奖与入选人数位居全国前列。评论文章《时代之声与青年成长——评长篇小说〈海边春秋〉》，在第五届“啄木鸟杯”中国文艺评论年度推优活动中获得“优秀作品奖”(最高奖)。

机关建设

聚焦党的领导，聚力党的政治机关建设，着力加强党建工作与业务工作深度融合，着力加强文联系统观念，努力开创文联组织工作新局面。

全面加强党的政治建设。以“党的建设推进年”为载体，召开省文联2021年全面从严治党工作会、党建工作会、意识形态工作、加强和改进思想政治工作等专题会议，强化所属20个党支部党组织标准化规范化。巩固两轮巡视整改成果，统筹推进党风廉政建设、意识形态工作、基层党建工作，加强建章立制，强化依法办会、依规办会、依章程办会。认真学习贯彻《中国共产党组织工作条例》，严格领导干部个人事项报告制度，坚持正确的选人用人导向，开展新一轮“裸官”排查整治工作、在高校和科研院所兼职行为清理规范等，不断提高党员干部的政治判断力、政治领悟力、政治执行力，驻省委宣传部纪检监察组在调研检查反馈中给予充分肯定。

全面推动文联系统整合和“网上文联”建设。强化系统引导、系统谋划、系统发力，形成互联互通、共谋发展的福建省全省文联系统“一盘棋”“一家人”的可喜局面。树立互联网思维，推动优化升级“网上文联”工作平台，加强“互联网+文联”“互联网+协会”的系统整合、深度融合，建设“网上文艺之家”，拓展文联工作发展新空间。特别是疫情以来，通过互联网开展文艺创演和文艺活动，创新开展魔术展演、舞蹈展演、戏曲云欣赏、交响合唱音乐会“云直播”等，优秀原创作品、国家级文艺获奖人才与作品、重大主题创作成果的宣传展示取得良好成效。

全面加强文联自身建设。认真制定实施2021年福建省文联绩效工作方案，制定完善各项管理制度，积极开展社区共建、党建“三级联动”、义务植树、无偿献血、“雷锋月”活动等机关文化活动，着力美化内部环境建设，加强离退休老同志慰问走访工作和信访工作，文联机关面貌一新，干部职工精神振奋，“文艺家之家”更有生机、更加温暖。

对外及对港澳台文化交流

【44国华人艺术家献礼第44届世界遗产大会书画联展】

7月20日至28日，由福建省文联、省对外文化交流协会、中国名家联合书画艺术院(香港)主办，海外华人书协(印尼)协办的以“中华墨韵 世界看见”为主题的44国华人艺术家献礼第44届世界遗产大会书画联展在福建省画院开展。

本次活动，共展出来自世界44个国家的华人书画艺术家创作的100多幅书画作品，另有170多幅优秀作品在东南网上进行集中展示和宣传。

【第六届海峡两岸中青年篆刻大赛】

8月25日，国台办2021年对台重点交流项目之一，由西泠印社、福建省文联等主办的“百福来仪·第六届海峡两岸中青年篆刻作品展”在福建博物院举行。活动共征集来自福建、广东、湖南、内蒙古、台湾、香港、澳门等地的篆刻作品1200余件，作品流派纷呈，风格多样，最终100件优秀作品入展，其中来自台湾的作品12件。

福建省人大常委会原副主任、省乡村振兴研究会会长潘征；省委宣传部常务副部长许守尧；省政协农业农村委副主任、省文旅产业融合发展联盟总干事长陈扬标等主承办单位领导和本届篆刻大赛评委们与来自两岸文化界、篆刻界、雕刻界的嘉宾出席开幕仪式并举办了学术研讨。

【第十一届海峡两岸曲艺欢乐汇】

12月6日，由中国曲协、福建省文联主办的“曲香两岸 汲古融今”——传统曲艺的当代转化和创新发展暨第十一届海峡两岸曲艺欢乐汇研讨会，正式上线举办。中国曲协主席姜昆和两岸的专家嘉宾分别在线上线下参会。

与会嘉宾一致认为，借助海峡两岸曲艺欢乐汇这一平台，动态关注曲艺热点话题，在思想观念的碰撞、交流、融合中为两岸曲艺协同发展提供建议，进而更切实地为加快两岸同胞情感趋融、价值趋近、认同趋合而贡献力量。

因受疫情影响，第11届海峡两岸曲艺欢乐汇改由网络直播的形式举办。经统计，各直播平台在线观看总量达740余万，新浪微博话题阅读量704万。

【第十届海峡两岸电视艺术节】

12月24日至25日，由中国电视艺术家协会、台湾中华广播电视节目制作商业同业公会、福建省广播电视局、福建省文联、福建省广播影视集团、平潭综合实验区管委会共同主办的第十届海峡两岸电视艺术节在福建平潭举办。福建省人民政府副省长郑建闽，中国视协分党组书记、驻会副主席、秘书长范宗钗，国台办新闻局二级巡视员周强，以及福建省文联党组书记王秋梅、省内相关单位领导、嘉宾出席活动，台湾中华广播电视节目制作商业同业公会理事长汪威江率领台湾电视艺术家代表团以线上方式参与活动。

本届艺术节是自习近平总书记在中国文联十一大、中国作协十大开幕式上发表重要讲话以来，两岸电视人第一时间积极响应讲话精神，以电视艺术为纽带，以构筑两岸文化命运共同体为初心，共同弘扬中华优秀传统文化和中华美学精神的一场艺术盛宴。艺术节涵盖了开幕式志愿文艺演出、海峡两岸电视艺术家书画展暨创作笔会、海峡两岸电视论坛和"梦想新声音"海峡两岸电视主持人新秀会四大板块，吸引了线上线下两岸百余名电视专家、艺术家、从业者及上万名高校学子参与。

直属单位

【作家协会】

1月，召开福建省长篇小说（重点题材）创作座谈务虚会，研究探讨福建省重点题材长篇小说创作情况以及未来发展走向。

4月，配合中国作协开展“2021中国一日·工业兴国——中国作家在行动”全国作家联动大型文学主题实践活动。

5月，举办“永远跟党走·大美松溪”知名作家主题采风活动。

6月，举办“永远跟党走”福建省“文学两新”作家看三明主题采风活动、“诗意集美·红色传承”第十六届集美（端午）诗歌节。

7月，联合举办“2021年两岸青年文学之旅”福建站活动。

10月，举办福建作家第9期培训班暨2021年长篇小说创作高研班，联合举办第22届“红土地·蓝海洋”采风创作笔会。

11月，举办“永远跟党走”知名作家看三明（大田）主题采风活动，联办第九届海峡两岸文学笔会暨“命运共同体时代下的海峡两岸文学”研讨会。

年内，还组织“永远跟党走·百名作家百场讲座”100场，完成《心中的歌——福建百名诗人庆祝庆祝建党百年诗选》《留在村庄的名字——献给时代楷模孙丽美》征集出版项目，举办福建省第四届福建文学好书榜、第二届中长篇小说双年榜、庆祝中国共产党成立100周年诗文征集等文学活动12场。

【戏剧家协会】

3月，举办第十五届福建省戏剧水仙花奖决赛20场。

5月，组织推荐的莆仙戏演员黄艳艳喜获第八届中国戏剧奖·梅花表演奖（第30届中国戏剧梅花奖），福建省十届蝉联我国戏剧表演艺术最高奖。

6月，在福州大戏院隆重举办“梨园百花颂党恩”福建省庆祝中国共产党成立100周年戏曲晚会。福建省荣获梅花奖、文华表演奖的14位演员与近百名中青年演员倾情演出礼赞百年辉煌。

6月至7月，举办第四届福建省舞台美术展并推荐73件作品入选第四届中国舞台美术展。

7月，推荐的5个节目荣获第25届中国少儿戏曲小梅花荟萃6朵“小梅花”荣誉称号，福建省7位剧作家7部力作入选中国文联、中国剧协选编的《百年百部优秀剧作典藏》。

10月，推荐的高甲戏《范进中举》闪耀第十七届中国戏剧节。此外，还举办第四届福建省大学生戏剧节和20场“八闽戏剧进校园”等活动，助力校园戏剧蓬勃开展。

【美术家协会】

1月，举办“福建省2021年新人新作美术作品展”。

2月，举办“绘草本精华·扬中医国粹”董希源中国画创作展。4月，举办庆祝中国共产党成立100周年——第四届中国民族美术作品展福建巡展。

5月，举办“画说闽西非遗——全国中国画名家写生创作邀请展”、福建省首届连环画巡展、“永远跟党走——福建百名新文艺群体美术家作品展”。

6月，举办“八闽丹青奖”第三届福建省美术双年展。

8月，举办“福建省第七届漆画大展”。

11月，举办“花香鸟语——福建省花鸟画大展”暨福建省首届花鸟画学术研讨会，“意之大者——第八届福建省写意画大展”。

【音乐家协会】

1月，启动“庆祝中国共产党成立100周年”主题歌曲征集活动。

4月，举办第十三届中国音乐金钟奖（古筝）福建选拔赛和“庆祝中国共产党成立100周年”福建优秀歌曲展播。

5月，发布“两岸一家亲·同胞伴我行”海峡两岸题材歌曲征集活动启示，承办“颂歌献给党”福建党史学习教育主题音乐会，举办第十三届中国音乐金钟奖（声乐）福建选拔赛。

6月，举办“艺心永向党”——庆祝中国共产党成立100周年福建文艺志愿者艺术团音乐分团惠民演出。

7月，赴漳州举办“两岸一家亲·同胞伴我行”海峡两岸题材歌曲创作采风活动。

8月，举办福建省第九届键盘乐器展演活动。

9月，举办“艺”起抗疫优秀歌曲线上展播活动，组织创作音乐作品致敬时代楷模——孙丽美。

11月，举办福建省第五届音乐人才歌曲创作高级研修班，承办“中国精神”合唱组歌福建巡演活动。

【电影家协会】

1月，与省视协联合召开影视剧本创作工作座谈会。

3月至10月，举办“光影青春、礼赞百年”第三届福建省大学生影像展。

5月至12月，与中国影协海工委等举办第二届“美丽中国”电影剧本征集评选活动。

7月至8月，在厦门举办《光影映初心》百幅电影宣传画展暨红色主题影片展。

11月，在泰宁举办第三期全省中青年编剧培训班。

11月，开展优秀国产电影惠民展映活动，参与第八届丝绸之路国际电影节“金丝路奖”评奖工作，组织推荐福建省青年团队和优秀作品参加第二届“一带一路”青年电影盛典。

12月，举办第三届厦门电影论坛暨展映周。

【摄影家协会】

1月，组织第七届福建摄影金像奖评选。

3月，福建摄影目的地“古镇三溪”“南平武夷山”揭牌。

4月，举办“明溪溪明 青山山青”全省摄影大展。

5月，举办庆祝建党百年福建百名摄影家作品联展。

6月，福建省摄协新摄影群体工作委员会成立。举办首届福建土楼国际摄影大赛暨摄影群英会活动。

7月，中国世界遗产地摄影大展在福州开幕。

9月，福建5名青年摄影家作品入选第四届全国青年摄影大展。福建8幅（组）作品入选第十届全国农民摄影大展。

10月，举办福建摄影界庆祝建党百年摄影展。

11月，举办福建省基层摄协组织管理人才与新摄影群体骨干培训班。

【曲艺家协会】

2月，策划的“乡音乡曲送祝福”曲艺新春贺岁短视频在春节正式发布。

5月，走进龙岩市上杭县才溪镇毛泽东才溪乡调查纪念馆等地开展“永远跟党走”——庆祝中国共产党成立100周年“艺说党史”文艺惠民演出活动。

7月，第四届福建省曲艺丹桂奖少儿大赛圆满完成。

11月，第六期“福建人·中国梦·曲艺情”曲艺创演骨干培训班在平潭综合实验区举办。第四届福建省曲艺丹桂奖大赛圆满完成。

12月，参与的“曲香两岸 汲古融今”——传统曲艺的当代转化和创新发展暨第十一届海峡两岸曲艺欢乐汇研讨会召开。

【舞蹈家协会】

3月起，举办“为人民起舞”——福建省百部优秀舞蹈展播活动。

4月，举办“永远跟党走”福建文艺志愿者艺术团舞蹈分团惠民演出、创作采风、少儿舞蹈美育工程调研走进中央苏区三明；举办“新时代新美育结对子种文化——福建省少儿舞蹈美育志愿者”培训班。

5月，举办“永远跟党走——第九届福建省原创少儿舞蹈大赛”“永远跟党走——福建省舞协‘文艺两新’100支舞蹈快闪”系列活动。

9月，成立福建省舞协“文艺两新”艺委会，召开“文艺两新”艺委会职业道德和行风建设工作座谈会。

11月，举办第六届福建舞蹈“百合花奖”专业舞蹈大赛、“奋进新时代 永远跟党走——福建省优秀舞蹈展演”，举办“第四期福建省中青年舞蹈人才高级研修班”。

12月，选送四个原创少儿舞蹈荣获“童心向党——第十一届‘小荷风采’全国少儿舞蹈展演”“小荷之星”（金奖）。

【民间文艺家协会】

1月至2月，举办“奋进耕耘”——生肖牛主题民间文艺精品展播3场。

3月，开展“我们的节日”——闽南二月二民俗文化调研。举办“美美与共、丝路同行”——福建陕西传统民间工艺交流展（福州站）、“巾帼心向党·礼赞新中国”——剪纸作品展。

2月至6月，举办“‘小康福建’‘建党100周年’福建优秀传统剪纸作品巡回展”5场。

4月，举办“漆彩闽川——福建四川漆艺术作品邀请展”、庆祝建党百年·喜迎世遗大会——晋安“三宝”精品展。

5月，承办中国民协在泉州惠安举办的第十五届中国民间文艺山花奖·优秀民间文艺著作奖初评及民间文艺调研活动。

6月，举办福建传统剪纸艺术新秀创作展。

8月，举办“花儿朵朵开——青年衍纸艺术作品展”、平潭民间艺术展。

9月，百福来仪·第六届海峡两岸中青年篆刻作品展暨陈为新师生印钮艺术邀请展在省博物院展出。

10月，举办“守正开新”——福建青年传统工艺(漆艺)精品展、福建传统节日与民俗文化剪纸艺术作品展等。

11月，举办2021年度民间文艺骨干网络培训班。

12月，举办福建省第二届篆刻艺术展暨寿山石印钮雕刻邀请展、感恩献“福”——福建剪纸艺术作品展。

【书法家协会】

2月，举办福建省学习党的十九届五中全会《建议》金句书法作品邀请展。

3月，主办福建省首届妇女书法篆刻刻字邀请展。

6月，承办“习近平用典”主题书法创作巡回展活动。

7月，主办八闽丹青奖——第三届福建美术书法双年展，承办光辉百年——福建省书画名家作品邀请展、百年同心——福建省书画名家邀请展。

8月，组织学习“修身守正　立心铸魂——中国文联文艺工作者职业道德和行风建设工作座谈会”精神。

9月，参与举办2021年“中华情·中国梦”中秋展演系列活动之美术书法作品展。

10月，主办“八闽丹青”——第三届福建书法双年展获奖入展作品巡回展和“以艺战疫”新文艺群体书法家作品线上展。

11月，主办福建省第七届书坛新人新作展、全省新文艺群体以及骨干书家书法培训班，联办第八届“海峡杯”全国书画大赛。

12月，联合主办全国书画名家书朱熹楹联作品展、第九届福建省刻字艺术作品展和“学习宣传贯彻党的十九届六中全会精神和省第十一次党代会精神”书法作品线上展。

【电视艺术家协会】

3月至6月，开展2021年度“福建省广播电视艺术奖”评奖工作。

11月，举办2021年度福建省电视艺术人才培训班暨职业道德和行风建设工作会议和“第十三届海峡两岸电视主持新秀会”福建区选拔赛。

12月，与福建省广播影视集团海峡电视台联合承办“第十届海峡两岸电视艺术节”，举办了包括第十三届海峡两岸电视主持新秀会、第七届海峡两岸艺术家书画摄影作品展、海峡两岸电视艺术论坛等活动。

12月，协助中国视协举办“新时代小康纪实影像征集典藏活动”。

年内，还完成庆祝中国共产党成立100周年优秀电视剧剧本征集活动等。

【杂技家协会】

2月，开展以“我们的中国梦”——文化进万家为主题的新春惠民演出活动2场。

4月，在福州举办福建省青年魔术人才培训班。

4月至5月，开展以“永远跟党走”为主题的演出3场。

11月，成立福建省杂协杂技工作者职业道德委员会。

12月，在福州举办第七届南方六省（区）青年魔术新秀展演；在宁德古田县举办第三届“海上丝绸之路”魔术精品展演。

【文艺理论研究室】

6月，完成福建文艺网信息系统安全等级保护备案（二级等保）。

7月起，组织电视节目《海峡艺术名家》新一轮制播。

9月起，与东南网开展福建文艺网及微信公众号平台运维项目合作。

11月，建立全省文联系统微信矩阵。

12月，福建文艺App上线。在平潭举办全省文艺传播工作培训班。

年内，福建文艺网微信公众号实现每日三推，全年共发稿2000余条。

【文学艺术对外交流中心】

与中国名家联合书画艺术院（香港）、福建省对外文化交流协会联合举办“中华墨韵·世界看见——44国华人艺术家献礼第44届世界遗产大会书画联展”。配合中国作家协会港澳台办、中国艺术研究院中国篆刻艺术院等，做好2021年两岸青年文学之旅、第六届海峡两岸中青年篆刻作品展暨陈为新师生印钮艺术邀请展、第十届海峡两岸电视艺术节等联络服务工作。

【福建省文学院】

1月至2月，举办“迎新春　送万福　文化进万家”——新春惠民主题活动；“我们的中国梦”文化进万家——全民阅读春风行动和全民谜语竞猜活动；庆祝中国共产党成立100周年“纪录小康”主题图书展等活动4场。

11月，举办福建省青年作家高级研修班。

12月，举办“2021闽派文艺理论家批评家学术活动周”。

年内，实施福建省文学院签约作品扶持项目；举办“八闽书院名家大讲堂”系列公益文学活动23场。

【福建省画院】

1月，举办“承心传韵——福建省画院画家年度作品展”（第三回）。

2月，举办“万象更新——迎春书画展”。

6月，举办“百年辉煌·华彩丹青——福建省画院庆祝中国共产党成立100周年美术作品展”“百年征程 壮丽画卷——美术作品中的党史主题展”。

7月，举办“古厝之光——福建美术专题创作展”。

10月，举办“撷英集粹——福建省画院2021年度特聘画家美术作品展”。

12月，举办“海纳百川——福建省画院画家作品展”“福建省画院画家古雷采风写生作品展”。

【冰心文学馆】

3月，联合福建省爱分享扶贫济困公益服务中心等举办“雷锋助残志愿公益活动”。

4月，联合长乐区教育局等举办以“缅怀革命先烈，致敬抗疫英雄，纪念冰心先生”为主题的现场作文竞赛活动。

9月至11月，举办3场“纪念冰心诞辰121周年书画作品展”活动。

年内，还举办“走进冰心爱的世界”进校园活动3次（线上、线下），“小小讲解员兴趣班”4次，“我们的节日”“诵读冰心”“讲党史故事”等文艺宣教艺术惠民活动17场次。

【《福建文学》杂志社】

按时保质保量出版12期《福建文学》。完成出版2021年长篇文学作品专号、“福建省文学新人”专号和“庆祝中国共产党成立100周年专刊”。开辟“百名诗人致敬百年华诞”诗歌栏目。

【《台港文学选刊》杂志社】

编辑出版《台港文学选刊》正刊6期，拓展“名家名作”等专栏，增设“童心看海”等栏目，广受社会好评。精心组织举办第三届“祖国颂”世界华语文学作品征文活动，海内外华语文学界共襄盛举，反响热烈。

【《海峡文艺评论》】

上半年《故事林》休刊，杂志社启动更名改刊工作并加挂“福建省文联文艺评论中心”牌子。

下半年《海峡文艺评论》正式创刊，出版了2期。新刊暂定为季刊，开设“习近平文艺工作重要论述研究”“闽派艺论”“海峡影视大看台”等特色栏目，成为福建省全面加强文艺评论工作的重要阵地。

【《艺品》】

《艺品》杂志编辑出版《艺品》期刊六期，办刊质量不断提高，深得艺术家读者喜爱，“专题”“佳藏”“人物”“空间”等栏目选题精良，定位准确，文字和版式精美，得到社会各界的一致好评。

福建省文联主要工作

2月5日，福建省文联七届七次全委会暨工作会议在福州召开。

3月8日，由福建省文联与省妇联共同主办，省书协、省画院承办的“福建省首届妇女书法篆刻刻字邀请展”，在福建省画院举行。

3月18日至22日，由陕西省文联、福建省文联主办的“美美与共·丝路同行——福建陕西传统民间工艺交流展（福州站）”在福建省海峡民间艺术馆隆重开幕。

4月13日，由中国美协、福建省文联主办，中国美协民族美术艺委会、福建省美协、福州画院承办的“第四届中国民族美术双年展福建巡展”，在福州画院开幕。

4月15日至18日，中国文联党组书记、副主席李屹率专题调研组来闽开展专题调研，省委常委、宣传部部长邢善萍等领导陪同。

5月10日晚，由福建省委宣传部、省文联共同主办的“颂歌献给党”福建省党史学习教育主题音乐会，在福建大剧院精彩举办。

6月6日，由中国音协、山东省委宣传部、福建省委宣传部联合推出，福建省文联等联合承办的原创交响合唱组歌《中国精神》，在中国国家博物馆精彩呈现。

6月17日，由福建省委宣传部、省委网信办、省文联共同举办，省书协承办的福建省庆祝中国共产党成立100周年“习近平用典”主题书法创作巡回展在省博物馆启动。

6月17日，由福建省文联、福建省文化和旅游厅共同主办，省剧协承办的“梨园百花颂党恩”福建省庆祝中国共产党成立100周年戏曲晚会，在福州大戏院隆重举办。

6月21日，由福建省文联、省美协、省书协主办，省画院协办的庆祝中国共产党立100周年·“八闽丹青奖”第三届福建省美术书法双年展获奖作品展在省画院开幕。

7月16日，为配合第44届世界遗产大会在福州召开，福建省文联等承办的“国家文化记忆和传承”——中国的世界遗产记录传播项目发布仪式暨中国世界遗产地摄影大展，在福州市三坊七巷展览馆举行。

7月16日，由福建省政协和省委宣传部共同主办、省文联承办的“古厝之光——福建美术专题创作展”在福州画院开幕。

7月20日至28日，由福建省文联、福建省对外文化交流协会、中国名家联合书画艺术院（香港）主办的44国华人艺术家献礼第44届世界遗产大会书画联展，在福建省画院开展。

8月25日，国台办2021年对台重点交流项目之一，由西泠印社、福建省文联等主办的“百福来仪·第六届海峡两岸中青年篆刻作品展”在福建博物院举行。

11月13日，由福建省文联、省文化和旅游厅主办，省舞协承办的“奋进新时代 永远跟党走——福建省优秀舞蹈展演”在福州大戏院举办。

12月6日，由中国曲协、福建省文联主办的第十一届海峡两岸曲艺欢乐汇会线上线下活动正式启动。

12月24日，由中国作协创研部、福建省文联等主办的“2021闽派文艺理论家批评家学术活动周”暨第二届福建省文艺评论骨干研修班在福建福州开幕。

12月24日至25日，由中国电视艺术家协会、台湾中华广播电视节目制作商业同业公会、福建省广播电视局、福建省文联、福建省广播影视集团、平潭综合实验区管委会共同主办的第十届海峡两岸电视艺术节在福建平潭举办。

江西省文联

综　述

2021年，江西省文联及所属各文艺家协会坚持以习近平新时代中国特色社会主义思想为指导，深入学习党的十九大和十九届中央历次全会精神，全面贯彻落实习近平总书记关于群团工作、文艺工作、文联工作的重要讲话和指示批示精神，自觉担负“举旗帜、聚民心、育新人、兴文化、展形象”的使命任务，团结引导全省文艺工作者感恩奋进、守正创新、担当实干，为推动社会主义文化繁荣发展作出了积极贡献。

会议与活动

【学习宣传贯彻落实习近平总书记在中国文联第十一次、中国作协第十次全国代表大会开幕式上的重要讲话精神】

2021年12月14日至17日，中国文联第十一次、中国作协第十次全国代表大会在北京召开。江西省22名文代会代表、18名作代会代表参加大会。会后，江西省文联迅速印发《关于深入学习宣传贯彻习近平总书记在中国文联十一大、中国作协十大开幕式上重要讲话的通知》（赣文联发〔2021〕32号），召开江西省文艺界学习宣传贯彻习近平总书记在中国文联第十一次、中国作协第十次全国代表大会上的重要讲话精神座谈会，设区市文联主要负责人工作座谈会暨务虚工作会，江西省文联学习贯彻全国文代会、作代会精神专题会等，举办深入学习贯彻全国文代会、作代会精神——江西省“文艺两新”人才专题研修班，通过专题辅导、交流研讨、教育培训等方式在文艺界掀起学习宣传贯彻习近平总书记重要讲话精神的热潮，引导全省文艺工作者在深学细悟、真知笃信中坚定捍卫“两个确立”、坚决做到“两个维护”。

【举办“百年赣鄱耀中华”——庆祝中国共产党成立100周年江西省大型美术书法诗词创作展】

展览于2020年8月启动，历时近一年创作打磨，于2021年6月29日在江西美术馆开幕，并于2021年8月12日至22日在中国美术馆展出。该展以再现发生在江西的100个重大党史事件为主题，组织全省美术、书法、诗词创作的中坚力量，创作了100多组具有现实意义的美术、书法、诗词作品，是江西省美术家、书法家、诗词家主题文艺创作的倾力之作，全面展示了党领导人民在江西红土地上艰苦奋斗的百年历程，精彩描绘了革命老区翻天覆地的喜人变化，营造了共庆百年华诞、共享伟大荣光、共铸复兴伟业的浓厚氛围。

【举办“永远跟党走”江西谷雨诗会主题诗歌晚会】

4月20日晚，由江西省文联、江西省作协与中国作协《诗刊》社共同主办的“永远跟党走”江西谷雨诗会主题诗歌晚会在江西艺术中心举办。晚会分《追寻》《奋进》《逐梦》《远航》四个篇章，精选了“光荣与梦想”庆祝建党100周年诗歌大赛的优秀作品，邀请著名朗诵艺术家担纲朗诵，综合独唱、歌舞等艺术形式，呈现中国共产党百年辉煌历程，为观众倾情奉献了一场文学艺术盛宴。来自省内外的著名诗人、评论家、作家、媒体记者及文学爱好者共600余人参加活动。5月13日下午，该主题诗会走进江西省委党校（江西行政学院）举行专场演出，江西省文联、江西省委党校领导，江西省委党校、行政学院的党政干部市厅班、县处班、县处公务员班、中青1班、中青2班的全体学员和教职员工共400余人观看演出。

【举办大型原创交响组歌音乐会《井冈颂》】

9月28日，大型原创交响组歌音乐会《井冈颂》在江西艺术中心音乐厅上演。音乐会以井冈山精神的历史形成和科学内涵为主线，分《民族的希望》《信仰的力量》《永恒的歌唱》《百年的道路》4个篇章，共演唱《三湾有棵红枫树》《七十七双草鞋》《饮水思源》《是你一直想着我》等15首原创歌曲，用音乐的形式深情讴歌了跨越时空、历久弥新的井冈山精神，展现了江西厚重的红色文化，表达出江西儿女永远听党话、感党恩、跟党走的坚定决心。

【举办“党的光辉照我心”江西省党史题材原创舞蹈展演】

11月18日，“党的光辉照我心”江西省党史题材原创舞蹈展演在江西艺术中心举行。展演将一批反映百年党史中江西重大事件、英雄模范的原创舞蹈作品，以“跟党走”“为人民”“报祖国”3个篇章，用现代舞、芭蕾舞、街舞、少儿舞蹈等形式进行综合呈现，共12部作品，有14支演员队伍、300多名演职人员参与。展演当晚，新华社、江西广播电视台二套都市频道和赣鄱在线、哔哩哔哩、抖音等网络平台点击量达到245.5万人次。

【举办建党百年红色文艺经典研讨会】

3月21日至23日，由中国文联、中国文艺评论家协会、江西省文联共同主办的建党百年红色文艺经典研讨会在江西赣州召开。与会专家学者就“建党百年红色文艺创作实践的回顾与思考”“百年红色文艺经典的历史地位、人民情怀、艺术价值、美学意蕴”“百年红色文艺经典的信仰之美、崇高之美、人格之美”等议题进行了讨论。

【举办“学党史、感党恩、跟党走”书法展览】

10月10日，由中国书协、江西省文联共同主办的庆祝中国共产党成立100周年系列展（江西篇）“学党史、感党恩、跟党走”江西省书法作品展在江西省文联展厅开幕。此次展览组织省内100位书法家，以党和国家领导人的重要论述为内容进行书法创作，并集中展示，旨在进一步引导人民从党的百年伟大奋斗历程中汲取继续前进的智慧和力量，用精品力作献礼党的百年华诞。

【举办“百年党史 红色印迹”——江西省党史文物遗址主题摄影展】

11月22日，“百年党史 红色印迹”——江西省党史文物遗址主题摄影展在江西省文联展厅开幕，展出了一批反映江西境内的革命博物馆、党史馆、红色文物、红色故居和红色遗址、红色雕塑、红色景点等具有鲜明红色印迹的摄影作品。本次摄影展共收到381位摄影人的投稿作品，单幅组照共计2600余件、3700余幅。经评委会评审，共评出入展作品100幅。

【举办“百年丰碑——100位老红军的时代画像”主题画展】

9月25日，“百年丰碑——100位老红军的时代画像”主题画展在江西省文化馆开幕。此次展览是中国书协副主席毛国典的主题画展。毛国典于2018年开始创作，为百位老红军创作肖像100幅，用时1400小时。这一创作工程，表达了一名工作、生活在红土地上的当代艺术家对英雄、先烈的真挚情怀与崇高礼赞。

【举办“红心永向党”——庆祝建党百年现代京剧名段名家票友演唱会】

6月24日，“红心永向党”——庆祝建党百年现代京剧名段名家票友演唱会在江西南昌剧场举办。省内京剧名家、京剧名票以及优秀青年演员，用京剧艺术声腔形式回顾了中国共产党领导人民进行革命、建设和改革的伟大历史，歌颂了中国共产党100年来的奋斗历程和取得的辉煌成就。

【举办中国民间文艺山花奖·优秀民间艺术表演作品（舞龙）初评活动暨石城县第九届旅游文化节】

7月9日至12日，由中国民协、江西省文联共同主办的中国民间文艺山花奖·优秀民间艺术表演作品（舞龙）初评活动暨石城县第九届旅游文化节在江西赣州市石城县举办。本次活动以“建党百年 山花竞放 龙舞莲乡”为主题，主要包括开幕式、踩街、中国民间文艺山花奖·优秀民间艺术表演作品（舞龙）初评、夜游琴江等内容，吸引了来自11个省（市、区）的12支舞龙队伍、近400名舞龙高手欢聚一堂、同台竞技，为建党百年献上了极具地域风貌和民间文艺情怀的贺礼。

【举办第四届汤显祖戏剧奖暨江西地方戏曲优秀剧目展演】

12月22日至24日，第四届汤显祖戏剧奖暨江西地方戏曲优秀剧目展演在江西抚州汤显祖大剧院举办。本次展演的分赛区展演从2021年7月初开始启动，全省有9个区域63个单位122个剧目（含16个剧种）报名参赛，先后有近900名演职员参演，8000余人次观摩了演出。经过遴选，18个单位的33个剧目入选抚州现场竞演。汤显祖戏剧奖从2013年举办至今，已成为江西戏剧界专业最高奖项之一。

【举办"回望大湖·迈步小康"鄱阳湖渔俗文化摄影展】

7月20日，"回望大湖·迈步小康"鄱阳湖渔俗文化摄影展开幕式在江西省文联展厅举行。本次展览收到投稿作品1100余幅，评委会从中评选出入册作品200幅、入展作品100幅，特邀作品10幅。展览分渔区风光、渔业生产、渔民生活、渔村风情、渔村祭祀、渔俗文化、渔影流金7个部分，是对鄱阳湖渔俗文化的一次全面盘点和记录，集中展现了鄱阳湖湖区的生产生活风貌，再现了渔舟唱晚、鲂鲤跃鳞、蓑笠桨影等精美画面和曼妙时光。

创作与研究

【举办"光荣与梦想"庆祝建党100周年诗歌大赛】

江西省文联与中国作协《诗刊》社共同举办"光荣与梦想"庆祝建党100周年诗歌大赛，面向海内外诗人和诗歌爱好者共征集32000余件作品。经过评审，评出一等奖2名、二等奖5名、三等奖10名、优秀奖100名。最后结集为《星火·"光荣与梦想"庆祝建党100周年诗歌大赛作品集》出版。

【举办2021年江西网络作家党史学习教育主题培训研讨班】

9月7日至10日，2021年江西网络作家党史学习教育主题培训研讨班暨第三期江西网络文学培训研讨班在江西井冈山举办。来自江西各地的30名网络作家在井冈山革命烈士陵园敬献花圈，聆听了以《井冈山道路与井冈山精神》为题的党史专题讲座，观看了情景教学剧《革命历史是共产党人最好的营养剂》，并先后赴茅坪八角楼、神山村、大井朱毛旧居、小井红军医院等地参观，完成了《坚定执着追理想》《实事求是闯新路》《支部引领 脱贫攻坚》《凝心聚力共向前》《艰苦奋斗攻难关》等现场教学课程的学习。

【举办首届全国网络电影编剧公益培训班】

6月21日至25日，由中国影协、江西省文联共同主办的首届全国网络电影编剧公益培训班在江西景德镇举办，共有来自全国各地的50名网络电影编剧（其中，江西10名）参加培训。培训班特邀北京电影学院一线师资、行业翘楚授课，编剧老师进行免费剧本指导与孵化，力求使参加本次培训的学员通过对各自剧本的打磨提升，把握剧本创作方向，提升编剧素养，对鲜活滚烫的社会生活作出新观察、新思考，并在写作实践中进行运用，向广大观众讲述变化中的中国故事。

【举办庆祝建党100周年主题版画创作作品汇报展】

9月30日，"迎国庆"江西省庆祝建党100周年主题版画创作人才培养作品汇报展在江西省文联艺术展厅开幕。本次展览是江西省文化艺术基金2020年度艺术人才培养项目"江西省庆祝建党100周年主题版画创作人才培养"结项作品汇报展，共展出来自江西、广东、天津、河北、山西、黑龙江、内蒙古等省（直辖市、自治区）30名参训学员精心创作的80余件版画作品，包括黑白木刻版画、油印套色版画、水印版画、铜版画、丝网版画、综合版画等，从多角度艺术地表现了中国共产党艰苦奋斗的伟大革命历程，是一次主题性强、艺术水平高的展览。

【出版脱贫攻坚主题文集《红土地的脱贫报告》】

该文集共包含40篇作品，是江西作家为充分展现江西脱贫攻坚取得的巨大成就，深入生活、扎根人民创作而出的脱贫攻坚主题作品合集，成为中国当代文学脱贫攻坚主题创作的重要组成部分。

【出版《新世纪江西文学精品选2000-2019》大型丛书】

该丛书共七卷，包括短篇小说卷，中篇小说上卷、下卷，散文上卷、下卷，诗歌卷，儿童文学、纪实文学、文学评论卷，展示了新世纪20年来江西省作家、文学评论家的优秀作品。

【出版"江西8090·重点作品创作扶持项目"丛书】

该丛书包括小说集《少年走过蓝木街》（李杏霖著），散文集《身体里的石头》（欧阳国著），诗集《到处都是轰鸣》（刘九流著）、《流水和白马》（林长芯著）、《波澜后的涟漪》（丁薇著）5部作品，由百花洲文艺出版社正式出版。

【创立"映山红"论坛】

9月27日，首届映山红文艺论坛在江西南昌举办。该论坛由江西省文艺评论家协会发起，广西壮族自治区、陕西省、湖北省、贵州省文艺评论家协会共同参与。来自五省（自治区）的40余名文艺评论家和文艺评论工作者，立足于红色文艺创作实践和理论发展的历史进程，聚焦当代红色文艺特别是文学、影视、戏剧等文艺作品的创作生产，进行了广泛深入研讨。

【文艺创作成果丰硕】

剪纸《早市地摊》（谷中和）获第十五届中国民间文艺山花奖。长篇小说《琵琶围》（温燕霞）荣获中宣部“2020中国好书”奖，入选中宣部“2020年优秀现实题材文学出版工程”、国家新闻出版署“2021年农家书屋重点出版物推荐目录”。歌曲《有你就幸福》（作词周兵，作曲李凯稠）、《饮水思源》（作词王晓岭，作曲潘庆蓓）入选中国当代歌曲创作精品工程“听见中国听见你”2021年度全国优秀歌曲，《七十七双草鞋》（作词王晓岭，作曲葛平波）、《好日子说来它就来》（作词黄小名、谭海斌，作曲刘爱民、邓步君）入选“百年百首”全国优秀新创歌曲，《是你一直想着我》（作词黄小名，作曲熊纬、潘庆蓓）入选中宣部“中国梦”主题新创作歌曲。舞蹈《许你一生》（编导廖祖峰）、《苏区母亲》（编导宗华、姜盛）入选第十二届中国舞蹈荷花奖当代舞终评，少儿舞蹈作品《妈妈“咪”鸭》（编导曹磊、张豪鑫）、《桥影流虹水漂漂》（编导胡海、梅小艳）、《小大人》（编导廖祖峰、张慧玲）、《星星的呢喃》（编导黄明亮、万璟）、《禾·幸福的节拍》（编导刘武华、胡蜀、邓梦莹）荣获第十一届“小荷风采”全国少儿舞蹈展演“小荷之星”最高荣誉，舞蹈《那一抹红》（编导黄亦民、王音、李渊、晏鑫江）荣获第二届中南六省（区）十佳青年领军舞者展演金奖。欧阳荷庚、蒋卫平入选第七届中国书法兰亭奖，油画《中印边境自卫反击战中的张国华将军》（蔡鸣）、《战斗在黎明前的黑暗——南昌解放》（栾布）和版画《从秋收起义到革命征途》（杨震、郑越）被中国共产党历史展览馆收藏。鄱阳大鼓《唱首赞歌给党听》（陆泽浦）入选中国曲协“庆祝中国共产党成立100周年曲艺精品创作展演工程”优秀曲艺作品，萍乡春锣《唱起春歌赞青松》（缪志杰）获第十届中部六省曲艺展演优秀节目奖，鄱阳大鼓《重启幸福》（陆泽浦）获第十六届中国人口文化奖二等奖。评论文章《家国情与岭南风：舞剧〈醒·狮〉的民族审美建构》（董超、朱律）获评第六届“啄木鸟杯”中国文艺评论年度推优活动优秀作品。剧本《市长还乡》（史俊）获中国视协重点现实题材电视剧剧本资助。

机关建设

【扎实开展党史学习教育】

紧扣“学史明理、学史增信、学史崇德、学史力行”总要求，按照中央和江西省委的部署安排，深入开展党史学习教育。第一时间成立党史学习教育领导小组、制定党史学习教育工作方案、举办党史专题学习班，有序推进党史4个专题的学习。

注重用好江西省内红色资源，组织党员赴革命烈士纪念堂、小平小道陈列馆、南昌新四军军部旧址陈列馆等地开展“祭扫英烈”“红色走读”等活动。

开展党史知识竞赛、青年干部演讲比赛，在“江西文艺”微信公众号开设“党史百年·天天读”“江西文艺中的百年党史”等专栏，编印江西省文联党史学习教育简报16期，营造党史学习教育浓厚氛围。

大力开展“我为群众办实事”实践活动，聚焦基层群众、文艺工作者、干部职工“急难愁盼”的问题，研究确定项目清单，明确3大工作目标和18项重点任务并全部完成。

《江西日报》、江西省直机关工委《机关政治生活》等媒体50多次报道江西省文联开展党史学习教育活动的情况；在江西省委党史学习教育领导小组办公室《简报》的上稿数量位居省直单位前列；江西省委第六巡回指导组对省文联党史学习教育进行随机测评，总体评价为“好”的占100%。

【积极配合江西省委第六巡视组对省文联党组开展常规巡视】

贯彻落实中央、江西省委和省委巡视工作领导小组要求，把接受巡视、认真整改作为重大政治任务抓紧抓好。成立江西省文联巡视整改工作领导小组，第一时间研究制定《省委第六巡视组巡视省文联党组反馈意见整改任务分解表》《省文联党组落实意识形态工作责任制专项检查整改任务分解表》《省文联党组关于落实省委巡视选人用人专项检查反馈意见的整改工作方案》，细化问题清单、任务清单、责任清单，先后召开党组会、领导班子会、巡视整改专题民主生活会、动员部署会、月调度会，明确整改责任、分析整改成效，推进整改任务落地落实落细。截至2021年底，江西省委第六巡视组反馈的46个问题中113条具体整改措施已完成109条，整改率达96.5%。中央巡视意识形态工作责任制专项检查反馈中涉及江西省文联的问题已整改完成，十四届江西省委巡视意识形态工作责任制专项检查整改率达96%。江西省委巡视选人用人专项检查反馈的6个问题已整改完成4个。

【深入开展文艺领域综合治理工作】

成立江西省文联文艺工作者职业道德和行风建设委员会，制定《江西省文联文艺工作者职业道德和行风建设委员会章程》《江西省文艺工作者职业道德守则》《江西省文联文艺工作者职业道德和行风建设委员会委员履行职责暂行办法》，发布《江西省文艺工作者遵守职业道德共同宣言》，积极推动12家省级文艺家协会和9个设区市文联成立职业道德建设委员会，强化职能、发挥作用，引导从业人员遵守职业道德。

建立文艺领域从业人员常态化教育培训机制，加强政治、民族、法律、道德、税收等方面的通识教育，加大基层文艺师资培训，要求文联系统举办的各类培训班、思政教育课时不得少于总课时的30%。全面审核作品内容，对江西省文联组织创作、展演展示、宣传传播的文艺作品，坚持从思想性、艺术性、导向性上全面进行审核，严格把握文艺作品审美导向。严肃惩戒失德失范行为，对违背公序良俗、违法乱纪、政治立场模糊的会员，严格按照章程规定，及时予以除名或开除，并禁止其通过省文联主管的宣传阵地出镜发声。认真贯彻落实《关于加强新时代文艺评论工作的指导意见》，组织力量旗帜鲜明地开展文艺评论，批驳错误审美倾向，大力倡导向上向善的价值观和积极健康的审美观，引导塑造新时代审美风尚。

【成立江西省网络作家协会】

10月25日，江西省网络作家协会成立大会在南昌召开，来自全省各地的101名代表参加会议。会议审议并原则通过了工作报告及《江西省网络作家协会章程》，选举产生了江西省网络作家协会第一届理事会主席团。李涛（净无痕）当选为江西省网络作家协会主席。

【优化文联及所属协会运行机制】

争取江西省委编办和省委组织部支持，明确将所属14个省级文艺家协会列为省文联内设机构，理顺了机关与协会的人事关系。适应新时代文艺事业发展需要，成立江西省作协网络文学专业委员会，对省作协第八届理事会6个专业委员会进行调整，完成省美协19个专业艺委会换届，进一步密切联系基层和创作一线文艺工作者，增强文联及所属文艺家协会领导机构的代表性和广泛性，形成更加完备的组织体系和行业服务体系。

【加强“文艺两新”团结引导服务】

成立江西省文联“文艺两新”工作领导小组，推动10家省级文艺家协会和8个设区市文联成立“文艺两新”工作机构。探索建立“文艺两新”工作考评机制，督促省文联各团体会员切实履行职责。在全省范围内建立文联领导班子成员联系“文艺两新”制度，把各领域、各层次的文艺人才广泛团结起来。贯彻落实全国文联系统新文艺群体职称评审工作推进会精神，结合江西实际，研究制定《江西省新文艺群体职称评审工作方案》，发挥文联组织作为新文艺群体职称评审主渠道作用；出台《关于加强新文艺组织和新文艺群体工作的意见》，推进“文艺两新”工作制度化规范化；举办两期新文艺群体人才研修班、“文艺两新”庆祝中国共产党成立100周年摄影展、“魔术之星‘两新’风采”江西省第三届魔术展演等活动，拓展工作抓手，引导“文艺两新”牢牢把握中国特色社会主义文艺发展方向。

各文艺家协会

【作家协会】

3月5日，在江西省南昌市南昌县莲花书屋开展文学作品捐赠活动，共捐赠《新世纪江西文学精品选》《江西文学重点扶持工程作品选》《江西文学精品丛书》等30余种共60余册江西作家的作品。

4月21日至22日，在江西省南昌市南昌县举办2021年江西谷雨诗会系列活动。其间，先后举办了2020江西年度诗人颁奖仪式、名家讲座、江西8090诗人创作研讨会等，并赴南昌小蓝经开区、原城纪·南昌文化街区等地开展主题采风活动。诗人周簌荣获2020江西年度诗人奖，丁薇、叶小青获得2020江西年度诗人奖提名奖。

5月1日至5日，推荐江西作家汪峰、贺璞参加中国作协“2021中国一日·工业兴国——中国作家在行动”，分赴江西知名企业江西铜业、安源煤矿开展采访活动。

5月10日，联合中国作协创研部、《人民文学》杂志社、江西人民出版社在北京举办温燕霞长篇小说《琵琶围》研讨会。

7月5日，联合中国作协定点深入生活办公室、中国作协创联部、江西省卫健委在北京举办徐观潮长篇报告文学《中国健康档案》研讨会。

7月6日，启动“风起赣鄱”原创长篇小说重点作品扶持工程征集。经组织专家认真评审，温燕霞的《凤凰飞》、阿袁的《生活式》、陈然的《藤》、杨帆的《柳树堰往事》、李伯勇的《别人的太阳》、范建民的《野庙碑》、朱仁凤的《近水胡家》、徐春林的《锯板桥》8部作品入选。

7月14日，启动乡村振兴和现实题材中短篇小说重点作品扶持项目丛书书稿征集。经组织专家评审，樊健军的《向水生长》、文非的《渔船来到雨庵镇》、罗聪明的《树》、王明明的《风筝知道天空的颜色》入选。

7月20日，第七届“林恩”杯茶言茶语诗歌大赛获奖名单揭晓。活动于2020年10月启动，共收到近千位作者约万首（组）作品投稿。经评审，56位作者获奖。

7月29日，在江西萍乡举办漆宇勤诗歌创作研讨会。

9月16日至18日，在江西抚州举行江西省中青年作家中短篇小说创作研讨活动。

9月24日，在江西九江市都昌县举办江西“8090”作家读书会。

10月31日，成立江西省作协职业道德建设委员会。

11月29日至12月4日，在萍乡学院、赣州师范高等专科学校、宁师中学、井冈山大学、吉安师范5所学校举办“赴红色课堂 播文学火种”江西文学公益大讲堂。该项目为中国作协文学志愿服务示范性重点项目。

12月7日至8日，在江西九江武宁县举办2021江西小说笔会。笔会邀请中国作协创研部主任何向阳等12名专家对阿袁等12名江西小说家的25篇作品进行点评。

12月21日至22日，在江西南昌举办新时代江西散文创作研讨会。会上，向获第十二届全国少数民族文学创作骏马奖散文奖获奖作家朝颜颁发了十万元奖金。

江西作家创作势头依然良好。陈世旭等5人的小说作品，李晓君等12人的散文作品，三子等10人的诗歌作品，以及刘勇等人的电视电影文学剧本作品，都发表在《人民文学》《诗刊》《十月》《江南》《中国作家》等重要文学期刊上。

江西散文现象持续发酵，《天涯》2021年第5期推出“文学地理·江西散文小辑”。2021年度《散文选刊》《散文海外版》两个选刊中，有27篇江西散文作品入选。

近30人出版小说集、散文集、诗集、文学评论集、儿童文学集等作品。温燕霞的长篇小说《虎犊》、凌翼的报告文学《迈上小康的共和国摇篮》、朝颜的散文《赣地风流》入选中国作协2021年重点作品扶持项目。陈蔚文的中篇小说《这一年》获评《北京文学》2020年度优秀作品，陈蔚文的短篇小说《锦衣》、范晓波的散文《星空下》获第十九届百花文学奖。刘义入选《诗刊》社第37届“青春诗会”。李晓君的《只手之声》、范晓波的《成千上万种春天》、傅菲的《山顶上有什么》、樊健军的《毛家窝纪事》获第三届丰子恺散文奖。

【戏剧家协会】

3月24日，应江西抚州广昌县委宣传部、文旅局邀请，组织专家审订《广昌孟戏剧本唱腔全集》书稿。

3月30日，指导创作的万载花灯戏《李更探监》在江西宜春市万载县会议中心上演。

4月23日，下属江西舞台美术学会举办2021年江西省舞台灯光技术座谈会。

5月15日，在江西赣州举办第五届江西省少儿戏曲小梅花大赛，来自全省各地约50所学校、300多名小朋友参赛，共有34个表演节目参与奖项角逐。从2017年以来，江西省剧协连续五年举办江西少儿戏曲小梅花大赛活动，先后有来自省内8个地市、4个基地和40多所中小学校2000多人次的小选手参加比赛，有30人次先后获得中国少儿戏曲小梅花荣誉，10个集体节目先后获得中国少儿戏曲小梅花荟萃“最佳集体节目”荣誉。

6月25日，指导创作的吉安采茶戏《三女跳崖》在江西吉安市安福会展中心首演。

7月1日，与江西省京剧团、南昌市东湖区文广新旅局联合主办庆祝建党百年“唱支山歌给党听”传承戏曲文化进校园会演。

7月23日至26日，江西省剧协舞台美术委员会组织省内15家艺术单位组成江西参展团，参加第四届中国舞台美术展。

8月26日，第二十五届中国戏曲小梅花荟萃活动公布评审结果，江西省剧协选送的邓亦轩、董诗羽、陶妙颖、叶荣坤4名小选手获得“小梅花”称号，集体节目《耍香龙》获“最佳集体节目”荣誉。

8月26日，成立江西省剧协职业道德建设委员会。

9月17日，成立江西省剧协“两新”工作委员会。

9月29日，指导创作的歌剧《傲雪梅关》在南昌群星剧场首演。

10月9日至28日，选送歌剧《山茶花开》参加第十七届中国戏剧节，获“优秀剧目奖”。

10月21日，选送作品《悬崖上的映山红》参加第二届·桐乡小戏艺术邀请展，获“剧目金奖”。

10月28日，指导创作的南昌采茶戏《兰妹子》在南昌市群星剧场汇报演出。

10月29日，举办“江西文艺·名家讲坛”戏剧专场，邀请著名剧作家罗怀臻作《红色题材的当代演绎——从舞剧〈永不消逝的电波〉谈起》专题讲座。

12月14日，扶持创作的宁都采茶戏《宁都起义》首演成功。

12月18日，与江西省文旅厅非遗处、江西省非物质文化遗产研究保护中心联合主办武宁采茶戏表演艺术家刘诗笙、夏考秀经典唱腔展演活动。

【电影电视艺术家协会】

1月7日，组织部分会员参加中国影协副主席、著名导演尹力执导的电影《没有过不去的年》南昌路演活动。

3月26日，召开江西省影视家协会六届二次理事会议。

4月2日，联合中国儿童少年电影学会、萍乡市安源区委区政府在江西省萍乡市安源区红军小学开展党史教育进校园公映活动。

4月22日，召开2020年新入会会员座谈交流会。

5月17日，在江西尚世星河影视公司举办优秀电影、电视剧剧本创意推荐会。

9月30日，成立江西省影视家协会职业道德和行风建设委员会、江西省影视家协会编剧和影视制作机构工作委员会。

11月30日，在江西省话剧团举办第十三届海峡两岸电视主持新人江西总决赛，来自省内外高校的98名选手参加比赛。经激烈角逐，产生一等奖1名、二等奖2名、三等奖3名、优秀奖10名，优秀指导教师7名。获奖选手组成江西代表队赴福建参加全国总决赛。

12月10日，在江西省文联多功能厅举办“江西文艺·名家讲堂”电影专场，邀请中国电影文学学会会长、著名编剧王兴东作《主旋律电影创作》专题讲座。

【音乐家协会】

3月，在全省范围组织开展“幸福欢歌”走进新时代文明实践中心@云接力活动。本次活动由11个设区市文联、音协组织优秀音乐工作者分赴本地区新时代文明实践中心开展文艺惠民演出和《幸福欢歌》演唱接力，营造浓厚的艺术氛围，取得良好的社会反响。

3月12日，召开江西省音协八届四次常务理事（扩大）会议。

3月25日至26日，与江西省非物质文化遗产研究保护中心联合举办“古曲唱新词 讴歌新时代”艺术创作培训班。

3月29日至30日，在江西宜春召开全省音乐考级工作会。

4月17日，召开江西省音协声乐专业委员会第四次会员代表大会，选举产生新一届领导机构。

6月，上线“江西文艺中的百年党史——音

乐篇”宣传片，让听众了解《请茶歌》《毛委员和我们在一起》《苏区干部好作风》等歌曲背后的故事，向经典致敬。

6月22日，在南昌西站候车厅举办“唱支山歌给党听——迎七一音乐快闪”活动。

8月29日，成立江西省音协职业道德建设委员会。

9月16日，成立江西省音协“两新”工作委员会。

11月18日，与南昌市第三中学签订文艺志愿服务进校园协议。

12月21日至22日，在南昌大学前湖校区音乐厅和江西应用科技学院分别举办“风展红旗如画”——原创江西风格作品音乐会。

12月30日，在南昌群星剧场举办“赣水那边红”2022新年原创歌曲演唱会。

主办第六届江西省音乐“映山红奖”声乐、小提琴、钢琴比赛，吸引了业内关注和选手广泛参与。江西音乐“映山红奖”的持续举办，已成为江西省音乐奖项品牌之一，被音乐从业者所认可。

完成寒假、暑假音乐考级，全年音乐考级考生共计3万余人。协会根据中国文联社会艺术水平考级相关通知要求和管理办法，在推进考级规范化、科学化、专业化方面进行了有效探索，完善了考级相关管理办法及制度规范，考级效应得到社会进一步认可。

【舞蹈家协会】

3月24日，召开江西省舞协七届五次主席团会议。

3月25日，召开江西省舞协七届二次常务理事（扩大）会议。

4月3日，召开江西省舞协高校舞蹈教育学会会长（扩大）会议暨江西省高校红色舞蹈主题创作研讨会。

4月23日，举办“江西文艺·名家讲堂”舞蹈专场讲座，邀请中国舞协分党组书记、驻会副主席罗斌作《中国舞蹈的观念与实践探究》主题讲座。

4月23日至25日，江西省舞协高校舞蹈教育学会组织艺术家赴赣州进行赣南采茶舞蹈采风。

5月7日，在江西高安市组织开展千人舞蹈《唱支山歌给党听》，1200名舞者在户外草地上共同起舞。

5月15日，举办江西舞蹈名师工作坊，邀请全国知名专家汪洌作《少儿舞蹈创作题材与结构》主题讲座。

5月15日至16日，在江西南昌举办“童心向党”——第六届江西省少儿舞蹈展演。来自全省各地的30个节目、近800名小舞者，经初选、复选两个环节脱颖而出参加现场展演。

6月28日，在江西南昌举行“不负韶华 颂歌献党”江西省红色舞蹈展演。共9个演出单位、11部作品、200多名演职人员参与演出，展演现场座无虚席，网络直播平台共30.41万人次观看本次展演。

7月11日，在江西新余举行“永远跟党走”江西省群众舞蹈展演。共有24支来自全省各地的优秀舞蹈团队参加，参演人员达500多名，展演作品形式多样、题材新颖，是一年来江西群众舞蹈创作成果的集中展示。

7月27日，召开江西省舞协七届六次主席团会议。

8月24日，成立江西省舞协职业道德建设委员会。

8月27日，成立江西省舞协街舞委员会。

10月1日至7日，在江西南昌举办第二届“江西培青”赣南采茶舞蹈人才高级研修班。本届“江西培青”历经一年酝酿策划，以赣南采茶舞蹈为专题，从全省遴选出30名青年舞蹈人才作为培养对象，邀请郭磊、陈宾茂、张文海、李珊珊4位知名专家及编导亲临江西授课，围绕精心准备的特色课程，先后举办讲座、工作坊，最后进行了研修成果汇报。

10月19日，中国舞协“新农村少儿舞蹈美育工程”（江西武宁）启动及挂牌仪式在江西武宁县举行。

11月27日，在江西吉安举办江西省第二届少儿舞蹈考级成果展演。由各地区选送的92个节目，经初选、复选两轮筛选，共有38个节目入选此次展演，近1100名少儿参演，是全省少儿舞蹈考级的一次盛会。

12月13日至15日，在江西艺术中心大剧院举办2021年江西省第三届“白鹭奖”专业舞蹈大赛，共有30多支参赛团队、53部作品、1000多名演员以舞会友、切磋交流。

自5月启动舞蹈考级后，江西省舞协工作人员和40位持有中国舞协考官证件的专家考官深入基层和教学一线，历时4个月，走遍11个设区市287个考点，行程上万公里，覆盖全省90%县（区），考生规模超过14.1万人次，实现了社会效益和经济效益双丰收。全年举办《中国舞蹈考级》教材培训班69个班次，培养舞蹈教师2100余人。舞蹈考级的权威性、规范性与公正性，得到社会各界的普遍认可和广泛赞誉。

【美术家协会】

1月8日至18日，在江西省文联展厅举办2021“敦煌印象”中国瓷画作品展——首届奥林匹克艺术大会提名展。

3月30日，举办“江西文艺·名家讲堂”美术专场，特邀中国美术奖金银奖获得者陆庆龙作《转换——从写生到创作》专题讲座。

3月22日至4月2日，举办“魅力红谷·水木佳话”——中国·南昌全国版画、水彩、粉画联展。

3月，举办“第七届江西省漫画展”和“膳食·善食——以创意设计弘扬‘光盘行动’”展览。

4月14日，江西省庆祝建党100周年主题版画创作人才培养项目开班，培训分3期，历时3个月，进行每期30天的版画创作人才培养。

5月1日至30日，举办纪念南昌高新区建区30周年书画展。

5月，举办“庆祝建党一百周年”——“跨界之交融·时代之交响”支林艺术作品国际巡回展（深圳站）。

5月30日至6月13日，开展“百年铸辉煌 童心齐向党”2021年江西省少年儿童美术、摄影、工艺作品展赛系列活动。

6月4日至14日，举办“永远跟党走”纪念建党百年——2021江西女青年设计在行动展览。

7月1日至15日，举办“庆祝建党100周年”——第十八届江西省版画作品展览。

8月，举办第二届“品味文化庐陵 书画魅力江西”庆祝中国共产党成立100周年全国美术书法作品大赛。

9月15日至27日，举办“倡导移风易俗 弘扬时代新风”——江西省主题漫画创作展览，并组织在全省11个设区市巡展。

10月23日至30日，与江西省文化馆等单位共同主办“文心雅墨”——当代中国画名家学术邀请巡回展。

10月12日至20日，举办“庆祝中国共产党建党100周年”——八零油画学社成立十周年学术作品展。

10月下旬，与江西省艺术培训中心共同举办江西省美术、书法教育工作者师资培训班。

10月22日至11月30日，协同中国美协在景德镇中国陶瓷博物馆，举办“人民江山·瓷画中国”——庆祝中国共产党成立100周年全国新文艺群体陶瓷绘画作品展。

11月2日至18日，协助中国文化艺术发展促进会和江西省文联，与中国文促会红色文化艺术专业委员会等单位共同承办“赓续”中国美术名家红色主题创作展。

11月12日至21日，与江西省台办、江西师范大学等共同举办“共筑家园”第三届赣台高校书画联展。

11月25日，召开江西省美协艺术委员会换届（成立）大会，成立江西省美协职业道德建设委员会。

11月29日至12月2日，举办江西省各设区市美协负责人策展和管理培训班。邀请多位专家开展“新时代意识形态工作面临的机遇与挑战”“文化与文化谋略”“展览策划与协会管理”“当代艺术中的策展与策展人”等专题讲座。来自全省各设区市美协负责人及秘书长共40余人参加培训。

12月28日，由中国美协、江西省文联、南昌高新区管委会共同主办，中国美协陶瓷艺委会和江西省美协共同承办的“第三届中国当代陶瓷艺术大展”在南昌高新区美术馆开幕。展览至2022年2月28日。

积极组织参加“百年华彩——2021·中国百家金陵画展（中国画）”，被中国美协授予组织工作奖。熊敏鹤的作品《西行纪》被评为典藏作品，陈忠林的作品《高原夕阳》被评为收藏作品。

【书法家协会】

元旦至春节前夕，组织开展“同心同书·祖国新春好”书法家送万福进万家志愿服务活动。先后在线下组织200余场、线上组织10场，参与书法家达5000余人次，免费为群众送出对联4万余副、“福”字7万余个，以强大的声势和规模，营造了欢乐祥和、积极向上的文化氛围和节日气氛。

3月11日，召开江西省书协四届六次常务理事会议。

3月18日，在江西抚州南城县召开第二届麻姑山全国颜体书法大展评审会。本次大赛共收到来自全国各地的书法作品2452件。经专家评审组评审，评选出一等奖3名、二等奖10名、三等奖20名、优秀奖50名，入展174人。4月15日，《颜·如》第二届麻姑山全国颜体书法展在南城县开展。

3月18日至19日，在江西抚州南城县召开江西省书协行书委员会工作会议。

4月7日，在江西南昌召开纪念南昌高新区建区30周年书画大赛评审会。本次大赛共收到全国各地书法作品1033件。经专家评审组评审，评出一等奖3名、二等奖6名、三等奖9名、优秀奖20名，入展114人。

5月12日，召开江西省书协四届七次主席团会议。

5月13日至14日，在江西抚州南丰县召开江西省书协篆书委员会“学党史、明初心、担使命”主题学习教育活动暨年度工作会议。

5月22日至23日，在江西省景德镇市泥火翰墨艺术馆举办首期江西省陶瓷书法培训班，来自全省各地市的书法爱好者约50人参加培训，并现场进行创作。

7月10日，在江西南昌召开“庆祝中国共产党成立100周年”——江西省第二届篆隶书法作品展评审会。本次展览共收到来稿2100余件。经过评委会评审，共有272件作品入展，评出一等奖3件、二等奖6件、三等奖9件、优秀奖30名，入展224件。

7月31日至8月1日，在江西吉安庐陵老街召开第二届“品味文化庐陵 书画魅力江西”庆祝中国共产党建党100周年全国美术书法作品大赛（书法）评审会。本次大赛共收到书法投稿作品2400余件。经专家评审组评审，共评出入展作品204件，其中一等奖5件、二等奖10件、三等奖20件、优秀奖40件。

9月9日，组织会员赴江西抚州南城县龙湖镇参加“助力乡村振兴 筑梦教育未来”捐助活动。

9月17日，成立江西省书协职业道德建设委员会。

10月15日，举办“百诗颂党恩 翰墨书盛世”全国诗书联展。

10月22日，在江西武宁县召开“山水武宁杯”全国书法作品展评审会。本次大赛共收到全国各地1703名作者投稿的1913件作品，作品涵盖篆、隶、楷、行、草。经过评委会评审，评出一等奖5件、二等奖10件、三等奖20件。12月30日，在武宁县沙田新区西海明珠武宁剧院举行展览开幕式。

11月12日，成立江西省书协“两新”工作委员会。

11月29日，在江西南昌召开“千年古镇·吴城风采”诗联书法大赛评审会。本次大赛共收到全国各地作者投稿的2200余件作品，作品涵盖篆、隶、楷、行、草。经过评委会严格评审，评出一等奖3件、二等奖6件、三等奖9件、优秀奖30件，入展178件。

12月2日，在赣州师范高等专科学校召开“力速数控杯”江西省首届全国行书书法作品展评审会。本次大赛共收到全国各地作者投稿的1986件作品。经过评委会评审，评出一等奖5件、二等奖10件、三等奖20件，入展161件。

12月9日，对宜春市万载县申创“江西省书法之乡”工作进行考察。

【摄影家协会】

1月21日，举办“罩缘”——熊盛文抗疫专题摄影作品展。

1月26日，在江西省文联多功能厅举行2021江西省摄协首批会士颁证仪式，首批18名会员晋升会士。

1月26日，在南昌市梅岭曼山谷景区山谷美术馆举办江西省第25届摄影作品展（自然生态类）。

2月5日，在江西省文联展厅举办“迎新春 奔小康”——2021年江西省优秀摄影作品展。

2月5日至6日，组织20多位摄影志愿者，赴江西南昌市小蓝经济开发区、南昌县莲塘镇梦里水乡社区等地，开展“我们的中国梦”——文化进万家“万名文艺家下基层”江西省文联新时代文明实践文艺志愿服务活动。

2月27日，组织10余名摄影志愿者，走进安九铁路中铁大桥局九江鳊鱼洲长江大桥工地，现场为建桥工人拍摄、赠送照片。

3月4日，举办第18届国际影展投稿点评会。

3月9日，召开《影像江西——五个村庄的脱贫故事》画册创作研讨会，全年共召开5次研讨会及工作调度会。

3月18日，举办“江西文艺·名家讲堂”摄影专场，邀请张兆增作《把镜头对准生活，用影像反映时代——金像奖作者讲述摄影创作感悟》专题讲座。

3月30日，召开江西省摄协六届四次常务理事会议，对江西省摄协六届主席团成员进行述职和测评。

4月9日至12日，江西省摄协主席徐渊明应中国摄协邀请前往澳门进行文化交流访问，参加“希望的田野——脱贫攻坚 共享小康全国摄影展”北京展、澳门展启动仪式。

5月12日，举办“2021江西摄影·公益大讲堂——备战28届国展”专场讲座。

5月14日，在江西省文联多功能厅举行2021年上半年新会员入会培训及颁证典礼。

5月15日，在江西宜春美术馆举办“宜春新农村”——庆祝中国共产党成立一百周年·杨晓宁摄影图片展。

5月19日至21日，组织江西省内30名摄影家，赴上饶灵山景区开展为期3天的采风创作活动。

6月2日，启动“我的大学我的梦”——2021 OPPO江西省首届大学生手机摄影大赛征稿。6月底，举行评审，共评出专业榜获奖作品56件。

7月1日，在江西省文联展厅举办“艺心向党颂九州”——“文艺两新”庆祝建党一百周年摄影展。此次影展从全省近40名“文艺两新”优秀摄影人的800多幅摄影作品中，精选出100幅佳作展出。

8月4日，举办2021·天强杯·江西省摄协画意摄影比赛评选。本次比赛共收到来自全省各地140位摄影作者的投稿作品520幅，共评出优秀作品20幅。

8月31日，举办“美丽江西新画卷”——江西省第四届风光摄影作品展评选及线上展。本届风光摄影展分为江西主题类、省外国外类两大类，共收到来自全省各地486位摄影人的投稿4600余幅。最终评出江西主题类等级奖10幅、优秀奖20幅，入展作品70幅；省外国外类等级奖6幅、优秀奖14幅，入展作品30幅。

9月9日，举办“百年红土·青春风采”——江西省第十届青年摄影作品展评选及线上展。此次摄影展共收到来自全省各地的投稿作品1436幅。影展分为主题类、无主题类两大类，共评出主题类等级奖6幅、优秀奖14幅，入展30幅；无主题类等级奖10幅、优秀奖30幅，入展60幅。

9月20日，征集“倡导移风易俗、弘扬时代新风”的优秀作品，共收到40多位摄影人的投稿460余幅（组）。经遴选，有33幅(组)优秀作品入展。9月29日，在南昌市首展，此后多次在全省文明实践中心举办巡回展。

10月9日，成立江西省摄协职业道德和行风建设委员会、江西省摄协“两新”工作委员会。

10月20日，举办“大美永修”——第二届全省摄影大赛。本次大赛共征集到全省各地222名摄影人的投稿作品1876幅，共评选出一等奖1名、二等奖3名、三等奖6名、优秀奖20名，入选奖78名。

11月22日，举办“百年党史 红色印迹”——江西省党史文物遗址主题摄影展。

2021年，“美丽江西——2021·江西省摄协手机平台月赛”共举办12次比赛，收到总计约11000幅投稿作品，共评出获奖作品600幅。

2021年，“幸福江西——2021·江西省摄协手机平台街拍摄影季赛”共举办4次，收到2000余幅作品，共评出获奖作品200余幅。

2021年，“人文江西——2021·江西省专题（组照）摄影季赛”共举行4次。全年共收到全省各地投稿400余组、6200余幅作品，共评出获奖作品近100组。

【民间文艺家协会】

2月10日，开展“我们的中国梦——文化进万家”江西民间文艺展播（剪纸）活动。

3月25日，召开江西省民协主席团成员2020年度考核暨六届四次常务理事（扩大）会议。

7月23日，举办“江西文艺·名家讲堂”民间文艺专场，邀请中国民协副主席、北京师范大学教授万建中作《春节的文化意义》专题讲座。

8月1日至6日，举办“沃土芬芳”——庆祝中国共产党成立100周年全省剪纸、刺绣、民间绘画作品展，并在网上展厅展播。

10月29日，成立江西省民协职业道德建设委员会、江西省民协“两新”工作委员会。

11月28日至12月15日，与景德镇市文旅局、景德镇市文联共同举办“不忘初心 传承守艺”——

新文艺群体洪州人陶瓷手艺特展。

12月，通过线下集中专题学习、线上交流学习等形式，组织民间文艺工作者认真学习习近平总书记在中国文联第十一次、中国作协第十次全国代表大会开幕式上的重要讲话精神。

12月30日，召开江西省民协六届五次常务理事（扩大）会，以及《中国民间文学大系》出版工程江西卷、《中国民间工艺集成》江西卷工作推进会。

【曲艺家协会】

3月，推荐鄱阳大鼓《名片背后》、萍乡春锣《美丽萍乡我的家》参加第16届马街书会优秀曲艺节目网络展播。

5月8日，召开学习中国曲协《关于加强相声界行风建设倡议书》座谈会。

6月18日，举办“江西文艺·名家讲堂”曲艺专场，邀请当代滑稽艺术表演家王汝刚作《曲艺的传承、融合、创新》专题讲座。

6月24日至25日，推荐鄱阳大鼓《唱支赞歌给党听》、萍乡春锣《唱起春歌赞青松》参加第十届中部六省曲艺展演。

6月，启动第三届江西曲艺玫瑰奖评奖。经评审，最终评出节目奖4个、表演奖4个、文学奖4个、新人奖2个，以及节目奖提名2个、表演奖提名2个、文学奖提名2个、新人奖提名1个。

7月10日，在江西南昌举行“童心向党”江西省第十届少儿曲艺大赛。100多名选手用相声、快板、群口快板、评书、双簧、小品、渔鼓说唱、春锣、故事等不同曲艺形式演绎精彩节目，抒发了新时代少年儿童在党的阳光照耀下，努力学习本领，为共产主义事业而努力奋斗的豪迈情怀。

7月12日至18日，由中国曲协主办、江西省曲协承办的2021年度“深入生活、扎根人民”主题实践活动，在江西南昌、吉安、赣州开展。

7月23日，与中国曲协共同举办“牡丹花开心向党”——以艺战“疫”新创抗击疫情优秀曲艺节目展演活动。

9月12日，成立江西省曲协职业道德建设委员会。

9月23日，举办“江西文艺·名家讲堂”曲艺专场暨江西省曲艺创作骨干培训班开班式。中国曲协主席、著名相声表演艺术家姜昆作《你离人民有多近，人民跟你有多亲》专题讲座。该项培训为期3天，来自全省各设区市的40余名曲艺创作骨干参加了本次培训。

10月14日，成立江西省曲协“两新”工作委员会。

【杂技家协会】

2月8日至23日，编辑推送“我们的中国梦——文化进万家”江西省优秀杂技节目展播视频内容15期。

3月30日，召开江西省杂协四届五次理事会议。

5月18日，举办“江西文艺·名家讲堂”杂技专场活动，邀请中国文联副主席、中国杂协主席、河北省政协副主席边发吉作《我们所处的时代与文化发展》专题讲座。

6月23日，在南昌群星剧场首演原创红色题材大型杂技剧《山上那片红杜鹃》。

9月29日，新创魔术剧《彩礼风波》参加在南昌市青山湖区罗家镇罗家广场举办的“时代新风进万家”——移风易俗专场演出，收获各方好评。这是江西省首次用魔术形式开展主题创作、讲好江西故事的成功尝试。

12月4日，在南昌举办“魔术之星‘两新’风采”江西省第三届魔术展演。魔术展演活动自2018年举办以来，迄今已成功举办三届，成为江西省魔术领域的品牌活动。

【文艺评论家协会】

1月8日，召开江西省文艺评论家协会四届五次主席团会议。

1月21日，江西省文艺评论家协会获中国文艺评论家协会第二届网络文艺评论优选汇优秀组织奖；会员凌瀚的《“云模式”下的综艺众生相》、姜磊的《〈绘真·妙笔千山〉：国风游戏的审美理想》获评优秀评论文章。

3月10日，召开江西省文艺评论家协会四届六次主席团会议和四届二次理事会。

3月26日，江西省文艺评论家协会会员童孟遥在中国文艺评论网首发4篇评论性文章，以位居第一的成绩获评中国文艺评论新媒体“原创首发达人”。

3月30日，组织十余名锐评团成员观看原创扶贫歌剧《山茶花开》并撰写评论。

5月17日，组织观摩推介景德镇陶溪川原创音乐剧《上镇》并参加研讨会，从艺术思想、表现形式、舞蹈编排等方面进行深入交流。

8月24日，召开江西省文艺评论家协会四届七次主席团会议，学习讨论《关于加强新时代文艺评论工作的指导意见》。

9月，组织江西省文艺评论家协会会员在《江西日报》策划的《让粉丝文化向阳生长》《涵养一“网”正气》等专题中发表评论文章，呼吁营造山清水秀的文娱环境。

11月24日，成立江西省文艺评论家协会职业道德和行风建设委员会。

【企业文联】

1月22日，组织文艺家赴江西省新余市新钢中厚板厂开展“我们的中国梦”——文化进万家“送‘福’送春联”江西省文联新时代文明实践文艺志愿服务。

2月5日，组织文艺家赴南昌市小蓝经济开发区开展“我们的中国梦”——文化进万家“万名文艺家下基层”江西省文联新时代文明实践文艺志愿服务活动，先后为阿南食品、煌上煌集团、三鑫医疗3家企业就地过年的30多个农民工家庭，现场拍摄、打印、制作、装裱，并当场赠送全家福照片，同时为农民工子弟赠送幼儿画报和学习读物，受到农民工欢迎。

4月22日，邀请江西省书协理事罗华华为南昌印钞厂职工作书法讲座。

4月26日，邀请一级摄影师、江西省摄协常务理事郭晶，赴新中国第一架飞机诞生地——航空工业江西洪都航空工业集团有限责任公司为10余名全国劳动模范、全国五一劳动奖章获得者义务拍摄。

4月27日，组织文艺家赴南铁南昌高铁基础设施段南昌西电力工区、南昌车辆段南昌西动车所以及方大特钢炼钢厂冶炼车间、动力厂、轧钢厂高线生产线为职工义务拍摄。

4月27日，邀请文艺志愿者陆蓉为新钢企业职工舞蹈爱好者辅导广场舞。

4月28日，组织文艺家赴江铃集团开展“万名文艺家下基层”江西省文联新时代文明实践文艺志愿服务走近“最美劳动者”慰问演出。

4月29日，邀请中国音协会员、江西应用科技学院音乐学院常务副院长杨力，为航空工业江西洪都集团公司职工文艺骨干和声乐爱好者进行合唱艺术辅导。

9月16日，联合航空工业江西洪都集团公司工会在航空城举办“书香·航空”文艺大讲堂走进航空工业江西洪都集团公司活动。活动邀请江西省作协常务理事、省散文学会副秘书长彭文斌作《深挖生活富矿　构建写作之美》讲座，60余名职工文学爱好者一起聆听了本次讲座。

【文艺志愿者协会】

2月20日，印发《江西省文联关于进一步推进全省文艺志愿服务工作的实施意见》，完善文艺志愿、文艺采风、文艺创作、人才培养、文艺惠民“五位一体”服务体系，建立健全招募注册、星级评定、奖励激励等制度，不断吸纳优秀文艺人才加入文艺志愿服务队伍。

“3·5”学雷锋日前后，组织动员江西省文艺志愿服务者深入景区、社区、厂矿、学校等地开展了148项文艺志愿服务活动，创作的快闪视频《学习雷锋好榜样》在学习强国App、中央文明网、全省公益大屏上滚动播出，仅在学习强国App单平台播放量就达8万，产生良好社会反响。

“五一”国际劳动节到来之际，组织开展“万名文艺家下基层”江西省文联新时代文明实践文艺志愿服务走近“最美劳动者”慰问活动。

“5·23”第8个中国文艺志愿者服务日前夕，组织开展“学党史、传精神、跟党走”文艺志愿者在行动暨“万名文艺家下基层”江西省文联新时代文明实践文艺志愿服务走进上饶市弋阳县慰问活动。

5月23日，组织开展“江西省宣传推选学雷锋文艺志愿服务‘时代风尚’先进典型活动”。丁武等20名同志被评为“最美文艺志愿者”，江西省摄协等5个单位被评为“最美文艺志愿服务组织”，九江市合唱协会“圆贫困山区留守儿童音乐梦想”教育扶贫音乐合唱扶志公益项目等10个服务项目被评为“最美文艺志愿服务项目”，南昌市东湖区贤士湖长巷村等10个社区（村）被评为“最美文艺志愿服务社区（村）”，冯德良等5名同志被评为“最美文艺志愿服务组织者”。

5月，江西省文联将所属文艺家协会提供的文艺志愿服务项目，统一纳入江西省新时代文明实践志愿服务平台“项目库”，建立起“群众点单、文联派单、文艺家接单、受众评单”的“四单”服务机制，为长效化、常态化开展“万名文艺家下基层”新时代文明实践文艺志愿服务活动奠定坚实基础。江西省文联“万名文艺家下基层”文艺志愿“点单服务”283个项目面向全省所有县（市、区）新时代文明实践中心开放，各县级中心可根据当地群众的文艺需求进行点单。2021年，共完成“点单”服务63次。

9月，在江西南昌启动“时代新风进万家”——移风易俗专场文艺志愿服务走进全省新时代文明实践中心（所、站）活动。该项活动针对高价彩礼、薄养厚葬等陈规陋习，组织创作曲艺、戏剧、音乐、舞蹈等多种形式的移风易俗主题作品，整合成“时代新风进万家”移风易俗专场演出及主题漫画和摄影展览，赴全省开展巡演巡展。

“八一”前夕，组织文艺志愿者赴武警江西总队南昌支队开展“万名文艺家下基层”江西省文联新时代文明实践文艺志愿服务。

9月10日，《江西日报》以《“百花”对沃土的情意——江西省万名文艺家下基层“送文化种文化”剪影》为题，对江西省文联的文艺志愿服务工作进行专版报道。

9月至12月，组织文艺志愿者赴南昌市青山湖区罗家镇、万寿宫历史文化街区、新建区新时代文明实践中心，赣州市章贡区青少年宫和红环路社区，宜春市万载县和袁州区新时代文明实践中心进行了7场展演活动，受众人数总计达1万余人，深受当地百姓好评。

山东省文联

综　述

山东省文学艺术界联合会（以下简称山东省文联）下设办公室、人事部、机关党委、组联部、文艺部等部室，山东省剧协、山东省音协、山东省曲协、山东省舞协、山东省杂协、山东省美协、山东省书协、山东省摄协、山东省影协、山东省视协、山东省民协、山东省文艺评论家协会共12个文艺家协会，山东省文艺创作研究院、山东省文联网络新媒体中心等直属单位。

全省136个县（市、区）实现文联组织全覆盖，拥有国家级会员7264人、省级会员32626人。2021年，山东省文联在山东省委、省政府的正确领导和山东省委宣传部的具体指导下，深入贯彻落实习近平新时代中国特色社会主义思想和党的十九届六中全会精神，认真贯彻落实习近平总书记关于群团工作、文艺文联工作的重要论述和指示批示精神，围绕中心、服务大局，担当作为、狠抓落实，各项工作取得明显成效。

会议与活动

【召开“修身守正　立心铸魂——山东省文联文艺工作者职业道德和行风建设工作座谈会”】

8月30日，“修身守正　立心铸魂——山东省文联文艺工作者职业道德和行风建设工作座谈会”在山东济南召开。中国文联副主席、山东省文联主席潘鲁生出席会议并讲话。山东省文联党组成员、副主席矫红、王映海，各省级文艺家协会主席和驻会负责同志，省文联各部室、各单位负责同志及特邀文艺家代表等参加座谈会。山东省文联党组成员、副主席姜慧主持会议。座谈会上，青年艺术家代表海沫、张勇（芝麻）宣读了《修身守正　立心铸魂——致广大文艺工作者倡议书》。孙立生、焦黎、吴可畏、张勇、张云峰、张宜、孟鸿声、海沫8位艺术家代表结合文艺工作尤其是本领域的工作实践以及切身体会作了发言，就加强文艺工作者职业道德建设、推进文艺行业监管治理等问题进行了交流研讨。大家一致表示，文艺工作者要遵守党纪国法，恪守职业道德和行业规范，讲品位、讲格调、讲责任，自觉抵制低俗、庸俗、媚俗，用明德引领风尚，承担社会责任。

【山东省文联、山东省作协成立70周年座谈会举行】

9月29日，纪念山东省文联、山东省作协成立70周年座谈会在山东济南举行。山东省委常委、宣传部部长白玉刚出席会议，勉励山东文艺工作者要凝心聚力，再创辉煌。中国文联、中国作协专程发来贺信，充分肯定了山东省文联、山东省作协70年来的发展成就，对山东文艺工作寄予期望。山东省文联党组书记、副主席王世农，山东省作协党组书记、副主席姬德君在会上发言。中国文联副主席、山东省文联主席潘鲁生主持会议。作家、艺术家代表张炜、顾亚龙、赵德发、孙立生、刘建杰结合各自艺术和工作经历谈了体会。座谈会上，为第十二届山东省“泰山文艺奖”部分一等奖获奖代表、艺术突出贡献奖获奖者和第五届“泰山文艺奖”（文学创作类）获奖代表进行颁奖。山东省文联、山东省作协党组、主席团成员，老作家、老艺术家代表，各省级文艺家协会主席，各市、大企业文联（作协）主要负责人，新文艺组织和新文艺群体代表，第十二届“泰山文艺奖”（艺术类）、第五届“泰山文艺奖”（文学创作类）获奖者代表，山东省文联、省作协机关及直属单位主要负责同志等参加会议。

1951年4月28日，山东省文联、山东省作协正式成立，至今已走过70年历程。在山东省委、省政府的正确领导下，在社会主义革命、社会主义建设、改革开放以及新时代等各个历史时期，山东省文联团结带领一代又一代优秀的文艺工作者筚路蓝缕、矢志奋斗，成长为繁荣发展社会主义文艺、建设社会主义先进文化的重要力量。进入新时代，文艺事业天地广阔、大有作为，文艺工作者责任重大、使命光荣。山东省文联将在新的历史征程中努力开创山东文艺工作新局面，为新时代现代化强省建设作出文艺界新的更大贡献。

【举办“庆祝中国共产党成立100周年山东省美术书法摄影剪纸作品展”】

6月24日，由山东省委宣传部、山东省文联、山东省文旅厅主办，省美协、省书协、省摄协、省民协、山东美术馆、山东省文化馆承办的“庆祝中国共产党成立100周年山东省美术书法摄影剪纸作品展”在山东美术馆开幕。展览围绕主题精心策划、广泛发动，多次组织文艺创作骨干深入生活，积累创作素材。本次展览通过线下和线上展厅相结合的形式，展出150件美术作品、100件书法作品、100件摄影作品、100件剪纸作品、63件群众文艺作品。艺术家们把波澜壮阔的百年党史融进精彩的艺术创作，深刻反映了在中国共产党的坚强领导下，山东大地奋斗、奋进、奋发的光辉历程，生动展现了百年大党的理论信仰与理想追求、赤子情怀与使命担当。山东省人大常委会副主任齐涛，副省长王心富，省政协副主席程林，省政府副秘书长黄红光，省委宣传部副部长、省电影局局长程守田，省文联党组书记、副主席王世农，省文化和旅游厅党组书记、厅长王磊，省文联党组成员、副主席矫红、姜慧等出席。

【举办纪念山东省文联、山东省作协成立70周年系列活动】

9月29日，“我们一起走过”——山东省文联、山东省作协成立70周年暨山东文艺界庆祝新中国成立72周年文艺晚会在山东省会大剧院举行。山东省委常委、宣传部部长白玉刚，省政协副主席韩金峰，省直有关部门、驻济有关高校、济南市有关负责同志，省文联、省作协主席团成员及文艺界代表一起观看演出，共同回顾山东省文联、省作协成立70年来的辉煌历程，追忆和见证山东文艺的沧桑巨变，共同祝福山东文艺繁荣发展的美好前程。晚会以“我们一起走过”为主题，分为“永远向太阳”“到人民中去”“为你最美绽放”3个篇章，采用家国同构的创作方法，通过一对夫妻从两小无猜到长大成人，再到白发苍苍，终其一生为人民创作演出的命运发展线，将所有节目凝聚起来，从一个家庭的侧面，展现了山东省文联、山东省作协在党的领导下不断成长、一路发展的光辉历程。本场文艺晚会由山东省文联、山东省作协共同主办，各省级文艺家协会与广大艺术家倾力打造。山东省文联、山东省作协成立70周年系列活动还包括纪念座谈会、宣传片、纪念册和宣传活动等一系列创新性举措，赢得广泛好评。

【举办第十三届中国舞蹈荷花奖民族民间舞评奖活动】

10月25日至27日，由中国文联、济南市政府、中国舞协、山东省文联主办，济南市委宣传部、中国文联舞蹈艺术中心、山东省舞协承办，济南市文联、济南市舞协协办的第十三届中国舞蹈荷花奖民族民间舞评奖活动在济南举办。中国舞协主席、中国文学艺术基金会副理事长冯双白宣布第十三届中国舞蹈荷花奖民族民间舞评奖活动正式开幕；中国舞协分党组书记、驻会副主席罗斌，山东省文联党组书记、副主席王世农，济南市委常委、宣传部部长杨峰在开幕式上致辞。

11月25日，中国舞协正式公布第十三届中国舞蹈荷花奖民族民间舞评奖获奖名单，山东艺术学院舞蹈学院选送的作品《移山》获奖。作为中国舞蹈界的最高奖，中国舞蹈荷花奖设立23年来首次在山东举办，极大地激发了山东民族民间舞的创作活力，实现了山东省在争获中国舞蹈荷花奖上的重大突破，取得创作、办会双丰收。

【第十二届山东省“齐鲁风情”青年歌手演唱大赛举办】

12月9日，由山东省文联、青岛市委宣传部主办，山东省音协、青岛市文联、青岛市音协承办，青岛市西海岸新区工委宣传部、青岛市西海岸新区文联、青岛市工人文化宫协办的第十四届山东国际大众艺术节——党旗颂·第十二届山东省“齐鲁风情”青年歌手演唱大赛颁奖晚会在青岛举办。本次大赛自12月6日至8日分别进行了美声、民族和流行三个组别的复赛和决赛，最终45名优秀青年音乐人才脱颖而出，分别荣获一、二、三等奖。“齐鲁风情”青年歌手演唱大赛作为山东乐坛的一项品牌赛事，经过多年的实践和不断创新，已成为引领和推动山东省声乐事业繁荣发展的重要平台和文化品牌。

【举办第十四届山东省摄影艺术展】

10月10日，由山东省文联、山东国际大众艺术节组委会主办，山东省摄协、山东省文化馆承办，作为山东国际大众艺术节活动之一的第十四届山东省摄影艺术展在山东省文化馆开幕。山东省摄影艺术展是山东省最高级别的综合摄影艺术展，此前已成功举办十三届，受到全省摄影人的高度关注和广泛参与。本届展览投稿量近两万件，共评出获奖作品175件，其中纪录类、艺术类作品分别评出金奖各3件、银奖各5件、铜奖各7件，创意与商业类评出金奖1件、银奖2件、铜奖3件，优秀作品共139件。

【“永远跟党走”——庆祝中国共产党成立100周年第二届大学生曲艺周在青岛举办】

5月1日至4日，由中国曲协、山东省文联、青岛市委宣传部、青岛市文联主办，山东省曲协等承办的第二届大学生曲艺周在青岛举办。本届大学生曲艺周共征集到来自全国77所高校推荐报送的124个节目，经专家认真遴选，最终确定14个曲种的30个优秀节目参加展演。活动期间，举办“永远跟党走”——庆祝中国共产党成立100周年第二届大学生曲艺周开幕演出、闭幕演出、曲艺名家新秀“送欢笑”惠民演出、大学生曲艺展演等，在“五一”国际劳动节期间为青岛的大学生和广大市民献上精彩的文化盛宴。

【“光影里的旗帜·山东省红色电影展映月”启动】

5月11日晚，由山东省文联主办，山东省影协等单位承办的“光影里的旗帜·山东省红色电影展映月”乡村放映活动在济南市槐荫区吴家堡街道席家庄村党群服务中心正式启动。活动从5月11日至15日，精选出《古田军号》《建党伟业》《红星照耀中国》《我和我的祖国》《我和我的家乡》等反映党史、新中国史、改革开放史、社会主义发展史以及新时代人民幸福生活的优秀国产影片，每天放映一部，连续放映5天，旨在引导广大党员干部群众深入了解党的百年奋斗史，传承红色基因，凝聚精神力量。

【第三届全国山东快书优秀节目展演进行网络展播】

12月8日至11日，由中国曲协、山东省文联主办，中国曲协山东快书艺委会、山东省曲协承办的第三届全国山东快书优秀节目展演进行网络展播。本次展演共分四场，在曲艺杂志融媒、山东省文联官网、《大众日报》客户端等25家网络平台同步展示。33个优秀节目从近百件作品中入围并最终参加展演。作品既有对革命战争时期英雄人物的歌颂，也有对新时代国家发展、人民生活良好风貌的展示，体现了较高的创作、表演水平。同时，主办方整理了山东快书艺术名家的13个经典作品，包括山东快书“高派”创始人高元钧、“杨派”创始人杨立德、“于派”名家傅永昌等艺术家的经典之作，以更好地推进曲艺传承发展。

品牌活动

【文艺志愿服务】

圆满完成中国文联交给山东的新时代文明实践文艺志愿服务试点任务，创建了17个有影响力的文艺志愿服务品牌。全年开展新时代文明实践文艺志愿服务活动2700余场（次），参与艺术家、文艺志愿者25000余人，惠及群众1100万余人。

巩固提升已有品牌。举办第十一届“百县千村”书法惠民活动1400余场（次），参与书法家9600余人（次），为基层群众书写新春祝福85万余幅（副）。举办第四届农民戏剧展演月活动，在全省选拔150余个农民剧团集中展演500余场。深入实施“蒲公英”培训计划，组织合唱、管乐、书法、民间工艺等培训活动，培训乡村文艺人才万余人。举办“到人民中去·2021山东文艺志愿服务主题活动”，开展“我们的中国梦——文化进万家”“送欢乐下基层”“圆梦工程”等活动，集中开展文艺志愿服务活动400余项。

策划创建新项目。创新打造山东省新时代文明实践网络文艺志愿服务、“寻找美术符号·助力乡村振兴”、济南市“美丽泉城随手拍”、临沂市罗庄区“快乐星期天”、青州市“家家翰墨　户户书香”、莘县“一个剧场唱全县”、莒南县“艺路有你　乐进万家”等7个新的文艺志愿服务项目。山东省美协“寻找美术符号·助力乡村振兴”项目在全省16市开展465场（次），创作作品数量达14400余幅，绘制墙体画近16万平方米，惠及全省

77个县约191万人。

选树一批先进典型。在2020年全国学雷锋志愿服务"四个100"先进典型宣传推选活动中，山东省推荐的山东省新时代文明实践文艺志愿服务队被评为"最佳志愿服务组织"，济南市莱芜区新时代文明实践文艺志愿服务项目"百姓春晚"被评为"最佳志愿服务项目"。在首届学雷锋文艺志愿服务"时代风尚"先进典型推选中，山东省推荐的省书协常务副主席孟鸿声被评为"最美文艺志愿者"，山东省文艺志愿服务团被评为"最美文艺志愿服务组织"，济南市历城区全福街道南全福社区被评为"最美文艺志愿服务社区（村）"，省文艺创作研究院院长王宇鹏被评为"最美文艺志愿服务组织者"。在全省2020年度学雷锋志愿服务"四个100"先进典型推选活动中，山东省文联系统8个典型荣获最佳。

【主办第十三届山东国际大众艺术节】

由山东省委宣传部、山东省文联主办的第十四届山东国际大众艺术节于10月至12月在城乡全面展开。艺术节高举习近平新时代中国特色社会主义思想伟大旗帜，紧紧围绕庆祝中国共产党成立100周年和山东省委、省政府"走在前列、全面开创"的目标定位，深入学习贯彻党的十九届六中全会精神，大力弘扬沂蒙精神、黄河文化等中华优秀传统文化，主动融入高质量发展多项重点工作，坚持"以人民为中心"的工作导向，遵循"走下去、请上来、深进去"的工作思路，按照节约简朴、注重实效的原则，以"党旗颂"为主题，组织广大艺术家和文艺工作者深入基层、深入生活，为广大人民群众奉献了戏剧、音乐、曲艺、舞蹈、杂技、电影、电视、美术、书法、摄影、民间文艺、文艺评论12个艺术门类的20余项、500余场（次）各具特色的艺术展演活动。艺术节期间，万余名国内外艺术家、文艺爱好者参加展演活动，约10万人（次）的观众参与到艺术节中，各级各类媒体进行了广泛宣传报道，赢得了广大人民群众的热烈欢迎和普遍赞誉。

【2022山东新年文艺晚会举办】

2022山东新年文艺晚会于2021年12月31日至2022年1月2日在山东省会大剧院举办。晚会以"精品文艺献人民·艺彩纷呈庆新年"为宗旨，分合唱、杂技魔术、戏曲三个专场。荟萃于魁智、李胜素等多位国内知名演员和多个优秀节目，集结省内一批优秀艺术家和获奖作品，以精彩的艺术形式为广大人民群众送上新年祝福。山东新年文艺晚会是山东省文联倾力打造的"亲民、惠民、乐民"公益文艺品牌，不断满足人民群众对美好精神文化生活的追求。晚会面向市民免费开放，及时开通网络赠票通道，让喜爱文艺的广大市民能够欣赏到高水平的文艺演出。2022山东新年文艺晚会在山东艺术网、央视频、新华社现场云等28个主流网络平台同步直播，惠及群众569万人（次），使广大人民群众足不出户就能在家中享受节日文化大餐。

【直播2021齐鲁民俗网络春晚】

2021齐鲁民俗网络春晚于2月11日在腾讯网等多家媒体平台进行网络直播。晚会以"精彩民艺贺新春·快快乐乐过大年"为宗旨，邀请全省民间艺术家参与，充分展示齐鲁民俗韵味，让优秀传统文化融入当代生活，借助网络传播，打造一台"多彩多情温暖温润"的齐鲁民俗网络春晚，以精彩的艺术形式为广大人民群众送上新年的祝福。2021齐鲁民俗网络春晚是山东省民协倾力打造的"我们的中国梦——文化进万家"省文联公益文艺品牌活动之一，不断满足人民群众对美好精神文化生活的追求。晚会在腾讯网、山东网、齐鲁壹点、酷炫文化、土豆网、山东艺术网等16家新媒体平台同步直播，累计观看量超398万人（次）。

【山东省第四届农民戏剧展演月启动】

10月14日，由山东省文联、山东省剧协、青岛市文联、青岛市剧协等主办的山东省第四届农民戏剧展演月在青岛开幕，全省16市同时启动展演活动。在随后的1个月时间里，山东省剧协组织选拔出的150余个农民剧团，携带京剧、吕剧、五音戏、山东梆子、茂腔、柳腔、柳琴戏、莱芜梆子、枣梆、大平调、两夹弦、蓝关戏等十几个剧种，走进各地乡村集中展演600余场，为山东近百万农民带去精彩纷呈的戏剧盛宴，并打造和推出《英雄母亲》《情满茶乡》《支前》《绣红旗》等新创小戏。

【第十四届（中国）山东青年微电影大赛启动】

第十四届（中国）山东青年微电影大赛以"心中的赞歌"为主题，于3月启动，共收到来自北京、上海等全国各省、自治区、直辖市的近千部作品。6月27日，召开第十四届（中国）山东青年微电影大赛终评会议，最终评选出获奖作品107部。10月16日，第十四届（中国）山东青年微电影大赛颁奖典礼在2021青岛影视博览会上举行，此后获奖作品在部分高校进行巡回展映。

机关建设

坚持创新举措与日常工作相结合，推动文联改革向纵深发展。11个省级文艺家协会组织得到加强，新组建了山东省文艺评论家协会和山东省文联网络新媒体中心并开始运营。《山东艺术》杂志社撤销独立建制，并入省文艺创作研究院，保留《山东艺术》杂志社牌子，刊物定位日趋清晰，办刊质量不断提高。目前，在全省136个县（市、区）级文联实现全覆盖的基础上，28个区（县）成立乡镇（街道）文联组织245个，其中有16个县实现了乡镇（街道）文联全覆盖，有些地方还建立了村级文联组织。以会员库建设为重点，加快推进山东文艺资源网络共享服务平台建设。11个省级文艺家协会全部成立了“文艺两新”工作委员会，“文艺两新”代表达到272人。积极引导“文艺两新”人员参加各项文艺展演、评奖、培训、文艺志愿服务等活动。全省文艺界选出44位代表组成山东代表团，参加了中国文联第十一次全国代表大会，圆满完成大会各项任务。潘鲁生、王世农、顾亚龙、张望4名同志当选中国文联第十一届全国委员会委员，潘鲁生同志连任中国文联副主席。

扶持与创作

制定《山东省文联优秀文艺作品创作扶持办法》，增强精品意识，引导文艺创作。围绕庆祝中国共产党成立100周年，举办了山东省美术书法摄影剪纸作品展。会同山东省青年政治学院、泰安市委宣传部联合策划创作推出了舞剧《挑山》，激励党员干部勇当新时代泰山“挑山工”。举办大型原创交响合唱组歌《中国精神》音乐会，创作推出了20首歌曲，在北京举行了首演。《山东书法全集》18卷23册全部编纂完成并出版。《中国民间文学大系·山东卷》率先实现所有种类卷本全部启动，走在全国前列。筹备组建山东省文艺评论家协会，加强签约艺术评论家管理，修订完善《山东省文联签约艺术评论家管理实施细则》，强化文艺评论导向功能。启动“海岱俊峰”山东优秀中青年书法家推介活动，72人入选。

职业道德和行风建设

指导11个省级文艺家协会、13个市文联建立职业道德建设工作机构，在全国省级文联中率先召开“修身守正 立心铸魂——山东省文联文艺工作者职业道德和行风建设工作座谈会”。加强行业自律，开展违法失德会员清理工作。探索维权新途径，成立了山东省文联文艺工作者权益保障工作委员会，省美协、省书协、省摄协3个文艺家协会也分别成立了权益保障机构。举办山东省文联2021“崇德尚艺 潜心耕耘，做有信仰、有情怀、有担当的新时代文艺工作者”主题实践宣讲活动，加大对优秀文艺工作者及其先进事迹的正面宣传力度。

获奖情况

2021年，全年共有900余件作品在国家级文艺展演比赛中入围、获奖。对重点作品进行重点扶持，取得良好效果。在第十三届中国舞蹈荷花奖民族民间舞评奖中，全省共有5部作品入围终评，其中由山东艺术学院创排的作品《移山》获奖、2部作品获得提名。在第十一届中国杂技金菊奖魔术·滑稽比赛中，全省有3个节目入围决赛，其中济宁杂技团的滑稽节目《岁月》获奖。在第30届中国戏剧梅花奖评奖中，我省推荐的歌剧《沂蒙山》主要演员获中国戏剧奖·梅花表演奖。在第十三届中国摄影金像奖评选中，山东工艺美院曾毅获奖。在第十五届中国民间文艺山花奖评选中，菏泽市郓城县剪纸作品《黄河情》获奖。在第六届“啄木鸟杯”中国文艺评论年度推优活动中，山东省文艺评论家协会报送的由《大众日报》高级编辑逄春阶撰写的文艺短评《问问自己凭借什么吃饭养家》被推选为年度优秀作品。山东省音协报送的歌曲《倾诉》荣获2021年中宣部第九批“中国梦”主题新创作歌曲征集优秀作品奖。

【第十二届山东省“泰山文艺奖”启动】

第十二届山东省“泰山文艺奖”评选工作于1月正式启动。全省各级文化艺术部门、单位、高等院校积极参与，广大艺术家和文艺工作者踊跃参评，共收到申报作品880件，涉及戏剧、音乐、曲艺、舞蹈、杂技、美术、书法、摄影、电影、电视、民间文艺、文艺理论和评论12个艺术门类。经资格审核，提交初评委评选的作品831件，比上届增长15.9%。评选会议于2021年7月21日至23日在济南召开。评选出获奖作品123件（其中，艺术作品：一等奖19项、二等奖38项、三等奖56项；文艺理论和评论：一等奖2项、二等奖3项、三等奖5项），艺术突出贡献奖10名。一些新文艺群体、基层文艺工作者和青年艺术家在评选中脱颖而出。本届山东省“泰山文艺奖”强调思想性、艺术性相结合，获奖作品中围绕“脱贫攻坚”“抗击疫情”“迎接建党100周年”等重大主题创作的共计48件，占比38.7%。这些作品描绘时代气象，坚守人民立场、坚持守正创新、讲好中国故事，以鲜明的导向、严格的艺术标准，唱响时代主旋律，反映了当前山东的艺术创作水平，展现了广大文艺工作者为人民立传、为历史画像、为时代明德的文化担当。

各文艺家协会

【戏剧家协会】

1月3日，由山东省文联主办、山东省剧协承办的“2021山东新年文艺晚会戏曲专场”在山东省会大剧院华彩绽放。

5月23日，在山东省文联、山东省剧协主办、郓城县山东梆子剧团承办的“学党史、传精神、跟党走”到人民中去·2021山东文艺志愿服务主题活动中，山东省剧协开展文艺志愿服务走进菏泽市郓城县梁垓村，为当地百姓带去精彩演出。

5月，在中国文联、中国剧协、南京市政府联合主办的第30届中国戏剧奖·梅花表演奖评选中，山东省剧协推荐的王丽达荣获第30届中国戏剧奖·梅花表演奖（演出民族歌剧《沂蒙山》）。

7月，在中国剧协主办的2021年度“中国少儿戏曲小梅花荟萃”活动中，山东省剧协推荐的宋泽艺、常雅媛、孙紫淇、李可薇、郑轶丹5人被授予“小梅花”称号，京剧《红色娘子军》、吕剧《禾雀妙韵》被授予“小梅花集体节目”称号，省剧协被授予“优秀组织单位”称号。

7月21日至23日，第十二届山东省“泰山文艺奖”（戏剧类）评选会议在济南召开。8部作品分别获得一、二、三等奖，1人获得艺术突出贡献奖。

9月28日，山东省剧协新文艺组织、新文艺群体工作委员会成立大会在山东文化艺术大厦召开。

10月14日，山东省第四届农民戏剧展演月在青岛开幕，全省16市同时启动展演活动。在随后的近2个月时间里，由山东省剧协选拔出的150个农民剧团开展了京剧、吕剧、五音戏、山东梆子、茂腔、柳腔、柳琴戏、莱芜梆子、枣梆、大平调、两夹弦、蓝关戏等十几个剧种共计600余场展演，为近百万农民带去精彩纷呈的戏剧盛宴。另外，新创《英雄母亲》《情满茶乡》《支前》等10余部小戏。

10月15日，山东省剧协职业道德建设工作委员会成立大会在山东文化艺术大厦举行。

10月24日至26日，由山东省文联主办，山东省剧协、山东省吕剧艺术保护传承中心（山东省吕剧院）、东营市文化和旅游局、广饶县政府承办的第十四届山东国际大众艺术节暨“山东省第五届吕剧票友大赛”在山东广饶举办。

10月25日，吕剧名家高静、荆延国、郭爱琴、李肖江等走进东营市广饶县陈官镇杨桥村，实地观看当地农民剧团演出，并进行现场专业辅导。

10月，在中国文联、中国剧协、湖北省委宣传部、武汉市政府共同主办的第十七届中国戏剧节上，山东省剧协推荐的聊城市茌平区山东梆子剧团作品山东梆子《承诺》参加展演，并获得优秀剧目奖。

11月17日至12月2日，在中国剧协、深圳市委宣传部、深圳市文联等共同主办的第七届中国校园戏剧节活动中，由山东省剧协推荐的山东艺术学院原创话剧《雪落无声》入选该戏剧节，并荣获“第七届中国校园戏剧节优秀剧目奖”，山东艺术学院戏剧学院2019级表演专业学生齐浩楠获得“第七届中国校园戏剧节校园戏剧之星”称号。

12月9日，由山东省文联、山东省剧协组织的文艺惠民进乡村——走进济南市历城区黄巢村，为当地留守老人带去精彩的戏曲专场演出。

12月15日，由山东省文联、山东省剧协、聊城市文联主办的山东省新时代文明实践文艺惠民进乡村——走进聊城市东阿县姜楼镇黄河滩区陈店新村，为当地百姓带去精彩的戏曲专场演出。

12月31日，由山东省文联主办、山东省剧协承办的“2022山东新年文艺晚会戏曲专场”在山东省会大剧院精彩上演。

【音乐家协会】

3月26日，由山东省音协主办的山东省新时代文明实践“蒲公英”文艺志愿城阳区管乐培训在青岛市城阳区第二实验小学举办。

3月25日至26日，由山东省音协和日照市文联主办的新时代文明实践文艺志愿服务——“蒲公英”合唱团日照培训在日照市金海岸小学举办。

3月，山东省音协承办“红歌大家唱”全省红歌接力赛活动，组委会依托《大众日报》新媒体平台，择优对近300件作品进行了展示、评选，对135个获奖单位进行了表彰。

3月至4月，山东省音协组织参加中国音协主办的“百年百首”优秀原创歌曲征集活动及“听见中国听见你”2021年度优秀歌曲征集活动、“百年百首”歌词征集等。共推选出7首优秀作品报送至中国音协，其中两首作品荣获“听见中国听见你”2021年度全国优秀歌曲荣誉、5首歌词荣获“百年百首”歌词征集活动优秀作品奖。

4月28日，山东省音协组织开展古筝和钢琴选拔赛，并推荐报送参加中国音乐金钟奖全国选拔赛。

5月7日，在山东省会大剧院举办第十三届中国音乐金钟奖声乐比赛山东省选拔赛决赛。

5月13日，“永远跟党走·唱响中国梦”山东省新时代文明实践省音协文艺志愿服务队走进沾化文艺演出，在滨州市沾化区泊头镇姜窑村百姓大舞台精彩上演。

5月至8月，由山东省音协承办的2021年中国音协山东考区（暑假）考级活动采取线上方式举办。

6月6日，由中国音协、山东省委宣传部、福建省委宣传部联合推出的原创交响合唱组歌《中国精神》在中国国家博物馆精彩呈现。

6月，为庆祝中国共产党成立100周年，推动党史学习教育深入开展，将2021年山东音乐工作者创作的一批优秀音乐作品陆续在省音协微信公众号及网站进行展播，共展播12期。

7月14日，由人民音乐出版社、山东省音协、山东艺术学院共同主办的叶小纲新书新作分享会在济南新泺港琴行斯坦威音乐厅举办。

7月26日，由山东省音协主办的2021中国青岛合唱大会在青岛市即墨区举办。

9月25日，山东省音协成立“两新”专业委员会、职业道德和行风建设委员会，召开职业道德和行风建设座谈会。

9月，山东省音协完成2021“泰山文艺奖”音乐类评选工作，评选出10首（部）优秀、一、二、三等奖作品和1名艺术突出贡献奖。

10月10日至12日，由山东省音协、济宁市文联主办的2021山东省中青年歌曲创作研修班在曲阜举办。

11月，山东省天下泉城合唱团、济南市青少年宫叮咚合唱团分获比利时世界合唱比赛成人组金奖、青少年组金奖。

12月6日至9日，由山东省音协承办的第十四届山东国际大众艺术节——党旗颂·第十二届山东省“齐鲁风情”青年歌手演唱大赛在青岛市凤凰之声大剧院举办。

12月22日，由山东省音协和山东艺术学院现代音乐学院共同推出的原创音乐剧《百年旗帜》，在山东艺术学院文东校区艺术剧场上演并在线上同步直播。

【曲艺家协会】

1月2日，由山东省文联主办、山东省曲协承办的山东新年文艺晚会相声专场在济南省会大剧院上演。

2月22日至25日，山东省曲协、滨州市文联、惠民县委宣传部、惠民县胡集镇政府共同举办2021年“中国·胡集灯节书会”网络展播活动。

2月23日至3月1日，由中国曲协、河南省文联和平顶山市委、市政府共同主办第十五届马街书会优秀曲艺节目展演，山东省曲协报送的相声《家音》、单弦《大春景》入围。

4月2日至3日，中国曲协北方鼓曲艺委会、山东省曲协等主办的庆祝建党100周年——东方朔艺术研讨会暨“东方朔杯”京津鲁中国北方鼓曲艺术交流展演在滨州举办。

4月23日，山东曲协报送的山东快书《大林相亲》、山东琴书《红腰带》2个节目入选中国曲协庆祝中国共产党成立100周年优秀曲艺作品征集活动。

4月30日至5月4日，由中国曲协、山东省文联等主办的“永远跟党走”——庆祝建党100周年第二届大学生曲艺周在青岛举办。山东省曲协报送的山东鼓曲联唱《夸泉城》、山东快书《海天忠魂》、相声《当你老了》《新八扇屏》《纠结人生》5个节目入选。

5月22日，由山东省曲协、淄博市文联主办“学党史 感党恩 跟党走”——到人民中去·2021山东文艺志愿服务主题活动曲艺专场晚会在淄博市张店小剧场举行。

7月12日至18日，由山东省曲协推荐的曲庆涛入选中国曲协主办的“深入生活、扎根人民”主题实践活动，其创作的西河大鼓《青松下的青油灯》入选作品展演。

7月21日至23日，第十二届山东省“泰山文艺奖”评选（曲艺类）举办，8件曲艺作品获奖，其中一等奖2项、二等奖3项、三等奖3项。

8月18日至20日，山东省曲协报送的对口快板《山村夜话》入围中国曲协等主办的第六届“南山杯”全国曲艺新人新作展演。

9月24日至27日，山东张勇（芝麻）、贾振鑫的论文入选并受邀参加中国曲协在上海嘉定主办的纪念陈云同志“出人、出书、走正路”谈话发表40周年座谈会暨“红色题材曲艺作品的创演与创新”第四届全国曲艺理论学术研讨会。

9月26日，山东省曲协职业道德建设委员会、山东省曲协“文艺两新”工作委员会成立。

10月21日至22日，由山东省曲协、菏泽市文联主办的首届“山东水浒书会”在山东郓城举办。

10月23日，由中国文联、中国曲协、山东省文联主办的纪念陶钝同志诞辰120周年座谈会暨中国曲协“送欢笑 到基层”活动在山东诸城举行。

11月9日，山东省曲协报送的山东快书《花棉袄》、评书《狭路相逢》、快板书《倔老头》《两桶油》4个节目入围由中国曲协等主办的第四届“通州杯”全国曲艺小剧场新作研讨会。

11月10日至13日，山东省曲协报送的山东琴书《心里的歌》、山东快书《花棉袄》、评书《大山的信仰》3个节目入围由中国曲协、江苏省文联、扬州市政府共同主办的第三届中国东部优秀曲艺节目展演，该展演以线上方式举办。

12月6日至9日，山东省曲协报送的坠子书《雷锋颂》、评书《孙武子拜师》入围由中国曲协、四川省文联主办的第六届“岳池杯”中国曲艺之乡曲艺展演，该展演以线上方式举办。

12月8日至11日，中国曲协、山东省文联主办第三届全国山东快书优秀节目展演，山东省曲协报送的《劝返点前拜新年》《花棉袄》《串门》等14个节目入围。该展演通过线上方式举办。

12月27日，山东省曲协在山东省考级工作会上荣获山东省艺术考级专业委员会优秀会员单位。

【舞蹈家协会】

2月1日，中国舞协第十一次全国代表大会在京举行，孙晓茹、张林仙、傅小青、郭爽、张琳作为山东代表参会。

3月6日，2020年度山东省舞协主席团述职会议召开，山东省舞协主席团成员参加会议，按照省舞协《章程》，开展主席团成员述职并进行了考核测评。

5月11日，山东省舞协召开2021年度全省舞协工作会，省舞协主席团成员及各地市舞协主席参会。

5月15日，由山东省文联、山东省舞协主办，青岛市文联、青岛市舞协承办的“到人民中去”2021山东文艺志愿服务主题活动——永远跟党走“515一起舞”山东省群众舞蹈展演（青岛站）在青岛市西海岸新区举办。

5月21日，山东省舞协在济南市舜耕山庄进行山东省（民族民间舞）重点作品创作资助计划项目审核选拔，本次选拔共收到全省各地报送的原创作品9部，经专家审议后选出《济南的冬天》《板儿一响当哩个当》《我的河》三部作品作为资助项目。

5月29日，由山东省文联、山东省舞协主办，济南市历城二中协办的山东省第十三届“小飞天”奖儿童舞蹈大赛在济南市闻韶艺术馆举办。

6月10日，由山东省文联、山东青年政治学院、泰安市委宣传部联合出品，山东青年政治学院舞蹈学院、山东省舞协、山东青年艺术团创排的当代现实题材舞剧《挑山》在山东省会大剧院首演，并于12月15日、16日在泰安大剧院公演。

6月16日，山东省舞协社会舞蹈教学及考级管理工作会在济南召开。

7月4日，由山东省舞协、山东省沙画协会主办，北京城市当代舞蹈团、青岛柒玖艺沙传媒有限公司承办的全国首部当代现实题材决战脱贫攻坚沙画舞台剧《黄河魂》在山东省会大剧院举行省内首次公演。

7月21日至23日，第十一届山东省“泰山文艺奖”（舞蹈类）评奖在莱芜举办。

9月2日，山东省舞协召开山东舞蹈界职业道德和行风建设工作座谈会。

9月26日至30日，由中国舞协、中华志愿者协会主办，中国文联舞蹈艺术中心、中国舞协舞蹈志愿者工作委员会、山东省舞协、山东师范大学音乐学院承办的“民族传统文化传承推广活动”舞蹈传承计划——舞蹈志愿者采风培训班在济南、商河、曲阜等地举办。

9月26日，山东省舞协新文艺组织、新文艺群体工作委员会成立大会在山东师范大学音乐学院举行。

10月25日至27日，由中国文联、济南市政府、中国舞协、山东省文联主办，济南市委宣传部、中国文联舞蹈艺术中心、山东省舞协承办的第十三届中国舞蹈荷花奖民族民间舞终评在济南举行。

10月13日，山东省舞协职业道德建设委员会成立大会于山东文化艺术大厦召开。

12月7日至23日，山东省舞协主席孙晓茹带领舞蹈界专家赴荣成、寿光、单县三地开展2021“圆梦工程”文艺志愿服务行动。

【杂技艺术家协会】

1月1日，由山东省文联主办、山东省杂协承办的2021山东新年文艺晚会杂技魔术专场在山东省会大剧院举办，众多优秀杂技艺术家同台献技，为现场观众献上了一场文化盛宴。演出盛况在中国杂协主办的《杂技与魔术》杂志刊发。

1月14日，在山东省杂协的大力推动下，菏泽市杂协成立。

3月15日，山东省杂协召开第六届主席团第六次扩大会，进行主席团述职考核和2021年度工作部署。

3月24日至26日，山东省杂协组织山东省中国杂协理事参加中国杂协第八届理事会第二次会议。

4月1日，山东省杂协魔术艺委会工作会召开，研究部署本年度工作，推进魔术考级事宜。

4月，山东省杂协推选济南市杂技团刘伟参加中国文联第16期中青年文艺人才培训班。

4月16日至18日，中国杂协分党组书记唐延海一行来山东调研杂技产业发展、杂技院团建设情况。

4月26日，山东省杂协、青岛市文联主办庆祝中国共产党成立100周年山东省魔术艺术家走基层活动，省杂协部分主席团成员参加。

5月，由山东省杂协选送的济南杂技团的魔术《蓝色梦境》、济宁杂技团的魔术《梁祝》和滑稽《岁月》共3个节目入围中国杂技金菊奖决赛。其中，《岁月》获中国杂技金菊奖，是山东魔术、滑稽艺术领域的重大突破。

6月5日，山东省杂协部分主席团成员参加由省杂协魔术艺委会组织的“魔术艺术走进齐鲁工业大学”演出。

7月，根据山东省文联统一安排，山东省杂协组织完成第十二届“泰山文艺奖”杂技类评选工作。

9月17日，山东省杂协成立山东省杂协职业道德建设委员会、山东省杂协“文艺两新”工作委员会。

9月22日至28日，由中国杂协、山东省文联主办，中国文联杂技艺术中心、山东省杂协承办的中国杂协新文艺群体组织管理人才培训班在山东德州举办。

10月8日，山东省杂协推荐会员参加省文联中青年文艺骨干培训班。

10月11日，山东省杂协推荐优秀会员参加中国杂协新进会员培训班。

11月24日，第十五届山东省杂技魔术大赛颁奖典礼在济宁杂技城蓼河大剧院举办。

【美术家协会】

1月12日，山东省美协主办“我们的中国梦”文化进万家——山东省美协走进济南市历城区恒大城社区暨“见贤思齐”美术作品邀请展。

4月9日，由山东省文联、广东省文联、山东省美协、广东省美协主办，深圳市关山月美术馆承办的“第四届山东省青年美术作品展暨‘大地的文脉·学术100’全国巡展”在深圳市关山月美术馆开幕。

4月13日，由山东省文联、济南市文旅局指导，山东省美协、济南市美术馆、山东省女书画家协会主办，《山东商报》协办的“多彩·2021”全国女画家作品展在济南市美术馆开幕。

4月16日，“山东省新时代文明实践文艺志愿服务暨‘寻找山东美术符号·助力乡村文化振兴’十六市同步启动会议”在滨州召开。

4月23日，由山东省文联、福建省文联、厦门市文联主办，山东省美协、福建省美协、厦门市美协、厦门市美术馆承办的“第四届山东省青年美术作品展暨‘大地的文脉·学术100’全国巡展”在厦门市美术馆开幕。

4月25日，山东省美协召开学习贯彻习近平总书记考察清华大学关于美术工作重要讲话精神座谈会。

4月27日，山东省文联第二党支部、第四党支部与山东省残疾人福利基金会联合以“迎建党百年·做助残先锋”为主题，在菏泽市举行爱心助残笔会和公益捐赠活动。

5月14日至15日，山东省美协联合济南城市建设集团资产公司赴威海开展“母爱圣地　历史丰碑”党史学习教育主题活动。

5月21日至23日，山东省美协在临沂举办“学党史　传精神　跟党走”到人民中去·寻找党史中的红色之美2021山东文艺志愿服务主题活动。

6月24日，由山东省委宣传部、省文联、省文旅厅主办，省美协、省书协、省摄协、省民协、山东美术馆承办的“庆祝中国共产党成立100周年山东省美术书法摄影剪纸作品展”在山东美术馆开幕。

6月25日，山东省美协在威海市文登区天福山起义纪念馆向威海市文登区委、区政府捐赠中国画作品《天福山起义》。

6月30日，山东省新时代文明实践文艺志愿服务队美术分队走进山东互联网医保大健康集团，举办文艺志愿服务及省文联第四党支部主题党日活动。

7月23日，为庆祝中国人民解放军建军94周年，山东省文联、省美协组织山东知名美术家赴北部战区陆军机关举办“共筑长城”——庆祝建军94周年书画拥军笔会活动。

9月9日，山东省美协、山东省书协新文艺组织和新文艺群体工作委员会成立大会在山东文化艺术大厦举行。

10月10日，中国美协新文艺群体美术人才专题研修班在山东临沂开班。

10月15日，由山东省文联、山东国际大众艺术节组委会主办，山东省美协、威海市委宣传部、威海市文联、威海市文旅局、威海市环翠区委宣传部承办的“党旗颂”——第25届山东美术新人新作展在威海天和美术馆开幕。

10月21日，山东省美协职业道德建设委员会在山东文化艺术大厦举行成立大会。

11月28日，由山东省文联、山东国际大众艺术节组委会、山东省美协、临沂市委宣传部主办的山东省“寻找美术符号　助力乡村振兴”首届成果展暨专题培训在临沂举办。

12月23日，山东省美协召开学习贯彻习近平总书记在中国文联十一大、中国作协十大开幕式上的重要讲话精神座谈会。

【书法家协会】

1月8日，由中国书协、山东省文联、青岛市委宣传部主办，中国文联书法艺术中心、山东省书协等单位承办的全国第五届正体书法作品展览在青岛市西海岸新区开幕，展出293件书法精品。

1月21日，由山东省政府新闻办公室、山东省书协主办，中国山东网承办的“金牛奋蹄舞新春”2021年春联网络书法展评选揭晓，评出优秀作品20幅、入选作品80幅。

1月26日至27日，中国书协第八次全国代表大会在北京召开，顾亚龙当选第八届中国书协副主席。顾亚龙、孟鸿声、范正红、靳永、王瑞、嵇小军、蒋乐志、逄春伟当选理事。

4月30日，由共青团山东省委和山东省教育厅、省文旅厅、省文联、省青联共同主办的“青莲艺术奖·庆祝中国共产党成立100周年山东省青年美术书法作品展”在济南市美术馆开幕。

5月10日，由山东省书协、菏泽市委宣传部主办，菏泽市文联、曹州书画院、菏泽市书协承办的第五届“牡丹奖”山东省书法作品双年展在曹州书画院开幕，展出作品近200件。

5月19日至22日，中国书协2021年全国书协系统驻会干部培训班在广东东莞举行。山东省书协荣获第七届中国书法兰亭奖组织工作先进单位，并与宁夏回族自治区书协结成对子。

6月19日，由中国文联、中国国家博物馆、中国国家图书馆、中国书协联合主办的“伟业：庆祝中国共产党成立100周年书法大展”在中国国家博物馆开幕。顾亚龙、孟鸿声、方建光、蒋乐志、倪和军、逄春伟、吕金光、胡宗江、杨雯、张志鸿、高岩、刘德先、孙东波、袁文甲等14位山东书法家创作的书法作品参加展览。

6月24日，由山东省委宣传部、山东省文联、山东省文旅厅联合主办，山东省书协等承办的“庆祝中国共产党成立100周年山东省美术书法摄影剪纸作品展”在山东美术馆开幕，其中展出书法篆刻作品100件。

7月2日，由山东省书协、青岛市书协、平度市委宣传部联合主办的“庆祝建党100周年——刘谦初烈士诗词碑刻暨全国名家书法展”在平度市刘谦初红色文化园开幕。全国百名书法名家以书法的形式敬录刘谦初烈士生前的自作诗词，创作并展出书法作品近百幅。

9月9日，山东省书协新文艺组织和新文艺群体工作委员会成立大会在济南召开。会后，召开了省书协“文艺两新”工作委员会座谈会。

10月8日至11日，山东省书协一行赴宁夏银川市开展“结对子·共发展”交流活动。活动期间，山东省书协赠送40箱“相公”牌墨汁给宁夏书协，签订了“结对子·共发展”交流合作协议，并举办了书法公益讲座和交流笔会。

10月18日，山东省书协职业道德建设委员会成立大会在济南召开。会后，召开了省书协职业道德建设委员会座谈会。

11月9日，由山东省书协、聊城市文联主办，山东省书协刻字硬笔委员会、聊城市书协、聊城市茌平区文联承办的山东省第四届刻字艺术展在聊城市茌平区开幕。展览共展出入展作品214件，其中获奖作品10件。

12月5日，《山东书法全集》编纂完成典礼暨内容发布会在济南市山东书城举行。

12月14日至17日，中国文联第十一次全国代表大会在北京人民大会堂举行，顾亚龙当选中国文联第十一届全国委员会委员。

12月28日，“文艺进万家　健康你我他”2022山东省新时代文明实践文艺志愿服务——第十一届“百县千村”书法惠民活动在全省16市同步启动。先后举办第十一届“百县千村”书法惠民活动1400余场（次），参与书法家9600余人（次），为基层群众书写新春祝福85万余幅（副）。

【摄影家协会】

2月1日，由山东省文联、山东省摄协主办，山东艺术网承办的“大家随手拍　身边更精彩”2021山东新春摄影大赛启动。

2月10日，山东省摄协参与承办的第八届济南国际摄影双年展暨“丝路亚洲”国际摄影季获奖名单揭晓。该活动由中国艺术摄影学会、山东工艺美术学院、济南市委宣传部、山东国际文化交流中心主办。

2月19日，由山东省委宣传部、山东出版集团联主办，山东新华书店集团、山东省摄协、山东新闻摄影学会、山东画报社承办的“阅读改变人生”——第二届全民阅读摄影大展正式启动。

2月20日，由山东省摄协作为主办单位之一的中国体育彩票“德美山东”文化作品大赛在济启动。

2月26日，山东省新时代文明实践文艺志愿服务摄影分队走进德州市平原县三唐乡刘夫寨村，为村民拍摄全家福。

3月27日，由山东省摄协、肥城市委宣传部主办的庆祝中国共产党成立100周年吾悦广场杯“桃花缘　桃乡情”山东肥城摄影短视频大赛在肥城吾悦广场开幕。

4月9日，山东省摄协2021年全省摄影工作会议在泰安新泰市召开。省摄协主席团成员、来自全省16市和行业协会的团体会员负责人、摄影工作者等60余人参会。

4月10日，山东省摄协新甫山摄影创作基地授牌仪式在新泰市新甫山举行。

4月23日，“新甫有福”2021新甫山摄影大赛在泰安新泰市新甫山景区启动。

4月26日，2021年全国摄影工作会议在江苏常州召开，中国摄协对山东省摄协等14家团体会员单位授牌表彰。

5月2日，由山东省摄协、山东出版文化置业有限公司、山东画报社联合举办的“五月风·汉服韵”首届山东汉服摄影短视频大赛开拍仪式在济南市山东书城举行。

5月14日至16日，北京摄影函授学院山东分院第31期毕业暨第32期开学典礼在济南举行。

5月30日，中国摄协纪实摄影委员会山东巡讲走进泰安，《中国摄影报》社社长赵迎新作《透过表象的天空》讲座。

6月8日，由山东省文明办主办，山东省摄协、《支部生活》杂志社（《走向世界》杂志社）、山东画报社承办的“文明实践 乡风文明”摄影大赛正式启动。

6月24日，由山东省委宣传部、山东省文联、山东省文旅厅主办的“庆祝中国共产党成立100周年山东省美术书法摄影剪纸作品展”在山东美术馆开幕。其中，参展摄影作品100幅，分为“齐鲁大地展新姿”“潮涌海岱满目新”“乡村振兴美如画”“一枝一叶总关情”“沂蒙精神代代传”“绿色家园梦成真”6大板块。

6月26日，由《中国摄影报》社、山东省摄协等主办的中国摄协纪实摄影委员会山东巡讲活动在潍坊安丘举行。

7月17日，第31届青岛国际啤酒节“华彩啤酒节·干杯西海岸”摄影节在青岛市西海岸新区金沙滩啤酒城开幕。

7月20日至23日，第十二届“泰山文艺奖”的摄影评选结果揭晓，曾毅获突出贡献奖，王静的《海岸线的夏天》、王恩元的《消防战士》等12件摄影作品获奖。

7月31日，中国摄协纪实摄影委员会山东巡讲走进荣成市西霞口。

8月31日，山东省摄协在济南组织召开山东省摄协职业道德和行风建设工作座谈会。

9月26日，由中国摄协艺术摄影委员会主办，《大众摄影》杂志社、山东省摄协、淄博市文联等承办的“穿越新疆”李学亮师生摄影作品展在山东淄博云志艺术馆开幕，展出了新疆17位摄影家140幅在全国、新疆摄影大赛中的获奖作品。

9月27日，山东省摄协“文艺两新”工作委员会成立大会在济南举行。

10月10日，第十四届山东省摄影艺术展在省文化馆开幕，展览围绕推进乡村振兴、筑牢抗疫防线、建设生态家园、共享美好生活等内容，展出获奖作品175件。

10月14日，山东省摄协职业道德建设委员会成立。

10月16日，中国摄协纪实摄影委员会山东巡讲走进烟台龙口。

10月16日，第十四届山东省摄影艺术展巡展·滨州站在滨州市文化馆开幕。

12月13日，以“百年辉煌·精彩瞬间”为主题的“山东省第六届高校摄影大赛”线上举办，全省20多所高等院校参与。

12月20日，山东省摄协主席团深入学习习近平总书记在中国文联十一大、中国作协十大开幕式上的重要讲话。

12月24日，由山东省摄协、荣成市好运角旅游度假区管委会主办，荣成好运角文化旅游有限公司、威海市摄协、荣成市摄协承办的冬游威海·2021荣成好运角天鹅季“天鹅湖畔”摄影大赛征稿启动。

【电影家协会】

3月31日，由山东电影制片厂有限公司等单位联合出品，山东省影协会员、导演杨真执导，演员程琤、邵峰、杨大鹏等主演的农村轻喜剧故事片《乡村里的都市》在烟台龙口开机。

4月26日，在国家广电总局电视节目交易会上，由山东省影协副主席钱晓鸿创作的电视剧《温暖的村庄》获2018-2020年度电视剧颁奖礼之2019年度人气剧作。

5月7日，由山东省文联主办，山东省影协、山东大学党委宣传部、共青团山东大学委员会、山东大学新闻传播学院、山东大学影视文化艺术传播研究中心和山东新农村数字电影院线公司联合承办的“光影里的旗帜·山东省红色电影展映月”启动仪式在济举行。

5月11日，由山东省文联主办、山东省影协等承办的“光影里的旗帜·山东省红色电影展映月”乡村放映活动在济南市槐荫区吴家堡街道席家庄村党群服务中心启动。

5月12日，由中宣部电影数字节目管理中心、中国电影基金会、中国电影评论学会、山东省电影局、山东省文联、山东广播电视台指导，山东省影协和青岛市西海岸新区工委宣传部、组织部联合主办的“光影里的旗帜”庆祝中国共产党成立100周年优秀影片展映暨海报展在青岛市西海岸新区东方影都启幕。

5月21日，由山东省文联主办、山东省影协承办的“光影里的旗帜·红色电影展映月”活动走进济南特殊教育中心。

9月29日，在由国家电影局指导，中央广播电视总台、北京市政府主办的第十一届北京国际电影节上，山东省影协会员、山东师范大学美术学院教授聂劲权作为电影《云霄之上》的主要演员之一，荣获“最佳男主角”殊荣。

7月21日至23日，第十二届“泰山文艺奖”电影类评选会议在济南举行。

10月13日，山东省影协“文艺两新”工作委员会、职业道德建设委员会成立大会在济南举行。

10月16日，由山东省委宣传部指导、山东省文联主办，山东省影协承办的“心中的赞歌”——第十四届（中国）山东青年微电影大赛颁奖典礼在青岛东方影都举办。

10月22日，山东省文联、山东省影协、淄博市文联在山东淄博举办“微影大讲堂”——新时代文明实践文艺志愿服务电影、短视频文化产业创作人才研习班。

11月21日，由山东省影协会员王坪导演的电影《兴安岭上》入选由中央广播电视总台、吉林省政府主办的第十六届长春电影节。

12月3日，由山东省文明办、山东省文联、山东省广电局主办，山东省影协承办的山东省“文明实践在山东”微视频大赛评选会议在济南举行。

12月18日，在北京文化产业投融资协会、北京市文投集团主办的第11届北京国际网络电影展上，由山东省影协推荐的微电影《我心归处》《借钱》分别荣获主竞赛单元“最佳公益作品”奖和“优秀作品”奖。

【电视艺术家协会】

1月，山东省新时代文明实践电视文艺志愿服务小分队携手山东广播电视台电视少儿频道，走进山东省泰安市新泰市福田幼儿园，开展“蒲公英”艺术培训和文艺演出活动，为孩子们组织了一场“自己编 自己唱 自己演”的少儿文艺晚会，并在山东广播电视台电视少儿频道播出。

5月23日，“颂歌献给党”——庆祝建党100周年第七届山东省电视朗诵大赛颁奖典礼在青岛广播电视台举行。

5月24日，在山东济南举办庆祝建党100周年——“我们的中国梦 文化进万家”文艺志愿服务活动。此次活动也是“学党史、传精神、跟党走”山东文艺志愿在行动主题活动之一。

7月，山东省第十二届小主持人金话筒电视大赛总决赛开赛，来自全省16个城市电视台的小选手进行了为期两天的比赛。

7月，开展了第十二届山东省“泰山文艺奖”电视类评选。

10月22日，山东省视协召开职业道德建设委员会、“文艺两新”工作委员会成立大会。

11月4日至5日，山东省视协联合山东广播电视台电视青少频道，走进淄博市博山区裕禄小学，开展“影视小屋”实践活动，并进行了相关培训课程指导。

12月，在中国视协举办的第十四届中国·扬州旅游电视周暨第三届大运河文化国际电视周旅游电视节目系列活动中，山东广播电视台制作的《发现新世界》“好客山东”形象片获最佳宣传片奖；在第九届亚洲微电影艺术节作品征集活动中，青岛广电影视有限责任公司制作的《无言有爱》获最佳作品奖；在第十四届小康电视节目工程评选中，山东广播电视台制作的《齐鲁乡愁·山东文化古村（一）馆前后徐村：革命精神 薪火相传》获对农专题片最佳作品奖。

【民间文艺家协会】

1月11日，“2021山东省首届齐鲁民俗网络春晚”在潍坊市寒亭区杨家埠旅游管委会举办。

5月23日，“2021山东文艺志愿服务主题活动——声动齐鲁·红色故事巡讲”在济南大明湖边百花洲剧场举办。

6月24日至7月11日，“庆祝中国共产党成立100周年山东省美术书法摄影剪纸作品展”在山东美术馆举行。

8月，山东省民协注册公众号和视频号，开通协会官网会员申报平台，实现会员管理数字化网络化。

9月24日，山东省民协在济南召开《中国民间文学大系·山东卷》新项目论证会，《中国民间文学大系·山东卷》所有卷本全面启动。

9月25日，山东省新时代文明实践文艺志愿服务“民间工艺 美丽乡村”培训活动启动，相继在聊城、东营、临沂、济南、潍坊、青岛等11个市县，通过线上线下方式组织了木版年画、葫芦雕刻、手工编织、剪纸、布艺、苇编等22场“蒲公英”民间手工艺培训，培训1110人。

9月29日，山东省民协“文艺两新”工作委员会成立大会在山东文化艺术大厦举行。

10月，在第十五届中国民间文艺山花奖评选中，山东省有4件作品入围、1件作品获奖。

10月，山东省民协组织7人、13幅作品参加由中国文联文艺志愿服务中心原创的MV《丰收中国年》，该歌曲入选中宣部第九批“中国梦”主题新创作歌曲名单。

10月13日至15日，中国民协、山东省文联、山东省民协在菏泽市曹县举办“我们的节日·重阳节——传承与发展研讨会”。

10月20日，山东省民协职业道德建设委员会成立大会在山东文化艺术大厦举行。

12月，中国民间文化遗产抢救工程《中国民间剪纸集成·胶东卷（上下册）》出版。

【文艺评论家协会】

4月，根据《省文联所属文艺家协会机构职能编制规定》（鲁编办〔2021〕103号），设立山东省文艺评论家协会。

6月，完成山东省文艺评论家协会事业法人注册登记、章程制定等工作。

7月至9月，山东省文艺评论家协会完成《山东文联七十年》纪念图册编印工作。

9月，山东省文艺评论家协会积极引导山东省签约艺术评论家围绕“建党百年”主题和学习领会《关于加强新时代文艺评论工作的指导意见》《修身守正　立心铸魂——致广大文艺工作者倡议书》撰写文艺评论，并依托山东省文联新媒体平台、《山东艺术》杂志和山东省文艺评论家协会网站、微信等主渠道主阵地传播优势，加强宣传推介。

9月3日，山东省文艺评论家协会组织召开“修身守正　立心铸魂”——山东省第二批签约艺术评论家职业道德和行风建设工作座谈会。

10月，山东省文艺评论家协会修订完善《山东省文联签约艺术评论家管理实施细则（试行）》，增加“引导广大文艺评论家打磨好批评这把‘利器’，增强朝气锐气，进一步实现文艺评论‘倡优抑劣’的作用”等要求。

11月10日，山东省文艺评论家协会严格按照新修订的《山东省文联签约艺术评论家管理实施细则（试行）》评审程序，完成第二批签约艺术评论家年度考核工作。

11月30日，在第六届“啄木鸟杯”中国文艺评论年度推优活动复评中，由山东省文艺评论家协会推荐、吕文明创作的长评作品《文化传承与文艺创新中的中国精神和中国气派》、逄春阶创作的短评作品《问问自己凭借什么吃饭养家》入围终评，逄春阶的短评作品最终荣获第六届“啄木鸟杯”中国文艺评论年度优秀短评文章。

11月至12月，山东省文艺评论家协会结集出版第二批签约艺术评论家在签约期间创作的优秀评论作品94篇（近74万字）。

12月21日，山东省文艺评论家协会组织山东部分签约艺术评论家深入学习贯彻习近平总书记在中国文联十一大、中国作协十大开幕式上的重要讲话精神。

12月26日至30日，山东省文艺评论家协会在山东省委宣传部、山东省文联指导下，完成山东省第三批签约艺术评论家评选期间相关工作。

河南省文联

综　述

2021年，河南省文学艺术界联合会（以下简称河南省文联）坚持以习近平新时代中国特色社会主义思想为指导，全面贯彻落实党的十九大和十九届二中、三中、四中、五中、六中全会精神，紧紧围绕庆祝中国共产党成立100周年这条主线，坚持以人民为中心，坚持培育和弘扬社会主义核心价值观，大力开展建党百年主题文艺实践活动，推出一批精品力作；加强思想引领，组织代表参加中国文联第十一次全国代表大会，完成所属12家省级文艺家协会的换届工作；挖掘河南历史文化资源，保护传承弘扬黄河文化，推进河南优秀传统文化实现创造性转化、创新性发展；开展重大品牌活动，积极打造河南文艺活动品牌；抓优文艺精品创作，开展文艺惠民活动，积极组织文艺界力量抗疫救灾，全省文艺事业和文联工作迈上新台阶，为在新的历史起点上繁荣发展社会主义文艺事业、推进河南文化强省建设作出了新贡献。

会议与活动

【举办“2021新年河南文学之夜”活动】

1月1日，由郑州松社书店、人民文学出版社、河南文艺出版社、郑州人民广播电台举办的“2021新年河南文学之夜”活动在松社书店举行。河南省委常委、宣传部部长江凌出席活动。河南省文联主席、河南省作协主席邵丽和人民文学出版社副社长杨新岚、河南文艺出版社副社长杨莉分别对话新作《金枝》《黄河故事》，分享写作背后的故事。邵丽在新年致辞中表示，2021年将号召全省文学工作者坚持以人民为中心的创作导向，在深入生活、扎根人民中进行无愧于时代的文学创作，弘扬黄河文化，讲好“黄河故事”，努力为开创河南文学事业繁荣发展新局面，为加快构筑全国重要的文化高地，为中原更加出彩作出新的更大贡献。

【河南省文联赴宁陵县石桥镇孙迁村走访慰问】

2月4日，河南省文联党组成员、副主席刘鲁豫带领机关党员干部来到帮扶点商丘市宁陵县石桥镇孙迁村开展春节走访慰问活动，为结对帮扶户送上大米、食用油、慰问金及年画年历。

【举办第十六届马街书会优秀曲艺节目网络展播】

2月23日，由中国曲协、河南省文联、平顶山市委市政府共同主办，河南省曲协、宝丰县委县政府承办的第十六届马街书会优秀曲艺节目网络展播在曲艺杂志融媒平台进行展示，涵盖81个曲种、来自全国各地的217个节目报名参加，为历届报送数量之最，最终入围展播节目77个。河南省共有11个曲艺节目入围本次展播。

【启动“藏在国宝中的舞蹈史”——走进博物馆系列讲座】

4月11日，“藏在国宝中的舞蹈史”——走进博物馆系列讲座在洛阳博物馆启动，现场展示了舞蹈作品《大河三彩》。该活动由中国舞协、河南省委宣传部、河南省文联共同主办，旨在全面展示我国舞蹈中的历史文化。中国舞协主席冯双白和三位舞蹈专家学者同河南舞蹈编导及舞蹈理论评论工作者一起举行了主题为“古典舞：现代世界的多重建构”的座谈会，为参加座谈的河南舞蹈工作者提供兼具知识性、趣味性、系统性的文博知识学习新体验，为探寻国宝中的舞蹈历史文化作出有益探索。

【“新时代黄河大合唱”大型摄影主题展览开幕】

4月17日，“新时代黄河大合唱”大型摄影主题展览在郑州开幕，此次摄影展览由河南省文联、郑州市政府、郑州市委宣传部主办，河南省摄协、郑州市文联承办。来自青海、四川、甘肃、宁夏、内蒙古、陕西、山西、河南、山东沿黄河流域九省（区）的100位摄影名家，用镜头从不同角度展示了黄河两岸人民的生活万象，以及黄河流域改天换地的新风貌、新时尚、新发展。

【召开2021年全面从严治党工作会议】

4月19日，河南省文联召开2021年全面从严治党工作会议，传达并贯彻落实党中央和河南省委有关会议精神，对河南省文联2021年全面从严治党工作进行安排部署。

河南省文联主席、党组副书记邵丽表示，2021年是中国共产党成立100周年，是开局“十四五”、开启新征程的起步之年，做好全面从严治党工作责任重大、意义重大。河南省文联要以党的政治建设为统领，以营造“三个氛围”创建模范机关为主线，紧扣庆祝建党百年宣传教育活动，压实全面从严治党主体责任，提升机关党的建设质量，大力培育和践行社会主义核心价值观，最大力度地团结引导广大文艺工作者听党话、跟党走，为在新的历史起点上繁荣发展社会主义文艺事业，推进文化强省建设展现新作为、作出新贡献。

【召开2021年精神文明建设工作会议】

4月19日，河南省文联召开2021年精神文明建设工作会议，会议表彰了省文联3个先进党支部代表、33位优秀共产党员代表、17位优秀党务工作者代表和13个精神文明建设工作先进集体代表、33位精神文明建设工作先进个人。

河南省文联主席、党组副书记邵丽强调，2021年要继续深入学习贯彻习近平总书记关于社会主义精神文明建设的重要论述，准确把握新时代精神文明建设新形势、新任务，进一步巩固成果，提升质量，坚持“频道不换、标准不降、劲头不松、力度不减”，把精神文明建设工作作为“永不竣工”的核心工程，不断开创工作新局面，为文联各项事业持续健康发展提供更强大的精神动力，以优异成绩向中国共产党成立100周年献礼。

【第十三届中国音乐金钟奖河南选拔赛举办】

4月19日至22日，由河南省文联、河南省音协主办，许昌学院、许昌市委宣传部、许昌市文联承办的第十三届中国音乐金钟奖河南选拔赛在许昌学院举行。选拔赛共设声乐（美声、民族）和器乐（钢琴、古筝）四个组别，均采用现场表演方式进行，153名选手参加了比赛，经过复赛、决赛两轮角逐，38位选手分别获得一、二、三等奖和优秀奖。

【魏碑刻石拓片精选大展暨当代魏碑书法新秀三十人作品展举行】

4月24日，由河南省文联、洛阳市政府、河南省书协、偃师市政府、当代书法篆刻院主办的“魏碑圣地”——魏碑刻石拓片精选大展暨当代魏碑书法新秀三十人作品展开幕式在河南偃师张海书法艺术馆举行。本次活动得到书法界与收藏界的广泛关注和积极参与，通过规范、科学、公平、公正的评选，从符合征稿条件的来稿中评选出154位作者的作品进入复评，评选出42件作品，最终选出30位作者的作品入展。

【第六届黄河戏剧文学、黄河理论评论奖推优活动颁奖晚会举行】

4月25日，由河南省文联、河南省剧协主办的第六届黄河戏剧文学、黄河理论评论推优活动颁奖晚会在许昌市襄城县举行。本届黄河戏剧文学、黄河理论评论推优活动吸引了来自全国16个省、直辖市的作者参赛，共评选出32部获奖作品，其中戏剧文学推优最佳作品5部、优秀作品12部；理论评论推优最佳文章5篇、优秀文章10篇。

【举办“大相中原”——刘鲁豫摄影作品展】

4月28日，由河南省文联主办的“大相中原”——刘鲁豫摄影作品展在河南省美术馆举行。此次展览是河南省文联贯彻落实全省宣传思想工作“八大工程”、保护传承弘扬黄河文化的一次重要实践，是河南黄河生态文化影像名片创作工程。展览集中展出了刘鲁豫创作的50幅精品力作，内容全景再现了河南的“三山一河”即太行山、伏牛山、大别山和黄河的壮美景观，既突出了河南山川的大气磅礴、宏阔厚重，也展示了中原文化的意蕴丰厚、悠久绵长。

【河南省文联八届三次全委会召开】

5月13日，河南省文联第八届委员会第三次会议在驻马店市召开。会议传达了中国文联十届六次全会精神和全省宣传部长会议精神，总结2020年工作，部署2021年工作。河南省委宣传部副部长赵云龙出席会议并讲话，驻马店市委书记陈星出席会议并致辞。河南省文联主席、党组副书记邵丽，党组成员、副主席王朝纪、刘鲁豫、陈涌泉，副主席范军、刘杰、吴行、李锦利、南飞雁、王红丽、庞晓戈，二级巡视员董焕琳，以及全委会委员100余人出席会议。会议增补、更替了八届委员会委员。

会后，在杨靖宇将军纪念馆、确山县竹沟革命纪念馆等地开展了党史学习教育现场教学活动。

【举办“庆祝建党100周年 青山无尘——桂行创山水画作品展”】

5月21日，由河南省委宣传部、河南省文联主办，致公党河南省委、河南省美协、河南省中国画学会、河南省书画院承办的“庆祝建党100周年 青山无尘——桂行创山水画作品展”在河南省文联艺术馆举行，500余人参加了开幕式。展览共展出桂行创近年来深入生活、扎根人民进行写生及创作的作品100余幅，作品题材既有革命老区新貌、也有黄河文化遗存、更有对故旧家园的诗意乡愁，具有浓郁的情感色彩和时代特色，充满人文气息。

【举办河南省第九届专业舞蹈大赛暨第五届“洛神杯”舞蹈展演】

6月9日至13日，由河南省文化和旅游厅、河南省文联、河南省教育厅联合主办，河南省舞协承办的河南省第九届专业舞蹈大赛暨第五届“洛神杯”舞蹈展演在郑州师范学院嵩山学堂举办。本届大赛以“舞动时代华章·献礼建党百年”为主旨，省内各专业院团和高等院校积极参与，共收到报送作品视频196个，经过评审组对视频进行认真评审，有99个作品入围复赛并进行现场比赛。

【举办“艺心向党”——河南省文艺界庆祝中国共产党成立100周年文艺晚会】

6月15日，由河南省委宣传部、河南省文联共同主办的“艺心向党”——河南省文艺界庆祝中国共产党成立100周年文艺晚会在河南艺术中心大剧院举办。全省艺术家们欢聚一堂，以忠诚之心、感恩之心、进取之心，向党汇报河南省文艺界近年来取得的艺术成绩，展现全省文艺工作者对党的深厚感情。

整台晚会分为序曲和“英雄之光”“信念之火”“出彩之路”三个篇章，节目形式多样、创意新颖、内涵深刻，精彩纷呈，带给观众一场视听盛宴和精神洗礼。晚会上，邵丽、李树建、周虹、刘杰、杨杰、刘鲁豫、宗树洁、袁满、孔夏、闫敬彩、程建军、席卫权、申慧生等13个省级文艺家协会代表一起登台，作为不同文艺领域的领军人物，他们代表各自界别，以热血情怀诉说滚烫话语，向党献礼，表达艺术家永恒的初心和忠诚的信仰。

【举办“百年征程 百年辉煌”百名书法文艺志愿者作品展】

6月24日，由河南省文联主办，河南省书协、河南省文艺志愿者协会承办的庆祝中国共产党成立一百周年“百年征程 百年辉煌”百名书法文艺志愿者作品展在河南省文联艺术馆开幕。此次书法作品展共展出作品120余幅，参展作品内容以《习近平用典》、建党100周年、歌颂红色老区、彰显中国精神、反映新时代为主要题材，内容丰富、立意深刻、笔墨淋漓、气象万千，兼顾不同风格、不同流派、不同书体，既有体制内的书法文艺志愿者，也有新文艺群体文艺志愿者，参展作者全部为中国书协会员。

【举办庆祝建党100周年“百名百幅”——名家书法美术摄影作品展】

6月28日，由河南省委宣传部、河南省文联、河南省委党史研究室主办的庆祝建党100周年“百名百幅”名家书法美术摄影作品展在河南省文联艺术馆展出。展出的400余件书法、美术和摄影作品，是为庆祝中国共产党成立100周年，由河南省文联组织全省优秀书法、美术和摄影工作者，围绕重大历史题材、重大历史事件、重大历史成就、典型红色印记精心创作而成，旨在将伟大的历史征程记载于雄伟的时代画卷中。

【“庆祝中国共产党成立100周年河南省美术作品展览”开幕】

6月30日，由河南省委宣传部、河南省文联主办，河南省美协承办的“庆祝中国共产党成立100周年河南省美术作品展览”在郑州升达艺术馆开幕。展览作品紧扣庆祝中国共产党成立100周年主题，围绕百年风雨、百年奋斗、百年辉煌、奋进新时代的伟大实践，以红色历程、伟大成就、人物风采、时代新貌、美丽家园等为创作内容，运用丰富多彩的表现形式，讴歌伟大的共产党、伟大的人民、伟大的祖国。本次展览精选河南老、中、青三代优秀画家的经典作品共计228件，包括中国画、油画、版画、雕塑、水彩、粉画、漆画和综合材料，是“中原画风”的一次实力会演，将以纷呈异彩献礼党的百岁华诞。河南省画家创作的中国画《刘邓大军千里跃进大别山》、油画《习总书记在河南考察调研小麦高产田》《西北革命烽火》三幅作品入选“庆祝中国共产党成立100周年”巨幅美术作品创作工程，陈列在中国共产党党史馆永久展出。

【“百年风华 人民至上——庆祝中国共产党成立100周年系列摄影展”开幕】

6月30日，大型摄影展“百年风华 人民至上——庆祝中国共产党成立100周年系列摄影展”在中国摄影艺术馆开幕。活动由河南省委宣传部、中国摄协、河南省文联、三门峡市委市政府联合举办，中国摄影艺术馆、《中国摄影》杂志社、河南省摄协、三门峡市委宣传部、三门峡市文联承办。此次展出的摄影作品共有620余组（幅），主题展览分为四个展区，分别是“百年·百姓”“初心百年”“民族脊梁”“太行丰碑”，用影像贯穿起中国共产党带领全国人民实现中华民族伟大复兴的革命史、奋斗史、实践史，反映出党在各个时期始终践行着为人民谋幸福的初心和为中华民族谋复兴的使命。

【举行“舞动时代华章·礼赞建党百年”——庆祝中国共产党成立100周年河南优秀舞蹈专场汇报演出】

7月6日，由河南省委宣传部、河南省文化和旅游厅、河南省文联、河南省教育厅联合主办的“舞动时代华章·礼赞建党百年”——庆祝中国共产党成立100周年河南优秀舞蹈专场汇报演出在郑州大剧院举行。整场演出分为“信念·红色基因”“奋斗·永恒精神”“自信·厚重文化”“出彩·黄河家园”4个篇章，演出的13个优秀舞蹈作品，包括河南省第九届专业舞蹈大赛暨第五届“洛神杯”舞蹈展演的获奖作品《不能忘记》《我的家乡我的河》《初心守焦桐》，河南省在中国舞蹈荷花奖古典舞评奖活动中的获奖作品《大河三彩》、入围作品《唐宫夜宴》，以及优秀少儿舞蹈作品《跃龙门》、群众舞蹈作品《再唱山歌给党听》等，全方位展示了河南舞蹈的发展水平。

【举办“中原画风·河南省优秀美术作品巡展”】

7月21日在江苏南京，9月15日在山东济南，9月26日在陕西西安，10月25日在福建福州，11月5日在广东广州，先后举办“中原画风·河南省美术作品巡展”，展出作品180幅，涵盖中国画、油画、版画、水彩、水粉、雕塑等。这些作品所到之处得到当地美术界的高度关注和极高赞誉，在全国美术界产生较大反响，创出了河南美术品牌、扩大了“中原画风”的影响力。

【河南省文联所属12个文艺家协会完成换届】

9月28日、29日，河南省文联所属12个文艺家协会分别召开代表大会，回顾总结上一次代表大会以来的工作，讨论分析当前全省文艺事业发展面临的新形势、新机遇，共商未来五年河南文艺事业高质量发展的举措。中国书协分党组书记、驻会副主席李昕受中国文联主席铁凝、中国文联党组书记、副主席李屹委托到会祝贺。河南省委宣传部常务副部长曾德亚出席会议并讲话。

各协会选举产生了新一届领导班子。邵丽当选河南省作协主席，李树建当选河南省剧协主席，陈静当选河南省音协主席，刘杰当选河南省美协主席，吴行当选河南省书协主席，刘鲁豫当选河南省摄协主席，范军当选河南省曲协主席，陈涌泉当选河南省电影电视家协会主席，韩瑾当选河南省舞协主席，李锦利当选河南省杂协主席，彭恒礼当选河南省民协主席，孙先科当选河南省文艺评论家协会主席。

【第十二届河南省戏曲红梅奖大赛举办】

10月20至22日，由河南省文联、河南省剧协主办的第十二届河南省戏曲红梅奖大赛在玄奘故里洛阳偃师举办。本届红梅奖大赛经过推荐选拔，共有106名选手进入比赛环节。参赛剧种涵盖豫剧、曲剧、越调、京剧、道情、四平调等多个，共决出器乐组5个金奖、演唱组21个金奖。

【河南省文联所属省级文艺家协会座谈交流会暨新一届主席团成员培训会举行】

10月21日、22日，河南省文联所属省级文艺家协会座谈交流会暨新一届主席团成员培训会在郑州举行，旨在深入学习贯彻习近平总书记关于文艺工作的重要论述，贯彻落实河南省委工作会议和河南省委书记楼阳生对省文联所属省级文艺家协会换届工作的批示精神，动员和团结广大文艺工作者共同开创河南文艺事业繁荣发展新局面。

河南省委常委李亚出席并讲话。他指出，迈进全面建设现代化河南新征程，全省广大文艺工作者要锚定“两个确保”，在融入文旅文创融合战略和文化强省建设中担当作为，更好地满足人民群众的精神文化生活需求。要始终胸怀“国之大者”，增强做好新时代文艺工作的责任感使命感；要紧紧把握时代脉搏，在洞察时代变革中敏锐捕捉精品创作的源头活水，在注重思想性、艺术性相统一中不断增强精品创作的骨气底气，在推动守正创新中不断提升精品创作的能力水平，加快推动文艺创作从“高原”向“高峰”迈进；要牢固树立以人民为中心的创作导向，潜心走好群众路线，始终为民书写为民放歌。河南省文联和各文艺家协会要发挥好桥梁和纽带作用，不断增强政治性、先进性、群众性，为文艺工作者成长成才、建功立业创造条件、搭建舞台、营造环境，打造一批德艺双馨的文艺豫军，为谱写新时代中原更加出彩的绚丽篇章贡献文艺的力量。

会议由河南省委宣传部常务副部长曾德亚主持，省文联所属12个省级文艺家协会新一届主席团成员、部分名誉主席、顾问和协会代表等100余人参加大会。

【河南省第十一届杂技大赛暨“百戏杯”杂技优秀作品展演举行】

10月27日，由河南省文化和旅游厅、河南省文联主办，河南省杂协承办的河南省第十一届杂技大赛暨“百戏杯”杂技优秀作品展演决赛评审工作在郑州举行。经过评委的严格评审，最终评选出金奖14名、银奖13名、优秀奖10名、单项奖7个。

【第七届全国画院美术作品展举行】

由文化和旅游部支持，河南省委宣传部、中国国家画院与河南省文联共同主办，河南省美协承办的第七届全国画院美术作品展于2021年11月至2022年1月，分别在郑州、北京两地展出。该展览对于加强全国画院间的交流合作，展示全国画院系统美术创作与研究成果，发挥画院系统在全国美术创作研究中的示范导向作用，促进当代中国美术的繁荣发展，具有重要的价值和意义。

【第七届全国画院美术作品展开展】

12月2日，第七届全国画院美术作品展在郑州美术馆、升达艺术馆同时开展。本届展览由中国国家画院、河南省委宣传部、河南省文联共同主办，中国国家画院交流合作部、河南省美协、河南省书画院、郑州美术馆联合承办。此次展览汇集了来自全国各地画院的903件优秀美术作品，展现了各地画院的创作面貌与实力水平。

【河南代表团圆满完成文代会、作代会各项任务】

12月14日，中国文联第十一次全国代表大会、中国作协第十次全国代表大会在北京开幕。本次文代会河南代表团共35名代表、作代会河南代表团共28名代表参加会议。各位代表牢记河南省委和全省文艺界的重托，按照大会的要求，以饱满的精神状态和强烈的团队意识，遵守纪律、认真履职，积极建言献策，圆满完成大会的各项任务，展示了河南团的良好形象。大会共有两期简报刊发了河南团的学习讨论发言情况，《中国艺术报》《河南日报》以及河南电视台等媒体刊发播出了河南团学习习近平总书记在中国文联第十一次全国代表大会、中国作协第十次全国代表大会开幕式上重要讲话的体会。大会选举邵丽、刘鲁豫、李树建、范军、付继恩等5位同志为第十一届中国文联全委会委员；选举邵丽同志连任第十届中国作协主席团委员，选举邵丽、南飞雁、高金光、冯杰为中国作协全委会委员。

【举办“全国第六届中国画线描艺术展”】

12月，由中国美协、河南省文联、郑州航空港经济综合实验区管理委员会主办，中国文联美术艺术中心、河南省美协承办的“全国第六届中国画线描艺术展”在郑州展出，本次展览共展出作品260件。“全国中国画线描艺术展”是河南省与中国美协2008年共同发起的一项在全国美术界有一定影响的品牌展览，旨在推动中国画的健康发展，全面展示中国画线的魅力，至今已举办五届，展览地均在河南。历届中国画线描艺术展中，河南省作者创作的作品入选、获奖数均位列全国首位，极大地提升了河南画家的创作士气和文化自信，为美术强省建设、多出名家、多出精品力作打下良好基础。

【“信阳杯”中国乡村纪事全国摄影展开幕】

12月28日，由中国摄协、河南省文联、信阳市政府主办，信阳市委宣传部、河南省摄协协办，《中国摄影》杂志社、信阳市文联等单位承办的“弘扬大别山精神　助力乡村振兴——‘信阳杯’中国乡村纪事全国摄影展”在信阳市博物馆开幕。本次摄影展以乡村振兴为抓手，以“中国乡村纪事”为主题，旨在用镜头语言宣传推介信阳，全方位动态展现“美好生活看信阳”的美丽画卷。

创作与获奖

【获奖情况】

邵丽的《金枝》入选光明日报社《博览群书》2021年度15部优秀长篇小说榜、《中华读书报》2021年20部文学好书榜，北京师范大学文学院教授张莉及“持微火者·女性文学工作室”发起并主办的“持微火者·女性文学好书榜”；《黄河故事》摘得《十月》《收获》《扬子江文学评论》等多个文学排行榜榜首，入选《北京文学·中篇小说月报》2020年度优秀作品；《风中的母亲》获《当代》杂志年度中篇小说总冠军；《天台上的父亲》入选2021华语原创好书等多个榜单。蓝蓝诗集《我和毛毛》获第十一届全国优秀儿童文学奖。豫剧《郾城大捷》入选第十七届中国戏剧节。杂技节目《鹰之翔——空中飞人》获第十八届中国吴桥国际杂技艺术节金狮奖。在第七届中国书法兰亭奖评选中，张利安、谷松章获书法创作方向银奖，河南省书法创作入选总数和获奖数据全国第一。

【第十九届百花文学奖颁奖】

12月18日，首届“荣程·百花文艺周”暨第十九届百花文学奖颁奖典礼在天津举行，40部作品分获7类奖项。河南作家李佩甫的《河洛图》获长篇小说奖，邵丽的《黄河故事》获中篇小说奖。

【120名作家书写的124篇党史故事出版发行】

河南省作协联合海燕出版社组织河南省18个地市共120名作家，系统挖掘、整理各地市的红色资源，提炼、书写了130篇党史故事，共计20万字，包括党的故事、革命的故事、根据地的故事、英雄和烈士的故事，以及改革开放以来河南人奋发有为的先进事迹。经过不断统筹、修改，最终形成124篇党史故事，并由海燕出版社出版发行。

【《当代河南女作家研究资料汇编》出版】

《当代河南女作家研究资料汇编》丛书共计5卷，于9月在北京十月文艺出版社出版，分别由何向阳、邵丽、梁鸿、乔叶、计文君5位曾在河南生活成长、写作的女作家创作。该丛书试图厘清21世纪以来河南女作家们的创作谱系，也试图思考建构一种深具女性气质的中原书写传统的可能性。

【制作《河南戏剧里的红色记忆》百集微视频】

河南省剧协历经半年策划、拍摄、制作，独家采集编、导、音、美、演等各领域的近百位知名艺术家，涵盖豫剧、曲剧、越调等多个剧种，共制作上线百集微视频《河南戏剧里的红色记忆》。上至百岁老人马金凤，下至8岁“小梅花奖”获得者，老中青少四代戏剧人追寻红色记忆、演唱红色经典、传承红色基因。

【豫剧电影《义薄云天》开机】

10月30日，豫剧电影《义薄云天》开机仪式在浙江横店影视基地举行。该剧由著名剧作家陈涌泉编剧，由中国剧协副主席、河南省文联副主席、河南省剧协主席、河南豫剧院院长李树建领衔主演，是第一部全景式展现三国时期蜀国名将关羽一生经历的豫剧电影。

【举办大型原创现代曲剧《鲁镇》开排新闻发布会】

10月23日，原创曲剧《鲁镇》开排新闻发布会在郑州举行。该剧由河南省曲剧艺术传承保护中心组织排演，著名剧作家陈涌泉编剧，著名导演张曼君执导，著名作曲家方可杰、梁献君、李宏权分别任唱腔设计、作曲、配器指挥，中国戏剧学院舞美教授修岩任舞美设计，中国国家话剧院一级灯光设计邢辛任灯光设计，由毕业于中国戏曲学院的优秀青年演员李晶花领衔主演。

【开展曲艺主旋律创作】

党的十九届六中全会召开后，河南省曲协第一时间创作推出一批带有中原特色的河南坠子、群口相声、快板快书等优秀作品，用百姓喜爱的曲艺形式来传播党的声音。河南坠子《沁园春·〈决议〉颂》、动漫快板《河宝说经验·十个坚持》、群口相声《中国最牛》等形式多样的曲艺作品带动了学习宣传热潮。

【儿童魔幻剧《东方魔幻城堡——哇咔哇咔糖果星球》首演】

3月26日至27日，由河南省文联、河南省杂协、河南艺术职业学院戏剧学院、郑州市文联、郑州小魔星文化传播有限公司联合打造的2020年度河南省精神文明建设“五个一工程”重点创作项目——儿童魔幻剧《东方魔幻城堡——哇咔哇咔糖果星球》首演。

【《中国民间工艺集成·河南卷》编纂完成】

“中国民间工艺传承传播工程”是国家社科基金特别委托项目、“十四五”国家重点图书出版项目。《中国民间工艺集成·河南卷》作为全国首批示范卷，自2017年启动以来，在编委会主任程健君、副主任田晓的带领下，先后奔赴河南省内14个地市进行调研，走访122个采访点，累计田野考察68天，获得丰富的文献和实物资料。共拍摄图片2万余幅、走访110位民间工艺美术家，在全国率先完成编纂工作任务，成书文稿32.6万字、图片1500余幅。

各文艺家协会

【举办2021年基层作家文学创作培训班】

5月17日，由河南省作协、河南省文学院主办，信阳市文联协办的“深入生活、扎根人民”——2021年基层作家文学创作培训班开班，培训时间为期4天，共有全省18个地市作协和各学会推荐的近百名学员参加培训。

【举办马金凤戏曲艺术博物馆开馆仪式和李树建戏曲艺术传承中心揭牌仪式】

4月17日，在洛阳职业技术学院举办马金凤戏曲艺术博物馆开馆仪式和李树建戏曲艺术传承中心揭牌仪式。该活动旨在积极宣传推介本土艺术家文化成果，擦亮河南戏剧文化名片，打造繁荣发展河南戏剧的“领头雁阵”，让名家大师、精品力作撑起闪亮文化高峰。

【举办“全国戏曲教育传承创新研讨会”】

4月17日，在洛阳职业技术学院举办“全国戏曲教育传承创新研讨会”，6位中国剧协副主席、13位中国戏剧奖·梅花表演奖获得者以及众多河南省内外重量级戏剧名家齐聚洛阳，共商戏曲教育传承发展之路，共襄文化盛举。

【“文化粤豫”——曾小敏粤剧艺术全国巡演座谈会举行】

4月22日，在“文化粤豫”——曾小敏粤剧艺术全国巡演郑州站座谈会上，来自广东和河南两地的专家、艺术家们对曾小敏的演出给予高度肯定和赞扬，并围绕曾小敏的个人艺术特色、粤剧艺术亮点和两地文化交流等话题进行了热烈讨论。

【开展“我们的中国梦 文化进万家”赴基层慰问演出】

4月23日至25日，河南省剧协携手多位中国戏剧奖·梅花表演奖获得者及老中青艺术家，先后来到许昌市襄城县实验学校和襄城县北关社区，开展“我们的中国梦 文化进万家”——河南省剧协赴基层慰问演出活动，走进校园、走进社区，把文化送进千家万户，为中国梦增色添彩。

【第十八届河南省少儿戏曲小梅花大赛举办】

4月24日、25日，在许昌市襄城县举办由河南省剧协主办的第十八届河南省少儿戏曲小梅花大赛。本届大赛参赛小选手近百人，参赛剧种涵盖豫剧、曲剧、越调、京剧、蒲剧、道情等，共决出“小状元”“小榜眼”“小探花”各1名、16名个人金奖、2个集体节目金奖。获得金奖前10位的选手被推荐至中国剧协参加“中国少儿戏曲小梅花荟萃”活动。

【开展“河南省戏曲之乡”评选授牌活动】

在2021年“河南省戏曲之乡”评选活动结果中，“越调发源地之一”的许昌市襄城县荣获“河南省戏曲之乡”荣誉称号。

4月25日，“河南省戏曲之乡”授牌仪式在襄城县举行，4位从襄城县走出的中国戏剧奖·梅花表演奖获得者，以及众多戏剧名家共同参与了此次授牌活动。

【开展纪念曲剧登台95周年系列活动】

5月18日至20日，庆祝中国共产党成立100周年暨纪念曲剧登台95周年系列活动在河南汝州市举行，本次活动由河南省剧协承办。诞生于汝州的曲剧是河南第二大剧种，本次全国曲剧十大新秀大奖赛经过三场初赛、两场现场决赛，最终评选出金奖1名、银奖3名、铜奖6名、优秀奖20名。

【举办“薪火”——河南大学戏剧专业系列学术活动】

5月22日，“薪火”——河南大学戏剧专业系列学术活动在开封举行。河南大学戏剧专业发展图片展系统展示了自河南大学建校以来执教和培养出的一大批戏剧领域的杰出学者和知名艺术家，及其所秉承的“朴实严谨、薪火相传”优良戏曲研究传统；在戏曲演唱会上，大中小学生与5位中国戏剧奖·梅花表演奖获得者同台共唱红色经典；在传统戏曲守正创新座谈会上，数十位与会专家围绕戏曲人才培养、未来发展等议题，发表了有建设性的看法和观点。

【“艺海升萍”——豫剧演员张艳萍从艺四十年系列活动举办】

6月3日至5日，“艺海升萍”——中国戏剧奖·梅花表演奖获得者张艳萍从艺四十年系列活动在郑州举办。通过豫剧《王熙凤》、戏曲交响乐演唱会、“张艳萍艺路发展探讨”专家座谈会等一系列丰富多彩的活动，多层次、多形式、多方位地展现了张艳萍不凡的艺术经历和独具的艺术特点。

【“向党汇报·河南艺术职业学院教授王惠演唱会”举行】

7月2日，由河南省剧协承办的“向党汇报·庆祝中国共产党成立100周年·河南艺术职业学院教授王惠演唱会”在郑州举行，旨在展现教学成果、传承戏曲艺术，弘扬“人民艺术家”常香玉先生“戏比天大”的艺术精神。

【举办“百名戏曲艺术家同唱红色经典”大型演出活动】

7月11日，由河南省剧协承办的“庆祝中国共产党成立100周年——百名戏曲艺术家同唱红色经典”大型演出活动在河南艺术中心文化广场激情上演。活动现场，老中青三代艺术家、各地市院团长代表等300余人登台亮相，精彩演绎了红色经典节目，3000余名现场观众及网上近千万戏迷观看了这次激动人心的演出盛况。

【原创豫剧《黄河儿女》剧本研讨会召开】

7月18日，原创豫剧《黄河儿女》剧本研讨会在郑州召开。该剧由著名剧作家陈涌泉编剧、丁建英执导、吴慧霞领衔主演，郑州市豫剧院创排，讲述了黄河岸边的商业世家抗日救亡的感人故事。与会专家认为，这是一部讲述黄河故事的力作，在题材立意、叙事方式、形象塑造等方面均有独到之处。《黄河儿女》计划于2022年正式搬上舞台。

【豫剧电影《新桃花庵》专家研讨会举行】

10月12日，豫剧电影《新桃花庵》郑州首映式暨专家研讨会在河南省人民会堂举行。该剧由国家级非物质文化遗产（豫剧崔派）代表性传承人张宝英、青年豫剧名家吴慧霞领衔主演。

【开展“根在沃土 感念党恩”赴基层系列慰问演出】

10月17日至23日，“根在沃土 感念党恩”赴基层公益演出先后在郑州登封、洛阳偃师、周口鹿邑等地举行。多位河南省剧协主席团成员、中国戏剧奖·梅花表演奖获得者、老中青戏剧表演艺术家以及河南省戏曲“红梅奖”金奖得主、戏曲达人等来到社区广场、乡村大舞台，用经典的戏曲唱段、精彩的惠民展演，极大地丰富了人民群众的文化生活。

【原创豫剧《烽火情缘》剧本研讨会召开】

12月8日，河南省剧协在郑州为四川省豫剧团组织召开原创豫剧《烽火情缘》剧本研讨会。专家们一致认为，四川省豫剧团有着光荣的历史，半个多世纪以来演遍了天府大地，将豫剧的高亢豪迈撒播在巴山蜀水之间，书写了豫剧在四川发展传播的华彩篇章。在建党百年之际，四川省豫剧团推出红色题材大戏《烽火情缘》，深入挖掘当地的红色历史资源，讴歌了中国共产党领导的人民军队和百姓之间的鱼水之情，体现了四川省豫剧团的时代担当意识和文化自信。

【原创曲剧《鲁镇》专家研讨会举办】

12月30日，原创曲剧《鲁镇》专家研讨会在郑州举办，省内外近40位专家学者以及曲剧《鲁镇》的主创团队和主要演员参加了研讨会。与会专家从音乐与舞美、文学与表演、思想与艺术、风格与品格等方面，对《鲁镇》进行了全方位、多角度、深层次交流研讨，并给予高度评价。

【“华豫风骨”全国综合材料绘画名家作品邀请展举办】

9月28日，“华豫风骨”全国综合材料绘画名家作品邀请展在郑州举办，此展览是河南美术界首次举办全国性综合材料绘画学术展，开启了中国美协综合材料绘画艺委会与河南省美协、郑州美术馆通力合作的新篇章，标志着中国综合材料绘画事业在中原大地蓬勃发展。此次展览的60幅作品，是首次从全国美展、北京国际双年展、全国青年美展以及宁波综合材料绘画双年展中精选出的综合材料绘画优秀作品，基本代表了中国综合材料绘画的现状与成就。

【“庆祝中国共产党成立100周年暨列子文化全国书画名家作品展”开幕】

4月16日，由河南省书协、河南省美协主办的“庆祝中国共产党成立100周年暨列子文化全国书画名家作品展”开幕。本次展览共收到来自中国内地、港澳台地区以及海外书法爱好者创作的书法和美术作品2400余件，经过评委会严格评审，入展书法作品127件、美术作品103件，均在本次活动中展出。

【“率性风雅”河南省行书小品展开幕】

4月20日，由河南省书协主办的“率性风雅”河南省行书小品展在焦作孟州开幕。展览共展出作品120余件，除了105件经评选产生的入展作品外，省书协行书委员会委员每人提供一件作品作为特邀作品展出。

【举办庆祝建党100周年百米长卷书写暨“学党史办实事”实践活动】

6月，河南省书协组织主席团成员、各地市书协主席及部分优秀骨干书家来到开封兰考焦裕禄纪念馆和焦裕禄干部学院，举办庆祝建党100周年百米长卷书写暨“学党史 办实事”实践活动。

【“好风相从·庆祝中国共产党成立100周年全国条屏书法作品展”举办】

6月，由河南省书协、商丘市委宣传部、商丘市文联、商丘市文化广电和旅游局、商丘日报社联合主办的“好风相从·庆祝中国共产党成立100周年全国条屏书法作品展”开幕式在商丘市睢县睢州美术馆举行。

【“兰亭群星荟牧野”庆祝中国共产党成立100周年全国书法名家作品展开幕】

6月29日，由河南省书协、新乡市委宣传部、新乡市文联主办的“兰亭群星荟牧野”庆祝中国共产党成立100周年全国书法名家作品展在新乡市开幕。全国近百位历届中国书法兰亭奖获奖者参展，给广大观众带来一场书法艺术的饕餮盛宴。

【首届仰韶文化“彩陶坊杯”全国书法大奖赛作品展开幕】

10月17日，在仰韶文化发现100周年暨中国现代考古学诞生100周年之际，首届仰韶文化“彩陶坊杯”全国书法大奖赛作品展在河南渑池开幕。

【河南省第三十届群众书法作品展开幕】

11月2日，河南省第三十届群众书法作品展在河南省书法培训中心唐人街艺术馆开幕。本届群众书展共评出282件优秀奖作品。

【全国第三届大学生书法篆刻作品展线上直播】

11月13日，全国第三届大学生书法篆刻作品展以线上直播形式在郑州开幕，本次展览由中国书协、郑州大学主办，中国文联书法艺术中心、中国书协书法教育委员会、河南省书协、郑州大学书法学院、《大学书法》杂志、郑州美术馆承办，河南张海书法发展基金会倾力支持。

【“翰墨太行——李强书法展”开幕】

12月29日，“翰墨太行——李强书法展”在河南省美术馆开幕。展览由河南省文联、河南省文旅厅、济源市委主办，河南省美术馆、河南省书协、河南省政协书画院、中国国家画院书法篆刻研究所承办。

【举办首届全国龙门书法双年展评审工作会】

12月29日至30日，首届全国龙门书法双年展评审工作在洛阳市进行。本次展览由河南省文联、洛阳市政府主办，是河南省书协新一届主席团上任后重点推出的全国性书法品牌大展，秉持开放、包容、创新、求变的展览理念，重在打造“南有兰亭、北有龙门”的业界影响力和品牌美誉度。经过评委会严格评审，共有177件作品入展，其中获奖作品20件。

【“百年风华 新乡正茂”庆祝中国共产党成立100周年主题摄影展启动】

3月26日，“百年风华 新乡正茂”庆祝中国共产党成立100周年主题摄影展启动仪式暨河南省摄协摄影创作基地授牌仪式在新乡市南太行八里沟景区举行。该活动由河南省摄协、新乡市委宣传部联合举办。

【《河图》郑伟杰摄影艺术展开幕】

5月29日，河南省文化馆“厚重中原 出彩河南”系列作品展首展之《河图》郑伟杰摄影艺术展开幕。中国摄协副主席、河南省文联副主席、河南省摄协主席刘鲁豫等摄影界人士、摄影爱好者近500人参加开幕式。

【李英杰摄影作品展“太极三部曲·河洛象”开幕】

12月9日，由《中国摄影》杂志社、河南省摄协共同主办的摄影家李英杰摄影作品展“太极三部曲·河洛象”在北京中国美术馆开幕。该展览包括了李英杰近6年来创作的三个系列共30余幅摄影作品。

【2021年中国宝丰马街书会第三届优秀传统长篇大书网络擂台赛举办】

1月28至3月2日，河南省曲协与平顶山市文联、宝丰县委县政府联合举办2021年中国宝丰马街书会第三届优秀传统长篇大书网络擂台赛，20个节目入围展播，评出一等奖1名、二等奖2名、三等奖3名、优秀奖14名、优秀组织奖2名。

【开展“我们的中国梦　文化进万家”——河南省曲艺名家走进焦作慰问演出】

4月18日，河南省曲协开展“我们的中国梦　文化进万家”——河南省曲艺名家走进焦作慰问演出，2000余名观众观看了现场演出，同时进行了网络直播。

【“加强相声界行风建设　自觉践行崇德尚艺座谈会”召开】

4月30日，河南省曲协积极响应中国曲协加强相声界行风建设倡议，组织各级曲艺工作者代表召开“加强相声界行风建设　自觉践行崇德尚艺座谈会”。

【举办“风雨同心·抗击灾情”原创作品征集活动】

面对“7.20”突如其来的洪涝灾害，围绕打赢疫情防控阻击战、防汛救灾，河南省曲协举办“风雨同心·抗击灾情”原创作品征集活动，推出系列曲艺作品《真情汇聚大河南》《今天的河南》《胡辣汤的感谢信》等，以曲艺形式向英雄致敬，激励河南人民携手同心、共抗灾情，发挥了曲艺在全省工作大局中的积极作用。

【举办河南省第十一届少儿曲艺大赛】

10月至11月，河南省曲协举办河南省第十一届少儿曲艺大赛，经过各地市选拔推荐，共有74个节目报送，近百名选手参赛。

【2021年“我们的中国梦　文化进万家”红色经典书籍捐赠活动举行】

6月6日，河南省电影电视家协会2021年“我们的中国梦　文化进万家”红色经典书籍捐赠活动在信阳市浉河区东双河镇左店村举行。本次活动共捐赠了600余册精装图书，蕴含着鲜明独特、奋发向上的革命文化，以及激发广大群众继承和发扬中华民族优秀传统文化，大力宣传和弘扬了正能量，具有强烈的时代感和可读性。

【豫剧电影《新桃花庵》郑州首映式暨专家研讨会举行】

10月12日，由河南省电影电视家协会、河南省剧协等主办的豫剧电影《新桃花庵》郑州首映式暨专家研讨会在河南省人民会堂举行。

【“声耀平潭·第十三届海峡两岸电视主持新秀会”落幕】

12月25日，由中国视协、福建省文联等共同主办，福建省视协、平潭综合实验区文联等承办，河南省电影电视家协会等协办的“声耀平潭·第十三届海峡两岸电视主持新秀会”在福建平潭落幕。经过两个多小时的交流切磋，河南选手成绩优异，来自中原工学院的寇佳伟荣获一等奖，并获得福建省广播影视集团的直聘聘书；河南工业大学的杨嘉祥获得三等奖。

【舞蹈素质教育“公益课堂”举行】

10月18日至19日，由中国舞协主办，中国文学艺术基金会支持，中国文联舞蹈艺术中心、河南省舞协承办的舞蹈素质教育“公益课堂”在郑州举行。来自河南省内的百余名基层舞蹈教育一线教师及编创人员，共同聆听科学舞蹈教育理念，学习科学舞蹈教学方法。

【河南省舞协古典舞编创培训班举行】

10月20日，河南省舞协古典舞编创培训班在郑州举行。本次活动特别邀请著名编导胡岩进行教学指导，来自全省的百余名一线舞蹈教师及编导参加了培训。

【三展联办庆祝建党百年】

6月30日，为庆祝中国共产党成立100周年，“黄河之水天上来——沿黄九省庆祝建党百年民间工艺美术精品展”“百工献艺庆百年——河南省民间工艺美术精品展”“红心向党庆百年——河南省青年艺术家民间工艺美术作品展”三大系列主题展览在郑州绿化博览园河南民间工艺美术馆1号、2号、3号馆同时开展。此次展览由河南省民协、河南省民间文化遗产保护中心、河南省文化馆等单位联合主办，郑州市民协、郑州市绿化博览园承办。

【举办“我们的节日”系列主题活动】

2月7日，由中国民协、河南省文联、开封市委宣传部主办，河南省民协等承办的“乡愁记忆——黄河文化与年俗文化大讲堂”活动在凤凰直播、云上祥符App、祥符融媒抖音平台同步直播，邀请国内知名专家现场授课。

4月1日至10日，由中国文联、河南省政府、中国民协主办，中国文联民间文艺艺术中心、河南省委宣传部、河南省委网信办、河南省文明办、河南省文联、河南省民协和开封市委、市政府承办的2021中国（开封）清明文化节在开封举办。

4月17日，农历三月初六，“人文女祖”嫘祖的诞辰日，辛丑年中华母亲节暨嫘祖故里拜祖大典在驻马店市西平县嫘祖文化苑举行。此次活动是西平县举办的第十届中华母亲节暨第十四届嫘祖故里拜祖大典。

4月23日，荥阳·中国第七届嫘祖文化节在荥阳市环翠峪风景名胜区嫘祖文化广场举行。本届文化节以“同根同祖同源　共建美好家园”为主题，由河南省民协、政协荥阳市委员会、荥阳市委宣传部、荥阳市委统战部主办。

5月9日，中国（鲁山）“第五届世界汉字节”仓颉文化系列民俗活动在河南省平顶山市鲁山县仓头乡仓颉祠广场举办开幕式。此活动由河南省民协和鲁山县委、县政府共同主办，中国民协副主席、河南省民协主席程健君出席开幕式。

6月13日至14日，“我们的节日——2021中国（鲁山）端午节”系列活动在河南省平顶山市鲁山县举行。

8月14日，“我们的节日——中国（鲁山）七夕节”以网络直播的形式举行。中国民协副秘书长侯仰军、河南省民协主席程健君、鲁山县委书记刘鹏做客“云”端寄语美丽七夕。

10月1日，“我们的节日——2021中国·朱仙镇重阳节”系列活动开幕式在开封市朱仙镇启封故园举行。该活动由中国民协、河南省文联主办，河南省民协、开封市文联等单位承办。

10月14日，中国·上蔡第十九届重阳文化节启动仪式暨颁奖典礼在上蔡县影剧院举行。本届重阳文化节由中国民协、河南省文联主办，河南省民协、驻马店市文联和上蔡县委、县政府承办。

【文艺评论】

11月，围绕庆祝建党100周年大型献礼剧《红旗渠》组织征文活动，并向评论名家约稿，11月10日在《河南日报》“中原风”以专版形式刊出评论文章。

12月29日，组织观摩曲剧《鲁镇》；12月30日，组织召开《鲁镇》河南省内专家研讨会。

【慰问演出】

2月4日，河南省文联文艺志愿者走进周口市西华县半截楼村开展“文艺进万家　健康你我他”文艺志愿服务活动，为村民开展广场舞培训，并为村民写春联、送“福”字。

3月30日，河南省文联学雷锋文艺志愿服务队走进新时代文明实践文艺志愿服务活动试点——新乡辉县市北云门镇南姚固村，开展文艺培训、慰问演出等文艺志愿服务活动。

5月17日，走进南阳邓州市举办“我们的中国梦”——文化进万家“快乐成长”乡村学校少年宫“吴行书法教室”授牌仪式暨河南省文联文艺志愿服务团慰问演出活动。

【文艺支教】

4月21日，河南省文明办、河南省教育厅、河南省文联第二期“快乐成长”乡村学校少年宫文艺支教志愿者岗前培训班暨派遣仪式在河南省文联5楼会议室举行，派遣124名文艺支教志愿者到全省19个县、市的69所乡村中小学开展为期3个月的文艺支教活动。

10月20日，举办河南省文明办、河南省教育厅、河南省文联“快乐成长”第三期乡村学校少年宫文艺支教志愿者岗前培训班暨派遣仪式，派遣116名文艺支教志愿者到全省19个县、市的59所乡村中小学开展为期3个月的文艺支教活动。

湖北省文联

综　述

2021年，湖北省文联在湖北省委和中国文联的正确领导和亲切关怀下，坚决贯彻落实党中央和湖北省委决策部署，团结带领全省广大文艺工作者，致力于推动湖北文艺事业高质量发展。党对文艺事业领导坚强有力，开办12期文艺辅导活动，组建4支巡回辅导宣讲队伍，组建网络评论员队伍，坚决守牢意识形态阵地。主动自觉服务经济社会发展，组织开展40余项“永远的旗织”庆祝建党100周年文艺创作和展演，实施助力乡村振兴“五个一”文艺工程。

“出精品、出人才”发展局面日益稳固，9部文艺作品获得湖北省第十一届屈原文艺奖，著名美术家周韶华、京剧表演艺术家朱世慧荣获湖北省委、省政府授予的首届“湖北杰出人才奖”；新文艺群体异军突起，21名新文艺群体人才获评副高职称，新文艺群体代表谭旋入选中宣部青年人才工程项目；一批优秀青年文艺工作者摘得中国戏剧奖·梅花表演奖、中国音乐金钟奖等。

文艺生态日益山清水秀，推进基层纪检工作规范化法治化建设和清廉机关建设，持续开展“一支部一品牌”党建活动，促进党建和业务工作深度融合，充分发挥行业建设主导作用。工作作风效能显著提升，首次开展新文艺群体副高级职称评审工作，全年开展基层调研60余次，建立17个基层采风创作示范点，全省文联开展文艺志愿服务活动1900余场次。

重要会议

【湖北省文联十届四次全委会召开】

3月15日，湖北省文联十届委员会第四次全体会议在武汉召开。会议深入学习贯彻习近平新时代中国特色社会主义思想和党的十九大及十九届二中、三中、四中、五中全会与湖北省委十一届七次、八次全会精神，审议通过了《湖北省文联十届四次全委会工作报告》《湖北省文联2021年工作要点》和《关于增补替换湖北省文联第十届委员会部分委员的决议》。湖北省委宣传部常务副部长邓务贵出席会议并讲话。湖北省文联党组书记、常务副主席邓长青向大会作工作报告。湖北省文联第十届委员会委员、省文联各部室、协会负责人、省内相关文艺单位和文艺团体负责人参加会议。省文联第十届主席团主席刘醒龙主持会议。会议对荣获中宣部、中央文明办2019年学雷锋志愿服务“四个100”最佳志愿服务组织、最佳志愿服务项目和疫情防控“最美志愿者”称号的湖北文艺工作者进行颁奖，对湖北省第六届“最美文艺志愿者”“优秀文艺志愿者”进行了表彰。

【湖北省文联召开党史学习教育动员大会】

3月25日，湖北省文联召开党史学习教育动员大会，深入学习贯彻习近平总书记在党史学习教育动员大会上的重要讲话精神，全面动员部署湖北省文联党史学习教育。省文联党组书记、常务副主席邓长青出席会议并作动员讲话，省文联党组成员和省文联全体干部职工参加会议。会议传达学习了《中共中央关于在全党开展党史学习教育的通知》和《湖北省党史学习教育实施工作方案》等文件精神。

【湖北省文联召开庆祝中国共产党成立100周年大会】

6月30日，湖北省文联召开庆祝中国共产党成立100周年大会，机关在职全体党员、《今古传奇》各企业支部书记、省国画院支部书记、省文联部分老党员代表等参加会议。会议为老党员代表颁发了“光荣在党50年”纪念章，向优秀共产党员、优秀党务工作者、先进基层党组织和“红旗党支部”颁发了证书、奖牌。省文联党组书记、常务副主席邓长青以《党领导文艺工作的辉煌成就与基本经验》为题，给全体党员讲党课，回顾了百年来党领导文艺所取得的辉煌成就，从必须坚持党的领导、坚持马克思主义文艺思想的指导地位、坚持以人民为中心的创作导向、尊重和遵循文艺规律、提升文艺创作的组织化水平五个方面，总结了党领导文艺工作的基本经验。

【湖北省戏剧、曲艺、摄影、舞蹈、书法、杂技家协会代表大会召开】

11月7日，湖北省戏剧、曲艺、摄影、舞蹈、书法、杂技家协会代表大会在武昌梅岭礼堂开幕，来自全省戏剧、曲艺、摄影、舞蹈、书法、杂技界的650名代表参加开幕式，湖北省文联主席刘醒龙主持开幕式。开幕式上，湖北省委常委、宣传部部长许正中讲话，湖北省文联党组书记、常务副主席邓长青致辞。会议期间，参会代表围绕习近平总书记关于文艺工作的重要论述，认真学习讨论了许正中在大会开幕式的讲话，审议通过了各协会理事会工作报告和修改后的协会章程，对今后五年的工作进行了展望。

11月7日下午，湖北省剧协第八次代表大会、湖北省曲协第七次代表大会、湖北省摄协第九次代表大会、湖北省舞协第八次代表大会、湖北省书协第六次代表大会、湖北省杂协第四次代表大会圆满完成各项议程，在武汉闭幕。大会期间，各协会选举产生了新一届领导机构。

品牌活动

【“圆梦小康·美丽乡村——湖北省中国画作品展”开展】

1月8日，由湖北省文联主办、湖北省国画院承办的“圆梦小康·美丽乡村——湖北省中国画作品展”在湖北省图书馆开展。湖北省政协原副主席杨斌庆，湖北省委原副秘书长余幼明及湖北省文联有关负责人出席展览开幕式。展览遴选出涵盖老中青三代129位画家的作品，共同见证了“脱贫攻坚 圆梦小康”的伟大时刻，反映了荆楚儿女筚路蓝缕和薪火相传的精神风貌，体现了新时代主导地位的荆楚中国画审美理想和艺术追求，是推动湖北文艺繁荣发展的一项重要举措。

【湖北省文联荆楚“红色文艺轻骑兵”精品节目展演举行】

3月14日，“百花争妍楚天春”——湖北省文联荆楚“红色文艺轻骑兵”精品节目展演在武汉工人文化宫举行。湖北省文联党组及武汉市人大、武汉市总工会等有关方面负责人出席活动。演出通过腾讯微视、长江云、荆楚网等平台现场直播，当地社区群众和网友们通过线下线上等方式共同观看了本场演出。此次演出是湖北省文联荆楚“红色文艺轻骑兵”2021年系列活动的第一场，着力与湖北省新时代文明实践试点工作深度融合，围绕庆祝中国共产党成立100周年、乡村文化振兴、“5.23中国文艺志愿者服务日”等主题，开展更多高质量的文艺志愿服务，丰富群众精神文化生活。

【举办“相约春天”抗疫摄影展】

4月7日，由中国文联、湖北省委宣传部指导，中国摄协、中国文学艺术基金会、湖北省文联主办，湖北省摄协、湖北画报社承办，武汉纵贯展览展示有限公司、武汉楚河汉街协办的“相约春天”抗疫摄影展在武汉楚河汉街举办开幕式。开幕式上，湖北省文联副主席、湖北省摄协主席杨发维致辞，中国摄协主席李舸、湖南湘雅二院援鄂医生徐灿、福建省立医院援鄂医生徐健等分别代表中国摄协赴湖北抗击疫情摄影小分队及援鄂医护人员讲话，湖北省文联党组书记、常务副主席邓长青宣布展览开幕。此次“相约春天”抗疫摄影展展出的200多张照片，再现了湖北和武汉发生的一幕幕战“疫”故事，一张张无声的画面，以镜头语言书写了一线战“疫”群英谱，刻画出同舟共济共克时艰的英雄群像。

【“永远的旗帜——庆祝中国共产党成立100周年湖北省中国画作品展”开幕】

7月16日，由湖北省政协文化文史和学习委员会、湖北省文联主办的“永远的旗帜——庆祝中国共产党成立100周年湖北省中国画作品展”在湖北省图书馆开幕。湖北省老领导以及湖北省和武汉市政协、湖北省文联、省文旅厅等部门负责人出席开幕式。展览以庆祝中国共产党成立100周年为主题，分为“光辉历程”“锦绣河山”“百花向阳”三个展览单元，共展出127位湖北当地中国画画家的精品力作，人物作品描绘了党史上的多个重要人物和重大事件；山水、花鸟等题材的作品既传承了传统绘画技法，又融合了多种当代风格的探索，展现了富有荆楚特色的中国画创作新风貌，吸引不少中国画爱好者前来观展。

【“永远的旗帜”第29届湖北省摄影艺术展开幕】

9月25日，“永远的旗帜”第29届湖北省摄影艺术展在襄阳开幕，是对湖北省近两年摄影成果的一次全面检阅和集中展示。此次展览，除了展出第29届摄影艺术精品外，还设立了“金像奖获得者作品邀请展”“永远的旗帜——红色荆楚 百年影像”摄影展和“襄十随神摄影联展”三个展区，整体展出逾300件作品。湖北省摄协名誉主席、顾问、主席团成员，襄阳市、十堰市、随州市、神农架林区宣传部、文联负责人，各地市州摄协代表、参展作者参加开幕式。湖北省摄影艺术展是经湖北省委宣传部批准，湖北地区权威性最高、艺术性最强、规模最大、水平最高的综合性摄影艺术大展，自1961年至今已成功举办28届。

【中国杂协杂技惠民演出活动走进浠水】

12月21日至22日，中国杂协“学党史、办实事、文艺为人民——精品杂技下基层走进浠水”惠民演出系列活动在湖北省浠水县举办。本次活动由中国杂协、湖北省文联共同主办。在为期两天的惠民演出活动中，全国知名杂技艺术家、湖北的文艺志愿者们先后赴浠水杂技馆、浠水理工中专献艺，并开展杂技进校园活动，走进校园与学生们亲切互动。近年来，在中国杂协的关心和指导下，湖北杂技事业快速发展，多次承办国家级杂技赛事，青年杂技人才崭露头角，在国际国内舞台屡获佳绩，“杂技进校园”“空竹艺术节”等文艺惠民活动深受百姓欢迎。本次活动既是杂技艺术精品走进浠水的一次艺术汇报，也是杂技界贯彻落实习近平总书记系列重要讲话精神，让文艺与人民同在、文艺为人民服务的一项具体实践。

【“我的家乡我的村”——湖北省文联文艺助力乡村振兴主题摄影展开幕】

12月10日，由湖北省文联主办，湖北省摄协、湖北画报社承办的“我的家乡我的村”——湖北省文联文艺助力乡村振兴主题摄影展在武汉开幕。湖北省文联、省档案馆、省乡村振兴局、省摄协负责人以及各地市州摄协代表、展览入选作者代表、摄影家、摄影爱好者、媒体记者等100余人出席开幕式。展览聚焦全省17个美丽乡村，共展出200件作品，大多为基层一线摄影人创作，影像真实生动、情调朴实自然，以乡村风格造型式展墙，用一幅幅生动鲜活的影像，倾情描绘出新时代湖北乡村产业兴旺、生态宜居、乡风文明、治理有效、生活富裕的新面貌，反映了湖北乡村振兴中产业、教育、文化、交通、环境等多方面建设成就。

创作与研究

【音乐剧《太阳照进山窝窝》创作研讨会举行】

2月25日，由湖北省文联、恩施州委宣传部等联合出品的扶贫题材音乐剧《太阳照进山窝窝》创作研讨会在湖北省文联举行。著名剧作家、湖北省文联原主席沈虹光，省文联党组成员、副主席、一级巡视员肖伟池，省文联党组成员、副主席马尚云，省文联党组成员、副主席王永平与相关专家、作品主创人员共同出席本次研讨会。该剧以恩施扶贫“尖刀班”真实故事为原型，深挖精准扶贫背后蕴含的时代精神和人性之美，巧妙地借助民生、民情、民风、民俗，宣传阐释党的扶贫政策，展现了少数民族地区干部群众团结奋斗、苦干实干的精神和对美好生活的向往。该剧被列入国家民委2021年全国少数民族地区进京演出剧目、湖北省委宣传部“2020年湖北省文艺精品创作指导性目录”，先后荣获湖北省第十一届屈原文艺奖、第四届湖北艺术节优秀剧（节）目展演“楚天文华大奖”等。

【湖北曲艺“百花书会”原创作品打磨小分队召开研讨会】

为进一步扩大湖北曲艺“百花书会”的品牌效应，聚焦现实题材、提升作品原创力，湖北省曲协于4月6日至9日邀请全国知名曲艺家组成“百花书会”原创作品打磨小分队对原创作品进行深入打磨。参加打磨的曲艺作品在武汉说唱团“都市茶座”小剧场集中展示并召开作品研讨会。经过两天的专家辅导，学员们纷纷表示受益匪浅，认为把名家请进来与作品主创人员面对面、一对一、有针对性地仔细打磨原创作品，为基层一线曲艺工作者尤其是青年曲艺工作者提供了绝佳的学习机会，充分激发了创作热情。

【举办第七届湖北省中青年文艺评论家高级研修班】

为深入学习贯彻习近平总书记关于文艺工作，特别是关于文艺评论工作有关重要论述和讲话精神，加强湖北省中青年文艺评论人才队伍建设，由湖北省文联和湖北科技学院联合主办的第七届湖北省中青年文艺评论家高级研修班于5月20日在咸宁开班，共有来自从湖北省文联团体会员单位、高校、科研机构、新文艺群体中精心推荐上来的70余名优秀中青年文艺人才集中学习。本次研修班邀请了省内外7名专家、学者授课，注重理论与实践相结合，包括安排授课专家辅导、点评学员参与的文艺作品研讨会等实践活动。

【原创曲艺剧《三教街四十一号》首演暨学术座谈会在汉举行】

9月11日，湖北省原创红色题材曲艺剧《三教街四十一号》在武汉剧院上演，中国曲协、湖北省及武汉市相关方面代表与数百名市民群众共同观看了演出。该剧取名自“八七会议”会址（汉口三教街41号），以掩护“八七会议”顺利召开为切入点，将湖北评书、湖北大鼓、湖北小曲贯穿到跌宕起伏的剧情中，配合剧场内逼真的声光电效果，展现了曲艺世家“楚家”胸怀远大理想、不惜自我牺牲的革命精神。

9月12日，召开作品研讨会，中国曲协主席、著名相声表演艺术家姜昆，中国文联文艺评论中心副主任、《中国文艺评论》副主编杨晓雪，《中国艺术报》理论副刊部主任邱振刚，湖北省委党史研究室主任何光耀，湖北省文联副主席、湖北省曲协主席陆鸣等专家学者共50多人参会。与会专家对该剧的题材选择、编排水平及社会效果等予以高度评价。

【湖北省文联启动新时代文明实践文艺志愿者骨干培训活动】

9月17日至18日，由湖北省委宣传部、省文明办、省文联主办的湖北省新时代文明实践文艺志愿者骨干培训（咸宁场）启动仪式在赤壁市举行，来自咸宁市各县市区新时代文明实践中心（所、站）负责人、文艺骨干、文艺志愿服务组织负责人等90余人进行了为期一天半的培训。该培训旨在帮助文艺志愿者骨干提高组织管理文艺队伍、策划群众性文艺活动的能力水平，明确围绕文明实践工作要求创作文艺作品的方向，创作出具有深厚地方文化积淀和群众喜爱的文艺作品，更好满足人民群众对美好生活的需要，做深做实新时代文明实践文艺志愿服务。为推动全省新时代文明实践中心建设，湖北省文明办、省文联于9月至12月，在全省划分8个片区举办新时代文明实践文艺志愿者骨干培训，共计培训人员1400余名，实现新时代文明实践中心、所全覆盖。

【湖北省编剧骨干人才研修班（第一期）开班】

10月12日，湖北省编剧骨干人才研修班第一期（简称湖北编剧班一期）在陕西省延安市鲁艺文艺园区正式开班，来自湖北省的25名编剧骨干参加培训。中国文联文艺研修院副院长李洪伟，湖北省文联党组成员、副主席、一级巡视员肖伟池出席开班式。湖北省编剧骨干人才研修班是“湖北省编剧骨干人才孵化工程”的核心内容，计划利用三年时间实施这一系统性人才培养工程，通过集中研修、实地观摩、项目扶持、作品研讨、评论推介等多种方式，全方位帮助学员提升思想艺术水平、扩大社会影响，力争推出一批精品力作，推出一批在全省、全国有影响的优秀中青年编剧人才。

文艺评奖与展览

【《武汉伢》等三首原创歌曲入选中国当代歌曲创作精品工程】

中国当代歌曲创作精品工程“听见中国听见你”2020年度评选结果于2021年2月下旬公示。湖北省音协荣获“优秀推选单位”；湖北省选送的《武汉伢》《溜溜的生活溜溜地唱》《你的故事里终于有了我》3首原创歌曲从全国报送的439首歌曲中脱颖而出，入选2020年度全国20首优秀推选歌曲。该活动由中宣部、中国文联指导，中国音协主办，连续评选五年，计划在全国推出100首精品歌曲，湖北省累计入选5首。

【余维刚荣获第30届中国戏剧梅花奖】

5月21日，第八届中国戏剧奖·梅花表演奖（第30届中国戏剧梅花奖）颁奖活动在江苏省南京市举行，由湖北省剧协推荐的武汉楚剧院优秀青年演员余维刚以在竞演剧目《万里茶道》中的出色表演摘得“梅花”。湖北作为戏剧大省，已有30人（次）获此奖项，其中二人荣获“二度梅”，一人荣获双剧种“梅花奖”。

【第九届湖北音乐“金编钟奖”颁奖音乐会举行】

7月26日，“百年辉煌百年歌”——第九届湖北音乐“金编钟奖”颁奖音乐会在湖北剧院举行。该评奖活动于3月至7月在武汉举办，设声乐表演类（美声组、民族组、流行组）、器乐表演类（钢琴组、古筝组）和声乐作品类，最终评选出30名声乐表演类、器乐表演类“金编钟奖”获奖选手和6首声乐作品类“金编钟奖”获奖作品。“金编钟奖”自2003年至今已举办九届，经过18年的创新发展，业已成为湖北省音乐界最具权威性和导向性的专业大奖，在培养人才、推动创作、繁荣文艺等方面发挥了突出作用。

【举行第十三届湖北戏剧“牡丹花奖”颁奖展演】

11月30日，第十三届湖北戏剧“牡丹花奖”颁奖展演在湖北戏曲艺术中心举行。湖北省委宣传部、湖北省文联、湖北省演艺集团等有关方面负责人、戏剧专家和观众共同观看了演出。颁奖展演分“守正篇”和“创新篇”，展示了荆楚戏剧传统经典和近年来湖北省舞台艺术的创新佳作片段，共有22人荣获“牡丹花奖”，3人荣获“牡丹花大奖”。湖北戏剧“牡丹花奖”创立于1989年，奖励在戏剧表演艺术上有传承剧目和新创剧目、受群众欢迎且德艺双馨的45岁以下中青年演艺人才。

【首届“黄鹤杯”全国优秀戏剧剧本征文活动颁奖典礼举行】

12月27日，首届“黄鹤杯”全国优秀戏剧剧本征文活动颁奖典礼在湖北剧院举行，本次活动由湖北省文联指导，《戏剧之家》杂志社主办，以反映时代变迁和百姓生活为主要内容，既有家国情怀，也有家长里短，讲人性、讲人情，剧本类型覆盖戏曲、话剧、歌剧、舞剧、音乐剧等多个剧种。此次比赛共征集到全国各地来稿630部，覆盖全国29个省、直辖市、自治区，30部作品入围终评，最终15部作品获奖。第二届“黄鹤杯”全国优秀戏剧剧本征文活动同日宣布启动，在首届基础上，加大奖励力度，一等奖奖金由30万元提升至50万元，二等奖奖金由20万元提升至30万元。

对外文化交流

【“红色大别山 辉煌鄂豫皖”三省美术书法摄影展开幕】

为庆祝中国共产党成立100周年，用文艺的方式开展党史学习教育，7月6日，“红色大别山 辉煌鄂豫皖”三省美术书法摄影展在武汉市中南民族大学光谷美术馆开幕。该活动由湖北省文联、安徽省文联、河南省文联举办，此前已于6月16日在安徽合肥合柴1972当代美术馆开幕。此次展览活动共分3个展厅，展出的270件作品多为鄂豫皖三地的艺术家深入大别山革命老区采风创作而成，饱含着三省文艺工作者对党的敬意和对老区人民的深情。通过联合举办展览活动，为三省文联组织的共建共享探索了新方向，为三省文艺工作者的互学互鉴开创了新模式，为新时代三省文艺事业的繁荣发展铸造了新辉煌。

机关建设

湖北省文联坚持以思想破冰引领发展突围、以干在实处推动走在前列，不断强化自身建设，推动省文联改革不断引向深入，增强文联组织的政治性、先进性、群众性，去除机关化和行政化，转变工作作风、提升服务效能。

一是推动文联深化改革。延伸工作手臂、拓展服务内容、创新服务方式，首次开展新文艺群体副高级专业技术职务申报评审工作，涵盖编剧、导演（编导）、作词、作曲、摄影（摄像）五个门类。

二是开展协会换届工作。顺利完成湖北省剧协、曲协、摄协、舞协、书协、杂协6个协会的换届工作，选举产生新一届协会领导机构。

三是加强精神文明建设。承接中国文联新时代文明实践文艺志愿服务项目试点任务，在全省3个市开展试点，努力实现文艺志愿服务与新时代文明实践中心建设的深度融合。在全省举办9期全省新时代文明实践文艺志愿者骨干培训班，培训新时代文明实践中心（所）的文艺志愿者骨干1700 余名。

四是建强意识形态主阵地。坚持把意识形态工作要求与文艺文联工作特点相结合，牢牢掌握意识形态领域的领导权和话语权，定期召开意识形态研判会议，举办了省文联产行业文联、业务主管社会组织宣传思想工作培训会，建立了网络评论员队伍，强化重要时间节点重大事件的审核和管控，开展意识形态风险评估，不断压实意识形态主体责任，建好建强宣传文化主阵地。

五是大力推进清廉机关建设。细化21条具体措施，全面排查廉政风险点，有针对性地制定防控措施，建立和完善了发现问题、纠正偏差、精准问责的有效机制。

六是注重擦亮党建品牌。为支部搭建争创平台、提供争创机会、建立争创机制，指导和帮助支部完善品牌，15个支部结合自身实际，提出争创品牌的名称、内容和实际举措，促进党建和业务工作深度融合，创建活动做法得到上级党组织的充分肯定。

直属单位

【文学艺术院】

1月，“圆梦小康·美丽乡村——湖北省中国画作品展”开展；湖北省书法院“送春联、送‘福’”活动走进中建三局武汉云景山医院项目现场。

3月，湖北文艺网开辟“三个一百——党史学习教育专栏”；“墨海扬帆·湖北省国画院第二届中国画理论与实践高级研修班结业作品展”开幕。

4月，湖北省曲协“百花书会”原创作品打磨小分队举办系列活动。

5月，举办第七届湖北省中青年文艺评论家高级研修班；湖北省摄协摄影辅导小分队赴荆门开展活动。

6月，微电影《阳台》举行首映式和学术座谈会；系列纪录片《荆楚芳华》在湖北电视台电视综合频道播出；完成快闪音乐MV《妈妈教我一支歌》录音、混音编辑；“红色记忆　百年辉煌——湖北省国画院党员画家作品展”开幕；“永远的旗帜——庆祝中国共产党成立100周年湖北省书法院书法作品展”举行开幕式；举办浠水杂技辅导提高班。

7月，印发《习近平关于文艺工作的重要讲话和指示汇编》特刊；“永远的旗帜——庆祝中国共产党成立100周年湖北省中国画作品展”开幕；举办湖北中国画理论研修班；湖北省杂协空竹辅导小分队赴老河口市开展活动。

8月，湖北文艺网开设“修身守正　立心铸魂——湖北文艺工作者职业道德和行风建设”专题。

9月，原创红色曲艺剧《三教街四十一号》学术座谈会召开；湖北省视协基层辅导小分队赴恩施开展活动；启动“国画院讲坛”学术讲座。

10月，完成《聆听长江》“长江主题”优秀原创歌曲选集编辑工作；在中华数字艺术城上线“永远的旗帜——湖北省文联庆祝中国共产党成立100周年”系列主题展；举行2021年度湖北省签约制文学艺术创作扶持项目专家评审会。

11月，举办“湖北省编剧骨干人才孵化工程”第一期培训班；湖北文艺网开设“学习贯彻党的十九届六中全会精神”专题，并推出“艺心向党　百花向阳——湖北省百名文艺家畅谈学习党的十九届六中全会精神”系列视频；开展“楚天奖”文学类评审工作；举办“谢伦散文创作研讨会”。

12月，湖北文艺网开辟“喜迎第十一次全国文代会”专栏。

3月至9月，举办4期“荆楚文艺名家讲堂”。

6月至7月，完成湖北省音协音乐专辑“百年辉煌百年歌”1921-2021湖北优秀歌曲精选100首编辑工作。

7月至8月，组织“与爱同行”文学类稿件评审工作。

6月至12月，组织专家撰文推介微电影《阳台》、杂技剧《英雄之城》、曲艺剧《三教街四十一号》、音乐剧《太阳照进山窝窝》，在主流媒体刊发评论20余篇。

9月至12月，微电影《阳台》获得湖北省第十一届屈原文艺奖、“理想照耀中国——湖北省庆祝中国共产党成立100周年网络视听大赛”最佳作品奖，入选湖北省委宣传部精品扶持项目；音乐剧《太阳照进山窝窝》获得湖北省第十一届屈原文艺奖、第四届湖北艺术节“楚天文华大奖”，并参加全国少数民族地区艺术院团进京展演。

11月至12月，湖北省国画院主办“壮美广西·美丽南宁”2021年南宁市美术优秀作品展

（武汉站）。

1月至12月，完成书籍《历史回声——湖北革命历史民歌典藏》编辑出版工作；湖北省国画院画家参加中国美协主办的重要学术展览，入选作品25件，具备入会资格的作品14件。

【今古传奇传媒集团有限公司】

1月，为庆祝中国共产党成立100周年，《今古传奇》人物版推出12期独家策划专题，结集出版100万字巨著《中国万岁》。

2月，“声创传奇”项目与国内最大的有声平台喜马拉雅FM签订上架运营协议。

3月，电视剧《青春创业手册》上线爱奇艺播出。

4月，启动“大爱有‘声’精品数字出版工程”。

9月，子公司湖北画报社有限公司打造的长江漫云文创基地项目提升为集团项目；《今古传奇》武侠版出版创刊二十周年纪念特刊；《今古传奇》荣获首届“方正电子”杯中国期刊设计艺术周优秀封面、优秀版式设计奖。

10月，长江漫云文创基地一期项目“屈原书院”和“乡村振兴大课堂”开工建设。

11月，剧本《冯城的城》获省级国家电影事业发展专项资金扶持；举办“中华家风万里行”启动仪式；《今古传奇》荣获“2020-2021中国人文大众数字阅读影响力期刊TOP100”。

12月，《今古传奇》出版创刊四十周年纪念特刊，并举办创刊四十周年座谈会。

【书法报社】

1月，举办“我为我校题校名”全国少儿网络书法大赛活动；举办“福满人间——千人祈福”线上书法作品展。

6月，与多家专业媒体共同举办2020年度中国“书法风云榜”暨“黄道周奖”书法活动；举办“学党史·办实事·送书画”惠民活动；与永新县委共同举办“初心永铸——中国书坛百名中共党员书法家同书入党誓词作品展”；与江汉关博物馆共同承办“汉关壮游·周韶华山河纪行水墨作品展”。

7月3日，“永远的旗帜——庆祝中国共产党成立100周年”湖北省第九届书法篆刻展在湖北省图书馆正式开幕。

7月，“长江颂”百位长江流域书法名家作品巡展入选国家艺术基金资助项目；举办“华夏万卷杯”第十三届全国中小学生硬笔书写大赛；举办中央电视台影视城全国少儿艺术人才选拔书画大会暨《书法报》第十七届全国少儿书画现场大赛（楷书总决赛）。

9月，与全国中小学生综合素质等级测评中心共同举办“美丽中国”2021全国少儿绘画总决赛。

10月，与中国竹产业协会共同举办“清风雅韵·中华竹都”全国竹文化书法大展。

11月，与苏州市文联、苏州大学艺术学院、苏州科技大学艺术学院共同举办“襟怀如此——当代中青年书家十人学术提名展”；与湖北孝感市文联、安陆市委宣传部共同举办“李白杯”首届全国书法作品大赛。

12月，与浙江嘉兴市委宣传部等共同举办“上林杯”书法报·书法海选；举办第十四届中国重阳书画展；联合上海、重庆十家少儿图书馆举办“童心向党 追逐梦想——庆祝中国共产党百年华诞少儿书画展”。

【湖北画报社】

以刊物和新媒体矩阵为阵地，陆续推出大交通、大援藏、大振兴等重大专题和专栏报道。围绕中国共产党成立100周年策划选题，上半月刊“建党百年”专刊梳理党史、展现成就，下半月刊“红色旅游”专刊深入挖掘湖北红色历史、红色文化。围绕“十四五”开局、乡村振兴战略，推出“政协月度专题协商”“616扶贫专栏”“档案图萃”“江汉同治”等专栏。

2011年至2021年，《湖北画报·两会特刊》连续十一年在全省“两会”发行，展示发展成就。编制出版《丹水润鄂北》《产业融合惠荆楚》《扶贫影像》等专刊画册，参与执行“红色大别山·辉煌鄂豫皖”“相约春天”抗疫摄影展、“我的家乡我的村”主题摄影展等活动，宣传报道湖北各行各业突出成就，取得社会经济效益双丰收。

【戏剧之家杂志社】

举办首届“黄鹤杯”全国优秀戏剧剧本征文活动，共有30部作品入围终评，15部作品获奖，与30位入围终评的作者签订了《著作权转让协议》，汇总终评委专家点评，有针对性地向全国各院团推广获奖剧本。

5月至7月，结合音乐剧《孝·感天地》、楚剧《江姐》剧目定位和相关文化元素，分阶段、有重点地进行宣传。

11月，与武汉说唱团就首届“黄鹤杯”二等奖剧本——方言贺岁喜剧《伸着脑壳接石头》搬上舞台及后期宣传、推广、销售签订协议，提供剧本、参与投资、负责宣传推广。

12月，在湖北剧院举办“首届‘黄鹤杯’全国优秀戏剧剧本征文活动颁奖典礼暨方言贺岁喜剧《伸着脑壳接石头》展演”。

各文艺家协会

【戏剧家协会】

4月，湖北省剧协组织专家团队赴恩施州咸丰县南剧艺术传承保护中心，对编创剧目《唐崖土司夫人》开展精准帮扶和研讨提升；11月，该剧荣获第六届全国少数民族文艺会演“剧目创新奖”。

5月，经湖北省剧协推荐，武汉楚剧院优秀青年演员余维刚荣获第30届中国戏剧梅花奖。

7月至10月，举办“永远的旗帜——庆祝中国共产党成立100周年荆楚优秀现代戏展示”活动。

8月，在第25届“中国少儿戏曲小梅花荟萃”活动中，由湖北省剧协推选的杨英昊荣获京昆（业余）组“小梅花”称号，原创汉剧小戏《三个和尚》和改编京剧小戏《卖水》荣获“小梅花集体节目”荣誉。

10月，经湖北省剧协推荐，湖北省京剧院的《连心带》、武汉人民艺术剧院的《逆行》、武汉京剧院的《母亲》和武汉楚剧院的《向警予》四部剧目荣获第十七届中国戏剧节“优秀展演剧目”荣誉；中国文联党组成员、副主席、书记处书记徐永军和中国剧协相关负责人来汉调研戏剧工作、湖北省高校戏剧组织联盟发展和新文艺群体等；由中国剧协主办、湖北省剧协承办的“中国剧协中青年一线戏剧骨干研习班”在武汉举行；广东省文联、广东省剧协有关负责人和人员来汉对湖北省剧协工作和戏剧项目开展调研座谈；湖北省剧协被中国剧协授予第二届中国·桐乡小戏艺术邀请展“优秀组织单位”荣誉。

11月，湖北省剧协第八次会员代表大会在武汉召开；完成第十三届湖北戏剧“牡丹花奖”评审项目，并举行颁奖展演。

12月，由湖北省文联作为联合出品单位的歌剧《天使日记》、荆州花鼓戏《红荷》、黄梅戏《我的乡村我的亲》荣获湖北省第十一届屈原文艺奖。本年度，由湖北省文联主办、湖北省剧协和湖北高校戏剧组织联盟承办的“2021年湖北高校戏剧展演”经过初审和终审，共有33个作品和23位个人分别荣获“优秀展演剧目”和“校园戏剧之星”荣誉。湖北省剧协获中国剧协“2020年度优秀团体会员”表彰。

【音乐家协会】

3月，编辑出版《永远的旗帜——“庆祝中国共产党成立100周年”湖北优秀原创歌曲选集》；启动第九届湖北音乐“金编钟奖”评奖活动，最终共36名（部）选手、作品荣获“金编钟奖”。

4月，湖北省音协在黄石召开全省音协工作会和考级工作会，在武汉举行“第十三届中国音乐金钟奖（声乐、钢琴、古筝）比赛”湖北地区选拔赛。

5月，召开湖北省音协八届四次理事（扩大）会；编辑出版《百年辉煌百年歌——湖北优秀歌曲精选100首》作品集。

6月，湖北省音协报送的《山歌唱起来》《倾诉》《我要跟着你》3首歌曲入选中国音协主办的“百年百首”全国优秀新创歌曲名单。

7月，举办“百年辉煌百年歌”——第九届湖北音乐“金编钟奖”颁奖音乐会；湖北省音协荣获由中国音协主办的中国当代歌曲创作精品工程“听见中国听见你”2021年度“优秀推选单位”，报送的《阳台的花儿开了》《我要跟着你》入选2021年度全国20首优秀原创歌曲。

10月，湖北队参赛选手陈泳汐以美声组决赛第三名的成绩荣获第十三届中国音乐金钟奖；由湖北省文联、省音协报送的作品《坚守》，入选中宣部第九批“中国梦”主题新创作歌曲名单。

11月，编辑出版《聆听长江——“长江主题”优秀原创歌曲集》。

【美术家协会】

1月，启动“辉煌历程•丹青寄情”——湖北省首届中国画写意作品展。

3月，启动第五届“学院空间”青年美术作品大展。

5月，“红日，冉冉的红日”——系列红色主题艺术创作回顾展启动征稿，并于6月在湖北美术学院美术馆开展。

6月，举办2021年湖北省首届“师者”中学美术教师作品展；第七届湖北美术节暨“永恒记忆·不朽丰碑”——建党百年湖北党史重大题材美术作品文献展在湖北美术学院美术馆举行开幕式，展览持续至12月。

11月，组织鄂州市第二届文化旅游体育商品创意设计大赛展复评工作，16件城市视觉文化作品获得学术奖。

12月，启动电影《柳山》留守儿童公益海报设计大赛；举办“写生湖北”——首届湖北省高校风景题材美术作品展览。

【曲艺家协会】

2月，启动第十五届湖北曲艺“百花书会”评奖活动，最终评选出21个奖项，并举行了颁奖仪式。

4月，协同省教育厅体卫艺处召集召开曲艺工作座谈会；开展“百花书会”原创作品打磨小分队系列活动；组织推荐10件作品参加中国曲协庆祝中国共产党成立100周年优秀曲艺作品征集活动，其中湖北小曲《党员》、天门说唱《搬猪场》、群口快板《大山情》、小品《有奔头》、湖北大鼓《买药记》等5件作品入选；与武汉说唱团联合组织创作打磨红色曲艺剧《三教街四十一号》。

6月至8月，组织专家审看红色曲艺剧《三教街四十一号》，召开推介工程协调工作会，进行多次创作研讨座谈；9月，主办“永远的旗帜”——庆祝建党100周年红色曲艺剧《三教街四十一号》剧目展演及学术座谈会；承办“我们的中国梦　文化进万家”中国曲协学雷锋文艺志愿服务团走进武汉慰问演出活动。

11月，召开湖北省曲协第七次代表大会；组织创作宣传党的十九届六中全会精神的曲艺作品。

12月，召开湖北省曲艺界学习贯彻党的十九届六中全会精神暨宣传党的十九届六中全会精神曲艺作品创作研讨会。

【摄影家协会】

1月，授予黄石市阳新县丰义文化产业园“摄影创作基地”称号；联合共青团湖北省委开展“今年我们一起过年”为快递小哥拍摄全家福活动。

2月，荆楚红色文艺轻骑兵摄影小分队走进中建集团武汉同济航天城医院工地开展活动；评选出湖北省“2020年度摄影人物”“2020年度摄影集体”。

3月，开展“樱为有您　致敬医护”武汉大学援鄂医护人员精品赏樱专场摄影公益活动；举行第十届农民摄影大展农民摄影讲习活动；召开湖北省摄协第八届理事会（扩大）会议。

4月，举办“相约春天——我们在一起　携手‘战’疫”抗疫摄影展；举办荆楚红色文艺轻骑兵“名家大讲堂”；启动“百年湖北民俗记忆影像”征集。

4月至5月，开展“公益摄影进社区、进工地”——湖北摄影志愿者走进武汉市江汉区王家巷社区、打铜社区公益摄影活动。

5月，举办“口罩下的生活”摄影展；组织湖北省摄协摄影辅导小分队赴荆门市授课；宜昌市杨洪旺担任第十届全国农民摄影大展评委。

6月，“百花齐放——湖北摄影种子人才”培训班开班；举办中国摄协纪实摄影培训班（湖北）分享座谈会；开展“公益摄影进工地”——湖北摄影志愿者走进华中中交城公益摄影活动。

7月，开办湖北摄影公益讲堂；发起“豫鄂同心　我们在一起”支援河南公益助力行动。

8月，组织摄影家参加“倡导文明新风　助力乡村振兴‘五个一’文艺工程”专家指导和采风创作活动。

9月，举办“永远的旗帜——红色荆楚　百年影像”摄影展和“永远的旗帜”——第二十九届湖北省摄影艺术展；举办“金像奖获得者作品邀请展”；召开回眸金像艺术研讨会、摄影工作者职业道德和行风建设工作座谈会。

10月，湖北省12人13件作品入选第二十八届全国摄影艺术展，排名全国第六。

11月，召开湖北省摄协第九次会员代表大会。

12月，举办“我的家乡我的村”湖北省文联助力乡村振兴主题摄影展。

【舞蹈家协会】

4月至6月，通过新媒体平台将大型优秀舞剧、舞蹈诗作品《编钟乐舞》《楚韵》《筑城记》《王昭君》《土里巴人》《山水谣》《荷花赋》《家住长江边》《楚水巴山》以云展播方式集中推出；承办第六届湖北舞蹈“金凤奖”（职业组）比赛，评奖于3月全面展开，并于6月7日至8日在湖北剧院进行终评展演，最终评选出一等奖作品6部、二等奖作品8部、三等奖作品10部。围绕主题推出湖北省优秀舞蹈作品展演，分职业类、非职业类两场，共30部优秀舞蹈作品参加展演。

6月10日，“永远的旗帜——‘不忘初心舞起来’”沉浸式快闪视频上线。组织湖北舞者积极参加“第二届中南六省（区）‘十佳青年领军舞者’展演活动”，其中，3名青年舞者荣获“青年舞蹈家”称号、7名舞者获评“十佳优秀青年舞者”称号。

11月7日，湖北省舞协第八次代表大会闭幕，选举产生湖北省舞协第八届主席团。《无名的功勋》《阳台》《涟漪》《蛙人》入选第二届“中国舞蹈优秀作品集萃”；《下沉·下沉》《阳台》《蛙人》入围第十二届中国舞蹈荷花奖当代舞、现代舞终评；《金灿灿》《想唱歌的螳螂》入围第十一届“小荷风采”全国少儿舞蹈展演；《阳台》《下沉·下沉》《锁麟囊》《峡江赤子》入选2021年湖北省签约制文学艺术创作扶持项目。

【民间文艺家协会】

2月至10月，组织推荐作品参加第十五届中国民间文艺山花奖各类别评选，咸宁市崇阳县雨山村的《单龙戏虎》参加民间艺术表演作品（舞龙）初评活动；《木工技艺传承人口述史研究》（金晖编著）、《田野之美——民歌文化之当代传承研究》（李莉著）入围民间文艺学术著作类；徐海清的竹根雕《钟馗嫁妹》入围民间工艺美术作品终评。

3月，启动“百年湖北民俗记忆影像”征集活动，共计收到2000余张（组）照片。

4月，《荆楚民间文化大系（第十辑）》陆续出版。

9月，联合湖北省文联文学艺术院策划“荆楚文化名家讲堂”第四期；指导咸宁市文联举办“中国桂花文化论坛”。

11月，由湖北省民协推荐的刘益涛木刻版画《土家采茶女》、周志容汉绣作品《凤凰见证百年史 辛亥不忘起义门》入选中国民协主办的“文艺两新”中青年艺术家民间工艺作品展；召开中国汉族民间叙事长歌研讨会暨《黑暗传》与当代长诗研究学术交流会。

12月，完成《中国民间文学大系》湖北卷2021年编纂计划，“向坝民歌卷”基本定稿，“江汉系列神话长歌卷”已提交《中国民间文学大系》编委会编审，“咸宁长歌卷”即将付梓；邀请专家对《中国民间工艺集成》初稿进行审读。

【书法家协会】

1月，湖北省文联、湖北省书协负责人到大冶调研该市争创“湖北书法之乡”工作。

4月，湖北省书协组织书法家走进革命老区红安进行党史学习教育，开展现场教学活动。

7月，中国书协分党组书记、驻会副主席李昕到湖北开展调研。

9月，召开湖北省书法界职业道德与行风建设座谈会。

11月，湖北省书协第六次代表大会召开，大会选举产生湖北省书协第六届主席团、理事会。

12月，在湖北美术学院、宜昌市分别举办两场“全国第五届草书作品展”培训讲座。组织书法名家参加中国文艺志愿服务中心、湖北省文联主办的学习宣传党的十九届六中全会精神暨文艺助力乡村振兴“五个一”文艺工程惠民演出和书法培训活动，该活动在宜昌市秭归县屈原镇西陵峡村举行。湖北省书协多位书法名家工作室分别落户宜昌市秭归县屈原镇西陵峡村、赤壁市官塘驿镇张司边村。

1月至12月，全年组织开展“孝行天下”湖北省首届隶书作品展、2021“中国书法·年展”全国行书草书作品展签约仪式、湖北省第九届书法篆刻展暨“书写新时代·助力乡村美”湖北书法服务乡村振兴活动启动仪式、“东坡遗韵·黄冈眉山惠州儋州诸城五城市书法作品联展”暨湖北省书协东坡书法研究中心揭牌仪式、第三届湖北中小学教师书法作品展览开幕式、黄学湖《书法哲学概论》出版座谈会等多项活动。

【电影家协会】

5月至9月，完成湖北电影“金鹤奖”的征集评选工作。举办第四届湖北电影周展映活动，分别在宜昌、武汉两地举行，展映百年经典红色电影和近年来湖北优秀影片，并与极目新闻合作，组织青年鉴影团对影片进行评论和推介，共发表14篇新闻和评论，几乎每篇阅读量均达到一万人（次）。组织“电影与文学创作高峰论坛”和“青年影人论坛”。

筹备组织湖北省影协第六次代表大会，筹划湖北省影协换届相关工作。

【杂技家协会】

4月，组织湖北省杂协空竹辅导小分队赴襄阳市老河口开展活动。

5月，联合湖北省文联文学艺术院主办湖北浠水杂技辅导提高班。

11月，召开湖北省杂协第四次代表大会。

12月，中国杂协“学党史、办实事、文艺为人民——精品杂技下基层走进浠水”惠民演出系列活动在浠水县举办。

12月，举办2021年湖北空竹盛典暨第二届湖北空竹展演，并在部分县市区举办了线下颁奖交流活动。展演共有200多个节目参加，最后有6个节目获得一类节目奖（最高奖）、20个节目获得二类节目奖、22个节目获得三类节目奖。

12月，在福建举办的南方6省区青年魔术师展演中，陈欢、陈思汝表演的《疯狂的道具师》获银奖。

【电视艺术家协会】

2月，组织拍摄“全省文艺志愿者新春大拜年”音乐MV。

3月，承办“春满楚天”——湖北省文联荆楚红色文艺轻骑兵精品节目展演活动。

4月，开展“江与河的对话，云上欧洲——湖北传媒周”活动；组织创作并拍摄制作完成音诗画作品《五月，请听我说》。

4月，策划执行全省“学党史、传精神、跟党走”——湖北省文联荆楚红色文艺轻骑兵革命老区行启动仪式暨走进红安活动。

4月至6月，组织策划拍摄湖北省文联庆祝建党一百周年大型音乐快闪《妈妈教我一支歌》，该作品参加第十四届中国旅游电视周评审会议，荣获金奖。

7月，举办“百年旧址 红色记忆——原创诗歌朗诵会”；组织团队完成“伟大的旗帜”——深入贯彻学习习近平总书记“七一”重要讲话精神音乐诗歌朗诵活动；承办“庆八一·军民联欢文艺晚会暨湖北省文联荆楚红色文艺轻骑兵走进湖北省军区”活动。

9月，组织人员赴恩施州建始县景阳镇采风调研，授予景阳镇“湖北省影视拍摄基地”称号，举办“修身守正 立心铸魂——湖北省视协文艺培训小分队”专题培训和座谈会，创作完成“庆丰收 感党恩”——湖北广电荆楚红色文艺轻骑兵走进建始暨第四届中国农民丰收节庆祝活动。

10月，召开湖北省视协四届六次理事会扩大会议，来自全省各市（县）州台代表、县融媒体代表、产行业代表、电视艺术家代表、新文艺群体和高校师生代表出席会议。

11月，承办“时代新声——长江杯湖北省全媒体电视主持新人大赛”活动，组织完成宣传党的十九届六中全会精神暨荆楚红色轻骑兵走进秭归县西陵峡村活动。

12月，承办宣传党的十九届六中全会精神暨荆楚文艺轻骑兵走进赤壁市张司边村活动，承办“村村响村村讲，六中全会亮心堂”宣讲活动启动仪式暨荆楚红色文艺轻骑兵走进蕲春县漕河镇活动。

近200部（集）作品参评第23届湖北电视文艺奖评奖。由湖北省文联、省广电、省长江电影集团、省视协创作的音乐快闪《妈妈教我一支歌》荣获第十四届中国旅游电视周优秀短视频奖、湖北省委宣传部主办的“理想照耀中国——湖北省庆祝中国共产党成立100周年网络视听作品大赛”优秀作品奖、湖北省委组织部第二十一届全省党员教育片评审最佳作品奖、2021华东地区暨全国部分省市微视频（微电影）作品大赛最佳作品奖。

【文艺评论家协会】

5月，在湖北咸宁举办第七届湖北省中青年文艺评论家高级研修班，来自湖北省文联团体会员单位、高校、科研机构和新文艺群体代表中推荐的70余名优秀中青年文艺人才集中参加培训。

5月，与湖北美术学院联合在武汉主办2021“新文科·新艺科”国际学术研讨会。

9月，由江西省文艺评论家协会、广西壮族自治区文艺评论家协会、陕西省文艺评论家协会、湖北省文艺评论家协会和贵州省文艺评论家协会等五家省（区）级文艺评论家协会共同打造的“映山红”文艺论坛在江西南昌举办首届论坛活动。

10月，在武汉召开湖北省文艺评论家协会第三届理事（扩大）会，审议通过第四次代表大会工作方案、工作报告、章程修改草案。

12月，完成《长江文艺评论》2021年6期杂志及1期增刊的编辑出版工作。

基层文联

武汉市文联“红色文艺轻骑兵”走进基层社区宣讲党的十九届六中全会精神。

黄石市“书法尖刀班”在全省叫响。

十堰市文联开展新时代文明实践文艺志愿服务队送文化下乡活动。

襄阳市文联举办“襄阳好风日 荆楚庆丰收”暨首届襄阳摄影周。

宜昌市文联策划筹办第十二届长江三峡国际旅游节开幕式。

荆州市文联推出原创歌曲《永远送不到的青椒肉丝》，传播小城大爱精神。

荆门市文联举办“永远的旗帜”庆祝中国共产党成立100周年书法美术摄影展。

鄂州市文联举行“弘扬建党精神 抒写伟大荣光”学习宣传党的十九届六中全会精神文艺演出。

孝感市文联组织文艺家开展“进红门·送文化”活动。

黄冈市文联举办庆祝中国共产党成立100周年美术作品展。

“中国桂花文化论坛”在咸宁举办，该论坛由咸宁市委宣传部、咸安区政府、咸宁市文联、咸宁市中国桂花城建设领导小组办公室主办。

随州市文联组织艺术家精心创作各类艺术作品献礼党的百年华诞。

恩施州文联举办“瀚墨书写爱党情”——恩施州书法作品展暨恩施州党风廉政书法作品展。

仙桃市文联举办“沔水清风·仙桃市清廉艺术作品展”。

天门市接待湖北省文联开展专家指导和采风创作活动。

潜江市文联开展“红色潜江”——庆祝建党100周年主题文艺创作采风活动。

襄阳市文联、十堰市文联、随州市文联、神农架林区文联联合成立“襄十随神”城市群文艺联盟。

2021年，湖北各地基层文联围绕中国共产党成立100周年策划各类文艺活动，结合本地实际开展特色活动和创作，广泛开展文艺志愿服务，丰富了人民群众的精神文化生活，体现了良好的时代风貌。

湖南省文联

综　述

2021年，是党和国家历史上具有里程碑意义的一年。在湖南省委、省政府的坚强领导下，在中国文联和湖南省委宣传部的亲切关怀下，湖南省文联始终坚持以习近平新时代中国特色社会主义思想为指导，深入学习贯彻党的十九大和十九届中央历次全会精神，全面贯彻落实习近平总书记关于文艺工作的重要论述和对湖南重要指示批示精神，学习贯彻习近平总书记在中国文联十一大、中国作协十大开幕式上的重要讲话精神，学习贯彻湖南省第十二次党代会和湖南省第十次文代会精神，围绕庆祝中国共产党成立100周年这条主线，积极开展党史学习教育，不断强化思想政治引领，强化文艺精品创作生产，打造高素质文艺人才队伍，优化文艺创作环境，为推进新时代湖南文艺高质量发展作出了积极贡献。

重要会议和重大活动

【举办庆祝中国共产党成立100周年系列主题文艺活动】

根据湖南省委的安排，举办庆祝中国共产党成立100周年湖南省美术书法摄影展。展览分“百年恰是风华正茂”庆祝中国共产党成立100周年大型美术作品展、“伟业”庆祝中国共产党成立100周年主题书法作品展、“红色·绿色·古色”庆祝中国共产党成立100周年多彩潇湘影像长卷作品展，推出了500余件（幅）优秀作品。特别是推出的《大美潇湘 红色文化影像长卷》《生态潇湘 绿色文化影像长卷》《人文潇湘 古色文化影像长卷》3个各100米长的影像长卷，是全国乃至世界摄影史上的重要创新。

围绕庆祝建党100周年的主题，全年举办庆祝建党百年系列活动37场。举办“欢乐潇湘”全省群众美术书法摄影展；举办大型交响组歌《心中的颂歌》、大型交响音诗《三湘四水》演出；参与举办大型文艺晚会《百年正青春》；开展“心中赞歌献给党”——第七届潇湘好歌征集活动；牵头组织《锦绣潇湘·南岳衡山七十二峰图》首展和学术研讨会，组织开展“挥毫当得江山助”湖南省画院系列主题性创作工程，举办湖南省画院庆祝中国共产党成立100周年美术作品展；举办“墨韵湖湘”湖南省女书法家作品巡展、“圆梦百年”湖南省教师书法展；组织开展湖南红色故事会曲艺原创作品展演暨评论推介会系列活动，联合举办中国曲协“牡丹花开心向党”第十届中部六省曲艺展演；举办“童心向党——第十一届‘小荷风采’全国少儿舞蹈展演”湖南选拔展演活动，组织中南六省（区）青年领军舞者大赛，大型舞剧《热血当歌》创排演出；举办湖南省少儿戏曲小梅花选拔展演活动、“剪映百年·薪火相传”湖南省庆祝建党100周年剪纸作品展览、湖南省非遗脸谱与书法展览等40余场主题活动；举办“诗词歌赋抒豪情·翰墨丹青颂党恩”湖南省文联老艺术家诗、书、画、摄影作品展；组织参加“雨润天山——第十批援疆庆祝建党100周年主题书法展”；组织拍摄电影《堡垒》《八百矿工上井冈》《英雄若兰》《何叔衡》；协办“精准扶贫·三湘巨变——湖南省脱贫攻坚大型成就展”。

【湖南省文艺人才扶持“三百工程”申报项目评审会召开】

1月14日，湖南省文艺人才扶持“三百工程”申报项目评审会在长沙召开。湖南省文联党组书记、副主席夏义生，湖南省文联主席、湖南省书协主席鄢福初等20余人参加。湖南省文联党组成员、副主席、秘书长邓清柯主持会议。

鄢福初在终评会上强调，要坚持正确的政治导向，要扩大项目扶持的覆盖面，要坚持公正评审规范评审，要重视项目的质量和水平，真正把文艺人才“三百工程”扶持项目对湖南省文艺人才队伍建设的引领和助推作用发挥好。

夏义生在评审会上指出，评委要以习近平总书记关于文艺工作的重要论述为指导，严格按照评审原则，本着公平、公正、公开的宗旨进行评审。他强调，要坚持高质量高标准，项目选择既要重视作品创作，又要重视理论研究，还要瞄准文艺发展的前沿问题，既要关注新的文艺现象、也要吸取历史的养分，注重历史与现实的继承创新，要好中选优，全面推进各文艺门类的均衡发展，推动文艺从“高原”迈向“高峰”。他还表示，“三百工程”要加大推广力度，深入落实到各文艺门类当中去，让更多的文艺工作者参与进来。

湖南省文艺人才扶持“三百工程”是2012年湖南省文联联合湖南省委宣传部、省财政厅共同组织实施，主要以培训、交流、宣传推介、项目资助等扶持方式，着力培养一批德艺双馨的文艺人才，促进湖南省文艺事业繁荣发展。近6年来，已扶持各类文艺创作项目114个，培养建立了一支强大的湖南文艺人才队伍，在文艺界产生了广泛影响。

【第二届“湖南·中国画双年展”举行】

1月19日至3月5日，由中国美协、湖南省文联共同举办的第二届“湖南·中国画双年展”在湖南美术馆举行，湖南省文联党组书记、副主席夏义生，湖南省文联党组成员、副主席、秘书长邓清柯，湖南省文联名誉副主席、省美协主席朱训德，中国美协理事、中国文联美术艺术中心展览处处长杜松儒等观看了展览。

本届展览旨在通过深入学习贯彻习近平总书记关于文艺工作的重要论述，从中国传统文化中找到切入点，与时代结合，与世界接轨，力求营造新时代社会主义美术事业的新气象。展览以中国当代人物画创作为主题内容，邀请30位当代人物画家参展，同时展出的还有面向全国征选的147件优秀中国画作品（含30件获中国美协一次入会资格的作品）。展览以人物画为主题，突出对人文与传统的回归和对艺术史边界的拓展、创新进行结合的实践探索。

【湖南省首批新文艺群体领军人才座谈会召开】

1月29日，湖南省首批新文艺群体领军人才座谈会在长沙召开。中国书协副主席、湖南省文联主席、湖南省书协主席鄢福初，湖南省文联党组成员、副主席唐贵平，湖南省文联党组成员、副主席、秘书长邓清柯，湖南省文联党组成员、副主席张纯等出席，湖南省首批新文艺群体领军人才以及湖南省各文艺家协会相关负责人、省文联各处室相关负责人40余人参加。

会上，邓清柯宣读了《关于公布湖南省首批新文艺群体领军人才评选结果的通知》。会议向获评“湖南省首批新文艺群体领军人才”的21位同志颁发了证书与牌匾。

鄢福初在会议上指出，新文艺群体领军人才一要坚定文化自信，提高政治站位。要坚定不移学习贯彻习近平新时代中国特色社会主义思想和习近平总书记关于文艺工作的重要论述，要树立正确的价值观，发挥领军人才“领头雁”“排头兵”的带头示范作用，匡扶正义、树立文艺新风；要以身作则，修炼品德，戒骄戒躁，谦虚谨慎，为历史存正气，为世人弘美德。二要坚持创作精品力作，努力攀登艺术高峰。要全面加强艺术修养；要勇于创新创造，创作出更多带露水、接地气、群众喜闻乐见的优秀作品。三要坚持服务人民群众，热心公益，乐于奉献。

【“湖湘经典——湖湘千年书法大展”举行】

3月20日至4月10日，由湖南省文联、湖南美术出版社主办，湖南美术出版社美仑美术馆承办的“湖湘经典——湖湘千年书法大展”在美仑美术馆举行。

湖南省文联党组书记、副主席夏义生在开幕式讲话中指出，此次大展是湖南省文联“湖湘经典”项目之一。“湖湘经典”项目分出版与展览两个部分，出版项目共十本图书，分别是《湖湘碑刻书法》《湖湘简牍帛书书法》《湖湘古代书法》《湖湘近代书法》《湖湘现代书法》《湖湘篆刻》《欧阳询书法》《怀素书法》《何绍基书法》《齐白石书法篆刻》；展览项目即本次“湖湘千年书法大展”。

此次展览既有出土于湖南省常德市桃源县、距今3000多年的皿方罍商晚期青铜铭文，又有与黄帝陵、炎帝陵齐名的“中华民族三大瑰宝”之一的衡山岣嵝碑，横跨战国、秦、汉、三国、西晋的简牍帛书，由隶入楷的《谷朗碑》，“四大家”

之一欧阳询的碑刻，彰显盛唐气象的摩崖石刻《大唐中兴颂》，“惊蛇入草”的怀素大草，苏仙岭、柳子庙的“三绝碑”，湘西《复溪州铜柱铭》，以及国家一级文物《晋故曹夫人碑》，五体兼善的何道州“神与迹化”的龙隶凤篆，清代“中兴四大名臣”的琼简瑶函，新中国首位“人民艺术家”齐白石的妙翰玉札，一代开国领袖毛泽东独领风骚、气势磅礴的云章宝训等。

【湖南省文联第十届委员会第二次全体会议举行】

3月30日，湖南省文联第十届委员会第二次全体会议在长沙举行。湖南省委宣传部副部长、湖南省文明办主任肖凌之出席并讲话，湖南省文联党组书记、副主席夏义生作工作报告，湖南省文联主席、中国书协副主席、湖南省书协主席鄢福初主持会议。

会议传达了学习湖南省委省政府领导对湖南省第十次文代会和湖南省文联工作的批示精神、全省宣传部长会议精神及中国文联十届六次全委会会议精神，通报了《湖南省第十次文代会代表提出有关建议的落实意见》，通过了《湖南省文联关于全省委员会委员履职考核暂行办法》。

肖凌之在讲话中指出，2020年，湖南省文联围绕出精品、出人才、出品牌、出团结抓工作，成绩突出，亮点纷呈，值得充分肯定。同时，他对2021年省文艺工作、文联工作提出三点意见：一是深入贯彻落实好湖南省第十次文代会精神；二是着力组织好庆祝中国共产党成立100周年系列文艺创作和文艺展演活动；三是大力推进基层文联深化改革。

夏义生在工作报告中指出，全省文艺工作者要坚持以习近平新时代中国特色社会主义思想为指导，全面贯彻落实党的十九大和十九届二中、三中、四中、五中全会精神，深入贯彻落实习近平总书记关于文艺工作的重要论述和考察湖南重要讲话精神，增强“四个意识”、坚定“四个自信”、做到“两个维护”，认真落实全省宣传部长会议精神和湖南省第十次文代会精神，紧紧围绕庆祝中国共产党成立100周年这条主线，坚持以人民为中心的工作导向，坚持出精品、出人才、出品牌、出团结，坚持稳中求进、守正创新，努力推动湖南文艺高质量发展，奋力谱写新时代中国特色社会主义湖南文艺新篇章，为加快建设文化强省、大力实施“三高四新”战略、奋力建设现代化新湖南贡献文艺的力量。

【湖南红色故事会曲艺原创作品展演暨学术研讨会举行】

5月25日晚及26日上午，由湖南省文联主办的两场湖南红色故事会曲艺原创作品展演分别在湖南第一师范学院田汉剧场、湖南大剧院举行。

26日下午，湖南红色故事会曲艺原创作品学术研讨会在长沙举办，湖南省文联党组成员、副主席、秘书长邓清柯主持会议，湖南省文联党组书记、副主席夏义生出席并作总结讲话。夏义生表示，这批原创曲艺作品聚焦红色题材，讴歌党的百年风华，涵盖了党在各个历史时期所作出的丰功伟绩、巨大牺牲和无私奉献，传递了广大人民群众对党的感激和歌颂之情，同时也体现了湖南文艺工作者的忠诚和担当；其次，这批红色题材作品是对艺术形式的一种创新，也是贯彻落实习近平总书记考察湖南重要讲话精神的生动实践。

【全国文联信息化建设工作片区会召开】

6月22日至23日，由中国文联网络文艺传播中心、湖南省文联共同主办的全国文联信息化建设工作片区会在长沙召开。中国文联国内联络部主任、网络文艺传播中心主任谢力，中国文联网络文艺传播中心副主任冉茂金，湖南省文联党组书记、副主席夏义生，湖南省文联主席、中国书协副主席、湖南省书协主席鄢福初等出席。

夏义生表示，湖南省文联与新湖南客户端正在筹建创办一个文艺评论网刊，着力推出一批接地气、充满时代性和感染力的新时代网络文艺评论。同时，湖南省文联秉承全国文联“一张网”的理念，希望能打造一个中国网络文艺节，通过网络文艺节来推动网络文艺平台的体系建设，在网络直播、VR展示、在线评奖、云展演、新媒体矩阵等一系列创新应用上全面发力。

鄢福初表示，在信息化时代、网络时代，文联要适应新的形势，无论是拓宽工作面、提高工作效能，还是直接为文艺家服务、为人民群众服务，这是一个有效的手段。未来文联的工作应当是一种全新的方式方法，这项工作具有极强的探索性、创新性，特别是有一定的先导性。

【庆祝中国共产党成立100周年湖南省美术书法摄影展开幕】

6月30日，由湖南省委宣传部、湖南省文联共同举办的庆祝中国共产党成立100周年湖南省美术书法摄影展在湖南美术馆开幕。湖南省委宣传部副部长、一级巡视员肖凌之，湖南省文联党组书记、副主席夏义生，湖南省文联主席、中国书协副主席、湖南省书协主席鄢福初等出席开幕式。

此次展览由“百年恰是风华正茂”庆祝中国共产党成立100周年湖南省大型美术作品展、“伟业”庆祝中国共产党成立100周年湖南省主题书法篆刻作品展和“红色·绿色·古色”庆祝中国共产党成立100周年多彩潇湘影像长卷作品展三部分组成，共展出500余件（幅）作品。

湖南省委书记、省人大常委会主任许达哲，湖南省委副书记乌兰，湖南省委常委、省委秘书长张剑飞，湖南省委常委、省军区政治委员冯毅，湖南省人大常委会党组书记、副主任刘莲玉，湖南省副省长隋忠诚，湖南省政协党组副书记、副主席贺安杰参观展览。许达哲在参展时强调，要通过展览，引导广大干部群众更加深刻地认识到中国共产党、中国人民和中国特色社会主义的伟大力量，更加紧密地团结在以习近平同志为核心的党中央周围，从党的光辉历史中汲取砥砺奋进的力量，更好立足新发展阶段、贯彻新发展理念、构建新发展格局，凝聚走好新时代长征路的强大正能量，共同谱写新时代坚持和发展中国特色社会主义的湖南新篇章。

其中，“百年恰是风华正茂”庆祝中国共产党成立100周年湖南省大型美术作品展运用绘画、雕塑等造型艺术形式，描绘毛泽东故居、刘少奇故居等湘籍革命领袖故居，讲述“半条被子”、通道转兵等一系列红色湖南的故事，展现安源路矿工人运动、脱贫攻坚战、抗击新冠肺炎疫情等一系列重大历史事件；“伟业”庆祝中国共产党成立100周年湖南省主题书法篆刻作品展，注重从党史中感悟初心，以笔墨表现时代，突出了歌颂党、歌颂祖国、歌颂人民的鲜明主题；“红色·绿色·古色”庆祝中国共产党成立100周年多彩潇湘影像长卷作品展，以多彩潇湘为主题，分别创作《大美潇湘 红色文化影像长卷》《生态潇湘 绿色文化影像长卷》《人文潇湘 古色文化影像长卷》3幅百米影像长卷，以宏大的视角、博大的意境、精美的影像，弘扬湖湘红色经典蕴含的革命精神，展现湖南绿色发展的美丽画卷，彰显源远流长的湖湘文化神奇魅力。

【湖南省文联第十届主席团学习习近平总书记“七一”重要讲话精神报告会暨十届三次主席团会议召开】

8月12日，湖南省文联第十届主席团学习习近平总书记“七一”重要讲话精神报告会暨十届三次主席团会议在长沙召开。会议以深入学习贯彻习近平总书记在庆祝中国共产党成立100周年大会上的重要讲话精神为主要内容。湖南省文联主席、中国书协副主席、湖南省书协主席鄢福初主持会议。湖南省文联党组书记、副主席夏义生作工作报告。

夏义生总结了湖南省文联2021年上半年的成绩，部署了湖南省文联2021年下半年的工作安排。他指出，2021年下半年湖南省文联有两项重要的工作：一是做好第二届湖南省文学艺术奖评奖表彰工作；二是全力推进艺术系列新文艺群体职称申报评审试点工作，这是全省“文艺两新”工作的重要内容。

鄢福初就学习习近平总书记“七一”重要讲话精神、推动湖南文艺高质量发展提出三点要求：一是坚定方向，学懂弄通落实好习近平总书记“七一”重要讲话精神；二是凝心聚力，建设好湖南文艺和谐大家庭；三是奋发进取，立足新阶段，展示新作为。他指出，在跨入第二个百年宏伟目标的开局之年，湖南文艺界要有新作为、新气象，要从4个方面发力：弘扬传统文化，让湖湘文化焕发出时代光辉；把握时代命脉，创作更多精品力作；做到薪火相传，发现和培养各类文艺人才；坚持文艺惠民，为人民群众提供健康美好的精神食粮。

【湖南省文联文艺工作者职业道德和行风建设座谈会召开】

9月7日上午，湖南省文联文艺工作者职业道德和行风建设座谈会暨职业道德建设委员会第二次全体会议在长沙召开。湖南省文联主席、中国书协副主席、湖南省书协主席鄢福初主持会议，湖南省文联党组书记、副主席夏义生出席会议并讲话。

会议传达了中宣部关于开展文娱领域综合治理电视电话会议和湖南省委宣传部相关会议精神、中国文联“修身守正 立心铸魂——文艺工作者职业道德和行风建设工作座谈会”精神，学习了《中国文联关于大力推进文艺工作者职业道德建设和文艺界行风建设的意见》《中国文联关于在教育培训中进一步加强文艺工作者职业道德教育、遵纪守法教育的通知》《文艺工作者广告代言自律公约》等文件。

夏义生在会上强调，全省文艺工作者要在肩负立心铸魂的崇高使命上、追求德艺双馨的崇高境界上、担当引领文明新风的崇高责任上、推动文艺界职业道德建设落实落细上走在前列。

鄢福初在讲话中提出，全省文艺工作者要把“做人的工作”作为核心任务，把“以人民为中心”作为根本宗旨，把“崇德尚艺”作为一生的必修课，强化行风建设。

【举办《文艺论坛》《湘江文艺》首届双年优秀作品推介会暨新时代背景下文学期刊发展研讨会、当代文艺批评期刊高质量发展研讨会】

9月26日，由湖南省文联主管、湖南省文联文艺创作与研究中心主办的大型公益性文艺期刊《文艺论坛》《湘江文艺》首届双年（2019-2020）优秀作品推介会在岳阳举行。来自全国各地的知名学者、作家、批评家、报刊主编及本土作家、评论家、媒体代表共80余人参会。

推介会上，湖南省文联党组书记、副主席夏义生简明扼要地介绍了重启《湘江文艺》刊名的意义和影响，以及《文艺论坛》刊名的溯源发展。湖南省委宣传部副部长、湖南省文明办主任、一级巡视员肖凌之在会上指出，要高举“旗帜”，坚持导向立刊；开启“慧眼”，坚持精品办刊；当好“伯乐”，坚持人才助刊；打造“品牌”，坚持特色兴刊。

此次推介活动共推选出《湘江文艺》优秀作品老藤的《猎猞》、陈继明的《母亲在世时》、田兴家的《夜晚和少年》等12篇，《文艺论坛》优秀作品金永兵的《文艺“问题式”的时代新变》、周保欣的《“史地之学”与当代小说的方志性问题》、黄鸣奋的《科幻电影对工业革命的描绘与反思》等7篇，优秀编辑余晔、冯祉艾2名。

推介活动后，当日上午、下午又分别举行了新时代背景下文学期刊发展研讨会、当代文艺批评期刊高质量发展研讨会。研讨会上，与会专家高度评价了《湘江文艺》《文艺论坛》两本刊物，并就新时代背景下，国内文学期刊、文艺批评期刊的现状与未来发展进行了研讨。

【庆祝中国共产党成立100周年“欢乐潇湘”全省美术书法摄影作品展举办】

9月28日至10月6日，庆祝中国共产党成立100周年“欢乐潇湘”全省美术书法摄影作品展在湖南省展览馆开展。此次展览由湖南省委宣传部、湖南省文联主办，共展出“欢乐潇湘”全省美术书法摄影作品638件、特邀书法作品51件。

此次展览历经5个月时间的精心筹备，通过组织专家对湖南省各市州遴选申报的作品进行评选，评选出美术、书法、摄影作品一等奖各20件、二等奖各30件、三等奖各50件。

湖南省文联主席、中国书协副主席、湖南省书协主席鄢福初表示，此次展览评选出的作品或思接千载，或视通万里，或气势磅礴，或巧夺天工，每一件都浸透着美术、书法、摄影人的心血，蕴含着蓬勃向上的精神力量和审美价值。

【“挥毫当得江山助·庆祝中国共产党成立100周年——湖南省画院系列主题性创作工程展”举行】

9月29日至10月18日，由湖南省文联、湖南省画院主办的“挥毫当得江山助·庆祝中国共产党成立100周年——湖南省画院系列主题性创作工程展”在湖南美术馆举行。湖南省委宣传部常务副部长蒋祖烜，湖南省委宣传部副部长、湖南省文明办主任肖凌之，湖南省文联党组书记、副主席夏义生，中国书协副主席、湖南省文联主席、湖南省书协主席鄢福初等出席或观展。鄢福初主持开幕式。

此次展览是湖南省文联庆祝中国共产党成立100周年的一项重要活动，也是庆祝湖南省画院成立30周年的一项重大主体活动。展览由“全国名家美术作品邀请展”“画院春秋——湖南省画院建院30年文献展”“辉煌岁月——湖南省画院美术成果展”“砥砺前行——湖南省画院专职画家美术精品展”4部分组成，共展出410余件（幅）作品。

夏义生指出，此次展览勾勒了湖南省画院30年来的发展轨迹，展出了湖南省画院这30年来创作与研究取得的丰硕成果，展示了历任领导与艺术家的不俗成就与从艺风采，表达了湖南美术界对党和国家、人民的真挚感情，对时代的深刻感受和对艺术的执着探求。

【“聚文化力量·助乡村振兴”湖南文艺家采风创作活动启动】

11月11日，湖南省文联组织的2021年度“聚文化力量·助乡村振兴”湖南文艺家采风创作活动启动。湖南省文联党组书记、副主席夏义生为采风团授旗，湖南省文联主席、中国书协副主席、湖南省书协主席鄢福初作动员讲话。近80名文艺工作者奔赴长沙、湘潭、邵阳、岳阳、益阳、张家界、怀化、娄底、湘西采风。

鄢福初强调，采风创作活动不是一次走马观花、浮光掠影的“乡村秀”，而是“深入生活、扎根人民”的要求，是文艺家肩负使命、充满感情到艰苦地区、困难地区去察民情、丰富素材，雕琢精品的“炼丹炉”。雄笔在心，方书华章。作品是文艺家们的立身之本，更是文艺家们受到社会更高尊崇的光环。这次采风活动，湖南省文联高度重视，各分队长由省文联党组负责人担任。艺术家要在接下来的采风过程中脚踩泥土、身沉基层、心系群众，把握时代脉搏，深入书写湖湘农村的伟大变革，记录时代风貌，弘扬时代精神，讲好乡村振兴路上的湖湘故事。

【“湖南网络文艺评论阵地专题研讨会”召开】

11月30日下午，由湖南省文联、湖南日报报业集团共同举办的“湖南网络文艺评论阵地专题研讨会”在长沙召开。

湖南省文联党组书记、副主席夏义生，湖南日报社党组成员、社务委员、副总编辑夏似飞出席并讲话。湖南省文联党组成员、副主席、秘书长邓清柯主持会议。

夏义生在总结讲话中表示，本次研讨会坚定了忠实践行习近平总书记关于文艺工作重要论述的信念，亮出了“湘派”网络文艺评论的旗帜，搭建了网络文艺评论媒介矩阵，集聚了湖湘网络文艺评论人才队伍，为湖南省网络文艺评论事业的发展奠定了良好基础。他还指出，加强网络文艺评论，最重要的是心系“国之大者”，弘扬批评精神，发挥网络文艺在丰富人民群众精神文化生活、增强正能量中的作用，为中华民族伟大复兴提供强大的精神动力。

党史学习教育和机关建设

【开展党史学习教育】

以开展党史学习教育为抓手，不断强化文艺界思想政治引领。成立党史学习教育领导小组，研究制定党史学习教育实施方案，召开湖南省文联党史学习教育动员大会。印发《湖南省文联关于学习贯彻习近平总书记在庆祝中国共产党成立100周年大会上重要讲话精神的通知》《湖南省文联关于学习贯彻习近平总书记在中国文联十一大、中国作协十大开幕式上的重要讲话的通知》。邀请3名湖南省委宣讲团成员来机关作主题宣讲。通过党组理论学习中心组学习、专题读书班、学习交流座谈会、主题党日活动等形式，开展党史学习教育。充分发挥红色资源的教育功能，组织全体党员赴湖南党史陈列馆、韶山、雷锋纪念馆、刘少奇故居、杨开慧故居、沙洲村等地开展党史学习教育。

举办湖南省文联党史知识竞赛活动、“学党史、感党恩、跟党走”主题朗诵大赛，引导全体党员深化学习教育。在相关微信公众号开设“党史学习教育”专栏，集中推出一批学习材料、经验交流和活动信息。编印《党史学习教育辅导200条》《湖南省文联党史学习教育青年干部学习心得汇编》。召开17次党组会议，有14次会议的第一议题是学习习近平总书记最新重要讲话精神和中央、湖南省委的重要会议精神。

夏义生以《百年大党与中国现当代文艺发展》为题为全体党员讲授专题党课，其他湖南省文联党组成员在所在支部讲党课。举办学习贯彻习近平总书记关于文艺工作重要论述专题培训班11期，培训会员1585人。编印《习近平总书记关于文艺工作的重要论述汇编》。在《文艺论坛》杂志设立“习近平文艺论述研究”专栏，刊发理论文章。参与《习近平新时代中国特色社会主义思想学习问答》编写，获中宣部书面表扬。获湖南省庆祝中国共产党成立100周年理论研讨会优秀论文奖和湖南省直机关“走向高地”学习研讨优秀论文奖。

【机关建设】

以强化政治建设为统领，推动全面从严治党向纵深发展。始终秉持“赶考”意识，增强自我净化、自我完善、自我革新、自我提高能力，推动党建和机关自身建设。扎实推进法治湖南建设工作，主要负责人切实履行推进法治建设第一责任人职责。召开湖南省文联党组2020年度民主生活会、2021年党的建设暨党风廉政建设工作会议，进一步推动全省文联系统党风和廉政文化建设工作。完成机关党委的换届工作。积极推进党支部“五化”提质工程，抓实新任支部书记和支部委员履职培训制度。新成立社会组织党支部3个，共辖社会组织党支部57个，覆盖63个社会组织，实现社会组织党建工作全覆盖。

开展“创先争优”活动，召开“七一”表彰大会，为获得“光荣在党50周年”荣誉老党员颁授纪念章，并表彰“两优一先”获得者。1个支部被湖南省委“两新”工委评为全省“两新”领域先进基层党组织，1个支部被评为全省“两新”领域标杆党组织。1人被湖南省委组织部记“三等功”。1人被评为湖南省直优秀党务工作者。1个支部被评为湖南省直先进基层党组织。

始终绷紧意识形态责任制这根弦，召开意识形态审查会5次、研判会4次，开展意识形态督查工作2次，上报舆情信息60条，处理舆情信息28起。以加强制度建设为抓手，组织修订了关于意识形态工作责任制方面的制度4个。严把政治导向，严格执行“三审制”，开展文艺活动审查备案制度，确保意识形态安全。

始终绷紧疫情防控这根弦，落实重大活动向所在地联防联控机制报告制度。抓好人员外出事项报告，严格落实公共场所防控制度，积极组织人员接种新冠疫苗。把文明创建作为“一把手工程”，统筹谋划制定创建规划方案和任务分解表，认真抓好落实。

大力开展“我为群众办实事”活动，开展湖南省文联办公楼及机关院内环境安全整治美化工作。积极推动机关规范化管理，规范公车管理。

加强机关文化建设，组织创作的原创诗朗诵《风起潇湘》获全省“潇湘巾帼心向党”群众性朗诵视频大赛二等奖。举办“巾帼心向党·鲜花颂党恩”花艺、茶艺、才艺表演活动。关心干部职工生活，全年看望慰问老艺术家、老同志100人（次），在职干部职工20人（次）。

开通湖南省信访信息系统账户，实现网上接访。做好“互联网+监督”平台公务用餐监督子系统的运行。贯彻落实政治建设考察工作，制定了《湖南省文联政治建设考察实施办法（试行）》，组织开展湖南省文联政治建设考察工作。

修订和完善干部人事工作软件系统数据和信息。制定湖南省文联参公人员平时考核工作实施方案，修订省文联干部选拔任用工作、人事档案管理、机关内设处室及所属事业单位职责分工制度。完成领导干部个人事项专项整治工作、因私出国（境）登记备案人员“一人多证”专项清理工作、干部人事档案专项审核清理工作、实名制管理专项清理工作。

重要创作与获奖

吴傲君的花鼓戏《蔡坤山耕田》获第24届中国戏剧奖·曹禺剧本奖，青年演员张璇在现代京剧《向警予》中饰向警予获第30届中国戏剧奖·梅花表演奖，毛剑锋的话剧《沧浪之水》获中国戏剧奖·曹禺剧本奖提名。原创滑稽节目《小夫妻》获中国杂技金菊奖。陈思嘉、胡煜晨、施圣勇3名小演员在第25届中国少儿戏曲小梅花荟萃活动中摘得“小梅花”，2个节目获“小梅花集体节目”称号。

广播剧《向着光明前行》在湖南广播电台播出，并作为全省优秀广播剧展播。冯伏强的湘剧《描容上路》、肖笑波的祁剧《目连救母》、罗艳的昆曲《贩马记》、雷玲的昆曲《白兔记》、傅艺萍的昆曲《金钗记》入选中宣部、文化和旅游部2021年中国戏曲音像工程录制演员（剧目）名单。肖笑波被评选为全国戏曲表演领军人才。

直属单位

【湖南省画院】

举办“第二届湖南·中国画双年展”，共展出作品378件。组织参加“庆祝中国共产党成立100周年‘百年恰是风华正茂——湖南省大型美术作品展’”。举办“挥毫当得江山助·庆祝中国共产党成立100周年——湖南省画院系列主题性创作工程展”；编辑出版“湖南省画院30年系列丛书”；举办湖南省画院建院30年藏品展。组织参加“第七届全国画院美术作品展”。举办“庆祝中国共产党成立100周年湖南省画院美术作品展”。举办庆祝中国共产党成立100周年——“学党史·守初心·绘新篇”湖南省画院党史专题美术创作工程作品展。在湖南省画院美术馆举办展览14场次。

【湖南省文联文艺创作与研究中心】

《湘江文艺》杂志影响扩大、成绩突出，2021年被《新华文摘》《人大复印资料》《小说选刊》《小说月报》《中华文学选刊》等权威选刊选载47篇次，获大奖3次。《文艺论坛》杂志实现大的跨越，改版3年便进入CSSCI扩展版来源期刊（2021-2022），挺进中国文学理论期刊前20名，入选“2021BIBF精品期刊展”（由中共中央宣传部、北京市政府主办），获得湖南省委宣传部精品期刊资助。组织召开《文艺论坛》《湘江文艺》首届双年（2019-2020）优秀作品推介会及新时代背景下文学期刊发展研讨会、当代文艺批评期刊高质量发展研讨会。

参与协办“创造影视剧艺术的辉煌：建党百年与中国的影视剧艺术发展研讨会”。完成《中国文学艺术界联合会年鉴（2021）》《湖南年鉴》《湖南宣传年鉴》湖南省文联部分的编纂工作。积极开展《湖南文艺志》的撰写准备工作。积极参与指导扶贫电影《在河之洲》的拍摄工作。积极筹划评论集《湖南“脱贫攻坚”主题文艺创作观察》《〈湘江文艺〉新锐作品集》《习近平文艺思想研究》的出版工作。与湖南工商大学签订《文艺论坛》《湘江文艺》刊物发展和湖南文艺阵地建设研究合作协议。获评湖南地方志系统2021年度先进集体。

【湖南美术馆】

以党史学习教育为主题，共组织集中学习42次。共举办展览17个：围绕红色文化主题，举办“精准扶贫 三湘巨变——湖南省脱贫攻坚大型成就展”“庆祝中国共产党成立100周年湖南省美术书法摄影展”“中国国家画院庆祝中国共产党成立100周年邀请展”“山河锦绣——山水画名家作品展·长沙巡展”等；围绕湖湘文化主题，举办“一生师范——王正德的艺术与人生”“独留苍翠照山川——纪念曾熙诞辰160周年书画特展”“湖南著名美术家推介工程·颜家龙艺术展”“纵横有象——晚清以降颜氏书风在湖南特展”等；围绕发掘培育新人、扶持基层文化建设，举办“第二届湖南高校毕业季美术作品展（2021）”“‘寻源与自振’湖湘中青年书家七人展暨浏阳书法精品展”等；围绕馆际交流合作，举办“艾玛艺术作品展”“大地花开——陕西省美术博物馆藏安塞农民画作品展（湖南站）”等。

举办公共教育活动70余场，其中，艺术沙龙19场、美育课堂13场、艺术导览32场。收藏作品477件。完成湖南著名美术家（1840-1949年）汇总和初步学术梳理、《湖南著名美术家推介工程·王憨山》作品集编辑工作及《湖南著名美术家推介工程·颜家龙》作品集初稿编辑工作。编辑出版《2019-2020年湖南美术馆年鉴》《独留苍翠照山川——纪念曾熙诞辰160周年书画特展》等作品集共3500册；完成2020年中央补助地方公共服务体系建设专项资金（一般项目）“湖南美术馆市民共享计划——走进湖湘近现代名家系列活动”；组织召开第三次、第四次湖南美术馆学术委员会、“中国国家画院庆祝中国共产党成立100周年邀请展”“山河锦绣——山水画名家作品展·长沙巡展学术研讨会”及“湖南著名美术家推介工程·颜家龙艺术展研讨会”。“湖南省美术馆及文艺家之家工程”成功入选2020-2021年度中国建设工程鲁班奖（国家优质工程）名单；完成脱贫攻坚大型成就展近10万名观众观展服务工作，受到湖南省委宣传部书面表扬。

【湖南省文联网络文艺与发展中心】

修订《湖南省文联党组贯彻落实〈党委（党组）意识形态工作责任制实施办法〉的意见》《湖南省文联意识形态风险防控工作预案》《湖南省文联文艺阵地意识形态审查制度》。召开意识形态工作审查5次、研判会4次，开展意识形态督查工作2次。

制定《湖南省文联加强和改进新时代文艺舆情信息工作的意见》。网上文联会员管理系统会员录入共17325条。建设湖南省文联名家资源数据库，与新湖南客户端合作开辟“艺苑”频道，目前已录入145名艺术家的创作档案资料。湖南文艺网、湖南文联微信公众号、红网“艺苑”频道和新湖南客户端文艺频道共发稿、转稿4200余篇，阅读量超2亿7500万次。开通微信视频号和抖音号，共计发出视频38条，阅读量超25万次。在“学习强国”平台，转发报道近30篇，单篇信息全网点击量最高超1000万。

举办湖南网络文艺研讨座谈会暨湖南省文联网信工作会议和网络文艺、网络评论培训班。举办湖南网络文艺评论阵地专题研讨会和湖南网络文艺工作者学习党的十九届六中全会、湖南省第十二次党代会精神培训班暨湖南网络文艺评论人才培养及内容创作研讨会。协办中国文联全国文联信息化建设工作片区会。

各文艺家协会

【戏剧家协会】

举办一场“戏韵湖南——名家讲座进校园”活动；举办湖南省剧协2021年第五期学习贯彻习近平总书记关于文艺工作重要论述专题培训班。创作献礼中国共产党成立100周年原创广播剧《向着光明前行》；主办以“庆祝中国共产党成立100周年”为主题的2021年度湖南省少儿戏曲小梅花选拔展演活动；开展以庆祝中国共产党成立100周年为主题的2021年全省戏剧、广播剧优秀剧本评选活动。

【电影家协会】

组织召开建党百年红色主旋律影片研讨会。组织会员参加中国影协电影经纪人培训班。组织会员参与重点电影项目的剧本策划、题材论证及影片座谈会。组织会员前往“世界锑都”冷水江市开展主题采风调研，举办锡矿山矿工红色文化主题电影创作座谈会。

协助由中宣部电影剧本规划策划中心主办的2021年电影编剧研修班湖南采风活动，并召开编剧座谈会。组织会员参加《第一师范》《长沙夜生活》《堡垒》《八百矿工上井冈》《英雄若兰》等多部电影的拍摄、制作，以及与电影密切相关的工作。

【音乐家协会】

主办湖南省音协第六期学习贯彻习近平总书记关于文艺工作重要论述专题培训班。主办庆祝中国共产党成立100周年——交响套曲《沅水奔流》音乐会、《把青春献给祖国》——“三线人”组歌音乐会，主办获中宣部第十五届精神文明建设“五个一工程”奖的优秀歌曲《信仰》作品研讨会，参与组织大型交响音诗《三湘四水》音乐会。

主办全省重点词曲作家“建设现代化新湖南”主题音乐创作活动。主办首届潇湘青年音乐评论家培训活动。主办中国音乐金钟奖湖南赛区选拔赛。主办2021中国音乐小金钟——全国琵琶展演湖南选拔活动和2021中国音乐小金钟——第八届全国中小学生管乐独奏展演湖南选拔活动。

承办湖南省委宣传部交办的第九批“中国梦”主题新创作歌曲的评选工作，组织参加中国音协“听见中国听见你”2021年度优秀歌曲推选工作，组织参加中国音协庆祝中国共产党成立100周年“百年百首”全国优秀原创歌曲征集活动，湖南共有9件作品入选。

组织“心中赞歌献给党”——第七届潇湘好歌歌词作家采风创作活动、庆祝中国共产党成立100周年——第七届潇湘青年词曲作家采风创作活动、第七届“潇湘好歌”征集评审活动、“追梦现代化建设新湖南”第五届“潇湘之春”原创民族器乐作品采风创作活动，完成“我们的新湖南”——新时代新农村主题歌曲作品的遴选与推广工作。参加中国音协第九次全国代表大会。

【美术家协会】

湖南省画院、湖南省美协、湖南美术馆联合主办第二届“湖南·中国画双年展”。组织湖南省著名书画家组成文艺志愿小分队赴浏阳小河乡开展文艺惠民、“送欢乐·下基层”慰问活动。举办“庆祝中国共产党成立100周年湖南省美术书法摄影展”，集中展出179件美术作品。全面启动“百年恰是风华正茂”庆祝中国共产党建党100周年湖南省大型美术作品展主题创作工程，并组织湖南省青年美术家赴衡阳采风，为“风华百年·蓝焰闪光”主题文化作品创作活动创作作品。

组织美术家赴益阳市安化县龙塘乡沙田溪村进行“乡村振兴联系点开展村舍彩绘”调研工作。组织湖南省内知名艺术家为湖南省人大新建的会议中心创作29件美术作品。召开“大美潇湘”——大型系列中国画创作工程策划论证会，并组织创作成员进行采风写生活动。

【曲艺家协会】

承办湖南省文联“笑满三湘”文艺志愿服务

项目，组织“笑满三湘”文艺志愿服务团在长沙、浏阳、宁乡等地以及内蒙古自治区开展文艺志愿演出17场。承办中国曲协第十届中部六省曲艺展演、“牡丹花开心向党”中国曲艺牡丹奖艺术团“送欢笑”志愿服务宁乡专场演出、中国文联文艺志愿服务团“学习雷锋好榜样”学雷锋纪念日主题宣传活动、中国文艺志愿者协会“学党史 传精神 跟党走”——中国文艺志愿者在行动特别节目录制活动，协调省市县各级媒体播出“学党史 传精神 跟党走”——中国文艺志愿者在行动特别节目和“时代风尚”——中国文艺志愿者崇德尚艺特别节目等。承办“湖南红色故事会曲艺原创作品展演暨评论推介工程活动”。

【舞蹈家协会】

举办“学习贯彻习近平总书记关于文艺工作重要论述专题培训班”。组织湖南省内专业舞蹈编导骨干进行新时代舞蹈创作方向理论学习培训。组织会员赴湘西、怀化等地进行采风与培训，创作反映脱贫攻坚和民俗非遗成果的好作品。举办青年舞蹈人才培育计划创作人才集训，举办考级线上线下培训，参加全国少儿舞蹈创编高研班，组织大型舞剧《热血当歌》专家研讨会。

承办中国舞协2021年度全国舞协工作会和“学党史、感党恩、真情为民办实事”——中国舞协志愿者“送欢乐下基层”慰问服务活动。举办协会权益保护、中国舞协考级基层调研活动。组织全省“三百工程”文艺人才的推选以及中国文联、中国舞协、湖南省文联2021年各项青年文艺创作扶持计划项目征集工作，组织本省的全国展演入围作品赴外地参赛，组织第二届中南六省（区）“十佳青年领军舞者”展演活动。

【民间文艺家协会】

举办湖南省民协2021年第三期学习贯彻习近平总书记关于文艺工作重要论述专题培训班。主办“剪映百年·薪火相传”湖南省庆祝建党100周年剪纸作品展，共收到剪纸作品近400幅。联合开展“庆祝中国共产党成立100周年湖南省非遗脸谱与书法展览”，共展出220幅作品。

完成“新时代中国民间文艺人才发展研究”子课题的课题调研和报告撰写工作。完成中国民协第十次代表大会湖南代表团代表和理事候选人的推荐选拔工作，田茂军、吴帼屏、漆凌云三位同志当选中国民协理事。推荐瓷器《蒲塘妙趣》、陶瓷《石幽》8件套、湘绣《欢·喜》系列3件（组）作品入选中国民协中青年艺术家作品展。完成《中国民间文学大系》出版工程湖南卷《花鼓戏卷》《故事卷（上下卷）》《傩戏卷》的编纂工作。

【摄影家协会】

举办两期学习贯彻习近平总书记关于文艺工作重要论述专题培训班。以“多彩潇湘”为主题，创作《大美潇湘 红色文化影像长卷》《生态潇湘 绿色文化影像长卷》《人文潇湘 古色文化影像长卷》3卷总长度达300米的影像长卷，这种形式在全国属于首创，也是目前世界上最长的单幅摄影作品。

举办第十三届中国摄影金像奖湖南获奖艺术家作品分享暨学术研讨会。举办2020“生态新湖南”环保主题摄影大赛、“八面山杯”中国龙山风光景观摄影大赛、“我们的村庄”湖南古村落拍摄活动、“大山的脊梁——走进老一辈中国农民的世界”大型公益主题摄影展等赛事和展览。

承办“新时代湖南优秀共产党人风采——人物肖像摄影展”。承办“2021青山碧水新湖南”摄影大赛。在中国第18届国际摄影艺术展览中，湖南共8件（组）作品入围。在第28届全国摄影艺术展览评选中，湖南省摄协会员刘正湘的作品《工业印迹》、李忠林的作品《一位驻村女扶贫队员的最后一班岗》、齐存兰的作品《诱·惑》最终入选。

【书法家协会】

举办第六期学习贯彻习近平总书记关于文艺工作重要论述专题培训班。参加中国书协举办的“全国书协系统驻会干部培训班”。组织湖南省书协主席团书法家赴韶山参加全省文艺界党史学习教育与庆祝中国共产党成立100周年创作研讨会。举办“湖湘经典”湖湘千年书法大展。组织湖南书法名家参加湖南省委宣传部的援疆项目“雨润天山——第十批援疆庆祝建党100周年主题书法展”。

举办庆祝中国共产党成立100周年“墨韵湖湘”湖南省女书法家作品巡展（湘西站）。举办“圆梦百年”庆祝中国共产党成立100周年湖南省教师书法展、“伟业：庆祝中国共产党成立100周年主题书法篆刻作品展”。承办“欢乐潇湘”全省美术书法摄影展。组织参加“党旗映天山”庆祝中国共产党成立100周年湖南-吐鲁番美术书法作品展、第三届湖南文化艺术周“宁湘两地脱贫攻坚书画展”。主办“毫情潇湘”全国行草十家书法展、湖南书法晋京展暨研讨会。

举办庆祝中国共产党成立一百周年“湄江杯”湖南省第二届刻字艺术展。举办“墨润湖湘”——湖南省第七届中小学教师书法作品展。举行“独留苍翠照山川”纪念曾熙诞辰160周年书画特展书法研讨会、湖南省首届湖湘书风学术研讨会。组织参加“结对子-促发展”中国书协2021年度第一期全国基层书法骨干培训班（线上）。

【杂技家协会】

围绕中国共产党百年华诞，创作新杂技剧《青春还有另一个名字》。面对疫情，主动出击，积极参与将演艺融入云端的探索，选送优秀杂技节目助阵2020年阿根廷华人华侨元宵云直播晚会，为全球华人奉献了一场精彩的演出。

滑稽节目《小夫妻》荣获第十一届中国杂技金菊奖滑稽节目奖。共完成演出52场，其中，在湖南省杂技剧院演出30场、衡阳杂技团演出6场、东方神韵演出14场、岳阳市杂技魔术家协会演出2场。组织召开文娱领域综合治理工作暨文艺工作者职业道德和行风建设座谈会以及学习宣传贯彻党的十九届六中全会精神会议。杂技节目《丝路芳华——柔术造型》参加澳大利亚第五届国际马戏节线上评选，获银奖。

【文艺评论家协会】

举办湖南省庆祝建党100周年美术书法摄影展研讨会、“笑满三湘”文艺志愿活动原创作品“红色故事会”评介会。联合主办第三届（2021年度）湖南文艺评论推优活动。与湖南省文联、湖南省摄协共同举办第13届中国摄影金像奖湖南获奖艺术家作品分享暨学术研讨会。参与组织全省文艺评论工作座谈会，出台印发、并积极推进落实《关于加强和改进新时代湖南文艺评论工作的实施方案》。

编辑《习近平总书记关于文艺工作的重要论述学习资料》。组织参与湖南师范大学美术学院王金石团队创作的《南岳七十二峰图》研讨会。与湖南师范大学文学院合作，完成“湖南文学名作连环画的改编”相关资料收集整理、写作发表工作。

【企（事）业文联】

积极开展党史学习教育。设立“习近平关于文艺工作重要论述”专栏。策划成立“湖南省企（事）业文联（那丘村）文艺基地”，联合各文艺家协会送文化、种文化、育文化、兴文化，接续助力乡村振兴。策划推出“一带一部·千年湖南道”大型系列文献图记“来看长沙百万家”长沙篇、“洞庭湖的闸门动了，且开了”岳阳篇、“湘南这边红一片”郴州篇。策划推出大型文献图典“地球上东半球东方的一条江”专题。策划推出“于斯为盛——《序说湖南·千年湖湘典籍序言选集》（书院篇）”文献图典。

广东省文联

综　述

广东省文学艺术界联合会（以下简称广东省文联）团结带领广东省文艺界坚持以习近平新时代中国特色社会主义思想为指导，深入学习贯彻习近平总书记在中国文联十一大、中国作协十大开幕式上的重要讲话精神，全面贯彻党的十九大和十九届中央历次全会精神，忠诚拥护“两个确立”、增强“四个意识”、坚定“四个自信”、做到“两个维护”，把牢“以人民为中心”的工作导向，不断强化文艺界思想政治引领，开展党史学习教育，组织庆祝建党100周年等主题文艺活动，把好文艺评论方向盘，建设“德艺双馨”文艺队伍，创新工作机制，加强对文艺工作者特别是“文艺两新”的团结引导，推进“人文湾区”建设，开展对外文艺交流，抓好职业道德和行风建设，开展“文化进万家”等系列主题文艺志愿服务，积极服务乡村文化振兴。

重要会议与活动

【召开广东省文联第八届委员会第四次全体会议】

3月1日，广东省文联第八届委员会第四次全体会议在广州召开。广东省文联党组书记、专职副主席王晓作题为《坚定文化自信　凝聚奋进力量　在新征程上筑就岭南文艺新高峰》的工作报告，并传达习近平总书记在中国文联十一大、中国作协十大开幕式上的重要讲话精神。广东省文联主席李劲堃主持会议并传达中国文联十一大会议精神，广东省文联党组副书记、专职副主席吴华钦传达广东省委十二届十五次全会精神，广东省文联党组成员、专职副主席周华传达广东全省宣传部长会议精神，广东省文联一级巡视员李仙花传达“扎实推进文化强省建设大会”精神。

【成立广东省文联文艺工作者职业道德建设委员会】

9月10日，广东省文联在广州召开广东省文联文艺工作者职业道德和行风建设工作座谈会暨广东省文联文艺工作者职业道德建设委员会成立大会。会上，广东省文联党组书记、专职副主席王晓传达中宣部文娱领域综合治理工作电视电话会议精神、中国文联文艺工作者职业道德和行风建设工作座谈会精神，以及广东全省文娱领域综合治理工作电视电话会议精神。广东省文联党组副书记、专职副主席吴华钦宣读关于成立广东省文联文艺工作者职业道德建设委员会的通知，广东省文联文艺工作者职业道德建设委员会正式成立，广东省文联主席李劲堃担任委员会主任。广东省文艺评论家协会主席林岗、广东画院院长林蓝、广州市文联主席李鹏程等文艺家代表出席会议，与会代表表示要以身作则，努力传递向上向善的价值观，为社会公众作出表率。座谈会后，召开了广东省文联文艺工作者职业道德建设委员会第一次会议，审议通过了《广东省文联文艺工作者职业道德建设委员会章程（草案）》。

【举办第十一届中国杂技金菊奖全国魔术、滑稽比赛】

5月1日，由中国文联、中国杂协主办，广东省文联、深圳市文联、深圳华侨城欢乐谷旅游公司、中国文联杂技艺术中心承办的第十一届中国杂技金菊奖全国魔术、滑稽比赛在深圳举行，这是中国杂技金菊奖首次将全国魔术比赛与全国滑稽比赛合并举办。共有59个节目报名参加魔术比赛，其中44个节目为新文艺群体所主创；共有26个节目报名参加滑稽比赛，其中13个节目为新文艺群体所主创。最终，评选出7个魔术节目奖、3个滑稽节目奖。

【举办第六届“南山杯”全国曲艺新人新作展演】

10月22日，由中国曲协、广东省文联、深圳市文联、深圳市南山区委宣传部主办的第六届“南山杯”全国曲艺新人新作展演在深圳举行。来自全国18个省（区、市）的百余位青年曲艺工作者参加展演，入围展演的30个新创曲艺节目包括相声、小品、快板、评书、二人转、苏州评弹、乐亭大鼓、长子鼓书、常德丝弦等曲种。

【举办广东省第十届中青年戏剧演艺大赛】

广东省文联、广东省剧协、广东省繁荣粤剧基金会等主办的广东省第十届中青年戏剧演艺大赛举行，本届大赛分6个赛区：粤剧赛区、梅州赛区、潮剧赛区、汕尾赛区、木偶皮影赛区、话剧赛区，大赛首次设木偶皮影赛区。9月9日，粤剧赛区比赛在广州举行；9月26日，梅州赛区比赛在梅州举办；10月12日，木偶皮影赛区比赛在广州举行；11月2日，潮剧赛区比赛在潮州举办；11月14日，汕尾赛区比赛在汕尾举办；12月2日，话剧赛区比赛在广州举办。大赛共举办35场比赛，492名选手进入决赛，评委采用现场亮分的方式进行打分，按15%、20%和25%的比例评出金、银、铜奖获得者。大赛通过“星海直播”全程网络直播，平均每场比赛约有10万人（次）在线收看。

【举办庆祝中国共产党成立100周年系列文艺活动】

3月8日，由广东省文艺评论家协会、广州市文艺评论家协会等主办的“迎百年巨变·发时代先声”广东文艺百年创新发展研讨会在广州举办，刘斯奋、蒋述卓、林岗等文艺评论家出席研讨会，回顾了1921年中国共产党创建以来广东文艺事业的发展和对当下的启示。

6月28日，由广东省委宣传部、广东省文化和旅游厅、广东省文联主办的“广东省庆祝中国共产党成立100周年美术作品展”在广州举办，展出作品230件，包括征集入围作品、中国美术馆和广东美术馆等馆藏作品、特邀作品，涵盖中国画、油画、版画、雕塑等艺术门类。

7月17日，由广东省摄协、东莞市大朗镇政府主办的“奋斗百年路　启航新征程”——庆祝中国共产党成立100周年广东红色主题摄影展在东莞举办，展出作品100幅，分为“开天辟地篇”“烽火岁月篇”“纪元新开始篇”“伟大复兴篇”4个部分。

7月28日，由广东省文联、羊城晚报报业集团、广东省音协等主办的“伟大力量”——热烈庆祝中国共产党成立100周年原创情景交响组歌在广州首演，音乐会由序曲《大地铭记》和《信仰的力量》《追随的力量》《榜样的力量》《奋斗的力量》《新时代的力量》5个乐章，及尾声《大爱永恒》共7部分组成，总计20首歌曲，涵盖独唱、二重唱、童声合唱等表演形式，演职人员共570人，“学习强国”、中国文艺网、腾讯视频等平台全程直播；刘长安、唐永葆等40位年龄跨度从20多岁到70多岁的词曲作家参与创作。

7月30日，由广东省文联、广东省曲协和广州市委宣传部等组织的“向党报告”庆祝中国共产党成立100周年优秀曲艺节目展演——“粤韵牡丹绽芳菲”广东专场在北京举办，杨子春、史琳、梁玉嵘等广东省11位中国曲艺牡丹奖获得者参加演出，700余名观众现场观看演出，近15万人（次）通过国家公共文化云平台观看直播，本场演出是中国曲协主办的京外三场“向党报告”庆祝中国共产党成立100周年优秀曲艺节目展演之一。

9月5日，由广东省美协、肇庆市委宣传部、肇庆学院主办的“庆祝中国共产党成立100周年暨纪念新兴版画运动90周年——岭南版画大展”在肇庆举行，展览收到投稿作品690件，评出入选作品249件。

9月12日，由中国书协、广东省文联主办的庆祝中国共产党成立100周年系列书法展·广东篇“奋斗百年路　启航新征程——广东书法大展”在广州举办，展出作品150件，涵盖行、楷、篆、隶、草等书体，作品主题包括三个方面：一是革命先烈留下的诗词、文赋等；二是革命先烈档案资料；三是根据红色题材自行撰写的诗词、文赋等。

12月27日，由广东省文联、广东省舞协主办的“庆祝中国共产党成立100周年——广东省党史题材舞蹈作品展演”在广州举行，展演了小舞剧《血燃三河坝》、独舞《红棉红》、群舞《铁血军魂》等以中国共产党成立百年来发生在广东的重大历史事件、典型故事人物为题材创作的作品。

4月9日至12月10日，由广东省音协、微信公众号“零号音乐厅”和广州市音协、广东省21个地市音协主办的“百年丰华　为您歌唱”庆祝中国共产党成立100周年原创歌曲MV征集展播暨“听音乐　学党史”主题活动，面向社会征集原创歌曲

MV。5月1日至12月31日，通过广东省音协、新华网客户端等平台，宣传推送入选作品共120期。

【助力乡村文化振兴】

2月，广东省民协组织广东高校专家团队赴中山市沙溪镇圣狮村、南朗镇左步村蹲点调研，完成《中山市沙溪镇圣狮村、南朗镇左步村乡村文化振兴田野调查报告》《广东民间文艺在乡村文化振兴中的实践策略与路径研究》。

6月29日，由广东省文联牵头组成的梅州市五华县驻龙村镇帮镇扶村工作队（以下简称“工作队”）入驻龙村镇，工作队人员还包括广东画院和羊城晚报报业集团的成员、农村科技特派员、“三支一扶”人员、高校毕业生志愿者、金融助理等，随后，工作队前往龙村镇37个村、3个居委会村民家了解家庭成员、收入、生产生活条件等基本情况，制定规划、精准施策，在产业、人才、文化、生态和组织五个方面推动龙村镇全面振兴，在乡村规划、乡风文明、文化产业发展等方面助力龙村镇文化振兴。

9月14日，《粤海风》杂志报送的“文化新视野下艺术介入乡村建设实践探索”专题，在“第28届北京国际图书博览会精品期刊展‘乡村振兴’主题宣传精品期刊”展台展出。

9月23日，由广东省文联、碧桂园集团、国强公益基金会主办的2021年中国农民丰收节暨“不忘初心、共绘美好家园——乡村振兴主题美术作品展”在广州举行，展出50名广东艺术家赴广东英德、甘肃东乡等贫困地区进行采风创作的立足“三农”、聚焦决战脱贫攻坚、服务乡村振兴、富有时代精神的作品，及受帮扶县区当地农民、画家及留守儿童创作的美术作品，共226件。2021年，在国强公益基金会的支持下，广东省文联、广东省美协设立广东省扶贫基金会广东文艺发展关爱基金，开展“文艺结对帮扶”活动，助推乡村文化振兴，帮扶基层文艺团体34家，帮扶慰问文艺工作者71名，合计支出402.8万元。

【开展文艺志愿服务与文艺惠民活动】

1月6日，广东省文联、揭阳市文联到揭西县五经富镇联和村联合开展“我们的中国梦”——文化进万家暨新春走基层慰问活动，广东省书协、广东书法院等组织书法家为村民送“福”字、送春联数百幅（副）；2021年，广东省文联在发展产业扶贫、确保联和村无返贫现象的情况下，发挥自身优势，在联和村开设“文艺小屋”，定期组织省市文艺家、文艺志愿者参与其中，打造新农村音乐舞蹈教室、“影视小屋”、美术书法培训基地，开展音乐、美术、书法培训，组建村民乐队。

9月27日，由广东省文联主办的广东省文联文艺工作者挂点联系新时代文明实践中心活动启动仪式在广州举行，启动仪式上，省文联为各省级文艺家协会及各地市文联代表授予“广东省文联文艺工作者挂点联系新时代文明实践中心”旗帜。

11月11日，广东省书协组织书法家组成公益志愿服务队，在汕头开展“学党史·悟思想·办实事·开新局”主题书法公益志愿服务活动。

12月10日，广东省书协在东莞开展文化惠民送春联活动。

10月至12月，广东省影协开展“光辉历程·粤影风华——2021优秀广东电影百场校园展映暨乡村行”活动，展映《董存瑞》《雅马哈鱼档》《掬水月在手》等反映红色革命、国家建设等内容的15部广东电影，共放映电影100场，观影人次近3万，开展粤产影片交流会及讲座共17场。广东省视协再建6间“影视小屋”。

2021年，广东省文联推出“文艺志愿者保险计划”，累计风险保额达25亿元。

合作交流

4月14日至17日，广东省文联党组成员、专职副主席周华带领省文联调研组赴四川省文联、重庆市文联开展学习调研，在四川省文联，就推动文艺精品创作、促进文艺人才培养、加强基层文联建设、服务“文艺两新”、文艺资源数据库等问题交换意见；与重庆市文联围绕机构改革、助推文艺创作、文艺家协会建设、机关制度建设、网上文联建设等方面，进行探讨交流。

9月12日，广东省书协、云南省书协在广东省文联艺术馆开展“结对子·共发展”座谈交流会，商讨推动加强合作交流，促进两省书法艺术事业共同发展的思路举措，签署《“结对子·共发展”合作互助活动协议书》。

9月13日，广东省文联一级巡视员李仙花、广东书法与文艺研究院院长李远东等一行赴湖南省文联学习调研，双方就加强广东与湖南文艺界的沟通联系，“文艺两新”情况和当前存在的困难、问题等方面进行交流和探讨。

文艺人才培养

3月12日，由广东省摄协、东莞市谢岗镇政府主办的广东省摄协第一期拔尖人才摄影采风暨高级培训班在东莞举行，广东省摄协主席李洁军主讲《读党史 担使命——广东红色摄影发展历程》，中国摄影金像奖获得者胡国庆和叶文龙主讲《摄影作品的创意及艺术表现在影像市场的价值体现》《东方山水的表达与呈现》，广东省委党校梁道刚作《党史学习辅导报告》，中国摄协纪实摄影委员会委员刘宇作《我怕将来会忘记》的纪实摄影课。

4月27日，广东省文联邀请暨南大学知识产权系主任赵克祥作《数字化时代著作权保护的新挑战》专题知识产权讲座，赵克祥从“著作权与版权”“技术发展与著作权保护”“数字化时代著作权保护的典型案例分析”“民法典与著作权法修订”4个方面介绍知识产权的有关内容，广东各省级文艺家协会驻会负责人、广东省文联直属单位负责人等100多人参加讲座。

5月，由中国舞协主办、广东省舞协承办的全国性公益服务项目——“全国中小学舞蹈教师培优计划2021年度广东站培训”活动，为广东省中小学舞蹈教师提供包括舞蹈理论、舞蹈创编、舞蹈教学、舞蹈健康、舞蹈综合、舞蹈教学实践，以及广东传统舞蹈文化等全方位的线上和线下培训，1524人报名参加线上课程，90位教师参与线下培训。

9月12日，由广东省音协组织的广东省音乐创作人才专项培训在江门举行，58名学员参加培训学习和创作采风活动。

9月26日，由广东省文联主办、东莞市文联等协办的广东省文联“文艺两新”拔尖人才培训班在东莞举办，广东各地级以上市文联有关负责人、及各省级文艺家协会选送的“文艺两新”代表等共96人参加培训，广东省委党史研究室主任杨建伟作党史学习教育专题辅导报告，中国文联文艺研修院常务副院长傅亦轩以《中华优秀传统文化的时代价值及其在文艺创作中的转化创新——深入学习习近平总书记关于文艺工作的重要论述，铸就伟大复兴时代文艺高峰》为题作辅导报告。培训期间，学员们前往广东东江纵队纪念馆开展了现场教学。

10月26日，由中国文联、中国文艺评论家协会主办，中国文联文艺评论中心、广东省文联等承办的首届全国文艺评论领军人才培训班在中山开班，培训班采取“线上+线下”相结合的方式举行，来自全国各地的38名文艺评论骨干参加培训。培训班以“百年现实主义文艺创作：佳作巡礼、评论实践与理论探索”为主题，培训内容包括思想政治理论课、道德法治课、名家大师班、学员学术沙龙、创作一线调研、重点作品观摩等。

对外及粤港澳大湾区文艺交流

4月19日，由广东省曲协等主办的“大湾区大未来——粤港澳大湾区粤剧曲艺交流活动”在广州举行，罗家英、朱振华、欧凯明等粤港澳三地粤剧艺术家通过线上、线下相结合的方式参与交流活动，就粤港澳同根同源、以粤剧粤曲等促进大湾区青年交流等问题进行交流。

10月25日，由广东省文联、珠海市文联主办的首届粤港澳大湾区文艺合作峰会在珠海举行，该峰会是经国务院港澳事务办公室批准设立的大湾区文艺工作机制，国务院港澳办交流司、中国文联、中央人民政府驻香港特别行政区联络办公室宣文部、中央人民政府驻澳门特别行政区联络办公室宣文部、广东省文联，及广州、深圳等9个粤港澳大湾区内地城市文联负责人出席会议，广东省文联、中国文联香港会员总会、澳门中华联谊会和广州、深圳、珠海、佛山、惠州、东莞、中山、江门、肇庆市文联等12家单位的代表签署《粤港澳大湾区文艺合作峰会成员单位合作备忘录》。

11月6日，中国文艺评论家协会、中国文联文艺评论中心与广东省文联主办的首届粤港澳大湾区文艺创新论坛采取线上、线下相结合的方式举行，设北京、中山两个会场，来自中国内地、香港和澳门的专家学者，粤港澳大湾区内地级市的文联主席、文艺评论家协会主席，首届全国文艺评论领军人才培训班的学员等参加论坛；论坛以“创新驱动下粤港澳大湾区的文艺未来——想象与期待”为主题，设“粤港澳大湾区推动新时代文艺创新的机遇与挑战”“创新理念下粤港澳大湾区文艺实践与理论建构”“传承与重塑：区域文化视阈下粤港澳大湾区优秀传统文化创新发展”“基于新媒体融合矩阵的文艺新传播探索”4个分论坛，邀请高建平、戴定澄、宋达等作主旨演讲，选出6个优秀文艺创新案例：《时代先声——广州文艺百年大展》《大芬油画村》《粤剧电影〈白蛇传·情〉》《纪录片〈回响〉》《小榄菊花会》《陈许港珠澳大桥主题油画巡回展》、5个重点文艺研究课题：《基于人工智能技术的粤剧老唱片的数字化整理、修复与唱腔特征分析研究》《广东民间文艺在乡村振兴中的实践策略与路径研究》《新媒体影视评论的创新实践研究》《广佛传统工艺美术的现代转型》《人文湾区背景下理论性文艺期刊的影响力研究》，成立专家库并特聘37位专家（按姓氏笔画排序）：于平、龙平平、冯应谦（香港）、仝妍、西沐、刘斯奋、朱寿桐（澳门）、仲呈祥、李楠、宋乐永、吴为山、吴慧平、何威（香港）、何蕴琪、肖向荣、张紫伶（香港）、陈少波（香港）、陈桥生、范周、欧阳友权、林岗、林帝浣、赵卫防、高建平、姚建伟、胡恩威（香港）、贾毅、陶冶、谢柏梁、梁江、蒋述卓、曾小敏、曾一果、赖莎、滕威、廖奔、戴定澄（澳门）。

12月15日，由广东省曲协、珠江经济广播频率、香港电台第五台、澳门广播电视股份有限公司等主办的全球微粤曲大赛第三届作品创作赛颁奖典礼在广州举行，该创作赛征集到包括来自美国、越南等地的参赛作品共145首，评出获奖作品30首，其中金奖作品3首、银奖作品5首、铜奖作品7首、优秀奖作品15首。

12月31日，由中国文联电影艺术中心、广东省文联、佛山市委宣传部主办“影载中华情 圆梦新丝路”2021国际优秀影片展映暨庆祝广东省与波兰西滨海省结好20周年活动在佛山举行，活动期间，展映了波兰西滨海省影片《欢乐的亚历山大》《影迷》和广东省影片《司徒美堂》《铸剑少年》等。

各文艺家协会

【戏剧家协会】

5月22日至24日，由广东省剧协、深圳市宝安区沙井街道办事处主办的第十二届广东省少儿戏曲小梅花荟萃活动在深圳举办，共收到参评节目158个，其中个人参评节目97个、集体参评节目61个，节目涵盖粤剧、潮剧、广东汉剧、西秦戏、花朝戏、京剧等多个剧种，共31名选手、12个集体节目进入决赛，评出个人选手“金花十佳”10名、“金花”10名，集体节目一等奖3名、二等奖5名，竞演活动通过腾讯直播、触电新闻直播、粤听直播等平台进行现场直播，约100万观众在线观看；活动首次开办少儿戏曲小梅花储备师资培训班，20名学员参加了培训，李仙花、周建平、何笃忠、黄燕等专家为学员们进行授课。

12月1日，由广东省文化和旅游厅、广东省文联主办，广东省剧协、广东省文艺评论家协会承办的“粤剧正青春——曾小敏粤剧艺术全国巡演暨粤剧创新推广”主题研讨会在广州举行，20多位专家学者参加研讨会，对曾小敏粤剧艺术巡演及粤剧艺术的创新发展、推广传播等现象进行研讨。广东粤剧院彭庆华获第30届中国戏剧梅花奖，广东省话剧院原创作品《深海》获第十七届中国戏剧节优秀剧目奖。

【电影家协会】

1月12日，由广东省影协、广东省摄协主办的“我们——电影《小伟》广州记忆影像展”在广州举办。开幕式后，举办“用电影镜头讲好广州故事”主题论坛，导演黄梓及其他与会专家围绕“广州电影如何更好面向全国观众”等议题展开讨论。

3月30日，广东省影协在广州举办2021年广东省影协春季电影交流会暨2020年优秀抗疫作品颁奖礼，为《天·地·中华——武汉战“疫”篇》《致敬逆行者》《我相信》等26部抗疫主题文艺作品颁发荣誉证书。

11月8日，由广东省影协、广州市影协主办的第18届广州大学生电影展开幕式暨“首映在广州”《梅艳芳》首映礼在广州举行，影展以“奋斗正青春”为主题，以“大学生办、大学生看、大学生拍、大学生评”为原则，特别建立“青穗片单”和“年度观影趋势白皮书”两个板块，实施青穗观影团、青穗大讲堂、青穗展映、青穗电影筑梦计划在内的四个“青穗”计划。

开展电影创作培训。广东省电影创作培训基地是广东省影协创建授牌并协调管理的省级文艺创作培训平台。2021年，广东省共授牌7家创作培训基地，分别是清远糖果时光文创产业园、广州花果山超高清视频产业特色小镇、广州1978电影小镇、岭南风光（惠州）影视管理服务公司、佛山市文化发展投资管理有限公司、广州市289艺术园区、深圳罗湖梧桐山宏博昌荣传媒文化谷。

【电视艺术家协会】

5月，在广东省对口支援新疆工作前方指挥部协调联络下，广东省视协等单位共同创作微电影《新疆人在广东》，影片反映了新疆人特别是年轻人在广东的工作、生活状况等。

广东省视协继续以“影视小屋”为平台，针对不同学段培养目标，为留守儿童进行线上线下授课。

广东省视协推荐的来自广州大学的学生耿昊然、杨芷康分别获第十三届海峡两岸电视主持人大赛金奖、银奖。

【音乐家协会】

4月23日，由广东省文联、广东省音协主办的第十三届中国音乐金钟奖钢琴、声乐（美声、民族）、古筝比赛广东选拔赛在深圳举行，72位选手通过现场演唱/演奏的方式进入决赛，评出10名获奖选手，被推荐参加第十三届中国音乐金钟奖比赛，其中声乐（美声）、声乐（民族）第一名选手直接获得进入金钟奖复赛资格。

歌曲《父辈们》（作词：杨玉鹏、武洪昌，作曲：薛永嘉）、《带上爹妈来北京》（作词：袁晨光，作曲：孔玉）、《远山花》（作词：邓成彬，作曲：薛永嘉）入选中国音协主办的中国当代歌曲创作精品工程“听见中国听见你”2021年度优秀歌曲名单。

2月9日，由广东省音协、佛山市委宣传部举办的“庆祝中国共产党成立100周年——寻找广东原创好歌曲”征集活动启动，共收到音频成品254首、歌谱120余首，评选出优秀扶持作品10首、优秀音频成品作品10首、优秀歌词25首。

7月9日，由广东省文化和旅游厅主办，广东省音协和广东民族乐团承办的“广东音乐新经典工程”原创民乐新作品征集活动启动，征集到作品34首，评选出优秀作品8首。

【舞蹈家协会】

4月28日，由广东省文联、深圳市文联、广东省舞协主办的第六届广东省中老年舞蹈展演在深圳举行，49部作品参加展演。

5月1日，由广东省舞协主办的广东省第六届少儿舞蹈大赛在广州举行，共210部原创少儿舞蹈作品参赛，评出金奖作品51部。

9月18日，由广东省文联、广东省舞协主办的广东省第七届岭南舞蹈大赛在广州举行，共197部原创作品参赛，比赛采用网络直播形式，共142万人次观看比赛。

9月29日，由广东省舞协、星海音乐学院主办的“第三届岭南舞蹈论坛——新时代背景下岭南舞蹈的发展”和广东省第七届岭南舞蹈大赛论文评奖活动在广州举行，论坛以“岭南舞蹈”为主题，于平、江东等专家学者参加论坛，就“疫情对舞蹈发展的影响和改变”等问题展开讨论；论文评奖活动共收到参评论文86篇，评出获奖论文24篇。

10月11日，由广东、江西、湖北、湖南、广西壮族自治区、海南六省（区）舞协主办的第二届中南六省（区）“十佳青年领军舞者”展演在广州举行，共59名舞者参加展演，15名舞者获得“第二届中南六省（区）十佳青年领军舞者”荣誉称号。

广东省舞协出版4期舞蹈理论刊物《舞蹈研究》。

广州歌舞剧院独舞《红棉红》获中国文联青年文艺创作扶持计划项目专项资金。

深圳歌剧舞剧院有限公司的《烈火中永生》获第十二届中国舞蹈荷花奖当代舞奖，深圳歌剧舞剧院有限公司的《肖像》、深圳市舞协的《等》获第十二届中国舞蹈荷花奖现代舞奖。

【美术家协会】

3月23日，由广东省文联、广东省美协、广州美术学院主办的“星河展”第73回雕塑作品展在广州举办，展出杨光、许群波、吕学晶、卢跃飞、吴德灏、占研、苏锦驹7位青年艺术家的作品。

6月12日，由广东省美协、汕尾市委宣传部主办的第九届广东省版画作品展在汕尾市举行，收到投稿作品1200件，评出入选作品271件，其中金奖作品3件、银奖作品5件、铜奖作品10件、优秀奖作品20件。

11月7日，由广东省美协、珠海市文联、珠海市金湾区委宣传部主办的“多元并进——广东省当代油画创作探索提名展”在珠海举行，收到投稿作品520件，评选出入选作品176件。

11月14日，由广东省文联、广东省美协、中山市文联主办的“筑梦香山——中山市美术作品赴穗调展”在广州举办，收到投稿作品316件，评出入选作品158件，其中优秀作品25件。

【书法家协会】

2月24日，中国书协分党组成员、副秘书长张潇羽，中国文联书法艺术中心主任王彦，广东省文联党组成员、专职副主席周华，广东省书协专职副主席兼秘书长颜奕端等赴东莞市书协开展基层书协工作专题调研。

12月10日，由广东省文联、广东省书协、东莞市长安镇政府主办的第七届广东省“南雅奖”书法篆刻展在东莞举办，本届展览共收到投稿作品3000余件，评出入展作品193件，其中金奖5件、银奖10件、铜奖20件。

彭双龙获第七届中国书法兰亭奖书法创作方向铜奖。

【摄影家协会】

1月16日，由广东省文联、广东省摄协等主办的“时代的观看——中国摄影金像奖（广东）学术研讨会”在东莞举行，第十三届中国摄影金像奖（广东）获得者李志良等出席会议，与会专家围绕“从历史脉络看金像奖广东历届获奖情况”等展开讨论。

7月17日，由广东省摄协、东莞市大朗镇政府主办的“广东摄影百年百位名家作品展”在东莞举行，展出沙飞的《保卫国土，保卫家乡》（1937年）等百位摄影名家的作品，展览分为“1839-1949开端·先河”“1949-1978发展·奔涌”“1978-2000繁荣·大众”“2000-2020多元·高峰”4个篇章。

10月22日，由中国摄协纪实摄影委员会、中国摄影报社、广东省摄协等主办的“世界的开平”——第三届沙飞摄影周在江门开平举办，活动期间，举办名家展览、摄影采风、“时代的观看”系列研讨会和大湾区（开平）摄影见面会等。

12月23日，由中国摄影报社、广东省摄协等主办的中国制造（顺德篇）主题摄影展在佛山市顺德区举行，展出160组记录顺德工业发展变化历程的作品。

2021年，“广东摄影目的地”评选由广东省摄协发起。1月11日，2020年度“广东摄影目的地”授牌仪式在汕尾举行，首批“广东摄影目的地”名单为：阳江市海陵岛、潮州市潮州古城、东莞市茶山镇南社明清古村落、河源市万绿湖风景区、惠州市罗浮山风景名胜区、江门市新会区、梅州市平远县、汕尾市陆河镇、韶关市始兴县、肇庆市星湖风景名胜区。

11月16日，2021年度“广东摄影目的地”授牌仪式在东莞市举行，第二批“广东摄影目的地”名单为：东莞市常平镇、深圳市梧桐山国家级风景名胜区、深圳市龙岗区鹤湖新居、梅州市大埔县、惠州市龙门县南昆山生态旅游区、佛山市顺德区北滘镇、茂名市高州、肇庆市封开县、连南瑶族自治县三排镇油岭村、广东天露山旅游度假区。

【曲艺家协会】

5月8日，广东省文联、广东省曲协在广州召开学习中国曲协相声艺术委员会、中国曲协行风建设委员会发出的《关于加强相声界行风建设 自觉践行崇德尚艺的倡议书》座谈会，老艺术家代表杨子春、黄俊英，省曲协副主席史琳、主席团成员陈坚雄等参加会议，与会人员认为，广大曲艺工作者应使传统文化同当代中国文化相适应、同现代社会相协调。

11月21日，由广东省文联、广东省曲协、深圳市文联主办的第十五届广东省青少年曲艺“明日之星”选拔赛综合曲种专场在深圳举行，共71个节目、120位选手报名参加比赛，24个节目、34位选手进入决赛，评选出“明日之星”一等奖5名。

【杂技家协会】

2月27日，由中国杂协、广东省杂协指导，广东卫视推出的原创杂技文化交流竞演节目《技惊四座》第一季举行总决赛，节目于2020年12月19日起每周六21:10在广东卫视播出，计10期，共30组海内外杂技团队参加活动，节目内容包括软钢丝、抖空竹、绸吊等，其中，广州杂技团的软钢丝节目《星际逐梦》获“金牌杂技秀”称号。

11月27日至29日，由广东省杂协、东莞市清溪镇政府主办的2021年广东青年魔术文化周暨第九届广东高校魔术交流大会在东莞举办，活动包括广东高校联盟新一届会长峰会、心灵魔术专场、魔术大师研讨沙龙、魔术道具秀及魔术进校园等11项内容，来自内地以及香港、澳门、台湾地区的魔术师参加活动。

【民间文艺家协会】

1月28日，广东省文联、广东省民协公布第七批28个广东省古村落名单。

10月，中国民协名誉主席冯骥才赴佛山顺德、潮州、汕头调研民间文艺，考察古村落、民间工艺、非物质遗产保护传承等工作，与广东省民间文艺家交流，呼吁梳理文化遗产清单、做好有效保护的详细规划。

10月24日，由广东省民协、广东省美协、中山市文联主办的“奋斗百年路 启航新征程”——第三届广东省剪纸艺术作品展在中山举办，本次展览共收到446组、504幅作品，评选出115组作品入展。

【文艺评论家协会】

4月2日，由广东省文联、广东财经大学主办，广东省文艺评论家协会等承办的“广东省文艺评论基地”揭牌暨新媒体影视评论计划启动仪式在佛山举行，活动通过展映《董存瑞》《开国大典》《湄公河行动》等电影，对其中的经典人物形象展开艺术评论和党史学习；通过《驰援武汉的日子》（动画版）弘扬抗疫精神；启动新媒体影视评论计划，即广东财经大学湾区影视产业学院与广东省文艺评论家协会、广东省影协推出新媒体电影评论节目“跟着博士读电影”，活动现场，该节目第一期正式发布，选取电影《点点星光》，对电影叙事的真实性和现实意义等作出评述。广东财经大学文艺评论基地是继岭南师范学院文艺评论基地、韶关市文联文艺评论基地、吉林大学珠海学院文艺评论基地、广州美术学院城市学院文艺评论基地之后的第5个“广东省文艺评论基地”。

广西壮族自治区文联

综 述

2021年，广西壮族自治区文学艺术界联合会（以下简称广西文联）坚持以习近平新时代中国特色社会主义思想为指导，深入学习贯彻党的十九大和十九届中央历次全会精神，认真贯彻落实习近平总书记在中国文联十一大、中国作协十大开幕式上的重要讲话和对广西工作系列重要指示要求，团结凝聚全区各级文联组织和广大文艺工作者，把牢以人民为中心的工作导向，围绕中心、服务大局，凝心聚力、担当作为，扎根八桂大地，潜心文艺创作，服务人民群众，在强化政治引领上取得新进步，在服务中心大局上展现新作为，在出精品出人才上展示新成效，在践行文艺惠民上焕发新气象，广西文艺事业呈现出百花齐放、生机勃勃的繁荣景象，开创了“十四五”广西文艺事业发展新局面。

会议与活动

【学习宣传贯彻习近平新时代中国特色社会主义思想和党的十九届六中全会精神】

11月15日，广西文联召开党组（扩大）会议，传达学习党的十九届六中全会精神，研究部署广西文联系统学习宣传贯彻全会精神工作。通过党组理论中心组学习、各党支部专题学习、专家辅导授课和文艺培训等各种形式，推动文联机关领导干部、全体党员全面准确把握全会精神。各全区性文艺家协会通过主席团会议、理事会、工作会等形式，组织文艺家和文艺工作者开展学习。广西文联班子成员分赴全区各地，面向基层、面向群众，开展形式多样、内容丰富的宣讲活动。组织文艺志愿小分队进社区、下基层，用文艺形式宣传宣讲全会精神。

【召开党史学习教育动员会】

3月4日，广西文联召开党史学习教育动员会。会议深入学习贯彻习近平新时代中国特色社会主义思想和党的十九届五中全会精神，学习贯彻习近平总书记在党史学习教育动员大会上的重要讲话精神，贯彻落实中央和自治区党委关于党史学习教育决策部署，对文联开展党史学习教育进行动员部署，提出具体要求。会议要求，要切实把思想和行动统一到以习近平同志为核心的党中央决策部署上来，深刻学习领会开展党史学习教育的重大意义、目标要求、重点内容和工作要求，大力发扬“孺子牛、拓荒牛、老黄牛”精神，切实把党史学习教育开展好、组织好、落实好，以“起步就要提速、开局就要争先”的奋斗姿态，扎实做好文联各项工作，以优异成绩向建党百年献礼。

【学习贯彻习近平总书记给老艺术家黄婉秋回信精神】

6月10日，自治区党委宣传部召开广西文艺界学习贯彻习近平总书记给老艺术家黄婉秋回信精神座谈会，广大文艺工作者畅谈感受、交流体会，共同探讨研究推动广西文化文艺繁荣发展。自治区党委常委、宣传部部长范晓莉出席并讲话。会上，黄婉秋、唐佩珠、张名河、蒋晓文、东西、石向东、伍思亭、吕遵强等艺术家代表作了重点发言。范晓莉指出，习近平总书记的回信精神揭示了经典之所以成为经典的奥秘，阐明了新时代文艺工作者的光荣使命，强调了发挥老艺术家的表率作用，要准确把握回信精神内涵，牢记职责使命，增强做好新时代文化文艺工作的思想自觉和行动自觉。范晓莉强调，要坚持以人民为中心的创作导向，在深入生活、扎根人民中进行无愧于时代的艺术创造；要立足资源优势，赓续文化血脉，从思想、实践、制度三个维度把握好中华优秀传统文化传承发展，推动落地生根；要聚合部门优势，发挥人才作用，激发文艺创新创造的活力，让中华优秀传统文化在新时代绽放光芒。

【广西文联十届五次全委会召开】

7月30日，广西文联十届五次全委会在南宁召开。会议宣读了自治区党委决定。经全体委员投票选举，田代琳（东西）当选广西文联主席，增选严霜为广西文联副主席。会议对广西文联2020年和2021年上半年工作进行回顾总结，梳理了全区文联系统在文艺战“疫”、文艺志愿服务、文艺扶贫、主题文艺实践、文艺精品创作等方面取得的成绩。提出要坚持以习近平新时代中国特色社会主义思想领航定向，全面加强党的建设，继续深入开展庆祝建党百年重大主题文艺创作和系列主题文艺活动，继续组织开展好主题文艺实践活动和文艺志愿服务活动，不断完善文艺评奖和文艺评论工作，深入实施“出名家出名作”工程，努力推动广西文艺登“高原”攀“高峰”。

【广西文联工作座谈会召开】

7月30日，广西文联工作座谈会在南宁召开。广西文联领导班子，全自治区各设区市文联主席、各全区性文艺家协会的主席或驻会负责人，广西文联机关各部门、编辑部负责人参加会议。会议深入学习贯彻习近平总书记“七一”重要讲话精神、视察广西时的重要讲话和重要指示精神。与会人员就主题文艺创作、党史学习教育、文艺志愿服务、文艺惠民活动、对东盟文艺交流等方面的工作，积极开展交流，并结合工作实际，寻找不足、分析问题；从资助扶持、搭建平台、完善机制、加强规划、项目实施、文艺交流、宣传推介、营造环境等方面，提出不少有见地、有针对性的建议。

广西文联党组书记严霜对各市文联、各全区性文艺家协会在文艺和文联工作中取得的成绩表示肯定，并表示将把大家的意见和建议转化为推进文联工作的实际举措；加强与各级文联的联系，建立更加畅通的工作沟通机制，努力推动形成“全区文联一盘棋”的工作格局，积极为基层文联争取更好的发展环境，拓展文联工作的发展空间；团结带领全区广大文艺工作者，承担举旗帜、聚民心、育新人、兴文化、展形象的使命任务，推进新时代文艺和文联工作取得新成绩。

【学习贯彻习近平总书记在中国文联十一大、中国作协十大开幕式上重要讲话精神座谈会举行】

12月29日，学习贯彻习近平总书记在中国文联十一大、中国作协十大开幕式上重要讲话精神座谈会在南宁举行，自治区党委常委、宣传部部长孙大光出席并讲话。广西文联汇报了学习宣传贯彻落实习近平总书记重要讲话精神的有关情况，张名河、东西、龙倩、蒋延、杨科云5名文艺工作者代表作了发言。孙大光强调，全区宣传思想文化战线和广大文艺工作者要认真落实党中央和自治区党委有关部署要求，以习近平新时代中国特色社会主义思想统领新时代文艺工作；要深入生活、扎根人民，坚守艺术理想、追求德艺双馨，把反映新时代的内容作为创作的重中之重，用心打造无愧于历史、无愧于时代的精品力作；要集各方之力，汇聚广西文化文艺高质量发展的强大动能，为凝心聚力建设新时代中国特色社会主义壮美广西提供强有力的思想保证和精神力量。

【传达学习中国文联第十一次、中国作协第十次全国代表大会精神】

12月20日，广西文联召开党组（扩大）会议，传达学习中国文联第十一次、中国作协第十次全国代表大会精神，研究部署全区文联系统学习贯彻会议精神工作。会议集体学习了习近平总书记在中国文联十一大、中国作协十大开幕式上的重要讲话精神，传达了自治区党委常委会（扩大）会议精神。会议指出，习近平总书记在中国文联十一大、中国作协十大开幕式上的重要讲话，深刻阐释了新时代新征程上文艺的重要地位和重大作用，指明了文艺工作和文联工作的根本方向和前进道路，是新时代繁荣发展社会主义文艺、建设文化强国的又一篇纲领性文献，是指导当前和今后一个时期文艺工作和文联工作的根本遵循。会议要求，全区文联系统和广大文艺工作者要牢记习近平总书记的殷殷嘱托和谆谆教诲，要把学习贯彻习近平总书记在中国文联十一大、中国作协十大开幕式上的重要讲话精神作为当前和今后一个时期的重大政治任务和政治责任，落实到今后五年特别是2022年的工作中。

【开展庆祝中国共产党成立100周年系列活动】

围绕庆祝党的百年华诞主题主线，创作生产一批展现壮乡人民幸福美好新生活的优秀文艺作品，向建党百年献礼。承办由自治区政府主办的“永远跟党走”庆祝中国共产党成立100周年·2021广西艺术作品展览，与自治区党委宣传部联合主办庆祝中国共产党成立100周年主题美术创作工程作品展、广西老干部书画作品展，举办广西书画精品展以及“山歌颂党百年恩”等10余个主题文艺活动，用文艺凝聚力量，激发建设壮美广西的热情与自信。

围绕“庆祝中国共产党成立100周年”主题，《广西文学》杂志出版专号、策划专栏；《美术界》杂志刊发主题美术作品；《南方文坛》杂志以“百年叙事”为专题进行全年主题研究，并与中国当代文学研究会等举办“经验与经典——中国文学百年叙事”研讨会。

【《广西文学》创刊70周年座谈会举行】

6月18日，《广西文学》杂志创刊70周年座谈会在南宁举行。广西文艺界的领导、嘉宾和《广西文学》的作家、读者朋友们欢聚一堂，庆祝这本广西历史最悠久的文学刊物创刊70周年。1951年6月，《广西文学》正式创刊。70年来，《广西文学》推出一批又一批优秀作品，不少成为中国当代文学史中的名篇佳作；从《广西文学》走出的一代代作家，成为文学“桂军”的生力军、主力军，为人民群众提供了大量精神文化食粮，为广西文学事业的发展作出了应有的贡献。

【广西第五届花山诗会暨新时代语境下的诗歌创作研讨会举行】

9月27日至30日，广西第五届花山诗会暨新时代语境下的诗歌创作研讨会在玉林举行。“花山诗会”是广西作协打造的重要平台，已连续举办五届，产生积极影响，有效推动了广西诗歌的繁荣发展。第五届花山诗会以诗歌助力乡村振兴、以诗歌为时代发声，充分彰显诗歌的现实主义精神，进一步提升了广西诗人的书写格局。50多名来自海南、四川、广西各地的作家、诗人、评论家、媒体记者受邀出席活动。

【组建广西代表团参加第十一次全国文代会、第十次全国作代会】

遴选43名代表，组建广西代表团参加第十一次全国文代会、第十次全国作代会，并动员全区文联系统通过召开党组会、座谈会、学习会等线下方式，以及通过微信工作群“微宣讲”等网、刊、微、端线上形式，全面深入学习习近平总书记在中国文联十一大、中国作协十大开幕式上的重要讲话精神，10余家中央、自治区媒体报道广西文艺界学习贯彻情况50余篇（次），其中，壮族代表兰培文以山歌形式汇报学习体会的视频，被《中国艺术报》官微头条报道，引起网友热议。

【扎实开展党史学习教育】

广西文联坚持把开展党史学习教育作为重大政治任务，召开党组会进行认真谋划部署，结合文联实际制定实施方案，紧盯重点、精准施策，紧扣目标要求、突出亮点特色，持续推动党史学习教育走深走实、取得实效。组织党员干部精读研学4本必读书籍，系统学习党的百年奋斗史，党组理论学习中心组开展6次集中学习，举办1次专题读书班，各党支部开展10次专题学习，收看14次“云党课”，完成3个阶段6大主题学习任务。

广西文联领导班子成员带头撰写体会文章，赴学校、基层开展21场专题宣讲。组建学习贯彻习近平总书记“七一”重要讲话精神文艺志愿服务宣传小分队，走进苗乡侗寨、建筑工地等基层进行宣传巡讲。创作主题作品，参加广西区直机关“感党恩 跟党走”系列主题活动，获得5个类别的13个奖项。开展“学党史、传精神、跟党走”系列主题活动，组织党员到“湘江战役”红色教育基地等开展23场现场体验活动。

坚持教育党员、惠及群众，结合开展“我为群众办实事”实践活动，深入帮扶联系点博白县沙河镇玉桥村进行调研，划拨专项资金为玉桥村购置办公设备，为朱锡昂红色革命教育基地创作主题墙绘，为曲田屯村民解决用水难问题，支持玉桥村清湖屯建设乡村振兴示范点，帮助群众解决“急难愁盼”问题，累计为群众办实事34项。自治区文联党史学习教育开展情况在《中国艺术报》《广西日报》等媒体刊发，推动红色文艺创作情况被光明网专题报道。

【开展聚焦乡村振兴战略主题文艺活动】

广西文联通过举办各类主题文艺活动，不断满足人民群众日益增长的精神文化需求。在三江侗画馆挂牌成立农民画创作培训基地，向中国舞协争取“新农村少儿舞蹈美育工程”项目落地广西，不断助推农村精神文明建设。举办八桂民俗盛典·中秋供月暨“壮族民俗文化传承与乡村振兴”系列活动，央视网等近10家主流媒体全程网络直播，观看人数超500万人（次），有力地促进了民俗文化传承发展及文旅融合。

举办八桂民俗盛典·天等霜降——乡村风貌设计作品展评暨首届广西大学生乡村振兴建造节，征集到12所高校的创意设计作品162件，用设计灵感与创意思维激活乡村文化活力。组织50名音乐、舞蹈创作骨干开展乡村振兴主题创作采风活动，送文艺下乡演出，亲身感受脱贫攻坚成果和乡村振兴战略，激发创作出更多乡村振兴主题的文艺作品。

举办桂黔滇湘三省一区山歌擂台赛、第八届壮欢山歌擂台赛，共有150余名来自广西周边四省区的民间“山歌王”、山歌手围绕民族团结、平安建设等时政主题进行现场山歌比拼，为广西巩固拓展全国民族团结进步示范区成果、建设铸牢中华民族共同体意识示范区贡献文艺力量。

【开展文艺惠民和志愿服务活动】

举办2021年“我们的中国梦”——文化进万家活动广西启动仪式，参与承办2021年全国文化科技卫生“三下乡”集中示范活动（广西站），广泛动员全区文联系统深入乡村、社区、学校等基层开展系列文化文艺活动。组织开展“学党史、传精神、跟党走”广西文艺志愿者在行动，为乡村小学师生们赠送书法作品、进行辅导授课，为当地群众培训广场舞文艺队并开展文艺演出，帮助基层文艺骨干提高艺术素养。

创新开展“文艺进校园”活动，由各市文联、各全区性文艺家协会自主申报活动项目，集中评选出9个有创新、有亮点、成效明显的项目给予扶持，采取创新先行、示范推广的工作方法，推动形成“文艺进校园”的长效机制。全年“文艺进校园”活动共开展1280场，参与志愿者1560人，受益人员达9万余人。组织开展“文艺进万家 健康你我他”网络文艺志愿服务活动，开展网络文艺培训等6项活动，推荐2名广西青年优秀文艺志愿者参与中国文联“时代风尚——中国文艺志愿者崇德尚艺特别节目”，并协调联合自治区、市、县等30余家媒体进行同步播出。

有序推进“千村万户文艺惠民工程”品牌建设，开展“千村万户文艺惠民工程”文艺村、文艺户和“广西特色文艺之乡”评选命名，经专家组实地考察评审，2021年共评选命名文艺村92个、文艺户129户，命名“广西特色文艺之乡”18个。全区文联系统全年累计开展文艺志愿服务活动1100余场（次），参与活动的文艺志愿者达1.4万余人，受益群众68万余人，受到群众广泛赞誉。

创作与研究

【创作情况】

广西作协结合重大时间节点，积极组织引导区内作家参与主题文学创作，创作出一批聚焦脱贫攻坚、庆祝建党百年等重大主题的优秀文学作品，扶持乡村题材重点文学作品。

举办第十七届广西青年文学讲习班暨2021年《广西文学》改稿班；与广西广播电视台联合举办“新征程上——庆祝中国共产党成立100周年”原创诗歌朗诵会；与《广西文学》合作举办庆祝建党100周年主题征文，征集作品1200篇；与广西自然资源厅、中国自然资源作协联合举办庆祝建党100周年“壮美自然杯”征文大赛。《广西文学》杂志推出庆祝建党100周年专号专栏。

实施完成广西当代文学艺术创作工程扶持项目“庆祝中国共产党成立100周年”主题美术创作工程。举办“庆祝中国共产党成立100周年”主题歌曲创作笔会。在梧州举办“第十届全国农民摄影大展摄影讲习所活动”，在柳州举办“我和我的祖国”摄影、短视频优秀作品展巡展。创编庆祝建党百年重点文艺创作项目——百越民俗盛典《那人那谣》，创编“山歌颂党百年恩”现代山歌剧《大开门》，继续打磨提升脱贫攻坚乡村振兴题材山歌剧《乐奔》。

【获奖情况】

经过一年来的努力，一批广西优秀文艺工作者和优秀文艺作品在各项全国性文艺评奖中荣获奖项和好评。东西的长篇小说《回响》、林白的长篇小说《北流》入选2021年“收获文学榜”年度长篇小说榜；《回响》入选《当代》长篇论坛2021年度长篇小说“五佳”；东西的长篇小说《回响》、朱山坡的短篇小说《萨赫勒荒原》、房永明的小小说·微型小说《雪衣画眉》入选中国小说学会主办的“中国小说学会2021年度好小说”。

东西、林白入选封面新闻和《华西都市报》主办、组织专家评选发布的“名人堂·2021年度人文榜”之“十大作家”；凡一平的小说《韦旗的敬老院》获得《民族文学》年度汉文版小说原创奖；东西的《篡改的命》入选江苏省《钟山》和《扬子江文学评论》两家杂志合作推出的“新世纪文学二十年20家/部”“长篇小说20部”读者榜，田耳入选“新世纪文学二十年20家/部”“青年作家20家”专家榜和读者榜。

在第二十五届“中国少儿戏曲小梅花荟萃”活动中，2个个人节目获地方戏组“金花”称号、2个集体节目获原创类“最佳集体节目”。《阿秀》《人民幸福》入选中宣部第九批“中国梦”主题新创作歌曲名单；《连心歌》《星星伴月亮》入选“各族儿女心向党”大型演唱会；《连心歌》《你是一棵树》入选中国音协主办的中国当代歌曲创作精品工程——“听见中国听见你”2021年度优秀歌曲名单；《不变的色彩》《仰望星空》《连心歌》《你好，同志》《你是一棵树》《阿秀》《星星伴月亮》入选中国音协主编、人民音乐出版社发行的《“百年百首”全国优秀新创歌曲集》。

杨科云荣获第七届中国书法兰亭奖铜奖，伍思亭荣获第30届中国戏剧梅花奖，龙倩在第六届全国少数民族文艺会演“圆梦奖”评选中荣获最佳导演奖。

《壮族巫经·顿造忙（创世经）影印译注》获得第十五届中国民间文艺山花奖，刺绣作品《繁花》、竹编作品《毛南族花竹帽台灯》、坭兴陶作品《锦绣前程》成功入围第十五届中国民间文艺山花奖·优秀民间工艺美术作品终评。

3件美术作品入选由中宣部、中国文联主办的庆祝中国共产党成立100周年美术作品展览，10件美术作品被中国共产党历史展览馆收藏。20件作品入选中国美协主办的“幸福小康 美好生活”全国农民画作品展展览，其中有三位作者的作品获得此次展览的入会资格。23人的书法作品在各项全国性书法展览中入展，38人（次）的美术作品在各项全国性展览中入展。

13个曲艺节目入选全国性曲艺展演展播。舞蹈《瑶山夜语》荣获第十三届中国舞蹈荷花奖民族民间舞作品奖，《接班人》《浪花朵朵飞起来》《丰收稻田》3个舞蹈节目入围第十一届“小荷风采”全国少儿舞蹈展演。

“何以为桂——广西影像10人作品展”在第四届国际摄影研讨会暨2021丽水摄影节上获评“优秀展览”，《“硬核”防护》《边境人生》《中国首次记录冠斑犀鸟在喀斯特崖壁上繁殖》《围挡里的诗画》4件作品入选第28届全国摄影艺术展览，广西摄协在2021年全国摄影工作会议上获得通报表扬。

魔术小品《伴》在南方六省区青年魔术大奖赛中被评为一类扶持节目。民族歌剧《扶贫路上》、彩调剧《新刘三姐》、歌剧《血色湘江》和壮剧《百色起义》等8部作品入选“庆祝中国共产党成立100周年舞台艺术精品创作工程”。“广西校园戏剧节”获得中华优秀传统文化传承发展工程广西“十佳案例”表彰。3家单位和个人荣获“全国最美文艺志愿服务”称号。

【理论评论】

积极落实广西当代文学艺术创作工程三年规划，围绕重大主题——庆祝中国共产党成立100周年，对优秀舞台艺术作品展演、第十一届广西剧展、主题美术创作工程等进行评论。

围绕当代广西文学史料、多民族文艺创作、艺术名家名作、网络文学传播与批评和左翼文艺对广西的影响等课题，开展深入研究和评论。

对广西原创文艺作品，如电视剧《乡村篮球队》、长篇小说《回响》《李作家和他的乡村朋友》、动画电影《湘江1934·向死而生》、木偶剧《鸡毛信》等撰写评论文章。

围绕庆祝党的百年华诞主题，《南方文坛》杂志以“百年叙事”为专题进行全年主题研究，举办“经验与经典——中国文学百年叙事”研讨会，同时举办“网络文艺的时代声音与百年梦想暨广西文艺评论基地建设研讨会”“张名河歌词作品研讨交流活动”。

文艺交流

【建设中国作协东盟文学交流中心】

与中国作协共同筹建中国作协东盟文学交流中心（南宁），将该交流中心建设成为与东盟国家开展作家交流、文学作品互译出版、文学展览、版权保护等文学活动的平台，承担起对东盟国家文学传播“国家队”的职责。根据中国作协的工作安排，广西作协制定了《东盟三国文学状况以及与我国文学交流情况调研工作方案》，开展了中国-东盟文学交流情况调研工作座谈会，并组织有关专家组成专题调研组，对越南、新加坡、柬埔寨三国文学状况以及与我国的文学交流情况进行重点调研，形成了8万多字的调研报告并上报中国作协，获得中国作协的高度认可。中国作协已正式下文，确定将中国作协东盟文学交流中心落户广西，由中国作协、广西文联共建，广西作协负责具体管理事务。

【开展中缅文学作品互译工程】

与广西出版传媒集团合作开展中缅文学互译工程，作品规模中缅各为10种，即选择10种中国当代文学精品（以广西作家为主）翻译成缅甸语，在缅甸出版；选择10种缅甸当代文学精品翻译成中文，在中国出版。目前，已出版长篇小说《雨夜雾梦》（缅甸）、《如愿》（缅甸）。

【承办“同唱友谊歌”2021中越歌曲演唱大赛】

12月20日，“同唱友谊歌”2021中越歌曲演唱大赛中国赛区决赛在南宁举行。“同唱友谊歌”中越歌曲演唱大赛自2005年举办以来，通过“中国人唱越南歌、越南人唱中国歌”的方式，在中越两国民众之间架起了一座增进友谊的“音乐桥”，受到两国人民的广泛喜爱，成为中越两国文化交流的重要品牌活动。

【广西文联党组书记、副主席严霜赴浙江学习考察】

10月13日至14日，广西文联党组书记、副主席严霜带队赴浙江省学习考察“文艺两新”工作，先后走访浙江省文联机关、浙江省“文艺两新”发展促进会，考察位于杭州市高新区的中国网络作家村、萧山区的湘湖演艺产业园，与相关负责人、“文艺两新”领军人才、网络作家座谈交流，实地了解园区的组织、管理、运营模式、扶持政策，切身感受“文艺两新”在建设社会主义文艺中的生动实践。广西文联将认真学习借鉴浙江省的经验办法，切实研究加强“文艺两新”工作措施，深度谋划、精准发力，努力强化政治引领、增进思想认同，健全团结凝聚的组织体系，丰富服务管理的载体平台，推动广西“文艺两新”工作上新台阶。浙江、广西两地文艺界就加强合作进行了深入交流，并就进一步建立更紧密的合作关系、拓宽合作领域、提升合作水平达成共识，推动两地文艺事业共同繁荣发展。

【首届“映山红”文艺论坛举办】

9月27日，首届“映山红”文艺论坛在南昌市举办。本次论坛由江西省文艺评论家协会、广西壮族自治区文艺评论家协会、陕西省文艺评论家协会、湖北省文艺评论家协会、贵州省文艺评论家协会共同举办。立足于对红色文艺经典及红色文艺历史的深入研究，聚焦红色文艺创作的当代实践，关注当代主流文艺特别是现实主义文艺的蓬勃发展，通过广泛、深入的研讨，回顾总结百年来文学、影视、戏剧等各类型文艺创作的辉煌成就和宝贵经验，探求红色文艺的精神内涵、美学意蕴、艺术特征和创作规律，探讨红色文艺经典的时代价值和未来发展，是五省（自治区）文联和文艺评论家协会学习贯彻《关于加强新时代文艺评论工作的指导意见》的要求，切实加强文艺评论工作的重要举措。

机关建设

【广西文联学习贯彻党的十九届五中全会培训班暨全区文联系统2021年文艺家读书班举办】

6月22日至24日，广西文联学习贯彻党的十九届五中全会培训班暨全区文联系统2021年文艺家读书班在南宁举办。培训内容围绕党的十九届五中全会精神和习近平总书记视察广西时的重要讲话精神、给老艺术家黄婉秋的回信精神、关于文艺工作的重要指示批示精神，以及党史国史、民族文化、文艺理论、文艺工作相关业务知识等开展。授课专家分别以《学习贯彻党的十九届五中全会精神，加快广西民族文化强区建设》《为人民创作　为时代放歌——深入学习习近平总书记视察广西时的重要讲话精神》《中国戏剧发展的瓶颈与突破》《中国共产党重塑了中华民族之性格——从马克思主义唯物史观认识党的百年历程》《在通往小说的途中》《中国书法之美》等为题，作专题讲座。广西文联系统约200人参加了本次学习培训。

【广西文联开展“感党恩　跟党走”党史学习教育】

6月16日至17日，广西文联组织机关党员干部和桂林市、全州县、灌阳县、兴安县文联，以及部分社会组织党员代表近60人走进“湘江战役”红色教育基地，沿着习近平总书记的视察路线，开展“感党恩 跟党走——追寻红色足迹 传承红色基因”党史学习教育。以党史学习教育为契机，按照学党史、悟思想、办实事、开新局的要求，从红色基因中汲取智慧和力量，增强信仰、信念、信心，立足自身岗位，通过文联系统的特长缅怀先烈，立足红色资源优势，讲好广西故事、传承红色基因，赓续共产党人的精神血脉。时刻谨记习近平总书记的谆谆教诲“困难再大，想想红军长征，想想湘江血战”，保持敢闯精神、创新劲头、实干作风，齐心协力、迎难而上，推进文艺事业高质量发展，坚定不移贯彻习近平总书记视察广西重要讲话精神和重要指示精神以及给老艺术家黄婉秋的回信精神，为建设新时代中国特色社会主义壮美广西贡献力量。

【广西文联召开庆祝中国共产党成立100周年座谈会】

7月2日，广西文联召开庆祝中国共产党成立100周年座谈会，认真学习习近平总书记“七一”重要讲话精神，研究布署学习宣传贯彻工作。广西文联党组书记严霜主持会议并讲话，广西文联领导班子成员和全体干部职工参加座谈会。

与会人员围绕学习贯彻习近平总书记“七一”重要讲话精神，结合自身工作、文艺实践和所思所想作了发言。大家一致认为，习近平总书记“七一”重要讲话是一篇充满真理力量的马克思主义纲领性文献，充分展现了中国共产党人的初心使命和历史担当，必将凝聚起广大党员和中国人民奋进新征程、再创新辉煌的磅礴力量；能亲身经历党的百年华诞，倍感使命光荣，倍增豪情壮志，要将学习成果转化为扎扎实实的工作业绩和促进文艺繁荣发展的实际业绩，为民族文化强区建设奋力书写华章。

各文艺家协会

【作家协会】

完善优秀原创文学作品扶持办法。对《广西优秀原创文学作品扶持办法（暂行）》进行了修订，加大对重大奖项、作品翻译出版、文学评论的扶持力度，除重点文学刊物外，将区外有影响力的刊物也纳入扶持范围，惠及了更多基层作者，进一步激发了广大作家的创作热情。

扶持乡村题材重点文学作品，对《新时代的青春之歌——黄文秀》《沸腾的毛南山》《我的青春在乡村——第一书记扶贫纪实》《鹿城图谱》等9部（篇）优秀作品予以奖励扶持。与《广西文学》杂志联合举办第十七期广西青年文学讲习班暨2021年《广西文学》创作改稿班，举办第五届广西花山诗会，共同研讨新时代语境下的诗歌创作；积极开展“文艺进校园”活动，组织作家走进高校，对大学生进行文学培训，共计30余人（次）文学志愿者到十多所高校开展了25场文学培训活动。

选派作家参加“2021中国一日·工业兴国——中国作家在行动”大型文学主题实践活动，深入广西柳州钢铁集团有限公司和广西玉柴机器集团有限公司进行实地考察，了解广西工业企业发展情况和一线产业工人的精神面貌。组织作家赴贵州遵义开展“赓续红色血脉 凝聚文学力量”主题采风活动。

【戏剧家协会】

举办“广西文联第一期民间剧团暨新文艺群体优秀人才培训班”，广西各民间剧团骨干和新文艺群体等近50人参加培训。

开展“第十二届广西校园戏剧节·大学生戏剧评选活动”，共有剧目16部、剧本4部获得扶持。立项“2021瑶族小戏创作扶持项目”，遴选富川县、贺州市平桂区、金秀县三地的三部剧作给予扶持。

【音乐家协会】

推进广西当代文学艺术创作工程三年规划重大主题精品音乐创作项目，开展“庆祝中国共产党成立一百周年”主题歌曲创作征集活动。举办第十三届中国音乐金钟奖广西赛区活动，举办2021年广西音协会员培训班。举办“同唱友谊歌”2021中越歌曲演唱大赛，在中越两国民众之间架起一座增进友谊的“音乐桥”。

启动“广西经典音乐作品研究”项目。与中国音乐文学学会、广西艺术创作中心联合举办“张名河歌词作品研讨交流活动”，区内外近50名专家济济一堂，共同研讨歌词创作。

【美术家协会】

实施完成“庆祝中国共产党成立100周年”主题美术创作工程。成功举办“百年征程 壮美华章——庆祝中国共产党成立100周年主题美术创作工程作品展”，展出的30幅（件）作品，集中展现了中国共产党带领广西各族人民百年来走过的光辉历程和建立的不朽功勋。项目成绩突出，共有8件作品被新建成的中国共产党历史展览馆收藏。

积极参与国家重大主题美术创作活动，实施“不忘初心 继续前进——庆祝中国共产党成立100周年大型美术创作工程”，积极组织推荐广西作品应征参评，最终有3件作品入围。积极协办2021广西艺术作品展览，承办“庆祝中国共产党成立100周年——漓江画派·2021广西美术精品展”暨漓江画派发展学术研讨会，扩大漓江画派影响力。

举办“百年圆梦·壮美广西——庆祝中国共产党成立100周年全国美术名家画广西”活动。参与举办“2021发现雁山”——广西美术作品展、“翰墨华章”——2021广西美术作品展、柳州艺术双年展、南方风景·青年油画五周年作品展、2021广西雕塑大展、2021广西首届版画展、2021南北雕塑展、全国壁画文献展与广西当代壁画家作品邀请展、2021年中国·广西“花山岩画世界文化遗产保护”国际漫画大赛、“花桥纪”——2021年度油画展、中国当代油画名家冼小前作品回顾展、“印迹情怀”——龙家桓版画作品展、“艺海无为”——帅立功从艺60周年精品展、“一脉流泉”——陈玉圃书画作品展等展览和活动。

【曲艺家协会】

组织举办2021年广西青年曲艺骨干创演研修班，推荐广西曲艺工作者和曲艺创演骨干参加中国文联、中国曲协组织举办的培训班。联合举办“感党百年恩 文化进万家”广西曲艺志愿服务活动（隆林）文艺晚会。

【舞蹈家协会】

推送作品《瑶山夜语》荣获第十三届中国舞蹈荷花奖民族民间舞作品奖，推送当代双人舞作品《听》入围第十二届中国舞蹈荷花奖当代舞、现代舞评奖终评现场展演，推送少儿舞蹈作品《接班人》《浪花朵朵飞起来》《丰收稻田》入围第十一届“小荷风采”全国少儿舞蹈展演并荣获“小荷之星”荣誉称号。推送作品参加“第二届中南六省（区）‘十佳青年领军舞者’展演活动”，多名舞者获奖。积极开展“非遗舞蹈进校园”活动，传承广西优秀传统文化，培育时代舞蹈新人。

【民间文艺家协会】

组织开展2021“山歌颂党百年恩”优秀山歌、民谣作品征集评选活动，联合南宁市民宗委于“壮族三月三”期间在武鸣举办桂黔滇湘山歌擂台赛、四省区山歌创作交流会、“山歌唱党史”广西山歌人才培训班和“再唱山歌给党听”2021桂黔滇湘优秀山歌演唱会。

参与承办“永远跟党走 奋斗新时代”2021青秀区庆祝中国共产党成立100周年暨南宁青秀国际传统舞龙邀请赛系列活动。举办“我们的节日”——2021八桂民俗盛典·中秋供月暨“壮族民俗文化传承与乡村振兴”系列活动。加快推进《中国民间文学大系》《中国民间工艺集成》广西卷编纂工作，开展2021金牛迎春民间文艺作品网络展以及“文艺进校园”民间文艺志愿服务活动。

【摄影家协会】

协办“永远跟党走”庆祝中国共产党成立100周年·2021广西艺术作品展览——第四届广西摄影作品展览，联合主办庆祝中国共产党成立100周年——“中国绣球之乡”全国摄影大赛，共同举办“永远跟党走”庆祝中国共产党成立100周年暨2021年广西企业书画摄影展。

举办第四期广西摄影创作高研班。与中国西南六省区市摄协联合举办“美好西南·美丽乡村”2021年第十四届中国西南六省区市摄影作品联展。启动“八桂影像”工作坊培养模式，在柳州举办“八桂影像”工作坊2021年第一期培训班。

【书法家协会】

举办“广西隶书人才培训班”，共同举办“八桂书风 童心向党”——南宁市百名儿童百米书法长卷现场书写活动，协办“翰墨颂中华 丹心感党恩——庆祝中国共产党成立100周年广西壮族自治区老干部书画作品展”，协办“永远跟党走”庆祝中国共产党成立100周年·2021广西艺术作品展览——第九届广西书法篆刻作品展览，共同举办“八桂书风”精品展。

承办广西首届隶书作品展、广西首届“八桂书风”青年书法作品展、“八桂书风”广西书协历届理事书法作品展。

【杂技家协会】

举办第五届广西杂技魔术展演、广西杂技魔术培训班，推荐魔术节目《伴》参加“南方六省区青年魔术大奖赛”并被评为一类扶持节目，推荐魔术节目《锦绣壮乡》参加“海上丝绸之路魔术精品展演”。

【文艺评论家协会】

组织举办“网络文艺的时代声音与百年梦想”研讨会、广西文艺评论基地建设研讨会，参与举办第二届“中国-东盟高校研究生文艺理论国际研讨会”。

与《广西文学》杂志合作开展“批评进行时”“批评现场”栏目，联合《广西文学》开展“重返故乡”采风交流活动，在云南昭通学院举办广西、云南作家评论家贯彻习近平总书记“七一”重要讲话精神交流会。

【影视艺术家协会】

承办第二届“建设壮美广西·共圆复兴梦”微视频大赛，推荐和选派人员、作品参加第十三届海峡两岸电视主持新人大赛、第九届亚洲微电影艺术节等。

基层文联工作

南宁市文联组织画家集体创作红色文艺作品《“治水、建城、为民”——“百里秀美邕江”百米国画长卷》，展现南宁市经济社会发展特别是“治水、建城、为民”城市工作取得的成就；组织编织长12米、高2.3米的世界最大壮锦——《美丽壮锦献给党》。

柳州市文联举办“百年工业摄影展”“百米画卷绘初心”“千幅书法写风华”等活动。

桂林市文联将“党史+文艺”元素有机融合，开展“学党史 传精神 跟党走——剪纸、书法进社区”文艺惠民活动，开展以党史学习教育为主线、以文艺助力乡村振兴为目标的文学采风活动。

梧州市文联大力打造“文艺进校园”、诗词“八进”等特色文艺志愿服务品牌，其中“文艺进校园”项目被评为全国首届宣传推选学雷锋文艺志愿服务“时代风尚”最美文艺志愿服务项目。

北海市文联举办北海文学艺术周活动，精心打造“百名作家写北海”“百名画家画北海”文艺品牌，持续培育北部湾作家群、北海水彩画、北海书法等品牌。

钦州市文联开展“百年初心·百人行摄”大型摄影行动，举办钦州市美术书法摄影作品展，在全市全民阅读活动中举办红色摄影作品展。

防城港市文联组织开展“民族团结进步”主题文艺创作活动、“走京岛 进瑶寨 助力民族团结进步”实践活动，以文艺的形式助力防城港市创建全国民族团结进步示范市。

贵港市文联注重团结服务“文艺两新”，主动为“文艺两新”提供文艺展示展演平台，开展“学党史、传精神、跟党走”服务乡村振兴文艺志愿服务系列活动。

玉林市文联开展“名家进玉林”活动15场，为文艺爱好者搭建与名家交流学习的平台，协办“玉林——玉里（台湾）云端同唱一首歌《我们都是一家人》”活动，深化两岸文化交流。

百色市文联举办“感党恩、听党话、跟党走——百色农民画展”；开展“百年·百色·百变”主题征文，用文学的形式展现百色百年来的历史巨变。组织文艺骨干采风团赴云南红河州开展创作采风和学习交流活动，联合深圳市南山区举办“锦绣南山、千姿百色”南山·百色两地优秀摄影作品交流展。

贺州市文联创新“连横合纵”机制，通过与民宗、工会、司法、教育等部门开展工作联动，采取“文艺+部门宣传主题”的方式，通过“文艺搭台、部门唱戏”的形式，着力解决文艺惠民走基层的资金难问题。

河池市文联立足河池丰富的红色资源，组织文艺工作者开展“鲜红的党旗高高飘扬”主题创作采风活动，出版长篇报告文学《日子越过越红火》《美丽山花》，200余篇（首）文学作品分别结集出版。

来宾市文联开展书法美术摄影展、文学创作征文、公安文学主题征文、音乐会等庆祝建党百年系列主题活动。

崇左市文联推进文艺创作项目化管理，出版文学作品集6部，9篇文学作品在《民族文学》《星火》等刊物发表。

海南省文联

综　述

2021年，海南省文学艺术界联合会（以下简称海南省文联）坚持以习近平新时代中国特色社会主义思想为指导，认真贯彻落实习近平总书记关于文艺工作的重要论述和关于海南工作的重要指示批示精神，团结引领海南文艺界紧密团结在以习近平同志为核心的党中央周围，把握正确方向、坚定理想信念、践行初心使命、围绕中心服务大局。扎实开展党史学习教育及“作风整顿建设年”“查堵点、破难题、促发展”等活动，组织开展第四届南海文艺奖、第三届海南省中青年“德艺双馨”文艺工作者评选表彰等工作；打造“海洋风”主题歌曲创作和“旅琼文艺家大讲坛”等文艺品牌，大力扶持文艺精品创作，持续推动出人才出成果；团结引导“文艺两新”讲好海南故事；召开学习贯彻落实《关于加强新时代文艺评论工作的指导意见》座谈会，加强文艺工作者职业道德和行风建设工作，成立文艺工作者职业道德建设委员会；贯彻落实《海南省文联深化改革方案》，强力推动直属文艺家协会换届工作，完成10家协会换届考察，其中8家协会完成换届；持续抓好常态化疫情防控工作；积极推动文艺力量服务乡村振兴；以扎实努力的工作体现坚决捍卫“两个确立”，坚决做到“两个维护”，以优异的成绩迎接党的二十大和海南省第八次党代会胜利召开。

重要会议与活动

【第十二届中国曲艺牡丹奖海南选拔赛暨第四届海南省曲艺大赛举办】

1月，在海口举行第十二届中国曲艺牡丹奖海南选拔赛暨第四届海南省曲艺大赛新闻发布会。

11月20日，第十二届中国曲艺牡丹奖选拔赛暨第四届海南省曲艺大赛在海口落幕，近200名曲艺名家新秀同台献艺。本届大赛分为曲艺、小品（小戏）、诵读故事三个类别，其中曲艺包括快板书、相声、评书等，小品（小戏）包括方言小品、人偶小品等。大赛共征集到作品93件，其中47件优秀作品入围决赛。

【中国文联文艺评论中心来琼调研】

3月8日至9日，中国文联文艺评家协会副主席、秘书长，中国文联文艺评论中心主任、《中国文艺评论》杂志主编徐粤春一行来琼调研，海南省文联组织召开加强新时代文艺评论工作座谈会，海南省文联专职副主席王艳梅主持会议。

【海南省第十届书法篆刻作品展举办】

3月18日，由海南省委宣传部指导，海南省文联、海南省书协共同主办的海南省第十届书法篆刻作品展在海南省博物馆展出。开幕式由海南省文联副主席、海南省书协副主席兼秘书长陈洪主持。本次展览涵盖书法、篆刻、刻字作品，展出入展作品176件、邀请作品62件。

【“四川省诗书画院创作成果海南交流展”举办】

3月21日，由四川省文化和旅游厅与海南省文联指导、四川省诗书画院和海南省书画院主办的“四川省诗书画院创作成果海南交流展”在海南省书画院展厅开幕。四川省政协原主席、四川省诗书画院院长秦玉琴，海南省政协原副主席、中国书协第六届理事王应际，四川省文化和旅游厅一级巡视员王琼，海南省文联作协党组成员、省文联专职副主席陆明，中国书协顾问、四川省书协名誉主席、四川省诗书画院名誉院长何应辉，中国书协顾问、海南省书协主席、海南省书画院名誉院长吴东民，四川省诗书画院对外交流顾问贾江，海南省文联副主席、省书画院院长、省书协副主席兼秘书长陈洪等出席开幕式。开幕式由中国书协理事、海南省书协副主席杨文修主持。

【海南省文联六届四次全委会举行】

3月26日，海南省文联第六届委员会第四次全体会议在海口举行。会议传达了中国文联第十届六次全委会会议精神。海南省文联作协党组成员、省文联专职副主席陆明作题为《立足新阶段 奋斗新征程 为加快推进海南自由贸易港建设贡献文艺力量》的工作报告；海南省文联专职副主席王艳梅作工作总结报告。与会代表围绕贯彻落实中国文联十届六次全委会精神进行了交流发言；会议通过了海南省文联召开第七次代表大会的提议；表决了《海南省文联第六届全委会第四次全体会议的决议（草案）》。

【第十三届中国音乐金钟奖海南选拔赛举行】

4月21日至25日，由中国音协、海南省文联指导，海南省音协主办的第十三届中国音乐金钟奖海南选拔赛在海口举行。选拔赛分为器乐古筝组、器乐钢琴组、声乐美声组、声乐民族组。中央歌剧院副院长、著名女高音歌唱家么红担任海南选拔赛声乐专业组决赛的监审。

【党风廉政建设和反腐败工作暨开展作风整顿建设年工作开展】

4月29日，海南省文联作协组织召开党风廉政建设和反腐败工作暨开展作风整顿建设年动员部署会。海南省文联作协作风整顿建设工作分4个阶段进行，持续到年底。

【海南省委决定夏斐同志任省文联作协党组书记】

5月13日，海南省委决定：夏斐同志任海南省文联作协党组书记，提名为海南省文联主席候选人。

【夏斐全票当选海南省文联主席】

6月6日，海南省文联第六届委员会第五次全体会议在海口举行，海南省文联作协党组书记夏斐全票当选海南省文联主席。

【传达海南省委关于全省“查堵点、破难题、促发展”活动部署会议精神】

6月15日，海南省文联传达海南省委关于全省“查堵点、破难题、促发展”活动部署会议精神特别是海南省委书记沈晓明的讲话精神，并详细解读《人民日报》评论文章《海南省委书记向全省干部发出“灵魂之问”》。

【乡村振兴工作座谈会召开】

6月15日，海南省文联作协乡村振兴工作座谈会在海口召开。座谈会深入学习习近平总书记关于全面推进乡村振兴战略的重要任务和重要指示批示精神，全面落实中央、海南省委农村工作会议和全省选派第二批乡村振兴工作队电视电话动员大会精神，历任挂职干部作交流发言，完成驻村第一书记和乡村振兴工作队员选派交接工作。

【颁发“光荣在党50年”纪念章】

6月23日，由海南省文联作协党组书记、海南省文联主席夏斐带队，向老党员黄海、谢耀庭颁发“光荣在党50年”纪念章，并向他们致以崇高敬意和诚挚问候。

【庆祝中国共产党成立100周年开展系列红色展览展演活动】

6月20日，“百年大党 风华正茂——信仰的红色印记”李福顺180米书画长卷巡回展（海南首站）在海南省博物馆开展。海南省政协党组书记、主席毛万春，中国文联原副主席覃志刚，文化部原副部长、中国艺术研究院原院长王文章，中共中央党史和文献研究院第七研究部副主任刘荣刚等出席活动。海南省文联作协党组书记、省文联主席夏斐主持。海口市委常委、宣传部部长王忠云致辞。该书画长卷长180米、高2米，共104个画面，由海南省文联副主席李福顺创作。

7月10日，“红色华章 百年辉煌——海南省主题书法篆刻作品展”在海南省博物馆开幕。本次展览共展出入展作品130件、邀请作品36件，涵盖书法、篆刻、刻字作品。

7月18日，海南省“基层党旗红”主题摄影作品展在海南省博物馆开幕。该展是遵循“基层”和“党旗红”两大叠加主题展开的主题摄影创作活动，展览包含“使命担当”和“践行初心”两个部分，共有40组116幅摄影作品参展。

7月20日，为期8天的“琼崖百年红·丹青颂党恩”海南省主题美术作品展在海南省博物馆开展。海南省委常委、宣传部部长肖莺子，海南省委宣传部常务副部长、海南省电影局局长符宜国，海南省委宣传部一级巡视员孙苏，海南省文联作协党组书记、省文联主席夏斐，海南省文联作协党组成员、一级巡视员陆明出席开幕式。此次美术作品展共展出125件作品，涵盖中国画、油画、版画、水彩画、雕塑、综合材料绘画等多种美术形式。

10月16日，“华彩风流——海口美术百年作品展”在海南省书画院开幕，新书《华彩风流——海口美术百年》同期首发。此次展览及出版书籍较完整地梳理了海口美术百年的发展史。

【开展党史学习教育系列活动】

为庆祝中国共产党成立一百周年，海南省文联在“两微一端”开设“党史学习教育”专栏。

4月29日，海南省文联作协组织开展“坚持和完善繁荣发展社会主义先进文化的制度”党史学习教育专题辅导讲座，邀请海南省委党校副教授于凌炜为全体党员干部职工授课。

6月3日，海南省文联开展“琼崖革命斗争二十三年红旗不倒”党史学习教育专题讲座，邀请海南省委党史研究室（省地方志办公室）副主任、党史学习教育专家赖永生授课。

6月30日，海南省文联赴定点帮扶村——屯昌县乌坡镇青梯村开展“讲党史 感党恩 促发展”主题党日活动，重温入党誓词，慰问老党员、脱贫户、百岁老人，召开乡村振兴座谈会。海南省文联作协党组书记、省文联主席夏斐以《从百年党史中汲取乡村振兴的智慧和力量》为题，为当地党员干部讲党课。

7月1日，召开海南省文艺界学习宣传贯彻习近平总书记“七一”重要讲话精神研讨会。

11月9日，邀请海南省委宣传部副部长陈小华主讲中国改革开放史的海南定位和自贸港政策解读。

开展党史学习教育和庆祝建党百年系列艺术展示活动：高坡村“乡村振兴齐步走”助残慰问活动；文艺志愿服务小分队走进定安县琼崖革命根据地母瑞山、海口市云龙镇琼崖工农红军云龙改编旧址，开展音乐教育培训和慰问演出；海南省文联作协机关干部走进母瑞山开展红色主题教育培训活动；开展音乐、美术、书法、摄影等艺术门类红色展览展演活动。

【演出大型交响主题组歌《海南颂》】

7月12日，海南省文联在省新闻发布厅举行庆祝中国共产党成立100周年大型交响主题组歌《海南颂》新闻发布会。

7月下旬，大型交响主题组歌《海南颂》在海南省歌舞剧院和海南大学演出4场。该组歌以时间为主线分篇章，选取从琼崖革命斗争直至海南自贸港建设各时期具有典型意义的事件或人物为创作要素，由交响序曲《高擎的旗帜》和《烽火琼崖》《热土新天》《山海欢歌》《奋进海南》4个篇章及尾声混声合唱《海南颂》组成。

【《关于加强新时代文艺评论工作的指导意见》座谈会召开】

8月31日，海南文艺界学习贯彻落实《关于加强新时代文艺评论工作的指导意见》座谈会在海口召开。海南省文联作协党组书记、省文联主席夏斐出席并讲话。

【原创舞蹈诗《黎族家园》海口展演】

9月9日至10日，原创舞蹈诗《黎族家园》在海南国际会展中心东方环球大剧院连续展演两场。该作品成功入选由中宣部等主办的“庆祝中国共产党成立100周年优秀舞台艺术作品展演”，同时入选文化和旅游部庆祝中国共产党成立100周年舞台艺术精品创作工程“百年百部”传统精品复排计划重点扶持作品。

【第四届海南省南海文艺奖评选工作启动】

9月17日，第四届海南省南海文艺奖评选工作启动，海南省文联印发《第四届海南省南海文艺奖评奖实施方案》。

9月25日，于《海南日报》发布《关于征集第四届海南省南海文艺奖参评作品的公告》，至11月25日，共收到12类报名作品220件，评审办公室于11月29日至12月3日在海南文艺网上进行目录公示。初评工作于12月28日完成，共12类82件作品提名第四届海南省南海文艺奖，并在《海南日报》公示。终审工作于2022年1月进行。

【与三沙市签订创作活动战略合作框架协议】

10月9日，“感悟大海 守护南海 走向海洋”——“海洋风”主题歌曲全国创作征集活动与三沙市委战略合作框架协议签约仪式在海口举行。

【举行青年干部座谈会】

10月18日，海南省文联、海南省作协及各下属单位青年干部，海南省各文艺家协会秘书长、青年文艺家代表，各市县文联青年文艺家代表等在海口举行青年干部座谈会，交流工作心得体会，畅谈如何在建设文化强省和强大文化软实力的海南自贸港中履职尽责、发挥青年生力军的作用。

【电影《穿过雨林》举行全国首映礼】

10月23日，海南教育扶贫题材电影《穿过雨林》全国公映新闻发布会和首映礼举行。影片于11月24日在全国公映。

【海南省各文艺家协会召开代表大会】

10月17日至11月20日，海南省文联组织各直属文艺家协会在海口有序开展换届工作。完成10家协会换届考察，其中8家协会已顺利换届。海南省书协、剧协、音协、影视协、摄协、民协、曲协、文艺评论家协会等8个协会分别召开代表大会，选举产生新一届理事会和主席团。陈洪当选海南省书协第七届主席，符传杰当选海南省剧协第七届主席，陈新当选海南省音协第七届主席，谷晓晶当选海南省影视协第六届主席，李英挺当选海南省摄协第七届主席，蔡葩当选海南省民协第七届主席，李修林当选海南省曲协第四届主席，刘复生当选海南省文艺评论家协会第二届主席。

【海南省文联第六届委员会第六次全体会议召开】

10月24日，海南省文联第六届委员会第六次全体会议在海口召开。大会选举彭太华为海南省文联专职副主席。

【《中华人民共和国海南自由贸易港法》培训讲座举办】

10月24日，海南省文联组织开展《中华人民共和国海南自由贸易港法》培训讲座。该讲座邀请海南政法职业学院党委书记、教授、博士生导师童光政为党员干部进行专题授课。海南省文联作协党组书记、省文联主席夏斐主持并作总结讲话。童光政以“依法推进海南自贸港高质量发展——《中华人民共和国海南自由贸易港法》解读”为主题，对海南自由贸易港法的出台背景、重大意义、立法过程、核心条款进行了详细解读，并对海南自由贸易港法总则、贸易自由便利、投资自由便利、财政税收制度、生态环境保护、产业发展与人才支撑、综合措施等内容进行了细致阐述。

【召开文娱领域综合治理工作培训座谈会】

10月24日，海南省文联召开文娱领域综合治理工作培训座谈会。会议宣读了《关于成立海南省文联文艺工作者职业道德建设委员会的通知》文件。会议倡导广大文艺工作者修身守正，立心铸魂。此次座谈会上，符传杰同志代表艺术家宣读了《修身守正 立心铸魂——致广大文艺工作者倡议书》，14位文艺家代表就加强文艺工作者职业道德建设、推进文艺界行风建设等作交流发言。

【加强新时代文艺评论工作调研座谈会举行】

11月3日，海南省文联加强新时代文艺评论工作调研座谈会在海口举行。刘复生、王学振、苏鹏程、马良、江非、林森、李宁、罗莼、黄辛力等文艺评论家出席座谈会，就共同推进新时代文艺评论工作各抒己见。

【赴海南特区报社调研】

11月7日，在第22个记者节来临之际，海南省文联作协党组书记、省文联主席夏斐，海南省文联作协党组成员、省文联专职副主席彭太华等一行来到海南特区报社调研，看望慰问一线新闻工作者，并进行座谈交流。

【传达学习党的十九届六中全会精神】

11月14日，海南省文联作协党组在海口召开理论中心组(扩大)学习会议，传达学习党的十九届六中全会精神，号召广大作家艺术家以实际行动和实干实绩体现心怀“国之大者”、忠诚拥护“两个确立”，坚决做到“两个维护”，迅速掀起海南文艺界学习宣传贯彻党的十九届六中全会精神热潮，奋力谱写海南自贸港文艺繁荣新篇章。会上，部分代表畅谈了学习体会。

12月3日，海南文艺界学习宣传贯彻党的十九届六中全会精神座谈会在海口召开。新当选的海南省各文艺家协会主席陈洪、陈新、蔡葩、李英挺、谷晓晶、李修林、符传杰以及推选参加中国文联第十一次全国代表大会的文艺家代表颜业岸、黄丹、李音、吴孔德、刘东辉等作交流发言。

12月6日，海南省文联举行党的十九届六中全会精神专题党课宣讲报告会。海南省文联作协党组书记、省文联主席夏斐作了题为《坚持“两个确立”以史为鉴开创未来》的宣讲报告。

【与观澜湖集团合作交流】

12月1日，海南省文联与观澜湖集团召开合作交流座谈会。座谈会由海南省文联作协党组书记、省文联主席夏斐主持，海南省文联专职副主席王艳梅、观澜湖集团执行董事李佳琦出席会议。座谈会上，双方就建设“共美共享艺庄”、非遗博物馆以及打造童声合唱团、“旅琼文艺家大讲坛”永久落户观澜湖等事项达成共识，并将深化交流合作，共同探索引进国际美术展、国际艺术品交易等项目。

【与海南省乡村振兴局签署战略合作协议】

12月6日，海南省乡村振兴局与海南省文联战略合作签约仪式在海口举行。双方将充分发挥各自资源优势，在如何通过文艺力量助力乡村振兴方面开展长期合作。签约仪式后，由双方联合主办为期一年的“我们的中国梦”时代新风进万家——海南首届“破陋习、树新风”移风易俗文艺宣讲志愿服务活动正式启动。

【海南文代会、作代会代表团赴京参加中国文联第十一次全国代表大会和中国作协第十次全国代表大会】

中国文联第十一次全国代表大会和中国作协第十次全国代表大会于12月14日至17日在北京召开。海南共有26位代表参加，其中全国文代会代表16位、全国作代会代表10位。

12月10日，海南省文联召集出席全国文代会和作代会的海南代表参加行前动员会。

12月14日，海南文代会代表团在驻地北京友谊宾馆会议室，认真学习讨论习近平总书记在中国文联第十一次全国代表大会、中国作协第十次全国代表大会开幕式上的重要讲话精神。

【传达学习习近平总书记在中国文联十一大、中国作协十大开幕式上的重要讲话精神】

12月20日，海南省文联作协党组理论学习中心组（扩大）会议在海口召开，专题传达学习习近平总书记在中国文联十一大、中国作协十大开幕式上的重要讲话和全国文代会精神。参加全国文代会、作代会的部分代表，部分省文艺家协会负责人及代表畅谈了学习体会。会议强调，要全面加强党的领导和党的建设，加强对文艺工作者的思想政治引领，加强文艺领域行风建设，充分发挥文联作为党和政府联系广大文艺工作者的桥梁纽带作用，用心用情服务文艺家，大力培育文艺人才。要集聚海南文艺界的智慧和力量，守正创新、团结奋进、凝心聚力，以崭新的面貌踏上新征程，以优异的成绩迎接党的二十大胜利召开。

【举办“2022首届海口新春文旅诗歌季”新闻发布会】

由海南省文联、海口市旅游和文化广电体育局、《诗刊》社、中国诗歌网共同主办的“自贸港的春天——2022首届海口新春文旅诗歌季”活动新闻发布会于12月28日在海口市民游客中心报告厅举办。

【开展文艺志愿服务活动】

海南省文艺志愿者协会坚持以人民为中心的工作导向，多维度开展文艺惠民活动，协调全省多家媒体在党史学习教育活动、“5·23”志愿服务日、“七一”等特殊时间节点播出三期“学党史、传精神、跟党走——中国文艺志愿者在行动”特别节目，得到中国文艺志愿者协会致函肯定。

在定安县、保亭县等市县开展“圆梦工程”文艺培训志愿服务行动，组织文艺名家开展12场“我们的中国梦·文化进万家”文艺志愿服务活动，举办23期“影视小屋”等公益支教项目。

【获奖情况】

旅琼文艺家协会“候鸟”人才工作站取得2021年度海南省“候鸟”人才工作站绩效考核优秀等次。海南省剧协荣获2020年度中国剧协“优秀团体会员”。海南省舞协荣获中国舞协“优秀团体会员”。

【积极推动文艺力量服务乡村振兴】

2名干部被海南省委授予“海南省脱贫攻坚先进个人”荣誉称号。

品牌活动

【举办“旅琼文艺家大讲坛”】

自2020年创办以来，9月19日至12月18日，举办8期“旅琼文艺家大讲坛”。以“我为加快推进海南自贸港建设作贡献”为宗旨，邀请车延高、周金甫、石顺义、冯锐、胡世宗、何素丹、丁志鹏、路海波8位艺术家分别主讲《没有标准谜底的李白》《一沙一世界——走进沙画艺术》《以玉为缘 雕刻人生》《如何欣赏国粹京剧艺术》《朱弦三叹——中国当代流行歌曲高级结构设计浅见及流行唱腔设计思考》《红军长征 可歌可泣》《好的歌词抒真情重人性》《新主流影视作品的年轻化表达》。

【第三届“感悟大海 守护南海 走向海洋”——“海洋风”主题歌曲创作座谈会举行】

3月29日，第三届“感悟大海 守护南海 走向海洋”——“海洋风”主题歌曲创作座谈会在中国音协举行，中国音协分党组书记、驻会副主席、秘书长韩新安主持会议。“海洋风”创作活动音乐总监、著名作曲家印青，中国音协副主席何沐阳、中国音协副秘书长熊纬、海南省文联专职副主席王艳梅，著名词曲家屈塬、宋青松、王备、杨一博、陈维东，著名音乐人孟文豪、李杰等出席座谈会。与会专家就“海洋风”音乐创作等方面话题，进行了交流。

10月9日，海南省文联与三沙市开展战略合作，共同打造具有影响力的海洋文化艺术品牌。

【第三届海南省南海文艺奖颁奖】

3月26日，海南省文联召开第六届委员会第四次全体会议。会议期间，举行了第三届海南省南海文艺奖颁奖仪式，向“终身成就奖”获得者和13个文艺门类的获奖代表颁发获奖证书。第三届南海文艺奖“终身成就奖”分别授予云逢鹤（文学类）、蒙发祯（舞蹈类）两位老艺术家。

第三届海南省南海文艺奖获奖名单：

文学类

1．小说集《今生盛宴》

作者：符浩勇

2．长篇小说《神钓》

作者：张品成

3．散文诗集《山海间》

作者：陈波来

4．小说集《渔头的两个徒弟》

作者：李焕才

5．散文集《黎山是家》

作者：高照清

6．诗集《太阳风》

作者：李孟伦

戏剧类

1．大型原创历史传奇琼剧《冼夫人》

申报单位：海南省琼剧院

2．现代琼剧《圆梦》

申报单位：海南省琼剧院

3．大型原创历史琼剧《红树林》

申报单位：海口市琼剧演艺有限公司

4．大型原创现代革命琼剧《母瑞红云》

申报单位：海南省定安县琼剧团

5．大型原创音乐剧《更路传奇》

申报单位：三亚学院音乐学院

6．大型原创音乐剧《我们这一代》

申报单位：海南大学音乐与舞蹈学院

电影类

1．《藏北秘岭——重返无人区》

申报单位：中视影业（海南）投资有限公司

2．《归来是少年》

申报单位：海南省文昌中学、纪录工厂（海南）传媒有限公司

3．《阿婆的槟榔》

申报单位：三亚赫迪文化发展有限公司

4．《喜团圆》

申报单位：海口市琼剧演艺有限公司

音乐类

1．器乐作品《海南风格钢琴曲集》

作者：赵晓辰

2．声乐作品《海风》

词曲作者：冯磊

3．声乐作品《为你而来》

词作者：刘海　曲作者：蔡先民

4．声乐作品《海口故事》

词作者：糯糯　曲作者：符禹迅

5．声乐作品《黎族彩环舞》

词作者：梁伟琪、帅翰超　曲作者：周毅

6．声乐作品《临高曲》

词作者：唐跃生　曲作者：方石

美术类

1．中国画《海南·花鸟序》作者：卢向玲

2．中国画《回望南园》作者：杨彬

3．油画《生活印象·此处有些静》作者：李新赞

4．版画《等·渔归》作者：郭红雨

5．色粉《休渔纪事》作者：周建宏

6．水彩《南海渔翁》作者：林先动

曲艺类

1．少儿快板剧《阿莲》

申报单位：海口市龙华区文化馆

2．小品《帕勒脱贫记》

作者：杨俊峰

3．朗诵《爸爸还在加班》

作者：胥慧萍

4．音乐说唱《游文澜》

申报单位：临高县文联

5．相声《到底谁傻》

作者：王学岭

6．群口相声《这事不赖我》

作者：于华、王猛

舞蹈类

1．《庄严的宣誓》

作者：王海洋

2．《下南洋》

作者：颜业岸

3．《陶魂》

作者：范莹　陈芬

民间文艺类

1．剪纸《琼州大地处处春》

作者：林文生

2．木雕《潮起三十年》

作者：费登科

3．黎锦《木棉花开》

作者：符现相

4．炭画《母亲》

作者：林南海

5．沙画《海之南，山之北》

作者：何素丹

6．椰壳贝艺《椰乡故事》

作者：符史琼

摄影类

1．《风雨拼搏　足球筑梦——琼中女足十三年历程》（组照）

作者：李小岗

2．《繁忙的白马井渔港》

作者：孙忠民

3．《绿色琼中　富美乡村》（组照）

作者：许欢

4．《航天之乡》（组照）

作者：符海涛

5．《霸王岭上赏木棉》（组照）

作者：魏有存

书法类

1．篆书条幅　陶渊明《五柳先生传》

作者：肖春生

2．隶书条幅　自作诗《过五公祠》

作者：朱战威

3．行书册页　海南古诗词选抄

作者：唐敏文

4．草书长卷　苏轼《东坡题跋》

作者：郑文师

5．草书条幅　录苏轼《九疑吟》

作者：李坤朋

6．行书条幅《南山秋蟾》

作者：李海滨

电视剧类

《宋耀如·父亲》

申报单位：海南广播电视总台（集团）、海南电广传媒影视有限公司

广播电视类

1.《潮起海之南》

申报单位：海南广播电视总台

2.《我在南海种珊瑚》

申报单位：海南广播电视总台、三沙卫视

3.《寻访三沙绿海龟》

申报单位：海南广播电视总台、三沙卫视

4.《行者——漂向北冰洋》

申报单位：海南广播电视总台、海南卫视

5.《“中国诗会青春三沙”大型诗歌朗诵晚会暨“我为三沙写首诗”颁奖典礼》

申报单位：海南广播电视总台、三沙卫视

6.《光荣的追寻——海南省庆祝建党97周年文艺晚会》

申报单位：海南卫视

文艺评论类

1.《修辞镜像中的历史诗学——1990年以来当代诗歌的历史意识》

作者：张伟栋

2.《巨擘传世——近现代中国画大家吴作人》

作者：牧之

3.《海岛写作的可能性与文学海军的崛起——海南当代文学三十年的回顾和前瞻》

作者：汪荣

4.《海南疍家音乐形态整理与传承传播》

作者：赵世兰、郭建民

5.《那个年代正当时——观舞剧〈秋菊传奇〉》

作者：康可可

6.《粉丝文化与电视剧生产机制的转变》

作者：石晓岩

各文艺家协会

【戏剧家协会】

5月至7月，符传杰、黄茂安、林川媚出席海南省中小学生琼剧演唱比赛等活动。

6月，海南省剧协主席团成员张建雄参与组织“大致坡琼剧文化节”。

10月31日，召开海南省剧协第七次会员代表大会，选举产生新一届理事会和主席团，符传杰当选主席。

12月，支持举办“琼韵风华喜迎春”海南省琼剧春节联欢晚会。

【影视家协会】

继续组织开展自2020年10月启动的“海南电影史研究”项目。

3月17日，海南题材电影《南溟奇缘之爱情树》在海南定安县进行首映。

9月20日、12月7日，举办两期“盲盒纪录”影像专场展映活动。

10月23日，在海口举行教育扶贫题材电影《穿过雨林》全国公映新闻发布会和全国首映礼。

11月20日，组织召开海南省影视家协第六次代表大会，选举产生新一届理事会和主席团，谷晓晶当选主席。由海南省影视家协会、海南师范大学新闻传播与影视学院联合策划的“海南电影史研究”项目撰写的相关论文《民国时期海口电影放映活动考》入选第10届中国电影史年会，相关论文《民国时期海口电影放映活动钩沉》发表在《北京电影学院学报》2021年第11期（CSSCI来源期刊）。

12月21日至26日，组织参加“声耀平潭·第十三届海峡两岸电视主持新秀会”。

【音乐家协会】

1月31日至2月3日，海南省文联专职副主席王艳梅、海南省音协副秘书长邓杰参加中国音协第九次全国代表大会。

3月，在北京召开第三届“海洋风”主题歌曲创作座谈会。

4月，举办中国音乐金钟奖海南赛区选拔赛。

7月21日至23日，为庆祝中国共产党成立100周年，在海南省歌舞剧院演出大型交响主题组歌《海南颂》。

9月，正式启动第三届“感悟大海　守护南海　走向海洋”——“海洋风”主题歌曲创作活动，面向全国征集歌曲。

11月20日，召开海南省音协第七次会员代表大会，会议选举产生第七届理事会和主席团，陈新当选主席。

12月24日，走进博鳌乐城国际医疗旅游先行区开展“我们的中国梦”——文化进万家文艺志愿服务慰问演出活动。

12月，组织全省音协创作表演骨干力量，在琼海举办海南音乐界“新民歌创演交流会”。

【美术家协会】

1月，邀请全国40多名美术名家到海南各市县、村镇、名胜古迹开展写生采风活动，为海南博鳌论坛场所创作100余幅美术作品。

2月，组织海南省美协文艺志愿小分队走进琼中、陵水、琼中女足训练基地，开展“我们的中国梦”——文化进万家文艺志愿服务新春慰问活动。

3月，推送海南省10件优秀美术作品参加中宣部举办的“庆祝中国共产党成立100周年专题美术展览”。

5月至6月，组织美术家、美术工作者开展“学党史、传精神、跟党走”追寻琼崖革命路写生、采风创作活动，分别走进琼崖工农红军云龙改编旧址、冯白驹故居、定安母瑞山革命根据地、万宁六连岭革命根据地、五指山革命根据革命老区。

7月，举办庆祝中国共产党成立100周年“琼崖百年红·丹青颂党恩”——海南省主题美术作品展览，共展出中国画、油画、水彩、版画、雕塑等精品力作100件，观展人数达5000人（次）。

8月，举办“英雄活在我们心中”琼崖革命百名人物美术书法创作汇展活动。

10月，举办“庆祝中国共产党成立100周年——第五届海南省女画家协会美术作品展”“海南师生绘党史——纪念中国共产党建党100周年海南省高校美术作品展”。

11月，举办“喜迎建党100周年海南省首届教育系统教职工书法、美术、摄影展”等展览活动。

12月，举办“庆祝中国共产党成立100周年——海南省优秀作品展”“水墨·自贸港——当代全国著名画家走进海南采风创作展览”“春华秋实——第二届周建宏教授师生油画作品汇报展”；组织带领海南省美协文艺志愿小分队走进昌江、保亭，举办文艺志愿服务党史专题美术创作讲座活动2次，参与人数达到1000余人。

【曲艺家协会】

9月，在“中国曲艺之乡”临高县举办“促进海南曲艺发展座谈会”暨“海南曲艺曲种挖掘与新曲艺曲种创作研讨会”。

10月，组织会员赴三沙市永兴岛对驻地曲艺表演人员开展培训。

10月，组织召开海南省曲协第四次会员代表大会，选举产生新一届理事会和主席团，李修林当选主席。

11月，举办第十二届中国曲艺牡丹奖海南选拔赛暨第四届海南省曲艺大赛，共征集到93件作品，推选出48件入围曲艺大赛。

12月，组织临高县代表“中国曲艺之乡”参加全国“曲艺之乡”“曲艺名城”优秀曲艺作品展演。

【舞蹈家协会】

1月16日，主办李乐个人原创舞蹈作品专场《舞・艺・生》。

2月2日，海南省舞协副主席白金峰、颜业岸，秘书长陈仁华代表省舞协参加中国舞协第十一次全国代表大会。

4月7日，海南省舞协秘书长陈仁华参加中国舞协举办的全国舞协工作会议。

6月24日，主办“舞在第二故乡”——张秋萍个人舞蹈专场。

10月11日至13日，参加在广东举办的（广东、湖北、湖南、江西、广西、海南舞协联合主办）第二届中南六省（区）“十佳青年领军舞者”展演活动。

【民间文艺家协会】

1月至12月，协办海南日报报业集团“七个一”海南民族文化征集评选活动，组织参加第十五届中国民间文艺山花奖评选（2020年1月至2021年11月）。

4月23日至7月29日，海南文化创意研究院举办三亚市“鹿图”文创设计大赛，收到参赛作品2147件。

4月，蔡葩、邢孔史等前往深圳参加中国民协举办的《中国民间文学大系》华南片区研讨会，组织和推进《中国民间文学大系》（海南卷）编纂工作，两卷已进入专家审稿流程。

5月7日至10日，组织参加首届中国国际消费品博览会，继续组织和开展2019年启动的《中国民间工艺集成》（海南卷）编纂工作。

6月、12月，进行“寻访海岛朴歌，留存海南记忆”系列调研。

9月23日至28日，举办“天涯匠心”——海南工艺美术家作品展。

10月25日，召开海南省民协第七次会员代表大会，选举产生新一届理事会和主席团，蔡葩当选主席。

12月11日，举办“传唱海岛朴歌，留存海南记忆”民歌培训与展演活动。

12月14日，海南省民协主席蔡葩、副主席吴孔德作为海南代表团团员，代表海南省民协出席中国文联第十一次全国代表大会。

12月25日，海南省民协为昌江县沙地村授牌“海南军话民歌研创展演基地”。

【摄影家协会】

5月25日至28日，海南省摄协副主席张波参加中国摄协在江苏常州举办的2021年全国摄影工作会议。

6月22日，海南省摄协邀请中国摄协副主席柳军在海口举办专场讲座。

6月，开始海南省第七届摄影艺术作品展与第三届“十佳摄影师”评选活动。

7月1日，海南省摄协大画幅摄影艺术委员会组织大画幅摄影作品赴深圳参加中国大画幅摄影作品展。

7月18日，举办“基层党旗红”专题摄影展。

8月，推送125幅作品参加中国第24届摄影艺术展评选。

9月19日，由海南省摄协、邮储银行海南省分行联合举办的中国第二届“金晖杯”摄影大赛海南省分赛区正式开赛。

10月31日，召开海南省摄协第七次会员代表大会，选举产生新一届理事会和主席团，李英挺当选主席。

【书法家协会】

1月26日，中国书协第八次全国代表大会在北京召开。陈洪、杨文修当选中国书协第八届理事。

3月18日，海南省第十届书法篆刻作品展在海口展出。本次展览共展出入展作品176件、邀请作品62件。

7月10日，庆祝中国共产党成立100周年“红色华章·百年辉煌”——海南省主题书法篆刻作品展在海南省博物馆开幕，共展出入展作品130件、邀请作品36件。

9月29日，庆祝建党100周年、新中国成立72周年“海南省五市县书法联展”在昌江文化活动中心开幕，本次展览共展出作品154件。

10月17日，海南省书协第七次会员代表大会在海口召开，大会选举产生新一届理事会和主席团，陈洪当选主席。

【文艺评论家协会】

3月8日，中国文联文艺评论家协会副主席、秘书长，中国文联文艺评论中心主任、《中国文艺评论》杂志主编徐粤春一行来琼，围绕深入贯彻落实中央关于加强文艺评论工作的指示精神，进行调研座谈。

8月31日，配合海南省文联召开海南文艺界学习贯彻落实《关于加强新时代文艺评论工作的指导意见》座谈会。

11月3日，召开加强新时代文艺评论工作调研座谈会。

11月20日，组织召开海南省文艺评论家协会第二次会员代表大会，选举产生新一届理事会和主席团，刘复生当选主席。

【旅琼文艺家协会】

3月，旅琼文艺家协会顾问肖天佑翻译的但丁《神曲》由商务印书馆出版。

4月，在海口召开肖天佑新译《神曲》座谈会及学术讲座。

6月，海南省委组织部主办海南省“两新”领域庆祝中国共产党成立100周年文艺晚会，旅琼文艺家协会邀请著名影视表演艺术家卢奇参加；承办由琼海市委组织部主办、琼海市文联协办的“峥嵘百年 艺心向党”文艺党课活动，邀请著名影视表演艺术家卢奇、作家栾人学、曲艺家曾强永等参与。

2020年10月，以程连仲为首的旅琼文艺家协会雕塑团队创作的“解放海南岛”雕塑群在临高角海南解放纪念公园内对游人开放。2021年7月1日前，创作出规模比2020年增加一倍，呈现“解放海南岛”战役全貌的雕塑群，并在临高角海南解放纪念公园落成。

7月，大型交响主题组歌《海南颂》演出，邀请著名影视表演艺术家刘劲、岳红担纲诗朗诵环节。旅琼著名作曲家印青担纲该节目音乐总监，旅琼词作家王持久等参与节目制作。

7月13日，在三亚参加省“候鸟”人才工作现场会。

9月，海南省文联推荐旅琼文艺家协会参与“全国优秀社会组织”评选。

9月至12月，“旅琼文艺家大讲坛”邀请车延高、何素丹、周金甫、丁志鹏、冯锐、胡世宗、石顺义、路海波8位艺术家开讲。“旅琼文艺家大讲坛”精品展播在海南广播电台“文化海南”节目中陆续播出。

11月至12月，“我们的中国梦”——文化进万家海南省文联文艺志愿服务旅琼文艺家协会小分队分别走进海南省沉香收藏协会和保亭坚固村。

【文艺志愿者协会】

5月，组织开展“欢聚吧 第一百个春天”文艺志愿者在行动文艺作品网络展演活动；组织开展“学党史 传精神 跟党走”——海南文联文艺志愿者在行动主题活动。

5月，海南省文艺志愿服务小分队在定安县、海口琼山区云龙镇举办音乐专题讲座，赴定安县琼崖革命根据地母瑞山、云龙镇琼崖工农红军云龙改编旧址开展慰问演出活动，向母瑞山革命根据地纪念园、定安县翰林镇中瑞居和海南定安母瑞山革命根据地红军小学、琼山区云龙镇镇委及云龙镇政府捐赠书画作品。

11月，组织开展2021“圆梦工程”文艺培训志愿服务行动——保亭线下集中培训项目；12月12日，开展培训成果展示展演活动。

11月至12月，统筹组织海南省文联书法、美术、摄影、音乐、戏剧、民间文艺、旅琼各文艺家小分队举办12场“我们的中国梦”——文化进万家文艺志愿服务活动。

12月6日，海南省文联和海南省乡村振兴局战略合作座谈会暨海南首届“破陋习、树新风”移风易俗文艺宣讲志愿服务活动协议签约和启动仪式举行。

重庆市文联

综　述

2021年，是“十四五”规划开局之年，是中国共产党成立100周年，是重庆市文学艺术界联合会（以下简称重庆市文联）成立70周年，也是重庆市文联下属市级文艺家协会换届之年。在中国文联的全面指导下，在重庆市委的正确领导下，重庆市文联全面贯彻落实习近平新时代中国特色社会主义思想、党的十九大和十九届中央历次全会精神，认真学习贯彻习近平总书记系列重要讲话，特别是在中国文联十一大、中国作协十大开幕式上的重要讲话精神，着力加强思想引领，着力繁荣文艺创作，着力开展为民服务，着力加强人才建设，着力深化文联改革，守正创新、繁荣创作，为助推文化强市贡献力量。

全年来，重庆市文联坚持正确的政治引领，把贯彻落实习近平新时代中国特色社会主义思想作为首要政治任务，进一步推动习近平新时代中国特色社会主义思想及习近平总书记关于文艺工作的重要论述深入人心。聚焦中心任务，结合“建党100周年”“全面建成小康社会”等重大主题，将时代性融入文艺活动和创作之中，积极举办各类展赛活动，不断提升城市文化魅力。坚持服务大局，积极推动成渝地区双城经济圈建设，开展全面具体合作，增强文化认同，促进资源共享，深化合作共建。坚持人民至上，扎实开展新时代文明实践文艺志愿服务活动，重点开展“五个一批”文艺惠民活动、新时代文明实践“六讲”文艺志愿服务活动，建立文艺志愿服务长效机制。坚持德艺双馨，全面加强全市文艺人才队伍建设，健全培训体系，突出文艺评论评奖引领，大力培育文艺骨干人才。坚持深化改革，不断加强文联行业管理和行业建设，加强社会组织党的建设工作，积极发展新文艺社会组织，健全基层文联组织机构。坚持自身建设，高标准、严要求，圆满完成重庆市文联下属市级文艺家协会换届工作。

通过不懈努力，重庆市文联全年工作取得较好成绩。利用巫山红叶文创产品开辟文艺扶贫新路子，得到重庆市委书记陈敏尔高度肯定。魔术《仙豆》、龙舞《铜梁焰火龙》等文艺作品参加全国重大展演，获得中国杂技金菊奖、中国民间文艺山花奖、中国戏剧奖·曹禺剧本奖等国家级以上奖项120多件（次）。培训文艺人才10余场（次）、3000余人，庞茂琨、陈涛等6人获得市级以上表彰。

截至2021年底，重庆市文联共有团体会员单位58个，其中市级文艺家协会14个（含重庆市作协），区县（含万盛经开区）文联39个，行业、企业文联5个，直属社团11个。联系管理各全国文艺家协会会员2547人，市级文艺家协会会员18119人，基层文联会员50597人。

组织建设与重要会议

【重庆12个市级文艺家协会换届】

6月3日至18日，重庆市文联下属的美术、杂技、电影、民间文艺、书法、文艺评论、音乐、舞蹈、摄影、电视、戏剧、曲艺12个市级文艺家协会完成换届工作。各市级文艺家协会以换届为契机，认真总结过去五年的工作，积极谋划未来五年的发展。会议选举产生各协会新一届主席团成员114名，45%的主席团成员实现有序新老更替。此次协会换届科学配置协会代表和理事结构，来自基层一线代表占89.6%、理事占83.1%；新文艺群体代表占12.6%、理事占14.1%，更具代表性和群众性，实现了文艺资源“下沉”。此次各文艺家协会换届汇集众智、凝聚人心、程序严格、发扬民主、风清气正、务实高效，换出了好班子、换出了好路子、换出了好风气、换出了好局面、换出了好作为，取得良好效果。

庞茂琨当选重庆市美协第五届主席，焦兴涛、邓建强、侯宝川、刘曙光、魏东、张杰、段胜峰、黄作林、彭伟、蒋才、邓刚、彭石当选副主席，由魏东兼任秘书长。聘任罗中立、马振声、高小华为重庆市美协第五届名誉主席，聘任陈航为委员。

陈涛当选重庆市杂协第五届主席，李杰、杨俊、赵志当选副主席，刘勇任秘书长。聘任何天宠、王亚非为重庆市杂协第五届名誉主席。

谢亚平当选重庆市民协第五届主席，余继平、王倩予、刘德奉、黎美剑、宗和云、刘淇境、彭茂琳当选副主席，李星任秘书长。聘任罗中福、刘能风为重庆市民协第五届名誉主席，聘任王洪、邓毅、王明凯、张乐、彭勇为顾问。

黄翔当选重庆市影协第四届主席，刘帆、李恩民、张新、张小芳、丁钟当选副主席，张晓聆任秘书长。聘任饶曙光、余纪为重庆市影协第四届名誉主席，聘任颜钿、鄢光宗、唐泽芊为顾问，聘任王璐为委员。

漆钢当选重庆市书协第五届主席，胡永庆、雷虎、曾学斌、傅舟、周庶民、马小杰、朱占华、李建、胡正好、郭继明、戴文、牛帅兵当选副主席，周庶民任秘书长（兼）。聘任刘庆渝为重庆市书协第五届名誉主席，聘任蒋维亮、王成孚、缪经纶、安为年、毛峰、邹鲁滨、毛锡雄、郑永松、张裕纲、李文岗、刘阳、史若飞、曹建、陈册、乔堃龙、傅胜德为顾问，聘任吴云斌、熊少华为主席团委员，聘任傅晏风、王仓铭、赵纯元、唐肇新、苏大椿为名誉理事。

段运冬当选重庆市文艺评论家协会第五届主席，别必亮、邱正伦、邓伟、卫洪、何桂彦、凌孟华、严亚、李永东、周津菁当选副主席，卫洪任秘书长（兼）。聘任周晓风为重庆市文艺评论家协会第五届名誉主席，聘任万书辉、王本朝、彭逸林、王林、王定天、刘明华、卓昌勇、戴伟、戴雄为顾问。

董进波当选重庆市舞协第五届主席，苟晓燕、颜聪、刘军、陈佳、李庚、李世道、赵婷、叶浩当选副主席，苟晓燕任秘书长（兼）。聘任宁永宗、毕富纯、许宁为重庆市舞协第五届名誉主席，聘任林富珊、秦宝岗、湛明明、吴盛成、高兴、帅晓军、汪子涵为顾问。

刘光宇当选重庆市音协第五届主席，郑茂平、罗智敏、李博、邓成彬、姜明、梁芒、郑华、刘广、吴春帆、王礼全当选副主席，姜明任秘书长（兼）。聘任张礼慧为重庆市音协第五届名誉主席，聘任李云迪、胡廷江、张迈、杨凡、陶智、张永安、向菊瑛、陈骅、张友刚为顾问。

牟丰京当选重庆市视协第五届主席，蔡敏、张萱、余少鹏、潘海琳、刘兴当选副主席，刘明惠任秘书长。聘任张国立为重庆市视协第五届名誉主席，聘任蒋勤勤、罗兴汉为顾问。

鞠芝勤当选重庆市摄协第五届主席，牛强、刘宏毅、刘嵩、李强、李文勇、陈彤、王正坤、董亚林当选副主席，王涛任秘书长。聘任段荣昌、李晓果为重庆市摄协第五届名誉主席，聘任晋守贤、文万立、田捷民、高建设、秦德福为顾问。

鲁广峰当选重庆市曲协第五届主席，刘靓靓、凌淋、刘怀云、杨东、宋磊（宋好）、何菊芳、袁国虎、曾渝京当选副主席，刘靓靓任秘书长（兼）。聘任彭明羹、王毅为重庆市曲协第五届名誉主席，聘任阳晓、凌宗魁、谭柏树、沙建勋、张克宪、吴文、曾祥明、李静明、刘晓军、叶吉淑为顾问。

程联群当选重庆市剧协第五届主席，周利、王弋、孙勇波、黄波、车璐、刘枫、赵虎、彭光荣、胡音当选副主席，徐冀任秘书长。聘任陆棨、申列荣为重庆市剧协第五届名誉主席，聘任王建武、孙志芳、李伦基、阳晓、刘健、沈福存、胡明克、郝鹏寿、柯愈劢、夏祖生、夏庭光、熊宗敏、潘龙吟为顾问。

【开展党史学习教育】

2021年，重庆市文联扎实开展党史学习教育。按照学史明理、学史增信、学史崇德、学史力行的要求，重庆市文联成立党史学习教育领导小组，制定学习教育方案，召开学习教育工作会议10次，市文联党组领导、党支部书记等讲专题党课15次，各党支部、党小组开展学习教育78次。重庆市文联在50余家媒体播放“精神伟力——学党史、传精神、跟党走”“欢聚吧 第一百个春天”等中国文艺志愿者在行动特别节目。

在所属媒体开设“党史百年天天读”“重庆红色故事50讲”以及“党史知识有奖答题”等专栏，弘扬伟大建党精神。开展“我为群众办实事”实践活动，面向基层培训文艺骨干15场（次），扶持基层文艺作品45件，开展基层产业帮扶、关爱弱势群体18次。重庆市文联与基层党组织结对共建，为群众办实事100余件。通过开展党史学习教育，机关党员干部受到全面深刻的政治教育、思想淬炼、精神洗礼，达到了学党史、悟思想、办实事、开新局的目的。

【召开重庆市文联四届六次全委会】

3月15日，重庆市文联召开四届六次全委会。中国剧协副主席、重庆市文联主席沈铁梅主持会议，并传达学习全国宣传部长会议、中国文联十届六次全委会精神。重庆市文联党组书记、副主席陈若愚作题为《立足新阶段，奋斗新征程，为推进文化强市建设不断砥砺前行》的工作报告。重庆市委宣传部副部长张洪斌出席会议并讲话。

张洪斌指出，全市文艺战线以习近平新时代中国特色社会主义思想为指导，围绕中心、服务大局，繁荣创作、服务人民，顺势而为、主动作为，为决战脱贫攻坚、决胜全面建成小康社会以及疫情防控作出了积极贡献。希望全市文艺工作者在新的一年里，要始终坚持深入贯彻落实习近平新时代中国特色社会主义思想，要全力开展庆祝中国共产党成立100周年文艺精品创作和系列活动，要始终坚持以人民为中心的工作导向，要确保圆满完成市文联及所属文艺家协会换届工作任务，要自觉践行为民服务孺子牛、创新发展拓荒牛、艰苦奋斗老黄牛的精神，以更加优异的成绩迎接中国共产党百年华诞。

陈若愚在工作报告中指出，重庆市文联在2020年各项工作中取得新进展：全面贯彻落实习近平新时代中国特色社会主义思想和党的十九届五中全会精神，党的建设工作得到进一步强化和提升；高效组织动员以“艺”战“疫”，凝聚起强大精神力量；主动服务双城经济圈建设，拓宽了开展重大主题文艺实践的新途径新渠道；文艺志愿服务持续用力、品牌活动得到广泛认可；文艺人才培养、文艺精品创作实现新突破。

会上，重庆市文联党组成员、副主席龙川通报了相关人事变动情况，重庆市文联党组成员、副主席黄振伟通报了全市基层文联工作“三个十佳”单位。重庆市文联四届委员会全体委员、荣誉主席、荣誉委员，以及直属文艺社团负责人参加会议。

【召开重庆市文艺工作者职业道德和行风建设工作座谈会】

为认真贯彻落实中宣部、中国文联关于文娱领域综合治理有关会议精神和部署要求，2021年9月10日，重庆市文联召开文艺工作者职业道德和行风建设工作座谈会。大会传达学习了中宣部以及重庆市文娱领域综合治理工作电视电话会议精神、中国文联《修身守正　立心铸魂——致广大文艺工作者倡议书》。

重庆市文联党组书记、副主席陈若愚在会上表示，文艺工作者职业道德和行风建设是一项意义重大、涉及广泛、影响深远的工程。重庆文艺界将坚决抵制违法违规、失德失范等不良风气，大力弘扬新风正气，加强文艺工作者职业道德建设和行风引领。陈若愚强调，各市级文艺家协会作为行业建设的主力军，要将之作为当前和今后一个时期的重要工作抓紧抓实，发挥行业协会作用，聚焦“做人的工作”这一核心任务，加强会员联系服务管理，真正团结引导更多文艺家和文艺工作者凝聚在党的周围，自觉追求德艺双馨；要进一步加强文艺界思想政治引领，深入学习贯彻中宣部和中国文联相关会议精神，切实将习近平新时代中国特色社会主义思想作为广大文艺工作者工作和创作的主心骨和定盘星；要进一步加强重大主题文艺创作组织活动，引导广大文艺工作者深入生活、扎根人民，推出思想精深、艺术精湛、制作精良的好作品；要进一步加强文艺界典型宣传推广，组织好各类评选表彰活动，加强对德艺双馨文艺工作者的宣传推介工作，发挥典型的带动示范作用；要进一步发挥文艺评论褒优贬劣、激浊扬清的作用，针对文艺界、娱乐圈出现的违法失德事件、不良粉丝文化乱象和畸形“饭圈”文化等展开及时、深度、有效的批评，营造业界自警自省自律的良好氛围；要进一步加强对“文艺两新”群体的团结引领，在组织吸纳、采风创作、业务培训、作品扶持、宣传推介、职称评定等方面给予大力支持；要进一步细化工作措施，把道德标准纳入其中，抵制违法违规、失德失范的不良风气，将“修身守正、立心铸魂”的原则贯彻落实到位，全面推动重庆文艺事业繁荣发展。

【重庆文艺界专题学习习近平总书记在中国文联十一大、中国作协十大开幕式上的重要讲话精神】

12月15日，重庆市文联组织全市文艺家代表专题学习习近平总书记在中国文联第十一次全国代表大会、中国作协第十次全国代表大会上的重要讲话精神。

会议指出，习近平总书记的重要讲话对做好新时代文艺工作提出了一系列富有开创性的新思想新观点新论断，极大地丰富和发展了马克思主义文艺观和党的文艺理论，是一篇充满马克思主义真理光辉的纲领性文献，为新时代中国特色社会主义文艺事业发展指明了前进方向。重庆文艺界要深入学习贯彻习近平总书记的重要讲话精神，践行初心使命，不负时代人民，在新时代新征程上奋力书写优异的重庆文艺答卷。

会议强调，习近平总书记给广大文艺工作者提出了五点希望，是我们开展新时代文艺工作的根本遵循。全市文艺界要深刻领会、深入践行，心系民族复兴伟业，热忱描绘新时代新征程的恢宏气象；坚守人民立场，书写生生不息的人民史诗；坚持守正创新，用跟上时代的精品力作开拓文艺新境界；用情用力讲好中国故事，向世界展现可信、可爱、可敬的中国形象；坚持弘扬正道，在追求德艺双馨中成就人生价值。要深刻理解当代中国文艺的历史方位，深刻把握民族复兴的时代主题，把文艺创造写到民族复兴的历史上、写在人民奋斗的征程中。

会议强调，重庆市文联要团结带领全市文艺工作者，用心学进去、用情讲出来、用力做起来。深刻理解、全面把握讲话的精神实质，始终确保正确方向，自觉用讲话精神指导文艺工作；深刻理解、全面把握讲话的时代意义，始终坚定文化自信，自觉担负立心铸魂的使命责任；深刻理解、全面把握讲话的基本观点，始终站稳人民立场，自觉砥砺服务人民的文艺初心；深刻理解、全面把握讲话的实践要求，始终强化创新创造，自觉用精品力作奏响文化新声；深刻理解、全面把握讲话的深切希望，始终引领社会风尚，自觉在复兴伟业中彰显文艺力量，为繁荣发展重庆文艺事业、加快文化强市建设贡献力量。

【第三届川渝文化发展合作论坛在渝举办】

为积极贯彻落实中央决策部署，文艺先行、助力推动成渝地区双城经济圈建设，4月22日，由中国文艺评论家协会指导，重庆市文联、四川省文联主办，重庆市文艺评论家协会、四川省文艺评论家协会承办的第三届川渝文化发展合作论坛在重庆举办。论坛以“共建文化高地、共攀文艺高峰”为主题，来自川渝两地的文化艺术工作者代表60余人积极建言献策，共谋川渝文化合作大计，共商两地文艺兴盛发展之策。

中央文史研究馆馆员、中国文联原副主席、中国文艺评论家协会原主席仲呈祥，重庆市文联荣誉主席、著名诗歌评论家吕进，中国文艺评论家协会副主席、四川省文联副主席、四川省文艺评论家协会主席、四川省社科院二级研究员李明泉，重庆市委宣传部原常务副部长、重庆市地方史研究会会长周勇以及四川师范大学文学院教授白浩等专家学者，分别以《从巴蜀文艺前辈对我的培育看巴蜀文化的结缘互补》《双城二重奏》《巴蜀文化圈与成渝经济圈的重叠赋能与双向同构》《巴蜀文化与巴渝文化——以成渝经济圈为视阈的观察》《大西南文学的山地文明特性与动力机制》为题，发表主旨演讲，从区域文化发展、文化与经济的关系等多个角度，对巴渝文化发展合作进行了深刻阐述。

与此同时，“双城经济圈”文化发展合作分论坛同步举行，与会专家学者围绕“双城经济圈文化发展合作方式与路径”“双城经济圈历史文脉传承发展合作路径”主题，进行深度交流，共同探讨成渝地区双城经济圈文化发展合作新路径。

在此次论坛上，川渝两地文联、文艺评论家协会还共同发布了《川渝文化发展合作论坛“重庆倡议”》，倡导川渝两地的文艺工作者从整合巴蜀文化资源，大力推进文化强国建设；促进川渝文化兴盛，助力两地经济社会发展；强化文艺内容生产，建设高品质生活宜居地；发挥文化赋能作用，共建巴蜀文化旅游走廊；加强文化艺术交流，共同攀登文化艺术高峰；彰显文艺批评特质，共建川渝文艺评论品牌6个方面进行深度合作，更好助力成渝地区双城经济圈建设。

【重庆金融文学艺术界联合会成立】

7月7日，重庆金融文学艺术界联合会成立大会在中国农业银行重庆市分行举行。重庆金融作协、美协、书协、摄协近90名会员参加成立大会。大会期间，举行了“中国梦·劳动美·感恩党”庆祝中国共产党成立100周年重庆金融美术书法摄影作品展览；中国金融文联走进重庆金融系统开展慰问公益活动，举行了为劳动模范等职工创作并赠送书法、美术作品，以及现场为职工拍摄照片并赠送等文艺志愿服务活动。

文艺活动与文艺创作

【以重大文艺实践庆祝中国共产党成立100周年】

2021年，重庆市文联通过以活动造氛围、用作品树丰碑、上网络讲故事等方式，庆祝中国共产党成立100周年。重庆市文联以“百年风华、百花齐放”为主题，举办美术书法摄影民间文艺作品展、大型交响合唱音乐会、优秀原创剧目展演、川渝原创舞蹈精品展演展播、红色杂技剧展演、新文艺组织展演周、“传知杯”书法作品展、书法家百米长卷创作等20项庆祝活动，营造了共庆百年华诞、共创历史伟业的浓厚氛围。

重庆市文联以“永远跟党走”为主题，重点打造30件文艺作品，5件作品入选文化和旅游部国家主题性美术创作项目，13件作品入围中宣部等庆祝建党100周年大型美术创作工程，7件美术作品被中国共产党历史展览馆永久收藏。联合出品的电影《长津湖》获中国影史票房冠军。重庆题材电影《王良军长》被中央广播电视总台央视新闻联播报道，成为党史学习教育的生动教材。

重庆市文联在线上推出系列庆祝活动和展览展演，举办全民K歌线上群众文化活动唱响“四个讴歌”，开设“同心筑梦迎百年·文艺献礼颂党恩”专栏，推出的“小平同志为市文联题词细节”“‘双枪老太婆’在文联”等内容被广泛转载。

【完善文艺扶持引导机制】

2021年，重庆市文联不断完善扶持引导机制，文艺精品创作成果更加丰硕。

一是进行文艺评奖激励，开展第九届重庆文学和艺术奖、第二届重庆德艺双馨文艺工作者评选，60件作品、15名文艺家获奖。

二是开展文艺创作扶持，多次召开研讨会、评审会，打磨提升重点文艺作品。电影剧本《天道》入选中国文联青年文艺创作扶持计划资助项目，《〈仙豆〉与中国当代魔术的语言探索与文化承扬》入选第二届全国优秀杂技理论作品扶持活动，30件作品入选重庆市委宣传部重点文艺创作项目，45件作品获重庆市文联庆祝建党百年重点文艺创作扶持。

三是注重文艺评论引领，贯彻落实中宣部等《关于加强新时代文艺评论工作的指导意见》、中国文联《加强改进新时代文艺评论工作实施意见》精神，联合印发《重庆市贯彻落实〈加强新时代文艺评论工作的指导意见〉具体措施》，开展本土红色优秀作品评论征集、系列评论等活动。针对文娱领域乱象开展系列短评微评，刊发评论文章100余篇。

四是打造市级文化阵地，中国美协重庆创作中心、重庆美术艺术中心落户九龙美术半岛，成立重庆市美协美术“两新”人才服务中心，助推九龙美术半岛建设。

【健全文艺人才培训体系】

2021年，重庆市文联积极健全文艺人才培训体系，人才队伍更加壮大。

一是以赛带训，承办或举办“时代之光”——第五届中国油画展、首届重庆大学生短视频大赛、第四届重庆青年戏剧演出季、第三届重庆少儿曲艺大赛、第七届巴渝民间艺术节、首届重庆青年歌手大赛、“重影杯”电影剧本征集等活动，选拔了一批优秀文艺人才。“中国顶尖舞者成长计划”落户重庆，每年有百余名全国前沿舞蹈专家、顶尖舞蹈人才齐集重庆，与重庆市一线舞蹈工作者面对面学习浸润交流。

二是研修培训，承办“中国顶尖舞者教师巡回课堂”、第三届全国文艺评论新媒体骨干培训班、全国基层（市县）曲协组织负责人培训暨第七届重庆曲艺创作高级研修班。参加中国民协青年委员培训、中国曲协新发展会员培训、中国杂协网络专题及新文艺群体管理人才培训、电视编剧培训、乡村书法培训等，不断提升专业素养。举办第十期重庆市中青年文艺骨干研修暨音乐拔尖人才培训，为申报中宣部全国精神文明建设“五个一工程”音乐奖项及全国艺术大奖储备作品和人才。

三是推优选拔，选派10名文艺工作者参加国家级培训；开展文化名家暨“四个一批”人才、国家高层次人才特殊支持计划哲学社会科学领军人才推荐选拔工作，推荐周津菁、赵丹妮为青年拔尖人才支持计划人选，刘嵩、吴娇为宣传思想文化青年英才人选。陈涛获全国文化和旅游系统劳动模范、“2020十大重庆经济年度创新人物”称号，庞茂琨获2019-2020年度重庆市富民兴渝贡献奖，刘能风被评为2021年重庆英才技术技能领军人才，鲁广峰、王弋、梁芒入选“重庆英才·名家名师”。

【广泛开展文艺志愿服务活动】

2021年，重庆市文联将文艺志愿服务与新时代文明实践有机融合，全年开展新时代文明实践“六讲”等志愿服务活动80场（次），惠及群众10余万人（次）。重庆市舞协被评为中国舞协优秀团体会员单位。重庆市沙坪坝文艺志愿服务队入选“全国最佳志愿服务组织”，重庆市大渡口区锦愉社区被评为“全国最美文艺志愿服务社区”，范宏玲被评为“重庆市最美志愿者”。

重庆市文联以文艺志愿服务助推乡村振兴，开设“乡村振兴文艺名家大家谈”专栏，举办“梦圆小康”脱贫攻坚原创音乐会、脱贫攻坚摄影作品展、脱贫攻坚主题美术作品展、第二届重庆市群众书法作品展、大型系列纪录片《梦圆千里脱贫路——重庆打赢脱贫攻坚战纪实》展播等活动，脱贫攻坚与乡村振兴实现有效衔接。

重庆市文联干部王涛获评全市脱贫攻坚先进个人，入选“2020重庆乡村振兴十大年度人物”。重庆市文联还以文艺志愿服务助力“双城经济圈”与文化强市建设，指导川渝长江嘉陵江流域文艺联盟开展系列活动，联合打造话剧《杨闇公》等作品并成功展演，联合举办“巴蜀印象”成渝双城主题展、“巴国城杯”首届巴蜀青年摄影展、川渝优秀曲艺节目展演、川渝原创舞蹈精品展演、川渝杂技魔术展演、“巴蜀印象”优秀影片展映、“电视双城记，川渝媒体新动力”交流等活动。

【重庆文艺创作成果喜人】

魔术《仙豆》获第十一届中国杂技金菊奖魔术节目奖；龙舞《铜梁焰火龙》获第十五届中国民间文艺山花奖·优秀民间艺术表演作品奖；歌剧《尘埃落定》获第八届中国戏剧奖·曹禺剧本奖、第六届全国少数民族文艺会演最佳剧目奖和最佳编剧奖；纪录片《夏芳的暑假》获中国广播电视大奖；《文艺评论需跟上自媒体的时代步伐》等4篇作品入围第六届“啄木鸟杯”中国文艺评论年度推优终评；《一次大胆而成功的文艺创新》入选中国杂协红色题材杂技剧创作研讨会；京剧《双枪惠娘》入选第十七届中国戏剧节优秀展演剧目；朱睿的书法作品入展第七届中国书法兰亭奖；石刻《硕果累累》入围第十五届中国民间文艺山花奖·优秀民间工艺美术奖终评；舞蹈《为了万家灯火》入围第十二届中国舞蹈荷花奖当代舞、现代舞终评；电影《99万次拥抱》列入电影频道庆祝建党百年新片展播；四川清音《亲人啊别牵挂》等13件作品入选全国优秀曲艺节目展演。

各市级文艺家协会

【“百年风华 百花齐放”庆祝中国共产党成立100周年第八届重庆市美术作品展举办】

6月30日，为庆祝中国共产党百年华诞，由重庆市委宣传部、重庆市文化和旅游发展委员会、重庆市文联主办，重庆市美协、重庆美术馆、重庆画院承办，四川美术学院美术馆、重庆当代美术馆协办的“百年风华 百花齐放”庆祝中国共产党成立100周年第八届重庆市美术作品展在重庆美术馆举办。该展是重庆市规模最大、参与范围最广、作品种类最多、最具影响力和权威性的全市综合性美术大展，也是新中国成立以来重庆党史主题美术创作最大规模的一次集体检阅和整体呈现，更是重庆广大美术家和美术工作者向中国共产党百年华诞的倾情献礼。该展代表了新时代以来重庆美术创作的最高水平，彰显了全市广大美术家和美术工作者的文化自信和责任担当。

本次作品展展出的715件作品（含198件获奖作品），是从全市美术界2500多件来稿中严格遴选出来的。特邀100件作品中，既有各个时期重庆市党史题材美术作品经典之作、名家名作，也有近年来涌现出的优秀中青年美术家创作的党史主题美术作品新成果。

展览分为“开天辟地——苦难中铸就辉煌”“改天换地——探索中获得成功”“翻天覆

地——转折中开创新局”“惊天动地——奋斗中赢得未来”4个篇章，深刻反映了波澜壮阔的百年党史，展现了党领导人民走过的光辉历程、作出的伟大贡献、取得的宝贵经验，描绘了百年大党的梦想与追求、情怀与担当、牺牲与奉献，塑造了为实现中华民族伟大复兴中国梦而努力奋斗的典型形象，讲述了党与人民同呼吸、共命运、心连心的鱼水深情。

【重庆市脱贫攻坚主题美术作品展举办】

3月2日，由重庆市委宣传部、重庆市文化和旅游发展委员会、重庆市文联共同主办，重庆市美协、重庆美术馆、重庆画院承办的“共圆小康梦 奋进新征程”重庆市脱贫攻坚美术作品展在重庆美术馆举办。该展展出重庆美术家创作的包括中国画、油画、版画、雕塑等在内的作品170件，其中公开征集入选作品110件、特邀作品60件。该展作品题材广泛、作品类型和艺术形式丰富，带有鲜明的现实属性与时代风采，全面展现了重庆脱贫攻坚、乡村振兴工作取得的巨大成就和巴渝人民奋力致富奔小康的精神面貌，彰显了重庆美术家鲜明的价值取向与崇高的精神品格。

【举办第二届重庆市少儿美术作品展】

6月1日，由重庆市美协、重庆市合川区文化和旅游发展委员会主办，重庆市美协少儿美术艺术委员会、重庆市文艺家活动中心、合川区美术馆、合川区文化馆共同承办的“童心向党”第二届重庆市少儿美术作品展在合川区美术馆举办。该展旨在鼓励少年儿童的艺术创造力，提升审美能力，推动少儿美育工作健康发展。

自2021年3月启动以来，该展共征集作品5294件，经严格评审，最终416件作品获奖参展。孩子们以自由的想象、大胆的表现手法，展现了对党、对祖国、对民族由衷的热爱和祝福，也以敏锐的观察力、非凡的创造力和独特的表达力表达了他们对家庭、对校园、对自然等身边世界的关注。参展作品展现了孩子们的童真童趣和丰富的内心世界，呈现出他们对于当下以及人类共同命运的积极思考。

【“百年风华 百花齐放”重庆市庆祝中国共产党成立100周年书法作品展举办】

为庆祝中国共产党成立100周年，6月17日，由中国书协、重庆市委宣传部、重庆市文联主办，重庆市书协、重庆市诗词学会、重庆市合川区委宣传部、合川区文联、合川区文化和旅游发展委员会承办的庆祝中国共产党成立100周年系列书法展（重庆篇）“百年风华 百花齐放”重庆市书法作品展在重庆美术馆举办。该展组织重庆诗词作者围绕庆祝建党100周年主题，创作歌颂党的丰功伟绩的诗词作品1000余首，经反复打磨，最终确定140余首作为展览书写内容。为保证展览质量，重庆市书协向全市200名书法家定向约稿，作者中既有年近八旬的老书法家，也有近年来在全国各级展赛上涌现出来的青年才俊，分布于全市各个区县和社会各行各业，具有广泛的代表性。该展参展作品楷、行、草、隶、篆诸体兼备，风格多样，用笔墨歌颂中国共产党的光辉历程和伟大成就，展示了重庆书法家精湛的艺术水平和爱党爱国的高尚情怀。

【第二届重庆市群众书法作品展举办】

3月5日，由重庆市委宣传部、重庆市文联主办，重庆市书协承办的“共圆小康梦 奋进新征程”第二届重庆市群众书法作品展在重庆市文联美术馆开幕。全市书法家和书法爱好者近300人参加开幕式。该展突出脱贫攻坚主题，面向全市广大群众广泛征稿，共收到1100余件作品，作者年龄段涵盖18岁到87岁，其中既有身处脱贫攻坚一线的干部群众，也有深入一线调研采风的基层书法工作者。最终评出入展作品200件，其中获奖作品20件。此外，还特邀老书法家和中青年书法家代表创作30余件作品参加展览。展览力求用书法的独特语言，呈现新时代脱贫攻坚精神的深刻内涵，展示重庆书法艺术工作者对党的忠诚和对伟大祖国的赤子之心。

【重庆市脱贫攻坚原创歌曲音乐会举行】

3月19日，由重庆市委宣传部、重庆市扶贫开发领导小组办公室、重庆市文联主办，重庆市音协、重庆华龙网集团、重庆文艺网承办的“梦圆小康”重庆市脱贫攻坚原创歌曲音乐会在重庆大剧院举行。音乐会邀请张礼慧、姜明、周亚辉、刘广、车璐、赵丹妮、安娜、陈宏凯、刘航孟等重庆知名音乐家倾情献演，由郭修武、周生宏、梁君指挥，重庆交响乐团伴奏，重庆市歌剧院合唱团、重庆师范大学音乐学院合唱团合唱。

该音乐会紧扣“脱贫攻坚”这一主题，通过

音乐形式回顾攻坚克难、砥砺前行，全面建设小康社会的奋斗历程。音乐会期间，还举行了“携手攻坚奔小康 同心筑梦新时代”2020重庆市脱贫攻坚原创歌曲颁奖典礼。《花开石旮旯》《又听山乡吹唢呐》《传承》等10首歌曲荣获“重庆市脱贫攻坚十大原创金曲”奖；《山门开幸福来》《老张今天去城里》《丰收圆舞曲》等10首歌曲荣获“重庆市脱贫攻坚优秀原创歌曲”奖；《一个也不能少》《青春行歌》《我对你的承诺从没放下》《夔州儿女·脱贫摘帽歌》等10首歌曲获得“重庆市脱贫攻坚原创入围好歌曲”奖。

【“巴渝儿女歌唱党”全民K歌线上群众文化活动举办】

为庆祝党的百年华诞，4月23日，由重庆市委宣传部、重庆市文联主办，重庆市音协承办的“巴渝儿女歌唱党”全民K歌线上群众文化活动在重庆市文联艺术剧场启动。本次活动以“巴渝儿女歌唱党”为主题，邀请文艺名家与全市人民在全民K歌线上平台共同传唱《没有共产党就没有新中国》《党啊亲爱的妈妈》《唱支山歌给党听》等100首党的经典颂歌，用音乐的形式庆祝中国共产党成立100周年。

【重庆市脱贫攻坚摄影作品展举办】

3月25日，由重庆市委宣传部、重庆市文联主办，重庆市摄协、重庆市文艺家活动中心承办的“共圆小康梦 奋进新征程”重庆市脱贫攻坚摄影作品展在重庆市文联美术馆举办。该展通过公开征稿、重点约稿等多种形式，共收到来稿10000余件，遴选出入展作品120件。该展以“共圆小康梦 奋进新征程”为题，分“开篇”“奉献篇”“产业篇”“宜居篇”“文明篇”“幸福篇”6个部分，生动反映了脱贫攻坚工作开展以来，特别是党的十八大以来重庆市脱贫攻坚取得的巨大成就，生动描述了广大农村地区一派欣欣向荣、繁荣富强的热烈景象，进一步凝聚起新时代团结一心、艰苦奋斗的磅礴力量。

【“巴国城杯”首届巴蜀青年摄影作品展举办】

6月25日，由重庆市文联、四川省文联、重庆市九龙坡区委、九龙坡区政府主办，重庆市摄协、四川省摄协、九龙坡区委宣传部、九龙坡区文联、重庆龙力巴国城文化旅游发展有限公司承办的“巴国城杯”首届巴蜀青年摄影作品展在重庆市九龙坡区巴国城中心广场举办。该展共推出川渝两地20位优秀青年摄影师的123幅作品，涵盖新闻摄影、纪实摄影、新纪实摄影、城市风光摄影、观念和当代艺术摄影等多种表达方式，全面展现了当下川渝两地青年摄影师的思考方式与创作态度。展览期间，举行了巴蜀青年摄影家研讨沙龙，参展的成渝两地青年摄影家以自身作品为例，就成渝两地青年摄影创作方向等主题进行了深入讨论。

【“百年风华 百花齐放”庆祝中国共产党成立100周年优秀原创剧目展演举办】

5月7日至7月2日，由重庆市剧协举办的“百年风华 百花齐放”庆祝中国共产党成立100周年优秀原创剧目展演举办，相继演出了重庆师范大学党委宣传部创作排演的话剧《宣言》、重庆第二师范学院山火剧团创作排演的儿童剧《孩子剧团》、重庆文化艺术职业学院师生创作排演的大型原创话剧《花开无声》和重庆移通学院音乐剧团创作排演的大型原创音乐剧《破晓之前》。此次展演主题鲜明、质量较高，集中展示了重庆市广大青年戏剧人的文化自信、时代责任、使命担当和鲜明品格，是重庆戏剧界向中国共产党成立100周年的献礼。当代大学生们以朴实真挚的表演，成功彰显了“传承红色基因、反映重庆题材、面向年轻受众”的理念，受到观众一致好评。

【话剧《杨闇公》亮相“双城剧汇”成渝优秀原创剧目展演】

为庆祝中国共产党成立100周年，推动成渝地区“双城经济圈”建设，成渝戏剧界联袂打造的话剧《杨闇公》于7月20日首次亮相“双城剧汇”成渝优秀原创剧目展演。该剧讲述了1927年杨闇公牺牲始末，由重庆青年编导饶春编剧，在重庆市剧协、四川省剧协指导下，重庆市渝北区文联和四川省成都市大庸戏剧文化艺术有限公司联合出品。该剧成功挖掘成渝两地红色资源，传承红色基因，激发了两地戏剧界爱党爱国爱社会主义的巨大热情。

【“百年风华 百花齐放”庆祝中国共产党成立100周年民间工艺主题创作展举办】

7月9日，由重庆市文联主办，重庆市民协、重庆市渝北区文联承办的“百年风华 百花齐放”庆祝中国共产党成立100周年民间工艺主题创作展在重庆市两江美术馆举办。该展围绕建党百年主题，精选百位代表性艺术家的百件代表性作品，展现了巴渝地区浓郁的地域文化特色和独具风采的民俗风情。参展作品涵盖民间雕刻、剪纸、书画、编织、刺绣、服饰、扎彩、器具、奇石等多个门类，着重对建党百年历史进程中的重要事件、先进人物、祖国新貌、人民风尚等进行艺术化展示，民间意蕴浓郁，艺术视角独特，表现形式多样，饱含着民间文艺家对党和国家的浓郁深情。该展还安排了民间文艺家现场授课，通过教授观众剪纸、面塑等技艺，让观众发现和领略民间艺术之美，增强对中华优秀传统文化的保护和传承意识。

【第七届巴渝民间艺术节暨2021彭水自治县惠民消费季（非遗博览会）举行】

为展示巴渝民间艺术特色，进一步扩大城乡居民文化消费，以“文旅惠民季·生活新潮流”为主题的第七届巴渝民间艺术节暨2021彭水自治县惠民消费季（非遗博览会）于12月8日在重庆市彭水苗族土家族自治县启动。此次活动由重庆市文联、彭水苗族土家族自治县政府主办，重庆市民协、彭水苗族土家族自治县县委宣传部、彭水苗族土家族自治县文化和旅游发展委员会、彭水苗族土家族自治县文联承办。开幕式上，来自西藏自治区、陕西省、四川省和重庆市黔江区、巴南区、永川区、酉阳土家族苗族自治县以及彭水苗族土家族自治县的演员们相继登场，为现场观众带来一场精彩绝伦的视听盛宴。此次活动展示了彭水苗族土家族自治县文化生态保护区建设成果，是将非遗融入现代生活，打造非遗消费新业态，推动非遗产业化发展的重要尝试。艺术节期间，相继举办了重庆市民间艺术作品展、2021彭水自治县惠民消费季（非遗博览会）、庆祝中国共产党成立100周年书法美术作品展等活动。

【重庆鼓楼学校特殊儿童手工艺作品展举办】

6月23日，由重庆市文联、重庆市民协、重庆市文艺志愿者协会、重庆市渝中区教育委员会、重庆鼓楼学校联合主办的“巧手播爱心　文艺助成长”重庆鼓楼学校特殊儿童手工艺作品展在鼓楼学校举办，共展出该校随班就读学生创作的38件手工艺作品。重庆鼓楼学校目前学生331人，其中特殊儿童37人。为进一步丰富特殊儿童的校园生活，让教育“面向每一个少年”，让他们学到更多本领、找到更多自信，重庆市文联、重庆市民协于2021年3月开始，组织民间文艺家走进校园，开设剪纸、面塑等艺术培训课堂，每周为孩子们授课，以剪纸、面塑的艺术形式，让孩子们近距离感受优秀传统文化，激发创新思维，提升审美素养，同时也鼓励特殊儿童热爱生活，发扬工匠精神，传承非遗文化。

【第三届重庆市少儿曲艺大赛举办】

10月28日，由重庆市曲协主办、重庆市沙坪坝区儿童艺术学校承办的第三届重庆市少儿曲艺大赛在重庆市沙坪坝区儿童艺术学校落幕。该赛旨在传承弘扬中华优秀传统文化，在少年儿童中普及曲艺知识、传承曲艺艺术，为重庆曲艺事业培育后备人才，实现曲艺艺术薪火相传。该赛于8月启动，共评选出20件作品进入决赛，涵盖相声、快板、四川评书、四川盘子、四川竹琴、琵琶弹唱、金钱板等曲艺形式。其中，大量原创作品涌现，展示了重庆当前少儿曲艺发展的总体水平。

【大型系列纪录片《梦圆千年脱贫路——重庆市打赢脱贫攻坚战纪实》播出】

为全面总结和全程反映重庆市决战决胜脱贫攻坚实况，由重庆市委宣传部、重庆市扶贫开发领导小组办公室共同牵头，重庆广电集团（总台）组织实施，重庆纪录片产业基地、重庆广电纪实传媒有限责任公司、重庆市视协联合摄制的大型纪录片《梦圆千年脱贫路——重庆市打赢脱贫攻坚战纪实》于2020年3月启动拍摄，4月8日起在重庆卫视频道和重庆科教频道播出。该片由“7+18”集组成，每集30分钟。其中，“7”集为全市层面打赢脱贫攻坚战系列纪录片，讲述了重庆全力以赴打赢脱贫攻坚战的实践行动，展现了基础设施建设、扶贫产业根基培育、攻克深度贫困的“重庆办法”“大扶贫”格局构建、扎根基层的20多万名干部以及巩固脱贫攻坚成果；“18”集为重庆市18个重点贫困区县打赢脱贫攻坚战系列纪录片，贴近一线，用生动鲜活的个体案例展现脱贫故事，通过故事讲述解读政策，并运用叙事性镜头传递脱贫攻坚中涌现出来的感人事迹。

【川渝“两江文脉·红色巴蜀”文艺活动举办】

4月18日至23日，在四川省文联、重庆市文联的指导下，由川渝长江嘉陵江流域文艺联盟17家文联共同主办的“两江文脉·红色巴蜀”文艺采风创作研讨系列活动在重庆市巴南区举办。此次活动由川渝“两江流域”文艺联盟中四川省的广安市、宜宾市、广元市、泸州市、南充市5家地市文联，重庆市的渝中区、渝北区、永川区、江津区、巴南区、合川区、长寿区、万州区、丰都县、忠县、云阳县、奉节县12家区县文联共同主办。目的是为纪念中国共产党成立100周年，贯彻落实习近平总书记关于长江文化的重要讲话精神，挖掘长江、嘉陵江流域丰厚历史文化和风土人情，再现和反映四川、重庆境内的红色文化，创作一批具有川渝地域特色和反映两江流域人文精神的文艺精品。参加本次采风的80余名文艺家均为来自各地文学、书法、美术、摄影、音乐、文艺评论、影视等领域的领军人才和文艺骨干。

4月19日，采风启动仪式在宜宾市翠屏公园赵一曼广场举行。活动期间，来自17家文联的80余名文艺家从位于长江源头的宜宾市出发，沿江而下，奔赴长江上游沿线的四川省宜宾市、泸州市以及重庆市永川区、江津区、巴南区5地，瞻仰红色革命遗址、踏访历史文化名镇、感受民俗风情，积累创作素材，为文艺创作打下了坚实的基础。

【“百年风华 百花齐放”庆祝中国共产党成立100周年重庆市新文艺组织作品展览举办】

5月21日，由重庆市文联、重庆市美协、重庆市书协、重庆市摄协、重庆市文艺志愿者协会、重庆市文艺家活动中心主办，重庆印社、重庆市女子书画协会、重庆市硬笔书协、重庆市雕塑学会、重庆市创意设计家协会、重庆市工笔画学会、重庆市油画学会等新文艺组织承办的“百年风华 百花齐放”庆祝中国共产党成立100周年重庆市新文艺组织作品展览在重庆市文联美术馆开幕。该展旨在充分展示近年来重庆“两新”文艺日益壮大、文艺创作欣欣向荣的可喜成绩，共展出100余件中国画、油画、工笔、雕塑、书法、摄影、文创用品、影视短片等作品，生活气息浓厚、时代特色鲜明，是新文艺组织和新文艺群体近年来组织会员深入生活、潜心创作的精品佳作。

四川省文联

综　述

2021年，在四川省委的坚强领导和中国文联的有力指导下，四川省文联深入学习贯彻习近平新时代中国特色社会主义思想和党的十九大和十九届中央历次全会精神，全面贯彻落实习近平总书记关于文艺工作的系列重要论述和指示、批示精神及四川省委十一届八次、九次、十次全会精神，自觉承担起“举旗帜、聚民心、育新人、兴文化、展形象”的使命任务，切实履行“团结引导、联络协调、服务管理、自律维权”的职能，围绕中心、服务大局，深化改革、守正创新，大力推进“六大行动计划”，团结带领广大文艺工作者努力出作品、出人才、出效益、出品牌，为不断满足人民群众美好生活需要、建设文化强省、推动治蜀兴川再上新台阶作出了贡献。

重要会议活动

【召开四川省文联七届六次全委会】

1月25日，四川省文联七届六次全委会在成都召开。会上，四川省文联主席郑晓幸作重要讲话，四川省文联党组书记、常务副主席平志英作题为《繁荣创作　服务人民　在文化强省建设新征程上开创四川文艺事业发展新局面》的工作报告。会议深入贯彻习近平新时代中国特色社会主义思想和党的十九大、十九届二中、三中、四中、五中全会精神，传达中国文联十届六次全委会、全省宣传部长会议精神，全面总结四川省文联2020年工作，分析当前形势和任务，部署2021年工作，推进文联深化改革，进一步团结引导广大文艺工作者，为繁荣发展社会主义文艺事业、推进文化强省建设作出积极贡献。全委会审议并通过了人事事项，审议并通过了筹备四川省文联第八次全省代表大会的建议，宣读了《关于对2020年度工作成绩突出的市（州）文联予以表扬的通知》。凉山州文联、绵阳市文联、省杂协、成都市文联、资阳市文联、省评协、泸州市文联进行了大会交流发言。

【承办2021年全国文联信息化建设工作会议】

4月13日，由中国文联主办，中国文联网络文艺传播中心、四川省文联承办的全国文联信息化建设工作会议在四川成都召开。

中国文联党组成员、副主席胡孝汉出席会议并讲话，中国文联网络文艺传播中心主任谢力主持会议，四川省文联党组书记、常务副主席平志英等出席会议并致辞。胡孝汉指出，经过3年的努力，全国文联系统网信事业抓住互联网机遇，取得一系列重要成果，成绩来之不易。未来3年，面对新形势新任务，文联系统更加迫切需要切实强化责任担当，接续推进规划实施，进一步推进网信事业高质量发展，为文艺繁荣发展不懈努力。谢力对全国文联系统2018年至2020年网信工作的进展成效作了梳理，对2021年至2023年网信工作的规划部署作了介绍。

会上，中国视协、浙江省文联、四川省文联、新疆文联、中国文联文艺研修院、中国文联文艺评论中心、武汉市文联、湖南省摄协以及特邀的光明网传媒有限公司等单位作交流发言。与会人员就过去几年文联系统网信建设工作经验，谋划未来文联组织“网上文艺之家”建设路径为内容，进行了分组讨论。

【四川省出台《四川省重大文艺项目扶持和精品奖励办法（试行）》】

5月10日，四川省人民政府出台《四川省重大文艺项目扶持和精品奖励办法（试行）》，明确重大文艺项目扶持和精品奖励的政策范围、对象和标准，资金由省财政预算安排，年度预算规模3亿元。重大文艺项目扶持作品类型主要包括电影、电视剧、舞台剧。精品奖励作品类型包括影视类、舞台艺术类、文学作品类、视觉艺术类等。

【召开四川省文联文艺精品创作工作推进会】

6月9日，四川省文联文艺精品创作工作推进会在成都召开。四川省文联党组成员，四川省文联主席团成员，各市（州）文联负责人和艺术家代表，省级各文艺家协会负责人，四川省文联机关处级以上干部和直属事业单位负责人，以及新文艺组织代表共120余人参加会议。会议学习贯彻习近平总书记关于文艺工作的重要论述，落实中央、省委十四五规划关于建设文化强国和文化强省的部署要求，学习领会省政府办公厅《关于印发四川省重大文艺项目扶持和精品奖励办法（试行）的通知》精神，动员团结全省文艺界深入生活、扎根人民，潜心创作、守正创新，不断孵化原创作品，促进文艺“攀高原登高峰”，推动全省文艺精品创作工作在新时代取得新成效。

【召开四川省文联文娱领域综合治理工作会】

9月10日，四川省文联文娱领域综合治理工作会在成都召开。四川省文联主席郑晓幸，四川省文联党组书记、常务副主席平志英，党组副书记、副主席李兵，党组副书记刘建刚，党组成员、秘书长仲晓玲，以及四川省文联主席团成员、四川省文联各省级文艺家协会、机关处室及四川省文联刊物负责同志，文艺家代表、“文艺两新”代表参加了工作会。郑晓幸在会上作重要讲话，就夯实积极向上、风清气正的文艺生态提出三点要求：一是要统一思想，提高站位，增强贯彻落实的主动性。二是要担当作为、落实举措，有效遏制文娱发展不良倾向。三是要弘扬正气，营造天清气朗的发展环境。平志英在会上传达了中共中央政治局委员、中宣部部长黄坤明在中宣部文娱领域综合治理工作电视电话会议上的讲话精神。刘建刚宣读了中宣部《关于开展文娱领域综合治理工作的通知》精神。会上还宣读了中国文联《修身守正　立心铸魂——致广大文艺工作者倡议书》，倡议广大文艺工作者一要严于自律，常怀敬畏之心；二要勤于学习，提高认知水平；三要悉心创作，坚守艺术理想；四要秉持初心，践行德艺兼修。文艺家代表积极在会上发言。会后，与会代表共同在《修身守正　立心铸魂——致广大文艺工作者倡议书》上进行了集体签名。

【召开四川省文联第八次代表大会、省作协第九次代表大会】

11月1日，四川省文联第八次代表大会、省作协第九次代表大会在成都召开。省委书记彭清华出席开幕式并讲话，省委副书记、省长黄强出席开幕式，中国文联、中国作协致贺信，省领导甘霖、王一宏、包惠、罗强、崔保华出席开幕式，四川省文联负责同志主持开幕式，省作协负责同志致开幕词，省妇联负责同志代表省级各人民团体致贺词，四川省文联主席郑晓幸，党组书记、常务副主席平志英，党组副书记、副主席李兵，党组副书记刘建刚，党组成员、机关党委书记江永长，党组成员、秘书长仲晓玲，四川省文联主席团成员，来自全省的近600名代表参加大会。

彭清华强调，全省文艺战线和广大文艺工作者要深入学习贯彻习近平总书记关于文化文艺工作的重要论述，全面落实党中央大政方针和省委决策部署，以高度的文化自觉、坚定的文化自信迈步新征程、讴歌新时代，加快建设文化川军、铸就文艺高峰，推动全省文艺事业在新时代展现新气象新作为，为全面建设社会主义现代化四川和文化强省作出新的更大贡献。彭清华指出，要坚定文化自信、把牢正确方向，加强党对文艺工作的领导，坚决贯彻党的文艺方针，把习近平总书记关于文化文艺工作的重要论述体现到创作实践中、落实到具体行动上，牢固树立马克思主义文艺观，毫不动摇走中国特色社会主义文化发展道路。要服务中心大局、谱写时代新篇，始终与治蜀兴川事业发展同频共振，用深厚的感情、细腻的笔触、优美的旋律讲好四川故事，大力推动彰显中国风格、体现巴风蜀韵的优秀文艺作品“走出去”，让优秀文艺作品更好激发奋进力量、展示四川形象。要常怀赤子之心、厚植为民情怀，认真践行以人民为中心的发展思想，主动适应人民群众美好生活需要，立志创作出人民群众喜闻乐见、口口相传的精品力作，让文艺的芳华始终植根人民沃土、永远为人民绽放。要坚持守正创新、展现责任担当，做真善美的追求者和传播者，把崇德尚艺作为一生的功课，把创新精神贯穿文艺创作全过程，用精湛的艺术和高尚的文艺引领社会风尚。各级党委要把文艺工作摆在更加重要的位置，大力指导推动文联、作协深化改革、发展事业；全面加强文联、作协党的建设，打造一支讲政治、懂业务、能干事、愿服务的高素质干部队伍。各级文联、作协要发挥自身优势，增强服务意识，拓展联系方式，加强对新文艺组织、新文艺群体的团结引领，当好文艺工作者的“娘家人”。

平志英代表第七届主席团作了题为《勇担新使命 共绘新画卷 奋力推进四川文艺高质量发展》的工作报告（以下简称《报告》）。《报告》在9个方面对5年来的工作作总结。一是党对全省文艺工作的领导不断加强。二是深化改革取得突破。三是文艺精品佳作竞相涌现。四是文艺川军队伍不断壮大。五是文艺志愿服务形成风尚。六是文艺融合发展初见成效。七是文艺交流活动辐射广泛。八是“文艺两新”工作成果丰硕。九是文联自身建设切实加强。平志英明确了今后5年要全力实现7大工作目标，即：思想引领高站位，切实加强党对文艺工作的全面领导；文艺创作高标准，推出更多彰显巴蜀风格的优秀作品；文艺人才高素质，培养壮大一支品德高尚、技道均衡的文艺川军；服务人民高要求，推动文艺志愿服务提档升级；文艺追求高品位，让中国精神成为四川文艺的灵魂；文艺评论高水平，做大做强川派评论品牌；管理服务高效率，全力打造温馨和谐的文艺工作者之家。

【四川代表团参加中国文联十一大、中国作协十大】

12月14日至17日，四川代表团参加中国文联十一大、中国作协十大。12月14日，中国文联十一大、中国作协十大在人民大会堂开幕，四川文艺界40多名代表参加了这个五年一度的盛会。大会四川代表团临时党支部书记、四川省文联党组书记、常务副主席平志英在大会后接受了川观新闻记者采访。她表示，大会从5个方面对文艺工作者提出了殷切希望，深受鼓舞，也深感责任重大；大会对文艺工作的重要性进行了肯定，文艺事业是党和人民重要的事业，文艺战线是重要战线，广大文艺工作者无愧于党和人民的要求！尤其大会提出党和人民“需要”“信赖”“感谢”我们，这6个字的分量太重了！我们每一位文艺工作都应该思考怎样为时代、为人民奉献最好的精神产品和文化服务。

主题品牌活动

【举办庆祝建党100周年系列文艺活动】

3月15日，省美协开启为期六天的“庆祝建党100周年•天府天工——四川工业题材美术创作工程采风”写生活动。“四川省美协庆祝建党一百周年·天府天工——四川工业题材美术创作工程”是集采风、创作、展览、出版、收藏为一体的大型工业题材美术创作工程，旨在以四川省工业建设的艰辛历程和辉煌成就为蓝本，向全国美术创作者邀约一轴描绘工业发展盛况的画卷，以此献礼中国共产党建党100年，亮出四川美术创作反映工业振兴、大国崛起、砥砺前行的名片。

3月27日，省书协组织书法家参加“学百年党史 聚奋进力量——西南油气田公司庆祝建党100周年百人百米长卷书法献礼活动”。

5月30日，由中国书协、四川省文联主办，四川省书协承办的“庆祝中国共产党成立100周年系列书法展（四川篇）”之“人间正道是沧桑——四川省书法名家书党史优秀作品展”在成都文轩美术馆开幕。全省190名优秀书法家积极响应精心创作的190件作品，五体俱备，书风雅正，风格多样，气象正大，紧扣时代主题，展现了四川书家植根传统、艺文兼备、文质兼美、讴歌时代、服务人民的当代人文风采和审美追求。

6月12日，由四川省文联、成都市文联主办，东方茉莉女子国乐团承办，四川爱乐乐团演奏的“爱与责任·赞歌献给党——庆祝建党100周年”民族交响音乐会在成都城市音乐厅举行。

7月7日，由四川省文联、四川省文化和旅游厅、重庆市文联主办，四川省舞协、重庆市舞协、四川省艺术研究院承办的“舞动的红绸——庆祝建党100周年川渝舞蹈精品会演”成功举办。川渝舞蹈家们根据为党庆生的主题群策群力，精心挑选出11部曾在国内各类舞蹈大赛中获得殊荣的作品呈现于舞台。

7月16日，由四川广播电视台、四川省文联、成都市双流区委宣传部主办，四川省视协、四川观察、四川金熊猫新媒体有限公司、成都市双流区融媒体中心承办的“庆祝中国共产党成立100周年·全省媒体看成就”大型全媒体短视频联合报道公益行动启动仪式在“中国航空经济之都双流”举行，来自全省21个市州广播电视台及部分新媒体平台的近百名媒体工作者齐聚一堂，以全媒体矩阵聚焦的形式从成都双流出发，展示四川各地的发展成果。

7月25日，由四川省美协和广安、广元、绵阳、德阳、遂宁、内江和南充七市文联共同主办，七市美协共同承办的“百年辉煌”——庆祝中国共产党成立100周年四川省第三届七市美术作品联展在南充市常玉美术馆开幕。本次联展共收集到七市美术工作者创作的作品140幅，其中油画48幅，国画71幅，综合画种21幅，充分表达了广大文艺工作者对中国共产党的无比崇敬，对百年巨变的由衷赞美，对美好生活的无限向往，激励文艺工作者继续乘势而上，开拓奋进，为实现人民对美好生活的向往不懈努力。

8月21日，“风华正茂”四川省新风景摄影作品展在蓉开展。本次展览由四川省文联指导，四川省摄协主办，成华区文联、成都传媒文化投资有限公司、成都东方正火文化传媒有限公司联合协办。展览以四川新风景为表现对象，聚焦庆祝中国共产党成立100周年主题，用镜头记录新时代四川跨越发展的喜人成就。本次展览线下共展出119件摄影作品，线上展出122件作品（含3件微视频）。与此同时，四川省文联数字艺术馆、四川省摄协网及其微信号、抖音号等媒体矩阵同步在线上展览，使市民朋友在疫情防控常态化的当下，“一机在手”即可观展。

9月15日，由四川省文联指导，四川省美协、广安、南充、遂宁、广元、绵阳、德阳、内江等七市文联主办，广安等七市美协共同承办的“百年辉煌——庆祝中国共产党成立100周年四川省第三届七市美术作品联展”（广安站）开幕式在广安市劳动人民文化宫举行。此次七市美术作品联展筹备期间共收集到七市美术工作者创作的作品140幅，其中油画48幅，国画71幅，综合画种21幅。

12月14日，由四川省文联、四川省推进成德眉资同城化发展领导小组办公室指导，四川省美协、德阳市区域协同发展局、南充市文联、广安市文联、遂宁市文联、内江市文联、德阳市文联、绵阳市文联、广元市文联共同主办的“百年辉煌——庆祝中国共产党成立100周年四川省七市美术作品联展（德阳站）”在德阳市书画院开展。七市文联、美协负责人和艺术家代表等参加开展式并观展。此次展览共展出国画、油画、水彩、版画等门类的美术作品140件。

【举办首届“四川省十大歌曲”评选活动】

2月7日，首届“四川省十大歌曲”评选活动新闻通气会在成都举行，本次活动2月开始到6月结束，紧扣建党100周年的重大历史节点，以讴歌建党百年伟业，聚焦改革开放、脱贫攻坚、乡村振兴、防疫抗疫等时代主题，集中展示我省2019年以来的优秀原创歌曲，共收集325首作品，经过层层评选，选出《蜀中寻》等十首优秀歌曲、《彝美》等八首入围歌曲。9月29日，首届“四川省十大歌曲”颁奖晚会在成都城市音乐厅举行。

【举办红色路线主题采风活动】

4月14日至16日，四川省文联开展红色路线主题采风活动。为贯彻习近平总书记在党史学习教育动员大会上的重要讲话精神，引导广大艺术家围绕党的成长发展历程创造更优秀的艺术作品，四川省文联于4月14日至16日开展“重走长征路——奋进新征程”红色路线主题采风活动。此次采风团由四川省文联党组副书记刘建刚带队，画家、书法家、摄影家、剧作家、评论家、主持人、青年歌唱演员及新文艺组织人员组成。采风团先后到达娄山关、四渡赤水烈士陵园、遵义会议会址等长征旧址参观学习。

【举办2021年“魔术进校园”暨四川高校魔术交流会】

4月17日，由四川省文联、共青团成都信息工程大学委员会学生社团管理部主办，四川省杂协承办，四川高校魔术联盟、成都信息工程大学知心魔术协会协办的2021年“魔术进校园”暨四川高校魔术交流会在成都信息工程大学（龙泉校区）成功举办。四川高校魔术联盟及各高校魔术社团魔术爱好者参加活动。活动期间，近景魔术、舞台魔术、纸牌魔术、预言魔术轮番上演，各高校魔术协会会演结束后，进行了个人魔术比赛。魔术爱好者们在一起分享和探讨了对魔术技巧的设计和运用，交流了魔术表演心得。

【举办川渝“两江文脉·红色巴蜀”文艺活动】

4月18日至5月30日，在四川省文联、重庆市文联的指导下，川渝长江嘉陵江流域文艺联盟17

家文联共同开展了“两江文脉·红色巴蜀”文艺采风创作研讨系列活动。4月19日，采风启动仪式在宜宾市翠屏公园赵一曼广场举行。四川省文联党组成员、机关党委书记江永长宣布采风活动启动并授旗。采风活动共分为长江上游采风、嘉陵江流域采风、长江中游采风三个阶段。此次活动途经宜宾市、泸州市、永川县、江津县、巴南区、渝中区、长寿区、丰都县、忠县、万州区、云阳县、奉节县等地，文艺家们瞻仰红色革命遗址，踏访长江历史文化名镇，寄情巴山蜀水，感受民俗风情，激发创作灵感，积累创作素材，为文艺创作打下了坚实的基础。

【举办第三届川渝文化发展合作论坛】

4月22日，由中国评协指导，四川省文联、重庆市文联主办，四川省评协、重庆市评协承办的第三届川渝文化发展合作论坛在重庆隆重举办。论坛以“共建文化高地、共攀文艺高峰”为主题，共商两地文艺兴盛发展之策。中国评协和主办、协办单位的有关领导，来自川渝两地的文化研究方面的专家学者60余人出席相关活动。此次论坛上，川渝两地文联、评协共同发布了《川渝文化发展合作论坛“重庆倡”》，倡导川渝两地的文艺工作者整合巴蜀文化资源，更好助力成渝地区双城经济圈建设。

【举办2021全国“文艺评论两新”锦江论坛】

6月17日，2021全国“文艺评论两新”锦江论坛在蓉举行。论坛由中国评协、中国文联文艺评论中心、四川省文联主办，中国评协新文艺群体评论工作者委员会、四川省评协等承办。中国评协主席夏潮以及中国文联文艺评论中心主任、中国评协副主席兼秘书长徐粤春，四川省文联主席郑晓幸，四川省文联党组书记、常务副主席平志英，中宣部文艺局理论文学处处长胡友笋，以及四川省文联党组副书记刘建刚等有关方面负责人出席论坛。来自全国各地的专家学者、全国“文艺评论两新”代表、四川省文艺工作者代表、四川省市州评协代表，中央和地方媒体单位的记者等130余人参加了论坛活动。

【举办“追寻郭沫若足迹”川渝行文艺交流活动】

11月30日，由四川省文联和乐山市委宣传部指导，四川省沫若艺术院、四川省文艺志愿者协会、乐山市文联、沙湾区委宣传部主办，沙湾区文体旅游局、沙湾区郭沫若故居纪念馆、重庆渝中区郭沫若旧居、重庆沙坪坝区郭沫若纪念馆承办的“追寻郭沫若足迹”川渝行文艺交流系列活动在乐山举行。四川省文联党组副书记、副主席李兵等领导出席此次活动。当天上午，“追寻郭沫若足迹”川渝行川渝四馆交流合作战略协议签订仪式在乐山市郭沫若故居纪念馆举行。随后，“追寻郭沫若足迹”川渝行活动启动仪式暨文艺惠民演出举行。下午，艺术名家讲堂正式开讲，乐山师范学院教授陈俐以“从巴蜀走出的文化巨人——郭沫若”为主题为观众进行讲授，同时，“追寻郭沫若足迹”书画笔会交流活动举行。

【举办第二届巴蜀青年摄影作品展】

12月7日，第二届巴蜀青年摄影作品展开展。本次展览由四川省文联、重庆市文联主办，四川省摄协、重庆市摄协承办，四川省摄协青年与新摄影群体委员会、米拍摄影社区协办，公众开放时间为12月8日至12月21日。展览期间还举办了巴蜀青年摄影论坛，川渝两地摄影艺术家、专家学者，以及对青年摄影领域有兴趣的研究者与实践者，围绕推动巴蜀青年摄影事业发展等相关议题展开交流探讨，提供新的见解和路径。

【举办2021年度百家“推优工程”】

12月20日，四川省文联2021年度百家“推优工程”在成都揭晓，国画《莫听穿林打叶声》、川剧《死水微澜》、音乐《川·渝》等100件我省文艺界优秀原创文艺作品新鲜出炉，副省长罗强出席发布会并为受表彰艺术家颁发荣誉证书。年度百家“推优工程”由四川省文联主办，自2017年以来已连续实施5届，成为我省文艺界重点品牌工程，该工程旨在总结和展示四川省文艺界实施“六大行动计划”成果，构筑高原高峰、壮大文艺川军、增强创作实力。

文艺惠民

【开展“我为家乡寄祝福”写春联、写“福”字活动】

2月2日，四川省文联开展“我为家乡寄祝福”写春联、写“福”字活动。四川省文联党组书记、常务副主席平志英，四川省文联党组副书记李兵等书画家和文艺工作者到场参与活动。本次活动共送出“福”字、春联近600张（对）。

【赴理县佳山村开展主题党日暨新春慰问活动】

2月4日，四川省文联赴理县佳山村开展主题党日暨新春慰问活动。四川省文联党组书记、常务副主席平志英，党组成员、机关党委书记江永长等与佳山村党支部同志一起开展主题党日活动，并代表四川省文联干部职工慰问佳山村乡亲。当天，平志英还代表四川省文联对下派第一书记胡文进行了慰问。

【赴理县下孟乡沙吉村调研】

7月11日，四川省文联赴理县下孟乡沙吉村调研。四川省文联党组成员、机关党委书记江永长带队赴理县下孟乡沙吉村调研定点帮扶工作。此次调研是为了了解沙吉村情况，为制定定点帮扶工作方案做准备。调研组一行实地考察了健威将军墓、红军石刻遗迹和当地千总家寨等，了解了沙吉村基础设施、蔬菜水果产业情况，听取了村党支部书记王宪璋等同志关于沙吉村基本情况的介绍，与当地有关领导同志、村两委班子成员等交换了意见。

【开展“我为群众办实事”系列活动】

5月16日至18日，四川省文联组织四川省文艺志愿者协会等省级文艺家协会艺术家，由四川省文联党组成员、机关党委书记江永长带队赴阿坝州理县桃坪镇开展为期3天的“我为群众办实事”实践活动，拍摄理县桃坪宣传片，宣传推荐当地旅游产业、农林产品。

11月24日，四川省文联党组书记、常务副主席平志英带队到理县桃坪镇、下孟乡开展“我为群众办实事”文艺惠民活动。四川省文联向桃坪镇佳山村和下孟乡政府捐赠了音响设备各一套，并现场签订了捐赠协议。随后，在下孟乡政府组织召开定点帮扶工作座谈会，与理县县委、下孟乡党委、沙吉村党支部领导共商沙吉村乡村振兴产业发展事宜。当日下午，省摄协在下孟乡政府建立四川省第一个藏羌地区“手机摄影乡村辅导站”，并在下孟乡举办了第一期手机摄影培训班。11月25日，省摄协同志和艺术家带领20余名学员到沙吉村进行了摄影采风创作。

11月29日至12月2日，“我为群众办实事”系列活动在乐山市沙湾区、峨边彝族自治县举行。本次活动由四川省文联党组副书记、副主席，省文艺志愿者协会主席李兵带领，四川省文艺志愿者协会组织近60名文艺志愿者赴乐山市沙湾区、峨边彝族自治县开展“我为群众办实事”惠民演出活动。本次活动中的两场惠民演出分别以“我为群众办实事”和“追寻郭沫若足迹”为主题，涵盖音乐、舞蹈、曲艺、杂技等多种艺术形式，从歌颂中国共产党、关注乡村振兴、经典传统文化等不同角度为现场观众送去了特色各异的精品节目。此外，四川省文艺志愿者协会邀请省文艺志愿者协会副主席、摄影家关云飞在峨边县举办了题为“城市风光与人文摄影”的摄影知识讲座，为峨边县近40名摄影爱好者现场讲授摄影知识和技巧。

【开展“学党史 传精神 跟党走”主题文艺宣传活动】

6月5日，四川省文联“学党史 传精神 跟党走”主题文艺宣传活动走进理县。四川省文联组织来自各省级文艺家协会的40余名文艺志愿者赴理县桃坪镇，开展“学党史 传精神 跟党走”主题文艺宣传活动，用文艺的形式把党的声音带到群众身边，在为群众献上一场精神文化大餐的同时宣传、推荐当地旅游产业、农林产品。

【举办“金钟之声”惠民音乐会】

10月9日，“金钟之声”惠民音乐会在成都举办。四川省音协组织第十三届中国音乐金钟奖四川选拔赛获奖选手在成都城市音乐厅举办“金钟之声”系列惠民音乐会。在成都城市音乐厅“冰芙蓉”穹顶之下，第十三届中国音乐金钟奖四川选拔赛获奖选手们用饱含激情的歌喉与琴声演奏《渔翁》《来生来世把你爱》等曲目，为现场观众奉献了一场精彩纷呈的艺术盛宴。

主题调研

【开展网络信息化建设工作调研】

3月17日，四川省文联到德阳文联调研“互联网+”工作。四川省文联党组副书记刘建刚一行到德阳开展“互联网+”调研工作，就网络文艺资源共建共享、整合网络文艺传播平台、探讨扶持基层文联信息化基础建设、共建网上文艺之家等专题开展调研。

4月20日，四川省文联赴雅安调研基层文联组织建设和网络信息化建设工作。四川省文联党组书记、常务副主席平志英，党组副书记刘建刚赴雅安市文联，就网络信息化建设工作开展调研，雅安市委宣传部、市文联、芦山县文联、名山区文联相关人员参加座谈。座谈会上，雅安市文联向调研组介绍了“互联网+文联”“互联网+协会”建设情况。平志英希望雅安市文联积极探索文联工作新领域，做好“互联网+文联”“互联网+协会”工作，延伸工作手臂，凝聚文艺力量，推动雅安市文联各项工作再上新台阶。“全四川省文联一盘棋”，四川省文联将与地方文联一道共同解决工作中的难题。

4月24日至26日，四川省文联在达州调研“互联网＋”建设工作。四川省文联党组成员、秘书长、信息化领导小组副组长仲晓玲一行前往达州调研“互联网+文联”工作建设情况。调研组一行还实地调研了达州文艺之家、巴山书画院等文艺阵地，对相关巴文化特色文化资源进行了采集。

【开展“基层文艺人才队伍建设”实地走访调研】

4月15日至16日，四川省文联赴自贡开展“基层文艺人才队伍建设”实地走访调研。四川省文联党组书记、常务副主席平志英，党组成员、机关党委书记江永长到自贡调研考察文艺人才队伍建设工作。座谈会上，自贡市文联分别就文艺人才队伍基本情况、文艺人才队伍现状、文艺人才队伍建设、存在的问题和工作建议等5个方面进行了汇报。平志英指出，人才队伍建设还存在缺高尖人才、缺中青年人才，区县文联机构不够坚实、缺乏专职人员，文艺政策还有待优化等问题，在组织建设上，要梳理政策，想尽办法，用尽资源，抓住深化改革的机遇，建立健全区县文联组织结构。在文艺人才队伍培训上，要有意识地发现、扶持老中青艺术家，从年轻人抓起，搞好服务保障，让文艺作品上台阶。

6月2日至3日，四川省文联赴内江开展“基层文艺人才队伍建设”实地走访调研。四川省文联党组书记、常务副主席平志英一行赴内江开展基层文艺人才队伍建设情况实地走访调研。2日下午，调研组分别走访调研了内江市中区、东兴区两个新成立的文联，实地查看、现场听取文联组织建设和文艺人才队伍建设情况。

【开展基层文联组织建设工作调研】

4月20日，四川省文联赴雅安调研基层文联组织建设工作。四川省文联党组书记、常务副主席平志英，党组副书记刘建刚赴雅安市文联，就基层文联组织建设工作开展调研，雅安市委宣传部、市文联、芦山县文联、名山区文联相关人员参加座谈。座谈会上，雅安市文联向调研组介绍了市文联编制、经费等基本情况，乡镇（街道）文联建设情况。芦山县文联、名山区文联分别就优化文联机构配置、乡镇（街道）文联建设等文联工作作了汇报。平志英肯定了雅安市文联近年来工作“有亮点、有特色、有思路、有办法”，扎实而富有成效，芦山县文联机构改革和名山区乡镇（街道）文联建设都走在全省基层文联组织建设前列，经验值得推广。

【赴成都康弘药业集团股份有限公司开展“党建工作制度”情况实地走访调研】

8月31日，四川省文联党组副书记、副主席李兵一行赴成都康弘药业集团股份有限公司开展党建工作制度情况实地走访调研，召开建立“党建工作制度”联席单位调研座谈会，四川省文联及公司党建相关工作人员参加了会议。会上，李兵宣读了四川省委非公有制经济组织和社会组织工作委员会《关于建立两新组织党建工作联席会成员单位直接联系大型民营企业党建工作制度的通知》，对本次调研内容提出相关要求，并对四川省文联相关情况作了简要的介绍。

【赴金川调研拓展新时代文明实践中心示范县建设工作】

11月28日至29日，四川省文联党组书记、常务副主席平志英到金川调研拓展新时代文明实践中心示范县建设工作。阿坝州县相关领导、部门负责人陪同调研。平志英一行先后来到金川县新时代文明实践中心、文化馆、图书馆、县融媒体中心、马奈镇新时代文明实践所等地，通过实地查看、听取汇报、查阅资料等方式，详细了解了金川县新时代文明实践中心（所、站）的运行情况，并就相关工作进行了指导。随后，平志英代表四川省文联为金川县新时代文明实践中心创建示范县建设捐赠了设施设备。平志英指出，金川县新时代文明实践中心示范县建设工作方法新、措施实，政策和资金落实到位，希望新时代文明实践中心争取为全省乃至全国的新时代文明实践中心建设工作提供更多的金川经验。

获奖情况

【四川省文联获评2020年度省直部门（单位）机关党建宣传信息工作先进单位】

1月，四川省文联获评2020年度省直部门（单位）机关党建宣传信息工作先进单位。四川省文联已连续多年获评年度省直部门（单位）机关党建宣传信息工作先进单位。2020年，向省直机关工委报送宣传信息42条，宣传信息工作质量水平得到了进一步提升。

【四川省文联获2020年度省直机关理论学习中心组学习先进单位】

3月，四川省文联荣获2020年度省直机关理论学习中心组学习先进单位。

【四川省杂协等获中国杂协表彰】

3月25日至26日，中国杂协第八届理事会第二次会议在广州举行，会议表彰了四川省杂协、遂宁市杂技团、成都艺术剧院杂技团、自贡市杂技团、宜宾市酒都艺术研究院杂技团。

【省舞协荣获2015—2020年度“中国舞蹈家协会优秀团体会员单位”称号】

4月7日至9日，2021年度全国舞协工作会上，四川省舞协荣获2015—2020年度“中国舞协优秀团体会员单位”称号。

【四川省文联获“中国文联2020年度舆情工作先进单位”】

4月21日至24日，“2021年全国文联理论研究工作会”进行的工作表彰中，四川省文联荣获中国文联颁发的“中国文联2020年度舆情工作先进单位”，在全国文联系统58个参评单位仅推选5个的激烈竞争中，四川文联位列其一。

【四川省文联直属期刊《优雅》杂志获第八届中华印制大奖金奖】

5月，第八届中华印制大奖赛中，四川省文联直属期刊《优雅》杂志获得第八届中华印制大奖金奖。

【四川省书协荣获“第七届中国书法兰亭奖组织工作先进单位”称号】

5月19日至22日，由中国书协主办的2021年全国书协系统驻会干部培训班在广东东莞举行。会上，中国书协对在“第七届中国书法兰亭奖”组织工作中表现突出的四川省书协等10家团体会员和2家专业委员会进行了表彰。

【四川戏剧工作者荣获中国戏剧梅花奖】

5月21日晚，由中国文联、中国剧协主办的第30届中国戏剧梅花奖颁奖晚会在江苏大剧院落下帷幕。由四川省文联指导、省剧协推荐的四川省川剧院一级演员张燕凭借川剧《死水微澜》中邓幺姑一角的精彩演绎，终获本届中国戏剧梅花奖。

【四川省文联荣获2020年省直部门（单位）定点扶贫先进集体】

5月，四川省委、四川省人民政府印发通报，表彰2020年脱贫攻坚先进集体和先进个人。四川省文联荣获2020年省直部门（单位）定点扶贫先进集体，四川省文联派驻理县桃坪镇佳山村党支部第一书记胡文同志荣获2020年脱贫攻坚“五个一”帮扶先进个人。

【林峤著《林峤汉砖佛造像》荣获第二十九届“金牛杯”美术图书银奖】

8月，中国编辑学会组织的第二十九届“金牛杯”评选中，著名书法家林峤著《林峤汉砖佛造像》荣获银奖。

【四川省摄协荣获“优秀组织工作单位”表彰】

9月23日，中国文联和中国摄协主办的“第十届全国农民摄影大展”上，四川省摄协获得中国摄协颁发的《优秀组织工作证书》。

【四川省剧协被中国剧协评为“戏曲小梅花荟萃”活动“优秀组织单位”】

10月，“中国戏曲小梅花荟萃”活动中，四川省剧协被中国剧协授予“优秀组织单位”奖，共获得个人“小梅花”称号4名，集体“小梅花”1名。

【《柔情似水》荣获第十三届中国舞蹈“荷花奖”民族民间舞奖】

10月25日至27日，第十三届中国舞蹈“荷花奖”民族民间舞评奖活动中，四川省文联、四川省舞协组织推荐的四川艺术职业学院舞蹈作品《柔情似水》荣获第十三届中国舞蹈“荷花奖”民族民间舞奖。

人才培训

【举办中国民协2021年度首个教育培训班】

5月25日，由中国民协、四川省文联主办，四川省民协、内江市文联、隆昌市文联共同承办的“2021年基层民协工作者思想道德与行风建设培训班”在“中国石牌坊之乡”隆昌市开班。中国民协分党组成员、副秘书长候仰军，四川省文联党组副书记刘建刚，内江市委常委、宣传部部长蒋学东，内江市人大常委会副主任、市文联主席秦金保等出席开班式。参加培训的学员近百人，包括来自全国各省区市的基层民协工作者以及省内民间文艺工作骨干。此次培训班是《2019年中国文联干部教育培训计划》整体序列中的一部分。开班式结束后，候仰军首先以《苟坝的灯火》为题，为学员们讲授了一堂生动的党史教育课；内江市人大副主任、市文联主席秦金保结合内江实际讲授《用民间文艺助力乡村振兴》。培训期间，主办方还邀请到了中国评协副主席张德祥，湘绣大师、中国民间文艺“山花奖”获得者邬建美分别以《文化自信与正确历史观》《做文化传承和创新的“追梦人”》为题为学员们讲课。此次培训包括自学、现场授课、“互联网+民艺会客厅”直播、现场教学调研等形式，内容既有党史学习教育、民间文艺主题培训，也有基层民协工作经验交流。

【举办四川省书法家协会第二十四期临帖培训班】

8月25日至29日，四川省书协第二十四期临帖（楷书、行书、草书）培训班在成都举办。培训班由四川省文联指导，四川省书协主办，四川省书协教育委员会、培训中心与南充市文化馆、四川书法家网共同承办。中国书协副主席、四川省文联副主席、四川省书协主席代跃出席开班仪式。全省70名书法骨干参加了开班仪式。代跃组织全体师生和工作人员认真学习《修身守正　立心铸魂——致广大文艺工作者倡议书》。

【举行“新农村少儿舞蹈美育工程”四川地区启动及挂牌仪式】

10月12日，由中国舞协主办，中国文联舞蹈艺术中心、四川省舞协、成都大学中国-东盟艺术学院音乐与舞蹈学院、中国舞协舞蹈志愿者工作委员会承办的中国舞协“新农村少儿舞蹈美育工程”（四川宜宾）启动及挂牌仪式在四川宜宾高县举行。中国舞协主席、中国文学艺术基金会副理事长冯双白，四川省文联党组书记、常务副主席平志英，中国舞协、四川省舞协、宜宾市文联部分成员出席了仪式。

【举办2021全省基层音乐骨干培训班】

10月27日至29日，四川省音协在成都举办“四川省音协2021全省基层声乐骨干（含新文艺组织）培训班”。来自21个市州及成都部分高校的70余名基层声乐教师、基层声乐工作者参加了培训。培训班由四川省音协秘书长杨小兰主持。她向学员宣传了党史学习教育活动的目的意义，传达了培训活动的部分内容。声乐教师范竞马在培训中将自己在长期实践中积累的丰富经验传递给学员。

各文艺家协会及直属单位

【四川省戏剧家协会】

2021年四川省剧协组织推荐四川艺术职业学院创演的川剧《草鞋县令》和成都市川剧研究院创演的《烈火中永生》入选第十七届中国戏剧节参演剧目，分别于10月12日和23日成功演出，获得“优秀剧目”荣誉证书。

3月9日至11日，组织现实题材川剧《壮丽之路》创作采风组深入甘孜州康定市、雅江县等地采风采访，并完成剧本创作。10月通过专家评审由四川文旅部门推荐至文旅部参加“全国新时代现实题材创作工程”活动的遴选。

6月，攀枝花市文化艺术中心现代京剧《浩然成昆》入选“剧美天府——四川省庆祝中国共产党成立100周年优秀剧目展演”。

7月开展“‘双城剧汇’成渝地区优秀原创剧目展演”，并入选重庆市委宣传部主办的“第四届重庆青年戏剧演出季”活动。

12月，成功举办“2021年四川省大学生校园戏剧展演季”，遴选出大型剧目4部、短剧16部、环境戏剧11部参加12月6日至12日的展演活动。

【四川省电影家协会】

四川省影协团体会员单位峨眉电影集团出品的电影《漫长的告白》进入平遥国际电影展开幕影

片名单，并入围塔林黑夜电影节主竞赛单元影片。

电影《传灯》获第四届中国民族志纪录片学术展传播奖。

王冀邢执导的电影《焦裕禄》与苗月执导的电影《十八洞村》入选国家电影局开展的庆祝中国共产党成立100周年优秀影片展映展播活动。

范元执导的电影《我的父亲焦裕禄》入选2021年脱贫攻坚主题电影推荐片单。

电影《日夜江河》主演邹涛获平遥影展“最佳男演员”。

电影《人潮汹涌》入围第十三届澳门国际电影节，荣获第17届中美金天使奖，演员黄小蕾获年度最佳女配角奖。

【四川省电视艺术家协会】

推出“庆百年·迎国庆”情景诗演诵《聆听新中国》，组织优秀电视主播和校园主持新秀在建川博物馆聚落，以演艺实践，再现党的百年历史，诉说红色故事。该节目于2021年10月1日在四川广播电视台文旅频道及“四川观察”等新媒体平台同步播出，引起社会热议，全网观看量超过100万人次。

与四川广播电视台、四川省音协联合策划推出“唱支山歌给党听百首金曲庆华诞”《乡村好声音》第三季评选活动。同时，依托《乡村好声音》第三季特别推出“四川省100首优秀乡村原创音乐作品”，并制作成音乐专辑礼盒套装，祝福中国共产党百年华诞。

推出系列纪录片《第一书记》第三季。

聚焦四川非遗文化，推出了《四川非遗100》系列短视频。

《火红年华》经四川省视协推荐上报，被重点现实题材电视剧剧本创作协调小组列入“重点现实题材电视剧剧本创作计划项目资助”。

聚焦污染防治攻坚战，推出“生命长江”主播系列环保宣讲活动。

【四川省音乐家协会】

1月至11月，先后组织实施了首届“四川省十大歌曲”评选活动、中国音协《中国当代歌曲创作精品工程——“听见中国听见你”2020年度优秀歌曲推选活动》第四轮评选（全国60进30）工作、中国音协《中国当代歌曲创作精品工程——“听见中国听见你”2021年度优秀歌曲推选活动》（四川地区）、中宣部第九批“中国梦”主题歌曲评选活动（四川地区）、中国音协“百年百首”全国优秀歌曲征集四川地区评选活动、四川省文联“百家推优”工程音乐类作品征集、评选工作等。

3月22日至3月26日，四川省音协组织专家，先后赴广元市苍溪县、旺苍县、朝天区开展了为期5天的音乐采风创作活动。

3月28日，“四川省基层音乐工作者业务能力提升培训班”在南充市顺庆区涪江路小学清泉校区、南部县幸福小学、阆中市维也纳艺术学校同时开班。

6月，在中国音协举办的庆祝中国共产党成立100周年“百年百首”全国优秀歌曲征集活动中，四川有5首歌曲作品入选前100名。

8月27日，举办合唱艺术指挥培训班。

9月2日，在四川师范大学音乐学院举办“金钟之声”进校园活动；10月9日，在成都城市音乐厅举办“金钟之声”惠民音乐会；12月8日，在绵阳师范学院举办“金钟之声”进校园活动。

10月27日至29日，省音协邀请著名歌唱家范竞马在成都举办“四川省音协2021全省基层声乐骨干（含新文艺组织）培训班”。

【四川省舞蹈家协会】

2021年组织推荐四川省7部作品参加第十二届中国舞蹈荷花奖现、当代舞评比，四川师范大学舞蹈学院作品《远山不远》荣获第十二届中国舞蹈荷花奖当代舞奖。

组织推荐四川省13部作品参加第十三届中国舞蹈“荷花奖”民族民间舞评比，四川省5部作品入围终评，作品《柔情似水》荣获第十三届中国舞蹈“荷花奖”民族民间舞奖，《年轮》《走祥云》荣获提名奖。

组织推荐四川省优秀少儿作品共18部参加由中国舞协主办的“童心向党——第十一届‘小荷风采’全国少儿舞蹈展演”，四川共7部作品入围终评。

组织推送少儿优秀作品共6部参加由中国舞协主办的“葵花向阳——新农村少儿舞蹈成果汇报”。

组织推荐四川省优秀创作作品共20部参加中国舞协主办的第二届中国舞蹈优秀作品集萃，四川省入选9部。

组织四川省19部作品参加百家“推优工程”

评选，其中12部作品参与终评。

联合四川省歌舞剧院主办《破壳行动》现、当代舞者培训活动，分别举办舞台演出、大师工作坊、破壳行动、现当代艺术论坛和社会体验项目。

联合德阳舞协、甘孜舞协举办“舞动的红绸——庆祝建党100周年惠民演出活动”。

【四川省美术家协会、四川美术馆】

继续开展“天府天工——四川省文联庆祝中国共产党成立一百周年四川工业题材美术创作工程”，组织联络四川、陕西两省美术家共50余人赴巴中采风写生。共有800多位艺术家参与。共完成工业题材写生4次，参与画家130余人。组织“工业题材”看稿会4次，看稿1200余件。

主办、承办美术展览共18场，其中，省际交流展和省级大展8场，其他展览10场，《川上行：四川中国人物画专委会邀请展》获评四川省2021年艺术基金资助项目。

全年共有四川省13名艺术家加入中国美协，96名艺术家成为四川省美协会员。目前中国美协会员共503名，四川省美协会员共3491名。

组织美术家参加中国美协新文艺群体专题研修班和中国美协中青年美术创作骨干专题研修班；向中国美协推荐参加首届国家重大题材创作培训班艺术家；8月在沫若艺术院举办了“2021年四川省美协美术培训班”；9月在泸州合江举办了“乡土 乡村 乡情2021年四川省美协四川美术馆乡村文化振兴版画培训班”。

组织3次“美化万家”文艺惠民活动，共写春联3000余幅；开展各类艺术体验活动18场，受众近3万人次；开展4期“红岩版画传党史”公共教育活动，发布线上公教14场；践行“为群众办实事”活动，组织四川省美协、四川美术馆画家为理县下孟乡沙吉村捐赠艺术作品，组织6位美术名师赴凉山边远乡镇支教扶贫。

【四川省摄影家协会】

6月25日，由四川省文联、重庆市文联共同主办，四川省摄协、重庆市摄协共同承办的首届巴蜀青年摄影作品展亮相重庆。

8月21日，四川省摄协聚焦庆祝中国共产党成立100周年主题，在成都东郊记忆举办了“风华正茂”四川省新风景摄影作品展。

9月，在首届宣传推选学雷锋文艺志愿服务“时代风尚”先进典型评选中，四川省摄协手机摄影乡村辅导站获得“最美文艺志愿者”服务项目；11月，四川省文明办等15个省直机关主办的第九届“四川志愿·携手圆梦”先进典型宣传推选，四川省摄协手机摄影乡村辅导站获得“四川省十佳志愿服务项目”。

9月19日，第23届全国艺术摄影大赛中，组织推荐的李结义《最美睡姿》、罗仁杰《凉山绿皮慢火车》、谭开军《蜀山之王·神秘贡嘎》（组照）、刘松涛《冰上贡嘎霞蔚彩》等42件作品获奖。

9月23日，组织推荐的彭晓秋《云运动》、林漫《老师，别走》（组照）荣获第十届全国农民摄影大展评委会推荐作品。

10月22日，四川摄影家袁蓉荪、黄保家、原永新、何胜山、温佐沛、王琦、耿春晖、郑雨晴、周爽、黄山、曹侃、唐寅的10件作品入选第28届全国摄影艺术展览。

11月，第二届天府之国国际摄影巡回展成功举办，赛事共收到76个国家与地区，2000余位摄影师的2万余幅摄影作品，展出获奖作品180幅。

【四川省书法家协会】

主办“致敬与奋进中国同行的你我——习近平主席2021年新年贺词”书法作品网络展。

组织30名书法家参加“学百年党史 聚奋进力量——庆祝建党100周年百人百米长卷书法献礼活动”。

承办由中国书协和四川省文联主办的“庆祝中国共产党成立100周年系列书法展（四川篇）”之“人间正道是沧桑——四川省书法名家书党史优秀作品展”。

组织20名小楷名家为“四川省庆祝中国共产党成立100周年老党员老干部报告会”等活动手写邀请函、纪念证书3000余份。

主办“传承与创新——四川省第四届临书临印展”“修身守正 立心铸魂——四川省书协‘国学修养与书法·青年书法创作骨干研习班’作品展”。

举办“四川省书协第二十四期临帖（楷书、行书、草书）培训班”。

林峤书法创作获“第七届中国书法兰亭奖”铜奖，杨江帆书法创作、王家葵理论研究入选；唐龙等19人入选2020“中国书法·年展”全国书法作品展；张光学等11人入选全国第五届青年书法篆刻作品展；骆庆东等11人入选2020“书圣故里·中国临沂”中国书法临书大会展览；刘嘉鑫等5人入选全国第三届大学生书法篆刻作品展；曾盛国等16人入选第九届中国书坛新人新作展。

【四川省曲艺家协会】

2021年第七届中国曲艺绍兴（柯桥）高峰论坛上，省曲协获评优秀组织单位，《曲海淘本——一种曲艺知识产权平台交易》《曲艺演出线上盈利可行性分析》获优秀曲艺理论评论文章。

创作大型革命曲艺剧《红杜鹃》，通过快板、车灯、连萧、扬琴、竹琴、说唱等多种曲艺形式讲述游击队的曲折故事和“红岩精神”；参与指导大型四川曲艺剧《周永开》，立足于周永开光辉的人生历程；四川省曲艺研究院出品的以反映抗美援朝战争为背景的《成都家书》等曲艺剧开展全省巡演。

10月，省曲协和重庆市曲协联合举办了庆祝建党100周年川渝两地优秀曲艺节目展演活动；积极承办第六届“岳池杯”中国曲艺之乡曲艺线上展演；积极组织优秀团体会员单位参与中国曲协举办的第六届“南山杯”全国曲艺新人新作展、中国第四届中国西部优秀曲艺节目展演和中国曲协线上展演活动等。

全年，广安市前锋区积极申报“四川曲艺之乡”，达州市大竹县申报成功成为“四川竹琴之乡”。

【四川省杂技家协会】

由中国杂协、四川省文联、四川省文旅厅、重庆市文联、重庆市文旅委主办，四川省杂协、重庆市杂协承办的第二届“技炫巴蜀”川渝杂技魔术展演于2021年12月中旬在成都市举办。

结合党史学习教育“我为群众办实事”活动，共开展了7场“魔术进校园”活动，受众5000余人次。4月17日，“魔术进校园”暨四川高校魔术交流会在成都信息工程大学（龙泉校区）举办；5月13日，“学党史 感党恩 我为群众办实事”魔术进校园——走进汶川在汶川县绵虒中学、汶川县七一绵虒小学两所学校开展；5月27日、6月4日，“青少年永远跟党走”四川省杂协2021年魔术进校园——走进成都市中小学，在四川天府新区教科院附小、成都市盐道街小学锦馨分校、成都石室中学北湖校区举办；6月14日，“魔术进校园”暨四川高校魔术展演在四川师范大学（狮子山校区）举办。

宜宾市酒都艺术研究院杂技团杂技《中国结》获澳大利亚第五届国际马戏节“未来之星”（青年组）铜奖；杂技《一帘幽梦》入选由中国杂协主办的“礼赞百年 同心向党”——庆祝中国共产党成立100周年全国优秀杂技作品展演；《兵工厂》获2021年度四川艺术基金项目“大型舞台艺术创作”立项资助项目。

【四川省民间文艺家协会】

编撰出版《巴蜀造物》丛书、《羌族艺术》《守望老家——四川传统村落立档调查样本优选》《康巴服饰文化（藏族卷）》《理县剪纸》。

启动《中国民间文学大系》4卷编撰任务：传说·汉族分卷、传说·民族分卷、彝族长诗卷、彝族克智卷，均已经完成初稿，共编纂约270万字。

完成《中国民间剪纸集成·阿坝藏羌卷》一审修改、《中国民间工艺集成·四川卷》第二次修改。

与中国民协故事专委会等单位联合举办2021“中国故事节·金堂廉政故事会”。活动共收到来自全国28个省区市的800余篇作品，最终评选出30篇优秀故事作品，并汇编成册对外发布。

组织推荐8件作品参加第15届中国民间文艺山花奖学术著作、民间文学、民间工艺类评奖，其中骆奕·沙马拉毅的漆画《阿姆扎特》，胡国兵的根雕《秋荷》进入民间工艺类终评。

组织推荐32件剪纸作品参加第八届剪纸艺术节暨“激情冬奥、剪彩冰雪”优秀作品征集活动，其中被评为三级收藏作品2件，优秀收藏作品4件。

组织推荐24件民间工艺作品参加“黄河之水天上来”——沿黄九省庆祝建党百年民间工艺美术主题创作精品展活动，获得7个金奖、10个银奖、1个优秀奖。

6月至10月，在全省范围内开展民间文艺之乡调研，并在雅安召开全省民间文艺之乡创建工作推进会，草拟《四川民间文艺之乡创建发展指导意见（草案）》，并配合中国民协完成3个文艺之乡的回访巡视。

在内江举办“2021年全国基层民协工作者思想道德与行风建设培训班”。

【四川省文艺评论家协会】

4月21日至23日，第三届川渝文化发展合作论坛在重庆召开，川渝两地文艺工作者代表60余人参加论坛。川渝两地文联、评协共同发布《川渝文化发展合作论坛“重庆倡议”》。

10月12日，组织电视剧《火红年华》研讨会。

10月26日，省评协联合四川师范大学举办“西部文艺评论工作座谈会”，西部十二省市自治区评协负责人线上线下共商文艺评论工作西部协作机制。

【四川省文艺志愿者协会】

2021年元旦春节期间，承办“我为家乡寄祝福”文艺志愿服务活动，向10余个县区寄送了春联、“福”字及音像制品、出版物等2000多副（张、册、盒）。

9月18日，配合四川省文联组联处组织艺术家赴大邑县安仁镇“荣军院”开展文艺志愿服务活动，慰问革命军人，弘扬拥军爱军光荣传统。

10月20日，组织艺术家赴四川省消防救援总队开展“风华百年、蓝焰闪耀”主题文化活动。艺术家们现场创作了国画作品十余幅、书法作品近50幅赠予四川省消防救援总队。

【四川省沫若艺术院】

组织举办“蜀派古琴艺术骨干人才培训班”，协助其他省级文艺家协会办好“四川省美协2021年美术培训班”、“修身守正　立心铸魂”——2021四川曲艺流动讲堂，开展3次红色主题讲座“美术中的红色江山”。

4月，与四川师范大学影视与传媒学院签订战略合作框架协议，双方将在艺术培训、创作交流等方面开展合作。

举办庆祝中国共产党成立100周年“东坡风韵——全国书画作品邀请展”；与成都市美协、龙泉驿区委宣传部联合举办“同心同梦　共绘辉煌”美术作品展；推出“墨染金秋颂党恩——四川省书画艺术家作品展播”线上展。

5月，承办了第三届“弘琴杯”古琴展演四川选区比赛。

贵州省文联

综　述

2021年，在贵州省委、贵州省人民政府的坚强领导下，在中国文联的有力指导下，在贵州省委宣传部的关心支持下，贵州省文联团结引领各团体会员和全省广大文艺工作者，坚持以习近平新时代中国特色社会主义思想为指导，全面贯彻党的十九大和十九届中央历次全会精神，深入贯彻习近平总书记在全国文代会、作代会上的重要讲话精神和视察贵州重要讲话精神，弘扬伟大建党精神，衷心拥护“两个确立”，增强“四个意识”、坚定“四个自信”、做到“两个维护”，把学习宣传贯彻习近平新时代中国特色社会主义思想作为首要政治任务，坚持以人民为中心的工作导向，紧紧围绕省委、省政府中心工作，自觉承担起举旗帜、聚民心、育新人、兴文化、展形象的使命任务，坚持以文化人、以文聚力、以文兴业，全省文艺精品层出不穷，文艺人才青蓝相继，群众文艺百花齐放，文艺惠民蓬勃开展，全年圆满完成各类文艺活动近百场，以丰富的文艺作品唱响牢记嘱托、感恩奋进的新时代凯歌，积极发挥“文军”优势，助力乡村振兴。全省文联和文艺工作整体发展态势良好，为推动多彩贵州民族特色文化强省建设，奋力开创百姓富、生态美的多彩贵州新未来作出了文艺界应有的贡献。

会议与活动

【召开贵州省文联党史学习教育暨“牢记殷切嘱托、忠诚干净担当、喜迎建党百年”专题教育动员部署会】

3月23日，贵州省文联召开党史学习教育暨“牢记殷切嘱托、忠诚干净担当、喜迎建党百年”专题教育动员部署会议，传达学习习近平总书记在党史学习教育动员大会上的重要讲话精神、习近平总书记视察贵州的重要讲话精神、全省党史学习教育动员大会精神和《中共贵州省委印发〈关于在全省开展党史学习教育的实施方案〉的通知》，同时传达了《省文联党史学习教育暨“牢记殷切嘱托、忠诚干净担当、喜迎建党百年”专题教育工作方案》，并对相关工作进行了安排部署。会议强调要充分发挥文艺展览展示展演、文艺惠民演出、文艺精品力作、文艺志愿服务的优势，更好地展示和歌颂党的百年历史。要进一步牢记嘱托、感恩奋进、担当作为、苦干实干，为建设多彩贵州文化强省汇聚文艺力量，以优异的成绩迎接中国共产党成立100周年。

【召开贵州省文联八届二次全委会】

3月25日，贵州省文联召开八届二次全委会。贵州省文联党组书记、副主席兰义彤在会上作《奋进新时代、砥砺新征程，为建设多彩贵州民族特色文化强省凝聚高质量发展精神力量——在贵州省文联八届二次全委会上的工作报告》，回顾省第八次文代会以来贵州省文联的主要工作，并安排部署2021年重点工作。贵州省文联主席、省作协主席欧阳黔森作会议总结，从思想建设、责任担当、精品创作、品牌建设4个方面对文联工作提出要求。会议传达学习了习近平总书记在全国两会期间的重要讲话精神，十三届全国人大四次会议、全国政协十三届四次会议精神，全国宣传部长会议、中国文联十届六次全委会、全省两会和全省宣传部长会议精神，并根据《贵州省文学艺术界联合会章程》增补相关委员，同时对荣获“2020年度贵州省文联系统先进集体”称号的34家基层文联进行表彰。

【承办2021年全国音协工作会议】

3月16日至17日，2021年全国音协工作会议在贵州省贵阳市召开。为深入学习贯彻习近平新时代中国特色社会主义思想，特别是习近平总书记关于文艺工作重要论述精神，贯彻落实全国宣传部长会议精神和中国文联十届六次全委会工作部署，在全党上下深入开展党史学习教育，喜迎庆祝建党百年的浓厚氛围下，来自全国31个省区市音协、新疆生产建设兵团音协、5个产行业文联音协、5个计划单列市音协的负责人齐聚一堂，凝聚思想共识、交流分享经验、共谋发展大计。中国文联副主席、中国音协主席叶小钢，中国音协分党组书记、驻会副主席、秘书长韩新安，贵州省文联党组书记、副主席兰义彤，中国音协分党组成员、副秘书长王宏，中国音协分党组成员、副秘书长张天文，中国音协副秘书长、中国文联音乐艺术中心主任熊纬等参加了会议。贵州、北京、上海、广东、山东、湖南、湖北等7个省市音协负责人作了交流发言，从不同侧面、不同角度介绍了工作思路和经验体会。

【召开贵州省文联党史学习教育暨“牢记殷切嘱托、忠诚干净担当、喜迎建党百年”专题教育辅导报告会】

4月1日，贵州省文联召开了党史学习教育专题辅导报告会，邀请贵州省原副省长、贵州省政协原副主席，上海大学MBA导师、博士生导师孙国强为省文联全体党员干部作党史专题辅导报告。省文联党组书记、副主席、机关党委书记兰义彤主持会议。报告会上，孙国强以“百年党史，三大法宝”为主题，围绕党在各个时期充分运用党的全面领导和建设、统一战线、武装斗争“三大法宝”，团结带领全党、全国各族人民夺取中国革命胜利、推进新中国建设和改革开放，推进社会主义现代化建设，实现中华民族从站起来、富起来到强起来的历史性飞跃等方面进行系统讲解。深入浅出的报告使同志们进一步加深了对中国共产党百年光辉历程和历史性贡献的理解。

【中国文联赴黔西南州调研活动】

6月7日至9日，中国文联党组成员、书记处书记董耀鹏，中国文联理论研究室主任周由强，中国文联理论研究室宣传处四级调研员沈文明一行到贵州省黔西南州围绕基层文联组织建设开展调研并召开座谈会。为做好第十一次全国文代会的筹备工作，更广泛地了解、征求基层广大文艺工作者的意见，董耀鹏一行在贵州省文联党组成员、秘书长何长锁，贵州省文联文艺理论研究室主任李晶的陪同下，先后到了册亨县、兴仁市、兴义市，实地调研了文联办公场所、新时代文明实践中心、文艺场所、红色文化教育基地等。董耀鹏在座谈会上指出，做好新时代基层文联工作，要提高站位、统一思想，始终坚持党对文艺工作、文联工作的全面领导，保持和增强文联组织的政治性、先进性、群众性；要履职尽责、勇担使命，认真履行“团结引导、联络协调、服务管理、自律维权”基本职能，在行业建设中发挥文联组织的主导作用；要精准定位、改进作风，坚持以人民为中心的工作导向，创新机制体制，夯实基层文联组织建设，完善基层管理机制，推动文艺高质量发展；要深化改革、抢抓机遇，坚定文化自信，创新工作方法，做实惠民文艺活动，广泛参与新时代文明实践中心建设，在不断满足人民群众精神文化需求的同时增强人民群众精神力量。

【贵州省文联召开学习习近平总书记“七一”重要讲话精神、“七一”党组书记专题党课暨“两优一先”表彰大会】

7月22日，为深入学习贯彻习近平总书记“七一”重要讲话精神，推进贵州省文联党史学习教育暨“牢记殷切嘱托、忠诚干净担当、喜迎建党百年”专题教育活动深入实施，贵州省文联召开了学习习近平总书记“七一”重要讲话精神、“七一”党组书记专题党课暨“两优一先”表彰大会，进一步激发省文联系统及全体干部职工牢记嘱托、感恩奋进的力量，持续掀起学习宣传贯彻的热潮。会议传达学习习近平总书记“七一”重要讲话精神，宣读贵州省文联《关于表彰2020年度先进基层党组织、优秀共产党员、优秀党务工作者的决定》，并为先进基层党组织、优秀共产党员、优秀党务工作者代表颁发了荣誉证书，切实激发全体党员干部干事创业的热情。会上，贵州省文联党组书记、副主席兰义彤围绕深入学习贯彻习近平总书记“七一”重要讲话精神的重大意义、深刻内涵和基本精神，为省文联全体党员干部职工讲授专题党课。

【召开贵州省文联、贵州省作协加强和推进贵州新时代文艺评论工作座谈会】

9月2日，召开贵州省文联、贵州省作协加强和推进新时代文艺评论工作座谈会。贵州省文联部分文艺家协会代表、省作协作家代表和贵州文艺评论界代表参加会议，共同就发展和繁荣新时代文艺评论各抒己见。会议深入学习了中宣部等五部门联合印发的《关于加强新时代文艺评论工作的指导意见》。与会代表一致认为，《意见》高屋建瓴、言简意深、令人振奋，充分体现了党中央对文艺评论工作的高度重视，为新时代文艺评论工作明确了方向和职责。会上，贵州省文联主席、贵州省作协主席欧阳黔森，贵州省文联党组书记、副主席兰义彤，贵州省作协党组书记、副主席黄昌祥从文学评论与文学创作的关系、作用、功能等方面对广大文艺评论工作者提出要求，并对下一步工作进行了安排部署。

【召开“修身守正、立心铸魂——贵州省文联文艺工作者职业道德和行风建设暨文娱领域综合治理工作座谈会”】

9月7日，“修身守正、立心铸魂——贵州省文联文艺工作者职业道德和行风建设暨文娱领域综合治理工作座谈会”在贵阳召开。贵州省文联所属文艺家协会、高校，地方文联、省直文艺院团、省文联所属事业单位、产（行）业文联、“文艺两新”组织及德艺双馨文艺工作者代表等参加座谈会。会议学习传达中宣部、国家广播电视总局办公厅、中央网信办、文化和旅游部办公厅相关文件精神以及中国文联“修身守正、立心铸魂——中国文联文艺工作者职业道德和行风建设工作座谈会”精神、中国文联《修身守正、立心铸魂——致广大文艺工作者倡议书》。5位艺术家代表作发言，并向中国文联、贵州省委宣传部呈报了《贵州省文学艺术界联合会关于贯彻落实中央宣传部关于文娱领域综合治理工作电视电话会议精神工作措施的情况报告》；贵州日报3次报道职业道德建设座谈会情况。

【成立贵州省文联文艺工作者职业道德建设委员会】

11月30日召开贵州省文联文艺工作者职业道德建设委员会预备会、成立大会暨委员会委员第一次全体会议，成立了贵州省文联文艺工作者职业道德建设委员会。会议审议通过《组建方案》《组织建设示意图》《章程》《委员组成原则及建议名单》《委员履行职责暂行办法》《委员会办公室工作细则》等制度，并对下一步工作进行了安排部署。

【贵州代表团赴京参加第十一次全国文代会】

12月14日至17日，由20名基层和创作一线的文艺工作者组成的贵州代表团赴京参加中国文联第十一次全国代表大会。贵州代表团使命光荣、责任重大，以高度的政治责任感和历史使命感，认真履职尽责，充分展示贵州文艺工作者的良好工作作风和精神风貌，大力宣传多彩贵州民族特色文化，积极展现贵州高质量发展取得的丰硕成果，不负省委的信任和全省文艺工作者的重托。12月16日，在中国文联第十一次全国代表大会第四次全体会议上，贵州文艺界代表欧阳黔森、兰义彤全票当选中国文联第十一届全国委员会委员。

【召开贵州省文联深入学习贯彻习近平总书记在中国文联十一大、中国作协十大开幕式上的重要讲话精神会议】

12月22日召开贵州省文联深入学习贯彻习近平总书记在中国文联十一大、中国作协十大开幕式上的重要讲话精神会议。贵州省文联主席欧阳黔森传达了习近平总书记在中国文联十一大、中国作协十大开幕式上的重要讲话精神和中国文联十一大会议精神。贵州省文联党组书记、副主席兰义彤主持会议并作总结讲话。全省各市州级以上文联、产（行）业文联、各县（市、区）文联干部职工代表等共100余人参会。会议指出，习近平总书记的重要讲话站位高远、思想深邃、内涵丰富、饱含深情、催人奋进，是指导当前和今后一个时期做好文艺文联工作的纲领性文献和行动指南，深刻阐明了新时代新征程文艺工作面临的新形势新任务，向广大文艺工作者提出了新希望、新要求，发出了新号召，为推动文艺事业高质量发展、建设社会主义文化强国指明了方向，提供了遵循。会议要求，全省文联系统要把学习宣传贯彻落实习近平总书记重要讲话精神及全国文代会精神作为重要政治任务，充分利用理论中心组学习、政治理论学习、支部学习，举办培训班、读书班等方式，原原本本学、深入系统学，做到先学一步、多学一点、学深一层，团结带领广大文艺工作者、新文艺群体持续深入学习，教育引导他们始终与党同心同德、与人民同向同行，以文弘业、以文培元，以文立心、以文铸魂，在文艺创作、文艺活动、文艺惠民等方面作出更加积极的贡献，取得更加丰硕的成果。会议强调，全省各级文联、文艺家协会要认真做好习近平总书记重要讲话精神及文代会精神宣传宣讲。要发挥文艺作品独特的传播优势，各级文联班子成员带头、文艺家积极行动，到基层、文艺工作一线，开展好对象化、分众化、互动化宣传宣讲，推动讲话精神走进基层、走进群众；要加强党的建设，充分发挥文联作为党和政府联系广大文艺工作者的桥梁纽带作用，用心用情服务文艺家，大力培育文艺人才，切实把文艺工作者紧密团结在党的周围、文联身边；要集聚全省文联智慧和力量，守正创新、团结奋进、凝心聚力，以崭新的面貌踏上新征程，以优异的成绩迎接党的二十大胜利召开。

【实施“圆梦工程”文艺培训志愿服务行动】

1月至4月组织贵州省音乐、美术、舞蹈、书法等门类的优秀志愿者老师、文艺工作者、新文艺群体深入贵州遵义市习水县、安顺市镇宁县、黔东南州榕江县、从江县、黔西南州望谟县等5个市县开展参加“结对子、种文化”活动，对每县52名乡村学校少年宫艺术辅导员开展为期3天的集中培训线下辅导活动，共培训300余人，惠及乡村学校少年宫学生10万余人。同时，结合党史学习教育活动，深入基层、深入学校实地开展文艺互动培训活动，形成“1+1带1县”线下结对帮扶机制，帮助培养一批专业素养高的乡村学校少年宫艺术辅导员队伍，深受乡村少年宫老师和所到之处互动学习师生的欢迎。

【举办“向人民汇报——中国音协‘金钟之星’艺术团送欢乐下基层慰问演出”】

3月20日，由中国音协、贵州省文联、铜仁市委市政府主办的“向人民汇报——中国音协‘金钟之星’艺术团送欢乐下基层慰问演出”在贵州省铜仁市玉屏侗族自治县乡村旅游示范点田坪镇易地扶贫搬迁安置点举行。张也、吕继宏、黄华丽、王二妮、呼斯楞、王泽南、黄训国、蔡静雯、喻越越、周澎、孔庆学、李进军、李童、历锦艳等全国知名艺术家，携手铜仁本地优秀文艺表演团队，带来精彩纷呈的文艺节目，为当地群众送上了美好祝福。中国音协分党组书记、驻会副主席韩新安，贵州省文联主席、省作协主席欧阳黔森，铜仁市委书记陈昌旭，中国音协分党组成员、副秘书长王宏，贵州省文联党组成员、副主席柴永兴等有关方面负责人与3000余名当地群众，以及脱贫攻坚先进典型代表共同观看了演出。

【成立贵州省文艺人才孵化基地】

7月26日，贵州省文艺人才孵化基地正式挂牌成立。贵州省文艺人才孵化基地是一个集聚文艺培训、采风创作、学术交流、文创研发、展示展演等为一体的新型文艺工作平台。基地立足共建、共享、共赢原则，整合各方资源，旨在形成有利于文艺人才培养、实践、成长的长效机制，探索“文、旅、艺互动”和“产、学、研结合”的新模式。作为贵州省文联2021年重点抓好的10项工作之一，基地立足双龙新区，放眼全国，将为贵州孵化、培育、推出在全国具有一定影响力和知名度的文艺人才，创作更多优秀的文艺作品，真正让文艺新秀出得来、文艺人才有舞台、文艺名家上台阶、文旅融合有渠道。下一步，贵州省文联将发挥全省文艺人才优势，在风光秀丽的双龙镇开展艺术培训、学术交流、展演展览，以及采风创作、文创研发、艺术研学等活动，通过实施文艺英才扶持计划、文艺名家工作室扶持计划、文艺研修培训计划、文艺创作成果展等项目，携手中铁文旅把双龙镇建设成为贵州省对外文化艺术交流的窗口和特色文化艺术旅游小镇，真正成为文艺家的会客厅，文艺爱好者的打卡地。

【举办庆祝中国共产党成立100周年文艺成果展】

7月至12月，在贵州省文艺人才孵化基地艺术中心分4场推出“庆祝中国共产党成立100周年·贵州省书法名家精品展”“庆祝中国共产党成立100周年贵州省美术家精品展”“庆祝中国共产党建党100周年贵州省民间文艺成果——工艺精品展”“庆祝中国共产党成立100周年贵州省摄影名家精品展”文艺精品成果展，并同步举办贵州省文联数字艺术中心网络展、省文联“文艺家之家”实物展，以线上线下的方式展出。展览系统展示了近年来尤其是党的十八大以来，贵州省广大文艺工作者与党同心同德、同向同行，把艺术追求融入党和人民事业之中，深入生活、扎根人民，创作出的一批优秀书法、美术、摄影和民间文艺作品，集中展现了新时代贵州文艺家们的精神追求，诠释新时代贵州文军的担当与作为，弘扬伟大建党精神、彰显初心信仰力量。

【举办“颂歌献给党”大型合唱音乐会】

7月26日，贵州省音协、贵州省红十字基金会联合筹划并委托贵州省文联山韵合唱团、贵州红十字博爱文化艺术团承办“颂歌献给党”大型合唱音乐会，围绕庆祝中国共产党成立100周年，结合“牢记殷切嘱托、忠诚干净担当、喜迎建党百年”专题教育，用音乐讴歌党、讴歌人民、讴歌新时代。音乐会分为“唱响红色经典”“歌唱祖国、家乡”两大部分，采用混声合唱、男声合唱、女声合唱、阿卡贝拉的演唱形式，以党史演进为序，以史为歌，以歌叙史，演唱了《忆秦娥·娄山关》《大漠之夜》《怀念战友》《爱永在》《我的深情为你守候》等红色经典曲目，以及《庐虹高原》《情姐下河洗衣裳》等贵州省原创曲目，赢得观众的阵阵掌声及高度赞誉。

【举办贵州省中青年文艺骨干专题培训班】

11月8日，由贵州省委宣传部指导，贵州省文联主办的“贵州省中青年文艺骨干专题培训班”在贵州省文艺人才孵化基地开班。贵州省委宣传部常务副部长徐静为培训班带来《习近平总书记“七一”重要讲话精神专题辅导》首场专题讲座。来自省文联所属12家协会换届后新任的主席、副主席及驻会秘书长共计110人到场参加培训。此次培训班旨在以习近平新时代中国特色社会主义思想为指导，深入学习贯彻落实习近平总书记关于文艺工作的重要论述，同时加强学习中宣部文娱领域综合治理工作电视电话会相关精神，坚持以人民为中心的创作导向，多出人才，多出精品力作。徐静在讲座中表示，遵义会议精神是中国共产党成立之后，在历经马克思主义中国化艰辛探索下，以遵义会议为代表的系列相关重要会议上集中体现出来的崇高革命精神，彰显了中国共产党坚定信念、勇往直前；实事求是、坚持真理；独立自主、敢闯新路；民主团结、维护大局的丰富而深刻的精神内涵。

【举办“心中的党——庆祝中国共产党成立100周年云歌咏比赛”活动】

11月28日举办“心中的党——庆祝中国共产党成立100周年云歌咏比赛”。该活动由贵州省文联、贵州省文旅厅、贵州广播电视台主办，旨在以嘹亮的歌声歌颂中国共产党百年光辉历程、伟大成就，激励全省各族人民干事创业的斗志，凝聚新时代贵州发展的磅礴力量，礼赞伟大祖国翻天覆地的变化，营造出积极向上、健康文明的良好风貌。比赛分为少儿组、中青年组和老年组进行，特别邀请到著名男高音歌唱家黄越峰，著名女高音歌唱家、国家一级演员、中国音协理事郑咏，著名女高音歌唱家、国家一级演员孙丽英，著名女高音歌唱家、国家一级演员李丹阳，著名合唱指挥家、教育家、国家一级指挥阎宝林等专家作为评审，评选出一等奖3名、二等奖6名、三等奖9名、优秀奖及网络人气奖若干名。

【乡村振兴】

向结对帮扶点晴隆县三宝街道拨付易地扶贫搬迁后续服务阵地改造和宣传阵地建设经费6.5万元，邀请专家赴基层调研指导推动三宝社区旅游线路规划、特色品牌打造和文创产品开发等工作，将优质文艺服务源源不断送到基层一线，不断提升基层文化发展内生动力。开展“我们的中国梦”——文化进万家·多彩贵州“文艺轻骑兵”乡村艺术振兴系列活动，巩固脱贫攻坚成果，全力助推乡村振兴，满足人民群众日益增长的文化需求。

创作与研究

【获奖情况】

微电影《咿哟！幸福的你》荣获第九届亚洲微电影艺术节优秀作品奖。京剧《锦绣女儿》荣获第17届中国戏剧节优秀剧目，省戏剧小选手获第25届中国少儿戏曲小梅花荟萃赛事金奖、第8届和平杯京剧小票友邀请赛银奖。杂技《绣琳琅》荣获第18届中国吴桥国际杂技艺术节铜狮奖。摄影作品《时间的河流》《易地搬迁住新楼幸福生活有盼头》等入选第28届全国摄影艺术展，《最美值守人》入选第18届国际摄影艺术展览，《我的玩具我的世界》《路在手上》入选第4届全国青年摄影大展，30幅摄影作品入选西南六省区市摄影联展。

【创作情况】

红色经典《雄关漫道》入选中国共产党成立100周年“百年百部红旗谱”，报告文学集《江山如此多娇》纳入人民文学出版社“建党百年百篇文学短经典”出版和中国作协庆祝建党百年系列研讨会。现实题材电视剧《看万山红遍》、乡村振兴题材电影《云上南山》、红色主旋律电影《何处是归程》完成拍摄，成功召开电影剧本《四渡》研讨会。主题歌曲《百年之路》《乡路》完成创作，并组织贵州音乐界100名歌手演唱录制推出了《百年之路》。完成“全国百名书法名家写贵州”100余幅名家精品创作。完成优秀共产党员姜仕坤、女愚公邓迎香等先进典型雕塑创作。

【展览展示展演】

举办“全国百名书法名家写贵州”邀请展，贵州省委副书记蓝绍敏出席，省委常委、省委宣传部部长卢雍政致辞并宣布开展；举办2021贵州·江苏红色文化书法作品交流展，贵州省委副书记蓝绍敏出席并讲话，中国书协主席孙晓云致辞；举办庆祝中国共产党成立100周年贵州省文联文艺创作成果系列展，于7月至12月推出庆祝中国共产党成立100周年贵州省书法名家精品展、贵州省美术家精品展、贵州省民间文艺成果展、贵州省摄影名家精品展、省文联“文艺家之家”创作成果展、省文联数字艺术中心网络展等6个系列展览；举办“心中的党”——庆祝中国共产党成立100周年云歌咏比赛；“颂歌献给党”大型合唱音乐会、“颂歌献给党”贵州原创歌曲展播；举办庆祝中国共产党建党100周年·溪山春兴——贵州省美术、书法大展；举办“庆祝中国共产党成立100周年1921—2021‘号角与征程’首届贵州省红色主题美术作品展”；举办庆祝中国共产党成立100周年暨第三届“多彩贵州”美术书法作品展；举办“欢庆建党百年——贵州省高校美术名师推介展；举办第三届贵州青年美术双年展；举办庆祝中国共产党成立100周年·古篆新声·首届贵州省篆书精品展；举办2021年庆祝中国共产党成立100周年贵州省中小学生“祖国好·家乡美”书法绘画大赛；举办“V·贵州—青春心向党　奋进新征程”网络红色声浪视频征集、“V·贵州—请党放心，强国有我”青少年原创网络视听节目征集活动；举办“颂歌献给党”贵州原创歌曲展播等系列展演展示展播。建成贵州省文联数字艺术中心，实现贵州省文联各协会历年创作推出的书法、绘画、摄影、舞蹈、音乐、影视等12家协会文艺创作成果线上展览，参观者只需扫描二维码即可浏览，提高了文联系统优质文艺资源数据转化程度和使用率，实现数据资源从以“存储”为主到以“应用”为主的阶段性转变。

机关建设

坚持把学习贯彻习近平新时代中国特色社会主义思想作为重中之重，紧紧围绕学习贯彻习近平总书记在中国文联十一大、中国作协十大开幕式上的重要讲话精神、视察贵州重要讲话精神，围绕党的十九届六中全会和省委十二届九次、十次全会精神，扎实开展党史学习教育和“牢记殷切嘱托、忠诚干净担当、喜迎建党百年”专题教育，细化23项党史学习教育重点任务清单，构建了省文联党组会、省文联党组中心组、全省文联系统、省级文艺家协会、全省文艺界“五学联动”机制，深化了“党课大家讲”“艺说党史”专题党课等形式，开辟了省文联网“学党史　感党恩　强党性”专栏，启动了“十四五”时期贵州省文艺名家公益大讲堂系列视频拍摄制作，全力以赴培根铸魂。全年共开展集中学习78次、领导干部上党课24次、专题宣传宣讲9次，建立长效机制37个，切实做到学在深处、干在实处，持续坚定了全省文艺界对习近平新时代中国特色社会主义思想的政治信仰。

各文艺家协会

【贵州省舞蹈家协会第六次会员代表大会、贵州省曲艺家协会第五次会员代表大会在贵阳举行】

4月20日，贵州省舞协第六次会员代表大会、贵州省曲协第五次会员代表大会在贵阳召开，参会代表170余名。大会听取并审议了贵州省舞协第五届理事会、贵州省曲协第四届理事会工作报告，通过了《贵州省舞协章程（草案）》和《贵州省曲协章程（草案）》，并选举产生了贵州省舞协、贵州省曲协新一届理事会和主席团。

【贵州省戏剧家协会第七次会员代表大会、贵州省文艺评论家协会第四次会员代表大会在贵阳召开】

5月14日，贵州省剧协第七次会员代表大会、贵州省评协第四次会员代表大会在贵阳召开，参会代表170余名。大会分别听取并审议了贵州省剧协第六届理事会、贵州省评协第三届理事会工作报告，通过了《贵州省剧协章程（草案）》和《贵州省评协章程（草案）》，并选举产生了贵州省剧协、贵州省评协新一届理事会和主席团。

【贵州省美术家协会第七次会员代表大会、贵州省杂技家协会第四次会员代表大会、贵州省电影家协会第六次会员代表大会、贵州省电视艺术家协会第五次会员代表大会在贵阳召开】

9月28日，贵州省美协第七次会员代表大会、贵州省杂协第四次会员代表大会、贵州省影协第六次会员代表大会、贵州省视协第五次会员代表大会在贵阳召开，参会代表290余名。大会分别听取并审议了贵州省美协第六届理事会、贵州省杂协第三届理事会、贵州省影协第五届理事会、贵州省视协第四届理事会工作报告，通过了《贵州省美协章程（草案）》《贵州省杂协章程（草案）》《贵州省影协章程（草案）》《贵州省视协章程（草案）》，并选举产生了贵州省美协、贵州省杂协、贵州省影协、贵州省视协新一届理事会和主席团。

【“一协会一品牌”文艺惠民项目】

创新推进“一协会一品牌”文艺惠民项目，支持各省级文艺家协会整合资金、人才打造贵州省高校大学生写生技能大赛、“黔岭歌飞”、戏剧进校园、省民协“五个一百”工程、“茫父杯”书法展、“舞蹈黔风”、贵州省摄影艺术展、“杜鹃书荟”曲艺大赛、贵州省大学生影评征文、贵州省青年视听影像大展、贵州凉都文艺讲习班等12个省级文艺家协会工作品牌。省音协立足“黔岭歌飞”品牌建设，组织实施了“黔岭歌飞”少数民族歌曲创作采风调研培训活动，积极创作“黔岭歌飞”主题歌曲，与贵州日报集团雨飞工作室联合推出“流金岁月 黔岭歌飞”系列栏目，持续宣传推广贵州音乐人才和作品。省曲协精心组织实施第十五届“杜鹃书荟”曲艺大赛，评选出彝族奏谷《八大水库十大渠》、配乐评书《赶考》等优秀曲艺作品。各省级文艺家协会通过塑品牌、增效能、强协会，不断提升了协会工作辐射面和影响力。

云南省文联

综　述

奋斗百年路，起航新征程。2021年是我国现代化建设进程中具有特殊重要性的一年。这一年是“十四五”开局之年。在这一年，全面建设社会主义现代化国家开启新征程，中国共产党迎来百年华诞。云南省文联紧紧围绕中心、服务大局，整合资源、整体推进，凝心聚力、稳中求进，聚焦庆祝建党百年主题主线，着力推动文联和文艺工作守正创新、繁荣发展。云南省文联有声有色组织开展庆祝建党百年重大文艺实践，以丰富多彩的文艺形式，生动表达“奋斗百年路 起航新征程”的鲜明主题，积极营造听党话、颂党恩、跟党走的浓厚氛围，红色成为云南文联及文艺工作的鲜明底色。深入扎实推动党的创新理论武装和党史学习教育，不断加强思想政治引领，团结引领全省广大文艺工作者学史明理、学史增信、学史崇德、学史力行，深刻领悟“两个确立”的决定性意义，进一步增强“四个意识”、坚定“四个自信”、做到“两个维护”。有效扶持引导文艺生产创作，推动重点项目落地开花，推动云南文艺走向全国，深化文艺评论研讨，着力推出一批“为人民抒写、为人民抒情、为人民抒怀”的文艺作品。克服新冠肺炎疫情带来的不利影响，把文艺志愿服务与文化惠民活动结合，组织文化文艺工作者、文艺志愿服务者走进基层走进群众，提升基层文艺工作者素质，推动“文艺轻骑兵基层行”系列活动持续走热，推动“圆梦工程”文艺志愿培训活动覆盖更广。有力促进文艺队伍和文艺组织建设创新突破，大力营造行业清风正气，积极团结凝聚“文艺两新”，推动社会组织管理规范。稳进务实加强党的建设和意识形态工作，把全面从严治党贯穿文艺工作、文联工作始终，推动意识形态责任制在文艺领域落细落实。纵深推进文联系统自身建设，深化文联机构改革，提升服务管理水平，强化服务辐射作用。

会议与活动

【云南省文联八届三次全委会在昆召开】

2月25日，省文联在昆明召开八届三次全委会，深入学习贯彻党的十九届五中全会、习近平总书记关于文艺工作重要论述和考察云南重要讲话，以及省委十届十一次全会、中国文联十届六次全委会、全省宣传思想工作会议精神，全面回顾总结2020年工作，部署2021年工作。

【云南省脱贫攻坚题材文学作品研讨会在昆召开】

4月13日，由省文联、省扶贫办主办，省作协、省评协、云南文学艺术馆承办的云南省脱贫攻坚题材文学作品研讨会在昆明召开。会议深入研讨以“决胜全面小康、决战脱贫攻坚”为主题创作的《云岭花开》《跨越——云南扶贫攻坚文学作品集》、纪实文学《经纬滇书》《一个都不能掉队——云南脱贫攻坚之路》、叙事长诗《醒来的西隆山》、报告文学《怒放》、短篇小说《易地记》、长篇小说《回乡时代》等一大批反映全面小康、脱贫攻坚的优秀作品。

【云南省文联庆祝中国共产党成立100周年系列活动启动仪式在昆明举行】

4月13日，由省文联主办的“庆祝中国共产党成立100周年系列活动启动仪式——红色经典颂”在云南文学艺术馆举行，由此拉开省文联庆祝中国共产党成立100周年系列活动帷幕。

【云南省文联开展“缅怀革命英烈　汲取奋进力量”活动】

4月20日，省文联组织全体党员到昆明抗战胜利纪念堂，开展“缅怀革命英烈　汲取奋进力量”活动，向为了民族独立和人民解放、国家富强和人民幸福建立不朽功勋的革命英烈，表达崇高的敬意，深切缅怀革命英烈的丰功伟绩，传承红色基因，汲取奋进力量。

【云南省庆祝中国共产党成立100周年主题影视作品展映暨创作研讨活动在昆开幕】

5月30日，云南省“红色经典、光影铸魂”庆祝中国共产党成立100周年主题影视作品展映暨创作研讨活动在昆明开幕。本次活动旨在发挥影视艺术培根铸魂、凝神聚力的独特作用，以影视艺术的形式生动再现党的百年奋斗历程，激励人们开启新征程，努力创造更加美好的生活。

【云南省文联组织召开加强和改进云南新时代文艺评论工作座谈会】

6月3日，云南省文联加强和改进云南新时代文艺评论工作座谈会在昆明召开。云南省文联、省委宣传部、云南日报报业集团、云南民族电影制片厂、省内高校科研单位的有关同志，省文联机关各部（室）、省级各文艺家协会、各直属单位负责人，省评协主席团成员，以及文艺评论家代表约40余人参加会议。

【云南省3位书家入选“伟业——庆祝中国共产党成立100周年书法大展”】

6月19日上午，由中国文联、中国国家博物馆、中国国家图书馆、中国书协联合主办的“伟业：庆祝中国共产党成立100周年书法大展”在中国国家博物馆隆重开幕。云南省联方、赵月秋、罗思宝3位书法家作品入选展览。

【“云岭百花心向党”云南文艺界庆祝中国共产党成立100周年文艺晚会举行】

6月22日晚，由云南省文联主办的“云岭百花心向党”云南文艺界庆祝中国共产党成立100周年文艺晚会在云南艺术剧院上演，用云南民族特色的文艺作品礼赞中国共产党走过的100年光辉历程。

【云南省庆祝中国共产党成立100周年美术、书法、摄影作品展举办】

6月25日，云南省庆祝中国共产党成立100周年系列活动“云岭百年红”云南美术作品展、“云岭铸丰碑”云南书法作品展、“幸福彩云南”云南摄影作品展在云南文学艺术馆展出。300余件美术、书法、摄影作品热情讴歌中国共产党百年来走过的光辉历程，全面展现云南各族儿女在中国共产党领导下建立的丰功伟绩。

【《云岭花开》出版发行】

2021年6月，由云南省文联、云南省作协组织云南作家朱镛、段平、杨杨历时1年采风创作，全面反映云南脱贫攻坚伟大成就的长篇纪实文学作品《云岭花开》出版发行。

【云南省文联八届四次全委会在昆召开】

7月16日，云南省文联八届四次全委会在昆明召开，深入学习贯彻习近平总书记“七一”重要讲话精神，并同时举行云南文艺界学习贯彻“七一”重要讲话精神座谈会。会议选举晏中同志为省文联八届委员会副主席，并聘任晏中同志为云南省文联第八届委员会秘书长。

【“美好西南·美丽乡村”第十四届中国西南六省区市摄影联展系列活动在弥勒举办】

7月20日，第十四届中国西南六省区市摄影联展在云南省红河州弥勒市隆重举办，聚焦“美好西南·美丽乡村”主题，用镜头记录西南乡村“产业兴旺、生态宜居、乡风文明、治理有效、生活富裕”的美好图景，展现中国美丽乡村建设西南新画卷，助力全面振兴西南乡村，献礼建党100周年。

【云岭论坛·红色经典文艺作品研讨会在昆明举行】

7月23日，由云南省文联主办的云岭论坛·红色经典文艺作品研讨会在昆明举行，深入探讨红色经典文艺作品的时代价值，充分发掘其蕴含的恒久魅力，再现其艺术和价值创造，在更宽领域、更深层次助力文艺工作者履行社会责任和实现艺术理想。

【云南省文联召开文艺工作者职业道德和行风建设工作座谈会】

9月3日上午，云南省文联召开文艺工作者职业道德和行风建设工作座谈会，深入学习贯彻习近平总书记关于文艺工作的重要论述，深入贯彻中央有关部门部署要求及中国文联工作座谈会精神，着力提升云南文艺工作者职业道德素质、推进云南文艺领域行风建设、推动云南文艺事业和娱乐行业健康发展。

【民族团结跟党走——云南剪纸作品展在昆明举办】

9月29日，由云南省文联、云南省民协主办的“民族团结跟党走——云南剪纸作品展”在昆明举办。展览展出国家级“非遗”剪纸代表性传承人、年逾古稀的剪纸老艺术家、省级工艺美术大师潜心创作的剪纸作品240余件。

【云南省文联开展“文艺两新”工作专题调研】

10月25日至11月13日期间，云南省文联择机赴昆明、楚雄、丽江、大理等地开展“文艺两新”工作调研，与100多名“文艺两新”代表、文艺工作者座谈交流，并通过调查问卷、分类统计数据、分析典型案例、收集汇报材料等方式深入了解全省“文艺两新”的组织形式、人员构成、运营方式、发展状况、面临问题及困难诉求等情况。

【云南省文联文艺工作者职业道德建设委员会成立】

10月28日，云南省文联文艺工作者职业道德建设委员会成立大会暨第一次委员全体会议在昆明召开，发布《云南省文艺工作者遵守职业道德共同宣言》，团结引导全省广大文艺工作者坚定文化自信，提高职业道德素养，树立有信仰、有情怀、有担当的社会形象。

【云南省文联举办“我为群众办实事，助力乡村谋振兴”——乡村文艺研讨培训】

10月31日至11月3日，云南省文联发挥省级挂联单位作用，在昆明举办“我为群众办实事，助力乡村谋振兴”——乡村文艺研讨培训活动，激发乡村文艺活力，助力独龙江乡文化产业发展。贡山县独龙江乡组织的6个村村组干部、致富带头人以及省文联下派独龙江乡的驻村工作队员、独龙江乡政府工作人员共25人参加了培训。

【举行全省文联系统通讯员培训班】

11月23日至26日，2021年度云南省文联系统通讯员培训班在安宁举行，州（市）文联、县（市、区）文联及省级文艺家协会通讯员共40余人参加。邀请云南日报资深记者、省委党校教授、省委网信办老师授课，并围绕“如何构建全省文联系统新媒体时代下的宣传矩阵”进行座谈研讨，提高了全省文联系统通讯员综合素质和业务水平，为加快构建文艺宣传媒体集群奠定了基础。

【云南代表团参加中国文联十一大、中国作协十大】

12月14日至17日，云南代表团46名代表赴京参加中国文学艺术界联合会第十一次全国代表大会、中国作协第十次全国代表大会。

【云南省文联召开党组（扩大）会传达学习贯彻中国文联十一大、中国作协十大会议精神】

12月21日，云南省文联党组书记、主席李勇主持召开党组（扩大）会议，传达学习贯彻落实中国文联第十一次、中国作协第十次全国代表大会精神，重点深入学习习近平总书记在开幕式上的重要讲话精神。

【云南省文联持续开展文艺家协会会员大培训】

云南省文联以习近平新时代中国特色社会主义思想为指导，继续加强对省级各文艺家协会会员的政治引领和业务培训，以习近平总书记关于文艺工作重要论述和考察云南重要讲话精神为主线，将党史学习教育纳入政治理论培训重要内容，团结引导省级文艺家协会会员坚定不移听党话、跟党走。2021年，共安排经费200万元，举办12期省级各文艺家协会会员培训班，培训会员1300余人。

【云南省文联“文艺轻骑兵基层行”等文艺志愿服务活动持续走热】

2021年，省文联着力克服新冠肺炎疫情防控带来的不利影响，把文艺志愿服务与文化惠民活动结合，组织文艺志愿服务小分队深入昆明、昭通、曲靖、玉溪、文山、红河、普洱、楚雄、大理、怒江等州市24个县市举行慰问演出、辅导培训、采风创作96场次，文艺志愿者参与1600余人次，现场观众3万余人，线上收看30多万人次。

获奖情况

【歌曲《你是一棵树》在全国歌曲征集活动中获奖】

7月22日，云南音乐歌曲作品《你是一棵树》入选中国音协“中国当代歌曲创作精品工程”2021年度优秀歌曲和“百年百首”全国优秀新作歌曲。

【云南少儿舞蹈获得“小荷之星”】

7月30日，由云南省推荐的舞蹈《我的小床去远航》《三弦弹响等你来》《小鹰与小鸡》《跟着星星走》《雨林节日》《山童与白鹇》《让幸福的地方更幸福》7部少儿舞蹈获得第十一届“小荷风采”全国少儿舞蹈展演“小荷之星”奖。

【云南省文联“文艺助脱贫”志愿服务项目获得殊荣】

9月6日，云南省文联“文艺助脱贫”志愿服务项目荣获中国文艺志愿者协会组织推选的全国学雷锋志愿服务“时代风尚”——“最美文艺志愿服务项目”称号。

【散文集《好想长成一棵树》荣获第十一届全国优秀儿童文学奖】

9月29日，云南作家陈约红散文集《好想长成一棵树》荣获第十一届全国优秀儿童文学奖。

【话剧《桂梅老师》获第十七届中国戏剧节优秀剧目奖】

10月28日，云南选送话剧《桂梅老师》获第17届中国戏剧节优秀剧目奖。

【程云峰获第四届茅盾新人奖网络文学奖】

12月24日，云南网络作家程云峰获第四届茅盾新人奖网络文学奖。

【电影《九零后》获第34届中国电影“金鸡奖”最佳纪录片奖】

12月30日，云南影协推选以杨振宁、许渊冲、杨苡、潘际銮、王希季、马识途等16位平均年龄超过96岁的联大学子联袂“出演”，讲述西南联大师生教书救国、读书报国的电影《九零后》荣获第34届中国电影金鸡奖最佳纪录/科教片奖。

机关建设

【云南省文联召开党史学习教育动员大会】

3月5日，云南省文联组织召开党史学习教育动员大会，动员全体党员干部牢记初心使命、坚定信仰信念，坚持学习党史与学习新中国史、改革开放史、社会主义发展史相贯通，推动学史明理、学史增信、学史崇德、学史力行，从百年党史中汲取继续前进的智慧和力量，以优异成绩迎接建党100周年。

【云南省文联举行“七一”表彰大会暨党史学习教育专题党课活动】

6月24日，云南省文联举行“七一”表彰大会，为14名老党员颁发“光荣在党50年”纪念章，表彰11名优秀共产党员、6名优秀党务工作者和3个先进党支部。云南省文联党组书记、主席李勇出席表彰大会并作党史学习教育专题党课辅导。

【云南省文联开展党的十九届六中全会精神专题宣讲】

12月3日，云南省文联组织召开干部职工大会，邀请专家作党的十九届六中全会精神专题宣讲，全面贯彻落实党的十九届六中全会精神和省第十一次党代会精神，以优异成绩迎接党的二十大召开。

各文艺家协会

【省作家协会】

5月14日，由《诗刊》社与云南省作协主办的“《诗刊》社·云南省作协青年诗人读书创作培训班”在昆明举办，霍俊明、聂权、雷杰龙、李小松、雷平阳等作家诗人就诗歌的可能与难度、根与来处、如何让诗歌端庄、诗人不可替代的个人身份、内心的悖论等问题作了精彩的讲座，云南42位青年诗人参加培训班。

5月24日，云南网络作家一行36人走进云南省革命老区大理州祥云县红色传承教育基地开展学党史红色行活动，向王德三烈士铜像敬献花篮，参观王复生、王德三烈士故居，重走长征路，缅怀先烈，追忆年华，砥砺前行。

7月11日至14日，由云南省作协牵头，深入红河哈尼族彝族自治州泸西县，文山壮族苗族自治州丘北县、西畴县、马关县组织开展云南省文联文艺轻骑兵基层行第六小分队文艺志愿服务活动，近千余位文艺工作者、文艺爱好者受益。

10月20日至23日，“2021年云南文学年会暨新文艺群体文学创作培训班”在昆明举办，云南省作协小说、散文、诗歌、儿童文学、报告文学、期刊、青年创作、少数民族文学创作、网络文学委员会等专业创作委员会作了专题述职报告，并以新文艺群体文学创作为主题开展文学讲座、交流、座谈活动，扶持表彰了2020年度云南省优秀作品5部。

11月1日，“文学进校园·红河学院蛮原文学周”在红河学院举办，省内外知名作家杨昭、卢一萍、宋家宏等8名专家老师分别开展了8场文学讲座和一场改稿班，授课内容涵盖小说、散文、诗歌、评论等文学体裁，与学院师生、当地文学爱好者面对面传授写作技巧、分享写作经验。

2021年，云南文学作品成果丰硕、影响广泛，长篇小说《太阳转身》入选《当代》文学2021年长篇小说拉力赛总冠军、短篇小说《橡皮擦》获第十九届天津“百花文学奖”，组诗《雷平阳近作》获第十七届《十月》文学奖、诗集《修灯》及自然博物随笔《与虫在野》获第一届“美丽中国”生态文学奖，长篇纪实文学《犀鸟启示录》获首届“何建明中国创意写作奖”，长篇报告文学《张桂梅和她的孩子们》入选中宣部主题出版重点出版物选题，网络长篇小说《秦吏》入选国家新闻出版署“优秀现实题材和历史题材网络文学出版工程”；中篇小说《石头里的老虎》《逃亡的貔貅》《太平有象》等分别入选《新华文摘》《小说选刊》《小说月报》《诗选刊》及全国多种文学年度选本。

【戏剧家协会】

5月19日至21日，2021云南省中青年戏剧编剧培训班在昆明举办。武警部队政治部文工团原艺术指导、北京剧协副主席王宝社，河南省文联党组成员、副主席陈涌泉，云南艺术学院戏剧学院院长、省剧协副主席杨军等3位全国知名剧作家授课辅导，全省各戏剧院团、院校，各州市，体制内外的37名戏剧编剧参加了培训。

12月17日至21日，云南省剧协在楚雄市举办2021年云南省剧协会员暨中青年戏剧人才培训班。邀请中国剧协理事、北京剧协名誉副主席、著名编剧李龙吟，四川省川剧院国家一级演员、川剧代表性传承人杨昌林，中央戏剧学院导演学博士、中国艺术研究院话剧研究所二级导演李唫，法学博士、中共云南省委党校党史教研部副主任、中国社会科学院马克思主义研究院在站博士后王浩授课，全省优秀中青年戏剧人才及会员110人参加培训。

7月12日至16日，组织“永远跟党走”2021年云南省文联文艺轻骑兵暨云南戏剧“山茶花奖”艺术团基层行活动走进大理州弥渡县、临沧市云县、凤庆县开展送文艺下基层活动，庆祝中国共产党成立100周年。共开展3场精彩的文艺演出，2次采风调研，1次主题党课，4场摄影、书法文艺培训，并为当地创作赠送了书法作品，用艺术的形式表达对老百姓的问候与祝福。

12月22日至25日，云南省文联、云南省民宗委在楚雄彝族自治州楚雄市举办第二届云南少数民族戏剧展演，因疫情防控要求，全省评选的18件白剧、彝剧、傣剧、云南壮剧、章哈剧等云南少数民族剧种作品进行线上展演，通过云南公共文化云、云南文艺网、滇云艺海、省剧协微信公众号、新华网、人民号、抖音、快手、今日头条等媒体同步展播，服务线上观众120余万人。

12月24日，云南省剧协第七届理事会第四次会议在昆明召开。会议深入学习贯彻习近平新时代中国特色社会主义思想，全面贯彻落实党的十九大和十九届中央历次全会精神，贯彻落实习近平总书记关于文艺工作重要论述、考察云南重要讲话精神，传达学习习近平总书记在中国文联十一大、中国作协十大开幕式上的重要讲话精神，以及省文联文艺工作者职业道德建设委员会成立大会暨第一次全体会议精神，总结云南省剧协七届三次理事会以来的工作情况，研究部署2022年工作任务。

2021年，以“时代楷模”张桂梅为原型的现实题材主旋律话剧《桂梅老师》陆续在北京、湖北、云南等地演出，广受观众和专家的认可和赞誉，获得第十六届云南省新剧（节）目展演优秀剧目奖，并成功入选第十七届中国戏剧节展演，成为云南话剧时隔10年再登中国戏剧节舞台的唯一剧目，最终获第十七届中国戏剧节优秀剧目奖。

2021年，大力推荐优秀戏剧作品和人才参加全国重要赛事获得成功，推荐云南选手安俊州参加中国剧协主办的2021年度中国戏曲小梅花荟萃活动，获“小梅花”奖，省剧协获优秀组织单位奖；推荐云南艺术学院戏剧学院创作演出的话剧《永远的保尔》入选第七届中国校园戏剧节，11月赴深圳参加剧目展演；推荐云南省滇剧院创作演出的滇剧《粉·待》入选中国剧协主办的2021年中国小剧场戏曲展演。

【美术家协会】

3月14日，2021年云南省美协工作会暨第八届二次理事会在昆明召开，深入学习贯彻省文联八届三次全委会精神，强化思想政治引领，总结梳理2020年工作，研究分析2021年美术工作面临的新机遇和新挑战，明确工作要求。

3月26日至30日，云南省美协在昆明举办“云南省庆祝建党100周年美术主题创作培训班”，邀请全国著名重大题材创作画家邹立颖、王珂、郑春龙等，对80余名重点创作人进行培训，以此提升展览作品创作质量。

4月24日至30日，由云南省美协与云南省书协组成的云南省文联文艺轻骑兵（第五小分队）19名文艺工作者，到楚雄双柏和普洱景谷、镇沅、宁洱等4县开展创作采风和文艺志愿服务系列活动，举办文学、音乐、书法、美术、摄影创作培训班，开展现场文艺创作采风和书画笔会活动，捐赠美术书法作品20余幅。

6月25日，庆祝中国共产党成立100周年系列活动“云岭百年红”云南美术作品展在云南文学艺术馆举办。展览分“开辟新天地”“建设新云南”“迈步新时期”“奋进新时代”4个篇章，分别讲述发生在云南的党史故事，展现党团结带领云南人民进行革命、建设、改革和走向伟大复兴的光辉历程，共160件中国画、油画、版画、水彩（粉）画、雕塑、连环画作品展出。

7月26日至30日，云南省美协在楚雄举办2021年云南省美协会员综合培训班，邀请中央美院王兵、中央民族大学殷利会、曹宝全，省委党校余昊东等专家在政治引领、专业创作等方面对学员进行了专题培训，以滇西片区为主的200余名省美协会员参加了培训。

12月28日，云南省美协第八届第三次主席团（扩大）会议在昆明召开，深入传达学习习近平总书记在中国文联十一大、中国作协十大开幕式上的重要讲话精神，部署安排省美协贯彻落实习近平总书记的重要讲话精神相关工作。

【音乐家协会】

5月17日至21日，云南省音协在蒙自举办2021年云南省音协会员综合培训班，组织“立足新时代、开启新征程”“歌词写作与赏析”“歌曲创作漫谈”“声乐漫谈”等专题讲座，开展座谈交流活动，培训来自红河、文山、玉溪、普洱以及新文艺群体会员102名。

6月22日晚，为隆重庆祝中国共产党成立100周年，由云南省文联主办、省音协及相关协会承办的“云岭百花心向党”云南文艺界庆祝中国共产党成立100周年文艺晚会在云南艺术剧院举办，来自全省的优秀老、中、青艺术家、文艺工作者及云南籍在外青年演员们齐聚一堂，用极具云南民族特色的文艺作品礼赞中国共产党走过的100年光辉历程，展现日新月异、蓬勃发展的七彩云南，描绘边疆各民族人民群众过上全面小康生活的幸福愿景。

7月22日，云南省音协推荐18首云南原创歌曲参加中国音协同时举办的中国当代歌曲创作精品工程“听见中国听见你”2021年度优秀歌曲推选和“百年百首”全国优秀新创歌曲征集活动。最终，云南省音协选送的《你是一棵树》（罗章斌、李树琼作词，利宇翔作曲，师鹏演唱）被评为中国当代歌曲创作精品工程“听见中国听见你”2021年度优秀歌曲和“百年百首”全国优秀新创歌曲，云南省音协被评为优秀推选单位。

10月7日，云南省音协积极选拔推荐优秀人才参加第十三届中国音乐金钟奖活动。云南声乐选手姜伟博、钱树林同时入围民族唱法半决赛，最终钱树林入围决赛，并取得了第八名。

为庆祝中国共产党成立100周年，弘扬主旋律、传播正能量，以创作为中心，繁荣云南音乐文化，经云南省委宣传部批复立项的云南省文艺精品创作专项扶持资金资助项目“七彩小康路·百年铸辉煌”，经过征集评选和委约作曲、编曲，聘请全国知名歌手曹芙嘉、扎西顿珠、乌兰图雅、云飞、毛一涵以及云南知名歌唱家、歌手等进行演唱录制，进行了广泛宣传推广，社会关注度较高。该项目于2021年12月经云南省委宣传部文艺处组织专家评审，顺利结项。

【舞蹈家协会】

1月31至2月3日，云南省舞协组织何军、杨洲、徐梅、郭丽娟等4名云南代表赴京参加中国舞协第十一次全国代表大会。

2月22日，云南省舞协第二次主席团会议在昆明召开，省文联分管领导崔文副主席出席会议，省舞协8位副主席以及2位驻会干部参会，传达学习中国舞协第十一次全国代表大会主要精神，增补理事，谋划2021年主要工作。

2月23日，云南省舞协向省委宣传部上报2021年度省级文艺精品创作专项舞蹈类申报项目3项，最终云南省舞协报送项目《云南新创民族民间舞蹈作品集》入选。

3月5日，云南省文联组联部、云南省舞协在昆明召开专家论证会，蒋明初、王佳敏、马文静、张国忠、杨洲、曾婷婷等专家对怒江州舞蹈台本《牵挂》进行了论证。

4月26日，云南省舞协六届二次理事会在昆明召开，深入学习中国舞协第十一次全国代表大会、2021年全国舞协工作会和省文联党史学习教育动员大会精神，以及《中国文联关于大力推进文艺界工作者职业道德建设和文艺界行风建设的意见》等，总结省舞协2020年工作，谋划2021年工作，讨论审议通过《云南省舞协主席团成员、理事会理事履职工作规则》和舞协各专业委员会名单，以及2021年新申请入会的省舞协会员。

5月1日至3日，云南省舞协在昆明组织举办第七届“花儿朵朵向太阳”云南原创少儿舞蹈展演暨第十一届“小荷风采”全国少儿舞蹈展演云南推选活动，展演邀请高成明、马云霞、吕梓民、陶春、张来善、农布七林、疆嘎等省内外专家组成评委，进行两场终评，一场颁奖暨优秀节目展演，以及作品点评会。最终评选出20部最佳作品、22部优秀作品以及最佳编导、优秀编导、最美园丁。

5月17至21日，云南省舞协组织18名文艺家、青年演员赴红河州蒙自市、屏边县、开远市（小龙潭电厂）进行文艺演出、文艺培训（文学、音乐、舞蹈）采风、党史学习教育系列活动，深受基层文联、企业职工、人民群众欢迎与喜爱。

6月3日，云南省舞协组织专家推选出7部作品参加中国舞蹈优秀作品集萃征集活动。最终，《顶家女》《幸福的脚步》《灵境》3部作品入选。

7月5日至9日，省舞协配合中国舞协、中华志愿者协会在云南普洱大剧院、普洱民族歌舞团举办“中华民族文化传承”推广活动舞蹈培训班。

7月8日至9日，云南省舞协在昆明举办第十一届“小荷风采”全国少儿舞蹈展演云南入围作品创作研讨培训班，邀请高成明、吕梓民、陶春3位知名舞蹈家授课，省内20名优秀少儿舞蹈编导参加了培训。

7月28日至30日，第十一届“小荷风采”全国少儿舞蹈展演在天津举办，云南《我的小床去远航》《三弦弹响等你来》《小鹰与小鸡》《跟着星星走》《雨林节日》《山童与白鹇》《让幸福的地方更幸福》7部作品入围终评展演，并全部获得“小荷之星”。

2021年8月，云南省舞协在文山州广南县珠琳小学、德宏州芒市三台山九年制学校和腾冲市明光镇自治完小3个教学点完成2020-2021年“新农村少儿舞蹈美育工程——少数民族舞蹈课堂”任务，让千余名学生认识傣族、佤族、白族、彝族、纳西族5个云南特有少数民族的舞蹈，完成验收结项。

8月17日至19日，云南省舞协在昆明举办2021年云南新创民族民间舞蹈作品提升培训班，因新冠肺炎疫情防控要求，邀请夏小虎、赵铁春、马云霞、高成明、田露5位国内知名舞蹈家以视频会议、现场教学相结合的方式授课，来自省内各院团的30名优秀舞蹈编导参加培训。

10月17日至20日，省舞协第三期会员综合培训班在昭通市昭阳区举办，邀请马云霞、江东和甘露3位全国知名专家针对舞蹈教育培训、理论研究、创作实践作专题授课和现场示范教学，来自全省各地的130余名会员及舞蹈创作骨干参加了培训。

10月20日至24日，由中国舞协主办，中国文联舞蹈艺术中心承办，云南省舞协、云南杨丽萍民族文化艺术基金会、昆明雀之灵文化传播有限公司协办的“2021顶尖教师巡回课堂(大理站）培训活动”在大理州杨丽萍大剧院举办。

10月24日至28日，第十三届“荷花奖”民族民间舞终评在济南举办。省舞协选送的3部作品入围终评，《深山里的女高阿妈》和《摆出一个春天》进入获奖提名，《摆出一个春天》还荣登2022年央视春晚。

11月19日至25日，由云南省文联主办、云南省舞协承办的《云南新创民族民间舞作品集》网络展播暨创作研讨会在昆明举办，《云南新创民族民间舞作品集》在舞蹈中国、云南文艺网、云南新媒体直播等网络平台进行展播，点击率20万余次。

12月15日，《半个世纪的回眸——“民族舞·中国心”舞蹈艺术家杨丽萍从艺五十年图片展》在云南文学艺术馆展出。展览以图片的形式，回顾了杨丽萍从艺五十年的人生经历和舞台生涯，以杨丽萍五十年的艺术探索和经典作品为线，让观众一览中国舞蹈艺术传承发展的历程。

12月24日，云南省舞协2021年第三次主席团（扩大）会议在昆明召开，深入学习贯彻习近平总书记在中国文联十一大、中国作协十大开幕式上的重要讲话精神，以及中国文联党组书记、副主席李屹同志在大会上的工作报告和大会期间的相关简报内容。

【民间文艺家协会】

9月29日至10月11日，由云南省文联主办、云南省民协承办的“民族团结跟党走——云南剪纸作品展”在昆明举办。展览以铸牢中华民族共同体意识为主线，组成“百年华诞颂党恩”“民族团结跟党走”“脱贫攻坚奔小康”“跟党走进新时代”四个单元，展出云南国家级“非遗”剪纸代表性传承人、年逾古稀的剪纸老艺术家、省级工艺美术大师以及大专院校师生60余人创作的240余件剪纸作品。

11月24日至28日，由云南省民协主办的“2021年度云南省民间文艺家协会会员综合培训班”在曲靖举办。培训围绕习近平总书记关于文艺工作的重要论述、传承人口述史、非物质文化遗产、民俗影像志拍摄与实践、当代民族民间文艺守正创新的思考、实地教学等内容开展。曲靖、昆明、昭通、玉溪等滇东片区100余名会员参加培训。

12月28日，由云南省文联主办、云南省民协承办的“2021云南民间手工创意作品展”在昆明举办。本次展览展出云南国家级、省级工艺美术大师，“非遗”传人，以及省内各大专院校师生100余人潜心创作，颇具浓郁的云南民间文化元素的165件工艺作品。

云南省民协组织民间文艺家、高校中青年专家学者、基层民间文艺家成立编委会，继续推进《大系》云南地区的编纂工作。2021年8月，《大系·史诗·云南卷（一）（二）》《大系·长诗·云南卷（二）》进入出版流程；2021年10月，《大系·长诗·云南卷（三）（四）》《大系·史诗·云南卷（三）》初编完成；《大系·故事·云南卷》《大系·神话·云南卷（二）》稳步推进。

【杂技家协会】

10月20日，云南首部红色题材大型舞台杂技剧《聂耳》在昆明会堂首演，用杂技艺术向建党百年献礼，获得全场2000余名观众一致好评。10月21日，省杂协、省评协邀请杂技艺术家、词剧作家、编导、音乐评论等专家学者在省文联召开研讨会，从剧目的思想性、人物塑造、杂技技巧、音乐设计，以及剧目提升和推广等方面对云南首部红色题材大型舞台杂技剧《聂耳》进行了专业性研讨。

12月7日至9日，第七届南方六省（区）青年魔术新秀展演在福建省福州市举行，来自广东、广西、湖北、福建、云南、四川等六省(区)的20位选手16个节目参加展演。其中，云南省杂协组织推荐报送的近景类魔术《红色记忆》《白日梦》分别获得一类扶持节目和三类扶持节目；舞台类魔术《奇幻时装秀》获得二类扶持节目。

【摄影家协会】

6月25日，“幸福彩云南”云南省摄影作品展在云南文学艺术馆展出。展览聚焦庆祝中国共产党成立100周年主题主线，展出的260幅作品以新旧作品互相辉映的形式，记录中国共产党领导下云南百年奋斗光辉历程，真实展现云南各族人民沐浴党的光辉，从改天换地站起来、翻天覆地富起来到脱贫小康强起来百年巨变的感人画面，生动诠释中国共产党坚持为人民谋幸福的根本宗旨和高尚情怀。

7月20日，第十四届中国西南六省区市摄影联展在云南举办，分别在红河州弥勒市博物馆、云南文学艺术馆和昆明会展中心展出“我心中的弥勒”60幅摄影佳作。期间，还紧紧围绕“摄影助力乡村振兴”“西南地区的摄影创作”等专题开展学术交流及讲座，并为弥勒市颁发“云南省摄协摄影创作基地”牌匾。

5月22日，为期2天的云南省摄协参加第28届全国摄影艺术展创作高级研修班在曲靖开班，邀请了著名摄影家于德水、胡武功分别以《记录还是表现——看今日摄影》《从〈相貌〉看纪实摄影》为主题，对摄影创作进行讲座，并对每一位作者的摄影作品进行点评，极大提升了申报第28届全国摄影艺术展览作品的专业水平，云南8位摄影家的9幅作品入选，2位摄影家作品获得评委推荐。

8月13日，由省摄协参与主办的第九届大理国际影会在云南大理进行线上开幕式。9月27日，在大理线下主展区展出，累计展览600多场、20000余幅作品，成为新冠肺炎疫情发生以来全国乃至全球规模最大的影像展会。

【曲艺家协会】

11月21日至22日，为角逐2022年中国曲艺“牡丹奖”打好基础、储备作品，由省文联、省文旅厅、省民委主办，省曲协承办的“百合花”2021云南省曲艺展演在昆明以线上展播方式举行，共展出昆明、曲靖、大理、红河等9个州市和省直院团的25件优秀节目。北京、天津、江苏等10个省市的公共文化云平台和一部手机游云南、云南文艺网、云南网、云南日报、抖音、快手、微赞等平台同步进行直播，线上观众达65万余人。

【书法家协会】

4月14日至18日，首届中国爨体书法临创作品展在昆明、曲靖两地举办，中国爨体书法学术研讨会在曲靖师范学院举办。研讨会从“南碑瑰宝”的历史、艺术价值以及学术发扬等不同方向进行了研讨，并与《中华书画家》杂志社编辑出版《二爨学术研讨文献集》，面向国内外发行。中央电视台书画频道进行了专题报道。

4月21日至28日，组织书画艺术家一行19人深入楚雄州双柏县和普洱市镇沅县、景谷县、宁洱县开展文学、美术、书法、音乐、摄影文化惠民及书法培训活动，举办大讲堂、创作辅导、座谈交流，授业1200余人。

6月25日，由中国书协、省委宣传部、省文联主办的“云岭铸丰碑”云南省书法作品展在云南文学艺术馆举办，展览作为庆祝中国共产党成立100周年系列书法展之一，分为《云岭丰碑》《光辉闪耀》两个篇章，共有140件作品展出。

8月21日至25日，为提升全省广大书法家和书法工作者综合素质，在省文联指导下，邀请全国著名书法家、教授、学者、资深评委来滇授课，在曲靖市举办云南省书协第三期省级会员综合培训班，开展坚定正确政治方向、书法创作规律、审美标准、价值取向等方面的培训，全省150余名会员参加了培训。

8月28日，为积极响应、认真贯彻国家语委、中国书协《关于开展“书法名家进校园”主题实践》方案，搭建一个由师生、教育工作者、书法家共同参与的活动平台，组织书法家到宁洱一中开展书法进校园活动，通过专题书法讲座及创作示范活动，推动中小学书法教育实践深入开展。

12月26日，在云南文学艺术馆举办第四届云南省临书作品展，展出从全省各州（市）、省直单位、高校、中小学、部队、新文艺群体来稿中评选出的优秀作品150余件。

【电视艺术家协会、电影家协会】

举办“红色经典 光影铸魂”庆祝中国共产党成立100周年主题影视作品展映暨创作研讨系列活动。该系列活动于2021年4月启动，持续至12月，包含开幕式、主旋律影视作品创作高峰论坛、庆祝建党100周年云南省大学生影评征文活动、2021年云南省影视会员暨创作骨干综合业务培训班、主旋律影视作品展播五项主体活动。卢奇、赵卫防等著名影视艺术家走进云南影视创作队伍，把脉指点、传经送宝。31部红色经典影视作品展开启线上线下“电影主题党课”放映厅创新模式。中央电视台《中国电影报道》栏目、中国文艺网对活动进行了综合报道。云南广播电视台等12家省内主流媒体进行宣传报道，4.4万人通过网络在线关注了活动。

11月9日，“筑梦新时代 声动彩云南”第四届云南省大学生电视主持新人选拔活动在昆明举办。活动以“青春之我、奋斗之我”为主题，为选拔和培养云南电视主持新人储备人才资源，3名大学生获得“金话筒”。

12月25日，云南大学生耿瑶、霍明慧、刘闯经参加声耀平潭·第十三届海峡两岸电视主持新秀会，3位选手全部进入复赛，最终刘闯闯入决赛，取得优选新秀荣誉。

12月5日至9日，以“自然与人文电影的国际化视野”为主题的第四届澜湄国际电影周在昆明举办，来自国内各大电影机构和澜沧江湄公河流域国家的业界嘉宾以线上线下相融合的方式齐聚一堂，探讨交流澜湄流域电影发展趋势，建立流域内影视深度合作机制。省影协组织推介的《女子高中》《农民院士》《绝地重生》等8部省委宣传部重点打造的主旋律影片，得到组委会、影视公司和中新社、中国网等18家国内主流媒体的充分肯定。

2021年，云南影协积极开展云南本土电影放映推介活动，创建云南面向全国以及南亚东南亚国家间的电影产业“聚合、辐射、交流、互助、创新、发展”合作平台。通过电影宣传发布平台，开展电影《莲花池》《九零后》《青春不悔》《追球》《润如泉》《天上的孩子》六期推介活动，多个行业、不同门类的电影工作者、电影爱好者400余人观影研讨，学习强国、云南广播电视台、云南日报、云南网等多家媒体进行宣传报道60多篇次。

【文艺评论家协会】

1月22日，由云南省文联主办、云南省摄协和云南省评协承办的龙江摄影作品研讨会在昆明举行，20余位专家对获得第十三届中国摄影金像奖艺术类奖项，云南省摄影家龙江凭借冰川、高海拔气候变化以及攀登过程3个主题的摄影作品进行研讨。

4月16日，云南省评协二届二次理事会在昆明召开，会议听取省评协2020年工作报告，成立云南省评协理论委员会、舞台艺术委员会、视觉艺术委员会、文艺评论工作者职业道德建设委员会等专业委员会，审议并通过《云南省评协专业委员会工作条例（试行）》，吸纳57名新会员。

7月20日至24日，云南省评协会员暨文艺评论骨干培训班在昆明举办，全省各州（市）、有关高校的80余名会员参加。培训邀请专家授课，并到云南陆军讲武堂、云南起义纪念馆、云南解放纪念馆进行现场教学，还结合党史学习教育，组织学员参加云岭论坛·红色经典文艺作品研讨会。

7月23日，“云岭论坛·红色经典文艺作品研讨会”在昆明举行。研讨会重温红色经典文艺作品，深入发掘其蕴含的恒久魅力，探讨红色经典文艺作品的时代价值，再现其艺术和价值创造，在更宽领域、更深层次助力文艺工作者履行社会责任、实现艺术理想。

9月28日，省委宣传部文艺处和省评协召开座谈会，组织文艺评论工作者代表学习贯彻中宣部等五部门联合印发的《关于加强新时代文艺评论工作的指导意见》，集中讨论《关于加强新时代云南文艺评论的实施意见（征求意见稿）》，深入研究加强和改进云南文艺评论工作的方法措施。

10月16日至18日，云南省评协文学评论骨干改稿班在昆明举行，深入学习习近平总书记关于文艺评论工作重要论述和中宣部等五部门联合印发的《关于加强新时代文艺评论工作的指导意见》精神，提升云南省文学评论人才队伍的综合能力和专业素养，引领云南文学创作健康发展。

10月26日，西部文艺评论工作座谈会在四川师范大学召开，来自重庆、贵州、云南、西藏、陕西、甘肃、宁夏、青海、新疆、广西、内蒙古西部十二省区的评协代表和专家学者，共40余人探讨建立西部十二省区文艺评论工作联合协作机制，通过《文艺评论工作西部协作办法》。云南省评协副主席李骞等参加座谈会。

【《边疆文学》杂志社】

1月，在《边疆文学》杂志开设“边疆视角”栏目，发表文学评论类作品，《边疆文学》第1、3、5、6、10、11期特邀全国知名翻译家、作家、评论家刘文飞参与栏目。

2月8日，经国家新闻出版总署、云南省新闻出版局、云南省事业单位登记管理局审批，《边疆文学》编辑部正式更名为《边疆文学》杂志社。

7月1日，《边疆文学》杂志第7期隆重推出庆祝中国共产党成立100周年专号，刊发《文学铁军》《春风入疆——云南民族工作队纪实》《白鹤滩上白鹤起——记大国重器白鹤滩水电站》《南疆丹娘》《边疆文学——一本刊物的红色传承》等9篇共计16万字的报告文学、小说、散文、诗歌，展示中国共产党百年光辉历程、伟大成就和宝贵经验，并在第8至12期持续推出庆祝中国共产党成立100周年专栏。

11月15日至20日，为更好提升云南当地作家创作水平，培养云南本土作家，助力云南文学发展，《边疆文学》年度笔会在大理州举办。何平、张者、次仁罗布、凡一平等全国知名作家赴大理授课。来自全省的60余名骨干作家参加了本次笔会。

12月1日，《边疆文学》杂志第12期推出“中华民族一家亲”全国少数民族作家培训班学员作品专号，展示了全国少数民族作家的创作风采。

【云南文学艺术馆】

7月19日至30日，云南文学艺术馆发挥教育功能作用，举办为期10天的美术、书法暑期青少年美育公益培训，向青少年普及文学艺术知识。

7月23日，云南文学艺术馆对入选的志愿者进行讲解员礼仪礼节与讲解技巧、急救技能、安全知识等岗前培训，为志愿者顺利开展服务工作做好准备。

10月12日，经省文联党组研究批准，云南文学艺术馆设4个部门，即综合管理部、策展交流部、宣传教育部、规划建设部，并明确了各部门职能职责。

11月26日，由云南省美术书法研究院主办、云南文学艺术馆承办的云南省美术书法研究院成立十周年收藏作品展在云南文学艺术馆举办，充分展示新时代云南美术书法繁荣发展的生动景象。

12月14日至17日，云南文学艺术馆联合省级各文艺家协会，组织开展第一期志愿者讲解员考核，部分讲解员通过考核，成为云南文学艺术馆讲解员。

云南文学艺术馆逐渐成为文艺展示平台。2021年，云南文学艺术馆积极发挥展馆优势，成功举办云南省公安厅庆祝建党100周年“边疆卫士心向党”摄影书法美术展、云南省庆祝中国共产党成立100周年美术、书法、摄影作品展、云南省第二届退役军人暨“云岭军休”美术书法摄影作品展、民族团结跟党走——云南剪纸作品展、第十四届中国西南六省区市摄影联展、“喜迎COP15·守护吉祥家园”森林防火宣传主题摄影展、2021自然与艺术——保护生物多样性全国名家艺术邀请展暨全球青少儿优秀艺术作品展、半个世纪的回眸——“民族舞·中国心”杨丽萍从艺50周年图片展等23次大型规模的展示展览活动。

2021年，云南文学艺术馆积极搭建和运营云南文学艺术馆门户网站、“云南文学艺术馆”微信公众号、“艺术云南”微信公众号、视频号、抖音号、百家号、小红书、大众点评、携程、去哪儿、百度地图、高德地图等官方平台和用户平台，积极开拓和维护主流媒体宣传平台，组建包括新华网、云南网、中新社、云南电视台等20余家媒体合作矩阵，重大活动均实现了网络直播和信息平台报道的全覆盖。

2021年，云南文学艺术馆整合资源、主动出击，知名度、影响力不断提高。宣传平台日趋丰富、内容日趋完善，“云南文学艺术馆”微信公众号、“艺术云南”微信公众号共推送66期，发布推文96篇；宣传格局逐渐打开，新华网、人民日报、云南日报、云南网、云南电视台等大型主流媒体主动聚焦云南文学艺术馆，宣传推介云南重要文学艺术活动发生地。

西藏自治区文联

综　述

2021年，在西藏自治区党委的坚强领导下，在西藏自治区党委宣传部的有力指导下，西藏自治区文联坚持以习近平新时代中国特色社会主义思想为指导，深入学习贯彻党的十九大和十九届中央历次全会及中央第七次西藏工作座谈会、习近平总书记在西藏考察时的重要讲话精神，贯彻落实习近平总书记关于西藏工作、文艺工作的重要论述，特别是习近平总书记在中国文联十一大、中国作协十大开幕式上的重要讲话精神，贯彻落实西藏自治区第九次、第十次党代会精神，团结引领全区广大文艺工作者以“深入生活、扎根人民”主题实践活动和文艺惠民为抓手，以创作推出优秀文艺作品为核心，以铸牢中华民族共同体意识为目标，西藏文艺工作和文联工作成效显著，为西藏长治久安和高质量发展提供了强大精神动力和有力文艺支撑。

重要会议与活动

【“天边岗巴·美丽家园”文艺演出活动在岗巴县剧院演出】

1月1日，由西藏自治区文联指导，西藏日喀则市岗巴县委、县政府主办，西藏音协、西藏舞协、西藏曲协协办的“天边岗巴·美丽家园”晚会在岗巴县剧院上演。演出以“神圣国土守护者，幸福家园建设者”为主题，反映了岗巴县产业发展、乡村振兴、民族团结、军民团结等方面的崭新面貌，晚会民俗风情浓郁、地域特色突出，受到当地干部群众的热烈欢迎。

【举办系列活动纪念西藏民主改革62周年】

3月28日，为纪念西藏民主改革和百万农奴解放62周年，西藏自治区文联根据西藏自治区党委宣传部工作要求，通过“升国旗、奏唱国歌”“党在我心中·我与党旗合个影”、召开干部职工座谈会等系列活动，回顾西藏民主改革历史性成就，传承民主改革伟大精神，激扬全体党员和干部职工开拓进取、砥砺前行。

【西藏自治区文联第六届委员会第二次会议在拉萨召开】

4月20日，西藏自治区文联在拉萨召开了第六届委员会第二次会议。西藏自治区文联党组书记、副主席段胜前，西藏自治区文联党组成员、副主席、一级巡视员吉米平阶等出席会议。会上，段胜前代表第六届委员会作工作报告。大会表决通过《西藏自治区文联第六届委员会副主席选举办法》（草案），选举1名同志为西藏自治区文联第六届委员会副主席，增补4名同志为西藏自治区文联第六届委员会委员。

【西藏自治区党委常委、宣传部部长汪海洲到西藏自治区文联调研指导】

5月13日，西藏自治区党委常委、宣传部部长汪海洲在西藏自治区文联调研，西藏自治区政协副主席、西藏自治区文联主席扎西达娃陪同调研。汪海洲先后到西藏自治区文联各文艺家协会、各文艺期刊编辑部、机关各部（处）室检查指导工作，与负责同志、工作人员亲切交流，详细了解近年来西藏文艺事业发展现状。之后召开调研座谈会，西藏自治区文联党组书记、副主席段胜前汇报了西藏自治区文联2020年以来的工作，介绍了下一步工作打算，提出了文艺事业繁荣发展中存在的困难和问题。西藏知名艺术家代表作交流发言。汪海洲就进一步做好今后文联工作、推动西藏文艺事业繁荣发展提出要求。

【组织“欢聚吧·第一百个春天”文艺作品展演活动】

5月10日，西藏自治区文联牵头组织拉萨市达孜区中心小学老师在南山公园开展“欢聚吧·第一百个春天”文艺作品展演并录制2个合唱短视频《唱支山歌给党听》《没有共产党就没有新中国》，1个舞蹈展演短视频《各族儿女心向党》。展演活动为庆祝中国共产党成立100周年营造了文艺氛围，为铸牢中华民族共同体意识，促进各民族交往交流交融注入了正能量。西藏摄协、西藏音协、西藏舞协配合相关工作。

【雪域新篇——庆祝西藏和平解放70周年美术摄影展在京举办】

5月21日至27日，“雪域新篇——庆祝西藏和平解放70周年美术摄影展”在北京炎黄艺术馆举办。中国文联、中国摄协、中国美协有关领导，文艺界代表和外国驻华使节等约100人出席开幕式。展览展出的包括雕塑、油画、中国画、摄影等不同艺术门类在内的86件作品，以新世纪创作的西藏题材精品力作为主，以新旧对比的形式，展现了西藏的大美风光、人文风貌和时代风尚，再现了社会主义新西藏的发展进步，吸引了众多美术摄影爱好者前来参观。

【第三届全国民族文艺论坛在拉萨举行】

9月14日，由中国评协、中国文联文艺评论中心、西藏自治区文联共同主办的第三届全国民族文艺论坛在拉萨举行。中国文联党组成员、副主席董耀鹏，西藏自治区政协副主席、西藏自治区文联主席扎西达娃，中国评协副主席兼秘书长、中国文联文艺评论中心主任徐粤春，西藏自治区党委宣传部副部长普布等出席论坛。中国评协第一届理事张德祥，青海省文联一级巡视员、教授马有义，中国评协理事金永兵等专家学者分别围绕“民族文艺在铸牢中华民族共同体意识中的重要意义”“民族文艺与党的百年历程”“民族文艺与中华美学精神”“新时代民族文艺的责任与担当”“民族文艺评论的地位、作用与担当”等议题展开深入交流讨论。

【举行“中华民族一家亲　同心奋进新征程”第三届民族团结摄影、书法、美术作品展并颁奖】

9月28日，由西藏自治区民族事务委员会、西藏自治区文联主办，西藏作协、西藏摄协、西藏书协、西藏美协协办的“中华民族一家亲　同心奋进新征程”第三届民族团结摄影、书法、美术作品展暨颁奖仪式在西藏自然科学博物馆举行。展出作品以铸牢中华民族共同体意识为主线，用深情的笔墨、独特的视角，讴歌了社会主义新西藏各项事业的巨大变化，讲述着各民族交往交流交融的生动故事。

【春华秋实四十载，砥砺奋进谱新篇——西藏自治区文联举办成立四十周年系列纪念活动】

经西藏自治区党委宣传部批准同意，西藏自治区文联在2021年12月成功举办一系列纪念活动庆祝成立40周年。《西藏文学》《西藏自治区文联通讯》推出纪念专刊。12月10日，西藏自治区文联成立40周年联谊会“百花绽放·情满雪域”在拉萨饭店举行。西藏自治区党委常委、宣传部部长汪海洲出席活动并讲话，西藏自治区政府副主席、西藏自治区工商联主席多吉次珠，西藏自治区政协副主席、西藏自治区文联主席扎西达娃，武警西藏总队副政委党益民等出席。

【西藏代表团参加中国文联十一大、中国作协十大】

12月14日至17日，由西藏自治区政协副主席、西藏自治区文联主席扎西达娃，西藏自治区文联党组书记、副主席段胜前等27名代表组成的西藏代表团参加中国文联第十一次全国代表大会与中国作协第十次全国代表大会，现场聆听习近平总书记在中国文联十一大、中国作协十大开幕式上的重要讲话。西藏代表团第一时间学习讲话精神，交流感想体会，体悟丰富内涵，进一步深化了对所肩负的神圣责任与光荣使命的深切认识。

【展精品力作　品时代新韵——庆祝中国共产党成立100周年、西藏和平解放70周年美术书法献礼展暨西藏自治区文联成立40周年展览活动在拉萨举办】

12月22日，由西藏自治区文联主办，西藏美协、西藏书协承办的“庆祝中国共产党成立100周年、西藏和平解放70周年美术书法献礼展暨西藏自治区文联成立40周年展览活动”在西藏自然科学博物馆拉开序幕。活动以美术作品和书法作品展览活动、中外艺术家交流研讨会、“当代西藏艺术创作的时代精神与时代风貌”云展厅3个单元，全面呈现了70位美术家、60位书法家潜心创作的130幅优秀代表作品。展览作品主题鲜明、风格多样，以铸牢中华民族共同体意识作为主线，浓墨重彩绘就了新西藏的美丽画卷和时代神韵。

品牌活动

【“党的光辉照边疆 边疆人民心向党——庆祝中国共产党成立100周年 西藏和平解放70周年第十四届西藏珠穆朗玛摄影大展”在布达拉宫广场开幕】

6月27日，由西藏自治区人民政府和中国文联主办，西藏自治区党委宣传部、西藏自治区文联、拉萨市人民政府承办、中国摄协支持的“党的光辉照边疆 边疆人民心向党——庆祝中国共产党成立100周年西藏和平解放70周年第十四届西藏珠穆朗玛摄影大展”在布达拉宫广场开幕。西藏自治区副主席多吉次珠出席开幕式并致辞。展览题材涉及历史、人文、民俗、风光等多个领域，创作手法涵盖艺术、纪实、创意等诸多门类，作品风格多样、各具特色，充分彰显西藏地域文化特色。通过摄影语言的运用，展示了西藏神奇的自然风光和丰富多彩的民俗风情，把一个社会大局持续稳定向好、基础设施建设全面加快、人民生活水平全面提高、生态安全屏障日益坚实、党的建设不断推进的新西藏展现在世人面前。

【第七届《西藏文学》走进校园“掘文杯”征文大赛暨颁奖典礼在西藏山南市圆满举行】

7月13日，第七届《西藏文学》走进校园“掘文杯”征文大赛暨颁奖典礼在西藏山南市举行。大赛以“喜迎建党100周年和西藏和平解放70周年”为主题，征集作品形式多样、内容丰富，包括散文、小说、诗歌等体裁，抒发了西藏广大师生学习党史、铭记党恩、热爱祖国、建设家乡的时代情怀。

【举行“李彬捐赠西藏美术馆书法作品公益展”】

8月29日至9月10日，由中国文联书法艺术中心、西藏自治区党委宣传部、西藏自治区文联主办，西藏书协、西藏自然科学博物馆承办，西藏美术馆筹建办协办的“李彬捐赠西藏美术馆书法作品公益展”在拉萨举行。西藏自治区党委常委、宣传部部长汪海洲参观展览。西藏自治区文联党组书记、副主席段胜前宣读了中国书协的贺信，为李彬颁发了“捐赠西藏美术馆收藏证书”。100件展出作品在展览结束后无偿捐赠给西藏美术馆永久收藏和研究。

【举行“永远跟党走——‘书香西藏’全民阅读征文朗诵颁奖文艺演出活动”】

8月31日，由西藏自治区党委宣传部主办，西藏自治区文联承办，拉萨市文联、拉萨市城关区委宣传部、拉萨市城关区扎细居委会协办的“永远跟党走——‘书香西藏’全民阅读征文朗诵颁奖文艺演出活动”在拉萨市城关区扎细居委会举行。西藏自治区文联党组书记、副主席段胜前等出席并为获奖作者颁奖。西藏自治区文联、拉萨市文联干部职工代表、拉萨市城关区扎细居委会干部群众代表及获奖作品作者200余人参加。

【庆祝建党100周年西藏和平解放70周年“第四届雪域情——西藏油画展”在西藏自然科学博物馆开幕】

9月26日，由西藏自治区文联和西藏油画学会主办的庆祝建党100周年西藏和平解放70周年“第四届雪域情——西藏油画展”在西藏自然科学博物馆开幕。展出作品81件，其中8幅为国内著名油画家于20世纪五六十年代创作的反映西藏题材的经典特邀高仿版画，17幅为特邀西藏油画学会主席团成员的优秀作品，56幅为征稿入选作品。题材涉及历史、人文、民俗、风光等多个领域，创作手法涵盖艺术、纪实、创意等诸多门类，作品风格多样、各具特色，充分彰显了西藏地域文化特色。

【“珠峰映画影视沙龙”正式启航】

9月底，西藏影视艺术家协会沙龙“珠峰映画影视沙龙”正式开启，每月1期，主题分别为“对话电影《布德之路》主创”“对话《喜马拉雅天梯》主创”“从文学到影像，扎西达娃与西藏电影”“对话《江米儿》”，覆盖了主旋律电影、纪录片、文学与电影主题探讨、小成本文艺电影等，是连通西藏影视工作者和爱好者的一座桥梁，是西藏影视工作者、爱好者的常态化影视交流学习平台。

【第七届“见即愿满”西藏唐卡展呈现新特色】

11月17日，第七届“见即愿满”西藏精品唐卡展在拉萨隆重开幕，西藏自治区文联党组成员、副主席、一级巡视员吉米平阶出席开幕式并致辞，西藏著名美术家余友心，国家级非遗唐卡传承人罗布斯达、次仁罗布，安多强巴学校校长、西藏美协副主席边琼，著名美术评论家尼夏参加。展览设置传统唐卡艺术和西藏当代布面重彩艺术两个板块，展出的近百幅作品题材新颖、内容丰富，分别展示了近年间西藏各门类绘画艺术取得的丰硕成果和学术流派的繁荣发展，表现了新西藏的发展变化和文化繁荣的新气象。

【天上西藏——当代布面重彩·唐卡艺术作品展在珠海诚丰美术馆展出】

10月23日，由西藏自治区文联、珠海市文联主办，西藏美协、西藏美术院、珠海市美协协办的“天上西藏——当代布面重彩·唐卡艺术作品展”在珠海诚丰美术馆揭幕。本次展出集合了韩书力、巴玛扎西等9位艺术家的40余幅布面重彩及唐卡作品。西藏自治区文联党组书记、副主席段胜前致辞。通过这些精美的画作，观者可以充分领略藏区多彩的民俗风情，想象高原的神秘。

【“天上西藏——西藏当代美术作品精品展”在拉萨展出】

11月26日，由西藏自治区文联主办，西藏美术院承办的“天上西藏——西藏当代美术作品精品展”在西藏自然科学博物馆隆重开幕。出席活动的39位艺术家的70多幅作品，体现了画家们对古远雪域文明的回望与咏叹，对高原日新月异的现实生活的体验与礼赞，是画家们深入生活、扎根人民，对淳朴善良的西藏人民心灵的探究与体悟。展览持续10天，较好地满足了广大干部群众的参观需求。

文艺惠民活动

【开展2021年元旦送书法、送摄影进寺庙公益文化活动】

1月1日，由西藏自治区文联、西藏自治区党委统战部、西藏自治区宗教局、佛协西藏分会联合主办，西藏书协、西藏摄协、拉萨市文联联合承办的“铸牢中华民族共同体意识——2021年元旦送书法、送摄影进寺庙”志愿服务活动在色拉寺佛学院举行。活动中，大家为驻寺僧尼、驻寺工作队送去汉、藏文书法作品500多幅，为寺庙书屋赠送了《守护神圣国土、建设幸福家园——纪念西藏民主改革60周年西藏书法晋京展作品集》《西藏珠穆朗玛摄影大展作品集》等。

【西藏书法“十进”助力中华民族共同体意识深入人心】

1月至2月，西藏自治区文联组织西藏书法家、书法爱好者广泛开展书法“十进”活动：进异地搬迁点、进校园、进社区、进军警营、进企业、进“两会”现场、进建设工地、进县乡机关、进新时代文明实践中心、进宗教场所。在春节、藏历新年前夕，西藏书协、拉萨市书协、林芝市书协等分别或联合开展“送万福进万家”“同心同书·祖国新春好”“感恩共产党　携手奔小康”新春走基层等丰富多彩的文艺志愿活动。参与活动的全区书法家和书法爱好者达450余人次，服务基层干部群众，部队官兵，学校师生，“两会”代表、委员，企业员工以及僧尼近10000人，赠送书法作品、春联、“福”字20000余件。

【西藏摄协开展“我们的中国梦”——文化进万家活动，为僜人群众拍摄“全家福”】

12月23日至29日，西藏摄协赴林芝市察隅县夏尼、京都等4个村庄，开展了“我们的中国梦”——文化进万家活动，为僜人群众拍摄“全家福”并免费制作装裱赠送，受到了当地党委、政府及各族群众的一致好评。

文艺两新

【扎西达娃到日喀则开展“文艺两新”调研】

9月30日，西藏自治区政协副主席、西藏自治区文联主席扎西达娃在日喀则市文联有关同志的陪同下，前往日喀则市对非物质文化展示中心、日喀则市文联工作和“文艺两新”情况进行调研，与日喀则市文联座谈。扎西达娃为日喀则“文艺两新”发展提出意见建议，带头落实《西藏文联主席团成员定点联系基层文联和文艺组织制度》。

【西藏“文艺两新”工作座谈会召开】

10月9日，西藏“文艺两新”工作座谈会在拉萨召开。与会“文艺两新”代表围绕各自工作开展情况、今后工作设想和存在的困难问题等作了交流发言。扎西达娃在总结讲话里强调，西藏自治区文联将进一步延伸工作手臂，把指导、服务和帮助工作抓实抓细抓好，聚焦“做人的工作”核心任务，更好地团结引领西藏新文艺组织和新文艺群体，切实增强西藏自治区文联在“文艺两新”中的引领作用，努力开创西藏“文艺两新”高质量发展新局面。

【扎西达娃在林芝调研“文艺两新”工作】

10月18日，西藏自治区政协副主席、西藏自治区文联主席扎西达娃深入林芝市调研“文艺两新”工作，西藏自治区文联党组成员、副主席、一级巡视员、西藏作协主席吉米平阶陪同调研。调研组一行先后来到林芝市宙婴音乐艺术学校、啊喇喇双语培训中心、比日巴部落艺术园区等地进行了实地走访调研，详细了解林芝市“文艺两新”工作开展情况，对林芝市“文艺两新”工作提出明确要求，促进了林芝文艺事业的繁荣发展。

【扎西达娃在山南调研“文艺两新”和基层文联工作】

11月10日，西藏自治区政协副主席、西藏自治区文联主席扎西达娃深入山南市调研“文艺两新”工作和基层文联工作，西藏自治区文联党组成员、副主席、秘书长李雪艳陪同调研。调研组一行先后来到山南市艾巴仓民族文化传播有限公司、哆来咪艺术教育中心、山南掌颂影视文化传媒有限公司等地进行了实地走访调研，详细了解山南市“文艺两新”工作开展情况。随后，调研组一行与山南市文联进行了座谈。山南市文联主席次仁明久汇报了文联工作情况和取得的成绩以及存在的不足。扎西达娃就做好山南市文联工作提出具体要求，表示将力所能及地帮助解决问题，帮助推动山南市文联抓好“文艺两新”工作。

获奖情况

【西藏作协被授予“铸牢中华民族共同体意识”主题文艺作品优秀组织单位称号】

1月15日，在西藏自治区党委宣传部评选表彰“铸牢中华民族共同体意识”主题优秀文艺作品活动中，西藏作协被授予“主题文艺作品优秀组织单位”称号。吉米平阶中篇小说《一颗黑豌豆》、索朗长篇小说《赢取远方的新娘》等6部作品获得“铸牢中华民族共同体意识”主题优秀文艺作品。

【西藏摄协会员贡觉群培作品《康乐新居》入选“希望的田野——脱贫攻坚 共享小康全国摄影展”】

4月9日，“希望的田野——脱贫攻坚 共享小康全国摄影展”在中国国家博物馆开展。展览通过新旧对比，从“攻坚”“圆梦”两个部分生动展现了中国决胜脱贫攻坚、全面建成小康社会的重大成果。贡觉群培作品《康乐新居》入选。

【复排话剧《八廓街北院》代表西藏进京参加庆祝中国共产党成立100周年优秀舞台艺术作品展演】

5月23日至24日，话剧《八廓街北院》作为“庆祝中国共产党成立100周年优秀舞台艺术作品展演”剧目之一，在中国国家话剧院剧场成功演出2场，获得首都各族各界广泛关注。

【西藏剧协选送节目在2021年“中国少儿戏曲小梅花荟萃”活动中硕果累累】

7月28日，在第25届“中国少儿戏曲小梅花荟萃”活动中，西藏自治区文联组织参演的少儿藏戏《圣地拉萨》、朗玛堆谐《天地祥和》获“小梅花集体节目”奖，拉萨市实验小学学生格桑坚才获“小梅花”称号，西藏剧协获“优秀组织单位”奖。

【西藏新编现实题材藏戏《次仁拉姆》入选第十七届中国戏剧节展演剧目】

9月10日，西藏自治区文联推选的新编现实题材藏戏《次仁拉姆》成功入选由中国文联、中国剧协、武汉市人民政府主办的第十七届中国戏剧节展演剧目，受邀参加演出，向全国人民展示西藏各族人民在党的坚强领导下取得的“短短几十年，跨越上千年”的人间奇迹。

【话剧《不准出生的人》获第六届全国少数民族文艺会演最佳剧目奖和舞台美术奖】

9月24日，第六届全国少数民族文艺会演在北京民族剧院落幕，会演通过线上展演方式评比。西藏选送话剧《不准出生的人》成功获得会演最高奖项——最佳剧目奖和舞台美术奖两项殊荣。

【西藏诗人陈人杰喜获2020年度全国性文学大奖】

10月22日，由中国作家出版集团、全国文学报刊联盟主办的“2021年度全国文学报刊联盟理事会议暨2020年度中国作家出版集团·全国文学报刊联盟奖颁奖会”在广东省珠海市举行。西藏自治区文联党组成员、副主席，诗人陈人杰获2020年度“中国作家出版集团·全国文学报刊联盟奖”优秀作家贡献奖。

【藏东弦子、藏西果沃舞动泉城——西藏选送舞蹈作品喜获中国舞蹈“荷花奖”优秀奖提名】

10月25日至27日，由中国文联、济南市人民政府、中国舞协、山东省文联主办的第十三届中国舞蹈“荷花奖”民族民间舞评奖在济南举行终评。西藏舞协选送的舞蹈作品《欢腾的高原》《果沃情》脱颖而出入围此次终评，其中《欢腾的高原》获得优秀奖提名。

【西藏舞蹈《甲·宣》《国旗·国土》入选中国舞蹈优秀作品集萃】

11月16日，由西藏舞协推送的舞蹈作品《甲·宣》（阿里象雄艺术团表演）和《国旗·国土》（西藏自治区歌舞团表演）在全国365部征集的舞蹈作品中排名突出（前100名），成功入选《第二届中国舞蹈优秀作品集萃》。

【西藏美术作品再现荣光】

再度创作的布面重彩作品《金瓶掣签》被中国美术馆永久收藏，党史题材唐卡作品《五十六个民族》《庆祝昌都解放70周年》《昌都贡觉三岩搬迁》被中国共产党历史展览馆永久收藏。油画《境—遇》和国画《幸福家园》入选第七届全国画院美术作品展。

理论评论

12月，西藏自治区政协副主席、西藏自治区文联主席扎西达娃访谈文章《坚持文学创作，坚守文学阵地》，西藏自治区文联党组书记、副主席段胜前访谈文章《用优秀的文学作品引领社会风尚》刊登在《西藏文学》纪念西藏自治区文联成立40周年专刊中。12月6日，西藏自治区文联成立40周年纪念文章《聚焦光辉历程 书写精彩华章——西藏自治区文联成立40周年回顾与展望》在《西藏日报》第五版整版刊发。12月，《西藏文学》2021年第6期设置诗集《山海间》研讨会专辑板块，摘选部分《山海间》评论文章进行刊登。

创作情况

【积极发挥文艺作品培根铸魂作用】

8月13日，西藏自治区文联创作的《你是我生命的高原》成为唯一一首入选庆祝建党百年暨西藏和平解放70周年征集活动的主题歌曲，在央视新闻客户端推出后突破10万+的观看量。

8月19日，西藏自治区文联以习近平总书记视察西藏为背景创作的音乐作品《永远的扎西德勒》在庆祝西藏和平解放70周年文艺演出上向中央代表团作汇报演出。

9月，西藏自治区文联创作的快闪视频热巴舞《我们的明天会更好》通过微信平台在线上传播。

【纪录片《嘎拉村的幸福生活》筹备工作已完成】

9月17日至21日，西藏影视家协会组织协会负责同志和艺术家，前往林芝市巴宜区嘎拉村、米林县雅尼湿地等地收集创作素材。经过采风采访，完成嘎拉村采风调研报告和纪录片策划案，有望在2022年播出。

【诗集《山海间》新书首发暨研讨会在中国现代文学馆成功举办】

9月23日，由《诗刊》社、中国诗歌网、西藏自治区党委宣传部、西藏自治区文联共同主办的诗集《山海间》新书首发暨研讨会在中国现代文学馆成功举办。全国人大常委会委员、中国作协书记处书记、副主席吉狄马加出席，中国作协诗歌委员会主任叶延滨等来自全国的30余位诗人、评论家、学者与会，聚焦诗集《山海间》的思想性、艺术性、创新性展开深入研讨。会议认为，《山海间》是西藏在脱贫攻坚铸牢中华民族共同体意识中交出的文学答卷，也是新时代深入中国现实、用脚步丈量出有体温的沉实之作，更是一个诗人在时代浪潮中，由观察至行动的力量之诗。

【《幸福的旋律——西藏脱贫交响曲》新书发布会在拉萨举行】

10月24日，由西藏自治区文联主办，西藏作协和西藏评协承办的吉米平阶纪实文学作品《幸福的旋律——西藏脱贫交响曲》首场发布会在拉萨举行。该书是以吉米平阶为代表的西藏广大文学工作者自觉承担起文学使命任务，用文学作品讴歌党和人民的生动实践，是记录西藏脱贫伟大征程的纪实文学作品。该书获得“记录小康工程”国家出版基金专项资助。

【西藏作协2021年度山南笔会暨第九届西藏“新世纪文学奖”颁奖会圆满举行】

11月8日至12日，西藏自治区文联、西藏作协、山南市文联共同举办了2021年度山南笔会暨第九届西藏“新世纪文学奖”颁奖会。参与此次笔会的西藏作家共计70余人。开幕式上颁发了第九届西藏“新世纪文学奖”。获得此次“新世纪文学奖”的分别是朗嘎扎西藏语短篇小说《白璁玉》；普布扎西的藏语长篇小说《红辫尾》；智化加措（沙冒智化）汉语诗歌《沙冒智化的诗》；平措朗杰的汉语短篇小说《消失的高原红》。

【编纂完成《西藏自治区志·民俗志》终审稿定稿】

编纂完成《西藏自治区志·民俗志》终审稿定稿。该志书以西藏民俗发展脉络、交流史实及主要民俗现况为主要内容。

【以文艺作品唱响铸牢中华民族共同体意识主旋律】

创作了八廓街文艺元素为素材的舞蹈作品《八廓街的阿西》、美术作品《古城新貌》，组织创作小品《民族团结的呼声》《扫黑除恶》、弹唱《羊卓女儿心向党》，以文艺作品展示展现西藏与内地的交流交往交融史，深刻反映西藏文化是中华文化的重要组成部分的客观事实。

文化交流

【北京书协与西藏书协联合开展“结对子 共发展”合作互助系列活动】

9月11日至17日，北京书协、西藏书协“结对子·共发展”合作互助系列活动在拉萨拉开序幕。在本次交流活动中，两地书法家代表先后在西藏自治区文联、拉萨市文联、拉萨师范高等专科学校、拉萨北京实验中学、西藏大学、当雄县等地，为援藏干部、驻藏官兵、藏族群众、学生和当地书法工作者赠送书法作品，开展了创作笔会、书法讲座、书法座谈交流等多种形式的交流活动。

9月14日，中国书协理事、北京书协副主席方放、王立志分别带领书法家代表到西藏自治区文联、西藏大学进行书法讲座。

【西藏剧协与上海戏剧学院、中国国家话剧院、中国儿童艺术剧院建立合作关系】

8月，上海戏剧学院在西藏自治区话剧团建立教学实践基地，并顺利实施首期硕士研究生进藏采风活动。2021年，中国儿童艺术剧院继续选派演员吴旭进藏开展艺术创作，中国国家话剧院选派编剧钟海清进藏工作。

【西藏曲协会员斯塔多吉为四川省甘孜藏族自治州德格县基层曲艺工作者授课】

9月25日至29日，中国曲协在四川省甘孜藏族自治州德格县举办第六期民族地区曲艺工作者培训班。西藏曲协会员斯塔多吉应邀参加此次培训并代表西藏自治区曲艺家为甘孜藏族自治州德格县基层曲艺工作者授课。

机关建设

【党建工作】

西藏自治区文联党组狠抓党建工作责任制落实，党组书记自觉履行“第一责任人”责任，班子成员认真抓好分管处室、协会的党建工作，积极参加双重组织生活会，机关党委认真履职，全面贯彻落实西藏机关党的工作会议精神，主动谋划、主动思考，注重加强组织协调，分类指导和督促检查，扎实推动党建工作各项任务的落实。深入学习中央第七次西藏工作座谈会精神、习近平总书记视察西藏重要讲话精神、习近平总书记其他重要讲话指示精神和西藏和平解放70周年大会主要精神，认真履行管党治党主体责任，扎实开展党史学习主题教育、“三更”专题教育，全年组织党组理论中心组学习会11次，邀请专家辅导3次。组织开展各类学习近100次，发放各类学习资料600余份，开展各类党建活动21次，主题党日活动7次。

【廉政建设】

坚持把纪律规矩挺在前面，严肃党内政治生活，严格落实中央八项规定精神及其细则和西藏自治区区党委实施办法，以干部政治素质自查和干部职工思想动态分析为抓手，开展文联机关作风突出问题专项整治，开展内部巡视监督，注重党风廉政建设和反腐败斗争，开展与重点岗位工作人员廉政提醒谈话工作。全年共督导警示干部职工23人次，机关纪委开展函询2人，约谈2人，诫勉1人，批评教育1人，提醒谈话3人次，用好监督执纪“四种形态”，教育警示广大干部职工廉洁自律、廉洁从政。

【意识形态工作】

加强对主办的各类文艺活动和文艺作品的政治审核把关，所属的5个文艺期刊和7个西藏文艺微信公众号等不断加大正面宣传力度，以优秀作品牢牢占领意识形态阵地，确保了正确的文艺方向和办刊宗旨。领导班子成员按照“一岗双责”要求抓好职责范围内党建工作，层层签订党建工作责任书、意识形态工作责任书。坚持在日常工作生活学习中了解掌握文艺从业人员的思想状况，要求文艺家们在创作时把准政治方向。

【深化改革工作】

根据西藏自治区文联深化改革工作，认真研究制定了50项文联深化改革任务分解细化方案，先后制定印发《关于全力推进未完成改革事项的通知》（藏文联党字〔2021〕81号）、《区文联党组贯彻落实〈西藏自治区文联深化改革方案〉任务清单》等相关文件3份，明确改革任务、完成时限，将责任任务落实到人头上，切实增强责任感和使命感，保证区文联改革工作顺利高效推动。文联深化改革工作共有50项改革任务，截至目前已完成45项，占90%；正在推进的改革任务5项，占10%。西藏美术馆项目建设进展顺利，预计2022年底开馆。

各文艺家协会

【西藏作家协会】

10月17日，由西藏作协、西藏评协、西藏民族大学共同主办的第三届新时代藏族文学高端论坛暨西藏当代文学研究会2021年会在林芝举行。

11月，西藏作协会员沙冒智化的诗歌《沙冒智化的诗》，平措朗杰的短篇小说《消失的高原红》，朗嘎扎西的短篇小说《白璁玉》，普布扎西的长篇小说《红辫尾》，平措朗杰的短篇小说《消失的高原红》荣获2021年度第九届西藏“新世纪文学奖”。

12月，西藏作协会员沙冒智化的著作《掉在碗里的月亮说》入选中国作协2021年度“中国少数民族文学之星”丛书。

【西藏美术家协会】

3月至9月，西藏美协分别在日喀则市各县区对西藏传统唐卡的文化生态和创作成果进行深入下乡采风调研。

6月6日至10日，西藏美协前往林芝市、拉萨市各县进行“深入生活、扎根人民”采风活动。

9月9日，西藏美协组织人员陪同中国美协分党组书记徐里一行3人前往日喀则、阿里等地进行文化考察。

【西藏书法家协会】

7月15日，西藏书协为那曲市比如县第一小学授予“西藏自治区书协书法教育示范基地”揭牌仪式，后续共为7所学校和单位挂“西藏自治区书协书法教育示范基地”。

10月14日，西藏书协和西藏自治区教育厅共同举办的为期9天的“第六期全区中小学书法教师研修班”开课。

11月13日，举办“我与书画——巴珠书画作品展”。

【西藏摄影家协会】

10月17日，西藏摄协会员多吉作品《庆祝建党百年　布达拉宫灯光秀》获“第五届中国图片大赛”典藏银奖，格桑伦珠作品《春耕仪式》（组照）获“第五届中国图片大赛”典藏铜奖。

10月21日，西藏摄协会员贡觉群培的作品《高原精灵》记录类组照入选第28届全国摄影艺术展览。

10月23日至24日，在西藏自然科学博物馆举行西藏摄协会员洛桑《天际风情·唯美阿里》个人摄影作品展。

【西藏音乐家协会】

5月23日，由西藏音协创编的儿歌《高原孩子心向北京》入选西藏自治区党委宣传部组织的“童唱新时代·永远跟党走”原创少儿歌曲优秀作品。

8月，圆满完成了中国音协音乐考级西藏考场的考级工作，增加了西藏林芝考点。

【西藏舞蹈家协会】

4月29日，西藏舞协带队参加国家广播电视总局联合中国关心下一代工作委员会举办的“花儿向阳、童心向党——庆祝中国共产党成立100周年全国少儿晚会”。

【西藏曲艺家协会】

“纪录小康工程”3部作品：小品《学好双语奔小康》《脱贫好政策》、相声《村规民约》完成，并报西藏自治区党委宣传部。

推荐拉萨市曲艺队旦确、阿旺桑培、金巴旦增3人参加中国曲协举办的第4期边远地区曲艺工作者网络培训班。

【西藏戏剧家协会】

6月29日、30日，西藏话剧团创演的朗诵剧《光辉永颂》在拉萨隆重上演。

西藏剧协承办了《法制西藏》15集专题片的创排工作，结合党史学习教育和“三更”专题教育，推出首期“光辉永颂”线上视频《青山不语，丰碑永存》2集视频短片，并通过微信公众平台进行线上传播。

10月、11月，西藏剧协完成话剧《哈姆雷特》，参加乌镇戏剧节、大凉山国际戏剧节等“两节两展”的演出工作。

【西藏民间艺术家协会】

7月24日至28日，中国民协第十次全国代表大会在北京举行，西藏代表罗布斯达、平措顿珠、赵薪至当选中国民协第十届理事会理事。

【西藏影视艺术家协会】

8月，西藏影协会员参加了中国视协2021年基层电视艺术工作者网络培训班（第二期）。

11月至12月，完成西藏自治区文联40周年宣传片拍摄制作工作。

【西藏文艺评论家协会】

9月14日，西藏评协成立会议在拉萨举行，补上了祖国西部地区省级评协组织的一大块留白，雪域高原文艺评论事业翻开崭新篇章。中国评协副主席兼秘书长、中国文联文艺评论中心主任徐粤春出席并讲话。此次会议选举产生西藏评协党支部书记、第一届理事会，任命了第一届秘书长。

10月26日，西藏评协副秘书长在线上参加西部文艺评论工作座谈会并发言，共商西部文艺评论工作协作机制。

11月17日，西藏评协2021年工作总结会暨未来五年工作设想会在拉萨召开。会议期间，中国评协理事、西藏大学党委副书记、校长金永兵作了题为《丹纳的艺术理论与批评方法》的专题讲座。

基层文联

【拉萨市文联】

12月24日，拉萨市文学艺术界联合会二届四次全委会召开。拉萨市委常委、宣传部部长王慧出席会议并讲话，参会委员代表30余人。

10月14日至18日，江苏省文艺小分队先后前往拉萨市达孜区、墨竹工卡县、曲水县、林周县开展“苏拉一家亲 共圆复兴梦”惠民演出暨文化交流活动。

【日喀则市文联】

3月，举办第二届“雅鲁藏布文学艺术奖”颁奖典礼，全面总结3年来日喀则文学艺术工作取得的成绩，为30部优秀作品、3位个人成就奖获得者颁奖。

2021年，普布次仁散文《吉隆散记》荣获第十届“章恰尔”文学奖，石达诗歌《十月二十五》荣获第六届岗尖梅朵文学奖，朗嘎扎西小说《白璁玉》荣获第九届西藏新世纪文学奖。西落新题材唐卡《架起汉藏联姻金桥》、日喀则市广电局微电影《遥远的地方》荣获全区铸牢中华民族共同体意识优秀作品奖，尼夏美术作品《五十六个民族团结》被中国共产党历史展览馆收藏、次仁旺加等创作的美术作品《金瓶掣签》被中国美术馆收藏，周明晖的美术作品《小康新村望果节》被西藏百万农奴解放纪念馆收藏。

【山南市文联】

4月17日，举办以“匠心笔韵 埃赤芳华”为主题的藏文书法展，展出市级埃赤体藏文书法传承人多吉次仁的作品，参观展览人数达2000余人。

6月26日，在山南市第二高级中学开展了“百年颂歌 奋勇逐梦”为主题的美术摄影书法展，参观展览人数达2500余人。

【林芝市文联】

8月1日至5日，制作MTV《恩重如山》，时长4分30秒，主要展现了7月21日习近平总书记在林芝嘎拉村、工布公园等地考察的珍贵镜头，展现以习近平同志为核心的党中央对西藏各族干部群众的亲切关怀，展现林芝各族人民衷心拥戴、信赖、忠诚、捍卫核心的真挚情感，展现近年来林芝经济社会发展的辉煌成就。

林芝市委宣传部、林芝市文联精心组织市文联书法美协、摄协潜心开展创作，征集书法、美术、摄影作品150余幅，出版《林芝市庆祝中国共产党成立100周年、西藏和平解放70周年书法美术摄影展作品集》，为建党100周年献礼。

【那曲市文联】

8月6日，由那曲市委宣传部、那曲市文联主办的“砥砺奋进新那曲、逐梦前行新时代——那曲市庆祝中国共产党成立100周年、西藏和平解放70周年摄影展”在那曲市中央广场举行，展出作品300幅。通过摄影作品描绘出那曲的绚丽图景，展现出那曲的风景之美、服饰之美、民俗之美、文化之美。

12月24日，那曲市首届“羌塘文学艺术奖”颁奖典礼在那曲大厦城投剧院隆重举行，表彰了一批长期奋斗在那曲文艺战线的优秀文艺工作者以及优秀文艺作品，激励更多人参与到那曲文化建设中来。

【昌都市文联】

6月20日，举办“奋进百年路　歌颂新时代”——庆祝中国共产党成立100周年、西藏和平解放70周年诗歌咏诵会，并通过华龙网、上游新闻、昌都电视台官方抖音进行了现场直播，网络直播总点击量超过10万人次。

12月19日，昌都市文学艺术界联合会第一次代表大会召开，选举产生了市文联第一届委员会主席、副主席、兼职副主席、委员和市级团体协会主席、副主席，聘请了昌都市文学艺术界联合会名誉主席。

【阿里地区文联】

8月13日，庆祝中国共产党成立100周年暨西藏和平解放70周年“党的光辉照边疆·边疆人民心向党”主题情景歌舞晚会演出在阿里地区影剧院举行。

9月30日，阿里地区庆祝西藏和平解放70周年书画摄影展在阿里地区群艺馆举行。

陕西省文联

综　述

2021年，陕西省文联在陕西省委、省政府的坚强领导下，在中国文联的亲切关怀下，深入学习贯彻党的十九大和十九届中央历次全会精神、习近平总书记“七一”重要讲话精神和习近平总书记来陕考察重要讲话重要指示精神、第十一次全国文代会精神，坚持创造性转化、创新性发展，聚焦举旗帜、聚民心、育新人、兴文化、展形象的使命任务，团结引领陕西省广大文艺工作者深入生活、扎根人民，自觉把工作融入党和国家事业发展大局，在培根铸魂上展现新担当，在守正创新上实现新作为，在明德修身上焕发新风貌，为实现陕西高质量发展提供了强大的价值引导力、文化凝聚力和精神推动力。

会议与活动

【“我们的中国梦”——文化进万家系列文艺志愿服务活动】

1月下旬，陕西省文联邀请省内书法名家，为基层群众义写春联、送“福”字。受疫情影响，采取了组织书法家集中创作，作品统一邮寄的形式，切实将党和政府的关怀与温暖送到群众心中。2月26日，走进“十四运”建设工地（陕西国际体育之窗项目），以喜闻乐见的文化活动慰问春节期间依然坚守在施工一线的建设者，并向先进个人和集体赠送书画作品，以实际行动助力“十四运”举办，凝聚奋斗共识。5月25日，组织陕西省书画家走进西安体育学院鄠邑校区，向“十四运”会场馆捐赠书画作品。

【陕西省2021年“学雷锋志愿服务月”活动】

3月5日，陕西省2021年“学雷锋志愿服务月”活动启动仪式在西咸新区空港新城隆重举办。活动以“争做志愿先锋、践行志愿精神、弘扬时代新风”为主题。仪式上，分别为空港新城“志愿服务实践基地”授牌，为西咸新区空港新城学雷锋志愿服务活动授旗，学雷锋先进人物进行了事迹分享。4月12日至15日，“‘我们的中国梦’——文化进万家　陕西文联学雷锋文艺志愿服务活动”分别走进安康市平利县和汉中市西乡县。陕西省文联通过慰问演出、文艺培训、采风调研等多种形式，组织文艺志愿者把文化送到基层，为两地1500余名群众送上了内容丰富的文艺大餐。

【举办新闻写作和摄影培训】

3月11日，举办新闻写作和摄影培训班，陕西省文联机关和直属文艺家协会100余名干部参加。培训邀请西安报业传媒集团对外文化传播中心主任、高级记者周媛和陕西日报新媒体示范推广部主任、高级摄影师刘强，分别作了《浅谈新闻报道写作》和《在平凡中发现精彩》专题授课。通过培训，陕西省文联干部综合素质得到进一步提升。

【党史学习教育动员大会】

3月15日，陕西省文联召开党史学习教育动员大会，文联机关和各直属文艺家协会100余人参加。陕西省文联党组书记、常务副主席吴丰宽作动员讲话并安排部署党史学习教育工作，陕西省委党校党史教研部闫朦教授为全体干部作了题为《中国共产党百年历程和宝贵经验》的讲座。会议要求广大干部以党史学习教育为契机，深刻领会100年来党带领我们取得的历史性成就和历史性变革，坚持不懈用党的创新理论最新成果武装头脑、指导实践、推动工作，更好地服务广大文艺工作者，不断推动陕西文艺事业繁荣发展，以优异成绩迎接建党一百周年。

【2021年机关党的建设暨纪检工作会议】

3月23日，陕西省文联召开2021年机关党的建设暨纪检工作会议。陕西省文联党组书记、常务副主席吴丰宽，党组成员、专职副主席陈谦、蔺雨出席会议，陕西省纪委监委驻省委宣传部纪检监察组二室主任薛云峰到会指导。会议全面总结了2020年党的建设和纪检工作取得的成绩，安排部署了2021年工作，签订了机关党建和党风廉政建设责任书，印发了《党的建设工作要点》和《纪检工作要点》。

【五届十二次全委会】

4月1日，陕西省文联五届十二次全委会在西安召开。会议围绕贯彻落实习近平新时代中国特色社会主义思想和党的十九届五中全会精神，全面回顾总结了2020年工作，研究部署2021年工作任务，进一步团结动员全省文艺工作者立足新发展阶段，认真贯彻中央和省委决策部署，坚持以人民为中心，勇于担当、积极作为，为陕西文化强省建设、奋力谱写陕西新时代追赶超越新篇章作出新的更大贡献。陕西省文联党组成员、专职副主席陈谦主持会议，陕西省文联主席团和全体委员参加了会议。陕西省文联党组书记、常务副主席吴丰宽作了题为《立足新阶段 彰显新作为 为陕西文化强省建设作出新贡献》的工作报告，陕西省文联党组成员、专职副主席蔺雨宣读了《关于递补雷晴初等同志为陕西省文联第五届委员会委员的决定》。

【学党史 传精神 跟党走——“到人民中去”陕西文艺界采风慰问活动】

5月7日，“到人民中去”陕西文艺界采风慰问活动在革命圣地延安盛大开启。本次活动是陕西文艺界开展党史学习教育的重要组成部分，是陕西省文联庆祝党的百年华诞，落实“学党史、跟党走，我为群众办实事”要求的生动实践。由陕西省知名文艺家、文艺志愿者和新闻媒体共70余人组成的采风慰问团，先后赴洛川、延安、志丹、照金等地开展采风慰问活动。慰问演出期间，陕西省知名书画家为革命老战士和志丹采油厂先进工作者赠送了书画作品，向他们致以崇高敬意和良好祝愿。

5月8日，“学党史 传精神 跟党走”陕西文艺界纪念毛泽东同志《在延安文艺座谈会上的讲话》发表79周年座谈会在杨家岭革命旧址召开。陕西省知名文艺家汇聚一堂，重温毛泽东同志在延安文艺座谈会上的讲话精神，围绕“学习贯彻习近平总书记在党史学习教育动员大会上的重要讲话精神，守初心、担使命，奋力谱写新时代文艺新篇章”主题，结合自身文艺实践交流心得，发表体会。活动间隙，艺术家们前往洛川会议纪念馆、延安市宝塔山、杨家岭革命旧址、鲁艺旧址、延安文艺纪念馆等地参观学习。

【陕西省庆祝中国共产党成立100周年交响音乐会】

6月15日晚，陕西省庆祝中国共产党成立100周年交响音乐会在西安音乐厅举行。陕西省委常委，部分正省级老领导，陕西省人大、省政府、省政协领导同志，省委和省级国家机关各部门、各民主党派、人民团体主要负责同志，与江苏省对口帮扶陕西省工作队队员、陕西省先进典型代表和各界干部群众一起观看了演出。

音乐会分上下两个半场，上半场演奏序曲《红星照耀中国》和《吴起镇》《山高水长》《奔向延安》三个乐章，下半场演奏《饮马延河边》《南泥湾的歌声》《晨曦》《东渡》《啊！延安》五个乐章，以极富陕西特色的音乐语言，展现中国共产党人用忠诚捍卫真理、用生命奋斗理想的不屈意志和坚定信念，音乐会在全场高唱《没有共产党就没有新中国》中结束，表达了干部群众深入学习贯彻习近平总书记来陕考察重要讲话精神，奋力谱写新时代陕西追赶超越新篇章，为全面建设社会主义现代化国家努力奋斗，为实现中华民族伟大复兴的中国梦贡献陕西力量的坚定决心。

【组织举办陕西省文联处级干部党史学习教育专题培训】

6月15日至17日，陕西省文联在陕西省委党校（行政学院）举办处级干部党史学习教育专题培训班。陕西省文联党组书记、常务副主席吴丰宽出席开班仪式并作动员讲话，陕西省委党校（行政学院）副校长、一级巡视员安锐出席并致辞，文联机关各处室、各协会处级干部共55人参加了培训。

培训围绕建党百年党的建设的历史演进与重大贡献、坚持和完善马克思主义在意识形态领域指导地位的根本制度、国内国际宏观形势分析、学习党的历史谱写时代华章等主题，由党校教授进行专题辅导。全体学员通过集中学习、专家辅导、交流研讨、撰写心得等形式强化学习效果，进一步深化了党员干部对党的性质宗旨的认识，树立了正确的党史观，进一步增强了党性，坚定了学党史、悟思想、办实事、开新局的决心。

【举行陕西省庆祝中国共产党成立100周年美术作品展览】

6月20日至27日，陕西省庆祝中国共产党成立100周年美术作品展览在陕西省美术博物馆举行。陕西省委常委、省委宣传部部长王晓出席并宣布展览开幕。本次展览展陈美术作品340余幅(件)，同时特邀著名艺术家的多幅精品佳作参展，是陕西省规模大、范围广、种类全的重大党史题材美术创作大展。参展作品艺术地呈现了中国共产党成立100年来的重大事件、重要人物和优秀共产党人，热情讴歌了中国共产党带领中国人民进行革命、建设、改革的伟大实践和辉煌成就，生动展现了中国共产党领导各族人民为中华民族伟大复兴不懈奋斗的光辉历程。展览在干部群众中受到好评，进一步激发了全社会爱党、爱国、爱社会主义的巨大热情。7月17日至24日，在延安革命纪念馆举办陕西省庆祝中国共产党成立100周年美术作品巡展（延安站），共109幅（件）作品参加本次巡展。7月30日至8月13日，“陕西省庆祝中国共产党成立100周年美术作品巡展（安康站）”在安康美术馆举办，助力推进安康地区今后的美术创作和美术实践。9月29日，“陕西省庆祝中国共产党成立100周年美术作品巡展（宝鸡站）”在宝鸡市展览馆开展，展示了全省老中青三代美术家在陕西美术事业发展和建设中的主体影响力。12月8日，“陕西省庆祝中国共产党成立100周年美术作品江西巡展”开幕式在江西省美术馆举办，让来自红色陕西的文艺精品火种传播到更广阔的天地。

【举办“庆祝中国共产党成立100周年陕西省道德模范先进事迹影像展”】

6月25日至27日，“庆祝中国共产党成立100周年陕西省道德模范先进事迹影像展”在西安市大雁塔北广场举办。影展收录了“敬业奉献”“助人为乐”“诚实守信”“孝老爱亲”“自强励志”“见义勇为”6个板块的100位道德模范的先进事迹。展览图文并茂，直观详细地展现道德模范的工作、生活，讲述了他们的感人故事。影展旨在通过宣传道德模范的先进事迹，弘扬真善美、传播正能量，教育广大干部群众崇德向善、见贤思齐，引导全社会积善成德、明德惟馨，为奋力谱写陕西新时代追赶超越新篇章凝聚磅礴精神力量和坚强道德支撑。

【庆祝中国共产党成立100周年表彰大会】

6月30日，隆重召开庆祝中国共产党成立100周年表彰大会。陕西省文联党组成员、机关各处室、各文艺家协会全体党员、党员发展对象和入党积极分子共百余人参加会议。党组成员、专职副主席陈谦主持会议，党组书记、常务副主席吴丰宽讲话。会议表彰了2020-2021年度先进党支部、优秀共产党员和优秀党务工作者，通报了“光荣在党50年”纪念章发放情况和党史学习教育知识竞赛活动开展情况，举行了庄重的入党宣誓仪式，2名同志光荣加入中国共产党，全体党员重温入党誓词。吴丰宽为全体党员讲授《中国精神是社会主义文艺的灵魂》专题党课，陕西省委党史学习教育巡回指导组陈海燕受邀参加。会议表达了陕西省文联全体党员对党的百岁生日的美好祝愿，进一步增强了全体党员在中国共产党领导下接续奋斗、再创辉煌的坚定决心。会议号召全体党员站在新的历史起点上，从百年党史中汲取强大精神力量，不忘初心、牢记使命，奋发有为、锐意进取，为实现陕西文艺事业高质量发展、奋力谱写陕西追赶超越新篇章作出新的更大贡献。

【组织参观“为人民谋幸福　为民族谋复兴——陕西省庆祝中国共产党成立100周年”主题展】

7月6日，陕西省文联组织党员干部集体参观“为人民谋幸福　为民族谋复兴——陕西省庆祝中国共产党成立100周年”主题展。主题展分为“开天辟地”“奠基立业”“历史转折”和“奋进新时代”四个部分，涵盖延安光辉、改革开放、推动经济高质量发展迈出更大步伐、坚决打赢脱贫攻坚战等17个单元，通过650余幅图片、近350件实物，全方位、多角度展示了三秦儿女在党的百年伟大征程中筚路蓝缕、砥砺前行的奋斗历程。

【开展“走进新时代文明实践中心”文艺志愿服务活动线上培训活动】

9月8日至10日，陕西省文联举办了“走进新时代文明实践中心”文艺志愿服务活动线上培训活动。培训依托“菜单式服务”工作模式，设置了合唱培训、手机摄影、书法创作、短视频拍摄、文学创作等课程，邀请陕西省内相关艺术领域知名专家为广大基层文艺创作骨干、文艺爱好者进行网络授课。本次培训是陕西省文联“走进新时代文明实践中心”系列活动启动以来，首次采取线上培训的形式开展活动，网络点击关注量达到12.3万人次，进一步扩大了文艺培训受众群体的覆盖面。

【陕西文艺工作者职业道德和行风建设工作座谈会】

9月13日，陕西文艺工作者职业道德和行风建设工作座谈会在西安召开。会议旨在深入学习贯彻习近平总书记关于文艺工作的重要论述，落实中宣部和中共陕西省委宣传部关于开展文娱领域综合治理工作通知相关要求部署，落实中国文联职业道德和行风建设座谈会精神，聚焦文娱领域违法违规、失德失范现象，着力提高陕西省文艺工作者职业道德素养，维护陕西省文艺界昂扬向上、风清气正的行业风气，推动陕西省文艺事业健康发展。陕西省委宣传部相关领导，陕西省文联党组及相关领导、主席团成员、特邀艺术家、有关处室负责人，省级文艺家协会主席、秘书长，各市文联、行业文联负责人，陕西省文联文艺工作者职业道德建设委员会委员及新闻媒体70余人参加了会议。陕西省委宣传部二级巡视员睢励军就如何开展文娱领域整顿工作进行了工作部署，陕西省文联党组书记、常务副主席吴丰宽围绕文联组织、文艺工作者如何履职尽责作了题为《坚守艺术理想　践行德艺双修》的讲话。会议组织学习了中宣部《关于开展文娱领域综合治理工作的通知》，传达了《中国文联关于大力推进文艺工作者职业道德建设和文艺界行风建设的意见》，宣读了《修身守正　立心铸魂——致广大文艺工作者倡议书》，与会人员共同学习了《中国文艺工作者职业道德公约》《文艺工作者广告代言自律公约》等文件。

【纪念长安画派晋京60周年座谈会】

9月25日，纪念长安画派晋京60周年座谈会在西安举行，陕西省50余位业界专家学者会聚一堂，回溯“长安画派”艺术精神，探讨历史文脉在当代的赓续、传承，为做大做强有影响力的陕西文化品牌建言献策。

【开展灾后恢复建设捐赠活动】

11月11日，陕西省文联、陕西省美协、陕西省音协携手陕西省雷珍民书画研究院、西安天然汇美术馆走进安康市紫阳县白鹤村，开展灾后恢复建设捐赠活动。陕西省文联捐赠现金8万元、电脑、打印机各一台、体育用品一批，陕西省音协捐赠数码钢琴、电子琴各一台，陕西省雷珍民书画研究院、西安天然汇美术馆捐赠书包206个、实木雕刻餐桌椅一套、书画用品一批，爱心艺术家郭线庐、吕峻涛、刘奇伟、宋亚平、王犇、王肖锋、雷婉萍、李晓鹏、明亮、兰强、牛立一、何虎林通过创作作品捐赠2万元。

【陕西省委常委、省委宣传部部长王晓到陕西省文联调研】

11月22日下午，陕西省委常委、省委宣传部部长王晓到陕西省文联调研指导工作，陕西省委宣传部副部长柯昌万陪同，陕西省文联党组成员、各协会负责人、陕西省作协党组成员及部分艺术家代表参加座谈。王晓一行听取了陕西省文联党组书记、常务副主席吴丰宽和陕西省作协党组书记、常务副主席齐雅丽作的工作汇报，与艺术家们进行深入交流。王晓宣讲了党的十九届六中全会精神，对近年来陕西文学艺术界在重大节点文艺创作、打造陕西文学艺术新品牌、出新人新作、弘扬社会主义核心价值观、文艺讲好中国故事、文艺服务人民等方面的工作成效给予充分肯定。王晓强调，要深入学习贯彻党的十九届六中全会精神，文学文艺创作要突出政治性、思想性、艺术性和观赏性，以高度的历史感、时代感、使命感和责任感，坚定理想信念，拥护“两个确立”，做到“两个维护”。要将资源与创意、文艺与科技、人才和平台结合起来，传承优良传统，引领时代步伐。要突出政治、能力和作风建设，践行初心使命，抓好优势集成，创新工作机制，加强自身建设，做到永续创新，推进陕西文化高质量发展。

【举办“党的光辉照我心”——庆祝中国共产党成立100周年音诗画文艺晚会】

11月26日晚，“党的光辉照我心”——庆祝中国共产党成立100周年音诗画文艺晚会在西安人民剧院隆重举办。陕西省委宣传部、陕西省文联有关领导，“陕西好人”、道德模范、抗疫一线的白衣战士和环卫工人等各界代表共同观看演出。晚会用文艺形式回顾党带领人民从站起来、富起来到强起来的百年历程，表达了陕西文艺界在习近平新时代中国特色社会主义思想引领下，坚定不移，奋勇前进，以高质量发展的优异成绩，迎接党的二十大胜利召开的坚定决心。晚会通过14个直播平台进行现场直播，180余万人次在线观看。

【组织举办“文艺两新”人才线上培训】

12月16日至17日，陕西省文联依托互联网直播平台，开展“文艺两新”人才线上培训活动。活动以习近平新时代中国特色社会主义思想为指导，采用线上专题讲座、评论区互动的培训形式，邀请陕西省内知名学者、专家教授、自媒体制作人为“文艺两新”人才授课。陕西省委党校管理学部教授、硕士生导师马红光，陕西省评协副主席段建军，著名文化学者、文艺评论家肖云儒，新长安推荐官联盟联合创始人杨东方等，分别作了《总结百年　奋进未来——十九届六中全会精神解读》《柳青开创的现实主义传统》《解读“中国文化的兼性思维”》《短视频的小屏幕大世界》等主题讲座。

【陕西省文联组建抗疫队伍支援一线】

12月28日晚，陕西省文联党组按照陕西省委安排，紧急部署、倡议组建起了一支20人的志愿抗疫队伍，下沉一线参与西安疫情防控工作，缓解基层防控压力，众志成城抗击疫情。29日清晨，陕西省文联支援抗疫人员陆续进入社区工作岗位，他们在关键时期协助社区做好值守执勤、核酸检测、物资配送、秩序管理、扶老助弱等工作。

获奖情况

“陕西文艺战线‘以文抗疫’项目”荣获2020年度陕西省宣传思想文化工作创新项目一等奖。

陕西省文联被中国文联表彰为“中国文联2020年度调研工作先进单位”。

庆祝中国共产党成立100周年陕西省道德模范先进事迹影像展项目获得2021年度全省宣传思想文化工作创新竞赛二等奖。

陕西省秦腔演员杨升娟荣获第30届中国戏剧梅花奖。

陕西省音协选送的男歌手冯金伟荣获中国音乐金钟奖。

《长安第二碗》荣获第十七届中国戏剧节优秀剧目奖。

《冰糖》获第九届亚洲微电影节优秀作品奖。

创作情况

结集出版《诗意秦岭——“大秦岭·中国脊梁”原创格律诗词征集获奖作品选编》，先后收集来自全国400余名作家1500余篇诗词稿件，经专家评委评选，320余件作品入选。

编印画册《陕西省庆祝中国共产党成立100周年美术作品集》。收录了“陕西省庆祝中国共产党成立100周年美术作品展览”及其巡展中的优秀作品。

完成了长安画派系列全部论文集，分别是《石鲁评论集》《赵望云评论集》《何海霞评论集》《综合评论集》《康师尧评论集　李梓盛评论集》《万济众评论集》《赵望云　石鲁　何海霞　方济众　康师尧　李梓盛年表》。

各文艺家协会

【戏剧家协会】

5月19日，陕西省剧协组织陕西省著名朗诵艺术家赴西安第二外国语学校，开展“童心向党•礼赞中国暨陕西省朗诵艺术进校园”活动。

6月16日，陕西省剧协第七届理事会第三次会议在西安召开。会议组织学习了习近平总书记在党史学习教育动员大会上的讲话精神，总结了第七届理事会第二次会议以来的工作成绩和不足，提出了今后的工作设想和工作计划，大会还增补了苗宝平、李恒义同志为第七届理事会理事。

6月22日至24日，2021年陕西戏剧创作研修班在西安成功举办。陕西省文联、陕西省剧协有关领导及陕西省戏剧专家、剧作者等50余人参加了此次研修班。陕西戏剧创作研修班自2013年举办以来，已成功举办了9期，对陕西戏剧事业的繁荣发展起到了积极的推动作用。

7月11日至14日，陕西省民间职业剧团优秀剧目展演在渭南市儿童影剧院举行，14日晚举行了颁奖仪式。陕西省文联、陕西省剧协有关领导，戏剧专家、陕西各地市演职人员等百余人参加了本次活动和颁奖仪式。中国秦腔网对展演进行了全程在线直播，线上观众达200多万人次。

10月13日，陕西省第八届校园艺术节在西安外事学院举行了首场演出，本届校园艺术节的主题是“筑梦青春·献礼百年”，共收到来自全省20余所高校报来的60余个剧目。通过举办艺术节活动，充分发挥戏剧艺术在培养道德情操、提高审美修养方面的特殊功能和潜移默化的育人效果，促进了在校学生德智体美劳全面发展。

【音乐家协会】

2月9日，陕西省音协六届四次主席团会议在西安召开，会议就采风创作、文艺志愿服务、文艺业务培训等进行了讨论。

4月24至25日，第十三届中国音乐金钟奖声乐比赛陕西选拔赛（美声、民族）在西安音乐学院艺术中心歌剧舞剧厅举行。

5月22日，“陕北民歌一百年　百首红歌唱给党”纪念毛泽东同志《在延安文艺座谈会上的讲话》发表79周年专场演出在陕北民歌大舞台举办。

6月10日，《赵季平音乐作品选集》首发式在西安举行，来自北京、上海等地音乐界的专家学者以及陕西省音乐界代表，共同参加了首发式活动。

6月11日至15日，第十三届中国音乐金钟奖声乐（民族）、钢琴全国选拔赛在西安举办。来自全国的220名声乐（民族）选手和121名钢琴选手在西安音乐学院角逐进入决赛阶段比赛的资格。

9月28日，“修身守正　立心铸魂”陕西省音协歌曲创作座谈会在西安召开，来自全省各地的知名音乐家代表和各地音协组织、音乐家组织相关负责人参加了座谈。

11月30日、12月1日、12月7日，先后举办第八届陕西音乐奖声乐比赛民族组决赛、美声组决赛和陕北民歌组决赛。

【美术家协会】

2月24日至3月8日，陕西省美协主席郭线庐带领专家组，先后赴陕西国画院、西安市美协、西安中国画院、西安美术学院和陕西省雕塑院开展建党百年主题美术创作观摩和指导工作。

6月7日至11日，“新时代·新气象·新表达——陕西省新文艺群体新文艺组织美术作品展览”在陕西美术馆展出。共展出中国画、油画、雕塑、综合材料等优秀的美术作品194件。通过展览引领陕西新文艺群体美术家坚持做有信仰、有情怀、有担当的新时代文艺工作者，以多样的画种、丰实的笔触和饱满的热情为党放歌抒怀，构筑陕西美术创作的新时代、新气象、新表达。

6月12日至14日，陕西省美协组织写生团赴旬邑开展红色之旅采风活动。写生团分别参观了古豳文化博览园、赵家洞石窟、官家洞石窟、唐家民俗博物馆、马栏革命纪念馆并进行了写生和讨论交流。

7月7日至13日，“庆祝中国共产党成立100周年——丝路荣光·川陕中国画作品交流展”在成都文轩美术馆举行。本次展览是川陕美术家精品力作的展示，分别展出四川和陕西中国画作品61件，主题涵盖了西部发展、风土人情、日常生活、人民情感，旨在反映千百年来的丝路文脉与新中国沧桑巨变，鼓励美术家创作描绘中国崛起、大国担当的主旋律作品，进而深化两省文化交流，推动文化事业发展。

【书法家协会】

5月29日至30日，2021年首场陕西书法大讲堂活动在安康石泉县举办，来自安康及汉中的130多位书法工作者和爱好者参加培训。此次书法大讲堂是陕西省书协下基层巡回举办的首场活动，也是陕西省书协践行“我为群众办实事”的一项重要举措。

7月16日至8月14日，庆祝中国共产党成立100周年系列书法展（陕西篇）“继往开来　再创辉煌”陕西省书法篆刻作品展在宝鸡美术馆展览。展览以“继往开来　再创辉煌”为主题，以书法篆刻的艺术形式重温中国共产党可歌可泣、气壮山河的辉煌历史，展示党的光辉形象，表达对党的拥护和爱戴之情。通过书史、学史而明理、增信、崇德、力行，激励全省广大书法工作者听党话、跟党走。展览汇集了陕西省书协主席团成员、顾问、专业委员会成员和全省优秀书法家作品131件。通过书写老一辈无产阶级革命家的诗词、名言，习近平总书记关于文化文艺工作的重要论述，红色经典语录等内容，展现了中国共产党的光辉历程和丰功伟绩，体现了陕西书法艺术界为党的百年华诞献礼的拳拳之心。

7月30日，陕西省书协举办“翰墨丹青慰官兵，矢志强军书忠诚”书法进军营活动，组织书法家走进94188部队开展志愿服务活动，为广大官兵书写并赠送作品，讴歌光荣的人民军队，加强军队文化交流。

11月17日，陕西省首届妇女书法篆刻展在咸阳市清渭楼美术馆隆重举办，共183件作品入展，80件作品入选。这些作品立意新颖、主题突出、艺术特色鲜明，整体反映出活跃于陕西书坛的女性书家的创作水平和审美取向。展览的成功举办，弘扬了传统文化、彰显了书法的魅力，营造了以书育人的良好氛围，展示了全省妇女书法家的积极向上的精神风貌。

11月27日至28日，陕西书法大讲堂在线上举办，陕西省书协理事、草书委员会副主任唐永平、陕西省书协学术委员会副主任岳峰、陕西省书协学术委员会副主任刘天琪为广大书法工作者和爱好者作了《当前国展行草书创作漫谈》《中国书法当代创作“拙”与“正大气象”考量》《陕西书法资源挖掘与应用》专题讲座。

12月4日至5日，2021年陕西省书法大讲堂继续在线上开讲。为期两天的线上课程共安排了4场精彩讲座，共计16000余人次观看课程直播。

【摄影家协会】

3月12日，陕西省摄协艺术摄影委员会挂牌仪式在汉中市举行。省摄协、汉中市文联、汉中市摄协和艺术摄影委员会主要领导，省市部分摄影家、各县区摄协负责人等出席。与会摄影家还就创作思路、艺术经历、艺术摄影委员会工作及专业定位、目标要求等问题进行了探讨分享。

3月27日，陕西省摄协黑河国家森林公园摄影创作基地授牌仪式在黑河国家森林公园举行。

6月30日，“我和我的陕西”——庆祝中国共产党成立100周年摄影展在西安博物院开展。入展作品120幅（组），影展从百年成就、大美陕西、特色民俗、幸福生活等方面，集中展现了陕西这片沃土在党的领导下的百年变迁，昔日贫穷落后，今朝脱贫致富的美好生活。

7月22日至25日，“大秦岭·中国脊梁”文艺创作系列工程之“秦岭四宝”摄影展在西安电影制片厂门口举办。本次展览共计收到作品2178幅（组），选展120幅（组）。

9月10日，陕西省摄协职业道德和行风建设工作座谈会在西安召开。

11月27日至12月3日，庆祝中国共产党成立100周年暨陕西省第十九届摄影艺术展在陕西美术馆成功举办。陕西省文联、陕西省摄协、陕西美术馆、陕西电力文联等领导出席开幕式。来自全省的数十位著名摄影家，各地市（行业）摄协、各专业委员会负责人，媒体记者及摄影爱好者500余人参加了开幕仪式。本届摄影展展出作品内容丰富，精彩纷呈，共有291件作品入选，其中记录类作品116幅（组），长期关注类作品21组，艺术创意和商业类作品83幅（组），风光类作品52幅（组），多媒体类作品19件。本届摄影展语汇更加多样化，关注角度更加多元化，展现方式更加多维化，整体呈现了陕西摄影界两年来的创作趋势，为广大观众提供了一道丰盛的艺术大餐。11月28日上午，陕西省委宣传部副部长单红、陕西省妇联二级巡视员陈小江一行参观了庆祝中国共产党成立100周年暨陕西省第十九届摄影艺术展。陕西省文联党组成员、专职副主席贺晋东，陕西省摄协副主席兼秘书长杨洪波等陪同观展。

【曲艺家协会】

5月23日，陕西省曲协专业艺委会成立大会在西安隆重召开，会议宣布陕西省曲协志愿者工作委员会、职业道德建设委员会、新文艺群体委员会、创作委员会、校园曲艺人才工作委员会隆重成立。

6月26日晚，陕西省庆祝中国共产党成立100周年百场舞台艺术精品展演——“陕西快板讲陕西故事”优秀曲艺作品专场展演活动在西安举办，陕西省曲艺工作者用精品力作献礼党的百年华诞。

7月8日至9日，陕西省曲协组织陕西省曲艺名家走进空军工程大学，举办“陕西快板讲陕西故事”培训交流活动。

10月5日，“曲苑杂谈——曲艺名家陕西公益大讲堂”首场活动在西安举行。中国曲协快板书艺委会主任、李派快板书传承人、著名快板书表演艺术家李少杰，山东曲协名誉主席、曲艺作家、理论家孙立生，陕西省曲协秘书长赵光远、陕西省曲协副秘书长杨锦龙及全省曲艺创作者、表演者、爱好者、少儿曲艺小演员等80余人参加活动。10月6日晚，在人民剧院举行陕西曲艺专场演出。

11月28日晚，“践行社会主义核心价值观”第五届陕西省少儿曲艺展演活动在西安青曲社鼓楼剧场举办。陕西省文联有关领导及陕西省曲艺名家、现场观众200余人观看了精彩的演出。展演活动共推出14个优秀节目，展示了陕北说书、陕西快书、快板书、相声、小品等多种曲艺形式在陕西的传承与发展。演出内容守正创新、丰富多彩，弘扬正能量，充分表现了广大少年儿童昂扬向上的精神面貌和对远大理想的积极追求。

【舞蹈家协会】

5月15日，举行庆祝中国共产党成立100周年暨“515一起舞——中国舞蹈日”群众网络舞蹈展演活动。广场舞、街舞、民族民间舞、流行舞等60多个节目陆续进行了展演。

7月31日至8月1日，“以美育人 科学育人”舞蹈高峰论坛在陕西省小天鹅艺术团剧场举办。本次论坛以线上直播的方式开展，汇集国内舞蹈艺术专家和陕西省舞蹈艺术界专家学者，共同探讨科学训练、科学舞蹈在美育教育中的重要价值和意义。论坛进行主旨发言5场，并开展现场交流研讨、教学实践、团队展示，取得了良好效果，陕西省1.1万余名少儿舞蹈老师在线学习，达到了提高陕西少儿舞蹈师资水平、促进陕西少儿舞蹈科学教学发展的目的。

9月9日，“修身守正 立心铸魂”陕西省舞协文艺工作者职业道德和行风建设工作座谈会暨陕西省舞协第三次主席团工作会在西安召开。陕西省舞协主席团全体成员和工作人员参加了会议。会议以“修身守正 立心铸魂”为主题，深入贯彻落实习近平总书记关于文艺工作的重要论述，紧密结合党史学习教育和文艺队伍教育整顿，研究部署陕西舞蹈文艺工作者职业道德和行风建设，进一步推动陕西舞蹈文艺队伍良性健康发展。

12月4日，第七届陕西舞蹈“荷花奖”大赛终评在陕西歌舞大剧院落幕。在20个入围终评作品中，分别确定3个作品获第七届陕西舞蹈“荷花奖”创作奖和表演奖。

12月13日至17日，陕西省舞协在汉阴县成功举办“新农村少儿舞蹈美育工程”师资培训班，培训课程共30课时，培训教师近50名，舞蹈组合13个。

【民间文艺家协会】

3月18日，“美美与共·丝路同行——福建陕西传统民间工艺交流展（福州站）”在福建省海峡民间艺术馆隆重开幕。

5月15日，“新时代 新青年 新担当”民间文艺论坛暨陕西省民协青年委员会成立大会在西安科技大学秦汉校区成功举办。陕西省民协、西安科技大学艺术学院有关领导以及全省10个地市的省民协青年委员会委员、西安科技大学及其他各高校师生代表200余人出席大会，中国民协副主席、陕西省文联副主席、陕西省民协主席王勇超与西安科技大学艺术学院党委书记高联栋为“陕西省民间文艺家协会青年委员会”揭牌。

9月29日至10月7日，“庆盛世华诞 耀祖国荣光”第四届陕西民间工艺品博览会暨第六届陕西民间文艺山花奖·民间工艺美术作品奖评奖活动在西安城墙永宁门开展。本届博览会名匠云集、百工荟萃。国家级、省级工艺美术大师、非遗传承人潜心创作的数千件艺术精品，在最能彰显古城人文风韵魅力的地标性文化建筑——西安城墙集中亮相。这些作品既传承古技、留存本质，又紧跟时代、创新创造，是陕西民间工艺美术的一次精品盛宴和创新突破的全面展示，蕴含着广大民间文艺工作者对中华传统文化的认同与自信。

12月2日，开展了“第六届陕西民间文艺山花奖·民间文艺学术著作及文学作品奖”评奖活动。此次评奖共收到报名作品10部，其中民间文艺学术著作4部，民间文学作品6部，共评出山花奖获奖作品2部。

【文艺评论家协会】

5月6日，陕西省评协召开线上主席团会议，传达贯彻落实中国文联加强和改进新时代文艺评论工作座谈会议精神，研究陕西省加强和改进新时代文艺评论工作的方法和举措。

10月29日，第七届“陕西文艺评论奖”评审会成功召开，共52篇文章、19部著作参与评审，评出获奖作品10个。

【杂技家协会】

4月9日，陕西省杂协启动开展“公益魔术课堂”系列活动，先后在西安市第二聋哑学校、陕西回归儿童救助中心（西安市儿童村）、西安市启智学校、西安市莲湖区天悦残疾人家园和陕西白手杖视障服务中心等儿童教育单位，分别开启了公益魔术普及教学课，在每个定点单位开展10节课。

4月26日，陕西省杂技艺术家协会联合共青团西安培华学院委员会主办的庆祝建党100周年·陕西省高校魔术巡演在西安培华学院隆重开幕。

【电影家协会】

3月11日，陕西省影协在西安召开大秦岭系列电影《漫长归途》剧本研讨会。

4月26日，陕西省影协赴陕广影视文化、西部国家版权交易中心、鸣达鑫雨科技发展有限公司调研，并召开座谈会。

4月28日，陕西省影协赴铜川市影视艺术家协会、陕西华原文化产业投资发展有限公司调研并座谈。期间，调研组参加了第二届“德润铜川 好人之城”微电影、短视频大赛颁奖典礼。

6月7日，“我最难忘的银幕共产党员形象”陕西大学生影评征文大赛颁奖典礼在陕西科技大学举行。活动历时3个月，陕西省28所高校的大学生踊跃参与，共收集影评作品1100余篇。经专家评审，120篇作品获奖。其中一等奖3篇，二等奖10篇，三等奖30篇，优秀奖50篇，入围奖27篇。这些作品通过大学生对银幕共产党员形象的讲述，表达了对中国共产党的热爱和听党话跟党走的信念和决心。

7月14日，庆祝中国共产党成立100周年优秀国产影片公益展映活动在西安启动。活动围绕庆祝中国共产党成立100周年主题，历时一个月，走进陕西多个社区、工厂等，用一批优秀爱国主义题材影片传播正能量，用文艺惠及大众。

8月18日，陕西省影协组织主席团成员、青委会成员深入地市影视家协会开展调研活动，考察了铜川照金、陈炉古镇、姜女秦人部落等基地，并进行了交流座谈。

9月28日，陕西省影协联合高校观影团，举行电影《长津湖》陕西区域业内提前观影活动，来自陕西省内高校百余名师生参加了此次活动。

【电视艺术家协会】

5月18日，陕西省视协赴榆林传媒中心开展融媒体发展情况调研。5月19日，调研组走进榆林高新中学，对中国视协在陕设立的“影视小屋”开展实地调研，为师生举办辅导，并前往中能文化产业园、绥德师范学院等地调研，接受党史学习教育。

9月24日，陕西省视协职业道德和行风建设工作座谈会在西安召开，陕西省视协主席团及工作人员参加了座谈会。

11月4日至5日，陕西省视协承办的“农村题材电视剧剧本创作研讨班”以线上会议形式成功举办。

11月13日，2021年度陕西省电视主持新人大赛暨参加全国第十三届海峡两岸电视主持新秀选拔活动在西安成功举办，活动采用线下线上相结合的方式举行。陕西师范大学、西安外国语大学、陕西科技大学、西安工程大学、西安体育学院、咸阳师范学院、西安培华学院等学校播音主持专业的师生共计60余人在各院校分会场参加了活动。经过7所院校200多名学生历时两周的初赛，共有48位选手进入复赛。最终来自西安外国语大学的邬晓羽，西安培华学院的刘健，西安工程大学的惠涛3位同学荣获最佳新人奖，代表陕西省参加第十三届海峡两岸电视主持新秀赛；来自西安外国语大学的侯欣玥，陕西师范大学的陈思喆、杨睿琪，西安工程大学的吴一卓，陕西科技大学的孙文泽，西安体育学院的田佳灵等6位同学荣获最佳表现奖；陕西科技大学荣获最佳组织奖；安娜、龙凌子、蔡昕蕴、王春英、张江彩、张馨予、宋婧等7位老师荣获优秀指导老师奖。

甘肃省文联

综　述

2021年是中国共产党百年华诞的庆祝之年，是实施“十四五”经济社会发展规划的开局之年。甘肃省文联坚持以习近平新时代中国特色社会主义思想为指导，认真学习宣传贯彻党的十九大和十九届二中、三中、四中、五中、六中全会精神，深入落实习近平总书记关于文艺工作的重要论述和“七一”重要讲话精神，紧紧围绕庆祝中国共产党成立100周年这条主线，以党史学习教育为抓手，坚持培育和弘扬社会主义核心价值观，坚持推动甘肃文艺高质量发展，在着力推进文化强省建设中展现新作为、作出新贡献。

重要会议

甘肃省文联始终把学习宣传贯彻习近平新时代中国特色社会主义思想，特别是习近平总书记关于宣传工作、群团工作、文艺工作的重要论述作为重要政治任务和重大政治责任，切实抓在手上，扛在肩上。紧扣党史学习教育目标要求，广泛采取理论学习、专题研讨、主题活动等，积极引导甘肃文艺界更加主动更加自觉地学思想、悟思想、用思想，有力推动了甘肃文艺界学史明理、学史增信、学史崇德、学史力行，激励甘肃广大文艺工作者满怀信心听党话、跟党走。

3月8日，召开党史学习教育动员大会，会议学习了《中共中央关于在全党开展党史学习教育的通知》、习近平总书记《在党史学习教育动员大会上的讲话》、中共甘肃省委宣传部《关于在全省深入开展党史、新中国史、改革开放史、社会主义发展史宣传教育的通知》等文件。

3月30日，举办党史学习教育讲座，军事科学院解放军党史军史研究中心研究员、大校、军事学博士李涛作了题为《1921——2021：中国共产党的成功之道》的辅导讲座。

4月25日，召开2021年党的建设暨党风廉政建设工作会议，会议总结了2020年省文联党建和党风廉政建设工作，分析当前形势，安排部署了2021年重点任务。

4月26日，结合党史学习教育，以“学新法、促维权、促创新”为主题，启动甘肃省文联知识产权宣传周活动。

4月27日至29日，举办全省文艺界党史学习教育专题读书班，本次读书班主要采取专题辅导讲座、党史现场教学、观看党史纪录片及大会交流研讨的方式进行。

5月11日，甘肃省新文艺组织新文艺群体联盟成立暨第一次成员代表大会在兰州召开。全省174家团体和353名个人成为新艺联首批成员，为新文艺组织新文艺群体互相协作搭建起一个全新的平台。

5月28日，举办学“四史”专题讲座，文联全体党员干部及兰州市东岗西路街道农民巷东社区的代表共80余人聆听报告会。

6月8日，举行“光荣在党50年”纪念章颁发仪式。在党50年以上党员代表及家属代表，离退休党支部党员代表及省文联全体党员干部等100余人参加活动。

6月30日，隆重举行“永远跟党走　奋进新征程”——庆祝中国共产党成立100周年大会。

7月1日，庆祝中国共产党成立100周年大会在北京天安门广场隆重举行。甘肃省文联领导班子成员和全体党员干部约80人集体收看了直播盛况，聆听习近平总书记的重要讲话。当天下午，省文联召开党组理论学习中心组专题学习暨研讨（扩大）会议，省文联班子成员及党员代表进行交流发言。

8月12日，组织召开甘肃省文联文艺工作者职业道德和行风建设工作座谈会，20位文艺家代表参会并交流发言，起草并通过征求意见完成《甘肃省文艺工作者职业道德准则（草案）》，制定《甘肃省文联文艺工作者职业道德建设委员会组成原则及主要职责》，做好成立甘肃省文联文艺工作者职业道德建设委员会筹备工作。

9月2日至3日，举办甘肃省文联系统学习习近平总书记“七一”重要讲话精神专题读书班。读书班邀请甘肃省委讲师团成员、甘肃省委党校鲜静林教授作了题为《党团结带领人民以史为鉴、开创未来的政治宣言和行动指南——学思践悟习近平总书记“七一”重要讲话精神》的专题辅导报告，并进行了交流研讨活动。

11月16日，召开党组理论学习中心组（扩大）会议，传达学习党的十九届六中全会精神和全省领导干部会议精神等，并安排部署了省文联学习宣传和贯彻落实全会精神的相关工作。

12月9日，组织开展意识形态工作专题培训。甘肃省文联党组成员、副主席王正茂作了专题辅导报告。文联全体党员干部、主管社会组织负责人、文艺“两新”组织代表80余人参加了此次培训。

12月9日，甘肃省文联举办学习贯彻党的十九届六中全会精神专题讲座。邀请省委党校教授、“四史”教育研究中心主任吴晓军作宣讲报告。

12月14日至17日，甘肃文艺界24名同志作为文代会甘肃代表出席中国文联第十一次全国代表大会，18名同志作为作代会甘肃代表出席中国作协第十次全国代表大会。甘肃省文联党组书记、主席王登渤同志当选中国文联十一届全委会委员。甘肃省作协主席叶洲（叶舟），甘肃省作协常务副主席滕飞，甘肃省作协副主席、网络作家云宏（孑与2）等3名同志当选中国作协十届全委会委员。

12月22日，举办甘肃省贯彻落实中国文联十一大、中国作协十大会议精神座谈会，甘肃省省委常委、宣传部部长王嘉毅出席会议并讲话。甘肃省8名文艺家代表先后发言。

甘肃省文联以习近平新时代中国特色社会主义思想和习近平总书记关于文艺工作重要论述为指导，结合当前文艺创作现状，围绕中心，服务大局，举办高质量的学术研讨会，为文艺创作诊断把脉。

9月1日，召开“乡村振兴的文艺模式：重大主题文艺创作”研讨会，甘肃省各领域文艺家代表近40人参加会议。与会人员围绕活动策划、创作实践、赋能产业、理论指导4个方面，对近年来甘肃省围绕“脱贫攻坚”“一带一路”“建党百年”“抗击疫情”等重大主题策划文艺活动、开展文艺创作的实践进行了深入研讨，为甘肃省今后更好地开展“乡村振兴”等重大主题文艺创作，更准确地反映新时代精神和现实生活提供了方向、路径。9月23日，举办“甘肃文艺论坛·中小成本电影创作研讨会”。西北五省区优秀中小成本电影主创人员和资深制片人、投资人，省内电影界、文艺评论界专家、部分影视制作机构负责人、新闻媒体代表近50人参加会议，共同探讨中小成本电影创作的成果与问题，机遇与困惑，并对甘肃省中小成本电影筹拍项目进行点评指导。

品牌活动

坚定文化自信，增强文化自觉，聚焦庆祝中国共产党成立100周年这条主线。甘肃省扎实开展了一系列主题鲜明、特色突出、影响广泛的主题文艺实践活动。坚持弘扬正道，持续开展“崇德尚艺，做有信仰有情怀有担当的新时代文艺工作者”巡回宣讲活动。融入工作大局，着力开展深化巩固脱贫攻坚成果同乡村振兴有效衔接的文艺实践。始终坚持人民立场，广泛开展“深入生活、扎根人民”主题实践和文艺志愿活动。

【举办庆祝建党100年系列文艺展览、评奖活动】

5月15日，举办“建党百年　春绿陇原　梅开张掖”第六届甘肃戏剧红梅奖大赛。5月20日至27日，举办陇原儿女心向党“舞动陇原”广场舞展演。6月1日，举办“传承红色经典·启航新的征程”庆祝中国共产党成立100周年甘肃省摄影图片展。6月11日，举办“百年历程　辉煌成就——庆祝中国共产党成立100周年甘肃省美术作品展”。6月17日，举办庆祝中国共产党建党100周年——《飞天》全国诗歌散文大奖赛。6月20日，举办“讲好红色故事、献礼建党百年——首届红色题材网络小说征文大赛系列活动”。6月25日，举办“庆祝中国共产党成立100周年优秀曲艺作品”。6月29日，举办庆祝中国共产党成立100周年甘肃省剪纸展。

【持续开展“崇德尚艺，做有信仰有情怀有担当的新时代文艺工作者”巡回宣讲活动】

5月、7月、9月，甘肃省文联分别赴平凉、庆阳、甘南、临夏、张掖、酒泉开展“崇德尚艺，做有信仰有情怀有担当的新时代文艺工作者”巡回宣讲活动，宣讲采用“1+X”的模式。每次宣讲由1位政治素养好、理论水平高、宣讲能力强的文联领导和2—3位活跃在创研一线，艺术造诣高深，道德操守高尚的文艺家组成。在宣讲中，采取观看专题片和现场宣讲相结合的形式，把思想政治引领、职业道德教育和文艺骨干业务培训相结合，引导甘肃省基层广大文艺工作者增强脚力、眼力、脑力、笔力，把理论学习与创作结合起来，把做人和为艺结合起来，真正把习近平总书记关于文艺工作重要论述的精神和内涵入脑入心，更好地推动实践，指导创作。在6次巡回宣讲中，甘肃省文联党组成员、副主席王正茂对习近平总书记关于文艺工作重要论述、习近平总书记“七一”重要讲话精神和党史学习进行了系统宣讲。邀请了甘肃文艺界德艺双馨的8位作家、诗人、画家和戏剧表演家用身边事教育引导身边人，阐释他们追求崇德尚艺的理想信念，展现他们自觉践行习近平新时代中国特色社会主义思想，努力做有信仰、有情怀、有担当的新时代文艺工作者的矢志追求和“为时代画像、为时代立传、为时代明德”的使命担当。累计有1200多名基层文艺工作者参加宣讲活动，其中新文艺群体和网络文艺工作者有400多人，占总人数的34%。

【讲好红色故事，献礼建党百年——首届红色题材网络小说征文大赛系列活动】

6月19日至6月23日，甘肃省作协与中国作协网络文学中心、甘肃省委宣传部、甘肃省委统战部、甘肃省网信办等单位，及国内各大网络文学网站内容平台共同举办面向全国的讲好红色故事，献礼建党百年——首届红色题材网络小说征文大赛系列活动。系列活动包括征文大赛、颁奖盛典、网络文学论坛、专题报告、文学采风等。从800余部入选作品中评出19部获奖作品。获奖作品大多已在网络上产生了良好反响，是今年我国红色题材网络文学领域的精品佳作，成为红色主题畅销书的典范。其中，“红色陇原”板块有十余部反映甘肃省红色资源和发展成就的网络小说，这是甘肃省红色资源第一次用网络文学的方式进行全方位的挖掘和传播。

【大力开展“结对子、种文化”文艺培训工程。融入工作大局，着力开展深化巩固脱贫攻坚成果同乡村振兴有效衔接的文艺实践】

研究制定《甘肃省文联2021年“结对子、种文化”活动实施方案》，实施基层文艺人才培训、基层文艺创作辅导、推动新时代文明实践中心建设等五类17项。3月17日至4月30日，先后在11个市州开展“结对子、种文化”暨“百年历程 辉煌成就——庆祝中国共产党成立100周年甘肃省美术作品展”创作辅导班。5月，举办“第三届国际长笛艺术节”期间举办了6次专家课。6月5日至6日，举办“2021年甘肃省群众合唱指挥公益培训”。6月26日，举办第28届全国摄影艺术展览专题辅导讲座。7月11日至15日，举办“中国剧协西北五省区戏曲一线骨干培训班”。10月18日至20日，承办“全国民间剪纸艺术基层文艺工作者培训班”。12月5日至12日，在陇南市武都区，参加由中国文联举办的艺术培训活动，为7所中小学进行为期7天的舞蹈辅导培训工作，以文化帮扶的形式，提升武都区中小学生美育教育。12月18日，举办“结对子、种文化”陇南市基层文艺理论、评论培训班。12月19日，举办了“传承中国优秀文化 弘扬中华传统美学精神——文艺理论研究培训班”（武山班）。12月27日至28日，举办甘肃少儿舞蹈创编与表演公益讲堂（兰州站）暨兰州市少儿舞蹈创编培训。2021年，参加甘肃省文联开展专业培训的人员达到4500人。

【大力做好“文艺两新”的团结引领工作】

5月，组织成立甘肃省文联新文艺组织新文艺群体联盟，全省174家新文艺组织和353位艺术家成为新艺联成员，为新文艺组织新文艺群体互相协作搭建起一个全新的平台。探索新艺联工作新模式，制定了新艺联执委会成员工作规则，对新艺联执委会成员进行了工作分工，分文艺门类负责新艺联成员的创作、培训、展演、交流等工作，广泛听取执委会成员和新艺联成员意见建议，在宣传推介、职称评定、信息传递等方面积极予以支持。开展“文艺两新”职称申报工作，切实发挥好文联组织在新文艺群体职称评审中的主渠道作用。完善常态化引领，制定出台《省文联领导班子和省各文艺家协会主席团成员联系新文艺组织新文艺群体的实施意见》，积极组织推荐新艺联成员参加中国文联举办的研修班和省文联举办的党史学习教育读书班等活动。

【开展脱贫攻坚与乡村振兴有效衔接工作】

1月20日、1月22日，甘肃省文联对帮扶点——陇南市武都区洛塘镇沟底下村、褚家山村和琵琶镇张坝村进行了慰问。4月9日，为改善对口帮扶村张坝村公共卫生环境，购买垃圾桶。6月24日，结对共建、“七一”表彰慰问村老党员、开展文艺志愿服务活动，甘肃省文联党组书记、主席王登渤，党组成员、副主席王正茂带领40余名党员干部赴陇南市武都区洛塘镇沟底下村、褚家山村，琵琶镇张坝村开展“体验脱贫成就 助力乡村振兴”学习实践活动，看望慰问老党员，表彰优秀党员。7月1日，对对口帮扶村沟底下村老林山社的一段通社道路进行加固。为对口帮扶村褚家山马家沟社建成一座20米长的便民人行桥。8月16日，为拓展对口帮扶村张坝旅游资源，开发张坝古村落旅游项目，进行新农村民宿升级改造。9月15日，为了扶持对口帮扶村褚家山村、沟底下村花椒产业发展，为两村402户每户发放复合肥一袋。9月28日，为对口帮扶村张坝中蜂养殖，购买蜂箱、蜂群，进一步扩大了中蜂养殖规模。10月8日，针对帮扶村张坝中蜂养殖合作社蜂蜜质量好销售难的实际情况，利用省文联现有的微信公众号、抖音、官网等平台积极宣传，对帮扶村张坝的500斤蜂蜜进行回购。11月7日，对对口帮扶村两河社路灯进行维修，总价值1万元。12月9日，赴对口帮扶村张坝村、洛塘镇沟底下村和褚家山村开展“暖冬”慰问活动。走访慰问困难群众111户，并送上过冬物资，发放助学金资助大学生7名。2021年，甘肃省文联为陇南市武都区洛塘镇沟底下村、褚家山村和琵琶镇张坝村投入帮扶资金共计32万元。

【广泛开展“深入生活、扎根人民”主题实践和文艺志愿活动】

始终坚持人民立场，把满足人民群众对美好生活的向往作为出发点和落脚点，努力为全省广大人民群众送上高质量高水准的精神食粮。2月5日至8日，甘肃省文联组织“情系陇原”文艺志愿艺术团，大力弘扬乌兰牧骑精神，发挥文艺轻骑兵优势，先后赴兰州市安宁区、榆中县，武威市古浪县，白银市会宁县开展“送欢乐下基层”“送万福 进万家”等慰问演出活动6次，现场受众近万人次，网络直播受众超过300万人次。4月至5月，开展“学党史、传精神、跟党走”——中国文艺志愿者在行动走进甘肃主题活动，参与文艺志愿者2600多人，服务群众8万余人。7月22日，“牡丹花开心向党”——第四届中国西部优秀曲艺节目展演曲艺名家新秀“送欢笑”走进定西。

【开展以“艺”战疫主题文艺创作展播】

面对今年10月新一波新冠肺炎疫情突袭，甘肃文联系统和广大文艺工作者迅速行动起来，勠力同心、众志成城，注重围绕“文联”“文艺”“使命”三张牌来策划开展以“艺”战疫主题文艺创作展播，为抗击新冠疫情凝聚起磅礴的“文艺担当”。争分夺秒奉献以“艺”战疫精品，诗歌《春暖花盛开》，歌曲MV《甘肃 甘肃》《爱的接力》《加油兰州》《你就是兰州》《你是最美的人》，舞蹈《感恩》《在一起》，原创秦腔《你就是天使》，音乐快板《甘肃抗疫志气坚》，花儿《共产党领导着战疫情》，微纪录片《我是志愿者》《一封写给兰州的情书》，朗诵作品《甘肃！甘肃!》《抗疫路上，有你有我》等一大批喜闻乐见、广泛转载的以“艺”战疫文艺精品刷爆了“朋友圈”。1个多月时间里，各级文联组织通过网站、抖音、快手、今日头条、微信公众号等官方账号推出近万件（篇、首）抗疫主题文艺作品，通过网络进行展示展播展演，宣传普及防疫防控知识，讴歌先进典型和感人事迹，传播社会正能量和文明新风，疏导人们焦虑紧张情绪，在非常时期发挥了强信心、筑同心的独特作用。

创作与研究

甘肃省文联坚持把创作生产优秀文艺作品作为文艺工作中心环节，制定印发了《甘肃省文联2021年重大主题文艺创作及活动实施方案》，在文学、书法、美术、音乐、舞蹈、戏剧、摄影、民间文艺、影视和曲艺方面创作出一批精品力作，尤其在纪录片创作上成果丰硕。《高凯诗选》获第四届博鳌国际诗歌奖。12集大型历史文化纪录片《中国》获国家广播电视总局“2020年度优秀国产纪录片”，纪录片《莫高窟与吴哥窟的对话》获中宣部优秀地方外宣品二等奖。甘肃省视协副主席李东珅荣获第十一届中国纪录片学院奖——特别贡献奖，纪录片《王阳明》入选广电总局2021年第一季度推优作品。在中国旅游电视周优秀节目评选中，《莫高窟与吴哥窟的对话》获最佳专题奖，《岳云生：黄土捏出陇原情》《敦煌，千年不散的宴席》《敦煌李广杏》获好专题奖，《黄河兰州》获优秀宣传片奖，《魅力酒泉》《我在和政等你》获好宣传片奖，音乐电影《干了这杯酒》获评最佳短视频，《小康中国・千城早餐・敦煌合汁》获评优秀短视频，《遥远的地方——尼欠村》获评好短视频奖，杨安获评最佳主持人。《到全世界找敦煌》《大忙人》获第九届亚洲微电影艺术节优秀作品奖；《心刺》《致敬，身边的榜样》获第九届亚洲微电影艺术节好作品奖。在第十五届小康电视节目工程评奖中，《扶贫第一线》获优秀栏目奖，《民生之本》《高原夏菜种植技术》《敦煌李广杏》《产业强镇补短板苹果产业焕新机》获“乡村振兴”专题节目类好作品奖，《百合花开》《大忙人》《平山湖供销社》分获短视频类最佳作品奖、优秀作品奖、好作品奖。《明月何曾是两乡》《草原上的牧驼人》获庆祝建党百年主题对农专题节目类优秀作品奖。电影《八步沙》获第34届中国电影金鸡奖最佳中小成本故事片和最佳男配角两项提名。吉他作曲家姚永红的原创中国风吉他曲《三峡畅想》获世界顶尖GFA吉他大赛第四名。音乐作品《父辈们》入选中国当代歌曲创作精品工程“听见中国听见你”2021年度全国20首优秀歌曲。民间广场鼓舞《凉州攻鼓子》、哈萨克族民歌《牧羊马》获第十五届中国民间文艺山花奖优秀民间艺术表演作品奖。戏剧演员蒲铭婕、豆怡乐获2021年第二十五届“中国少儿戏曲小梅花荟萃”个人项目“小梅花”称号。甘肃省画家为中国共产党历史展览馆创作主题美术作品，潘义奎大型油画《总书记在八步沙》，刘基、许林、周福林合作油画《平津战役》，关维祥油画《血战高台》，张玉璧、张博合作国画《两当起义》，包少茂国画《天险腊子口》等五幅作品被中国共产党历史展览馆永久收藏展出。

机关建设

【强化政治引领，严格落实意识形态工作责任制】

甘肃省文联始终坚持马克思主义在意识形态领域的指导地位，始终牢牢把握意识形态工作领导权主导权，认真履行意识形态工作责任制，不断靠实党组领导责任，理清意识形态工作职责，逐步建立健全差异化责任清单、内部运转协调、阵地服务管理等有关制度机制。先后成立省文联意识形态工作责任制领导小组、网络安全和信息化工作领导小组，制定出台了《甘肃省文联党组意识形态工作责任制实施细则》《甘肃省文联宣传及网信工作管理办法》《甘肃省文联网络信息安全管理办法及应急预案》《甘肃省文联网络舆情处置应急预案》等一系列加强意识形态工作的制度文件，把培育和弘扬社会主义核心价值观贯彻到文艺工作各方面各环节。

【注重建章立制，文联自身建设不断迈上新台阶】

完善为民服务长效机制，先后建立修订完善了《甘肃省文联关于常态化开展“深入生活、扎根人民”主题实践活动的实施意见》《甘肃省文联教育培训制度》《甘肃省文联团结引导新文艺组织新文艺群体实施办法（试行）》《甘肃省文联领导班子和省各文艺家协会主席团成员联系新文艺组织新文艺群体的实施意见》《2021年度省级文艺家协会主席团成员、理事会理事述职考核工作方案》《甘肃省文联参照公务员法管理工作人员选拔任用实施办法》《甘肃省文联参照公务员法管理工作人员职务与职级并行制度实施办法》《甘肃省文联直属事业单位管理人员选拔聘任办法》《甘肃省文联参照公务员法管理工作人员平时考核办法（试行）》《甘肃省文联因私出国（境）管理暂行办法》《甘肃省文联保密工作管理办法》等10余项规章制度，内部管理更加规范，工作机制更加健全，工作衔接更加顺畅。

【壮大工作平台，扎实推动“互联网+文艺”工作】

在做好甘肃省文联“一网五号”网信平台日常运行的基础上，积极与中国文联网络文艺传播中心对接，对甘肃省文联官方网站进行改版升级，会员管理系统建设取得明显进展，有10个省级文艺家协会已初步完成会员信息录入。

【提高服务管理水平，制定协会评价管理办法】

为进一步加强党对文艺工作的领导，强化思想政治引领，提高服务管理水平，研究制定《省级文艺家协会主席团成员、理事会理事述职考核方案》，2021年首次对全省13个省级文艺家协会主席团成员、理事会理事年度履职情况开展考核，考核工作通过述职、民主测评等程序，评定考核等次，考核结果均由各协会公示并在一定范围内进行通报。考核结果作为评价协会主席团成员、理事会理事履职的重要依据，作为换届时是否继续提名的重要依据，作为各类文艺人才推荐的重要依据。

各文艺家协会

在甘肃省文联的领导下，各协会精心筹划全年工作，在创作、研讨交流、培训教育、培养人才、文艺惠民等方面都取得优异成绩，更好地履行了联络、协调、服务、指导职能。

【甘肃省作家协会】

1月至12月，举办第六届甘肃省"少数民族文学奖"评选活动。共征集到200余部作品参评。评选经过初评、终评两个阶段，以无记名投票方式产生获奖作品。共评选出23部获奖作品。

5月17日，甘肃省作协与广州省作协召开交流座谈会。

5月21日，召开金吉泰童话精品丛书出版座谈会。

5月22日至23日，叶舟长篇小说《敦煌本纪》精装典藏版首发式暨作品分享会、第六届敦煌诗会——"引舟如叶·诗润敦煌"叶舟《大敦煌》二十年纪念版首发式暨诗歌朗诵会在敦煌市举行。在分享会上，中国作协党组成员、副主席李敬泽作了重要发言。

1月15日至6月15日，举办"青藏之窗·雪域羚城"全国散文诗大赛。大赛共收到5000余件参赛作品，最终评出29件获奖作品。

6月16日，举办长篇历史小说《大唐布衣郇谟传》作品研讨会。

6月19日至6月23日，举办面向全国的讲好红色故事，献礼建党百年——首届红色题材网络小说征文大赛系列活动。

7月，出版《小康路上的凝视——甘肃新时代乡村题材创作作品集》和《滚石上山——散点透视陇上脱贫攻坚》两本文集。

9月1日，在百安概念影城举办电影《守岛人》观摩及丁涵电影文学分享会。

10月9日，举办陈涛《在群山之间》作品研讨会。

12月14日至17日，推荐王正茂、马步升、叶舟、滕飞等18名同志组成甘肃代表团，参加中国作协第十次全国代表大会。叶舟、滕飞、云宏当选中作协第十届全国委员会委员。

12月28日举办第八届甘肃黄河文学奖评审会。

【甘肃省美术家协会】

1月7日至9日，举办决胜全面脱贫奔小康——甘肃陇东农民画作品展，共展出作品70余幅。

1月10日，举办"天下黄河——中国百名油画家主题作品展甘肃站巡展"，展出全国102位油画家精心创作的100余幅黄河主题的油画作品。

3月17日至4月30日，在天水、庆阳、张掖、白银、金昌、酒泉、嘉峪关、平凉、陇南等市州，开展了"结对子、种文化"暨"百年历程 辉煌成就——庆祝中国共产党成立100周年甘肃省美术作品展"创作辅导调研活动。

4月22日，在深圳关山月美术馆举办第四届"朝圣敦煌"全国美术作品展巡展（深圳展），共展出入会资格作品及入选作品175件。

6月11日，举办"百年历程 辉煌成就——庆祝中国共产党成立100周年甘肃省美术作品展"，共展出335件作品。

6月，潘义奎创作的油画《总书记在八步沙》，刘基、许林、周福林创作的油画《平津战役》，关维祥创作的油画《血战高台》，张玉壁、张博创作的国画《两当起义》，包少茂创作的国画《天险腊子口》五幅作品由中国共产党历史展览馆永久收藏。

7月10日，开展"送欢乐下基层"全国美术家赴通渭县采风写生慰问活动。

7月27日，举办"庆祝建党百年·助力乡村振兴”——甘肃农民画作品展，共展出了100幅农民画。

7月，举办“百年风华——庆祝中国共产党成立100周年百家中国画作品展”，共展出作品120幅。

9月15日，举办“奋斗百年路·启航新征程——庆祝中国共产党成立100周年书画展”，共展出美术作品100幅、书法、篆刻作品121幅、剪纸作品9幅，共计展出作品282幅。

9月29日，举办“千年玉酒泉，醉美在肃州——甘肃省第六届十四市（州）美术作品联展”，共展出作品141幅。

10月18日，举办甘肃美术家陇南采风写生创作活动，活动以“心怀人民·情系陇原”为主题，共组织全省40余名画家，开展了为期3天的采风写生和现场观摩交流活动。

10月28日，组织开展了“众志成城，抗击疫情”甘肃美术家在行动抗疫主题创作网络展，共展出485幅作品，编辑了15期网络展。

【甘肃省书法家协会】

3月9日上午，甘肃省书协在甘肃省文联召开了甘肃省书法建设座谈会。会议围绕甘肃省地域性书法品牌或甘肃特色书法品牌发展建设的实施方向、实施途径等方面进行研讨，把“敦煌书法”作为甘肃书法建设的重要内容。

6月19日，承办庆祝中国共产党成立100周年系列书法展（甘肃篇）——百年华章·红色陇原书法作品展。

7月7日，承办“印铭初心·鉴史力行”庆祝建党100周年全国书法名家作品展。

7月10日至14日，甘肃省书协特别邀请中国书协书法培训中心2021年第七期临摹与创作研修班在通渭县悦心国际书画村培训中心开班。培训活动特邀中国书协书法培训中心钱松君、刘宏卫、李国胜、李炳筑等富有教学经验和书法创作实力的导师授课。

7月13日，举办第二届陇原儿女读甘肃暨庆祝建党100周年书法作品展。

8月18日，举办百年华章·红色陇原——庆祝建党100周年系列展甘肃省第七届妇女书法作品展，共展出入展作品152件。

9月25日至28日，辽宁省书协、甘肃省书协“结对子·共发展”合作互助系列活动在甘肃省举行。在考察甘肃历史文化资源、了解调研甘肃省书法发展及书法教育现状的基础上，辽宁省书协、甘肃省书协召开了“结对子·共发展”工作座谈会暨签约仪式，未来3年，两省将围绕“双百”计划、文化交融计划、展览展示计划等工作进行合作交流。

12月18日，举办“青春同心·永跟党走”第二届甘肃省青年书法篆刻作品展。

12月21日，举办的“百年华章·红色陇原”庆祝建党100周年“山城堡杯”甘肃省中老年书法大展在庆阳开展。

12月31日，由甘肃省书协、甘肃省纪委宣传部主办的“清风联历”网络书法作品展，自1月1日在甘肃省纪委公众号“啄木鸟”开展以来，每日一联，全年共365期圆满结束。

12月，编辑《敦煌书法论文集编》，进一步弘扬敦煌书法美学精神，提升敦煌书法艺术影响，深入挖掘敦煌书法的人文艺术价值，对敦煌书法发展史进行系统梳理。论文集范围包括有关敦煌书法的理论、史论、美学、技法、考证、教育、评论等方面的学术论文。

【甘肃省戏剧家协会】

1月31日，召开大型红色题材秦腔剧《豆腐引子》《绝唱的花儿红》剧本研讨会。

2月22日，甘肃省推荐的蒲铭婕、豆怡乐两名同学获2021年第二十五届“中国少儿戏曲小梅花荟萃”个人项目（地方戏组）“小梅花”称号。

5月6日至15日，举办“第六届甘肃戏剧红梅奖大赛”。共评出剧目奖5个、特别奖1个、入围奖2个、非遗传承剧目1台、表演奖17个、新锐奖3个，7家单位获得优秀组织奖。

7月11日至15日，举办“中国剧协西北五省区戏曲一线骨干培训班”，来自中国文联、中国剧协、西北五省区文联、剧协的100余名中青年戏剧骨干参加培训。期间还举办了“学党史、传精神、跟党走”学员志愿服务演出活动，礼赞中国共产党成立100周年。

9月3日，举办秦腔《金花传》剧本创作研讨会。

10月8日，推荐参演剧目《火焰驹》、展演剧目《肝胆祁连》《洞天仙歌》《李时珍传奇》《潞安州》《寺村塬》《许铁堂》，折子戏《杀场》《汉宫惊魂》《辕门二帐》《余达斩子》《清风亭追子》《黑虎坐台》参加第九届中国秦腔艺术节参（展）演。

10月29日，推荐刘盟、宋少锋参加“艺苑撷英——全国优秀青年戏曲(武行、丑行）人才展演”。

10月兰州疫情期间，在甘肃戏剧公众号推出“‘艺’起战疫 戏剧助力”戏剧界抗疫专题作品40期100余部。

【甘肃省电视艺术家协会】

1月14日，协调中国视协“建党百年，唱响中国”主题MV征集展示活动在甘肃卫视及其他相关频道播出。

2021年3月23日，组织申报《八步沙》现实题材电视剧剧本，作为中国视协重点现实题材电视剧剧本创作计划获得2021年的资助项目资助。

2021年5月10日至20日，与文艺维权处共同完成中国文联关于开展“学党史、传精神、跟党走”——中国文艺志愿者在行动主题活动。

【甘肃省电影家协会】

4月9日，以体育扶贫、教育脱贫为主题的甘肃首部体育励志题材电影《足球·少年》在全国院线上映。

6月9日，甘肃生态保护电影《天盖勒》剧本研讨会在北京召开。

7月8日，以“时代楷模”甘肃省古浪县八步沙林场“六老汉”三代人治沙造林先进群体为生活原型的电影故事片《八步沙》在电影频道首播。

8月，电影《回马》在全国院线、电影频道、1905电影网公开上映。电影《恩仇结》在电影频道、优酷视频平台公开上映。《甘南情歌》《爱在夏日塔拉》《寻鹿香巴拉》入围北京国际电影节少数民族电影展，在央视频平台线上展播。

9月23日至24日，举办“甘肃文艺论坛·中小成本电影创作研讨会”。

11月，电影《宋快递》在电影频道、1905电影网公开上映。

12月，电影《八步沙》获最佳中小成本故事片和最佳男配角两项提名。

【甘肃省音乐家协会】

2月23日至3月6日，为歌颂祁发宝、陈红军等卫国戍边英雄的光荣事迹，甘肃省音协组织省内词曲作者创作了一批致敬卫国戍边英雄的原创歌曲作品，并择优推出《清澈的爱》等11首歌曲作品进行了宣传展播。

4月22日至29日，举办“第十三届中国音乐金钟奖声乐、钢琴、古筝比赛甘肃选拔赛”，完成初赛、复赛，共吸引415名选手参赛。

5月10日，举办甘肃省器乐大赛，此次比赛历时8个月，先后有2000多名选手参赛，最终有16个单位、116名选手和14个组合获得奖项。

5月22日，举办首期“黄钟之星”青年音乐人才品牌工程之“黄钟之星”公益大讲堂声乐讲座，特邀我国著名男高音歌唱家戴玉强对入选金钟奖全国选拔赛的选手李丹、者也、于博、纪秀杰等人进行了现场指导培训。

5月12日，举办“第三届国际长笛艺术节”，艺术节期间举办了5场中外长笛演奏家音乐会、6次专家授课，参与人数达800人，全方位提高了甘肃省长笛的演奏水平及教学水平。

6月5日至6日，举办“2021年甘肃省群众合唱指挥公益培训”，全省各市州音协负责人、中小学音乐教师、各类合唱团及企事业单位合唱指挥爱好者100余人参加培训活动。

6月19日，举办“2021中国音乐小金钟——第八届全国中小学生管乐独奏展演甘肃甄选”活动，选拔出萨克斯、单簧管、长笛专业的优秀选手参加全国比赛。

7月，策划组织“心中的歌儿唱给党——庆祝中国共产党成立100周年原创歌曲展播”活动，通过“甘肃音乐”及“音乐全方位”微信公众号发布21期共42首原创歌曲作品。

7月16日，举办“黄钟之星”青年音乐人才品牌工程之“黄钟之星”公益大讲堂声乐讲座。著名女高音歌唱家、上海音乐学院声歌系副主任黄英教授，星海音乐学院声乐系杨岩教授，中国歌剧舞剧院声乐艺术指导陈钰老师为现场学员及观众进行讲座。

7月16日，雅琼、戴海霞分别获西北音乐节第五届“熊猫音乐奖”二等奖和三等奖。

7月17日至19日，兰州水车园小学“黄河娃管乐团”荣获“2021年‘中华杯’中国第十四届优秀管乐团队展演”荣誉称号，指导教师柴玲荣获“中华杯”中国第十四届优秀管乐团队展演指挥奖。

8月30日，举办新乐杯“唱响张掖”原创歌曲全国征集活动。本次活动共征集作品134件（其中外省作品96件），评审出一等奖1首、二等奖2首、三等奖3首、优秀奖10首，共16首优秀歌曲作品。

9月，为贯彻落实习近平总书记视察甘肃重要讲话和指示精神，讲好党的故事、红军的故事、西路军的故事，甘肃省音协组织开展了颂扬西路军血战河西征战过程和英雄事迹的创作项目《西路军组歌》。

9月27日，甘肃省原创交响合唱组曲《南梁颂》在国家大剧院音乐厅首演，首都各界人士1300余人观看演出，并于28日组织举办座谈研讨会。

10月，组织甘肃省音乐工作者深入基层一线，投身火热实践，创作“庄严的承诺——脱贫攻坚组歌”9首，同时面向全国征集、评选出“决战脱贫攻坚、歌唱山乡巨变”主题优秀歌曲15首，完成《庄严的承诺——甘肃省脱贫攻坚原创歌曲专辑》制作并于10月出版。甘肃吉他作曲家姚永红的原创中国风吉他曲《三峡畅想》在美国举办的世界顶尖GFA吉他大赛上荣获大赛第四名。

10月1日至3日，举办第四届甘肃省青少年长笛艺术展演，来自甘肃各市州的约140名选手参加展演。音乐作品《父辈们》成功入选中国当代歌曲创作精品工程“听见中国听见你”2021年度全国20首优秀歌曲，《古田之恋》入选中国音协“百年百首”全国优秀新创歌曲100首。

【甘肃省民间文艺家协会】

3月30日，组织推荐《冬梦》《飞跃》等15幅剪纸作品参加中国民协“第八届剪纸艺术节暨‘激情冬奥 剪彩冰雪’优秀剪纸作品收藏”活动，其中王彩红《多彩冰雪·最美骆驼》入选三级收藏，陈丽《福娃迎冬奥》、秦菊林《龙腾虎跃迎奥运》、卫生选《冰雪运动真爽》入选优秀收藏。

5月7日，组织推荐泥塑、剪纸、葫芦雕刻等8件民间艺术品参加“中国民协青年委员会成立大会暨‘文艺两新’中青年艺术家民间工艺作品展”活动。其中，掐丝珐琅壁画《九色鹿》、剪纸《已把春风引进门》、皮影《藩王》入选。

5月11日，推荐花儿歌手孔维芳参加中国民协举办的“庆祝中国共产党成立100周年‘人民颂党百年恩’全国民族民间歌舞展演”活动。

6月，启动了国家重点文化工程《中国民间文学大系·甘肃卷》《故事（陇东分卷二）》《故事（陇东南卷）》《歌谣（花儿分卷）》《说唱（宝卷分卷一）》《小戏（一）》5个分卷的编纂工作。

6月29日、7月9日，举办“奋斗百年路 启航新征程——庆祝建党100周年甘肃省剪纸作品展”。此次展览从全省各地154位剪纸艺术家的300余幅作品中精选出92位作者的109件（组）剪纸作品。

8月13日，组织推荐葫芦雕刻《二十四孝图》、洮砚《清明上河图》等4件民间工艺美术作品参评“第十五届中国民间文艺山花奖·优秀民间工艺美术作品”，其中刘兰芳的刺绣作品《百鸟朝凤》和李海明的掐丝珐琅壁画《敦煌藻井系列》入围终评。

9月18日，组织遴选《冰雪情 冬奥梦》《新农村》等15幅农民画参加中国民协“新生活·新风尚·新年画——我们的小康生活主题美术创作征集展示活动”。

9月26日至29日，“中国民间文学大系出版工程实施项目编纂工作（西北片区）培训交流会”在兰州召开，来自西北5省（区）及内蒙、新疆生产建设兵团民协负责人和大系出版工程相关卷本的主编、副主编，中国民协、中国文联出版社领导和工作人员近60人参加了本次会议。

10月18日至20日，承办“全国民间剪纸艺术基层文艺工作者培训班”。50名来自全国27个省、自治区、市和30名庆阳本地各种风格流派的剪纸艺术创作者参加了本次培训。

11月2日至19日，面向全省广大会员征集抗击疫情优秀民间文艺作品，利用协会微信公众号将这些作品择优进行网络展播。共编发了17期142件作品，内容包括剪纸、泥塑、面塑、工艺画、金昌小曲、花儿、河州小调等多种民间艺术门类。

12月，民间广场鼓舞《凉州攻鼓子》、哈萨克族民歌《牧羊马》获“第十五届中国民间文艺山花奖·优秀民间艺术表演作品”奖。

【甘肃省摄影家协会】

6月1日至7日，承办的“传承红色经典·启航新的征程”庆祝中国共产党成立100周年甘肃省摄影图片展在甘肃艺术馆举办。此次主题展览共计展出新旧摄影图片200余幅。

6月26日上午，举办第28届全国摄影艺术展览专题辅导讲座。来自甘肃各地各行业的摄影爱好者150余人参加了讲座。此次讲座由中国摄协理事、纪实摄影委员会委员，北京摄影函授学院理事长，中国文联摄影艺术中心原主任刘宇主讲。

9月30日至10月4日，承办的“为时代楷模写照——‘八步沙’六老汉三代人摄影作品展”在甘肃艺术馆举办。此次展览共计展出摄影作品100幅。这些作品围绕“总书记来到八步沙”“矢志不渝　咬定治沙不放松”“薪火相传　誓将沙漠变绿洲”等篇章，借助影像的时间坐标和艺术表达，对八步沙林场“风沙肆虐”的过去、作为“绿色防沙带和绿色产业带”的现在进行了恢宏而壮丽的光影描绘。

10月，任世琛的纪录类作品《78岁老人住守沙漠二十载治沙造林8000余亩使沙漠变绿洲》、张森林的多媒体类作品《家庭抗疫》分别入选第28届全国摄影艺术展览。

10月29日至11月19日，举行了“影像抗疫·温暖陇原”甘肃摄影界抗疫主题作品网络展。在省摄协微信公众号展出19期，共计展出摄影作品600余幅。

【甘肃省舞蹈家协会】

5月，承办首届“舞动陇原”广场舞展演决赛，全省共33支代表队进入决赛。

10月至11月，开展以艺战“疫”主题文艺作品创作，发布《兰州加油》等14部舞蹈作品，作品涵盖14个市州、4所高校及兰州大剧院，阅读量最高达19万次。

12月5日至12日，推荐6名舞蹈志愿者赴陇南市武都区，参加由中国文联举办的艺术培训活动，为7所中小学进行为期7天的舞蹈辅导培训工作，以文化帮扶的形式，提升武都区中小学生美育教育。

12月27日至28日，承办甘肃少儿舞蹈创编与表演公益讲堂（兰州站）暨兰州市少儿舞蹈创编培训。

【甘肃省曲艺家协会】

2月5日至9日，举办“脱贫攻坚”主题曲艺作品网络展播活动，共征集9部作品在甘肃省文联“甘肃文艺”公众号上播出，用曲艺作品宣传、展示扶贫攻坚成果，反映社会变化、时代变迁，营造全面建成小康社会的浓厚氛围。

4月，征集“庆祝中国共产党成立100周年优秀曲艺作品”，精选出22个优秀作品于6月25日至29日，分5期在省文联“甘肃文艺”公众号、省文联“抖音”号、甘肃文旅、今日头条播出。

7月20日至22日，承办庆祝中国共产党成立100周年“牡丹花开心向党”第四届中国西部优秀曲艺节目展演，来自西部10个省区市的200多名演职人员会聚兰州，带来了28个优秀曲艺节目分3场在黄河剧场上演。之后，曲艺名家新秀“送欢笑”专场演出走进定西，为当地群众奉上了一场精彩的演出。

【甘肃省文艺评论家协会】

5月21日，承办“金吉泰童话精品丛书出版座谈会”。

7月7日，话剧《八步沙》剧目研讨会在中国艺术研究院举行。中央文史研究馆馆员、中国文联原副主席、中国评协原主席仲呈祥，中国剧协分党组成员、秘书长崔伟等12位全国专家、学者参加研讨。

9月1日，组织召开“乡村振兴的文艺模式：重大主题文艺创作”研讨会。

9月23日，联合举办“甘肃文艺论坛·中小成本电影创作研讨会”。西北五省区优秀中小成本电影主创人员和资深制片人、投资人，省内电影界、文艺评论界专家、部分影视制作机构负责人、新闻媒体代表近50人参加会议，共同探讨中小成本电影创作的成果与问题，机遇与困惑，并对甘肃省中小成本电影筹拍项目进行点评指导。

12月31日，起草《甘肃省文联加强新时代文艺评论工作实施方案》。

基层文联

甘肃省市州文联和产行业文联广泛团结广大文艺工作者听党话、跟党走，切实履行“团结引导、联络协调、服务管理、自律维权”职能，围绕中心、服务大局，深入落实习近平总书记关于文艺工作的重要论述和“七一”重要讲话精神，紧紧围绕庆祝中国共产党成立100周年这条主线，以党史学习教育为抓手，开展了一系列有影响的文艺实践活动。

【兰州市文联】

6月2日，举办“庆祝中国共产党成立100周年·我忆兰州好”2021兰州“个十百千”惠民工程演出季系列演出“情系黄河”王学诗先生经典音乐力作音乐会，原创大型交响乐《大河交响曲》首演。

6月15日至17日，举办“庆祝中国共产党成立100周年兰州市书画展”，展出书法作品100幅、国画作品55幅、油画作品45幅。

【天水市文联】

6月4日，举办庆祝中国共产党成立100周年甘肃省生态文化（书画摄影）作品展。

6月19日，举办第七届“中华同根 水墨情深”海峡两岸书画作品展。

6月24日，举办《诗经·秦风》与秦文化研讨会，全国各地《诗经》和秦文化研究领域的知名专家学者、著名作家诗人近40人参加。

【金昌市文联】

5月26日，举办“礼赞百年 回顾党史”——庆祝中国共产党成立100周年红西路军连环画巡回展。

6月29日，举办“颂歌献给党——庆祝中国共产党成立100周年”金昌市美术书法摄影作品展。

【张掖市文联】

5月17日，举办“民间文艺颂党恩.红色精神永流传”庆祝建党100周年文艺惠民演出活动。

【酒泉市文联】

6月17日，举办“传承红色基因·赓续精神血脉——庆祝建党100周年书画作品展”。

【白银市文联】

3月18日，承办的“弘扬国粹、演艺风采”庆祝中国共产党成立100周年戏曲“走基层、入社区、进校园”活动秦腔艺术专场晚会在市文化中心举行。

5月20日，举办“不忘初心——白银市庆祝中国共产党成立100周年油画作品展”。

6月28日，举办“不负韶华 逐梦前行——白银市庆祝中国共产党成立100周年书法美术作品展”。

【定西市文联】

6月28日，承办的定西市庆祝中国共产党成立100周年大型文艺晚会在定西大剧院上演。

7月22日，承办的“牡丹花开心向党”——第四届中国西部优秀曲艺节目展演曲艺名家新秀“送欢笑”走进定西。

7月30日，举办“盛世华诞 民艺争艳”——庆祝中国共产党成立100周年定西、金昌、陇南三市非物质文化遗产民间民俗作品交流展。

【嘉峪关市文联】

6月12日至18日，举办“礼赞百年回顾党史——庆祝中国共产党成立100周年红西路军连环画巡回展（嘉峪关站）”。

6月21日至29日，承办“情寄翰墨·书百年辉煌”——嘉峪关市庆祝中国共产党成立100周年五体书法临创展。

6月28日，举办庆祝中国共产党成立100周年文艺晚会，全市各领域1000多名观众一起观看演出。

【临夏州文联】

6月23日，举办庆祝建党100周年“四季如歌——美术书法作品展”。

【甘南州文联】

1月14日，承办“吉祥甘南·民族团结杯”全国摄影大赛作品展。大赛收到来自全国各地408名摄影人创作的近5000多幅作品。评选出一等奖3名，二等奖6名，三等奖11名，优秀奖99名。

6月28日，承办“百盏明灯点亮藏乡”庆百年华诞·树正气甘南摄影大赛作品展。大赛共收到140余人近2000幅摄影作品，主办单位邀请省州摄影专家对所有作品逐一审查筛选。共评出一等奖3名，二等奖6名，三等奖11名，优秀奖(入围)80名。挑选了100组照片献礼党的百年华诞。

7月13日，由江西省南昌市文联、甘肃省甘南州文联联合主办，两地书协、美协、摄协承办的“讴歌伟大时代 赓续红色血脉——庆祝中国共产党成立100周年甘肃甘南·江西南昌书画摄影交流展”在南昌市八零油画学社展览馆开展。共展出甘南优秀艺术家创作的100幅书画摄影作品及41方精美洮砚。

9月13日至14日，举办“青藏之窗·雪域羚城”全国散文诗大赛颁奖会、第二十届全国散文诗笔会启动仪式暨第十一届“中国·散文诗大奖”颁奖典礼。

10月16日，甘南州民协组织会员参加中国民间文学大系出版工程社会宣传推广活动——2021·中国西部少数民族史诗与祝赞词大会在内蒙古呼和浩特市开幕，演出国家级非遗代表性项目“龙头琴弹唱”和省级代表性项目“格萨尔说唱”。

【庆阳市文联】

6月29日至7月4日，承办“奋斗百年路·启航新征程”——庆祝建党100周年甘肃省剪纸展(庆阳站)，此次展览集中展示了92位作者的109件（组）138幅剪纸作品。

6月29日，举办“奋斗百年路、启航新征程”庆祝中国共产党成立100周年市委市政府机关党员干部职工摄影作品展。

7月9日，举办“庆百年华诞 颂盛世辉煌”为主题的“慧眼诗心写庆阳”摄影诗词书法作品展。

7月20日上午，举办“翰墨颂盛世，同心写百年”——庆祝建党100周年全市书画邀请展。

11月16日，市文联组织全体党员干部学习党的十九届六中全会精神。

【兰州石化公司文联】

1月19日，举行庆祝中国共产党成立100周年主题宣传活动启动仪式。

6月9日，举办庆祝中国共产党成立100周年“心中的歌儿献给党”职工歌咏比赛、“石化儿女心向党”职工书画作品展。

6月23日，举办第十五届“兰州石化一日”摄影大赛活动，共有300多名职工拍摄的3000幅摄影作品参加比赛。

6月15日至16日，开展庆祝建党100周年“真情关怀”百名党员走访慰问活动。

9月28日，举办“庆国庆、颂祖国、展形象、促发展”为主题的书法美术网络展。

【矿区文联】

1月30日，开展“我们的中国梦·文化进万家”——2021年新春送春联文艺志愿服务活动。矿区书法美协的书法家们走上街头为群众现场书写对联和“福”字，文艺志愿者为过往的职工群众发放新春对联。

6月30日，举办“党的光辉照我心——庆祝中国共产党成立100周年”书画摄影展。

7月20日，举办“党的光辉照我心——庆祝中国共产党成立100周年”书画摄影展，在中核甘肃核技术产业园巡展。

12月2日，举办“文化助力强核梦、携手奋进新征程”慰问演出活动，施工一线的建设者200多人观看了演出。

【金川集团股份有限公司文联】

6月11日，“‘百年华诞 颂歌献党’——甘肃国资国企庆祝中国共产党成立100周年文艺会演”在甘肃大剧院举行。

7月1日，举办龙首山下铸辉煌——庆祝中国共产党建党100周年主题书画摄影作品展。

青海省文联

综　述

2021年，青海省文联在青海省委、省政府的坚强领导和青海省委宣传部的有力指导下，以习近平新时代中国特色社会主义思想为指导，深入学习贯彻习近平总书记关于文艺工作的重要论述，全面贯彻落实全国及全省宣传部长会议、群团工作会议、中国文联第十一次全国代表大会和中国作协第十次全国代表大会精神，自觉承担“举旗帜、聚民心、育新人、兴文化、展形象”的使命任务，坚持创造性转化、创新性发展，广泛团结和引领广大文艺工作者牢记初心使命，把牢正确导向，潜心文艺创作，服务人民群众，主动担当作为，奋力推动青海文艺事业高质量发展。

会议与活动

【旌旗长风越昆仑——青海迎新春文艺演出】

1月8日，由青海省委宣传部、省文联、省文旅厅、省广播电视台联合主办，省剧协、省音协、省舞协承办的“旌旗长风越昆仑——青海迎新春文艺演出”在青海大剧院举办。此次演出以民族团结、脱贫攻坚为主题，全面表现大美青海文化自信。青海省委宣传部、省文联以及省垣各文化宣传部门主要领导出席并观看演出。

【2020年度青海省文艺界学雷锋文艺志愿服务先进典型表彰活动】

1月24日，由青海省委宣传部、省精神文明建设指导委员会办公室、省文联主办的“青海省文艺界学雷锋文艺志愿服务先进典型表彰活动”在西宁群星剧场举办。马全、陈玉秀、屈巧哲、耿熙遥、习建林、王倩、刘建宁、陈有钧、路生贵、王洪波、贾国明、韩生辉、李政龙、李海东、侯梅才、陈有龙、邓旭峰、古明川、刘建平、岳柏阳等20位优秀文艺志愿者受到隆重表彰。中国文联副主席、中国文艺志愿者协主席冯巩发来视频贺词。青海省委宣传部副部长龚波，青海广播电视台党组书记、台长周贤安，青海省文联党组书记、主席班果为受表彰的志愿者颁发证书奖杯。班果向文艺志愿者小分队代表，青海省文联副主席、省文艺志愿者协会主席谷晓恒授旗，省垣文艺界近300名代表参加。活动被央视3套节目和省内各大媒体播报，在全省文艺界引起较大反响。

【青海省书法篆刻展】

2月7日，由青海省文联、省书协、青海美术馆主办的“2020青海省书法篆刻展”在青海美术馆举行。青海省文联、西宁市文联、青海美术馆、青海省书协负责人出席开幕式并与省垣书法家参观展览。本次展览共收到来自全省各州、市作者投稿作品552幅，入展作品117幅。

【“跨越昆仑”——青海省脱贫攻坚主题艺术展】

4月10日，由青海省委宣传部、省文联主办的“跨越昆仑”——青海省脱贫攻坚主题艺术展在青海美术馆开展。开幕式由青海省文联党组成员、副主席秦光明主持，省委宣传部常务副部长王志明致辞，省委常委、省委秘书长于丛乐宣布展览开幕，省委副秘书长徐信阁、省委宣传部副部长龚波等200余位嘉宾、艺术家、艺术爱好者参加开幕式。主题艺术展分摄影、美术、书法三大板块，以特邀创作及在全省范围内广泛征集作品等形式，组织优秀脱贫攻坚主题文艺作品240件。其中，摄影作品160件，美术作品43件，书法作品37件。

【青海省第二届原创舞蹈大赛】

4月至5月，由青海省委宣传部、省文联、省民委、省文旅厅、省教育厅、省广播电视台联合主办的“青海省第二届原创舞蹈大赛”在青海大剧院举办。全省81家单位报送的150个舞蹈作品经过激烈角逐，最终专业组、群文组、少儿组、院校组共评出10个一等奖、13个二等奖、15个三等奖、9个优秀奖，18家单位获最佳组织奖、优秀组织奖。

【庆祝中国共产党成立100周年青海省书法系列活动】

6月20日，由中国书协、青海省文联主办，省书协、青海美术馆承办的“庆祝中国共产党成立100周年青海省书法系列活动”在青海美术馆开幕。青海省第二届少儿书法篆刻展、青海省第二届老年书法篆刻展、青海省第三届妇女书法篆刻展同时展出。青海省首届中青年书法篆刻展、青海省中国书协会员书法篆刻展、青海省兰亭奖8人书法篆刻展及青海省书协书法公益大讲堂活动也同期举行。

【青海省庆祝建党100周年交响合唱音乐会】

6月30日，由青海省委宣传部、省文联、省文旅厅主办，省音协承办的“风展红旗如画——青海省庆祝建党100周年交响合唱音乐会”在青海大剧院举办。交响合唱音乐会特邀国内著名指挥家蒋燮斌执棒青海爱乐交响乐团，青海籍青年歌手郭艳华、张明旭等倾情演出。

【青海省文联庆祝中国共产党成立100周年主题艺术展】

7月1日，由青海省文联主办，省美协、省书协、省摄协、青海美术馆承办的“昆仑长歌动地诗——庆祝中国共产党成立100周年主题艺术展”在青海美术馆开展，省文联党组成员、副主席秦光明，省文联党组成员、兼职副主席、省作协主席梅卓为展览揭幕，省文联副主席谷晓恒主持开幕式。此次艺术展分美术、书法、摄影3部分，共展出作品110件。

【全国连环画主题作品展】

7月9日，由中国美协、青海省文化和旅游厅、省文联、祁连山国家公园青海省管理局共同主办的“学习用典——中国优秀经典故事全国连环画作品展暨青海省第一届架上连环画作品展”在青海美术馆开幕。中国美协、省文旅厅、省文联、省林草局主要领导及300余名社会各界人士参加开幕式并观看展览。

【庆祝中国共产党成立100周年曲艺创作演出活动】

7月10日，由青海省文联主办，省曲艺杂协、青海电视台新闻综合广播、西宁市文旅广电局承办，市文化馆协办的“党啊，我们为您歌唱！——庆祝中国共产党成立100周年曲艺创作演出”在西宁市中心广场百姓大舞台举行。主承协办单位主要领导出席并观看演出。青海省老一辈著名曲艺家共9人登台献唱。

【青海省文联八届六次全委会】

7月14日，青海省文联八届六次全委会在青海美术馆召开。省委组织部副部长陈容到会指导，省委宣传部副部长龚波出席会议并讲话。会议审议通过青海省文联党组成员、副主席秦光明所作《培根铸魂担使命　守正创新攀高峰　奋力谱写青海文艺事业高质量发展新篇章》工作报告，全面客观地总结了青海省文联2020年工作；会议选举董杰人为省文联八届主席团主席。

【走进祁连山国家公园自然文学笔会和媒体体验活动】

7月20日至23日，由青海省林业和草原局、祁连山国家公园青海省管理局、省文联、省作协主办，国家公园和自然保护地管理局、《青海湖》文学月刊社等单位承办的“最是山青水绿处”——全国著名作家走进祁连山国家公园自然文学笔会和媒体体验活动在青海举办。来自全国各地30余名知名作家和媒体记者分门源、祁连、天峻3个组，开展走进祁连山国家公园自然文学笔会和媒体体验活动，实地感受祁连山国家公园，走访体验国家公园自然资源和红色文化资源，完成主题创作，《青海湖》文学月刊发行“祁连山”国家公园自然文学专刊刊登作品。

【青海省第二届原创舞蹈大赛获奖编导“寻舞三江源”系列活动】

7月27日至8月5日，由中国舞协、青海省文联主办，省舞协承办的“庆祝中国共产党成立100周年暨青海省第二届原创舞蹈大赛获奖编导‘寻舞三江源’系列活动”分别在黄南州、玉树州开展，冯双白、王玫、万玛尖措、李世博、杨畅、格日南加等全国知名舞蹈专家应邀参加此次活动。活动期间，在黄南州同仁市召开黄南州文艺界工作座谈会；在玉树州格萨尔王广场举行“传承百年经典·舞动时代空间——中国藏族舞蹈展演”；在玉树州巴塘草原举行中国舞蹈高峰论坛（藏族舞蹈）；同时，在黄南州同仁市举行“中国藏族热贡神舞之乡”授牌仪式。中国舞协分党组成员、副秘书长柳斌宣读《中国舞协关于同意黄南州同仁县为“中国藏族热贡神舞之乡”的批复》，中国舞协主席冯双白为同仁市授“中国藏族热贡神舞之乡”荣誉牌，同仁市委副书记、市长赵建国接牌。

【2021年青海湖诗歌节暨1573金藏羚羊诗歌奖颁奖】

8月4日，由中国作协《诗刊》社、中国诗歌学会、青海省人民政府新闻办、青海省作协、海北州人民政府主办的“2021青海湖诗歌节开幕式暨1573金藏羚羊国际诗歌奖颁奖典礼”在海北州海晏县文迦牧场举行。西班牙诗人路易斯·加西亚·蒙特罗获得这一奖项。法国驻华大使馆文化教育与科学事务公使衔参赞高明，青海湖诗歌节组委会主席、中国作协副主席、书记处书记吉狄马加，青海省人大常委会副主任张黄元、省人民政府副省长才让太、省人大常委会原副主任格桑多杰等出席开幕式。活动组织中外80余名诗人先后赴青海藏文化博物院等地参观采风，在西宁市新华书店（香格里拉店）举办首场主题朗诵会。

【青海省文联系统文娱领域综合治理工作座谈会】

9月9日，青海省文联召集全省文艺界艺术家代表、新文艺群体组织代表和省文联机关、协会负责人在青海美术馆召开文娱领域综合治理工作座谈会。来自不同文艺门类的代表紧紧围绕青海省文联系统文娱领域综合治理工作进行交流座谈，并代表各艺术门类艺术家签署《青海省文艺工作者职业道德和行风建设承诺书》。

【青海少数民族青年美术作品展】

9月14日，由中国文联、中国美协指导，青海省文联、省美协主办，北京吉祥大地文化传播有限公司承办的“青出西海——青海少数民族青年美术作品展”在中国文联文艺家之家展览馆开幕。青海少数民族青年美术家创作的多种艺术形式80件作品入展。中国文联党组成员、副主席李前光，中国文联党组成员、书记处书记张雁彬，中国文联副主席左中一，中国文联国内联络部副主任李翔，中国文联机关服务中心副主任魏华，中国视协分党组书记、中国文联电视艺术中心主任范宗钗，中国美协分党组副书记、一级巡视员陶勤，中国美协分党组成员、秘书长马锋辉，中国视协分党组成员、副秘书长高健，青海省文联党组成员、副主席秦光明等有关方面负责人及近30家在京媒体参加活动。开幕式由中国文联美术艺术中心活动管理处处长董竟成主持。

【我们的节日——首届河湟慕容古寨“邀月醉高原”中秋民俗文化节】

9月21日，由中国民协、青海省文联主办的“我们的节日——首届河湟慕容古寨‘邀月醉高原’中秋民俗文化节”在西宁市湟中区慕容古寨景区举行。15万网友通过网络直播平台、抖音、快手短视频观看、参与活动。与会专家及嘉宾围绕传统节日文化的传承发扬、节日活动与铸牢中华民族共同体意识、传统节日与文旅结合等主题开展研讨。

【心绘青海·乡村振兴新画卷——孟鳌奎农民画展】

9月30日，由青海省文联、省美协、青海美术馆主办的“心绘青海·乡村振兴新画卷——孟鳌奎农民画展”在青海美术馆开展。此次展览以乡村振兴为主题，生动反映社会主义新农村建设崭新面貌，表达对新时代乡村文明建设及乡村振兴的美好希冀。

【青海生态文明摄影大展在京开幕】

10月25日，由青海省委统战部、省委宣传部主办，中国摄协支持，青海省文联、省民宗委、省援青干部人才管理服务办、省摄协承办的“国家公园省　生态新高地——青海生态文明摄影大展”在北京民族文化宫开幕。中国文联国内联络部主任谢力，中国文联文艺研修院常务副院长傅亦轩，中国摄协主席李舸，中国摄协分党组成员、副主席、副秘书长居杨，中国摄协副主席柳军，青海省委常委、统战部部长公保扎西，青海省文联党组书记、主席董杰人以及主承办方相关领导、摄影家出席开幕式。中组部干部三局副局长、第四批援青干部人才总领队、青海省委组织部副部长务国强代表主承办单位主持。此次展览共展出摄影作品203件，在北京民族文化宫举行首展后，还将在上海、天津、江苏、山东、浙江等援青省市进行巡展。

【青海文艺界学习贯彻中国文联第十一次全国代表大会、中国作协第十次全国代表大会精神】

12月21日，青海省文联组织召开青海文艺界学习贯彻中国文联十一大、中国作协十大精神会议。省文联全体干部职工、全省文艺界代表共70余人参加会议。省文联党组书记、主席董杰人主持会议并讲话。中国文联十一大青海代表索南多杰、张臻卓，中国作协十大代表杨汉亮围绕学习贯彻会议精神进行发言。

【“高原的召唤·38年青海写生——吴长江版画和素描展”】

12月24日，由中国美协、中央美院、青海省委宣传部、省文联共同主办的“高原的召唤·38年青海写生——吴长江版画和素描展”在青海美术馆开展。青海省委书记王建军参观展览，省委常委、宣传部部长赵月霞出席并宣布开幕。此次展览的116副作品，是吴长江在青海38年来写生创作的部分优秀作品，以二十世纪八九十年代创作的作品为主。开幕式后，举办了“高原的召唤·38年青海写生——吴长江版画和素描展座谈会”。

【第十二届青海文学周在西宁举行】

12月21日至25日，以“新时代文学与青海新征程”为主题的第十二届青海文学周在西宁举行。其间，组织“立足国之大者，实现文学创作突围”青海生态文学创作座谈会、“时代现场、实践热土与网络文学”青海网络文学座谈会、“加强青海新时代文艺评论工作”座谈会、“‘2021绽放时刻’推动青海文学高质量发展”座谈会。文学周积极落实向基层作协、作家倾斜的工作要求，组织召开基层作协主席联席会议，组织全省六州两市70名基层作家参加中青年作家读书班。

【青海省第十八届摄影艺术展】

12月28日，由青海省文联、省摄协主办的“青海省第十八届摄影艺术展”在青海美术馆开幕。省文联党组书记、主席董杰人宣布展览开幕，省摄协主席蔡征介绍十八届省展情况，芦苇兴代表获奖作者发言，省文联党组成员、副主席李国权致辞，省摄协主席团成员、获奖人员、省垣摄影人、省委宣传部相关部门负责同志、省文联班子成员及各部门负责同志参加开幕式。

文艺创作与成果

2021年，编辑出版献礼建党一百周年图书《新青海的容颜——青海作家“深入生活、扎根人民”文学作品集》《青海生态文学作品集》《朱奇雪域散文精选》《青海当代音乐家素描》《放歌青海——张启元歌曲作品选》。龙仁青散文《他乡故知是麻雀》获第三届“三毛散文奖”单篇实力奖；索南才让小说《哈桑的岛屿》获第四届“青铜葵花儿童小说奖”；古岳长篇报告文学《冻土笔记》获第八届“徐迟报告文学奖”；赵有年长篇小说《石头村里杏花开》入选中国作协2021年度“中国少数民族文学之星丛书”；懿小茹荣登中国网络文学影响力榜(2020年度)“新人新作榜”；横扫天涯（原名杨汉亮）荣获第四届茅盾新人奖·网络文学奖。青海音协推荐的张明旭获得中国音乐金钟奖，实现了我省在中国音乐界最高奖零的突破，并得到了省委常委、宣传部部长赵月霞同志批示肯定。《黄河边的童弦》《敬最可爱的人》在第十一届“小荷风采”全国少儿舞蹈展演中荣获“小荷之星”荣誉称号；《牧人》《清清甘泉水》成功入围第十三届中国舞蹈“荷花奖”民族民间舞评奖，《清清甘泉水》荣获第十三届中国舞蹈“荷花奖”民族民间舞奖提名；《幸福生活扭扭扭》《呼斯勒》《幸福华锐》入围“第三届‘戴爱莲杯’人人跳全国群众舞蹈展演”。主题美术作品《天路舞曲》《慕生忠开路精神》《大爱无疆——玉树抗震救灾精神》被中国共产党历史展览馆收藏并受到表彰；黄沛沛中国画《高原盛会》入选第四届“邮驿路 运河情”全国美术作品展、《相牛图》入选“国泰民安——庆祝中国共产党成立100周年百幅人物画作品展”；贺生福农民画《阳光村务》、赵宏海农民画《黄河鱼塘丰收景》入选“全国廉政农民画优秀作品展”；《云朵上的家园》《帕米尔雄鹰》《一个回族画家与康巴藏区的不解之缘》《江源守卫者》《兄弟同袍》《追求梦想的兄弟摄影师》《逆行者礼赞》《七彩人生》入选“民族团结 同心筑梦——第七届全国架上连环画展”。何启金作品《风雪携手》入展中国第18届国际摄影艺术展纪实类（单幅）单元；焦生福艺术类组照《秘境生灵》、李善元纪实类组照《兔狲育幼记》入选第28届全国摄影艺术展；青海省农牧民摄影培训荣获由中央文明办三局与中国文艺志愿者协会共同主办的首届宣传推选学雷锋文艺志愿服务“时代风尚”先进典型活动“最美文艺志愿服务项目”、陈有钧获“最美文艺志愿者”称号。青海灯影腔《百年历程复兴梦》获“第四届中国西部优秀曲艺节目展演”优秀节目奖；青海平弦《万里长征万里长》入选“第五届‘和平杯’非遗曲艺票友邀请赛‘双十佳票友’节目奖”。祁喜春、朱广芬、张敏剪纸与农民画在“黄河九省建党百年优秀作品参展”中分别获得第一、二等奖，唐卡作品《岭国三十员大将》、藏族对歌（民歌表演）分别入围第十五届中国民间文艺山花奖·优秀民间工艺美术作品和优秀民间艺术表演作品终评；《中国民间文学大系·史诗·格萨尔·青海卷》（2卷）进入出版程序；《中国唐卡文化档案·藏娘卷》已通过专家三审，进入出版程序。整理出版《格萨尔》说唱本搜集整理丛书《香戎赞布》《牟岭战争》《北方阿赛魔女宗》《森岭之战》《霍尔千莲牧场》；出版《格萨尔》汉译资料本《格萨尔王传·贵德分章本》；格萨尔史诗研究与保护中心研究员索加本专著《中国藏区民间格萨尔信仰田野考察》获首届青海省科学成果一等奖；授予久治县门堂乡门堂村、阿绕格萨尔马背藏戏团等13个格萨尔研究点“格萨尔文化保护传承基地”；授予玉树州玉树市哈秀乡云塔村果热洛早期遗址等4个格萨尔遗址“《格萨尔》风物遗迹传说研究基地”。

文艺惠民活动

结合元旦、春节、第八个中国文艺志愿者服务日、第四届农民丰收节等重要节点，大力弘扬乌兰牧骑优良传统，广泛深入开展增强“四力”教育，持续开展“深入生活、扎根人民”主题实践和文艺志愿服务，组织各艺术门类艺术家以集中和小分队形式在全省范围内开展“我们的中国梦——文化进万家文艺志愿慰问演出活动”“到人民中去”“送福送春联”“百幅肖像进百家”“书法美术进社区”“美术进农家”“文学进村社”“戏剧进校园”“‘到人民中去’2021年青海省文联基层文艺志愿服务走进乐都区舞蹈培训”“‘庆丰收 感党恩’十九届六中全会精神宣讲暨文艺志愿慰问演出活动”等“送”“种”结合的文艺志愿活动30余场（次），赠送美术、书法作品400余幅，春联、“福”字逾万件，全家福、肖像照1100余幅，直接参与活动志愿者600余人，服务群众达3.6万余人；持续推动戏剧进校园、乡村学校少年宫艺术辅导员培训等惠民项目及活动19余场（次），辅导师生1.6万余人次。邀请著名舞蹈艺术家黄豆豆为我省舞蹈界文艺工作者开展《舞出中国风》专题讲座，举办“‘学党史、听党话、跟党走’版画绘画基础培训班”“天峻县首届织合玛国际生态摄影小镇牧民摄影师培训班”“首届农民摄影师和市摄协部分会员及摄影爱好者综合能力提升专题培训班”“青海民间文艺工匠精神展示推介活动”；充分发挥青海美术馆文艺服务主阵地作用，“新青海精神高地”主题教育展馆党员党性教育基地和爱国主义教育基地作用，参观人数累计突破32万人次，成为全省党员干部党性教育基地、党校系统教学基地、中小学生爱国主义教育平台和新青海精神宣传主阵地。

机关建设

2021年，“新青海精神高地”主题教育展馆被省委宣传部确定为第三批爱国主义教育基地；年内，省文联以党建工作为牵引，推动党建与业务工作紧密结合，同安排、同部署，真抓实干，积极开展省级精神文明单位和模范机关创建活动，全面提升党建工作规范化制度化水平，努力打造“让党放心、让群众满意”的模范机关；坚持民主集中制原则，修订完善《省文联党组工作规则》《省文联党组、主席办公会议制度》等，形成了科学决策、民主决策、依法决策的运行体系；严格落实党组意识形态工作责任制，实施“书记抓”和“抓书记”工程，重点对举办的各类文艺活动、报告会、研讨会、讲座论坛及文联所属刊物《青海湖》《文坛瞭望》《青海书法》《西海文摘报》等报刊、出版物严格审核，不断健全完善文联意识形态风险防控机制；7月15日至9月15日，根据省委统一部署，省委第二巡视组对省文联党组进行常规巡视，对标巡视反馈4个方面15类40个问题，细化方案，周密部署，制定了128条具体整改措施，2021年底已基本完成整改工作；先后培养中宣部2021年思想文化青年英才、青海省昆仑英才、高端创新创业领军人才、青海省文化名家暨“四个一批”人才、青海省优秀专业技术人才各1名，宣传文化中高端人才2名；完成基层文联系统机构编制及人员统计工作，并同步完成与中国文联国内联络部联合调研工作，协同全省文联组织完成全省基层文联基本情况网上登记工作，做到摸清真实“家底”，夯实文联工作基础；组织文艺工作者为果洛州玛多县地震灾区捐赠物资1.82万元，为夺取抗震救灾最终胜利作出积极贡献；推荐懿小茹（廖乙入）、玄夜、纳玉琼等6位网络作家参加中国作协网络文学中心举办的首期网络作家党史学习教育在线培训班。

直属单位

【青海省《格萨尔》史诗保护研究中心】

2021年，研究中心人员在《国故融新知——格萨尔史诗学术七十年》文集中发表《为了史诗的明天牢记昨日途程——对青海〈格萨尔〉工作的回顾与设想》《解析塔尔寺大金瓦殿的格萨尔王壁画》等学术论文；完成并出版青海《格萨尔》说唱本搜集整理丛书《香戎赞布》《牟岭战争》《北方阿赛魔女宗》《森岭之战》《霍尔千莲牧场》及《格萨尔》汉译资料本《格萨尔王传·贵德分章本》；5月至10月，分别赴海南州共和县夏拉牧场、果洛州久治、玉树州玉树市哈秀乡云塔村等地考察格萨尔遗迹和《格萨尔》文化保护传承情况，形成《关于对果洛地区〈格萨尔〉保护传承的考察调研报告》，在果洛地区调研期间，收集10余部《格萨尔》史诗文本，与玉树州《格萨尔》学会共同举办果乐绒《格萨尔》生态文化研讨会；赴四川省阿坝州若尔盖县收集流失外地的本省已故《格萨尔》艺人原始文本4本，在西北民族大学收集《格萨尔文库》珍贵资料30本；授予果洛州久治县门堂乡门堂村和阿绕格萨尔马背藏戏团等13个单位“格萨尔文化保护传承基地”；授予玉树州玉树市哈秀乡云塔村果热洛早期遗址等4个格萨尔遗迹点“《格萨尔》风物遗迹传说研究基地”；2021年，编印《格萨尔研究》内部资料1期，参加“高原非遗与铸牢中华民族共同体意识”为主题的“GAO-YUAN非遗论坛”和玉树州重大文化工程《格萨尔》项目的论证编审等学术会议，加强对外学术交流；省格萨尔史诗保护研究中心专业人员在各类刊物发表论文和出版研究、整理成果共22篇（部）。研究中心黄毛草被省政府授予“2020-2021年度青海省优秀专业技术人才”称号；索加本专著《中国藏区民间格萨尔信仰田野考察》荣获首届青海省科学成果一等奖，巷欠才让入选国家级人才工程和青海省“昆仑英才·高端创新创业人才”领军人才。

【青海省文联文学创作与理论评论中心】

4至5月，参与第二届原创舞蹈大赛，撰写4篇相关文章，同时指导相关人员撰写宣传、评论文章；6月，赴玉树观看音乐剧《卓玛姑娘》并进行研讨；年内，完成《文坛瞭望》审核、编校、印刷工作；举办“文心论坛”，与会专家学者20多人专题研讨摄影作品集《百年藏庄塔加》和报告文学《铸梦小康·青海拉面》的书写，参与人数近70人次。

【大湖出版文化传媒有限责任公司】

年内，召开《青海湖》2021年编辑工作专题会，全员参加第二期全省编辑业务能力提升培训班和全省采编队伍培训班；编辑出版发行《青海湖》24期；编辑出版《青海湖》“庆祝中国共产党成立100周年青海女作家专号”；《青海湖》诗歌专号；“‘百年华诞，放歌青海’庆祝中国共产党成立100周年全国诗歌大奖赛”专刊；出版“绿色海北”专刊；编辑出版《俪人》12期、《西海文摘报》40期；为庆祝中国共产党成立100周年，组织青海省作家团队赴海北州、果洛州、海东市等地区开展“学史砺初心 阔步新征程”采访活动，并编辑出版《青海湖》“庆祝中国共产党成立100周年专刊”；举办“全国著名作家走进祁连山国家公园自然文学笔会和媒体体验活动”并出版“祁连山国家公园自然文学专刊”；组织召开“最是山青水绿处”——国家公园自然文学座谈会；完成群加文艺交流中心撤销相关工作，并将群加基地勘用物资捐赠给省文联扶贫点乐都仓家峡村；完成《青海湖》《俪人·西部散文选刊》《西海文摘报》年度期刊核验及统计报表工作；完成青海省委宣传部出版处关于2020年大湖公司所辖“两刊一报”社会效益考核工作，《青海湖》获得“优秀”期刊；在全国期刊抽检中，《青海湖》编校质量为全国第30名。

【青海美术馆】

2月至4月，完成青海省委宣传部“新青海精神高地”主题教育展馆第三批爱国主义教育基地挂牌仪式；4月至7月，完成有关领导赴青海美术馆“新青海精神高地”主题教育展馆视察指导工作、参观学习和主题研讨会接待服务工作。2021年，“新青海精神高地”主题教育展馆接待各级党政领导调研6批次，接待参观团队45个1546人次，群众自发参观 1900余人次。12月21日，中国文艺网发布“新青海精神高地”主题教育展馆网上VR。7月15日，省委书记王建军等领导参观“百年恰是风华正茂——主题文献资料展”；7月17日，西宁市委书记陈瑞峰带领中心组赴美术馆参观“历史档案文献资料展”。9月30日，与深圳美术馆、关山月美术馆联合主办“景外之景——文祯非写意油画作品展”，此次展览共展出文祯非作品50余幅，展览现场文祯非与业界同仁就此次展览作品的创作理念及艺术风格展开交流研讨。5月，安排人员赴湖北、江苏、浙江、上海考察移动展墙事宜；9月23日，山东泰安美术馆馆长、泰山画院院长刘建东与泰安市油画学会主席冯晓东、泰安市美协副主席丁毅、中国美协会员高波等业界知名艺术家一行6人，到青海美术馆开展学术交流活动，并建立馆际联盟。承办“跨越昆仑——青海脱贫攻坚成就艺术展”“高原的召唤，38年青海写生——吴长江版画和素描展”“2020青海省书法篆刻展”“青海省美协成立60周年作品展”“心绘青海，乡村振兴新画卷——孟鳌奎农民画展”“第五届青海省青年美术作品展”“天下黄河——百名油画家主题作品展”“惠质翰墨——冯秀梅、徐小江作品联展”“尽精微·精微素描全国巡展”“党是阳光我是花——百名少儿百米长卷创作”“万江涛《行走与延续》个人绘画作品展”。组织开展“童心向党——扣好人生第一粒扣子”儿童学党史公共教育活动；“大手拉小手——保护高原野生动物”公共教育活动；“禾下乘凉梦”公共教育绘画活动；举办“书法鉴赏培训班”“美术鉴赏培训班”“摄影作品鉴赏与技术培训班”“全民健康共建共享”专题讲座。

各文艺家协会

【作家协会】

2021年，青海省作协以庆祝建党100周年和党史学习教育活动为契机，组织出版向中国共产党成立一百周年献礼图书《新青海的容颜——青海作家“深入生活、扎根人民”文学作品集》《青海生态文学作品集》；举办长篇小说《醒》作品分享会；主办“仰望星空·昆仑月夜中的诗与歌——第五届华语诗歌春晚青海分会场”开幕；第十二届青海文学周；新格局·新女性· 新创作——青海青年女作家庆祝建党100周年座谈会”；第七届“中国梦·青海故事”征文活动；“百年华诞，放歌青海”全国诗歌大奖赛活动；“奋斗百年路、启航新征程”庆祝建党百年主题诗歌朗诵会；第二届“化泉春杯”全国散文大赛；2021青海湖国际诗歌节暨1573金藏羚羊国际诗歌颁奖典礼；协办“繁荣生态文学　共建美丽中国”文学论坛及“大地文心”生态文学作家采风青海行活动；举办第四届全国藏语短篇小说大奖赛，最终评选出获奖作品6篇：一等奖1篇，二等奖2篇，三等奖3篇；联合省企联邀请著名诗人李南，在青海美术馆举办诗歌创作文学讲座；古岳长篇报告文学《冻土笔记》获“徐迟报告文学奖”；龙仁青散文《他乡故知是麻雀》获第三届“三毛散文奖”单篇实力奖；索南才让《哈桑的岛屿》获第四届“青铜葵花儿童小说奖”金葵花奖；懿小茹（廖乙入）荣登“新人新作榜”中国网络文学影响力榜(2020年度)；网络作家横扫天涯（杨汉亮）荣获第四届茅盾新人奖·网络文学奖；梅尔长篇小说《乌图美仁，那长长的河》入选2021年度重点扶持项目；赵有年长篇小说《石头村里杏花开》入选“2021年度中国少数民族文学之星丛书”项目；推荐懿小茹（廖乙入）、玄夜、纳玉琼等6位网络作家参加中国作协网络文学中心举办的首期网络作家党史学习教育在线培训班；推荐会员青木措、才仁久丁、张永发和陈劲松、李静、张旻分别参加鲁院36届少数民族作家创作培训班和鲁院第38届、第39届、第40届高研班；推荐祁发慧参加鲁迅文学院建党百年青年作家创作培训班；推荐曹有云等5位作家参加中国作协2021年“中华民族一家亲”少数民族文学骨干培训班；6月，组织国家和青海本土作家，赴青海湖流域、河湟等地区实地开展文学采风活动。12月14日至17日，中国作协十大在京举行，梅卓、邢永贵当选为中国作协第十届全委会委员。

【音乐家协会】

2021年，主办“旌旗长风越昆仑——青海迎新春文艺演出”“南韵·北腔——任洁与墨语筝乐团西宁站专场音乐会”“王洛宾音乐文化旅游节西海音乐论坛”“传承经典、唱讲党史——董卿基独唱音乐会”“百年百场·红色主题精品剧目之红色·经典萨克斯室内重奏音乐会”“百年风华·庆祝建党100周年‘启明星’合唱团专场音乐会”“百年百场·红色主题精品剧目之晁浩建教授师生音乐会”。承办“风展红旗如画——青海省庆祝建党100周年交响合唱音乐会”“恺撒堡艺术家陈俊珲全国公益巡回钢琴独奏音乐会”“百年风华——青海省庆祝中国共产党成立100周年优秀原创歌词征集”活动，经专家组初评、复评共评选出《祖国阿妈》等6首优秀作品；组织省内外词曲作家创作《大美青海天上来》《承诺》《嘱托》《一颗心儿向着您》《忠贞》等作品20余首，其中《承诺》入选第一批“百年看潮·看青海”网络视听献礼中国共产党百年华诞短视频展播，《一颗心儿向着您》《忠贞》入选“百年百首”全国优秀新创歌曲；主办了第五届青海高校音乐专业声乐展演暨第八届青海师范大学中外艺术歌曲比赛，创作《你就是大山》《夏都安宁》《等你们归来》《今天的你有多美》等抗疫主题作品30余首，其中《等你们归来》《今天的你有多美》入选中宣部“学习强国”学习平台、中国音协主办的《全国优秀“战疫”公益歌曲展播系列》。出版发行《青海当代音乐家素描》，并在青海美术馆举办座谈会；出版发行《青海当代音乐家作品论著系列丛书》之《放歌青海——张启元歌曲作品选》，出版发行《百年风华》——青海省庆祝中国共产党成立100周年原创歌曲专辑，组织大学生合唱团参加“永远跟党走——青海省庆祝中国共产党成立100周年群众歌咏大会”，得到省委宣传部书面表扬；组织青海爱乐交响乐团和青海音协爱乐青年合唱团参加海东市循化县“百年铸辉煌奋进新征程”万人黄河大合唱，并被央视《新闻联播》报道。继续有序组织开展“音乐考级”工作，2021年被中央音乐学院颁发“优秀考区”牌匾；省音协《党史中的音乐》作为精品课程上报省党史办，并先后受邀到省内大中专院校、省科协、武警总队、政府机关、区镇、西宁监狱等开展专题党课讲座，受众近2千人。与中央音乐学院共同承办“绽放青春之花，书写精彩人生，民族音乐人才的时代使命”大学生就业能力提升培训班并面向海东市化隆县回族、藏族、撒拉族等少数民族一线音乐教师举办电子琴基础教学方法公益培训班；组织古筝、二胡、电子琴双排键、乐理等专业近80多名音乐教师远程连线中央音乐学院进行专业师资培训。

【戏剧家协会】

3月至5月，邀请海东艺馨秦腔研究团团长乃东红，中国剧协会员、省剧协理事、省京剧团青年演员张晓文，省剧协副秘书长、省演艺集团平弦创作研究室副主任张晓宇赴西宁市湟中区班沙尔学校、西宁市周家泉小学、海东市互助县城东小学连续开展戏剧讲堂活动，近2400名师生聆听讲座。承办西宁市周家泉小学“文艺明史 童心向党”戏曲进校园系列活动剧本朗读会、第二届戏剧进校园展演暨首届文体艺术节、西宁市一中第十九届戏剧进校园活动、“听党话 感党恩 做党的好娃娃”西宁市保育院庆六一·迎建党百年华诞儿童剧展演、第五届戏曲进校园专场演出“童心唱响红色经典 喜迎建党百年华诞”；承办“‘艺’心向党·百年‘剧’献”青海省戏剧界新文艺群体民间剧团秦腔大戏展演，共有266名演职人员参演，4800余名观众观看。4月，深入黄南州同仁县曲库乎学区江什加教学点和同仁县双朋西根敦群培学校督促检查指导藏戏进校园活动。8月，赴玉树州召开音乐剧《卓玛姑娘》专家研讨会。10月9日，召开省剧协七届三次理事（扩大）会，会议增选省剧协秘书长李宝莲为七届主席团副主席，增补海东艺馨戏曲研究艺术剧团团长乃东红、互助县秦韵戏曲演艺有限公司秦腔团副团长梁宏章为省剧协七届理事会理事。

【舞蹈家协会】

2021年，承办庆祝中国共产党成立100周年“我和我的祖国——5·25我爱舞”广场舞展演暨西宁市“比舞展风采·讴歌新时代”百团广场舞大赛、“庆百年华诞 舞时代华章——庆祝中国共产党成立100周年暨青海省第二届原创舞蹈大赛”“传承百年经典·舞动时代空间——中国藏族舞蹈展演”。组织省内部分中青年编导赴深圳观摩学习“第十二届中国舞蹈‘荷花奖’当代舞、现代舞评奖”终评演出活动。推选10个青海省第二届原创舞蹈大赛少儿组优秀作品参加第十一届“小荷风采”全国少儿舞蹈展演，其中，《黄河边的童弦》《敬最可爱的人》成功入围现场展演，荣获“小荷之星”荣誉称号；推选15个青海省第二届原创舞蹈大赛专业组、群文组优秀作品参加第十三届中国舞蹈“荷花奖”民族民间舞评奖，其中《牧人》《清清甘泉水》成功入围终评，获得近年来青海参加“荷花奖”民族民间舞评奖最好成绩，《清清甘泉水》荣获第十三届中国舞蹈“荷花奖”民族民间舞奖提名；推选海南州民族歌舞团原创舞蹈《羊皮袄》入选第二届“中国舞蹈优秀作品集萃”；推选舞蹈《幸福生活扭扭扭》《呼斯勒》《幸福华锐》入围“第三届‘戴爱莲杯’人人跳全国群众舞蹈展演”；在西宁市组织召开“玉树采风作品指导会”，邀请北京舞蹈学院教授田露进行现场作品指导；在玉树巴塘草原举办中国舞蹈（藏族舞蹈）高峰论坛；邀请著名舞蹈表演艺术家黄豆豆在青海舞蹈专家大讲堂开讲《舞出中国风》专题讲座，省文联主要领导和省内部分老艺术家、专业院团、文化馆、培训机构、新文艺群体代表近150人聆听讲座；7月至8月，赴黄南、玉树开展“庆祝中国共产党成立100周年暨青海省第二届原创舞蹈大赛获奖编导‘寻舞三江源’系列活动”；7月29日，在黄南州同仁市举行“中国藏族热贡神舞之乡”授牌仪式；2021年荣获“中国舞协优秀团体会员单位”称号。

【书法家协会】

2021年，主承办“我们的中国梦”•文化进万家——青海省书法家送万福进万家志愿服务活动23场次。组织和引导书家深入生活、扎根人民，为农牧区群众、社区居民、企业员工书写春联、送“福”字16700余幅。主承办“慧质翰墨——冯秀梅、徐小江作品联展”；庆祝中国共产党成立100周年青海省书法系列活动之“青海省第二届少儿书法篆刻展”“青海省第二届老年书法篆刻展”“青海省第三届妇女书法篆刻展”“青海省首届中青年书法篆刻展”“青海省中国书协会员书法篆刻展”“青海省兰亭奖8人书法篆刻展”等6个展览，展出532人次作品624件；庆祝中国共产党成立100周年“党的恩情比海深”百名书家百米长卷暨“党是阳光我是花”百名少儿百米长卷创作活动，省文联党组成员、副主席秦光明出席开幕式并致辞，老中青三代书家代表与少年儿童一起书写对党的百年华诞的深情祝福。主办“2020青海省书法篆刻展”“雏凤新墨·青海省第五届书坛新秀20人展”“青海省第三届临帖书法展”等3个专业展览；选派创作经验丰富、具有一定教学能力的主席团成员，在西宁市，海西州格尔木市、德令哈市，海东市乐都区、互助县开展以“一讲、一评、一示范”为主要内容的书法公益大讲堂活动7次，受众372人次。组织行书专业委员会、草书专业委员会开展专业书法培训18场次1027人次，旨在壮大书法队伍、培养书法人才。

【美术家协会】

2021年，主承办“天下黄河——中国百名油画家主题作品展青海巡展”“惠质翰墨——冯秀梅徐小江作品联展”“行走与延续——万江涛绘画作品展”“青出西海——青海少数民族青年美术作品展”“尽精微——精微素描全国巡展”“心绘青海·乡村振兴新画卷——孟鳌奎农民画展”“高原的召唤·38年青海写生——吴长江版画和素描展”“‘学习用典’中国优秀经典故事全国连环画作品展暨青海省第一届架上连环画作品展”“昆仑长歌动地诗——庆祝中国共产党成立100周年主题艺术展”。推荐黄沛沛中国画《高原盛会》入选第四届“邮驿路 运河情”全国美术作品展，《相牛图》入选“国泰民安——庆祝中国共产党成立100周年百幅人物画作品展”；贺生福农民画《阳光村务》、赵宏海农民画《黄河鱼塘丰收景》入选“全国廉政农民画优秀作品展”、付永华油画《云朵上的家园》、陈有龙中国画《帕米尔雄鹰》、张洪春（阿太）版画《一个回族画家与康巴藏区的不解之缘》、韵文江连环画《江源守卫者》、程帆连环画《兄弟同袍》、侯志光连环画《追求梦想的兄弟摄影师》、景增卿连环画《逆行者礼赞》、祁福兰连环画《七彩人生》入选“民族团结 同心筑梦——第七届全国架上连环画展”；主题美术作品姚广才版画《天路舞曲》、李庆文油画《慕生忠开路精神》、李宪民油画《大爱无疆——玉树抗震救灾精神》被中国共产党历史展览馆收藏并受到表彰。4月至8月，组织美术小分队走进西宁市第一中学，开展美育活动，在海东市乐都区举办“学党史、听党话、跟党走”版画绘画基础培训班；组织创作骨干赴海北州开展采风创作美术惠民活动；推荐黄沛沛参加“国家重大题材美术创作专题研修班”；推荐李宪民参加“中国美协新文艺群体美术人才专题研修班”；组织画家赴湟中区包勒村开展采风写生创作活动。

【摄影家协会】

2021年，承办“我们的中国梦·文化进万家——青海省摄协百幅肖像进百家志愿服务活动”，先后赴西宁市湟源县池汉村、何家庄村、西宁市湟中区土康村拍摄全家福、肖像照500余幅，青海卫视《今日青海》栏目《文化进村年味浓》进行了专题报道。2021年，主承办“昆仑长歌动地诗——庆祝中国共产党成立100周年主题艺术展”“国家公园省 生态新高地——青海生态文明摄影大展”“国家公园省 生态新高地——青海省首届‘民族团结进步杯’生态文明摄影大展（赛）”“青海省第十八届摄影艺术展”“保护青海湖 我是志愿者——第四届梦幻青海湖生态摄影大赛”“礼赞百年伟业 风情锦绣都兰——文化旅游节暨艺术家走进都兰采风活动”；承办“跨越昆仑”——青海省脱贫攻坚主题艺术展，同时完成海东市互助县上台村、西宁市人民公园、海西州天峻县等地巡展。由中央文明办三局与中国文艺志愿者协会共同主办的首届宣传推选学雷锋文艺志愿服务“时代风尚”先进典型活动中青海省农牧民摄影培训获“最美文艺志愿服务项目”，陈有钧获“最美文艺志愿者”；何启金单幅作品《风雪携手》入展中国第18届国际摄影艺术展纪实类（单幅）单元；焦生福的艺术类组照《秘境生灵》、李善元的纪实类组照《兔狲育幼记》入选第28届全国摄影艺术展。6月至10月，举办“天峻县首届织合玛国际生态摄影小镇牧民摄影师培训班”，天峻县各乡镇30余位牧民摄影师参加，同时，组织牧民摄影爱好者赴天峻沟、天峻县织合玛乡等地进行实地拍摄指导；在海东市乐都区举办首届农民摄影师和市摄协部分会员及摄影爱好者综合能力提升专题培训班；举办佳能摄影大篷车西宁站活动，300多位摄影人参加，佳能专业人士进行现场摄影讲座；承办中国摄协“少数民族摄影人才培训班”，来自全国少数民族地区50位学员参加培训，青海省摄协选派10名少数民族基层摄影人参加培训。

【民间文艺家协会】

2021年，主办“桑吉才让妙笔丹青唐卡展”；在贤哲文创中心陆续开展“青海民间文艺工匠精神网络直播推介活动”，先后举行以青绣、剪纸、农民画、唐卡为主题的四场直播推介活动，微信、抖音等五个平台点击量突破一万，线下有上百人参与民间工艺品制作体验过程；5月，组织民俗专家组赴平安区下河滩村考察指导省级非物质文化遗产代表作项目；推荐祁喜春、朱广芬、张敏剪纸与农民画作品分别获得“黄河九省建党百年优秀作品参展”一、二等奖；唐卡作品《岭国三十员大将》入围第十五届中国民间文艺山花奖·优秀民间工艺美术作品终评；《中国民间文学大系·史诗·格萨尔·青海卷》（2卷）《中国唐卡文化档案·藏娘卷》进入出版程序。9月13日，召开七届三次理事会，增选娘本为七届主席团副主席，慕兰为七届理事会理事；在湟中区慕容古寨景区与中国民协联合举办“我们的节日·2021首届河湟慕容古寨邀月醉高原中秋民俗文化节”。

【曲艺（杂技）家协会】

2021年，积极开展文艺抗“疫”活动，组织曲艺工作者创作十多篇曲艺作品；组织主席团成员和部分顾问分别赴大通、互助、海晏等地开展“深入生活、扎根人民”采风创作辅导活动；组织雷春膏、张永涛、张永清等会员主编、众多曲艺名家参与编辑《河湟雅韵——雷少云平弦艺术纪念文集》，8月正式出版发行。承办“党啊，我们为您歌唱！——庆祝中国共产党成立100周年曲艺创作演出”；作品青海灯影腔《百年历程复兴梦》入选“‘第四届中国西部优秀曲艺节目展演’优秀节目奖”；青海平弦《万里长征万里长》入选“第五届‘和平杯’非遗曲艺票友邀请赛‘双十佳票友’节目奖”；组织会员创作庆祝中国共产党成立100周年曲艺作品三十余首，部分作品被中宣部“学习强国”平台和《青海日报·文化周刊》、《西海都市报》等省垣媒体选登；推选5名会员参加由中国文联、中国曲协举办的多期专题培训。

【电影电视艺术家协会】

2021年，主办“传承红色基因 赓续红色精神”青海省影视艺术家协会红色经典影片校园展映周；“百年百场”公益电影放映暨“百年影像”纪录片观摩活动；“百年潮 看青海”青海省电影电视艺术界庆祝建党100周年微电影展；承办“百年潮·看青海”青海省电影电视艺术界庆祝建党100周年微电影展”颁奖典礼，评出获奖作品11件，其中，最佳作品奖2件，优秀剧情短片奖3件，优秀纪录片奖6件，获奖作品通过线上、线下两种方式进行展映。4月23日，省影视协在虎台小学举办影视小屋授牌仪式，标志着省影视协首家影视小屋落地城西区虎台小学。9月29日，召开三届二次理事（扩大）会，会议增补张帅、陈阳、吴威霞为三届理事，增选金强为三届主席团副主席。

【文艺志愿者协会】

2021年两节期间，组织各艺术门类艺术家以集中和小分队形式分别赴西宁市区、西宁市湟源县、大通县、海东市互助县各乡镇开展“送福送春联”“百幅肖像进百家”“文艺志愿慰问演出”活动，共组织“我们的中国梦”文化进万家主题系列活动16场（次），现场书写赠送2600余副（幅）春联福字，拍摄装裱赠送肖像及全家福照片1100余幅，现场赠送中国文联“送欢乐下基层”祥瑞包200个，参与志愿者近560名，服务群众达1.5万人；5月19日至21日，以“学党史 传精神 跟党走”——到人民中去为主题，分赴西宁市青年巷社区和信小区、武警青海总队新兵团、海东市互助县上台村开展文艺志愿服务活动；联合省舞协、海东市乐都区文联举办“到人民中去——2021年青海省文联基层文艺志愿服务走进乐都区舞蹈培训”；赴海东市乐都区寿乐镇承办“庆丰收·感党恩——十九届六中全会精神宣讲暨文艺志愿慰问演出活动”，同时，邀请乐都区党校老师为寿乐镇30多名乡村干部开展党的十九届六中全会精神宣讲。

宁夏回族自治区文联

综　述

2021年，在自治区党委政府的坚强领导下，在中国文联的有力指导下，宁夏回族自治区文联（以下简称宁夏文联）以习近平新时代中国特色社会主义思想为指导，深入学习贯彻落实习近平总书记“七一”重要讲话精神、习近平总书记在中国文联十一大、中国作协十大开幕式上的重要讲话精神、习近平总书记视察宁夏重要讲话精神，以隆重庆祝中国共产党成立100周年为主线，以紧扣文艺事业高质量发展为目标，以推进“三个全面”专项行动为核心任务，以落实全区宣传思想文化工作“十大工程”三个清单任务为抓手，聚焦主责主业，提高政治站位，不断做好“三个深化”（不断深化党史学习教育的成果、不断深化基层文联改革的效果、不断深化文艺实践的硕果），推动文联各项工作取得新进展。

会议与活动

【“塞上江南　美丽宁夏”摄影作品征集活动获奖公示】

1月14日，为全面展示宁夏自然之美、人文之美、和谐之美，激发全区广大干部群众奋斗精神，为继续建设经济繁荣民族团结环境优美人民富裕的美丽新宁夏凝聚磅礴力量，自治区党委宣传部、宁夏文联组织开展了“塞上江南　美丽宁夏”摄影作品征集活动，共征集到2343幅摄影作品。经评审，评选出优秀组织奖5个，一等奖5个，二等奖10个，三等奖20个，优秀奖50个。

【马学智小字书法探索展开展】

1月14日，由宁夏文联、宁夏文史研究馆主办，宁夏博物馆、宁夏书协承办的“艺无涯——马学智小字书法探索展”在宁夏博物馆开展。展出的170余件作品，是马学智致力于小字书法研究近二十年的一次阶段性总结，也是书法实用性与艺术性相融合的一次探索性书展。

【宁夏文联八届四次全委会在银川召开】

3月5日，宁夏文联八届四次全委会在银川召开。会议传达学习了有关会议精神、通报了全委会委员变更情况、表决通过了秘书长更替人选、成立了宁夏文艺志愿服务总队，自治区纪委监委驻宣传部纪检监察组组长王振升出席会议授旗并讲话。宁夏文联党组书记、副主席崔晓华作题为《担当新使命　奋斗新征程　推动全区文艺事业高质量发展》的工作报告，宁夏文联主席杨洪涛主持会议。

【宁夏文艺志愿服务总队成立】

3月5日，宁夏文艺志愿服务总队在银川成立并举行授旗仪式，区级各文艺家协会和五市文联成立文艺志愿服务支队。总队长由宁夏文联党组书记、副主席崔晓华担任，副总队长由宁夏文联党组成员担任，支队长由区级各文艺家协会和五市文联主要负责同志担任。宁夏文艺志愿服务中心具体负责宁夏文艺志愿服务总队的日常工作。中国文艺志愿者协会发来贺信，自治区纪委监委驻宣传部纪检监察组组长王振升到会祝贺并为宁夏文艺志愿服务总队授旗。

【宁夏文联召开党史学习教育动员部署会】

3月10日，宁夏文联召开党史学习教育动员部署会议。宁夏文联党组书记、副主席崔晓华主持会议并讲话。宁夏文联党组成员、二级巡视员、机关全体党员、干部职工共计51人参加会议。自治区党史学习教育第八督导组张仁汉一行四人到会指导。

【宁夏文联开展文化科技教育卫生“三下乡”暨“我为群众办实事”集中示范活动】

3月25日，由宁夏文联主办，宁夏文艺志愿服务中心、宁夏摄协、宁夏书协承办的2021宁夏文化科技教育卫生“三下乡”暨“我为群众办实事”

集中示范活动在石嘴山市大武口区长胜街道龙泉村文化广场启动。在活动现场，宁夏文联开展了“六个一 心连心”文艺惠民活动。文艺志愿者为群众拍摄赠送全家福、书写书法作品。宁夏文联党组书记、副主席崔晓华参加活动。

【长篇报告文学《大搬迁》入选全国农家书屋推荐图书】

4月2日，段鹏举、火会亮、孙艳蓉合著的长篇报告文学《大搬迁》一书入选国家新闻出版署发布的《2020年农家书屋重点出版物推荐目录》。该书从输血扶贫、造血扶贫，全社会初步消除贫困、共同迈进小康社会三个阶段，展现了自治区党委和政府在脱贫攻坚战中，通过生态移民的方式，将南部干旱地区123万人民搬迁至适合于生活和生产地区的伟大创举，见证并践行了“绿水青山就是金山银山”的生态理念。

【宁夏两项文艺人才培养项目入选国家级重点项目】

4月9日，经文学志愿服务示范性重点扶持项目评审小组论证，并报请批准，青铜峡作家之家青年文学创作人才培养、西吉县文联中小学文学艺术培训入选中国作协文学志愿服务示范型重点项目。

【宁夏文联、宁夏摄协赴彭阳开展红色文化采风创作活动】

4月14日，宁夏文联、宁夏摄协组织开展红色文化采风活动，参观固原市彭阳县乔家渠毛泽东长征宿营地、中共红河支部旧址等红色遗址，接受革命教育。当晚，宁夏摄协在彭阳县摄协活动中心开展了摄影培训讲座。宁夏文联党组书记、副主席崔晓华，宁夏文联党组成员、副主席庾君，宁夏文联副主席、宁夏摄协主席张春荣，参加此次采风创作活动。

【宁夏第十届摄影作品全区巡展首展在彭阳开幕】

4月15日，由宁夏文联、宁夏摄协主办，彭阳县文联承办的“宁夏第十届摄影作品全区巡展”首展在彭阳县博物馆开幕。展览通过197幅（组）作品，以影像的方式反映改革开放以来宁夏在经济繁荣、民族团结、环境优美、人民富裕和脱贫攻坚、全面建成小康社会方面取得的成就，集中展现了五年来宁夏摄影艺术水平和创作成果。宁夏文联党组书记、副主席崔晓华，宁夏文联党组成员、副主席庾君，宁夏文联副主席、宁夏摄协主席张春荣参加开幕仪式。

【宁夏文联开展“学党史、传精神、跟党走——宁夏文艺志愿者在行动主题月活动”】

5月1日到31日，宁夏文联组织各文艺家协会和五市文联广泛开展为期一个月的“学党史、传精神、跟党走——宁夏文艺志愿者在行动主题月”活动。在“互联网+文艺志愿服务”工作模式的基础上，突出志愿服务活动主题性、时代性、创新性和互动性，依托抖音、西瓜视频、百家号等平台，制作发布56条内容丰富、形式多样、录制精美的小视频，点击量达6.2万人次，通过云端将文艺课程、文艺展览展演送到了千家万户。精心组织举办了“学党史、传精神、跟党走”——宁夏文艺志愿者在行动文艺惠民演出暨乐漫光影《红色畅想》交响音乐会。整合各文艺家协会和五市文联资源，将“学党史、传精神、跟党走”——中国文艺志愿者在行动、“我们的中国梦”文化进万家与宁夏文联“到人民中去”文艺志愿服务月有机结合，广泛开展慰问演出、辅导培训、展览展示、文艺支教等内容丰富的文艺志愿服务活动，持续打造靓丽的志愿服务品牌。

【宁夏文联第三期艺术高研班（小楷班）在灵武开班】

5月5日，宁夏文联第三期艺术高研班（小楷班）在灵武开班。本期小楷高研班的培训时间从5月5日至11月5日，邀请中国书协理事、宁夏书协副主席、银川市书协主席刘银安担任授课老师，采取“网络+面授”的教学方式。共有12名学员参加此次高研班。

【中国舞蹈家协会来宁考察调研】

5月6日至8日，由中国舞协分党组成员、副秘书长柳斌带队，中国文联舞蹈艺术中心大型活动处汪杨，中国舞协志工委副秘书长、中国铁路文工团编导赵帅调研组一行，前往固原考察了解“新农村少儿舞蹈美育工程”教学成果及文艺志愿服务开展情况。在固原黄铎堡老庄小学，举行了由中国舞协、宁夏文联、宁夏舞协、固原市文联、原州区教充体育局等单位共同承办的“‘共筑中国梦·温暖农村娃’新农村少儿舞蹈美育工程——少数民族舞蹈课堂支教成果”汇报演出。

【宁夏文联首批文艺创作基地挂牌仪式在闽宁镇举行】

5月12日，宁夏文联在银川市永宁县闽宁镇举行首批“文艺创作基地”挂牌仪式。宁夏文联党组书记、副主席崔晓华，党组成员、副主席庚君，副主席、宁夏美协主席王雪峰，秘书长吴岩，宁夏文联各部室院、各文艺家协会负责人，银川市文联党组书记、主席代晓宁，永宁县委常委、宣传部部长林俊，永宁县文联、闽宁镇部分干部群众及部分文艺工作者参加。崔晓华为文艺创作基地挂牌，林俊致辞，永宁县文联主席王建邦主持。

【宁夏文艺网改版上线】

5月15日，全新改版的宁夏回族自治区文学艺术界联合会官方网站——宁夏文艺网正式上线，掀开宁夏文联“互联网+文艺”建设新的一页。此次改版建设，是宁夏文联贯彻国家“互联网+”行动计划和中国文联“互联网+文艺”规划建设要求，推进宁夏文联网络与信息化建设的一项重要工作，在中国文联网络文艺传播中心大力支持下，网站改版升级同时设计开发了宁夏文艺界App和宁夏文联会员管理系统，基于网站的移动互联网端和更标准化、科学化的会员管理体系搭建完成，标志着“互联网+宁夏文艺”取得阶段性建设成果。

【中国舞协在宁开展“深入生活、扎根人民”采风创作】

5月17日至21日，中国舞协、宁夏文联、宁夏舞协“深入生活、扎根人民”舞蹈名家采风团深入宁夏开展采风创作。本次活动系响应中宣部、中国文联等五部委号召在文艺界开展“深入生活、扎根人民”主题实践活动，同时为建党百年献礼的“各族儿女心向党”歌舞晚会作品汲取创作灵感，也是宁夏文联、宁夏舞协“党史学习教育——我为群众办实事”的生动实践。中央民族歌舞团、中央民族大学舞蹈学院、上海戏剧学院舞蹈学院等舞蹈名家及我区中青年舞蹈创作骨干一行20余人参加。

【宁夏第十届文学艺术奖评奖启动】

5月26日，根据《宁夏回族自治区哲学社会科学文学艺术奖励办法》（自治区人民政府令第99号）（以下简称《奖励办法》），宁夏文学艺术奖每三年评一次的规定，经自治区党委和政府同意，宁夏文联下发了《关于开展宁夏回族自治区第十届文学艺术奖评奖的通知》，启动了第十届文学艺术奖评奖工作。成立了由自治区党委常委、宣传部部长李金科，自治区副主席杨培君任主任，自治区党委宣传部、财政厅、文化和旅游厅、广电局、文联等部门负责同志及各文艺门类专家、学者、文艺家代表组成的评审委员会，下设文学、戏剧、音乐、舞蹈、美术、摄影、书法、民间文艺、曲艺杂技、电影电视和文艺评论11个评审小组，评奖办公室设在宁夏文联，具体负责评奖工作的组织实施。评奖工作办公室根据《奖励办法》规定，制定了《宁夏回族自治区第十届文学艺术奖评奖方案》，设立突出贡献奖2至3名，优秀作品奖11项，每项分设一、二、三等奖若干。

【《宁夏文学史》《宁夏艺术史》出版】

6月1日，由宁夏文联启动，宁夏文学艺术院组织二十多位专家编撰的《宁夏文学史》《宁夏艺术史》，历时五年，结集出版。《宁夏文学史》70万字，彩插精装，分为诗歌、散文、小说、文学研究与批评、儿童文学与纪实文学五卷。《宁夏艺术史》80万字，全彩精装，分为戏剧、音乐、舞蹈、美术、书法、摄影、民间文艺、曲艺杂技、电影电视、艺术评论十卷。

【宁夏4名书法家作品应邀参加庆祝中国共产党成立100周年书法大展】

6月19日，由中国文联、中国国家博物馆、中国国家图书馆、中国书协联合主办，中国文联书法艺术中心承办的“伟业：庆祝中国共产党成立100周年书法大展”在中国国家博物馆隆重开幕。宁夏宋琰、陈国鸿、马雪宝、潘志骞4位书法家创作的书法作品应邀在本次展览中展出。

【微评书《盐池红色故事》得到广泛好评】

6月21日，为庆祝中国共产党成立100周年，深化党史学习教育，由宁夏文联、宁夏曲杂协、盐池县文化旅游广电局联合制作播出的以盐池县红色革命故事为背景的三十回微评书《盐池红色故事》，通过宁夏文艺志愿服务中心官方抖音号、宁夏文艺志愿服务中心官方百家号、黄河云视App等多媒体渠道开始播送，节目播出后得到了包括中国曲协主席姜昆以及部分著名曲艺专家在内的广大观众的关注和好评。

【宁夏文联举行“庆祝中国共产党成立100周年”表彰会】

6月23日，宁夏文联举行“庆祝中国共产党成立100周年”表彰会，向“光荣在党50年”的6位老党员颁发了纪念章；表彰了2021年度优秀共产党员、优秀党务工作者和先进党支部。

【“美丽新宁夏 翰墨颂党恩——庆祝中国共产党成立100周年”全区书法美术摄影民间工艺作品展在银川开展】

6月29日，由自治区党委宣传部、宁夏文联共同主办，宁夏书协、美协、摄协、民协和宁夏报业传媒集团承办的“美丽新宁夏 翰墨颂党恩——庆祝中国共产党成立100周年书法美术摄影民间工艺作品展”在银川国际会展中心开幕。自治区党委常委、宣传部部长李金科，自治区政协原主席任启兴，自治区人大常委会原副主任黄超雄，自治区政协原副主席安纯人出席开幕式，自治区党委宣传部常务副部长杜银杰，自治区纪委监委驻宣传部纪检监察组组长王振升，宁夏日报报业集团党委书记、社长、总编辑周庆华，自治区党委第五巡视组副组长杨光利，宁夏电视台副台长、自治区党委党史学习教育第八督导组组长张仁汉，宁夏文联主席杨洪涛，宁夏文联党组成员、副主席庾君及自治区有关部门相关处室负责人、老艺术家、入展作品艺术家代表和广大文艺爱好者500多人参加。自治区党委宣传部副部长吴静致辞，宁夏文联党组书记、副主席崔晓华主持。由中国文学艺术基金会中国文学艺术发展专项基金资助的全景展厅同步上线，让本次展览在全国文艺界进行亮相，产生了良好反响，获得圆满成功。

【习近平总书记在庆祝中国共产党成立100周年大会上的重要讲话在文艺界引起强烈反响】

7月1日，宁夏文联组织全体干部职工收看庆祝中国共产党成立100周年大会实况并聆听了习近平总书记的重要讲话。习近平总书记的重要讲话在文艺界引起了强烈反响。宁夏文联党组书记、副主席崔晓华，中国作协全委会委员、宁夏文联副主席、宁夏作协名誉主席石舒清，宁夏文联副主席、宁夏美协主席王雪峰，中国书协理事、宁夏书协主席宋琰，宁夏评协秘书长王晓静，以及张学东等发表学习感想。

【2021中国音乐“小金钟”全国琵琶展演（宁夏区）选拔活动在银川举行】

7月9日，由宁夏文联主办、宁夏音协承办、宁夏人民剧院协办的“学党史 颂党恩 办实事‘奏响华章 童心向党’——2021中国音乐‘小金钟’全国琵琶展演（宁夏区）选拔活动”在宁夏人民剧院小剧场举行。选拔遵循客观、公平、公正、公开的原则，在宁夏文联纪律监督委员会的监督下，由宁夏音协组织专家评委会，对来自全区的27名选手展开评选。

【宁夏文联第3期新文艺群体培训暨第20期文艺（评论）研修班在银川举办】

7月15日至18日，由宁夏文联主办，宁夏文学艺术院、宁夏评协承办的“宁夏文联第3期新文艺群体培训暨第20期文艺（评论）研修班”在银川举办。来自全区多个文艺门类的50名学员参加了新文艺群体培训班；来自全区高校、研究所、文化单位、基层评协的33名宁夏评协会员，以及甘肃、河北的4名学员参加了文艺评论研修班。培训研修期间，河北评协与宁夏评协举行了两省区友好协会签约仪式，将在评论家互访、刊物交流、人才培养、新媒体与网络文艺评论等方面，进一步加强合作。

【宁夏文联召开全区文艺界学习贯彻习近平总书记在中国共产党成立100周年大会上的重要讲话精神座谈会】

7月16日，宁夏文联组织召开全区文艺界学习贯彻习近平总书记在中国共产党成立100周年大会上的重要讲话精神座谈会，旨在学习交流体会，共同促进提高，畅谈工作发展，更进一步学习好、宣传好、贯彻好习近平总书记在庆祝中国共产党成立100周年大会上的重要讲话精神，有力推动全区文艺事业高质量发展。自治区党委党史学习教育第八巡回指导组成员受邀到会指导，宁夏文联主席团部分成员，二级巡视员，五市文联负责同志，宁夏文联各部室院、各文艺家协会负责同志，以及文艺家代表、新文艺群体代表参加。12名文艺家代表作交流发言，宁夏文联党组书记、副主席崔晓华讲话，宁夏文联党组成员、副主席庾君主持。

【宁夏文联举办学习贯彻习近平总书记“七一”重要讲话精神大讲堂】

7月22日，宁夏文联、宁夏舞协在银川剧院举办学习贯彻习近平总书记“七一”重要讲话精神大讲堂，特邀中国舞协主席冯双白进行公益讲座，全区200余名舞蹈工作者参加。

【宁夏文联组织学习习近平总书记“七一”重要讲话精神宣讲报告会】

7月26日，宁夏文联举办习近平总书记“七一”重要讲话精神宣讲报告会，会议由宁夏文联党组书记崔晓华主持。自治区宣讲团成员、自治区党委讲师团团长张虎应邀进行宣讲，自治区第八巡回指导组部分成员、文联机关全体党员干部参加宣讲报告会。

【2021中国·宁夏国标舞精英赛在银川举行】

7月27日至28日，由宁夏文联主办，宁夏舞协、宁夏国际标准舞总会承办，五市舞协协办的2021中国·宁夏国际标准舞精英赛暨宁夏代表队选拔赛在银川举行，共有来自区内外57支代表队的2000多名选手报名参赛。大赛从4月启动以来，自治区各级文联、舞协、国标舞学会、艺术院校、舞蹈培训机构积极响应，报名选手突破2000人，组次4282次，场次199次，组别246个，创造宁夏国标舞大赛参赛人数新纪录。

【第三届湖南文化艺术周宁湘两地脱贫攻坚书画展在银川开幕】

9月8日，由宁夏文联、湖南省文联联合主办的第三届湖南文化艺术周宁湘两地脱贫攻坚书画展在宁夏人民剧院开幕。自治区党委宣传部副部长吴静，宁夏文联党组书记、副主席崔晓华，自治区文旅厅一级巡视员柳萍，宁夏文联原党组书记郑歌平，宁夏文联党组成员、副主席庚君，湖南省文联党组书记、副主席夏义生，中国杂协副主席、湖南省文联副主席、湖南省杂协副主席兼秘书长赵双午，湖南省文联副主席旷小津等出席开幕式。宁夏演艺集团党委书记、总经理沈自龙，湖南省文联党组书记、副主席夏义生分别致辞。湖南省文联采风团、宁夏文联全体干部职工及部分书画爱好者参加。

【宁夏文联推荐多个项目入选全国“时代风尚”先进典型】

9月10日，由宁夏文联推荐的王志洪、“六个一 心连心”文艺惠民工程和吴忠市利通区古城镇秦桥社区分别入选由中央文明办三局（全国志愿服务工作协调小组办公室）与中国文艺志愿者协会共同主办的首届学雷锋文艺志愿服务先进典型“最美文艺志愿者”“最美文艺志愿服务项目”“最美文艺志愿服务社区”。

【宁夏文联召开文艺工作者职业道德和行风建设暨加强文艺评论工作座谈会】

9月10日，宁夏文联召开全区文艺工作者职业道德和行风建设暨加强文艺评论工作座谈会。会议深入学习习近平总书记关于文艺工作的指示批示精神，传达了中宣部开展文娱领域综合治理电视电话会议和《关于加强新时代文艺评论工作的指导意见》精神，传达了中国文联文艺工作者职业道德和行风建设工作座谈会精神，并向全区文艺界发布《修身守正 立心铸魂——致广大文艺工作者倡议书》。宁夏文联党组书记、副主席崔晓华主持会议并讲话，宁夏文联主席杨洪涛，党组成员、副主席庚君及相关部室、协会负责人和五市文联、文艺家代表参加会议。自治区党委宣传部文艺处处长闵生裕到会指导。

【宁夏2021“传统文化进校园”系列活动在海原关桥中学启动】

9月17日，由自治区文明办、宁夏文联主办的宁夏2021“传统文化进校园”系列活动在海原关桥中学校启动，文艺工作者走进校园、深入课堂，开展形式多样的文艺活动，弘扬传承中华优秀传统文化，培育和践行社会主义核心价值观，让学生在实践中体悟中华优秀传统文化的博大精深和独特魅力，增强了广大青少年知党爱党、知党爱国热情，提高了他们的民族自豪感、文化认同感。

【“宁夏2021年中国农民丰收节文艺惠民演出”在星海村举行】

9月28日，为庆祝第四届“中国农民丰收节”，由宁夏文联、石嘴山市委宣传部、石嘴山市文联、大武口区党委、政府联合主办的“宁夏2021年中国农民丰收节文艺惠民演出”和文艺志愿服务活动，在石嘴山市大武口区星海镇星海村举行。宁夏文联以“送欢乐下基层”文化进万家活动为牵引，以激活乡村振兴内生动力为目标，组织文艺工作者把文艺演出送到一线、送到群众身边，不断营造全面推进乡村振兴的浓厚氛围，提升广大农民的获得感和幸福感。

【宁夏文联召开干部会议宣布干部任命】

10月21日，宁夏文联召开干部大会，宣布黄明旭同志任宁夏文联党组书记，提名为副主席人选。自治区党委宣传部常务副部长杜银杰出席会议并讲话，自治区党委组织部部务委员张朝宣布任命决定，宁夏文联党组成员、副主席庾君主持会议。

【宁夏文联迅速行动 以“艺”抗疫助力疫情防控】

10月至11月，面对疫情的严峻形势，宁夏文联紧急行动，安排部署疫情防控工作，成立“宁夏文联抗疫志愿服务队”，组织全体党员干部积极投身抗疫一线，协助做好疫情防控工作，并向全区文艺界发出了《关于组织创作及时报送抗击疫情主题文艺作品的通知》《笔墨随时代 助力抗疫情——宁夏抗疫文艺作品征集启事》，动员广大文艺工作者行动起来，主动作为，勇于担当，以笔为旗，用爱相守，用文艺的力量传递关怀、温暖人心，用优秀的文艺作品鼓舞斗志、战胜疫情，努力展现全区人民团结一心、同舟共济的精神风貌和众志成城抗击疫情的强大力量。

全区文艺界共创作抗疫作品2000多件，涵盖文学、戏剧、音乐、舞蹈、美术、摄影、书法、民间工艺、曲艺、微视频、文艺评论等。向新华网、《人民日报》《光明日报》《宁夏日报》《新消息报》等客户端，学习强国、今日头条、新浪微博、抖音、中国文联各文艺家公众号、宁夏文艺家网、宁夏各文艺家协会公众号等平台及宁夏电视台等新闻媒体推送500多篇（幅），进行刊登播出200多篇（幅）。

宁夏文联抗疫信息“共克时艰‘艺’同抗疫”信息先后在人民日报客户端、宁夏日报客户端、宁夏新闻网、宁夏文艺网等媒体转载。

【宁夏文联举办宁夏80岁老画家作品展】

10月25日，由宁夏文联、文史馆主办，宁夏美协承办的“岁月如歌——宁夏80岁老画家作品展”在银川美术馆开展，展出11位80岁以上老艺术家作品110件。

【宁夏文联召开党组（扩大）会议传达学习党的十九届六中全会精神】

11月15日，宁夏文联召开党组（扩大）会议，传达学习党的十九届六中全会精神和中宣部学习宣传贯彻党的十九届六中全会精神电视电话会议，以及自治区党委常委会（扩大）会议精神，会议根据自治区党委宣传部部务会会议要求，就学习宣传贯彻落实全会精神进行安排部署，宁夏文联全体干部职工参加。

【自治区第十届文学艺术奖评奖复评会召开】

11月24日，自治区第十届文学艺术奖评奖复评会召开，根据各评审小组对各文艺门类的评审意见，复评评委对各评审小组推荐的突出贡献奖建议人选和评选出的优秀作品奖建议获奖作品进行了复评。

【宁夏文联八届五次全委会在石嘴山市召开】

12月3日至5日，宁夏文联八届五次全委会在石嘴山市平罗县召开，通报委员变更情况，通过《宁夏回族自治区文学艺术界联合会补选第八届委员会副主席选举办法》（草案），补选黄明旭同志为宁夏文联第八届委员会副主席。自治区党委党史学习教育第八巡回指导组组长张仁汉，自治区党委宣传部干部处处长胡亚莉、文艺处处长闵生裕，第八届全委会委员，宁夏文联干部职工共计110人参加会议。宁夏文联党组成员、副主席庾君主持会议。

【宁夏文联举办全区文艺界学习贯彻党的十九届六中全会精神专题培训暨宣讲报告会】

12月3日至5日，为深入学习贯彻党的十九届六中全会精神，加强全区文联系统队伍建设，提升文艺工作者思想政治理论水平，由宁夏文联主办、宁夏文学艺术院承办的“全区文艺界学习贯彻党的十九届六中全会精神专题培训暨宣讲报告会”在石嘴山举办。宁夏文联第八届全委会委员、市县（区）文联负责人、宁夏文联干部职工等110人参加了培训。

【“文学宁夏·2021春秋改稿会”在银川开班】

12月6日至8日，由宁夏文联主办，宁夏作协承办的“文学宁夏·2021春秋改稿会”在银川开班。全区青年作家、文学爱好者40余人参加了此次改稿会。

【宁夏文艺家代表参加中国文联十一大、中国作协十大】

12月12日至17日，中国文联十一大、中国作协十大在北京召开。宁夏代表团共派出33名代表参加会议。黄明旭同志当选为中国文联第十一届全国委会员委员，雷忠、郭文斌、马金莲当选为中国作协第十届全国委员会委员。

各文艺家协会

【作家协会】

5月28日，宁夏作协组织作家季栋梁、火会亮、单永珍、彦妮撰写的长篇纪实文学作品《六盘山上高峰》初稿完成，该书入选2021年中宣部重点出版项目。

10月，2021年宁夏重大题材创作项目出版长篇作品10余部，其中王作红的《下口外》、我本疯狂的《铁骨铮铮》、季栋梁的《苦下到哪达哪达亲》、马慧娟的《黑眼湾》等产生了良好反响。敕勒川的诗集《我在人间挺好的》、曹海英的长篇非虚构作品《黑色版图》等作品入选自治区重大题材创作项目。

11月22日，宁夏作协通过"全时云会议"系统组织召开学习贯彻党的十九届六中全会精神座谈会，全区25位作家、评论家、文学组织工作者、文学编辑参加。

【戏剧家协会】

5月，宁夏剧协举办的第三届宁夏小戏小品评奖活动在银川结束，6人获得等次奖，10人获得优秀奖。

8月12日，第二十五届"中国少儿戏曲小梅花荟萃"终审结果揭晓，由宁夏剧协选送的卢籽伊荣获（个人项目）京昆组业余B组"小梅花"称号。

【音乐家协会】

4月29日，第十三届中国音乐金钟奖钢琴、古筝、声乐比赛（宁夏）选拔评审会落下帷幕，共有4个专业48名选手报名参加了选拔活动。4个专业共48名选手报名参加了选拔活动。通过评审，评选出钢琴选手2名、古筝选手2名、声乐（美声）选手3名、声乐（民族）选手3名共10名选手，于6月初，代表宁夏参加"第十三届中国音乐金钟奖钢琴、古筝、声乐（美声、民族）全国选拔赛"。并举办"深情的旋律——第十三届中国音乐金钟奖宁夏参赛选手专场音乐会"。

7月16日，中国西北音乐节第五届"熊猫音乐奖"佛坪流行音乐邀请赛在西安圆满结束。宁夏选手高原获得本次比赛二等奖，李宁、李玉分别获得优秀奖。

7月23日，"2021中国青岛合唱大会"在青岛开幕。宁夏音协选送的宁夏大学银川校友合唱团荣获"杰出贡献合唱团队"（一等奖）。

【舞蹈家协会】

7月19日至23日，由中国舞协、教育部体育卫生与艺术教育司主办，宁夏舞协、银川市教育局承办的全国中小学舞蹈教师培优计划2021年度宁夏站培训实施。线上课程参训学员累计达到3万人次，77人参加线下培训。为宁夏中小学舞蹈教师提供了包括舞蹈理论、创编、健康、教学实践以及宁夏传统舞蹈文化等全方位的培训及展示平台。

11月25日，由宁夏舞协选送的舞蹈《踏别的腔子热着呢》《公婆戏》两件作品入选第二届"中国舞蹈优秀作品集萃"。

12月22日，由宁夏舞协推荐的原创作品《乐陶娃》荣获第十一届"小荷风采"全国少儿舞蹈展演"小荷之星"荣誉称号（金奖）。

【美术家协会】

4月26日至30日，宁夏文联党组成员、副主席庾君，宁夏文联副主席、宁夏美协主席王雪峰会同"建党百年"宁夏重大题材美术创作艺术顾问张少山、马建军、王印泉、孙立人前往各创作组工作室现场指导创作，要求作者精益求精，不断改进完善，按期完成本次创作任务。

7月30日，庆祝中国共产党成立100周美术主题创作研讨会在宁夏文联召开。研讨会围绕"美丽新宁夏　翰墨颂党恩——宁夏回族自治区庆祝中国共产党成立100周年书法美术摄影民间工艺作品展"10幅大型美术主题创作作品，邀请画家和评论家进行了全方位回顾与品评。共30人参加了研讨。

9月25日至10月10日，宁夏美协主办的"第六届宁夏版画展"在银川美术馆展出。共展作品100余幅，是近年来宁夏版画的一次集中展示，其中不乏版画新人的作品。

【摄影家协会】

6月21日，宁夏摄协在中卫举办第28届全国摄影艺术展投稿交流活动。宁夏摄协副主席兼秘书长吴建新为30多名中卫摄协会员和爱好者讲解分析了第27届全国摄影艺术展获奖作品。宁夏摄协副主席葛世卿、主席团委员王建波与中卫市摄协会员及爱好者作了现场交流。

6月22日，宁夏第十届摄影艺术作品展全区巡展第二站在中卫市沙坡头水镇开幕。宁夏文联组联部主任杨永圣，中卫市文联党组书记、主席谈柱，宁夏摄协副主席兼秘书长吴建新、副主席葛世卿、主席团委员王建波等参加开幕活动。中卫市文联、摄协会员和摄影爱好者参加开幕式并参观了展览。

10月30日至11月17日，宁夏摄协号召区内摄影家“聚焦瞬间 以艺抗疫”，将镜头对准医护采集人员、社区党群工作人员、各机关单位志愿服务人员、广大公安干警，创作、记录反映在党的坚强领导下坚决打赢疫情防控阻击战中所涌现的人间真情、温暖人心的感人瞬间。

【书法家协会】

4月12日，宁夏第十三届书法篆刻临摹展（网络展）优秀奖作品在宁夏书协、《宁夏日报》艺术风尚微信公众平台展出。本次展览共收到来自全区各地的743件投稿作品。经评审，10位作者获优秀奖，216位作者入展。

6月21日，宁夏书协主席宋琰带领副主席、理事及会员一行8人，到西吉中学开展“学党史 办实事”书法进校园活动。

10月9日，山东书协、宁夏书协“结对子·共发展”合作签约仪式在银川举行。此活动是中国书协为进一步加强全国各省级书协之间交流合作，稳步推进东西部书法事业协调发展，在党史学习教育期间开展“我为群众办实事”实践活动的一项重要举措。鲁宁结对是此项活动的首批8个对子之一。为配合活动开展，由中国书协副主席、山东书协主席顾亚龙主讲、山东书协常务副主席孟鸿声辅讲授的公益书法讲座在宁夏大学举行。在宁夏大剧院展厅组织了现场书法交流会，来自山东书协的5位书法家现场为宁夏作者进行点评指导。山东书协向宁夏书协赠送了书法用品。

【民间文艺家协会】

9月15日至18日，宁夏民协在中卫市海原县组织举办“宁夏文联第22期文艺（刺绣）研修班”。来自全区近60名学员参加了学习培训。其间带领文艺小分队赴海原县关桥乡观桥中学、史店小学组织开展“传承优秀传统文化 民间文艺进校园”文艺演出及民间工艺美术培训活动。

3月至9月，宁夏民协秉持学术立会传统，组建带领《中国民间文学大系》歌谣、花儿卷和《中国民间工艺集成·宁夏卷》各个编委会成员先后6次赴隆德县、彭阳县、大武口区等十几个市县（区）进行田野调查和资料采集工作，积极推进编纂进程，呈现精彩的宁夏专业卷本。

7月3日和10月11日，宁夏民协为将“六个一心连心”文艺志愿服务引向深入，带领文艺志愿者走进石嘴山市惠农区庙台乡东永固村、青铜峡市，在群众家门口、在校园里组织“唱支山歌给党听”文艺演出活动。

【曲艺杂技家协会】

6月15日，由宁夏曲杂协副主席兼秘书长唐志刚带队，组织曲艺专家赴青铜峡演艺集团针对宁夏小曲曲调单一等问题，开展宁夏小曲《狱中阳光》创排和剧本修改工作。

7月21日，由宁夏曲杂协选送的由郭克文表演的山东快书《田阿姨买鸡》，王砚晨、吴砚萌表演的相声《节日趣谈》和银川艺术剧院表演的小品《今天我休息》参加了在甘肃省兰州市举办的第四届西部曲艺展演。

10月12日，由宁夏曲杂协选派的曲艺演员洪艳参加了“2020年第四届中国盐城全国乡村优秀曲艺节目交流展演”。

【电影电视家协会】

5月20日，以真实事件改编，反映宁夏文联驻村工作队脱贫攻坚的微电影《心灯》，荣获由自治区党委宣传部组织的“全区第六届社会主义核心价值观微视频大赛”一等奖。

10月15日，为反映宁夏美术工作者实际生活与创作过程，通过深入采访部分美术工作从业人员、组织编写剧本，拍摄了以宁夏美术工作者为原型的微电影《画中风景》。

11月22日，由宁夏影视协选送的微电影《追梦》荣获中国文联、国家乡村振兴局、中国视协、国家图书馆、福建省文联组织的新时代小康纪实影像征集典藏活动最佳作品奖，被国家图书馆收录。

【文艺评论家协会】

5月20日，宁夏评协举办“庆祝建党百年华诞 彰显文艺评论使命”——2021年宁夏中青年文艺评论家座谈会。宁夏评协主席团、理事、会员代表共30人参加，宁夏评协主席郎伟出席会议。

6月9日，宁夏评协在西吉县将台堡镇明星村，开展“六个一心连心”文艺惠民工程“我为群众办实事”文艺服务活动，向明星村赠送书画作品和图书刊物。

9月24日，宁夏文艺评论创研基地揭牌仪式暨“石嘴山散文诗歌创作发展”研讨品读会在宁夏理工学院文学与艺术学院举行。

【文学艺术院】

3月23日，由宁夏文联主办，宁夏文学艺术院、同心县文联承办的“第14期《朔方》改稿班”在同心县开班。经修改，部分作品将刊发于《朔方》第6期“同心作家作品专辑”。

4月23日至26日，宁夏文学艺术院在原州区举办第19期文艺（散文）研修班暨第15期《朔方》改稿班，40名学员参加学习。经修改，部分作品刊发于《朔方》第8期“固原作家作品专号”。

9月14日至18日，《朔方》2021年第7期“庆祝中国共产党成立100周年作品专号”入选由中共中央宣传部、北京市人民政府主办的第二十八届北京国际图书博览会（BIBF）“2021中国精品期刊展”。2021年《朔方》原发作品被转载收录26次，为同类期刊之首。

基层文联

【银川市文联】

3月31日，银川市文联“赏文艺经典学光辉党史”艺术党课正式拉开序幕，银川市委宣传部副部长、市文联党组书记、主席代晓宁作为党课串讲第一人，以《红船精神》为题，引领广大文艺工作者走进百年党史，了解百年艺术史，映照文艺家们的初心和使命，继承和发扬红船精神。该系列党课以共产党人精神谱系为脉络，共制作26期，深入到全市机关、企业、社区和新时代文明实践中心（所）进行宣讲。

7月21日，由银川市委党史教育领导小组办公室指导，银川市委宣传部、银川市文联、银川市新闻传媒集团共同举办的“礼赞百年·银川之光”——庆祝中国共产党成立100周年艺术作品展（书法美术）在银川美术馆开幕。共有248件主题书法美术作品展出。

2月至10月，银川市文联开展“爱要一起 文联万家”文艺志愿系列活动。集结“文艺志愿轻骑兵”百人团力量，通过送艺术党课、曲艺小品，教唱红歌、书画培训赏析等方式，先后开展80余场文艺志愿服务活动，把“我为群众办实事”主题实践活动落到实处，推动党史学习教育走深走实。

【石嘴山市文联】

6月3日，石嘴山市文联在平罗县黄渠桥镇举办文艺志愿服务大队授旗仪式暨“学党史、传精神、跟党走、办实事”文艺志愿服务进乡村活动。石嘴山市书协、美协、摄协、音协等协会的58名文艺志愿者参加活动。

6月7日至15日，由宁夏文史研究馆、上海文史研究馆、湖南文史研究馆、江西文史研究馆、石嘴山市委宣传部主办，石嘴山市文联、石嘴山市文化旅游广电局、石嘴山市书画院承办的“翰墨丹青颂党恩”庆祝中国共产党成立100周年书画展在石嘴山市书画院举行。

6月25日，石嘴山市举办“奋斗百年路 启航新征程”庆祝中国共产党成立100周年全市书法美术摄影民间艺术展在石嘴山市书画院开展，共展出各类艺术作品321件。

【吴忠市文联】

4月22日，由吴忠市委宣传部、吴忠市文联、吴忠市摄协联合举办的“百年辉煌·艺心向党”暨“走进吴忠·寻找最美”摄影作品展在吴忠市文化馆开幕。展览历时2年，征集作品6046件，甄选400件优秀作品入展，200余件作品进行表彰。

6月2日，由吴忠市委宣传部、吴忠市文联联合推出的话剧《兰花芬芳》在青铜峡影剧院正式定妆排演，并召开评审会。该剧本于2020年开始创作，历经8稿修改打磨，2场集中评审会。目前该剧巡演73场。

10月至11月，面对疫情防控的严峻形势，吴忠市文联组织全市文艺工作者积极创作抗疫主题文艺作品1100余件。面向全媒体推送300余件，累计点击量超过5万次。

【固原市文联】

3月25日，四川省作协机关党委书记李铁，作协副主席、《星星》诗刊杂志社社长、主编龚学敏及杂志社的主编、编辑、诗人等14人，到固原市开展“学党史”重走长征路、公益捐赠暨著名诗人写固原活动。固原市文联《六盘山》编辑部及广大诗人、中学部分师生参加了活动。

6月11日，由固原市委、市人民政府主办，固原市委党史学习教育领导小组办公室、固原市委宣传部、固原市文联、固原市老干部局、固原市博物馆承办的“百年变迁——献礼建党100周年”书法绘画摄影展在固原市博物馆举行开幕式。

7月25日，由固原市文联主办，固原市作协、《六盘山》编辑部协办的“乡村振兴：我们需要怎样的文学”座谈交流活动在西吉县吉强镇杨河村木兰书院举办，与会20余人围绕主题展开了热烈讨论。固原市文联党组书记、主席杨风军向木兰书院授牌“固原市作协创作基地”“《六盘山》编辑部创作基地”。

【中卫市文联】

6月21日，中卫市委宣传部、中卫市直机关工委、中卫市文联和中卫市新闻传媒中心联合举办的“永远跟党走·庆祝中国共产党成立100周年”红色经典诗文朗诵比赛决赛在中卫市新闻传媒中心演播大厅圆满结束。

6月28日至7月9日，由中卫市委宣传部、中卫市文联、中卫市新闻传媒中心主办，中卫市书协、美协、摄协、民协协办的“永远跟党走·庆祝中国共产党成立100周年”全市书法美术摄影作品展在中卫市行政中心2楼大厅开展，集中展示了全市优秀书法、美术、摄影作品近300幅。

8月28日，中卫市评协举办线上“中篇小说《洪漫地》作品研讨会”。中篇小说《洪漫地》由中卫本土作家骆少卿创作，通过艺术手法复原和再现了卫宁平原和宁夏大地的百年沧桑。

新疆维吾尔自治区文联

综　述

新疆维吾尔自治区文联（以下简称新疆文联）深入学习贯彻党的十九大和十九届中央历次全会精神，贯彻落实习近平总书记在庆祝中国共产党成立100周年大会上的重要讲话精神，贯彻落实中央民族工作会议和自治区党委民族工作会议精神，贯彻落实第三次中央新疆工作座谈会精神，深入学习贯彻习近平总书记在中国文联十一大、中国作协十大开幕式上的重要讲话精神，贯彻落实习近平总书记关于宣传思想工作、文化文艺工作、群团工作重要论述和指示批示，贯彻落实全国宣传部长会议精神，认真贯彻落实中央及自治区党委各项决策部署要求，紧紧围绕庆祝建党百年主题主线，把握大局大势，勇于担当作为，扎实开展党史学习教育，深入开展文化润疆工程，全力推动各项工作取得新进展，实现了文艺事业“十四五”良好开局。

重要会议及活动

【新疆文联召开八届四次全委会】

新疆文联八届四次全委会1月29日在乌鲁木齐召开。会议深入学习贯彻习近平新时代中国特色社会主义思想和党的十九大及十九届二中、三中、四中、五中全会精神，学习贯彻第三次中央新疆工作座谈会精神，学习贯彻全国和自治区宣传部长会议精神，全面总结新疆文联2020年工作，分析当前形势和任务，部署2021年工作，推进文艺繁荣创作和文联深化改革，进一步团结引导广大文艺工作者，为推动新疆文艺事业高质量发展、建设新时代中国特色社会主义新疆作出积极贡献。自治区党委宣传部副部长任彦宾出席会议并讲话，自治区文联党组书记邓选斌作题为《抢抓机遇　奋力拼搏　开启新疆文艺事业高质量发展新征程》的工作报告。

【新疆文联召开2020年度总结表彰会】

2月1日，新疆文联召开2020年度总结表彰大会，总结成绩、弘扬先进，立足新起点，开启新征程，推动2021年工作取得新成绩，展现新作为。新疆文联党组书记、副主席邓选斌出席会议并讲话，文联党组成员、副主席张君超主持会议。文联党组成员、副主席哈德别克·哈汉宣读了《关于表彰2020年度“五好”党支部、优秀共产党员、优秀党务工作者的决定》，文联党组成员、副主席巴赫提亚·巴吾东宣读了《关于2020年绩效考核先进集体和先进个人的情况通报》，文联党组成员、秘书长熊红久出席会议。会议对2020年度“五好”党支部、优秀共产党员、优秀党务工作者和绩效考核先进集体、先进个人进行了表彰。

【新疆美协主题创作艺术委员会成立大会暨“咱们新疆好地方”全国美术作品巡展创作动员会召开】

2月5日，新疆美协主题创作艺术委员会成立大会暨庆祝建党100周年“咱们新疆好地方”全国美术作品巡展创作动员会在乌鲁木齐召开。新疆文联党组书记、副主席邓选斌出席会议并讲话。

【新疆文联召开党史学习教育动员大会】

2月24日，新疆文联召开党史学习教育动员大会。主要任务是学习贯彻习近平总书记在党史学习教育动员大会上的重要讲话精神，贯彻落实自治区党委党史学习教育动员会精神，对新疆文联党史学习教育工作进行动员部署。

新疆文联党组书记、副主席邓选斌主持会议并作动员讲话，党组成员、副主席张君超，党组成员、秘书长熊红久出席会议，各协会、杂志社、机关处室副处、副高职称以上党员参加了动员大会。

【新疆文联举行歌曲《山河无恙》创作座谈会】

3月4日，新疆文联党史学习领导小组办公室、新疆音协召开歌曲《山河无恙》创作座谈会。《山河无恙》是新疆文联庆祝中国共产党成立100周年主题文艺创作成果，也是开展党史学习教育以来的文艺创作成果。歌曲以加勒万河谷边防官兵英勇顽强、奋勇争先，以血肉之躯捍卫祖国领土的英雄气概为主题，展现讴歌伟大的喀喇昆仑精神和爱国主义精神。在党史学习教育之际，新疆音协党支部组织音乐工作者采访新疆军区卫国戍边英雄官兵，体验边防生活之后创作完成《山河无恙》。

【“帕米尔雄鹰——拉齐尼·巴依卡”专题采风团开启主题采风创作活动】

3月7日，庆祝中国共产党成立100周年系列主题文艺采风创作之“帕米尔雄鹰——拉齐尼·巴依卡”正式开启主题采风创作活动。新疆文联党组书记、副主席、采风团团长邓选斌在喀什主持召开主题采风创作动员会，安排部署主题采风创作有关事宜。新疆文联党组成员、秘书长、采风团副团长熊红久，新疆文联副主席、新疆美协主席、采风团副团长郤振明，喀什地委宣传部、地区文联有关负责同志及采风团成员共30余人参加会议。主要目的是通过组织作家艺术家追寻时代楷模拉齐尼·巴依卡同志生前的足迹，深入挖掘弘扬拉齐尼·巴依卡同志身上集中体现出的优秀共产党员的鲜明时代性、先进性，创作一批赞美讴歌拉齐尼·巴依卡的主题文艺作品，在全社会营造崇尚英雄、学习英雄的浓厚氛围。采风创作活动为期两个月，采风团成员赴喀什市、塔什库尔干塔吉克自治县、红其拉甫哨所、吾甫浪沟等地开展采风创作。

【新疆文联举办党史学习教育专题读书班】

3月10日，新疆文联举办党史学习教育专题读书班。文联党组班子成员，各文艺家协会主席团、理事会成员，新文艺群体代表、各协会、杂志社、机关处室副处级以上干部、副高职称以上人员参加读书班。读书班由新疆文联副秘书长朱孟宇主持。新疆大学马克思主义学院教授朱瑛以《传承红色基因，赓续共产党人的精神血脉》为题作了专题辅导。学员们开展了研讨交流，各文艺家协会主席团成员、理事会成员和新文艺群体代表作了交流发言。

【新疆文联开展新时代文明实践文艺志愿服务培训】

3月16日，为深入学习贯彻党的十九届五中全会和第三次中央新疆工作座谈会精神，落实中国文联新时代文明实践文艺志愿服务项目试点工作要求，新疆文联启动新时代文明实践文艺志愿服务试点建设，开展新时代文明实践文艺志愿服务工作培训。中国文联文艺志愿服务中心主任、中国文艺志愿者协会副主席、秘书长冀彦伟出席培训活动，通报了中国文联新时代文明实践文艺志愿服务项目扩大试点工作培训会议精神，并以《如何做好新时代学雷锋文艺志愿服务》为主题，进行了辅导讲座。新疆文联党组成员、副主席张君超主持培训仪式，自治区各文艺家协会主席团成员、秘书长，各杂志社社长、主编，机关各处室负责人，新疆生产建设兵团文联、乌鲁木齐市文联及所属区县文联、新时代文明实践中心工作人员参加了培训。

【中国舞协组织艺术家深入新疆采风】

3月18日，中国舞协、新疆舞协“深入生活、扎根人民”采风活动在喀什启动。此次活动组织来自北京、上海等地及新疆本地的舞蹈艺术家深入喀什市、塔什库尔干塔吉克自治县、麦盖提县、莎车县、叶城县等地，对当地人文、历史、文化进行深入、全方位的学习考察，了解当地舞蹈风格和特点，以及当地居民生活面貌在脱贫攻坚进程中发生的深刻变化，为舞蹈艺术创作积累相关素材。采风活动主题创作的作品，将择优与此前在西藏、内蒙古、广西、青海等地采风主题创作的优秀作品一起，入选“各族儿女心向党——庆祝建党100周年音乐舞蹈晚会”。

【新疆文联召开第一季度工作调度会暨文艺创作推进会】

3月30日，新疆文联召开第一季度工作调度会暨文艺创作推进会。听取机关各处室、各协会、各杂志社负责人汇报第一季度工作，部署下一阶段工作任务。

【新疆文联举办“学党史、强纪律、精业务”办公室业务培训班】

4月13日，新疆文联举办“学党史、强纪律、精业务”办公室业务培训班。新疆文联党组成员、秘书长熊红久出席并讲话，文联机关全体干部，各协会秘书长、办公室主任、各杂志社办公室主任和文字工作人员约100人参加培训。会上，文联办公室负责同志作公文处理业务专题辅导，办公室保密工作人员开展保密教育和操作培训。

【新疆文联文艺创作暨理论研讨会在乌召开】

4月16日，新疆文联文艺创作暨理论研讨会在乌鲁木齐召开。新疆文联党组成员、副主席张君超出席研讨会并讲话。文联副秘书长朱孟宇主持研讨会。文联机关党委专职副书记、二级巡视员黄繁荣，文联机关各处室、各文艺家协会、各杂志社负责人，来自文艺研究、创作、评论、传播等各个领域的专家学者等50余人参加会议。会议期间，中国评协会员张迎春，石河子大学文学艺术学院、副教授、硕士生导师张凡，新疆文联理研室副主任、副研究员赛娜·伊尔斯拜克，新疆师范大学中国语言文学学院副教授、硕士生导师沈维琼，新疆艺术学院书法学院副教授李枝荣分别以《新时代新疆文艺的理论建构与创作》《新时代召唤有灵魂、有温度的优秀文艺作品》《铸牢中华民族共同体意识　繁荣发展新疆少数民族文学》《为“我们”立传——以新世纪新疆电影为例》《坚持用明德引领风尚努力培养造就有信仰有情怀有担当的书法人才》为题，进行了主旨发言。其余22篇论文进行了书面交流。

【自治区2021年“我们的中国梦”文化进万家活动启动】

4月21日，自治区2021年“我们的中国梦”——文化进万家活动启动仪式在和田县肖尔巴格乡阿依丁库勒村举行。自治区党委宣传部副部长任彦宾出席启动仪式并致辞，新疆文联党组成员、秘书长熊红久，和田地委宣传部有关负责人，新疆文联美协、书协有关负责人，自治区美术书法“石榴籽”文艺小分队的艺术家，和田地区新玉歌舞团的演职人员及当地群众参加启动仪式。此次活动由自治区党委宣传部主办，邀请新疆文联美协、书协30多位艺术家组成“石榴籽”文艺小分队成员走进基层，开展文艺创作。小分队分2组，在8个县市开展为期12天的18场次文艺活动。自治区2021年“我们的中国梦”——文化进万家活动以庆祝中国共产党成立100周年为主线，分别组织24支技艺精湛的“石榴籽”文艺小分队，在全疆14个地州市开展文化惠民活动，提升各族群众的获得感、幸福感。

【“天山放歌——新疆各族人民幸福生活”主题摄影展在疆巡展】

4月29日，“天山放歌——新疆各族人民幸福生活”主题摄影展新疆巡展在乌鲁木齐美术馆开幕。2020年9月，在中宣部的指导下，中国文联、中国摄协组织了近20名摄影家来新疆开展“深入生活、扎根人民”主题采风创作活动，拍摄了大量展示新疆社会稳定、经济发展、民生改善、民族团结、宗教和谐、生态良好的摄影作品，并挑选了百余幅优秀作品于3月22日至31日在北京中国文联文艺家之家展馆及中国文联网络文艺传播中心线上360°全景展厅同步展出。

【新疆文联开展县处级以上干部党史学习教育专题培训补学】

4月30日，新疆文联县处级以上领导干部党史学习教育专题培训（补学）结业。文联副处级以上干部，各协会驻会主席、副主席、秘书长，杂志社主编、社长、副主编、副社长等50余人参加。自治区党史学习教育宣讲团成员、新疆大学马克思主义学院教授朱瑛，新疆艺术学院附属中专学校播音主持专业讲师梁霄等分别围绕“深化党史学习，传承红色基因”“中国共产党历史发展与启示”、“第三次中央新疆工作座谈会精神”、“红色文艺经典赏读”等专题进行了授课。全体学员集中观看了自治区统发教材和党史学习教育可视化教材，开展了交流研讨。

【新疆文联召开“民族团结一家亲”和民族团结联谊活动先进集体和先进个人表彰大会】

4月30日，新疆文联召开“民族团结一家亲”和民族团结联谊活动先进集体和先进个人表彰大会。党组成员、秘书长熊红久出席会议并讲话，机关纪委书记、机关党委副书记周云梅主持。各文艺家协会驻会主席、副主席、秘书长，各杂志社社长、主编、副主编、副社长，机关各处室副处级以上干部参会。此次共表彰了3个先进集体，5个先进个人。会上，为受表彰的先进集体和先进个人颁发证书。

【新疆文联举办2021年度道德讲堂第一讲】

4月30日上午，新疆文联举行“学习百年党史汲取奋进力量”为主题的道德讲堂。文联县处级以上干部40余人参加。讲座邀请了新疆艺术学院附属中专学校团委书记、播音主持专业教师梁霄以“学习百年党史 汲取奋进力量——诗歌中的党史”为主题进行授课。

【中国文联文艺研修院赴新疆文联、兵团文联调研中青年文艺拔尖人才创作研修】

5月7日，中国文联文艺研修院调研组赴新疆文联、新疆生产建设兵团文联开展文艺人才培训调研和学员回访，并召开新疆地区中青年文艺拔尖人才创作研修调研座谈会。座谈会由新疆文联党组成员、副主席张君超主持。中国文联文艺研修院副院长陈光宇作总结讲话，新疆兵团文联党组成员、副主席李斌致辞。新疆文联副秘书长朱孟宇，中国文联文艺研修院教学科研处负责人段洁、研修院教学科研处干部杨梓桐，新疆文联、兵团文联相关处室和音协、舞协、美协、书协负责人及往届学员代表20余人参加。

【第十届新疆作家创意写作培训班在上海开班】

5月7日下午，由上海作协和新疆作协主办的第十届新疆创意写作班在上海市开班。上海市作协党组书记、专职副主席王伟，新疆文联党组成员、秘书长熊红久出席开班仪式，来自新疆的20位学员参加开班仪式。开班仪式由上海作协专职副主席、秘书长马文运主持。参加培训班的20名学员都是新疆文学领域的中青年骨干，以“80后”“90后”为主，平均年龄为39岁，其中新文艺群体占40%，是新疆的各个行业有创作热情和取得一定成果的代表。十年来，上海作协已经对新疆200名作家进行了系统培训。

【新疆文联开展“学史崇德、墨韵书香——送真情服务·享阅读生活”期刊赠阅活动】

5月21日，新疆文联在延安路家属院老干部活动室开展“学史崇德、墨韵书香——送真情服务·享阅读生活”期刊赠阅活动。新疆文联党组成员、副主席张君超出席活动并讲话，文联退休老干部、老干党总支委员、各党支部书记、党员代表及文联党史学习教育领导小组办公室部分成员参加。文联党史学习教育领导小组组织所属11个杂志社向100个社区、援疆干部居住地、边防一线护边员、文联老干部活动室、文联“访惠聚”驻村工作队及扶贫第一书记派驻村村图书室，赠送5个语种期刊及优秀文学作品，旨在让各族群众共享新疆文学事业发展的丰硕成果。

【自治区“喜迎党的二十大”2022年度主题创作推进会召开】

5月20日，自治区“喜迎党的二十大”2022年度主题创作推进会在乌鲁木齐召开。新疆文联党组成员、秘书长、新疆作协副主席熊红久出席会议并讲话，自治区党委宣传部、新疆人民出版总社、新疆作协有关领导以及入选2022年度主题创作选题的作家参加会议。

【学党史、传精神、跟党走“我为群众办实事”微电影创作培训班举办】

5月27日，由新疆文联、乌鲁木齐市文联主办，新疆影协、乌鲁木齐视协承办的学党史、传精神、跟党走暨“我为群众办实事”微电影创作培训班在乌鲁木齐举办，乌鲁木市各区（县）宣传文化干部近50人参加培训。培训班邀请新疆艺术学院吴玉霞、马小迪两位教授为基层宣传文化干部授课。

【新疆文联举办“百年风华，天山颂歌”庆祝建党100周年红色故事演讲比赛】

6月2日，新疆文联举办“百年风华，天山颂歌”庆祝建党100周年红色故事演讲比赛。新疆文联党组成员、副主席巴赫提亚·巴吾东出席活动并讲话。协会党总支、杂志社党建办、机关党总支共选拔推荐6组选手参赛。选手们以红色故事为背景，用生动感人的故事，宣讲身边人、身边事，讲述了中国共产党带领中国人民站起来、富起来、强起来的百年光辉历程。

【新疆文联举办“学四史 担使命”宣传和信息工作专题培训】

6月17日，由新疆文联办公室、机关党委和青工委举办的“学四史 担使命”新疆文联宣传和信息工作专题培训在文联大厦举办。培训班邀请《光明日报》驻新疆记者站站长、高级记者、教授、硕士研究生导师王瑟为文联干部授课。新疆文联各协会、各杂志社主要负责人、办公室主任、副主任，机关全体干部，以及文联40岁以下青年干部参加培训。

【第二届“新疆是个好地方”诗歌朗诵会在昌吉举办】

6月18日，由新疆文联、昌吉州党委宣传部主办，昌吉州文联、新疆作协承办的“庆祝中国共产党成立100周年、第二届‘新疆是个好地方’诗歌朗诵会”在昌吉广播电视台演播厅举行。

新疆文联党组书记、副主席邓选斌出席活动。自治区党委党史学习教育第四巡回指导组，新疆文联、新疆作协、五家渠市文联有关同志，昌吉州党委理论学习中心组成员，昌吉州党委各部、委、办、局，昌吉州各委、办、局、人民团体党史学习教育领导小组组长，昌吉州各县市党委宣传部部长，新疆准东经济技术开发区、昌吉高新技术产业开发区、昌吉国家农业科技园区分管同志等参加活动。

【新疆文联党组举行“光荣在党50年”纪念章颁发仪式】

6月24日，新疆文联党组“光荣在党50年”纪念章颁发仪式在文联大厦举行。

新疆文联党组书记、副主席邓选斌出席仪式并讲话，党组成员、秘书长熊红久主持，党组成员、副主席张君超、哈德别克·哈汉、巴赫提亚·巴吾东，新疆文联“光荣在党50年”纪念章获得者，机关全体党员参加。仪式上，邓选斌带领全体党员重温入党誓词，文联党组成员向党龄50年以上老党员颁发了纪念章并合影留念，文联机关青年党员向老党员献上鲜花，老党员代表艾合麦提·阿木提、在职党员代表刘晓红作了发言。

【新疆文联举办“文艺两新”及社会组织党员党史学习教育专题读书班】

6月24日至25日，新疆文联“文艺两新”及社会组织党史学习教育专题读书班在文联大厦举办。

新疆文联党组书记、副主席邓选斌讲党史学习教育专题党课，党组成员、副主席张君超主持，新文艺组织、新文艺群体党员代表、文联主管社会组织党员代表，新疆文联机关、文艺家协会负责人100余人参加读书班。

邓选斌从“充分认识开展党史学习教育的重大意义、深刻理解党史的重要价值、把握好学习党史所要达到的目标、从百年党史中体悟文艺的神圣使命、新文艺组织和新文艺群体舞台广阔、大有可为”五个方面讲授了专题党课，就如何发挥好党员“文艺两新”及社会组织工作者的先锋模范作用提了要求。“文艺两新”及社会组织党员代表、新疆书协会员桂弘、新疆曲协会员张睿英、新疆报告文学学会会员孙岸英作了交流发言。

【新疆文联召开主管社会组织党史学习教育工作推进会】

6月25日下午，新疆文联召开主管社会组织党史学习教育工作推进会，新疆文联党组成员、副主席张君超主持会议并讲话，新疆文联主管各社会组织党支部书记、负责人参加会议。会议传达学习了习近平总书记在党史学习教育动员大会上的重要讲话精神、以及中央和自治区党史学习教育有关文件精神，就党史学习教育工作进行再安排、再部署。

【新疆文联举办庆祝中国共产党成立100周年红色经典诵读·演唱音乐会】

6月30日，为庆祝中国共产党成立100周年，由新疆文联主办，新疆音协承办，新疆文联各文艺家协会协办的“学党史 悟思想 办实事 开新局”庆祝中国共产党成立100周年红色经典诵读·演唱音乐会在乌鲁木齐举办。

自治区党史学习教育第十八巡回指导组组长郭小青，副组长徐权年，新疆文联党组书记、副主席邓选斌，文联党组成员、副主席巴赫提亚·巴吾东，文联党组成员、秘书长熊红久等出席活动。文联全体党员干部参加活动。

【新疆中青年文艺人才研修班开班】

7月5日，由中国文联主办，中国文联研修院、新疆文联和新疆生产建设兵团文联承办的中国文联全国少数民族地区文艺骨干培训工程（第12期）新疆中青年文艺拔尖人才创作研修班在新疆五家渠开班。

来自新疆和兵团的45位音乐、美术和舞蹈专业的中青年文艺拔尖人才参加研修班。本次创作研修班采取线上线下结合的培训模式。新疆文联党组书记、副主席邓选斌出席开班式并授课。

【新疆美术书法音乐舞蹈电影曲艺界学习宣传贯彻习近平总书记“七一”重要讲话精神座谈会在乌召开】

7月23日，新疆美术书法音乐舞蹈电影曲艺界学习贯彻习近平总书记“七一”重要讲话精神座谈会在乌鲁木齐举行。

新疆文联党组书记、副主席邓选斌主持会议并讲话，新疆美协、书协、影协、音协、舞协、曲协在乌主席团成员、秘书长及青年文艺工作者、文艺两新代表，文联机关各处室负责人参加会议。

座谈会传达了习近平总书记在庆祝中国共产党成立100周年大会上的重要讲话精神、自治区党委九届十二次全会精神及新疆文联党组关于学习宣传贯彻习近平总书记“七一”重要讲话精神的相关工作安排。

自治区党委宣传部二级巡视员、新疆影协主席、天山电影制片厂厂长高黄刚，新疆书协主席李方、新疆音协副主席崔斌、新疆美协副主席艾力江·买买提、新疆舞协秘书长高善君、青年曲艺工作者代表莫兴伟、新疆影协新文艺群体代表谢镕全7位同志作了交流发言。

【浙江书协 新疆书协“结对子 共发展”座谈会在乌鲁木齐举行】

7月23日，浙江书协、新疆书协“结对子 共发展”座谈会在乌鲁木齐举行。

座谈会上，传达了中国文联党组书记、副主席李屹关于“结对子 共发展”的重大意义以及如何扎实、有效推进等讲话精神。围绕如何建立长效机制，从人才培养、精品创作、服务社会等方面怎样进行项目化对接，提出建设性意见。新疆书协马亚飞、李枝荣、刘建新、孙朝军分别代表地市书协、高校书法教育、新文艺群体、兵团发言。

【自治区庆祝建党100周年主题文艺图书发行】

8月14日，自治区庆祝中国共产党成立100周年主题文艺图书首发仪式在自治区图书馆举行。

此次发行的主题文艺图书由自治区党委宣传部会同新疆文联、新疆人民出版总社策划推出，是“新时代文丛”系列原创主题文艺图书第四辑，汇集了10位各族优秀作家的10部作品。

其中，有弘扬大无畏精神的《达坂兵》《屯垦成天山》《伊吾河穿过群山》，有展现重点行业宏阔发展历程的《可可托海往事》《大国脉》，有展示新时代优秀共产党员风采的《大地雕像》《听见边关》，有聚焦少数民族群众新生活新面貌的《夜莺歌唱黎明》《白水台》，有讲述“访惠聚”驻村故事的《柳梭沟的春天》。

这10部作品真实记录了中国共产党在新疆波澜壮阔的百年奋斗征程，全面展现了天山南北欣欣向荣的生动景象，展现了各族人民团结奋进、互助互爱的精神风貌，为铸牢各民族共有精神家园提供了重要支撑。

【新疆文联举办学习贯彻习近平总书记在庆祝中国共产党成立100周年大会上的重要讲话精神专题读书班】

8月17日至19日，新疆文联学习贯彻习近平总书记在庆祝中国共产党成立100周年大会上的重要讲话精神专题读书班在文联大厦举行，新疆文联党组书记、副主席邓选斌作开班动员讲话，文联领导班子成员，各协会、杂志社、机关处室主要负责人参加。读书班以原文学习、专题辅导、观看视频课程、交流发言等形式进行。文联党组成员、副主席张君超、巴赫提亚·巴吾东分别作专题辅导；全体学员集中学习了习近平总书记在庆祝中国共产党成立100周年大会上的讲话、在西藏考察时的讲话，观看了学习贯彻习近平总书记“七一”重要讲话精神专题宣讲报告会、党史学习教育可视化视频课程；机关、协会、杂志社、文艺两新组织、社会组织党员代表进行了发言交流，其余读书班成员进行了书面交流。

【新疆文联召开2021年党风廉政建设和反腐败工作警示教育大会】

8月26日，新疆文联召开2021年党风廉政建设和反腐败工作警示教育大会。新疆文联党组书记、副主席邓选斌主持会议，自治区纪委监委驻党委宣传部纪检组副组长马瑞到会指导并讲话，党组成员、副主席张君超、巴赫提亚·巴吾东，党组成员、秘书长熊红久，各协会、杂志社、机关处室主要负责人参加。会上，熊红久宣读了《新疆文联关于少数党员、干部违纪违法问题及教训警示的通报》。2018年以来，新疆文联党组按照自治区党委巡视整改及巡视整改“回头看”要求，在驻部纪检组的指导下，扎实推动全面从严治党向纵深发展，严肃查处了一批违反宪法和法律，违反意识形态反分裂斗争纪律、违反中央八项规定、违反党的政治纪律、组织纪律、工作纪律、廉洁纪律，煽动分裂国家的党员干部，为文联广大干部职工敲响了警钟，给予了严厉警示。

【新疆文联系统2021年工作座谈会在乌召开】

8月27日，新疆文联系统2021年工作座谈会在乌鲁木齐召开。会议深入推进党史学习教育，总结交流上半年工作情况，安排部署下一步工作任务，明确目标，交流经验，凝聚力量，共同推动全区文艺事业实现高质量发展。新疆文联党组书记、副主席邓选斌出席会议并讲话。新疆文联党组成员、副主席张君超、哈德别克·哈汉、巴赫提亚·巴吾东，党组成员、秘书长熊红久，各地州市文联主要负责人，新疆文联各文艺家协会、各杂志社、机关各处室负责人参加会议。与会人员分组进行了热烈讨论，就文联和文艺工作面临的形势、存在的困难问题，开展了进一步的交流。

【新疆书法家协会召开五届十六次主席团会议】

8月26日，新疆书协在文联大厦召开五届十六次主席团会议。传达学习中国文联“修身守正 立心铸魂——中国文联文艺工作者职业道德和行风建设工作座谈会”会议精神，总结上半年工作，安排部署下半年和2022年重点工作。新疆文联党组书记、副主席邓选斌出席会议并讲话，新疆书协主席李方出席会议，新疆书协常务副主席兼秘书长李志顺主持会议，新疆书协主席团成员及书协全体驻会干部参加会议。

【新疆文联召开文艺工作者职业道德和行风建设工作座谈会】

9月6日，新疆文联文艺工作者职业道德和行风建设工作座谈会在乌鲁木齐举行。新疆文联党组书记、副主席邓选斌出席会议并讲话。座谈会上传达学习了文娱领域综合治理工作电视电话会议精神。与会文艺工作者代表向全疆文艺工作者发出《修身守正 立心铸魂——新疆文联文艺工作者职业道德和行风建设倡议书》，倡导新疆广大文艺工作者严于自律，常怀敬畏之心；勤于学习，提高认知水平；悉心创作，坚守艺术理想；秉持初心，践行德艺兼修；强化担当，严守政治纪律。文艺工作者代表在《倡议书》签名板上签名。

【新疆文联举行党史学习教育“写英雄、唱英雄、讲英雄”文艺主题宣讲】

9月10日下午，新疆文联“写英雄、唱英雄、讲英雄”党史学习教育文艺主题宣讲在乌鲁木齐举行。杨春创作的记录拉齐尼·巴依卡见义勇为事迹的12万字报告文学《魂归高原》、钱建军创作的阿克苏柯柯牙荒漠绿化史长篇报告文学《诗意栖居柯柯牙》、毛玉山创作的反映治沙专家刘铭庭的长篇纪实文学《沙漠之光》、雅楠创作的描写南疆大地驻村工作者脱贫攻坚事迹的长篇报告文学《春风化雨》，魏光作词、蒋兴国作曲的歌唱拉齐尼·巴依卡的歌曲《花儿永远这样红》、许会锋作词、陈子文作曲并演唱的赞美支教老师的歌曲《阿依努尔》，艺术家们通过作品朗诵、创作历程讲述和歌曲演唱等形式讲英雄唱英雄。宣讲活动由新疆文联党史学习教育领导小组办公室主办，新疆作协、新疆音协承办。自治区党史学习教育领导小组办公室和第十八巡回指导组有关领导、新疆文联党组领导班子成员、文联全体在职党员、文艺两新及社会组织党员代表、文联老干部代表参加宣讲活动。

【“文化润疆”黑龙江省文艺家阿勒泰行启动仪式暨“黑龙江省艺术展”开幕式在阿勒泰举行】

9月8日，“文化润疆”黑龙江省文艺家阿勒泰行启动仪式暨“黑龙江省艺术展”开幕式在阿勒泰举行。黑龙江省文联主席韩会峰致辞，并向阿勒泰地区文联捐赠文艺作品、颁授黑龙江省艺术家创作基地牌匾；新疆文联党组书记、副主席邓选斌讲话；阿勒泰地委委员、行署副专员王义光宣布“文化润疆”黑龙江省文艺家阿勒泰行活动开幕；阿勒泰地委委员、宣传部部长蓝盛新主持启动仪式。9月8日至14日期间，“文化润疆”黑龙江省艺术家代表团精心准备了《京剧简史与表现形式》《东北秧歌表演展示及培训辅导》等7个艺术门类8项主题开展文艺培训，先后走进阿勒泰地区各文艺团体、福海县、十师北屯市，开展戏剧、影视、舞蹈、摄影培训，美术、书法笔会交流和创作采风活动。

【“童绘新疆·畅想2035”新疆中小学生绘画作品巡展在乌举办】

9月10日，由“学习强国”新疆学习平台和新疆文联共同主办的“童绘新疆·畅想2035”新疆中小学生绘画作品巡展在新疆文联展厅开展，新疆文联党组书记、副主席邓选斌出席并观展，新疆文联党组成员、副主席张君超、巴赫提亚·巴吾东，“学习强国”新疆学习平台编辑部主任巴立，新疆文联副主席、新疆美协主席郤振明等观展，活动还邀请了部分参与“童绘新疆·畅想2035”活动的辅导教师和中小学生一同观展。“童绘新疆·畅想2035”中小学生绘画作品征集活动于2020年11月14日由新疆文联联合“学习强国”新疆学习平台共同开展。活动开展以来共收到来自全区各族中小学生创作的7000余幅作品，其中224

幅入围作品在“学习强国”新疆学习平台、石榴云客户端、天山网展出，评选出的100幅优秀作品在巴州、阿克苏、克州、塔城、克拉玛依、昌吉、乌鲁木齐等地进行了巡展。

【新疆文联与黑龙江省文联签订文艺交流合作双边协议】

9月13日，新疆文联与黑龙江省文联文艺交流合作协议签订仪式暨工作座谈会在乌鲁木齐举办。黑龙江省文联主席韩会峰，新疆文联党组书记、副主席邓选斌出席活动并签订协议。新疆文联党组成员、副主席巴赫提亚·巴吾东，党组成员、秘书长熊红久，副秘书长朱孟宇，以及黑龙江省文联组联处、新疆文联办公室、联络部有关负责人参加有关活动。

【新疆文联举行学习贯彻习近平总书记“七一”重要讲话精神座谈会】

9月16日，新疆文联学习贯彻习近平总书记“七一”重要讲话精神座谈会在乌鲁木齐举行。会议深入学习贯彻习近平总书记在庆祝中国共产党成立100周年大会上的重要讲话精神，推进党史学习教育，学史明理、学史增信、学史崇德、学史力行，进一步推动新疆文艺界兴起学习习近平总书记“七一”重要讲话的热潮。新疆文联党组书记、副主席邓选斌出席会议并讲话，党组成员、副主席张君超主持会议，自治区党史学习教育第十八巡回指导组有关领导，新疆文联党组成员、副主席巴赫提亚·巴吾东以及新疆文联各协会、杂志社、机关各部门负责人，文联主管社会组织、文联老干部、新文艺群体、非党文艺工作者等领域和行业代表参加会议。座谈会上，社会组织代表、新疆书法院执行院长、新疆硬笔书协执行主席兼秘书长彭正勇，新疆文联退休干部、老干党总支副书记、胜利路老干党支部书记吐尔逊江·阿不都热依木，老干党总支宣传委员、骑马山老干党支部组织委员、纪检委员段志远，非党文艺工作者代表、新疆杂协常务副主席热娜·玉素甫，新文艺群体代表、新疆音协副主席石明、新疆天承承天文化传媒有限公司董事长兼导演何德乾、新疆聚贤相声巴扎文化艺术有限公司董事长莫兴伟、新疆作协网络作家分会副秘书长、乌鲁木齐市作协副主席刘亦辰8位同志先后作了交流发言。

【新疆文联组织召开赵国柱曲艺作品座谈会】

9月16日，新疆文联组织召开新疆杂话曲艺名家赵国柱曲艺作品座谈会。新疆文联党组成员、秘书长熊红久出席会议并讲话。来自乌鲁木齐市、昌吉州的曲艺工作者，在新疆相声巴扎北晟剧场表演了赵国柱创作和曾经表演过的有代表性的节目。熊红久为支持新疆杂话事业发展的10名文艺工作者颁发了荣誉证书。

【中国文联志愿服务队走进新疆喀什】

9月27日，中国文联在第四个中国农民丰收节到来之际，联合新疆文联、新疆生产建设兵团文联来到新疆喀什市伯什克然木乡开展一系列“文化润疆”活动，共同庆祝中国农民丰收节。本次活动邀请到了中国文联副主席、中国舞协副主席、新疆文联副主席、新疆舞协主席迪丽娜尔·阿布都拉和歌唱家降央卓玛、流行歌手塔斯肯、舞蹈家李德戈景、魔术师安尼瓦尔·阿扎提等。此次活动不仅是广大文艺家和文艺工作者紧贴时代主题、代表时代风貌、引领时代风气、彰显时代担当，向全社会传递重农崇农的价值取向，与此同时也提升了广大农民的荣誉感、幸福感和获得感，通过弘扬传统文化，充分增强了各族人民的文化自信，让中华民族共同体意识根植心灵深处。

【中国文联文艺志愿服务队走进拜城送文化】

9月28日，在第四个中国农民丰收节之际，中国文联携手新疆维吾尔自治区党委宣传部、新疆文联、阿克苏地区文联、拜城县文联开展“文化润疆”系列活动。活动以“圆梦工程”文艺培训志愿服务行动“庆丰收·感党恩”2021年中国农民丰收节为主题。为充分展示“圆梦工程”培训成果，中国文联文艺志愿服务队联合拜城县文联、拜城县舞协等艺术团体，在米吉克乡库木买里村天玉种业制种基地为各族群众奉献了一场精彩的文艺演出。

【中国文联文艺志愿服务队“圆梦工程”文艺培训志愿服务行动暨“庆丰收·感党恩”2021年中国农民丰收节活动走进库车】

9月29日，中国文联文艺志愿服务队“圆梦工程”文艺培训志愿服务行动暨“庆丰收·感党恩”2021年中国农民丰收节活动走进库车。喜迎新中国成立72周年，大力弘扬和培育社会主义核心价值观。为充分展示“圆梦工程”培训成果，

29日下午，中国文联携手新疆文联、阿克苏地区文联、库车市文联，四级联动，在库车市乌尊镇英吐尔一村石榴园，为广大干部群众献上了一场精彩纷呈的文艺表演。

【中国文联、中国音协组织文艺家赴新疆采风创作】

9月18日至29日，中国文联、中国音协邀请张千一、何沐阳、屈塬、舒楠、杨启舫、王备、杨一博、李凯稠、杨玉鹏等知名音乐家赴新疆开展采风创作主题实践活动。中国文联国内联络部主任谢力、中国音协副秘书长熊纬带队采风。新疆文联党组书记、副主席邓选斌，新疆文联党组成员、秘书长熊红久，新疆文联副秘书长朱孟宇等陪同。采风团深入喀什、伊犁、克拉玛依、阿勒泰等地，采风团成员一路走一路学，与沿途众多音乐工作者、民间艺人座谈交流，挖掘丰富的民族特色音乐，感受在党中央文化润疆政策指引下新疆文化事业发展取得的巨大成就。采风结束后，艺术家们进入创作阶段，采风创作优秀成果将进行汇报展演展示。

【新疆文联召开期刊党建及审读工作座谈会】

10月13日，新疆文联期刊党建及审读工作座谈会在乌鲁木齐召开。会议学习贯彻习近平总书记“七一”重要讲话精神，贯彻落实中央民族工作会议精神、第三次中央新疆工作座谈会和自治区出版工作会议精神，总结办刊经验，部署下一步任务，进一步提升期刊党建工作和杂志质量。新疆文联党组书记、副主席邓选斌出席会议并讲话。新疆文联党组成员、副主席巴赫提亚·巴吾东，新疆文联副主席巴音巴图，新疆文联杂志社审读办公室审读专家，杂志社党建办、机关有关处室负责人，各杂志社全体成员参加会议。邓选斌在讲话中指出，要坚持正确办刊导向，守土有责、守土负责、守土尽责，坚决守住守好文艺阵地，发展各民族文学艺术事业，满足各族群众精神文化需求，推动新疆文艺事业高质量发展。

【新疆文联召开第三季度工作调度会】

10月15日，新疆文联召开第三季度工作调度会，听取各部门第三季度工作开展情况汇报，突出重点亮点，查找短板弱项，进一步统一思想、提高认识，明确任务、强化措施、夯实责任，推动全年工作目标按时高质量完成。新疆文联党组书记、副主席邓选斌主持会议并讲话。新疆文联党组成员、副主席张君超、巴赫提亚·巴吾东分别主持分管部门工作调度会并讲话，新疆文联副主席郐振明、二级巡视员黄繁荣、副秘书长朱孟宇，各文艺家协会、杂志社、机关处室负责人参加。

【新疆文联召开舞蹈作品《阳光下的麦盖提》观摩研讨会暨文艺精品创作推进会】

11月1日，舞蹈作品《阳光下的麦盖提》观摩研讨会暨新疆文联文艺精品创作推进会在乌鲁木齐举行。新疆文联党组书记、副主席邓选斌出席会议并讲话，党组成员、副主席哈德别克·哈汉主持会议，党组成员、副主席张君超、巴赫提亚·巴吾东，党组成员、秘书长熊红久，中国文联副主席、中国舞协副主席、新疆文联副主席、新疆舞协主席迪丽娜尔·阿布拉，新疆舞协、新疆艺术学院舞蹈学院有关领导专家、舞蹈作品《阳光下的麦盖提》编导人员，文联副处级以上领导干部参加会议。由新疆文联舞协选送、新疆艺术学院舞蹈学院创作并演出的舞蹈作品《阳光下的麦盖提》以总分98.5分获得第十三届中国舞蹈“荷花奖”民族民间舞奖最高分，在43个入围终评作品中高居榜首，实现历史性突破。

【新疆电影家协会召开六届四次理事（扩大）会议】

11月3日，新疆影协在文联大厦召开第六届四次理事会（扩大）会议。新疆文联党组书记、副主席邓选斌作自治区第十次党代会精神专题辅导并讲话，新疆影协主席、新疆天山电影制片厂厂长高黄刚宣读《修身守正　立心铸魂——新疆文艺工作者职业道德和行风建设倡议书》，新疆影协秘书长彩才、新疆天山电影制片厂副厂长穆克亚提·热木扎提、新疆电影发行放映有限责任公司董事长米国永、新疆爱森电影制片有限公司总经理李建强分别作各自单位工作汇报，新疆影协第六届理事会理事及部分电影工作者参加会议，与会人员围绕“学习贯彻第十次党代会精神用电影艺术助力文化润疆”主题进行了交流发言。

【大美新疆·魅力克拉玛依美术书法摄影作品展在沪举办】

11月8日，庆祝中国共产党成立100周年“大美新疆·魅力克拉玛依”美术书法摄影作品展在上海自贸区浦东新区艺术空间拉开帷幕。新疆文联党组书记、副主席邓选斌出席开幕活动并讲话，上海市文联党组书记、专职副主席夏煜静宣布展览开幕，上海外高桥集团股份有限公司党委委员、副总经理，上海自贸区国际文化投资发展有限公司董事长胡环中，克拉玛依市委副书记、上海援克指挥部总指挥袁罡分别致辞，开幕式由克拉玛依市委常委、宣传部部长周小三主持，数十位来自上海本地艺术家、新疆艺术家，以及当地广大艺术爱好者来到现场参加了开幕式。

【喀什地区少数民族作家“新时代·育新人”培训活动】

11月13日，新疆文联、新疆作协联合喀什地区文联、《喀什文艺》杂志社在麦盖提县巴扎结米镇恰木古鲁克村举办喀什地区少数民族作家“新时代·育新人”培训暨“我为群众办实事”实践活动。与会领导为优秀农民诗人颁发了喀什文联特邀作家证书，赠送杂志及创作用的笔和书本，并现场支付稿费。喀什地区文联、麦盖提县委宣传部有关负责人及地区各县市14名作家代表及15名农民诗人参加活动。

【新疆文联召开机关工青妇换届选举大会】

11月12日，新疆文联召开了机关工会、妇女委员会换届选举大会，选举产生了新一届工会、经费审查委员会和妇女委员会委员。新疆文联党组书记、副主席邓选斌出席会议并讲话。新疆文联党组成员和全体干部职工参加了会议。会上，听取了机关工会、经费审查委员会、妇女委员会2016年以来的工作情况报告，分别审议通过了换届选举办法、监票人、计票人名单，并以无记名差额投票方式，选举哈德别克·哈汉等5名委员为新一届工会委员，选举周云梅等3名委员为新一届经费审查委员会委员，选举古丽加娜提·司马义等7名委员为新一届妇女委员会委员。随后召开的新一届机关工会全体会议、新一届经费审查委员会全体会议、新一届妇女委员会全体会议，选举产生了工会主席、副主席，经费审查委员会主任，妇女委员会主任、副主任，并按照自治区党委直属机关工委要求，对青年工作委员会委员进行了调整。

【新疆楹联家协会第二次会员大会在乌召开】

11月13日，新疆楹联家协会第二次会员大会在乌鲁木齐召开，大会以线上线下结合的形式进行。百余名会员参加会议，新疆文联副秘书长朱孟宇、组织人事部副部长刘杰出席线下会议，新疆书协副主席李涛致辞；自治区民政厅社会组织管理局分管社团工作的同志在线上对会议进行指导。

【新疆文联党组书记邓选斌赴上海市作家协会调研和座谈】

11月8日，新疆文联党组书记、副主席邓选斌率新疆文联调研考察组一行4人，前往上海作协以座谈会形式，就新疆和上海两地的文学创作，与上海作协党组书记王伟、副主席兼秘书长马文运等同志进行了交流。在友好交流和交往培训中，新疆作协和上海作协将新疆的多民族文化与上海的海派文化有机交融，在探讨和发展文学方面取得了良好成效。

【新疆文联系统2021年乡村文化振兴现场推进会在喀什地区麦盖提县召开】

11月19日，新疆文联系统2021年乡村文化振兴现场推进会在喀什地区麦盖提县召开。会议采取实地观摩和探讨交流的方式举办，与会人员分别在新疆文联驻喀什地区麦盖提县巴扎结米镇恰木古鲁克村“访惠聚”工作队、驻阔什艾肯村“访惠聚”村工作队、麦盖提县新时代文明实践中心、农民画乡、库木库萨尔乡爱国主义教育基地、刀郎展览馆等地进行了实地观摩，亲身体验感受了新疆文联驻村工作队和麦盖提县、山东日照援疆指挥部多年来躬身实践乡村文化振兴助力文化润疆事业的做法和经验。观摩后进行研讨交流，山东日照援疆指挥部党委书记、指挥、麦盖提县委副书记谢霁晓介绍山东日照开展文化援疆工作情况，麦盖提县委常委、宣传部部长韩飞致辞。博尔塔拉蒙古自治州文联、喀什地区文联、阿克苏地区文联、吐鲁番市文联分别作交流发言。新疆文联党组成员、副主席、“访惠聚”驻村工作总领队哈德别克·哈汉介绍新疆文联开展乡村文化振兴工作经验，并受新疆文联党组书记、副主席邓选斌委托提出要求。各地州（市）、县（区、市）文联有关负责人，新疆文联有关处室同志、新疆文联“访惠聚”驻村工作队全体队员和派驻第一书记参加会议。

【新疆文艺界学习宣传宣讲党的十九届六中全会精神座谈会召开】

11月27日，新疆文艺界学习宣传宣讲党的十九届六中全会精神座谈会召开。会议认真学习领会党的十九届六中全会精神，深入贯彻落实党中央决策部署和自治区党委工作要求，全面安排部署学习宣传贯彻落实党的十九届六中全会精神工作任务，迅速在文联系统和文艺界掀起学习宣传贯彻党的十九届六中全会精神的热潮。新疆文联党组书记、副主席邓选斌宣讲党的十九届六中全会精神。新疆文联党组成员、秘书长熊红久参加会议。中国摄协副主席、新疆文联副主席、新疆摄协主席李学亮，新疆文联副主席，新疆美协主席郐振明，新疆视协主席、新疆广播电视台艺术总监曾健，新疆杂协常务副主席热娜·玉素甫，新疆舞协会员、新疆艺术学院舞蹈学院教师、舞蹈作品《阳光下的麦盖提》编导张鹏，新疆音协流行音乐专业委员会副秘书长陈子文，新疆曲协理事、新疆聚贤相声巴扎文化艺术有限公司董事长莫兴伟分别谈了学习党的十九届六中全会精神的体会与感悟。自治区文艺家代表、“文艺两新”群体代表以及新疆文联机关各处室、各协会、各杂志社负责人参加会议。

【新疆文联举办县处级领导干部党的十九届六中全会精神专题培训暨读书班】

11月29日，新疆文联举办党的十九届六中全会精神专题培训暨读书班。文联党组成员、副处级以上干部（机关四级以上调研员）、各协会驻会主席、副主席、秘书长、副秘书长，杂志社主编、社长、副主编、副社长参加培训，自治区党史学习教育第十八巡回指导组副组长徐权年列席。新疆文联党组书记、副主席邓选斌出席开班式并作了《深入学习贯彻党的十九届六中全会精神 推进新疆文艺事业高质量发展》专题辅导。

【新疆文联开展2021年度“与法同行”主题宣讲活动】

12月6日，新疆文联开展2021年度“与法同行”宣讲活动，文联机关副处级以上干部（含四级调研员），各协会驻会主席、副主席、秘书长、副秘书长，杂志社主编、社长、副主编、副社长50余人参加宣讲。新疆文联党组成员、副主席巴赫提亚·巴吾东以《坚持以习近平法治思想为引领 奋力开创“八五”普法工作新局面》为主题作了宣讲。

【新疆青年摄影家协会成立】

12月5日，经新疆文联批准同意，新疆青年摄协成立大会暨第一次会员代表大会在新疆文联大厦召开。中国摄协副主席、新疆文联副主席、新疆摄协主席李学亮出席会议并讲话，会议由新疆摄协名誉主席晏先主持，新疆摄协副主席王树声、李嘉宾、艾拉提·买买提依明、秘书长孙国福、副秘书长兼乌鲁木齐市摄协主席刘元、北京摄影函授学院新疆分院院长闫平参加了会议。会议审议通过《新疆青年摄协章程（草案）》以及一系列选举办法，选举产生了新疆青年摄协第一届理事会、主席团。

【“文艺进万家 健康你我他”中国文联新时代文明实践（新疆站）文艺志愿服务活动启动】

为广泛学习宣传党的十九届六中全会精神，弘扬文艺志愿服务精神，发挥文艺轻骑兵作用，进一步服务基层人民群众，“文艺进万家 健康你我他”——中国文联新时代文明实践（新疆站）文艺志愿服务活动启动仪式于12月6日在乌鲁木齐市米东区新时代文明实践中心举行。新疆文联党组成员、秘书长熊红久在启动仪式上讲话并宣布活动正式开始，乌鲁木齐市文联党组书记、副主席章锐，新疆文联副秘书长朱孟宇，以及部分文艺家协会代表，米东区委宣传部、文联负责人及当地医护工作者、便民警务站民警、美团外卖、环卫工人各岗位代表和当地文艺工作者参加启动仪式。

【“圆梦工程”文艺培训活动在克拉玛依市举办】

12月3日至5日，“圆梦工程”文艺培训志愿服务行动线下培训活动在克拉玛依举办。此次线下培训由中央文明办三局、中国文联文艺志愿服务中心主办，新疆文联承办，克拉玛依文联协办。培训分为音乐、美术两类。音乐培训课程由新疆师范大学音乐学院声乐教研室主任、副教授、硕士研究生导师王丛担任教师，内容包含声乐演唱基础训练、声乐实践辅导等；美术培训由新疆美协会员、昌吉州美协副主席马仲强担任教师，内容包含胡杨画法及作品创作、花鸟画临摹与创作等。

【新疆42名全国文代会和作代会代表赴京参会】

中国文联第十一次全国代表大会和中国作协第十次全国代表大会于12月14日至17日在北京召开。12月11日，自治区召集出席全国文代会和作代会的新疆代表团42名代表参加行前动员会。自治区党委宣传部常务副部长周旭勇出席行前动员会议并讲话。新疆文联党组书记、副主席邓选斌主持会议。自治区党委宣传部干部处、文艺处负责人，参加中国文联第十一次全国代表大会新疆代表团26位代表、参加中国作协第十次全国代表大会新疆代表团16位代表和随团工作人员，新疆文联部分处室负责同志参加行前动员会。

【新疆文联系统传达学习习近平总书记在中国文联十一大、中国作协十大开幕式上的重要讲话精神】

12月20日，新疆文联系统传达学习习近平总书记在中国文联十一大、中国作协十大开幕式上的重要讲话精神专题会议在乌召开。会议全文学习了习近平总书记《在中国文联十一大、中国作协十大开幕式上的讲话》，传达了王沪宁同志在中国文联中国作协全委会上的讲话精神，铁凝同志在大会开幕式及闭幕式上的讲话精神、李屹同志在中国文联第十一次全国代表大会上的工作报告、张宏森同志在中国作协第十次全国代表大会上的工作报告精神以及12月17日自治区党委常委（扩大）会议及自治区宣传文化系统专题会议精神。新疆文联党组书记、副主席邓选斌主持会议并讲话。新疆文联党组副书记、主席艾尔肯·塞来，党组成员、副主席巴赫提亚·巴吾东，党组成员、秘书长熊红久，新疆文联班子成员，各文艺家协会在乌主席团成员，新疆文联各协会、各杂志社、机关各处室全体干部职工在主会场和分会场参加会议。

各文艺家协会

【新疆作家协会】

1月27日，由自治区党委宣传部文艺处、新疆作协主办的自治区“喜迎党的二十大”主题创作座谈会在乌鲁木齐召开。

3月7日至17日，在喀什地区开展“帕米尔英雄——拉齐尼巴依卡”专题采风活动。

4月22日，新疆作协赴湖北省网络作协、浙江省网络作协、上海市网络作协开展“颂党恩 沐春风”调研学习交流活动。

5月7日至31日，新疆作协与上海市作协在上海市合作举办第十届新疆作家创意写作培训班。

5月7日，中国作协创联部、新疆作协在北京市举办叶尔克西·胡尔曼别克长篇小说《歇马台》研讨会。

5月24日至27日，新疆作协在阜康市、特克斯县举办“庆祝建党100周年·我们的中国梦”文学创作培训班。

7月19日，新疆作协、《西部》杂志社在乌鲁木齐举办“时代楷模 帕米尔雄鹰——拉齐尼·巴依卡”专刊研讨会。

10月12日至11月9日，湖南省作协、新疆作协在湖南长沙合作举办毛泽东文学院第十期新疆作家培训班。

10月13日至14日，新疆作协在麦盖提县举办农民诗人改稿会。

【新疆民间文艺家协会】

5月17日至21日，在喀什地区麦盖提县恰木古鲁克村、阔什艾肯村、莎车县村库木巴格村、萨依巴格村、库孜玛勒村和阔什铁热克村举办“学党史、传精神、跟党走”——新疆文联“我为群众办实事”文艺志愿者在行动——剪纸作品展。

5月17日至21日，在喀什地区麦盖提县教育局和第五小学举办“学党史、传精神、跟党走”——新疆文联“我为群众办实事”文艺志愿者在行动——民间文艺千人培训活动。

5月17日至21日，在喀什地区麦盖提县恰木古鲁克村、阔什艾肯村、莎车县村库木巴格村、萨依巴格村、库孜玛勒村和阔什铁热克村举办“我们的中国梦”文化进万家暨铸牢中华民族共同体意识——新疆文联“石榴籽”文艺志愿者服务小分队送欢乐下基层活动。

5月31日，在米东区益民社区举办“我为群众办实事”民间文化进社区——“剪纸画尽显中华之火 手艺人长燃传承之魂”红色主题剪纸活动。

6月15日至17日，在和硕县乃仁克尔乡举办“学党史、传精神、跟党走”——新疆文联民间文艺家协会“我为群众办实事”文艺志愿者在行动，“千人大培训——民间刺绣培训班”。

【新疆摄影家协会】

2月至5月，在新疆摄协微信公众号发布“庆祝建党100周年·摄影家贺新春系列”作品展。

3月，在喀什地区塔县开展“帕米尔雄鹰——拉齐尼·巴依卡”专题采风团采风创作活动。

3月，在中华数字艺术城发布“天山放歌——新疆各族人民幸福生活主题摄影展览”。

4月，在乌鲁木齐市美术馆举办“天山放歌——新疆各族人民幸福生活”主题摄影展新疆巡展。

6月，在新疆文联展厅举办庆祝中国共产党成立100周年·新疆风光摄影艺术展。

6月，在新疆国际博览中心，与自治区直属机关工委联合举办“永远跟党走·自治区直属机关庆祝中国共产党成立100周年书画摄影展”。

9月，在新疆文联展厅举办党的光辉照边疆·庆祝中国共产党成立100周年主题摄影展。

10月，中国文联港澳台办公室、中国摄协、新疆文联在澳门威尼斯人酒店宴会厅举办“濠江之春——澳门与内地艺术家大联欢”之“天山放歌”摄影展。

11月，在新疆文联展厅举办《无相》中国摄影金像奖·李嘉宾个展。

12月，在新疆文联展厅举办“万象新疆”2021北京摄影函授学院新疆分院师生摄影作品展。

【新疆书法家协会】

1月，自治区党委宣传部、自治区社科联、新疆文联主办，新疆书协等单位承办的文化润天山·春联进万家——新疆第三届春联书法作品展举办。

1月，先后走进库车市、喀什市、吉木萨尔县新地乡、阿克苏市、新疆北新路桥集团股份有限公司、乌鲁木齐市警备区、乌鲁木齐市公安局交通警察支队车辆管理所、自治区公安厅、自治党委组织部援疆干部服务中心、揽秀园社区、乌鲁木齐市公安局、新疆军区、自治区妇联等单位开展两节期间“文化润疆——书法家送福送春联活动”。

4月19日至29日，在和田地区7县2市9个乡镇17个建制村开展“石榴籽”文艺小分队赴和田地区文艺志愿服务活动。

7月23日，在新疆文联展厅举办庆祝中国共产党成立100周年系列书法展——翰墨铸辉煌·新疆书法艺术大展。

11月4日，在新疆文联展厅举办“笔墨映天山——新疆首届楹联大展”。

12月1日至8日，在新疆文联展厅举办第十九届临书临印大展。

【新疆美术家协会】

3月7日至19日，在塔县开展时代楷模“追寻拉齐尼·巴依卡的足迹”主题文艺采风创作活动。

4月，新疆美协在和田、喀什等地区开展“到人民中去”“送欢乐下基层”“我们的中国梦”——文化进万家等活动。

7月，新疆美协在库尔勒巴州美术馆、新疆文联展厅举办“水彩巴州——庆祝中国共产党成立100周年暨新疆水彩·粉画美术作品展”。

12月，新疆文联、新疆文化旅游厅、新疆美协、新疆兵团美协、乌鲁木齐市文联在新疆文联展厅、乌鲁木齐市美术馆举办新疆第一届美术作品展。

【新疆音乐家协会】

2月1日，新疆音协为奎屯市四个社区一线社区人员送去了《白衣天使》优秀抗疫歌曲专辑。

3月7日，新疆音协在喀什市、塔什库尔干县开展庆祝中国共产党成立100周年系列主题文艺采风创作之“帕米尔雄鹰——拉齐尼·巴依卡”专题采风创作活动。

4月28日，在乌鲁木齐市延安路片区管委会虹湾巷社区开展“我们的中国梦，文化进万家”——劳动者之歌慰问演出活动。

5月16日，新疆音协、克拉玛依市委宣传部、克拉玛依市文化体育广播电视和旅游局在克拉玛依市群艺馆举办克拉玛依2020“荒野之声”第二届原创歌曲大赛。

5月17日至21日，在喀什地区举办“科普大篷车”团队组成的“石榴籽”文艺志愿服务小分队文艺演出。

7月29日，由新疆文联主办，新疆音协、巴音郭楞蒙古自治州文联、乌鲁木齐铁路公安局库尔勒公安处承办，在库尔勒铁路公安处举办“石榴籽”送欢乐下基层文艺慰问演出。

8月28日至9月15日，新疆音协启动2021年中国音协新疆考区（暑假）线上考级评审。

9月10日，由新疆文联主办、新疆音协和新疆作协联合承办的“写英雄、唱英雄、讲英雄”党史学习教育文艺主题宣讲举行。

9月18日至29日，中国文联、中国音协联合新疆音协，在喀什、伊犁、克拉玛依、阿勒泰等地开展采风创作主题实践活动。

10月26日，新疆音协在巴州文联举办“艺心向党奋进起航”首届声乐讲座。

12月6日至10日，新疆音协在乌鲁木齐市米东区、吉木萨尔县、克拉玛依市独山子等地开展“文艺进万家·健康你我他”文艺志愿服务演出活动。

【新疆电影家协会】

2月至9月，举办“建党100周年文化润疆——红色电影下乡”活动。

3月18日，塔城地区、新疆影协联合开展“建党100周年——看电影·学党史送电影下乡”活动。

3月至7月，举办看电影·学党史优秀影片基层惠民放映。

5月27日，举办微电影创作培训“学党史、传精神、跟党走”暨“我为群众办实事”文艺志愿者在行动活动。

11月3日，召开新疆影协六届四次理事会（扩大）会议。

【新疆戏剧家协会】

2月，新疆剧协深入十一师物业公司、警务站、媒体中心、北新路桥集团开展各类慰问演出活动。

5月，举办首届“新疆少儿戏曲小石榴花荟萃”大赛并填补新疆选手参加“中国少儿戏曲小梅花荟萃”活动的奖项空白。

6月5日至7日，新疆剧协在巴州库尔勒市举办文化润疆暨千人培训活动。

【新疆舞蹈家协会】

3月18日至27日，中国舞协、新疆舞协赴喀什地区塔什库尔干县、麦盖提县、莎车县、叶城县开展“深入生活 扎根人民”——“文化润疆”采风创作活动。

8月，参加童心向党——第十一届“小荷风采”全国少儿舞蹈展演。

10月，参加第十三届中国舞蹈“荷花奖”民族民间舞评奖。由新疆舞协选送、新疆艺术学院舞蹈学院创作并演出的舞蹈作品《阳光下的麦盖提》以总分98.5分获得最高分。

11月，举办“童心向党——新疆第十一届‘小雪莲’少儿舞蹈比赛”线上展播。

11月，举办“永远跟党走——新疆第十届‘雪莲风采’群众舞蹈比赛”线上展播。

【新疆电视艺术家协会】

5月，在喀什地区麦盖提县开展“5·23”文艺志愿者走进基层服务活动。

8月，举办中国视协基层电视艺术工作者网络培训班（第二期）。

12月，与新疆广播电视台一同前往喀什地区麦盖提县拍摄新疆广播电视台春晚短片《我们来村里过大年》。

【新疆曲艺家协会】

3月至5月，举办永远跟党走建党100周年新疆优秀曲艺节目线上展演。

5月，在莎车县开展“文化润疆”工程创作、培训、采风、演出、拍全家福活动。

7月，在玛纳斯县开展“文化润疆”工程创作、培训、采风、演出、拍全家福活动。

【新疆杂技家协会】

5月17日至21日，赴麦盖提县恰木古鲁克村、阔什艾肯村、莎车县村库木巴格村、萨依巴格村、库孜玛勒村和阔什铁热克村等文联驻村点，麦盖提县波斯卡木村、乌喀村等新疆财经大学驻村点，英吉沙县艾古斯乡康帕村自治区财政厅驻村点开展新疆文联文化润疆暨“5·23”文艺志愿者服务千人培训、送欢乐下基层活动。

5月23日，开展“我们的中国梦”文化进万家暨铸牢中华民族共同体意识——新疆文联“石榴籽”文艺小分队送欢乐下基层演出活动。

9月18日至29日，参与中国文联文艺志愿服务队开展的“文化润疆”系列活动，“圆梦工程”文艺培训志愿服务行动“庆丰收·感党恩”2021年中国农民丰收节主题活动。

【新疆文艺评论家协会】

5月17日至21日，联合新疆科技馆科普大篷车科普团队组成文艺志愿服务小分队举办“我们的中国梦·文化进万家”文艺志愿者服务活动，赴麦盖提县、莎车县开展9场演出活动、5场传统文化培训，5场科普讲座。撰写综述《文化润疆进乡村 传播文化颂党恩》。

6月5日至7日，联合巴州文联共同举办“基层文艺评论人才培训班”。

基层文联

【塔城地区文联】

组织各文艺家协会大力开展各类文艺志愿服

务活动。主办“建党百年、最美塔城”系列摄影展，在各县市巡回展出。会同相关部门，先后举办各类大型书法、绘画展9次、文艺汇报表演3次。主题涉及学党史、打造廉政文化、宣传国家安全、辽宁援疆、喜迎建党百年以及建党百年主题征文、新春工艺美术作品展、“童心向党 六·一”“追梦新时代 优秀少儿节目”、塔城首届少儿春晚专题文艺会演等；举办走边防、进军营、下基层、进学校等文艺志愿服务活动。开展了第19届、20届“送文化、过大年”文化惠民服务系列活动。活动包括送对联、看年画、剪纸比赛、演艺下乡、赠送书籍等；发动各县（市），乡镇（街道）、村（队）社区文联，文艺协会相继开展了各具特色的系列庆祝活动，为建党100周年及各个传统节日营造浓厚的喜庆氛围。

以文艺创作、文化润疆项目为引领，为地区发展繁荣提供文艺支持。实施三项精品文艺创作工程，扎实推进文化润疆。地区文联完成了《敞开了唱酒歌唱吧》一首歌曲的创作，歌曲唱出了各族塔城儿女爱国爱疆的激动心情和对未来美好生活的憧憬和期待，并通过中青网、抖音等媒体平台进了推介。全力推进以民族团结为内容的《塔城密钥》报告文学，以口岸经商为内容的《巴克图风云》小说的创作进程。目前，报告文学已完成全部构架，小说创作正文已完成10万字左右。出版了《塔城地区民族团结小故事》特辑，举办了第三届“民族团结”原创歌曲征集大赛，为地区申报全国民族团结进步示范地区作出了贡献。《美在塔城》《爱在塔城》新书发布会取得圆满成功。出版了《塔城地区美术作品集》《塔城地区经典文艺作品集》两本画册，为广大文艺工作者展示才华搭建了平台。争取援疆文艺项目4个，落实资金达788.61万元。其中三交项目类3个、教育文化项目类1个，为深入实施“文化润疆”工程提供资金保障。

深化改革和强化基层组织，形成四级联动良好格局。不断巩固完善《地区文联乡镇、街道文联工作运行管理机制》，推进乡镇文联建设逐渐规范化、制度化，制定《村、社区文联工作站工作职责》，切实发挥基层新时代文明实践站作用，不断增强地区文联的凝聚力、向心力、吸引力和行业影响力。形成地区，县（市），乡镇（街道）、村（队）社区四级联动的文联基层组织良好格局。1月中旬，文联受地委委托，组织实施第20届“送文化、过大年”文化惠民服务系列活动，充分利用四级文联的组织优势，通过文艺小分队的形式把党的声音和温暖送到百姓家门口。新华社、《农民日报》《中国艺术报》等媒体作了相关报道，取得了良好的社会效果。

新疆生产建设兵团文联

重要会议

【兵团文联工作会议】

2月2日，2021年兵团文联工作会议在兵团融媒体中心以视频会议的形式召开。兵团党委宣传部二级巡视员安战国同志出席会议并传达全国宣传部长会议精神和兵团宣传部长会议精神。第三师图木舒克市、第七师胡杨河市文联和兵团音乐家协会、《绿洲》杂志社主要负责同志作了交流发言。兵团文联党组成员、副主席李斌同志讲话，全面回顾了兵团文联2020年工作，分析了当前形势，安排部署2021年工作。

【兵地文艺融合发展现场推进会】

6月3日至4日，兵地文艺融合发展现场推进会在第七师胡杨河市召开。第七师胡杨河市党委书记、政委刘新建；自治区文联党组成员、副主席张君超；兵团文联党组成员、副主席李斌；第七师胡杨河市党委常委、副政委、宣传部部长、统战部部长吴洮出席本次会议。兵团各师市文联、石河子大学文联、塔里木大学文联和兵团各文艺家协会，自治区文联及伊犁哈萨克自治州、塔城地区、克拉玛依市、奎屯市等10多个地州市县文联相关负责人共计60余人参加会议。会议指出，新时代推进兵地文艺融合发展，既是贯彻新时代党的治疆方略、推进兵团深化改革的实际行动，又是贯彻新发展理念、推动兵地文艺事业高质量发展的内在要求。兵地各级文联组织、广大文艺工作者要充分认识兵地文艺融合发展的重大意义，努力促进兵地文艺资源共建共享，建立健全兵地文艺融合发展机制，扎实推进兵地文艺深度融合发展，增强“文化润疆”合力，共同开创兵地文艺融合发展新局面。七师胡杨河市、十三师新星市、伊犁哈萨克自治州、塔城地区、克拉玛依市等地文联以及兵团书法家协会作了交流发言。七师文联与地方文联签订了《兵地文艺融合发展合作协议书》，初步建立了“活动共办、阵地共建、资源共享、人才共用、携手发展”的文艺融合发展新机制。会后，与会人员一同观摩了兵地书画作品展、胡杨河市文化馆、军垦少年美术馆、戈壁母亲文化创意园等多个文艺场所，加强了兵地之间的文化交流。

【文艺工作者职业道德和行风建设座谈会】

8月31日，兵团文联召开文艺工作者职业道德和行风建设座谈会。兵团党委宣传部副部长，兵团文联党组书记、主席人选潘峰勤，兵团文联党组成员、副主席李斌出席会议，兵团各文艺家协会负责人、兵团文联机关、所属事业单位负责同志参加会议。会议传达了中国文联文艺工作者职业道德和行风建设工作座谈会议精神，宣读了《修身守正　立心铸魂——致广大文艺工作者倡议书》。各文艺家协会代表结合本领域的文艺工作实践以及切身体会作了发言，就加强文艺工作者职业道德建设、推进文艺行业治理等问题进行了交流研讨。

【兵团代表团参加中国文联第十一次全国代表大会、中国作协第十次全国代表大会】

12月14日，中国文联第十一次全国代表大会、中国作协第十次全国代表大会在北京人民大会堂开幕。兵团文联代表团、兵团作协代表团共计12名代表参加大会。兵团党委宣传部副部长、兵团文联党组书记、主席人选潘峰勤当选为中国文联第十一届全国委员会委员。兵团作家协会主席王伶、副主席王善让当选为中国作家协会第十届全国委员会委员。

【传达习近平总书记在中国文联十一大、中国作协十大开幕式上的讲话精神】

12月22日下午，兵团文联召开传达学习习近平总书记在中国文联十一大、中国作协十大开幕式上的重要讲话精神视频会议。兵团党委宣传部副部长、兵团文联党组书记、主席人选潘峰勤主持会议并讲话，兵团文联党组成员、副主席李斌传达会议精神，兵团文联机关和直属单位全体干部在主会场参会，相关师市领导和各师市、大学文联及文艺家协会负责同志在分会场参加了会议。会议全文传达学习了习近平总书记在中国文联十一大、中国作协十大开幕式上重要讲话，并对贯彻落实讲话精神进行了安排部署。

【贯彻习近平总书记在中国文联十一大、中国作协十大开幕式上的重要讲话精神座谈会】

12月24日，兵团文艺界深入学习贯彻习近平总书记在中国文联十一大、中国作协十大开幕式上重要讲话精神座谈会在乌鲁木齐举行。兵团党委宣传部副部长、兵团文联党组书记、主席人选潘峰勤主持会议并讲话，兵团文联党组成员、副主席李斌传达习近平总书记在中国文联第十一次全国代表大会、中国作协第十次全国代表大会开幕式上的重要讲话精神。兵团各文艺家协会负责人、文艺家代表参加座谈会。

组织的各类活动

【艺术进万家，新年送祝福】

为认真贯彻落实兵团党委的决策部署，大力实施“文化润疆”工程，扎实开展兵地文化共融惠民活动。新年前夕，兵团文联组织美术、书法文艺小分队，带着兵团党委的嘱托，进企业、进社区，先后深入到四师可克达拉市，七师胡杨河市，八师石河子市，十一师北新路桥集团，十二师芳婷公司、九鼎集团、广发银行新疆分行、兵团机关、兵团公安局、自治区林草局和玛纳斯县西关镇等十多个单位，为值守在一线的干部职工、公安干警、企业员工、个体从业人员写春联，送福字，送年画12000余幅，把兵团党委的关怀和祝福送到基层、送进千家万户，让广大干部职工度过一个欢乐、祥和的新春佳节。

【开展文艺演出活动】

5月20日至23日，兵团文联、文艺志愿者协会组织“到人民中去——助力乡村振兴兵团文艺在行动”文艺演出活动，走进新疆于田县乡村、社区，十四师的团场、连队，共计演出六场，为二千余名兵地各族群众奉献了一场场精彩的文艺演出，受到当地干部职工群众的欢迎和称赞。

【面向全国征集兵团题材优秀文艺作品获奖作品展开幕】

为充分发挥兵团文艺作品的社会功用，“时代·脉搏·梦想——面向全国征集兵团题材优秀文艺作品展”首发仪式，于5月31日在兵团机关3个展厅举行。

兵团党委副书记、宣传部部长李新明同志巡展。兵团党委宣传部、兵团文化体育与旅游局、兵直机关党工委和党史学习教育第六巡回指导组领导出席开幕式。此次作品展的成功举办凝结了兵团党委的高度重视与关心支持，展现了各门类艺术家对兵团的情怀，彰显了兵团文学艺术的独特魅力。

【“绿洲春语”诗会系列展播】

2021年是中国共产党百年华诞。在此，由兵团文联、兵团广播电视台主办，兵团诗词楹联家协会、兵团朗诵艺术学会联合承办的新疆生产建设兵团2021“绿洲春语”诗会已录播完成。

诗会分为世纪脚步、绿洲放歌、大爱有声、时代华章四个篇章，共包含16个诗歌朗诵节目。3月23日，开启线上系列展播活动。

【美术书法摄影展】

6月5日，由兵团文联、乌鲁木齐市文联主办，兵团党委直属机关工委、乌鲁木齐市美术馆协办，兵团美术家协会、兵团书法家协会、兵团摄影家协会承办的“庆祝建党百年·礼赞魅力兵团”新疆生产建设兵团美术书法摄影展在乌鲁木齐市南湖美术馆开展。兵团党委副书记、宣传部部长李新明同志巡展。

此次展出的美术书法摄影作品是兵团文联精心组织创作的100幅美术精品、100幅书法精品和100幅摄影精品，用线上线下的形式全方位展示新时代兵团新风。展期从6月5日开始到6月11日结束，兵团机关各委办部局将结合党史学习教育，组织党员干部分批次观看展览。

【兵团题材优秀文学作品走向大众视野】

6月5日，兵团题材优秀文学作品在乌鲁木齐深圳城书店设立专项区域—“悦读兵团”。展区通过线下展出了兵团题材文艺作品征集活动评选出获奖文学作品结集出版的《文学兵团》系列丛书41册，兵团文艺精品工程扶持项目实施以来获得扶持的26部文学作品和《绿洲》文学杂志庆祝建党百年增刊等，旨在进一步提升兵团题材优秀文艺作品的影响力，用多样的文艺形式开展党史、新疆史、兵团史的学习宣传。

【新疆地区中青年文艺拔尖人才创作研修班】

7月5日，中国文联全国少数民族地区文艺骨干培训工程（第12期）新疆地区中青年文艺拔尖人才创作研修班，在第六师五家渠市开班。

来自兵团和地方的45名音乐、舞蹈和美术专业的中青年文艺人才参加研修。本次研修班为期六天，旨在全面提升新疆地区文艺创作能力，助推文化润疆工程。

【中国美术家协会赴兵团开展采风慰问活动】

7月26日，中国美术家协会“送欢乐 下基层”赴新疆生产建设兵团写生采风慰问活动启动仪式在第三师图木舒克市举行。

兵团文联党组成员、副主席李斌致欢迎词；中国美术家协会人事处处长裴琳琳致辞，并向兵团第三师图木舒克市捐赠美术书籍。兵团文联向中国美术家协会赠锦旗，感谢中国美协长期以来对兵团美术事业的关心支持。本次写生采风慰问活动7月26日启动，7月29日结束，活动期间在第三师开展采风创作，并赴第三师五十三团团场、部分连队开展慰问活动。

【《兵团的心》线上展播】

2021年在毛泽东在同志延安文艺座谈会上的讲话发表79周年、第8个中国文艺志愿者服务日到来之际，在中国文艺志愿者协会的大力支持下，兵团文联组织拍摄的《兵团的心》主题片，以独唱、合唱、朗诵、舞蹈等多种艺术形式，用生动的文艺实践迎接党的百年华诞，展现了兵团文艺界昂扬向上的精神风貌和不忘初心、永远跟党走的信仰追求，该片作为中国文联、中国文艺志愿者协会举办的“学党史 传精神 跟党走”中国文艺志愿者在行动主题宣传活动组成部分。

5月23日与15个省市地区主题节目通过“学习强国”学习平台、人民网、新华社、央视频、中国艺术报、中国文艺网、爱奇艺、腾讯微视、咪咕视频等全国各平台一并推出，点击率达到2000多万，创历史新高。

【兵团优秀文学丛书亮相第三十届全国图书交易博览会】

7月15日至7月19日，兵团组织出版的系列丛书《文学兵团》，绿洲杂志社编辑出版的《绿洲》文学杂志、大型文学系列丛书《绿洲文库》组团亮相第三十届全国图书交易博览会（以下简称“书博会”），将兵团文化对外展示宣传。《文学兵团》系列图书是兵团出版社在本届书博会上的重点展品，由兵团面向全国征集兵团题材文艺作品中的优秀文学作品结集出版，是兵团成立以来，开发、建设、保卫边疆的鲜活记录，更是党领导的屯垦戍边事业取得巨大成就的见证。

兵团馆以“文学兵团”为主题，共展出包括《文学兵团》《兵团精神》《胡杨精神》《老兵精神》系列图书等在内的近200种3000册图书，兵团文联、绿洲杂志社也为此次展会提供了精品期刊和图书，供读者阅读。

【文艺精品工程扶持】

2021年，兵团确定兵团文艺精品工程扶持项目16件，扶持资金900万元。其中重大题材项目、重点题材项目作品4件，扶持资金320万元；现实题材作品12件，扶持资金580万元。重大题材项目、重点题材项目作品中，兵团出版社《绿洲文库》（文学丛书），扶持资金120万元；兵团豫剧团《昆仑山下的儿子》（豫剧）扶持资金170万元；谢家贵《图木舒克辞典》散文集，扶持资金20万元；绿洲杂志社《春晖——兵团脱贫攻坚纪实》（报告文学），扶持资金10万元；现实题材项目作品中，王运华《蛟龙出天山》（长篇小说），扶持资金10万元；刘永涛《开往塔克拉玛干的火车》（中短篇小说集），扶持资金10万元；王晖《边疆的白杨》（诗歌集），扶持资金10万元；兵团出版社《屯垦诗词精选》（文学丛书），扶持资金20万元；第八师石河子艺术剧院《致英雄》（音乐剧），扶持资金25万元；兵团秦剧团《沙门子风情》（秦腔），扶持资金190万元；兵团第十四师文联《昆仑山下的白衣天使》（广播剧），扶持资金15万元；第六师文联《云在地上》（电影），扶持资金240万元；杨新平《屯垦戍边记忆历程系列》（套彩烙画），扶持资金10万元；陈山宏《改革中的兵团》（书法篆刻集），扶持资金5万元；王伟《胡杨》（男子群舞），扶持资金10万元；兵团杂技团《绽放——女子柔术》（杂技），扶持资金35万元。

创作与研究

【兵团三幅作品被中国共产党历史展览馆收藏】

为了更好地阐释和表达兵团精神的丰富内涵，向中国共产党成立100周年献礼，兵团广大文艺工作者积极开展主题创作，用各种艺术形式赓续红色血脉、讲好兵团故事。2021年3月，兵团党委宣传部安排向中国共产党历史展览馆报送作品，兵团文联积极组织，从兵团题材主题创作的美术作品中选送一批优秀作品。最终，王德远创作的《南泥湾》、张志平创作的《冰峰五姑娘》、吴云章创作的《军垦岁月》3幅作品入选中国共产党历史展览馆"'不忘初心、牢记使命'中国共产党历史展览"主题展览，并被永久收藏。

【兵团9件摄影作品全国航拍大赛中获奖】

5月27日至29日，由中国摄影网主办的2020首届"鸟瞰视界"全国航拍大赛终审评选工作在北京举行，兵团共有9件作品获奖，分别是罗弘的《霜叶》获特等奖，刘书梅的《五彩滩》、杨子江的《白玉珍珠落玉盘》分获银奖、李继辉的《水墨天山》（组照）、杨银学的《峡谷红辣椒》、梁斌的《雪山余晖》分获铜奖，王梓林的《鸟瞰峡谷》、杨子江的《峭壁牧羊》、《雪地牧歌》分获优秀奖。

【文艺筑梦，志愿圆梦】

9月24日，2021年"圆梦工程"文艺培训志愿服务行动——兵团第三师文艺师资力量培训班在草湖镇启动。52名来自三师基层文艺工作者并肩追梦，共同圆梦。圆梦工程培训班为期3天，中国文艺志愿者协会会员、兵团舞蹈家协会副主席巩静洁等兵团文艺领军人才担任培训班授课讲师。自治区文联和兵团文联领导出席结业典礼，一支舞蹈作品，60余幅农民画作品在培训班结业典礼汇报演出中展览展示。中国文联副主席、中国舞蹈家协会副主席、新疆舞蹈家协会主席迪丽娜尔，中国文艺志愿者协会会员李德戈景、塔斯肯等著名演员歌手和自治区文艺志愿者们亲临汇报演出现场，与基层文艺工作者们同台为41团职工群众送上了一场文艺盛宴，给兵团草湖镇"圆梦工程"培训班划上了一个圆满的句号。

各文艺家协会

【作家协会】

11月25日，新疆生产建设兵团作家协会第六次会员代表大会在乌鲁木齐市举行。兵团党委宣传部副部长、兵团文联党组书记、主席人选潘峰勤出席会议并讲话，兵团文联党组成员、副主席李斌出席会议并致开幕词，中国作家协会向大会发来贺信，各省、自治区、直辖市作家协会致贺。会议听取审议了兵团作家协会第五届理事会工作报告，与会代表积极建言献策，共商未来五年兵团文学和作协工作，明确了工作的着力点。会议选举产生了兵团作家协会第六届理事会、主席团。王伶当选为兵团作家协会主席，郭晓力、程相申、郁笛、王善让、刘永涛、彭惊宇、霍玉东、魏红花当选为兵团作家协会副主席。

选派作家赴兵团南疆师团开展采风，进行创作，以南疆师团扶贫、脱贫路上的感人故事为背景，创作出主题纪实文学作品10余篇，兵团脱贫攻坚纪实文学作品集《春晖》已结集出版。

出版《瀚海绿洲奏华章 走进兵团新时代文艺丛书》。该丛书共四卷，分别为文学卷、摄影卷、书画卷、美术卷，多角度、多形式展现了兵团在文艺领域所取得的成就，向中国共产党成立100周年献礼。

出版《绿洲文库》第一辑。《绿洲文库》第一辑共10本书10位作家，其中小说3部，诗歌3部，散文4部。集合了自治区、兵团老中青三代优秀作家的作品。

【戏剧家协会】

11月20日，兵团戏剧家协会第九次代表大会在乌鲁木齐市召开。兵团文联党组成员、副主席李斌出席会议并讲话。会议总结了兵团戏剧家协会第八次代表大会以来的工作，共商未来五年兵团戏剧事业高质量发展的新举措。审议并通过了第八届理事会工作报告，修改并通过了《兵团戏剧家协会章程》。选举产生兵团戏剧家协会新一届理事会，选举产生了兵团戏剧家协会第九届主席团。肖帅当选为主席，王 瑛、孙艳霞、张培培、陈文忠、魏炜、林华当选为副主席。

7月，原创现代豫剧《戈壁母亲》在北京梅兰芳大剧院为“庆祝中国共产党成立一百周年”献礼演出，赢得了广泛赞誉。

创编现代秦剧《在绿色的原野上》。该剧是为庆祝建党100周年的献礼剧目，主要通过讲述兵团优秀共产党员丁憬和王华在援疆期间，牢记使命、不负重托、忘我工作，用生命书写援疆精神的感人事迹，表达了兵团人对来自祖国各地援疆干部的崇高敬意。

【电影电视家协会】

11月19日，兵团电影电视艺术家协会第六次代表大会在乌鲁木齐市召开。兵团党委宣传部副部长、兵团文联党组书记、主席人选潘峰勤出席会议并讲话，兵团文联党组成员、副主席李斌出席会议并致开幕词。会议全面总结了兵团影视家协会第五次代表大会以来的工作，并探讨分析了当前兵团电影电视事业发展面临的新形势、新机遇，共商未来五年兵团影视事业高质量发展的新举措。会议审议并通过了代立民代表第五届理事会所作的工作报告，修改并通过了《兵团电影电视艺术家协会章程》。会议选举产生了兵团影视家协会新一届理事会31名，选举产生了兵团影视家协会第六届主席团。桂家新当选为主席，牛海军、张冀军、赵虎、贺明君、徐新洪、韩新国当选为副主席。

组织开展“永远的旗帜”纪录片评审。本次活动共征集纪录（专题）片17部，短视频24部。兵团广播电视台摄制的《永远的旗帜》获得特别奖，七师《奔腾的奎屯河》、十师《石榴红了》、九师《军垦丰碑》、十四师《忠诚战士》、八师《垃圾场的绿色交》、十一师《守望戈壁》、十三师《守护》、三师《广东来的阿达西》《我的昆仑我的连》、十三师《党旗飘扬在天山之巅》、十二师《青山牧语》等作品分别获得一、二、三等奖。

开展“学史力行兵团人·我为群众办实事”融媒体主题作品大赛。本次活动共征集短视频179件，其中《驰援》《热伊莱·玉苏普的新生》《小康路上一个都不能少》《“棉被侠”四入火场救孩子》《火花》《水愿》《马背上的运输队》《户籍民警走出“窗口”，帮助老人圆“户口梦”》分别获得了一、二、三等奖。

为庆祝中国共产党成立100周年，兵团影视家协会历时两年，摄制了五集纪录片《永远的旗帜》，2021年正式播出。

选取各行各业先进典型的不凡业绩，精心编撰的大型系列广播剧《兵团魂》36部剧本图书已经正式出版。

【音乐家协会】

2月，中国音乐家协会第九次全国代表大会在北京隆重召开，兵团代表唐军、徐光春参会，新疆兵团音乐家协会主席唐军当选中国音协第九届理事会理事。

音协推送“兵团老军垦合唱团”作为新疆唯一的一支参赛代表队，参加中国音协举办的国际合唱节比赛，荣获贡献奖。

歌曲《春色满园》（许会锋词、王咏梅曲、唐军编配）入选“百年百首”全国优秀新创歌曲集。

【美术家协会】

3月8日，石河子大学聘任兵团美术家协会副主席尤山、兵团画家孙秉臣两位老师为客座教授的受聘仪式在石河子大学举行。石河子大学党委副书记、校长代斌致辞并为两位老师颁发聘书。两位受聘教授分别发言并向文学艺术学院捐赠画册。

在第八师石河子市红山全民健身中心6月24日至7月6日举办“丹青为时著　翰墨铭党恩”庆祝中国共产党的成立100周年美术作品展，展出作品126幅，为党的百年华诞献上了厚礼。

【曲艺家协会】

11月21日，兵团曲艺家协会第二次会员代表大会在乌鲁木齐市召开，来自全兵团的33名曲艺界代表参加会议。兵团文联党组成员、副主席李斌出席大会祝贺并讲话。会议总结了兵团曲艺家协会第一次会员代表大会以来的工作，共商未来五年兵团曲艺事业高质量发展的新举措。会议审议并通过了张爱国同志代表兵团曲艺家协会第一届理事会所作的题为《大力弘扬兵团精神　用曲艺践行文化润疆——努力推动兵团曲艺事业繁荣发展》的工作报告，修改并通过了《兵团曲艺家协会章程》。会议选举产生了兵团曲艺家协会新一届理事43名，选举产生了兵团曲艺家协会第二届主席团，冯爱国当选为主席，杨迪中、张军、荣卫、罗奎、冯平、王鑫当选为副主席。

兵团曲协副主席杨迪中导演，曲协会员贾佳创作，郭亚军、加依达尔等担任主演的小品《跟我走》，入选文化和旅游部“庆祝中国共产党成立100周年舞台艺术精品创作工程”“百年百项”小型作品创作计划。

兵团曲协主席张爱国根据“时代楷模”新疆维吾尔自治区红其拉甫边防连护边员、十三届全国人大代表拉齐尼·巴依卡同志先进事迹创作的大型情景剧《拉齐尼》；根据南疆某驻村“访惠聚”工作队第一书记帮助维吾尔族结对亲戚的真实故事改编创作小品《我的好亲戚》；根据四十七团沙海老兵王传德的感人事迹创作正剧《老兵魂》；根据新疆大学近百年历史创作歌舞剧《以青春之我》，于2021年5月28日在新疆大学礼堂进行了首演，受到新疆大学校领导班子和各界好评！

【舞蹈家协会】

5月8日，新疆生产建设兵团舞蹈家协会第七次代表大会在乌鲁木齐市召开。新疆生产建设兵团文联党组成员、副主席李斌，新疆维吾尔自治区舞蹈家协会副主席王泳舸以及特别邀请的兵团老艺术家代表出席大会。来自兵团各师市和各专业文艺团体、高校及新文艺群体的50余名舞协会员代表参会。中国舞协及全国27个省、市、自治区舞协发来贺电。兵团舞蹈家协会第六届委员会主席蒋玫向大会做工作报告。本次大会审议通过《兵团舞蹈家协会章程》。李斌副主席代表兵团文联对大会的召开表示祝贺，并对兵团舞蹈艺术的发展提出新要求。为表达对老艺术家们多年来的成绩，大会向兵团舞蹈界老艺术家颁发“突出贡献艺术家”荣誉证书。获得此项荣誉的老艺术家有：李良婉、陈淑君、庞志强、白文玉、张贵才、安魁、哈斯也提·阿不都古力、阿依努尔·艾买提、许克让、汪世槐。

开展“5·15，一起舞”活动。5月15日是“中国舞蹈日”，兵团舞蹈家协会与各师市、文艺团体、大学及兵团新文艺团体代表共聚一堂，以“中国舞蹈跳起来，人人幸福舞起来”为主题，跳出奋进新时代舞步，舞出追梦新时代的风采，生动地展现了当下兵团人的精神风貌。

全年协会及各师市舞协开展下基层慰问演出140余场，观众近万余人。艺术普及与培训200余场，受众人群包括学生、工人、连队群众等近4500余人。对地方乡镇演出15场，观众2300人。

第八师石河子市群艺馆创作的作品《红柳·红》入围全国第十一届小荷风采少儿舞蹈展演。第八师舞协报送作品《石河子美》和《新疆姑娘》。其中《石河子美》入围“戴爱莲杯”人人跳全国群众舞蹈展演。

10月9日，由兵团舞蹈家协会特邀中国著名舞蹈家、中国舞蹈家协会副主席黄豆豆在新疆兵团文化中心进行《舞出中国风》舞蹈艺术讲座，兵团舞蹈家协会全体舞蹈从业者、第二师、八师、十师舞蹈家协会代表、各大高校代表以及新文艺团体成员共同聆听。

培养基层文艺骨干。舞协主席团成员前往兵团第三师41团给32名来自基层的文艺志愿者开展了为期四天的师资培训。经兵团舞蹈家协会推荐，第二师华山中学教师张婧参加顶尖教师巡回课堂，全疆仅有张婧同志一人入选。

【民间文艺家协会】

4月28日，中国民协曹保明副主席、兵团文联李斌副主席为三师图木舒克市“中国屯垦文化之乡”揭牌。

中国民协中青年艺术作品展，黄良英石头画《军垦第一犁》入选；杜瑶演唱民歌《兵团的心》入选第十五届中国民间文艺山花奖·优秀民间艺术表演参评节目，邀请参加“人民颂党百年恩”全国民族民间歌舞展演。六师党广云剪纸《中华伟业图》、七师史攀剪纸《军垦之歌》组图、十师王苓、丁国彬木刻版画《十师一八四团史画》入选参展参评；九师杨新平套彩烙画《军垦红色记忆历程长卷》（2020年）和十师王苓、丁国彬木刻版画《十师一八四团史画》(2021年)入围第十五届中国民间文艺山花奖·民间工艺美术作品奖。二师民协武国才剪纸《海疆卫士》入围第二届全国海洋文化剪纸精品展；八师会员于静剪纸作品在昌吉州庆祝建党100周年“学党史，跟党走”主题宣传活动中“艺说”剪纸作品《文化润疆》荣获二等奖；新疆儿童发展中心举办的“童心礼赞共产党，共绘美好新时代”第十八届少年儿童书法、绘画、图文创作大赛作品征集活动中,付新尧荣获指导工作一等奖；付新尧、范玉斌的民间艺术作品在第三届兵团工艺美术精品展获金奖、银奖；“金丝彩釉画”成功申报兵团级非遗名录，王兰芳被定为兵团级非遗传承人。

4月下旬，第一届图木舒克（中国）历史文化论坛——唐王城遗址与中国屯垦历史学术研讨会，邀请120多位嘉宾出席会议，三师文联民协为打造

“屯垦古城、丝路绿洲”文化品牌及建设“中华民族、汉唐风韵、兵团特色”历史文化古城贡献了一份力量。

【摄影家协会】

8月14日，兵团第十五届摄影艺术展颁奖仪式在乌鲁木齐举行，十五届摄影艺术展共收到应征作品1376件，169件作品入选。《雪域晨光》王来印、《西边的太阳》谢民等60件作品分别荣获五大类金、银、铜奖。

举办“漠北庄园杯”兵团首届无人机摄影大赛。征集全国各地摄影人投稿730幅（组），通过兵团文联微信公众号展出14期670幅（组），学习强国平台推送35期，《胡杨网》刊发19期。经过主办方组织专家评审，62幅（组）作品分别荣获金、银、铜奖、佳作奖和优秀奖。先后在乌鲁木齐和“漠北庄园”举行了小型颁奖活动。

举办2021迎新春百人百幅摄影作品网络展。选出100幅优秀摄影作品，利用兵团文联微信公众平台，在新年元旦集中推送展出，为作品入展摄影家颁发入展证书。

与第六师五家渠市“亮剑之师”酒业联合举办“亮剑之师杯”兵团人的美好生活摄影大赛。征集作品690余件，通过兵团文联微信公众号每周刊发一期优秀作品，展出作品24期共450余件。经过主办方组织专家评审，评出金奖2名，银奖4名，铜奖6名，佳作奖10名，并在五家渠举办了颁奖仪式。

举办胡杨河杯——“醉”美兵团网络摄影大赛。从10月旬开始到12月底结束，每周展出一期，每月4期，共10期，展出作品500余幅，评出金、银、铜奖和佳作奖22名，年底在第七师胡杨河市129团举行颁奖活动。

兵团11人的31幅作品入围第28届全国摄影艺术展览即“国展”，分别是高曙光的《致富的红辣椒》（组照）、邱明江的《帕米尔高原记忆》（组照）、王凡的《那年今日》（组照）、杨子江的《峭壁牧羊》、杨银学的《树》、张忠义的《工业粮仓》、谢民的《西边的太阳》、杨军周的《蒸发》、韩峻的《追梦人》、宋长军的《逆流而行》、赵珺的《最好的自我保护就是关爱他人》等作品入围，这是兵团入围全国摄影大展最多的一届。

【书法家协会】

11月12日，兵团书法家协会第七次代表大会在乌鲁木齐市召开，来自全兵团的48名书法界代表参加会议。兵团党委宣传部副部长、兵团文联党组书记、主席人选潘峰勤，兵团文联党组成员、副主席李斌出席会议。潘峰勤书记代表兵团党委宣传部、兵团文联党组向大会的召开表示热烈的祝贺，并做了热情洋溢的讲话。会议全面总结了兵团书法家协会第六次代表大会以来的工作，讨论分析当前书法事业发展面临的新形势、新机遇，共商未来五年兵团书法事业高质量发展的新举措。会议审议并通过了孙朝军代表第六届理事会所作的《发扬兵团精神 践行文化润疆 努力推动兵团书法事业大发展大繁荣——兵团书法家协会第七次代表大会工作报告》，修改并通过了《兵团书法家协会章程》。会议选举产生了兵团书法家协会新一届理事会49名，选举产生了兵团书法家协会第七届理事会和主席团，孙朝军当选为主席，王怡平、刘加新、张高鹏、武金海、周强、熊建军当选为副主席。

由兵团文联指导，兵团书法家协会、第十三师新星市党委宣传部、第十三师新星市文学艺术界联合会、第十三师新星市文化体育广电和旅游局主办的“为党贺百岁·挥毫赞兵团”全国书法名家百人展在新星市开展。这次展览，集中展示了部分中国书法家协会副主席、理事，兰亭奖、全国展获奖作者等全国知名书法家创作的作品，既为党贺百岁，又传承中华传统文化，弘扬兵团精神 。这次展览作品水平之高、代表性之强，为新疆地区多年所未有。通过此次展览活动，进一步激发广大文艺工作者的创作热情和使命意识，加强精品创作，引领时代审美，繁荣文艺事业。

【杂技家协会】

杂技家协会的原创杂技剧《楼兰寻梦》获第六届全国少数民族文艺汇演优秀剧目奖，反映了兵团杂技家协会艺术创作在新征程上的艺术风格，也给杂技舞台带来了新鲜感，得到广大观众的喜爱和认可。

原创杂技剧《唐古百戏》、杂技节目《九儿——集体造型》继承和发扬中华优秀的传统文化。

【诗词楹联家协会】

2月，举办“诗韵天山”线上直播迎新春朗诵会，精心排演了《春江花月夜》《迎接一个迷人的春天》《月光下的中国》《2021中国你好》《兵团、兵团》《父亲的军大衣》等18件朗诵作品，有5万多观众在线观看了朗诵会。

4月，兵团朗诵艺术学会精心排演朗诵作品《展望未来》，4名学会骨干担纲演出，作品在“学习强国”发布。

5月，组织兵团朗诵学会演出队，前往兵团第三师49团和阿瓦提县阿依巴格镇及第一师13团连续演出5天、十三场次，受到基层干部群众的热烈欢迎。为庆祝建党100周年，兵团诗词楹联家协会和兵团朗诵艺术学会排演了《初心如磐——庆祝建党100周年》专场朗诵会，到兵团党委党校、兵团电视台、第八师143团等单位演出，为兵团庆祝建党100周年活动增添了浓墨重彩。

中国石化文联

综　述

2021年，中国石化文联以习近平新时代中国特色社会主义思想为指导，深入学习贯彻党的十九大、十九届中央历次全会精神和习近平总书记考察胜利油田重要指示精神，认真贯彻落实中国文联十一大、中国作协十大会议精神和中国石化集团公司工作会议安排部署，坚持为人民服务、为社会主义服务方向，坚持百花齐放、百家争鸣方针，坚持创造性转化、创新性发展，认真履行团结引导、联络协调、服务管理、自律维权的工作职能，积极发挥作家、音乐、舞蹈、书法、美术、摄影6个专业协会作用，以迎接庆祝中国共产党成立100周年为主线，以员工群众喜闻乐见的文艺活动为载体，围绕企业发展，服务员工需求，为建设世界领先洁净能源化工公司提供价值引领力、精神推动力和文化凝聚力，以优异成绩向中国共产党成立100周年献礼。

品牌活动

【组织“我心向党”中国石化庆祝中国共产党成立100周年系列活动】

倡导石化系统各单位组织开展形式多样、内容丰富的群众性文艺活动，大力弘扬伟大奋斗精神，传承红色基因，凝聚奋斗力量，充分展现在党的领导下中国石化取得的辉煌成就，为实现第二个百年奋斗目标、建设世界领先企业营造浓厚氛围。石化作协组织主题文艺作品创作征文活动，出版获奖作品集《醉在桃花盛开时》《那些渐行渐远的故事》《“我心向党”庆祝中国共产党成立100周年中国石化员工文学作品集》。音协舞协采取广泛征集、定向创作相结合的方式，创作120余部文艺作品。书协征集45家单位投寄的686件作品照片。美协征集31家单位报送的387件美术作品。摄协聚焦中国石化助力脱贫攻坚、政治责任担当、石化精神传承、科技创新发展四个方面内容，征集44家单位报送的1764幅（组）作品。

【举办中国石化2021年线上新春团拜会】

通过党组领导致新春贺词、员工网络文艺演出、员工代表视频拜年，艺术再现2020年集团公司广大干部员工在疫情防控、攻坚创效等大战大考中的奋斗风采，充分展现集团公司上下同心、砥砺奋进，为贯彻新发展理念，实现世界领先发展方略，奋力打造世界领先洁净能源化工公司的信心和决心。整台演出由相声、歌舞、京剧、小品等12个文艺节目组成。视频拜年由院士代表、抗疫先进代表、扶贫干部代表、劳模代表、海外员工代表、青年员工代表、离退休老同志代表等组成。首次开设网络互动专区，广大干部员工通过在线收看、互动点赞、互道祝福的方式进行云团拜，营造了喜庆祥和、其乐融融的节日氛围。

【举办中国石化庆祝建党百年职工美术书法摄影作品展览】

展览以线上线下结合的方式举办，线上展区以3D模拟技术展出作品100余幅，现场展区采用多媒体方式展出作品300余幅。广大员工以书言志、以画寄情、以影抒怀，创作美术、书法、摄影作品2877件，生动诠释石化员工赓续“为人民谋幸福、为民族谋复兴”的初心使命，践行“爱我中华、振兴石化”“为美好生活加油”的使命担当，始终听党指挥、为党尽责、艰苦创业、矢志奋斗的精神风貌。

【组织中国石化第十四届职工文艺录像调演和“我心向党”庆祝中国共产党成立100周年歌曲舞蹈作品评审】

中国石化第十四届职工文艺录像调演共收到81个单位报送的438件文艺作品，创作征集活动收到了13个单位报送的64件歌曲舞蹈作品。以“评委分别打分、协会集中汇总、石化文联审核”的形式，进行了科学严谨、规范权威、公平公正的评审，评出晚会类一等奖21个、二等奖25个；舞蹈类一等奖13个、二等奖17个、三等奖21个、优秀创作奖25个；歌舞类一等奖6个、二等奖8个、三等奖11个、优秀创作奖4个；声乐类一等奖17个、二等奖22个、三等奖27个、优秀创作奖5个；器乐类一等奖2个、二等奖2个、三等奖3个；综合类一等奖22个、二等奖29个、三等奖36个、优秀创作奖54个；优秀组织奖32个。

“我心向党”庆祝中国共产党成立100周年歌曲舞蹈创作活动，评出优秀新创歌曲奖10个、优秀入围歌曲奖11个；优秀新创舞蹈奖9个、优秀入围舞蹈奖14个、优秀创作奖7个；优秀组织奖7个。

【组织“永远跟党走·奋进新时代”百场职工文艺演出下基层活动】

结合中国能源化学地质工会文艺志愿服务活动，依托中国石化朝阳文艺志愿服务团，走进陕西神东煤炭、长庆油田上古天然气等重点工程和项目，通过形式多样、内容丰富的文艺节目，发挥文化强信心、聚民心、暖人心、筑同心的作用，让艺术深入基层、深入群众。

大力实施基层群众文化建设工程，健全文艺志愿服务工作机制，创新线上线下活动组织形式，鼓励各单位通过组织文化下基层、广场文化活动等方式，丰富和满足职工群众精神文化生活。

【实施中国石化“最美影像”重大主题摄影实践传播活动】

聚焦中国石化助力脱贫攻坚、政治责任担当、石化精神传承、科技创新发展各方面内容，组织9家企业摄影团队联合创作70幅“长江大保护”题材作品，策划“红色足迹 石化传承”主题采访，走访全国16个红色地标及当地企业。

在《中国石化报》用12个版面全方位展现中国石化立足能源化工产业，肩负壮大国有经济、振兴石化产业、保障能源安全、改善人民生活的历史使命和企业作为。

在河南洪灾、疫情散发的突发事件中，派出摄影队伍跟踪拍摄记录中国石化救援河南郑州、新乡、卫辉水灾工作情况，及时记录扬州、宁波等地抗击疫情的真实画面。

获奖情况

中国石化文联积极参加中国能源化学地质工会庆祝中国共产党成立100周年主题征文活动，11篇作品获一等奖，8篇作品获二等奖，24篇作品获三等奖，石化集团公司党群工作部、西南石油局工会、中原石油勘探局工会获优秀组织单位殊荣。积极参加第十三届金钟奖民族、美声比赛和古筝选拔赛，选手发挥正常水平，展示了石化风采。组织参加北京市第十三届职工文化艺术节文学作品征集活动，获优秀组织奖。参加全国、省级书法展40余次，获奖、入展、入选75人次。石化作协周蓬桦出版文学作品集20余部，在《人民文学》《诗刊》《中国作家》《小说选刊》《散文》《中华诗词》《文艺报》等文学期（报）刊发表作品30余部，部分作品获山东省第五届“泰山文艺奖”文学创作奖。中原油田毅剑创作组诗《红色地标》，获中华铁人基金会《石油文学》和大庆油田举办的“庆祝中国共产党成立100周年”全国征文二等奖。江汉油田陈远芳出版作品集《醉在桃花盛开时》，短篇小说《春雪飞花》获2020年第七届长江丛刊文学奖。中原石化李继增《红船传奇（组诗）》获河南省“永远跟党走”征文金奖。燕山石化高常月散文《八月的一天》获北京市第十三届职工文化艺术节文学作品征集活动一等奖。石化音协、舞协创作歌曲《滴答交响曲》入选中国音协“百年百首”全国优秀新创歌曲100首。舞蹈《英雄王二小》《赶海的细妹仔》获中国舞协第十一届“小荷风采”全国少儿舞蹈展演“小荷之星”称号。中原油田冯建科创作歌曲《咱们是党员》入选河南当代歌曲创作精品工程“听见中国听见你”2021年度优秀歌曲，中原油田音协获河南省文联、河南省教育厅表彰。舞蹈作品《咱们工人有力量》，在云南省煤炭电力化工工会庆祝中国共产党成立100周年文艺会演比赛中获二等奖，舞蹈《红旗颂》参加荆门市委宣传部组织的文艺演出获一等奖。石化书协胜利油田项继云作品入选“爱莲杯·首届全国书法大展”；郝守波作品获“第二届国际老年大学艺术大赛（中国赛区）教师组”一等奖，入展2021中国书法年展·全国行书、草书作品展。茂名石化易成风作品在中国红英红杯·全国首届茶文化书法展、灵渠水街客栈杯·首届全国生态文明主题书法作品邀请赛、第三届中韩议员书法展等展览中获奖。河南石油宋玉磊篆刻作品在西泠印社第十届篆刻艺术展、中国收藏家协会红色印记·庆祝中国共产党成立100周年全国篆刻展、郑州市带砺山河·首届青年篆刻展等展览中入展入选4次。天津石油吕彤松篆刻作品在庆祝建党100周年中国能源化工地质系统书法篆刻展、“颂党恩 绘津城·天津市职工庆祝建党百年书画摄影展”、首届“王羲之杯”书法艺术大展中获奖。石化美协积极参加第24届全国版画作品展、壮丽百年——全国工业美术作品展、“中国梦 劳动美——全国职工美术书法展”等39个各类美术展览，石化职工创作作品共有213件入选，19件作品获奖。石化影协选送优秀作品参加中国新闻摄影学会、中国行业报协会等全国主流媒体联合举办的“百年奋斗 百年答卷”庆祝建党100周年新闻摄影展，作品《我是党员冲锋在前》《我心向党》在中华世纪坛展出。

理论培训

中国石化文联召开学习贯彻习近平总书记在中国文联十一大、中国作协十大开幕式上的重要讲话精神座谈会，深入学习贯彻习近平总书记重要讲话精神，中国石化4名代表作交流发言。集团公司党组副书记赵东出席座谈会，并结合中国石化发展，对石化文艺工作提出3个方面的明确要求。各单位文联及时传达会议精神，引领广大文艺工作者读原文、悟原理，切实提高思想认识，掌握科学内涵和精神实质，做到入脑入心、见诸行动。

石化作协4名作家参加中国作协新会员培训，选派解品军参加鲁迅文学院第40届中青年作家高级研讨班学习，选派5名作者参加“2021中国一日·工业兴国——中国作家在行动”全国作家联动大型文学主题实践活动，推荐常佳、陈东参加山东省青年作家高研班培训。石化音协、石化舞协组织音乐舞蹈骨干20余人，参加全国音协工作会议、全国舞协工作会议、中国音协青年音乐理论评论人才高级研修班、河南省音协工作会议、中国文联年鉴编撰培训班等，深入贯彻中国文联和上级协会各项决策部署，凝聚思想共识、交流分享经验。协会办公室驻会人员参加中国石化文联体协秘书长会议，全面总结协会工作，深入思考谋划“十四五”时期的工作思路和方向重点。建立健全常态化会员联络服务机制，按照“学党史、悟思想、办实事、开新局”的要求，采取“集体+自学”“线上+线下”相结合等方式，及时跟进学习习近平总书记重要讲话精神、党中央决策部署有关工作要求，使广大文艺工作者从百年党史中进一步砥砺初心使命、汲取奋进力量。石化书协开展网上书法培训，组织石化系统高水平作者，通过视频、语音、图片、文字等各种形式，发布培训课件、学习资料，达到会员手机随时看的学习效果。胜利油田已形成西城区域、孤岛区域、河口区域等8个区域培训点，共举办各类培训班约150余场次，培训5000余人次。川维化工公司书协举办青年职工书法培训班，由重庆市书法名家和公司骨干作者主讲，培训讲解书法史概述、笔墨纸砚简介、字帖临摹、书法技法、章法布局、创作作品等课程。石化美协通过各种形式的培训和交流，不断壮大职工美术创作队伍。胜利油田美协举办书画大学堂讲座20余场次。中原油田美协把“艺润心田名师讲堂”深入到基层开展美术讲座，利用风华展厅、书画新沙龙平台，提高帮助基层单位构建特色文化。齐鲁石化美协不断加强阵地建设，投建完成包括2个艺术展厅和5处职工美术创作、培训设施的建设，总面积1800余平方米。荆门石化美协以微课堂、团体培训和户外写生的方式，举办20余次各类培训活动。洛阳石化美协开展写生培训活动30余次，坚持开展“每周一画，每季一创作”活动，该项活动已进行三年。石化摄协与中国石化报社联合举办60家企业138名石化摄影爱好者和新入会会员参加的中国石化摄影人才高研班，邀请业内老师专业授课和现场指导强化技艺。联合金陵石化公司艺术节活动首次开播朝阳视界直播课堂，通过邀请专家开展现场教学、线上互动，使20.9万企业内外的摄影爱好者受益。参加了第13届中国摄影艺术节期间举办的摄影人才研修班，与金奖获得者面对面互动对话。推荐福建石油等2名摄影工作者参加中国摄协组织的专门人才培训班，组织19名摄影人才参加中国摄影节摄影人才专修培训，指导系统内2名新入中国摄协的会员完成培训。

创作情况

石化作协在党的百年华诞来临之际，正式发布由胜利油田作家团队采访、创作的大型报告文学《胜利报告》。该书含60篇文章131万字，共分《使命》《探海》《远征》《奋进》四卷。石化音协、舞协组织“我心向党”中国石化优秀作品展播，采取广泛征集、定向创作相结合方式，创作120余部文艺作品，利用“多彩石化”微信公众号、“朝阳V视频”视频号、“朝阳艺术村”微信群等，打造线上线下文艺志愿服务常态化平台。金陵石化通过开展小型文艺活动，做好传帮带工作。长岭炼化举办舞蹈、声乐、摄影、书法培训班，积极发掘培养文艺人才。石化书协举办“永跟党走 振兴石化”中国石化首届篆刻作品展，共收到18家企事业单位投寄的篆刻条屏75幅。参加“雨润天山”第十批援疆庆祝建党100周年主题书法展，中原油田、茂名石化、川维化工公司等单位19位作者完成创作任务，作品真草隶篆四体皆备。石化美协创作46件美术精品入选庆祝中国共产党成立100周年职工美术书法摄影作品展览，借助40余个网络媒体平台和美术微信交流群，推介发布专题190余部（篇），累计发布各类别的美术作品2000余件。石化影协中原油田航拍爱好者，奔赴四川达州、新疆库尔勒油田生产一线进行了航拍采风，拍摄了《勘探先锋》《鏖战大漠》等一批优秀航拍作品。镇海炼化会员胡延松、中科炼化会员邓全科参加了第四届国际摄影研讨会暨2021年丽水摄影节展览，邓全科专题作品《平均值》参加了2021第九届大理国际影会；金陵石化邱爱民作品刊登于中国文联主办的《中国艺术报》；4幅（组）作品入选第28届全国摄影艺术展。

机关建设

中国石化文联坚持党建带群建，持之以恒加强文联组织自身建设，把持续增强政治性、先进性、群众性要求贯穿到群众文化工作全过程。建立健全用党的创新理论不断教育和武装文艺工作者的工作机制，突出把学习党的十九届五中、六中全会精神、习近平总书记关于文艺工作重要论述等作为培训重要内容，分层次举办协会理事会成员、基层文联干部、青年文艺骨干人才等培训班，引导广大文艺工作者和爱好者深刻领悟“两个确立”的决定性意义，不断增强“四个意识”、坚定“四个自信”、做到“两个维护”。按照“延伸工作手臂，创新工作方式，扩大工作覆盖面”要求，规范协会组织建设和制度建设。依托“石化党建”平台工会子系统，建好网上服务阵地，促进基层文化交流，推动团体会员单位信息平台、资源数据有序纳入“互联网+协会”建设工作规划。规范新媒体运维，重点抓好互联网和新媒体管理，密切关注社会舆情，加强动态分析研判，有针对性地开展正面引导。深化各协会网上文艺之家阵地管理，管好用好会员微信群、钉钉群，延伸服务手臂。严格落实意识形态工作责任制，加强对专业协会和基层文联意识形态阵地的建设和管理。深入推进传承石油精神、弘扬石化传统教育常态化，通过多种文艺形式讲好石化故事，展现新时期石油精神、石化传统在基层一线落地生根的生动实践。加强对专业协会的管理、指导与考核，加强专业协会的工作考核，指导协会评优评先工作，抓实文艺骨干队伍建设，做好国家级会员申报和协会新会员发展工作。通过“三微一端”等载体，充分激活团体会员和基层协会的细胞功能，加大青年文艺工作者培养力度，开展文艺骨干队伍摸底调查。中国石化文联现有会员4295人，其中国家级会员398人、省（部）级会员2134人。

直属单位

【胜利油田】

组织了庆祝建党百年文艺晚会、职工歌咏比赛和职工主题歌会，营造“胜利职工心向党 百里油区百里歌”的浓厚氛围。

【中原油田】

开展了“万众一心永远跟党走”庆祝建党100周年暨党史学习教育文艺会演，进一步推动油田党史学习教育深入开展。组织开展“中国梦·劳动美”义写春联走基层活动，为基层单位义写春联7000余副。

【河南油田】

组织了庆祝中国共产党成立100周年文艺晚会“文艺小分队下基层”活动，赴一线油区慰问演出8场次。

【江苏油田】

举办了“春满江汉 音为油你”网络卡拉OK比赛、庆祝中国共产党成立100周年“石油工人心向党”大合唱比赛、“庆祝建党百年暨第四届水杉琴台音乐会”。

【西北石油局】

开展了“红歌献给党 真情对党说”庆祝建党百年系列活动，“为基层一线喝彩助威、为西北油田加油争气”文艺活动。

【华北石油局】

“乌兰牧骑”文艺小分队为野外一线将士奉献3场视听盛宴。

【胜利工程公司】

开展“送福进基层，挥毫写春联”活动，组织15名书法骨干写春联、“福”字3000余副（张）。

【金陵石化】

参加了第十届“石化情”龙舟赛开幕式演出、组织公司成立40周年文艺演出暨艺术节闭幕式，公司舞蹈队员参加第二届“江苏·新北体育文化交流周”开幕式工间操展演。

【茂名石化】

组织了新春诗会、建厂66周年诗会、中秋诗会等活动，涌现一批优秀作品。

【齐鲁石化】

组织首批5对师徒合同签订，通过摄影基本知识、专业相机操作、现场图片拍摄等传帮带培训，2名摄影新人在单位组织的摄影比赛中获奖。

【仪征化纤】

在安徽摄影人才高研班上，就师带徒工作经验进行推介，鼓励会员单位之间相互学习借鉴。

【洛阳石化】

开展红色教育活动，到济源市杜八联革命纪念馆实地感悟历史。

【镇海炼化】

向甘肃东乡石化中学累计捐赠书籍超过140册。

【燕山石化】

参加了全国总工会大型交响音诗画《亿万职工心向党》演出活动。

【天津石化】

举办了庆祝中国共产党成立100周年职工合唱展演、第十三届职工“青年之友”歌手比赛。

【云南石油】

举办了“庆百年永远跟党走、启征程共筑石化梦”职工展演活动。

各文艺家协会

【石化作协】

3名代表参加中国文联第十一次全国代表大会、中国作协第十次全国代表大会，朱红涛当选为中国作协第十届全国委员会委员。出版石化作协文学读本《太阳河》6卷，在《文艺报》、新华网、人民网、中宣部《每日舆情》、中国作协《作家通讯》《文学工作信息》、中国作家网、《工人日报》、“学习强国”平台刊发石化员工署名文章20余次。在《中国石化报》开辟专版，刊登石化作协优秀作品，石化作协信息报道工作，连续3年位列行业作协第一。发展石化会员11名，刘平平、来卫东、严岛影、张海芹加入中国作协，胜利油田4名作家加入山东作协，江汉油田4名作家加入湖北省作协。

【石化音协、舞协】

深入学习习近平总书记在中国文联十一大、中国作协十大开幕式上的重要讲话精神，组织文艺工作者交流感想体会，体悟丰富内涵，深刻领会习近平总书记重要讲话精神的思想内涵，进一步增强履职尽责的信心和动力。紧扣“做人的工作”和“创作优秀作品”核心任务，主动聚焦中国石化实施世界领先发展方略，延伸工作手臂，拓展服务内容，建强骨干队伍，提升工作水平。全面梳理协会近年来征集和产生的优秀作品，结合“我心向党”中国石化庆祝中国共产党成立100周年歌曲舞蹈创作活动，精心打造上百件品质优良的“朝阳微视频”作品，通过“多彩石化”微信平台，以图文展示、理论研讨、作品赏析等形式，传播优秀文化。

【石化书协】

加强对协会各工作部、专业委员会的管理、指导与考核，实行动态调整，进一步明确各部、委员会组织机构组成人员与职责。督促隶书专业委员会完成《最美一线 翰墨铸情·中国石化第二届隶书作品展作品集》的编辑、出版等工作；指导篆刻委员会成功举办了“永跟党走 振兴石化”中国石化首届篆刻作品展。组织书法水平较高、热心公益、广获认可的会员开展“文艺进万家 健康你我他”“送万福进万家”“迎新春写春联送祝福”等主题活动60余次，为广大职工群众送文化、送祝福、送温暖。

【石化美协】

以庆祝中国共产党成立100周年为主线，征集31家单位报送的387件美术作品，涵盖国画、油画、版画、水彩等种类，共有46件美术精品展出。其中，9人合作的版画《石化颂歌》篇幅达3米，把中国石化重大建设成就、场景、楷模人物和社会责任担当，用8个组画形式有机结合起来，展现石化人披荆斩棘、奋发昂扬的精神风貌。胜利油田作者巨会庆创作幅长3米的油画作品《青春赞歌》，描绘了具象的钻井、采油等生产场景。

【石化摄协】

启动中国石化季度影赛活动打造“朝阳视界”品牌。以“记忆里的石化”“手机拍石化”“另眼看石化”“石化新视界”为主题，开展纪实、艺术等摄影创作，会员创作投稿1123幅（组），组织网络大众投票互动，微信展示内容最高点击率达到1.9万次。加强制度建设，起草修订了协会《章程》，制定《个人入会细则》等有关规章制度。圆满完成协会改选，完成对中国摄协理事的更替等。

基层文联

【胜利油田文联】

以服务职工为宗旨，先后到海洋船舶、临盘采油厂、孤东一号联合站，开展“学党史·办实事——聚焦一线，送文化下基层”活动，用艺术书写“百年风华”，铭记历史，激励前行，为基层创作书法作品240余幅。

【中原油田文联】

开展庆祝建党百年系列文化活动，举办“石油工人心向党”职工美术书法摄影作品展，共收到31个单位报送的206件美术作品，以艺术佳作展现石油工人心向党，永远跟党走的政治自觉，为油田发展注入正能量。

【河南油田文联】

坚持书画进社区活动，通过协会组织与职工形成良好的互动，让职工群众爱好者加入到油田艺术创作队伍中，不断加强文艺志愿服务队伍建设。

【江汉油田文联】

开展“书法进厂区、作品送先模”活动，深入基层一线等，为劳动模范和先进个人赠送书法作品，并与基层单位书法爱好者进行现场交流。

【长岭炼化文联】

举办“传承光荣史 奋进新时代·长岭炼化建成投产50周年职工书法作品展”。

【仪征化纤文联】

举办“我心向党·庆祝建党百年职工书法作品展”，精选100件国画、油画、版画等原创佳作，庆祝中国共产党成立100周年。

【齐鲁石化文联】

紧扣庆祝建党100周年的主题，以重点作者为核心，广泛发动职工美术作者分层创作，举办改稿会和研讨班，努力创作主题突出的美术佳作为庆典助力。

【金陵石化文联】

举办了国家级会员作者书法讲座，系统讲解理论知识，深入交流举例，达到了学习交流，提升艺术修养，增强创作能力的目的。

【华北石油局文联】

利用每周三业余时间组织舞蹈培训课程50次，培训学员200人次左右。

【荆门石化文联】

坚持每周合唱团和红叶舞蹈团培训工作。

【天津石化文联】

举办职工歌词创作讲座，职工爱乐合唱团参加了滨海新区庆祝建党100周年合唱音乐会，荣登天津电视台展演。

中国铁路文联

综　述

2021年，中国铁路文联认真贯彻落实习近平新时代中国特色社会主义思想，紧紧围绕庆祝中国共产党成立100周年主线，扎实开展党史学习教育，认真学习贯彻党的十九届六中全会精神和习近平总书记在中国文联十一大、中国作协十大开幕式上的重要讲话精神，学习贯彻习近平总书记关于文艺工作的重要论述，坚持以人民为中心的创作导向，繁荣铁路文学艺术，为实现交通强国、铁路先行目标提供文化精神动力。

重要会议

【学习贯彻中央精神】

12月21日，铁路文联主席王志国主持召开主席团专题学习会议，集中学习讨论习近平总书记在中国文联十一大、中国作协十大开幕式上的重要讲话精神，学习王沪宁同志重要讲话精神，学习中国文联党组书记、副主席李屹所作的《开启新征程　奋进新时代　为建设社会主义文化强国作出更大贡献》工作报告，学习国铁集团党组书记、董事长陆东福同志在党组学习会上的讲话精神和对铁路文联工作的指示要求。铁路文联负责同志和各分会主席、秘书长发言，紧密联系实际谈学习认识和体会，谈繁荣发展铁路文艺事业的决心和建议，进一步增强文化自觉，坚定文化自信，推进铁路文艺工作高质量发展。《中国艺术报》《人民铁道》《中国铁路文艺》等媒体进行了报道。

【工作推进会】

10月22日，铁路文联主席王志国主持召开铁路文联三届四次理事会，会议确定了铁路文联继任副主席、常务理事、理事，总结工作，交流经验，分析存在的问题，部署下一步工作方向和重点任务，成立了铁路文联音乐舞蹈分会。会议对铁路文联思想政治建设、组织和制度建设、群众性文艺活动提出要求，明确了铁路文联工作的政治方向、工作主题等，进一步统一思想，提高站位。

创作情况

长篇报告文学《中国速度》以10个语种14种版本向全球发行；举行《高铁，高铁……》诗歌朗诵会，新华网等多家媒体进行报道；出版《天路浩歌》《百年圆梦路》《只有三分钟》《与火车一起行走》《高铁小站》等一批有影响力的铁路文学作品。铁路文联摄影分会有6幅作品分别入展“百年·百姓——中国百姓生活影像大展”“希望的田野——脱贫攻坚共享小康全国摄影展”。在第28届全国摄影艺术展览评选中，3名铁路摄影师作品入选。书法作品《最可爱的人——杨连弟》《您听到了吗》入选中国书协举办的“伟业——庆祝中国共产党成立100周年书法大展”，等等。铁路文艺作品质量不断提升，铁路文艺工作不断迈上新台阶。

业务培训

不断完善培训机制，铁路文联与广州、太原、济南铁路局集团公司文联举办摄影培训班，邀请中国摄协副主席等专家授课，培训250余名摄影骨干。认真落实中国文联部署，加强思想道德建设和行业引领，形成风清气正的良好文艺氛围。积极响应倡议号召，通过召开文艺骨干座谈会、举办培训班、微信群学习讨论等形式开展“修身守正　立心铸魂”教育，以“德艺双馨、守正创新、培根铸魂”为要求，加强铁路文艺工作者的道德建设，坚决抵制违法违规、失德失范等不良风气，积极引领社会风尚。

品牌活动

【开展建党100周年——“永远跟党走”文学艺术系列创作活动】

印发了《中国铁路文联关于开展建党100周年——“永远跟党走”文学艺术系列创作活动的通知》，对开展庆祝建党100周年创作活动进行系统部署，努力讲好中国共产党光辉历程的故事，讲好中国人民“跟党走”奋斗圆梦的故事，讲好铁路人“交通强国，铁路先行”的故事，唱响爱党爱国爱社会主义的主旋律，展现铁路人爱铁路的风貌。推出了一大批主题鲜明的文艺作品。铁路文联作家分会开展“党的光辉照我心”文学征文活动，共收到投稿1600篇，刊发征文153篇，其中《中国铁路文艺》刊发75篇，《人民铁道》“汽笛”副刊刊发70篇，人民铁道网刊发8篇，并转载“汽笛”副刊所有刊发的征文。评选出小说、散文、诗歌、报告文学作品100篇，出版了《党的光辉照我心》文学作品集。铁路文联书法分会专门组织召开视频会，强调主题、部署任务，铁路书法骨干创作作品300余幅。铁路文联摄影分会开展“永远跟党走”文艺创作活动，组织了近万幅铁路改革发展建设摄影作品，编辑30余条微信，在铁路摄影家微信公众号刊发。铁路文联美术分会召开庆祝建党100周年主题创作研讨会，组织美术骨干围绕“永远跟党走”主题开展创作，共征集作品230余幅。举办主题文艺创作成果展。铁路文联书法、摄影、美术分会组织开展“永远跟党走——庆祝中国共产党成立100周年”全国铁路书法、美术、摄影展览，展现在党的领导下铁路建设发展成就，在中国铁道博物馆正阳门展馆分3个场次，共展出作品355幅，展览近一个月，观众2万多人次。这些作品融思想性、艺术性、观赏性于一体，充分体现了铁路文艺工作者的创作水平，展览的举办在铁路系统内外引起了强烈反响。出版了《永远跟党走》书法、美术、摄影作品集。各团体会员开展形式多样的庆祝活动。团体会员沈阳局集团公司文联开行“共产党员号”文化列车，举办“永远跟党走”职工书法美术摄影作品巡展。北京局集团公司文联开展“忆百年征程 书奋进新篇”庆祝建党百年主题书画摄影创作活动。南昌局集团公司文联开展“唱支山歌给党听——迎七一音乐快闪”活动等等，充分展示文艺创作成果，庆祝建党100周年。

【开展“以人民为中心”的系列文艺志愿服务活动】

春运送文化。与全国总工会、中国书协联合组织了春运“送万福·进万家”大型书法公益活动。各铁路局集团公司文联，组织和邀请路内外书法家书写春联、“福”字，赠送给一线职工和广大旅客，更好地为铁路职工和广大旅客提供文化服务。送文化下基层。组织书画骨干先后为中国地方铁路协会、铁道党校精心创作书画作品百余幅。组织为呼和浩特东站创作了15幅展现中国风、铁路情的书画作品，营造冬奥会文化氛围，进一步提升了旅客的出行体验。

中国煤矿文联

综　述

2021年，中国煤矿文联在中国煤炭工业协会的正确领导和中国文联的亲切指导下，认真贯彻落实党中央决策部署和习近平新时代中国特色社会主义思想，拥护“两个确立”，增强“四个意识”，坚定“四个自信”，做到“两个维护”，不忘初心、牢记使命，按照《全国煤矿文化艺术发展指导意见》和《煤炭工业“十四五”文化建设指导意见》的总体要求，秉承“立足矿区、服务矿工”的宗旨，团结会员单位，引领广大煤矿文艺工作者，开展文化艺术工作，以建设社会主义文化强国为己任，不断促进全国煤矿文化艺术事业的繁荣发展。

会议与活动

【召开中国煤矿文联五届理事会第四次会议】

4月9日，中国煤矿文联五届理事会第四次会议在南宁召开。中国煤炭工业协会党委书记、会长梁嘉琨，中国煤炭工业协会副会长王虹桥，广西煤矿安全监察局党组书记、局长田洪，中国煤矿文联原主席、中国煤矿文化宣传基金会原理事长庞崇娅，中国煤矿文联副主席张强、顾士胜，中国煤矿文联特聘副主席郑铁骑、林森，中国煤炭工业协会人事培训部副主任胡连辉，中国煤矿文联秘书长盛军，中国煤矿文联常务理事、理事代表，有关煤炭企业集团党群、工会、文联负责同志及煤矿文艺工作者代表等150多人参加会议。中国煤矿文联副主席徐迅主持会议。会议强调，时代呼唤奋进的力量，也凝聚着奋进的力量。2021年是“十四五”规划开局之年，也是全面建设社会主义现代化国家新征程开启之年。各团体会员单位要紧密团结，引领广大煤矿文化艺术工作者，认真学习贯彻习近平总书记系列重要讲话精神，牢记为煤矿工人谋幸福、为煤炭工业谋发展的初心和使命，围绕加强和改进产业工人队伍思想政治建设要求，提升煤炭行业精神文明建设水平，以高度的文化自觉和文化自信，开创文化艺术工作新局面，为扎实推动全国煤矿文化艺术事业发展，推进以文艺繁荣赋能“十四五”文化强国建设贡献力量。

【煤矿摄协选送作品参加“脱贫攻坚　共享小康”展览】

4月9日，煤矿摄协选送作品《大山里的梦工厂》参加由中国文联、中国国家博物馆和中国摄协联合主办的“希望的田野——脱贫攻坚　共享小康全国摄影展”。

【举办全国煤矿书法骨干培训班】

5月12日至15日，由中国煤矿文联、中国煤矿文化宣传基金会主办，中国煤矿文联书法分会、山东裕隆矿业集团承办的全国煤矿书法骨干培训班在山东曲阜举办，来自内蒙古、山西、山东、安徽、河南、河北、江苏、陕西、辽宁等16家全国各煤炭企业的书法骨干176人参加培训。培训班由四川美术学院教授、重庆市书协副主席傅舟，《中华书画家》杂志社副社长、副总编张公者，中国煤矿文联书协常务副主席兼秘书长盛军共同以主题讲座、课堂讲授、研讨交流、作品点评、现场教学观摩学习等方式进行授课。

【煤矿摄协组织会员参加福建省国资系统庆祝建党100周年摄影大展暨第五届“福能杯”全国摄影大展】

5月12日，福建省国资系统庆祝建党100周年摄影大展暨第五届“福能杯”全国摄影大展开始征稿。煤矿摄协选送煤炭系统700多幅作品参加评比，摄影家李卫等多位摄影人获奖。

【文艺志愿服务走进山东裕隆矿业集团开展服务】

5月14日，中国煤矿文联组织文艺志愿者赴山东裕隆矿业集团开展文艺志愿服务。志愿服务小分队在裕隆矿业集团单家村煤矿参观了新建成的职工之家，了解职工生产生活学习情况。在职工文化宫为矿区劳模、优秀共产党员代表现场创作赠送书法作品，点评辅导，与矿区职工和书画爱好者交流书法作品创作。

【煤矿作协选派作家投入2021“中国一日·工业兴国——中国作家在行动”全国作家联动大型文学主题实践活动】

煤矿作协根据中国作协关于联合46家团体会员单位开展2021“中国一日·工业兴国——中国作家在行动”全国作家联动大型文学主题实践活动安排，委派劳飒、李芮两名作家分别开展文学主题实践活动。劳飒赴山西潞安集团高河能源公司，先后在井上、井下多个现场采访了公司领导、工程技术人员、劳动模范、区队长、普通职工，创作出报告文学《能源革命的先行》。李芮赴河北开滦煤业集团东欢坨矿，深入假期检修现场，采访了有“大工匠”之称的劳动模范李永海，自动化方面的专家、劳动模范韩雅楠，安全把关人、综采一队工长劳动模范孙玉付，感受煤矿工人的无私奉献精神，创作出报告文学《太阳从地心升起》。两篇报告文学，分别整版发表于6月22日、29日的《中国煤炭报》，并均被中宣部“学习强国”平台选载。

【举办第八届全国煤矿文化干部高研班】

6月21日至27日，举办“百矿千名”全国煤矿文化干部和文艺骨干培训工程第八届高级研修班，来自全国煤炭企事业单位工会、文联等负责文化工作的同志和文艺骨干共70多人参加培训。培训班以庆祝中国共产党成立100周年为主题，以中国梦、培育和践行社会主义核心价值观、“深入生活，扎根人民”为核心。中国文联文艺研修院常务副院长傅亦轩，中国煤矿文联副主席、煤矿书协常务副主席兼秘书长盛军，《中国艺术报》副社长孟祥宁，中国人民革命军事博物馆书画研究院副院长沈一丹，《中国摄影报》副总编柴选，北京文博学院教授黄君，解放军艺术学院原副教授徐青等7位讲授了《习近平关于文艺工作的重要论述》《诗词书画与文人传统》《文艺工作者如何增强“四力”》《 中国人物画赏析》《中国书法艺术的理解与传承》《平凡的人们给我最多感动》《音乐党课——矿工万岁解析》等课程。

【举办第九次全国煤炭工业科技大会“行稳致远”——煤炭科技创新礼赞文艺展演】

6月4日至5日，第九次全国煤炭工业科学技术大会暨煤矿总工程师论坛在北京会议中心举行。煤矿文联承办了会议“行稳致远”——煤炭科技创新礼赞文艺展演。展演组织华阳新材料科技集团、潞安化工集团、开滦集团、冀中能源峰峰集团、中国矿业大学（北京）、煤矿文工团等单位共200多演职人员参加演出。

【煤矿书协组织煤矿书法家参加翰墨颂党恩——全国行业书法展览】

7月10日，煤矿书协组织煤矿书法家参加翰墨颂党恩——全国行业书法展览。淮北矿业董承杰、河南能源义马公司侯建伟、山西潞安集团米平泽、辽宁阜新矿业宁小梅、山东能源新矿集团孙凤来作品荣获优秀作品。中国煤矿书协荣获优秀组织奖。

【煤矿曲协举办吕金泉相声专场演出暨庆祝建党100周年活动】

7月10日，煤矿曲协、北京东城区文化馆、北京周末相声俱乐部在北京东城区第一文化馆共同主办庆祝建党100周年暨吕金泉相声专场演出。演出以“感党恩、听党话、跟党走”为主题，作品充满正能量。吕金泉主笔创作并表演的新相声《百姓心声》《观念》《为冬奥干杯》《家乡美》等作品，集中体现了近年来国家政策的利好和社会文明的进步，以及现代农村由脱贫攻坚到乡村振兴的巨大变化。

【推荐晋能控股集团合唱团参加2021中国青岛合唱大会】

7月24日至25日，经中国煤矿文联推荐，山西晋能控股集团合唱团代表中国煤矿文联、山西晋能控股集团获邀参加在青岛即墨举办的2021中国青岛合唱大会展演活动。

合唱团51名成员凭借演唱的《娄山关》《追寻》《怒吼吧黄河》《打酸枣》4首歌唱作品，荣获“贡献合唱团”荣誉称号。本次大会由中国音协、中共青岛市委宣传部指导，由中国音协合唱联盟、山东省音协、青岛市文化和旅游局、青岛市即墨区人民政府主办，以庆祝建党100周年为主题，在青岛市即墨区举行。合唱团还在即墨古城参加专家讲座活动，与专家进行了现场互动，提升了合唱团员的音乐素养。

通过此次活动，与来自全国20多个省市自治区的合唱团进行了广泛交流，推动了晋能控股集团合唱艺术发展，在展示煤矿工人和晋能控股集团合唱艺术风采的同时，丰富了职工的文化生活。

【积极响应中国文联《修身守正　立心铸魂——致广大文艺工作者倡议书》】

8月25日，转发《修身守正　立心铸魂——致广大文艺工作者倡议书》。8月27日，组织专项学习，中国煤矿文联副主席张强、徐迅、盛军，秘书长于渤南，煤矿文联各处室、分支机构和所属单位参加学习，响应《倡议书》。会议向全国煤矿文艺界发出倡议，对违法违规、失德失范事件进行批评，旗帜鲜明地亮明态度，抵制违法失德人员，呼吁文艺从业人员遵守法律法规，恪守职业道德，履行社会责任。来自煤炭行业各专业文艺领域36名代表纷纷表示坚决拥护中国文联倡议，坚决抵制文艺从业人员低俗、媚俗现象，以实际行动激扬煤矿文艺界的真善美、贬斥假恶丑，弘扬煤矿文化艺术的正能量。

【举办庆祝中国共产党成立100周年系列书法展（煤矿篇）“党的光辉照矿山”全国煤矿书法展览】

9月16日，由中国书协、中国煤矿文联、中国煤矿文化宣传基金会主办，中国煤矿书协和华能扎赉诺尔煤业公司联合承办的庆祝中国共产党成立100周年系列书法展（煤矿篇）“党的光辉照矿山”全国煤矿书法作品展览在内蒙古呼伦贝尔市扎赉诺尔博物馆开幕。展览围绕新时代主旋律，精选弘扬中华民族正气、振奋民族精神和讴歌煤矿工人优秀品质的诗、词、联、赋，表达煤矿职工庆祝中国共产党成立100周年的喜悦心情和对党的美好祝福，抒发了煤矿职工奋进新征程、建功新时代的壮志豪情和坚定的文化自信。此次展览是在全国煤炭企事业单位和个人征集的1000多件书法作品中，推选出优秀作品20幅、入展作品91幅和入选作品83幅，还面向行业内外邀请了30位学者、书法家的作品参加进行展出。活动受到中国书协表彰，被评为“伟业——庆祝中国共产党成立100周年”地方系列展“优秀组织单位”。

【煤矿邮协办“庆国庆群众集邮展览】

9月29日，煤矿邮协、煤矿淮海专题集邮联谊会、江苏省徐州市泉山区和平街道办事处鑫盛社区党委联合举办“庆国庆群众集邮展览”。邮展以“喜迎祖国72华诞，展民族复兴画卷”为主题，展出煤矿淮海专题集邮联谊会会员组编的《奋斗百年路启航新征程》《长征组歌》《新中国纪念邮戳（1950—1954）》《煤炭工业》等红色题材和祖国建设成就的邮集展品40框。同时，启用纪念戳1枚，图案以天安门、礼花、飞机、和平鸽、五星红旗和相关纪念文字组成。

【召开2021年度《阳光》杂志、全国煤矿文化网络宣传工作会议】

10月14日，2021年度《阳光》杂志、全国煤矿文化网络宣传工作会议在长沙召开。会议对2021年度《阳光》杂志和全国煤矿文化网络宣传工作进行了总结，就下一步全国煤矿文化宣传工作和《阳光》杂志的办刊思路、发展方向等情况作了说明，并通报了中国煤矿文联近期重点工作。会上表彰了2021年度全国煤矿文化网络宣传和《阳光》杂志编务工作先进单位和先进个人。

【召开学习贯彻习近平总书记在中国文联十一大、中国作协十大开幕式上的重要讲话精神专题会议】

12月22日，中国煤矿文联在北京召开专题会议，组织学习贯彻习近平总书记在中国文联十一大、中国作协十大开幕式上的重要讲话精神。会议全文学习了习近平总书记的重要讲话，并结合实际工作交流了学习体会。会议要求各团体会员单位、广大煤矿文艺工作者要以习近平总书记的重要讲话精神为指导，增强文化自觉、坚定文化自信，坚持创造性转化、创新性发展，秉承“立足矿区、服务矿工”宗旨，深入基层、扎根矿山，加强煤炭行业文化建设、扶持煤矿题材文艺创作、培养煤矿文艺人才、推出煤矿文艺精品、展示煤矿文艺新气象，为煤炭工业高质量发展提供强大的价值引导力、文化凝聚力、精神推动力，为建设社会主义文化强国、实现中华民族伟大复兴的中国梦作出新的更大贡献。

中国电力文学艺术协会

综　述

2021年，中国电力文学艺术协会（以下简称电力文协）以习近平新时代中国特色社会主义思想为指导，贯彻落实党中央、国务院决策部署，完整准确全面贯彻新发展理念，进一步提高思想认识，凝聚行业合力，按照中国文联工作要求，提前筹划，精心组织，积极参与，切实增强电力文协在行业文艺工作中的引领作用，稳步推进各项工作进展，为促进新时代电力文艺高质量发展作出积极贡献。

重要会议

【中国电力文协2021年主席团（扩大）工作会议】

1月12日，中国电力文协2021年主席团（扩大）工作会议在北京召开。会议总结了电力文协2020年工作，对2021年工作计划进行安排部署，重点研讨了电力行业庆祝建党100周年系列活动方案。中国电力企业联合会党委书记、常务副理事长、中国电力文协主席杨昆，中国电力文协副主席李晶华，中国电力美协主席钟俊，中国电力书协主席张羡崇出席会议并讲话。会议由中国电力文协副主席张小明主持。

按照疫情防控要求，国家电网有限公司、中国华能集团有限公司、中国华电集团有限公司、国家能源投资集团有限责任公司等在京副主席单位参加了会议并分别做了交流发言。会议按照民政部、国资委协会党建局关于在社会组织章程中增加党建有关内容的要求，审议通过了电力文协在章程中增加的有关党建内容。

【电力书协五届四次主席团工作会议】

3月20日，电力书协五届四次主席团工作会议在京召开。会议总结了2020年工作，对2021年主要任务进行了部署。会议同意增补沈兆新、刘海峡、徐福法为中国电力书协副主席，同意增补李保国、苏博为中国电力书协副秘书长。

【电力摄协2021年工作会议】

6月8日，电力摄协2021年工作会议在中国革命红船起航地——浙江嘉兴南湖之畔召开。会议以习近平新时代中国特色社会主义思想为指导，认真贯彻落实党中央决策部署，进一步统一思想、凝聚共识，共同擘画电力摄影事业的发展方向。会议传达了中国摄协工作会议和中国电力文协主席团会议精神，总结2020年工作，明确2021年下半年重点任务。会议期间，参会人员来到中国革命红船的起航地——浙江嘉兴南湖以及嘉兴桐乡中国革命摄影家徐肖冰、侯波纪念馆，瞻仰老一辈无产阶级革命家风范，感受烽火岁月，重温革命精神，坚定了开启电力摄影事业新征程的决心。

【电力美协召开座谈会】

6月17日，电力美协在中国电力美术馆（国核示范新能源科技馆）召开座谈会。与会人员就电力美术事业发展现状及展望进行交流和研讨。中国电力美协主席团成员、部分参加建党百年美术展的作者以及美术爱好者参加了座谈。

主要活动

【“百年风华·光明颂歌”文学采访活动】

4月至7月，以“百年风华·光明颂歌”为主题，策划开展了多项文学采访活动。活动中，涌现出一批高质量的报告文学、中短篇小说等作品，评选出一等奖10篇、二等奖20篇、三等奖30篇，以文学的形式反映电力行业在服务国家富强、民族复兴、人民幸福中体现出的“大国重器”和“顶梁柱”作用，展现电力基层党组织的战斗堡垒作用和优秀党务工作者、优秀共产党员的模范带头作用。

【第三届全国电力职工摄影大展作品巡回展开幕】

4月14日，第三届全国电力职工摄影大展作品巡回展首展开幕式暨中国电力摄协荣成核电摄影艺术中心揭牌仪式在山东荣成市国家电投新能源科技馆举行。中国电力文协、中国核学会、中国电力摄协等相关负责人以及全国电力行业有关摄影协会负责人及摄影爱好者共100多人出席了开幕暨揭牌仪式。

【庆祝中国共产党成立100周年全国电力行业摄影作品展、全国电力行业集邮展】

6月8日，在红船起航之地浙江省嘉兴市，以“光辉历程、光明使者”为主题，电力文协成功主办庆祝中国共产党成立100周年全国电力行业摄影作品展、全国电力行业集邮展。这次展览经过近半年的策划和组织，共收到全国电力行业1426人的8102幅（组）摄影作品以及79部、198框集邮作品，经过专家评选，110幅优秀摄影作品、100框集邮展品参加展出，展现了电力人勇于担当、无私奉献的精神风貌和家国情怀。中国电力企业联合会党委副书记、专职副理事长夏忠出席开幕式并致辞。

【庆祝中国共产党成立100周年全国电力行业系列书法展】

6月16日，以“百年奋斗史、电力新征程”为主题，在北京主办了庆祝中国共产党成立100周年全国电力行业系列书法展。本次展览活动共收到800余幅作品，评审出100幅优秀作品参加展出，反映了中国共产党的伟大成就和电力改革发展的丰硕成果，彰显了正大气象的时代书风。中国电力企业联合会党委委员、秘书长郝英杰出席开幕式并讲话。

【庆祝建党百年中国电力美术大展】

6月17日，以“筑梦百年”为主题，在山东荣成市国家电投新能源科技馆举行庆祝建党百年中国电力美术大展暨中国电力美术馆开馆活动。本次展览遴选出260幅精品力作参加展出，体现了电力文艺工作者勇于承担记录新时代、书写新时代、讴歌新时代的使命，描绘了中国电力多彩画卷的辉煌篇章。中国电力企业联合会党委委员、秘书长郝英杰出席开幕式并致辞。

【《高山平湖》百丈漈影像志——陆焕东纪实摄影作品展】

11月20日，由电力文协指导、电力摄协主办的《高山平湖》百丈漈影像志——陆焕东纪实摄影作品展在浙江省丽水瓯江文苑展区举行。此次活动是第四届国际摄影研讨会暨2021年中国丽水摄影展期间举行的一场影像展览。陆焕东摄影作品展，展出了陆焕东历时一年多拍摄的120多幅百丈漈纪实摄影精选作品，不仅展示了百丈漈这座地方水力发电厂的兴建和转型，记录了60多年间当地山川河流的变化，收集了不同时代人民的画像，而且以此为交汇点，反映了同时期的新中国建设历程。作为国家水利建设初期的重要项目，百丈漈电厂铸就了顽强的百电精神，也激活了温州电区电力翻天覆地的发展，更是创下了当时中国第一个高岭头水电站，被誉为“温州电力发展的星火摇篮”。中国摄协副主席线云强，浙江省摄协副主席王小川，四川省摄协主席石达军、顾问吴其宗等参观展览。

其　他

6月至9月，电力文协经过4个多月的收集、整理，完成了电力文协成立38年以来的纸质档案和电子档案归档工作，形成文书档案22卷共838件，比较完整地保存了电力文协在主要职能活动过程中形成的原始记录，为协会今后工作的开展奠定了坚实的基础。

12月，电力文协系统总结庆祝中国共产党成立100周年系列活动，编制并印刷了“百年风华的光明印迹”——中国电力文学艺术协会庆祝建党100周年系列活动宣传画册，进一步激发电力行业干部职工干事创业热情，为电力行业持续发展凝聚磅礴力量。

中国水利文学艺术协会

综　述

2021年是党和国家历史上具有里程碑意义的一年。在水利部党组的坚强领导和中国文联、中国作协的有力指导下，中国水利文学艺术协会（以下简称水利文协）及各团体会员紧密围绕庆祝建党百年、党史学习教育和学习贯彻中国文联十一大、中国作协十大会议精神，围绕水利中心工作，紧紧依靠全体会员单位，聚焦“做人的工作”和“推动文艺创作”，不断强化活动平台建设，着力提升服务水平，组织开展了丰富多彩的群众性文艺活动，为繁荣水利文学艺术事业作出了积极的贡献。

会议与活动

【中国水利文协第七届理事会第五次会议】

3月3日至19日，鉴于新冠肺炎疫情防控需要，以通讯形式召开第七届理事会第五次会议，总结2020年水利文学艺术工作，安排2021年重点任务，进一步推动水利文艺高质量发展。

会议审议通过了中国水利文协副主席凌先有代表中国水利文协所作的书面报告，表决通过了《中国水利文协2020年经费（会费）收支情况报告与决议》，审议新增了部分理事会员单位，调整增补了部分理事。

【中国水利文协文学分会（水利作协）第五次会员代表大会】

9月15日，中国水利文协文学分会（水利作协）第五次会员代表大会在湖北武汉召开。会议认真落实水利部党组和中国作协工作部署，总结水利作协第四届理事会工作，部署当前和今后一个时期水利文学工作。水利部党组成员、副部长田学斌作书面讲话。

水利作协成立于1983年，是中国水利文协的分支机构，目前共有会员244名，其中中国作协会员31名，形成了一支老中青相结合的水利作家队伍，创作了一大批优秀文学作品。来自会员单位和水利作家代表70多人出席会议。会议审议通过《中国水利文协文学分会（水利作协）管理细则》，选举产生了水利作协第五届理事会领导机构和理事，召开了主席团第一次会议并进行了分组讨论。

【组织全国水利系统庆祝中国共产党成立100周年美术书法摄影作品展】

3月11日，在水利部办公厅、水利部精神文明建设指导委员会办公室指导下，会同中国水利政研会等单位启动全国水利系统庆祝中国共产党成立100周年美术书法摄影作品展征稿活动。本次展览主题为“庆祝中国共产党成立100周年，初心不忘话党恩；讴歌水利辉煌发展新成就，砥砺前行踏征程”。共征集美术书法作品500余幅、摄影作品6000余件，其中美术入展作品60幅，书法入展作品78幅，摄影入展作品120件（含组照），优秀组织者10人，优秀组织单位25家。鉴于疫情防控需要，入展作品以网络展览方式陆续在中国水利、中国水利文苑等微信公众号上刊登，受到水利系统广泛关注。

【举办“中国水务杯”——全国水利系统“庆祝建党100周年 讲好农村供水故事”征文活动】

7月8日，为反映农村供水在保障民生、巩固拓展脱贫攻坚成果和全面推进乡村振兴中的重要作用，展示农村供水工程建设和管理方面取得的突出成就，展现农村供水从业人员良好精神风貌，在水利部农村水利水电司指导下，在中国水务投资有限公司和深圳京昌水务科技有限公司协办下，举办“中国水务杯”——全国水利系统“庆祝建党100周年　讲好农村供水故事”征文活动。活动得到全国水利系统、尤其是农村供水战线广大管理者、一线职工、作家、文学爱好者的积极响应和广泛参与，也吸引了一些行业外的作者投稿。共收到报告文学、散文、诗歌等体裁的征文作品245篇，共评选出特等奖2篇、一等奖7篇、二等奖10篇、优秀奖81篇共计100篇获奖作品，获奖作品已结集出版。

【举办“众志成城、抗洪救灾”主题美术书法作品创作活动】

7月，河南省遭遇历史罕见的洪涝灾害，组织开展“众志成城、抗洪救灾”主题美术书法作品创作活动，号召水利系统广大美术书法工作者和爱好者积极投身创作，以水利文艺工作者特有的方式“关注现实，服务人民”，以艺术的形式讴歌奋战在抗洪抢险一线的人民子弟兵、社会各界人士、水利干部职工和广大人民群众，用美术书法作品凝聚和传递抗洪救灾的强大正能量，奏响时代主旋律，为助力抗洪救灾、恢复重建贡献力量。作品择优在中国水利文苑微信公众号上陆续刊登。

【创作推出歌曲《新时代的水利人》】

推出歌曲《新时代的水利人》，会同有关单位开展了策划和摄制工作。歌曲反映了新时代水利高质量发展和水利人的精神风貌。

【创作大型史诗电影《大禹》】

组织创作了一部以《山海经》《史记》《尚书》等文献中关于大禹的记载为骨架，融入现代社会诸多元素的主旋律电影，展现中华民族“人定胜天”的斗争精神、“大一统思想”的家国情怀和文化自信。电影剧本已通过国家电影局立项审批。

【“我为群众办实事”水利文化艺术实践】

3月24日，组织水文化、水利风景区专家赴云南省滇中引水工程开展文化建设专题调研，并就《滇中引水文化建设规划》编制提供咨询服务。

6月，先后组织人员前往河南省出山店水库、前坪水库、郑州市水务局、陕西省引汉济渭工程建设有限公司、上海宏波集团开展文化调研和水利文化艺术志愿服务活动，围绕水利基层单位和水库工程文化建设、展览展示、报告文学作品创作、文艺活动组织等方面开展咨询研讨和座谈交流。先后创作歌曲《出山店水库赋》和《淮上歌》，组织编制《东庄水利枢纽形象宣传整体策划方案》和《引汉济渭文化建设规划编制方案》。

开展以“新时代 新精神 新梦想”为主题的全国水利系统文艺工作者走基层送文化艺术活动，组织水利美术、书法工作者到水利基层单位、社区、农村开展送春联、送作品活动，涌现出优秀组织者44人，优秀组织单位19家。

2020年12月，会同云南省水利工程行业协会、云南省文山州德厚水库建设管理处共同启动了“德”文化书法作品创作活动，截至2021年3月，共征集书法作品120余幅，这些作品紧紧抓住“德”文化主题主线，突出水文化“德”育作用，入选作品全部赠送给德厚水库建设管理处，并择优在中国水利文苑微信公众号上刊登。

规范化管理

印发新版《中国水利文学艺术协会办事机构部门、岗位设置及人事管理办法》《中国水利文学艺术协会薪酬管理办法》《中国水利文学艺术协会章程》，进一步规范协会管理。印发《中国水利文协会议管理办法》，加强协会会议规范化管理。印发《中国水利文学艺术协会创意设计专家委员会管理办法》，拓展水利艺术工作内涵，强化创意设计专家团队建设，启动水利文创专家登记入库工作，建立水利文创专家库，首批入库专家94人。

宣传平台建设

6月，征集水利摄影图片，先后在《人民日报》“水利特刊”“江河安澜 水润民生”等栏目刊发，展示我国水利事业的辉煌成就，介绍水利行业行稳致远实现高质量发展。

《大江文艺》一年作者投稿达到8000余篇，出版《中国水利文艺丛书》十五辑共计9册。中国水利文苑微信公众号刊登新闻百余篇，日点击量达40万左右，关注人数突破2000人；水利作协官微水利作家微信公众号实现日更新，文章最高阅读量达5600人次，平台新增用户1020人，共计3020人。

人才队伍建设

【设立水利文艺创作培训基地】

6月，设立“中国水利文学艺术协会信安湖摄影创作基地”，为水利文艺工作者和爱好者提供创作采风、研讨培训、展览展示、交流互鉴的平台与渠道。

6月，与陕西省引汉济渭工程建设有限公司合作建设“中国水利文协水文化创意产业示范基地”。基地秉承幸福河湖、美丽河湖建设新理念、新要求，积极开展水文化创意产品开发，培养高素质的水文化创意骨干队伍，大力推进水文化创意产业高质量发展。

【人才推荐培养】

严格按照民主程序，推荐1名代表参加中国文联十一大、推荐3名代表参加中国作协十大。成功推荐1人成为中国作协会员。推荐1人参加鲁迅艺术学院培训班学习。完成2021年水利系统中国摄影家个人会员申报工作。水利作协新发展会员30名。

【常态化年度培训】

选派水利文化艺术专家赴各会员单位支持开展培训活动，积极培育水利文协走基层送培训品牌活动。各分会主席团成员及一大批水文化艺术专家走进水利基层单位和高等院校开展讲座培训。

全国公安文联

综　述

2021年，全国公安文联以习近平新时代中国特色社会主义思想为指导，全面贯彻落实党的十九大和十九届中央历次全会精神，认真学习贯彻习近平总书记“七一”重要讲话精神和在中国文联第十一次全国代表大会、中国作协第十次全国代表大会上的重要讲话精神，在公安部党委和公安部政治部坚强领导下，在中国文联有力指导下，围绕中心、服务大局，守正创新，担当作为，团结引导全国公安文艺工作者深入实施文化强警战略，大力开展导向鲜明、特色彰显、内容丰富的系列文艺活动，为展示公安力量、弘扬警察精神、凝聚警心士气作出了积极贡献。

会议与活动

一年来，全国公安文联坚持把政治引领作为首要政治任务，着力坚定政治信念，始终确保公安文化建设正确的政治方向。切实加强公安文艺界理论武装和思想政治引领，把政治理论培训和业务培训结合起来，把队伍建设与个人修为涵养结合起来，把培训交流和延伸服务结合起来，切实提升公安文艺工作者的政治判断力、政治领悟力和政治执行力，自觉遵守法律、遵循公序良俗，自觉抵制庸俗、低俗、媚俗，树立公安文艺界的良好社会形象。

【坚持政治理论学习】

1月15日至17日，中国文联十届六次全委会在北京会议中心召开，全国公安文联主席王俭参加了会议。

2月1日，中国音协第九次全国代表大会、中国舞协第十一次全国代表大会在京召开，全国公安文联音乐专业委员会、舞蹈专业委员会选派代表参加了会议。

4月8日至10日，中国舞协2021年度全国舞协工作会议在湖南长沙召开，全国公安文联舞蹈专业委员会派员参加了会议。

7月21日，全国公安文联召开学习贯彻习近平总书记“七一”重要讲话精神座谈会。会议要求牢牢把握公安文艺事业发展的正确方向、牢牢把握以人民为中心的创作导向、牢牢把握创作公安文艺精品的中心任务、牢牢把握引领文明新风的社会责任、牢牢把握公安文联的桥梁纽带作用，加强人才培养力度、加大精品创作力度，努力推动公安文联各项工作高质量发展。

10月10日至16日，全国公安作协派员到浙江嘉兴参加中国作协“到人民中去”职业道德教育培训与文学社会服务实践活动，并协调两位公安英模为来自全国的近70名参会代表作事迹报告。

11月18日，全国公安文联主席王俭主持召开学习贯彻党的十九届六中全会精神座谈会，与会人员分别畅谈了自己的学习体会，结合分管工作提出了具体举措。

12月14日至17日，中国文联第十一次全国代表大会、中国作协第十次全国代表大会在北京隆重召开。全国公安系统共有19名代表分别参加中国文联十一大和中国作协十大，全国公安文联主席王俭当选为中国文联第十一届全国委员会委员、副主席艾明波当选为中国作协第十届全国委员会委员，代表总数是历届文代会作代会参会代表最多的一届，并以主动履职的责任意识和向上向善的良好形象获得与会各界的一致好评。

12月18日，公安部召开座谈会，传达学习习近平总书记在中国文联十一大、中国作协十大开幕式上重要讲话精神和中国记协第十届理事会第一次会议精神，深入学习贯彻习近平总书记关于加强新时代党的新闻宣传工作和公安工作的重要论述，深入学习贯彻《中国共产党宣传工作条例》

《中共中央关于加强和改进党的新闻舆论工作的意见》，按照赵克志部长、王小洪书记和公安部党委关于加强公安政治建警特别是新闻宣传工作的部署要求，听取意见建议，研究加强和改进公安新闻宣传工作。公安部党委委员、政治部主任冯延，全国公安文联主席王俭出席会议并讲话。文代会、作代会和中国记协理事会第一次会议公安系统部分代表，新闻宣传局、人民公安报社、人民公安出版社、金盾影视文化中心主要负责同志参加会议并作交流发言。大家在发言中一致表示，我们要深入学习贯彻习近平总书记重要讲话精神，坚持举旗帜、聚民心、育新人、兴文化、展形象，用好手中笔墨，讲好警察故事，发好公安声音，为做好公安新闻宣传工作作出积极贡献。

12月24日，全国公安文联召开学习贯彻习近平总书记在中国文联十一大和中国作协十大开幕式上重要讲话精神座谈会。全国公安文联主席王俭出席会议并讲话，全国公安文联副主席王亚茹、武和平、张策、毕晓明、艾明波、李冬出席会议，公安部新闻宣传局副局长、全国公安文联秘书长孙洁主持会议。参会代表分别畅谈了自己的学习体会，并结合实际工作提出了深入学习贯彻习近平总书记重要讲话精神的具体举措。全国公安文联第三届理事会常务理事、在京的各专委会、分会秘书长、文联工作人员参加会议。

【坚持德艺双馨的理想追求】

认真贯彻落实党中央和中宣部、中国文联关于文娱领域突出问题整治相关通知要求，9月9日，“修身守正　立心铸魂”全国公安文联文艺工作者职业道德和行风建设工作座谈会在北京召开。全国公安文联主席王俭出席会议并讲话，全国公安文联副主席王亚茹、武和平、李冬和各艺术门类负责人、文艺骨干代表共计30余人参加座谈会。公安部新闻宣传局副局长、全国公安文联秘书长孙洁主持会议。

与会代表在交流发言中一致表示，要在习近平新时代中国特色社会主义思想的指导下，坚定信仰信念，提升自信自觉，将修身守正、立心铸魂始终作为崇德尚艺的精神追求，以高尚的职业操守、良好的社会形象、文质兼美的优秀作品切实承担起以文育警、以文化警、以文强警的神圣使命，为公安文化事业的持续健康发展贡献力量。

【开展系列主题文艺活动】

一年来，全国公安文联围绕公安中心工作，精心组织开展了一系列有特色、有品位、有影响的文艺活动，在宣传公安工作、展示公安队伍形象等方面发挥了独特作用。

庆祝建党百年主题系列活动有声有色。为认真贯彻落实党中央关于庆祝建党100周年总体部署和《中共中央办公厅关于庆祝中国共产党成立100周年组织开展“永远跟党走”群众性主题宣传教育活动的通知》要求，根据全国公安机关“奋进新征程　忠诚保华诞”主题宣传教育工作安排，紧密结合党史学习教育和公安队伍教育整顿，组织全国公安系统庆祝中国共产党成立100周年“同唱一首歌——《永远跟党走》”云合唱活动，合唱作品在腾讯、优酷、爱奇艺等多家网站平台和公安部头条号、全国公安文联微信公众号、警苑心语、中国警察网等公安新媒体矩阵进行集中宣传推送展播；开展“永远跟党走·唱响百年”原创歌曲征集、“我用邮品讲党课”主题征文等系列活动。

公安部新闻宣传局联合全国公安文联、浙江省公安厅举办“红船颂”全国公安系统庆祝建党百年美术书法摄影主题征集展示活动。追寻红色印记，颂扬时代风采。此次活动面向全国公安系统在职民警、辅警和离退休民警、公安院校师生征集作品。各地积极开展主题创作，认真筛选推荐作品，征集到美术、书法、摄影作品近千件。作品真实记录了公安队伍听党话、跟党走，坚守初心使命、勇于担当作为的感人画面，热情抒发了人民警察与时代同呼吸、共命运，全力护航社会主义现代化国家建设新征程的壮志豪情。通过中国警察网、警苑心语等公安新媒体平台分批展示优秀作品。

全国公安文联美术专业委员会参与组织了全国公安系统庆祝2021年中国人民警察节美术书法摄影集邮主题展美术作品征集工作。组织100名会员倾情创作了百幅美术作品，举办了“永远跟党走·丹青颂忠诚”——百人百作献礼建党百年美术作品网络展，得到了全国艺术界专家及美术爱好者的好评。作品主题鲜明，形式多样，包括国画、油画、版画、水彩画、水粉画、宣传画等，多方位、多角度、多层次地描绘了中国共产党百年奋斗的光辉历程，生动展示了全国公安机关追寻红色印记、忠诚履职尽责的战斗画面，抒发了人民警察奋进新征程、建功新时代的壮志豪情。

全国公安文联书法专业委员会组织开展了“百家百米写忠诚”书法长卷创作活动，邀请警营100名书法作者，按照不同的内容、不同的形式、不同的书体进行创作，每人书写1米，裱成百米长卷，向伟大的中国共产党致敬。百米长卷中，有摘录习近平总书记重要讲话和对公安工作的重要指示，有抄写老一辈革命家的诗、词、联、赋，有书写自作诗文歌颂党、歌颂祖国、歌颂人民、歌颂人民警察忠诚履职的英雄事迹和奋斗精神，还有的通过篆刻艺术形式进行呈现。整幅长卷主题突出，内容丰富，用翰墨热情讴歌了中国共产党百年奋斗的光辉历程，真实记载了全国公安机关追寻红色印记、恪尽职守、勇于担当的忠诚本色。本次“百家百米写忠诚”书法长卷作品通过网络分期分批次展示。

全国公安文联微信公众号开设“永远跟党走·百年诵风华”专栏，组织公安朗诵爱好者诵读经典诗文，回顾党的光辉历程，讴歌党的丰功伟绩，传承党的初心使命，汇聚全国公安奋进新征程、建功新时代、勇担新使命的磅礴力量，大力唱响共产党好、社会主义好、改革开放好、伟大祖国好、各族人民好的时代主旋律，激励广大民警牢牢把握对党忠诚、服务人民、执法公正、纪律严明总要求，忠实履行党和人民赋予的新时代使命任务，全力以赴做好维护国家政治安全和社会稳定各项工作，以优异的工作成绩庆祝建党100周年。

公安部新闻宣传局联合全国公安文联、人民公安报社、中国人民公安出版社共同举办“全国公安系统庆祝建党百年主题征文活动”，面向全国公安机关广大民警、辅警和离退休民警、公安院校师生征集相关作品。创作散文诗歌作品1400余篇，作品在《人民公安报》《人民公安》《中国警察》《啄木鸟》《派出所工作》等公安部所属报刊及其公众号进行刊发展示，全国公安文联公众号、警苑心语、中国警察网等公安新媒体矩阵进行集中宣传推送；中国人民公安出版社遴选优秀诗歌、散文集结成册出版发行。

庆祝首个中国人民警察节主题系列活动精彩纷呈。组织开展“我和我的祖国”“我和警察的故事”主题征文活动，向社会广泛开展诗歌、散文、报告文学和短视频等作品征集活动；组织设计并广泛征求意见，协助国家邮政总局发行中国人民警察节纪念邮票一套两枚；策划组织庆祝中国人民警察节主题书画网络展、“鸿雁传千里，喜迎警察节”公安邮友纪念封签名传递活动，利用全国公安文联微信公众号平台开设“喜迎首个中国人民警察节”和“我和警察的故事”栏目，通过多种艺术表现形式，讲述新时代警察故事，展示新时代公安民警砥砺前行、昂扬向上的奋斗风采，受到好评。

1月4日，公安部新闻宣传局和全国公安文联联合主办的“全国公安系统庆祝2021年中国人民警察节美术书法摄影集邮主题作品展”在公安部机关风雨廊举办，作品分为美术、书法、摄影、集邮四类，展期1个月。此次展出的240件作品是从全国征集的2600余件美术、书法、摄影、集邮作品中遴选出来的，由全国公安系统在职民警、辅警和离退休民警、公安院校师生，以及各地特邀美术、书法、摄影等专业人员潜心构思创作而成。参展作品旨在庆祝首个中国人民警察节，深情回顾公安事业波澜壮阔的奋斗发展历程，体现服务公安中心工作的鲜明导向，多侧面、多角度地生动展现公安机关防风险、保安全、护稳定的伟大实践和重大成就，热情讴歌公安民警英勇善战、顽强拼搏、攻坚克难的革命英雄主义精神，全面展现了中国共产党领导下的社会主义国家人民警察克己奉公、无私奉献的良好形象，引导和激励全警为党和人民公安事业再立新功。

1月5日，在首个中国人民警察节来临之际，全国公安文联警事文物收藏专业委员会在广东梅州举办“忠诚到永远”——藏品中的人民公安主题展，此次展览展出了来自全国的警事文物收藏专家精心挑选的一批警事藏品，生动展现和阐释了过往的公安工作、警营文化、警察形象、警察历史，让参观者的心灵漫步在英勇奋战、无私奉献、为民服务的岁月里，领略了历史中跌宕起伏、荡气回肠的警察故事。

1月10日，由中宣部、公安部主办，中央广播电视总台承办，全国公安文联协办的“忠诚铸伟业　阔步新征程”——2021年中央广播电视总台“心连心”艺术团赴公安机关慰问演出在京完成录制，并在CCTV-1、CCTV-3播出。“心连心”艺术团带着习近平总书记对全国人民警察的诚挚慰问，带着党中央的亲切关怀，带着全国各族人民的深情厚谊，向全国公安民警、辅警及家属、治安积极分子及保卫干部致以崇高敬意，为其献上了一台主题鲜明、内容丰富的公安文化大餐，与人民警察共唱平安中国赞歌。

本次演出以“隆重、祥和、快乐、喜庆”为主基调，分为“忠诚足迹”“红色传承”“奉献荣光”“壮丽护航”四个篇章，包含歌舞、小品、情景表演、诗朗诵等10余个节目，通过传播新时代人民警察故事，弘扬人民警察精神，歌颂警民鱼水深情，讴歌了人民公安在“盛世中国”中的艰辛付出和牺牲奉献，彰显了人民公安在“复兴伟业”中的坚定信仰和时代担当，展现了人民公安队伍阔步迈向新征程的奋进豪情。

5月25日，全国公安文联警事文物收藏专委会主办的庆祝建党100周年“忠诚到永远——藏品中的人民公安”主题巡回展（济南站）在济南市公安局举行开幕式，全国公安文联副主席张策出席活动并讲话。主题展共展陈接管济南培训教材、警徽的演变、警察培训教材、新中国成立以来的《党章》和新中国成立初期陈毅题词的《人民警察杂志》等199件（套）珍贵文物，全面展示了从党的初创时期到夺取政权、建立中华人民共和国的历史，特别展现了新中国成立后人民公安对党、对国家和人民的绝对忠诚。展览旨在组织广大公安民警进一步学习好党史、新中国史、改革开放史、社会主义发展史和人民公安史，紧密结合正在开展的党史学习教育和政法队伍教育整顿活动，激励广大公安民警以史为鉴，顽强拼搏、不懈奋斗，为不断谱写“人民公安为人民”新篇章作出新贡献。

本次山东济南站巡展是这一活动在全国举办的第四站，自2021年1月起先后在广东梅州、佛山，湖北武汉等地进行了巡展，共展出了全国各地警事文物收藏家精心挑选的413件警事藏品。

主题文艺实践活动形式多样。紧紧围绕抗击疫情重大主题，策划组织系列文艺实践活动，缅怀在抗击疫情和维护稳定一线因公牺牲的公安民警辅警，讴歌人民警察坚守岗位、不怕牺牲、冲锋在前的英雄本色。

由公安部新闻宣传局和全国公安文联共同主办的“致敬·缅怀·奋进”2021年全国公安系统清明主题诗会，4月4日在全网播出，网络观看点击量达642万人次。主题诗会采用音诗画艺术形式，通过非现场、云制作、实景朗诵的方式，缅怀公安英烈，追思英雄事迹，弘扬英烈精神，展示警营艺术风采。

在习近平总书记向中国人民警察队伍授旗并致训词一周年之际，组织开展“铭记·忠诚”主题书法网络展览，在全国公安文联微信公众号、中国警察网展播，在《人民公安》杂志专题刊发。奋笔书写公安机关忠诚履职的使命担当，热情讴歌公安队伍昂扬向上的蓬勃朝气，全面展现党领导下的社会主义国家人民警察克己奉公、无私奉献的良好形象。

【持续开展文艺惠警、文艺志愿服务活动】

公安艺术工作者在内容丰富、形式多样的文化惠警和志愿服务活动中，既服务了人民，回报了社会，又提升了自身思想境界和艺术素养。组织警营内外知名书法家到北京、陕西、贵州等地慰问奋战在抗疫一线的基层民警和群众，为大家书写春联福字1000多件，把新春的祝福送到了基层民警和群众心中，受到欢迎。

7月，郑州“7•20”水灾发生后，河南省郑州市新密市城乡派出所副所长杨旭恒积极投入抗洪救灾，奋战激流10小时，勇救51名群众。为弘扬正气、激励先进，全国公安文联集邮专业委员会在公安集邮爱好者中开展义捐义拍活动，共募集到33位邮友捐赠的各类邮品109组，通过微信群开展“致敬公安英雄捐款义拍”活动，募集善款慰问抗洪英雄杨旭恒。

创作与研究

一年来，全国公安文联坚持把创作生产优秀作品作为文艺工作的中心环节，从创作引导、主题策划、重点扶持三个层面发力，积极营造良好公安文艺生态，激发广大公安文艺工作者致力于精品创作的积极性和创造性，推出了一批具有全国影响、体现警察精神风貌的精品力作。

【文艺创作成果显著】

2021年，3名公安作家作品入选中宣部、中国作协联合举办的致敬建党百年长篇作品改稿班；4名公安作家作品获第九届冰心散文奖，冰心散文奖于2000年设立，是我国文学奖项中具有权威性的全国散文大奖；20余名公安作家作品获省级以上各类文学奖项，53名民警摄影、书画、原创歌曲、邮集在各类国家级、省级相关作品评选、展览中获奖或入选，千余篇公安作家优秀作品在人民日报新闻客户端、《法治日报》《人民公安报》等主流媒体刊发，展示了公安队伍的良好形象。

全国公安文联影视专业委员会会员创作的影视作品，其中讲述1949年安徽省金寨县第一任公安局长为保卫红色政权，带领公安部队与地方反动武装进行殊死搏斗的影片《浴血大别山》和为纪念改革开放四十周年，反映驻村民警和退伍女兵带领乡亲们致富的喜剧电影《五月梨花香》，分别于11月11日、18日在银幕和央视电影频道首映。微电影《热雨》、网络电影《生死迷局》剧本获中央政法委第五届“平安中国”优秀政法文化作品评选“优秀剧本”奖。

1月8日，由公安部新闻宣传局、国家禁毒委员会办公室、全国公安文联等单位联合制作禁毒题材音乐剧《重生》在北京天桥艺术中心进行公演。该剧于2020年9月在深圳保利剧院进行首演。

【实施人才战略，强化队伍建设】

坚持把文艺人才队伍建设摆在突出位置，抓关键带全局，积极搭建平台，不断扩大工作覆盖面，创新活动组织形式，大力培养骨干文艺人才。通过“主题采风”“线上集中创作”“征文比赛”等活动开展培训，组织作家深入各地基层单位体验生活，打造了一支专业性强、完成任务好的创作队伍。统筹各方资源，做优全国公安文联微信公众号，策划推出“警营文化人”“警歌嘹亮”“文苑精选”“文化动态”等栏目，发布各类文章信息800余条，成为警营文化人创作发表和交流文学艺术作品的重要平台。协调公安新媒体矩阵和《人民公安报》《啄木鸟》《中国警察》《派出所工作》等公安部所属报刊，开辟专栏、专刊集中展示作品，为基层公安文艺人才搭建宣传推介平台，收到警营内外的热烈反响。

机关建设

一年来，全国公安文联积极推进组织设置、运行机制、工作方式改革和清理整顿工作，规范所属专委会和会员管理。着眼实现建立“学习型、服务型、创新型、廉洁型”社团组织的目标，更好地履行文联团结引导、联络协调、服务管理、自律维权基本职能，注重在汇聚资源、提升能力上下功夫，文联自身建设显著加强。

【加强自身建设，发挥职能作用】

认真贯彻落实公安部党委、政治部领导关于加强公安文联建设的要求和指示精神，聚焦文联职能，高质量高标准开展党史学习教育，扎实推进公安队伍教育整顿，大力开展文联机构清理整治工作，不断增强文联组织的政治性、先进性、群众性，为公安文化工作开展提供了强有力的组织保障。加强对原有所属合作网站和创作基地管理，及时注销《公安书画网》，将《中国公安文学精选网》移交中国人民公安出版社，对原有以公安文联各专业委员会、分会名义设立的32个创作基地全部予以撤销，制定《全国公安文联创作活动基地管理办法》，有力规范了创作基地管理。加大会员发展力度，关注骨干队伍，畅通会员申请通道，吸纳人才入会，全年共有427名新会员被批准入会，截至2021年底会员发展到5756人。全国公安文联党支部召开党员大会进行委员补选工作，经大会表决通过，选举陈晨为组织委员兼纪检委员，骆浩为宣传委员。

创作基地

一年来，全国公安文联为促进公安事业的创新发展，更好地服务公安工作和队伍建设，进一步加强和扶持基层公安文化建设，发挥公安文联创作活动基地职能作用，提高基层公安文化事业健康发展。

【设立文联创作活动基地】

做好公安文化建设的基础工作，新设立14个创作活动基地，为新设立的全国公安文联创作基地授牌，要充分发挥好、利用好创作活动基地的平台，积极开展丰富多彩的文化活动，创作出具有时代特色和现实意义的精品力作，推动公安文化事业更好发展。

2021年，全国公安文联主席王俭、副主席王亚茹等分别为北京警察学院“全国公安文联创作活动基地”、陕西省西安市公安局“全国公安文联创作活动基地”、甘肃省张掖市公安局“全国公安文联创作活动基地”颁授了铭牌。

中国人民银行文联

综　述

2021年，中国人民银行文联认真贯彻落实中央各项决策部署，坚持贴近实际、贴近生活、贴近群众的原则，稳中求进、守正创新，团结引导人民银行系统广大文艺爱好者、文艺志愿者积极开展文艺创作、文艺志愿服务活动，推动人民银行系统文艺高质量发展。一是提高政治站位，坚定文化自信，夯实人民银行文艺工作的思想基础。将学习宣传贯彻好习近平总书记“七一”重要讲话精神与文联活动结合起来，增强文艺创作、志愿服务活动的责任感和使命感。二是抓牢文艺创作，讲好央行故事，唱响爱党爱国爱社会主义的时代主旋律。围绕庆祝中国共产党成立100周年重大主题，开展作品征集和线上展示活动，集中展示一批思想精深、艺术精湛、制作精良的央行文艺佳作。三是践行文化惠民，加强志愿服务，不断提升人民群众的文化获得感和幸福感。推动“‘我们的中国梦’——文化进万家”“送文化下基层”等志愿服务活动长效开展，组织书法美术摄影作品展示、基层实地采访创作、音乐舞蹈文艺分队下基层展演等惠民文化服务。四是创新工作方式，加强基础工作，不断推进文联组织自身建设。继续开展好选树“央行艺术家”等活动，构建网络宣传矩阵，加大对优秀原创作品、国家级文艺人才、重大主题创作成果的宣传展示。

重要会议活动

【庆祝中国共产党成立100周年主题作品征集展示活动】

3月3日印发《关于开展庆祝中国共产党成立100周年主题作品征集展示活动的通知》，在全系统部署开展这一活动。

活动以“庆祝中国共产党成立100周年”为主题，围绕新时代文艺“举旗帜、聚民心、育新人、兴文化、展形象”的使命任务，鼓励人民银行系统广大文艺爱好者聚焦中国共产党百年奋斗历程和社会经济金融发展，以书法、美术、摄影及声乐、器乐、戏曲、舞蹈、曲艺等形式创作出一批谱写时代华章的优秀央行文艺作品。

活动共评出获奖作品597部（件），其中书法作品129件、美术作品104件、摄影作品108件、声乐作品99部、舞蹈作品66部、器乐作品66部、戏曲曲艺作品25部。

【庆祝建党100周年文艺精品线上展播】

7月，在全系统开展庆祝建党100周年文艺精品线上展播。展播以“央行儿女携手奋进　载歌载舞共迎华诞”为主题，通过“央行智慧工会”App、微信、美篇等渠道，分批次集中展示了美术、书法、音乐舞蹈、摄影、收藏等多种类型艺术精品。

活动在“央行智慧工会”App开设展播专区，集中宣传了《百年党史　币刻辉煌》等美术作品、《七律长征》等书法作品、《重整山河待后生》等音乐作品、《马桑树儿搭灯塔》等舞蹈作品、《百年建党史　壮阔国航情》等摄影作品，还邀请中国钱币博物馆馆长周卫荣讲述《党史里的红色金融》。

【人民银行文联第三届暨文艺志愿者协会第二届代表大会】

9月，会议以通讯方式召开。会议修订了《中国人民银行文学艺术联合会章程》《中国人民银行文艺志愿者协会章程》，审议通过了中国人民银行文联第三届暨文艺志愿者协会第二届代表大会工作报告，选举产生了中国人民银行文联三届一次委员会和人民银行文艺志愿者协会二届一次委员会的主席、副主席、秘书长、副秘书长和委员。

品牌活动

【2021年“致敬劳模”送文化下基层慰问活动】

9月13日至18日，慰问活动在湖南长沙开展。中国人民银行文联副主席王克俭、秘书长鲍其卉、委员孟祎参加活动，全系统优秀驻村干部和先进职工代表100余人观看演出。

本次慰问活动通过文艺演出致敬劳模，是中国人民银行文联学习贯彻习近平总书记“七一”重要讲话精神，践行“我为群众办实事”主题实践活动的有效举措。

活动在开场舞《龙的传人》中拉开序幕，涵盖了情景剧、朗诵、黄梅戏、越剧、舞蹈、民乐合奏、独唱等多种艺术形式。

各文艺家协会

【作家协会二届五次理事会会议】

6月4日至5日，会议在陕西铜川召开。中国人民银行文联副主席王克俭、作协主席魏革军、文联秘书长鲍其卉等20余人参加会议。

会议组织学习了习近平总书记关于文艺工作的重要论述，对“饮水思源头 殷殷爱党情”主题征文活动进行了评审，并就作协发展事宜进行讨论。魏革军要求协会要筑牢思想根基，弘扬红色金融基因，加强传统文化学习，引领明德风尚，强化机制建设。会议期间，参会代表还赴陕甘边革命根据地照金纪念馆、陈家坡会议旧址开展现场教学。

【书法协会书法作品线上展览】

7月，展览在线上举办。展览以“庆祝中国共产党成立100周年”为主题，在人民银行微信公众号“成方三十二”展出。

本次展览得到人民银行系统书法爱好者的积极响应，共展出书法作品100余幅。展览作品主题突出、风格多样、内容丰富，或歌颂中国共产党百年奋斗的光辉历程和伟大贡献，或歌颂共产党人在大战大考中勇于担当、奋发有为的精神面貌，或颂扬社会进步、自然和谐的美好图景，彰显了央行书法爱好者对党和人民的忠诚热爱。

【文联收藏协会“红色金融”专题讲座】

8月，文联收藏协会开展了“红色金融”专题讲座。文联收藏协会结合自身优势和特点，以“党领导下的红色金融”为主题，依托钱币博物馆线上和线下开展专题讲座。文联收藏协会会员、北京印钞博物馆馆长梁建讲述了人民币产生的背景、发展历程以及背后的党史故事，突出钱币红色文化，促进党史学习教育与央行业务工作深度融合。

【音舞协会欢庆“中秋”“国庆”双节线上文艺展】

9月，文艺展在线上举办。展览以“美篇”为载体，以“明月邀歌颂党恩 轻舞翩跹庆团圆”“红旗飘展音舞飞扬 灯火中国耀灿神州”为主题，分两期展示。展览内容涵盖声乐、舞蹈、器乐、戏曲、曲艺等多种类别，包括独唱、歌伴舞、独舞、群舞、小提琴独奏、古筝独奏、越剧演唱、情景剧表演等多种形式，彰显了央行文化建设的凝聚力和向心力。两期线上文艺展点击阅读量近万次。

【美术协会绘画启蒙进山区】

10月，活动在广西岑溪开展。美术协会副秘书长覃丹颖及美术协会志愿者深入岑溪市安平镇治垌村小学，在讲台和画板上示范写字、绘画、用笔姿势，面向孩子们一对一讲解执笔、运笔、素描技巧，用画笔和图纸为治垌村的孩子上了一节生动有趣的美术启蒙课，将文化的种子播撒到山区。

【摄影协会主席团会议】

10月20日，摄影协会主席团会议在湖南湘西州召开。会议由文联摄影协会副主席徐波主持，协会主席团成员参会。中国人民银行文联副主席王克俭、秘书长鲍其卉，长沙中支党委委员、副行长汤锦出席会议。文联摄影协会主席周波总结回顾了2021年协会工作，安排部署了2022年工作任务。会议对协会理事会成员变更增补、发展新会员及2022年工作等事项进行了研究。徐波以《从摄影作品中读懂共产党人的初心》为题，为湘西州中支职工和金融系统摄影爱好者上了一堂党史教育课和摄影课。王克俭要求文联摄影协会提高政治站位，坚定摄影创作的正确方向，不断扩大摄影协会的影响力，充分发挥摄影协会的向心力、吸引力、凝聚力。

【美术协会三届一次理事会会议】

11月19日，会议以视频方式召开。中国人民银行文联副主席刘锐出席会议并予以指导。会上学习了党的十九届六中全会公报，会议审议通过了《中国人民银行文联美术协会章程（修订稿）》《中国人民银行文联美术协会第二届理事会工作报告》，选举产生了美术协会第三届理事会理事和主席团成员。美术协会主席徐维对下阶段工作提出具体要求。

【书法协会第三届代表大会暨三届一次理事会会议】

11月24日至25日，会议以通讯方式召开。中国人民银行文联秘书长鲍其卉及书法协会40名代表参加会议。与会代表认真学习了人民银行文联第三届暨文艺志愿者协会第二届代表大会主要精神，会议审议通过了《中国人民银行书法协会第三届代表大会工作报告》，选举产生了书法协会第三届理事会成员及书法协会主席、副主席、秘书长、副秘书长。

【音舞协会三届一次理事会（扩大）会议】

12月8日，会议召开。中国人民银行文联副主席王克俭，秘书长鲍其卉，音舞协会主席姚力、副主席缪斌出席。会议采取现场会议和线上会议相结合的方式召开，全国人民银行系统30余名理事（会员）参加，会议由音舞协会副主席兼秘书长蒋素梅主持。会上，姚力作三届一次理事会工作报告。王克俭高度评价了文联音舞协会一年来所做的工作，同时对下一步工作提出了具体要求。

【作家协会三届一次主席团会议】

12月24日，会议以通讯方式召开。参会人员认真学习了习近平总书记在中国文联十一大、中国作协十大开幕式上的重要讲话和中国文联十一大、中国作协十大会议精神。会议审议通过了《中国人民银行文联作协2021年工作报告》《中国人民银行文联作协2022年工作计划》，选举产生了文联作协第三届理事会理事、文联作协第三届主席团成员。

【作家协会庆祝建党100周年作品集】

为庆祝中国共产党成立100周年，宣传展现人民银行系统干部职工微观视角下，党与人民同呼吸、共命运、心连心的鱼水深情，文联作协征集协会理事作品，汇编推出《人民银行文联作协庆祝建党100周年作品集》，书写中国共产党带领中国人民为实现中华民族伟大复兴中国梦而奋斗的光辉历程，讴歌党、讴歌祖国、讴歌人民、讴歌英雄，弘扬时代精神。作品集分诗歌、散文两个篇章，共收录文章31篇。

基层文联

【江苏分会庆祝中国共产党成立100周年主题活动】

活动于5月17日至18日在江苏盐城开展。活动以“百年辉煌 丹心向党”为主题，内容包括书画摄影作品展、文化进基层、寻访红色足迹等。17日下午，南京分行职工书画摄影作品展在盐城市美术馆开幕，共展出81幅职工书画摄影作品以及18幅盐城当地名家创作作品，展览为期10天。17日晚，书法美术协会会员代表在盐城市中支开展现场文艺创作，并向盐城市中支职工送上了书法、绘画作品。18日上午，参会代表前往盐城市新四军重建军部旧址泰山庙和新四军纪念馆参观学习。

【江苏分会“红五月送文化下基层”暨“5·23”文艺志愿者活动】

此次活动于5月24日至25日在江苏宿迁泗洪开展。活动以“同心跟党走 共迈新征程”为主题，江苏分会主席陈小梅，副主席缪斌，音乐舞蹈协会主席魏健，音乐舞蹈、书画、摄影协会部分理事及文艺志愿者参加。文艺志愿者通过书法作品现场展示、男声独唱《新征程》、二胡独奏《走进新时代》、小提琴合奏《快乐的女战士》、笛箫合奏《党啊，亲爱的妈妈》、舞蹈《闪光的记忆》《芳华》、合唱《没有共产党就没有新中国》等节目，将文化送到基层。文艺会演后，陈小梅一行向泗洪县支行赠送党史学习教育书籍。

【山东分会“迎新春 传祝福”文化下乡公益活动】

1月15日，活动在山东昌邑开展。山东分会美术协会主席范维强及辖区特邀书画爱好者参加。活动以“弘扬传统文化 传播金融知识 服务基层群众”为主题，书画爱好者走进昌邑市卜庄镇集东村，实地参观张智忠烈士纪念馆，学习红色革命传承故事和党史知识，并为村民们书写春联和“福”字近500件，受到乡亲的热烈欢迎。

【山东分会职工书法美术作品评选交流活动】

4月9日，活动在山东潍坊开展。山东分会副秘书长，书法、美术协会主席及部分书法美术专业理事出席。活动以“庆祝中国共产党成立100周年”为主题，共征集职工软笔书法作品107件、硬笔书法作品133件、美术作品61件并对作品进行了评审。书画爱好者开展现场创作交流，共抒庆祝中国共产党成立100周年感怀。

【山东分会工作座谈暨职工艺术作品创作交流活动】

活动于10月13日至14日举办。山东分会主席刘振海、各专业协会主席、部分会员及秘书处人员参加。与会人员围绕文联“抓好组织、扩大队伍、多出作品”等内容展开讨论并提出相关意见建议。各专业协会还就摄影、书画、收藏、音舞及文学等进行创作交流，现场共同创作出《春光无限》画卷。

【广州分会书法、美术、摄影主题作品展】

5月24日至31日，活动在广州中国进出口商品交易会琶洲展馆举办。展览紧扣党史学习教育，以“庆祝建党100周年”为主题，共征集文学、美术、书法、摄影、器乐等各类文艺作品1000余件，评选出优秀作品100余件。

【四川分会“红色足迹寻访”摄影创作活动】

4月13日至16日，活动在四川开展。近一周时间里，四川分会摄影协会11人辗转雅安市石棉县、宝兴县、甘孜州泸定县等8县寻访红军足迹，行程近千公里，途中探寻过激荡的大渡河、艰险的铁索桥、巍峨的夹金山、崭新的民族村，用镜头近距离记录峥嵘岁月，跟随革命先辈的足迹，重温革命斗争的光辉历程。

【四川分会文艺志愿服务活动】

10月31日至11月4日，活动在四川阿坝州开展。志愿者在雅克夏大雪山、卓克基长征纪念馆等地用镜头还原峥嵘岁月；在黑水县沃河村和马尔康市松岗村，为群众拍摄并赠送“全家福”；在汶川县支行，现场开展书法、国画创作活动，为全县金融机构职工讲解创作经验技巧。志愿者用镜头和笔墨记录藏羌大地时代新风，反映党领导下民族地区的乡村巨变。

【陕西分会“庆祝建党100周年”主题美术创作培训班】

活动于4月7日至9日在陕西汉中举行。此次培训班由著名画家高裕德辅导授艺，陕西辖区美术骨干参加。高裕德围绕庆祝中国共产党百年华诞的主题，从作品的构思、布局、打底、落墨、渲染等方面指导学员完成美术创作。经过三天培训，每位学员均完成两幅以上作品，创作水平都有不同程度的提高。

【陕西分会红色经典诵读活动】

6月29日，活动在陕西西安举办。活动以“百年奋斗新时代 我心向党诉真情”为主题，陕西分会主席张利原，副主席雷蕾出席。

自5月底启动以来，活动得到广大文艺爱好者的热情参与。营管部部领导，机关各处室、各支行、离退休干部共计13个代表队参加，各支行通过视频展播的方式参与。诵读现场，各代表队或慷慨激昂、或娓娓道来、或声情并茂，表达了对中国共产党的共同祝愿。

【重庆分会“走进古琴世界”艺术分享会】

分享会3月22日在重庆举办。重庆分会主席邓军以及古琴爱好者近40人参加。通过专家授课，让古琴爱好者充分感受了古琴清、和、淡、雅的音乐品格，领略了古琴文化的艺术魅力。

【重庆分会“在影像中学百年党史 用摄影助力金融发展”主题讲座】

7月20日，活动在重庆举办。重庆长寿区、垫江县的51家金融机构会员单位代表及部分摄影爱好者共100余人参加。

重庆分会摄影协会会长郭力从《中国共产党简史》中的92张图片破题，讲述了摄影的重要性、内涵、意义、分类、价值、表达、素养、手机时代的摄影及摄影如何助力金融发展等9个方面内容，受到欢迎和好评。

【重庆分会二届三次理事会暨送文化下基层活动】

12月1日至2日，活动在重庆永川召开。重庆分会理事会、秘书处相关人员及书画、摄影、音舞协会委员共20余人参加。会上，重庆分会理事会秘书长马苏川作二届三次理事会工作报告，副秘书长翟莛通报了第二届理事会成员调整变更情况。参会理事汇报了一年多来在央行文化建设、文艺志愿服务等方面的成果，并对下一年的文联工作提出建议，重庆分会主席邓军对下阶段工作提出了要求。会后，在永川中支举办了摄影专题讲座。活动还组织开展文艺助力“乡村振兴”主题活动，参会人员参观安陶博物馆和夏布博物馆，并开展艺术讨论和交流。

【浙江分会“好大一棵树”职工主题摄影、征文活动】

1月，活动在浙江全辖部署开展。活动历时9个月，以“发现古树、展示古树”为主题，引导全省文艺爱好者跟随历史的脚步、追寻古树的踪迹。活动得到各市分会和专业协会的热情参与和积极支持，共征集摄影作品92件、征文作品40件，评选出摄影作品一等奖3件，二等奖5件，三等奖8件，优秀奖14件；征文作品一等奖3件，二等奖5件，三等奖8件，优秀奖12件。活动期间，还举办了“好大一棵树”摄影、征文作品电子展。

【浙江分会海上丝绸之路浙江钱币讲座】

5月27日，活动在浙江杭州举办。讲座由中国人民银行文联收藏协会理事、浙江分会收藏协会会长林斌主讲。林斌从海上丝绸之路钱币的概念、钱币输入输出历史三个阶段、明代白银货币化和白银流入浙江沿海国际贸易格局中银元输入参与流通、浙海关与银锭、南北航道中浙江与福建的密切来往等五个方面，介绍了海上丝绸之路与浙江钱币的相关知识；林斌还展示了自己收藏的银币和铜钱，并一一解答现场听众提出的问题。

【浙江分会喜迎党的百年华诞活动】

6月，浙江分会在浙江全辖开展喜迎党的百年华诞活动。浙江分会举办“学党史 颂党恩 跟党走”喜迎党的百年华诞文艺演出，曲艺协会会员、文艺爱好者通过歌唱、舞蹈、朗诵、器乐演奏等形式为党的百年华诞献礼。宁波市分会组织开展第一套人民币鉴赏专题讲座。嘉兴市分会举办全市金融系统庆祝中国共产党成立100周年文艺会演。湖州市分会举办庆祝中国共产党成立100周年职工书画作品展。绍兴市分会举办“献礼百年·回声嘹亮”全市金融系统庆祝建党百年文艺会演。台州市分会举办全市人民银行系统“七一”颁奖晚会暨“同心共唱百年华诞”红歌赛。

【福建分会三届二次理事会】

11月2日，福建分会三届二次理事会在福建宁德寿宁县下党乡召开，福建分会主席周惠钦出席。会上学习了人民银行文联三届一次暨文艺志愿者协会二届一次理事会精神，审议通过了文联福建分会三届一次理事会工作报告。会议期间，开展了“学百年党史 守为民初心”文艺采风和书画创作笔会，组织文联理事赴下党希望学校，开展“我为群众办实事”送文化活动，向小学生面对面讲授海报设计等美术知识，赠送分会会员自主创作的优秀作品。

【山西分会“红五月”送文化走基层活动】

5月14日，活动在山西晋城高平举办。活动以“传承红色基因 践行央行使命”为主题，山西分会主席徐向东带领山西分会文艺志愿小分队参加。徐向东向高平支行赠送了“学党史 悟思想 办实事 开新局”书法作品，文艺志愿小分队为支行职工献上了诗歌朗诵、舞蹈、歌曲演唱等节目，现场创作书法作品80余幅。

【安徽分会二届三次理事会暨文艺志愿者协会二届二次理事会】

12月22日至24日，会议以通讯方式召开，安徽分会主席、副主席、理事、秘书处共70余人参会。会议审议通过了《人民银行文联安徽分会第二届三次理事会暨文艺志愿者协会二届二次理事会工作报告》《人民银行文联安徽分会第二届三次理事会理事替补名单》《人民银行文联安徽分会文艺志愿者协会二届二次理事替补名单》。

【安徽分会“送文化下基层”活动】

12月，安徽分会举办的“送文化下基层”活动在安徽全辖开展。安徽分会常务副主席杨晓兰带领书法美术协会主席程云龙、副主席李庭、秘书长贾云龙及理事牛红武、徐晓星、谷君阳等人前往东至、霍邱、泾县、潜山县等四家支行，现场创作书法、绘画作品，书写春联和“福”字，赠送给基层央行广大职工。

【河南分会二届二次代表大会】

12月16日至17日，会议以通讯方式召开。会上学习了人民银行文联三届一次暨文艺志愿者协会二届一次理事会精神，审议通过了文联河南分会2021年工作报告和各专业协会组成人员提名名单，增（替）补选了文联河南分会二届理事会成员，改（补）选了文联河南分会二届理事会主席、副主席、副秘书长。

【河南分会庆祝建党100周年文艺作品展】

6月30日，展览在郑州展出。作品展以“庆祝中国共产党成立100周年”为主题，鼓励广大文艺爱好者贴近工作、贴近生活，深入挖掘、精心创作，从不同角度、以不同形式讴歌中国共产党的光辉历程和人民银行事业发展取得的丰硕成果，展现广大干部职工坚定跟党走、齐心共奋进的昂扬风貌。活动共评选获奖作品173件，获奖作品在郑州中心支行进行了现场展览，并通过线上形式进行了展播。

【江西分会“5·23文艺志愿者服务日”主题系列活动】

4月至5月，江西分会举办的“5·23文艺志愿者服务日”主题系列活动在江西全辖开展。萍乡市分会联合萍乡市江湾社区开展“庆祝中国共产党成立100周年”送文艺进社区活动，表演了“春锣”、男女对唱、二胡独奏、舞蹈等节目。新建分会开展“学党史　传精神　跟党走”文艺志愿者服务日主题活动，通过诗歌、合唱、三句半等形式进行表演。赣州市分会以“宣讲+演唱”的创新形式演绎经典革命歌曲。宜春市分会广泛传唱丰城市支行职工原创歌曲《诗意中国》、举办《如何让你的照片与众不同》摄影知识专题讲座、创作演绎诗朗诵伴舞《百年恰是风华正茂》。

【江西分会二届二次理事会】

10月27日至29日，江西分会二届二次理事会在江西九江武宁召开。江西分会行政理事、专业理事及摄影、书画、音舞协会特邀会员近50人参会。会议审议通过了文联江西分会二届二次理事会名单，听取了二届一次理事会工作报告。江西分会主席胡平波充分肯定了分会一年来的工作成果，并对下一阶段的工作提出具体要求。会议期间，摄影、书画、音舞等专业协会理事就如何更好地开展协会工作展开讨论，音舞协会组织了一场“送文化下基层”文艺会演，摄影协会开展了摄影讲座及作品赏析交流，书画协会举办了书法讲座、现场创作及展示活动。

【湖南分会“央行文化进侗寨”文艺志愿服务活动】

5月，湖南分会在湖南怀化通道县芋头古侗寨开展“央行文化进侗寨”文艺志愿服务活动。活动以“重温百年党史　建功红色潇湘”为主题，50余名文艺志愿者参与活动。文艺志愿者和当地村民共同高歌《唱支山歌给党听》，深情朗诵《红船，从南湖起航》，志愿者们在现场挥毫泼墨，为村民题写具有侗族人文特色的楹联。

【广西分会“笔墨记初心　廉语伴征程”书法交流活动】

4月至5月，活动在广西开展。活动面向全省系统职工征集以“习近平总书记关于全面从严治党工作、党风廉政建设重要论述的金句”等有关内容为主题的书法作品，得到全省系统文艺爱好者的积极响应。广西分会精选50幅书法作品编制成电子书刊进行线上展览。

【云南分会文艺作品展】

11月，展览在昆明举办。作品展得到全省人民银行系统文联会员的大力支持，征集到书法作品61件、美术作品33件、摄影作品130幅、音舞作品13件。作品充分展示了党领导下边疆民族地区基层央行职工履职成效和人民群众生活的新气象、新面貌，展现了央行职工爱党、爱国、奋进、担当的精神风貌，表达了央行职工“感党恩、听党话、跟党走”的坚定信念。

【贵州分会送文化下基层及摄影采风活动】

5月9日至10日，活动以“喜迎建党百年　助力乡村振兴”为主题，书法、美术、摄影协会会员共31人参加。9日，贵州分会主席肖杰一行将贵州省人民银行系统职工的优秀摄影、书画作品赠送给从江县支行。各专业协会会员在从江县支行开展摄影、书画作品现场创作，摄影协会会员还举办了摄影沙龙。10日，书法、美术、摄影协会会员走进乡村，拍摄加榜乡村寨的新农村建设情况和梯田春耕景色。

【青海分会庆祝建党100周年主题歌会】

5月，歌会在青海西宁举办。活动以“百年华诞铭党恩　共唱颂歌开新局”为主题，西宁中支党委书记、行长马骏致辞。青海省人民银行系统各单位组成16支队伍，以红歌联唱、诗歌朗诵、歌伴舞等形式，表演了《再唱山歌给党听》《没有共产党就没有新中国》《百年再启航》等节目。

【青海分会二届四次理事会】

会议9月17日召开，青海分会行政理事、专业理事参加会议。会议系统总结了二届三次理事会主要工作，全面部署了二届四次理事会工作任务。青海分会主席傅长青作题为《弘扬首创精神 汇聚文艺力量 开创新时代基层央行文艺事业美好明天》的讲话，会议审议通过《人民银行文联青海分会二届三次理事会工作报告》《人民银行文联青海分会章程》，表决通过了二届四次理事会成员名单。

【宁夏分会“塞上央行儿女心向党”系列活动】

5月25日至7月5日，宁夏分会举办了为期一个多月的“塞上央行儿女心向党”书法、美术、摄影作品全区巡展活动及“永远跟党走 共筑中国梦”文艺演出等系列活动。活动共展出书法、美术、摄影作品58幅，开展文艺演出3场，全区1200多名职工观看了作品展及文艺演出。

【宁夏中卫分会庆祝中国共产党成立100周年文艺创作活动】

活动于5月在宁夏中卫开展。活动以“学党史 传精神 跟党走”为主题，动员文艺爱好者开展书法、美术、摄影、音乐舞蹈、文学作品等文艺门类创作。文艺爱好者以国家级贫困地区——宁夏西海固实现整体脱贫为题材拍摄《幸福家园——“西海固”的新景象》组照；以党的领导下人民美好生活为题材拍摄《永远跟党走》系列照片；书写《信仰》和《祖国万岁》等书法作品；绘出《祝福祖国 繁荣昌盛》的美丽画卷；编排舞蹈《我的祖国》和《国粹与我》；以“永远跟党走”为主题创作《不忘初心跟党走》《以爱为音符，奏响成长之乐章》等10余篇文学作品。

【新疆博州分会“学党史 传精神 跟党走”文艺志愿服务活动】

5月20日，活动在新疆博州开展。活动分书法创作、器乐学习两部分。书法爱好者深入县支行，围绕红色诗词、红色家书等内容，创作出多幅优秀作品。12名音乐爱好者每周赴自治州文化馆，接受专业老师讲授教学，学习乐理基础、音乐赏析、乐器使用等方面知识。

【印钞造币总公司“忆非凡历程 谱时代新篇”主题讲述活动】

活动于9月29日举行。中国人民银行文联副主席王克俭，秘书长鲍其卉，委员董成武、曹玉荣，总公司党委书记、董事长杨立杰及文艺爱好者出席，各所属企业设分会场同步观看。来自13家企业的22位讲述人以百年党史为背景，以红色印制历史为主线，通过“星火、驰援、夯基、砺进、再出发”五个篇章，呈现了中国共产党领导下的红色印制事业历经艰难困苦，一路发展壮大，开启高质量发展新道路的光辉历程。

中国金融文联

综　述

2021年，中国金融文联坚持以习近平新时代中国特色社会主义思想为指导，把深入学习贯彻党的十九大和十九届中央历次全会精神作为首要政治任务，全面贯彻落实习近平总书记在中国文联十一大、中国作协十大开幕式上的重要讲话精神，围绕“举旗帜、聚民心、育新人、兴文化、展形象”使命任务，在中国文联和中国金融工会领导下，保持和增强工作的政治性、先进性、群众性，组织各文艺协会团结和引领金融系统广大文艺爱好者，积极践行以人民为中心的创作和服务理念，围绕中心工作、聚焦主责主业，深入打造“中国梦·劳动美·金融情”主题品牌，全力推进“新时代金融职工讲习堂”建设，面向广大金融职工开展了丰富多彩的文艺活动和送文化下基层志愿服务，着力用党的创新理论武装职工，用先进文化培育职工，用正确舆论引导职工，用高尚精神塑造职工，用优秀作品鼓舞职工，用真诚服务赢得职工，团结引导广大金融职工坚定不移听党话、矢志不渝跟党走。

会议与活动

【以“新时代金融职工讲习堂”为抓手引领金融职工建功立业】

中国金融工会在金融系统深入开展“新时代金融职工讲习堂”创建活动，累计命名“新时代金融职工讲习堂”238家，组织各具特色“讲”“习”活动43000余场，全国金融系统约300万职工受益，员工覆盖率约60%，为团结引领金融职工奋进新时代发挥积极作用。

（一）坚持守正创新打造金融职工思想引领高地。

紧扣时代主题，做好顶层设计。“讲习堂”创建伊始就把学习贯彻习近平新时代中国特色社会主义思想作为首要政治任务，旨在打造面向广大一线金融职工，形式新颖、主题鲜明的思想引领高地。2021年，围绕建党百年、中国金融工会成立70周年等主题，结合学习贯彻党的十九大和十九届历次全会精神，重点开展以“中国梦•劳动美•金融情——永远跟党走　奋进新征程”为主题的“七个一”系列宣传教育活动，通过网络参加活动的金融职工近100万人次。

面向基层金融职工，坚持送教上门。2021年开展“‘讲习堂’讲党史、金融工运史、劳模故事”系列巡回宣讲活动，精选上海、井冈山、瑞金、遵义、延安、西柏坡、北京等7站现场教学，分别宣讲建党精神、井冈山精神、苏区精神、长征精神、遵义会议精神、延安精神、西柏坡精神等，结合新时代新需求，融入劳模精神、劳动精神、工匠精神，向金融职工深入宣讲中国共产党人精神谱系，加强金融职工对党的光辉历史与初心使命的理解，激发金融职工的爱党爱国热情。

加大宣传和思想引领力度，普惠更多职工群众。为统筹疫情防控和宣讲成效，不断调整创新宣讲方式，充分发挥网络和新媒体优势，用年轻职工喜闻乐见的形式开展宣讲。例如在江西瑞金的一次宣讲中，网络直播间点赞留言近2万条，职工通过微信向宣讲员发送收获和感言500余条，深情抒发对党、对人民、对美好生活的真挚热爱。“讲习堂”内容新颖、形式多样、成效显著，受到金融系统和社会各界媒体广泛关注，中宣部“学习强国”平台推广宣讲活动及创新做法，中国银保监会也将此次活动作为优秀党建创新成果推荐至中央和国家机关工委。今日头条、新浪财经和《工人日报》等20多家媒体转载报道30余篇，中国银协百度百家号的推文阅读量达30多万次，金融职工直接参与人数近100万人次。

（二）聚焦主责主业打造金融职工建功立业阵地。

把“讲习堂”开到车间和地头，服务国家实体经济。中国建设银行长春第一汽车集团公司支行把讲习活动开到企业供应链上，在供应链上游创新“e货融通”产品，供应链下游“e销通”业务累计融资投放量超过4500亿元，成为国有大型银行中唯一打通一汽大众全产业链业务的金融机构。中国银行山西省分行充分发挥并巩固拓展党史学习教育成果，为企业和群众实事、解难题，2021年成功为山西迪迈沃科光电工业有限公司投放全省首笔知识产权质押贷款300万元，为东杰智能科技等10家国家级专精特新“小巨人”企业提供金融解决方案。宁夏固原农村商业银行聚焦服务乡村振兴战略，建立乡村讲习点，免费为当地百姓讲解种养殖技术。

激励金融职工建功新时代，助推实现高质量发展。中国银行上海市卢湾支行以“讲习堂”为抓手，开展区域内亿元楼宇营销攻坚战，通过立功竞赛活动等，成功营销目标楼宇超60座，实现公司新开户超百户，对公人民币贷款突破“百亿”大关。中信戴卡公司深入总结、挖掘工作中的好经验好做法，根据公司经营需要开展“凝心聚力降成本、集思广益增效益”合理化建议征集活动，年创造效益4000万元。中信银行郑州分行充分发挥“讲习堂”桥梁纽带作用，团结引领分行职工防范化解金融风险，为河南能化集团制定专业、低风险的改革重生方案，积极推动河南投资集团5亿元破冰债成功发行，全部参与债市回暖初期10支债券投资，体现了央企担当。

（三）以人民为中心建设金融职工幸福园地。

用“讲习堂”为金融职工搭台，凝聚建功新时代的强大力量。金融系统各级工会充分发挥“讲习堂”大平台作用，共举办各类讲座1.9万余次，参与职工145万人次，组织各类现场教学和劳动竞赛活动4430次，参与职工58万人次。各单位立足自身优势，组织开展丰富多彩、各具特色的讲习活动。中国农业银行上海淞江支行打造了1个示范宣讲点和23个标准化流动宣讲点，把讲习课堂搬到基层网点和职工身边。创新设立“3+3+3”讲习制度，即定期开展3类学习实践——每月集中学、每季专题讲、每半年实践练，围绕3种机制——领导带头讲、先进现身讲、专家专业讲，开设3种课堂——专题课堂固定学、云上课堂随时学、实景课堂体验学，推动讲习活动入脑入心。中国光大银行北京分行将“舒昕劳模创新工作室”作为分行“新时代金融职工讲习堂”业务宣传品牌，组织开展业务渠道和创新项目研究、技能服务培训等，开展“万人通关大练兵”活动，通过“启航职工技能创新工作室”培养分行种子选手266人。

深化“我为群众办实事”实践活动，践行金融服务为民责任。以助推金融业服务资源的开放共享践行“我为群众办实事”，为有需求的社会单位宣讲323次，受益群众85万人次。新冠肺炎疫情发生以来，各“讲习堂”所在单位勇担社会责任，组织职工捐款2180.91万元，购买防疫物资价值8688.91万元。中国工商银行打造1.55万家“工行驿站”，中国建设银行在全行网点推出“劳动者港湾”，中国银行在基层网点设立“温暖角”，重点为新就业形态劳动者、户外工作者、老弱病残孕等群体提供多种便民惠民服务，进一步增强金融网点服务社会能力，树立金融系统良好社会形象。

【以金融文联文艺协会为平台激发金融职工文化自信】

中国金融文联积极发挥联系金融系统广大文艺爱好者的桥梁和纽带作用，立足金融职工文化生活需要，讲好中国金融故事，不断丰富金融职工文化生活，强化金融职工思想引领，为新时代新征程文化建设和文艺繁荣发展贡献力量。

（一）围绕中心、服务大局，坚持金融文艺工作的政治性。

2021年是中国共产党成立100周年，同时也是中国金融工会成立70周年，各协会围绕党史、金融工运史和金融劳模故事等主题，积极开展文艺创作和面向职工群众的展演比赛活动。金融书协把拥护“两个确立”，增强“四个意识”、坚定“四个自信”、做到“两个维护”的要求落实到金融书法创作实践中，金融书法艺术微信公众号专期刊载主席团成员学习习近平总书记在中国文联十一大、中国作协十大开幕式上的重要讲话精神的心得体会，主席团、理事成员带头书写学习体会150余篇；举办以庆祝中国共产党成立100周年为主题的第六届全国书法篆刻展览，收到来稿近1300件。金融美协组织在职美术家创作500多件美术作品，参加“中国梦—劳动美”全国职工美术作品展，评选送展作品200多幅，其中7人获优秀奖、5人入展。金融剧协举办“不忘初心跟党走 豪情满怀向未来”——庆祝中国共产党百年华诞京剧演唱专场演出和主题作品展示活动。金融作协举办“建党百年征文”活动，收到投稿1000多篇，获奖作品100篇，在全国金融系统和社会各界引起较大反响；组织参加中国作协第十次全国代表大会，《文艺报》大篇幅报道了金融作协五年来的工作成就经验和金融作协代表在大会上的学习感悟，体现了金融作家的良好风貌。金融摄协突出“中国梦•金融梦”的时代主题，组织全国金融系统第六届摄影艺术展评审工作，收到2122人次报送的三大类作品共5717幅。金融舞协成功举办庆祝中国共产党成立100 周年暨全国金融职工第三届“金舞飞扬”群众舞蹈（视频）作品评选比赛，得到金融系统各单位的积极响应和热情参与，来自银行、保险、证券、资产管理公司、中央国债等领域的20家单位共选送了55个群众舞蹈作品。金融音协开展金融系统建党百年主题歌曲创作征集活动，评选优秀作品、作词、作曲、演唱奖各3个。各协会还积极征集作品，参加中国金融文联举办的“庆祝中国金融工会成立70周年全国金融系统职工书法美术摄影作品展”。

（二）把握主题、守正创新，体现金融文艺创作的先进性。

各协会组织广大会员牢牢把握民族复兴的时代主题，坚守人民立场，用情用力讲好中国故事、金融故事。金融美协创新举办金融女画家作品微展，展出42名女画家的精品力作，充分展现出金融女画家热爱生活、昂扬向上的精神风貌和对美好生活的不懈追求与向往。金融剧协创作报送现代京剧《江姐》绣红旗片段参与中国金融工会主题宣传节目征集，获评优秀节目，组织金融剧作家何奇创作大型话剧《铁人》，在庆祝建党百年暨第八届酒泉华夏文化艺术节上首演。金融作协组织作家参加“中国一日工业兴国”主题实践活动，以广西金融作协和湖北金融作协联络组为代表，创作发表了多篇优秀报告文学，得到中国作协好评。

（三）面向基层、贴近职工，突出金融文艺活动的群众性。

各协会团结引领广大金融文艺爱好者，把心、情、思沉到人民之中，开展系列文艺活动，发挥了聚人心、暖民心、强信心的作用。金融书协开展“金融书法家送万福进万家”公益活动，2021年元旦、春节期间，金融书协及其团体会员单位共组织活动1080余次，书法家及爱好者3120余人参加，为基层职工现场书写春联等33万余件。金融美协组织“六届全国金融美展”，面向网络大众进行“大众评选”活动，评出100件入展作品；积极参加在上海举办的“金融职工文化月”活动启动仪式，举办书画笔会。金融摄协组织志愿者参与到抗疫、乡村振兴等一系列活动中，参与人数300多人，协会利用微信公众号开辟《节日金融人》专版，连续报道了金融摄影志愿者深入开展送文化下基层活动的情况，在全国金融摄影人心中牢固树立起荣誉感和责任感。金融音协成功举办首次新年网络春晚，走进革命老区——史家营乡金鸡台村和“子弟兵的母亲”戎冠秀的故乡——河北省平山县下盘松村慰问并演出。

（四）服务会员、加强组织，推进协会工作再上台阶。

各协会深入学习贯彻习近平总书记在中国文联十一大、中国作协十大开幕式上的重要讲话精神，发挥好党和政府联系文艺工作者的桥梁和纽带作用，不断深化组织和机制建设，加强宣传和引导，发展壮大会员队伍，团结引领广大金融文艺爱好者听党话、跟党走。金融美协发展35名新会员，队伍一天天壮大，新人、年轻人才不断涌现。金融摄协发展新会员164名，完成会员数据库建设，通过微信公众平台刊发各类信息78期。金融剧协重点发现、吸收基层当中热爱戏剧艺术，有影响力、热情活跃的青年员工，扩大话剧小品、地方戏曲会员的占比，使协会发展更加平衡。金融作协成功推荐6名作家成为中国作协会员，发展116名金融作协会员，壮大了金融作家队伍；与《金融博览》合作，宣传推广12名作家作品及创作成果；编辑发行《中国金融文学》四期季刊，印制12万册，展现金融作家创作实力，服务广大金融职工。金融音协在浙江举办了第四期全国金融系统合唱艺术培训班，55名金融系统音乐爱好者参加培训，进一步推动了金融职工合唱艺术广泛开展。金融舞协通过比赛促进了金融职工舞蹈艺术水平的提高，发现并培养了一批金融舞蹈骨干，充实了协会管理队伍，扩大了会员群体，发展理事4名、会员79名，为金融舞协自身的队伍建设提供了坚实的人才储备和骨干力量。编辑制作发布微信公众号16期，引导会员在家中、户外、练功厅、工作单位等地点进行视频的录制，踊跃投稿，发布的中国民族民间舞、中国古典舞、街舞、现代舞及当代舞等作品在腾讯视频上点击量近3万次。

2021 China Federation of Literary
and Art Circles Events

2022

2021年中国文学艺术界联合会大事记

1月

★1月5日，由中国文联主办，中国影协、中国美协、中国音协、中国文联国内联络部、中国文联机关服务中心承办的第四届中国文联知名老艺术家艺术成就展在中国文艺家之家展览馆开幕。

★1月13日至15日，应中国文联邀请，香港演员邓萃雯、李治廷，香港艺术家简庆福，日籍华人艺术家王传峰来京参加由中国文联举办的“百花迎春——中国文学艺术界2021春节大联欢”节目录制。

★1月15日，“百花迎春——中国文学艺术界春节大联欢”在京录制完成。来自全国各地、各艺术门类的老中青艺术家线上线下齐聚，诉真情，歌盛世，舞新篇，为全国观众送上了精彩的演出。为做好疫情防控，晚会改为无观众封闭场馆录制。整场演出20个节目精心编排，首次邀请13家协会主席通过演唱方式为全国观众送上新春祝福。

★1月16日至17日，中国文联第十届全国委员会第六次会议在京召开。会议深入贯彻习近平新时代中国特色社会主义思想和党的十九大、十九届二中、三中、四中、五中全会精神，认真落实全国宣传部长会议精神，全面总结中国文联2020年工作，分析当前形势和任务，部署2021年工作，推进文联深化改革，进一步团结引导广大文艺工作者，为繁荣发展社会主义文艺事业、推进文化强国建设作出积极贡献。中国文联主席、中国作协主席铁凝主持会议并传达中央领导同志重要批示。中国文联党组书记、副主席李屹作题为《立足新阶段 奋斗新征程 为推进社会主义文化强国建设展现新作为》的工作报告。

★1月16日，中国文联文艺工作者职业道德建设联席会议第二次全体会议暨职业道德建设委员会全体会议在北京召开。中国文联党组书记、副主席李屹出席会议并讲话。

★1月22日，由中宣部、中央文明办、文化和旅游部、国家广播电视总局、中国文联联合主办，中国文联文艺志愿服务中心承办的“我们的中国梦”——文化进万家活动启动仪式暨首场慰问演出在北京市海淀区上庄镇综合文化活动中心成功举办。

★1月26日至27日，中国书法家协会第八次全国代表大会在京召开。会议选举产生了中国书协新一届领导机构。

2月

★2月1日至2日，中国音乐家协会第九次全国代表大会在京召开。会议选举产生了中国音协新一届领导机构。

★2月1日至2日，中国舞蹈家协会第十一次全国代表大会在京召开。会议选举产生了中国舞协新一届领导机构。

★2月8日至3月7日，中国文联与匈中文化协会共同主办第5届匈牙利“中国春”文化节，以线上庙会和在布达佩斯及周边4个市镇巡展方式，举办文艺演出展映、中国传统年画和剪纸展览等10余项活动。

★2月12日，“百花迎春——中国文学艺术界2021春节大联欢”（农历正月初一）在各大卫视及网络平台播出，引起热烈反响。

★2月25日，中国文联国内联络部召开2021年度业务工作通气会第一次会议，印发了《中国文联全国性文艺评奖工作标准化流程表》《国内联络部节庆展会报审工作注意事项》，并就年度重点工作及相关要求与各单位进行沟通。

3月

★3月5日学雷锋纪念日到来之际，中国文联、中国文艺志愿者协会在线上线下发起学雷锋文艺志愿服务系列活动，用文艺的力量推动学雷锋志愿服务在全社会蔚然成风。

★3月12日，中国文联党组书记、副主席李屹在中国文艺家之家会见中国文联香港会员总会（香港文联）会长马逢国、常务副会长霍启刚一行，中国文联党组成员、书记处书记张雁彬参加会见。

★3月16日，组织召开2021年中国文联业务主管社会组织业务工作培训班，旨在通过全面系统的业务培训提升社会组织负责人及工作人员的专业知识水平和业务工作能力，规范社会组织业务工作流程，防范化解社会组织领域重大风险，推动中国文联社会组织监管工作再上新台阶。

★3月20日至4月21日，由中央统战部新的社会阶层人士统战工作局、中国文联国内联络部、上海市委统战部、上海市委党史研究室指导，中国美协支持，全国新的社会阶层人士服务团自由职业分团、上海市新的社会阶层人士联谊会、上海市奉贤区委宣传部、上海市奉贤区委统战部主办，上海市奉贤区文化和旅游局承办的“凝聚新力量•筑梦新时代——庆祝中国共产党成立100周年自由职业艺术家作品展”在上海奉贤区博物馆举行，网上数字VR展同期上线。

★3月22日至31日，由中国文联与中国摄协联合主办，中国文联摄影艺术中心承办的“天山放歌——新疆各族人民幸福生活主题摄影展览”在北京中国文艺家之家展览馆举行。

4月

★4月7日，中国文联新时代文明实践文艺志愿服务项目扩大试点工作推进研讨会成功召开，会上新时代文明实践各试点省、市、自治区代表交流了试点工作开展的总体情况，介绍了典型经验并提出了意见与建议。

★4月9日，由中国文联、中国国家博物馆、中国摄协联合主办的“希望的田野——脱贫攻坚共享小康全国摄影展”在中国国家博物馆南1、南2展厅开幕。

★4月10日，由中国文联指导，香港大公文汇传媒集团和中国书法家协会联合主办的第4届香港青少年书法大赛颁奖典礼在香港会展中心举行。

★4月14日至5月14日，中国文联与中国书协在浙江绍兴联合举办第三十七届兰亭书法节，活动旨在推动“兰亭书法节”从“文化品牌”向“城市品牌”升级，促进文旅融合，不断将绍兴“历史+人文”的独特优势转化为城市发展的胜势。

★4月17日，“学党史 传精神 跟党走”——中国文联学雷锋文艺志愿服务先锋队来到陕西西安，走进长安区，用精彩的文艺演出、生动的文艺讲座为当地群众带来了一场文艺盛宴。

★4月20日，由中宣部、文旅部、中国文联共同主办的庆祝中国共产党成立100周年优秀舞台艺术作品展演拉开帷幕，民族歌剧《沂蒙山》当晚在国家大剧院上演。

★4月22日，由中国文联主办的“沐浴党的光辉 追溯百年风华——崇德尚艺 做有信仰有情怀有担当的新时代文艺工作者巡回宣讲”活动在国防大学军事文化学院举行。

★4月22日至23日，由中国文联主办，中国文联理论研究室、安徽省文联承办，芜湖市文联协办的2021年全国文联理论研究工作会议在安徽芜湖举行。

★4月27日，中国文联党组书记、副主席李屹，中国文联党组成员、副主席李前光，中国文联副主席、中国文艺志愿者协会主席冯巩在中国文艺家之家会见了由中国文联推荐并荣获2020年度学雷锋志愿服务“四个100”最美志愿者朱迅、王铁牛、刘劲以及最佳志愿服务组织代表、最佳志愿服务项目单位代表和最美志愿服务社区代表，并向他们颁发证书、奖牌。

5月

★5月1日至5日，第十一届中国杂技金菊奖全国魔术•滑稽比赛在深圳欢乐谷举行，这是我国2021年度举办的首个国家级赛事，更是自粤港澳大湾区成立以来的首个国家级文化盛事。

★5月8日至21日，由中国文联、中国剧协、南京市政府联合主办的“梅绽金陵，礼赞百年”第30届中国戏剧梅花奖・第24届曹禺剧本奖在“世界文学之都”——江苏南京举行。

★5月17日至20日，由中国文联主办、浙江省文联和杭州市文联承办的全国文联“文艺两新”工作座谈会在浙江杭州召开。中国文联党组书记、副主席李屹出席并做主旨讲话。浙江省委宣传部副部长、省电影局局长葛学斌，杭州市委常委、宣传部部长戚哮虎出席会议并致辞。

★5月19日，由中国文联、中国音协共同主办的大型原创交响合唱《百年放歌》在北京国家大剧院音乐厅举行。

★5月21日至27日，由中国文联主办，中国美协、中国摄协和西藏文联承办的“雪域新篇——庆祝西藏和平解放70周年美术摄影展”在北京炎黄艺术馆举行。

★5月26日至28日，由中国文联、中国舞协、深圳市委宣传部联合主办的第十二届中国舞蹈荷花奖当代舞、现代舞评奖在深圳举行。

★5月27日，由中国文联、中国音协联合主办的“‘各族儿女心向党’原创歌曲大型演唱会”在北京保利剧院举行。

★5月28日至31日，由中国曲协等单位联合主办的“向党报告——庆祝中国共产党成立100周年优秀曲艺节目展演”在北京喜剧院举行。

★5月31日至6月2日，由中国文联主办，中国文联国内联络部、陕西省文联承办的2021年全国文联组联工作研讨班在西安召开，本班既是研讨班又是组联工作部署会。

6月

★6月2日至6日，中国文联在陕西省西安市举办2021年全国文联外事工作交流培训班。

★6月7日至17日，由中国文联国内联络部指导，中国美协支持，全国新的社会阶层人士服务团自由职业一分团、北京市朝阳区新的社会阶层人士联谊会主办，中庚集团党支部，北京新联新文化艺术中心承办的“凝聚新力量 筑梦新时代”庆祝中国共产党成立100周年全国新文艺群体百名美术家作品展在北京新联新文化艺术中心举行。

★6月8日至15日，由中国文联、中国摄协、北京市东城区委、东城区人民政府主办，北京市东城区委宣传部、《中国摄影》杂志社承办的

“百年·百姓——中国百姓生活影像大展（1921-2021）”在北京王府井步行商业街举行。

★6月10日，“百年辉煌——中国文联、中国剧协庆祝中国共产党成立100周年戏剧晚会”在北京梅兰芳大剧院举行，晚会以戏剧艺术的独特形式，回顾百年征程、讴歌百年辉煌，表达戏剧工作者对党和国家的深情与祝愿。

★6月19日，由中国文联、中国国家博物馆、中国国家图书馆、中国书协联合主办的“伟业——庆祝中国共产党成立一百周年书法大展”在中国国家博物馆开幕。

★6月20日至24日，中国文联组织罗怀臻、何沐阳、翁仁康、王亚彬、吴元新、郧建美、张继到浙江嘉兴的红船干部学院、陕西延安大学、武汉音乐学院、江西上饶方志敏干部学院，开展“沐浴党的光辉 追溯百年风华——崇德尚艺 做有信仰有情怀有担当的新时代文艺工作者巡回宣讲”。

★6月27日至7月4日，由西藏自治区人民政府和中国文联主办，西藏自治区党委宣传部、西藏文联、拉萨市人民政府承办，中国摄协支持的“党的光辉照边疆 边疆人民心向党——庆祝中国共产党成立100周年西藏和平解放70周年第十四届西藏珠穆朗玛摄影大展”在拉萨市布达拉宫广场举行。

★6月27日，由中宣部、中国文联联合主办的“‘不忘初心 牢记使命’——庆祝中国共产党成立100周年美术作品展览”在中国共产党历史展览馆开幕。

★6月27日，由中国文联、中国影协联合主办的“一方蓝田，山高水长——纪念著名电影表演艺术家于蓝、田方伉俪艺术人生座谈会”在京举行。

7月

★7月5日晚，由中国文联、中国音协、中国舞协联合主办的“各族儿女心向党”歌舞晚会在北京民族剧院举行。

★7月6日，中国文联理论研究室和中国文联出版社在中国文艺家之家组织召开《2020中国艺术发展报告》出版发布会。

★7月12日至18日，由中国美协、湖北省文联、武汉市委宣传部、武汉市文联联合主办的“百年辉煌·武汉记忆——庆祝中国共产党成立100周年全国美术作品展”在武汉美术馆举行。

★7月17日，中国文联、中国曲协邀请中国文联全委、中国摄协主席、人民日报社总编室部务委员李舸，中国文联全委、中国曲协副主席、浙江省曲协主席翁仁康前往北京市东城区周末相声俱乐部，开展“沐浴党的光辉 追溯百年风华——学习贯彻习近平总书记‘七一’重要讲话精神，做有信仰有情怀有担当的新时代文艺工作者巡回宣讲”。

★7月20日至26日，由中国文联和中国杂协共同主办的“中国杂技与外交”图片展在中国文艺家之家展览馆举行。

★7月26日至27日，中国民间文艺家协会第十次全国代表大会在京召开。会议选举产生了中国民协新一届领导机构。

★7月28日至29日，中国文联十届七次全委会在京召开。会议以习近平新时代中国特色社会主义思想为指导，深入贯彻落实党的十九大和十九届二中、三中、四中、五中全会精神，学习宣传贯彻习近平总书记在庆祝中国共产党成立100周年大会上的重要讲话精神，团结动员广大文艺家和文艺工作者坚定文化自信、站稳人民立场、响应党的号召，积极行动起来，以更加扎实的作风、更加进取的精神、更加昂扬的面貌，努力为繁荣发展新时代中国特色社会主义文艺事业贡献智慧和力量。中国文联主席、中国作协主席铁凝主持会议。中国文联党组书记、副主席李屹就学习宣传贯彻习近平总书记在庆祝中国共产党成立100周年大会上的重要讲话精神作辅导报告。

8月

★8月24日，为贯彻落实中央领导重要指示精神，按照文联党组部署统筹落实文联系统文娱领域综合治理工作，中国文联组织召开“修身守正 立心铸魂——中国文联文艺工作者职业道德和行风建设工作座谈会”并向社会发布了《修身守正 立心铸魂——致广大文艺工作者倡议书》。

9月

★9月9日，组织召开了中国文联业务主管社会组织党总支党员大会，完成换届选举，推动了社会组织党建工作的规范化、制度化，为今后工作的开展提供了组织保障。

★9月10日，由中央文明办二局、中国文艺志愿者协会共同主办的首届宣传推选学雷锋文艺志愿服务“时代风尚”先进典型名单正式公布。

★9月10日，召开2021年度国内联络部业务工作通气会第二次会议，总结通报重点工作的完成情况，并结合工作中出现的新情况、新问题，就下半年组联业务方面的重点工作提出要求。

★9月16日，由中国文联与厦门市人民政府共同主办，中国文联国内联络部、中国美协、中国书协、福建省文联、厦门市文联、厦门市思明区人民政府等单位承办的2021年“中华情•中国梦”中秋展演系列活动美术书法作品展，原定在福建厦门线下展览，因受疫情影响以线上“云展览”方式举行。

★9月18日至29日，在第三次中央新疆工作座谈会召开一周年之际，中国文联国内联络部组织张千一、何沐阳、屈塬、舒楠、杨启舫、王备、杨一博、李凯稠、杨玉鹏等知名音乐家赴新疆开展采风创作主题实践活动。

★9月23日至10月5日，中国文联与中国摄协联合在北京中华世纪坛举办第十届全国农民摄影大展。中国文联党组领导李屹、李前光等出席开幕式。首发揭幕《第十届全国农民摄影大展作品集》。

★9月24日，由中国摄协、河北省文联联合主办，河北省摄协、阜平县委县政府承办的“陈勃•顾棣摄影艺术成就暨收藏展”在保定市阜平县城南庄晋察冀边区革命纪念馆开幕。

★9月25日至26日，中国文联、内蒙古文联文艺志愿服务活动走进乌兰察布市化德县、商都县，以庆祝中国共产党成立100周年、“学党史、传精神、跟党走”为主题，为老百姓送上了喜闻乐见的精彩演出。

★9月26日，“圆梦工程”中国文联文艺志愿服务队走进新疆生产建设兵团三师图木舒克市41团草湖镇参加“圆梦工程”文艺志愿服务培训展演。

★9月27日上午，中国文联在第四个中国农民丰收节到来之际，联动新疆维吾尔自治区文联、新疆生产建设兵团文联来到新疆喀什市伯什克然木乡开展一系列“文化润疆”活动，共同庆祝中国农民丰收节。

★9月27日至29日，由中国文联主办，中国文联理论研究室、中国文联港澳台办公室、中国曲协、中国杂协、北京市文联共同承办的第12届

“海峡两岸暨港澳地区艺术论坛”在北京阳光国际会议中心举办。

★9月28日，中国文联与中国影协联合在京举行李前宽导演追思会，回顾了中国文联荣誉委员、中国影协名誉主席、电影导演李前宽的艺术人生。

10月

★10月9日至28日，由中国文联、中国剧协、湖北省委宣传部、武汉市政府联合主办，武汉市委宣传部、武汉市文旅局承办的第十七届中国戏剧节在湖北武汉举行。

★10月11日至18日，由中国文联港澳台办公室和澳门中联办宣文部指导的2021“濠江之春”系列活动——“天山放歌”新疆摄影展和“汉字之美·以民为本”主题书法展分别在澳门威尼斯人展出。

★10月15日，习近平总书记在文艺工作座谈会上发表重要讲话7周年之际，由中国文联、中国文艺志愿者协会主办的“时代风尚”——中国文艺志愿者崇德尚艺特别节目在“学习强国”学习平台、中国文明网、人民网、央视频、中国艺术报、中国文艺网、百度、爱奇艺、腾讯视频、搜狐视频等中央、省、市、县2000余家媒体平台同时上线播出。

★10月15日至27日，以“百年华诞•盛世金钟”为主题的第十三届中国音乐金钟奖在四川成都举行。

★10月21日，由中国文联、中国摄协联合主办，中国文联国内联络部、中国摄协摄影理论委员会、中国摄协理论研究处承办的纪念陈昌谦诞辰100周年座谈会在京举行。

★10月22日至11月30日，由中国文联国内联络部、中国美协艺委会、江西省文联、景德镇市委市政府主办，中国美协陶瓷艺委会、景德镇市委宣传部、江西省美协、景德镇市文联承办，景德镇市美协、景德镇市新文艺群体协会、中国美协景德镇市创作中心协办的“人民江山•瓷画中国——庆祝中国共产党成立100周年全国新文艺群体陶瓷绘画作品展”在景德镇中国陶瓷博物馆举行。

★10月23日，由中国文联、中国曲协、山东省文联联合主办，《曲艺》杂志社、山东省曲协、潍坊市文联、诸城市委宣传部、诸城市文联承办的纪念陶钝同志诞辰120周年座谈会在山东诸城举行。

★10月25日至27日，由中国文联指导，广东省文联和珠海市文联共同主办的首届粤港澳大湾区文艺合作峰会在广东珠海召开。

★10月25日至27日，由中国文联、济南市政府、中国舞协、山东省文联主办，济南市委宣传部、中国文联舞蹈艺术中心、山东省舞协承办，济南市文联、济南市舞协协办的第十三届中国舞蹈荷花奖民族民间舞评奖在山东济南举行。

11月

★11月8日，2021“今日中国”艺术周开幕式暨“青春光影”中国电影优秀短片展首映式在中国文艺家之家举行。

★11月25日至26日，中国文联第三期意识形态工作培训班在京举行。

★11月29日至12月5日，中国文联党组组织开展2021年“中国文联宪法宣传周”活动。

12月

★12月2日，协调鲁迅文化基金会、北京语言大学、丝路智库等单位联合举办“2021鲁迅文化论坛暨纪念鲁迅诞辰140周年大会”。

★12月3日，2021“濠江之春——澳门与内地艺术家大联欢”活动在澳门举行。

★12月8日，由中国文联文艺志愿服务中心、新疆维吾尔自治区文联主办，克拉玛依市文联、独山子石化党委宣传部、独山子区委宣传部承办的“文艺进万家 健康你我他”中国文联新时代文明实践活动（新疆站）文艺志愿服务演出在独山子文化中心影剧院举行。

★12月11日，由中国文联指导，香港大公文汇传媒集团和中国书协联合主办的第5届香港青少年书法大赛颁奖典礼在香港会议展览中心举行。

★12月12日，中国文联第十届主席团第十次会议在京召开。中国文联主席、中国作协主席铁凝主持会议。会议审议通过了《中国文联第十届主席团关于召开中国文联第十一次全国代表大会的决议（草案）》，通报了第十一次全国文代会筹备工作情况和日程安排，审议了《中国文联第十一次全国代表大会议程（草案）》，审议了《〈中国文联章程〉修改草案》和《关于〈中国文联章程〉修改情况的说明》，确定了中国文联第十一次全国代表大会预备会议主持人，确定了《中国文联第十届全委会工作报告》委托报告人和《关于〈中国文联章程〉修改情况的说明》委托说明人，审议了《中国文联第十一次全国代表大会主席团组成原则（草案）》，通报了第十一次全国文代会代表资格审查委员会成员名单。

★12月14日，中国文联第十一次全国代表大会、中国作协第十次全国代表大会在北京隆重开幕。中共中央总书记、国家主席、中央军委主席习近平出席开幕式并发表重要讲话。

★12月14日至15日，由中国文联、中国音协、上海市文联、昆山市政府联合主办的“风华长存•惟善惟德——纪念丁善德先生诞辰110周年系列活动”在上海举行。12月20日，“风华长存•惟善惟德——纪念丁善德先生诞辰110周年专题文献展”在昆山陆放版画艺术馆开幕。

★12月16日，中国文联第十一次全国代表大会举行第三次全体会议，审议并通过《中国文学艺术界联合会第十一次全国代表大会关于第十届全国委员会工作报告的决议》和《中国文学艺术界联合会第十一次全国代表大会关于修改〈中国文学艺术界联合会章程〉的决议》。中国文联第十届主席、中国作协第九届主席、第十一次全国文代会大会主席团常务主席铁凝等出席会议。会议由中国文联党组书记、第十届副主席、第十一次全国文代会大会主席团常务主席李屹主持。

★12月16日下午，中国文联第十一次全国代表大会选举产生中国文联第十一届领导机构。当日下午举行的中国文联第十一届全国委员会第一次会议，选举产生了中国文联第十一届主席团。铁凝当选为中国文联第十一届主席，毛乃国、卢映川、叶小钢、冯巩、边发吉、朱彤、刘恒、许江、李屹、李舸、李雪健、陈振濂、迪丽娜尔·阿布拉（女，维吾尔族）、孟广禄、俞峰、徐永军、奚美娟（女）、诸迪、彭丽媛（女）、董耀鹏、潘鲁生（按姓氏笔画为序）21人当选为副主席，王一川、冯双白、张宏、张雁彬、高希希、盛小云（女）（按姓氏笔画为序）6人当选为主席团委员。当日下午举行的中国文联第十一届主席团第一次会议推举李屹、徐永军、董耀鹏、俞峰、诸迪、张雁彬、张宏、黄豆豆（挂职）8人为中国文联第十一届书记处书记。

★12月17日，中国文学艺术界联合会第十一届全国委员会、中国作家协会第十届全国委员会全体会议在北京举行。中共中央政治局常委、中央书记处书记王沪宁出席会议并讲话。中共中央政治局委员、国务院副总理孙春兰，中共中央政治局委员、中宣部部长黄坤明出席会议。中央和国家机关有关部门负责同志，中国文联第十一届、中国作协第十届全国委员会委员参加会议。

★12月28日至30日，由中国文联、中国影协、厦门市政府共同主办的第30届中国金鸡百花电影节暨第34届中国电影金鸡奖颁奖盛会在福建厦门举行。

索引
INDEX

汉语拼音索引

A

B

C

D

E

F

G

H

J

K

L

M

N

P

Q

S

T

W

X

Y

Z

标点符号索引

数字索引